Umbria

Guida d'Italia del Touring Club Italiano

L'Istituto Centrale per il Restauro del Ministero
dei Beni Culturali e Ambientali ha attribuito alla collana
Guida d'Italia del Touring Club Italiano la valenza di
repertorio dei beni culturali esposti in Italia, per la conoscenza
unica sulla consistenza, qualità e localizzazione
del patrimonio storico-artistico del nostro paese.

Piemonte (esclusa Torino)
ed. 1976, 728 pagine, 15 carte, 16 piante.

Torino e Valle d'Aosta
ed. 1996 (agg. 2001), 733 pagine,
89 carte, piante e disegni.

Lombardia (esclusa Milano)
ed. 1999, 1118 pagine,
80 carte, piante e disegni.

Milano
ed. 1998 (agg. 2000)
662 pagine, 67 carte, piante e disegni.

Veneto (esclusa Venezia)
ed. 1992, 929 pagine,
41 carte, 33 piante e disegni.

Venezia
ed. 1985, 794 pagine,
108 disegni, carte e piante.

Trentino-Alto Adige
ed. 1976, 575 pagine, 15 carte, 8 piante.

Friuli-Venezia Giulia
ed. 1982, 573 pagine, 13 carte, 12 piante.

Liguria
ed. 1982, 778 pagine, 42 carte, 12 piante.

Emilia-Romagna
ed. 1991 (agg. 1998), 1070 pagine,
35 carte, 53 piante.

Toscana (esclusa Firenze)
ed. 1997, 990 pagine,
136 carte, piante e disegni.

Firenze e provincia
ed. 1993, 832 pagine,
77 carte, piante e disegni.

Marche
ed. 1979, 708 pagine, 9 carte, 14 piante.

Umbria
ed. 1999, 704 pagine,
31 carte, 21 piante, 20 disegni.

Lazio (esclusa Roma)
ed. 1981, 830 pagine, 21 carte, 17 piante.

Roma
ed. 1999, 1006 pagine,
119 carte, piante e disegni.

Abruzzo e Molise
ed. 1979, 534 pagine, 9 carte, 13 piante.

Campania (esclusa Napoli)
ed. 1981, 716 pagine, 15 carte, 10 piante.

Napoli e dintorni
ed. 2001, 720 pagine,
68 carte, piante e disegni.

Puglia
ed. 1978, 486 pagine, 13 carte, 14 piante.

Basilicata e Calabria
ed. 1980, 714 pagine, 13 carte, 10 piante.

Sicilia
ed. 1989, 1005 pagine, 16 carte, 44 piante.

Sardegna
ed. 1984, 704 pagine, 26 carte, 10 piante.

La prima edizione della Guida d'Italia, in 15 volumi, è stata distribuita ai soci del T.C.I. fra il
1914 e il 1928. Complessivamente, fino al 31 dicembre 2000 sono stati diffusi 7 912 000 volumi.

Guida d'Italia

UMBRIA

Touring Club Italiano

Touring Club Italiano
Presidente: *Roberto Ruozi*

Touring Editore
Direttore generale: *Marco Ausenda*
Vice-direttore generale: *Renato Salvetti*
Direttore editoriale: *Michele D'Innella*

Responsabile del settore Guide: *Anna Ferrari-Bravo*
Segreteria di redazione: *Alessandra Sindoni*
Cartografia: *Servizio cartografico del Touring Club Italiano*
Tecnico grafico: *Vittorio Sironi*

Consulenza generale: *Gianni Bagioli*

Le edizioni della Guida Umbria

1922, 1923, 1924	1ª edizione
1937	2ª edizione
1950	3ª edizione
1966	4ª edizione
1978	5ª edizione
1999	6ª edizione

Touring Club Italiano, corso Italia 10, 20122 Milano
www.touringclub.it

Proprietà artistico-letteraria Touring Editore s.r.l.
Milano - © 1999 - Riproduzione vietata

Stampa
Centro Grafico Ambrosiano, San Donato Milanese (MI)
Legatura
Lem, Opera (MI)

Codice A65
ISBN 88-365-2542-3
Finito di stampare nel mese di febbraio 2002

PREFAZIONE

Una nota definizione dell'Umbria afferma che «nessuna area presenta una tale conservazione globale del rapporto tra insediamento e territorio, tra uomo e natura». L'assunto da cui parte questa guida non è, concettualmente, molto diverso. Essa è stata concepita e realizzata, infatti, non solo per descrivere quanto sia disseminata di espressioni d'arte e di cultura questa nobile regione, ma pure per esplorare e decifrare le componenti della coscienza collettiva che all'arte e alla cultura danno nutrimento. L'altro assunto fondamentale cui la guida si affida è che tanto più si può comprendere il senso dell'identità regionale, in tutte le sue molteplici configurazioni, quanto più si scava nelle pieghe del suo processo di formazione.

La storia dell'Umbria fu segnata, nei tempi antichi, dal profondo dualismo fra etruschi e umbri e fra bizantini e longobardi, nei secoli medievali e della prima età moderna da un mosaico di città impegnate, con i rispettivi contadi, a differenziarsi nell'esaltazione dei particolarismi e da un cruento contrapporsi di poteri feudali e comunali, di signorie bellicose, di milizie pontificie perennemente impegnate a soffocare ribellioni. Non sorprende che in un simile contesto lo stesso nome Umbria cadesse a lungo in disuso, per riapparire solo nel tardo Quattrocento, che nel Cinquecento la città più importante della regione, Perugia, fosse ritenuta di ambito toscano e che nel Settecento di quella che amministrativamente era considerata la "provincia dell'Umbria" non facessero parte Gubbio, Orvieto e Città di Castello con i loro territori.

Una storia delle più complesse e tormentate, come si vede, ma non al punto da impedire di scorgervi le tracce di una individualità tenacemente coltivata e di continuo riaffiorante, i segni più nascosti ma non meno rappresentativi dei caratteri di queste terre. La guida ne tratta diffusamente, coniugando il passato con il presente, la storia solennizzata con quella 'dimenticata', tessendo il filo delle grandi memorie, ma intrecciandolo al racconto delle piccole testimonianze, dei particolari, delle tradizioni o delle manifestazioni della cultura 'minore' celata nelle pieghe di questo spazio movimentato e straordinario.

È anche da questo tessuto che emerge l'immagine più nitida dell'Umbria, quella in cui sono andate a depositarsi cose che contano. La sublime vicenda terrena di Francesco e Chiara d'Assisi, per esempio, nodo nevralgico di una religiosità che non ha riscontri in altre regioni; oppure la campagna dolce, luminosa e ordinata che il Perugino evocò nei suoi migliori dipinti; le grandi cattedrali, basiliche e abbazie, così diverse e così simili – cioè tipicamente umbre – alle sculture e alle ceramiche; il lento e paziente modellamento del paesaggio, con la coltura della vite che tanta parte ha ancora nei suoi ondulati scenari.

Gli otto saggi introduttivi delineano, della regione, il quadro d'insieme, differenziando i temi storici da quelli geografici e ambientali, i temi dell'arte e della cultura 'nobile' da quelli della cultura popolare e tradizionale. I trentatré itinerari lungo i quali si snoda la visita sono disegnati all'interno di aree subregionali dalle connotazioni storico-ambientali ben definite. Non è la riproposizione in chiave di attualità del "mosaico" medievale, bensì la ricchezza delle diversità che concorre a far bella e stimolante questa piccola grande regione. In ogni caso molto amata, come ha mostrato l'emozione con la quale non solo l'Italia ha seguito il terremoto del 1997, soffrendone le ferite come ferite inferte a tutta la nostra civiltà. Il compiacimento per il felice rapporto di collaborazione che ha accompagnato il cammino della guida – quello tra la professionalità specifica del Touring e le più avanzate espressioni della cultura umbra – è l'ultima, non secondaria annotazione.

Roberto Ruozi
Presidente del Touring Club Italiano

INDICE GENERALE

La cartografia

Gli edifici

Hanno contribuito alla realizzazione della guida:
Knickerbocker Iniziative Editoriali s.r.l./Paola Colombini, Eduardo Grottanelli de' Santi, per la definizione progettuale, il coordinamento organizzativo e l'ideazione di carte e piante a corredo dei testi; per la rielaborazione, integrazione e redazione dei testi: *Paola Colombini* (con la collaborazione di *Barbara Preatoni*)

Per la sezione introduttiva:
Clara Sereni, Le ragioni di una visita
Alberto Melelli, I caratteri geografici del territorio
Gianni Bagioli, La regione nel tempo
Alberto Grohmann, La formazione dell'identità regionale
Bruno Toscano (con la collaborazione di *Claudia Grisanti* e *Stefania Petrillo*), La vicenda artistica
Giancarlo Baronti, La cultura popolare e tradizionale
Renato Covino, Umbria oggi, Umbria domani
Eduardo Grottanelli de' Santi, I modi della visita
Antonio Paolucci, Oltre il terremoto

Per le introduzioni ai capitoli di visita:
Giovanna Chiuini, capitolo 1
Gian Paolo Mancini, capitolo 2
Corrado Fratini, capitoli 3 e 4 e introduzioni storico-urbanistiche a Città di Castello e a Gubbio
Chiara Frugoni e *Marco Grondona*, capitolo 5
Fabio Bettoni, capitoli 6 e 7 e introduzione storico-urbanistica a Foligno
Lamberto Gentili e *Bernardino Sperandio*, capitoli 8 e 9
Claudio Mammoli, capitolo 10 e introduzione storico-urbanistica a Todi
Renato Covino, capitoli 11 e 12
Alberto Satolli, capitoli 13 e 14 e introduzione storico-urbanistica a Città della Pieve
Paola Colombini, introduzioni storico-urbanistiche a Castiglione del Lago, Spello, Bevagna, Montefalco, Trevi, Nocera Umbra, Norcia e Narni

Hanno inoltre collaborato:
Per l'aggiornamento delle notizie relative ai beni storico-artistici:
Francesca Abbozzo, Giordana Benazzi, Caterina Bon Valsassina, Maria Angela Brucato, Zena Chigi, Francesca Cristoferi, Margherita Romano, Giuditta Rossi, Giusi Testa

A *Rosaria Mencarelli* si deve il testo della Galleria nazionale dell'Umbria di Perugia; a *Lucio Riccetti* quelli dei Palazzi papali e del Museo dell'Opera del Duomo di Orvieto

Per l'aggiornamento delle notizie relative ai beni architettonici e ambientali:
Fabrizio Finauri, Valeriana Mazzasette, Fabio Palombaro (coordinamento), *Maurizio Pucci*

Per la revisione delle notizie relative ai beni archeologici:
Laura Bonomi Ponzi, Paolo Bruschetti, Luana Cenciaioli, Maria Cristina De Angelis (beni paleontologici e pre-protostorici), *Anna Eugenia Feruglio* (coordinamento generale), *Laura Manca, Dorica Manconi, Daniela Monacchi, Marisa Scarpignato*

Per la compilazione della Nota bibliografica e dell'Indice degli autori, *Paola Mercurelli Salari*
dell'Indice dei nomi, *Marco Confalonieri*
dell'Indice tematico, *Paola Colombini*

Per l'esecuzione di carte e piante a corredo dei testi, *Advertime, Novara/Paola Ranzini, Elena Onetto*
per la revisione delle piante, *Giovanni Drugman*
per la revisione delle carte, *Sergio Seveso*
per il progetto grafico, *Studio Tragni*
per l'impaginazione, *Advertime, Novara/Paola Ranzini*

Un ringraziamento particolare è dovuto: alla Soprintendenza ai Beni Ambientali, Architettonici, Artistici e Storici dell'Umbria per le fonti cartografiche; all'Ufficio del Piano Urbanistico-territoriale della Giunta Regionale per la documentazione inerente ai parchi e ai beni naturalistico-ambientali; alla Società cooperativa Sistema Museo per le informazioni relative ai musei locali; ai responsabili di enti e di istituzioni culturali della regione per il contributo all'aggiornamento dell'apparato informativo.

AVVERTENZE

Popolazione. I dati relativi agli abitanti sono stati desunti da fonti ufficiali ISTAT e si riferiscono alla popolazione residente nell'intero territorio comunale al 31 dicembre 1995. Il confronto è offerto dalla successiva cifra tra parentesi, che riporta il numero degli abitanti residenti nei comuni il 24 ottobre 1971, giorno del rilevamento dell'11° censimento generale della popolazione.

Accenti. Recano in genere l'accento grafico i nomi geografici sdruccioli e quelli terminanti in consonante. La stessa cosa avviene per alcuni nomi terminanti in gruppo vocalico, quando la loro pronuncia potrebbe risultare incerta.

Asterisco. L'asterisco è posto accanto alle *cose nel loro genere rilevanti o comunque di speciale interesse.

Abbreviazioni

ab. *abitanti*	L. *lago*	S. *santo, santa*
a.C. *avanti Cristo*	m *metri*	SS. *santissimo,-a*
c. *circa*	m. *morto*	Ss. *santi, sante*
d. *destro, destra*	M. *monte*	sec. *secolo*
d.C. *dopo Cristo*	N *nord*	sin. *sinistro, sinistra*
E *est*	N. *numero*	t. *telefono*
ecc. *eccetera*	O *ovest*	T. *torrente*
F. *fiume*	pag. *pagina*	v. *vedi*
km *chilometri*	S *sud*	V. *valle*

LE RAGIONI DI UNA VISITA

IL VIAGGIO ATTRAVERSO I SENSI. Quando si leggono slogan turistici, viene legittimamente da chiedersi quanto questi abbiano riscontro nella realtà, e quanto invece siano funzione di una pubblicità poco veritiera. A cosa affidarsi, allora, per verificare l'attendibilità di uno slogan notissimo – il cuore verde d'Italia – con il quale l'Umbria è pubblicizzata nel mondo? Che l'Umbria sia esattamente al centro della penisola, crocevia delle tante storie e culture, diverse e talvolta 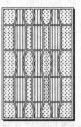 confliggenti, che hanno contribuito a costruire l'Italia così come è oggi, è un dato incontrovertibile quanto di scarso significato, ove lo si consideri in via soltanto teorica, senza agganci con l'esperienza.

Dire che passava di qui la Via dei Romei, o ripercorrere la storia etrusca e romana di questi territori, o ancora ripensare le condizioni in cui si sviluppò l'autonomia comunale, può certo dare conto del fiorire di opere d'arte numerosissime e dell'apertura culturale che la regione offre a chi, provenendo da altri luoghi o nazioni, decida di visitarla o stabilirvisi. Ma per saggiare il senso di una parola impegnativa come «cuore» occorre ben altro. Proviamo allora a parlare di qualità della vita come tratto distintivo: tralasciando però indicatori statistici o d'altro genere che ci porterebbero su di un terreno astratto e intangibile, e affidandoci invece ai cinque sensi, il modo più diretto che ciascun ha per rendersi conto della realtà e catturarla.

LA VISTA: IL 'VERDE' DELL'UMBRIA. Visitando l'Umbria nel 1872, Henry James annotava nei suoi taccuini un consiglio rivolto a un ipotetico lettore: «La sua prima cura sarà di non avere fretta, di camminare dappertutto molto lentamente e senza mèta e osservare tutto quel che i suoi occhi incontreranno [...]». In qualsiasi direzione si guardi, anche in fretta e perfino puntando a una mèta, il verde è davvero dovunque: nei parchi protetti e nelle zone di rispetto come nei campi coltivati, sulle colline ondulate e dolci come sulle montagne più aspre, dove sottobosco e alberi d'alto fusto contendono alla pietra una vita difficile. C'è il verde argentato di tanti ulivi, quello profondo dei lecci intorno all'eremo delle Carceri di Assisi o all'abbazia di Sassovivo, il verde opaco dei cipressi che incorniciano la villa Fidelia di Spello, il chiarore d'erba dei piani di Castelluccio a primavera e quello compatto delle piantagioni di tabacco, mais, girasoli. È verde cupo il lago di Piediluco, per i rilievi boscosi che vi si rispecchiano. E poi c'è il verde delle città, quello più sorprendente: un verde che non si affaccia soltanto dalle aiuole dove alcuni Comuni hanno provveduto a segnalare la presenza di piante antiche o rare, ma che irrompe fra palazzo e palazzo nei centri storici, con terrapieni che diventano orti in piena regola e giardini con alberi di alto fusto; con la campagna che si inserisce fra quartiere e quartiere, in cesure che fanno di ciascuna delle 'cento' città di cui l'Umbria si compone un mosaico a sua volta scomponibile in tessere diverse, quasi a delimitare per renderla visibile un'identità complessa ma non frammentata; con gli orti affidati in molte città alle cure e all'inventiva degli anziani, componente socio-culturale importante in una delle regioni più longeve d'Italia; con spazi più ampi a buon diritto definibili parchi urbani, come il S. Margherita di Perugia, un tempo 'cittadella dei pazzi' poi smantellata da un'elaborazione psichiatrica assai avanzata e oggi a disposizione della città per campus universitari, attività sportive e del tempo libero, e quant'altro si riuscirà a immaginare per la sua migliore utilizzazione.

LA LUCE MAGICA: IL GRIGIO E L'AZZURRO. Se il verde ha una presenza così forte, ci sono però almeno altri due colori di cui è impossibile dimenticarsi: il grigio, cui spesso si pensa come a un non-colore ma che può articolarsi in mille tonalità, ad esempio nei marmi, dal quasi bianco o rosato al grigio perla al piombo al tortora, specie quando la nebbia fa sfumare nel fiabesco campanili e strade, specchi d'acqua e costruzioni recenti; e l'azzurro, per scoprire con John Ruskin che le tante colline che così si colorano in quadri e affreschi dei pittori più insigni – dal Beato Angelico al Perugino, da Raffaello al Pinturicchio – non sono invenzione poetica ma dato di realtà, una luce magica e quieta che ancora oggi si posa, all'imbrunire ma non solo, sui mille rilievi piccoli e grandi che movimentano il territorio.

UN GIACIMENTO CULTURALE. Quello della grande pittura è certo un itinerario privilegiato in Umbria, nei musei e nelle gallerie ma anche in una miriade di chiese, abbazie, palazzi: nei grandi centri di cultura e d'arte noti in tutto il mondo, ma anche in centri minori, piccole cittadine o addirittura paesi che, quasi a ogni passo, incastonano fra le proprie mura o anche all'esterno una gemma talvolta ancora grezza, ma più spesso splendente. Si tratta di un enorme museo diffuso, di un «giacimento culturale» immenso, ancora non sfruttato pienamente benché il sistema-museo regionale sia già oggi fra i più avanzati. E non si pensi che tutto sia fermo al rinascimento o poco più: basti pensare ai musei Burri di Città di Castello, o alla scala mobile che sorprendentemente attraversa il cuore della Rocca Paolina di Perugia, per capire quanta contemporaneità, e di quale livello, possa albergare fra mura che tuttora conservano forte l'impronta medievale, quando non romana o etrusca.

MEMORIA E CULTURA. Ha scritto Edith Wharton, proprio a proposito dell'Umbria, che «il primo piano è proprietà delle guide turistiche e del loro prodotto; lo sfondo appartiene al vagabondo, al sognatore, e allo studioso serio». Per occhi più quieti e attenti, allora, e per un tempo di meditazione, uno sguardo vada anche a uno dei tanti sfondi, alla miriade di biblioteche pubbliche e private, di fondazioni ed enti religiosi, che conservano una mole assai rilevante di materiali manoscritti e a stampa. Con un consiglio ulteriore: attenzione alle piccole librerie, e perfino a cartolai e empori di paese, perché lì non è difficile trovare il frutto di ricerche locali spesso di buon livello, piene di curiosità e particolari che nemmeno una guida accurata come questa può raccontare, testimonianze vive di un amore per la propria terra fatto di memoria, attenzione, cultura.

IL TATTO: I MATERIALI DELL'ARTE. Viaggiare per l'Umbria senza sporcarsi mai le mani sarebbe un gran peccato. Perché se toccare dipinti e sculture di pregio è certo inopportuno, limitarsi a guardare i materiali che compongono le città senza mai saggiarne l'effetto sulla pelle sarebbe altrettanto certamente una perdita. I risultati sono talvolta curiosi: come può accadere sfiorando i 'marmi' policromi che abbelliscono l'interno del Duomo di Città della Pieve, e che solo a toccarli rivelano il proprio essere dipinti trompe-l'oeil, una garbata presa in giro di chi, troppo ammirato dell'insieme, non si dedichi a un esame attento e smagato dei manufatti. Ma anche lì dove ogni materiale è davvero ciò che si dichiara, il marmo di una medesima chiesa non sarà mai lo stesso d'estate e d'inverno o nelle diverse ore del giorno, quando il sole lo intiepidisce o quando l'umidità lo rende viscido; il tufo di un muro etrusco sarà friabile, potenzialmente mutevole sotto le dita; la ceramica sarà diversa sul bancone della fabbrica di Deruta o di Gualdo Tadino, che la producono, o quando esposta all'aria in un mercatino qualunque accanto alla terracotta; il metallo di una brocca d'acqua potrà essere inquietante con il buio quanto piacevole sotto il solleone; il legno di travi, portoni e infissi (quasi mai sostituito qui, come altrove, dai peggiori effetti della modernizzazione, quali fòrmica o alluminio) racconterà centimetro per centimetro, con grande onestà, del proprio impegno di continuità, dalla prima stagionatura alle rughe inflitte dal tempo e dalle intemperie. Insomma, toccare con mano le variabilità è il modo per accorgersi che un monumento, come una città, è un organismo vivo, che il caldo può far ammalare o il gelo rendere fragile.

IL 'FILO' DEI TESSUTI E DELLA MEMORIA. Non sono solo i materiali più consistenti e rigidi a offrirsi al tatto. Ci sono ad esempio i tessuti: le tele tradizionali per tovaglie e asciugamani ancora prodotte da imprese locali di artigianato o piccola industria, la maglieria ormai più legata a fibre nobili come il cachemire e la seta che non alla semplice lana o al cotone, e ormai anch'essa affidata più a piccole lavorazioni di qualità che non a industrie maggiori, oggi largamente in difficoltà. Sono complessivamente una festa del tatto fiere, mercati, le mostre di 'vecchiariato' e antiquariato diffuse in tutta la regione con una scansione che copre larga parte della settimana e in particolare i giorni del week-end, durante i quali è possibile scorrazzare su e giù per l'Umbria in cerca di curiosità, rincorrendo il filo della memoria e concludendo magari qualche piccolo affare.

L'UDITO: ASCOLTARE IL SILENZIO. Capita anche in città, per non dire nei centri minori o in campagna, di svegliarsi al mattino, soprattutto in primavera, perché gli uccelli cantano forte. Non è necessario essere san Francesco per aprirsi a un dialogo con gli animali, tanto più ricco se ci si sarà dato il tempo di un piccolo esercizio. Quella che stiamo per consigliare è una sorta di ginnastica mentale che può produrre emozioni impreviste, riportando a galla sensazioni perdute. Non servono attrezzi, non occorre un abbigliamento speciale. Per praticarla l'ideale è andare, con un qualsivoglia mezzo di trasporto ivi comprese le proprie gambe, per pochi chilometri al di fuori dei percorsi di autostrade e superstrade. Può essere utile lasciarsi alle spalle i percorsi asfaltati, ma spesso non è nemmeno necessario. Il luogo sarà riconoscibile a occhio nudo, di giorno come di notte: poche case all'intorno o meglio ancora nessuna. E sopra, il cielo: sereno o annuvolato, buio o stellato ai fini dell'esercizio non fa differenza. A occhi chiusi l'impatto può essere forse eccessivo. Allora si può tenerli bene aperti, guardarsi intorno, e ascoltare il silenzio. Nei casi più sfortunati lontano, come un muggito, riemergerà un rumore di traffico: ma addolcito comunque dalla distanza, inoffensivo. Là dove le congiunture risulteranno più favorevoli (e non è poi difficile propiziarsele), il silenzio vi rimbomberà nelle orecchie come, da bambini, il mare delle conchiglie. Un rombo assordante prima, che via via si frantumerà in quegli innumerevoli rumori della natura che abbiamo perso l'abitudine di ascoltare.

Può essere in un bosco, vicino a un fiume, in un borgo isolato reso silenzioso dall'oscurità. Può capitare in mezzo a vestigia etrusche o romane, può succedere lungo i percorsi del grande misticismo. Può accadere in un campo arato d'estate, nelle ore in cui il caldo assopisce anche gli uccelli, o in città d'inverno, quando la neve – non rarissima – spegne anche i fruscii. L'importante è non perdere l'occasione, non lasciarsi sfuggire un'opportunità non più così facile da cogliere, su e giù per l'Italia.

IL SUONO DELLA GRANDE MUSICA E L'ARMONIA DELLE PIAZZE. Chi si sarà dato pochi minuti di un esercizio così godrà probabilmente di più, e meglio, di tutte le possibilità di suoni che l'Umbria offre: quelli prodotti dalla natura, e tutti gli altri. Hanno ormai da anni rilevanza internazionale manifestazioni come Umbriajazz, il Festival dei Due Mondi, la Sagra musicale, il Festival delle Nazioni: concentrate un tempo in una sola città, la loro articolazione interessa ormai buona parte del territorio regionale, e nel corso di molti mesi dell'anno.

Ma non c'è solo la grande musica, o la musica dei grandi eventi. Quando l'armonia si fa scuola, le occasioni si moltiplicano: nei conservatori, nelle diverse sedi di formazione vera e propria – legate o no alle occasioni importanti di cui si è appena detto – ma poi nella miriade di filarmoniche, corali, complessi bandistici, orchestre, gruppi spontanei di giovani e meno giovani che si esibiscono nei luoghi più diversi. Piazze e chiese, auditorium e palazzi dello sport, i teatrini-gioiello di Montone o di Montecastello di Vibio, su palchi improvvisati o sontuosi palcoscenici teatrali: di musica, qui, ce n'è davvero per tutti i gusti e per tutte le tasche. E, alla fine, dopo le note e il fragore, basta girare due angoli o tre ed è di nuovo silenzio: anche in città.

L'OLFATTO: I PROFUMI DELLE STAGIONI E DELLA TERRA. Lo smog c'è anche qui, inutile illudersi: il progresso ha i suoi costi, e soprattutto nelle città maggiori ci sono ore del giorno, e giorni dell'anno, in cui sottrarsi all'impatto di fumi e polveri non è facilissimo. Accade più spesso però che il vento – assai presente in questa regione, per i molti rilievi che la compongono – pulisca l'aria, la renda viva (non a caso, nell'Ottocento, l'aria di molte zone dell'Umbria veniva consigliata per la cura dei tisici), e porti con sé odori di vita e di lavoro, profumi di pane, di terra, di vino. All'inizio dell'autunno, già prima dei grandi freddi, è l'odore di legna bruciata ad attraversare stradine e vicoli dei centri storici, siano palazzi signorili o abitazioni popolari ad affacciarvisi. In campagna, il deposito del gas che fa mostra di sé accanto a casolari o a villette di recente costruzione non contrasta mai radicalmente con la presenza dei comignoli e l'uso del combustibile più antico, tuttora percepito come più amico, più adatto alla cucina, alla conversazione, alla convivialità: che sia caminetto o cucina «economica», razionale «barbecue» o forno di campagna, il fuoco di legna compone odori che dicono di raccoglimento e intimità. Non idealizzare lo stile di vita che a quell'odore si associa è buona norma, non foss'altro perché un piccolo peccato d'invidia è certamente, in questi casi, in agguato.

Più difficile risulterà tenere a bada l'invidia sentendo la scia di un profumo di funghi: al mercato, la cesta che li contiene sarà nelle mani di un contadino o di un erbivendolo, ma non stupitevi se lungo le strade la vedrete al braccio di qualcuno che abbia l'aria di medico, o di insegnante, o di impiegato di banca. La scienza dei funghi appartiene a molti, e molti la praticano in prima persona: quale che sia l'età o la classe sociale, anche questo è un modo per ribadire un'appartenenza, per tenere salda la memoria di un legame con la terra che è forte anche in chi sia nato e cresciuto in città.

L'ODORE DELL'ACQUA. Un altro odore si può inseguire, diverso da stagione a stagione ma costante nella presenza: l'odore dell'acqua. C'è il Tevere, che nel percorso umbro acquista via via potenza e imponenza, allargandosi in anse ricche di vegetazione e fauna; c'è il lago Trasimeno, assai frequentato d'estate e per questo forse più interessante nelle altre stagioni, quando la quiete esalta la presenza degli uccelli migratori, particolarmente ricca in pieno inverno; c'è la cascata delle Màrmore, elemento inesausto di curiosità per adulti e bambini; ci sono le fonti del Clitunno, suggestive ancor oggi malgrado le frequentazioni turistiche dall'età classica ai nostri giorni; c'è il piccolo, misterioso lago di Pilato, e la palude di Colfiorito; ma poi ci sono le sorgenti, i laghi artificiali creati dalle dighe e i laghetti sportivi, i tanti corsi d'acqua maggiori o minori alle cui rive non è difficile accedere direttamente e su cui si affacciano ponti che diventano talvolta, come a Scheggino, il corso principale del paese. Complessivamente, quel che s'incontra in molte zone è un odore quasi continuo di acqua, che racconta di un rapporto e di una relazione, di un confrontarsi costante che spesso diventa pesca o agricoltura o caccia, o magari anche una mobilitazione solidale per ripulire un argine o gestire un parco fluviale.

IL GUSTO: I SAPORI DELLA CUCINA REGIONALE. La cucina umbra contende alla toscana il primato dei sapori netti, per fortuna ancora poco inquinati da sofisticherie e sofismi che non appartengono alla sua tradizione. Il saporito e lo sciapo si fronteggiano tuttora nettamente nel pane di consumo popolare e negli insaccati, rimasti ben dotati di sale a onta perfino della guerra che, nel Cinquecento, si scatenò in nome del prezioso condimento. I sapori in larga misura prevalenti sono quelli dei prodotti locali: ortaggi e legumi, olio e formaggi, carne e salumi, vino, tartufi. Nelle grandi occasioni, anche anatre e oche hanno un loro posto d'onore sulla tavola. Prodotti talvolta rinomati, talvolta ingiustamente ignoti o quasi fuori dai confini regionali, e talaltra ancora bisognosi di affinamento. Ingredienti che si compongono in articolazioni il più delle volte oneste e precise, di tanto in tanto un po' confuse: come nei pasticci e paté che preludono oggi, come antipasto, a ogni pranzo che si rispetti. I capostipiti rispettabili dei crostini presenti su molte tavole sono certamente la bruschetta con l'aglio, e poi la crema di tartufo e il pasticcio di fegato, qui di sapore più corposo e asciutto che in Toscana.

IL GUSTO DI FESTE E SAGRE. Oltre che nella rete piuttosto fitta della ristorazione classica, cui si aggiungono le numerose aziende agrituristiche, tutti i prodotti locali entrano ampiamente in quanto offrono, in particolare a cavallo dei mesi estivi, feste e sagre. Quartieri e rioni, paesi e frazioni anche piccolissime, città intere investono ogni anno una gran quantità di energie e risorse in quello che è comunque un evento, l'occasione in cui le diverse componenti della comunità si riconoscono nella costruzione di un appuntamento collettivo. C'è cibo tradizionale attorno a tutte le grandi manifestazioni folcloristiche, dalla corsa dei Ceri di Gubbio al Calendimaggio di Assisi, dalla giostra della Quintana di Foligno al Cantamaggio e alla festa delle Acque di Terni, dalla corsa dell'Anello di Narni al Giugno fiorito di Norcia. Ma ancor più sono costruite attorno al cibo le decine e decine di incontri conviviali in cui ciascuna comunità celebra il proprio cibo, il prodotto attorno a cui storicamente si sono strutturate una produzione agroalimentare, una tradizione culinaria, un'identità.

Non tutte certamente eccelse per livello culinario, e indubbiamente poco adatte a chi non sappia rinunciare al servizio impeccabile al tavolo, le sagre si propongono a chi voglia mangiare dignitosamente con poco, e soprattutto a chi sia curioso non soltanto di monumenti e opere d'arte, ma di abitudini e di vita: quelle abitudini e quella vita che sfuggono, necessariamente, a chi si ponga soltanto come turista e estraneo di fronte a una realtà comunque diversa da quella cui è abituato. Girar per sagre è insomma un modo per guardare – da vagabondi, da sognatori, o da studiosi, e senza forzature –

a quello sfondo ricco di sfumature che appartiene di diritto a chi in Umbria vive la propria vita quotidiana.

LA TORTA AL TESTO: PROVA DI IDENTITÀ REGIONALE. Come per il silenzio, anche per il cibo c'è un piccolo esercizio d'attenzione che chi ne ha voglia può provare a fare: con buoni risultati per il palato sicuramente, ma anche con la possibilità di sperimentare qualche curiosità. L'esercizio ha due nomi: torta al testo e torta al formaggio. Due prodotti tradizionali la cui composizione e il cui allestimento variano di chilometro in chilometro, talvolta differenziandosi nettamente, talaltra quasi sovrapponendosi. Le componenti essenziali – farina e acqua, sale e pecorino, uova e lievito – si combinano con variazioni infinite: la torta al formaggio, alta a Perugia come un panettone milanese, si raffina in grissini nelle versioni più sofisticate, stringendosi verso sud e il Lazio in focacce basse, adatte a essere farcite di salumi; la torta al testo, che prende il nome dall'utensile che ne caratterizza la cottura, si appiattisce a nord, in alta Umbria, fino a trascolorare nella piadina romagnola, che ne conserva la consistenza e il sapore. Seguire l'evoluzione dei due prodotti è come avventurarsi nello studio dei dialetti locali, su cui si riverberano Lazio e Toscana, Marche e Romagna: a ogni confine che si sfiora mutano nomenclature e proverbi, usanze e devozioni.

LE 'GHIOTTONERIE'. Qualche curiosità ancora: il pesce d'acqua dolce, presente un po' dovunque nella regione, ha il proprio punto d'eccellenza nella «regina in porchetta», la ricetta tradizionale che rende particolarmente gustose carpe di grandi dimensioni, sontuose nella loro esibizione di spezie e aromi. E non si dimentichi poi la cucina dei monasteri, ricca di liquori aromatici e di preparazioni d'alta cucina, ormai difficilmente degustabili sul posto ma di cui alcuni ricettari serbano la memoria praticabile. Per ultimo, ma non per importanza, il cioccolato. Il prodotto umbro più famoso nel mondo, in questo settore, è certo il Bacio, che affonda le proprie radici, oltreché nell'inventiva perugina, in lavorazioni diverse, anche e sopratutto casalinghe e tradizionali, che interpretano il cacao attraverso accostamenti diversi e talvolta arditi. Intorno al cioccolato, alle sue preparazioni più raffinate e invitanti e ai suoi interessi industriali, a cavallo fra estate e autunno si svolgono a Perugia una serie di iniziative, tutte all'insegna della degustazione di quello che, per i golosi d'ogni parte del mondo, resta il simbolo più efficace e condiviso della ghiottoneria.

RAGIONE E CUORE. Abbiamo parlato di cinque sensi, abbiamo indicato alcuni dei canali sensoriali attraverso i quali l'Umbria può essere non solo vista, ma assorbita e goduta da chi decida, anche per un solo giorno, di farla propria. Possiamo aggiungere statistiche e cenni di una storia plurisecolare, compilazioni letterarie, testi illustri di storia dell'arte e trattati di cucina: così facendo potremmo dar conto di molte ragioni, ma senza mai riuscire a spiegare fino in fondo il fascino dell'Umbria, quel fascino che convince ogni giorno non solo i turisti a visitarla, ma tanti – che pure non sono originari della regione – a trasferirvisi per vivere, innamorati. Ci accorgiamo insomma che le ragioni della ragione tangibile risultano comunque insufficienti a dar conto di un *quid* del tutto immateriale, di quanto cioè, non riconducibile ad alcun tipo di sensazione fisica, costituisce forse il connotato precipuo di un'emozione, di qualcosa che l'Umbria trasmette in modo preciso eppure difficilmente descrivibile.

UNA SCELTA DI PACE. Occorre chiedersi, allora, cos'è che riconduce a unità una regione fatta di cento città, cioè di identità precise e fortemente differenziate, tali da determinare non solo una storia antica ma anche vicende recenti, che hanno condotto l'Umbria, con buon anticipo sul resto d'Italia, a sperimentare forme articolate di decentramento politico e amministrativo. Il filo rosso che nei secoli lega il territorio umbro in un vincolo indissolubile, che lo rende non assimilabile ad altri territori anche contigui come la Toscana o le Marche, è una spiritualità diffusa, che da Jacopone da Todi, san Francesco e santa Chiara raggiunge anni vicini a noi, con l'elaborazione teorica di Aldo Capitini leggibile oggi nelle tante iniziative di base che, culminando periodicamente nella Marcia della Pace, si snodano attraverso l'Umbria, e dall'Umbria verso gli angoli più difficili e tribolati del mondo. Non solo diplomazia dei governi ma attiva partecipazione dei popoli al progetto più ambizioso che l'umanità possa coltivare: vivere in pace, combattere quotidianamente una guerra alla guerra condotta con le armi dell'ascolto, del dialogo, dei programmi di cooperazione. Con la Marcia della Pace, il corteo colorato che per chilometri e chilometri si snoda fra Perugia e Assisi in una unitarietà fortemente simbolica di razze, religioni, opinioni politiche diverse, l'Umbria si costituisce in cuore pulsante di una nazione più vasta, più alta, più importante dell'Italia: la nazione umana, l'ideale ancora astratto ma non assurdo di un'utopia vittima di mille e mille difficoltà, che ha di fronte a sé mille e mille ostacoli da superare, e che pure ciascuno di noi ha bisogno, in fondo al cuore e con tutta la propria ragione, di immaginare realizzabile. È quest'ideale di pace, assieme ai piccoli segmenti che se ne possono cogliere qui, a fare dell'Umbria quell'insieme di ragione e sentimento, corporeità e spiritualità che la rende unita, e unica al mondo.

I CARATTERI GEOGRAFICI
DEL TERRITORIO

UNITARIETÀ E PARTICOLARISMI. Spetta primariamente ai paesaggi fisici e umani dell'Umbria, considerati nei loro tratti di fondo, la prerogativa di riassumere gran parte dei caratteri storico-geografici e culturali dell'Italia di Mezzo, al cui interno la regione è racchiusa: la varietà delle fattezze dell'ambiente naturale, la pluralità e le stratificazioni delle componenti dell'armatura insediativa, le impronte del passato e la loro embricazione con i segni delle innovazioni, l'originalità dell'urbanesimo e la 'grazia tranquilla' delle città e dei borghi, le forme (ormai residuali) di una organizzazione agraria plasmata dalla mezzadria. Particolari condizioni ambientali, diversità nelle strutture produttive e complesse vicende storico-politiche hanno tuttavia finito per articolare lo stesso ambito in differenti unità territoriali subregionali, dai confini peraltro irregolari (storici, poiché di rado segnati dalla natura) e mutevoli. I particolarismi e le spinte centrifughe delle città egemoni hanno prodotto un ordinamento politico multiforme e diverso nei secoli; più recentemente sono andati a contrapporsi gli effetti di oltre un secolo di storia nazionale verso una maggiore coscienza di unitarietà.

Su una superficie territoriale che ne fa una tra le più piccole regioni italiane – è quintultima, con soli 8456 km^2, di cui 6334 spettanti alla provincia di Perugia e i restanti 2122 a quella di Terni – per l'Umbria è dato pertanto leggere una straordinaria varietà paesaggistica, spiegabile con un'ampia serie di fattori ambientali e attraverso il plurimillenario processo di antropizzazione. La sua collocazione nel 'cuore' della penisola conferisce centralità, un elemento di favore se considerato sulla carta geografica ma che impedisce preziosi sbocchi al mare; la stessa ci richiama implicitamente anche il carattere di «area di transizione», aperta ai vari influssi delle regioni contermini.

LINEAMENTI GEOMORFOLOGICI. A definire le differenze interne sono in primo luogo i contrasti imposti da un'articolazione in pianura, collina e montagna (rispettivamente 6, 41 e 53%), riflesso della movimentata struttura geomorfologica con cui si coniuga la molteplicità degli aspetti oro-idrografici e vegetazionali, oltre quelli antropogenici. In realtà, in brevi spazi è dato sperimentare la continua alternanza che le pianure delle conche interne o dei fondivalle fluviali procurano aprendosi o insinuandosi tra colline e montagne.

LE MONTAGNE. Sono dorsali per lunghi tratti disposte a quinte anticlinali nell'area orientale appenninica, secondo uno stile plicativo generato da assi tettonici diretti da nord-ovest a sud-est, poi nord-sud nella sezione meridionale (qui, con cima Redentore si tocca la quota massima ai 2449 m). I tempi di formazione geologica sono relativamente recenti: dal dominio marino, i materiali sedimentati in età mesozoica emersero quasi del tutto, inarcandosi a guisa di onde («rughe») in una prima fase compressiva, solo alla fine del Miocene, ma seguitarono a sollevarsi per buona parte del Pliocene; negli ultimi tempi subentreranno movimenti distensivi che, collassando e fratturando in grossi blocchi le strutture già delineate, definiranno meglio varie fosse e depressioni, ovvero i futuri bacini lacustri plio-pleistocenici (un lento processo di colmamento trasformerà questi in paludi e acquitrini con abbondanti accumuli organici, rinvenibili negli odierni depositi di lignite). Nella parte sud-occidentale il paesaggio era destinato a diversificarsi ulteriormente con le terre dell'Orvietano, propaggini delle eruzioni vulcaniche laziali.

La non raggiunta stabilità tettonica e la giovane età geologica motivano l'elevata sismicità nonché lo scenario alpestre cui in molti luoghi danno vita i fianchi dirupati dei rilievi appenninici, separati da valli strette e impervie. Le cime tuttavia sono di norma non molto elevate (mediamente intorno ai 1300 m), ampie, cupoliformi e coperte da pascoli sovrastanti estese superfici boschive.

Tenuto conto poi della loro natura calcarea, nonché delle precipitazioni che più copiose vi cadono anche per effetto delle maggiori altitudini, questi rilievi funzionano quali grossi immagazzinatori di acque e presentano numerose espressioni di modellamento carsico, ipogee (grotte del monte Cucco, del Chiocchio presso Spoleto e molte altre) e subaeree, come gli spettacolari altipiani di Castelluccio di Norcia e di Colfiorito, pozzi e doline (queste ultime sono frequenti sul monte Subasio, sui rilievi dell'Amerino, sul monte Tezio, nella catena dei monti Martani).

Abbondanza d'acqua, boschi, pascoli e le stesse rocce largamente impiegate come materiale da costruzione hanno rappresentato risorse fondamentali per quest'area, pur nella sua rudezza capace di sostenere una popolazione in passato assai più numerosa e caparbiamente decisa a sfruttarne ogni potenzialità (soprattutto sui piani, dalle pendenze meno accentuate e meglio soleggiati, costituenti quell'Umbria montana pressoché sconosciuta al turista mal disposto a lasciare le più comode strade di fondovalle). Ne danno testimonianza i tanti appezzamenti ritagliati con dissodamenti nelle macchie, oltre a molti villaggi, oggi spopolati se non colpiti da definitivo abbandono.

GLI AMBITI COLLINARI. L'ossatura orografica nella parte nordorientale si completa, in ambito montano-altocollinare, con i rilievi costituenti la cosiddetta formazione marnoso-arenacea, nell'insieme poco permeabile, facile all'erosione e franosa. Le forme risultano meno aspre, ma torrenti e fossi hanno diffusamente sezionato e movimentato l'originaria struttura. A ingentilire il paesaggio fisico sono le colline, predominanti nella parte centro-occidentale, dove modeste groppe tondeggianti spesso si stemperano in infinite ondulazioni; ma per la natura prevalentemente argillosa o marnoso-argillosa non mancano sterili fasce di calanchi (versante sinistro della valle del Paglia), o altre soggette a movimenti franosi. I favori dell'altitudine, la mitezza del clima e la fertilità dei suoli spiegano l'antichità del popolamento e l'impronta umana presente qui in ogni angolo di terra, con le molte case sparse portate dalla piccola proprietà contadina oltre che dalla mezzadria.

PIANURE E CONCHE. Restano le pianure, scarse di numero e per lo più corrispondenti al fondo alluvionato di bacini lacustri intramontani (il maggiore, l'antico lago Tiberino, si estendeva da Sansepolcro a Terni, presentando in corrispondenza di Perugia una diramazione verso Foligno-Spoleto), dunque allungate fra le dorsali montuose di cui ripetono l'orientamento: la Valle Umbra, la conca di Terni e quella di Gubbio, la val Tiberina e la media valle del Tevere, la bassa valle del Paglia. Per le prime tre pianure succitate è evidente la dissimmetria che contrappone la ripidità dei versanti calcarei, esposti a solatìo e occupati da oliveti fino a 600-650 m di altitudine, ai meno acclivi terreni arenaceo-marnosi, di più facile sfruttamento.

LE BONIFICHE. Attualmente costituenti le aree agricole più fertili della regione – ma anche soggette a una continua e sterilizzante erosione antropica a causa dell'espansione urbana, industriale e infrastrutturale – queste pianure furono spazi ostili, travagliati da frequenti inondazioni. Terre di conquista, risultano pertanto da una lunga serie di interventi bonificatori, iniziati in età romana e proseguiti a fasi alterne dopo il generale abbandono dei tempi alto-medioevali. Ne derivò anche qui, con un processo di appoderamento, la diffusione dell'insediamento sparso di stampo mezzadrile, perpetuatosi fino agli anni '50-'60 del Novecento; il rapido declino che è seguito ha determinato la pressoché totale scomparsa di un ordinamento colturale e di un paesaggio agrario vecchio di quattro-cinque secoli.

LA REGIONE DELLE ACQUE. L'idrografia conferisce all'Umbria, compresa quasi per intero nell'alto e medio bacino del Tevere e dunque ricadente sul versante tirrenico, l'unico elemento fisico-geografico unificante: da qui la definizione di «regione del Tevere» (ma alle funzioni di collettore per la rete idrografica su gran parte dell'Italia centrale lo stesso fiume ha aggiunto per secoli quella divisoria, tale da spiegare un'antica dualità di fondo, di matrice etrusca nella parte occidentale e umbra a est dello stesso solco fluviale). Disomogeneità non mancano comunque neanche al riguardo idrografico. Si consideri da un lato la scarsa permeabilità dei terreni terziari arenacei-marnosi-argillosi sui quali gli affluenti di destra (Nestore, Niccone, Paglia), più brevi, scorrono con marcato regime torrentizio; dall'altro, le abbondanti portate assicurate ai tributari di sinistra dai massicci calcarei idrovori della parte orientale, più piovosa e generosa di cospicue sorgenti carsiche. Il tributo di questi corsi d'acqua ingrossa sensibilmente la portata del primo fiume dell'Italia centrale. Non lontano da Perugia, il Chiascio accoglie le acque del sistema Topino-Marroggia-Clitunno confluendovi a pochi chilometri da Deruta. Presso Orte poi, al confine con il Lazio, a raddoppiare la portata del Tevere sono le acque del Nera, proveniente dai monti Sibillini e ingrossato nell'alta valle da vari affluenti prima di ricevere, in corrispondenza della cascata delle Marmore (da dove precipita superando un dislivello di 165 m), l'apporto del Velino.

L'USO DELLE ACQUE. Tanta ricchezza idrica è ampiamente utilizzata con impianti idroelettrici e per l'allevamento di trote (si può contare su acque abbondanti, fresche e ben ossigenate). Alcune sorgenti, note da tempo per diverse proprietà curative, sono sfruttate in moderni stabilimenti idropinici (a Nocera Umbra, Assisi, Massa Martana, Acquasparta, San Gèmini) e termali (Fontecchio di Città di Castello); presso Triponzo di Cerreto di Spoleto scaturiscono acque solfuree a 31°C che, già utilizzate alla fine dell'Ottocento, saranno valorizzate con un impianto termale appena ultimato. Notevole è il patrimonio delle acque oligominerali, il cui crescente consumo ha generato moderne stazioni di imbottigliamento; esso alimenta un settore commerciale di notevole rilevanza economica.

Le risorgive che sgorgano alle porte di Norcia (a 10-11°C) inondano prati perenni (marcite), un tempo assai sfruttati così da ricavarne da sei a dieci sfalci all'anno; dal punto di vista botanico-geologico-ecologico nonché storico-culturale – c'è chi ne sostiene le origini non posteriori a quelle delle marcite lombarde – siamo in presenza di un biotopo unico in tutta l'Italia peninsulare.

I LAGHI NATURALI E ARTIFICIALI. All'Umbria «regione delle acque», una componente importante è poi assicurata anche da alcune entità limnologiche, naturali e artificiali. Tanto ampio, con i suoi 128 km², da figurare quale primo lago dell'Italia peninsulare, il Trasimeno ha una profondità massima di soli sei metri circa e un non vasto bacino imbrifero (395 km²). Alle preoccupazioni per gli scarsi apporti fluviali e per i livelli eccezionalmente bassi che stavano trasformando il lago in palude, negli ultimi decenni si è rimediato parzialmente convogliando da sud-ovest le acque di alcuni torrenti; si progettano intanto lavori per ulteriori apporti dal versante nord.

Una regolazione artificiale di afflussi e deflussi si opera anche per il lago di Piediluco, secondo per estensione (1.5 km²) ma dalla forma articolata e profondo fino a 19 metri. Il lago è inserito, con funzioni di bacino di carico, nel sistema idroelettrico Nera-Velino: con una condotta lunga 42 km vi si adducono da Triponzo le acque del Nera e dei suoi affluenti Corno e Vigi. I restanti bacini naturali presentano dimensioni assai modeste, ma particolari interessi scientifico-naturalistici (padule di Colfiorito) e paesaggistici (per esempio, il suggestivo laghetto formato dalle celebri fonti del Clitunno).

Il quadro limnologico si completa con i laghi artificiali che, a parte i piccoli invasi collinari (circa 450) realizzati negli anni '50-'60 del Novecento da singole aziende a scopo irriguo, dalla fine degli anni '50 sono derivati da grandi progetti idroelettrici (lago di Corbara sul Tevere, sbarrato poco a valle delle gole del Forello) o irrigui (diga di Arezzo, o di Firenzuola, sul torrente Marroggia) o plurimi (invaso di Valfàbbrica sul fiume Chiascio).

I CONTRASTI CLIMATICI. Le comuni definizioni di clima «di transizione», sostanzialmente mite e nel complesso non sfavorevole, possono dirsi di scarso significato per l'Umbria se si tiene conto dei capricciosi corsi stagionali e se ci si cala in ambiti subregionali, considerando l'influenza delle condizioni altimetriche e morfologiche oltre che gli influssi marittimi. Questi, sbarrati da dorsali montuose distanti dall'Adriatico una cinquantina di chilometri in linea d'aria, si risentono poco nella fascia orientale; a ovest meglio penetrano quelli tirrenici per la minore altitudine dei rilievi antiappenninici. Modesta comunque è l'azione mitigatrice del lago Trasimeno, pur se capace di attenuare i danni di forti gelate e marcate escursioni termiche.

A predominare in primavera e in estate sono i venti da sud-ovest, carichi di umidità; nel periodo autunno-invernale spirano invece in prevalenza quelli del primo quadrante, freddi e violenti laddove superano lo schermo appenninico; la direzione tendenzialmente meridiana dei bacini intermontani può produrre, incanalandole, un effetto acceleratore sulle correnti fredde che discendono dai monti sovrastanti, o determinare, per ristagno negli strati più bassi, l'inversione termica tanto temuta dagli agricoltori.

Sensibili e repentine sono le escursioni di temperatura, giornaliere o stagionali, in coincidenza con gelate tardive o freddi precoci, assai nocivi alle colture. Minori preoccupazioni pone il regime pluviometrico, quantunque scarti notevoli esistano tra la parte ovest (750-800 mm) e la fascia montana orientale (fino a 1300-1400 mm sui monti del Gualdese e sull'altopiano di Colfiorito).

UNA VARIEGATA COPERTURA VEGETALE. Alla varietà dell'architettura del paesaggio contribuisce il manto vegetale arboreo, sia per la sua distribuzione in altitudine che per la struttura e la fisionomia delle formazioni boschive. I limiti altimetrici delle tre fasce climatico-floristiche principali (*Lauretum*, di norma non superiore ai 500 m; *Castanetum*, fin sugli 800-900 m; *Fagetum*, corrispondente al piano montano, ma di rado sopra i 1200-1300 m) risultano largamente approssimati; frequenti sono le incursioni, sia in basso che in alto, delle varie specie costituenti per effetto di particolari condizioni micro-climatiche, oltre che del tipo di terreni sui quali le piante vegetano e delle modifiche addotte da un lungo processo di antropizzazione. Ai diboscamenti, attuati a più riprese per ampliare i pascoli o i coltivi (olivo) e prova di alterne vicende di sviluppo e di decadenza di natura demografica ed economica, si riconduce la forte rarefazione dei querceti caducifogli, massimamente di roverelle.

LE FUSTAIE. Frammentaria è la copertura delle faggete, ormai ridotte a lembi discontinui e ricoprenti alcune zone subcacuminali. Sono scomparsi i consorzi indigeni di aghifoglie e quasi inesistenti risultano ormai i boschi planiziari. Nella fascia altitudinale inferiore il leccio è la componente più diffusa, pur se più di ogni altro albero porta i segni dell'interferenza umana (leccete pure primigenie sono quelle del Monteluco di Spoleto, dell'Eremo delle Carceri sul Subasio e dell'abbazia di Sassovivo di Foligno); in certe aree si consocia ad altre specie arboree, principalmente con il pino d'Aleppo. Allo stesso modo circoscritta a pochi ambienti lacustri (Trasimeno, padule di Colfiorito, bacini di Alviano e di Piediluco) è la vegetazione rivierasca, composta di canne lacustri, mazze sorde, giunchi e altre idrofite.

I CEDUI. In definitiva, le fustaie occupano una quota modesta e a dominare il quadro vegetale arboreo sono i cedui – roverelle, cerri, carpini, frassini, ornielli, aceri – nei quali le prime furono spesso degradate. Questo manto fa pertanto dell'Umbria, così come di altre parti del Paese, una regione ricca di «boschi poveri» (nel complesso l'indice di boscosità è pari al 34%), principalmente fornitori di legna da ardere e, un tempo, di carbone.

Risultandovi frammischiate specie diverse, sempreverdi e caducifoglie, il paesaggio vegetale si caratterizza per una accentuata e suggestiva policromia che soprattutto a metà della stagione autunnale si esprime con colorazioni al massimo grado scenografico. Al fine di porre rimedio a preoccupanti fenomeni di dissesto idrogeologico e di ricostituire un manto forestale seriamente immiserito da inconsulte ceduazioni di rapina, fin dai primi del '900 si provvide a rimboschire ampie zone (monti Subasio, Peglia, Tezio e vari rilievi dell'Eugubino, dello Spoletino e dell'altopiano di Colfiorito) con largo impiego di specie non indigene.

ARMATURA INSEDIATIVA: CITTÀ MODERNE E CAMPAGNA ANTICA. Nell'assetto insediativo e nell'organizzazione delle campagne l'ordito umano mostra segni evidenti in ogni angolo della regione. In realtà, pur se con una densità contenuta in 97 ab./km^2, la distribuzione della popolazione (825 910 abitanti nel 1995) procura l'impressione di una regione pressoché dovunque abitata e antropizzata, e ciò a testimonianza di un rapporto città-campagna di lunghissimo periodo, incrinato soltanto dalle trasformazioni di questi ultimi due-tre decenni. La geografia delle sedi si era infatti espressa per molti secoli con agglomerati aggrappati su pendii e su altri siti di altura – si mostrano a centinaia rocche, borghi e castelli di età medievale su colli, sproni, cucuzzoli – per più d'una motivazione (esigenza di difesa, ricerca d'un luogo salubre fuori dalle bassure impaludate). All'osservazione diretta molte fra queste sedi umane risultano seriamente decadute e abbandonate, talora ridotte soltanto a forme ruderali se non completamente scomparse; in non pochi casi solo una sopravvivenza toponomastica attesta la loro trascorsa esistenza.

La «discesa al piano», prodottasi dietro la spinta dell'industrializzazione e delle realizzazioni ferroviarie e stradali di fondovalle, e il conseguente squilibrio verticale tra aree 'forti' e 'deboli' trovano espressione nella perdita di una forte quota di popolazione sparsa e nella crescita delle città di pianura (Terni, Foligno, Città di Castello, Umbèrtide), ivi compresi piccoli fenomeni di *sprawl* urbano («rururbanizzazione»); a parte è il caso del capoluogo regionale, fortemente polarizzante per la molteplicità delle sue funzioni amministrative, economiche e culturali.

Il tessuto storico insediativo è risultato di conseguenza alterato nei caratteri funzionali e di relazione della rete urbana, tradizionalmente strutturata con maglie regolari non troppo estese e su vari punti di rannodo rappresentati da città medie e piccole (sono 57 i Comuni con meno di 4000 abitanti). Queste sostengono un antico assetto policentrico gerarchizzato, assicurato in primo luogo dalle città maggiori aventi funzioni di centri focali di organizzazione territoriale e perpetuanti la medievale tradizione delle città-stato.

L'attuale ossatura portante della rete insediativa risulta di tipo nodo-lineare, con fasce assialmente imperniate in senso est-ovest e sud-nord, rispettivamente sulla direttrice Valle Umbra-conca di Magione e lungo il solco tiberino da Città di Castello a Perugia. Una diffusa mobilità interna ha contrassegnato gli anni '70 e '80 del Novecento, producendo una redistribuzione della popolazione e investendo le aree pianeggianti, dilapidate così di preziosi spazi agricoli e divenute oggetto d'una congestionante concentrazione (sovrapposizione fisica e funzionale di usi abitativi e produttivi); più di recente, molti interventi sono andati realizzandosi per il recupero fisico-funzionale del vasto patrimonio edilizio-storico (centri minori e case sparse).

IL MOSAICO DELLE CAMPAGNE. Nello spazio rurale è dato leggere a ogni passo il plurisecolare processo di umanizzazione. La poliedricità dei tratti dà vita a un vero e proprio «puzzle» paesaggistico, che commistiona permanenze di lunga durata e nuovi stimoli: la grande e la piccola proprietà, gli ampi campi aperti e quelli chiusi da siepi e muretti, colture dai lenti ritmi di evoluzione giustapposte ad altre di moderno impianto, gli effetti dello spopolamento agricolo e di una modernizzazione che recupera e innova (attività agrituristiche, agricoltura biologica). La dissoluzione del paesaggio agrario tradizionale è più manifesta in pianura, area più dinamica e più idonea a un'agricoltura intensiva sempre più 'senza uomini': qui si osservano gli effetti dei riaccorpamenti aziendali e gli interventi modernizzanti attuati con spianamenti e con l'eliminazione di sentieri interpoderali, di siepi, di filari alberati e di ogni altro elemento frammentante la superficie coltivata. Un assottigliamento progressivo degli elementi distintivi del paesaggio ha toccato anche la collina, la fascia meglio vocata a ospitare i moderni vigneti specializzati o la dilagante coltivazione del girasole: anche l'ambito più conservativo, insomma, si è arreso agli imperativi della meccanizzazione. La montagna, dove coesistono la piccola proprietà contadina con le terre comunitarie, presenta ampie zone marginali ed incolte o di agricoltura estensiva;

tuttavia sono frequenti oasi di 'resistenza', rese possibili dalla meccanizzazione leggera.

Nelle campagne umbre non si potrà sostenere l'esistenza di un alto livello di estetismo creativo pari a quello toscano. Ciò nondimeno, anche qui ogni angolo è denso di umanità e la civiltà contadina – specie quella del mezzadro, che vivendo del e nel podere lo migliorava per massimizzarne i profitti – ha impregnato di sé, con un regime policolturale e autarchico, l'organizzazione economica, il modo di vivere, il paesaggio agrario. Si considerino in particolare le laboriose sistemazioni di pendio (ottenute con terrazze, ciglioni e lunette per ricavarne superfici piane e impedirvi l'erosione) o l'ampliamento delle superfici olivate, frutto di ondate di dissodamenti attuati specie dagli ultimi decenni del secolo XVIII a tutto l'Ottocento. Le piantate, che con grande ordine geometrico realizzavano su piani diversi la coltura promiscua dei seminativi con la vite maritata ad aceri o a olmi, non potevano non soccombere davanti al trattore. Le nuove scelte colturali (vigneto specializzato, piante industriali) hanno stravolto vaste plaghe, specie in pianura. Meglio resiste l'olivo, che occupa suoli detritici («renaro») altrimenti non utilizzabili in agricoltura; esso si conferma l'albero connotante più di ogni altro il paesaggio agrario.

Un isolamento meno accentuato. L'Umbria è in definitiva uscita dal letargo che l'aveva posta in condizioni di arretratezza agricola rispetto ad altre regioni. Parimenti, il tradizionale isolamento dalle grandi direttrici del traffico nazionale si è attenuato grazie a moderni assi superstradali, a decorso longitudinale (principalmente l'E45, ovvero il corridoio Ravenna-Orte-Roma, per lungo tratto impostato in Umbria sull'asta fondovalliva tiberina) e trasversale; ma in quest'ultimo senso, a superamento delle anticlinali appenniniche, si attendono moderne opere di adeguamento e altri trafori (quello sottopassante la forca Canapine, che da Norcia assicura un rapido sbocco all'Adriatico, è stato aperto al principio del 1997).

D'altro canto, mentre si lamentano i ritardi nell'ammodernamento delle strade ferrate e nel potenziamento dell'aeroporto di Perugia-Sant'Egidio, possono essere temute le conseguenze negative della nuova mobilità con l'inserimento dell'Umbria nelle grandi direttrici viarie del traffico nazionale: risulterà incrementato un traffico interferente con quello locale, reso ancor meno accetto per le inevitabili compromissioni ambientali e capace di ridurre l'Umbria regione di «attraversamento» più che «regione crocevia» o «di cerniera». Ciò si afferma senza ovviamente disconoscere le opportunità offerte dalla moderna rete viaria per più intensi flussi turistici, notoriamente sostenuti da uno straordinario patrimonio storico-artistico fondato sulle città maggiori (Assisi, Gubbio, Spoleto, Todi, Orvieto, e sicuramente il capoluogo regionale) ma vieppiù impreziosito dalle attrattive di quell'Umbria 'minore' comprendente numerosi centri medi e piccoli. Il movimento sostenuto da interessi naturalistici, che ha fin qui trovato forte richiamo in due luoghi-stereotipi (cascata delle Marmore e fonti del Clitunno), potrà svolgersi, assai meglio organizzato, anche nel territorio della Valnerina-Nursino, all'interno del Parco nazionale dei Monti Sibillini, e in sei aree protette a diverso contenuto ambientale istituite nel 1994: parchi fluviali del Tevere e del Nera, parchi del Monte Cucco, del Monte Subasio, del Lago Trasimeno e di Colfiorito.

LA REGIONE NEL TEMPO

Sec. VIII-VII a.C.	Consistente evoluzione urbana dell'etrusca Velzna (Orvieto).
672	Leggendaria fondazione di Terni.
Sec. IV	Perugia, una delle 12 città della Confederazione etrusca, raggiunge il suo massimo sviluppo di età preromana. Alzata a Spoleto, sullo scorcio del secolo, la prima cerchia muraria.
295	Decisiva, per il processo di unificazione romana dell'Italia centrale, la vittoria di Sentinum (presso Sassoferrato) su Sanniti, Galli, Etruschi e Umbri.
241	Fondazione della colonia romana di Spoletium.
229	Sorge in sostituzione dell'umbra Nequinum, annientata nel 299, la colonia romana di Narnia.
219	Apertura della Via Flaminia, da Roma a Fano e a Rimini, che attraversa da sud a nord gran parte dell'Umbria.
217	Annibale batte i Romani (seconda guerra punica) presso il Trasimeno.
89	Al termine della guerra sociale, la concessione della cittadinanza romana ai popoli italici assegna alle principali comunità umbre la condizione di municipia.
40	Coinvolta nella ribellione di popolazioni italiche, Perugia viene espugnata da Ottaviano e data alle fiamme.
15-7	Con la riforma amministrativa augustea, un lungo tratto del Tevere fa da confine tra Regio VI Umbria, estesa fino all'Adriatico, e Regio VII Etruria, con Perugia e Orvieto.
Sec. I d.C.	Costruzione a Spoleto del Teatro e dell'Arco di Druso; a Gubbio, del Teatro.
Sec. II	Spoleto: edificazione dell'Anfiteatro.
Fine sec. III	Istituzione, con la riforma amministrativa di Diocleziano, della Regio Tuscia et Umbria.
Sec. IV-V	Sorge a Spoleto la basilica di S. Salvatore.
480 c.	Nascita a Norcia di Benedetto, il santo fondatore del monachesimo in Occidente.
Sec. V-VI	Perugia: costruzione della chiesa di S. Angelo.
553	Al termine della guerra gotica le terre umbre, già comprese nel regno di Teodorico (493-526), sono parte dell'Italia bizantina, dipendenti dall'esarca di Ravenna.
Sec. VI-VII	L'invasione dei Longobardi spezza nuovamente l'unità territoriale della regione: il Ducato longobardo di Spoleto, fondato attorno al 575-576, include Terni, Foligno, Spello e Assisi, mentre Perugia, Gubbio, Todi e Narni rimangono sotto sovranità bizantina; Orvieto è annessa alla Tuscia longobarda.

720 c.	Faroaldo II, duca di Spoleto, fonda l'abbazia di S. Pietro in Valle presso Ferentillo.
756	Nella «donazione» di Pipino il Breve al papa Stefano II (confermata da Carlo Magno nel 781, costituirà la base giuridica del futuro Stato pontificio) sono compresi il territorio di Perugia e il Ducato di Spoleto.
889	Dopo lo sfaldamento del potere carolingio, il duca Guido di Spoleto è incoronato re d'Italia; nell'891 cingerà la corona imperiale.
962	L'imperatore Ottone I riconosce al pontefice Giovanni XII le donazioni carolinge.
Sec. XI-XII	Forme di autonomia comunale sorgono e si consolidano a Perugia e negli altri maggiori centri della regione.
1111	Pasquale II lamenta in uno scritto che pressoché tutte le città umbre non accettano la sovranità pontificia.
1135	Al concilio di Pisa i vescovi di Perugia, Gubbio, Città di Castello e Todi sono chiamati «de civitatibus beati Petri»; quelli di Spoleto, Foligno e Assisi «de ducatu».
1155	Spoleto si oppone a Federico I, il Barbarossa, ma viene presa e in gran parte distrutta.
1195	Bevagna: si conclude l'edificazione di S. Silvestro.
1198	Sollevazione di Assisi contro Corrado di Urslingen, che il Barbarossa aveva investito del governo della città. Consacrazione (Innocenzo III) del Duomo di Spoleto.
1226	Morte (3 ottobre) di Francesco d'Assisi alla Porziuncola; la canonizzazione sarà decretata il 16 luglio 1228 da Gregorio IX, che il giorno successivo poserà la prima pietra della basilica assisiate.
1231	Il Ducato di Spoleto, di cui l'imperatore Federico II riconosce al pontefice (Gregorio IX) il legittimo possesso, cessa ufficialmente di esistere.
1244	Inizia a Todi la costruzione della terza cerchia di mura.
1257-65	Assisi: edificazione della basilica di S. Chiara.
1265	Terni: è conclusa la costruzione di S. Francesco.
1277	Assisi:probabile inizio della partecipazione di Cimabue alla decorazione pittorica della basilica di S. Francesco.
1278	Perugia: è compiuta la Fontana Maggiore di Giovanni e Nicola Pisano.
1290	Orvieto: Niccolò IV benedice (13 novembre) la prima pietra del Duomo; a riconfigurarlo in forme gotiche, dal 1309-10, sarà Lorenzo Maitani.
1293-97	Perugia: sorge il primo nucleo del palazzo dei Priori.
1296	Assisi: probabile inizio della partecipazione di Giotto alla decorazione pittorica di S. Francesco. Edificazione a Spoleto della seconda cerchia di mura.
1304	Perugia: aperto il cantiere di S. Domenico.
1306	Muore a Collazzone (Perugia) Jacopone da Todi.
1307	Clemente V istituisce a Perugia lo Studio Generale.
1310-1439	Signoria dei Trinci a Foligno, dal 1420-21 estesa a un'ampia porzione dell'Umbria orientale.

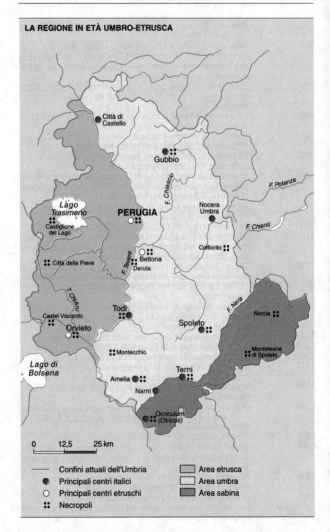

LA REGIONE IN ETÀ UMBRO-ETRUSCA

Città di Castello

Gubbio

F. Chiascio

F. Potenza

Lago Trasimeno

PERUGIA

Nocera Umbra

F. Chienti

Castiglione del Lago

Colfiorito

Città della Pieve

F. Tevere

Bettona
Deruta

T. Chiani

Castel Viscardo

Orvieto

Todi

Spoleto

F. Nera

Norcia

Lago di Bolsena

Montecchio

Monteleone di Spoleto

Amelia

Terni

Narni

Ocriculum (Otricoli)

0   12,5   25 km

— Confini attuali dell'Umbria
● Principali centri italici
○ Principali centri etruschi
∷ Necropoli

▢ Area etrusca
▢ Area umbra
▢ Area sabina

1312-20	Ad Assisi – dove nel 1316 è attuato l'ampliamento delle mura duecentesche – operano alla basilica di S. Francesco prima Simone Martini e poi Pietro Lorenzetti.
1332-49	Gubbio: edificazione del palazzo dei Consoli.
1353	Avviata a Terni la costruzione della nuova cerchia muraria; sarà demolita a partire dal 1832.
1354	Condotta dal cardinale Albornoz, inizia con la 'rappacificazione' di Orvieto e Spoleto l'opera di riordinamento militare, politico e legislativo dello Stato pontificio.
1367-78	Edificazione della Rocca di Narni.
1375-76	Perugia insorge contro il Monmaggiore, legato pontificio.
1384	Gubbio passa ai Montefeltro di Urbino.
1389-1407	Foligno: costruzione del palazzo Trinci.
1400-1402	L'espansionismo di Gian Galeazzo Visconti, duca di Milano, si spinge nell'Italia centrale fino a includere Perugia.
1416-24	Braccio da Montone signore di Perugia. È il primo di una serie di condottieri e capitani di ventura umbri (Niccolò e Jacopo Piccinino, Erasmo da Narni il Gattamelata, Bartolomeo d'Alviano, Malatesta Baglioni) che riempiranno le cronache militari italiane tra XV e XVI secolo.
1439	Caduta la signoria dei Trinci, Foligno, Nocera, Montefalco e Trevi passano al dominio diretto della Santa Sede.
1441	Papa Eugenio IV e Cosimo de' Medici il Vecchio definiscono il confine fra terre umbre pontificie e Stato fiorentino.
1444	Ritrovamento, presso il Teatro romano di Gubbio (secondo un'altra versione, nei dintorni di Scheggia), delle Tavole eugubine oggi custodite nel palazzo dei Consoli.
1452	Montefalco: affreschi di Benozzo Gozzoli in S. Francesco.
1457-61	Perugia: Agostino di Duccio modella la facciata di S. Bernardino.
1467-69	Spoleto: gli affreschi nell'abside del Duomo, ultima opera di Filippo Lippi.
1472	La «Divina Commedia» impressa a Foligno in 300 copie da Emiliano Orfini e Johann Numeister, è il primo libro in lingua italiana stampato in Italia.
1474	Nell'«Italia illustrata», opera postuma di Flavio Biondo, si riscopre il termine Umbria.
1480	Gubbio: completata l'edificazione del Palazzo ducale.
1488-1540	Intermittente e turbolenta signoria dei Baglioni a Perugia.
1497-1507	Perugia: il Perugino affresca (con allievi) la sala dell'Udienza nel Collegio del Cambio.
1499-1504	Orvieto: affreschi di Luca Signorelli nella cappella di S. Brizio in Duomo.
1501	Spello: affreschi del Pinturicchio nella cappella Baglioni in S. Maria Maggiore.
1504	Il ventunenne Raffaello dipinge per la chiesa di S. Francesco a Città di Castello lo Sposalizio della Vergine, «nel quale espressamente si conosce lo augumento della virtù sua» (Vasari); l'opera, approdata a Milano in età napoleonica, è oggi nella Pinacoteca di Brera.

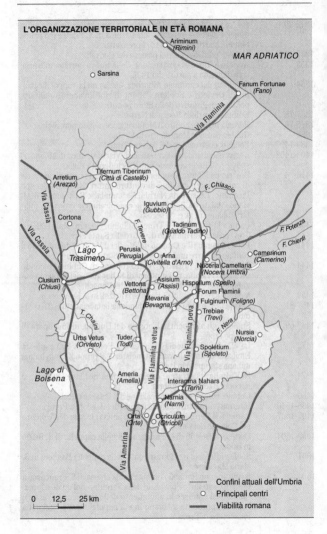

L'ORGANIZZAZIONE TERRITORIALE IN ETÀ ROMANA

MAR ADRIATICO

Ariminum
(Rimini)

Sarsina

Fanum Fortunae
(Fano)

Via Flaminia

Arretium
(Arezzo)

Tifernum Tiberinum
(Città di Castello)

F. Chiascio

Via Cassia

Cortona

Iguvium
(Gubbio)

Tadinum
(Gualdo Tadino)

F. Potenza

F. Chienti

Via Cassia

F. Tevere

Camerinum
(Camerino)

Lago
Trasimeno

Perusia
(Perugia)

Arna
(Civitella d'Arno)

Nuceria Camellaria
(Nocera Umbra)

Clusium
(Chiusi)

Vettona
(Bettona)

Asisium
(Assisi)

Hispellum (Spello)

Forum Flaminii

Fulginum (Foligno)

Mevania
(Bevagna)

Via Flaminia nova

Trebiae
(Trevi)

F. Nera

T. Chiani

Urbs Vetus
(Orvieto)

Tuder
(Todi)

Nursia
(Norcia)

Spoletium
(Spoleto)

Lago di
Bolsena

Ameria
(Amelia)

Via Flaminia vetus

Carsulae

Interamna Nahars
(Terni)

Narnia
(Narni)

Orta
(Orte)

Ocriculum
(Otricoli)

Via Amerina

Confini attuali dell'Umbria

Principali centri

Viabilità romana

0   12,5   25 km

1508	Inizia a Todi la costruzione di S. Maria della Consolazione.
1508-1624	Signoria su Gubbio dei Della Rovere di Urbino.
1527	Narni saccheggiata dai Lanzichenecchi di ritorno da Roma.
1528-30	Città di Castello: il Rosso Fiorentino dipinge per il Duomo la Trasfigurazione di Cristo.
1540	Paolo III, vinta la cosiddetta guerra del Sale, sottomette stabilmente Perugia alla Chiesa; per suo ordine, Antonio da Sangallo il Giovane erigerà entro il 1534 la Rocca Paolina.
1550	Nella «Descrittione di tutta Italia», di Leandro Alberti, Perugia viene collocata in ambito toscano.
1565	Esce il volume, di Cipriano Piccolpasso, «Le piante et ritratti delle città e terre dell'Umbria sottoposte al governo di Perugia».
1569	Perugia: Federico Barocci dipinge per la Cattedrale la Deposizione dalla Croce.
1569-1679	Edificazione alla Porziuncola presso Assisi, su progetto di Galeazzo Alessi, della basilica di S. Maria degli Angeli.
1609	Il naturalista Federico Cesi ricostituisce ad Acquasparta l'Accademia dei Lincei, fondata a Roma nel 1603.
1624	Francesco Maria II della Rovere cede alla Santa Sede il Ducato di Urbino con Gubbio.
1625	La riforma di Urbano VIII assoggetta l'Università perugina all'autorità vescovile.
1656-1701	La popolazione regionale decresce da quasi 317 mila abitanti a poco più di 280 mila.
1712	Nella «Tavola generale della provincia dell'Umbria», del territorio così chiamato fa parte il Reatino, mentre ne risultano esclusi l'Eugubino, il Tifernate e l'Orvietano.
1733	Esce il «Testamento politico di un accademico fiorentino», del perugino Lione Pascoli, con innovative ma inascoltate proposte di riforma economica dello Stato pontificio.
1768	Nel «Voyage en Italy», di Joseph-Jerome de Lalande, diffusa trattazione delle città umbre.
1779	Il folignate Giuseppe Piermarini nominato a Milano «imperial regio architetto».
1798	Nell'ambito territoriale della napoleonica Repubblica Romana, l'Umbria è suddivisa nei dipartimenti del Trasimeno (capoluogo Perugia) e del Clitunno (Spoleto); nel 1809 sarà inglobata nell'impero francese, costituendone il dipartimento del Trasimeno con capoluogo Spoleto.
1807	Si avvia a Gubbio la demolizione delle mura medievali.
1816	Con la restaurazione l'Umbria viene dichiarata provincia, suddivisa nelle due delegazioni di Perugia e Spoleto.
1818	Assisi: ritrovamento nella cripta della basilica di S. Francesco – dove giacevano da 588 anni – delle spoglie mortali del santo.
1819	Il poeta e drammaturgo viennese Franz Grillparzer, in visita a Terni e ai suoi dintorni:«Qui vorrei vivere e morire!».
1853	Perugia e Spoleto sono elevate al rango di provincia,al pari di Orvieto, mentre il contado di Gubbio è annesso alla provincia di Pesaro e Urbino.

ABBAZIE, CONVENTI E CASTELLI IN ETÀ MEDIEVALE

Città di Castello

Abbazia di S. Maria di Sitria

F. Chiascio

Castello di Montalto

Castello di Civitella Ranieri

Castello di Monestèvole

Gubbio

Badia di S. Salvatore

Castel d'Alfiolo

Eremo di Monte Corona

Abbazia di Montelabate

Abbazia di Vallingegno

Castello di Colmollaro

F. Potenza

Castello di Antognolla

Badia Celestina

Abbazia di Petroia

Lago Trasimeno

Castello di Zocco

Castello di Petroia

Castello di Isola Polvese

Perugia

Rocca di Postignano

Badia di S. Arcangelo

Assisi

Eremo delle Carceri

F. Chienti

Castello di Montalera

Convento di S. Damiano

Abbazia di S. Benedetto

Convento dell'Annunziata

Abbazia di Sassovivo

Foligno

Abbazia di S. Felice

Castello di Pissignano

Abbazia di S. Eutizio

Castello della Sala

Abbazia dei Ss. Fidenzio e Terenzio

Castello di Morgnano

F. Nera

Abbazia di S. Faustino

Spoleto

Orvieto

Convento di Monteluco

Abbazia dei Ss. Severo e Martirio

Castello di Poggio

Abbazia di S. Pietro in Valle

Rocca di Ferentillo

Lago di Bolsena

Eremo di S. Illuminata

Terni

Convento della SS. Annunziata

Convento del Sacro Speco

Castello delle Formiche

F. Tevere

T. Chiani

0   12,5   25 km

——— Confini attuali dell'Umbria

○ Principali centri

🛕 Abbazie, conventi, eremi

🏰 Castelli e rocche

1859	L'insurrezione di Perugia (14 giugno) viene stroncata il 20 giugno dalle truppe pontificie, che sottopongono la città al saccheggio («Stragi di Perugia»).
1860	Perugia: dopo l'entrata (14 settembre) dei bersaglieri del generale Manfredo Fanti, si completa la demolizione – iniziata durante l'effimera stagione repubblicana del 1848-49 – della Rocca Paolina. «Oh bella a' suoi be' dì Rocca Paolina...», ne scriverà Carducci nel 1877.
1861	È istituita, dopo il plebiscito del novembre 1860, la «Provincia dell'Umbria» del nuovo Regno d'Italia, formata dai circondari di Perugia, Foligno, Spoleto, Orvieto, Terni e Rieti, con l'aggiunta di Gubbio staccata dalla Marche. Entro i suoi confini, con una popolazione attorno ai 500 mila abitanti, vengono censite 449 fiere commerciali.
1864	Hippolyte Taine, in visita ad Assisi:«Ci sono tre chiese, costruite una sull'altra e tutte attorno alla tomba di san Francesco».
1866	Completata in aprile la linea ferroviaria Roma-Orte-Terni-Foligno-Ancona, viene aperta in dicembre la Teròntola-Perugia-Foligno, che unendosi alla precedente consente il primo collegamento diretto tra Roma e Firenze. Tuttavia, l'apertura nel 1877 del tronco Teròntola-Chiusi-Orte, realizzando una Roma-Firenze dall'andamento meno obliquo, determinerà l'emarginazione della regione umbra rispetto a questa linea fondamentale delle comunicazioni nella penisola.
1875-81	Terni: costruzione della «Fabbrica d'Armi»; nel 1884 si costituirà la «Società degli Alti Forni, Fonderie e Acciaierie», che realizzerà (1887) il grande stabilimento siderurgico per gli acciai speciali.
1881	Il censimento conta nella regione 611 762 abitanti.
1889	Fondazione della «Banca di Perugia», poi assorbita (1906) dalla «Banca Commerciale Italiana».
1907	Allestita a Perugia la mostra «Antica Arte Umbra».
1908	Perugia: fondazione della «Società per la fabbricazione dei confetti», più tardi «Perugina».
1911	Hermann Hesse, dall'Umbria: «Spoleto è la scoperta più bella che ho fatto in Italia». Il censimento (767 232 abitanti) rileva nella regione un tasso di analfabetismo pari al 49%.
1919	Alle elezioni parlamentari il Partito socialista italiano tocca nella regione umbra il 50.9% dei voti; due anni dopo scenderà al 25.4 mentre Alleanza nazionale (liberali, fascisti e altri) raggiungerà il 52.6%.
1923	Viene staccato dall'Umbria, per passare al Lazio, il circondario di Rieti. Nel 1927 sarà istituita la provincia di Terni e si accentuerà la diversificazione tra questa città e Perugia, rispettivamente esaltate nell'ideologia di regime come «Manchester d'Italia» e «Atene dell'Umbria».
1926	Perugia: istituzione dell'«Università italiana per stranieri».
1926-27	Per le celebrazioni del settimo centenario della morte di san Francesco, visitano Assisi oltre due milioni di pellegrini.

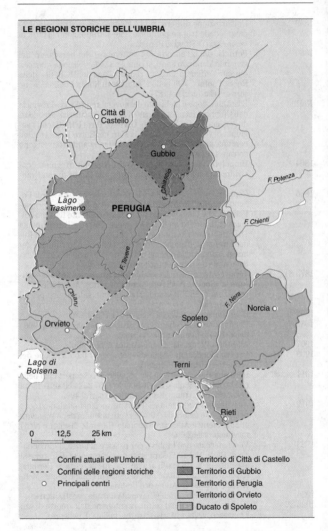

LE REGIONI STORICHE DELL'UMBRIA

Città di Castello
Gubbio
F. Potenza
Lago Trasimeno
PERUGIA
F. Chiasso
F. Chienti
F. Tevere
T. Chiani
F. Nera
Norcia
Spoleto
Orvieto
Lago di Bolsena
Terni
Rieti

0   12,5   25 km

——— Confini attuali dell'Umbria
- - - Confini delle regioni storiche
○ Principali centri

☐ Territorio di Città di Castello
☐ Territorio di Gubbio
☐ Territorio di Perugia
☐ Territorio di Orvieto
☐ Ducato di Spoleto

1931	Attuazione del primo Piano regolatore di Perugia.
1943-44	Devastanti azioni di bombardamento e mitragliamento aereo su Terni, Foligno e Umbèrtide.
1944	Il 13 giugno le truppe alleate entrano a Terni, il 16 a Foligno, il 20 a Perugia; il 25 luglio a Gubbio, dove il 22 giugno 40 cittadini erano stati uccisi dai Tedeschi per rappresaglia.
1946	Al referendum istituzionale del 2 giugno l'Umbria si esprime a larga maggioranza (71.9%) per la repubblica.
1951	Fondazione, a Spoleto, del «Centro italiano di Studi sull'Alto Medioevo». Il censimento conta nella regione 803 918 residenti; nel 1971 scenderanno a 775 783.
1958	Il compositore Gian Carlo Menotti fonda a Spoleto il «Festival dei Due Mondi».
1960	Nasce la «Carta di Gubbio», per la riqualificazione del nucleo medievale e il restauro funzionale delle aree storiche.
1964	Completato il tratto Firenze-Roma dell'autostrada del Sole, che attraversa il margine sud-ovest dell'Umbria.
1970	Elezione della prima Assemblea regionale: al Partito comunista va il 41.9% dei voti, alla Democrazia cristiana il 30.3, al Partito socialista il 9.5.
1970-82	Apertura, in successivi tronchi, dei raccordi autostradali Orte-Terni e Bettolle-Perugia-Ponte San Giovanni, di collegamento tra l'autostrada del Sole e le statali Tiberina e Flaminia.
1973	Nasce a Perugia la manifestazione internazionale «Umbria Jazz».
1979	Rovinoso terremoto, il 19 settembre, nel territorio della Valnerina-Nursino.
1985-88	La società «Industrie Buitoni Perugina» viene ceduta prima alla «CIR» e quindi alla «Nestlé».
1987-89	L'attuazione del Piano di risanamento della siderurgia pubblica porta alla liquidazione della «Società Terni» e alla sua integrazione nell'«Ilva».
1989	Istituzione del Parco nazionale dei Monti Sibillini, condiviso tra Marche e – per il 28% – Umbria. Allestimento, nella Rocca di Spoleto, della mostra «Pittura del Seicento in Umbria».
1991	Censimento: i residenti nella regione sono 811 638.
1994	In Umbria – dove le stime ISTAT danno (su un territorio di 8456 km² per il 6% pianeggiante, il 41% collinare, il 53% montuoso) 822 480 residenti – gli addetti all'agricoltura sono il 7.4% della popolazione attiva (nel 1951 erano il 56.3), quelli all'industria il 33.7 e ad altre attività il 58.9.
1995	Alle elezioni regionali il PDS conquista il 38.7% dei voti, Forza Italia il 18.2, AN il 13.6, Rifondazione comunista l'11.
1996	Secondo le stime ISTAT i residenti nella regione sono 829 915.
1997	Un disastroso terremoto sconvolge, il 26 settembre (con scosse che continuano fin oltre la metà di ottobre), la parte sud-orientale della provincia di Perugia unitamente alla fascia appenninica marchigiana. Ad Assisi, Foligno e Nocera Umbra i maggiori danni al patrimonio monumentale e storico-artistico della regione.

LA FORMAZIONE
DELL'IDENTITÀ REGIONALE

Gli stereotipi coniati per questo spazio, a partire da quello post-unitario «Umbria verde e santa», al quale durante il fascismo si aggiungerà l'aggettivazione di «guerriera», a quelli più recenti connessi alla politica dell'ente regione: «Umbria cuore verde d'Italia», «Umbria città regione» e «Umbria regione delle città», racchiudono importanti elementi dell'identità di questo comparto amministrativo. I caratteri salienti della regione, che si sono affermati in un lungo arco cronologico, sono infatti la fitta trama di insediamenti umani e la rilevanza dell'economia agricola a base mezzadrile, che ha connotato l'Umbria dal basso Medioevo fino agli anni sessanta del '900. La storia di questa regione e quella della sua identità non possono, però, essere lette facendo riferimento a una base unitaria, ma è necessario ricorrere a chiavi interpretative che hanno come referente sia ambiti sub-regionali che sopra-regionali. In quanto la storia dell'Umbria, se da un lato è data dalla sommatoria della storia dei suoi territori convergenti su ben individuabili poli urbani, su un altro versante è profondamente segnata dai rapporti che singoli brani del tessuto regionale hanno secolarmente intessuto con spazi a essi esterni.

UNA TERRA DI CITTÀ E DI CONTADI. Sin dal suo apparire nella storia, l'Umbria presenta un evidente dualismo: da un lato l'area occidentale rispetto al Tevere, terra degli Etruschi, che ha più facili contatti con le coste tirreniche e i cui centri urbani sono essenzialmente collocati in posizione di poggio sulle creste collinari; dall'altro lo spazio orientale, terra di popolazioni italiche, in primo luogo degli Umbri, più isolata e chiusa in se stessa, che tende ad addensare i suoi centri urbani nelle aree vallive o sulla sommità di basse colline. Nella prima area si vanno affermando i poli urbani di Perugia e Orvieto, che si aprono alle elleniche influenze derivanti dai rapporti che riescono a instaurare con lo spazio del Mediterraneo. Nella seconda sorgono Gubbio, Todi, Assisi, Spello, Tadino (poi Gualdo Tadino), Spoleto, prima centri umbri e poi romani, ai quali vanno sommandosi insediamenti di rilievo come Foligno e Bevagna.

IL DUALISMO REGIONALE. La battaglia di Sentino del 295 a.C., determinando la vittoria di Roma e inglobando questo spazio nell'orbita di un potere unitario, tende a generare la comparsa di carattteri propri della cultura romana, che possono ancora leggersi nei diruti resti di strutture architettoniche e di impianti urbani e territoriali presenti nei centri di maggior rilievo e nei loro dintorni. La civiltà romana determina la bonifica e la colonizzazione di vaste aree paludose (ancora percepibile nel disegno parcellare di parte del territorio), dà luogo alla fortuna di centri urbani in posizione valliva e traccia assi stradali di rilievo. La successiva divisione augustea fa per la prima volta apparire il nome Umbria, che viene attribuito alla «sexta regio», comprendente però uno spazio che si dilata da Otrìcoli all'Adriatico, escludendo Norcia, che è inserita nel Sannio, e includendo anche il Casentino, oggi toscano, e l'«Ager gallicus» tra Rimini e Ancona. L'asse portante dell'Umbria è in quest'età rappresentato dalla Flaminia. Il territorio di Perugia viene invece inserito nell'Etruria.

La ristrutturazione amministrativa decretata da Diocleziano accentua il dualismo regionale e fa persino scomparire il termine Umbria. Infatti l'area orientale viene inglobata nella «Flaminia» e nel «Picenum», quella occidentale in una regione chiamata in un primo tempo «Tuscia et Umbria», poi soltanto «Tuscia». La perdita dell'identità regionale si accentua con le invasioni barbariche e con le successive lotte tra Goti e Bizantini, tra questi ultimi e i Longobardi e tra i Longobardi e i pontefici, per il controllo delle vie di accesso dai territori settentrionali della penisola verso Roma.

LO SMEMBRAMENTO ALTO-MEDIEVALE. Tra V e XI secolo, i caratteri di maggior rilievo che contraddistinguono il territorio sono dati dalla rarefazione degli abitanti, dal decadimento delle aree coltivate, particolarmente delle zone valive, dalla crisi delle strutture urbane sorte lungo i grandi assi di collegamento. Lo spazio viene così smembrandosi in una serie di piccole aree che divengono dominio di poteri feudali, laici e religiosi, in perenne contrasto; entità politiche che si connotano per le loro strutture edilizie incastellate, che vanno sorgendo in posizioni impervie e facilmente difendibili, lontano dagli antichi percorsi, e per un'economia quasi chiusa che vive di caccia, pastorizia e di un'agricoltura assai povera. Le sole entità di maggior rilievo divengono l'asse bizantino tra Roma e Rimini – che tocca Amelia, Narni, Todi, Bettona, Perugia e Gubbio e, più a ovest, Orte, Orvieto, Chiusi e Cortona – e il graduale affermarsi del Ducato di Spoleto, fondato dai Longobardi nel 575-576. Quest'ultima area, date anche le caratteristiche orografiche del territorio dominato, diviene per secoli un'entità sub-regionale molto forte, e contribuisce a ostacolare l'affermarsi di caratteri omogenei all'interno della regione. In questa età di particolarismi, gli unici elementi di omogeneità sono dati dal diffondersi degli insediamenti monastici e dei romitori, particolarmente nelle impervie zone della dorsale appenninica.

LA COSTRUZIONE DELLA TRAMA INSEDIATIVA. A partire dall'XI e fino alla metà del XIV secolo, l'area umbra mostra una sostanziale variazione dei suoi «trend» demografici, economici, sociali e culturali. L'incremento della popolazione dà luogo a una rinascita di insediamenti umani, laici e religiosi, che tendono ad assicurarsi una supremazia sulle terre loro circonvicine. Il tipo di popolamento più diffuso diviene il villaggio dislocato sulle colline, sia il villaggio circondato da mura, il «castrum», sia quello aperto, la «villa»; ma ben presto nelle terre circostanti agli abitati vanno comparendo architetture con funzione di difesa di territori e di percorsi stradali, e case isolate nei campi a uso di una mano d'opera stanziale, che con il suo operato dà luogo a una sostanziale ristrutturazione dei paesaggi agrari.

Città, castelli, ville, case sparse, torri di avvistamento e di difesa, insieme a chiese, monasteri, conventi, peregrinari e ospedali divengono i nodi di una fitta trama insediativa che va ricoprendo il territorio e che da quest'epoca è uno dei caratteri più tipici di questo spazio. I vari insediamenti vengono uniti gli uni agli altri da un nuovo e minuto sistema di collegamenti stradali, distribuiti a raggiera intorno a ognuno dei mutati poli dominanti che, abbandonando le terre paludose di pianura, seguono la dorsale dei colli dove sono sorti i nuovi nuclei abitativi e travalicano le montagne, mettendo in collegamento i centri umbri con i territori contermini.

CITTÀ ANTICHE E NUOVE ENTITÀ URBANE. Le rare e antiche città di età classica, sopravvissute alla fase di crisi alto-medievale in quanto centri di amministrazione religiosa, vengono abbandonate e ricostruite in posizione di poggio o di pendio. Tra gli esempi più significativi possono citarsi quelli di Gubbio, Acquasparta, Gualdo Tadino, Trevi. Sulla pianura continuano a esistere solo alcuni nuclei insediativi posti in posizione strategica, come Terni, Foligno, Bevagna, Città di Castello, che si vivacizzano grazie all'azione del mercato.

La rinascita urbana determina anche un radicale ammodernamento dell'economia agricola. La toponomastica medievale umbra è altamente indicativa di questo sforzo dell'uomo che, alla ricerca di nuovi spazi insediativi e di superfici da mettere a coltura, rende fertili aree acquitrinose e montane. Infatti in tutta la regione compaiono toponimi quali Arboreto, Bosco, Canneto, Cardeto, Carpineto,

Cerqueto, Cerreto, Cerro, Faggeto, Farneto, Felceto, Fratta, Fratticciola, Gualdo, Noceto, Olmo, Olmeto, Padule, Pantano, Salceto, Sterpeto, che sono sintomo della consistente azione umana sull'ambiente. La ricca documentazione conservata negli archivi pone anche in rilievo come in questa fase vengano fondati numerosi insediamenti, che testimoniano il consolidarsi di rinnovati rapporti giuridici che legano l'uomo alla terra. A titolo di esempio può sottolinearsi il diffondersi nella toponomastica di intitolazioni che hanno come prefisso «Villa francorum de», «Villa nova», «Castrum novum», che evidentemente stanno a indicare l'affrancamento dai vincoli feudali dei rispettivi abitanti e il fatto che i nuovi insediamenti sorgano sulle terre dissodate a difesa della popolazione e dei confini comitatini dei territori facenti capo alle nascenti entità comunali.

Gli abitati che vengono fondati o quelli preesistenti a questa fase di sviluppo e che da essa traggono nuova linfa vitale, dislocati in posizione di poggio o di pendio sulle quinte collinari, vanno assumendo la tipologia che li contraddistinguerà fino a un'età molto recente. Le rinnovate forme urbane che vanno affermandosi possono essenzialmente sintetizzarsi in tre grandi categorie: insediamenti a tentacoli, di cui Perugia rappresenta un esempio significativo, dove il nucleo urbano di età classica, già posto in posizione di sommità, tende ad ampliarsi lungo i principali assi stradali che da esso si dipartono seguendo la dorsale delle colline circostanti; insediamenti a terrazzamenti, nei quali il territorio è sfruttato anche in senso scenografico e le strade e gli slarghi non seguono l'andamento del suolo, ma si aprono su strutture architettoniche di rilievo (basti pensare agli esempi di Assisi e di Gubbio); insediamenti a schema anulare o triangolare (Corciano, Preggio, Agello, Trevi) dove il simbolo del potere, pubblico o religioso, con le sue volumetrie svettanti, sovrasta l'abitato dando l'immediata percezione della struttura gerarchica su cui è impostata la società.

NUOVI SCENARI URBANI E RURALI. La crescita demografica, che fino al 1348-50 è sostanziale in tutta la regione, non solo determina l'urbanizzarsi del territorio, i tentativi di conquista delle terre montane e di quelle di pianura, il depauperamento del patrimonio boschivo a uso delle esigenze di un'aumentata popolazione, il vivacizzarsi del movimento delle strade e dei mercati, l'affermarsi dei territori umbri come importante crocevia per i traffici che attraversano l'area centrale della penisola, ma dà luogo anche a un consistente ampliamento delle antiche cerchie murarie dei centri sorti in età classica, che non riescono più a contenere e difendere gli abitanti.

Nel corso del secolo XIII e nei primi decenni del XIV, nuovi perimetri urbani sono testimoniati nella maggioranza delle città dell'Umbria.

Questa fase di sviluppo è meno evidente nella fascia della dorsale appenninica, anche se va sottolineato che quest'area montana in età medievale non rappresenta una barriera tra i territori umbri e quelli confinanti: essa si caratterizza infatti come spazio d'unione piuttosto che di divisione di uomini, culture, istituzioni ed economie. In quest'area montana, grazie alla realtà ambientale e sociale, perdura l'abitato accentrato, nella maggior parte dei casi fortificato.

È grazie alla fase di sviluppo, alle fortune economiche individuali e collettive e al rinnovato spirito consociativo di uomini che si riconoscono liberi – pur se tra loro separati e appartenenti non a un'area regionale ma a singole porzioni della stessa incentrate su poli urbani ognuno dei quali gravitante su spazi esterni – che le collettività cittadine possono porre in essere opere pubbliche laiche e religiose di prestigio: basti pensare alla costruzione degli imponenti palazzi pubblici, delle prestigiose cattedrali, delle preziose fontane, ma anche alla lastricatura di piazze e di strade, all'impianto di sistemi fognari, alla realizzazione di acquedotti.

Dal XIII secolo, le architetture degli Ordini mendicanti vanno segnando con le loro semplici quanto raffinate volumetrie le aree terminali dei borghi cittadini. Particolarmente dopo la morte di Francesco d'Assisi, il movimento religioso e culturale coagulato intorno all'Ordine francescano fa sorgere nella regione un nuovo stile, che coniuga felicemente la tradizione romanico-umbra con il gotico internazionale. Quello stile che, sia in campo architettonico sia in quello iconografico e più complessivamente culturale, troverà una prima chiara applicazione nelle imponenti basiliche di S. Francesco e di S. Chiara, e verrà poi esportato su larga scala dalla piccola Assisi – divenuta per circa cento anni crogiuolo di forme, di modi di essere e di rappresentarsi – ai centri di tutta Europa, per giungere successivamente anche negli altri continenti.

L'IMMAGINE DELLA REGIONE TRA MITO E REALTÀ. La narrazione e la rappresentazione degli episodi della vita di Francesco e dei suoi seguaci, a iniziare dal famoso ciclo realizzato nella Basilica dedicata al santo, favoriscono la diffusione della fama di Assisi e con essa dei territori umbri, contribuendo alla costruzione di un'immagine della regione quale luogo di pace, di preghiera, di serenità. Questo prodotto dell'immaginario collettivo, creato in ambienti colti e spesso lontani dall'Umbria, assume caratteri leggendari e verrà anche successivamente veicolato dagli artisti operanti in questo spazio o che a esso si ispirano. Ben lontana da esso è però la dura realtà che i territori della regione e i loro abitanti devono affrontare a partire dalla metà del Trecento. Basti pensare che entro la fine del Quattrocento si conteranno in Umbria ben quaranta distinti anni di notevole diffusione di pestilenza, e che tra il 1345 e il 1604 ben dodici terremoti, di intensità valutabile tra l'ottavo e il nono grado, distruggeranno gli abitati della regione.

Nello stesso periodo, ancor più gravi disastri deriveranno dall'essere i vari territori in cui la regione è ripartita teatro di continue guerre, combattute tra i singoli centri urbani per la conquista di posizioni di predominio, tra entità comunali e nobiltà feudale, tra condottieri e nobili alla ricerca di affermazioni signorili, e ancor più tra i poteri urbani e la sede papale che tende a dilatare il suo dominio. Tra gli anni cinquanta e gli anni settanta del Trecento, l'acuirsi dei contrasti tra il Papato e le entità comunali umbre dà luogo a guerre sanguinose e all'arrivo ad Assisi, Narni, Orvieto, Spello, Spoleto, Todi, Narni e in numerosi altri centri minori del legato pontificio, cardinale Egidio Albornoz, che decreterà sostanziali ristrutturazioni urbane facendo sorgere sulla sommità degli abitati imponenti rocche a difesa del potere papale contro i riottosi cittadini. A Perugia, dove nel 1371 scoppia una violenta sommossa popolare degli artigiani minuti contro il potere dei mercanti imprenditori delle arti tessili, l'alleanza tra popolo grasso e nobiltà fuoriuscita sostenuta dalle milizie pontificie determina la sottomissione della città al legato papale Gerard du Puy, che decreterà la costruzione, su progetto di Matteo Gattaponi, di una gigantesca cittadella turrita, sulla sommità del colle del Sole; la fortezza sarà portata a termine in tre anni e mezzo, ma verrà completamente rasa al suolo dai cittadini già nel 1376, in seguito all'ultima sommossa popolare di rilievo della città contro l'odiato potere dei papi.

LA VANA RICERCA DI UN'UNITÀ REGIONALE. La seconda metà del Trecento e tutto il Quattrocento si caratterizzano anche in Umbria per la formazione delle signorie e per i tentativi di passaggio dalle forme statuali a base comunale a più ampi Stati regionali. Questa tendenza è favorita dalla politica pontificia, che si avvale delle rivalità tra i vari centri urbani, tra le grandi famiglie e tra nobiltà e popolo grasso per determinare una crisi sostanziale delle strutture politiche promosse nell'età dei governi popolari e per estendere la propria area di influenza. Ma la politica papale e la debolezza finanziaria e strategica delle singole famiglie umbre, unitamente alla fase di crisi demografica ed economica successiva alla peste nera, fanno sì che nella regione non si riesca ad affermare un gruppo dominante. Da ciò deriverà un incremento del frazionamento dello spazio umbro, oltre che un declino della sua economia che, danneggiata dalle continue guerre, vede scemare la forza delle sue produzioni artigiane e l'attrattiva dei suoi mercati.

I tentativi di Braccio Fortebracci prima e dei Baglioni poi di consolidare la supremazia di Perugia nel contesto regionale; dei Trinci che nel 1421 riescono a estendere il loro dominio da Foligno, a Nocera, Montefalco, Giano, Gualdo, Bevagna, Bettona, Trevi, giungendo fino a Leonessa; dei Vitelli a Città di Castello, e ancor più quelli di altri condottieri e nobili di minor prestigio, non avranno alcun risultato concreto per la formazione di uno Stato regionale. Per i cartografi, i geografi, gli storici, i cronisti, gli amministratori l'Umbria non esiste, e si continua a parlare di Perugino, Tuderte, Orvietano, Assisano, Eugubino, Folignate, Ducato di Spoleto.

IL RIAPPARIRE DEL TERMINE UMBRIA. Dopo la guerra del sale e la sconfitta di Perugia (1540), la storia dell'Umbria diviene parte della più ampia storia dello Stato della Chiesa. Nel 1565 Cipriano Piccolpasso, il provveditore alla fortezza di Perugia – quella Rocca Paolina realizzata su progetto di Antonio da Sangallo il Giovane, massicciamente sovrapposta alla città nell'area di colle Landone, e tanto odiata dai Perugini che la abbatteranno non appena la città entrerà a far parte del Regno d'Italia – elaborando un volume dedicato a *Le piante et ritratti delle città e terre dell'Umbria sottoposte al governo di Perugia*, delinea una situazione più stabile del territorio. Il governo di Perugia si estende ora fino a Città di Castello e include gran parte dell'area regionale posta a sinistra del Tevere, fino a Fossato di Vico e a Sigillo, a esclusione di Gualdo Tadino e di Gubbio, che fa parte del Ducato di Urbino. Spoleto ha un governo a sé. Todi fa nuovamente parte dell'Umbria, mentre Amelia e Orvieto ne sono escluse, in quanto quest'ultima è considerata parte integrante della provincia del Patrimonio. Una realtà similare è tratteggiata da monsignor Innocenzo Malvasia nella sua *Visita* del 1588-90, effettuata per ordine di Sisto V.

Il termine Umbria, dimenticato per secoli e riutilizzato da Piccolpasso e Malvasia, era stato riscoperto nell'*Italia illustrata* di Flavio Biondo, la cui prima edizione critica è del 1474. Nell'ambito della generale ripresa della tradizione classica del tema delle regioni italiane, il nome Umbria riappare, ma ancora una volta non per identificare l'attuale spazio regionale. Biondo infatti ripartisce il territorio umbro in due regioni: l'Etruria e l'Umbria, e ritiene che il termine

Umbria sia da attribuirsi a quell'area compresa tra gli Appennini e i corsi del Tevere e dell'Aniene, che essenzialmente si identifica con il territorio del Ducato di Spoleto. In base a questa interpretazione i confini dell'Umbria sarebbero dati a nord dai castelli di Montedoglio e Pratolino, includendo quindi anche Sansepolcro e il suo territorio; a est dallo spartiacque appenninico, che in alcuni casi viene travalicato; a sud il confine al di là di Otrìcoli, verso la Sabina, resta più incerto; a ovest segue le sponde del Tevere.

UMBRIA, OVVERO IL DUCATO DI SPOLETO. La grande fortuna dell'opera di Flavio Biondo nel corso di tutto il Cinquecento favorisce tra geografi, cartografi e trattatisti il consolidarsi dell'ipotesi che il termine Umbria vada attribuito all'area pertinente al Ducato di Spoleto. Su questa linea vengono infatti impostate numerose opere, anche se ognuna di esse presenta delle varianti confinali, tra le quali possono essere ricordate quelle del vicentino Zaccaria Lilio (1493), del tedesco Sebastiano Münster (1537), del veneto Domenico Mario Nigro (1510), di Raffaello Maffei (1552), di Giovanni Antonio Magini che nell'*Italia*, opera apparsa postuma nel 1620, inserisce una carta intitolata «Umbria, ovvero Ducato di Spoleto», e considera il Perugino uno spazio del tutto staccato dalla Toscana ma separato dall'Umbria, come lo sono anche i governi di Città di Castello e di Orvieto.

Nell'ambito di questa rinnovata attenzione per la tematica regionale una posizione di rilievo va indubbiamente riconosciuta al bolognese Leandro Alberti, che nella sua *Descrittione di tutta Italia*, di metà Cinquecento, pone anch'egli Perugia in ambito toscano e in merito all'Umbria annota: «Al fine di Toscana essendo pervenuto, hora voglio entrare nell'Umbria terza regione d'Italia, hoggidì per maggior parte Ducato di Spoleto dimandata [...]», e in questo spazio include Città di Castello, Gubbio, Assisi, Norcia, Terni, ma anche la Sabina, alla quale a suo dire fanno capo Visso, Scheggino, Monteleone, Leonessa, Ferentillo, Arrone, Collescìpoli, Stroncone, Otrìcoli, il lago di Piediluco e Rieti.

Se per geografi, cartografi e amministratori non esiste l'Umbria quale entità unitaria, a partire dal secolo XVII tra storici ed eruditi locali la regione nella sua interezza inizia a divenire oggetto di analisi. Particolarmente Lodovico Iacobilli insiste sul concetto che se non vi è un'unità amministrativa tra i singoli poli urbani della regione, distribuiti in maniera gerarchica, ve ne è una sul piano culturale e sacrale. Malgrado queste intuizioni, l'Umbria viene ancora percepita come sommatoria dei territori dipendenti dai vari poteri urbani, anche se non più autonomi.

L'AFFERMARSI DELLA MEZZADRIA PODERALE. Con gli anni quaranta del secolo XVI e il definitivo inserimento dell'Umbria nell'ambito dello Stato della Chiesa, pur con il ritorno a una pace sociale, la crisi economica non fa che acuirsi e i vari territori della regione vanno assumendo un connotato di marginalità nella politica del nuovo stato. I tentativi di intervento di stampo mercantilistico, già portati innanzi dai singoli poteri locali nel secondo Quattrocento, non riescono ad avere alcun risultato concreto. La crisi dei mercati si traduce in crescente crisi delle produzioni urbane, che divengono sempre più scadenti; l'economia tende a ruralizzarsi mentre la società va nobilizzandosi. Lo spostamento dei capitali dall'ambito cittadino a quello contadino dà luogo a un sostanziale modificarsi dei paesaggi agrari, che vanno caratterizzandosi per la diffusione delle case nei campi, quelle strutture edilizie che i contratti di mezzadria sempre più presenti impongono alle nuove forme gestionali. La mezzadria – che diviene assieme alla diffusa presenza della città sul territorio il secondo elemento che fino alla fine degli anni cinquanta del '900 connoterà l'identità dell'Umbria – fraziona l'uomo nello spazio e dà luogo alla genesi di una miriade di microcosmi che in maggioranza vivono di autoconsumo, allontanandosi dal gioco del mercato. La mezzadria si diffonde prima in collina, poi gradatamente nelle terre di pianura che le opere di bonifica vanno riconquistando al dominio delle acque. La pianura, però, mal sopporta le colture legnose, particolarmente la vite e l'olivo, e sarà necessaria l'affermazione del sistema poderale perché alle terre umide di pianura adatte alla coltivazione dei cereali si annettano lembi di collina, onde poter consentire la varietà colturale indispensabile all'esistenza della struttura mezzadrile.

LA RURALIZZAZIONE. Con il secolo XVII, il fenomeno dell'appoderamento mostra una generale stasi in connessione anche alla crisi di capitali e ai vuoti demografici determinati dalle pestilenze degli anni trenta e quaranta; ma nel '700 e ancor più nell'800 la ripresa è evidente, e il contratto mezzadrile conquista anche le terre di alta collina e di montagna. In queste ultime zone, a differenza di quelle di collina e di pianura dove l'appoderamento aveva richiesto una lenta ricomposizione delle singole particelle, il podere si crea direttamente a detrimento dei boschi e dei pascoli, anche se la sua redditività, trascorsi i primi anni di dissodamento, tende ben presto a calare. La crisi urbana e la crescente ruralizzazione del capitale svuotano le città di artigiani, di mercanti, delle fasce più deboli dei lavoratori. Nella citata opera, Cipriano Piccolpasso annota in relazione ad Assisi: «È la città in sé mal composta, vi si veggano molte case disabitate et distrutte contigue con l'habitate, tal ch'ella somiglia più tosto un residuo di città che città compita».

LA NOBILIZZAZIONE DELLA SCENA URBANA. Gli spazi urbani vanno radicalmente trasformandosi. Le antiche residenze artigiane e mercantili dei brani di maggior prestigio delle città vengono gradatamente conquistate da una nobiltà vecchia e nuova, da un ceto di proprietari fondiari assenteisti che nelle scenografie urbane, inventandosi un'identità, tentano di recitare un ruolo di prestigio, attraverso la costruzione di palazzi, di oratori, di cappelle, di luoghi per la festa, di teatri, di spazi atti a divenire ambiti dove si concretizza la nuova realtà dei ceti egemoni. Mentre le aree marginali della città, rimaste in gran parte inedificate dopo la crisi demografica trecentesca, si popolano di emarginati, spesso rinchiusi in ospedali e ospizi, e di conventi e monasteri: questa società di redditieri, non potendo frazionare i patrimoni nelle successioni ereditarie, è infatti costretta a obbligare alla monacazione la maggioranza dei propri figli.

Chi oggi passeggia tra le scoscese vie e le ripide scalinate dei nuclei urbani umbri percepisce a prima vista l'immagine di pietrose città medievali. Piazze, strade, vicoli, rampe hanno conservato una chiara impronta dei secoli XIII-XV, e solo in alcuni spazi centrali hanno assunto i caratteri prospettici e scenografici propri della cultura barocca. Ma uno sguardo più attento pone in rilievo che la maggior parte degli edifici – particolarmente quelli posti entro le aree centrali degli abitati – sono impronta di profonde ristrutturazioni, realizzate tra secondo Cinquecento e inizi Ottocento, di medievali residenze artigiane e mercantili e di gotici spazi religiosi. La riconquista degli ambiti urbani più prestigiosi da parte della nobiltà si traduce in un sostanziale ridisegno delle tipologie edilizie. In luogo delle schiere delle mononucleari residenze artigiane e mercantili, allineate lungo gli assi stradali e con gli orti retrostanti, i nuovi proprietari creano palazzi utili all'esistenza di famiglie allargate, che vedono più nuclei parentali convivere, onde non disperdere nelle successioni ereditarie il potere del patrimonio fondiario.

Le famiglie nobili, dopo aver acquisito più lotti edificati nei secoli XIII-XV, tramite i loro architetti ne trasformano sostanzialmente la struttura verticale originaria. La facciata viene abbellita con un portale sormontato dallo stemma familiare e spesso da una balconata, da linee marcapiano, da finestre dislocate su linee parallele e contornate di pietra lavorata o di marmi. Gli intonaci danno omogeneità alle nuove strutture e il variare di colori delle loro tinteggiature, secondo le mode e i gusti delle varie epoche, modificano i piani di colore delle città che assumono un assetto sostanzialmente nuovo e diverso dall'originaria impronta gotica.

La cultura romantica dell'Ottocento con la sua riscoperta del Medioevo, il gusto enfatizzante del fascismo e la carenza di capitali hanno determinato una caduta o un'asportazione degli intonaci di età moderna, rievidenziando brani delle antiche strutture medievali, cadenzate da aperture ogivali e caratterizzate dall'utilizzo di materiali edilizi assai vari e spesso poveri, che si sono trovati a dover convivere con decori barocchi e neoclassici. La più recente politica in materia urbanistica delle amministrazioni locali sta riproponendo le scialbature, che fanno riscoprire il senso dei palazzi nobiliari sorti tra la seconda metà del Cinquecento e la prima metà dell'Ottocento; spesso però gli interventi non sono stati omogenei nelle singole aree, dando luogo a piani di colore del tutto incongrui con la cultura locale.

UNO SPAZIO RIPIEGATO SU SE STESSO. A partire dal Seicento, l'Umbria è ormai una delle tante province dello Stato della Chiesa e non ha alcun particolare rilievo per Roma se non quale area di provenienza di derrate alimentari, specialmente di grano, di vino e di olio (da qui la grande proliferazione nelle campagne dei molini) e di forza lavoro a bassissimo costo, da sfruttare nei lavori domestici e stagionalmente nelle malariche plaghe dell'Agro pontino e della Maremma. Questa ruralizzazione dell'Umbria e questa scarsa attrazione nei confronti di un mercato di ampio raggio pongono sempre più al potere centrale l'esigenza di dotare la regione di un minimo di struttura commerciale. Ecco così la moltiplicazione delle fiere: basti pensare che nel '600, entro gli attuali confini regionali, se ne contavano 28, e che addirittura all'atto dell'unificazione nazionale se ne censiranno ben 449, oltre a 71 mercati periodici. In questo desolato panorama economico, unica piazza di un certo rilievo continua a essere Foligno per la sua felice ubicazione stradale. Qui, infatti, ancora in pieno Seicento le fiere hanno una grande risonanza e vedono giungere mercanti e mercanzie che provengono da spazi assai lontani. Ma non va dimenticato che ormai le vie d'acqua stanno sopravanzando quelle di terra e che nel Settecento anche le derrate agricole, che da Ancona si muovono verso Roma, preferiscono la via di mare, piuttosto che seguire i costosi tracciati via terra, che transitano per l'Umbria.

Anche per il pubblico colto dei viaggiatori che tra XVI e prima metà del XIX secolo transitano lungo i principali percorsi stradali della regione, i territori umbri e le loro cittadine, permeati di notazioni medievali, esercitano scarsa attrazione in quanto appaiono immagine di un'età ritenuta priva di nobiltà. Libri di viaggio e di posta scritti da e per viaggiatori, che più per obbligo che per scelta percorrono l'Umbria, fanno menzione quasi soltanto dell'Arco Etrusco a Perugia, del cosiddetto tempio di Minerva ad Assisi, del ponte romano di Narni, del tempietto del Clitunno, della cascata delle Màrmore. Nel coro di voci negative sulla medievale Umbria, dove Todi continua a esser definita «quasi completamente in rovina», Assisi «città triste e deserta», Orvieto centro con un Duomo interessante «benché gotico», Spoleto «una povera città scarsamente popolata», una delle rare notazioni positive è reperibile nel *Voyage en Italie* del francese Joseph-Jerome de Lalande, pubblicato nel 1768, che tratta di tutte le città della regione poste lungo gli itinerari postali, dando notizie di storia, arte e architettura.

Il periodo francese non lascia sostanziali tracce nella regione, tranne le consistenti spoliazioni di opere d'arte e un primo affermarsi di un nuovo ceto burocratico di matrice borghese. L'Umbria continua a caratterizzarsi per una depressa economia agricola a base mezzadrile. Ma è in età napoleonica che il territorio umbro assume un carattere di compattezza: infatti viene unificato nel Dipartimento del Trasimeno, con Spoleto come capoluogo. Con la restaurazione viene ripartito nelle due delegazioni di Perugia e Spoleto, che nel 1853 vengono elevate al rango di provincia al pari di Orvieto, mentre il contado di Gubbio viene annesso alla provincia di Pesaro e Urbino.

LA NASCITA DELLA REGIONE. Il confronto tra la carta dedicata alla regione, inserita nell'*Atlante geografico degli Stati italiani*, pubblicato da A. Zuccagni Orlandini nel 1844, e quella acclusa all'opera di F. Francesconi, *Alcuni elementi di statistica della Provincia dell'Umbria*, apparsa nel 1872, pone in evidenza che, tranne piccole differenze, con l'annessione al Regno d'Italia si sancisce una realtà che si era andata consolidando nelle mentalità collettive nel lungo periodo, e che in età francese aveva trovato una sua codificazione. La regione esiste ed è strutturata nei cinque circondari di Perugia, Foligno, Spoleto, Rieti e Orvieto; i suoi confini, a parte il Reatino che verrà sottratto all'Umbria nel 1923, sono pressoché coincidenti con quelli odierni.

La rivalutazione del Medioevo, propria della cultura romantica, fa sì che l'Umbria gradatamente riacquisti pregio per il pubblico intellettuale, che torna a popolare la sua scena. Nel 1818 e nel 1850, il rinvenimento dei corpi santi di Francesco e di Chiara di Assisi determina un richiamo per la sacralità umbra. Col ritorno in auge della cultura medievale, l'Umbria torna a essere alla moda e si provvede a un restauro e a un ripristino dei suoi monumenti. Questa tendenza a valorizzare il Medioevo umbro perdurerà in tutto il Novecento e anzi, in età fascista, giungerà all'esasperazione, facendo assumere a molte cittadine della regione un connotato ipergotico, del quale Assisi è l'esempio più significativo.

IL VARIARE DELLA STRUTTURA E LE NUOVE PROBLEMATICHE. L'unificazione italiana e ancor più la successiva formazione del mercato nazionale non fanno che aggravare la critica situazione dell'economia umbra. Insieme alla crisi della piccola proprietà contadina indipendente e dell'artigianato, si inizia ad attuare un processo di separazione tra manifattura e agricoltura. I contadini umbri delle aree più povere, già costretti da lungo tempo a emigrare stagionalmente nelle Maremme e nella campagna romana, vanno sempre più a ingrossare le fila di un'emigrazione che da stagionale diverrà poi gradualmente permanente. Questo panorama economico e sociale mostra, nel cinquantennio postunitario, elementi di modificazione che diverranno base della sua successiva destrutturazione. I dati contenuti nell'inchiesta industriale del 1890 e quelli ricavabili dal *Censimento degli opifici e delle imprese industriali al 10 giugno 1911* mostrano che le variazioni vanno ricercate in cause endogene al contesto regionale e ancor più in cause esogene a esso. Tra le prime vanno ricordate: l'incremento verso l'investimento fondiario, che mostra un'impennata dopo il 1870 in seguito all'alienazione dell'asse ecclesiastico, che non risolve – ma anzi accentua – il fenomeno della frammentazione della grande proprietà rurale e fa calare la disponibilità di capitali liquidi sul mercato finanziario; la grave situazione ipotecaria in cui versano le maggiori aziende agricole di matrice nobiliare, la cui soluzione determinerà, all'inizio del nuovo secolo, un consistente trasferimento di terra nelle mani della borghesia e un conseguente variare dei sistemi di gestione della terra, che daranno luogo a incremento di espulsione di lavoro dalle campagne; lo stato dell'apparato bancario e più complessivamente creditizio della regione, che subirà un impatto negativo dalla politica nazionale in questo settore. Tra le principali cause esogene vanno menzionate: la crisi agraria connessa alla caduta dei prezzi; l'insediamento a Terni nell'ultimo ventennio dell'Ottocento della grande industria siderurgica, non certo generata da fenomeni di accumulazione interni alla regione, ma voluta da una logica insediativa completamente estranea all'Umbria, che determinerà un forte dualismo regionale; la destrutturazione che investe il già carente apparato manifatturiero dell'Umbria; la politica di collegamenti, in primo luogo ferroviari, attuata dallo Stato che marginalizza la regione rispetto ai grandi movimenti economici.

UNITÀ AMMINISTRATIVA, DUALITÀ SOCIO-ECONOMICA. L'unificazione della regione, affermatasi in campo amministrativo, non si traduce in omogeneizzazione o complementarità dei suoi singoli ambiti sulla base di processi economici. L'Umbria si consolida principalmente sul piano sociale, che vede al suo apice ceti dominanti – risiedenti nei vari centri urbani della regione – favorevoli al perpetuarsi di un modello economico fondato essenzialmente sull'agricoltura mezzadrile, e alla sua base una crescente massa di contadini che vivono in pessime condizioni. La situazione assumerà dei caratteri assai critici quando, agli inizi del Novecento, l'incrementato carico demografico si tradurrà in una saturazione della popolazione agricola. A partire dall'età a cavallo tra i due secoli, l'Umbria mezzadrile contribuisce sostanzialmente all'emigrazione italiana e le aree marginali mostrano i più consistenti abbandoni. La gerarchizzazione degli spazi si traduce in gerarchizzazione delle città, e così, mentre i centri urbani minori decadono, Perugia e Terni assumono un ruolo dominante, pur se completamente diverso.

Tra gli inizi Novecento e il fascismo si assiste a un ulteriore compattamento del tradizionale ceto agrario dirigente. Tranne che negli anni immediatamente successivi alla prima guerra mondiale, il modello economico plurisecolare dell'agricoltura mezzadrile non viene messo in discussione. Il ciclo autoconsumo contadino-finanziamento della rendita resta determinante per la realtà umbra. Ma l'incentivarsi della proprietà di matrice borghese come l'affermarsi del notabilato cittadino connesso alle professioni liberali e alla struttura burocratica determinano una modificazione nei tessuti urbani originari, che nelle aree di sviluppo sorte oltre le circonvallazioni, che già all'inizio del Novecento si sono venute creando, e lungo le aste di collegamento tra gli antichi centri storici e le stazioni ferroviarie, mostrano l'iterazione dei villini e dei piccoli condomìni.

La rottura di questo sistema economico e sociale si avrà essenzialmente a partire dagli anni '50 e '60 del Novecento, quando le nuove possibilità offerte dallo sviluppo economico italiano e anche da quello regionale si tradurranno nel rapido abbandono delle terre. Le zone di alta collina e di montagna si spopolano e i loro abitanti tendono a spostarsi verso le zone vallive e ancor più verso le tre aree urbane principali: Perugia, Terni e Foligno.

LA PIANIFICAZIONE NOVECENTESCA. Negli anni '30, la stagione dei piani regolatori vede anche in Umbria progettazioni di rilievo, che prevedono massicci sventramenti dei tessuti urbani, creazione di nuovi spazi e architetture razionaliste. Per fortuna, la carenza dei capitali fa sì che l'azione del piccone demolitore-risanatore in Umbria lasci scarsi segni. Le architetture di maggior prestigio vengono restaurate, pur se in stile, e sgombrate da elementi che vi si erano sovrapposti nei secoli, per farle giganteggiare negli scenari urbani. Gli interventi demolitori più consistenti si hanno a Foligno, dove le mura urbiche vengono cancellate, a Spoleto e ancor più a Terni dove il tessuto medievale subisce un profondo attacco, mentre le nuove architetture razionaliste conquistano spazi sempre crescenti.

La mancata applicazione dei piani regolatori, se salva le cittadine umbre da imponenti distruzioni, perpetua il ricorso a regolamenti edilizi che subiscono continui aggiornamenti, e fa sì che sia nel ventennio fascista sia e ancor più negli anni della ricostruzione postbellica il tessuto urbanistico umbro subisca dei forti attacchi speculativi, che mutano sostanzialmente l'armoniosa struttura di numerose città. Così gli anni '50 e '60, caratterizzati dalla crisi dell'agricoltura e dai consistenti incrementi delle popolazioni cittadine, saranno tra i più deleteri per sconvolgere gli antichi equilibri tra città e campagna ed entro le città per far proliferare aree dormitorio, spazi industriali, e far sorgere una nuova viabilità non ben pianificata, che pone gravi problemi di convivenza e di traffico.

IL TEMPO DEL DEGRADO. Nella fase di sviluppo economico che si realizzerà tra gli anni '60 e gli anni '70, le periferie urbane vanno completamente trasformandosi e degradandosi; Perugia ne è l'esempio più significativo. Il connotato insediativo più specifico dell'Umbria – nuclei urbani principali con centri satelliti ben separati tra loro – cede il passo a fusioni (si pensi a ciò che si è verificato tra Perugia e San Sisto, tra Perugia ed Ellera, tra Bastìa e Santa Maria degli Angeli, tra Foligno e l'area della stazione di Trevi, tra Terni e Narni); gli aggregati minori perdono in molti casi una loro autonoma fisionomia e la loro capacità aggregativa; l'edilizia rurale, che rappresenta uno dei grandi valori di questo spazio, abbandonata e non salvaguardata, va in degrado o viene malamente ristrutturata in chiave di residenza estiva o di agriturismo, apportandovi consistenti manomissioni.

Malgrado questi danni le cittadine umbre e i loro territori continuano a mostrare ai visitatori e ai propri abitanti un ambiente di rara raffinatezza, dove i segni dell'uomo sovrappostisi nel corso di una storia millenaria convivono felicemente con l'ambiente naturale.

LA VICENDA ARTISTICA

La regione intesa nel suo ambito attuale è una distrettuazione di conio otto-novecentesco, cioè post-unitario. Le sue ascendenze storiche somigliano assai poco alla configurazione recente. Il confronto non è solo con la remota terra né con i territori afferenti a due diverse culture, quella etrusca (Perugia, Todi, che tuttavia da Plutarco è detta umbra, Orvieto) e quella umbra, alla sinistra del Tevere; ma soprattutto con la configurazione che la regione oggi denominata Umbria va assumendo in epoca medievale e moderna.

L'ANTICA TERRA DEGLI UMBRI. I confini del territorio degli Umbri delimitavano un'area assai vasta, inscrivibile in una fascia che si affacciava sull'Adriatico estendendosi a nord fino a Ravenna. Il Tevere, che a ovest ne costituiva una naturale linea di demarcazione, era in realtà per la sua stessa natura via di comunicazione e di scambio interetnico. L'antropizzazione del territorio umbro è documentata già durante le varie fasi del Paleolitico da manufatti litici, mentre per l'età neolitica (VI-V millennio a.C.) testimoniano una produzione ceramica i rinvenimenti di Abeto di Norcia, Tana del Diavolo di Parrano (Nocera Umbra), grotta Bella di Avigliano Umbro, oltre alle importanti scoperte effettuate nell'area della necropoli delle Acciaierie a Terni. All'epoca eneolitica è ascritta una sepoltura rinvenuta a poggio Aquilone nei pressi di San Venanzo, mentre per l'età dei metalli, a partire dal III millennio a.C., non disponiamo di attestazioni altrettanto consistenti: si può fare riferimento tuttavia ai numerosi «ripostigli» destinati ad accogliere l'eccedenza di metallo già trasformato in oggetti di uso comune.

A partire dal XVI secolo a.C. (età del Bronzo medio) comincia a delinearsi per tutto l'arco appenninico centro-meridionale la cosiddetta cultura appenninica, fondata su mutate condizioni di vita legate all'attività pastorale di tipo transumantico. Queste trasformazioni si riflettono anche sulla produzione ceramica, ora maggiormente diversificata per tipologia e arricchita da motivi decorativi di forme geometriche. Al periodo di transizione dall'età del Bronzo a quella del Ferro è riferibile il sepolcreto di Monteleone di Spoleto, famoso soprattutto per aver restituito lo splendido carro bronzeo conservato al Metropolitan Museum di New York. Più abbondanti sono le testimonianze dell'età del Ferro, in particolare nel territorio a sinistra del Tevere in prossimità di importanti luoghi di culto d'altura (ad esempio *Plestia* sull'altopiano di Colfiorito) o i ricchissimi giacimenti della necropoli delle Acciaierie di Terni e quelli recentemente messi in luce sul colle S. Elia a Spoleto.

La civiltà etrusca, diffusasi alla destra del Tevere, ebbe i suoi centri più importanti in Perugia e Orvieto, ciascuno dei quali esercitava il controllo su un ampio territorio. Se l'ingente quantità di reperti riferibile alle aree di influenza delle due città è conservata oggi per lo più nel Museo Archeologico nazionale di Perugia e al Museo «Claudio Faina» di Orvieto, testimonianze di grande interesse ancora visibili in situ sono, tra le altre, le necropoli di Cannicella e di Crocifisso del Tufo presso Orvieto e il monumentale ipogeo dei Volumni presso Perugia.

Più scarse e incerte sono le conoscenze relative alle popolazioni italiche, che occuparono il territorio a sinistra del Tevere nei secoli che precedettero la conquista romana. Anche il documento più noto, le Tavole di Gubbio, pure importantissime per la lingua, la religione e l'ordinamento della città, è di scarso aiuto per una comprensione complessiva della cultura degli Umbri. Appartengono, invece, a un periodo in cui è già avviato il processo di romanizzazione testimonianze monumentali come le cinte murarie poligonali di Amelia e di Spoleto o gli stanziamenti fortificati, a esempio quello di S. Erasmo di Cesi.

LA ROMANIZZAZIONE. L'inesorabile avanzata di Roma in territorio umbro e la sottomissione degli Umbri ebbero il primo inequivocabile segnale nella battaglia di Sentino (295 a. C.). Ne fu naturale conseguenza la progressiva fondazione di colonie il cui collegamento venne garantito dalla apertura della Via Flaminia (219 a.C.) e dal miglioramento del più antico percorso della Via Amerina. È nel corso del I secolo a. C., dopo la guerra sociale, che la maggior parte delle città umbre diventano municipi e si avviano verso quella piena romanizzazione, attuatasi sotto Augusto, che decretò la nascita della «VI regio» (Umbria), comprendente tutti i centri alla sinistra del Tevere in un territorio che si estendeva fino al litorale adriatico (la «VII regio», l'Etruria, includeva le città alla destra del fiume). Nell'ambito delle radicali trasformazioni di questo periodo si inserisce il rinnovamento urbanistico dei più importanti centri umbri che si arricchiscono di infrastrutture (a esempio le sostruzioni di Otrìcoli, i nicchioni di Todi, le porte urbiche di Spello e di Trevi, la cisterne di Amelia e di Narni) e di edifici monumentali di notevole rilievo (il tempio della Minerva di Assisi, i teatri di Gubbio e Carsulae, gli anfiteatri di Spoleto, Terni e Todi). Anche la produzione artigianale e artistica riflette il buon livello economico e culturale delle città umbre rinnovate: sono databili infatti tra il I e il II secolo i numerosi ritratti spesso marmorei (tra cui quelli conservati presso i musei comunali di Amelia e di Gubbio) o eccezionali testimonianze come la statua bronzea di Germanico recentemente riportata alla luce presso Amelia (ora al Museo Archeologico di Perugia) e il pavimento musivo proveniente dalla sala ottagonale delle terme di Otrìcoli (oggi ai Musei Vaticani).

LE PRIME ARCHITETTURE CRISTIANE. In Umbria, l'evo antico si conclude e l'età dell'arte cristiana si apre con due edifici d'eccezione, il S. Salvatore (più propriamente Ss. Concordio e Senzia) di Spoleto e il Tempietto sul Clitunno nel territorio di Campello: il primo, una basilica a tre navate, la cui classica concezione è percepibile anche nello straordinario prospetto, caso rarissimo di conservazione di una facciata antico-cristiana; il secondo, un sacello di schema templare, con protiro e cella elevati su un alto podio. Uniti nel riconoscimento dell'importanza dei due monumenti, gli studi si dividono sulla datazione: IV-V secolo o, in alternativa, VIII-IX: vale a dire o imprevedibile splendore di un episodio provinciale nel crepuscolo dell'arte romana o espressione di una breve rinascenza alto-medievale dell'antico nel capoluogo del ducato longobardo all'apice della sua potenza. Se questo è ancora un nodo da sciogliere, assai meno problematico è l'esempio del S. Angelo di Perugia, del VI secolo, che nella sua pianta circolare rivela una ben più evidente familiarità con la cultura romana e bizantina.

TRA ARTE LONGOBARDA E ARTE BIZANTINA. Se ne deduce che, dopo che Longobardi e Bizantini si furono attestati alla sinistra e alla destra del Tevere, si formarono aree di influenza anche nel campo della cultura e dell'arte: Perugia bizantina e Spoleto longobarda ne costituiscono, anche se in termini schematici, l'espressione più nota. Per quanto riguarda la pittura, scarsissime sono le testimonianze riferibili a questo periodo: l'affresco con Santi e angeli che orna l'absidiola del Tempietto del Clitunno (VII-VIII secolo), il mosaico con Gesù benedicente nella cappella di S. Cassio nel Duomo di Narni (VIII-IX secolo) e i resti della decorazione a fresco della cripta di S. Primiano a Spoleto che, al pari dell'edificio, possono essere ricondotti al IX secolo.

Questa scarsità di reperti si constata anche per la metallurgia, arte tra le più diffuse in area longobarda. I centri umbri del ducato, se si eccettua Nocera, sono stati così avari di ritrovamenti che il confronto con il rigoglio e la qualità di zone italiane culturalmente omologhe (si pensi a Cividale del Friùli) è a dir poco stupefacente. Il confronto è sfavorevole anche rispetto a reperimenti, isolati ma di grande interesse, di suppellettile preziosa paleocristiana come quello di Canoscio nella cosiddetta «regio castellorum» in alto Tevere, corridoio di comunicazione tra Roma e Ravenna. Abbondante è invece il corpus di pietre o marmi decorati per plutei, transenne e in genere per arredo ecclesiastico, nella cui ricorrente tipologia spicca tuttavia qualche documento di eccezionale rilievo, come ad esempio il paliotto scolpito da «Magester Ursus» per l'abbazia di S. Pietro in Valle presso Ferentillo.

LE GRANDI CATTEDRALI PREROMANICHE. A partire dal IX secolo la riorganizzazione della distrettuazione ecclesiastica, attraverso la ricostruzione delle chiese – e più spesso dei gruppi-cattedrali – e la creazione di una fitta rete di plebanie, promuove uno sviluppo di edilizia religiosa che dovette essere straordinario soprattutto per consistenza quantitativa e per capillarità di penetrazione anche nelle zone più accidentate e interne. Ciò che resta delle cattedrali preromaniche a Narni, Assisi, Spoleto testimonia la lunga persistenza dei modelli basilicali e decorativi romani; ma anche Roma antica è presente nel materiale lapideo reimpiegato in grande quantità anche in esigui edifici rurali. Troppo vaste sono le perdite perché si possa tentare di abbozzare i lineamenti di una geografia del preromanico. Si deve però sottolineare che la ricca fioritura di edifici del secolo XI e soprattutto dei due secoli successivi è avvenuta almeno in parte a spese di fondazioni più antiche, trasformate e spesso testimoniate da reimpieghi del tutto marginali.

I LINGUAGGI DEL ROMANICO UMBRO. È lamentevole che di una fase così lunga e così storicamente importante, cui dobbiamo un assetto territoriale tuttora ben riconoscibile, non siano giunte fino a noi testimonianze di un'attività pittorica che non poté mancare, mentre abbastanza numerosi sono i reperti scultorei. La presenza di una mappa infraregionale piuttosto differenziata si avverte assai più distintamente nei secoli XII e XIII con il pieno fiorire della civiltà romanica. Innanzitutto, se giudichiamo sulla base dei monumenti superstiti, d'altronde assai numerosi, dobbiamo dedurne diversi gradi di vitalità nelle singole aree diocesane: Spoleto con il suo vastissimo territorio, Assisi, Todi, Narni appaiono più attive di Foligno, Gubbio e Città di

Castello, mentre Perugia sembra addirittura in secondo piano. Il romanico non parla ovunque la stessa lingua e l'impasto di tradizioni locali e di apporti esterni, spesso decisivi, è tutt'altro che uniforme. L'architettura profitta, nello Spoletino, di contributi lombardi (come in S. Eufemia), per volgersi, a partire dal tardo secolo XII, a interpretare modelli paleocristiani locali ma anche romani (come in S. Paolo inter vineas); il classicismo di questa seconda fase si diffonde verso sud (Lugnano in Teverina) e oltrepassa il confine regionale (Tuscania) interessando anche il territorio di Narni, in cui tuttavia si giunge fino alla desunzione letterale di caratteri spiccatamente romani (Duomo, S. Maria in Pensole, S. Martino di Taizzano); a Foligno, Assisi, Todi, Spoleto si avverte una sensibilità comune nel gioco dei volumi e degli ornati, mentre in alto Tevere il romanico rivela l'antico legame con Ravenna nella torre cilindrica della Cattedrale di Città di Castello.

In questo panorama il territorio di gran lunga più ricco di opere risulta quello di Spoleto e della sua diocesi, la cui crescente importanza in quei secoli dette un forte impulso ad attività di costruzione e di decorazione (sculture della facciata di S. Pietro). I cicli parietali di S. Isacco, S. Gregorio, S. Paolo inter vineas (tutti a Spoleto), S. Pietro in Valle presso Ferentillo e S. Tommaso di Terni (superstite in frammenti) offrono possibilità di confronto con opere coeve di Roma e del Lazio (Anagni), oltre che con miniature uscite da «scriptoria» di cultura romana (Bibbie atlantiche), cui fa riscontro anche un'autonoma produzione di testi liturgici miniati che deve essere stata molto vivace a giudicare dagli esempi superstiti (*Leggendari* del Capitolo del Duomo di Spoleto; corali dell'abbazia di S. Eutizio, oggi a Roma presso la Biblioteca Vallicelliana). Nel fervore anche edilizio di questo periodo, in cui sembra in primo piano il rapporto con Roma, non mancano esempi di 'importazione', il più vistoso dei quali è senz'altro il chiostro dell'abbazia di Sassovivo presso Foligno (1229), dove le 128 colonne che lo compongono e i relativi archi furono 'montati' dopo essere stati eseguiti a Roma dal marmoraro Pietro de Maria.

UMBRIA, CROCEVIA DI CULTURE. Esistono poi altre prove che nel XII e nel XIII secolo l'Umbria fosse già all'interno di un fenomeno di grande circolazione a cui si connettono impulsi di trasformazione e di rinnovamento. Così dovrà spiegarsi la presenza a Spoleto, già nell'ultimo quarto del XII secolo, di botteghe di croci e dossali dipinti della più alta qualità, oltre che di affreschi i cui autori (come Alberto «Sotii» che firma e data 1187 la croce oggi nel Duomo) si dimostrano esperti di modelli bizantini di gusto tardo-comneno diffusi nell'Italia meridionale. Da simili radici nasce nell'Umbria centro-meridionale una cultura pittorica, ben documentata da opere fino a tutto il secolo successivo, che fu indubbiamente l'avvenimento principale prima che l'orizzonte regionale fosse illuminato di nuova luce dal cantiere di Assisi. Ne sono testimonianza opere come gli affreschi dei Ss. Giovanni e Paolo di Spoleto (oggi in Pinacoteca) e la tradizione di *antependia* e croci dipinte che si inoltra per tutto il XIII secolo, con opere spesso eccellenti sia anonime (croce frammentaria e croce n. 17 della Pinacoteca di Spoleto) sia recanti il nome degli autori: Simeone e Machilone, Rainaldo di Ranuccio e Pietro. Quella cultura che definiamo spoletina, subito diffusa in Umbria, da Foligno (affreschi della cappella dei Ss. Pietro e Paolo in Santa Maria infra portas) ad Assisi (tabernacolo in S. Chiara, attribuito a Rainaldo di Ranuccio), a Orvieto (una croce e una Madonna, prossime a Simeone e Machilone nel Museo dell'Opera del Duomo), si irradia lontano, ben oltre gli attuali confini regionali, lungo le valli che sfociano nell'Adriatico e nei territori laziali e abruzzesi già precedentemente interessati dal dominio longobardo, vale a dire in tutta l'area «a sinistra del Tevere».

In una situazione che, in questi primi secoli del secondo millennio si presenta già ben popolata di testimonianze anche di grande rilievo di tutte e tre le arti 'maggiori', è davvero sconcertante l'estrema rarità di esempi delle arti 'minori', innanzitutto dell'oreficeria, della miniatura, del tessuto. I rari esemplari superstiti, a Città di Castello (lo splendido paliotto in argento sbalzato e dorato), a Terni, Narni e poco altro mettono ancora più in risalto il grande vuoto intorno.

Nella seconda metà del Duecento, il quadro regionale sarà nettamente rinnovato in relazione al formarsi o al consolidarsi di altre polarizzazioni. Con la prima fase dello straordinario sviluppo del francescanesimo si forma il polo di Assisi; con l'impetuoso crescere del ruolo politico ed economico del suo Comune si afferma il polo di Perugia, di cui è documentato in questi anni il forte incremento demografico. La Basilica assisiate (iniziata nel 1228) rivestì un ruolo normativo per la costruzione di altri edifici religiosi nella regione innescando un fenomeno di più ampia portata che ha nella diffusione degli Ordini mendicanti la sua ragion d'essere.

LA COSTRUZIONE DEGLI SPAZI URBANI. Le chiese francescane (S. Chiara ad Assisi, S. Francesco al Prato a Perugia e S. Francesco a Terni), quelle domenicane (S. Domenico a Perugia), ma anche quelle agostiniane (S. Agostino a Perugia, S. Niccolò a Spoleto) vengono a coincidere con i nodi di una fitta orditura che si insinua capillarmente nel territorio e che, con le dimensioni spesso fuori scala di questi complessi (si pensi al caso di Orvieto), condiziona lo sviluppo dei centri abitati, non di rado dettandone le condizioni per successivi ampliamenti (ad esempio delle cinte murarie). Determinante nel definire una nuova fisionomia della città medievale è la costruzione dei palazzi pubblici che, assieme alle cattedrali, diventano perno della piazza polifunzionale, composizione di spazi esterni e interni nel cui equilibrio si rispecchiano poteri e ruoli diversi spesso contrastanti (si veda l'esempio di Perugia, Todi e Gubbio).

I GRANDI CICLI AFFRESCATI. L'emergere di Assisi e Perugia, d'altra parte, non riduce la vitalità dei centri grandi o minori della regione, la cui attività artistica, al contrario, riceve spesso impulsi decisivi dall'enorme ampliamento dell'orizzonte pittorico grazie soprattutto all'incessante cantiere assisiate. Qui, il più antico ciclo murale francescano destinato a decorare la Basilica inferiore fu affidato, al tempo di Alessandro IV (1254-61), a un pittore molto probabilmente umbro, l'anonimo noto come Maestro di S. Francesco, sotto il cui nome è stato raccolto un nutrito gruppo di opere – tra le quali il Crocifisso del 1272 della Galleria Nazionale dell'Umbria – che dimostra come la sua bottega fosse tra le più importanti tra quelle attive in quegli anni. Nella Chiesa superiore, il primo cantiere pittorico è in mano a frescanti (e a maestri vetrai) transalpini, molto probabilmente tedeschi. A dividersi poi le pareti delle due Basiliche saranno fiorentini – Cimabue e, a più riprese, Giotto – romani, senesi e anche qualche umbro. Proprio su questi fondamentali testi assisiati si educano i maestri locali che dipingono il ciclo allegorico e astrologico della sala dei Notari nel palazzo dei Priori a Perugia.

I MAESTRI FORESTIERI. Ma se locali erano i pittori che avevano dato vita a questo rilevante esempio di arte civica, un'altra grande impresa pubblica, la fonte di Piazza, era stata invece affidata vent'anni prima a maestri «forestieri», Nicola e Giovanni Pisano, e sarà poi completata da Arnolfo di Cambio. Sempre toscani, ma senesi, sono gli artisti che dirigono il grande cantiere del Duomo di Orvieto, la cui evoluzione dal primitivo impianto romanico verso forme gotiche si attuò sotto la direzione di Lorenzo Maitani, che ebbe un ruolo di primo piano anche nella realizzazione dell'apparato scultoreo della facciata. Tra i maestri fiorentini che pure parteciparono all'impresa, Arnolfo di Cambio, che nella stessa Orvieto lasciava il monumento al cardinale Guglielmo de Braye (1285), fu forse il primo progettista della fabbrica, mentre ad Andrea Orcagna (che diresse il cantiere dal 1359) si deve l'ideazione del rosone. Ai pittori di Siena l'Umbria riserva una lunga fortuna: da Simone Martini a Orvieto, dove anche per il monumentale reliquiario del corporale è convocato un senese, Ugolino di Vieri, allo stesso Simone e a Pietro Lorenzetti ad Assisi; da Jacopo di Mino a Todi e a Città della Pieve, ad alcuni dei migliori quattrocentisti come Taddeo di Bartolo e Domenico di Bartolo a Perugia. Opere senesi e fiorentine giungono perfino in una delle più interne zone appenniniche, la valle Oblita, importate dai pastori del luogo che svolgevano in Toscana il loro secondo lavoro.

GLI ARTISTI LOCALI. Accanto a presenze 'straniere', anche pittori e miniatori umbri ebbero certamente campo nei quattro centri di maggiore vitalità: Assisi prima di tutto (Maestro di Santa Chiara), e poi Perugia (Maestro del Trittico Marzolini), Spoleto (Maestro delle Palazze) e Orvieto (Maestro della Madonna di S. Brizio). Alla fine del Duecento appartengono anche importanti testimonianze della miniatura tra le quali emergono codici conservati a (o provenienti da) Perugia, Assisi, Deruta, Città di Castello, Spoleto, ancora una volta, espressione di una cultura assai eterogenea che coniuga ai grandi modelli della pittura presenti ad Assisi – da Giunta Pisano a Cimabue – le reminiscenze di un sostrato bizantino aperto a novità transalpine e cisalpine di matrice gotica: caratteristici di questa congiuntura sono i due antifonari della Pinacoteca di Città di Castello.

IL NUOVO LINGUAGGIO FIGURATIVO. Già a partire dagli anni a cavallo tra Due e Trecento i grandi cicli murali dell'Antico Testamento e delle Storie francescane della Basilica superiore e quelli della cappella Maddalena, dell'Infanzia di Cristo e delle vele nella Basilica inferiore costituiscono la nuova base linguistica per i pittori attivi in Umbria. Si può anzi parlare di una vera e propria 'leva' giottesca umbra, e particolarmente assisiate, il cui più alto esponente fu, allo stato delle conoscenze, Puccio Capanna, attivo attorno al 1330. Nell'inoltrato Trecento l'irradiazione del ciclo francescano assisiate si estenderà, con desunzioni iconografiche letterali, non solo a importanti fondazioni minoritiche come il S. Francesco di Rieti, ma anche a insediamenti decisamente periferici come il S. Francesco di Castelvecchio Subequo in Abruzzo. Si ripropone ancora dunque quell'unità di cultura tra l'Umbria centro-orientale, la Sabina e l'Abruzzo attraverso le valli del Nera, del Corno, del Velino e dell'Aterno. Tra le personalità attive in questo senso, può essere ricordato il cosiddetto Maestro di Fossa a cui si possono ascrivere opere conservate a (o provenienti da) Spoleto, Montefalco, Trevi, ma anche Posta nella valle del Velino e Fossa presso L'Aquila. L'impressione che si debba trattare di una vera e propria unità di cultura è rafforzata dalla constatazione che i caratteri delle opere migliori di questo gruppo si riflettono in una serie di Madonne lignee policrome di collocazione indifferentemente umbra e abruzzese, il cui esemplare migliore è la Madonna del Duomo di Spoleto. Ricca è del resto la tradizione dell'arte del legno a partire dalla fine del XII secolo, nella quale vanno annoverati anche esemplari di assoluto rilievo, come quelli di Deruta (ora a Perugia), Roccatamburo (a Norcia), Montone e Cascia.

LA CIRCOLAZIONE DELLE IDEE NELL'ETÀ GOTICA. A motivare alla fine del Trecento le aperture al gotico contribuì certamente la diffusione del gusto settentrionale, sia per la presenza di artisti sia per la circolazione di libri miniati, oreficerie, avori e altri oggetti di pregio che entravano nella regione con destinazione liturgica o collezionistica. Inoltre, l'apertura di Perugia e di Orvieto verso la cultura senese è fenomeno, a queste date, ormai consolidato tanto da perdurare per tutto il Quattrocento. Non è certo comunque un rapporto di dipendenza, come dimostra il caso di Orvieto che, nella seconda metà del secolo, dispone di una vera e autonoma scuola (Ugolino di Prete Ilario, Cola Petruccioli e Pietro di Puccio) capace di un potere di irradiazione non solo in aree finitime (Narni e Todi) e verso Perugia, Assisi, Spello e Foligno (con Cola Petruccioli), ma anche verso il territorio senese e in genere la Toscana. Anche per il Quattrocento i confini regionali si rivelano inadeguati alla comprensione dello svolgimento reale delle vicende artistiche. In generale l'Umbria si trova ben dentro quella circolazione tra regioni padane, Veneto e Appennino centrale per via adriatica, attraverso la quale si avvia e si sviluppa con esiti straordinari il gotico tardo nell'intero quadrante italiano.

LE DECLINAZIONI REGIONALI DEL LINGUAGGIO INTERNAZIONALE. Per questo tratto iniziale del secolo si può tuttavia parlare di appartenenza puramente anagrafica allo stile «internazionale», tradita dall'impiego di qualche vocabolo più che dal possesso del linguaggio: la Madonna di Gentile a Perugia o le opere del cosmopolita Zanino di Pietro a Fonte Colombo (Rieti) e a Gubbio, o la presenza di Lorenzo Salimbeni come frescante a Perugia e a Norcia, hanno limitate conseguenze, almeno per i primi due decenni, in buona parte della regione. Una più decisa apertura al linguaggio internazionale si trova tuttavia in alcune opere di Giovanni di Corraduccio come le «grisailles» con le Età dell'uomo in palazzo Trinci a Foligno o nella serie posta sotto il nome del Maestro della Dormitio. In questo senso la geografia del fenomeno coinvolge anche le storie cavalleresche della Camera pinta della Rocca di Spoleto, si allarga alla valle del Nera (affreschi con il Martirio di S. Lucia e l'Annunciazione in S. Francesco a Vallo di Nera; affreschi con storie di S. Antonio abate in S. Antonio a Cascia) fino a comprendere personalità diverse e minori come il Maestro del 1409 a Narni, i frescanti proto-quattrocenteschi della tribuna del Duomo della stessa città e anche le molte cose raggruppabili sotto il nome di Bartolo da Spoleto.

Passare dalla vallata centrale – e dall'Appennino che la chiude verso Oriente – al nord dell'Umbria, all'Eugubino e al vicino territorio alto-tiberino è come cambiare regione per entrare in pieno gotico internazionale, con Ottaviano Nelli (storie della Vergine in S. Francesco a Gubbio), e Antonio Alberti da Ferrara (affreschi in S. Francesco a Montone). Tuttavia i maestri in Umbria di calligrafia gotica non sono né l'Alberti né il Nelli: occorre cercarli tra gli anonimi che nel palazzo Trinci di Foligno eseguono, probabilmente attorno al 1424, gli affreschi della sala degli Imperatori, della loggia e della sala delle Arti e dei Pianeti; e, grazie ai recenti ritrovamenti, anche tra gli altri anonimi cui si devono i brani più alti delle storie cavalleresche e la Pesca allegorica che ornano la Camera pinta nella Rocca di Spoleto. Proprio la Rocca spoletina offre lo spunto per una considerazione legata alla circolazione di modelli anche nell'edilizia. Tra gli esempi di fortificazioni volute alla metà del XIV secolo dall'Albornoz per il controllo del territorio papale (rocche di Narni, Todi, Assisi, Orvieto), la Rocca di Spoleto mostra una particolare 'apertura' verso l'area padana: Matteo Gattaponi vi ricrea infatti un brano di quella Bologna porticata e generosamente laterizia di cui aveva avuto esperienza.

DAL GOTICO TARDO AL RINASCIMENTO. L'apparizione di forme rinascimentali segue calendari diversi nei centri della regione nei quali, parallelamente, si estinguono senza alcuna sincronia le simpatie per il gotico tardo. La Perugia dei Baglioni è, come mai forse prima d'ora, il luogo più pronto ad accogliere il nuovo e a trasformarsi. Domenico Veneziano dipinge nel 1437-38 per i signori di Perugia (affreschi scomparsi); quasi contemporaneamente arrivano opere di Domenico di Bartolo e dell'Angelico e, appena varcata la metà del secolo, di Filippo Lippi; il polittico di Piero della Francesca ornerà l'altare del monastero di S. Antonio probabilmente solo verso la fine del settimo decennio. Di pari forza innovativa saranno gli interventi architettonici di Agostino di Duccio, quali la porta S. Pietro e l'oratorio di S. Bernardino, testimonianza quest'ultima di altissimo interesse anche per la felice fusione tra struttura e decorazione scultorea.

IL RINNOVAMENTO CINQUECENTESCO. La vitalità della cultura locale si manifesta in uno straordinario gruppo di pittori, già maturi e attivi in città negli anni in vista del mezzo secolo: il camerte Giovanni Boccati e i perugini Bartolomeo Caporali e Benedetto Bonfigli, quest'ultimo autore degli affreschi con le storie di S. Ercolano e di S. Ludovico nella cappella dei Priori. Il secondo episodio di afflusso in Umbria di arte fiorentina rinnovata si ha nel Duomo di Orvieto dove, a partire dal 1447, il Beato Angelico affresca la cappella Nova. In questo cantiere è all'opera anche il suo allievo Benozzo Gozzoli, cui poi si deve la diffusione della nuova maniera fiorentina a Montefalco, nella tavola d'altare (Pinacoteca Vaticana) e negli affreschi in S. Fortunato e nell'impegnativo ciclo in S. Francesco (1450-52).

La penetrazione del nuovo linguaggio a Foligno, venuti a mancare i precedenti legami politici con Perugia, trova altre vie di accesso attraverso soprattutto gli itinerari di lavoro di Bartolomeo di Tommaso che lascia nella decorazione della cappella Paradisi in S. Francesco a Terni uno dei vertici della pittura di metà secolo in Umbria. Da Bartolomeo di Tommaso il testimone passa a Niccolò di Liberatore, esponente di punta di una nuova «avanguardia» folignate i cui incunaboli sono gli affreschi nella cappella del Trinci in S. Maria in Campis e quelli, ancora anonimi, nella cappella Delle Casse nella stessa chiesa.

IL 'SEGNO' DEL PERUGINO. Spoleto è allo scadere del settimo decennio del '400 teatro dell'ultimo avvenimento artistico di importazione fiorentina cui riferire conseguenze di rilievo: la decorazione dell'abside della Cattedrale, eseguita da un'équipe diretta da Filippo Lippi – che morirà (1469) senza averla vista compiuta – e che continuò a essere proposta come ineludibile modello ancora nel Cinquecento inoltrato.

Ma è nel particolare contesto perugino che viene coniata, nell'ultimo trentennio del Quattrocento, un'arte del rappresentare che acquisterà rinomanza universale: lo stile «Perugia 1500», esemplificato ad alto livello dagli affreschi del Perugino al Cambio. La fortuna di questo stile, che guadagnò a sé anche il Pinturicchio e tanti imitatori, si legò a sarà per lungo tempo legata anche alla sua applicazione decorativa nell'intaglio e nell'intarsio ligneo, nelle stoffe e, soprattutto, nella maiolica, in primis in quella di Deruta. Da quella congiuntura di eccezionale vitalità, che ebbe il suo primo 'manifesto' nel ciclo dei Miracoli di S. Bernardino (1473), emergeranno – oltre al Perugino e al Pinturicchio – Pier Matteo d'Amelia e Pietro di Galeotto, ma anche altri di profilo tuttora incerto come Andrea d'Assisi e Sante di Apollonio. Questo nuovo spazio formale ed espressivo raggiunse una qualità tale da assurgere a scuola per il giovane Raffaello, presente con le sue prime opere a Perugia e a Città di Castello. Prende piede un nuovo fenomeno che potremmo definire di «peruginismo-raffaellismo», esteso ben oltre i confini della regione, entro i quali il meglio è rappresentato da Giannicola di Paolo, Giovan Battista Caporali e Giovanni di Pietro detto lo Spagna.

L'ARCHITETTURA SIGNORILE. Nel corso del Cinquecento, il rinnovamento dell'edilizia ordinaria, l'"effrazione' del tessuto medievale delle città per dare spazio a piazze e palazzi gentilizi e il gusto architettonico delle nuove residenze signorili sono ispirati per la maggior parte al modello romano. Al tipo del palazzo romano si riferiscono infatti numerosi tra i migliori edifici cinquecenteschi dell'Umbria meridionale, quali il peruzzesco palazzo Rosci-Bianchini a Terni e il palazzo Farrattini ad Amelia di Antonio da Sangallo il Giovane, cui forse va riconosciuta la paternità, nella stessa Terni, del palazzo Spada. A Orvieto, si registra invece un'eccezionale presenza veneta: Michele Sanmicheli – cui si deve anche il palazzo Petrucci (poi Urbani) e l'omonima cappella in S. Domenico – lega il proprio nome a importanti interventi nella fabbrica della Cattedrale.

GUSTI E TENDENZE NEI GRANDI CANTIERI. Nel nord della regione agiscono, come in passato, altri collegamenti: a Gubbio, ancora nel Quattrocento con lo stato feltresco, è a Urbino che si guarda, tanto che nasce un alias del palazzo ducale di forme altrettanto elette e provvisto di uno studiolo emulo di quello di Federico; in area alto-tiberina si perpetua quella tradizione di scambi tra l'Umbria 'romana' e la Toscana 'medicea' che in Vasari ha il suo nume tutelare e al cui gusto sono da riferire numerosi interventi, come la loggia del castello Bufalini a San Giustino, la cappella Vitelli in S. Francesco – dello stesso Vasari – e altri edifici vitelleschi a Città di Castello. Scendere lungo il Tevere fino a Todi significa poi imbattersi nel grandioso tempio della Consolazione, monumentale traduzione di un'idea bramantesca che in altra declinazione si ritrova, su scala minore, nella chiesa di S. Maria della Manna d'Oro a Spoleto e nel santuario di Mongiovino. Ma al di là delle varie aree di influenza, un trasversale anche se più 'sotterraneo' elemento unificatore è la costante presenza di maestranze lombarde che, dal Quattrocento al Settecento, si ritrovano in cantieri piccoli e grandi.

Episodi di rilievo nel corso del Cinquecento punteggiano la regione anche in altre espressioni architettoniche, dalle costruzioni fortificate – per le quali si registra la presenza di Antonio da Sangallo il Giovane a Perugia (Rocca Paolina) e del Vignola a Norcia (Castellina) – alle residenze nobiliari, come la villa del cardinale della

Corgna presso Perugia, progettata probabilmente da Galeazzo Alessi (cui si devono del resto numerosi altri interventi anche a Perugia e in S. Maria degli Angeli presso Assisi).

NELL'ORBITA DI ROMA. Quanto più avanziamo nel Cinquecento tanto più parlare di geografia artistica usando schemi locali perde progressivamente di senso. Divenuta interamente provincia dello Stato ecclesiastico, l'Umbria si colloca nell'orbita di Roma, aspirando a condividerne gli ideali d'arte, oltre che di costume, e partecipando alle sempre più complesse dinamiche dell'ambiente metropolitano, di cui, per dir così, intercetta i ricchi circuiti. Alcune presenze di grandi forestieri in Umbria sono troppo sporadiche per lasciare tracce di qualche consistenza: così è per Rosso Fiorentino, che pure realizzò a Città di Castello un'opera straordinaria come la cosiddetta Trasfigurazione, o per il Pordenone che ad Alviano lasciò il bell'affresco nella Collegiata e i fregi murali nel castello. Diverso è il caso del grande miniatore Giulio Clovio, che a Perugia si intrattenne a lungo intrecciando rapporti con un ambiente in cui l'attività miniatoria avrà una felice stagione nello scorcio del secolo, soprattutto per merito di Cesare Franchi detto il Pollino e di Vincenzo Pellegrini.

Nel Cinquecento inoltrato le maggiori commissioni di decorazione sia ecclesiastica che gentilizia contemplano, solo in alcuni casi, la partecipazione del tutto minoritaria di personalità locali. È il caso della più importante impresa pittorica 'palatina' in Umbria, cioè l'affrescatura del piano nobile e della loggia del palazzo Vitelli a Sant'Egidio a Città di Castello, affidata a una équipe di toscani (Circignani) e di bolognesi (Prospero Fontana, Orazio Samacchini e Cesare Baglione); a Castiglion del Lago per i Della Corgna lavorano ancora, tra gli altri, il Circignani e il pesarese Giovanni Antonio Pandolfi; la Orvieto gentilizia è palestra di frescanti reclutati in genere a Roma, ma vi figura dignitosamente un artista nato a Orvieto, lo zuccaresco Cesare Nebbia. Un caso particolare è rappresentato da Terni dove il conte Spada, per rievocare nel salone del proprio palazzo la giornata di Lepanto e la strage degli Ugonotti, si rivolge a un illustre fiammingo, Karel van Mander, il quale è senz'altro l'esponente di punta di quella pur nutrita schiera di pittori fiamminghi documentati nella stessa Terni (Marten Stellaert, attivo anche a Narni, e Gillis Congnet), a Calvi (Cornelis Loots) e a Perugia, dove è presente una vera e propria colonia di Fiandra (Hendrick van der Broeck e Jan Wrage).

Superando di nuovo la metà del secolo, le due più rilevanti iniziative riguardano la trasformazione e la costruzione di due grandi edifici sacri ormai nello spirito tridentino: a Orvieto il grandioso arredo unitario della Cattedrale; ad Assisi l'edificazione, attorno alla Porziuncola, di un solenne santuario moderno. Per l'arredo delle navate del Duomo di Orvieto erano stati chiamati lo scultore Francesco Mochi (statue di apostoli e Annunciazione) e i pittori Muziano, Federico Zuccari, il Circignani, Hendrick van der Broeck e Cesare Nebbia, unico «genius loci», vale a dire un'antologia di quanto di meglio offriva la cultura romana nel terzo quarto del secolo; parte di questa équipe di architetti, pittori e stuccatori si cimenterà anche nella sontuosa residenza estiva che il cardinale Simoncelli si farà costruire nella vicina Torre San Severo.

Per la costruzione di S. Maria degli Angeli (avviata nel 1569), e per la successiva decorazione, l'imminente giubileo privò l'impresa dei migliori artisti romani che lasciarono il campo a pittori locali formatisi su testi barocceschi di tarda maniera, non dimenticando a questo proposito che nella cappella Pontani Coli della stessa Basilica giunse la tela con l'Annunciazione commissionata a Federico Barocci, autore della celebre Deposizione dalla Croce nel Duomo di Perugia (1569). Il cantiere assisiate manterrà a lungo la sua vitalità se, a Seicento ormai aperto, vi giungeranno Antonio Pomarancio e Baldassarre Croce, Ventura Salimbeni, e gli umbri Simeone Ciburri e Cesare Sermei.

LE TENDENZE DEL SEICENTO. Nel XVII secolo, con caratteri complessivamente più uniformi che nel secolo precedente, si ribadisce la tendenza all'omologazione al modello metropolitano. La situazione regionale è così capillarmente attiva che non si rivela tessuta solo di forze locali e di prevedibili immigrazioni, ma registra spesso, anche in luoghi minori ed eccentrici, arrivi a volte inaspettati. Per quel che riguarda gli artisti umbri, oltre alle tendenze arcaizzanti di uno Spacca o di un Damiani, si verificano alterne combinazioni tra tarda maniera e naturalismo, con aperture anche verso il classicismo bolognese. Emblematici in questo senso sono i casi dei perugini Giovanni Antonio Scaramuccia e Anton Maria Fabrizi, del tuderte Andrea Polinori e dell'assisiate Giacomo Giorgetti.

Contemporaneamente, gli invii o gli arrivi di artisti da Roma sono così frequenti da non poter essere qui nemmeno elencati. Si tratta di un fenomeno di ordinaria irradiazione, destinata a durare fino al XIX secolo, di cui costituisce un aspetto importante la presenza innumerevole di opere romane in centri come Spoleto (Annibale Carracci e Serodine), Trevi (Orbetto), Perugia (Pietro da Cortona), Assisi (Riminaldi), oltre che nelle prestigiose, e non poche, collezioni private (Domenichino, Poussin, Albani). Ancor più sorprendenti gli arrivi di opere non italiane: valga per tutti il caso della Bottega di S. Giuseppe a Serrone (Foligno), di un artista nordico di qualità tale da aver suggerito l'identificazione con il giovane Georges de La Tour.

L'importazione di prodotti della cultura romana ha una esemplificazione molto interessante anche per ciò che concerne la scultura: i busti dei coniugi Roscioli nel Duomo di Foligno, opera di Gian Lorenzo Bernini, sono una spia della fitta rete di rapporti anche ad alto livello che intercorsero costantemente tra centro e periferia. È soprattutto comunque il settore della decorazione – pittorica e a stucco – a tenere il passo con l'affermazione di un linguaggio romano aggiornato, mentre l'architettura religiosa dimostra ancora di attardarsi su formule neo-cinquecentesche (si veda il caso del S. Filippo Neri a Perugia) senza riuscire a creare un vero e proprio importante 'testo' barocco. Due episodi che segnano comunque la prima parte del Seicento sono i rifacimenti degli interni del S. Domenico a Perugia, a opera di Carlo Maderno, e del Duomo di Spoleto, voluto dai Barberini. Tra Cinque e Seicento il riflesso del fervore edilizio romano è assai più visibile sul piano dell'architettura civile, nell'ambito della quale il proliferare di sfarzose dimore si spiega con l'affermazione dei tanti Umbri con responsabilità di uffici o con prestigio di cariche nella curia. Un fenomeno, questo, piuttosto imponente che interessa in modo indistinto centri piccoli e grandi, da Trevi a Terni, da Città di Castello a Perugia, determinando spesso nuovi equilibri urbanistici.

IL SETTECENTO: UN LINGUAGGIO 'SOVRAREGIONALE'. La propagazione di modelli veicolati da presenze forestiere, anche se con una incidenza diversa, si perpetuerà per tutto il Settecento. Ciò vale, a esempio, per il Trevisani, il Mancini, il Subleyras, il Giaquinto, il Benefial, il Cades e il Leopardi, attivi a più riprese in moltissimi centri della regione. Più difficile è tentare di individuare nei pittori umbri (è questo il caso di Francesco Allegrini, Gian Domenico Cerrini e Luigi Scaramuccia) tratti riconoscibili delle tradizioni locali, visto che si avverte una fortissima tendenza mimetica nell'assimilazione di un linguaggio sopraregionale. Avrebbe sempre meno senso designare come umbri l'acuto talento grafico del perugino Carlo Spiridione Mariotti, la brillante opera decorativa del folignate Liborio Coccetti; o il quadraturismo del perugino Carattoli e le formule dell'anconitano-perugino Francesco Appiani, che fecero proprio quel rococò di origine bolognese diffuso del resto un po' ovunque. Né può considerarsi umbro, se non anagraficamente, il folignate Giuseppe Piermarini cui si deve la ricostruzione dell'interno della Cattedrale di Foligno che, ispirata a un progetto di Luigi Vanvitelli, costituisce l'episodio di maggior rilievo nel panorama dell'architettura umbra del Settecento.

L'ACCADEMIA DI BELLE ARTI. L'ultimo tentativo di ricostruire una cerchia in cui potesse riconoscersi la cultura della regione viene compiuto a Perugia, nella breve stagione tra Sette e Ottocento, con la rinascita, per merito di Baldassarre Orsini, dell'Accademia che divenne un vivace polo culturale sollecito nell'indicare i nuovi orizzonti del gusto. La diffusione del verbo neoclassico di cui si fanno tramite oltre al Wicar (attivo a Perugia e a Foligno) anche Gaspare Landi e Vincenzo Camuccini (palazzo Baglioni a Perugia), trova un veicolo di primaria importanza nell'architetto Giuseppe Valadier, attivo nello Spoletino. Né va dimenticato che uno dei maggiori esponenti di quella cultura, Antonio Canova, scelse San Gèmini per i suoi soggiorni estivi, non mancando di inviare a casa Baglioni a Perugia una selezionatissima antologia dei suoi rilievi e delle sue statue.

Nell'Umbria dello Stato pontificio restaurato, e quindi ancora una volta nel cono d'ombra della cultura romana, il triennio che vide Tommaso Minardi all'Accademia perugina diede un'impronta pressoché univoca all'attività di tutta una schiera di pittori che, proprio in sintonia con quel dettato, si espressero in una ricca produzione per lo più a carattere devozionale. Tra i vari nomi offerti dal panorama regionale – in una riconoscibilissima «koinè» linguistica mantenuta vitale dal lungo magistero di Silvestro Valeri, all'Accademia dal 1858-74 – troviamo quelli di Vincenzo Barboni e Vincenzo Chialli a Città di Castello, Silvestro Massari a Perugia, Giovanni Catena a Spoleto, Vincenzo Pasqualoni a Orvieto, Eliseo Fattorini, Pio Bernabei e Luigi Sabatini a Todi.

PURISMO E MEDIEVALISMO. E se i puristi umbri avevano gioco facile nel trovare motivi di ispirazione nella loro stessa terra, insieme di luoghi memorabili dell'arte cristiana ma anche patria del Perugino e di Raffaello giovane, non di meno già da tempo anche i pittori (e non solo i pittori) tedeschi, inglesi, francesi, includevano nel loro «tour» Assisi, Orvieto, Spoleto, Terni, Narni, soste quasi fisse in un paesaggio esemplare per chi cercava altre presenze di natura e di storia. Quando il gusto si orienta decisamente in senso puristico e medievalistico, a Perugia si costituisce un vero e proprio cenacolo di Tedeschi, e in genere di nordici, che frequentano la villa di Marianna Florenzi e casa Zanetti. Episodio sintomatico del nuovo clima è la distruzione, nel 1829, dell'affresco del seicentista assisiate Girolamo Martelli sulla facciata della Porziuncola per far posto a un intervento dell'Overbeck. Questi parteciperà poi, insieme con Cesare Mariani e con altri pittori perfettamente affiatati con il loro gusto, alla decorazione con tele e affreschi del santuario della Madonna della Stella presso Montefalco che, anche se realizzato sul finire degli anni sessanta, costituisce insieme con la sua architettura neorinascimentale una testimonianza unitaria e certo la più significativa della salda fortuna del purismo. Il santuario della Madonna della Stella non rappresenta, tuttavia, un episodio isolato: nello stesso periodo la ricostruzione del S. Emiliano di Trevi (Luca Carimini) e l'edificazione del santuario di Canoscio, presso Umbèrtide (Emilio De Fabris), egualmente improntate a un gusto neorinascimentale, nascono dalla stessa esigenza di enfatizzare la 'visibilità' di un potere, quello pontificio, destinato invece fatalmente a sfaldarsi.

POLITICA CULTURALE E URBANISTICA NELL'800. Se questi comunque sono episodi di non comune impegno, non mancano interventi legati a una edilizia 'di servizio', nell'ambito della quale vanno annoverati i lavori di ammodernamento e la costruzione di edifici di pubblica utilità, alla realizzazione dei quali spesso concorrono architetti formatisi presso la locale Accademia di Belle Arti, come Giuseppe Santini, Filippo Lardoni, Giovanni Caproni. Esemplare rimane il caso di Spoleto, dove troviamo all'opera l'architetto marchigiano Ireneo Aleandri, chiamato a ridisegnare la viabilità cittadina e a progettare nuove strutture come il mattatoio comunale e il nuovo teatro.

Proprio l'edilizia teatrale costituisce un capitolo importante nella politica culturale dell'Ottocento, perfettamente in linea con quanto si stava verificando nel resto d'Italia. Tutte le più importanti città umbre, ma anche molti centri minori, vollero dotarsi di edifici teatrali, per i quali spesso furono chiamati nomi di prestigio: è questo il caso del Vespignani a Orvieto e del Poletti a Terni.

LA PITTURA NEL SECONDO OTTOCENTO. Nella seconda metà del secolo si fanno strada a Perugia gli allievi del Valeri che avevano meglio profittato del suo lungo insegnamento ma che tuttavia sembrano intenti a muoversi su percorsi circoscritti e come fuori del tempo. Le occasioni di buoni incontri e di provvide aperture non erano mancate nella stessa Perugia, ma né il soggiorno di Nino Costa, né tanto meno quello di Federico Faruffini nel suo ultimo drammatico anno di vita, produssero conseguenze di rilievo. Napoleone Verga, Mariano Guardabassi, Matteo Tassi sono piuttosto «petits maîtres» della miniatura, del ritratto, della scena di genere e del paesaggio, la cui attenzione al vero – per esempio a episodi della storia recente di Perugia – va di pari passo con un amor di pittura pieno di richiami tradizionali. Il lato 'moderno' della scuola del Valeri sarà rappresentato da Domenico Bruschi e da Annibale Brugnoli, ai quali si può accostare lo spoletino Cesare Detti, tutti destinati o come decoratori, o come pittori da cavalletto, a un successo che andò ben oltre i confini regionali e che fondava la propria formula su un disinvolto eclettismo attento ai modelli del passato e alla loro strumentale modernizzazione.

IL NOVECENTO: UN'ARTE SENZA IDENTITÀ. Il progressivo sgretolamento dell'identità artistica umbra culmina nel Novecento, quando nessun centro – inteso come specificità culturalmente riconoscibile – riesce a tenere il passo con le incalzanti provocazioni dei linguaggi d'avanguardia. Appannatasi la propulsiva vivacità della stessa Accademia perugina, prigioniera di schemi obsoleti che ne impediscono il coinvolgimento nel dibattito sovraregionale, scompare anche l'ultima 'scuola' di riferimento per gli artisti umbri, fatalmente riassorbiti da altri poli di attrazione. La storia artistica dell'Umbria nel Novecento è una storia quindi non di tendenze o di relazioni, ma semplicemente di episodi e di personalità isolate, anche se spesso di primissimo piano. È questo il caso della pittrice Deiva De Angelis, brillante protagonista nella Roma degli anni '20, o dello scultore spoletino Leoncillo, uno dei comprimari nel panorama dell'arte in Italia nei decenni centrali del secolo, ma anche di Alberto Burri le cui esperienze di respiro internazionale hanno oggi un osservatorio privilegiato nel museo a lui dedicato a Città di Castello.

Dopo la metà del secolo, è l'architettura a registrare gli episodi di maggior rilievo: gli interventi di Mario Ridolfi a Terni, attivo assieme a Frankl nel piano di ricostruzione post-bellica della città; il centro direzionale di Fontivegge a Perugia, realizzato da Aldo Rossi, e le costruzioni di Tommaso Buzzi a La Scarzuola (Terni), rappresentano senza dubbio, per organicità di progettazione le prime e per singolarità di concezione l'altra, gli episodi più caratterizzanti l'ultimo segmento di una storia plurimillenaria.

La cultura popolare e tradizionale

UNA PREMESSA SUL FOLCLORE. Per comprendere i criteri con i quali si è proceduto a selezionare in questo breve compendio le più importanti e interessanti manifestazioni tradizionali dell'Umbria, è necessario un chiarimento terminologico. Nell'uso quotidiano, e spesso anche giornalistico, si intende per folclore ciò che attiene ai momenti festivi del ciclo calendariale che, soprattutto in ambito urbano, scandiscono e sottolineano importanti ricorrenze (soprattutto religiose) mediante l'allestimento di manifestazioni organizzate volte a riproporre spettacolarmente alcuni aspetti della vita della collettività, proiettata in un passato ritenuto particolarmente significativo e fondante (carnevali, palii, giostre, quintane, corse, eccetera). All'interno del campo folclorico inteso in questa accezione vengono spesso fatte rientrare anche iniziative di tono minore, organizzate dalle pro loco e dagli enti di promozione turistica per interessare e attrarre i visitatori con l'esibizione del pittoresco, ovvero mediante rappresentazioni storiche in costume e riproposizione di antichi canti e di balli tradizionali locali. Tali manifestazioni più correttamente dovrebbero essere designate come folcloristiche, in quanto hanno del tutto perduto ogni significativo aggancio con il patrimonio culturale vivo della comunità, e vengono infatti proposte come puro spettacolo. La distinzione tra «folclore» e «folcloristico», alla quale non è sotteso alcun giudizio di valore, intende evidenziare come i fenomeni folclorici si caratterizzino dunque per la loro vitalità, per il loro radicamento, per l'intensa partecipazione popolare e per le tensioni emotive che periodicamente stimolano all'interno delle comunità.

Nell'ambito degli 'addetti ai lavori', il termine folclore è impiegato con un'altra accezione. Più ampia di quella corrente, non limitandosi a comprendere solo particolari eventi del ciclo calendariale, ma abbracciando tutto il vasto patrimonio di credenze, di valori e di modelli di comportamento che appartengono alle classi popolari (comprendendo quindi, a esempio, anche le pratiche legate ai momenti più significativi del ciclo della vita); più ristretta, in quanto denota specificamente solo gli elementi culturali subalterni, che si oppongono o si distinguono da quelli dominanti. Evidenziando nella nostra società dei dislivelli e degli scarti culturali, individua il proprio specifico campo esclusivamente nella cultura popolare.

I molteplici e complessi saperi popolari riferiti al mondo naturale (agli astri, ai fenomeni atmosferici, agli animali e alle piante) appartengono quindi al folclore: non tanto perché siano di origine subalterna – al contrario, spesso si tratta di riformulazioni e riplasmazioni di paradigmi interpretativi elaborati nel mondo classico o medievale colto – ma piuttosto perché, nel momento in cui tali saperi si manifestano e si attuano a livello popolare, esprimono una concezione del mondo e della vita diversa e spesso in conflitto con quella dominante.

Se quello del folclore appare quindi come un campo estremamente vasto e articolato, molti dei suoi aspetti più importanti e significativi si caratterizzano per una scarsa visibilità esterna, oppure sono volutamente e spesso accuratamente tenuti nascosti a occhi estranei, resi espliciti solo all'interno del nucleo familiare o del ristretto ambito della comunità di appartenenza. Il profondo radicamento che tuttora possiede l'"ideologia' del malocchio, per esempio, non presenta una visibilità esteriore e può essere verificato solo istituendo rapporti colloquiali di confidenza e utilizzando elaborate tecniche di rilevazione. Tale ideologia, pur non essendo a rigore di origine popolare – era estremamente diffusa nel mondo classico – testimonia delle forti resistenze che il 'mondo magico' continua sotterraneamente a opporre al progresso scientifico e mostra l'esigenza popolare di trovare comunque delle certezze rassicuranti in eventi della vita (salute, sentimenti, realizzazione personale) per i quali la scienza moderna non sembra o non può fornire risposte significative.

LE CULTURE LOCALI. Per concludere potremmo dire, considerando quanto comunque continui a restare problematico l'ambito stesso del folclore, che l'attenzione del turista in questo campo deve essere rivolta essenzialmente a cogliere e apprezzare gli elementi di specificità delle culture locali, cioè quegli aspetti che tendono ancora a denotare, per la loro peculiarità e unicità, modelli di vita sociale e culturale tradizionalmente orientati, distinguendoli nettamente dalla superficiale vernice di omogeneizzazione culturale prodotta dai processi di modernizzazione. Una cultura locale è il frutto di un lungo processo storico che ha prodotto un ambiente modellato dall'uomo, delle particolari tipologie insediative, dei linguaggi, degli stili di vita, delle tradizioni alimentari, dei caratteri psicofisici, dei modi di fare e di pensare il mondo, che si sono fusi assieme fino a costituire una unicità irripetibile. L'attenzione del visitatore ai fenomeni folclorici così necessariamente perimetrati, dotati di visibilità e di continuità nel tempo, consente di avvicinarsi ai sapori materiali o culturali, e a quelle sfumature della vita sociale che caratterizzano la specificità e l'unicità delle diverse culture locali.

L'ARTIGIANATO. Le forme di artigianato locale di antica tradizione, in alcuni casi rivitalizzato di recente, continuano a distinguersi dalla produzione standardizzata per quel sottile filo che ancora continua a legare il prodotto finale al sapere dell'uomo e per l'attenzione alle forme, ai materiali e alle decorazioni tradizionali. L'artigianato della ceramica è praticamente diffuso con solide tradizioni in tutta la regione e offre prodotti d'arte o di uso quotidiano che si distinguono nelle varie località per le forme, i colori e le tecniche di cottura; i centri più importanti sono sicuramente Deruta, Gualdo Tadino e Orvieto.

Anche l'artigianato tessile, che impiega i macchinari tradizionali, rispetta nella materia prima e nelle decorazioni un'antica tradizione, rintracciabile specificamente nei motivi decorativi; i centri principali di produzione sono Perugia, Città di Castello e Marsciano. Un altro artigianato importante è quello del legno, che da un lato vede la riproposizione di mobili antichi o riferentesi al mondo rurale, dall'altro le attività di restauro dei pezzi autentici; i luoghi di maggiore concentrazione sono Città di Castello e Todi. La lavorazione del ferro battuto continua a produrre mobili e oggetti che ripropongono antiche forme, in modo particolare a Città di Castello.

L'ALIMENTAZIONE E LA CUCINA TRADIZIONALE. La raccolta dei frutti spontanei e la messa a coltura di varietà tipiche hanno ambedue una lunghissima tradizione nella regione e, sia pure per motivi diversi, un'ininterrotta continuità. La raccolta ha da sempre costituito per le popolazioni rurali una forma di integrazione alimentare ed economica, mentre la marginaltà e l'isolamento hanno impedito che le antiche varietà botaniche fossero rimpiazzate da quelle considerate di maggior rendimento.

Tutto ciò serve a caratterizzare fortemente la specificità della cucina tradizionale, rivitalizzatasi negli ultimi tempi in molte aree regionali proprio grazie all'incremento della domanda turistica. Essa non appare particolarmente elaborata, se non in alcune preparazioni collegate alle principali ricorrenze del ciclo dell'anno: per esempio, le paste fresche ripiene per il Natale e la torta al formaggio per Pasqua. Nelle ricette tradizionali è costante l'apporto dei prodotti stagionali spontanei, quali i funghi, gli asparagi selvatici e le numerose erbe con le quali si preparano pietanze dai gusti e dai sapori molto particolari. A parte va ricordato il tartufo, nero nella Valnerina e bianco nelle aree settentrionali della regione, la cui ricerca e commercializzazione ha in parte contribuito a risollevare l'economia delle aree montane. Le varietà di cereali e di legumi – farro, lenticchia di Castelluccio di Norcia, cicerchia – vanno a integrarsi con le preparazioni tipiche delle carni, prevalentemente ovine e suine che vedono a Norcia il centro tradizionale di preparazione e di commercializzazione.

Proprio nella cucina tradizionale si possono apprezzare quelle sottili differenze, quelle sfumature nelle diverse modalità di elaborazione e di confezione dei cibi che evidenziano la specificità delle diverse realtà locali, vicine, simili ma non identiche, non del tutto omologate. Nonostante gli indubitabili processi di modernizzazione, si sono mantenute, in uno degli aspetti fondamentali dell'identità culturale quale è l'alimentazione, differenze tradizionalmente elaborate che hanno per lungo tempo fornito, nei diversi luoghi, anche un diverso sapore alla vita.

LE MANIFESTAZIONI. Un aspetto fondamente del senso di identità e di appartenenenza che anima le culture locali è dato dalle manifestazioni dotate di un buon livello di spettacolarità, più o meno conosciute e importanti, ma comunque connotate da un preciso orientamento verso un passato tradizionale. Esse possono, e spesso esplicitamente vogliono, attrarre l'attenzione e la curiosità dei turisti, ma certamente esibiscono forti elementi di coinvolgimento da parte dei ceti popolari. Quest'ultimo elemento, quello della partecipazione fisica ed emotiva, fa sì che la festa non si riduca a un mero spettacolo a uso dei turisti. Anche se molte manifestazioni vantano pochi decenni o addirittura pochi anni di stabile continuità, riallacciandosi con operazioni spesso filologicamente discutibili a momenti idealizzati del passato in una sorta di recupero o di invenzione della tradizione, sono tuttavia riuscite a radicarsi culturalmente funzionando come una sorta di catalizzatore dei bisogni di identità locale.

La festa dei Ceri di Gubbio per secoli si è svolta senza turisti, senza macchine fotografiche e senza telecamere, e negli anni della Grande Guerra, in mancanza di uomini, i Ceri furono portati dalle donne: se d'incanto cessasse l'assedio turistico di Gubbio, certamente ogni 15 di maggio i Ceri ripercorrebbero col medesimo vigore quelle strade come hanno sempre fatto, perché la festa per attuarsi non ha bisogno di spettatori, ma solo di partecipanti. Questa festa vanta secoli di continuità. Ma molte altre manifestazioni, di più recente stabilizzazione, sono riuscite a divenire a tutti gli effetti feste popolari, conferendo sostanza e azione a bisogni profondamente radicati nelle classi popolari. L'agonismo della festa e l'antagonismo tra le parti, i quartieri, i terzieri, i rioni, che all'inizio potevano sapere di artificioso, sono divenuti reali e profondamente sentiti, come dimostra la partecipazione emotiva spesso difficilmente controllabile.

LE FESTE RELIGIOSE E CALENDARIALI. La maggior parte di tali manifestazioni, in particolar modo se osservate con la superficialità cui è obbligato il turista, non sembreranno essere popolarmente connotate in senso stretto, ma rientrare piuttosto all'interno dei canoni liturgici di ogni manifestazione religiosa. In effetti per motivi di ordine storico e culturale – la lotta alla superstizione – i modelli culturali subalterni hanno perduto la loro visibilità e autonomia inserendosi all'interno dei rituali ortodossi, riplasmandoli secondo le proprie profonde e arcaiche esigenze: azioni o parole rituali appartenenti alla liturgia ufficiale vengono così reinterpretate in funzione magica. Così avviene per i sacramenti del battesimo e del matrimonio, e così avviene anche per le cerimonie legate al ciclo calendariale; si tratta di uno degli aspetti di quel vasto fenomeno di sincretismo che caratterizza la religiosità popolare. Chi avrà occasione, nelle pinacoteche umbre, nei santuari, nelle chiese e anche nelle edicole di campagna, di incontrare qualche dipinto di Madonna col Bambino anteriore alla metà del Cinquecento, osservi con attenzione il collo del Gesù Bambino: spesso vi scorgerà la collanina con il rametto di corallo, cioè l'arcaico amuleto pagano associato con una delle figure principali della religione cristiana.

IL CARNEVALE. Del più importante ciclo festivo della società tradizionale, che iniziava con una data solare – la vigilia (16 gennaio) della festa di S. Antonio abate – e terminava con una data lunare – il martedì grasso – è rimasto ben poco. In alcune zone più conservative dell'area appenninica meridionale, per esempio a Cascia e a Monteleone di Spoleto, è possibile assistere, la mattina del 17 gennaio, alla tradizionale benedizione degli animali in occasione della festa di S. Antonio abate e alla vendita all'asta degli agnelli, con il cui ricavato si sostentano le organizzazioni religiose e laiche promotrici.

Nei giorni centrali del periodo carnevalesco, da giovedì grasso a martedì grasso, in molte località della regione (Colombella nel comune di Perugia, Sant'Eraclio in quello di Foligno, Avigliano Umbro e Guardea) vengono organizzati dagli enti di promozione turistica delle sfilate spettacolari di carri allegorici: tali manifestazioni, di recente istituzione, non trovano riscontro nelle tradizioni carnevalesche locali, rifacendosi piuttosto a modelli stereotipati che hanno ottenuto molta notorietà a livello nazionale.

Più legata al contesto rurale e di antica tradizione è invece la «Mascherata» che si svolge a San Leo Bastìa (Città di Castello) nel corso della penultima domenica di Carnevale. Il corteo è costituito da una serie di personaggi mascherati in modo grottesco (il pagliaccio, il boia, il prete, il diavolo, il medico, le guardie) che inscenano più volte una rappresentazione farsesca a sfondo allegorico. Ai personaggi principali fanno da sfondo e contorno altre maschere, che alludono alle tappe fondamentali del ciclo della vita umana: il neonato, gli sposi e i vecchi.

LA QUARESIMA. In rapporto alla farsesca rappresentazione della Mascherata di San Leo Bastìa è da collegarsi un rituale tra i più antichi e diffusi nell'ambiro rurale regionale. Si tratta della festa di «Sega la Vecchia», collocata a metà Quaresima e consistente nella rappresentazione drammatica e grottesca dell'uccisione di una vecchia, che allo stesso tempo è anche una quercia: gruppi di giovani contadini, tutti di sesso maschile, si preparano e si mascherano, e nelle notti di Mezza Quaresima vanno per la campagna fermandosi di casolare in casolare a eseguire la rappresentazione finita la quale ricevono uova e vino. A seconda delle località si riscontrano leggere varianti nella struttura del canovaccio e nelle esecuzioni, ma la trama è identica: due «segantini» (taglialegna) contrattano con il padrone del bosco il prezzo della vecchia-quercia e, accordatisi, l'abbattono e cominciano a sfrondarla; sopraggiunge il marito della vecchia che riconosce nell'albero abbattuto la propria moglie e quindi si susseguono interventi burleschi del medico, del maresciallo dei carabinieri, del prete, eccetera. Alla fine la vecchia, data oramai per morta da tutti, si rialza e inizia a ballare freneticamente con il marito al suono di una fisarmonica. Questa festa, in declino, sopravvive nelle campagne di Paciano e di Umbèrtide.

LA SETTIMANA SANTA. Il periodo della Settimana santa è caratterizzato da manifestazioni di carattere religioso che si incentrano su tre temi fondamentali: la rievocazione della Passione, la processione di Cristo Morto e la rappresentazione della Risurrezione. Le prime due si svolgono il venerdì, l'ultima inizia la notte del sabato e si conclude la mattina di Pasqua. Le rievocazioni della Passione consistono in un solenne corteo nel quale sono teatralmente riproposti da personaggi in costume gli episodi canonici della passione del Cristo, dalla cattura nell'orto di Getsemani, alla crocifissione sino all'esibizione dei simboli materiali tradizionalmente collegati alla sua morte:

i chiodi, il martello, la tenaglia, la spugna, la lancia, i flagelli, la corona di spine, la croce, la colonna, la scala, il gallo. Tra le più importanti, indichiamo quelle di Gualdo Tadino (quattordici scene), di
Fiamenga di Foligno (sei scene con il coinvolgimento di circa cento
personaggi in costume), di Bettona, Fossato di Vico, Cerreto di Spoleto, Alviano e Avigliano Umbro.

Le processioni di Cristo Morto, simili per scenografia alle rappresentazioni della Passione, sono incentrate sulla deposizione dalla
croce e sul trasporto della statua. Imponente e suggestiva è sicuramente quella che si tiene ad Assisi, con un prologo il giovedì sera
nella cattedrale di S. Rufino dove si svolge il rito dello scavigliazio-
ne, cioè dello schiodamento della statua lignea dalla croce. Nella
mattina di venerdì, la statua del Cristo viene trasportata dalla Cattedrale al convento di S. Francesco, con tre soste ai monasteri di clausura, mentre in serata si svolge la processione vera e propria. Anche
a Gubbio la processione che conduce il Cristo al sepolcro, chiusa dai
due gruppi scultorei del Cristo morto e della Madonna addolorata, si
svolge in un'atmosfera molto coinvolgente tra le vie della città medievale. Altre manifestazioni analoghe si ritrovano a Bastìa Umbra, a
Bevagna, a Cannara, a Colfiorito, a Cascia, a Sigillo, a Savelli , a Norcia e a Calvi dell'Umbria.

Le rappresentazioni della Risurrezione, rispetto alle cadenzate,
gravi, rallentate e ovattate movenze che caratterizzano le rievocazioni della Passione e le processioni di Cristo morto, si distinguono
per i ritmi accelerati, frenetici, gioiosi e frastornanti. A Montefalco,
la sera del sabato, in un contorno di fuochi, suoni di banda e di mor-
taretti, avviene l'irruzione della statua del Cristo risorto all'interno
della chiesa di S. Bartolomeo; nella stessa notte hanno luogo cerimonie simili anche a Bettona e a Bastìa Umbra. A Bevagna, il giorno
di Pasqua è organizzata la Corsa del Cristo risorto, mentre a Cannara e a Bastìa Umbra si rappresenta la Risurrezione attraverso la cerimonia dell'Inchinata o Rinchinata, l'incontro del Cristo con la Madonna. Si tratta di due processioni, una portante la statua del Cristo
e l'altra quella della Madonna che, dopo aver percorso senza mai in-
contrarsi le vie del paese, si affrontano in un luogo stabilito; prima
della congiunzione, i portantini fanno eseguire alle due statue un
profondo inchino in segno di saluto. Dal sincronismo più o meno
preciso del gesto si traggono tradizionalmente auspici sul risultato
dell'annata agricola.

I RITI DI MAGGIO. Questo mese si caratterizza per il ricco complesso di rituali festivi, in parte recentemente riproposti, in parte si-

curamente di origine antica, probabilmente frutto di riplasmazioni e rielaborazioni in chiave cristiana di cerimonie pagane.

Tra la fine di aprile e i primi di maggio, in alcune località umbre vengono riproposte manifestazioni che si rifanno all'antica tradizione di Cantare maggio, cioè di accogliere, da parte di gruppi di giovani questuanti, il mese entrante mediante improvvisazioni poetiche e canore. Tale antica consuetudine popolare viene oggi riproposta in forma di tenzone agonistica tra quartieri; interessanti e suggestivi, oltre ai noti Calendimaggio di Assisi e Cantamaggio di Terni, quelli che si svolgono a Parrano, a Fabro e a Valtopina.

LA CORSA DEI CERI DI GUBBIO. Si tratta della festa di più antica tradizione e di più intensa partecipazione emotiva della regione, che si svolge ogni 15 maggio. I tre Ceri sono grandi costruzioni lignee, cave, alte circa dieci metri e pesantissime, che presentano la comune forma di due prismi ottagonali riuniti a un vertice e attraversati da un'antenna, pur essendo leggermente diversi tra di loro. Ai lati di ogni prisma vi sono due grandi anse o «manicchie», sulla cuspide superiore svetta oggi la statua di un santo: sant'Ubaldo sul Cero dei muratori, san Giorgio su quello dei merciai (o commercianti), sant'Antonio abate su quello dei contadini. Durante la corsa ogni cero è infisso su una barella di legno, che viene sostenuta a spalla dai ceraioli (i portatori dei ceri). I Ceri sono conservati nella chiesa di S. Ubaldo, sulle pendici del monte Ingino che sovrasta la città.

I PUGNALONI DI ALLERONA. La terza domenica di maggio, nel piccolo comune di Allerona (Terni) si svolge la processione dei Pugnaloni in onore di sant'Isidoro. Processioni simili si tengono in moltissime aree rurali della regione in occasione della festa del santo, ma quella di Allerona si caratterizza per aver mantenuto, sia pure con alcune modificazioni, molte caratteristiche arcaiche. I Pugnaloni sono macchine processionali di varie dimensioni che illustrano alcune scene consuete della vita rurale; sempre presente, in un angolo oppure nel mezzo, è la scena miracolosa di sant'Isidoro che prega mentre gli angeli guidano per lui l'aratro. I personaggi, gli animali, le macchine agricole miniaturizzati (in qualche caso funzionanti addirittura meccanicamente) sono costruiti dai contadini in legno e argilla. I Pugnaloni di maggiori dimensioni (alcuni costruiti anche su due piani) sono generalmente cinque o sei; tutti, anche quelli di proporzioni più ridotte, si caratterizzano per il fatto che, nel mezzo del basamento su cui si sviluppa il plastico, è montato un rigoglioso arbusto. Dai rami pendono gli ornamenti tradizionali: prodotti della campagna, quadretti, santini, croci. Il momento culminante della festa è quello della processione. La mattina della domenica i Pugnaloni si raccolgono sulla piazza comunale da dove muove il corteo religioso e sfilano per le vie del paese precedendo le donne, la banda, il clero con l'immagine del santo, le autorità municipali con il gonfalone del Comune, gli uomini.

IL CORPUS DOMINI. In occasione di questa festività, che oggi cade nella domenica successiva al giovedì di naturale ricorrenza, in molte località della regione si realizzano cortei storici e infiorate. Grandiose le manifestazioni della festività a Orvieto, nel cui Duomo si custodisce il miracoloso corporale macchiato dal sangue scaturito dall'ostia. In altre località la festività del Corpus Domini viene solennizzata con l'allestimento di Infiorate di accurata elaborazione e di laboriosa preparazione, che fanno da guida al cammino della processione religiosa. Per tradizione e per risultati, spicca fra tutte quella di Spello, ma sono di elevato valore anche quelle di San Giustino, Cannara, Sigillo, Gualdo Cattaneo, Calvi dell'Umbria e Amelia.

GIOSTRE E TORNEI. Negli ultimi decenni, in molte località della regione sono state riattivate o ricreate, prendendo spunto da significativi episodi della storia locale medievale o moderna, numerose manifestazioni agonistiche quali giostre e tornei a cavallo, che si svolgono con modalità analoghe in occasione di feste patronali o durante la stagione turistica (maggio-settembre). Queste iniziative, pur non essendo di origine subalterna né organizzate a livello popolare, presentano interessanti aspetti folclorici in quanto, nella semplicità arcaica dei processi di identificazione e contrapposizione che stimolano, sono riuscite a entrare nell'orizzonte della cultura popolare per la veemenza emotiva della partecipazione. Tra le più significative, la Corsa dell'anello di Narni (seconda domenica di maggio), la Quintana di Foligno che si attua in due riprese nella seconda e nella terza domenica di settembre, e i Giochi delle porte di Gualdo Tadino (ultima domenica di settembre).

IL MERCATO DELLE GAITE. Manifestazione del tutto particolare, si svolge a Bevagna nelle prime due settimane di giugno; in un'atmosfera festiva, vengono riproposti prodotti e manufatti elaborati secondo le antiche tecniche in vecchie botteghe ripristinate: candele, corde, stoffe, sete, carta, cesti di vimini, ferri battuti, vasi, lavori in rame e molti altri prodotti artigianali.

UMBRIA OGGI, UMBRIA DOMANI

Una regione fragile, caratterizzata dal continuo rinascere dei municipalismi; da un lento, costante estendersi dell'appoderamento, dell'abitato sparso, della cultura promiscua: elementi portanti del sistema mezzadrile; da piccole città, residenza dei ceti dominanti, in cui si accentrano funzioni amministrative, culture e tradizioni locali. È questo il quadro che contrassegna l'Umbria nei decenni che vanno dalla fine del Settecento ai primi anni sessanta del Novecento. Tale realtà inizia a modificarsi a partire dalla seconda metà degli anni '40 del XX secolo. La stabilizzazione-riproduzione del modello mezzadrile entra in crisi: oggettivamente, a causa dei nuovi assetti ed equilibri economici internazionali e nazionali, delle nuove aperture di mercati, della fine della fase protezionistica che aveva caratterizzato l'economia italiana tra le due guerre; soggettivamente con il riesplodere delle lotte agrarie in tutta la regione. È l'effetto combinato di questi due elementi che provoca la rottura irreversibile degli equilibri tradizionali. Mutano rapporti e gerarchie territoriali e sociali, cambiano i riferimenti culturali, si trasforma lo stesso paesaggio. Da questi elementi derivano i caratteri di debolezza e di forza dell'Umbria di oggi, e da ciò occorre partire per comprendere quali equilibri nasceranno dalla nuova crisi che attraversa oggi la regione e che tende ancora una volta a trasformarne contesti e strutture.

GLI ASSETTI DEMOGRAFICI. Il primo elemento di trasformazione evidente e dirompente è costituito dai processi demografici che investono l'Umbria a partire dagli anni cinquanta del '900. La crisi della mezzadria provoca infatti due fenomeni concomitanti. Il primo è costituito da un'emigrazione massiccia di quote consistenti di popolazione verso altre aree italiane; il secondo è, invece, rappresentato dalle migrazioni interne che determinano l'addensarsi dei residenti intorno ai centri maggiori.

I processi migratori iniziano a manifestarsi con forza già a partire dalla seconda metà degli anni cinquanta. La popolazione dell'Umbria – che era pari, nel 1951, a 803 918 unità – cala nel 1961 a 794 745 con una perdita di 9173 abitanti. Questi dati non danno però l'esatta percezione del fenomeno. Se si guarda infatti ai saldi migratori per gli anni dal 1952 al 1960 si evidenzia che gli Umbri emigrati sono 47 994. Il fenomeno è destinato ad accentuarsi nel decennio successivo, in cui si ha un calo di altre 18 972 unità (la popolazione passa a 775 783 residenti). Un'inversione contenuta e relativa avverrà nei due decenni successivi. Gli abitanti dell'Umbria risulteranno essere, al censimento del 1981, pari a 807 552 e, a quello del 1991, 813 831. Tuttavia gli effetti della «grande migrazione» dei decenni cinquanta e sessanta, sono destinati a incidere in profondità. Un esempio riassuntivo è rappresentato dall'indice di invecchiamento della popolazione, molto più alto della media italiana, che passa dal 35.4 del 1951 all'86.6 del 1981, rispetto a valori nazionali che vanno dal 33.5 al 61.7.

Accanto a questo dato, destinato a operare nel lungo periodo, si pone il diverso dislocarsi degli abitanti nel territorio regionale. Se nel 1951 solo il 64.1% degli Umbri risiedeva in Comuni con più di 10 000 abitanti, nel 1981 tale quota saliva al 74.9%. Ancora: la popolazione residente in case sparse, che nel 1951 era pari al 41%, nel 1981 cala al 18.1%. Infine, il grosso della popolazione tende a scendere a valle, localizzandosi lungo la «ipsilon» formata dalla val Tiberina e dalla Valle Umbra. Ne deriva una trasformazione fondamentale dell'insediamento: crescono le periferie dei centri maggiori, si accentua l'esodo dalle zone d'altura e dalla campagna, si dirada l'abitato sparso in diretto rapporto con la crisi del contratto mezzadrile

LO SPOPOLAMENTO DELLE CAMPAGNE. Crisi agraria e fine del sistema mezzadrile rappresentano due volti d'una stessa realtà. Redditi contadini miserabili contraddistinguono ancora negli anni cinquanta la realtà dell'agricoltura umbra; a essi fanno da contraltare rendite modeste, incapaci di generare significativi processi di accumulazione. La crisi significa immediatamente crollo della presenza contadina in generale e di quella mezzadrile in particolare. Gli addetti all'agricoltura, che rappresentavano nel 1951 il 56.3% della popolazione attiva, crollano nel 1971 al 20.7%. Crolla anche il numero dei coltivatori diretti, mentre i componenti delle famiglie mezzadrili, che nel 1955 assommavano a 208 829 unità, risultano essere nel 1979 9651. In flessione anche i braccianti e i salariati fissi. Se ancora nel 1981 gli addetti all'agricoltura erano pari a 46 000 unità circa, tale quota scendeva a 31 000 nel 1986, a 29 000 nel 1991, a 23 000 nel 1993.

LE MODIFICAZIONI DEL PAESAGGIO AGRARIO. Nel contempo aumentano le piccolissime aziende (sotto i tre ettari) e quelle di dimensione maggiore (oltre i 30 ettari). Nel ventennio compreso tra il 1970 e il 1990, le grandi imprese che possedevano il 37.8% della superficie agraria utilizzabile raggiungono il 51% della stessa, mentre il numero delle imprese piccolissime passa dal 57.8% al 65.3%. Rilevanti sono anche le modificazioni nell'utilizzazione del suolo. Crollano i seminativi, che solo tra il 1957 ed il 1970 passano da 437 949 ettari a 269 849 (dal 54.4% al 37% della superficie agraria e forestale); aumentano invece le quote a bosco e a castagneto, gli incolti produttivi e, soprattutto, le aree destinate a coltivazioni legnose specializzate e ad altre coltivazioni permanenti che salgono dai 12 367 ettari del 1957 ai 54 371 del 1970. Questo «trend» continuerà nel venticinquennio successivo. Oliveto e vigneto specializzato, tabacco, girasole, soia, sostituiranno la tradizionale policoltura verticale – in cui filari di vite, sostenuti da alberi tutori interrompono strisce di terreno coltivate a grano – tipica del paesaggio mezzadrile. L'abbandono dell'abitato sparso viene solo recentemente tamponato, attraverso le provvidenze comunitarie e gli incentivi pubblici, grazie al diffondersi di strutture destinate all'agriturismo, che tentano di recuperare quote di territorio marginali per l'agricoltura. La caduta della presenza umana sul territorio, che rappresentava uno dei caratteri 'forti' della mezzadria, determina peraltro un minore controllo sullo stesso da parte delle comunità, con il rischio di un uso distorto e di rapina del retroterra naturale. E così, a un'intensa opera di rimboschimento, attuata dagli enti pubblici, si correla la cementificazione degli argini dei fiumi «nell'illusione di costruire equilibri immutabili». A ciò occorre aggiungere che l'estensione delle colture industriali (tabacco, foraggere, orticoltura) ha posto in modo acuto la questione dell'irrigazione, aumentando il prelievo delle acque e, contemporaneamente, producendo, anche per il diffondersi delle produzioni zootecniche, fenomeni d'inquinamento dei fiumi, che vengono ulteriormente incentivati dalla sempre maggiore localizzazione della popolazione lungo i corsi d'acqua. Rifiuti umani e animali scaricati nei fiumi hanno prodotto alterazioni rilevanti degli equilibri idrogeologici. Mutamenti, questi, che rischiano di segnare una rottura irreversibile dell'immagine tradizionale della regione e un appannamento degli stereotipi tradizionali a essa collegati.

DAGLI EQUILIBRI MEZZADRILI ALL'INDUSTRIA DIFFUSA. La fine traumatica della struttura mezzadrile muta dunque il volto della regione, e tuttavia sarebbe sbagliato ritenere che il passato non continui ad avere un peso nella vita dell'Umbria. L'espandersi dell'industria diffusa vede nel perdurare del ruolo della famiglia contadina uno degli elementi che ne hanno consentito, fin dagli anni sessanta del Novecento, il decollo e lo sviluppo. Mano d'opera a basso costo, redditi individuali esigui che però si cumulano nei redditi familiari, integrazioni derivanti dal lavoro part-time in agricoltura e nell'industria, proprietà della casa, hanno permesso il diffondersi di microimprese che si sono affiancate all'industria pubblica ternana e alla grande impresa di proprietà familiare del Perugino. Ciò ha consentito di realizzare nel decennio 1971-'81 una «performance» eccezionale, che ha garantito una crescita degli occupati nell'industria superiore a quella nazionale. Nel complesso del settore, infatti, si è passati dai 64 495 addetti del 1961 agli 89 166 del 1971, per raggiungere i 117 780 del 1981; in termini di occupati nell'industria sui residenti si è passati dall'8.12% del 1961 al 14.58% del 1981.

Tale sviluppo, che segna comunque una svolta nel processo di modernizzazione e di industrializzazione della regione, mostra tuttavia alcune tare di origine, che lo collocano in modo specifico e particolare nel modello «Nord-est-centro». In primo luogo, l'industria diffusa si espande in settori maturi a bassa intensità di capitale (tessile e abbigliamento, legno, carpenteria metallica) e appare più il frutto di occasioni derivanti dalla disgregazione del sistema mezzadrile che della nascita di una vivace imprenditorialità. In secondo luogo, le occasioni permissive del mercato internazionale, che si cumulano alla realtà prima descritta, rendono favorevole l'investimento nella regione, incentivando fenomeni di decentramento produttivo tipici degli anni settanta e ottanta e attirando capitali da altre realtà del paese. Proprio in quel periodo, mentre regioni più industrializzate conoscono una caduta persistente di investimenti, l'Umbria riesce a dotarsi di un tessuto industriale più organico ed esteso che nel passato, dato questo che fa pensare a un intervento diretto o indiretto di imprese operanti fuori regione. Non a caso il decollo del tessile e dell'abbigliamento vede come protagoniste imprese toscane del settore.

UNO SVILUPPO SENZA QUALITÀ. Tutto ciò sembra dar ragione a chi ha sottolineato la debolezza e la fragilità dell'industria diffusa in Umbria, a coloro che hanno evidenziato «lo sviluppo senza qualità» degli anni '60-'80, imputandolo a fattori di «debolezza sociale». Del resto quanto è avvenuto tra la metà degli anni ottanta e oggi sembra esserne una conferma. Da una parte si è avuta una crisi delle più antiche e consistenti esperienze di industria gestite dal capitalismo familiare o dal capitale pubblico. Il settore delle acque minerali e l'alimentare hanno visto la penetrazione di capitale multinazionale, cambiando i caratteri di queste imprese e inserendole nella dimensione della globalizzazione. L'esempio più significativo è quello della

Perugina, passata dalla famiglia Buitoni alla Cir di Carlo De Benedetti e infine acquisita dalla Nestlé; ma non meno significativo è quello della Sangemini e di alcune imprese minori. Sempre le multinazionali hanno sostituito nel settore chimico e siderurgico ternano il capitale pubblico. È il caso per la siderurgia del gruppo Krupp, per la chimica dei Norvegesi che hanno acquisito gli impianti di produzione di concimi chimici dell'Eni a Nera Montoro, e dei Giapponesi· che detengono il pacchetto azionario dell'Alcantara. Gli esempi potrebbero continuare. Quello che tuttavia qui preme sottolineare è come in settori di punta, attraversati da fenomeni di crisi di mercato a livello mondiale, crollino vecchi assetti proprietari e antichi punti di riferimento. I fenomeni di crisi – derivanti dai processi di globalizzazione delle produzioni e dei mercati – hanno colpito anche l'industria minore, provocando per un verso processi di selezione, per l'altro ridimensionandone peso e ruolo. Ciò ha provocato un riduzione degli occupati, che al 1991 risultano essere pari 105 058, con un tasso di industrializzazione che cala al 13.15%: dati questi destinati a subire ulteriori ridimensionamenti negli anni successivi, mentre disoccupati e inoccupati raggiungono circa 70 000 unità. In sintesi, l'economia regionale si trova ancora un volta a un punto di svolta. La perdita di occupazione nell'agricoltura e nell'industria non sembra poter essere compensata dal terziario, cresciuto di circa 50 000 unità tra il 1981 e il 1991, ma soprattutto per molti aspetti ipertrofico, privo di dinamicità e di capacità di modernizzazione.

NUOVI DUALISMI E POLARIZZAZIONI. Il nuovo sviluppo conosciuto dalla regione nell'ultimo quarantennio e, soprattutto, le accelerazioni manifestatesi negli ultimi venti anni hanno provocato nuovi dualismi all'interno dei diversi territori. Si è già accennato al concentrarsi della popolazione nelle due valli, che ha significato la rottura dell'equilibrio tradizionale «pianura, collina, montagna»; ma tale fenomeno appare più come la conclusione di un processo secolare che come la rottura traumatica di un equilibrio. Diverso è invece il capovolgimento di ruoli tra le due città principali, Terni e Perugia, che va letto alla luce degli avvenimenti degli ultimi due decenni. Se, a partire dagli anni novanta dell'Ottocento, Terni si configura come città dell'industria e della modernità, mentre Perugia tende a configurarsi come centro burocratico e amministrativo, e – grazie alle due università, la statale e quella per Stranieri – come città di cultura, tali ruoli, divenuti quasi degli stereotipi, tendono a modificarsi proprio per effetto dei processi intervenuti negli ultimi decenni. Con la nascita della Regione, infatti, Perugia rafforza il suo ruolo di città burocratica, erogatrice di servizi, mentre lo sviluppo dell'industria diffusa la colloca al centro di dinamiche economiche nuove che tendono a espandersi in tutta la provincia. Fatto sta che nel rapporto tra addetti all'industria e popolazione residente nel 1986, nel pieno del boom conosciuto dall'impresa minore, Perugia si colloca nel contesto italiano al quarantatreesimo posto e Terni, invece, al cinquantaduesimo. Ciò che penalizza la seconda città umbra è l'inarrestabile declino dell'industria siderurgica e chimica – dal punto di vista non solo degli addetti, ma anche del ruolo strategico nell'industria nazionale – mentre la monocultura industriale impedisce lo sviluppo dell'impresa minore. Ne è derivato uno «smarrimento di identità», una modificazione, attraverso processi molecolari, delle caratteristiche sociali e delle culture diffuse della città. In tale quadro, le tradizionali polarità su cui si era incardinata la regione dalla fine degli anni ottanta dell'Ottocento agli anni settanta del Novecento sono venute meno. Il ruolo di Perugia come capoluogo regionale emerge con forza sempre maggiore. Ciò accentua – specie di fronte a fenomeni di ridefinizione di strutture economiche e di spaccati sociali – spinte centrifughe di città e di territori, che fanno emergere ipotesi di separazione dall'Umbria e di collegamento con il Lazio e con Roma da parte di Terni; matura l'ipotesi di una terza provincia nell'area di Foligno, Spoleto, Norcia; si ripropone l'aggregazione di Orvieto a Viterbo al fine di costituire il centro propulsore di una nuova regione (la Tuscia); aumentano le spinte centrifughe delle aree settentrionali della regione verso la Toscana, le Marche e la Romagna. Si tratta di un malessere tipico in una regione come l'Umbria, sorta sotto la spinta di una crisi, sottoposta – proprio per la sua centralità – all'attrazione di economie e società di zona contermini, con gravitazioni esterne che superano i suoi stessi confini. Terra di municipi, con una identità indefinita e fragile, vede maturare proprio nei periodi di passaggio e di difficoltà localismi vecchi e nuovi, che rimettono in discussione la sua stessa unità amministrativa.

GLI EQUILIBRI POLITICO-AMMINISTRATIVI. In tale quadro, l'autonomia regionale, rivendicata come obiettivo dalla società e dalle istituzioni, vissuta come conquista nel 1970, per un quarto di secolo elemento di equilibrio tra territori diversi e di crescita civile ed economica, rischia di perdere la sua capacità di mediazione e di proposta. Eppure proprio alla rete delle autonomie locali si deve il fatto che l'Umbria, regione povera e disgregata, sia stata in grado di costruire una rete di servizi e di strutture che la collocano tra i punti di eccellenza del sistema nazionale. È a questa capacità di governo che si deve la conquista di una «medietà» che non è mediocrità, in cui la qualità della vita è superiore allo standard medio italiano, che beneficia dei vantaggi dello sviluppo senza pagare prezzi troppo alti, in cui i conflitti sociali non raggiungono mai punte di esasperazione, dove contenuti e marginali sono i fenomeni di malessere sociale. Si può sostenere che molti di questi elementi sono più frutto di una politica di immagine che risultato di processi storici lucidamente programmati. Fatto sta che immagine e realtà nell'ultimo quarto di secolo hanno spesso coinciso, costruendo una sorta di isola apparentemente felice. Oggi il passaggio che l'Umbria sta affrontando rimette in discussione modelli di vita, livelli di coesione tra territori, compattezze sociali e sviluppo economico che sembravano conquiste stabili, destinate a durare nel tempo.

TRA STAGNAZIONE E NUOVO SVILUPPO. È dal quadro economico e sociale costruitosi nell'ultimo quarantennio e dall'attuale destrutturazione di equilibri e mediazioni, avvenuta a cavallo degli anni ottanta e novanta del Novecento, che è necessario partire per comprendere gli scenari futuri, come si caratterizzerà la vicenda umbra in una realtà segnata da processi di mondializzazione sempre più accentuati. È indubbio che, malgrado le difficoltà e la stagnazione economica che ha caratterizzato gli ultimi anni, malgrado le trasformazioni delle strutture produttive e della società regionali, il volto dell'Umbria appare profondamente mutato rispetto solo a qualche decennio fa. I processi di modernizzazione sono andati avanti, trasformando una regione caratterizzata da un'agricoltura povera in una realtà che, sia pure con ritardi, è riuscita a entrare nel flusso della modernità, facendo divenire quelli che sembravano svantaggi (l'eredità della mezzadria) condizioni permissive dello sviluppo. È altrettanto vero che nella scrematura del tessuto produttivo, avvenuta in questi ultimi anni, si sono solidificate imprese vitali, capaci di competere su mercati allargati. Infine esperienze pluriennali, scelte politico-amministrative, attenzione a problemi ritenuti nel passato marginali – per esempio quelli relativi al patrimonio artistico e culturale – lasciano pensare alla crescita di un terziario di qualità, in cui attenzione all'ambiente, alla valorizzazione dei beni culturali, al turismo riescano a divenire volani di una nuova economia e di nuovo sviluppo, facendo intravedere nuove frontiere per quanto riguarda l'uso della multimedialità (esemplare a questo proposito, pur con le consuete luci e ombre, l'esperienza del Video centro e della Bibliomediateca di Terni su cui si giocano molte delle speranze di sviluppo diverso della città).

VERSO QUALE FUTURO. Se questi continuano a essere i punti di forza – a cui si accompagnano uno standard discreto dei servizi e alti livelli di scolarizzazione – la comunità regionale dovrà trovare il modo di rispondere a interrogativi ormai ineludibili, oppure le difficoltà emerse nell'ultimo quindicennio del secolo che sta per chiudersi rischieranno di riprodursi e di aggravarsi ulteriormente. La prima questione attiene alla dimensione dell'attuale regione amministrativa, alla sua corrispondenza con la realtà in via di configurazione: in altre parole, si pone il problema dell'adeguatezza della rete delle istituzioni locali a gestire e a promuovere una nuova fase di sviluppo. È entrato anche in discussione se – di fronte allo squilibrio tra gettito fiscale e risorse trasferite dallo Stato, che vedono l'Umbria tributaria dei poteri centrali più di altre regioni italiane – non sia opportuno, in un ridisegno delle regioni italiane nel quadro federalista, scindere l'Umbria tra la Toscana e il Lazio. Se questo progetto rischia di riprodurre forme di regionalizzazione centralistica, pure permangono la polverizzazione delle realtà comunali, le disfunzioni nel disegno territoriale delle province, la necessità di un rapporto con altre realtà regionali al fine di mantenere i livelli e la qualità della vita acquisiti negli ultimi decenni.

Il secondo nodo è costituito dall'ancora relativo isolamento dell'Umbria, l'insufficiente sviluppo sia delle comunicazioni tradizionali (ferrovie e strade) che di quelle legate alle nuove tecnologie (cablaggio, autostrade informatiche, eccetera). Infine emerge la necessità di solidificare le esperienze di impresa maturate nell'ultimo ventennio, costruendo sistemi a rete e interconnessioni e servizi tra le stesse, in una realtà in cui l'esperienza dei distretti industriali si può definire, eufemisticamente, ancora agli inizi. Sono questi i problemi tutt'altro che semplici che la comunità regionale si trova oggi di fronte e dalla cui soluzione dipende, in larga parte, quale futuro avrà l'Umbria.

I MODI DELLA VISITA

IL DIAVOLO E L'ACQUA SANTA. Il giudizio dello scrittore e storico francese Charles de Brosse – il quale, giunto a Spoleto nel 1740, annotava: «non lontano da qui c'è la città di Assisi che mi guardai bene dal visitare poiché temo le stimmate come tutti i diavoli» – è certo eccessivo. Ma da quelle parole emerge una legittima preoccupazione che, invece, appartiene ai viaggiatori che nei secoli passati visitavano l'Umbria trascurando Assisi (per Goethe interessante solo per le vestigia romane, infastidito dalla «babelica sovrapposizione di due chiese»), come al moderno turista che si accinge a compiere un viaggio in una regione da sempre indissolubilmente associata al misticismo e alla religiosità. Un'immagine oggi prepotentemente rilanciata in attesa del Giubileo del 2000, e che rischia di trasformarsi in un vuoto stereotipo perché non rende in alcun modo conto della complessità culturale dell'Umbria, nella quale la vicenda religiosa pur riveste un ruolo non secondario, e può dunque procurare cocenti delusioni.

Senza voler riprendere i termini di una «querelle» che da almeno due secoli coinvolge la definizione della regione come «terra dello spirito», vale la pena di distinguere tra un'Umbria francescana intesa come percorso storico e turistico (ma anche di fede) che lega luoghi e testimonianze del grande santo, e un'Umbria legata al culto di san Francesco, proposta come celebrazione ed enfatizzazione che nei suoi aspetti più fastidiosamente eclatanti sembra quasi sconfinare in una vera e propria 'industria del pellegrino'. I due aspetti spesso convivono, e anzi sarebbe operazione antistorica cercare di separarli: ne è esempio macroscopico la contraddizione offerta dalla semplicità della Porziuncola all'interno della magniloquente basilica di S. Maria degli Angeli. Ma certo non si può non sottolineare come talune manifestazioni del turismo religioso, che tanta parte hanno nell'economia di Assisi – al punto da mettere in crisi il fragile equilibrio della cittadina ai piedi del Subasio – come di altri centri e luoghi della regione (eremi, monasteri), rappresentino un contrasto non marginale nei confronti di quella contemplativa, in realtà drammatica, pace francescana alla quale dichiarano di ispirarsi. Non diverso il caso della Ca-

scia di Rita, santa della semplicità popolare e contadina, che probabilmente rimarrebbe perplessa alla vista del suo santuario. Un aiuto
a chi si accinge a un viaggio in Umbria potrebbe allora venire (oltre
che da questa guida, che nella descrizione dei luoghi e dei documenti dell'universo religioso e mistico della regione cerca sempre di pri-
vilegiare il significato storico anche in rapporto alle forme della devozione popolare e della cultura materiale) dalla lettura dell'accatti-
vante saggio di Chiara Frugoni (*Vita di un uomo: Francesco d'Assisi*, Einaudi, 1995) o addirittura della *Vita di S. Francesco d'Assisi*
di fra' Tommaso da Celano, che fu amico e primo biografo del santo:
nella convinzione che il ricorso alle fonti coeve, e a una lettura d'ampio respiro, possa essere istruttivo anche per dare giusta luce alle re-
toriche 'ufficiali', alle interpretazioni e alle celebrazioni successive.
Nulla si può invece proporre per santa Rita, che fu tanto semplice e
'normale' da non avere avuto neppure un agiografo.

PAESAGGIO REALE, PAESAGGIO COSTRUITO. Un'altra generalizzazio-
ne da cui è bene sgombrare subito il campo è rappresentata dalla ricorrente immagine di regione 'verde', che vuole sottolineare la prevalenza di una presunta 'naturalità' del paesaggio umbro, quale oggi
ci appare soprattutto lungo i percorsi secondari che dai fondivalle si
innalzano seguendo l'andamento degli estesi sistemi collinari e, soprattutto sul versante orientale, dei rilievi appenninici. Se dunque il
30% circa della superficie regionale è ancora coperto di boschi (ma
non di rado si tratta di formazioni degradate), soprattutto nelle aree
più interne della Valnerina, cui va aggiunto un altro 12% di pascoli,
in particolare nella zona eugubina a nord e in quella attorno a Norcia
e a Monteleone di Spoleto a sud, la gran parte del territorio risulta
essere da lungo tempo oggetto di un intenso sfruttamento agricolo e
silvo-pastorale: si pensi ai segni lasciati dalla mezzadria nella diffusione dei seminativi dalla piana del Trasimeno alla Valle Umbra e dalla media valle del Tevere a San Gèmini, mentre vite e olivo connotano fortemente il paesaggio nelle fasce collinari tra la Valle Umbra e
quella del Tevere, nella zona attorno al Trasimeno e nella conca ternana. Allora il richiamo al 'verde' non va inteso in termini di estensione di copertura vegetale intatta nei caratteri originari, quanto
piuttosto in riferimento alle pregiate estensioni forestali (anche di
rimboschimento), agli eccezionali biotopi quali le marcite di Norcia e
i Piani di Castelluccio, e infine alle ampie distese di coltivi che, nelle
aree più vitali di pianura (e non solo in queste), mostrano piuttosto i
segni della disintegrazione dègli assetti agrari tradizionali; il particolare impatto paesistico che le distese di olivi offrono lungo interi ver-

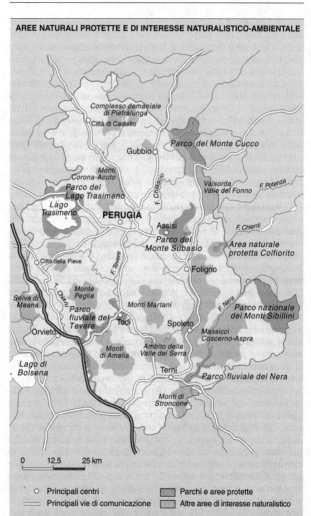

AREE NATURALI PROTETTE E DI INTERESSE NATURALISTICO-AMBIENTALE

Complesso demaniale di Pietralunga

Città di Castello

Gubbio

Parco del Monte Cucco

Monti Corona-Acuto

Parco del Lago Trasimeno

Lago Trasimeno

PERUGIA

F. Chiascio

Valsorda Valle del Fonno

F. Potenza

Assisi

F. Chienti

Parco del Monte Subasio

Area naturale protetta Colfiorito

Città della Pieve

F. Tevere

Foligno

Selva di Meana

Monte Peglia

T. Chiani

Monti Martani

F. Nera

Parco nazionale dei Monti Sibillini

Parco fluviale del Tevere

Todi

Spoleto

Orvieto

Massicci Coscerno-Aspra

Monti di Amelia

Ambito della Valle del Serra

Lago di Bolsena

Terni

Parco fluviale del Nera

Monti di Stroncone

0   12,5   25 km

○ Principali centri

—— Principali vie di comunicazione

▨ Parchi e aree protette

▨ Altre aree di interesse naturalistico

santi, a Spello come a Trevi, costituisce un elemento di straordinario fascino e facilmente rimanda agli struggenti fondali di tante tavole della pittura umbra.

Tale proposizione in chiave idilliaca del paesaggio umbro (ma la presunta 'arcaicità' degli àmbiti naturali è costruzione mentale che assilla tutta l'Italia centrale) contrasta con l'osservazione delle numerose altre campagne della regione, che portano ancora inscritte le tracce di secolari conflitti feudali, per esempio nella diffusione puntiforme o per veri e propri sistemi di castelli e di borghi fortificati, generalmente aggregati su un colle impervio o in siti un tempo di evidenza strategica: Campello Alto, Corciano, Vallo di Nera, Montemartano, e l'elenco dovrebbe continuare ancora a lungo. Quest'Umbria classica e tradizionale ci appare come una terra irta di fortezze, «tutta incastellata»: sono i castelli utilizzati dalla città egemone come avamposti difensivi ma anche come centri di bonifica e di colonizzazione. E dovevano esser molti, se nel solo territorio di Perugia c'erano ancora, alla fine del '700, più di 140 castelli. Tutta l'Umbria è poi sparsa di abbazie (di Sassovivo, di Montelabate, di Monte Corona, di S. Pietro in Valle, di S. Eutizio, dei Sette Frati), anche fortificate (Badia di Sant'Arcangelo), che hanno avuto un ruolo fondamentale nell'ordinamento del territorio. Un anonimo scultore romanico ha raccontato nella pietra di S. Felice di Narco la metafora della bonifica benedettina delle terre: san Felice resuscita il figlio di una vedova e uccide il drago, che simboleggia la palude mefitica sconfitta dai monaci con l'arginamento del Nera.

IL DISEGNO DEGLI ITINERARI. La rete degli itinerari che questa guida propone è – come di consueto nelle «Rosse» – mirata a individuare il filo conduttore dettato dai processi di formazione territoriale. In Umbria appare di evidenza (e persistenza) particolare l'articolazione delle aree storicamente omogenee, a dimostrazione del fatto che le pur rilevanti trasformazioni otto-novecentesche non hanno significativamente intaccato i forti identità sub-regionali, le quali tuttora compongono il mosaico di una terra molto variegata per componenti paesistiche e vicende dell'umanizzazione. Per chi si accinga a stendere un progetto di visita coerente della regione, la scelta degli itinerari appare quasi obbligata a ripercorrere le grandi valli (val Tiberina, Valle Umbra, media valle del Tevere) 'costruite' – non a caso, per la secolare forza dei particolarismi, con molti litigi e contrasti (tra i Comuni medievali, tra i granduchi e il papato) – dalle regimazioni medievali e moderne, e a perimetrare le dorsali montuose e collinari prestando attenzione alle aree di influenza dei rispettivi centri urbani egemoni. Ed è proprio da questi che si deve partire per ritrovare in Umbria il modello comune di formazione delle aree omogenee: ossia dalla rigorosa gerarchia urbano-territoriale che nei secoli ha visto il primato delle città come garanti degli equilibri della pianura e della montagna. La frequenza con la quale, in questa guida, l'identificazione dei percorsi è data dagli organismi urbani maggiori e dai centri minori che vi si incontrano, non è dunque un riconoscimento – per altro, pienamente dovuto – all'interesse che questi rivestono nella geografia turistica e culturale, bensì della storica frammentazione microterritoriale: fatta di città, terre e castelli (per usare la classificazione degli insediamenti tardo-medievale, codificata nel 1357 dal cardinale Albornoz), ciascuno saldamente legato (non di rado in un affascinante e scenografico connubio con il paesaggio: come a Trevi, a Montefalco, a Spello, a Orvieto) a un «contado», un «distretto» o un «dominio» (la definizione è di Henri Desplanques), secondo un'armatura territoriale fatta di prerogative, facoltà, privilegi nei quali tendeva a esaurirsi la rete dei rapporti anche economici.

A riprova di ciò, sta il reticolo della viabilità storica, già fitto e ramificato in funzione proprio dell'altrettanto articolata e rigida struttura urbano-territoriale, che è il segno della relativa autonomia di intere aree rispetto alla grande viabilità storica (Flaminia e Tiberina, nelle successive versioni). Le moderne infrastrutture viarie, create tra Otto e Novecento e che oggi si è di fatto costretti a seguire, hanno del tutto sostituito, anche cancellandoli (come in alcune aree della montagna spoletina o di quella folignate, nell'Amerina dove l'odierna statale porta solo il nome dell'antica arteria), i millenari percorsi di mercanti e pellegrini e, sulla dorsale appenninica, delle greggi transumanti, le uniche a tenere in vita, fino a tempi non lontani, percorsi un tempo vitali: castelli e antichi luoghi di mercato aiutano, assieme alla toponomastica e agli insediamenti monastici e ai romitori, a ricucire il disegno degli originari sistemi di comunicazione che questa guida cerca di ripercorrere almeno idealmente. E valga per tutti l'esempio della valle del Tevere da Perugia a Todi, dove – caso forse unico in tutta la collana delle «Rosse» – l'itinerario è tracciato su una superstrada, la E45, che ha sostituito la vecchia Tiberina: l'ipotesi, suggestiva, di ricalcarne le tracce per ritessere la memoria delle tradizionali relazioni spaziali è naufragata sul campo, anzi si è letteralmente 'persa nei campi'.

UNA PROPOSTA PER LA VISITA. Se per certi versi, dunque, la grande viabilità ha 'attraversato' l'Umbria (che, nel ripiegamento dell'età pontificia, è degradata da crocevia dei traffici a terra di transito) affiancandosi, ma solo fino all'800, a capillari itinerari minori che fungevano da vera ossatura territoriale, un destino non diverso, altalenante tra marginalità e attrazione, hanno avuto i flussi turistici nella regione: percorsa da folle di visitatori sugli itinerari 'di moda' già nell'Ottocento (da Perugia ad Assisi e a Spoleto, per esempio, ma di solito 'saltando' l'interessantissima Foligno e la sua montagna, ricca di testimonianze e di documenti d'arte e di storia); velocemente attraversata, viceversa, su altri tracciati che pure toccano luoghi e centri di elevata qualità storico-artistica e ambientale (la dorsale collinare occidentale, per esempio, tra Orvieto e Città della Pieve). È dunque la scansione dei capitoli, nei quali assumono forte evidenza gli àmbiti territoriali, che vuole essere la cifra di questa proposta di visita, che rivalutando le gerarchie storiche intende superare la cristallizzazione degli stereotipi. Percorrendo i tradizionali tracciati, poi, questa guida cerca di entrare nella «zona di vuoto» rappresentata da quelle aree dell'Umbria per le quali – usando le parole dei curatori del catalogo *Oltre il terremoto*, promosso nel 1997 dal Ministero per i Beni culturali e ambientali – la letteratura specializzata è praticamente inesistente [...] perfino nel filone solitamente ricco [...] dell'erudizione locale». Sono i percorsi del rinnovamento cinque-sei-settecentesco delle arti che si cela, in parte misconosciuto, in parte ancora da esplorare, con i sorprendenti complessi decorativi e di apparati lignei entro chiese e palazzi di piccoli e minuscoli borghi della Valnerina, della bassa valle del Menotre, del Nocerino e del Gualdese, del Sellanese, del Casciano, dell'Amerina che, nel suo centro maggiore, fu decisivo veicolo della diffusione in Umbria della cultura tardo-manieristica romana.

ACCOGLIENZA AGRITURISTICA. Un modo concreto di avvicinarsi agli aspetti non solo esteriori del paesaggio umbro è quello di entrare in contatto con il circuito dell'agriturismo, che costituisce nella regione un'attività relativamente nuova ma negli ultimi anni in consistente crescita. È infatti incontestabile che il cospicuo complesso di edifici rurali trasformati in residenze di campagna, i prodotti agroalimentari (vino, olio, tartufi in primo luogo), nonché l'appagamento derivante dall'accostamento ai valori e alle atmosfere degli ambienti rurali, costituiscono un prezioso patrimonio e una potenziale risorsa. Se si considera il quadro previsionale dello sviluppo turistico umbro, il suo generale e continuo incremento – nonostante la crisi congiunturale successiva al terremoto dell'autunno 1997 – interesserà una domanda nuova e diversamente segmentata i cui flussi, inclini in modo crescente più alle vacanze brevi e diversificate che alle destina-

zioni «mature» (Perugia, Assisi, Spoleto) e alle permanenze stagio-
nalizzate, saranno sempre più influenzati dai fattori inerenti alla qualità e agli elementi di ordine culturale e ambientale, di cui la regione
appare straordinariamente ricca.

L'UMBRIA DAL TRENO. I rilievi innervano il territorio umbro in un
rincorrersi di colline dal profilo dolce e di montagne boscose, un'orografia che ha reso accidentate le naturali vie di collegamento impo-
nendo al viaggiatore, sino alla metà del XIX secolo, soste frequenti e
marce affaticanti. La storia delle strade ferrate segue questo percorso aspro e tortuoso, una penetrazione che le rotaie hanno conteso al
territorio nel rispetto della sua vocazione culturale e socio-economica. Il rilancio del treno negli ultimi anni, anche come vocazione turistica e culturale, ha riannodato questa maglia fragile della mobilità,
grazie a numerosi collegamenti diretti tra i capoluoghi e a un sistema
interregionale integrato, cosicché oggi si possono raggiungere in treno, con maggiore o minore difficoltà, tutti i centri turistici più frequentati della regione.

Le linee ferroviarie sono tracciate su tre direttrici principali.
Quella orientale unisce Terni a Spoleto e a Foligno e, per la Valtopina,
raggiunge Fossato di Vico. Nel fondovalle tiberino è tracciata la Ferrovia Centrale Umbra, che dal secondo decennio del Novecento collega Terni a Città di Castello (e alla toscana Sansepolcro, dal 1956),
passando per Todi, Marsciano, Perugia e Umbèrtide. La direttrice occidentale si snoda lungo l'itinerario classico della tradizionale linea
Roma-Firenze, toccando i centri che da Orte lambiscono la media
valle del Tevere fino a Orvieto, quindi Città della Pieve e, in Toscana,
Chiusi-Chianciano. Una strada ferrata trasversale, a carattere turistico, unisce Foligno a Perugia e a Teròntola, in un percorso nel quale
moderni elettrotreni toccano le piccole stazioni di Spello, Assisi, Passignano e Tuoro sul Trasimeno. Con poca lungimiranza è stata invece
smantellata negli anni '70 del Novecento la ferrovia Spoleto-Norcia
(1926-68), un vero gioiello di ingegneria ferroviaria anche per i criteri di rispetto ambientale sottesi alla progettazione, che avrebbe potuto costituire uno strumento eccezionale di valorizzazione turistica.

I collegamenti ferroviari tra le maggiori città italiane e quelle
umbre sono assicurati dai treni Eurostar e Intercity, ai quali si aggiungono le linee interregionali e regionali che, da Roma, Ancona e
Firenze, seguono il tracciato ottocentesco in uno scenario di quiete,
ancora denso di profumi e di aromi, che il passeggero più attento
può cogliere a patto di scegliere qualche piccolo convoglio nel quale
sia consentito di tenere aperti i finestrini.

OLTRE IL TERREMOTO

Al soprintendente Antonio Paolucci, che all'indomani delle scosse telluriche del 26 settembre 1997 ebbe dal Ministero per i Beni culturali e ambientali la nomina di «Commissario straordinario per le opere d'arte danneggiate dal sisma», abbiamo chiesto un intervento sulle prospettive del «dopo terremoto». Ecco il suo contributo.

Con apprezzabile tempestività nel dicembre 1997, ad appena tre mesi dal terremoto, il Ministero per i Beni culturali e ambientali ha pubblicato il primo repertorio degli edifici monumentali in vario modo danneggiati dal sisma. Si tratta complessivamente di 683 schede (pari al 65% del patrimonio colpito): mura urbiche e palazzi comunali, torri civiche e manufatti archeologici e poi chiese. Soprattutto chiese. Sono insigni basiliche come S. Francesco di Assisi e il Duomo di Spoleto, sono chiese parrocchiali intorno alle quali si raccoglie da sempre la vita di piccoli paesi come a Sellano, come a Cerreto di Spoleto, come a Montesanto, come a Preci. Sono umili cappelle rurali, oratori di frazioni, santuari, sedi di antiche confraternite. Spesso si tratta di edifici religiosi ben noti agli storici dell'arte e frequentati dal turismo colto: S. Pietro di Perugia, S. Francesco di Montefalco, S. Francesco di Gualdo Tadino, S. Maria Maggiore a Spello, la Cattedrale di Nocera Umbra e quella di Foligno, per dire solo di alcuni. Qualche volta la notorietà è la conseguenza di recenti e fortunate scoperte. Penso alla parrocchiale di Serrone, che conserva un mirabile dipinto caravaggesco del primo Seicento, opera del giovane La Tour probabilmente. Nella stragrande maggioranza dei casi però si tratta di edifici sconosciuti, e quasi anche agli stessi specialisti pressoché privi di letteratura critica o anche divulgativa.

La prospettiva di spesa per il restauro degli edifici danneggiati in tutta l'Umbria si calcola in circa 1000 miliardi (100 solo per il complesso di S. Francesco di Assisi). Le linee di finanziamento sono già state individuate, attingendo per la massima parte dai fondi statali e comunitari ma anche dalla liberalità privata, utilizzando la formula oggi disciplinata per legge (352/97) della «adozione di un monumento». Quali le prospettive e i tempi della ricostruzione per quanto riguarda i beni artistici e monumentali? Sono state fissate priorità e logiche di intervento con l'obiettivo di riattivare quanto prima la circolazione turistica nei territori colpiti dal sisma. Siamo consapevoli, infatti, che è quella la condizione necessaria per salvaguardare, assieme alle economie locali, le ragioni del popolamento e quindi la sopravvivenza del patrimonio. Si cercherà quindi di intervenire (e già si interviene) sui monumenti che il sisma ha colpito in forma leggera, secondo il criterio del «minimum facere». A volte basta sostituire una chiave d'arco lesionata o consolidare un muro pericolante perché una chiesa ora dichiarata inagibile possa essere riaperta al culto. Poi verrà il restauro sistematico, ma intanto non si sottrae alla pubblica fruizione un pezzo dell'Umbria storica. Così è stato fatto fin da subito nella chiesa-museo di S. Francesco a Montefalco, oggi visitabile sìa pure con qualche limitazione. Occorrerà inoltre riaprire in tempi brevi i piccoli musei regionali. Le opere d'arte mobili e i reperti archeologici non hanno subìto danni. Ora sono al riparo in magazzini attrezzati. È necessario che tornino quanto prima a casa loro: negli edifici di origine (se immediatamente riapribili), oppure in collocazione provvisoria, però visitabili e aperte al pubblico. È anche opportuno dare visibilità locale ai restauri in corso. Un cantiere 'aperto' per restauri è già di per sé oggetto di curiosità e occasione di turismo colto.

Ci sono poi i grandi interventi che richiederanno tempi lunghi. Penso ai centri storici di Nocera Umbra e di Sellano. Anche qui bisogna fare presto. L'idea di ricostruire altrove i paesi colpiti è stata subito e giustamente respinta. È quindi ancora più necessario intervenire in modo rapido ed efficace. La messa di Natale del 1999, vigilia del grande Giubileo, verrà celebrata nella Chiesa superiore di Assisi, restaurata. È un impegno che l'Amministrazione dei Beni culturali intende mantenere e il cui grande significato 'politico' non sfugge a nessuno. Per quella data il ripristino del patrimonio culturale umbro devastato dal sisma sarà – io credo – avviato a conclusione.

1 PERUGIA

Perugia m 493, ab. 151 118 (129 921), ha un'articolazione straordinaria tanto che, di primo acchito, la si apprezza per il paesaggio d'insieme, per la sua forma costruita che è monumento unico, concatenazione di panorami, di spazi, di memorie. Anche là dove l'espansione contemporanea si è addensata a ridosso dell'antica, la città alta mantiene la sua identità di forma organica e fusa con la morfologia del colle, aderente ai luoghi, unitaria, entro la quale gli episodi  monumentali danno le coordinate di uno sviluppo la cui regola si cerca di afferrare. Il colle su cui Perugia è costruita domina un incrocio di valli e di vie di comunicazione, tra val Tiberina e Valle Umbra; il rilievo è quanto mai movimentato e diramato in più crinali dal vertice in modo radiale. Dal basso la forma della città si coglie nel suo profilo allungato, segnato dai campanili e bordato dalle mura, alle quali da sempre si affida l'identità urbana. Il rapporto dominante sul territorio ricorda il legame storico tra città e campagna, che è stata la base di un'economia prevalentemente agricola fino al Novecento. La vita industriale, con le fabbriche alimentari e tessili (Perugina, Buitoni, Spagnoli, Ellesse), ha registrato uno sviluppo importante negli anni sessanta del '900; ma la recessione degli anni novanta e l'uscita dell'imprenditoria locale, sostituita da capitali esterni, minaccia una progressiva sottrazione di ricchezza dal territorio umbro, che, attraversato da scarse comunicazioni, non ha offerto terreno alla crescita manifatturiera e cerca una via di sviluppo compatibile. Capoluogo di regione, Perugia terziaria è conosciuta innanzi tutto come città di cultura. L'Università di Stato e l'Università per Stranieri portano ogni anno in città circa 30 000 studenti, con relativo indotto economico e conseguenze – positive e negative – di natura sociale, non ultima la sostituzione della compagine residenziale nel centro storico. Proprio questo, segnato da profonde trasformazioni d'uso, si interroga sulla sua nuova identità: rispondere alle mutazioni senza perdere il collegamento con le sue memorie. Supporta la visita la pianta storico-urbanistica della città, che si trova a pag. 106.

I CARATTERI DELL'INSEDIAMENTO NELLA VICENDA STORICA

Il mito medievale della nascita di Perugia attribuisce l'atto fondativo a Euliste l'etrusco, che Bonifacio da Verona celebra nel poema epico (l'«Eulistea») composto nel 1293 su commissione dei maggiorenti del Comune. Il dato archeologico più antico in nostro possesso per la ricostruzione delle fasi iniziali della città riporta all'età del Bronzo finale-inizi dell'età del Ferro, e si riferisce a un insediamento perilacustre di recente individuato nella periferia sud-occidentale (presso Ponte della Pietra), su un possibile tracciato viario che collegava Perugia a Orvieto. È nota l'esistenza, nel secolo IX a.C., di gruppi di capanne sulla sommità del colle; dalla fusione di questi nuclei primitivi si struttura la città, che organizza il suo impianto a partire dal secolo VI a.C. e diventa tra le più importanti della «dodecapoli» (federazione delle città principali dell'Etruria), forte della posizione di confine tra il territorio degli Etruschi e quello degli Umbri. Tra la città e il colle si crea una simbiosi di mutuo adattamento, un processo organico di crescita che caratterizza tutte le fasi storiche successive, fino alla massima espansione medievale. Dal Medioevo all'Ottocento la città non avrà alterazioni di forma.

LA CITTÀ ANTICA. In età etrusca, il colle viene adattato all'impianto urbano con sostruzioni artificiali, ma nello stesso tempo le mura colossali, in grandi blocchi di travertino ben squadrato (secoli IV-III a.C.), seguono un sinuoso circuito trilobato, che con un percorso di tre chilometri recinge due alture separate da una sella (colle Landone e colle del Sole) sulle quali è attestata la città. L'impianto viario etrusco farà da base ai successivi sviluppi urbanistici che ricalcheranno il reticolo – poco regolare – di strade parallele e ortogonali, entro il quale si riconosce facilmente l'asse primario che attraversa la città da nord a sud: nel tratto centrale coincide con il corso Vannucci e infila l'area pubblica maggiore (oggi piazza IV Novembre). Fuori città si sono ritrovate tracce di numerose necropoli, lungo quelle vie esterne che dalle porte urbane si irraggiano lungo i crinali e scendono a valle.

L'ETÀ ROMANA. Perugia entra nello Stato romano nel secolo I a.C. e sotto Augusto viene investita da un programma di recupero edilizio che interessa il restauro delle mura urbiche, le pavimentazioni stradali e il riassetto dell'area rappresentativa – il foro – di cui i numerosi ritrovamenti archeologici suggeriscono l'impianto (si sono trovati resti di una grande cisterna, diverse basi di edifici e un'epigrafe celebrativa che si suppone appartenesse a un monumento). La restaurazione augustea è certamente seguita da una crescita edilizia che satura le aree entro le mura: cisterne, pavimenti a mosaico, strutture murarie diffuse un po' dappertutto ne segnano l'estensione. In età imperiale si costruisce anche fuori le mura, opere isolate ma di importanza particolare: l'anfiteatro fuori porta Marzia, le terme nella Conca (sec. II d.C.), un presunto mausoleo sotto il campanile di S. Pietro e altri reperti che punteggiano il colle nelle varie direzioni.

LA RIFONDAZIONE ALTO-MEDIEVALE. La crescita fuori della cerchia muraria si definisce meglio in età paleocristiana, sempre lungo le stesse vie esterne e con edifici di culto (S. Angelo, S. Pietro, S. Costanzo) che saranno il punto di riferimento per l'espansione della città medievale. Una fioritura interrotta dalle guerre barbariche del secolo VI; il fatto che Perugia sia all'incrocio tra la Via Flaminia e la Via Amerina, e dunque sia perno del percorso tra Roma, Gubbio e Ravenna, ne fa un'appetibile roccaforte, assediata da Goti (548) e Longobardi. Quando riprende a crescere, la città utilizza ancora l'impianto etrusco-romano che fa da base alla rifondazione alto-medievale. La costruzione della nuova cattedrale entro le mura (X secolo) avvia il rinnovamento urbanistico; non è un caso che il luogo prescelto sia l'area della piazza centrale, che inizia a delinearsi nei suoi caratteri di spazio pubblico e rappresentativo, per il momento legato al potere vescovile.

LA CREAZIONE DELLO SPAZIO COMUNALE. Alla fine dell'XI secolo la piazza – ormai detta «del Comune» – rapporta i due governi, ecclesiastico e laico, quest'ultimo con un palazzo dei Consoli costruito sul lato occidentale. Per tutto il Duecento e la prima metà del Trecento il governo comunale consolida la propria struttura e allarga l'estensione del contado fino alle fertili terre del Trasimeno. Cambia radicalmente il rapporto tra città e campagna, entro un'operazione di riassetto amministrativo e urbanistico che coniuga efficacemente sviluppo insediativo, controllo, esazione e colonizzazione del territorio. La città esercita una forte attrazione sulla nobiltà di campagna e sulla popolazione contadina, che si inurba e costringe

Principali fasi di sviluppo del centro storico

- - - Mura etrusche e principali porte
1 Arco Etrusco
2 Porta Trasimena
3 Arco della Mandorla
4 Porta Marzia
5 Arco di S. Ercolano
6 Arco dei Gigli

—— Mura due-trecentesche e principali porte
7 Porta S. Simone
8 Porta S. Antonio
9 Porta Bulagaio
10 Porta S. Angelo
11 Porta S. Andrea
12 Porta del Castellano
13 Porta S. Pietro

—— Ampliamento murario quattrocentesco

—— Vie Regali
- - - Strade Maestre

Area della Rocca Paolina (1540-43, demolita nel 1848-60)

14 Cattedrale (sec. X, rifatta nel 1300-1490)
15 Fontana Maggiore (1275-77)
16 Palazzo dei Priori (1293-1443)
17 S. Agostino (1256-60, rifatta nel sec. XVIII)
18 S. Angelo (sec. V-VI)
19 Monastero degli Olivetani (1740)
20 S. Bernardino (1452-61)
21 S. Domenico (1231-60, rifatta nei sec. XIV e XVII)
22 S. Pietro (sec. X, rifatta nei sec. XIV-XVIII)
23 S. Giuliana (1253)

la città a espandersi lungo le vie portanti, dove si formano le appendici dei nuovi borghi, di solito a sviluppo lineare. Nei borghi si insediano anche le chiese parrocchiali (che richiamano le parrocchie dello stesso settore di contado), gli oratori e i grandi complessi conventuali, che coagulano funzioni fondamentali di carattere sociale. L'insediamento degli ordini mendicanti (francescani, domenicani, agostiniani), con la loro opera di evangelizzazione ma anche di controllo sociale e di servizio assistenziale, costituisce un fenomeno di grande importanza nella storia dei Comuni: Perugia offre una lettura chiara dello sviluppo dei borghi più popolosi attorno ai grandi complessi conventuali. La città e le sue espansioni sono cinte da una nuova cerchia muraria, che raddoppia il perimetro cittadino. Nei suoi anni più prosperi, tra Due e Trecento, il Comune si assume un enorme impegno economico per attuare lo sviluppo urbano. Fra le opere più straordinarie è la costruzione (1254-76) dell'acquedotto da monte Pacciano, distante quattro chilometri dalla città, fino alla fonte di piazza: meravigliosa espressione della cultura medievale, «mostra delle acque», perno simbolico della piazza e della città tutta, rappresentazione della «civitas» e della sua storia sacra e profana. Sono gli anni del governo mercantile, che avrà la sua grandiosa sede nel palazzo dei Priori (1293-metà '300).

TRA GOVERNO SIGNORILE ED EGEMONIA PAPALE. Perugia perde l'autonomia comunale in seguito alle campagne militari papali, che la riportano sotto la dipendenza diretta dello Stato della Chiesa (1370). Alla fine del Trecento l'instabilità politica, le lotte intestine e il tentativo di sottrarsi all'egemonia papale offrono terreno al succedersi di varie signorie (Michelotti, Visconti, Fortebracci). Il governo di Braccio Fortebracci va segnalato perché realizza rilevanti opere pubbliche (la residenza di Braccio in piazza, di cui oggi rimangono solo le logge, le sostruzioni del «Sopramuro» e della scarpata sottostante consolidata dalle «Briglie», l'antemurale, un tratto difensivo a protezione delle mura urbane). Il ritorno alla dipendenza più stretta dallo Stato della Chiesa riporta l'attenzione sul completamento della Cattedrale (metà del Quattrocento) con l'attuazione del progetto trecentesco del grande corpo a sala unica che offre alla piazza il fianco e ne chiude tutto il lato nord.

I BAGLIONI. Dalla metà del '400 la famiglia Baglioni, solidamente filopapale, è protagonista della vita politica e culturale della città. L'affermazione politico-sociale della nobiltà colta e raffinata arrichisce la città di palazzi nelle aree centrali e di episodi di elevato livello artistico (campanile di S. Pietro su disegno di Bernardo Rossellino, porta S. Pietro e facciata di S. Bernardino di Agostino di Duccio); viene dato nuovo e definitivo assetto alla piazza del Sopramuro (oggi Matteotti) con il palazzo del Capitano (1473-81) e l'adiacente Università Vecchia (1483-1515).

LA ROCCA PAOLINA. Ogni autonomia municipale è definitivamente annullata alla metà del '500 e la città è riacquisita al governo di Roma, che traduce concretamente la sua presenza nella costruzione di una fortezza, la Rocca Paolina (1540-43), innestata sopra un quartiere medievale interamente raso al suolo (alcune parti rimaste interrate nei sotterranei della Rocca sono state riesumate con gli scavi del 1963 e ci permettono di percorrere la via Bagliona e un brano di città 'fantasma' di grande suggestione). La costruzione della Rocca segna la cesura tra due epoche, quella medievale e quella moderna: cambia il profilo della città, cambia l'assetto dell'economia locale con l'attenuazione del dinamismo mercantile a favore dello sfruttamento della rendita fondiaria.

IL RINNOVAMENTO EDILIZIO TRA CINQUE E SETTECENTO. Dal '500 i ceti abbienti investono nell'edilizia, e fino a tutto il '700 i numerosi

nuovi palazzi nel centro ristrutturano o sostituiscono l'edilizia minore (palazzi Bourbon-Sorbello, Conestabile della Staffa, Antinori,
della Penna, Aureli, Donini). La città, che entro il suo impianto storico non perderà mai la marcata impronta medievale, assorbe una
gran serie di sobrie facciate rinascimentali e barocche. A Perugia,
gli episodi barocchi rimarranno piuttosto rari: tra questi, la chiesa
di S. Filippo Neri (1627), di impronta romana, ne è certamente il
documento più rilevante. I numerosi, diffusi interventi tra Cinque e
Settecento danno risalto a un decoro urbano di impronta patrizia e
di influenza romana (ampliamenti di strade, fonti e fontane ornamentali, giardini come il «Frontone», i due teatri settecenteschi),
senza però creare alterazioni alla struttura urbanistica.

LE TRASFORMAZIONI OTTOCENTESCHE. La forma, che è sempre
quella medievale, subisce le prime vere alterazioni nella prima metà dell'800; la 'funzionalità' e la 'modernità' indirizzano al decentramento dei servizi (carceri, manicomio, cimitero) e invitano a realizzare una nuova rete viaria, in particolare quella di circonvallazione
esterna, che cancella in parte la topografia e il senso delle antiche
mura. La città si slabbra verso sud con la demolizione della Rocca
Paolina (1848-60, con la fine dello Stato pontificio e la costituzione
del Regno d'Italia) che dà spazio alla riprogettazione di una vasta
area tutta ricostruita entro la fine di quel secolo (piazza Italia, via
Masi). Nella seconda metà dell'Ottocento, il nuovo panorama politico e amministrativo contribuisce a cambiare profondamente l'idea
stessa di città. Le mura perdono il valore di limite urbano, mentre
le espansioni esterne mutano la geografia costruita (nasce la stazione ferroviaria e, intorno, i fabbricati industriali di Fontivegge).

IL NOVECENTO. Alla data del primo piano regolatore (1931) la
città ha già gettato i riferimenti per un'espansione spontaneamente
diretta lungo le direttrici naturali di sviluppo, senza tuttavia quella
forma compiuta e quella pianificazione controllata che avevano disegnato la città storica. La dilatazione dei nuclei esterni e la saldatura con il centro storico, là dove la morfologia lo consente, corrono più veloci delle redazioni dei vari piani, che comunque confer-
mano la crescita dei nuovi quartieri esterni (San Sisto, Ponte San
Giovanni, per citare solo i più popolosi) e investono sulla grande
mobilità, che corre tangenzialmente alla città (la «quattro corsie»
est-ovest) e intreccia le vie radiali antiche. All'orizzonte del Duemila, Perugia si propone di investire sul recupero complessivo e
sul riequilibrio delle contraddizioni createsi tra nuovo sviluppo e
conservazione della memoria.

I **PERUGINI ILLUSTRI.** Tra gli uomini insigni originari di Perugia, appare curioso che il più conosciuto e celebrato, Pietro Vannucci detto appunto il Perugino, sia in realtà nato a Città della Pieve (1445/50-1523); ricevette però la cittadinanza onoraria nel 1485. Tra i maggiori esponenti delle arti e della cultura nativi della città vanno ricordati: i pittori Benedetto Bonfigli (c. 1418-96), Bartolomeo Caporali (not. av. 1442-1505) con il figlio Giovan Battista (not. 1497-1555), Fiorenzo di Lorenzo (not. 1462-c. 1522), Bernardino di Betto, il Pinturicchio (c. 1454-1513), Domenico Alfani (not. 1506-dopo 1553) con il figlio Orazio (1510-83); l'architetto Galeazzo Alessi (c. 1512-72); il compositore Francesco Morlacchi (1784-1841); il pittore e patriota Domenico Bruschi (1840-1910); il pittore Annibale Brugnoli (1843-1915); l'ingegnere Guglielmo Calderini (1837-1916); il letterato e scrittore Aldo Capitini (1899-1968), che promosse nel 1961 la prima «marcia della pace» tra Perugia e Assisi; il poeta Sandro Penna (1906-77); il critico letterario Walter Binni (1913-1997).

LE MANIFESTAZIONI CULTURALI E ARTIGIANALI. Di rilevanza internazionale è *Umbria Jazz*, nata nel 1973 e divenuta tra le maggiori del genere in Europa: si svolge in varie città della regione in periodi diversi dell'anno (a Perugia in luglio); di vasta risonanza è anche la *Sagra Musicale Umbra* (settembre), fondata nel 1937 e dedicata alla musica sacra e contemporanea; *Rockin' Umbria*, festival rock (musica, video, grafica, fotografia, fumetti), si tiene dal 1986, tra giugno e luglio, a Perugia e a Umbèrtide; *Umbriafiction TV* (fine marzo-inizi aprile), rassegna di filmati televisivi. Tra le mostre-mercato: *Rassegna Antiquaria Città di Perugia* (tra ottobre e novembre, biennale), nella Rocca Paolina; *mercatino dell'antiquariato* (ultima domenica del mese e sabato precedente, ai giardini Carducci); *mercatino della ceramica* (dal Medioevo sul sagrato del Duomo, in piazza Danti, ogni martedì e sabato).

1.1 LA CITTÀ ENTRO LE MURA ETRUSCHE

L'itinerario offre chiara percezione della forma della città alta, etrusco-romana e per sovrapposizione medievale, racchiusa entro la cerchia di impianto etrusco, ben leggibile nel quadrante nord-occidentale. Qui infatti le anse scoscese e i versanti ripidi limitano di netto il perimetro urbano e permettono di cogliere l'andamento del circuito, mostrando le tessiture murarie diverse: quelle medievali, posate sopra i grandi filari in travertino, rendono chiara la relazione di crescita tra la prima cerchia, più interna, e le dilatazioni due-trecentesche. Il percorso sottolinea gli assi primari sui quali si organizza l'impianto della città antica: la direttrice nord-sud (corso Vannucci), vera spina dorsale del disegno urbano, e il tracciato a questo ortogonale, proiettato verso ovest, costituito dalla via dei Priori, strada regale di grande importanza urbanistica. Accanto ai monumenti di massima rilevanza architettonica e artistica, è ragione d'interesse del percorso il paesaggio urbano, che mostra, sul bordo della cerchia muraria, il plastico connubio tra il colle e il disegno della

città; a contatto con la prima cerchia, è possibile cogliere un'altra caratteristica urbanistica di Perugia, ossia la differenza tra l'edificato interno, compatto e
impostato sul fitto reticolo alto-medievale, e l'edilizia più minuta e modesta
dei quartieri marginali cresciuti tra la prima e la seconda cerchia.

La visita è scandita in cinque percorsi tracciati, l'uno concatenato all'altro, che
consentono di cogliere appieno la morfologia della città e la sua organizzazione storica. Dopo la ricognizione del nucleo monumentale a partire dalla piazza
maggiore, la visita si dirama in percorsi a raggiera che evocano il modello stesso di crescita sviluppato in direzioni diverse (le cinque «vie regali» che il
Medioevo eredita e ristruttura; v. la pianta storica a pag. 106). Il corso
Vannucci, che attraversa un condensato di storia urbana nel quale emerge il
carattere medievale 'forte' del sistema di piazze (IV Novembre, quella delle
Erbe e il corso che è «platea» anch'esso), trova contrappunto all'estremità opposta nella prospettiva ottocentesca di piazza Italia, costruita dopo l'Unità
sulle macerie della Rocca Paolina (e al di sopra del quartiere medievale di colle Landone), che rappresenta il luogo delle più radicali trasformazioni edilizie
del centro alto. In prosecuzione della visita della piazza Matteotti (il medievale Sopramuro), l'itinerario sale il panoramico colle del Sole, nucleo della
Perugia antichissima, per ridiscendere infine di nuovo alla piazza centrale e
proseguire per via dei Priori verso il complesso francescano.

*PIAZZA IV NOVEMBRE

Fulcro urbanistico, civile e religioso di Perugia, l'asimmetrica
«piazza Grande» si apre alla convergenza dei cinque assi viari che
strutturano la città medievale. Spazio scenografico ed eminente-
mente simbolico, ha rappresentato in ogni epoca il luogo privilegiato delle funzioni urbane: qui era collocato l'antico foro e qui sono
conservati monumenti connessi all'impianto urbanistico della città
etrusco-romana. Nel X secolo, il trasferimento della sede episcopale nel nuovo tempio di S. Lorenzo qualifica la piazza come spazio
rappresentativo del potere politico-religioso, ruolo confermato dal
successivo insediamento degli edifici del governo comunale. L'assetto attuale è quello definito con la ristrutturazione della Platea
Comunis o Magna (in origine stesa dal colle del Sole al colle Landone, grosso modo tra la Cattedrale e l'odierna piazza della Repubblica), voluta dal Comune perugino e attuata fra XIII e XV secolo secondo un preciso programma urbanistico teso alla ridefinizione
dell'acropoli cittadina, cuore della «civitas» e della vita collettiva
della società comunale. L'intervento si imperniò sull'ampliamento
della Cattedrale e sull'edificazione del palazzo dei Priori sul sito di
una spina di case detta «isola della Piazza». Sull'asse tra la porta
del Duomo e l'ingresso al palazzo pubblico fu collocata la mirabile

Fontana Maggiore, «luogo in cui convergono, prima piegate nei vicoli e tormentate dalle rampe, poi dilatate negli slarghi adiacenti, infine esplose nell'area centrale, le direttrici dell'intera città» (B. Zevi). Ambiente conchiuso cui si accedeva da stretti «rimbocchi», la piazza mutò il suo equilibrio nel 1591 quando il legato pontificio Pinelli vi aprì una più ampia strada di accesso (ora via Calderini) facendo mozzare parte dell'antico Collegio dei Notari. La mossa articolazione degli spazi, sottolineata dalle naturali pendenze del terreno, caratterizza la scena urbana nella quale i maggiori monumenti cittadini si controbilanciano in un voluto gioco di asimmetrie e di rotazione dei volumi.

*FONTANA MAGGIORE o *di Piazza*. Perno urbanistico e visivo della piazza, è tra le massime realizzazioni della scultura duecentesca, opera di Nicola Pisano e del figlio Giovanni per il disegno e la decorazione, con la collaborazione tecnica e architettonica di fra' Bevignate (1275-77) e, per la parte idraulica, di Boninsegna Veneziano. Terminale dell'acquedotto urbano derivato dal monte Pacciano con imponenti lavori avviati nel 1254, fu conclusa nel 1278. La fontana poggia su una gradinata circolare ed è composta da due vasche marmoree poligonali concentriche e da una tazza bronzea. L'apparato decorativo, «una delle più potenti espressioni medievali della vita degli uomini» (W. Binni), evoca, nel suo complesso messaggio iconologico, il programma politico e culturale del Comune perugino attraverso la rappresentazione del sapere universale unito alla celebrazione della mitica fondazione della città e del ruolo di questa nel territorio: «O passante – si legge nella scritta latina sul secondo bacino – osserva la vita del fonte giocondo; se la guarderai attentamente vedrai cose mirabili».

Deterioratasi attraverso i secoli (una ricostruzione in seguito a un terremoto del 1348 aveva alterato l'ordine delle statuette del bacino superiore), fu restaurata una prima volta nel 1948-49 eliminando le aggiunte posteriori (colonnine false; un piccolo gruppo bronzeo di grifi e leoni, opera della bottega di Giovanni, forse proveniente da altro monumento e che poggiava sopra il gruppo delle Tre Ninfe, ora nella Galleria nazionale dell'Umbria) e le incrostazioni delle superfici. Attualmente sono in corso lavori per il consolidamento strutturale, il restauro e la conservazione del monumento, protetto da una cupola di plexiglas.

VASCA INFERIORE. Ha 24 lati divisi da fasce di tre colonnette e ogni lato è diviso in due specchi con *bassorilievi: i primi 24, cominciando dal lato di fronte al palazzo dei Priori, rappresentano i *mesi dell'anno*, raffigurati simbolicamente dai lavori agricoli propri di ciascuno, alternati ai *segni dello Zodiaco*; seguono il *leone guelfo* e il *grifo* perugino, le *7 arti liberali* (*Grammatica, Dialettica, Retorica, Aritmetica, Geometria, Musica,*

Astronomia) e la *Filosofia, due aquile, Adamo ed Eva* e *Cacciata dal Paradiso, due storie di Sansone,* un *leone, allegoria del leone e del cagnolino, due storie di David, Romolo e Remo,* la *Lupa che allatta i gemelli* (quest'ultima, copia dell'originale custodito nella Galleria nazionale), la *Vestale* con in mano una gabbia, forse simbolo della verginità, *due favole di Esopo* (la gru e il lupo; il lupo e l'agnello). La collaborazione fra i due scultori Nicola e Giovanni Pisano fu così stretta che la critica è molto incerta nell'individuare con esattezza le attribuzioni.

VASCA SUPERIORE. Poggia su colonnine e ha specchi lisci, eccetto uno verso il palazzo dei Priori, con un'iscrizione a caratteri gotici che si riferisce ai restauri apportati all'acquedotto nel 1322. Due altre iscrizioni relative all'opera, ai suoi autori e alle figurazioni marmoree corrono lungo l'orlo superiore e la base di questo bacino. Negli spigoli fra gli specchi, 24 *statuette,* tutte probabilmente di Giovanni Pisano; a cominciare dal lato di fronte all'Arcivescovado: *S. Pietro, Chiesa Romana, Roma* (copia del 1949; l'originale è nella Galleria nazionale), la *Teologia, Chierico di S. Lorenzo, S. Lorenzo, Ninfa del territorio chiusino, Perugia, Ninfa del Trasimeno, S. Ercolano,* il *Chierico traditore* (che rivelò a Totila gli espedienti ai quali ricorreva S. Ercolano per salvare Perugia durante l'assedio), *S. Benedetto* e *S. Mauro,* il *Battista, Salomone, David, Salomè, Mosè, Matteo da Correggio* (podestà del tempo), l'*arcangelo Michele, Euliste* (mitico fondatore di Perugia), *Melchisedec, Ermanno da Sassoferrato* (capitano del Popolo), la *Vittoria.*

Dalla *tazza di bronzo,* opera del Rosso Padellaio, fonditore perugino (1277), si alza il gruppo, anch'esso bronzeo, delle *tre ninfe* (in deposito temporaneo presso la Galleria nazionale) che portano un'anfora da cui zampilla l'acqua, modellato da Giovanni Pisano.

A fianco della fontana è stato individuato un pozzo della città etrusco-romana, profondo oltre 47 metri, segnalato da un tombino con iscrizione «pozzo medievale».

CATTEDRALE. Intitolata a S. Lorenzo, definisce a settentrione la piazza IV Novembre con l'imponente fianco sinistro, elevato su alta gradinata. Durante l'età comunale ebbe anche l'intitolazione a S. Ercolano, «defensor civitatis». La chiesa, incompiuta, è l'esito di fasi costruttive protrattesi per oltre sei secoli. Un primo edificio (sul luogo dell'attuale transetto), a tre navate con pilastrature rettangolari e orientato come l'odierno, fu eretto a cattedrale nel 969 sotto il vescovo Rugerio. Nel 1300 ne fu promossa la ricostruzione con la supervisione di fra' Bevignate; il cantiere fu tuttavia pienamente attivo solo a partire dal 1437. Conclusa nel 1490, la chiesa fu consacrata nel 1569 e sopraelevata in mattoni nel XVII secolo. La nuda facciata incompiuta, adorna soltanto di un elegante portale, opera di Pietro Carattoli (1729), prospetta verso piazza Danti; il fianco sinistro, con in basso un rivestimento lapideo bianco e rosa a disegno geometrico (pure incompiuto), è aperto da finestre gotiche e dal portale in travertino di Ippolito Scalza (1568), su disegno di Galeazzo Alessi. L'edicola sovrastante accoglie un *Crocifisso* di Polidoro Ciburri, qui posto nel 1540 a emblema della resistenza di Perugia a Paolo III durante la guerra del Sale. A sinistra dell'ingresso è la notevole statua bronzea di *Giulio III* (che restituì a Perugia le magistrature soppresse da Paolo III), opera manieristica di Vincenzo Danti (1555); sulla destra spicca un prezioso *pulpito* quattrocentesco, con mosaici cosmateschi, usato per la predicazione di san Bernardino; segue un pilastro con due nicchie sovrapposte, delle quali la superiore fu aggiunta nel 1467; in quella inferiore, attribuita a Pagno di Lapo Portigiani fiorentino, è una statua della *Madonna col Bambino* di Aroldo Bellini (1929).

INTERNO DELLA CATTEDRALE. Vasto e luminoso, il quattrocentesco interno si ispira alle «Hallenkirchen» nordiche; è a tre navate slanciate, di uguale altezza, divise da agili pilastri ottagonali con bei capitelli che reggono archi e volte ogivali con costoloni, frescate nella seconda metà del '700 da Francesco Appiani, Vincenzo Monotti, Pietro Carattoli, Carlo Spiridione Mariotti, Marcello Leopardi, Domenico Sergardi. La navata mediana è larga il doppio delle laterali e termina con un'ampia abside poligonale. Arricchito nel Settecento di decorazioni e stucchi, fu restaurato a metà Ottocento.

In controfacciata, sopra il portale, grande dipinto su tela raffigurante *Madonna in gloria col Bambino e i Ss. Domenico, Ercolano, Costanzo, Lorenzo, Agostino e Francesco*, di Giovanni Antonio Scaramuccia (1617) entro ricca cornice; più in alto ancora, oculo con vetrata raffigurante il *Martirio di S. Lorenzo*, di Lodovico Caselli (1919); a d. dell'ingresso principale, *tomba del vescovo Giovanni Antonio Baglioni* (m. 1451), attribuita a Urbano da Cortona: sul sarcofago la figura giacente del vescovo e, nella fronte, bassorilievi raffiguranti, da sin., la *Temperanza*, la *Giustizia*, la *Prudenza* e la *Fortezza*. Nella navata mediana, al 1° pilastro sin., sotto vetro, è un affresco di scuola perugina del sec. XV (*S. Bernardino da Feltre*); al 3° pilastro d., immagine venerata della ***Madonna delle Grazie** attribuita a Giannicola di Paolo.

NAVATA DESTRA. Nella prima campata è la **cappella di S. Bernardino**, passata nel 1515 al Collegio della Mercanzia che commissionò, oltre alla cancellata in ferro battuto, la celebrata ***Deposizione dalla Croce**, dipinta da Federico Barocci nel 1567-69, e il ricco bancone ligneo intagliato da Jacopo di Antonio Fiorentino ed Ercole di Tommaso del Riccio (1565-67). Nel 1796-97, su disegno di Giovanni Cerrini, Innocenzo Elisi realizzò l'altare. Ancora su commissione del Collegio della Mercanzia, nel 1565 Hendrick van den Broeck disegnò e dipinse la vetrata con la *Predica di S. Bernardino*, in collaborazione con il maestro vetraio Costantino di Rosato. Al principio della navata, *Natività della Vergine* di Vincenzo Pellegrini (inizio '600).

Nella terza campata è l'ingresso alla CAPPELLA DEL BATTISTERO, del 1855: alla parete di fondo, prospetto marmoreo di Pietro di Paolo di Andrea da Como (1479), nella cui concavità è il *Battesimo di Gesù*, affresco di Domenico Bruschi (1876); il *fonte battesimale* è opera di Giuseppe Luchetti

(1876); la vetrata con la *Pietà* è di Tito Moretti (1874). Alla parete sin., colossale *Crocifisso* ligneo, intagliato da Christophe Fournier (1656). Nella quarta campata è l'ingresso alla CAPPELLA DEL SACRAMENTO O DELLO SPIRITO SANTO, attribuita a Galeazzo Alessi, con decorazione neoclassica ad affresco di Marcello Leopardi (1795); all'altare, *Pentecoste* di Cesare Nebbia. Nella cappella è provvisoriamente esposta la ***Madonna in trono col Bambino, i Ss. Giovanni Battista, Onofrio, Lorenzo, Ercolano** (o il committente Jacopo Vannucci) **e un angelo musicante**, uno dei capolavori di Luca Signorelli, 1484 (di pertinenza del Museo capitolare, pag. 116, in riordino).

Alla parete seguente, *Martirio di S. Sebastiano* di Orazio Alfani (1572). Quindi, nel braccio d. della crociera, all'altare, *Martirio di S. Stefano*, di Giovanni Baglioni; a sin., *statua di Leone XIII*, di Giuseppe Luchetti (1892); alla parete a d. dell'altare, un moderno monumento racchiude le spoglie di papa Martino IV, morto a Perugia nel 1285, e parte di quelle di Innocenzo III e Urbano IV. Due porte (generalmente chiuse) che fiancheggiano l'altare immettono nella CAPPELLA di S. ONOFRIO, affrescata da Domenico Bruschi su commissione del cardinale Gioacchino Pecci (vescovo di Perugia nel 1846-77, poi papa Leone XIII), con coro ligneo dipinto a finta tarsia dallo stesso (1877). Dalla cappella a d. del presbiterio (all'altare, *S. Emidio battezza Polisia*, di Francesco Appiani, 1784), si passa nella sagrestia, v. oltre.

Nel PRESBITERIO, ai lati si trovano *due amboni* di Rocco di Tommaso, con statuette di *S. Lorenzo* e di *S. Ercolano*. L'altare maggiore, opera di Francesco Caselli su disegno di Carlo Murena, racchiude il sarcofago con le reliquie di S. Ercolano. Nell'abside, ***coro** ligneo di Giuliano da Maiano e Domenico del Tasso (1491), gravemente danneggiato da un incendio nel 1985 (in restauro), e ***sedia vescovile** di Ciancio di Pierfrancesco (1520-24) su disegno di Rocco di Tommaso. Alle pareti, in alto, grandi tele raffiguranti *fatti della vita di S. Lorenzo* di Carlo Spiridione Mariotti e Baldassarre Orsini (1767-68). Le vetrate (*santi e beati umbri*) sono di Rosa Caselli (1936). Nella cappella a sin. del presbiterio, all'altare, *Assunzione di Maria* di Ippolito Borghesi (1620). Nel braccio sin. della crociera si apre la CAPPELLA DEL CROCIFISSO, con *Crocifisso* ligneo del '500 e tabernacolo disegnato da Bino (Bernardino) Sozi (1579).

NAVATA SINISTRA. Alla parete della quinta campata, frammenti della *pala della Pietà: il *Cristo*, la *Madonna*, *S. Giovanni*, l'*Eterno* e gli *angeli* sono opera di Agostino di Duccio (1474); i *profeti Isaia* e *David* di Benedetto Buglioni (1488). Nella quarta campata è l'*altare del Gonfalone*, con gonfalone di Berto di Giovanni (1526) raffigurante *Maria implorante da Gesù la cessazione della peste*; al di sopra, nella lunetta, *Cristo risorto e i Ss. Lorenzo ed Ercolano* di Giannicola di Paolo (1515). Alla parete della seconda arcata, il *Padre Eterno che benedice Perugia*, di Simeone Ciburri (1602). Anche la prima arcata della navata sin. è chiusa da cancellata in ferro battuto di Bernardino e Giacomo di Matteo (1496-1511), e forma la CAPPELLA DEL SANT'ANELLO, dove si conserva il leggendario anello nuziale della Madonna, trafugato a Chiusi da tal frate Winter di Magonza e qui portato nel 1473: è custodito in un prezioso *tabernacolo di rame dorato, argentato e cesellato, opera degli orafi perugini Bino di Pietro e Federico e Cesarino del Roscetto (1498-1511); il tabernacolo viene esposto in una macchina barocca a guisa di nuvola in lamina d'argento sbalzata. All'altare, *Sposalizio di Maria* di Jean-Baptiste Wicar (1825), in sostituzione del quadro del Perugino trafugato dalle truppe napoleoniche e oggi al Museo di Belle Arti di Caen; alla parete d., lungo bancone intarsiato di G.B. Bastone (1520-29), sormontato da un poggiolo barocco intagliato da Ercole di Tommaso del Riccio (1565); nella vetrata, *Presepio* di Francesco Moretti (1873). Al 1° pilastro, *S. Bernardino*, della cerchia di Benedetto Bonfigli.

SAGRESTIA. Vi si accede dalla cappella a destra del presbiterio. L'ampio ambiente, a pianta quadrata, fu costruito nel 1438 per volere del vescovo Giovanni Antonio Baglioni. Nel 1472 il vescovo Fulvio della Corgna ne promosse la ristrutturazione e commissionò a Giovanni Antonio Pandolfi il fastoso ciclo pittorico (1573-76) che orna la volta e le pareti (*Martirio di S. Lorenzo, dottori della Chiesa, Ss. Ercolano e Costanzo, storie bibliche*). Gli armadi intarsiati sono opera di Mariotto di Paolo Sensi (1494-97). Dall'absidiola della sagrestia si passa a sin. nella SAGRESTIA DEI CANONICI, con affreschi attribuiti a Salvio Savini, e a d. nella SAGRESTIA DELL'ARCIPRETE, al cui altare è un *Martirio di S. Lorenzo*, di Ferraù da Faenza, il Faenzone.

I CHIOSTRI DELLA CANONICA. In collegamento con la sagrestia sono i suggestivi ambienti della Canonica, articolati attorno a due successivi chiostri. Subito a destra è il passaggio per il PRIMO CHIOSTRO, a pianta trapezoidale, cinto su tre lati da un semplice portico tardo-rinascimentale: sotto le arcate, raccolta di sculture, frammenti e lapidi appartenuti alla Cattedrale romanica e di elementi architettonici e lapidi di età romana; fu in questa canonica che si tennero i conclavi da cui uscirono eletti i papi Onorio III (1216), Clemente IV (1265), Onorio IV (1285), Celestino V (1294), Clemente V (1305). In fondo all'ala occidentale del portico si scende al SECONDO CHIOSTRO, con integri loggiati sovrapposti, a tre ordini d'arcate, della fine del '400.

Scendendo ancora si può uscire in piazza Cavallotti (pag. 132) in corrispondenza dell'AREA ARCHEOLOGICA, posta sotto il livello stradale: vi sono emersi i resti di una strada basolata romana, che continua all'interno del vicino palazzo del Capitolo della Cattedrale, e avanzi di una fontana semicircolare del II sec. d.C. (per la visita, rivolgersi alla Soprintendenza Archeologica per l'Umbria). Nello stesso complesso edilizio della Canonica è conservato un muro di sostruzione costruito con blocchi in travertino di epoca etrusca, con accesso da via delle Cantine (non visitabile).

MUSEO CAPITOLARE. Sotto l'ala meridionale del primo chiostro è l'ingresso al museo della Cattedrale, istituito nel 1923 con opere d'arte e arredi liturgici provenienti dal Duomo, da altre chiese della diocesi e da donazioni, attualmente in restauro e non visitabile.

Tra i dipinti (oltre alla fondamentale tavola di Luca Signorelli, provvisoriamente esposta nella Cattedrale, pag. 115): **Pietà* di Bartolomeo Caporali (1486); **Madonna tra i Ss. Giovanni Battista ed Evangelista* di Meo da Siena; **Madonna col Bambino e santi* di Agnolo Gaddi; *S. Lorenzo*, su cuoio, di Bernardino di Mariotto; *Madonna col Bambino e santi*, affresco staccato, di scuola del Perugino; *Madonna col Bambino* di Giovanni Antonio Scaramuccia; *Madonna col Bambino*, frammento di affresco di scuola umbro-senese del sec. XIV; *Madonna col Bambino* di Andrea Vanni; *Transito della Vergine* di artista umbro (1432); *S. Paolo, Martirio di S. Lorenzo* (tondo) e *S. Pietro* di Giannicola di Paolo; *Madonna in trono tra i Ss. Nicola da Bari e Lorenzo* di Pompeo Cocchi; tabernacolo con *Madonna* in stucco e, negli sportelli, *S. Lorenzo* e *S. Girolamo*, dipinti della maniera del

Pinturicchio; *Madonna col Bambino e santi*, trittico attribuito allo Starnina; *Cristo fra i Ss. Antonio abate, Marta, Girolamo e Francesco*, tela di Lodovico di Angelo (1484); tavola processionale con *Vergine e Gesù in trono* da un lato, a pastiglia, e dall'altro il *Redentore*, a tempera, sec. XV; *Madonna col Bambino*, affresco staccato della scuola dello Spagna (1515); alcune *Nature morte* del sec. XVII; serie di *Paesaggi* (XVIII secolo).

Tra le sculture si segnala la **Testa di diacono*, attribuita ad Arnolfo di Cambio, probabilmente dal monumento a Urbano IV. Inoltre, manoscritti miniati fra cui: *Evangelo* secondo san Luca (sec. VI), a lettere d'oro su porpora; *Evangeliario*, sec. X-XI, con miniature; *Messale*, sec. XIII, con miniature finissime su fondo dorato; *Messale* con miniature di scuola perugina della fine del sec. XV; *Expositiones super Genesi*, sec. XI; *Antifonari* (sec. XIV) con miniature di scuola umbra. Gli arredi liturgici annoverano un **faldistorio* in legno intagliato, rarissimo mobile romanico di arte umbra del principio del '200.

Sul chiostro è l'ingresso alla BIBLIOTECA DOMINICINI, fondata nel 1693 dal canonico Antonio Dominicini, con 10 mila volumi, codici e manoscritti.

LOGGIA DI BRACCIO FORTEBRACCI. Addossata in continuazione del fianco della Cattedrale rivolto alla piazza IV Novembre, fu fatta costruire nel 1423 dal signore di Perugia in collegamento con il vicino palazzo dei Consoli (v. sotto), e utilizzata a mo' di terrazza «acciò potesse la Nobilità Perugina a suo piacere passeggiarvi, e negoziarvi». La semplice architettura, attribuita a Fioravante Fioravanti e in origine connessa a via Maestà delle Volte (pag. 132) mediante scalinata, si compone di quattro archi, uno dei quali parzialmente chiuso, su pilastri ottagonali; una quinta arcata, a destra, venne demolita nel 1555. Sotto la prima arcata sono visibili i resti del campanile dodecagono (su basamento romano) addossato alla primitiva Cattedrale (ne dà un'efficace raffigurazione il «S. Ercolano» del Maestro dei Dossali di Montelabate, esposto alla Galleria nazionale), abbattuto nel XIV secolo, secondo una tradizione alla ricerca del mitico Palladio, lo scudo della leggenda omerica, che si riteneva custodito nella torre. Sotto la seconda arcata è posta una copia della cosiddetta «pietra della giustizia» (l'originale è nel palazzo dei Priori), sulla quale un'iscrizione ricorda l'estinzione del debito pubblico nel 1233. Sul fondo è visibile un tratto di mura in blocchi squadrati di travertino (rimaneggiato), probabilmente connesso all'organizzazione del foro antico.

PALAZZO ARCIVESCOVILE. Al di là della Loggia è il tardo-cinquecentesco ex *palazzo del Seminario*; segue, sul lato contiguo della piazza, il *Palazzo arcivescovile*, che incorpora i resti del complesso del primitivo *palazzo dei Consoli*, poi *del Podestà*, esistente prima del Mille, rovinato nel 1534 per un incendio appiccato, pare, da Ridolfo Baglioni; l'androne è decorato in fondo da una prospet-

tiva settecentesca. Davanti all'edificio è indicata nella pavimentazione l'area di copertura di un bacino o fontana monumentale di
forma rettangolare, pertinente alla città etrusco-romana.

MUSEO DI STORIA NATURALE «G. CICIONI». Fondato nella seconda
metà dell'Ottocento dal naturalista monsignor Giulio Cicioni, arricchito dal
1887 grazie alle donazioni di papa Leone XIII, è stato nel 1925 sistemato nel
Palazzo arcivescovile conservando in gran parte l'ordinamento ottocentesco;
attualmente è chiuso. Comprende le collezioni botaniche, zoologiche, pa-
leontologiche e mineralogiche del fondatore, incrementate da acquisizioni
provenienti dall'Italia e dal mondo, e un erbario con oltre 18 mila esemplari.

IL *PALAZZO DEI PRIORI

Cardine della sistemazione urbanistica della Platea Magna, il
possente complesso gotico del «Palatium Novum Populi» dà forma
compiuta alle ambizioni di potenza e di fierezza del Comune perugino, che realizza una delle più grandiose e magniloquenti espressioni architettoniche della civiltà medievale italiana. L'articolazione
dei volumi, le asimmetrie e l'irregolarità dell'impianto evidenziano
la lunga fase costruttiva, protrattasi dal 1293-97 al 1443, e l'utilizzo
di strutture edilizie preesistenti. Il palazzo è sede del comune di
Perugia e della Galleria nazionale dell'Umbria. Pianta e prospetto
del palazzo sono nella pagina a fronte.

LE FASI COSTRUTTIVE. L'edificazione di una sede più adeguata per le
magistrature cittadine fu decisa nell'anno 1300 e affidata a Giovannello di
Benvenuto e a Giacomo di Servadio sotto l'iniziale supervisione di fra' Bevignate. Già nel 1293-97, ancora non conclusi gli espropri degli edifici privati
dell'«isola della Piazza», era stato realizzato il primo nucleo corrispondente
alle prime tre finestre sulla piazza e al tratto sull'odierno corso Vannucci fino
alla 10^a finestra. Questo corpo fu completato, verso la piazza, nel 1333 con
l'aggiunta, a destra del blocco primitivo, della sala «della Vaccara» sull'area
della demolita (1328) chiesa parrocchiale di S. Severo detta della Piazza,
espropriata dal Comune nel 1300 «contro il volere de' canonici» secondo un
cronista trecentesco. L'organizzazione interna degli spazi contemplava botteghe al piano terreno e, al superiore, spazi abitativi minutamente frazionati
(unificati, formeranno poi la sala Podiani della Galleria nazionale).
Entro la prima metà del Trecento furono inoltre acquisite le fabbriche
circostanti per l'ampliamento verso via della Gabbia e via dei Priori, dove si
fermò la fase costruttiva trecentesca (1353). Le cronache del tempo (Graziani) riferiscono che i cinque priori iniziarono a risiedervi nel 1353 (la magistratura era stata istituita nel 1303), ma nel 1429 ancora si lavorava alle loro
abitazioni con l'acquisto della casa e della torre di messer Limosino Bene-
dictioli (inglobata all'inizio di via dei Priori), e acquistando la cappella di S.
Giovanni (Collegio del Cambio). Entro il 1443 furono completati il lato sul

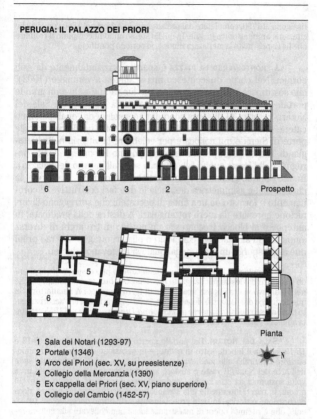

PERUGIA: IL PALAZZO DEI PRIORI

Prospetto

Pianta

1 Sala dei Notari (1293-97)
2 Portale (1346)
3 Arco dei Priori (sec. XV, su preesistenze)
4 Collegio della Mercanzia (1390)
5 Ex cappella dei Priori (sec. XV, piano superiore)
6 Collegio del Cambio (1452-57)

corso Vannucci oltre via dei Priori e la merlatura. Era ancora in costruzione il
'palazzo nuovo', cioè il corpo corrispondente all'atrio e a tutta l'odierna sala
maggiore della Galleria nazionale (esternamente, sugli angoli opposti, sono le
sigle del grifo e la «P» dei priori), che il 'vecchio' era già deformato dalla
spinta degli arconi: nel punto di raccordo tra i due blocchi, sopra la cornice,
rimangono alcuni filari con conci trapezoidali, all'antica maniera perugina.
    Ulteriori lavori, soprattutto logistici di collegamento orizzontale (le abi-
tazioni gotiche erano congegnate in vani sovrapposti) si svolsero nel XVI secolo
comportando un'estensione di ponti e corridoi e, su disegno di Valentino
Martelli, una nuova unica scala. Le sopraelevazioni della parte retrostante

risalgono al 1790, completate dal prelato Angelo Artieri nel 1860 con qualche citazione architettonica in stile. In quello stesso anno fu compiuto il restauro che ha ripristinato la merlatura rimossa in periodo pontificio.

LA FRONTE VERSO LA PIAZZA è spartita orizzontalmente da esili cornici. Nel corpo duecentesco una scalinata a ventaglio (1902), che sostituisce l'originaria gradinata a due rampe, sale a un grande portale fiancheggiato da due trifore, che dà accesso alla Sala dei Notari, v. sotto. Al di sopra sono due mensoloni dai quali pendono catene che trattengono una lunga sbarra, tolte dai Perugini dalle porte di Siena e qui collocate per celebrare la vittoria nella battaglia di Torrita (1358). Sui mensoloni posano le copie del *grifo* perugino e del *leone* guelfo (gli originali sono all'interno del palazzo). In alto, cinque grandiose trifore gotiche sormontate da cuspidi, la cui scansione asimmetrica denuncia le due fasi costruttive. Il coronamento è formato da una linea di beccatelli che sorreggono il cornicione coronato da merli rettangolari. A destra della gradinata, fu anteposto al blocco trecentesco un portico di tre archi di diversa ampiezza su alti capitelli compositi e pilastri ottagonali. Fra i primi due archi sporge un pulpito, dal quale si leggevano i decreti.

La complessità dell'organismo architettonico può essere colta aggirando il palazzo da destra per l'angusta *via della Gabbia*, così chiamata perché nel Medioevo vi era appesa una gabbia di ferro per esporvi i malfattori. Su questo fianco del palazzo è riconoscibile, nella cortina muraria, l'accorpamento trecentesco della *casa-torre di madonna Dialdana*, che nel 1255 era stata adibita a palazzo del Capitano.

*SALA DEI NOTARI. Dal portale aperto sulla piazza si accede (9-13 e 15-19; chiusa il lunedì, salvo in estate, e in occasione di concerti e manifestazioni culturali) alla medievale sala del Popolo, nel 1582 divenuta sede dell'Arte dei Notai. Il vasto e austero ambiente rettangolare ha copertura a volta sostenuta da otto larghi e poderosi arconi trasversi, a tutto sesto. Gli arconi, le pareti intermedie e la strombatura delle finestre hanno una ricca decorazione pittorica, iniziata probabilmente nell'ultimo decennio del XIII secolo, che è ritenuta opera di maestranze locali ben collegate alla cultura romana-assisiate tra le quali si sarebbero individuate le figure del Maestro Espressionista di S. Chiara e del cosiddetto Maestro del Farneto. Il ciclo narra leggende, storie bibliche, massime, alternati a molti stemmi tra cui quelli del capitano del popolo e del podestà, fino al 1499. Sulla parete di fondo, in alto, è lo stemma di Braccio Fortebracci da Montone. Lungo la parete d'ingresso s'allineano stalli e un bancone; lungo le altre, sedili cinquecenteschi.

LA FRONTE SUL CORSO. Il sinuoso fianco del palazzo dei Priori mostra con limpidezza, nella scansione dei corpi di fabbrica e nell'ordine delle finestre, i successivi interventi costruttivi, realizzati a seguito di progressive acquisizioni dell'edificato preesistente al quale il nuovo complesso conformò il suo impianto. Al primo piano si allinea una serie di trifore, con due quadrifore; al secondo, diciannove stupende ***trifore** gotiche che ripetono le forme di quelle della facciata: sull'esempio di questa sono anche, più in alto, i beccatelli, il cornicione e i merli. Nella parete trecentesca si apre il prezioso ***portale** maggiore (1346) a pieno centro, con una complessa decorazione simbolica e fitomorfa. I pilastri laterali, sorretti da leoni, recano scolpite le allegorie della *Magnanimità, Fertilità* e *Superbia* a sinistra, e dell'*Avarizia, Abbondanza* e *Umiltà* a destra. Al di sopra, *due grifi sottomettono due vitelli*, simbolo dell'Arte dei Macellai. Sulle fasce decorative interne, 58 formelle allegoriche, di non facile lettura, si inseriscono tra elementi fitomorfi. Nella lunetta, copie delle statue dei *Ss. Lorenzo, Ercolano* e *Costanzo* (già ritenuto Ludovico di Tolosa), i primi due patroni di Perugia (gli originali sono custoditi nella Galleria nazionale). In corrispondenza dell'arco di accesso alla via dei Priori (pag. 144) si leva la *torre*, con il castello campanario aperto.

INTERNO DEL PALAZZO DEI PRIORI. Il portale sul corso Vannucci immette in un austero atrio gotico, sostenuto da poderosi pilastri e coperto da robuste volte a crociera. Alle pareti, stemmi di pietra, fra cui quello col montone di Braccio Fortebracci; spicca una grande *cassaforte* del secolo XV, antico forziere del Comune perugino. Al PRIMO PIANO (per la visita rivolgersi in Comune, che vi ha i suoi uffici), è interessante la SALA DEL CONSIGLIO COMUNALE, al cui interno: sopra la porta, affresco del Pinturicchio (**Madonna col Bambino fra due angeli*); sul fondo, il ***grifo** perugino e il ***leone** guelfo, primo esempio nel Medioevo italiano di grandi opere fusorie a tutto tondo, realizzate quasi certamente a Perugia attorno al 1274 e secondo un'ipotesi pertinenti alla scomparsa fontana pubblica di Arnolfo di Cambio (pag. 123). Vi è inoltre conservato l'originale della «pietra della giustizia», già sotto la Loggia di Braccio. Nella SALA DI GIULIO III o SALA ROSSA, affreschi di Giovanni Schepers e dipinto a olio di Dono Doni (*I Decemviri di Perugia ringraziano papa Giulio III per aver restituito nel 1553 alla città i privilegi tolti le da Paolo III nel 1540*); nella SALA GIALLA, già cappella, decorazioni attribuite a Matteuccio Salvucci. Al terzo piano è sistemata la Galleria nazionale dell'Umbria (v. sotto).

LA *GALLERIA NAZIONALE DELL'UMBRIA

La Galleria nazionale è la raccolta museale più completa ed esaustiva della regione per la molteplicità e la varietà delle testimonianze artistiche che spaziano dai dipinti su tavola, tela o murali, alle sculture in legno e in pietra, alle oreficerie e ai tessuti, che esemplificano la produzione dal XIII al XIX secolo a opera di artisti operanti sul territorio. Le sue origini si riallacciano alla fondazione dell'Accademia del Disegno (seconda metà del XVI secolo) e alla piccola raccolta di gessi, disegni e dipinti che in essa andarono raggruppandosi negli anni di attività dell'istituzione. Un fondamentale ampliamento di questo piccolo nucleo avvenne tra la fine del XVIII e la metà del XIX secolo a seguito dei provvedimenti di soppressione degli ordini e delle corporazioni religiose, voluti prima dall'impero napoleonico e poi dal nuovo Regno d'Italia. Le testimonianze artistiche di maggior rilievo, presenti a Perugia e nelle immediate vicinanze, passarono così in proprietà allo Stato e andarono a integrare – quando non furono disperse tra i musei di tutto il mondo – la raccolta dell'Accademia, allora ubicata nel convento degli Olivetani a Montemorcino Nuovo. La consistenza e soprattutto l'importanza scientifica del materiale raccolto portarono nel 1863 all'istituzione di una pinacoteca civica, intitolata a Pietro Vannucci, e alla determinazione di trovare una sede adeguata. Nel 1878 la pinacoteca, scorporata dall'Accademia, fu trasferita al terzo piano del palazzo dei Priori. Ulteriormente ampliata con acquisti, donazioni e depositi, fu statalizzata nel 1918, assumendo la denominazione di Regia Galleria Vannucci. In seguito lo Stato ha provveduto con acquisti a incrementare la collezione, nell'intento di renderne sempre più completo il percorso artistico, tanto che oggi, per numero e qualità delle opere, questo museo è uno dei più ricchi d'Italia.

Tra la fine degli anni ottanta e l'inizio dei novanta del '900, gli spazi del palazzo dei Priori occupati dalla Galleria sono stati oggetto di un profondo intervento di restauro e di adeguamento, in virtù dei quali lo spazio architettonico risulta oggi pienamente valorizzato, consentendo una chiara lettura delle antiche strutture e una perfetta integrazione con le opere esposte. I lavori di ristrutturazione, tuttora in corso, proseguiranno poi con una fase di ampliamento degli spazi espositivi e di servizio, usufruendo dell'ampia superficie del piano sottostante, concesso in uso dal comune di Perugia.

L'esposizione museale odierna, completamente rinnovata, preceduta dal riordino e dallo studio di tutte le collezioni, è organizzata in sequenza cronologica e articolata per scuole. In considerazione dei lavori ancora in corso, accanto alle esposizioni permanenti saranno visibili gruppi di opere in esposizione temporanea, soggette a rotazione, per consentire la presentazione di quasi tutto il patrimonio artistico conservato. Il progetto di revisione scientifica, non concluso, prevede inoltre l'adozione di strumenti informativi diversificati tra i quali già in parte presenti quelli informatici. A conclusione del progetto costituiranno un supporto alla visita, fornendo informazioni a vario livello di approfondimento scientifico. La descrizione seguente rispecchia, nella sequenza tematica, l'ordinamento previsto al termine dei lavori di riorganizzazione degli spazi espositivi; variazioni potranno intervenire quando diverrà effettivo l'utilizzo del piano inferiore: materiali informativi costantemente aggiornati saranno predisposti per orientare la visita. Orari: 9-19; festivi 9-13; chiusa il primo lunedì del mese; i depositi sono visitabili a richiesta, su prenotazione, t. 0755741257.

SCULTURA DUECENTESCA. Inaugura il percorso espositivo con rilevanti esempi: *Cristo deposto, datato 1236, che faceva parte di un gruppo composto da più figure della Deposizione; alla seconda metà del secolo appartengono le *cinque sculture in marmo di Carrara eseguite da Arnolfo di Cambio tra il 1278 e il 1281 per una scomparsa fontana pubblica posta in «pedis platee», corrispondente grosso modo all'odierna piazza della Repubblica; dalla Fontana Maggiore provengono le *due formelle raffiguranti *Roma* e la *Lupa Capitolina*, opera di Nicola e Giovanni Pisano. Nello stesso ambiente culturale è stato eseguito anche il gruppo bronzeo di *Grifi* e *Leoni*, esempio dell'altissima qualità raggiunta dalla produzione della scuola fusoria presente a Perugia alla fine del Duecento.

PITTURA UMBRA DEL DUECENTO. Lo sviluppo del linguaggio della pittura umbra dopo la metà del Duecento è esemplificato da opere del Maestro di S. Francesco, personalità dominante il panorama artistico umbro prima dell'avvento di Giotto. Sono presenti in Galleria alcune delle sue opere maggiori: il paliotto, frammentario, eseguito verso il 1262; la grande *Croce, datata 1272, e la Croce a due facce, riferibile allo stesso periodo. Di grande rilievo sono anche il dossale del Maestro del Farneto (1290 c.), e il dossale di Vigoroso da Siena, datato 1291.

IL PRIMO TRECENTO. La pittura dei primi anni di questo secolo è documentata da Duccio di Buoninsegna (*Madonna col Bambino, 1304 c.), che trova un largo seguito tra i pittori operanti in Umbria tra cui emergono Meo da Siena (*polittico di Montelabate, 1317 c.; *Madonna col Bambino*), il Maestro di Paciano (dossale a due facce e laterali di polittico), il Maestro dei Dossali di Montelabate. A quest'ultimo sono riferibili i due pannelli bifronti con *S. Paolo* e *S. Lorenzo* e S. Pietro Apostolo e S. Ercolano che, in qualità di protettore della città, reca tra le braccia Perugia, raffigurata qui per la prima volta. Tra i pittori di cultura giottesco-assiatate si annoverano Marino da Perugia (*Madonna col Bambino e santi, 1317 c.), Puccio Capanna (*Madonna in trono col Bambino* e *Crocifissione*, quarto decennio del '300) e Giovanni di Bonino (vetrata raffigurante *Crocifissione, 1345 circa). A questo periodo vanno riferite anche alcune sculture di ambito senese collegabili ad Ambrogio Maitani (statue dei *Ss. Lorenzo, Ercolano e Costanzo*, già collocate sopra il portale del palazzo dei Priori, e la statua lignea policroma raffigurante la *Madonna col Bambino*), presente a Perugia attorno al 1325 in qualità di «magister» per i lavori di ampliamento del palazzo dei Priori.

IL SECONDO TRECENTO. Il profilo artistico perugino della prima metà del '300 è fortemente connotato da influenze giottesche, assisiati e senesi che continuano a riproporsi anche nella seconda metà del secolo, e che costituiscono l'ideale filo conduttore della produzione artistica dei pittori attivi in questo periodo. Esponenti di rilievo sono Mello da Gubbio (*Madonna col Bambino tra i Ss. Giovanni Evangelista e Caterina da Siena*) e il più tardo Maestro della Dormitio di Terni (*Madonna col Bambino e angeli*, 1380-90), che costituisce il diretto antecedente culturale della corrente tardo-gotica.

L'ARTE SENESE. La cospicua presenza di opere di artisti senesi è indice di una forte tendenza culturale locale che privilegia la produzione di quest'area, verso la quale i committenti perugini dimostrano un particolare interesse. Dalla metà del secolo XIV sono attivi artisti che con la loro arte testimoniano la continuità culturale esistente con i grandi maestri senesi dei decenni precedenti, Simone Martini e i Lorenzetti, offrendo un'interpretazione personalizzata e variata di quei modelli. Nella sezione riservata agli artisti senesi sono presenti il *polittico di Forsivo* di Luca di Tommè (1370 c.), la *Madonna col Bambino e santi* di Bartolo di Fredi e la piccola *Crocifissione* di Niccolò di Buonaccorso, opere che dimostrano il gusto e la sensibilità con le quali questi pittori fecero propria la grande tradizione artistica martiniana e lorenzettiana. Agli artisti sopra ricordati va associato Taddeo di Bartolo, personalità emergente nel tardo Trecento e nei primi due decenni del secolo successivo, che rappresenta il cambiamento culturale in atto nell'ambiente senese di quegli anni, disponibile a intensi scambi culturali, in concomitanza con la fioritura del gotico internazionale. Il grande *polittico a due facce* da S. Francesco al Prato, firmato da Taddeo nel 1403, ne documenta pienamente la cultura vasta e diversificata.

IL GOTICO INTERNAZIONALE. L'aprirsi del Quattrocento vede Perugia e l'Umbria coinvolte nella nuova esperienza culturale del gotico internazionale, di cui la Galleria conserva alcune tra le manifestazioni pittoriche più alte: la ***Madonna col Bambino e angeli** di Gentile da Fabriano (1404 c.), il ***polittico di Pietralunga** di Ottaviano Nelli (firmato e datato 1404), l'affresco staccato con la *Crocifissione* di Jacopo Salimbeni (1420 circa). A questi maestri si aggiunge ben presto una nutrita schiera di pittori locali che proseguono sulla stessa linea culturale; essi costituiscono la generazione di artisti che più da vicino, ma senza alcuna tangenza, assiste alla progressiva affermazione della cultura rinascimentale. Tra questi sono: Lello da Velletri (***Madonna col Bambino e i Ss. Agostino, Giovanni Battista, Liberatore e Agata**, c. 1427); Policleto di Cola, al quale è attribuibile la *Madonna col Bambino e i Ss. Francesco e Antonio abate*; e, ancor più radicato nella cultura artistica locale di matrice tardo-trecentesca, Mariano d'Antonio (*storie di S. Antonio da Padova*, c. 1455, opera tarda).

ALTRE TENDENZE DEL QUATTROCENTO. Tra il quarto e il quinto decennio del XV secolo si ebbe a Perugia e in Umbria una nuova ondata di maestri forestieri, che aggiornarono i pittori locali sulle ultime novità della pittura rinascimentale. Dell'orvietano Pietro di Nicola Baroni si conserva nella Galleria il polittico con la *Madonna col Bambino e santi* (1436-39); nello stesso periodo il senese Domenico di Bartolo firma e data (1438) il *polittico di S. Giuliana*. Ad ambiente fiorentino appartengono invece il grande tabernacolo a sportelli con lo *Sposalizio mistico di S. Caterina e santi* di Bicci di

Lorenzo, e la raffinata *predella* di Rossello di Jacopo Franchi, appartenente a una più vasta composizione oggi dispersa. A fianco di queste testimonianze si collocano le opere di Giovanni Boccati, alto esponente della cultura artistica marchigiana intessuta di influssi adriatici, fiamminghi e fiorentini (*Madonna del Pergolato*, firmata e datata 1447, e ***Madonna dell'Orchestra**, del 1454 circa).

I GRANDI DEL RINASCIMENTO FIORENTINO. Una delle testimonianze più alte è quella del Beato Angelico che, nel 1447 circa, esegue il ***polittico di S. Domenico**, uno dei capolavori del maestro fiorentino e punto di riferimento indiscusso per molti artisti perugini. La luminosa pittura del Beato Angelico è colta anche dal suo allievo e diretto collaboratore Benozzo Gozzoli, che nel 1456 dipinge la **pala della Sapienza Nuova**. A queste presenze va aggiunta, pochi anni più tardi, quella di Piero della Francesca che, tra il 1455 e il 1468, dipinge il ***polittico di S. Antonio**, destinato alla chiesa delle Terziarie francescane dell'omonimo convento perugino.

A questo periodo appartengono anche i *cassoni* nuziali di bottega fiorentina e quello attribuito al fiorentino Domenico del Tasso. Di particolare rilievo è inoltre il bronzo eseguito dal senese Francesco di Giorgio (***Flagellazione**) verso il 1485, dove appaiono evidenti, soprattutto nell'uso delle architetture, i solidi legami culturali con l'ambiente urbinate.

LA SCUOLA RINASCIMENTALE PERUGINA. In questo contesto, dalla metà del '400 si mettono in luce alcune personalità perugine che contribuiscono fortemente a creare una vera e propria scuola. La Galleria conserva la maggior parte delle opere di questi pittori ed è perciò ritenuta punto di riferimento indispensabile per lo studio e la conoscenza della pittura a Perugia in questo periodo.

BENEDETTO BONFIGLI. È il primo tra i pittori perugini che aderisce al linguaggio rinascimentale, favorendo il distacco dagli ultimi retaggi tardogotici. Tra le sue opere: *Madonna col Bambino e angeli musicanti* (1450 c.); ***Annunciazione e S. Luca** (1450-53 c.); *gonfalone di S. Bernardino*, datato 1464. Oltre alla serie dei dipinti su tavola e ai gonfaloni, l'artista deve la sua fama al ciclo di affreschi che decora la CAPPELLA DEI PRIORI, oggi compresa nel percorso museale, raffigurante ***storie di S. Ludovico da Tolosa e S. Ercolano**, eseguite tra il 1454 e il 1480 circa. Il ciclo, ambientato in massima parte sullo sfondo delle vedute e dei monumenti della città quattrocentesca, fedelmente raffigurata, si qualifica come una delle opere più importanti della Perugia rinascimentale, testimonianza di quell'«umanesimo perugino» di cui Bonfigli si fa interprete.

BARTOLOMEO CAPORALI. Numerose anche le opere di questo pittore di rilevante interesse e dalle notevoli capacità, il cui percorso artistico è testimoniato dalla tavola con la **Madonna col Bambino e angeli** (1465 c.), dalle due tavolette di cimasa (*Annunciazione*) pertinenti a un polittico disperso (1466-67), dal *trittico della Confraternita della Giustizia* (1475), eseguito in collaborazione con Sante di Apollonio, e dall'*Adorazione dei pastori* (1478-79). Attribuibile a questo pittore è forse anche la *Madonna col Bambino entro ghirlanda*, connotata da forti influssi manteneschi.

IL SECONDO QUATTROCENTO. Attivo nello stesso periodo, ma più giovane dei precedenti, è Fiorenzo di Lorenzo, del quale si conservano opere soprattutto riferibili alla maturità: *S. Sebastiano* (1475-79 c.); la *nicchia di S. Francesco al Prato*, firmata e datata 1487; il *polittico dei Silvestrini*, terminato nel 1493 sebbene commissionato già nel 1472. Eccentrica, nel panorama artistico perugino, è la presenza del folignate Niccolò di Liberatore, l'Alunno (*gonfalone della Confraternita dell'Annunziata*, datato 1466), che lascia a Perugia questa sola opera, concentrando la sua attività soprattutto nelle zone tra Assisi e Foligno. Tra le scarse testimonianze superstiti della scultura a Perugia nel Quattrocento sono da segnalare i lavori in legno policromo di un anonimo autore di ispirazione bonfigliesca (*Annunciazione* e *Assunzione della Vergine*) e l'imponente **complesso di figure** in marmo realizzato dal fiorentino Agostino di Duccio nel 1475 per decorare la facciata della distrutta chiesa della Maestà delle Volte.

Le opere dal tardo '400 in poi, qui di seguito descritte, verranno esposte temporaneamente per essere nel prossimo futuro definitivamente collocate nei nuovi spazi al piano inferiore del palazzo dei Priori.

IL PERUGINO. Nel percorso espositivo particolare rilievo assumono le opere di Pietro Vannucci, il Perugino, nativo di Città della Pieve. Nel museo sono conservate opere del periodo giovanile (**Adorazione dei Magi, Pietà*), tra le quali particolare interesse è rivestito dalla tavoletta con ***S. Bernardino che risana da un'ulcera la figlia di Giovanni Antonio Petrazio da Rieti**, datata 1473 e facente parte del complesso di otto tavolette che costituivano la cosiddetta nicchia di S. Bernardino. Al di là dell'esatta funzione cui era adibita questa struttura, i dipinti che la costituiscono sono indice del forte cambiamento e della decisa innovazione che intervengono nella pittura perugina e umbra nella seconda metà del Quattrocento. Già nelle opere giovanili del Perugino si delinea lo sviluppo di uno stile il cui successo andrà ben oltre la fine del secolo, corrispondendo appieno, con la propria originale interpretazione del sacro e del profano, alle aspettative della nuova cultura rinascimentale. Alla fase matura della sua vita artistica, quando più intensa è la sua attività per i committenti umbri, appartengono, tra l'altro, la ***Madonna della Confraternita della Consolazione** (1496-98), il ***Cristo morto** (1495), cimasa della pala dei Decemviri per la cappella dei Priori (ora nella Pinacoteca vaticana), la *pala dei Tezi* (1500), il *gonfalone della Giustizia* (1501), la *pala di Monteripido* (1502-1504) e la *pala Signorelli* (c. 1517). Capolavoro di questi anni maturi è il ***polittico di S. Agostino**, imponente macchina d'altare a due facce per la quale furono dipinti numerosi pannelli, alcuni dei quali non più a Perugia a seguito delle requisizioni napoleoniche.

IL PINTURICCHIO. Contemporaneo del Vannucci e suo allievo è il perugino Bernardino di Betto, il Pinturicchio, autore dell'imponente ***pala di S. Maria dei Fossi** (1495-96), uno dei massimi esempi della maturità e della risonanza della scuola pittorica perugina: capolavoro della fase matura del pittore, si segnala per la straordinaria perizia tecnica e per il grande senso narrativo e decorativo, caratteristiche peculiari dell'artista. Il condizionamento dell'attività artistica locale a seguito della forte personalità del Perugino viene testimoniato, nel primo decennio del '500, da una fitta congerie di pittori che, in forme più o meno personalizzate e diversificate, operano sotto l'influsso del maestro. Di questa schiera fanno parte: Eusebio da San Giorgio (***Adorazione dei Magi**, 1505); Giovanni di Pietro, lo Spagna (*S. Francesco riceve le stimmate*, 1502 c.); Giovan Battista Caporali (*pala di S. Girolamo di Perugia*, 1512 c.); Berto di Giovanni (**pala di S. Agnese, pala di S. Giuliana**: opere che risentono anche delle realizzazioni perugine e romane di Raffaello); Bernardino di Mariotto, eccentrico pittore che unisce a echi perugineschi, raffaelleschi e signorelliani un gusto decorativo e calligrafico di sapore tardo-gotico (*pala degli Olivetani del Trasimeno*, datata 1533; *Sposalizio mistico di S. Caterina*). La varietà di espressioni, testimoniata dalle opere di questi artisti, è riconducibile nel più vasto e generale clima di cambiamento che interviene nel complesso del panorama artistico italiano allo scoccare del XVI secolo; alcuni pittori, educati alla luce dell'esperienza peruginesca, modificano in seguito le loro tendenze in direzione di suggestioni raffaellesche e di matrice naturalistica fiorentina, accostandosi senza traumi alla cultura manieristica.

L'ETÀ PAPALINA. Accanto a questa linea culturale che procede sostanzialmente sulla strada aperta da Perugino e Raffaello, non mancano testimonianze più vicine alle nuove tendenze inaugurate dal manierismo. Questa congiuntura culturale dà luogo alla produzione di artisti locali come Domenico Alfani (*pala della Sapienza Vecchia*, firmata e datata 1517; *Pietà*, firmata e datata 1522; *pala di S. Francesco al Prato*), mentre non mancheranno le presenze di pittori venuti da fuori. Ciò anche in virtù di un nuovo clima politico e culturale che si instaura dal 1540, anno in cui il potere papale si impone sulla città, suggellato anche con la costruzione dell'imponente mole della Rocca Paolina. La fine dell'indipendenza politica coincide con quella artistica: gli artisti presenti a Perugia d'ora in poi saranno quasi sempre gli stessi impegnati a Roma nelle imprese artistiche promosse dai vari pontefici. Tra il 1545 e il 1548 vengono eseguiti da Tommaso Bernabei, detto il Papacello, e da Lattanzio Pagani gli affreschi (*storie di Braccio Fortebracci da Montone*) della SALA DELLA CONGREGAZIONE GOVERNATIVA del palazzo dei Priori (voluta dal cardinale Tiberio Crispo, e da quel momento e fino all'Unità sede del Legato pontificio), inclusa nel percorso museale. Apice della cultura manieristica a Perugia, questi affreschi si legano strettamente alla grande *pala di S. Maria del Popolo,* eseguita dallo stesso Lattanzio Pagani in collaborazione con Cristoforo Gherardi (1549) per l'omonima chiesa. Il forte interesse per le forme michelangiolesche e vasariane è reso evidente nonostante l'esecuzione a quattro mani, che valorizza ancor più la comunanza culturale dei due artisti.

A Orazio Alfani, uno dei pochi pittori locali di qualità, spettano la *Sacra Famiglia* e il *Riposo nella fuga in Egitto* (primi anni del sesto decennio del '500); l'assisiate Dono Doni dipinge nel 1561 la *Natività della Vergine*, ed Hendrick van den Broeck, il più rappresentativo tra i pittori fiamminghi attivi a Perugia nella seconda metà del secolo, l'*Adorazione dei Magi* (1563) e la *Crocifissione* (1565) sopra l'altare della cappella dei Priori. Dello stesso periodo è la *Sacra Famiglia con il Battista* di Raffaellino del Colle; attorno al 1573 si data l'*Adorazione dei Pastori* firmata da Marcello Venusti. Pochi anni più tardi (1480 c.) il fiorentino Giovanbattista Naldini esegue la **Presentazione di Gesù al Tempio**, opera raffinata e gelidamente preziosa, fortemente influenzata dallo stile vasariano di quel periodo. Chiude il secolo l'attività di Cesare Franchi, il Pollino (cinque miniature: *Assunzione della Vergine, Lapidazione di S. Stefano, Sacra Famiglia, Madonna col Bambino e santi, Sacra famiglia e angeli,* 1588-1590; la cornice che le racchiude risale alla fine del XVIII secolo), pittore e miniatore perugino noto anche in ambiente romano, fortemente influenzato dal manierismo di Giulio Romano e dalle contemporanee esperienze non italiane che maturavano in quel contesto.

IL SEICENTO. Le principali correnti artistiche della pittura del Seicento sono rappresentate dall'opera di Ventura Salimbeni (*La Vergine col Bambino e S. Giovannino*, 1606-1608 c.), particolarmente influenzato, se pur tardivamente, dal cosiddetto «stile di Sisto V», promosso da papa Peretti per decorare le imprese edilizie del suo pontificato. Orazio Gentileschi (*S. Cecilia che suona la spinetta e un angelo*, 1615 c.) è uno degli interpreti più delicati dell'opera giovanile di Caravaggio, soprattutto per la gamma di colori, mentre il caravaggismo nella sua variante francese è rappresentato da Valentin de Boulogne (***Samaritana al pozzo**, ***Noli me tangere**, 1622 c.), attento soprattutto agli aspetti luministici e psicologici della lezione del maestro.

Dall'ambiente romano giunge a Perugia anche il nuovo gusto barocco, rappresentato da uno dei suoi massimi esponenti, Pietro da Cortona (***Natività della Vergine**, firmato e datato 1643), mentre i pittori locali di questo periodo si attardano ancora sull'ideale classicistico, come testimoniano Andrea Sacchi (**Presentazione di Cristo al Tempio*, 1651), Giovan Domenico Cerrini (*Sacra Famiglia con S. Giovannino*) e Pietro Montanini (*Paesaggio con Gesù Bambino e S. Giovannino*), allievo di Salvator Rosa e particolarmente influenzato dall'aspetto 'romantico' della poetica del maestro.

IL SETTECENTO. Anche i dipinti settecenteschi riflettono la situazione storica e culturale dell'Umbria in stretta contiguità con quanto si verifica dal Cinquecento. Intorno al 1720 il romano Giovanni Odazzi dipinge la *Visione di S. Bernardo*, dove grazia e naturalezza si coniugano con l'attenzione rivolta al classicismo, fornendo così la traduzione pittorica della poetica dell'Arcadia. Da Roma giungono, pochi anni più tardi, il dipinto di Francesco Mancini (*La Famiglia della Vergine*, datata 1732), quello di Sebastiano Conca (*Comunione della Maddalena*, 1738; i due dipinti da cavalletto dello stesso autore, raffiguranti *La partenza di Rinaldo* ed *Erminia fra i pastori*, sono acquisti da collezione privata umbra) e ***S. Ambrogio assolve l'imperatore Teodosio** di Pierre Subleyras (firmato e datato 1745; si veda anche il *bozzetto col medesimo soggetto). Pur non essendo nessuno di questi pittori di origine romana, lo furono per cultura e fortuna, divenendo essi stessi capiscuola e creatori di un linguaggio pittorico basato sulla chiarezza della composizione, sulla delicatezza del colore e sull'eleganza delle forme. Da segnalare anche il bozzetto di Corrado Giaquinto, raffigurante *La Trinità* (1740-42), eseguito per il tondo della volta di S. Giovanni Calibita a Roma, e *S. Bernardo Tolomei cura degli appestati* di Ludovico Mazzanti (1746).

I pittori locali, nello stesso contesto, si propongono come divulgatori della «grande maniera» conosciuta mediante soggiorni romani. Anche se i risultati non sempre hanno la nobiltà degli esempi a cui attingono, rivelano vigoria e tratti di originalità, come esemplificano i dipinti di Giacinto Boccanera (*Martirio di S. Guliana* e i *Ss. Filino e Gratiniano*, post 1720), e del perugino Francesco Appiani (*La Madonna e i Ss. Silvestro e Carlo Borromeo*). Del tutto esterna a questo contesto, e difficilmente classificabile all'interno di correnti o scuole, è la bella pala del bolognese Giuseppe Maria Crespi (*La Vergine e S. Gertrude*, 1730 c.), uno dei massimi interpreti del Settecento europeo.

SEZIONI SPECIALI. Nell'ambito del progetto generale espositivo sono previste alcune sezioni che riguardano tipologie di oggetti d'arte o collezioni particolari alle quali si vuole mantenere l'unitarietà originale. Tra queste la COLLEZIONE ROCCHI (esposizione parziale, a rotazione), comprendente i circa

240 pezzi superstiti della raccolta di **«tovaglie perugine»** realizzata nella seconda metà dell'800 dallo studioso e collezionista Mariano Rocchi; ai primi del Novecento era considerata la più grande collezione del genere esistente nel mondo, contando circa 400 pezzi. Ancora in vita il proprietario, cominciò la dispersione del patrimonio, in parte alienato a musei stranieri, in parte donato alla Galleria nazionale, infine ciò che restava venduto in blocco a un collezionista italiano. Questa parte residua della primitiva collezione è stata acquistata nel 1996 dallo Stato. Le «tovaglie perugine» sono un particolare tipo di tessuto lavorato a occhio di pernice in lino bianco con fasce blu (semplici o con motivi geometrici o figurati) che, con decorazioni molto semplici, comincia a essere prodotto già nel '200, come testimoniano le raffigurazioni su dipinti dell'epoca. Utilizzata come tovaglia d'altare, si trova impiegata nel '300 e nel '400 anche per uso profano.

IL TESORO. Le oreficerie e gli avori conservati nella Galleria nazionale (Sezioni speciali) provengono in gran parte dai musei civici perugini, dove furono raccolti a partire dal 1863 e inventariati senza indicarne l'originaria provenienza, in mancanza della quale è oggi impossibile risalire alle destinazioni di origine. Tra questi oggetti si segnalano un **bacile** di manifattura di Limoges (fine del XIII secolo), in bronzo dorato e smalto «champlevé», che costituisce il pezzo senza beccuccio di una coppia di vaschette utilizzate per le abluzioni delle mani (denominata «gemellion»), oggetto caratteristico della produzione limosina di quel secolo; una **valva di scatola per specchio** di produzione parigina dell'inizio del XIV secolo, di alta qualità esecutiva e di particolare eleganza. Altro esemplare tipico della produzione francese del Trecento è il piccolo **tabernacolo** in avorio, vero e proprio polittico in miniatura, con le ante incernierate che si richiudevano attorno alla parte centrale; la figura della Vergine, ampia e sinuosa, le pieghe morbide della veste e il viso tondeggiante rimandano a opere coeve della scultura monumentale. Gruppo a sé costituiscono i **cofanetti** in avorio intagliato e dipinto, prodotti tra la seconda metà del Trecento e i primi decenni del secolo successivo. I più antichi sono quelli riferibili alla cosiddetta bottega delle Figure inchiodate, localizzabile nell'Italia settentrionale. Il nome si deve alla tecnica con la quale le varie placche scolpite vennero fissate alla struttura in legno della scatola. Nella stessa area geografica operò, in stretta continuità cronologica con la bottega precedente, la bottega degli Embriachi, caratterizzata tra l'altro dalla produzione di questi cofanetti, estremamente articolati nelle forme architettoniche, contraddistinti da forti aggetti e decorati con scene di tono narrativo. Si segnalano anche alcune *croci processionali* di manifattura umbra, eseguite tra il XIV e il XV secolo.

Un cospicuo numero di oggetti proviene anche dalla ricchissima sagrestia della chiesa di S. Domenico, della quale esistono quattro inventari degli arredi relativi agli anni 1417, 1430, 1458 e 1548. Tali registri sono testimonianza dei lavori di oreficeria commissionati dai frati predicatori a partire dalla fine del XIII secolo, quando a Perugia fu presente papa Benedetto XI (1298-1304) con tutta la corte pontificia. In questa occasione furono eseguiti da artista senese il **calice** e la **patena di Benedetto XI**, di grande raffinatezza formale ed esecutiva. Realizzati in argento dorato sbalzato, rifinito a cesello e bulino, con inclusioni di formelle in smalto traslucido policromo, sono caratterizzati da un intenso goticismo, dipendente, per il calice, dal grande antecedente dell'opera di Guccio di Mannaia (conservata nel Tesoro del Sacro Convento di

Assisi). Al terzo decennio del Trecento risalgono due **patene** (sono perduti i calici di corredo) eseguite da Tondino di Guerrino e Andrea Riguardi (1322-23), artisti senesi che queste due opere indicano influenzati dagli esempi della grande pittura del tempo (Duccio di Buoninsegna e Pietro Lorenzetti). L'afflusso di oreficerie alla chiesa di S. Domenico prosegue, alla metà del secolo, con la **patena** eseguita dai senesi Ugolino di Vieri e Viva di Lando, e negli anni successivi con il *calice e la *patena (1374-87) di Cataluzio da Todi (firmati), da annoverare tra i capolavori dell'oreficeria umbra del Trecento; a manifattura umbra della fine del XIV secolo si deve anche il *reliquiario di S. Anna*, che conteneva due dita della mano della santa, rubate durante il Capitolo generale dei frati nel 1609. Dal convento delle monache cisterciensi di S. Giuliana proviene il *pastorale* eseguito tra la fine del XIII e l'inizio del XIV secolo (avorio e osso intagliato e dipinto) e l'imponente **reliquiario di S. Giuliana**, datato 1376 (la cuspide è frutto di un restauro ottocentesco), che in origine conteneva, entro un calco in smalti policromi, la testa della santa (venduta al Metropolitan Museum of Art di New York).

*SALA DEL COLLEGIO DELLA MERCANZIA. Nel 1390 il Comune concesse alla corporazione dei Mercanti, a estinzione di un debito, uno dei fondachi che si aprivano, con archi ogivali, al pianterreno del palazzo dei Priori (seconda porta a destra del portale principale sull'odierno corso Vannucci). L'ambiente rettangolare che fungeva da sala delle Udienze, coperto da due volte a crociera, fu nella prima metà del '400 decorato e completamente rivestito da ***pannelli lignei** in pino e noce, intagliati a quadrilobi entro quadrati, probabilmente a opera di maestranze d'Oltralpe. Visita: da marzo a ottobre, 9-13 e 14.30-17.30 (il sabato fino alle 18.30); da novembre a febbraio, 8-14 (mercoledì e sabato, 8-17; in questi mesi chiusa il lunedì); nei festivi, sempre 9-13.

In basso gira per tre lati un sedile intagliato e intarsiato. Nel mezzo della parete sinistra sporge da una nicchia un piccolo pulpito ligneo intagliato, con eleganti colonnette a spirale; al di sopra, le figurine intagliate a bassorilievo della *Prudenza, Fortezza, Giustizia, Temperanza*. Il primo tratto della parete destra ha una decorazione più ricca, probabilmente della seconda metà del '400; nella lunetta, in un rosone, il *grifo perugino sopra una balla* (stemma dell'arte); al di sotto, eleganti arcate bifore; più in basso, il sedile a due ordini dei consoli della Mercanzia. Davanti, un *bancone* intagliato nel 1462 da Costanzo di Mattiolo. In fondo, un forziere medievale. Nell'adiacente ARCHIVIO sono conservate tre «Matricole dei Mercanti», datate 1323, 1356 e 1599, la seconda con miniature di Matteo di ser Cambio. L'ambiente attiguo ha la volta affrescata da Domenico Bruschi (1898-99).

*COLLEGIO DEL CAMBIO. L'altra importante corporazione perugina, quella dei cambiavalute, acquistò il privilegio di insediare la propria sede nelle strutture del palazzo dei Priori tra il 1452 e il 1457. Gli ambienti destinati all'arte (situati all'estremità del palazzo subito prima dell'innesto nel corso Vannucci della via Boncambi), furono sistemati in quegli stessi anni da Bartolomeo di Mattiolo e Lodovico di Antonibo; alla fine del secolo si procedette alla decorazione della sala dell'Udienza, affidata per l'arredo a Domenico del Tasso e per la parte pittorica al Perugino: pervenutaci intatta, costituisce uno dei maggiori documenti dell'arte rinascimentale italiana. La porta principale, dello stesso Lodovico di Antonibo, ha imposte intagliate da Antonio da Mercatello (1501).

INTERNO. Visita: da marzo a ottobre, 9-12.30 e 14.30-17.30; da novembre a febbraio, 8-14 (in questi mesi, chiuso il lunedì); nei festivi, sempre 9-12.30. Si entra nel VESTIBOLO O SALA DEI LEGISTI, con banconi barocchi intagliati da Giampietro Zuccari e aiuti (1615-21) e, sul fondo, il banco del Collegio dei legisti del Cambio. A destra si passa nella *sala dell'Udienza del Cambio, rettangolare, coperta da volte ogivali. I ricchi bancali lignei, intarsiati su tre lati, danno risalto alla splendida decorazione pittorica. La metà della parete destra è occupata dal *Tribunale*, elegantissimo banco ligneo intagliato e intarsiato; nella lunetta sopra i postergali, *due grifi* entro ghirlande fiancheggiano una nicchia con la statuetta della *Giustizia* seduta, terracotta attribuita a Benedetto da Maiano; sotto i postergali, due ordini di sedili per gli uditori e i notai e un grande *bancone, intagliato da Domenico del Tasso (1492-93). Il *banco* con alto rivestimento intarsiato è di Antonio da Mercatello (1508). A metà della parete di fondo è la *ringhiera*, piccolo pulpito rinascimentale di Antonio Masi d'Antonio (1562).

GLI *AFFRESCHI DEL PERUGINO, che decorano il resto delle pareti e le volte ogivali a vela della sala dell'Udienza, costituiscono il capolavoro dell'artista e uno tra i massimi raggiungimenti della pittura italiana di fine Quattrocento. Commissionatigli dal Collegio il 26 gennaio 1496, il Perugino vi attese probabilmente nel 1498 e nel 1500; l'11 giugno 1507 rilasciò la quietanza dei 350 ducati d'oro di ricompensa. Il ciclo, eseguito con l'aiuto di allievi (tra i quali Andrea d'Assisi, il Fantasia e, forse, Raffaello per la figura della Fortezza e il viso di Salomone), si svolge secondo un programma iconografico ideato dall'umanista Francesco Maturanzio, il quale vuole qui dimostrare che «la perfettibilità umana fu raggiunta mercè l'umanarsi di Cristo e che l'armonia si ottiene fondendo la cultura dell'antichità col sentimento cristiano».

Nella VOLTA, in mezzo a grottesche, le principali divinità mitologiche: *Saturno, Giove, Marte* (al di sopra della parete di fondo), *Apollo* (nel centro), *Mercurio, Diana, Venere* (al di sopra della parete della finestra), su carri trainati da cavalli, colombe eccetera. PARETI: dalla parete della finestra verso d., la figura isolata di *Catone*, simbolo della saggezza. Nella 1ª lunetta, la *Prudenza* e la *Giustizia*; sotto, da sin., *Fabio Massimo, Socrate, Numa Pompilio, Camillo, Pittaco, Traiano*. Nel pilastro divisorio, *autoritratto del Perugino. Nella 2ª lunetta: *Fortezza* e *Temperanza*; sotto, *Lucio Licinio, Leonida, Orazio Coclite, Publio Scipione, Pericle, Cincinnato*, tutte figure che corrispondono nella composizione e nello stile alle precedenti. Nella parete di fondo, la *Trasfigurazione* e il *Presepio*. Alla parete destra: nella lunetta, il *Padre Eterno in gloria d'angeli e di cherubini* e sotto, i *profeti Isaia, Mosè, Daniele* (che si addita come ritratto di Raffaello), *David, Geremia, Salomone* formanti un gruppo a sin., e le *sibille Eritrea, Persica,

Cumana, Libica, Tiburtina e Delfica, formanti un gruppo a destra. Nel pilastro seguente, fra grottesche, in una cartella: «Anno Salut. MD», probabilmente l'anno in cui, nel pilastro opposto, il Perugino dipinse l'autoritratto.

CAPPELLA DI S. GIOVANNI BATTISTA. Vi si accede dall'angolo in fondo a destra della sala dell'Udienza. Realizzata nel 1506-1509 da Gasperino di Pietro sull'antica chiesa di S. Giovanni della Piazza, inglobata dall'ampliamento quattrocentesco del palazzo dei Priori (scavi hanno rivelato l'esistenza di un portico o vestibolo, con il pavimento lastricato e sepoltura sottostante), fu interamente affrescata da Giannicola di Paolo. Nella volta, *Padre Eterno, apostoli, Evangelisti, dottori della Chiesa, patroni di Perugia* (1515-18). All'altare, tavola con il *Battesimo di Gesù*, ai lati, *Annunciazione* (1515-16), e alle pareti, *vita del Battista e sibille*. Nel paliotto dell'altare, il *Battista* entro ghirlanda e un fregio, di Mariano di ser Austerio (1512-13). Ad Antonio da Mercatello si devono i due sedili intarsiati (1509) e l'altare (1516).

*VIA MAESTÀ DELLE VOLTE. Per compiere questa interessantissima diversione in una delle aree più suggestive della città medievale, dove la complessità delle stratificazioni edilizie è esemplificativa delle trasformazioni urbanistiche che segnarono la transizione verso l'età comunale, occorre retrocedere al Palazzo arcivescovile (pag. 117). A destra di questo scende via Maestà delle Volte, nel tratto iniziale in origine configurata come passaggio coperto a ridosso del blocco di edifici che costituivano il complesso canonicale. Il palazzo che la sovrastava, affacciandosi sulla piazza e addossandosi al primitivo palazzo dei Consoli (poi del Podestà, ora arcivescovile), nella versione storicamente più importante è quello voluto da Martino IV nel 1284, di cui sono identificabili alcune bifore superstiti. Questi edifici contendevano gli spazi e la preminenza del luogo. Dal XII secolo fino al 1534, quando il complesso rovinò, il primo piano passò da sala pubblica capace di accogliere il Gran Consiglio e fino a quattrocento persone, a cancelleria pontificia. Le strutture di questa grande sala, o della volta che la sorreggeva, sono leggibili sul lato sinistro della via, terminando su possenti arconi.

La via, angusta e buia, conteneva la «Maestà» dipinta sotto una volta di sostegno del palazzo del Podestà dal Maestro della Maestà delle Volte. Nel 1335, per proteggere l'affresco fu eretto l'**oratorio della Maestà delle Volte**, arricchito nel 1470 da un rivestimento scultoreo di Agostino di Duccio (frammenti alla Galleria nazionale); distrutto dall'incendio del 1534, fu ricostruito nel 1567, con facciata di Bino Sozi; nell'interno, oltre alla ridipinta *Maestà* (*Madonna col Bambino e angeli*), decorazioni di Niccolò Pomarancio (1568). A sinistra dell'oratorio, un grazioso arco gotico a liste di pietra bianca e rosa è residuo del portico che precedeva la chiesa trecentesca.

La via prosegue tortuosa mostrando brani significativi della città vecchia che formano un contesto urbano di notevole fascino. Una *casa-torre* del XIII-XIV secolo getta tre alte arcate sulla scoscesa via Fratti; passando sotto un voltone (sul muro a sinistra, *Ss. Ercolano e Costanzo presentano la città di Perugia alla Madonna col Bambino*, terracotta di Germano Belletti, 1945), si giunge in vista di un amplissimo arco di scarico al di sopra della via; a sinistra, in un angolo, *fontana* in stile di Pietro Angelini (1927).

La via Maestà delle Volte sbocca nella *piazza Cavallotti* (per l'area archeologica, pag. 116), di ridefinizione otto-novecentesca (a destra, al principio della via Baldeschi, è il *palazzo Bonucci*, già Baldeschi, del 1563). La piazza Cavallotti comunica con la *piazza Morlacchi*, che mostra invece strutture edilizie settecentesche: a destra, il **palazzo Aureli** poi Manzoni (primo '700), sede della Facoltà di Lettere e Filosofia, seguito dal **teatro comunale Morlacchi**, eretto (col nome di teatro del Verzaro) nel 1780 su disegno di Alessio Lorenzini e decorato da Baldassarre Orsini e Carlo Spiridione Mariotti. Nel 1874 fu completamente rinnovato nell'architettura da Guglielmo Calderini, e nell'apparato decorativo da Francesco Moretti, Matteo Tassi, Lucio Angeloni e Napoleone Verga. Ha una bella sala a cinque ordini di palchi e sipario dipinto da Mariano Piervittori (1874), autore anche delle decorazioni del soffitto.

Prendendo, in fondo alla piazza, via dell'Aquilone si raggiunge a destra la *piazza Ermini*, appoggiata su un tratto di mura etrusche; un altro segmento di queste è in vista nel **palazzo Florenzi** (ora della Facoltà di Magistero), che nell'Ottocento fu residenza della letterata Marianna Florenzi, che vi tenne un vivace salotto.

Si può rientrare in piazza Cavallotti per la *via del Verzaro*, incontrando a sinistra la chiesa di **S. Martino al Verzaro**, documentata dal XII secolo, che conserva opere di Giannicola di Paolo. Via Maestà delle Volte riconduce in piazza IV Novembre.

*CORSO VANNUCCI

Il fianco del palazzo dei Priori fa da raccordo tra la piazza IV Novembre e il **corso Vannucci**, accompagnandone per buon tratto il tracciato quasi rettilineo che ne evoca la funzione antica di «cardo» della città etrusco-romana. La monumentalità della scena urbana pare voluta proiezione degli eccezionali valori formali della piazza Grande, come l'organicità delle strutture edilizie, pur nelle stratificazioni di interventi, sottende un progetto unitario volto a fare di questi spazi eminenti un vero sistema urbanistico e funzionale. Strada più elegante e animata della città, luogo privilegiato della socialità perugina e per questo affollato per il passeggio e per le compere, il corso non tradisce la sua originaria destinazione a Platea Comunis, centro propulsivo della città medievale.

PALAZZO DEL COLLEGIO DEI NOTARI. Già sede del Collegio, fronteggia il fianco del palazzo dei Priori. Eretto nel 1446, fu mutilato nel 1591 per l'apertura della via Calderini in luogo dell'angusto rimbocco degli Scudellari, voluta dal legato pontificio Domenico Pinelli (da cui la denominazione di «via Pinella») per creare un più efficace collegamento tra la piazza maggiore e quella del Sopramuro, ora Matteotti. Sottolineano il cantone quattro fregi bugnati ideati da Valentino Martelli, progettista della nuova strada. A fianco, il *palazzo della Sapienza Vecchia*, fatto edificare nel 1363 dal cardinale Nicolò Capocci come prima università cittadina.

PIAZZA DELLA REPUBBLICA. Dopo l'imbocco di via Mazzini (pag. 139) e oltrepassato il *palazzo Graziani*, ora della Banca Commerciale, attribuito al Vignola (nel salone al piano nobile, importante ciclo pittorico celebrativo della *storia della città*, in ottica risorgimentale, opera di Annibale Brugnoli, 1895), il corso Vannucci si allarga nella piazza un tempo detta «del Pane», dove in origine la principale arteria cittadina trovava conclusione. Lo spazio odierno è l'esito della demolizione operata nel 1543 per consentire al bastione nord-occidentale della Rocca Paolina di controllare la piazza. Vi prospetta, a sinistra, la facciata dell'ex chiesa di **S. Isidoro**, qui ricomposta su progetto di Valentino Martelli; a destra il cinquecentesco *palazzo Graziani-Monaldi* e il **teatro del Pavone** (1717-23), già Nobile Accademia del Casino; nel 1765 fu ristrutturato da Pietro Carattoli e decorato da Carlo Spiridione Mariotti e Francesco Appiani. La via Baldo, che si stacca a sinistra, accoglie la quattrocentesca *casa di Baldo degli Ubaldi* (giureconsulto, m. 1490), con finestre centinate, fronteggiata dal duecentesco *palazzo Pucci-Boncambi*.

VIA BONAZZI. Dall'angolo destro della piazza penetra in un'area di antica urbanizzazione, tra case due-trecentesche. Nel tratto sormontato da volte gotiche con costoloni rimangono, l'ex *Confraternita di S. Maria del Suffragio* (1639, architetto Orazio Alessi), ora galleria d'arte, e l'*oratorio della Confraternita dei Ss. Crispino e Crispiniano* (1618-25), con l'ingresso sormontato dal coltello, emblema dei calzolai. A destra, nella via Caporali, è stata individuata sotto l'edificio al N. 4 una cisterna etrusca con copertura «a capriate» analoga a quella del pozzo Sorbello (pag. 140): l'opera idraulica, di grande interesse, fu utilizzata come riserva pubblica, poi privata.

PALAZZO DONINI. Il segmento terminale del corso è di definizione settecentesca. Tra le migliori realizzazioni di edilizia privata di quel secolo in città è il palazzo ora sede della Giunta regionale, che forma l'angolo con piazza Italia. L'elegante dimora gentilizia, costruita nel 1716-24, fu riccamente decorata dai migliori esponenti della cultura artistica perugina dell'epoca: Pietro Carattoli, Francesco Appiani, Anton Maria Garbi, Giuseppe Brizi e Giacinto Boccanera. Il palazzo insiste sul sito di una cisterna romana e di un ipogeo paleocristiano. Lo fronteggia il barocco *palazzo Montesperelli*, del XVII secolo. Sul lato settentrionale si appoggia la chiesetta di *S. Maria del Riscatto* o *della Mercede* (1587), restaurata nel 1657 e decorata da Francesco Appiani.

PIAZZA ITALIA. Simbolo della città post-unitaria, fu realizzata su progetto di Alessandro Arienti nel quadro degli interventi di ristrutturazione e di riutilizzo dell'area già occupata dalla demolita

Rocca Paolina. L'ampio rettangolo, organizzato attorno a un'aiuola con il *monumento a Vittorio Emanuele II*, di Giulio Tadolini (1890), è circoscritto da edifici eclettici che riflettono il gusto della società borghese dell'epoca. All'ingresso in piazza, subito a destra è il settecentesco *palazzo Antinori*, ora Hotel La Rosetta, dove nacque l'esploratore Orazio Antinori. A settentrione è il *palazzo Cesaroni*, sede del Consiglio regionale, di Guglielmo Calderini (1897), nel cui interno sono affreschi di Annibale Brugnoli. Di fronte, il vasto **palazzo della Provincia**, su progetto dello stesso Arienti (1870): nelle sale del Consiglio e del Prefetto, pitture allegoriche e celebrative di Domenico Bruschi. Sul lato occidentale sono il *palazzo della Banca d'Italia*, di Guglielmo Rossi (1871), e l'*Hotel Brufani*, progettato come albergo di lusso dall'Arienti (1882-83). Sul lato orientale è infine il *condominio Calderini*, dal nome del progettista (Guglielmo Calderini, 1872).

GIARDINO CARDUCCI. Dietro il palazzo della Provincia si stende il grazioso giardino-belvedere con il *monumento al Perugino* di Enrico Quattrini (1923) e i *busti* in bronzo *di Giosue Carducci, del Pinturicchio, di Galeazzo Alessi, Orazio Antinori, Guglielmo Calderini*; vi si tiene, la domenica mattina, un mercatino di antiquariato e modernariato. Dalla terrazza, splendido *panorama sulla città, la valle del Tevere, la Valle Umbra e i più lontani sistemi montuosi dell'Eugubino e del monte Coscerno. Questa vista ispirò al Carducci, durante il suo soggiorno a Perugia nel 1877, l'ode del «Canto dell'amore».

LA CITTÀ 'SEPOLTA': IL QUARTIERE BAGLIONI E LA ROCCA PAOLINA

Questo breve itinerario, tra i più suggestivi e insoliti entro la città storica, si svolge nel ventre del colle Landone, entro il perimetro della demolita Rocca Paolina che si sovrappose al quartiere medievale dei Baglioni, formato da strutture due-trecentesche e dalle case e dalle torri fatte erigere nel 1436 da Malatesta Baglioni sulle abitazioni, spianate, dei rivali Guidalotti. Nel 1540, dopo la guerra del Sale cui seguì l'inserimento di Perugia nello Stato della Chiesa, il papa Paolo III Farnese decise la costruzione della fortezza «contro» la città, imponente simbolo dell'affermazione del potere pontificio. Realizzata tra il 1540 e il 1543 su progetto di Antonio da Sangallo il Giovane, modificato in corso d'opera e condotto, dal 1542, da Bastiano da Sangallo detto l'Aristotile e da Galeazzo Alessi, la Rocca si componeva di una fortezza rettangolare sul colle Landone, dotata di baluardi e collegata da un lungo «corridore» alla tenaglia posta a sud, in basso, protesa verso S. Giuliana il cui borgo fu spianato. Come la coda di uno scorpione, questa avrebbe dovuto uccidere la testa se fosse caduta. La costruzione dell'opera fortificata comportò lo spostamento del fastigio di porta Marzia, inglobata nelle mura, e cospicue demolizioni: oltre al quartiere Baglioni, le cui strutture furono utilizzate come fondazioni, la chiesa di S. Paolo, la chiesa e il convento di S. Maria dei Servi, la chiesa superiore di S. Ercolano nonché trecento case e ventisei torri. In parte distrutta nel 1848, ricostruita nel 1860 per volere di Pio IX, la Rocca fu abbattuta definitivamente in quello stesso anno dopo l'annessione al Regno d'Italia. Con le strutture, andarono perdute anche le opere d'arte che decoravano la residenza gentilizia (tra le quali gli affreschi eseguiti da Cristoforo Gherardi, Raffaellino del Colle, Vasari, Dono Doni). La sotterranea via Bagliona (il toponimo è recente) con il superstite quartiere medievale sono stati liberati e restaurati una prima volta nel 1932, e compiutamente in epoca recente. Le parti ora visibili del rione medievale hanno subito trasformazioni per la realizzazione della Rocca, in particolare la riduzione degli ambienti esterni a depositi interni, mediante coperture a volta; dopo la distruzione (1848) del piano superiore della Fortezza vi furono inseriti piloni di ricostruzione; i locali superiori sono oggi utilizzati come spazi espositivi.

VIA MARZIA. Da piazza Italia, sulla destra del palazzo Cesaroni (pag. 135), attraversata la via Baglioni (pag. 137) si scende a destra nella via Marzia, che costeggia i poderosi speroni di sostegno della Rocca Paolina e la *fonte Lomellina*, così chiamata perché voluta dal cardinale Lomellini nel 1678-85.

*PORTA MARZIA. Incastonata nel bastione di levante della Rocca Paolina nel 1542, appartiene alle mura etrusche ed è databile alla seconda metà del III sec. a.C.; ne restano soltanto l'arco e il coronamento, mentre gli stipiti (riconoscibili all'interno) sono incorporati nella muraglia. L'orientamento è quello primitivo, con uno spostamento in avanti di circa 4 metri. L'arco in travertino è sormontato da un blocco informe di pietra serena; nei pennacchi, due teste umane, di cui una spezzata. Ai lati dell'arco si levano due pilastri corinzi che chiudono il coronamento, formato da una specie di loggia, chiusa in basso da transenne e sostenuta da quattro pilastrini corinzi scanalati, fra i quali sporgono tre mezze figure virili (Giove e i Dioscuri) e, ai capi, due protomi di cavalli. Due fasce di pietra, inscritte a caratteri romani, chiudono sopra e sotto la loggia; in quella superiore è l'iscrizione «Colonia Vibia»; nell'inferiore, «Augusta Perusia», riferibili l'una ad Ottaviano (insignito nel 27 a.C. del titolo di Augusto), l'altra all'imperatore Caio Vibio Treboniano Gallo (251-253).

*VIA BAGLIONA. Vi si accede dalla porta Marzia. La via sotterranea, che con percorso nell'ultimo tratto meccanizzato riconduce in piazza Italia, si svolge entro le sostruzioni della Rocca Paolina innestate nel tessuto urbano del quartiere dei Baglioni, con rilevanti resti delle strutture abitative e viarie che formano un contesto di inconsueta qualità ambientale e interessantissimo per le stratificazioni storiche. All'ingresso si ha a destra il piano terreno della duecentesca *casa di Gentile Baglioni* con *torre* dal fusto intatto; dietro, una casa medievale con i fondachi e le finestre aperte sulla strada; pochi gradini a sinistra conducono in un vano imponente, dove strutture medievali si fondono con le aggiunte cinquecentesche e i poderosi piloni ottocenteschi. Girando a destra oltre la torre, rilevanti resti etruschi (forse il muro di controscarpa della porta Marzia). Ripresa la via Bagliona, si ha di fronte l'accesso alle *cannoniere* della Fortezza (ora adibite a spazio espositivo). Poco oltre, a destra è l'imbocco della via dei Sellari, che anticamente saliva verso il centro di Perugia e, biforcandosi, portava alla chiesa di S. Ercolano: il pavimento in laterizio è in gran parte quello originario. Si giunge a un trivio, dove si trovano altri ambienti ben conservati, parti di torri, negozi e un pozzo dell'*isolato di Ridolfo e Braccio Baglioni*. A sinistra, la rampa della scala mobile che conduce in piazza Partigiani (pag. 173); la via cordonata (ora inaccessibile) scendeva alla porta detta del Soccorso, su viale Indipendenza. Giunti all'ultima rampa della scala mobile, si osserva un arcone con porta che dà su un piccolo ambiente voltato, corrispondente al vicolo sottostante all'ex chiesa di S. Paolo; a destra, a ridosso della scala, la torre della *casa di Malatesta* già rivolta alla piazza di S. Maria dei Servi. Da qui scendeva ripida la strada per l'arco di S. Vito, una delle porte della cinta etrusca i cui stipiti dovrebbero trovarsi ancora all'interno dei bastioni. Per le scale mobili si risale in piazza Italia (pag. 134).

GLI SPAZI MERCANTILI

Da piazza Italia (pag. 134) si imbocca, sulla destra del palazzo Cesaroni, la **via Baglioni**, già Riaria, ridefinita nel '500 e ancora nell'800. Vi prospetta, a sinistra, il *palazzo del Banco di Napoli* (1936), completamento della residenza del cardinale Baldeschi Colonna (1691, incompiuta), fronteggiato dal *palazzo Baglioni* (XVII secolo), ora del Monte dei Paschi di Siena. Segue a sinistra il *palazzo Florenzi*, tardo-cinquecentesco, sede del Tribunale amministrativo dell'Umbria.

PIAZZA MATTEOTTI. La via Baglioni si allarga nella lunga *piazza* un tempo chiamata *del Sopramuro* perché ricavata, a partire dal 1247 (con l'intervento anche di fra' Bevignate), a ridosso delle costruzioni di contenimento del colle. L'area fu all'origine destinata a ospitare il principale mercato cittadino e, per tutto il Medioevo, vi gravitarono le attività più umili e popolari: il macello, la «pesceria» (demolita per costruire, nel 1911, il *palazzo delle Poste*), i granai pubblici, i magazzini del sale, la lavorazione della sugna, le concerie che utilizzavano le sostruzioni a nicchie coperte (quelle, per esempio, che oggi contengono l'ingresso inferiore agli ascensori del parcheggio sottostante). La piazza sovrastava il «campo di battaglia», così denominato perché vi si svolgevano i giochi pubblici, quali la tauromachia e soprattutto la battaglia dei sassi, una violenta sassaiola tra squadre dei differenti rioni conosciuta come il tipico gioco perugino: fino al '400, epoca in cui vennero eretti i monumentali edifici sul lato orientale, un parapetto consentiva di assistere dall'alto ai combattimenti. Il recupero del Sopramuro a funzioni rappresentative ne riqualificò lo spazio in connessione con la piazza maggiore.

PALAZZO DELL'UNIVERSITÀ VECCHIA. Si sviluppa sul lato orientale della piazza Matteotti. Si compone di un piano terreno ad archi ogivali, fatto costruire dall'Ospedale di S. Maria della Misericordia alla metà del Quattrocento, su progetto di Gasparino di Antonio e di Bartolomeo di Mattiolo da Torgiano, per ospitare botteghe; la parte superiore, con due ordini di finestre (quelle del piano nobile sono crociate), fu edificata nel 1483-1515 su disegno ritenuto di Fiorenzo di Lorenzo, per volontà di Sisto IV che ne fece la sede dello Studium, rimastovi fino al 1811. Nel palazzo, oggi sede degli uffici giudiziari, sono stati riportati in luce i primitivi grandi arconi di sostegno della piazza.

*PALAZZO DEL CAPITANO DEL POPOLO. Sorge in continuazione del palazzo dell'Università Vecchia, con il quale condivide la destinazione a Tribunale. L'elegante edificio rinascimentale, dove fu trasferita la carica già in piazza Grande, fu eretto nel 1473-81 da Gasparino di Antonio e Leone di Matteo. Ha un grazioso portale con *due grifi* perugini e, nella lunetta, una statua della *Giustizia*; al 1° piano, quattro bifore ornate e una loggia sorretta da ricchi mensoloni, dalla quale i banditori leggevano gli editti e le ordinanze. Lavori di ristrutturazione e consolidamento furono eseguiti da Luigi Vanvitelli a seguito del crollo del secondo piano, probabilmente merlato, causato da un terremoto.

MERCATO COPERTO. Un'arcata (N. 18) dà accesso alla ripristinata loggia trecentesca, già sede dell'Arte della Lana, e alla terrazza del mercato coperto (1932), dalla quale sono visibili le poderose arcate di sostegno alte oltre 15 metri; vi si gode uno splendido panorama del Subasio con Assisi e la Valle Umbra. Ai piani sottostanti, il mercato alimentare e, più sotto ancora, un parcheggio collegato tramite ascensore.

CHIESA DEL GESÙ. Fu fatta costruire da Fulvio della Corgna nel 1571 per completare la cortina orientale della piazza; la facciata risale al 1934, su modello desunto da una tela cinquecentesca. Nell'interno, danneggiato da un incendio (1989) che distrusse il pregevole soffitto, la volta della crociera è affrescata con *storie di Giosuè* di Giovanni Andrea Carlone. Sotto la chiesa si aprono tre interessanti cappelle, sovrapposte a guisa di torre: *l'oratorio della Congregazione dei Nobili* (1596), affrescato da Girolamo Martelli e Cesare Sermei; *della Congregazione degli Artisti* (1603), con affreschi di Anton Maria Fabrizi, Cesare Sermei e Giovanni Andrea Carlone; *della Congregazione dei Coloni* (1603), con decorazioni del perugino Pier Francesco Colombati (secolo XVIII).

VIA VOLTE DELLA PACE. Si dirama, inizialmente gradinata, sul fondo della piazza Matteotti, con andamento curvilineo che ricalca il tracciato delle mura etrusche. Formata da un lungo portico ogivale del '300 dove, secondo la tradizione, si stringevano i trattati di pace tra Perugia e le città vicine, è una strada coperta caratteristica della viabilità minore della città medievale, nella quale i cosiddetti «rimbocchi», stretti e tortuosi, collegavano i luoghi eminenti. Qui sorgeva la parrocchiale di S. Andrea, tra le più antiche e importanti della città in quanto da essa dipendeva l'area stessa della Cattedrale; ridotta in abitazioni, ne rimane qualche vestigia nel vicolo S. Andrea (a sinistra dell'imboccatura delle volte), nel negozio di un'associazione di commercio solidale. Via Volte della Pace sbocca in via Bontempi (pag. 141).

S. FIORENZO. Dall'estremità settentrionale di piazza Matteotti muove la via Alessi, sul fondo della quale si leva la chiesa duecentesca, secondo la tradizione sorta nell'VIII secolo sul margine esterno del perimetro etrusco, ristrutturata nel 1444 e infine rifatta internamente nel 1768-70 su disegni lasciati da Pietro Carattoli. Conserva tele di Francesco Appiani (*S. Pellegrino e un angelo*, *Il prodigio dell'Ostia di S. Giuliana Confalonieri*) e, nel braccio destro della crociera, un gonfalone di Benedetto Bonfigli (1476). In sagrestia, affreschi di Matteuccio Salvucci e Anton Maria Fabrizi.

VIA MAZZINI. La «via Nuova» fu aperta per volere del cardinale Crispo nel 1547 al fine di creare un più ampio collegamento tra le due principali piazze della città, l'odierna piazza Matteotti e quella Grande. L'intervento urbanistico comportò la rettifica dei vecchi vicoli trasversali e la demolizione della chiesa di S. Maria del Mercato o del Foro, dove prestavano giuramento i priori all'inizio del loro mandato. L'edificio fu rifatto (1545-48) su progetto di Galeazzo Alessi e ribattezzato con il titolo di **S. Maria del Popolo** (soppressa, la chiesa è ora della Camera di Commercio). Via Mazzini sbocca nel corso Vannucci, che si percorre verso destra per rientrare in piazza IV Novembre.

IL RIONE DI PORTA SOLE

Dalla piazza maggiore si ascende il colle dove, secondo un'ipotesi, si trovava l'acropoli antica o comunque l'insediamento di più remota fondazione. Questa parte più elevata della città, chiamata Monte di Porta Sole, nel 1371 fu scelta dall'abate Gerardo du Puy, detto di Monmaggiore, per realizzarvi una cittadella del governo pontificio a controllo della città. Il progetto, di Matteo Gattapone, previde la creazione di una doppia cinta di mura, la prima collegata, mediante ponti a torri e varchi, con un camminamento principale in direzione del borgo Sant'Antonio, a nord-est, dove era situato il cassero per l'ingresso e l'uscita dalla città. La fortezza vera e propria si componeva di un'alta muraglia che ricuciva insieme più antiche strutture e formava, verso nord, un grande palazzo con pozzo (probabilmente quello di piazza Michelotti) e corti attrezzate per residenza e ricovero delle truppe; era inoltre dotata di magazzini, mulini a vento e quanto necessario per avere vita indipendente dalla città. La cittadella venne espugnata per rivolta dei cittadini e distrutta nel 1375. La demolizione dei ponti (uno collegava la fortezza allo stesso palazzo dei Priori passando sulle strutture in costruzione della Cattedrale) e dei camminamenti, nonché l'abbattimento dei vari corpi di fabbrica non cancellarono l'impronta lasciata dalla struttura fortificata sull'assetto di questo settore urbano, che subì rapida decadenza. Il recupero a funzioni urbane avvenne a partire dallo stesso XV secolo, con la ricostruzione di S. Severo dei Camaldolesi e l'insediamento di palazzi gentilizi tra i quali quello del condottiero Niccolò Piccinino. Oggi del forte restano le imponenti sostruzioni sotto la piazza delle Prome, il muro di collegamento con il cassero di S. Antonio, pure contraffortato con piloni rettangolari per consentire un camminamento in aggetto. Si individuano anche alcune torri, che si tramanda fossero tante, scale a chiocciola in pietra e strutture voltate con costoloni. Il percorso, interessante per qualità ambientale, parte dalla piazza Danti, che fu separata nel '400 dall'odierna piazza IV Novembre con l'edificazione della nuova mole della Cattedrale, e si conclude all'Arco Etrusco in piazza Fortebraccio, cui discende su strada gradinata di eccezionale impatto panoramico.

PIAZZA DANTI. Già detta della Paglia (vi si vendeva biada e pane), si stende lungo il fianco destro della Cattedrale. Definita nell'odierna forma irregolare tra XIV e XVI secolo, ha sempre rivestito funzioni commerciali, confermate dalla persistenza del mercato (martedì e sabato mattina) delle ceramiche di Deruta-Ripabianca, di origine medievale. Ad analoghe attività mercantili sarebbero da riferirsi anche i resti archeologici rinvenuti sul lato settentrionale; all'interno del bar Turreno è visibile un pavimento in cocciopesto nel quale si apre un pozzo rivestito in cotto, di età post-classica.

*POZZO ETRUSCO. Nella piazza, a destra, è l'ingresso al *pozzo* chiamato anche *Sorbello* perché ubicato nel sottosuolo del palazzo dei Bourbon-Sorbello, elevato sulla contigua piazza Piccinino (v. oltre). L'opera pubblica, forse principale fonte di approvvigionamento idrico della città, era destinata al rifornimento d'acqua anche in caso di assedio. Il pozzo è scavato nel «tassello»; la parte superiore della canna è rivestita con blocchi squadrati di travertino, dello stesso tipo di quelli delle mura etrusche; in alto la copertura del pozzo è sorretta da due «capriate» in blocchi di travertino. Le caratteristiche costruttive lo fanno ritenere coevo alle mura di cinta della città (IV-III sec. a. Cristo). Visita: da ottobre a marzo, 10.30-13.30 e 14.30-16.30; da aprile a settembre, 10-13.30 e 14.30-18.30.

VIA ROCCHI. All'estremità nord-occidentale della piazza Danti scende la via già chiamata Vecchia perché formava il principale asse di collegamento nord-sud della città etrusca. Si svolge angusta tra alte case d'aspetto spiccatamente medievale fino alla *piazza Ansidei*, con l'omonimo *palazzo* di fondazione cinquecentesca, ampliato tra '600 e '700. A destra, la via della Nespola penetra nell'ex **ghetto** ebraico, che serra le antiche case affacciate su gradinate e vicoletti strettissimi, tra le vie Rocchi e Bartolo. Poco oltre si distingue a destra il seicentesco **palazzo Brutti**, sede della Soprintendenza ai Beni ambientali, architettonici, artistici e storici, con belle finestre sul fianco. La via Rocchi termina all'Arco Etrusco (pag. 143).

DA PIAZZA PICCININO A S. SEVERO. La piazza Piccinino si apre all'estremità orientale della piazza Danti. D'impianto medievale, fu ampliata a metà '500 e, nel 1575, vi fu inserita la *chiesa della Compagnia della Morte*, su progetto di Vincenzo Danti e Bino Sozi; all'interno, *Ognissanti* di Vincenzo Pellegrini e dipinti di Francesco Busti, Cristoforo Gasperi e della scuola di Sebastiano Conca. La vera da pozzo rinascimentale in travertino segnala l'ubicazione del sottostante pozzo etrusco (pag. 140); accanto è il *palazzo Bourbon-Sorbello*, del XVII secolo. Esito della ristrutturazione cinquecentesca di quest'area urbana è, sulla destra della chiesa, anche la *via Bontempi* (chiusa sul fondo dalla porta Sole, pag. 160), sulla quale si procede fino al *palazzo Baldelli Bombelli* (N. 11), del 1644 (all'interno, avanzi del basolato dell'asse viario est-ovest della città antica). Di fronte a questo si imbocca la via Raffaello, che in salita conduce all'omonima *piazza* dove, al di sopra di case e orti, la vista si apre sulla Valle Umbra e il monte Subasio.

S. SEVERO. La chiesa, che definisce la piazza Raffaello, fu edificata nel 1758 in adiacenza a una più antica, fondata dai Camaldolesi essendo ancora vivo san Romualdo, come attesta il ritrovamento di resti delle piccole absidi e di una singolare nicchia cuspidata, in parte conservate nell'ex convento. All'interno, nel braccio destro del transetto *Cristo in gloria* di Francesco Appiani, e all'altare maggiore, *Madonna col Bambino e santi* di Stefano Amadei (1632). La chiesa primitiva insisteva, secondo la tradizione, su un tempio pagano dedicato al dio Sole, da cui deriva il nome del rione.

L'*AFFRESCO DI RAFFAELLO. S. Severo, riedificata una prima volta nel XV secolo, era divisa in tre campate: la seconda a sinistra conteneva l'altare con l'affresco del giovane Raffaello, oggi visibile (stessi orari del pozzo etrusco, pag. 140) in un vano rettangolare attiguo alla chiesa. Nella parete, che forma una nicchia a sesto acuto, è il grande affresco diviso orizzontalmente in due: la parte superiore è opera di Raffaello, che vi dipinse la *Trinità* (la figura del Padre Eterno è scomparsa) *e i Ss. Mauro, Placido e Benedetto abate* (a sin.), *Romualdo, Benedetto martire e Giovanni monaco* (a d.; quest'ultimo è andato distrutto assieme a un angelo). In basso, a sin. dell'altare, un'iscrizione del priore committente e la data MDV. Inferiormente, nel mezzo, una nicchia con *Madonna col Bambino*, terracotta colorata della fine del '400, e, ai lati, *sei santi* affrescati, dopo la morte di Raffaello, nel 1521, dal Perugino, già vecchio; a sin., i *Ss. Scolastica, Girolamo e Giovanni Evangelista*; a d., i *Ss. Gregorio Magno, Bonifacio e Marta*. A d. dell'altare è un'iscrizione relativa a quest'opera.

PIAZZA MICHELOTTI. Le scalette che salgono al principio di via dell'Aquila (a sinistra di S. Severo), portano in breve nella piazza intitolata a Biordo Michelotti, che esercitò una breve signoria sulla città, interrotta dal suo assassinio (1398) a seguito di una congiura papale. Il suo corpo sarebbe stato gettato, secondo una tradizione, nel pozzo del *palazzo Veracchi*, già Crispolti (N. 1), che sorgerebbe nel sito centrale del palazzo dell'abate di Monmaggiore. A sinistra prospetta il *palazzo Cesarei* (N. 5), di fondazione cinquecentesca, affiancato dal *palazzo Montesperelli*, del secolo successivo. Di forma irregolare, la piazza, già detta del Monte di Porta Sole e aperta nel punto più elevato della città (m 500), sarebbe da identificare col sito dell'«arce» etrusca e poi romana.

PIAZZA ROSSI SCOTTI. L'attigua piazza già delle Prome, nota comunemente col nome di *Porta Sole*, è sostenuta dal muraglione a grandi e altissimi arconi, edificato nel 1374 come sostruzione della rocca e insistente sulle mura etrusche. La qualità ambientale di questo appartato e silenzioso angolo della città è amplificata dalla notevolissima *situazione panoramica, che domina verso nord il borgo Sant'Angelo e, sulla destra, le mura urbiche. A sinistra del terrazzo è la chiesa di **S. Angelo della Pace**, edificata nell'ambito degli interventi di qualificazione urbana del cardinale Tiberio Crispo nel 1540. Concepita come loggia soprastante alla gradinata piaggia delle Prome, fu chiusa e trasformata in chiesa da Galeazzo Alessi (1546-48), pare per celebrare la pace tra il papa e i Perugini.

PALAZZO CONESTABILE DELLA STAFFA. Quasi di fronte alla chiesa, al principio di via delle Prome, è una bella architettura seicentesca, decorata di affreschi di Giovanni Andrea Carlone e Felice Giani. Oggi è sede della **Biblioteca comunale Augusta** (da lunedì a giovedì

8.30-18.30; venerdì 8.30-13.30), istituita in gran parte col fondo librario donato al Comune dal bibliofilo Prospero Podiani nel 1581. Conta circa 300 mila libri e opuscoli, 3300 manoscritti, 1330 incunaboli e 639 aldine.

Tra i pezzi più interessanti sono da segnalare: corali del sec. XIV; un codice di precetti medici del sec. XI; una *Bibbia* del sec. XII con miniature; un salterio del 1140 con ornati di miniatori sublacensi; l'*Inferno* di Dante, un membranaceo del sec. XIV con miniature di maestro senese; *La Franceschina*, codice del sec. XV, contenente vita e leggende di san Francesco e compagni, con moltissime miniature; *matricole e statuti* delle arti dei sec. XIV-XV; codici umanistici; incunaboli dal 1467 alla fine del secolo.

PIAZZA FORTEBRACCIO. Vi si scende a serpentine per la ripida cordonata a destra di S. Angelo della Pace, con vista amplissima sulle digitazioni dei borghi e le colossali mura urbiche, inferiormente etrusche. La piazza, detta anche Grimana in ricordo del cardinale Marino Grimani che la creò nel 1536 colmando l'avvallamento che separava la città murata dall'antistante borgo Sant'Angelo, è snodo del traffico urbano definito con interventi novecenteschi. Qualificano lo spazio il grandioso Arco Etrusco, il più importante dei superstiti accessi antichi, e il barocco palazzo Gallenga Stuart, tra le maggiori realizzazioni settecentesche in città.

*ARCO ETRUSCO. Chiamato anche *d'Augusto* (e, in passato, porta Tezia, porta Borca, Arco trionfale, porta Vecchia, porta Pulchra), costituiva la principale porta settentrionale aperta sull'asse nord-sud della città etrusca. D'impianto monumentale, fu costruito nella seconda metà del III sec. a.C. e subì vari interventi nei secoli successivi: è formato da un prospetto ornamentale, attraversato da un fornice (obliquo rispetto alla fronte) e fiancheggiato da due torrioni trapezoidali. Al di sopra dell'arco a doppio giro di conci (su cui è la consunta iscrizione «Augusta Perusia», mentre su una cornice aggettante si legge con molta fatica «Colonia Vibia») è un fregio ornato con scudi rotondi scompartiti da bassi pilastri ionici. Il prospetto termina in alto con un arco tra due pilastri. La graziosa loggia sulla torre sinistra e la fontana sono aggiunte settecentesche.

S. FORTUNATO. Documentata dal XII secolo, si inserisce tra le vie Bartolo e Pinturicchio, a est dell'Arco Etrusco. L'attuale edificio, nelle forme della ricostruzione seicentesca ricca di reminiscenze medievali, ha portale ad arco a tutto sesto sormontato da rosone e da una bifora; all'interno, altari in legno intagliato e dorato con sculture attribuite a Leonardo Scaglia (1634-56) e tela di Scilla Pecennini raffigurante *Madonna con S. Fortunato*.

PALAZZO GALLENGA STUART. Già degli Antinori, fu eretto nel 1748-58 su disegno del romano Francesco Bianchi eseguito da Pietro Carattoli e completato negli anni '20-'30 del Novecento. Notevoli il vestibolo e lo scalone, con stucchi e busti del '700. Il palazzo è sede dell'**Università italiana per Stranieri**, costituita nel 1925 per svolgere attività di insegnamento e di ricerca finalizzata alla conoscenza e alla diffusione della lingua e della cultura italiana, dal 1992 riconosciuta come istituto statale a ordinamento speciale, frequentato da studenti delle più diverse nazionalità. Ripercorrendo la via Rocchi (pag. 141) si può tornare in piazza Danti.

PIAZZA DELL'UNIVERSITÀ. Per via Fabretti, lungo il fianco destro del palazzo Gallenga Stuart, si raggiunge la piazza dove nel 1740 si insediò il vasto complesso monastico olivetano di Montemorcino Nuovo, qui trasferito dalla sede di Montemorcino Vecchio fuori porta S. Susanna. La **chiesa degli Olivetani**, progettata da Luigi Vanvitelli (1740), si affianca alla mole imponente del **monastero**, su disegno dello stesso Vanvitelli e di Carlo Murena. Nel 1811 il governo napoleonico assegnò il convento all'**Università degli Studi**, di cui è tuttora sede del rettorato e della direzione amministrativa.

Lo studio perugino, creato nel 1266, fu eretto in «Studium generale» da Clemente V nel 1307 e venne qui trasferito dalla piazza del Sopramuro (Matteotti) nel 1811; nel 1925 è divenuto università statale. La BIBLIOTECA UNIVERSITARIA, istituita nel 1307, possiede oltre 200 volumi e materiale antico proveniente principalmente dalle corporazioni religiose soppresse.

Oltre la piazza dell'Università si stende il *quartiere* residenziale *dell'Elce*, cresciuto alla metà del Novecento, con qualche architettura liberty.

*VIA DEI PRIORI

Scende ripida dall'arco dei Priori (pag. 121), sotto la torre del palazzo pubblico, lambendone la parte posteriore. Già via regale di porta S. Susanna, su un tracciato di origine etrusca, dava accesso alla strada per il Trasimeno e la Toscana. Lungo questa direttrice, tra le più importanti della città medievale in quanto collegava Perugia alle zone di produzione cerealicola tra il lago e Chiusi, si addensarono le residenze magnatizie e rilevanti complessi ecclesiastici. Le compatte cortine edilizie sono interrotte, su ambo i lati, da vicoli strettissimi, gradonati, ripidi e tortuosi, spesso con copertura a volte, che costituiscono tra le più tipiche peculiarità dell'assetto viario della città vecchia.

SS. SEVERO E AGATA. Si dispone a sinistra della strada, in angolo con via S. Agata. Costruita nel 1290-1314 su una cappella del XII secolo, ha la facciata aperta da un portale a ogiva, sormontato da cuspide su due colonnine pensili. Nell'interno, che conserva l'austera struttura ogivale innestata sul primitivo organismo romanico, a due alte campate, rimane un ciclo frammentario di affreschi trecenteschi (alla parete sin., *storie di S. Severo*; dietro l'altare maggiore, notevole frammento di *Crocifissione,* di scuola umbra).

Subito dopo la chiesa, in corrispondenza di un palazzo cinque-seicentesco ornato di un bel portale con *draghi alati* attribuito a Valentino Martelli, si stacca a destra la caratteristica *via Ritorta,* che tra scorci d'intatta edilizia minore medievale (case a sporto, scale esterne) si riconnette alla Maestà delle Volte.

S. FILIPPO NERI. Prospetta la grandiosa facciata vignolesca (1647-63), preceduta da doppia scalinata, sulla piazza Ferri che si apre a destra di via dei Priori. La vasta chiesa barocca, realizzata su disegno di Paolo Marucelli (1627-34) ispirato a modelli controriformistici romani, ha impianto a una navata con cappelle laterali, ornato di una ricca decorazione a fresco dovuta, tra gli altri, a Giovanni Andrea Carlone (*quattro Evangelisti* nella cupola, catino absidale e cappella Bigazzini, 1668), Giacinto Boccanera con Paolo Brizi (transetto sinistro, 1735), Sebastiano Ceccarini con lo stesso Brizi (transetto destro, 1737), Francesco Appiani (*temi dell'Apocalisse di S. Giovanni,* nella volta, 1762); all'altare maggiore, *Immacolata Concezione* di Pietro da Cortona (1662). In sagrestia, decorazioni parietali di Vincenzo Carattoli e dell'Appiani.

ORATORIO DI S. CECILIA. Annesso a S. Filippo Neri, fu realizzato nel 1687-90 su disegno di Pietro Baglioni. Destinato anche a sala di musica, secondo la regola dei Filippini, ha forma di piccolo teatrino con pianta centrale a croce greca e due ordini di coretti, sormontata da cupola. Adibito nel secondo dopoguerra a cinema parrocchiale, ne è in atto il recupero.

DA VIA DELLA CUPA A S. PROSPERO. Questa lunga deviazione si svolge sul margine occidentale della città murata, antica e medievale, sul bordo del dirupo che ha sempre costituito il limite dell'espansione urbana. Via della Cupa, che si stacca a sinistra della via dei Priori in corrispondenza della piazza Ferri, si appoggia infatti sulla poderosa struttura in travertino del perimetro etrusco, cui si sovrappose la cortina medievale, mostrando lo stretto connubio tra il disegno della città e lo strapiombo del colle, che qui costringe le mura a seguirne la profonda insenatura. Lasciata a destra la via Deliziosa (al N. 17, la *casa* abitata secondo la tradizione dal Perugino, fronteggiata dalla facciata con campaniletto a vela dell'ex chiesa duecentesca di *S. Antonino*), si raggiunge un tratto notevole delle mura urbiche, dove è anche una posterula. La vista abbraccia la valletta del rio della Cupa, il boscoso monte Malbe e, in basso, i quartieri moderni di Pian di Massiano; sulla destra, nella città antica, quasi incastonata nelle mure etrusche si scorge la chiesa di *S. Benedetto*, in pietra chiara con abside sospesa (all'interno, dipinti murali dei secoli XIV-

XV); il profilo urbano, sul quale svetta lontano la torre degli Sciri, si inerpica sul colle fino all'emergenza del palazzo dei Priori.

Lungo la via si osserva quindi, a sinistra, la chiesetta di *S. Maria della Valle*, con abside semicircolare del '200 e campaniletto a vela trecentesco (visibili prendendo la laterale via della Luna). Quindi si passa davanti al **Collegio della Sapienza Vecchia**, oggi Collegio-convitto femminile Onaosi, sorto nel '300 come Collegio degli Scolari di S. Gregorio per volontà del cardinale Capocci, che realizzò in Perugia il primo modello di collegio universitario a pagamento sull'esempio di quelli d'Oltralpe. Nell'interno, la *cappella di S. Gregorio* conserva, nell'unica navata con volta a crociera costolonata, una pregevole *Crocifissione* di artista giottesco e un'*Annunciazione* del XIV secolo; nel cortile è un grande *puteale* circondato da un portico di sei colonne con trabeazione, aggiunto nel 1596; il complesso comprende anche un *Teatrino* settecentesco.

Si sbocca in piazza Mariotti, dove sorge la **chiesa della Confraternita dell'Annunziata**, di origine medievale, ristrutturata nel 1641, con facciata del XIX secolo (nell'interno, affreschi di Domenico Bruschi, 1901). Accanto poggia sulle mura etrusche il *Conservatorio di musica «F. Morlacchi»*, costruito nel '300 come monastero delle Servite, ampliato nel '500.

Sul pendio, tra la cinta etrusca (nascosta dall'edificato) e quella comunale si sviluppa un quartiere popolare che conserva cospicue tracce medievali nella minuta edilizia e nella configurazione urbanistica. Vi si penetra per la via Bruschi, che dalla piazza Mariotti scende all'***arco della Mandorla** o *porta Eburnea*, opera di fondazione etrusca ora nelle forme ogivali del rifacimento medievale. Continuando a scendere per via S. Giacomo (ne chiude la prospettiva la trecentesca *porta del Castellano*) e, a sinistra, per via Eburnea si raggiunge la *porta Crucia*, del 1576 su varco più antico che immetteva in città la cosiddetta «via del pesce», un tempo utilizzata dai pescatori del Trasimeno diretti alla pesceria del Sopramuro. La scalinata che precede la porta Crucia sale alla chiesa di **S. Spirito**, eretta nel 1689 su disegno di Francesco Vezzosi, con grezza facciata e, all'interno, decorazioni di Pietro Carattoli e tele settecentesche.

S. PROSPERO. Scendendo fuori porta Crucia alla *via S. Prospero*, la strada medievale che raggiungeva le fonti di Veggio, si può andare in breve all'antichissima chiesetta sorta attorno al VII-VIII secolo sul sito di una sepoltura etrusco-romana; ripresa nel '300 e ancora nel '500, riutilizza all'esterno blocchi di pietra etruschi e un coperchio di urna. All'interno (sempre chiuso) con basse arcate laterali, la cappella a destra conserva affreschi (*santi, apostoli, profeti*) di Bonamico (1225); il **ciborio** è ritenuto dell'VIII secolo. Presso la chiesa rimangono una torre e avanzi di fortificazioni realizzate da Braccio Fortebracci per inglobare nel perimetro difensivo la chiesa e la soprastante sorgente.

VIA DEI PRIORI: TRATTO OCCIDENTALE. Dopo l'innesto di via della Cupa, la via dei Priori continua stretta fra case tre-quattrocentesche, con inserti rinascimentali, fino ad allargarsi nella piazza già detta degli Oddi perché qui si levavano le case della nobile famiglia, potente nella Perugia medievale e rivale dei Baglioni. Nel '500 vi fu costruito il **palazzo degli Oddi**, poi Marini-Clarelli (N. 84), con ampia e sobria facciata settecentesca e, all'interno, ciclo pittorico tardo-seicentesco. La via, sin qui quasi rettilinea, assume un'andamento mosso e articolato che evidenzia la stratificazione degli interventi sul tessuto urbano. Questi coinvolsero anche la chiesetta dei **Ss. Stefano e Valentino** (XII secolo), rovesciata nell'orientamento a mostrare alla via la bianca absidiola sormontata dal campaniletto a vela; nell'interno, con frammenti di affreschi attribuiti al Maestro Ironico (fine XIV-inizi XV secolo), a sinistra dell'altare *Madonna in trono e santi* di Domenico Alfani. In corrispondenza della chiesa si trova la scala mobile che scende ai parcheggi di viale Pellini e del piazzale della Cupa.

Segue a sinistra, arretrata, la **chiesa degli Scalzi** o di *S. Teresa* (ora del Centro diocesano neocatecumenale «Servo di Jahvè»), costruita nel 1622-1718 da Alessandro Baglioni, con facciata incompiuta e luminoso interno a croce greca.

L'«ISOLA» DEGLI SCIRI. Le case di questa famiglia magnatizia formavano, secondo una tipologia insediativa caratteristica della Perugia medievale, vere e proprie «isole» nobiliari entro il tessuto della città vecchia, a guisa quasi di nuclei castellani. Quella degli Sciri, che si stendeva in questo tratto di via dei Priori, è documentata dall'antica *casa* e dall'altissima ***torre** (46 m) di difesa, probabilmente del secolo XII, rimasta integra per l'uso di granaio fra le moltissime che emergevano nel paesaggio urbano.

ORATORIO DI S. FRANCESCO. Dal 1319 della *Confraternita dei Disciplinati di S. Francesco* (trasformata nell'800 nel Pio Sodalizio Braccio Fortebracci), si trova nella laterale via degli Sciri, sulla quale apre il portale marmoreo cinquecentesco. Nell'interno, dopo un vestibolo con stucchi barocchi di Jean Regnaud, si trovano la sala del Consiglio e quindi l'**oratorio**, che ha il soffitto a cassettoni in legno dorato e intagliato da Girolamo di Marco e Maestro Ercole (1570-74). Lungo le pareti, *sedili* di Mario Pace (1584); fregi e ornati di Sciarra Bovarelli (1584); i due *seggi* laterali in fondo sono di Giampietro Zuccari, autore anche degli intagli delle cornici che racchiudono grandi tele con *temi cristologici*, di Giovanni Antonio Scaramuccia (1611), che compongono un importante ciclo pittorico. All'altare, di Benedetto di Giovanni (1558), *Ascensione* di Leonardo Cungi (1558). In sagrestia, bellissima *Flagellazione* di Pietro di Galeotto (1480).

*PIAZZETTA DELLA MADONNA DELLA LUCE. Vi termina, in leggera curva, la via dei Priori aprendo uno scorcio tra i più suggestivi della città vecchia per la mossa articolazione dello spazio creato dalla giustapposizione di manufatti dall'età etrusca al rinascimento; a destra, si succedono minuti volumi d'impianto gotico a piani sempre più arretrati e l'avanzo di una pusterla con barbacani, a sostegno della via del Poggio. Di fronte si leva l'equilibrato prospetto in travertino della **Madonna della Luce**, chiesa costruita dal Comune nel 1513-19 sul luogo di un'immagine di devozione popolare. L'elegante facciata, secondo alcuni dell'orafo Cesarino di Francesco del Roscetto, per altri di Giulio Danti, è aperta da un portale sormontato da lunetta e da un piccolo rosone adorno di festoni. L'interno, a una navata, ha la volta affrescata da G.B. Caporali (*Padre Eterno e gli Evangelisti*); all'altare, entro cornice barocca, *Madonna col Bambino e i Ss. Francesco e Ludovico da Tolosa*, affresco di Tiberio d'Assisi.

ARCO DI S. LUCA. Sulla sinistra della chiesa si alza la possente *porta* detta anche *Trasimena* in quanto dava accesso alla strada per il lago. Il manufatto etrusco (piedritti) fu rimaneggiato nel Medioevo modificandone l'arco da tutto sesto a ogivale. Sottopassatala, a sinistra per via della Sposa si può scendere alla tardo-medievale **porta S. Susanna** o *S. Andrea* (dal titolo della vicina *chiesa*, di origine romanica), molto alterata. Oltre il varco si dirama la piaggia Colombata, dove sussiste la facciata dell'ex chiesa di *S. Maria della Colombata*, del XIII secolo, già di pertinenza di un monastero di monache benedettine (in un ambiente attiguo, affreschi di scuola perugina del '300). La piaggia costeggia un quartiere sviluppatosi negli anni settanta del '900 presso le nuove attrezzature sportive, sul sito di ritrovamenti che fanno ipotizzare la presenza di un abitato di epoca villanoviana.

S. LUCA. Arretrata sulla destra della Madonna della Luce, fu eretta nel 1586, sul luogo di una chiesa medievale, a opera di Bino Sozi per committenza dell'Ordine dei Cavalieri di Malta; nell'interno (generalmente chiuso), tela di Giovanni Antonio Scaramuccia e *Madonna delle Grazie*, affresco del XV secolo. Segue, sulla breve *via S. Francesco* sulla quale si procede, l'ex *casa dei Cavalieri di Malta*, caratterizzata dalle due finestre crociate della seconda metà del '400. La strada offre uno scorcio prospettico straordinario concluso sul fondo dal complesso francescano.

*PIAZZA S. FRANCESCO. Il contrasto tra l'austerità pietrigna dell'ambiente medievale e l'ampiezza e la luminosità della piazza francescana crea un effetto di dilatazione spaziale che esalta il cromatismo delle due preziose architetture (S. Francesco e S. Bernardino) che emergono sul fondo del prato. I Frati minori si insediarono nella piazza, allora fuori le mura e inedificata, attorno al 1230 costruendovi la chiesa di **S. Francesco al Prato**, a unica navata che conserva l'originaria struttura, ma in rovina e scoperchiata per il crollo delle volte (sconsacrata, è accessibile solo in occasione di manifestazioni e spettacoli). La facciata è stata ripristinata nel 1926, sotto la direzione di Pietro Angelini.

A causa di movimenti franosi del colle, la chiesa dovette essere più volte restaurata e quindi integralmente ripristinata nel '700 con l'intervento di Pietro Carattoli. L'elevato peso dei nuovi contrafforti invece di aiutare la precedente struttura gotica accelerarono il cedimento della collina, con rapido e inarrestabile processo di degrado. Negli anni '80 del Novecento sono stati eseguiti lavori di consolidamento e il restauro della CAPPELLA DELLA CONFRATERNITA DELLA SS. CONCEZIONE, aggiunta a metà '400 tra il fianco sinistro e il transetto; è separata dall'aula maggiore da una cancellata in ferro battuto del XIV secolo.

*S. BERNARDINO. Capolavoro del rinascimento in città, l'oratorio fu eretto nel 1452 sulla sinistra di S. Francesco al Prato in onore del santo, che si recava spesso a Perugia per predicare al popolo sul prato davanti alla chiesa francescana. La facciata, pregevole per i finissimi bassorilievi e la delicata policromia, fu scolpita da Agostino di Duccio tra il 1457 e il 1461. Due pilastri laterali, ciascuno con due tabernacoli, sostengono un frontone e chiudono lo spazio mediano, che ha un portale gemino sormontato da una grande lunetta. Su queste masse, delineate con chiarezza e grandiosità, è distribuita la decorazione plastica in cui predominano i rilievi bassi e i panneggi molto mossi.

FACCIATA. Nel timpano, *Gesù benedicente fra due angeli e serafini*; nel fregio, la scritta. «AUGUSTA PERUSIA MCCCCLXI». Nei tabernacoli superiori le statue di *Gabriele* e dell'*Annunziata*; nei tabernacoli inferiori, le statue dei *Ss. Ercolano* e *Costanzo*. Nella lunetta, *S. Bernardino che sale al cielo in una mandorla di raggi fra angeli musicanti e cherubini*; sull'architrave del portale e sotto le due nicchie superiori, *cinque storie della vita del santo*; negli stipiti, *sei virtù e sei gruppi di angeli musicanti*.

INTERNO. È a tre campate di volte gotiche costolonate. Alla parete destra, **gonfalone di S. Bernardino**, di Benedetto Bonfigli. L'altare maggiore è costituito da un *sarcofago cristiano* (metà del sec. IV), del tipo «a colonne», con Cristo in trono al centro, la personificazione della *Ecclesia* e figure di apostoli nelle edicole laterali. Sul coperchio, ai fianchi della tabula, *scene del Vecchio Testamento*; *Noè sull'arca*, *Giona*; negli angoli, due teste ritratto: in quella di sin. è stata riconosciuta l'effigie di san Pietro. Il sarcofago servì da sepolcro al beato Egidio dalla fine del sec. XIII al 1887. A sin., *pietra tombale di fra' Angelo*, che fece erigere l'oratorio. Inoltre, *Deposizione*, copia da Raffaello di Orazio Alfani.

Dietro l'altare, due porte immettono nell'ORATORIO DEI Ss. ANDREA E BERNARDINO, con splendido soffitto a cassettoni intagliati e dorati (1558), seggi, stucchi e pitture dei sec. XVIII e XIX (Gaetano Lapis, Marcello Leopardi, Vincenzo Ferreri). Presso la sagrestia dell'oratorio si trova la CAPPELLA BALDESCHI, in cui è la *tomba* del giureconsulto *Bartolo di Sassoferrato* (m. 1357).

ACCADEMIA DI BELLE ARTI «P. VANNUCCI». Ha sede, con l'Istituto d'Arte, nell'ex convento dei Francescani. L'ingresso, sulla destra di S. Bernardino, è preceduto da un portichetto rinascimentale. L'Accademia, fondata nel 1573 da Orazio Alfani e Bino Sozi, fu qui trasferita nel 1901. Le collezioni d'arte che formano il **Museo dell'Accademia** sono in buona parte connesse con l'attività didattica. Il complesso è attualmente inagibile a seguito del terremoto del settembre e ottobre 1997.

GIPSOTECA. Tra le più organiche raccolte del genere in Italia, fu ordinata all'inizio del '900 in un ambiente al primo piano. Raccoglie copie di più di 360 opere datate dal VI sec. a.C. all'800. Le copie michelangiolesche (*la Notte, il Crepuscolo, l'Aurora e il Tramonto*) donate nel 1573 dallo scultore perugino Vincenzo Danti ne costituiscono il primo nucleo; a questo si aggiunsero le donazioni di Antonio Canova (gesso delle *Tre Grazie*), Bertel Thorvaldsen (il *Pastorello*) e altri. Da notare, inoltre, il colossale *Ercole Farnese*, il gruppo del *Laocoonte* e i calchi della Fontana Maggiore.

GALLERIA DEI DIPINTI. Raccoglie opere (esposte a rotazione) dal XVI al XX secolo, tra le quali un consistente nucleo di cultura figurativa locale ottonovecentesca (Annibale Brugnoli, Domenico Bruschi, Giuseppe Carattoli).

GABINETTO DEI DISEGNI E DELLE STAMPE. Comprende una collezione di oltre 9000 disegni e più di 5000 stampe (esposte a rotazione) eseguite dalla fine del XVI alla prima metà del XX secolo, che esemplificano la produzione italiana (umbra in particolare) e internazionale.

DA S. FRANCESCO A PIAZZA FORTEBRACCIO. Si lascia la piazza francescana per *via Pascoli*, inaugurata a sinistra dalla chiesetta romanica di *S. Matteo in Campo d'Orto*, sulla quale venne apposto il campanile a vela della chiesa di S. Maria degli Aratri, demolita per l'allargamento di piazza Cavallotti. La via alberata si snoda nella **Conca**, il quartiere medievale artigiano (soprattutto di tintori, per la ricchezza d'acqua) incassato nell'avvallamento a ridosso delle mura etrusche. L'area fu inclusa, nel 1327, nel tratto murario da porta S. Angelo a porta Conca costruito sotto la direzione di Ambrogio Maitani. Ricca di orti e di vegetazione fino agli anni '60 del Novecento, la zona fu modificata con l'insediamento dei nuovi edifici universitari. Una breve deviazione a destra in via dell'Eremita conduce alla quattrocentesca chiesa dei **Ss. Sebastiano e Rocco**, detta anche *Madonna della Pace* per l'immagine miracolosa posta sull'altare maggiore; l'interno è decorato da affreschi di Pietro Montanini (c. 1655), cui si deve anche la tela raffigurante *S. Onofrio*.

Si sbocca nella via S. Elisabetta di fronte alla Facoltà universitaria di Scienze. L'edificio fu costruito sulla demolita chiesa di S. Elisabetta, a sua volta insistente su un edificio termale antico. Di questo rimane un **mosaico romano** (visibile anche dalla strada, attraverso una vetrata) risalente al principio del sec. II d.C., a tasselli bianchi e neri: raffigura *Orfeo e le fiere*, tema di moda in quell'età imperiale e derivante da prototipi pittorici.

Si continua a destra in via S. Elisabetta (a sinistra, la via Pascoli si conclude alla trecentesca *porta Conca*, ampiamente trasformata nel 1839) sottopassando il grande arcone dell'**acquedotto** costruito nel 1254-76 con l'intervento, tra gli altri, di fra' Bevignate e Boninsegna da Venezia, per portare l'acqua dal monte Pacciano alla città e alla Fontana Maggiore; l'opera idraulica è stata trasformata, nella prima metà dell'800, in caratteristica via pensile (*via dell'Acquedotto*) che collega il borgo Sant'Angelo con il centro. Dopo un altro arco a ogiva, si prosegue nella via del Maneggio per salire in piazza Fortebraccio fiancheggiando il palazzo Gallenga Stuart (pag. 144).

1.2 I BORGHI SETTENTRIONALI

La diramazione due-trecentesca dei bracci dei borghi che crescono all'esterno della cerchia muraria più antica è quanto mai evidente nel versante settentrionale della città, dove la lunga appendice del borgo Sant'Angelo (o di Porta Sant'Angelo), tutto strutturato lungo la sinuosa strada maestra verso nord-ovest, esemplifica quasi in modo manualistico un modello di sviluppo tipico dei borghi popolari medievali. Sono i quartieri pianificati per accogliere le popolazioni immigrate dalla campagna: Sant'Angelo, ma anche Sant'Antonio, questo raccorciato nella forma certo a causa dell'asperità del colle che qui proietta una sottile lingua di crinale verso valle, in direzione di Gubbio. Nonostante siano cinti da mura (la seconda cerchia, molto ampia, che alla fine del Duecento sancisce il nuovo limite della città), per il loro carattere edilizio e per la composizione sociale mantengono la definizione di città «bassa», contrapposta alla più nobile città «alta». La visita di questi borghi è articolata in due tracciati, entrambi con partenza da piazza Fortebraccio.

IL BORGO SANT'ANGELO

È innestato dal **corso Garibaldi**, la medievale strada maestra che si dirama verso nord-ovest da piazza Fortebraccio (pag. 143), in asse con l'Arco Etrusco. Formatosi fuori le mura con la crescita demografica dell'XI-XII secolo, il borgo ebbe come polo di aggregazione il convento agostiniano (1256-60) e un consistente sviluppo nel '400 in concomitanza di importanti flussi migratori dal contado. Il carattere popolare del rione si concretizza nel tessuto abitativo minore, impostato su lotto gotico, nonché nella frequenza degli insediamenti monastici e assistenziali; la qualità urbanistica è per contro evidenziata dall'omogeneità dell'edilizia sapientemente organizzata in schiere a pettine. Nel tratto iniziale il corso fu rettificato nel quadro degli interventi urbanistici voluti dal cardinale Grimani (si notino, nei palazzi sulla destra, le incorniciature cinquecentesche delle finestre).

S. AGOSTINO. Il complesso monastico (ora adibito a caserma) si leva sul fondo della piazza Lupattelli, che si apre sulla destra del corso. La chiesa, di fondazione gotica, fu eretta nel 1256-60 e completamente rifatta nel XVIII secolo (per alcuni da Pietro Carattoli, per altri da Stefano Cansacchi). La facciata, con portale gemino, ha in basso un rivestimento lapideo bicromo (inusuale in città) a disegno geometrico, mentre superiormente è in laterizio (secolo XVI).

INTERNO. Trasformato alla fine del '700, è a una navata (in origine con nove absidi affrescate, ora chiuse dalle sovrastrutture) nella quale sono state ripristinate alcune delle cappelle gotiche e rinascimentali che il rifacimento neoclassico aveva soppresso. La 1ª cappella d., di Francesco di Virio da Settignano, ha sull'altare un affresco (*Madonna delle Grazie*) attribuito a Giannicola di Paolo; nella 2ª, *Cristo e S. Andrea* (1551) e *Martirio di S. Caterina* (1560), di Arrigo Fiammingo. Nelle cappelle dell'antica struttura gotica, retrostanti al transetto, sono leggibili dipinti murali attribuiti ad Allegretto Nuzi e a Piero di Puccio (c. 1389). Nell'abside, **coro* ligneo intagliato e intarsiato di Baccio d'Agnolo (1502), su probabile disegno del Perugino, e leggio intagliato dallo stesso. Dopo una cappella di architettura sanmicheliana, al 2° altare sin., *Madonna in trono fra i Ss. Giuseppe e Girolamo*, affresco del sec. XVI; nella 1ª cappella sin., grande *Crocifissione* a fresco di Pellino di Vannuccio (1377).

ORATORÎ DELLA CONFRATERNITA DISCIPLINATA DI S. AGOSTINO. Il complesso (di proprietà del Pio Sodalizio Braccio Fortebracci e attualmente in restauro) si compone di due chiese sovrapposte, la più antica delle quali, a un livello inferiore, fu edificata nel XIV secolo, l'altra (con ingresso dalla piazza, a destra della chiesa titolare) nella metà del Cinquecento. Questo SECONDO ORATORIO fu rinnovato nel '600 e costituisce uno dei più ricchi e armoniosi esempi di decorazione e arredo barocchi. L'elegante portalino lapideo, proveniente dal primo oratorio (probabilmente il medesimo per il quale fu pagato nel 1503 Bernardino di Betto) dà accesso al piccolo vestibolo che precede l'interno, a pianta rettangolare con mirabile soffitto ligneo intagliato e dorato da Charles d'Amuelle e Monsù Filippo (1698), con dipinti di Mattia Batini (1700). Le pareti sono rivestite da grandi tele con *storie di Gesù e di Filippo e Giacomo* di Giulio Cesare Angeli (1618-30), a eccezione di tre sul lato destro, dipinte da Bernardino Gagliardi (1656). Sotto core un pregevole arredo ligneo con seggi iniziati da Marco Pace, lo stesso che, con Sciarra Bovarelli, realizzò l'altare (su disegno di Bino Sozi) per includere la preesistente tavola di Raffaellino del Colle raffigurante *Madonna col Bambino e santi* (1563). La sagrestia fu realizzata nel 1762 da Pietro Carattoli e da Francesco Appiani; sull'altare, stendardo processionale (*Madonna col Bambino tra i Ss. Agostino, Francesco e Domenico*) di Giovanni Antonio Scaramuccia (1625). Il PRIMO ORATORIO consta di un'unica aula rettangolare a volte costolonate; il solaio pavimentato non è più alla quota originaria ed è stato rialzato di molti metri in epoca successiva. Le pareti, scialbate, mostrano considerevoli tracce di dipinti murali trecenteschi di notevole qualità pittorica. La parete di fondo è completamente campita da una *Crocifissione* degli inizi del '400; in basso emergono i bei *volti di S. Francesco d'Assisi e di S. Domenico di Guzman*, messi in luce rimuovendo parte della pavimentazione che li nascondeva. Il dipinto, nel 1991 attribuito a Raffaello giovane, è stato più di recente assegnato a maestri locali, probabilmente Lattanzio di Giovanni in collaborazione con Berto di Giovanni e Sinibaldo Ibi, autori della tavola (Madonna col Bambino tra i Ss. Agostino e Sebastiano, ora alla Galleria nazionale) che era posta al centro della composizione.

GLI ALTRI EDIFICI DEL CORSO. Dopo S. Agostino, la strada in viva salita allinea una serie di antichi complessi religiosi e assistenziali. A sinistra, N. 84, è l'ex **ospedale del Collegio della Mercanzia**, che accorpa strutture duecentesche e altre della ristrutturazione del 1507 (fino a tempi recenti era ancora adibito a ostello per i poveri); del complesso faceva parte la vicina chiesa di *S. Egidio*. Tipici prospetti medievali con ingresso rialzato e botteghe al pianterreno precedono l'ex chiesa di *S. Cristoforo*, già esistente nel 1273 (ora laboratorio), con portale a baldacchino, seguita da un'abitazione (N. 104) con caratteristica scaletta esterna e da una *casa* signorile (N. 135) del '300 in conci. Grosso modo a quest'altezza del borgo si trovava la scomparsa porta S. Cristoforo o S. Matteo, documentata nel 1273 ma probabilmente inserita nell'ampliamento murario della prima metà di quel secolo; il verificarsi di una successiva addizione extramuraria spiegherebbe l'andamento qui più rettilineo del corso, che presenta a destra il prospetto in laterizio di una *casa per orfani* (N. 155), appartenuta al Collegio dei Notari (ora adibita a palestra). Di fronte a questa, la via della Pietra va all'ex **monastero di S. Benedetto**, già delle monache Silvestrine e oggi dell'Opera Universitaria; la chiesa, con caratteristico transetto pluriabsidato, conserva brani della pavimentazione cinquecentesca di Deruta e cospicui frammenti di affreschi quattrocenteschi. Il settecentesco campanile in mattoni è di gusto orientaleggiante.

Seguono, sul corso, la chiesa e il monastero di **S. Caterina**, ristrutturati da Galeazzo Alessi (1547) a spese del monastero di S. Giuliana, che ne fu proprietario fino al 1647. Il complesso fu all'inizio del secolo in parte ridotto a stabilimento per la produzione di fiammiferi, quindi restituito all'uso monastico per le suore benedettine (nella chiesa, affreschi e tele di Mattia Batini, 1718). Di fronte è l'ex *monastero di S. Antonio*, largamente alterato. Più avanti è il **monastero della Beata Colomba**, dove secondo una tradizione s'incontrarono nel 1220 san Francesco e san Domenico; nell'interno (suonare) è stata ricostruita la CELLA DELLA BEATA COLOMBA, ornata da un delicato dipinto su tela (**Cristo portacroce*) attribuito a Giovanni Spagna; nella chiesa, decorazioni di Nicola Giuli e tela di Francesco Appiani. Passato un arco, prima di affrontare il tratto conclusivo del corso fino alla porta, è altamente consigliata la breve diversione, su via del Tempio, alla chiesa di S. Angelo.

*S. ANGELO. La chiesa paleocristiana (più propriamente, *S. Michele Arcangelo*), la più antica di Perugia, sorge in uno scenario suggestivo, a ridosso della cinta muraria medievale e in posizione eminente sulla città con la quale doveva essere in rapporto visivo prima dell'edificazione del borgo. Costruita alla fine del secolo V o nei primi decenni del VI, è a pianta circolare, con la parte centra-

le più elevata e coperta da tetto a tenda. Delle aggiunte e manomissioni apportate all'edificio nei secoli, rimosse con restauro che
ha rimesso in luce le strutture originarie, rimane il portale gotico
trecentesco. Un'esedra di cipressi fiancheggia il tempio e cinge il
prato sul quale spiccano una colonna, proveniente dalla piazza del
Sopramuro. L'interno ha la struttura della chiesa di S. Stefano Rotondo a Roma, cioè un anello circolare con tetto visibile; nel mezzo
un tamburo che poggia su 16 colonne antiche con fusti diversi per
altezza e materiale (granito, cipollino, marmo nero) sormontate da
capitelli romani reimpiegati, corinzi e figurati, di vario tipo e datazione; il tetto è sorretto da otto archi portati da colonnette pensili
murate, aggiunte nel '300.

INTERNO (chiuso il lunedì). La chiesa era in origine a croce greca, con
tiburio e con quattro cappelle nel prolungamento dei bracci (oggi si vedono
solo quella absidale, detta del Crocifisso e quella di fronte all'ingresso). Facendo il giro del deambulatorio da d.: *affresco* del '300; piccolo *battistero*
(1, nella pianta a fronte) con *affreschi* votivi del sec. XV. Segue la CAPPELLA
DEL CROCIFISSO (2), a pianta circolare all'interno e poligonale all'esterno, restaurata (nei lavori sono stati ritrovati alcuni dei tubi fittili che dovevano
formare la volta della cappella); poco oltre è la CAPPELLA DELL'ANGELO (3), ripristinata nelle strutture antiche; proseguendo, cippo romano (4) con dedica dell'epoca di Marco Aurelio e, sopra, affresco forse di scuola senese della
fine del '300 raffigurante la *Madonna del Verde* (questo titolo, di cui è
ignoto il significato, era documentato in Perugia da un'altra immagine devozionale, scomparsa, venerata nel X secolo in S. Lorenzo). L'altare (5), al
centro della chiesa, è formato da un'antica lastra marmorea sopra un tronco
di colonna.

VERSO PORTA S. ANGELO. Ripreso il corso, deviando subito nella
via S. Agnese si raggiunge il cortiletto che dà accesso al **monastero
di S. Agnese** (9-11 e 15.30-17, suonare), di fondazione trecentesca.
Nel coro delle monache, *Madonna e S. Giovanni Evangelista* ai
lati di un *Crocifisso* scolpito; nell'intradosso, *S. Sebastiano, Padre
Eterno* e *S. Rocco*, affreschi attribuiti a Eusebio da San Giorgio
(1519); nella cappellina, **Madonna delle Grazie tra S. Antonio
abate e S. Antonio da Padova*, grande affresco del Perugino, 1522
(le due figurine francescane inginocchiate sullo sfondo sono state
identificate in Eleonora del Portogallo ed Elisabetta d'Ungheria).

Il corso termina alla **porta S. Angelo**, grandioso cassero merlato in conci e laterizi opera di Lorenzo Maitani, facente parte del
completamento trecentesco delle mura medievali. In origine dotata
di fossato e ponte, fu rifatta da Fioravante Fioravanti per ordine di
Braccio Fortebracci e più volte restaurata.

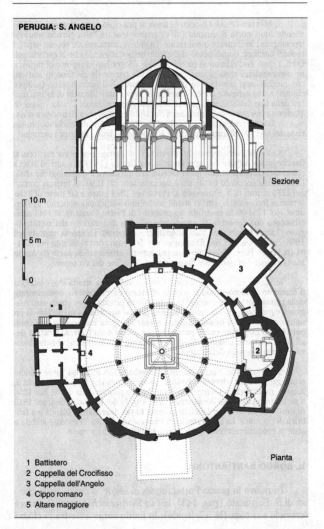

PERUGIA: S. ANGELO

Sezione

Pianta

1 Battistero
2 Cappella del Crocifisso
3 Cappella dell'Angelo
4 Cippo romano
5 Altare maggiore

S. MATTEO DEGLI ARMENI. Si trova al principio di via Monteripido, che scende fuori porta S. Angelo (all'esterno è visibile l'alta cortina muraria trecentesca) in contesto quasi rurale. La chiesa, sorta nel XIII secolo, ospitò i monaci basiliani; quindi passò al Capitolo della Cattedrale che la cedette agli Oddi, i quali conferirono al piccolo nucleo (degradato) l'aspetto di fattoria; ne sono visibili i resti di una magniloquente parete da giardino in mattoni con nicchie, oggi ridotta a sostruzione dell'orto. Nel rozzo interno (sempre chiuso) a due campate gotiche rimangono importanti affreschi di artista umbro della fine del '200; nella parete di fondo, *Ascensione di Cristo, apostoli, Madonna in trono col Bambino*, i *Ss. Matteo Apostolo e Francesco d'Assisi, S. Basilio*; sulle pareti laterali, altri affreschi votivi di scuola umbro-senese del sec. XIV (Maestro Ironico) e *Madonna in trono* di artista perugino.

S. FRANCESCO DI MONTE RIPIDO. Vi si giunge per la via mattonata, fiancheggiata da piccole cappelle della via Crucis (1633-36), che si stacca più avanti dalla via Monteripido ascendendo un'altura a dominio della città. L'imponente convento fortificato è documentato dal 1290 sul terreno donato nel 1276 ai frati di S. Francesco al Prato; nel 1374 entrò a far parte dell'Osservanza francescana, che vi stabilì anche uno «Studium» generale dell'Ordine. Nel 1754-90 fu costruita, su progetto di Pietro Carattoli, la bellissima biblioteca che conserva gli arredi originali e la decorazione del soffitto ligneo (i fondi librari sono stati smembrati e dispersi). La chiesa, riattata nel 1858, custodisce un *Crocifisso* ligneo del '500 e un *coro* realizzato nel 1571-81 da Marco Pace. Nel primo chiostro, lunette affrescate in parte da Anton Maria Fabrizi; nel refettorio, dipinti murali della fine del XVI secolo.

MONASTERO DI S. CATERINA. Continuando sulla strada che costeggia il convento di Monteripido si scende all'antico ex monastero, documentato dalla prima metà del XIII secolo (oggi proprietà privata). L'ex complesso religioso, denominato *S. Caterina Vecchia* perché sostituito a metà '600 da un nuovo monastero di uguale titolazione entro la cinta muraria, fu arricchito nel 1620 di numerose opere pittoriche per volere della badessa Cristina degli Oddi, che commissionò a Cristoforo Roncalli il ciclo di affreschi che decora le pareti e la volta della chiesa.

S. FRANCESCO DELLE DONNE. L'insediamento religioso, sede francescana già nel 1212, vivente il santo d'Assisi, si trova non lontano da porta S. Angelo, raggiungibile verso sud per via Faina e piaggia della Torre. Nel 1256 il monastero passò alle Benedettine di S. Angelo del Renajo, quindi nel 1815 fu destinato ad asilo per fanciulle povere; fu poi degradato a filanda e a fabbrica di ceramica. La tipica struttura francescana è stata di recente adibita a sede di produzione tessile artigianale, che utilizza telai a mano.

IL BORGO SANT'ANTONIO

Di nuovo in piazza Fortebraccio, si segue, a fianco della chiesa di S. Fortunato (pag. 143), la *via Pinturicchio*, dove il pittore aveva la sua casa (N. 47, lapide). In fondo sorge a destra la chiesa di **S. Maria Nuova**, documentata come parrocchia dei Silvestrini dal 1285, epoca alla quale sono riferibili i tre portali del fianco sinistro, due dei quali (tamponati) sono stati rimontati a quote diverse; danneggiata da un incendio e ricostruita nel 1376, divenne il riferimento di corporazioni studentesche; dopo la demolizione della chiesa di S. Maria dei Servi per la costruzione della Rocca Paolina fu concessa ai Serviti.

INTERNO a tre navate. Sopra l'ingresso è un grandioso organo del 1584. Dopo il 1° altare d. si apre l'*oratorio del Crocifisso* (1581), al cui altare, *Sepoltura di Cristo* di Felice Pellegrini; al 2° altare d., gonfalone di Benedetto Bonfigli (1472) con *Gesù che scaglia i fulmini su Perugia e Maria coi Ss. Benedetto e Scolastica e il beato Paolo Bigazzini che tentano di placare l'ira divina;* al termine della navata, nella cappella dell'Addolorata, *Sposalizio della Vergine* di Stefano Amadei. Nella cappella absidale destra, in alto, il *sarcofago* di legno e di broccato con le spoglie *di Braccio I Baglioni* (1479). Nell'abside, **coro* ligneo intagliato di Paolino di Giovanni e Giovanni da Montelparo (1456). Nella cappella absidale sin., importante ciclo di affreschi, in parte perduti, con la *Crocifissione e fatti della vita di S. Caterina,* di Lazzaro Vasari (bisavolo di Giorgio). Nella nicchia alla parete, *Crocifisso e Ss. Francesco e Lorenzo,* affresco del '300. Nella navata sin., tre tele di Francesco Appiani: *Vergine in gloria* (in restauro), *Assunzione della Vergine* e, al 1° altare, *Gesù che si avvicina ai Ss. Pellegrino e Giuliana Falconieri;* nella cappellina al principio della navata, *Madonna in trono adorata da due angeli,* affresco del XVI secolo. Dal chiostro dell'annesso convento (ingresso al N. 87 di via Pinturicchio) si vede il campanile eretto nel 1644, forse su disegno di Galeazzo Alessi.

LARGO DI PORTA PESA. Sul fondo di via Pinturicchio, la semplice apertura ogivale dell'**arco dei Tei**, di origine trecentesca e detto anche *porta Pesa* perché un tempo adibito a porta daziaria, individua il limite della città medievale prima dell'espansione duecentesca del borgo Sant'Antonio (o di Porta Sant'Antonio), strutturato dal corso Bersaglieri e protetto entro la seconda cinta muraria. Lo snodo viario del *largo di Porta Pesa* immette anche, per il tramite di via Dal Pozzo, nel borgo di Fontenuovo (v. oltre).

CORSO BERSAGLIERI. Percorrendo la spina del borgo Sant'Antonio, allungato sulla lingua sottile del colle, si riconoscono le tipologie insediative tipiche delle espansioni extramurarie destinate al popolo minuto, prime fra tutte la frequenza degli edifici religiosi che ne scandiscono il tracciato. All'ex *oratorio di S. Giovanni Battista,* in angolo con via della Formica, del 1536 ma radicalmente rifatto nel 1705 (oggi in degrado), segue quello già della *Confraternita disciplinata di S. Antonio Abate* (N. 90), di origine trecentesca, rimaneggiato. Suggella il borgo la chiesa di *S. Antonio Abate*, documentata con il convento dal XIII secolo, rimaneggiata nel '300 e nel 1669, di pertinenza degli Olivetani. All'esterno, sulla strada, un maialino in pietra (simbolo del santo titolare) poggia sopra un rocchio di colonna romana; all'interno, dipinti di Paolo Gismondi e Benedetto Bandiera, e affreschi di Gerardo Dottori. Al termine, si apre la *porta S. Antonio*, del 1374, dalla quale si ha un'interessante veduta della città; nei pressi è stata rinvenuta la *tomba dei Cai Cutu*, sepoltura etrusca del IV-III sec. a.C. (non visitabile). Oltre la porta, l'alto muro in laterizio fu sovrapposto nel XVI secolo ai resti di un cassero trecentesco voluto dall'abate di Monmaggiore in collegamento con la cittadella di Porta Sole.

S. MARIA DI MONTELUCE. Fuori dal perimetro murato, la *via Cialdini*, in area di moderna espansione residenziale, salda la città medievale all'insediamento monastico di Monteluce, in luogo un tempo appartato e ora stravolto dalle trasformazioni novecentesche. Il complesso di monache benedettine, poi delle Clarisse (nel 1927 adattato a Policlinico S. Maria della Misericordia), fu fondato nel 1219, ampliato e decorato per volere di Martino IV nel 1284, infine rifatto dopo un incendio nella prima metà del '300; il loggiato sul fianco destro è opera di Ugo Tarchi. La facciata della chiesa (*Madonna di Monteluce*), del 1451, è rivestita di formelle marmoree rosse entro bianche riquadrature. I due portoni lignei, realizzati tra la fine del '500 e gli inizi del secolo successivo, sono arricchiti da rilievi raffiguranti la *Madonna* e i *Ss. Chiara, Francesco e Bernardino*. A destra della facciata si leva il tronco del campanile, ai piedi del quale è una cappelletta rinascimentale.

INTERNO. D'impianto rettangolare, a una navata, con tre nicchie per lato; la volta attuale nasconde l'antica struttura a grandi arconi gotici. Il grande ciclo di dipinti che ricopre le pareti (*storie di Gesù e di Maria, del Vecchio e del Nuovo Testamento*), realizzato entro il 1607 secondo alcuni da Giovanni Maria Bisconti, per altri da Matteuccio Salvucci, per altri ancora da più mani, costituisce una delle migliori espressioni del manierismo perugino. La parete di fondo del presbiterio ha una decorazione prospettica in stucco e legno dorato, opera di Valentino Carattoli. Sopra l'altare maggiore gotico in marmo rosato, del '200, si trova una copia ottocentesca dell'Incoronazione di Maria eseguita per il monastero da Giulio Romano e Francesco Penni (originale nella Pinacoteca Vaticana). A d. dell'altare maggiore è murato un **tabernacolo* marmoreo di Francesco di Simone Ferrucci (1487). La sagrestia, antico oratorio delle monache, coperto da volta a crociera costolonata, conserva interessanti affreschi di scuola umbra del sec. XIV, in parte ancora sotto lo scialbo.

IL BORGO DI FONTENUOVO E S. BEVIGNATE. Dal largo di Porta Pesa (v. sopra), per la via Dal Pozzo si accede al borgo di origine medievale, modesto e scosceso, che prende nome da una fonte a due vasche posta lungo la via. All'inizio, sulla sinistra, una cortina di pietra bianca e rosa con aperture è ciò che resta dell'ex chiesa di S. Crispino (secolo XIV-XV), annessa a un ospedale dell'arte dei Calzolai.

S. Bevignate (cui si giunge dopo circa 1.5 km) si inserì in area di molti e sparsi insediamenti religiosi, lungo la via regale di Porta Sole. L'edificazione della chiesa e dell'annesso monastero (ora proprietà privata), sede perugina dell'Ordine monastico-cavalleresco dei Templari, avvenne in due fasi: la prima, avviata attorno al 1256 dal cavaliere assisano Bonvicino, si prolungò fino al 1283-85; la seconda ebbe termine nel 1312, data di condanna e di soppressione dell'Ordine; il complesso, con tutti i possedimenti, passò allora ai Cavalieri di S. Giovanni di Gerusalemme, che lo tennero fino all'inizio del '500 insediandovi (1324) un monastero femminile. Nel XV secolo la chiesa ebbe restauri e modifiche che non intaccarono la tipologia «templare». Il vasto edificio in pietra arenaria ha pianta rettangolare, abside rialzata e cripta sottostante. All'esterno, i fianchi sono caratterizzati da grandi contrafforti; in facciata, si aprono il bel portale maggiore, con giro di travertino e frammentarie decorazioni fitomorfe e animalistiche, e il soprastante occhio.

L'INTERNO (in restauro; visitabile su richiesta al Comune, di cui la chiesa è proprietà) presenta un'unica navata divisa in due campate scandite da fasci di colonnini, da cui si dipartono i bei costoloni poligonali della volta a crociera. Tutte le pareti sono rivestite da intonaci originali decorati a un ***ciclo di affreschi** eseguito in differenti fasi, di cui la più antica, di carattere didascalico, fu realizzata nel 1260-70 dal cosiddetto Maestro di S. Bevignate (abside). I dipinti dell'arco trionfale e della parete destra sono del Secondo Maestro di S. Bevignate, così come parte della controfacciata, alla quale attese anche il Terzo Maestro di S. Bevignate, cui è attribuita la parete sinistra della prima campata. A una seconda fase decorativa (1280 circa) appartengono poi le grandi figure dei *dodici apostoli* (pareti della navata e controfacciata), che hanno dato denominazione (Maestro dei Dodici Apostoli) all'artista che le eseguì. Tutto l'interessantissimo ciclo pittorico rivela una cultura ancora arcaizzante di ambiente romanico, cui non sono estranee l'attività miniatoria coeva, la conoscenza dei cicli delle consorelle chiese francesi con evidenti citazioni dall'iconografia paleocristiana, dall'Oriente balcanico e dall'ambiente crociato palestinese. Per una corretta lettura cronologica di consiglia di iniziare la visita dall'ABSIDE. In questa, alla parete d.: *Giudizio finale* su tre registri (notare, nel secondo, tra gli apostoli, *S. Barnaba* come tredicesimo, in quanto venerato dai Templari); in basso, *Processione di flagellanti*; alla parete di fondo: lunettone con, in alto, grande *Croce* dalle braccia di uguale misura; due *Croci cosmologiche* e *nove stelle*, che simboleggiano i nove cavalieri fondatori; *Regina Angelorum*; finestra-luce, simbolo dell'Agnus Dei, attorniata dai *quattro Evangelisti*; grande *figura di apostolo*; in basso, *Crocifissione* e il *Vescovo di Perugia concede a S. Bevignate il luogo dove sorgerà la chiesa*; alla parete sin., *Ultima Cena*. L'arco trionfale è completamente dipinto con varie forme decorative geometriche e simbologie stilizzate dell'Ordine; entro riquadro, due *miracoli di S. Bevignate*. Decorazioni consimili sono numerose sulla parete destra della navata, con ripetute simbologie del fiordaliso; eleganti motivi fitoformi, zoomorfi e geometrici si leggono sulla parete sinistra. In CONTROFACCIATA: a sin., la *Nave dei pellegrini*; sotto, *leggenda di S. Girolamo che risana l'unghia al leone* (oppure gruppo di Templari con leone rampante); a d., *Battaglia tra Musulmani e Templari*. Da notare il motivo decorativo a finta pietra (sotto al rifacimento si vedono tratti originali) che copre gran parte della superficie parietale, tipico delle chiese templari.

Proseguendo oltre S. Bevignate si può andare al *Cimitero monumentale*, su disegno di Filippo Lardoni e Alessandro Arienti. Per l'ampliamento del cimitero, è stata occupata la contigua collina di Monterone, ai piedi della quale è l'elegante chiesa di **S. Maria delle Grazie**, costruita nel 1534 da Giordano Tassi in forme ispirate al primo rinascimento.

VIA DEL ROSCETTO. Rientra verso il centro della città staccandosi dal fianco sinistro della chiesa di S. Maria Nuova (pag. 157) e svolgendosi parallela al tracciato delle mura etrusche. All'inizio è l'*oratorio della Confraternita di S. Benedetto* (N. 21, oggi del Centro turistico studentesco), progettato da Valentino Martelli (1598). Piegando a sinistra, per la piazzetta del Duca (Diomede della Corgna, committente del *palazzo* tardo-cinquecentesco) e via del Carmine si può andare in breve alla chiesa di **S. Simone del Carmine**, eretta nel 1285 su edificio più antico (di cui sussistono l'abside di fattura ravennate e la cripta), ricostruita con nuovo orientamento nel 1377 riutilizzando le pietre della demolita fortezza di Porta Sole, rimaneggiata nell'800; all'interno, imponente *Crocifisso* ligneo di Leonardo Scaglia e, sopra l'altare maggiore, stendardo con la *Madonna e il Bambino*, attribuito a Benedetto Bonfigli. Non lontano, in via Imbriani, è l'*oratorio della Confraternita dei Disciplinati dei Ss. Simone e Fiorenzo*, che ha sull'altare maggiore un dipinto di Pietro Montanini (1674).

Proseguendo nella gradinata via Bontempi si sale all'etrusca **porta Sole**, o *arco dei Gigli* (per i gigli dei Farnese dipinti in onore di Paolo III), rifatta in forme ogivali nel Medioevo (resti della cinta antica sono nella retrostante via della Viola). Da qui, la già descritta via Bontempi (pag. 141) riporta in piazza Piccinino.

1.3 IL BORGO MERIDIONALE

La città storica si prolunga verso meridione con un unico lunghissimo braccio che sfrutta fino in fondo l'orografia di una lingua di crinale di cui le mura seguono precisamente le isoipse. Il borgo San Pietro (o di Porta San Pietro) è forse quello che più caratterizza da lontano il profilo di Perugia, segnato dai volumi monumentali di S. Domenico e di S. Pietro e dai loro campanili. S. Domenico, soprattutto, ha una mole così straordinaria da evidenziare subito quel modello di città – esplicito in Umbria – dove cattedrale, palazzo pubblico e grandi conventi sono assunti come i centri organizzatori del disegno urbanistico e della società comunale. L'itinerario muove da piazza

Matteotti, collegata spazialmente e funzionalmente con l'area pubblico-rappresentativa della piazza maggiore e del corso. Qui si innestava la spina delle comunicazioni verso Roma e Firenze (l'asse oggi rappresentato dalle vie Oberdan, S. Ercolano, corso Cavour, borgo XX Giugno). Il lungo borgo è cresciuto in due tappe. Una prima espansione, relazionata a S. Domenico, si chiude entro le mura due-trecentesche con la porta S. Pietro; fuori porta, una murazione quattro-cinquecentesca forma l'ultima appendice pianeggiante dell'espansione urbana e raggiunge l'insediamento antichissimo di S. Pietro, luogo di stratificazione straordinaria di memorie, estremo punto di riferimento della crescita della città storica.

VIA OBERDAN. Bella strada di impronta commerciale, scende sinuosa dall'angolo sud-orientale di piazza Matteotti (pag. 137) insistendo sul tracciato delle mura etrusche, di cui sono visibili alcuni tratti (entro la casa al N. 52, sotto il voltone della laterale via della Rupe). Le strutture edilizie, di chiara matrice medievale, appartennero dal XIV secolo all'Ospedale di S. Maria della Misericordia, di cui più volte si osserva scolpito il trigramma «DME», e al Monte di Pietà, fondato nel 1462. A destra si osserva il *palazzo Crispolti* (N.39-43), con altissimi archi duecenteschi e un piano di bifore (il livello del portale a tutto sesto indica l'antico piano stradale, abbassato nel 1581), fronteggiato dal *palazzo Armellini* (ora Consolato di Grecia), scandito da regolari arcature. Segue, N. 54, la facciata trecentesca dell'ex chiesa di **S. Maria della Misericordia** (restaurata per usi civici), ristrutturata internamente nel 1760 circa su disegno di Pietro Carattoli; entro nicchie, due affreschi con la *Madonna*, attribuiti uno a G.B. Caporali, l'altro a Marino da Perugia. All'interno, che conserva ai piani superiori la struttura ospedaliera, decorazioni di Francesco Appiani e, a vista, resti delle mura etrusche.

S. ERCOLANO. Vi si scende per la cordonata via omonima, che si stacca a sinistra della via Oberdan e sottopassa la *porta Cornea*, adattamento medievale di un manufatto etrusco. Addossata alle mura antiche, la robusta chiesa ottagonale fu eretta dal Comune (nel presunto luogo del martirio del santo) a partire dal 1297 su disegno forse di fra' Bevignate e di Giovanni Pisano, compiuta il secolo successivo da Ambrogio Maitani. Sorta in sito di rilevanza urbanistica in relazione alle espansioni sud-orientali e configurata in origine come chiesa-mausoleo a due piani, di cui il superiore abbattuto per la realizzazione della Rocca Paolina, è cinta all'esterno da altissime arcate cieche, leggermente ogivali, e coronata in alto da archetti pensili su lunghi peducci. Una doppia scalinata del 1607 sale al gotico portale originario. Nell'interno, mascherata dagli stucchi di Jean Regnaud (1682) e dai dipinti di Giovanni Andrea Carlone (1675), si riconosce l'ossatura dei pilastri e dei costoloni originari. Nella cappella di S. Martino, *Un miracolo del santo*, tela di Anton Maria Garbi (1777); l'altare maggiore poggia su un sarcofago romano strigilato della fine del secolo III, destinato alle reliquie di S. Ercolano, ai cui spigoli sono due leoni che sbranano cavalli. La chiesa è oggi *sacrario dei Caduti in guerra*.

CORSO CAVOUR. Già «via regale» e poi Papale sulla direttrice per Roma, si stacca di fronte a S. Ercolano. Dopo pochi passi, deviando a destra in via Podiani si raggiunge il cinquecentesco **palazzo della Penna**, già dei Vibi, costruito sui resti ben riconoscibili dell'anfiteatro romano. Nell'edificio sono sistemate le *Collezioni «Dottori-Beuys»*, di proprietà comunale e destinate a confluire nel Museo d'Arte contemporanea e moderna; comprendono opere di Gerardo Dottori e sei lavagne eseguite da Joseph Beuys (1921-86) in occasione di un suo passaggio a Perugia nel 1980 (visita: 8-18; chiuso sabato pomeriggio e festivi).

CROCEVIA DEI TRE ARCHI. Il corso Cavour raggiunge l'ampio incrocio ricavato nell'800 per ragioni di viabilità e definito con gli interventi di ricostruzione post-bellica; i *tre archi* (1821) costituivano la nuova *porta S. Croce*, inizialmente dotata di un solo fornice. Sull'angolo si inserisce la facciata della chiesa di **S. Croce**, già dei Cavalieri del S. Sepolcro, costruita nella seconda metà del XII secolo, 'tagliata' e girata per l'apertura della nuova strada; all'interno, *Madonna in trono e santi,* dipinto murale di scuola perugina del XV secolo, e *Madonna della Misericordia*, altro affresco quattrocentesco (staccato).

*S. DOMENICO. Si impone, con il complesso conventuale (ora Museo Archeologico nazionale), sulla piccola e irregolare piazza *Giordano Bruno*, aperta a sinistra del corso Cavour e ornata al centro da una vera da pozzo del 1442. I Domenicani, giunti a Perugia attorno al 1230, edificarono nel 1231-60 una prima chiesa nell'area dell'odierno chiostro maggiore, in sito rilevantissimo nella geografia politico-religiosa della Perugia medievale perché vicino alla scomparsa chiesa di S. Stefano del Castellare (già col titolo di cattedrale) dove la classe dirigente del tempo aveva un suo luogo di riunione (qui furono decise la costruzione del palazzo dei Priori, della nuova cattedrale, di S. Ercolano e delle mura). Gli avanzi delle strutture del tempio duecentesco sussistenti all'interno dell'ex convento suggeriscono l'importanza di quell'edificio, forse prototipo del Duomo di Orvieto.

La nuova e grandiosa basilica gotica fu cominciata nel 1304; dopo il crollo delle navate (1614-15), venne rifatta internamente su disegno di Carlo Maderno (1632). L'imponente facciata, priva di qualsiasi rivestimento, è ornata da un portale del 1596 cui sale una scalinata a doppia rampa, con balaustra di Girolamo Ciofi (1640). Il poderoso fianco e l'abside conservano i contrafforti e le finestre ogivali della costruzione trecentesca. Il campanile, opera di Gasparino di Antonio (fine del '400), è mozzato al di sopra dei due ordini di finestroni gotici.

INTERNO. A croce latina a tre lunghe navate, è spazioso e solenne nella bianca nudità delle strutture rinnovate nel '600, cui fa da contrasto il grandissimo finestrone absidale quattrocentesco, opera di Bartolomeo di Pietro e Mariotto di Nardo. I restauri hanno riportato alla luce tutte le cappelle gotiche del transetto. La chiesa era ricchissima di opere d'arte, in parte alienate o demaniate tra Sei e Ottocento. Nelle cappelle laterali, opere dei secoli XIV e XV; il Settecento pittorico umbro è documentato da tele di Giuseppe Laudati, Mattia Batini, Giacinto Boccanera, Francesco Busti.

NAVATA DESTRA. Nella 2^a cappella, di S. Rosa da Lima, due tele di Giuseppe Laudati; nella 4^a, della Madonna del Voto o di S. Lorenzo, avanzo della chiesa primitiva, la parete dell'altare è interamente rivestita di una decorazione architettonica e plastica di Agostino di Duccio (1459), che compose una nicchia tra pilastri e tabernacoli, sormontati da un'alta trabeazione e da una lunetta con *Madonna in gloria fra angeli*; nelle nicchie ai lati, *Gabriele*, l'*Annunziata* e i *Ss. Battista e Lorenzo*, tutte opere di Agostino. Nel 1532 il fiorentino Bernardo di Girolamo Rosselli dipinse *Isaia* e *Davide* nei medaglioni sull'arco e *nove miracoli relativi al Rosario* nell'intradosso. Nel nicchione, *statua della Madonna del Rosario*, attorno alla quale *Gloria d'angeli*, i *Ss. Stefano e Nicola*, il *beato Tommasello e papa Benedetto XI*, dipinti di Domenico Bruschi (1869); alla parete opposta, *Risurrezione di Cristo* di Giuseppe Laudati, copia da Annibale Carracci. Segue un vano dov'è l'ingresso laterale e dove si trova, entro nicchia, il *monumento al giurista Guglielmo Pontano* (1555).

CROCIERA DESTRA. Nella 1^a cappella, numerosi resti di affreschi votivi dei secoli XIV e XV. Nella 2^a, con volte affrescate (*santi domenicani*) agli inizi del '400, ***monumento di Benedetto XI** (morto in Perugia il 7 luglio 1304), di pregevolissima fattura che rivela forti influssi toscani, recentemente indicato come probabile opera di Lorenzo Maitani; proviene dalla prima chiesa di S. Domenico. È composto di un'edicola sostenuta da alte colonnine tortili decorate a mosaico; sotto l'edicola, il ricco sarcofago sul quale giace la figura del defunto. Il coperchio, sollevato e ornato di quattro figure di *santi*, regge una trifora con la statua della *Madonna col Bambino fra S. Benedetto e S. Domenico che presenta Benedetto XI*.

PRESBITERIO. Al pilastro d., *tomba di Elisabetta Cantucci de Colis*, con busto marmoreo eseguito da Alessandro Algardi (1648); di fronte, *tomba di Alessandro Benincasa*, con busto di Domenico Guidi (1594). L'altare maggiore fu progettato da Pietro Carattoli, autore anche del ciborio. Nell'abside, *coro ligneo di Crispolto da Bettona, Polimante della Spina e Giovanni Schiavo (1476); Antonio da Mercatello eseguì gli intarsi entro il 1498. Nella parete di fondo, magnifica *vetrata (m 23 x 9.13) del 1411, opera di Bartolomeo di Pietro e di Mariotto di Nardo, che riassume iconograficamente un ciclo decorativo dedicato, secondo la concezione tomistica, alla glorificazione dell'Ordine domenicano. L'opera è firmata e datata sulla veste di S. Caterina; un'altra iscrizione documenta il restauro, terminato da Francesco Moretti (1879). Alle pareti, frammenti di affreschi di Cola Petruccioli. Al pilastro sin., la *tomba della famiglia Danti*, col *busto di Vincenzo Danti*, eseguito da Valerio Cioli. Nella cappella a sin. della maggiore, *sarcofago di Benedetto Guidalotti*, attribuito a Urbano da Cortona; all'altare, *Circoncisione* di Giuseppe Berrettini; nelle vele della volta, affreschi di Allegretto Nuzi.

CROCIERA SINISTRA. All'altare, *Pentecoste*, quadro di suor Plautilla Nelli, domenicana (1554). In alto è la grandiosa macchina dorata dell'organo, di Sallustio da Lucignano e Luca Neri da Leonessa (1660). Nella cappella degli Angeli o di S. Tommaso, resti di affreschi trecenteschi, tra cui *Uccisione di S. Pietro Martire* attribuita a Cola Petruccioli; all'altare, *Estasi di S. Tommaso* di Mattia Batini. Nella sagrestia (trecentesca ma rifatta nel '700, con decorazioni murali dello stesso Batini), preziosi paramenti sacri tra cui quelli di Benedetto XI, con figure ricamate di *santi* (fine XIII secolo).

NAVATA SINISTRA. Nella 5ᵃ cappella, gotica, affreschi frammentari tra cui, alla parete d'ingresso e in quella d., *Santi e Virtù* (*Giustizia* e *Fortezza*), assegnati dal Vasari a Taddeo di Bartolo, ma probabilmente di Benedetto di Bindo (1415 circa). Nella 4ᵃ cappella, all'altare, *Madonna del Rosario tra i Ss. Domenico e Caterina* di Giovanni Lanfranco (1647); nella 3ᵃ, all'altare, gonfalone di Giannicola di Paolo (1494).

Costeggiando il fianco della chiesa di S. Domenico, lungo via del Castellano si ha una bella visuale della zona absidale. Di fronte è il **palazzo dell'Inquisizione** (in restauro), iniziato nel 1632 su disegno di Domenico Grotti, completato nel 1710; il portale, con imposte lignee originali, è del 1667.

*MUSEO ARCHEOLOGICO NAZIONALE. Nel complesso conventuale domenicano, con ingresso a sinistra della chiesa, sono sistemate dal 1948 le importanti collezioni archeologiche della città, organizzate in due sezioni: etrusco-romana e preistorica. La prima ebbe origine dalla donazione, nel 1790, della raccolta di antichità del patrizio perugino Francesco Filippo Friggeri, sistemata inizialmente nel palazzo dei Priori e poi trasferita nell'edificio dell'Università, dove l'arricchirono i materiali provenienti da scavi e ritrovamenti nella zona e quelli donati o acquistati da collezionisti privati (raccolte Guardabassi, Faina e Conestabile della Staffa). Nel 1921 il patrimonio archeologico cittadino si ampliò con l'acquisizione della raccolta Bellucci, comprendente materiali preistorici e paleontologici e amuleti. Questa costituì il museo preistorico, sistemato prima nel palazzo Gallenga Stuart e poi nel palazzo Donini. Nel 1948 il museo preistorico, ingranditosi soprattutto con i reperti degli scavi di Umberto Calzoni a Cetona, e quello etrusco-romano furono riuniti a formare i musei civici, divenuti statali nel 1962. Visita: 9-13.30 e 14.30-19; festivi, 9-13.

CHIOSTRO MAGGIORE. Vi si accede dalla piazza Giordano Bruno. Iniziato nel 1455 da Leonardo Mansueti e completato nel 1579, ha al centro un pozzo proveniente da un cortile del palazzo dei Priori. Nel lato del porticato opposto all'ingresso si vede, in fondo a sinistra, la parte inferiore della facciata romanico-gotica con portale binato dell'ex chiesa di S. Domenico Vecchio, dove furono canonizzati nel 1234 santa Elisabetta d'Ungheria e nel 1253 san Pietro martire. Sotto il portico sono sistemati materiali facenti parte della sezione etrusco-romana: urne cinerarie etrusche provenienti da necropoli di recente ritrovamento (Monteluce, tomba dei Cutu, Casaglia); frammenti architettonici; sarcofagi, tra cui notevole quello del *mito di Meleagro*, proveniente da Farfa (Rieti), della fine del II secolo d.C.; un puteale con *combattimento tra Greci e Amazzoni* (anche questo da Farfa); lapidi e cippi (si notino quelli eretti in onore di Augusto da *Perusia restituta* e l'iscrizione latina del Verzaro).

La scala a destra sale al PIANO SUPERIORE, dove saranno esposte, nel loggiato attorno al chiostro, altre urne cinerarie caratteristiche del territorio perugino (sec. III-I a.C.), raggruppate secondo gli ipogei di provenienza; cippi a colonnetta con iscrizioni; alcune urne di tipo chiusino e urne in terracotta a stampo, anch'esse probabilmente di produzione chiusina; frammenti di bassorilievi e iscrizioni di età romana. Sul loggiato dà l'ingresso alla *Biblioteca*, divisa in tre navate da colonne con bellissimi capitelli corinzi, opera del 1474.

Dal loggiato, a circa metà del lato orientale, una galleria illuminata dal chiostro minore conduce alla sezione preistorica e all'ala del convento dove sono ordinati i materiali etruschi e italici. Nel corridoio si trovano suppellettili da due tombe di Cascia; una testa, maggiore del vero, dell'imperatore *Claudio*, da Carsulae (Terni); ossi decorati (per rivestimento di arredi lignei) e figurati, da Carsulae; ritratti romani da Carsulae e Spoleto (tra cui uno di *Cesare*, uno di *Augusto* e un altro femminile, con acconciatura del tipo di Agrippina Minore).

A destra del corridoio, uno dei lati del chiostro minore è destinato all'esposizione provvisoria di nuovi ritrovamenti o di materiali di recente restauro. Attualmente vi si trovano pezzi della COLLEZIONE M. GUARDABASSI, tra cui vasi in bucchero, specchi in bronzo, una raccolta di gemme e ghiande missili in piombo utilizzate come proiettili.

SEZIONE ETRUSCO-ROMANA. Al termine del corridoio si accede alla grande galleria seicentesca ai cui lati si dispongono le celle conventuali in cui sono ordinati i materiali etrusco-italici. Si inizi il giro entrando dalla prima porta a sinistra. SALA I: stele funeraria dal monte Gualandro presso Tuoro (inizi del sec. VI a.C.), con scena di combattimento tra due guerrieri; carta dell'Umbria riprodotta da Cipriano Piccolpasso; fuori dalla stanza, nel piccolo corridoio, sfinge dal territorio di Cetona (VI sec. a. Cristo). SALA II. Opere di produzione chiusina del periodo arcaico: grande sarcofago in arenaria (fine sec. VI a.C.), con resti di policromia e con rappresentazione (sulla fronte) di un ritorno vittorioso, con prigionieri e bottino di merci e animali, da una spedizione militare o da una scorreria, e scene di convito sui lati minori (rinvenuto nella necropoli perugina dello Sperandio); tre cippi di ignota provenienza donati al museo nell'800: quello circolare presenta in bassorilievo una *prothesis*, i due quadrangolari scene di danza; cippo frammentario con scene di prothesis, di danze, di conversazione (fine VI-inizi V sec. a. Cristo). SALE III e IV. Lamine bronzee sbalzate e statuette fuse, rinvenute a Castel San Mariano (Corciano); servivano probabilmente per il rivestimento di mobili o di altri oggetti lignei e sono fra le opere più importanti della produzione bronzistica etrusca di età arcaica (seconda metà sec. VI a. Cristo). Nella sala III si notino, nella vetrina a destra, le due lamine, una con *Zeus e un gigante*, l'altra con *Zeus ed Herakles*; nella vetrina di sin., grande lamina della seconda metà del sec. VI a.C. con *Herakles in lotta contro le Amazzoni* o, secondo una vecchia interpretazione, *contro Cicno*. Le successive sale V-XI espongono i corredi funebri rinvenuti nel territorio perugino.

SALA V, NECROPOLI DI MONTELUCE. Nella vetrina di centro, frammenti di ceramica villanoviana, vasi a figure nere e rosse di fabbricazione greca ed etrusca; nell'altra vetrina, oggetti di corredo funerario; elmi, armi, kottaboi smontati, vasi. SALA VI, NECROPOLI DEL FRONTONE. Nella grande vetrina sono esposti oggetti appartenenti a un'unica tomba: armi, vaso attico decorato con *scena del mito di Trittolemo* e coperto da coperchio bronzeo, un kottabos.

SALA VII. Affacciata, come le successive, sul chiostro minore del convento, vi si accede attraversando la galleria. Dalla NECROPOLI DI S. CATERINA provengono il grande specchio con rappresentazione di *Elena e i Tindaridi*, e la situla bronzea con sirena sul coperchio e orecchino d'oro; da quella DELLO SPERANDIO la notevole anfora etrusca con *Bacco e Arianna*. Fuori dalla sala, grande iscrizione etrusca, il «cippo perugino», una delle più lunghe pervenuteci. SALE VIII-X. Materiali dalla NECROPOLI DI S. GIULIANA e da altre della zona (Ponticello di Campo, Monte Vile, Cimitero): urnetta in terracotta, con *medusa tra due grifi* in rilievo sulla cassa e figura del defunto nel coperchio; corredi tombali dalla zona di monte Tezio, da Pila e da Bettona; materiali da necropoli orvietane e da un ipogeo di Paciano, nel territorio di Castiglione del Lago. SALA XI: esemplificazione di stipi votive rinvenute nelle località Colle Arsiccio e Caligiana di Magione, Ancarano di Norcia e Calvi. Subito fuori della sala, entro vetrina, piccola statua in terracotta di divinità (*Ercole?*) con la firma dell'artista (C. Rufius s[igillarius] finxit), da Compresso.

Dalla sala XI si ritorna nella grande galleria seicentesca, dove sono esposti materiali villanoviani da Perugia città, dalle necropoli del Palazzone presso Ponte San Giovanni e ceramica attica a figure nere e rosse. Notevole, nell'ultima vetrina, il cratere di fabbrica volterrana (già nell'ipogeo dei Volumni) del Pittore di Hesione, che prende nome dalle scene rappresentate in questo vaso: *Ercole ed Hesione, Ercole e il mostro Ketos*. Dalla galleria si accede alla Sezione preistorica, preceduta da una saletta contenente la *testa-ritratto* in bronzo *di Germanico* (probabilmente postuma), rinvenuta ad Amelia ed eseguita sotto l'impero di Caligola o di Claudio.

SEZIONE PREISTORICA. In corso di revisione, è provvisoriamente sistemata in due sale e nel salone detto dei Bronzi. I materiali sono esposti non per tipologie ma per località di provenienza e per ambito cronologico e culturale. I materiali provenienti da Norcia documentano le industrie litiche, fittili e su osso dal Paleolitico all'Eneolitico (da Abeto di Norcia e campignane); alla tarda età neolitica appartengono i reperti provenienti da una capanna scavata negli anni trenta del '900. Dal territorio perugino, considerato fino al lago Trasimeno, e dalla confinante area toscana vengono manufatti di industrie litiche del Paleolitico, inferiore e medio, e di età neo-eneolitica.

SALONE DEI BRONZI. Si apre al piano superiore. Seguendo il giro, che ha inizio da destra, si osservano nelle vetrine materiali di varia provenienza raggruppati tipologicamente e altri raccolti invece con criteri topografici: ripostigli di Piòraco (Marche), Piediluco (Terni) e Contigliano (Rieti). È incerto se gli oggetti da Gualdo Tadino (in una vetrinetta isolata), scalpelli, coltelli, fibule, aghi e due dischi aurei riferibili alla fine dell'età del Bronzo, costituissero un ripostiglio o un complesso tombale. Di notevole interesse i materiali dell'età del Ferro, provenienti da località dell'Umbria, delle Marche e dell'Abruzzo: rasoi, armi, pendagli, fibule, grandi dischi, cinturoni spesso elegantemente decorati. Si notino la rara spada ad antenne rinvenuta a Perugia e la grande fibula con pendagli. Buona parte del salone è occupata dai materiali provenienti dagli scavi di Umberto Calzoni a Cetona (Siena), dove sono stati rinvenuti insediamenti umani dal Paleolitico medio alla fine dell'età del Bronzo, e sepolture con ricchi corredi di ceramica e di bronzo.

ARCHIVIO DI STATO. Ha sede anch'esso nell'ex convento domenicano. Custodisce preziosi documenti tra cui: bolle, diplomi, lettere, registri (alcuni con miniature dal 991 al 1851), la collezione degli Annali Decemvirali dal sec. XIII al XIX, gli Atti del governo pontificio dalla sua instaurazione fino al 1860, il fondo dell'antico Ospedale di S. Maria della Misericordia, quello del Monte di Credito su Pegno con la matricola del 1462 miniata da Lorenzo Spirito Gualtieri, gli archivi di molti conventi e corporazioni religiose soppressi, le Riformanze delle Corporazioni e gli Atti processuali.

VERSO PORTA S. PIETRO. Altri insediamenti religiosi connotano il successivo tratto del corso Cavour. A sinistra, N. 130, è l'interessante facciata dell'ex **ospedale della Confraternita di S. Domenico** (1333), in pietra a fasce bianche e rosa. Segue a destra l'ex *monastero della Beata Colomba*, ora caserma dei Vigili del fuoco, sorto su un precedente convento di terziarie domenicane (fine '400), ristrutturato nel XVIII secolo assieme alla chiesa, decorata da Francesco Appiani e Paolo Brizi. Quindi, l'ex *monastero di S. Maria Maddalena*, oggi caserma dei Carabinieri, ristrutturato nel 1493. Di fronte, la chiesa di **S. Maria di Colle** (odierno Auditorium mariano), datata 1304, ricostruita nel 1771 a opera di Alessio Lorenzini (all'interno, pala d'altare di Benedetto Bandiera).

*PORTA S. PIETRO. Il corso si conclude alla *porta* chiamata anche *Romana*, aperta nelle mura medievali. La parte rivolta al corso, a un fornice ad arco (in origine a due, come ricorda la denominazione di porta alle Due Porte), è quella trecentesca; la fronte esterna, vera e propria seconda porta, fu eseguita nel 1475 da Agostino di Duccio e Polidoro di Stefano che, ispirandosi alla facciata del Tempio Malatestiano di Rimini, ne fecero una mirabile ed elegantissima costruzione rinascimentale. È formata da un corpo centrale dove si apre una nobilissima arcata (notare il motivo dei clipei che accompagnano esternamente il giro dell'arco, motivo tratto dall'Arco Etrusco), inquadrata da due pilastri scanalati che sorreggono una cornice; i nicchioni dei corpi laterali risultano incompiuti. La porta, a doppia chiusura, contiene l'*oratorio di S. Giacomo*, già di proprietà del Collegio del Cambio, di fondazione duecentesca, ristrutturato nel XVI secolo; all'interno, *Cristo crocifisso* di Benedetto Bandiera.

Subito oltre la porta, in via Bonfigli, è l'ex *convento di S. Girolamo*, dal 1483 e fino alla soppressione dell'Ordine (1568) dei frati amadeiti, dediti alla cura degli appestati, poi dei Minori francescani; fu riedificato nella prima metà del XVII secolo e dotato del portico con funzione di Via Crucis a opera di Pietro Carattoli. Sotto è la **porta S. Girolamo**, restaurata nel 1582.

Precede la chiesa di S. Pietro, sul borgo XX Giugno, la chiesetta della **Madonna di Braccio** (Baglioni), da questi fatta erigere nel 1476-78, rifatta nel '700, con all'interno *Madonna col Bambino* attribuita a Tiberio d'Assisi.

*S. PIETRO. Sorge in fondo al borgo XX Giugno, sviluppatosi fuori porta S. Pietro e inglobato nell'ampliamento quattrocentesco delle mura. Il complesso benedettino fu fondato, secondo la tradizione per volontà del nobile Pietro Vincioli, alla fine del X secolo su un'area cimiteriale etrusco-romana e su un preesistente tempio paleocristiano, che si vuole sia la primitiva cattedrale perugina. Il monastero (ora della Facoltà di Agraria), che incorpora la basilica di cui sono ancora riconoscibili le strutture primitive, è l'esito di più fasi costruttive protrattesi dal Medioevo al Settecento.

Il CORTILE d'ingresso, costruito nel 1614 da Valentino Martelli e Lorenzo Petrozzi, è dominato dal possente ***campanile**, dodecagonale fino al giro di beccatelli, poi esagonale con alte bifore gotiche e una trabeazione rinascimentale sulla quale si alza la slanciata cuspide, che sovrappone forme di epoche diverse; la cella campanaria è opera di Giovanni di Betto e Puccio di Paolo (1463-68), su disegni di Bernardo Rossellino. Nel lato del cortile opposto a quello dell'ingresso è l'entrata all'ex convento; in fondo al lato sinistro si trova un ricco portale del '500 che dà accesso alla basilica: nella lunetta, *Madonna e due angeli* di Giannicola di Paolo. Sulla parete del portico a fianco del portale sono stati rimessi in luce alcuni affreschi del Maestro Ironico, appartenuti alla facciata originaria della chiesa. A destra dell'ingresso sono visibili i resti del primitivo torrione di base in pietra sbozzata del campanile, identico a quello raffigurato da Benedetto Bonfigli (Traslazione del corpo di S. Ercolano alla chiesa di S. Pietro) nell'ex cappella dei Priori (pag. 125).

*INTERNO DELLA BASILICA (attualmente non accessibile a seguito del terremoto del settembre 1997). D'impianto basilicale, è a tre navate divise da 18 antiche colonne sormontate da capitelli ionici di tarda età imperiale di marmo grigio e di granito orientale: la prima colonna sin. è però romanica e le ultime due, a d. e a sin., corinzie rinascimentali: l'abside è profonda. L'originaria struttura medievale si coniuga con la ricchezza dell'intervento decorativo eseguito tra la metà del '500 e l'inizio del '600, che connota vigorosamente la semplice architettura originaria. La 2ª colonna sin., detta «miracolosa», reca dipinta la figura di *S. Pietro Vincioli*. In controfacciata (1, nella pianta a pag. 171), *Trionfo dell'Ordine benedettino*, dell'Aliense. Ai lati della porta d'ingresso, quattro affreschi staccati di Orazio Alfani (*S. Pietro guarisce lo storpio, Liberazione di S. Pietro*) e di Leonardo Cungi (*S. Paolo a Malta, S. Paolo sul mare in tempesta*).

NAVATA MEDIANA, con ricco soffitto ligneo a cassettoni intagliati, dorati e colorati di Benedetto di Giovanni di Pierantonio (1564). Alle pareti, 10 grandi *tele dell'Aliense (1592-94) aventi per tema scene della vita di Cristo. La serie comincia a d.: (2), *Natività* e, in secondo piano, *Isacco che benedice Giacobbe*; (3), *Disputa coi dottori* e, in secondo piano, *La regina di Saba davanti a Salomone*; (4), *Battesimo di Gesù e Naman guarito dalla lebbra*; (5), *Nozze di Cana* e *Convito d'Abramo*; (6), *Gesù a cena dal Fariseo* e *David rimproverato da Nathan*; (7), *Risurrezione di Lazzaro* e *Il figlio della vedova risuscitato da Elia*; (8), *Cacciata dei mercanti dal tempio* e *Mosè che spezza le tavole della legge*; (9), *Entrata di Gesù in Gerusalemme* e *David vincitore di Golia*; (10), *Crocifissione* e *Isacco sul M. Moria*; (11), *Risurrezione* e *Giona restituito dalla balena*.

NAVATA DESTRA. *Madonna col Bambino e i Ss. Maddalena e Sebastiano* (12), tavola già attribuita a Eusebio da San Giorgio; *Assunzione di Maria Vergine* (13), probabilmente di Orazio Alfani; tra il 1° e il 2° altare (14), *Miracolo della colonna* di Giacinto Gimignani (1679); al 2° altare (15), *Miracolo di S. Mauro* di Cesare Sermei; tra il 2° e il 3° altare (16), *David sceglie i tre castighi minacciati dall'angelo* di Ventura Salimbeni (1602); al 3° altare (17), *S. Benedetto tra S. Placido e S. Mauro consegna la regola ai monaci*, attribuita a Eusebio da San Giorgio, del quale verosimilmente è la sola predella, con *scene del martirio di S. Cristina*. Segue (18) la *Processione di S. Gregorio Magno per la cessazione della peste* di Ventura Salimbeni. Quindi, la CAPPELLA DI S. GIUSEPPE (19): nell'interno, decorato dal Bruschi (1855), sopra la porta, *Madonna col Bambino e quattro santi* di scuola perugina del principio del sec. XVI; all'altare, *Sacra Famiglia*, copia da Raffaello; alla parete d., *Sacra Famiglia* di scuola toscana. Uscendo dalla cappella, alla parete d. (20), *Sansone* di François Perrier; di fronte (21), *Pietà* di scuola di Sebastiano del Piombo. Sopra la porta seguente (22), *Madonna col Bambino, S. Giovannino e una santa*, bel quadretto attribuito a Bonifacio Veronese, e ai lati, i *Ss. Placido e Mauro*, copie del Sassoferrato dal Perugino. Di fronte (23), la *Vergine lattante* di Giovanni Domenico Cerrini. Quindi a d. (24), *Risurrezione*, tavola di Orazio Alfani (1553). Subito dopo, sopra la porta (25) della sagrestia, *S. Flavia* del Sassoferrato e *Ss. Apollonia e Caterina*, copia dal Perugino dello stesso. Alla parete di fronte, il *Battista* del Cerrini.

La SAGRESTIA (26), edificata nel 1451, ha la volta affrescata con *storie dell'Antico Testamento*, attribuite a Scilla Pecennini o ad artista con influssi nordici e fiamminghi; nell'alto delle pareti, *storie sacre* di Girolamo Danti (1574); armadi di Giusto di Francesco d'Incisa e Giovanni di Filippo da Fiesole (1472) con tarsie di Mariotto da Pesaro. Pregevole il pavimento in maiolica, opera del derutese Giacomo Mancini (1563-64). Alla parete d'ingresso, cinque ***quadretti** (*S. Costanzo, S. Pietro abate, S. Ercolano, S. Placido, S. Scolastica*) del Perugino, già nella predella della tavola dell'Ascensione dello stesso (1496), una delle sue opere migliori, asportata dai Francesi e ora al Museo di Lione. Sopra, *S. Francesca Romana e l'angelo* dello Spadarino. Alla parete d.: *testa di Cristo*, attribuita al Dosso; *Sacra Famiglia*, di scuola del Parmigianino; *Gesù Bambino e S. Giovannino*, di scuola del Perugino. Alla parete di fondo: altare con dorature di Francesco di Guido di Virio (1487), su cui *Crocifisso* in bronzo di Alessandro Algardi; sulle due porticine, *David e Isaia*, copie dal Perugino; all'angolo sin., *Madonna col Bambino*, forse del Garofalo. Alla parete sin.: *Madonna col Bambino e S. Giovannino* di Sebastiano Conca; *Gesù alla colonna*, bozzetto caravaggesco, dipinto su rame, probabilmente per un più grande lavoro mai eseguito. Inoltre, armadio di Giusto di Francesco d'Incisa e Giovanni di Filippo da Fiesole (1472).

PRESBITERIO (27). La conca absidale originaria, a pianta semicircolare, venne abbattuta nel sec. XIV dopo l'arcone della navata centrale, per far posto al grande vano, con volte e costoloni gotici, dove furono collocati i due organi, il coro e l'altare maggiore. L'arco trionfale è decorato con *scene di mietitura e vendemmia*, attribuite a Giovanni Fiammingo (1592); la volta del presbiterio, le lunette e i costoloni recano *Virtù teologali e cardinali* di Scilla Pecennini e Pietro d'Alessandro (1594), mentre a G.B. Lombardelli della Marca spettano la *Consegna delle chiavi a S. Pietro* e la *Conversione di S. Paolo* (1591) sopra il coro; Benedetto Bandiera dipinse il grande baldacchino e i *quattro Evangelisti* della volta. All'ingresso, due pulpiti poligonali, di Francesco di Guido da Settignano; balaustra del 1592. L'altare maggiore fu rifatto con marmi preziosi e pietre dure da Valentino Martelli (1592-1608); il ciborio, di diaspro e verde antico, è del carrarese Sante Ghetti (1627); l'altare racchiude la tomba di san Pietro Vincioli ed è ornato da un paliotto bronzeo moderno. Ai lati del presbiterio, **seggi* intagliati di Benedetto di Giovanni e Benvenuto da Brescia (1555-56). Il ***coro** ligneo, nobilissimo per eleganza e finezza dell'intaglio e delle tarsie, iniziato nel 1526 da Bernardino Antonibi con la collaborazione di Nicola di Stefano da Bologna, fu ripreso nel 1535 da Stefano Zambelli con aiuti. La porta nel fondo ha quattro ***tarsie** (*Annunciazione, Mosè salvato dalle acque, teste dei Ss. Pietro e Paolo*) di fra' Damiano da Bergamo (1536), fratello di Stefano Zambelli; essa dà su una loggetta (accessibile su richiesta), sporgentesi come sospesa nello spazio (**panorama*). Nel mezzo dell'abside, leggio di Battista Bolognese (1535-37), con l'aiuto di un maestro Ambrogio francese e di un maestro Lorenzo.

NAVATA SINISTRA. In fondo (28), *Pietà e Ss. Girolamo e Leonardo* (1469), probabile opera giovanile di Fiorenzo di Lorenzo. Sotto è la *pietra tombale del vescovo Ugolino da Montevibiano* (m. 1319) e, a sin., *Gesù nell'orto*, tela di Giovanni Lanfranco. Segue la CAPPELLA VIBI (29), opera di Francesco di Guido da Settignano: all'altare, tabernacolo marmoreo attribuito a Mino da Fiesole (1473) con **Gesù Bambino benedicente fra quat-*

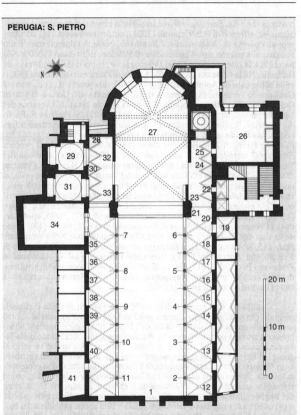

PERUGIA: S. PIETRO

Ciclo di tele dell'Aliense (2-11)
Cappella di S. Giuseppe (19)
Sagrestia: quadretti del Perugino (26)
Presbiterio: coro, tarsie di fra' Damiano (27)

Cappella Vibi (29)
Cappella Ranieri (31)
Cappella del Sacramento (34)
Cappella di S. Sebastiano (41)

tro angeli e i Ss. Battista e Girolamo. Nella lunetta al di sopra, *Annunciazione*, affresco di G.B. Caporali (1521), autore anche dei fregi ad affresco; alla parete d., *Madonna col Bambino*, copia del Sassoferrato dallo Spagna; alla parete sin., *Visitazione* di Polidoro di Stefano (1530). Alla parete fra le due cappelle (30), *Deposizione*, copia del Sassoferrato da Raffaello. Nella CAPPELLA RANIERI (31), pure di Francesco di Guido (1505): volta affrescata da Annibale Brugnoli (1863); alla parete d., *Incontro di Gesù con la Veronica* di Francesco Gessi; alla parete sin., *Gesù nell'orto* di Guido Reni. Fuori della cappella, *Giuditta con la testa di Oloferne* del Sassoferrato. Ai muri di contro alle cappelle (32 e 33), *S. Pietro* e *S. Paolo* del Guercino. Si passa nella CAPPELLA DEL SACRAMENTO (34): sull'altare, attorno alla *Madonna del Giglio* di scuola perugina (principio sec. XVI), i *Ss. Pietro e Paolo* di Jean-Baptiste Wicar (1825). Alla parete d., *Il profeta Eliseo* e *Il miracolo della mensa fornita a S. Benedetto*, due tele del Vasari (1566); alla parete sin., *S. Benedetto manda S. Mauro in Francia* di Giovanni Fiammingo e *Nozze di Cana* del Vasari. Fuori della cappella, al muro (35), *Adorazione dei Magi* di Eusebio da San Giorgio (1508). Al 3° altare (36), *Assunzione della Vergine* di Orazio Alfani. Alla parete seguente (37), *Annunciazione*, copia del Sassoferrato da Raffaello. Al 2° altare (38), *Crocifisso* ligneo del 1478; alla parete seguente (39), *Pietà*, opera tarda del Perugino, già nella chiesa di S. Agostino; dopo il 1° altare (40), *scene della vita dei Ss. Mauro e Placido* di Giacinto Gimignani. Nella vicina CAPPELLA DI S. SEBASTIANO (41), quattro corali con **miniature* di Pierantonio di Niccolò del Pocciolo (1471), Giacomo Caporali (1475), Giovanni e Francesco Boccardi (1517-18). Al di sotto dell'abside sono visibili strutture del VI-IX secolo, un tempo non ipogee, relative a un Martyrium adattato a CRIPTA dai Benedettini attorno al 1002.

CONVENTO. Con accesso dal cortile d'ingresso, vi si visita il rinascimentale CHIOSTRO MAGGIORE (prima metà del Cinquecento), con al centro un puteale opera di Galeotto di Paolo (1530). Alla parete opposta all'ingresso si trova il portale d'accesso alla Sala capitolare, ora salone della biblioteca della Facoltà d'Agraria. A destra di essa, dopo un breve atrio si giunge al REFETTORIO, oggi aula magna (rivolgersi al custode): nel vestibolo è un **lavabo* in terracotta smaltata di Benedetto Buglioni (1488) con, nella lunetta, *Samaritana al pozzo*; nell'interno, pergamo e tre medaglioni in terracotta smaltata con i *Ss. Benedetto e Pietro e la sigla di Gesù*, pure del Buglioni. Dal vestibolo del refettorio si può passare nel CHIOSTRO MINORE O DELLE STELLE, progettato dall'Alessi (1571). Nell'antica peschiera dei monaci è stato di recente istituito un *Orto botanico medievale*, che illustra anche simbolismi e modi di pensare di quell'epoca.

GIARDINO DEL FRONTONE. Si stende, fino alle mura quattrocentesche, a destra di S. Pietro, sul lato opposto del borgo XX Giugno. Fu sistemato nel 1780-91 sull'area del '400 adibita a usi militari e a difesa della città (Braccio Fortebracci vi istituì, nel 1416, il campo di battaglia e di esercitazioni), nel 1707 adattata dagli Arcadi a luogo di riunioni estive. Ordinato da tre viali paralleli con lecci monumentali, si conclude in un piccolo anfiteatro costruito da Vincenzo Ciofi, con arco di trionfo di Baldassarre Orsini (il cosiddetto Frontone che dà il nome al giardino).

S. COSTANZO. Oltrepassata la *porta S. Costanzo*, rifatta nel 1587 (la vecchia porta è inglobata nel vicino complesso di S. Pietro), si scende in breve (volgendo a sinistra, quindi subito a destra) alla chiesa, di cui si ha notizia dal 1027, rifatta nel 1781 e infine nel 1890 su disegno neoromanico di Guglielmo Calderini. Il portale romanico, forse di altra provenienza, ha nell'architrave rilievi raffiguranti *Cristo benedicente* e, ai lati, i *simboli degli Evangelisti*; gli altri fregi sono imitazioni ottocentesche. Nell'interno, decorato da Lodovico Caselli, si trova nell'abside l'altare del 1205.

Di fronte alla chiesa è il fabbricato (1929) della *Facoltà di Veterinaria*. A destra si apre l'ingresso all'**Orto botanico**, sorto nel 1530 come «orto dei Semplici» e qui trasferito nel 1896.

VIALE ROMA. Si dirama fuori la porta S. Costanzo, a destra. Il viale costeggia le mura e rasenta a sinistra il palazzo dell'*Educatorio femminile di S. Anna*, già monastero di S. Maria degli Angeli e oggi sede di una scuola, con facciata e annessa chiesa neoclassiche, opere di Giovanni Santini (il chiostro è del 1505). In questo tratto si apre nella murazione trecentesca la *porta dei Ghezzi*, dalla quale si staccava verso S. Giuliana l'antemurale voluto da Braccio Fortebracci per potenziare le difese del settore sud-orientale della città. Viale Roma termina alla *stazione di S. Anna* (1910) della Ferrovia Centrale umbra.

S. GIULIANA. Sorge sul fondo dei giardini di *piazza Partigiani*, in area già adibita a piazza d'Armi, nell'800 riorganizzata come cerniera tra la città nuova e quella vecchia; al principio del '900 la piazza è uno dei poli dell'espansione edilizia, che si orienta verso l'anello dei viali di circonvallazione sui quali si impernia la moderna viabilità urbana. La piazza funge ora da capolinea delle autolinee urbane ed extraurbane, attrezzata con un ampio parcheggio sotterraneo per il traffico privato. È collegata al centro della città tramite scale mobili che, nel tratto sotterraneo, salgono all'interno dei sotterranei della Rocca Paolina fino a sbucare in piazza Italia (pag. 134). Il percorso meccanizzato può essere un comodo mezzo per raggiungere la chiesa dalla «città alta»; in alternativa, si possono seguire, al termine del viale Roma (v. sopra), le vie Cacciatori delle Alpi e XX Settembre, al principio della quale si stacca a destra un collegamento pedonale.

La chiesa di **S. Giuliana** e l'ex monastero femminile cistercense furono fondati nel 1253 e sottoposti dal cardinale Giovanni da Toledo all'autorità dell'abate di S. Galgano; nel 1567, per i trascorsi di decadenza morale, Pio V ne decise il trasferimento sotto l'unica giurisdizione del vescovo di Perugia. Il complesso, rimaneggiato nel XVI secolo e ancora nel XVIII, fu nel 1797 (con le soppressioni napoleoniche) spogliato fino a essere ridotto a granaio. Nella facciata trecentesca, con rivestimento di marmi bianchi e rossi a disegno geometrico secondo un motivo ricorrente nell'architettura ecclesiastica perugina, spicca un bel portale sormontato da rosone. Il campanile è tra i pochi in città a conservare la cuspide gotica.

L'INTERNO (aperto solo la domenica, 10-12.30) è semplice, a una navata, con pareti adorne di una frammentaria decorazione ad affresco (in restauro) di varie epoche: alla parete sin., *Ultima cena*, affresco staccato del 1250-70 circa; alla parete d., *Crocifissione*, affresco staccato del sec. XIV, *S. Pier Damiani* e *Papa Gregorio VII*. Sull'arco trionfale, resti di affreschi della fine del '200 o del principio del '300: *S. Giuliana, S. Bernardo da Chiaravalle,* motivi ornamentali geometrici e circolari con i *quattro Evangelisti, Agnello mistico* e *dodici angeli.* Alla parete absidale, affresco staccato con *Incoronazione della Vergine,* attribuito al Maestro del Trittico Marzolini (sec. XIII); inoltre, *Madonna del Latte,* il *Battista* e *santo frate,* d'arte umbra della seconda metà del sec. XIV.

L'ex **monastero**, nell'800 adattato a ospedale militare e ora in parte adibito a scuola di lingue estere dell'esercito, sta a destra della chiesa, al cui fianco si addossa il primo cortile, con un portale del '200. In fondo, passando per un androne (a sinistra avanzi del bellissimo portico duecentesco prossimo al gotico francese), si arriva nel grande *CHIOSTRO (in restauro) attribuito a Matteo Gattapone (1376 circa), con pilastri poligonali a fasce bianche e rosse con notevoli capitelli figurati del XIII secolo, e loggiato superiore a trifore su colonnette binate; al centro, nel giardinetto, puteale del 1466. Sullo stesso lato dell'ingresso è l'antica *Sala capitolare* (sec. XIII), con frammenti di affreschi della stessa epoca e peducci a «pendentivi» di maniera non locale. Interessanti anche gli avanzi dei dipinti murali emersi nella sala sottostante al campanile e nella soffitta adiacente all'ex farmacia, detta camera dell'abbadessa, con *Crocifissione* nel XIV secolo e rari decori medievali a finto tessuto.

FONTIVEGGE. Da S. Giuliana, la via XX Settembre scende con ampie serpentine fino a confluire nella via Angeloni, sulla quale si raggiunge la **Stazione ferroviaria**, iniziata nel 1860 (all'interno, ambienti decorati da Matteo Tassi e Coriolano Mazzerioli). L'area a ridosso della stazione, chiamata Fontivegge dal nome delle antiche fonti di Veggio (l'attuale *fonte* è del 1615-42, su probabile disegno di Matteuccio Salvucci), ebbe sviluppo industriale al principio del Novecento con l'insediamento di stabilimenti produttivi quali la Perugina. Gli interventi urbanistici degli anni settanta e ottanta del '900 hanno riconfigurato la zona come polo direzionale e terziario della città moderna, che trova la sua più significativa espressione nel complesso di edifici progettati da Aldo Rossi attorno alla *piazza Nuova,* ammattonata, con fontana centrale, la vecchia ciminiera della Perugina e tutt'intorno edifici plurifunzionali e rappresentativi (tra cui la sede della Regione Umbria). Il nuovo quartiere, inserito in un contesto caotico e congestionato, stenta tuttavia a qualificarsi in senso sia urbanistico che funzionale.

1.4 LE NECROPOLI ETRUSCHE DI PERUGIA

Lungo gli assi viari che escono dalle porte urbane sono ubicate le necropoli della città antica, databili dal V sec. a.C. all'età romana, con maggiori attestazioni in età ellenistica. In rapporto con l'arco di Augusto erano le necropoli settentrionali: S. Caterina Vecchia, Sperandio, Bulagaio; con l'arco dei Gigli, sulla strada per il municipio romano di Arna, quelle orientali: Monteluce, Cimitero, Monterone; con la porta Marzia, sulla direttrice per Orvieto, quelle del Frontone e di S. Costanzo; infine, in relazione con le porte della Mandorla e Trasimena, quelle di S. Giuliana e di S. Galigano. Le necropoli più vicine alla città erano pertinenti al centro urbano, mentre quelle più lontane sono riferibili a insediamenti sparsi nel territorio, testimonianza del diffondersi di piccoli nuclei abitati in rapporto con lo sfruttamento agricolo della terra. Le necropoli poste lungo le principali strade (del Palazzone-ipogeo dei Volumni, Ferro di Cavallo, della Madonna Alta) attestano infine lo sviluppo del territorio in età ellenistica. Non tutte le citate zone archeologiche sono visitabili, mentre i materiali da esse provenienti sono esposti al Museo Archeologico nazionale di Perugia, di cui costituiscono una parte importante del patrimonio. Di sicuro interesse anche per il visitatore non specialista sono gli ipogei qui sotto descritti, tra i quali notevolissimo quello dei Volumni.

ALL'*IPOGEO DEI VOLUMNI: km 7. Si esce da Perugia sul viale Roma (pag. 173) e si prosegue nella statale 75 bis, che scende tra gli alberi a serpentine: la vista si apre a sinistra sulla Valle Umbra, solcata dal fiume Topino e sovrastata dal monte Subasio, e a destra sulla valle del Tevere con lo spartiacque dei monti Martani. Raggiunto il piano, subito prima dell'attraversamento della ferrovia si trova, addossata al declivio di un poggio, la piccola costruzione ottocentesca che fa da vestibolo all'ipogeo. La grande tomba a camera, rinvenuta casualmente nel 1840, è uno dei più noti esempi di tomba gentilizia etrusca di età ellenistica, appartenuta alla famiglia dei Velimna (in latino, Volumni). La datazione è stata di recente collocata nella seconda metà del II sec. a. Cristo. Visita (per gruppi di 5 persone): 9.30-12.30 e 15-17 (luglio e agosto, 16.30-18.30); festivi, solo la mattina.

LA NECROPOLI DEL PALAZZONE. Si stendeva attorno all'ipogeo, con numerose tombe a camera parte di età arcaica e parte ellenistica. Deriva il nome da quello della vicina villa dei Baglioni, allora proprietari del terreno. Espropriata dallo Stato, è destinata a divenire area archeologica.

VESTIBOLO. Sono raccolte numerose urne cinerarie dalla circostante necropoli del Palazzone, trovate in tombe per lo più a camera, a carattere familiare, e appartenenti al periodo più tardo della città etrusca. Le urne sono quasi tutte in travertino, pochissime in terracotta e una in arenaria; molte con tracce notevoli di policromia. Il maggior numero di esse è di tipo architettonico con coperchio a doppio spiovente, con timpano liscio o iscritto o decorato con motivi a rilievo. Poche urne hanno sul coperchio il defunto semigiacente. La fronte delle urne è liscia, a volte solo iscritta, ovvero presenta scene figurate con soggetti mitologici: sacrificio di Ifigenia (N. 55); Uccisione di Troilo (N. 67); duello tra Eteocle e Polinice (N. 84 e 164); battaglia tra Greci e Persiani (N. 64, 86, 102); caccia al cinghiale Calidonio (N. 70 e 87); lotta tra Grifi e Arimaspi (N. 91, 103, 107); Scilla, sola o con i compagni di Ulisse (N. 9, 66, 68, 81); altre ancora sono decorate con scene di banchetto (N. 20, 114, 141), busti virili (N. 79 e 152); flautista (N. 13), mostri marini, testa di Medusa, bucrani e motivi vari. In molte urne o sui coperchi è inciso il nome del defunto.

IPOGEO. Una ripida scala (moderna) di 29 gradini scende al piano dell'ipogeo, scavato nel terreno naturale (il «tassello»). La porta consta degli stipiti, dell'architrave e di un lastrone di chiusura in travertino; sullo stipite destro, iscrizione etrusca verticale, relativa alla costruzione della tomba. L'ipogeo imita l'impianto di una casa romana. Si entra in un ambiente rettangolare, l'*atrium*: in ciascun lato lungo si aprono tre celle, i *cubicula*, e le celle estreme hanno una cella secondaria; nel lato di fondo, un decimo ambiente, il *tablinium*. L'ATRIUM ha la volta che simula un tetto ligneo a due spioventi, dal quale pendeva una statuetta di genietto in terracotta, andata perduta. Nel frontone d'ingresso è scolpito uno *scudo fra due delfini*; in quello di fondo, uno *scudo fra due spade e due busti virili*, uno con canestro, l'altro con una lira; a destra della porta d'ingresso alla tomba, entrando, si vedono tracce di una *figura alata* a rilievo.

Il TABLINIUM, come altre celle, aveva ai lati, infissi nella parete scavata nel terreno, due serpenti in terracotta (ci sono resti di uno di essi); nella volta, una grandiosa protome di *Medusa* a rilievo. Nella cella sono disposte, sopra una banchina, **sette urne cinerarie** di cui una di marmo e sei di travertino rivestite di stucco. La più notevole è quella addossata nel mezzo della parete di fondo, di *Arunte Volumnio figlio di Aulo* (*Arnth Velimnas Aules* nella iscrizione etrusca), capo della famiglia: consiste in un letto adorno di drappi, sul quale sta recumbente il defunto e poggia su alto basamento fiancheggiato da *due lase*, o piuttosto demoni funerari alati, di aspetto giovanile. Tra le due lase sono tracce di una pittura, forse allusiva all'entrata del defunto nell'Ade. A destra, quattro urne minori con i defunti recumbenti e, nel prospetto, bella *testa di Medusa*; a sinistra, due urne, delle quali notevole quella con una donna seduta su ricco sedile: *Veilia Velimnei Arnthial, Velia Volumnia* figlia di Arunte. L'urna di marmo, appartenente probabilmente a un più tardo discendente della famiglia, imita la forma di un edificio e ha fine decorazione prettamente romana che permette di datarla all'inizio dell'età imperiale; essa reca inoltre un'epigrafe bilingue, in cui il nome del personaggio sepolto è espresso sia in latino (*P[ublius] Volumnius A[uli] f[ilius] Violens Cafatia natus*) che in etrusco (*Pup. Velimna Au Cahatial*).

Le celle laterali sono vuote; talune hanno banchine ricavate nel terreno, nella volta di alcune si vedono teste a rilievo; in una delle celle laterali, a destra, è una decorazione a rilievo imitante l'architettura interna di un edificio con due civette a rilievo sul frontone di fondo della cella.

ALL'IPOGEO DI SAN MANNO: km 6. Dalla stazione ferroviaria di Fontivegge (pag. 174) si segue la via Cortonese, che attraversa i nuovi insediamenti residenziali. Su questa direttrice, che prosegue nella statale 75 bis verso il Trasimeno, si è polarizzata l'espansione urbana del settore occidentale, che si salda a sud ai quartieri di *Madonna Alta* e *Centova*: qui, è stata rinvenuta una necropoli etrusca con tomba in lastroni di travertino e soffitto a doppio spiovente (II sec. a. Cristo). Si rasenta l'ampia zona di verde attrezzato di *Pian di Massiano* e lo stadio comunale «R. Curi», oltre il quale è segnalato il bivio, a destra, per la Città della Domenica (vedi oltre). Subito si è a *Ferro di Cavallo* m 287, frazione sviluppatasi nel '900 presso un vecchio nucleo imperniato sulla chiesetta di *S. Manno*, trecentesca ma di più antica origine (all'interno, resti di affreschi della fine del '200 e un grande affresco di Scilla Pecennini). Attorno alla chiesa, acquistata dall'Ordine di Malta, si formò nel Medioevo un monastero fortificato, di tipologia rurale, con avanzi di una torre ingrandita nel 1512. Il complesso include materiali appartenuti all'**ipogeo di San Manno**, tomba etrusca che oggi fa da cripta alla chiesetta (per la visita rivolgersi in loco).

La scala d'accesso, opposta all'ingresso originario, scende in un ambiente in grossi blocchi perfettamente squadrati e con una volta a botte molto regolare. In ciascuno dei due lati lunghi si apre una celletta; quella a sinistra, dove erano collocate le urne su due piccoli banchi, conserva sopra l'arco a ghiera di blocchi radianti un'importante iscrizione etrusca di tre lunghe linee, di difficile interpretazione, nella quale sono ricordati due membri della famiglia «Precu», per cui fu costruita la tomba. Non lontano, allo sbocco della strada Giusti nella statale del Trasimeno, si trovano resti di altre tombe etrusche costruite in blocchi di travertino e avanzi di una strada.

· **LA CITTÀ DELLA DOMENICA.** Dalla statale del Trasimeno la segnaletica guida al parco dei divertimenti (km 7.8 da Perugia, circa 2 da Ferro di Cavallo), chiamato anche *Spagnolia* dal nome dell'industriale Mario Spagnoli che la creò nel 1955. Sistemata su un contrafforte del monte Malbe, coperto di olivi appositamente impiantati, accosta ambienti del mondo delle fiabe (villaggio di Pinocchio, casa di Biancaneve, lago dei Cigni, bosco delle streghe, castello della bella addormentata), giochi, attrattive di varia ispirazione (Far-West, ricostruzioni storiche), una collezione di conchiglie e un *Serpentarium*. Il parco, attrezzato con un trenino, è aperto da metà marzo a metà settembre, 9-19; da metà settembre al 3 novembre, solo sabato e festivi.

ALL'IPOGEO DI VILLA SPERANDIO: circa un quarto d'ora a piedi, uscendo da porta S. Angelo (pag. 154) e seguendo, fuori le mura, la via Sperandio in area scarsamente interessata dall'edificazione per la scoscesa morfologia del luogo. L'ipogeo, situato nel podere della villa Sperandio, fa parte di una necropoli pertinente alla città, dalla quale provengono materiali ora in parte esposti al Museo Archeologico di Perugia. Fu scoperto nel 1900 ed è profondo 5 metri (per la visita rivolgersi sul posto).

Una porta con architrave dà accesso a una camera a volta scavata nel terreno; nel fondo si trova il sarcofago di arenaria che conteneva uno scheletro di donna. All'epoca della scoperta la suppellettile era sparsa al suolo. Vicino all'ipogeo fu individuato anche il luogo dove venivano bruciati i cadaveri.

2 IL LAGO TRASIMENO

L'AMBIENTE E LA STORIA

Il grande specchio d'acqua – per estensione il maggiore dell'Italia peninsulare e il quarto del paese, con una superficie di 126 km² – si colloca in un ampio bacino aperto a ovest verso la Valdichiana, mentre a sud, a est e a nord è chiuso da un anfiteatro di dolci colline e rilievi più acclivi, che si alternano a zone pianeggianti lungo le sponde e a strette vallecole nelle aree più interne.

ORIGINI E CARATTERISTICHE. Il Trasimeno è un lago laminare, che ha origine dal riempimento di una depressione tettonica probabilmente residuale dell'antico sistema di laghi quaternari dell'Italia centrale. La sua profondità non supera i sei metri; il lento ricambio delle acque ne fa una delle zone umide più fragili e interessanti tra quelle, sempre più ridotte per numero e per estensione, esistenti in Italia. Il volume di acqua è storicamente documentato come molto variabile. Nel corso dei secoli si è cercato, attraverso diverse opere idrauliche, di regolarizzarne il livello: per primi furono i Romani a scavare nella zona di San Savino una galleria che funzionasse da esautore; successivamente (1422) Braccio Fortebracci, signore di Perugia, ne realizzò uno analogo scavando nello stesso luogo una galleria di circa mille metri. L'emissario attualmente in funzione fu progettato nel 1898. Abbandonata l'ipotesi di un suo prosciugamento, vivacemente dibattuta fra Sette e Ottocento, negli anni '50 e '60 del Novecento, per far fronte a un lungo periodo di magra, furono realizzati i lavori di ampliamento del bacino imbrifero immettendo nel lago le acque dai torrenti Tresa e Rigo Maggiore. Dalle acque affiorano tre isole: la Maggiore, con un piccolo borgo abitato da circa sessanta anime; la Minore, di proprietà privata; e la Polvese, la più grande delle tre, di proprietà della Provincia di Perugia.

IL QUADRO AMBIENTALE. Tre differenti tipologie paesaggistiche, molto frammentate, si giustappongono nel comprensorio del Trasimeno: le aree pianeggianti, quelle collinari e lo specchio d'acqua con la fascia litoranea. Nelle zone di pianura sono ancora presenti, oltre alla cosiddetta vegetazione ripariale, i suggestivi filari alberati e in particolare, a sud e a ovest del lago, lembi anche estesi di boschi misti a brughiera, relitti dell'antica foresta planiziale. Sui dolci pendii della cornice alto e medio-collinare, fitti boschi di cerro, roverella, leccio e rari castagneti, si alternano a una preziosa trama di antichi oliveti, vigneti e seminativi arborati, e a prati a pascolo nelle zone sommitali. La grande superficie lacustre, di colore verde opaco e pressoché circolare, ha fondali erbosi che emergono quando il vento increspa la sottile copertura d'acqua («un velo d'acqua su un prato», come definì il lago Cesare Brandi). Alcune lingue di terra fitte di canneti, la presenza delle tre isole e le colline che si spingono fin dentro il bacino formando promontori, costituiscono le quinte che rompono la continuità delle coste e producono l'illusione che, cambiando il punto di osservazione, muti anche la forma del lago, offrendo mutevoli scorci paesaggistici che hanno ispirato il Perugino e affascinato i viaggiatori del passato (Goethe, Byron e Andersen).

L'HABITAT. Le sponde del lago sono coperte da un fitto fragmiteto che in alcuni punti, come presso San Savino, si stende per diverse centinaia di ettari in un susseguirsi di canneti solcati da canali e canaletti. Di tanto in tanto si aprono ampi «chiari» che ospitano colonie di ninfee bianche e una ricchissima avifauna. Sono facilmente osservabili colonie di folaghe e germani reali, svassi minori e maggiori, aironi cinerini e rossi e non è raro veder volteggiare il gufo, il falco di palude e il falco pescatore. Le acque, nonostante i fenomeni di eutrofizzazione, sono popolate da numerose specie autoctone come il luccio, il cavedano, la scardola (la lasca è estinta); l'anguilla, che necessita di continuo ripopolamento, è documentata dal 1342, mentre la carpa fu introdotta nel '700; di recente sono stati aggiunti il persico reale, il pesce gatto, l'arborella, il persico sole e il persico trota.

LA TUTELA DELL'AMBIENTE. Nel marzo 1995 è stato costituito, con legge regionale, il Parco del Lago Trasimeno. L'intento di tutelare e valorizzare il bacino lacustre e il delicato ambiente che lo circonda ha spinto gli enti pubblici a realizzare «punti di osservazione» e centri di studio tra loro collegati. All'interno dell'isola Polvese è stato organizzato un centro di documentazione ambientale, tra i più qualificati d'Europa; a Passignano sono attive le strutture del Sistema Informativo Gestione Lacuale Agricolo (SIGLA), dove una strumentazione tecnologicamente avanzata effettua un monitoraggio permanente sulla qualità delle acque e dell'ambiente dell'intero bacino; a Sant'Arcangelo lavora un centro ittiogenico. Progetti di valorizzazione hanno interessato anche l'ambiente collinare, dove sono stati attrezzati numerosi itinerari pedonali che ricalcano la viabilità storica.

IL TRASIMENO NELL'ANTICHITÀ. Ritrovamenti archeologici documentano la presenza, già in età preistorica, di insediamenti umani soprattutto sulla costa occidentale, pianeggiante e gravitante sulla Valdichiana e la città di Chiusi. In epoca etrusca, si sviluppano una serie di piccoli nuclei a carattere agricolo, frequenti soprattutto in età ellenistica. Le coste settentrionale, orientale e parte di quella meridionale, sulle quali incombevano le colline, furono frequentate in modo sporadico da gruppi di pastori che hanno lasciato numerosi piccoli santuari posti alle sommità dei rilievi (Montecològnola), il cui scavo ha restituito offerte votive anche di alta qualità. In età romana sono frequenti insediamenti rustici legati alle attività agricole e ville d'ozio.

LA BATTAGLIA DEL TRASIMENO. Secondo la tradizione e le fonti letterarie, nel 217 a.C. sulle rive del lago si svolse la celebre battaglia fra l'esercito romano guidato dal console Caio Flaminio e le truppe di Annibale, appostate sulle colline sopra Tuoro; l'assalto ebbe conseguenze tragiche per i Romani, che furono decimati. Grande eco l'episodio ebbe nella memoria degli uomini del Trasimeno, che battezzarono alcuni villaggi vicini al teatro della battaglia con toponimi evocativi: Ossaia, Sanguineto, Sepoltaglia ricorderebbero i momenti drammatici dell'antico evento, ma senza alcun certo fondamento documentario.

LA FORMAZIONE DELLE STRUTTURE TERRITORIALI. Territorio di confine in posizione baricentrica tra Orvieto, Arezzo e Perugia, il Trasimeno ha sempre rappresentato un comprensorio di importanza strategica oltre che economica, basata quest'ultima sulla simbiosi tra attività pescereccia e sfruttamento agricolo. Fu dunque dall'antichità al centro di una competizione pressoché permanente, conclusasi solo alla metà del XVI secolo con la definizione dei confini dello Stato pontificio. Se è certo che le attività protostoriche, etrusche e poi la romanizzazione contribuirono a fissare permanentemente alcuni elementi di organizzazione territoriale (distribuzione degli abitati, trama dell'appoderamento), la formazione delle strutture tuttora riconoscibili nell'area circumlacuale va riferita all'età medievale (secoli XII-XIV), quando si costruisce il serrato sistema difensivo che collegava tra loro borghi fortificati, castelli, torri di avvistamento. Paciano, Panicale, Magione e Tuoro in posizione collinare, Castiglione del Lago e Passignano a fronte lago sono dal Duecento, pur con alterne fortune, i centri dell'organizzazione del comprensorio. Diversamente dal passato, la rete stradale, che privilegiava sedimi a quote elevate, è oggi impostata su un anello pianeggiante a ridosso del perimetro lacustre e da numerose strade di arroccamento che collegano i borghi collinari.

IL SISTEMA FORTIFICATO. L'organizzazione dei castelli e dei borghi fortificati era rappresentata a ovest da Castiglione del Lago, a nord da Tuoro e da Passignano che, con le rocche di Borghetto, Monte Gualandro e Vernazzano, costituivano una poderosa linea difensiva. Questa si prolungava a oriente nelle fortificazioni di Monte Ruffiano, torre di Fiume e Castel Rigone fino a Magione, che con i castelli di Montecològnola, Zocco, San Feliciano, San Savino, la Frusta e Sant'Arcangelo sul lago, e quelli di Montemelino, Montesperello e Agello in posizione retrolacuale, difendevano la via di comunicazione principale tra Perugia e il suo lago; Paciano e Panicale ne proteggevano il bordo meridionale da posizione arretrata. Tra il '200 e la prima metà del '500 questa struttura venne frequentemente disarticolata e riaggregata nel gioco delle alleanze tra le famiglie e i capitani di ventura. L'avvento delle armi da fuoco fece infine perdere importanza alle fortificazioni medievali che, smantellate o degradate, appaiono oggi in buona parte dirute.

I DELLA CORGNA. Al tessuto medievale si sovrapposero interventi rinascimentali significativi, molti dei quali da mettere in relazione con l'affermazione dei Della Corgna, che nel 1550 assunsero il controllo politico-amministrativo del Trasimeno. Con l'ascesa al soglio pontificio di Giovanni Maria de' Ciocchi del Monte (Giulio III), imparentato ai Della Corgna per il matrimonio della sorella Giacoma con Francesco della Corgna, ha inizio la fortuna di questo casato, che ben esemplifica il processo di rifeudalizzazione che caratterizza l'Umbria papalina. I Della Corgna, spinti da esigenze di 'immagine' e dal desiderio di affermazione sociale, fanno erigere imponenti residenze a imitazione di quelle gentilizie. Al cardinale Fulvio e al fratello Ascanio si deve la riqualificazione urbanistica di Castiglione del Lago che, unitamente agli interventi a Città della Pieve e Pieve del Vescovo, costituisce un forte segno di potere nell'area di influenza della famiglia.

TRA SEI E NOVECENTO. L'amministrazione pontificia segna per il Trasimeno un lungo periodo di abbandono politico, che si attenua solo dopo l'unificazione con la ripresa delle opere idrauliche e la modernizzazione delle comunicazioni. I progetti di intervento nell'area sono oggi finalizzati a creare un sistema di attività produttive che integrino le vocazioni tradizionali (pesca, agricoltura) con altre, innovative, quali la trasformazione agro-alimentare e il turismo.

IL PERIPLO DEL LAGO

Il bacino lacustre fu il primo territorio del contado perugino a essere ufficialmente subordinato alla nascente autonomia comunale, tra il 1139 e il 1180. Nelle alterne vicende, sempre il Trasimeno fu considerato «lago di Perugia», tanto che questa stretta relazione politica e culturale ha trovato significative espressioni iconografiche o letterarie. Allusiva, per esempio, la raffigurazione di Perugia fatta nel 1447 da Giovanni Boccati nella Madonna del Pergolato (Galleria nazionale di Perugia), dove le mura urbane sono lambite dalle acque del lago a guisa di visione 'lagunare'. E curiosa la novella di Franco Sacchetti che, a fine '300, racconta come il pittore fiorentino Buonamico Buffalmacco abbia sbeffeggiato i Perugini e il governo committente dipingendo in piazza il patrono S. Ercolano coronato di «una ghirlanda piena di lasche, delle maggiori che mai uscissino del lago». Feudatari del Trasimeno furono le famiglie maggiorenti del capoluogo – i Montemelini, i Bourbon-Sorbello, gli Oddi, i Baglioni, i Della Corgna, i Florenzi – che hanno dato impronta ai borghi e hanno lasciato i castelli, le rocche e le ville che tutt'oggi si inseriscono con vigore plastico e cromatico nella dolcezza e nella luminosità del rarefatto paesaggio lacustre. Tra le architetture religiose, rilevanza particolare assumono i numerosi santuari generati da eventi miracolosi, diffusi nel comprensorio con insolita frequenza. L'itinerario, di 95 km (carta a pag. 184) con partenza da Perugia, compie il giro del Trasimeno seguendo in senso antiorario la strada circumlacuale; internatosi, dopo Castiglione, sui colli di Panicale, il percorso riguadagna la sponda del lago per non più discostarsene fino al rientro in Magione, dove si era affacciato al bacino lacustre.

DA PERUGIA A CORCIANO. La strada medievale che collegava Perugia al Trasimeno era la via regale (o di Toscana) che, dalla porta occidentale, si dirigeva verso ponente guadagnando il lago al valico di Monte Buono, presso l'approdo della Frusta. Da metà '300 è documentato il tracciato di pianura, reso possibile dalle bonifiche due-trecentesche, dal quale poco si discosta l'odierna statale 75 bis del Trasimeno, che lascia Perugia col nome di via Cortonese (pag. 177) e attraversa i moderni quartieri d'espansione, avendo a sinistra la piana del Càina, tributario del Tevere; in questo torrente confluiscono le acque dell'emissario del Trasimeno, convogliate entro una galleria artificiale che attraversa la sella di Sant'Arcangelo. Un collegamento alternativo e più veloce tra Perugia e il lago è co-

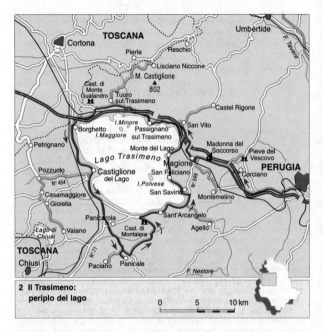

2 Il Trasimeno: periplo del lago

0   5   10 km

stituito dal raccordo autostradale Perugia-Bettolle, che raggiunge la prima uscita di Magione in 18.7 chilometri. Il contesto periferico che, in uscita dalla città, fa da scenario a entrambi questi percorsi accompagna fino, km 9, al bivio della statale da cui diverge a destra il tronco per (km 4) Corciano.

CORCIANO m 408, ab. 13 623 (7726), sta su un colle coperto di olivi. Il nucleo antico, in posizione elevata sulle moderne espansioni, mantiene intatto l'impianto castrense medievale, serrato dall'anello della poderosa cinta muraria quattrocentesca, munita di torri, nella quale si apre a sud la superstite *porta S. Maria.* Castello tra i più importanti del contado perugino, documentato dal XII secolo, dispone le integre case di pietra con andamento 'a corona' condizionato dai dislivelli, che accentuano la qualità dell'articolazione spaziale. In posizione elevata è la centrale *piazza Coragino,* con puteale cinquecentesco. Vi prospetta il fianco della parrocchiale di **S. Maria**, edificio medievale rinnovato nell'800. All'interno, al 1° altare sinistro, **Madonna della Mercede**, gonfalone di Benedetto Bonfigli (1472; notare, in basso, la veduta del paese dalla porta S. Maria); all'altare maggiore, **Assunta** (nella predella, *Annunciazione* e *Natività*), tavola del Perugino (1513).

Poco più in alto è la chiesa di **S. Cristoforo**, sui resti di un ipotetico sacello etrusco; vi è sistemato un piccolo *Museo di Arte sacra* o *della Pievania* (per la visita, rivolgersi al Municipio), con affreschi e arredi provenienti dalla parrocchiale. Alla base delle mura esterne dell'edificio si vedono alcuni enormi monoliti che, secondo una tradizione confortata dalla raffigurazione di Bonfigli (v. sopra), apparterrebbero a un arco d'accesso di età etrusca. A sinistra della chiesa si trova il *Museo della Casa contadina*, dove è ricostruita con utensili, attrezzi e arredi d'epoca un'abitazione tipica.

Dalla piazza Coragino si scende sul principale *corso Rotelli*, dove si allineano i palazzi pubblici che documentano la rilevanza politica ed economica del castello nel Medioevo. A sinistra è il *palazzo dei Priori e della Mercanzia* (xv secolo), seguito dal coevo *palazzo del Capitano del Popolo* o *del Contado*. Quindi, il **Palazzo comunale**, già residenza dei Della Corgna, cinquecentesco con decorazioni manieristiche all'interno. In una sala è ordinata una piccola esposizione di reperti archeologici di provenienza locale (visita negli orari d'ufficio), tra cui due grandi vasi di epoca villanoviana e un cippo in travertino con iscrizione etrusca, che costituisce il primo nucleo di un più ampio allestimento.

S. Francesco e S. Agostino. Posta al termine del corso Rotelli, poco fuori le mura, la chiesa di S. Francesco è un edificio gotico alterato tra Sei e Settecento, ripristinato; conserva resti di affreschi (secoli xiv e xv) e una tavola della scuola di Bartolomeo Caporali.

Su un vicino colle affacciato al castello, fuori porta S. Maria, sta tra gli olivi l'ex *convento di S. Agostino*, fondato nel 1334; la *chiesa*, modificata nel '700, conserva una tela (*Santi*) di Giulio Cesare Angeli.

Agosto corcianese. La manifestazione si svolge dal 1965 con mostre d'arte e d'artigianato, concerti, spettacoli teatrali, oltre al corteo storico del Gonfalone. A Natale, l'intero centro storico è coinvolto nel Presepe, con rappresentazioni di vita domestica e artigiana.

A Pieve del Vescovo: km 2 verso nord. Castello di origini trecentesche e poi residenza estiva dei vescovi di Perugia, fu restaurato nel 1560-70 circa da Fulvio della Corgna su progetto di Galeazzo Alessi; fu soggiorno estivo di Gioacchino Pecci, vescovo e cardinale di Perugia, poi papa Leone XIII; oggi è in abbandono.

VERSO MAGIONE. Dopo il bivio per Corciano la statale lascia a sinistra un tronco per (km 4.5) *Montemelino* m 347, con il trasformato castello dei Montemelini. Si prosegue tra basse colline arrotondate lasciando a destra un collegamento (km 1) per il **santuario della Madonna del Soccorso**, elegante tempietto in pietra locale con facciata in cotto spartita in due ordini e pianta a croce greca sormontata da una cupola ottagonale. Fu eretto nel 1719-29 per accogliere un'immagine 'miracolosa' della Madonna, affrescata sulla parete di un fienile e poi trasferita nel ricco altare maggiore barocco.

Sui colli che fanno da sfondo alla strada domina isolata la **torre** detta **dei Lombardi** (o dei Lambardi) dal nome della casata cui apparteneva: il grande e tardo torrione (in restauro), abitabile, fungeva da riferimento militare e da presidio dell'antica strada che guadagnava il nord del lago; attestata nella cartografia fino al '600, era l'unica al servizio della costa settentrionale. Subito si entra in Magione, avendo lasciato a sinistra, al km 19.7, la statale del Trasimeno Inferiore.

MAGIONE m 299, ab. 12 015 (10 674), a poca distanza dal lago, deriva il nome dal palazzo fortificato della *Badia, menzionato dal principio del XIII secolo come ospedale dei Gerosolimitani e passato nel 1311-12, per esproprio dei beni dei Templari a seguito del concilio di Vienna, ai Cavalieri di Malta (cui tuttora appartiene) che lo elessero a loro «mansio» (alla francese, magione). Il complesso, a pianta quadrata con torrioni angolari, è il risultato di una cospicua somma di interventi che rende dubbiosa l'attribuzione a Fioravante Fioravanti del progetto architettonico definitivo, datato al '400; all'interno (non accessibile), interessanti il cortile a tre loggiati sovrapposti su tre lati e la sala del trono. La Badia ingloba la chiesa di *S. Giovanni Battista*, in forme riconducibili agli albori del gotico.

Attraversando il paese s'incontra la parrocchiale di *S. Giovanni Battista*, così intitolata perché commissionata dai Cavalieri di Malta nel XVI secolo, rifatta nell'800 (salvo nella facciata, settecentesca); è internamente decorata di affreschi di Gerardo Dottori (1947), che nel paese ha lasciato altri dipinti conservati nella sede del Comune. Sulla via principale si trova la chiesa di **S. Maria delle Grazie**, ricostruita nel 1720, che faceva parte di un ospedale fortificato tenuto dai monaci basiliani, cacciati nel 1251; custodisce una **Maestà** attribuita ad Andrea di Giovanni (1371).

L'area sottostante a Magione, bonificata negli ultimi decenni del '200, è chiamata **Pian di Càrpine** in ragione della vegetazione un tempo prevalente; il toponimo indicava in origine il paese stesso ed è rimasto come specificazione di fra' Giovanni, nativo del luogo, che nel 1225 viaggiò in Estremo Oriente lasciando nella «Historia Mongolorum» la prima descrizione del paese e della gente mongola.

LA SPONDA NORD-ORIENTALE. Lasciata Magione, la strada, prima di giungere al lago, lascia a sinistra un breve collegamento (segnalato) per la chiesa della **Madonna delle Fontanelle**, edificata nel 1508 su una sorgente 'taumaturgica' e attorno a un'immagine della Vergine ritenuta miracolosa (ora custodita nella macchina d'altare in pietra lavorata). Si passa quindi sotto le mura merlate e le torri di **Montecològnola** m 410 (raggiungibile in 2.5 km, a sinistra), castello di poggio di forma ellittica, in magnifica situazione panoramica, caratterizzato dall'impianto regolare che ne denuncia la progettazione ex novo (1293) su richiesta a Perugia degli abitanti di Magione. La **parrocchiale dell'Annunziata**, ridotta nel 1946-47, conserva parte della decorazione dei secoli XIV-XVI; sopra l'arco trionfale, *Annunciazione* su piastrelle maiolicate di Deruta (1584); nella cappella di S. Lucia, affresco di Gerardo Dottori. Sulla cima del vicino poggio di Pasticcetto è stato scavato un piccolo *santuario etrusco*, frequentato tra il V e il III sec. a. Cristo.

Si raggiunge la **Torricella** m 261, con un'emergente casa-torre che ha dato il nome al paese, già posta dei cavalli (una lapide ricorda le soste, nel 1816 e nel 1824, del re Ferdinando di Borbone). Si prende a costeggiare lo specchio lacustre, invaso da canneti, sulla strada costruita nel 1895 in sostituzione della vecchia via a saliscendi tra gli insediamenti agricoli dell'entroterra. Tra questi era la fattoria con mulino appartenuta ai Florenzi e poi ai Borgia, che appare ora riconfigurata in *villa* neogotica di gusto castellano (inizi '900). Su una bassa elevazione a destra sta il minuscolo nucleo di **San Vito** m 307, che conserva un singolare campanile di forme preromaniche isolato dalla *chiesa* di fabbricazione romanica, con interno marcato dal restauro del 1912 (la tavola con *Crocifisso e santi* è della scuola di Fiorenzo di Lorenzo).

CASTEL RIGONE. Bellissima è la salita a questo antico castello, collegato alla statale da un tronco che si stacca a destra, dopo la *torre di Monteruffiano*, e ascende a risvolte il colle olivato con vista sempre più ampia fino a raggiungere (km 6.2) il magnifico osservatorio panoramico di Castel Rigone m 653. Il borgo, ristrutturato per il turismo e il soggiorno, è di origine medievale (fu fortificato nel 1297) ma è qualificato da uno dei maggiori documenti del rinascimento in Umbria, il *santuario della Madonna dei Miracoli, vera 'stratificazione' di eventi prodigiosi che fecero di questo luogo una delle mete più frequentate della devozione popolare. L'edificio fu iniziato nel 1494 col contributo del Comune perugino a protezione dalla peste ed ebbe l'intitolazione a Maria Santissima dei Miracoli per volontà del papa Alessandro VI. Tutto in arenaria, è opera di ignoto architetto che si ispirò alla Madonna del Calcinaio (Cortona) di Francesco di Giorgio. Nell'armoniosa facciata, opera di Domenico Bertini (1512), si apre il portale con ricche candelabre e lunetta adorna di una *Madonna col Bambino e i Ss. Agostino e Bartolomeo*. Il tozzo campanile sostituisce il precedente (1531), crollato nel 1831.

INTERNO DEL SANTUARIO. Di nitido impianto rinascimentale, è a pianta a croce latina, con unica ampia navata. Alla parete sinistra, affreschi votivi di scuola perugina del '500. Al 1° altare d., *S. Antonio abate*, statua marmorea del XVI secolo; al 2°, *Madonna del Rosario* di Bernardo di Girolamo Rosselli (1558); nel braccio d. del transetto, entro cappella in pietra serena, venerato *Crocifisso* ligneo inserito nell'iconografia tradizionale della *Crocifissione*, affrescata da Tommaso Papacello; sui pilastri dell'arco trionfale, due tondi con i *profeti Michea* e *Isaia* di Domenico Alfani. Nell'abside, entro grandiosa cornice di Bernardino di Lazzaro (1528), copia dell'Epifania dipinta per questa chiesa dall'Alfani su cartoni del Rosso Fiorentino (l'originale fu asportato dal granduca Ferdinando II nel 1643; rimangono la lunetta con *Padre Eterno* e la predella con *quattro storie*). Nella cappella del transetto sinistro, pure in pietra serena, è collocata l'immagine della *Madonna col Bambino* (fine XIV secolo) che ha dato origine al tempio. Al 2° altare sin., *Incoronazione della Vergine*, affresco attribuito a G.B. Caporali.

VERSO PASSIGNANO. Superato il bivio per Castel Rigone si scorge a destra la struttura d'impianto romanico di *S. Donato*; la chiesa era dipendenza dell'antichissimo *castello di Monte Ruffiano*, di cui si intravede nella macchia la rovina del mastio, ancora imponente sebbene in abbandono dall'800. Più a nord è il *Pian di Marte* (toponimo legato alla battaglia del Trasimeno), con la *torre* detta *di Fiume* e una chiesina duecentesca.

PASSIGNANO SUL TRASIMENO m 289, ab. 4981 (4176), dove si entra al km 29.4, è centro turistico disposto su uno scosceso promontorio digradante sul lago, protetto da un cerchio di verdi colline coltivate a vite e a olivo. Castello conteso per la posizione strategicamente rilevante in relazione alle comunicazioni con Perugia e il nord, rivela nell'odierno assetto le fasi di formazione avviate dalla costruzione della rocca, con superstiti tratti della cortina muraria dotata di porte e torri (emergente la trecentesca *torre di Ponente*, triangolare). Al nucleo antico si giustappongono le addizioni novecentesche, addensate lungo il lago e stimolate dall'insediamento, nel 1923, della Società aeronautica italiana (idrovolanti), poi riconvertita in cantiere navale. Con la crisi delle attività industriali, si è accentuata la propensione dell'economia locale verso il turismo. Sede del Servizio provinciale di navigazione, Passignano è collegata ai centri rivieraschi e alla vicina isola Maggiore (pag. 200).

Dalla nuova *parrocchiale* (1937), con il fianco rivolto al lago, a destra si entra nel centro storico per raggiungere, in piano, la cinquecentesca chiesa di *S. Rocco*, di forme rinascimentali, con un'inconsueta soluzione del doppio portale. Retrocessi, si sale alla chiesa di *S. Bernardino*, con facciata del 1573 in arenaria, cui si sovrappone l'*oratorio del SS. Sacramento* a formare un unico edificio. In cima al paese è la *Rocca*, ora di proprietà comunale, con le strutture edilizie ricavate nelle fortificazioni dai Florenzi, feudatari delle terre nord-orientali del lago. Ridotta a chiesa cimiteriale è la primitiva pieve del patrono **S. Cristoforo**, citata in un diploma di Federico I nel 1163 ma di più antica fondazione (X-XI secolo), a tre navate con pilastrature e semicolonne di fattura alto-medievale. L'interno conserva in buona parte l'apparato decorativo costituito da un insieme di **figure di santi** ex voto, affrescate sulle pareti nella prima metà del '400, che costituiscono un'interessante documentazione della società rurale del tempo e dell'evoluzione del gusto e dello stile dal tardo gotico alla lezione rinascimentale di Benedetto Bonfigli, a un seguace del quale sono attribuiti i *Ss. Clemente e Caterina* (1446). Su un pilastro, frammentario *Santo vescovo* del XIII secolo. Nella sagrestia, piccola raccolta di materiali archeologici provenienti da tombe romane e dalla necropoli scavata nella zona del cimitero.

In uscita dall'abitato si incontra il **santuario della Madonna dell'Oliveto**, edificato nel 1582-86 su probabile progetto di Mariotto Radi, forse utilizzando i ruderi di un vicino monastero.

Nell'INTERNO: *acquasantiera* in marmo di Ascanio da Cortona; agli altari a destra, *Annunciazione* di Salvio Savini e *Visitazione di S. Anna*, forse dello stesso; nel braccio d. del transetto, *Madonna col Bambino* in arenaria, di Ascanio da Cortona, e *Natività*, tela attribuita al Savini. La pregevole macchina dell'altare maggiore in arenaria, opera di Mariotto Radi (1603), racchiude la miracolosa *Madonna col Bambino* per la quale fu eretta la chiesa, affrescata da un collaboratore di Bartolomeo Caporali. Nel transetto sin., *S. Carlo Borromeo* di Benedetto Bandiera; al 1° altare sin., *Madonna in trono col Bambino e santi* (1589), di Virgilio Nucci o di Gian Maria Baldassini.

DA PASSIGNANO A TUORO. Passata la collina di Montigeto, si entra nella valle tagliata dal lunghissimo viale della **villa del Pischiello**, con casa padronale e fattoria entro parco, costruita da Uguccione di Bourbon-Sorbello entro il 1799. Più in alto sulla collina si scorgono i resti della cosiddetta **Bastia Corgna**, fattoria fortificata e poi riconfigurata in palazzo; fu sede originaria dei Della Corgna, dove uno dei capostipiti, Corniolo di Francesco di messer Berardo, compose il trattato della «Divina Villa» (1390), interessante spaccato di cultura agricola e del giardino (nei pressi rimangono i segni dei terrazzamenti per colture intensive allora impiantate). Più avanti si osserva la torre pendente del **castello di Vernazzano**, fortificazione tardo-trecentesca potenziata nel 1457 con la costruzione della rocca, ora in completa rovina; allo stato di rudere è anche la chiesa castellana di *S. Michele Arcangelo*, ristrutturata nel rinascimento, con tipico vano di sosta per i viandanti.

TUORO SUL TRASIMENO m 309, ab. 3617 (3497), si trova al principio della statale 416, che si stacca dalla 75 bis al km 35. Centro agricolo e di soggiorno, sorge nella conca dove, secondo la tradizione, si svolsero le fasi decisive della battaglia tra gli eserciti di Caio Flaminio e di Annibale (un «itinerario annibalico» guida alla visita dei luoghi presunti del combattimento). Sul mausoleo del comandante romano, narra una leggenda, fu edificato il **palazzo del Capra**, già di Nardo, rifatto in epoca rinascimentale, ora di proprietà dell'Università di Perugia; conserva qualche reperto archeologico e un affresco dubitativamente attribuito al Perugino, staccato dalla chiesa del castello di Vernazzano (v. sopra). A monte del paese sono gli avanzi dell'abside della romanica chiesa di *S. Agnese*, edificata presso le cave di arenaria rinomate per qualità in tutto il contado di Perugia. A questa pietra il comune ha dedicato il *Campo del Sole* (a *punta Navaccia*, sul lago, destinata a divenire oasi naturalistica), composizione di sculture in pietra serena, a forma di colonna, progettata da Pietro Cascella e realizzata da numerosi artisti tra il 1985 e il 1989.

A LISCIANO NICCONE: km 12 da Tuoro sulla statale 416 che, attraverso la valle del torrente Niccone, mette in comunicazione il Trasimeno con la val Tiberina. Quest'area collinare riveste accentuato valore paesaggistico e ambientale; di interesse anche archeologico è il *monte Castiglione* m 802, in area di pianificazione territoriale romana, la cui spianata sommitale ha restituito reperti dall'antichità al Medioevo. Da Tuoro, superato il panoramico *passo Gosparini* m 599, la statale del Niccone scende tra boschi di querce al bivio per **Lisciano Niccone** m 314, ab. 657 (805), che fu nei secoli XII-XIV borgo munito di cui rimangono architravi in pietra scolpiti, mostre in mattoni e un caratteristico torrione a base circolare. Frazione di Lisciano Niccone è *Val di Rosa* m 428 (km 4.7 a sud-est): la chiesa di *S. Nicolò*, presso la quale a metà del secolo XI risiedette san Pier Damiani, conserva una pala di Eusebio da San Giorgio.

DA TUORO A CASTIGLIONE DEL LAGO. La statale del Trasimeno, varcato il ponte sul Macerone, lascia a sinistra il breve collegamento per la chiesa di *S. Maria,* più nota come **pieve di Confine** (o dei Confini) perché posta sulla linea di demarcazione tra il territorio pontificio e quello del Granducato di Toscana (e prima ancora tra le terre bizantine e quelle longobarde, quindi tra Perugia e Cortona). Costruita al principio del XII secolo in forme romaniche, con cripta e presbiterio rialzato, fu interamente rifatta nelle navate nella seconda metà dello stesso secolo (la data 1165 è incisa sul bel portale in pietra serena) e nel '600 venne ridotta adattando poi il resto a funzioni agricole, ora abbandonate. Poco oltre è l'edificio ottocentesco della **Dogana**, sul quale un'iscrizione ricorda ospiti illustri: Michelangelo, Galileo, Goethe, Byron, Stendhal. In alto si riconosce poi il **castello di Monte Gualandro**, sorto nel '200 con funzioni di dogana e di avamposto perugino verso la Toscana; notevole è la cinta tutt'intorno alla cima del colle, contraddistinta verso il crinale anche da un vallo: riedificata sopra le rovine visibili del vecchio castello dei Montemelini, raso al suolo dai Perugini nel 1247, è probabile ricostruzione del XVII secolo.

Proseguendo tra gli olivi si incontra **Borghetto** m 259, in passato sede di un monastero dedicato a S. Martino, titolo rimasto alla *parrocchiale* di semplici forme con architrave datato 1623. Borgo fortificato d'impianto rettangolare (del quale rimane la *torre* principale, quattrocentesca), nel XVI secolo vi era attrezzato un porto artificiale. Superato il paese ci si immette nella statale 71 Umbro Casentinese Romagnola, sulla quale si procede in direzione sud per entrare, al km 52.3, in Castiglione del Lago.

BOSCO DEL FERRETTO. L'area boschiva a ponente della statale è caratterizzata dalla particolare composizione del suolo, ricco di composti ferrosi, che dà vita a una formazione vegetale nella quale la roverella mista a cerro e a rovere si alterna a campi coltivati, con stagni e brughiere di erica, ginestra e «calluna vulgaris». Al limite meridionale dell'area è il *casale Pieracci*, articolato complesso agricolo di origini trecentesche.

CASTIGLIONE DEL LAGO

Il centro ordinatore del Trasimeno occidentale sorge su un promontorio calcareo di origine tettonica, in origine isola poi unita alla terraferma dalla piana alluvionale generata dal ritiro delle acque del lago. La formazione della città fortificata data all'età federiciana (XIII secolo), quando fu eretto il castello e il borgo fu pianificato (forse con intervento urbanistico di frate Elia) su tre strade parallele che innervavano un regolare tessuto urbano contenuto entro mura rettangolari, ristrutturate nel 1325 da Lorenzo Maitani.

LA SISTEMAZIONE URBANISTICA CINQUECENTESCA. Fortezza di Perugia, poi dal XV secolo di proprietà della Camera Apostolica, Castiglione divenne marchesato (e poi ducato) dei Della Corgna per volontà di Giulio III. I Della Corgna (1550-1643) lasciarono un'impronta fondamentale nell'assetto urbano, soprattutto a opera di Ascanio che dal 1563 concepì una nuova sistemazione urbanistica come esercitazione dello studio dell'architettura: suo riferimento era il Vignola, maestro per eccellenza in area romana e impegnato proprio in quegli anni nella pubblicazione del trattato sugli ordini, avendo come precettore 'locale' Galeazzo Alessi. Al centro dell'impianto fu eretto il palazzo, che con gli annessi, il giardino, gli orti e lo stesso castello medievale, cui la residenza ducale è unita tramite camminamento, occupava la metà circa del lungo crinale murato. Il borgo fu rifondato su due strade parallele, mentre nella campagna fu operata una riforma agraria secondo i dettami del tempo, con la costruzione di nuove fattorie e l'incentivazione della vite e dell'olivo, portati a quella struttura accoppiata e intensiva intervallata da piccoli campi a foraggio, tuttora tipica, con case coloniche dotate di torre colombaia, da cui si raccoglieva il guano per la concimazione degli ortaggi.

La crescita del moderno centro turistico di **Castiglione del Lago** m 304, ab. 13 722 (13 515), non ha alterato l'assetto dell'agglomerato storico, che costituisce uno dei momenti più significativi dell'urbanistica e dell'architettura del Trasimeno. L'abitato è cinto dall'esteso perimetro murario nel quale sussiste a sud la medievale porta Perugina, mentre la corrispondente a nord, inglobata nel palazzo della Corgna, fu sostituita nel '500 dalla porta Fiorentina. Il Servizio di navigazione collega stagionalmente la cittadina all'isola Maggiore (pag. 200).

IL BORGO. Entrando nel denso abitato storico per l'ottocentesca *porta Senese* s'incontra subito a sinistra la *parrocchiale della Maddalena*, realizzata in forme neoclassiche da Giovanni Caproni, con pronao del 1867; nell'interno, a croce greca, decorazioni di Mariano Piervittori e, all'altare a sinistra del maggiore, **Madonna col Bambino e i Ss. Antonio abate e Maddalena**, tavola di Eusebio da San Giorgio (1500, in restauro). Si procede sull'asse di via Vittorio Emanuele, che rasenta sulla destra la piazza in fondo alla quale sorge la chiesa di **S. Domenico di Guzman** (in restauro), costruita per volontà di Fulvio della Corgna nel 1683, con la sepoltura del duca e di altri membri della famiglia; pregevole il soffitto ligneo settecentesco.

*PALAZZO DELLA CORGNA. Sorge al centro del paese, nell'alberata *piazza Gramsci* dalla quale la vista spazia sul bacino meridionale del lago. La costruzione del complesso è avviata da Ascanio nel 1563 inglobando una palazzina di caccia appartenuta ai Baglioni, a sua volta ricavata su case-torri duecentesche; la fabbrica è poi ampliata e completata dai successori del marchese, assumendo l'aspetto di ricca dimora gentilizia esemplificativa degli stili di vita e del gusto decorativo del tempo, specchio delle fortune politiche ed economiche della famiglia. Il palazzo era dotato anche di un bellissimo giardino, celebrato per le soluzioni decorative e ortofrutticole, di cui poco rimane. La struttura, con pianta a L, si compone di un vasto corpo centrale con ingresso rialzato su una doppia rampa bugnata alla maniera del Vignola e di un'ala minore arretrata sulla sinistra, al di là della corte con cisterna destinata ad appartamento del cardinale Fulvio, subentrato al fratello Ascanio dopo la morte di questi (1571). Il ciclo di affreschi che adorna le sale è pregevole testimonianza del tardo manierismo in Umbria. Di proprietà municipale, il complesso è stato recuperato nelle strutture edilizie e nell'apparato decorativo, di cui è ancora in corso il restauro.

INTERNO. Dalla rampa si accede (9.30-13.30 e 16-19.30) al primo piano, dove si aprono gli ambienti di rappresentanza e di residenza di Ascanio della Corgna, completamente affrescati da Niccolò Circignani con l'aiuto di Giovanni Antonio Pandolfi (tranne le decorazioni delle sale IV e VI, di ignoto del tardo '500). Nella SALA D'INGRESSO, al centro della volta, *Il giudizio di Paride*; attorno sono ottagoni con le *storie di Diana ed Endimione, Mercuzio e il Drago, Piramo e Tisbe, Ercole e l'Idra*. Il percorso prosegue nelle cinque stanze sul lato esterno del palazzo, nelle quali sono raffigurati: la *Caduta di Fetonte* (sala II) e, attorno, la *personificazione delle stagioni e delle quattro parti del giorno*; le *storie dell'Eneide* (sala III); *scene della battaglia del Trasimeno* ed *episodi del passaggio di Annibale* (sala IV); il *mito di Proserpina* (sala V); in fondo, lo STUDIO DI ASCANIO O SALA DEL TRONO (VI), con lo *stemma di famiglia* sul soffitto e, alle pareti, *episodi della vita di Cesare* in allegoria alle imprese militari di Ascanio (da qui si accede al camminamento per il castello, v. oltre). Quindi, nella parte centrale del palazzo si aprono la SALA DEGLI DEI (VII, accessibile anche dalla sala IV), con *scene mitologiche* e un *Giove Tonante* (il finto colonnato è aggiunta settecentesca); di seguito è la SALA DELL'INVESTITURA (VIII) dove sono rappresentate, entro 16 finti arazzi, le *gesta di Ascanio*, fatte eseguire dal nipote Diomede della Penna.

Il PIANO TERRENO (attualmente non visitabile) fungeva da parte 'segreta' del palazzo, utilizzata come luogo di svago e cenacolo intellettuale. Si trova qui il ciclo delle pitture più raffinate, con le raffigurazioni di *Diana e Callisto* e le *storie del mondo alla rovescia* (prima sala), le *Arti* (seconda sala), le *Metamorfosi* (terza sala). Per questi affreschi, vicini all'ambiente toscano, è stata avanzata l'attribuzione a Salvio Savini, il cui intervento si sarebbe inserito in una struttura di dipinti già stabilita.

Sull'area dei giardini del palazzo sta ora il moderno **Ospedale**, nella cui cappella è un affresco (*Madonna della Rosa*), attribuito a G.B. Caporali.

*CASTELLO. Un lungo camminamento, coperto a tetto al principio del XVII secolo, collega il palazzo della Corgna alla fortificazione medievale. Detto *castello del Leone* (da cui deriverebbe il toponimo Castiglione), è un'interessante struttura pentagonale irregolare, sovrastata da un alto mastio a pianta triangolare; agli angoli, rafforzano le mura merlate quattro torri, di cui quelle cilindriche sono rifacimento del XV-XVI secolo. Fatto costruire da Federico II di Svevia verso la metà del '200 come punto di riferimento nello spostamento degli eserciti, sorge su una più antica fortificazione dotata di pieve antichissima, di cui resta un breve brano corrispondente all'abside centrale, visibile entro il recinto. Lo spazio interno è ora utilizzato per manifestazioni e spettacoli.

ATTORNO A CASTIGLIONE DEL LAGO. In età etrusca il territorio fu abitato piuttosto densamente da popolazioni dedite all'agricoltura e al commercio, attività favorite dalla facilità delle comunicazioni terrestri e fluviali lungo l'asse Chiana-Tevere. La dipendenza da Chiusi è dimostrata dai reperti rinvenuti nelle varie necropoli, cronologicamente riferibili dall'età arcaica (Villastrada) all'ellenismo (Gioiella, Vaiano). Lo sfruttamento agricolo continua in età romana, governato da ville-fattoria destinate a colture intensive: resti dei muri di terrazzamento di una villa appartenuta a un personaggio di alto rango sono visibili non lontano dal centro di Castiglione (in basso, verso l'Ospedale). Nel Medioevo, queste campagne erano considerate il granaio di Perugia, come documenta la frequenza del toponimo «posta» per indicare i luoghi dell'ammasso del grano.

Pozzuolo m 351 (7.8 km a ovest di Castiglione sulla statale 454), era «posta» fortificata nel XIV secolo; vi emerge l'incompiuto **palazzo Moretti**, del 1667, esempio raro di architettura barocca civile in Umbria, destinato a divenire sede museale. Da Pozzuolo una strada verso sud-est, sul tracciato di un collegamento etrusco tra Chiusi e Cortona, rasenta **Casamaggiore** m 356 (con la seicentesca parrocchiale di *S. Maria delle Grazie*, eretta dai Della Corgna), porta a **Gioiella** m 366: tra le «poste» più ricche del comprensorio, conserva il settecentesco **palazzo Dini**, forse derivato da una palazzina di caccia di Ascanio della Corgna. La chiesa maggiore (*S. Lorenzo*), anch'essa voluta dai duchi, porta la data del rimaneggiamento del 1740; al cimitero, la chiesa di **S. Lucia** conserva un affresco di scuola del Perugino. Continuando in direzione sud-est si va (km 16 circa da Castiglione del Lago) a **Vaiano** m 371, «posta» medievale su insediamento etrusco, di cui rimane una tomba del sec. III-II a. Cristo. L'escursione può concludersi, km 18, a **Villastrada** m 354, la cui *parrocchiale* novecentesca ha fantasiosa facciata di Nazareno Biscarini con decorazioni in terracotta.

VERSO PANICALE. Lasciata Castiglione in direzione sud si rasenta *Sanfatucchio* m 301, con la chiesa di *S. Maria delle Grazie*, opera di Giovanni Caproni (1850). Subito dopo si volge a sinistra seguendo la segnaletica per Panicale, verso cui l'itinerario si dirige staccandosi dalla statale 599 del Trasimeno Inferiore che, toccando Panicarola e seguendo il profilo meridionale del lago, continua verso Magione.

PANICAROLA E I DUE SANTUARI. La statale del Trasimeno Inferiore raggiunge in breve **Panicarola** m 269, dove è stata rinvenuta una necropoli riferibile al protovillanoviano. A nord-ovest del paese è il **santuario della Madonna della Carraia**, edificato dal 1686 e completato nella cupola da Giovanni Caproni nel 1857; nel vasto interno a croce greca, l'altare maggiore intagliato e dorato incornicia l'immagine 'miracolosa' della *Madonna*, del tardo '500. A sud-est è invece il **santuario della Madonna del Busso**, che deriverebbe il nome dalle piante di bosso (o dall'esplosivo usato per la pesca di frodo): fu eretto nel 1842 e ampliato nel 1885 su disegno di Carlo Baiocchi.

PANICALE

L'interessante borgo murato m 431, ab. 5278 (5050), sorge (al km 66.3) su uno sperone a dominio delle dolci ondulazioni digradanti sul lago e sulla valle del Nestóre, in contesto paesistico di rasserenante bellezza. Per la posizione su un antico collegamento di crinale tra Perugia e Città della Pieve, fu importante castello, menzionato dal 917 e più volte distrutto. Entro i resti della cinta muraria,  con due porte e torrioni, il fitto tessuto edilizio si aggrega secondo le coordinate spaziali due-trecentesche, con impianto 'avvolgente' al culmine del pendio; la morfologia condiziona il sistema delle tre piazze centrali, a differenti livelli e raccordate da un'unica strada.

MADONNA DELLA SBARRA. Il viale alberato d'accesso al nucleo murato tocca la chiesa detta anche *Madonna della Neve*, sorta presso il casello daziario da cui deriva il nome. Terminata nel 1625,

ha facciata rinascimentale in stile toscano. Nell'interno a tre navate, l'altare maggiore in marmo, con quattro *angeli* barocchi sorreggenti il timpano e le mensole, contiene l'affresco quattrocentesco
(*Madonna col Bambino*) per il quale fu eretta la chiesa; inoltre,
Via Crucis del 1791 e sei *Santi*, del XVI-XVII secolo.

S. AGOSTINO. Sul margine esterno del perimetro murato si apre
la *piazza Regina Margherita*, dove una scalinata precede l'ex
chiesa, ora spazio espositivo, iniziata nel XIV secolo dai Frati eremitani e conclusa nel 1502, con facciata soffocata dalle abitazioni.
L'interno conserva resti della decorazione a fresco, alla quale lavorò anche il Perugino (un affresco del maestro, staccato, è in S.
Sebastiano, v. oltre); l'altare maggiore, in pietra serena, è opera di
Giambattista di Cristoforo (1513).

PIAZZA UMBERTO I. Costeggiando il bordo meridionale delle
mura si raggiunge la *porta Perugina*, rifatta alla fine dell'800, che
immette nella piazza, con cisterna ottagonale in travertino del
1473, trasformata in fontana nel 1903. Vi sorge il *Palazzo pretorio*, di origine trecentesca, con stemmi in pietra. Un arco introduce al breve collegamento per il **teatro «C. Caporali»**, istituito nel
XVII secolo e rifatto nel 1858 da Giovanni Caproni, a tre ordini di
palchi; il sipario è di Mariano Piervittori (1869).

*COLLEGIATA. Qualifica la *piazza S. Michele*, alla quale sale in
breve l'asse che innerva l'abitato. Intitolata a S. Michele Arcangelo,
fu fondata tra il X e l'XI secolo, ampliata nel 1546 e rifatta alla fine
del '600. Del primo edificio rimangono in facciata due lesene con
archi presso gli attuali ingressi rinascimentali.

INTERNO. In alto, sei medaglioni a fresco con *storie di Maria* (sec. XVII);
al 3° altare sin., *Natività di Cristo* di G.B. Caporali (databile 1519); al vicino
altare del SS. Sacramento, *Ultima cena* della seconda metà del '700; all'altare
maggiore, *Crocifisso* ligneo cinquecentesco con braccia snodabili; dietro,
affresco con *Annunciazione* riferibile al XV secolo.

PIAZZA MASOLINO. La via di fronte alla collegiata conduce rapidamente al panoramico slargo (il pittore cui è intitolata nacque
però a Panicale in Valdarno) sul quale domina il trecentesco **palazzo del Podestà**, ridotto al semplice involucro che denuncia la matrice toscana, aperto da monofore e bifore con decorazioni di gusto
lombardo; il campanile a vela è del 1769.

VERSO LA PORTA FIORENTINA. Di nuovo in piazza Umberto I si
imbocca la *via Ceppari*, in parte voltata e con andamento ricurvo
che evidenzia la struttura «per avvolgimento» del castello. La stra-

da attraversa tutto il caratteristico borgo sottopassando al termine la *porta Fiorentina*, cui si addossa il **palazzo Donini Ferretti-Mancini**. Fatto costruire nel 1419 dal notaio perugino Diomede Gigliani, ristrutturato nel '600, l'edificio ha pianta rettangolare molto allungata per seguire la curvatura delle mura e facciata a tre ordini sottolineati da marcapiani a doppia cornice; lo concludono, a destra un torrione quasi circolare, e a sinistra una torre rettangolare con loggia ad archi poggiante su una possente base a beccatelli. Usciti dal circuito murario, si è di nuovo in piazza Regina Margherita.

S. SEBASTIANO. Si raggiunge, dalla piazza Umberto I, per via Vannucci e viale Belvedere. La chiesa, costruita tra il XIV e il XV secolo, rifatta nel 1623, custodisce due affreschi del Perugino: ***Martirio di S. Sebastiano** (1505) e la *Beata Vergine e il Bambino con S. Agostino e Maria Maddalena*, staccato nel 1884 da S. Agostino.

A S. MARIA ALLA QUERCIOLANA: 1 km circa a nord-est dell'abitato. Edificata verso la fine del XV secolo, appartenne poi al convento dei Padri Serviti e con esso manomessa dopo la soppressione del 1652. Conserva resti di affreschi coevi alla costruzione dell'edificio.

A S. SALVATORE IN CERASETO: km 1.3 a sud-ovest dell'abitato, lungo la vecchia strada «del Ceraseto» che collega Panicale a Paciano (v. sotto) tra i boschi e la macchia del monte Petrarvella. La tradizione vuole che la chiesa, eretta su un ipotetico tempio pagano, sia stata nel 270 rifugio di santa Mustiola, fuggita da Chiusi (i due segni impressi su un vicino masso, alla base di una croce di ferro, sarebbero opera sua). All'interno, sull'altare maggiore, il *Salvatore in trono tra S. Pietro e S. Giovanni Battista*, affresco di G.B. Caporali (datato 1510).

A PACIANO: km 5.5. L'abitato m 391, ab. 937 (965), sta su uno sperone del monte Petrarvella, in un anfiteatro di verdi colline. Borgo munito, fondato nel XIV secolo in sostituzione del vecchio insediamento più a monte (di cui rimane la cosiddetta *torre d'Orlando*), conserva l'impianto originario impostato su tre vie parallele entro l'intatta cinta muraria con sei torri e tre porte. Nel centro dell'abitato, valorizzato con interventi di restauro, è la chiesa di **S. Giuseppe**, detta anche *di Dentro*, fondata nell'XI secolo, con facciata in arenaria; all'interno, *Madonna della Misericordia* o *delle Grazie*, gonfalone del Comune eseguito dalla bottega di Benedetto Bonfigli (1480 circa). Presso il vicino Municipio sta la *Confraternita del SS. Sacramento*, che ospita la **Raccolta d'arte S. Giuseppe** (se chiusa rivolgersi in loco), con opere pittoriche dal '400 (*Madonna col Bambino e santi*) al '700, arredi sacri tra cui reliquiari dal XVI secolo, reperti archeologici d'età etrusca; alla parete di fondo, *Crocifissione* (1549), affresco di Francesco di Castel della Pieve. Attigua è la chiesa di *S. Carlo Borromeo*, con portale seicentesco. Nella cortina meridionale si apre la *porta Rastrella*, presso la quale si addossa alle mura il *palazzo Cennini*, cinque-seicentesco. Uscendo dalla porta si può andare in breve al **santuario della Madonna della Stella**, del 1572-79, decorato nelle cappelle laterali da Scilla Pecennini; nell'edicola dell'altare maggiore, *Madonna*, affresco di scuola umbra del '400, preesistente alla chiesa; in sagrestia, altri affreschi (1590-1620) che illustrano le *storie del santuario*. A valle del paese è la chiesa dei **Ss. Sebastiano e Rocco**, che custodisce una tavoletta con i *santi titolari*, del '400. Di interesse naturalistico e panoramico è, a sud, l'area del **monte Pausillo**, per circa 300 ettari valorizzato come parco faunistico.

DA PANICALE AL LAGO. La discesa sulla strada per Lemura e Casalini si svolge in una campagna bellissima, chiusa da dossi boscosi e ordinata dalla regolare scansione dei seminativi, delle colture ortive e degli oliveti. Ormai prossimi al Trasimeno, emerge a sinistra un colle conico molto accentuato, caratteristico nei profili del lago, dove nel folto lecceto sta il **castello di Montalera**: l'articolato complesso, di origine medievale (secoli XIII-XIV), è l'esito della ristrutturazione (1534) in forma di cittadella voluta da Braccio II Baglioni con intervento di Antonio da Sangallo il Giovane; fu ripreso e modificato nell'800. Poco avanti ci si immette verso destra nella statale del Trasimeno Inferiore, che apre panorami amplissimi sul bacino lacustre.

SANT'ARCANGELO m 286, con nuclei di case antiche minute e raccolte (create, come si tramanda, dallo stanziamento di gitani), si adagia sotto l'omonima **Badia**, emergente a destra in splendida posizione: il complesso, esito di più fasi costruttive e recentemente ristrutturato a fini residenziali, si compone di un'abbazia benedettina fortificata nel XIV secolo. La chiesa di *S. Michele Arcangelo*, dell'XI secolo ma molto rimaneggiata, ha campanile a pianta quadrata del tardo Settecento. Nell'interno, a unica navata con abside semicircolare, *Crocifissione* del secolo XVIII. La cripta (X secolo), a pianta quadrangolare, presenta quattro crociere con volte in pietra poggianti su un pilastro centrale sagomato e archi decorati dall'alternanza geometrica di conci bianchi e rosa.

LA FRUSTA. Poco oltre la statale rasenta la chiesa di **S. Maria di Ancaelle**, rustico edificio con abside del XII secolo nascosta dietro a un altare della fine del '400; custodisce frammenti di affreschi d'ambito perugino databili al tardo Duecento e una tavola coeva (*Madonna in trono*). L'edificio segnala la località *La Frusta*, vera «porta» del lago perché approdo o porto dove si concludeva l'antico tracciato della via regale da Perugia al Trasimeno. Questo tracciato, proveniente da Agello, guadagnava la sponda avendo superato il vicinissimo valico di Monte Buono (con la chiesa di *S. Rufino*, attestata già nell'XI secolo) sotto il **castello di Monte Buono**, oggi villa privata. **Agello** m 411, km 6 dal bivio, su un piccolo colle aguzzo, fu castello medievale di cui rimangono le mura e una torre (ricostruita).

LA VALLE. Al bivio di Monte Buono si prende a sinistra in vista del castello di **San Savino** m 314, eretto attorno al Mille, distrutto e ricostruito nel XIV secolo, con torre triangolare e alta cinta all'intorno per rifugio. In questo braccio del lago con i più estesi canneti, chiamato *La Valle*, è proibita la pesca per favorire la riproduzione. L'area è istituita in *Oasi naturalistica* della Provincia, che organizza visite guidate.

Abbandonata la statale, si prosegue lungo il lago toccando **San Feliciano** m 279, centro turistico con antica vocazione piscatoria che tuttora improntal'economia del paese e la sua edilizia. Sul lungolago si trova il **Museo della pesca del lago Trasimeno** (orario estivo: 10-12.30 e 17-19; chiuso il lunedì; invernale: martedì, giovedì e sabato, 9.30-12.30 e 14.30-16.30), istituito nel 1974, che illustra la storia e le tecniche della pesca. Un traghetto (stagionale) collega il paese all'isola Polvese.

MONTE DEL LAGO. Precede il borgo lo spettrale **castello di Zocco**, già esistente nel XIII secolo, con mura quattrocentesche. In alto, due torri segnalano la *rocca Baglioni* poi dei Pompilj, ampliata nel 1372. Su un promontorio proteso sul lago si organizza, con struttura 'a ventaglio', l'abitato di **Monte del Lago** m 295, caratteristico borgo dominato da una torre, fortificato nel XIV secolo e dal 1556 sede del governo del Lago. Nella *parrocchiale*, di origine trecentesca, grande *Crocifissione* a fresco di scuola umbra del XIV secolo. Nel tessuto edilizio emerge la **villa Palombaro**, ristrutturata a fine '800 dal senatore Guido Pompilj che si batté, nel 1895, contro il prosciugamento del Trasimeno e commissionò agli Alinari un'interessantissima serie di vedute del lago; la moglie Vittoria Aganoor dedicò a queste terre la sua poesia. Vi è dal 1922 una stazione idrobiologica, trasformata nel 1955 dall'Università di Perugia in Istituto di idrobiologia e piscicoltura. Da Monte del Lago la segnaletica guida a Magione (pag. 186), dove si conclude il periplo del Trasimeno.

LE ISOLE DEL TRASIMENO

Il Servizio provinciale navigazione lago Trasimeno (SPNLT) effettua regolari collegamenti con l'isola Maggiore, con partenze da Passignano e da Tuoro (da Castiglione del Lago solo stagionalmente). Esclusivamente stagionali (da aprile a settembre) sono invece le corse da San Feliciano all'isola Polvese. Informazioni sui collegamenti speciali e le gite turistiche sono fornite dall'APT del Trasimeno, con sede a Castiglione del Lago (t. 0759652484), dalle associazioni turistiche locali e dallo stesso SPNLT (t. 075827157). L'isola Minore, privata, non è accessibile.

Isola Maggiore. Seconda per grandezza (lunga 800 metri, con una circonferenza di 2 km), l'isola m 309, coperta di olivi, lecci e cipressi, è l'unica ancora oggi urbanizzata. L'insediamento umano – qui come nelle altre «isole di Perugia», così definite in un documento di Ludovico il Pio dell'817 – data all'alto Medioevo. Sul finire del '200 si insediò sull'isola una comunità di Frati minori, che avrebbero accolto lo stesso san Francesco per un'intera quaresima. Il villaggio, sulla riva occidentale, si compone di un'unica strada lastricata, dove si allineano case di origine tre-quattrocentesca e la *parrocchiale* seicentesca. Al termine del paese sorge, elevata su un poggio, la romanica chiesa di **S. Salvatore**, con portale a doppia ghiera che anticipa le strombature gotiche; nell'interno a croce latina, frammenti (*Madonna col Bambino e quattro angeli*, tondi con *S. Pietro* e *S. Paolo*) di un polittico di Sano di Pietro, proveniente dalla chiesa del convento francescano. La punta meridionale dell'isola è occupata dal **castello Guglielmi** o *villa Isabella* (in abbandono), vasto edificio neogotico edificato dal marchese Giacinto Guglielmi sulle strutture del convento dei Minori Osservanti, fondato nel 1328, di cui rimane qualche vestigio nel chiostro e la chiesa, ristrutturata. Nel 1904 Elena Guglielmi vi creò un laboratorio di merletti, che divenne produzione tipica dell'isola. In posizione dominante è la chiesa gotica di **S. Michele Arcangelo**, il cui interno conserva importanti affreschi eseguiti da diverse personalità artistiche e databili dal tardo XIII al XVI secolo. All'altare, **Crocifisso** su tavola attribuito non concordemente a Bartolomeo Caporali.

Isola Polvese. La più vasta del lago, lunga 1.5 km, appartiene dal 1974 alla Provincia di Perugia che ne ha fatto un'oasi di protezione naturalistica. Sfruttata nel Medioevo per l'attività piscatoria, dal XIII secolo fu colonizzata da enti religiosi che vi costruirono numerose chiese, di cui restano avanzi. Più consistente è il residuo dell'ex **convento di S. Secondo**, dal 1404 al 1624 tenuto dai monaci olivetani, del quale rimangono la cripta e un braccio del convento con il refettorio del secolo XV. Dell'antico villaggio sussiste il **Castello** del XIV secolo, presso il quale è la chiesa di *S. Giuliano*, eretta sui ruderi di una villa romana.

3 LA VAL TIBERINA

L'AMBIENTE E LA STORIA

La val Tiberina identifica un tratto dell'alto corso del fiume Tevere, che si sviluppa con orientamento nord-sud da Albiano (in territorio aretino) fino a Umbèrtide. A nord, tra Sansepolcro e San Giustino, passa il confine, solo amministrativo, tra Toscana e Umbria, ereditato dall'organizzazione politica quattrocentesca e significativo di una storica vocazione alla bipolarità. La fragilità dell'integrazione territoriale è infatti fenomeno definito già in età medievale, quando le due porzioni della valle risultano distinte in «Piano di Sopra» e «Piano di Sotto», gravitanti il primo su Sansepolcro e Città di Castello, l'altro su Perugia.

L'AMBITO GEOGRAFICO. Le circostanti regioni montuose, sebbene estranee all'ambito propriamente tifernate, ne definiscono il contesto geografico e ne favoriscono l'identificazione. A nord-ovest la valle è separata dal bacino dell'Arno da una serie di rilievi elevati tra i 974 m dell'Alpe di Poti e i 1415 del monte il Castello, culmine dell'Alpe di Catenaia. A est, lo spartiacque con la Marecchia è segnato dalla dorsale dell'Alpe della Luna m 1454, con i valichi di Bocca Trabaria m 1049 e di Bocca Serriola m 730. A sud, ne segna il limite il monte Acuto m 926.

L'ANTROPIZZAZIONE DELLA VALLE. Generata dal colmamento del grande lago Tiberino di cui era parte, formatosi nel tardo Pliocene e durato per oltre un milione di anni, l'alta valle del Tevere presenta un substrato argillo-sabbioso e un habitat ricco di acque che hanno favorito l'insediamento umano. L'intensificazione del popolamento dovette avvenire soprattutto nel Neolitico. In età preromana il Tevere divenne confine di riferimento tra Etruschi e Umbri, stanziati i primi sulla destra idrografica (ovest) e i secondi nel territorio sull'opposta sponda; le città che sorgevano lungo le rive godevano naturalmente di una posizione privilegiata, tanto più che il fiume, navigabile per un lungo tratto, consentiva il trasporto di merci nelle due direzioni, mettendo così in relazione i centri della costa tirrenica con quelli dell'interno. In epoca romana, il Tevere, non più linea di confine fra nazioni diverse, fu utilizzato come grande via di comunicazione e di rifornimento della capitale.

TRA MEDIOEVO E RINASCIMENTO. Al tempo della dominazione longobarda, la val Tiberina rimase sotto il controllo bizantino facendo parte di quel «corridoio» che collegava l'Esarcato con Roma. In età comunale, alleanze, scontri e conseguenti dipendenze scandirono le vicende dell'area, dove gli interessi politici di Arezzo, Perugia e il Montefeltro entrarono in conflitto con la volontà di autonomia dei Comuni, primo fra tutti Città di Castello al cui territorio diocesano appartenne, fra XIII e XIV secolo, per la quasi totalità. L'affermazione e la persistenza del ruolo di vera e propria città esercitato da Città di Castello, dotata di ampia autonomia politica e culturale fino a tutto il XV secolo, è fenomeno peculiare dell'alta valle del Tevere, terra di confine ed eccentrica rispetto alle aree di influenza dei grandi centri del potere. Questa egemonia, che sotto la signoria dei Vitelli trova piena espressione anche in ambito propriamente artistico e culturale, si proietta nel contado agricolo fitto di borghi e di ville, nel quale la città si pone come unico centro ordinatore.

Nella porzione meridionale della valle sono invece le grandi abbazie benedettine a strutturare il territorio tra XI e XIII secolo, avviando quei processi di colonizzazione agricola della pianura e di sfruttamento della montagna che verranno portati a compimento con le bonifiche e i diboscamenti promossi dal Comune perugino, nei cui dominî il Piano di Sotto fino a Umbèrtide entra a far parte fra XIII e XIV secolo. L'articolazione degli ambiti del potere politico e la necessità di controllare l'importante via di comunicazione generano il fenomeno dell'incastellamento, che dissemina un reticolo eccezionalmente fitto e diffuso di fortificazioni. All'accordo politico tra la Chiesa e lo Stato fiorentino, ratificato nel 1441 da papa Eugenio IV e Cosimo il Vecchio, si deve la definitiva divisione amministrativa della valle ricalcata dall'attuale confine regionale.

L'ECONOMIA AGRICOLA: IL TABACCO. Le favorevoli condizioni ambientali hanno da sempre permesso un intenso sfruttamento agricolo, sia nel fondovalle, ricco d'acqua, che nella fascia collinare soprattutto alla sinistra idrografica, ampia e soleggiata, mentre sull'altro versante prevale la copertura boschiva. La vite è diffusa in particolare nei comuni di Città di Castello e di Umbèrtide, dove è alternata all'olivo, in generale meno esteso; nella zona collinare prevalgono le forme policolturali che, assieme allo sfruttamento dei boschi e dei castagneti sulle montagne, ora spopolate, costituivano in passato una voce significativa dell'economia tradizionale. Fondamentale importanza ha sempre rivestito lo sfruttamento dei fertili suoli della piana irrigua, nei quali si pratica la coltivazione del tabacco. Introdotta a Sansepolcro nel 1575, fu fonte di ricchezza per il territorio franco di Cospaia, al confine tra gli Stati pontificio e mediceo verso i quali non aveva alcun obbligo fiscale. Quando nel 1826 Cospaia passò sotto il controllo della Chiesa, la remunerativa coltivazione si estese in tutta l'area (oggi si concentra soprattutto nel Tifernate) divenendo la base del sistema agricolo valtiberino ed elemento caratterizzante del paesaggio agrario. Monumentali testimonianze della tabacchicoltura artigianale sono i grandi essiccatoi a fuoco indiretto, ormai per lo più allo stato di abbandono ma ben riconoscibili per i numerosi comignoli divenuti presenza tipica nelle campagne.

LA VAL TIBERINA OGGI. La vocazione agricola in area di mezzadria trova traduzione spaziale nella tipologia dell'insediamento sparso. In pianura tuttavia, l'agricoltura meccanizzata e lo sviluppo di attività manifatturiere verificatosi a partire dalla fine degli anni '50 del Novecento hanno determinato concentrazioni insediative in particolare a Città di Castello, San Giustino e Umbèrtide. L'industrializzazione della valle si è innestata su produzioni artigianali tuttora vitali (carta, tipografia, mobili in stile, tessuti) e ha dato supporto ai processi di modernizzazione dell'agricoltura di pianura, con fabbriche di macchinari e stabilimenti agroalimentari.

IL TEVERE. Tìbris o Tìberis dei Romani, nasce in Romagna da due piccole sorgenti, le Vene, alla quota di m 1268 nel versante orientale del monte Fumaiolo m 1407. In epoca antica aveva un corso non dissimile dall'attuale, se si esclude la presenza della serie di invasi artificiali realizzati nel Novecento per sfruttarne la forza. Il fiume entra in Umbria scorrendo a sud-ovest di San Giustino; all'altezza di Città di Castello la valle subisce una strozzatura e prosegue notevolmente ristretta fino a Umbèrtide, attraverso un corridoio largo in media 1 km e appena più ampio in corrispondenza delle conche formate dalla confluenza dei torrenti Nèstore e Càrpina. Qui la valle si allarga e il Tevere, dopo il contributo di acque dell'Assino, tocca Ponte San Giovanni a est di Perugia; discende quindi nel cuore dell'Umbria e a 131 km dalla sorgente riceve da sinistra il Chiascio, uno dei principali affluenti. Passa quindi sotto il colle di Todi e dopo essersi aperto il cammino attraverso le gole del Forello forma il bacino artificiale di Corbara, giungendo alla confluenza del Paglia. Presso Orte entra nel Lazio, dove riceve le acque del Nera, suo principale affluente. Attraversata la capitale, si biforca nei due rami di Ostia (la vera foce) e di Fiumicino; sbocca in mare dopo circa 400 km di corso, che ne fanno il terzo fiume italiano dopo il Po e l'Adige.

3.1 DA PERUGIA A UMBÈRTIDE E A CITTÀ DI CASTELLO

«Immaginati un immenso anfiteatro, e quale appunto può fare la natura. Immaginati una spaziosa e lunga valle attorniata di montagne, le cime delle quali sono cariche di boschi non men folti che antichi [...] Si ha quasi l'impressione di trovarsi al cospetto di un paesaggio tutt'altro che reale, anzi immaginario, dipinto dal più squisito pennello.» Così Plinio il Giovane, dalla sua villa poco a nord di Tifernum Tiberinum (l'odierna Città di Castello), scriveva all'amico Apollonio (V, 6), incantato dalla campagna altotiberina. La qualità del paesaggio che fa da scenario alla visita, soprattutto quando ci si allontana dal fondovalle per risalire i panoramici dossi che chiudono la valle, si accompagna alla peculiarità del tessuto insediativo attorno al quale quel paesaggio è stato costruito: le grandi abbazie e i castelli, vere matrici della porzione umbra della valle, dove tutto sembra costruito per la difesa. L'itinerario (di 50.8 km escluse le numerose diramazioni e i tracciati alternativi; carta a fronte) risale la valle sulla vecchia statale Tiberina, utilizzando dopo Umbèrtide la strada sulla destra del fiume. Un collegamento più veloce è costituito dalla statale 3bis Tiberina (E45), con caratteristiche di superstrada, che raggiunge Umbèrtide in 27.8 km e Città di Castello in ulteriori 24.6 chilometri.

DA PERUGIA A BOSCO. Si lascia Perugia dalla Madonna di Monteluce (pag. 158), sulla strada Eugubina in direzione di *Ponte Felcino* m 200, una delle frazione storiche del capoluogo sorta sulla destra del Tevere, in corrispondenza di un antico passaggio del fiume. A metà '800 vi sorse uno dei primi lanifici moderni. Nella ricostruita *parrocchiale*, gonfalone di scuola perugina del 1516. Varcato il fiume, si prosegue fino a Bosco dove ci si immette nella vecchia statale Tiberina, che corre non lontana dal nuovo tracciato.

S. GIUSTINO. Da Bosco, la statale Eugubina prosegue rasentando a sinistra *Pieve Pagliaccia* m 282 (nella *parrocchiale*, avanzi di affreschi tardo-duecenteschi); tocca poi *Colombella* m 257, nei cui pressi è la chiesa di **S. Giustino**, costruzione romanica ad aula coperta a capriate, con presbiterio rialzato sopra la cripta conclusa da tre absidi; alla parete destra, arcate cieche su pilastri richiamano l'insolita soluzione del presbiterio, spartito da due archi retti da una colonna, con altrettante absidi.

ABBAZIA DI MONTELABATE. Si procede nella piana coltivata, in vista a destra dei rilievi appenninici. Al km 14, una diramazione sulla destra sale con bella visuale sul colle occupato dall'*abbazia di S. Maria in Val di Ponte*, dal '700 detta anche *di Montelabate* m 387, che fu fino al XIV secolo tra i maggiori centri del potere benedettino della regione, da cui dipendevano trenta parrocchie e venti castelli. Il complesso, ora azienda agricola di proprietà della Fonda-

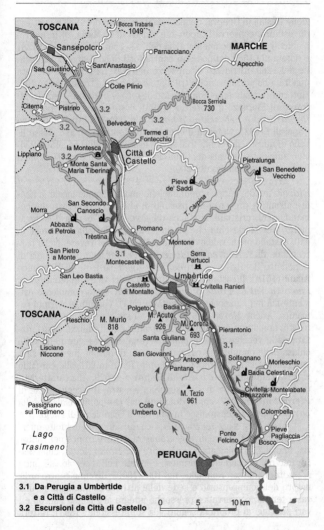

**3.1 Da Perugia a Umbèrtide
e a Città di Castello**
3.2 Escursioni da Città di Castello

0   5   10 km

zione Gaslini di Genova, rovinato dal terremoto del 1984 e in attesa
di restauro, conserva l'imponente chiesa di **S. Maria**, di forme ro-
manico-gotiche, documentata già nell'XI secolo, riedificata nel 1281
e dotata nel 1569 dei possenti contrafforti di sostegno; il campanile, del 1269, fu ridotto di un terzo nell'800. La semplice facciata
quadrata ha portale a ogiva trilobato e un rosone trecenteschi. Nel-
l'interno (attualmente non accessibile), *Crocifissione e santi*, affresco di Fiorenzo di Lorenzo (1492), e *Madonna, Ss. Antonio,
Bernardino e Sebastiano e adoratori*, affreschi di Bartolomeo
Caporali (1488). Notevoli il chiostro duecentesco e, allo stesso livello di questo, la *cripta triabsidata ascrivibile all'XI secolo. Nel vicino ambiente, già sala del Capitolo, frammento di *Crocifissione* a
fresco di scuola umbra del '200.

ATTORNO A CIVITELLA BENAZZONE. Dalla successiva *Casa del
Diavolo* m 236, curioso toponimo che una tradizione locale fa risalire all'antica presenza nel paesino di abitanti irrispettosi dei co-
mandamenti cristiani, si stacca dalla vecchia Tiberina il collegamento per Morleschio che lascia a sinistra **Civitella Benazzone** m
440, castello medievale a dominio della valle del Tevere. Nella parrocchiale di *S. Andrea*, *Madonna della Mercede* della scuola di
Benedetto Bonfigli e *Incoronazione della Vergine* di Domenico
Alfani (1518). Il castello era pertinenza della vicina *abbazia di S.
Paolo in Val di Ponte* o *badia Celestina*, vasto complesso esistente già nel XII secolo (proprietà privata), con integra cripta romanica. Anche *Morleschio* m 360 (c. 5 km da Casa del Diavolo),
mostra la matrice castellana nell'impianto e nell'edilizia, caratterizzata dalle vecchie case in pietra serena. Si prosegue nella valle
chiusa dalle ondulazioni collinari coperte di boschi, mentre a sinistra emerge la nuda groppa del *monte Tezio* m 961, alle cui falde
vigilava l'antichissimo *castello* di *Migiana* m 529. Alla caratteristica torre di *Parlesca* m 220, segue, a sinistra, il piccolo paese di
Pierantonio m 247, contraddistinto dal campanile isolato dalla
parrocchiale che custodisce una tavola di Giannicola di Paolo.

BADIA DI S. SALVATORE DI MONTE CORONA. In vista del folto quer-
ceto del monte Corona, diverge a sinistra il breve tronco per l'abbazia, fino al '500 chiamata *S. Salvatore del Monte Acuto*, culla del-
l'ordine dei Camaldolesi Coronesi. Fondata nell'XI secolo (secondo
la tradizione da san Romualdo nel 1008-1009), divenne centro ordinatore del comprensorio e sede delle attività economiche di una
vasta tenuta, conservatasi pressoché integra attraverso i secoli e i
vari passaggi di proprietà seguiti alla soppressione (1863), tuttora

tra le maggiori aziende agricole della regione. La chiesa superiore, romanica, fu consacrata nel 1105, ampliata e modificata nel XVI e nel XVII secolo; l'interno (ingresso dalla porticina sul fianco sinistro), a tre navate di cui quella centrale con copertura a padiglione, conserva resti della decorazione a fresco di scuola umbra del '300 e, nel presbiterio, un *ciborio* dell'VIII secolo, ornato di rilievi. Sotto si stende la **cripta** (detta della *Madonna delle Grazie*), del tipo «ad oratorium» e dubitativamente riferita all'XI secolo, composta di un vasto ambiente a cinque navate e tre absidi; il reimpiego di materiali lapidei di età romana avvalorerebbe l'ipotesi che la struttura sorga su un tempio pagano o paleocristiano. Annesso alla chiesa superiore è un piccolo museo con reperti e oggetti di uso liturgico (per la visita, t. 0759415093). Di fianco si leva il massiccio campanile, con fusto poligonale su basamento circolare appartenuto forse a un'antica torre di difesa.

EREMO DI MONTE CORONA. Integrata alla vita dell'abbazia era l'attività spirituale che si svolgeva nell'eremo m 693 (8 km circa dalla badia), edificato sulla vetta del monte a partire dal 1530. Il complesso (di clausura, non accessibile) si compone della chiesa settecentesca con decorazioni in stucco e delle casette dei monaci, entro un bel bosco. Alla base del monte Corona, sono i ruderi del *castello di Sportaccciano*, trecentesco.

DA PERUGIA A UMBÈRTIDE SULLA STRADA DEL PANTANO. Questo percorso (di km 30), alternativo alla vecchia statale Tiberina, utilizza un tracciato storico di notevole interesse paesistico e ambientale. L'uscita da Perugia è dalla porta S. Angelo (pag. 154), seguendo la segnaletica per San Marco e **Colle Umberto I** m 268: l'antico borgo murato si dispone in alto, annunciato sulla strada dall'*Osteria del Colle*, che fungeva da stazione di posta. Rimarchevole presso l'abitato, entro giardino all'italiana, la sontuosa **villa del Cardinale**, fatta erigere nel 1580 da Fulvio della Corgna su progetto di Galeazzo Alessi. Nell'interno, notevole ciclo decorativo a fresco di Salvio Savini. Da *San Giovanni del Pantano* m 385, nel cui territorio fu rinvenuta una tomba etrusca (metà sec. II a.C.), a destra si può andare al castello di **Antognolla** m 416, di origini duecentesche, che dall'alto di un poggio roccioso presidiava una via trasversale di collegamento con la valle del Tevere; il complesso è in ristrutturazione per essere destinato a residenza turistica. Nel successivo tratto, il paesaggio è dominato dal cono ellittico del **monte Acuto** m 926, coperto di lecci e, sulla sommità, dall'unica prateria della valle, dove scavi archeologici hanno messo in luce strutture (ora ricoperte) pertinenti a un santuario d'altura del VI-V sec. a.C., dedicato a una divinità pastorale. A destra diverge la strada per l'integro nucleo di **Santa Giuliana** m 406, di caratteristico impianto castellano documentato dal '300; a valle è l'ex chiesa di *S. Giuliano delle Pignatte* (in rovina, con resti di affreschi di scuola umbra), integrata da una torre che fungeva da avamposto del soprastante castello. Si raggiunge in breve la badia di Monte Corona, pag. 206, e di qui Umbèrtide.

UMBÈRTIDE

Annunciata dalle moderne espansioni residenziali e produttive, **Umbèrtide** m 247, ab. 14 779 (13 498), al km 26.7 dell'itinerario, organizza il vecchio nucleo di matrice castellana alla confluenza del Reggia nel Tevere, entro uno scenario di colli sui quali insiste il fitto reticolo fortificato medievale. L'importanza del sito per il controllo delle comunicazioni trova conferma dall'insistenza dell'insediamento all'incrocio della strada preromana tra Arezzo, Città di Castello e Perugia con la via per Gubbio. I devastanti bombardamenti del 1944 hanno scompaginato l'assetto del centro storico, imperniato sulla Rocca dalla quale si dipartiva il circuito murario, in gran parte scomparso, che cingeva il compatto tessuto edilizio; oltre il torrente, l'impianto medievale, ora spezzato dalla ferrovia, continuava nel borgo inferiore, aggregatosi attorno al convento francescano.

IL CASTELLO DI FRATTA. Così era denominato («Fracta filiorum Uberti») l'antico avamposto perugino nella valle del Tevere, tra i più importanti del contado, documentato come tale dal 1189 ma per tradizione fondato nel x secolo da uno dei figli di Uberto (figlio naturale di Ugo, re d'Italia), sull'ipotetico pago romano di «Pitulum» (menzionato da Plinio). Appartenne a lungo a Perugia e nella sua rocca fu prigioniero Braccio Fortebracci (1393). In ricordo del rifondatore alto-medievale, nel 1863 assunse l'attuale denominazione. Vi è attivo l'artigianato della ceramica, che dagli anni '30 del Novecento è rinomato per il cosiddetto «nero fratta», un tipo di vernice nera di particolare lucentezza.

PIAZZA MAZZINI. Fulcro del centro storico, la vasta piazza si apre esternamente al perimetro murato, dominata dalla Rocca e dalla collegiata di **S. Maria della Reggia**, che si fronteggiano dalle sponde opposte del torrente. La chiesa è una maestosa costruzione a pianta ottagonale, iniziata nel 1559 su progetto di Galeazzo Alessi e Giulio Danti, continuata da Bino Sozi e conclusa da Bernardino Sermigni a metà '600. Nel luminoso interno a pianta centrale, coperto da cupola: sopra l'altare maggiore, *Madonna col Bambino e santi,* affresco di influsso eugubino del secolo xv; sopra la tribuna dell'organo, *Trasfigurazione* di Niccolò Circignani, firmata e datata 1578.

ROCCA. La poderosa costruzione fu eretta attorno al 1374, ampliata nel '400 e ancora nella seconda metà del secolo successivo.

Conserva una torre quadrata alla quale si affiancano due torrioni circolari e un terzo baluardo. Restaurata dall'amministrazione comunale alla fine degli anni '80 del Novecento, è sede espositiva del *Centro per l'Arte contemporanea* che organizza mostre ed espone periodicamente la civica «Collezione Giovanni Ciangottini», nella quale figurano opere dello stesso artista e altre di Renato Birolli, Mino Maccari, Luciano Minguzzi, Toti Scialoja. Accanto alla Rocca, affaccia sulla piazza Fortebracci il *teatro dei Riuniti,* ricostruito nel 1808 sul precedente settecentesco, di recente restaurato.

LA PIAZZA CENTRALE. Si giunge all'ampia piazza Matteotti, al centro dell'impianto murato, per la breve e stretta via Stella (a destra il *campanile* cuspidato di S. Giovanni, del secolo XIII). Vi sorge il *Palazzo comunale,* già residenza gentilizia (secolo XVII) dei conti Ranieri di Sorbello, con decorazioni interne tardo-seicentesche.

IL BORGO INFERIORE. Dal fondo della piazza Matteotti si continua a sinistra nella via Cibo, che attraversa la ferrovia. Subito si entra nell'allungata *piazza S. Francesco,* caratteristico ambiente medievale pur nel degrado delle strutture edilizie (è allo studio un piano di recupero), chiusa a destra da una cortina di case d'antico aspetto e a sinistra dall'allineamento di tre chiese. Per prima s'incontra l'ex chiesa di **S. Croce**, costruzione barocca del 1610 su cappella trecentesca dei Serviti, decorata all'interno da stucchi di Giovanni Fontana (1676). Acquisita dall'amministrazione comunale, ne è in corso il restauro e l'adattamento a museo, che esporrà nella collocazione originaria, all'altare maggiore riccamente intagliato (1711), la ***Deposizione dalla Croce** di Luca Signorelli (1516). L'esposizione dovrebbe comprendere anche reperti archeologici da monte Acuto e la raccolta delle Ceramiche Rometti di Umbèrtide, manifattura fondata nel 1926 e operante fino al 1942, con pezzi di Corrado Cagli.

Di fianco è la trecentesca chiesa di **S. Francesco**, con facciata in conci ornata da un portale ad arco trilobo, sormontato da ampio oculo. L'interno, con abside gotica, è di tipologia francescana, a due navate di cui la minore in parte ogivale. Nell'ultima cappella a sinistra, *Madonna in gloria e quattro santi,* del Pomarancio (1577). L'annesso ex convento ospita l'*Archivio storico comunale* (con gli Statuti di Fratta e il fondo notarile dal XIV secolo) e la Biblioteca civica. A destra del chiostro di S. Francesco sta la chiesa di **S. Bernardino**, del 1426, ristrutturata nel 1768, con all'interno (chiuso in attesa di restauro), *Cena degli apostoli* di Muzio Flori (1602) e una statua lignea (*santo titolare*) del '500.

S. Maria della Pietà. È alla periferia settentrionale della città, presso il neoclassico *Ospedale civile*, di Giovanni Santini. La chiesa, costruita nel 1486, conserva nella lunetta sopra il portale un affresco (*Madonna col Bambino e due angeli*) attribuito al Pinturicchio o a Bartolomeo Caporali.

Al *castello di Civitella Ranieri: km 4.6 a nord-est. Nella fitta maglia delle fortificazioni che formavano il poderoso baluardo a difesa del territorio di Fratta, spicca il bellissimo complesso di Civitella Ranieri, che si vuole costruito sulla cittadella fatta erigere nel 1078 da Raniero, fratello del duca Guglielmo di Monferrato. Il castello, riconfigurato nelle forme attuali da Ruggero Cane Ranieri (secolo XV), ha pianta quadrata con torrioni angolari cilindrici e grande mastio. Nell'interno (ancora di proprietà dei Ranieri e non accessibile), pregevoli camini cinquecenteschi.

Conteso tra Perugia e Gubbio fu il **castello di Serra Partucci** (altri 2 km a nord-est), forse dell'XI secolo, ricostruito nel '400 dopo le distruzioni apportate da Braccio Fortebracci (in restauro). Ha torre merlata cui si affianca un torrione circolare; nella cappella gentilizia, rifatta nel '700, affresco attribuito a Ottaviano Nelli.

A Preggio: km 17.2. La strada muove a sinistra della direttrice per Città di Castello, attraversato il Tevere. Sono ancora i castelli a connotare il percorso, che sale a risvolte toccando la superstite torre in pietra di *Romeggio* m 378, e poi il castello di **Polgeto** m 427, sorto alla fine del '300 su preesistenze fortificate. Ci si avvicina alle falde del monte Acuto (pag. 207), lasciando a sinistra le rovine del *castello di Monestèvole*. Quindi, a San Bartolomeo de' Fossi diverge a sinistra la strada campestre per *Casa Sagraia*, dove nei primi decenni del '900 è stata scavata una tomba a camera di tipo etrusco, già coperta con volta a botte, datata II-I sec. a. Cristo. In questa zona, caratterizzata dall'elevazione boscosa del *monte Murlo* m 818, passava un antico collegamento tra la valle del Tevere e i territori di Cortona e Perugia, al quale potrebbe essere messo in relazione l'«oppidum» preromano individuato sulla cima del rilievo, frequentato fino all'età repubblicana. **Preggio** m 631, sorge su un colle in bella situazione ambientale. Documentato dal 917 come possesso dei Bourbon, dal '200 il castello ebbe importanza nell'ambito del sistema difensivo perugino; sussistono i ruderi della rocca trecentesca.

Castello di Montalto. Varcato il Tevere, ci si allontana da Umbèrtide aggirando il poggio boscoso dal quale il *castello di Montalto* domina la confluenza del Niccone nel Tevere. Presidio di Fratta contro le mire espansionistiche tifernati, appartenne agli Oddi e nel XIV secolo fu potenziato da Perugia; ne emerge nel paesaggio la bella e alta torre, elemento originale superstite della struttura medievale riconfigurata in villa nell'800. Poco oltre si diverge a sinistra la statale 416, che risale il Niccone.

A Reschio: km 12, lungo la valle del torrente Niccone, ampia e boscosa (rinomata per i funghi e i tartufi bianchi), che mette in comunicazione la val Tiberina con il Trasimeno. La fortezza e le terre di **Reschio** m 345, documentato dal x secolo come feudo dei marchesi del Monte, furono sottomessi a Perugia al principio del '200; sulla porta d'ingresso del castello, stemma e iscrizione del vescovo tuderte Angelo Cesi. In ulteriori 7 km la statale conduce al bivio per Lisciano Niccone (pag. 190).

MONTECASTELLI m 263, al km 33 dell'itinerario, prende nome dal castello posto a dominio della vallata e documentato dal 1172, nel luogo dove probabilmente già nell'VIII-IX secolo era gettato un ponte sul fiume; nel '200 vi fu eretto un ospedale dato ai Cavalieri gerosolimitani. L'odierno ponte dà accesso alla strada che raggiunge (in 13.5 km) Città di Castello sulla sinistra del Tevere, consentendo l'interessantissima escursione a Montone e a Pietralunga (v. sotto); il percorso principale segue invece la direttrice sulla destra idrografica.

DA MONTECASTELLI A PROMANO: km 3, sulla strada per Città di Castello alla sinistra del Tevere, dopo aver lasciato a destra il tronco per Montone (v. sotto). **Promano** m 286, merita segnalazione per la *Parrocchiale*, della fine del '500 ma nelle forme del primo rinascimento; all'interno, tracce di affreschi cinquecenteschi e, nella tribuna, *Madonna in trono col Bambino*, altro affresco del XIV secolo.

ESCURSIONE A MONTONE. Da Montecastelli, varcato il fiume, si raggiunge in breve il bivio per l'antico castello cui sale una strada tortuosa in bellissimo contesto ambientale, superando il torrente Lana. Tra questo e il Càrpina si leva il rilievo sul quale si aggregano le case in pietra di (km 6.3) **Montone** m 482, ab. 1561 (1780), affascinante borgo di forma ellissoidale, integro nell'organizzazione spaziale medievale impostata sulle emergenze dei due colli su cui stanno, a nord il convento francescano e a sud la Rocca di Braccio. Il paese è chiuso entro la cinta muraria nella quale si aprono tre *porte* (*del Verziere*, *di Borgo vecchio* e *del Monte*), che corrispondono ai rioni nei quali era articolato il governo del castello.

I FORTEBRACCI. La nobile famiglia, da cui uscì il capitano di ventura e poi signore di Perugia Andrea Fortebracci (1368-1424), detto appunto Braccio da Montone, ebbe in feudo il castello alla fine del XIII secolo; in precedenza la fortezza, di fondazione alto-medievale sulla strada tra Città di Castello e Gubbio, era stata possesso dei marchesi del Colle (secolo X) e poi dei Del Monte. Appartenne ai Vitelli dal 1518 al 1546, passando poi allo Stato della Chiesa. Il legame tra i Fortebracci e il loro feudo d'origine persiste nella tradizionale rievocazione storica della «donazione della Sacra Spina», che ricorda l'omaggio della reliquia fatto ai Montonesi da Carlo, figlio di Braccio, nel 1473.

Centro del paese è la *piazza Fortebracci*, nella quale sorge il *Palazzo comunale*, già residenza feudale. Una strada gradinata, aperta su un ampio *panorama nel quale si staglia il castello d'Aries (v. oltre), sale a **S. Francesco**, edificio gotico del XIV secolo, preceduto da portico, con abside poligonale aperta da una bifora; notevole la **porta** lignea intagliata, chiusa da una grata, opera di Antonio Bencivenni (1514). Adiacente è l'ex *convento francescano*, articolato sul chiostro centrale cinquecentesco. Il complesso, restaurato (1995), è stato istituito in museo comunale, il cui nucleo centrale è costituito dalla chiesa stessa con l'interessante apparato decorativo a fresco per lo più di carattere votivo (seconda metà del XIV-inizi del XVI secolo), cui si aggiungono opere e suppellettili provenienti da edifici religiosi del territorio.

MUSEO COMUNALE. Visita: da aprile a settembre, venerdì, sabato e domenica, 10.30-13 e 15.30-18; da ottobre a marzo, sabato e domenica, 10.30-13 e 15-18.30. Si accede alla CHIESA, a navata unica con copertura a capriate e abside poligonale, decorata da importanti resti di **affreschi** eseguiti nel 1422-23 da Antonio Alberti e raffiguranti *storie di S. Francesco* (nella volta i *quattro Evangelisti*, alle pareti *Maestà, Stimmate di S. Francesco, S. Francesco restituisce le vesti, I dannati, Gli eletti*). A destra dell'abside, due nicchie di scuola umbra del XV secolo (*Madonna in trono col Bambino e santi* e *S. Antonio da Padova e S. Bernardino*, del 1446). Il 1° altare sinistro, in pietra, commissionato da Carlo Fortebracci come voto per la nascita del figlio Bernardino, contiene un affresco (*S. Antonio da Padova tra il Battista e l'arcangelo Raffaele con Tobiolo*) di Bartolomeo Caporali, firmato e datato 1491. Accanto, *Ecce Homo*, con scritta latina in caratteri gotici; addossato alla parete sinistra è il *banco del Magistrato*, di Antonio Bencivenni. Il 1° altare destro, del 1474, conteneva il gonfalone con la **Madonna del Soccorso** (notare, in basso, l'interessante veduta di Montone) di Bartolomeo Caporali (1481): in attesa del restauro dell'altare, l'opera è conservata nell'attigua PINACOTECA. La raccolta d'arte comprende dipinti dal XV al XVIII secolo, tra i quali: *Annunciazione*, eseguita da Tommaso Papacello (1532) con l'aiuto di Vittorio Cirelli, autore quest'ultimo dell'*Immacolata Concezione*; *S. Antonio da Padova col Bambino*, nei modi di Andrea Polinori; *Estasi di S. Giuseppe da Copertino* (sec. XVIII). Di particolare pregio è il gruppo ligneo del secolo XIII (**Crocifisso con la Vergine e S. Giovanni**), superstite di una più complessa composizione destinata alla liturgia del Venerdì Santo. Il museo comprende infine una raccolta di tessuti (secoli XV-XX) e di teli umbri (le «tovaglie perugine», secoli XV-XVIII; v. pag. 129), oltre ad arredi liturgici (secoli XVII-XIX). Nel complesso francescano ha sede anche il *Centro di Documentazione e Museo etnografico «Il Tamburo parlante»*, dedicato alla civiltà materiale dell'Africa orientale.

Dalla piazza Fortebracci, la via Roma sale al punto più elevato del borgo dove, su una spianata erbosa, si trovano i ruderi (mastio) della *Rocca di Braccio*, distrutta nel 1478 per volere di Sisto IV. Sui resti della fortezza sorge l'ex convento di S. Caterina, che ospita l'*Archivio storico comunale*, contenente tra l'altro bolle pontificie dal '300 al '600 e lo Statuto di Montone del 1586. La vicina collegiata di **S. Maria e S. Gregorio Magno**, rifatta nel XVII secolo, è a croce latina e a unica navata con soffitto a cassettoni dorati. Nell'interno (in attesa di restauro), *Ultima Cena* di Denijs Calvaert (1611); il lunedì di Pasqua vi si espone la reliquia della Sacra Spina, conservata in un reliquiario d'argento cesellato del 1635 (temporaneamente ricoverata nella vicina chiesa dell'ex convento).

PIEVE VECCHIA. Dedicata a S. Gregorio, si trova fuori dal borgo, ai piedi del colle. Risalente forse al secolo XI, modificata nel XVI, è di stile romanico-bizantino, a tre navate e un'unica abside rotonda, con due edicole rinascimentali e affreschi nelle navate (*Annunziata* e *Madonna in trono*).

DA MONTONE A PIETRALUNGA: km 17 in direzione nord-est nel solco del torrente Càrpina. Dopo breve tratto, una sterrata divergente presso la località Tre Ponti porta alla **rocca d'Aries**, castello di forte risalto ambientale eretto a presidio della valle nell'alto Medioevo dai capostipiti dei Fortebracci, come racconta una tradizione 'inventata' dallo stesso Braccio; la potente famiglia lo possedette facendone il primo insediamento fortificato di Montone, che ne deriverebbe il toponimo (dal latino Aries, ariete o montone). Acquistato dalla Regione Umbria, è stato restaurato (1998) ed è visitabile con autorizzazione del Comune (t. 0759306427).

Entro vasta e pregiata foresta demaniale estesa fino a Bocca Serriola, (pag. 230), a dominio della valle del Carpinella sorge **Pietralunga** m 566, in area abitata in età romana come documentano i ritrovamenti archeologici nel territorio, tra cui una *villa rustica* dotata di «frigidarium», «tepidarium» e «calidarium», con tracce di pavimento a mosaico, databile per l'ultima fase al III-IV secolo d. Cristo. Il borgo, munito di rocca e di cinta muraria restaurata alla fine del '500, fu dal Medioevo nell'orbita di Città di Castello. La **Parrocchiale**, d'origine duecentesca, fu manomessa nel XIX secolo ricevendo un diverso orientamento (nella parte absidale rimane il portale romanico con epigrafe datata 1279). A sud del paese, particolare pregio riveste la *pineta del Candeleto*, dotata di un centro turistico e sportivo. Qui, presso l'Istituto professionale di Stato per l'Agricoltura, è provvisoriamente sistemata la **Raccolta della Fauna umbra**, incentrata sulla collezione zoologica «Silvio Bambini» già a Città di Castello, che illustra con orientamento scientifico e didattico la fauna locale.

A sud-ovest di Pietralunga si trova la **pieve de' Saddi**, tra le più antiche della diocesi tifernate, documentata dall'XI secolo nel luogo del martirio di san Crescenziano, poi manomessa; nell'interno, tracce di affreschi del '400 e cripta rifatta nel '500. Da Pietralunga, in direzione Gubbio, si può andare in breve all'altura su cui sorge l'**abbazia di S. Benedetto Vecchio** m 621, fondata da san Pier Damiani nel 1050 con il contributo del vescovo di Gubbio Rodolfo Gabrielli. La chiesa è a tre navate con presbiterio sopraelevato e abside semicircolare; la cripta triabsidata è ascrivibile all'XI secolo.

IN DESTRA TEVERE. Da Montecastelli si procede nella valle ora più ampia in corrispondenza dell'immissione nel fiume delle acque del Nèstore. A sinistra diverge la strada che, attraverso il passo della Cerventosa, mette in comunicazione la val Tiberina con la Valdichiana: lungo questo percorso, dopo *San Pietro a Monte* m 322 (dal titolo della *pieve*, del XII secolo), si può osservare su un modesto rilievo *San Biagio al Colle* m 517, borgo munito con alta torre quadrata (ora proprietà privata), fondato nel XIII secolo dai marchesi del Colle dopo la distruzione del castello originario di (km 8) *San Leo Bastìa* m 320.

Al km 39.7 si è a **Trèstina** m 266, in area di importanti ritrovamenti archeologici riferibili al VII sec. a.C., che attestano contatti tra l'area alto-tiberina, il Piceno e l'Etruria settentrionale. Diverge a sinistra la strada che percorre la valle del Nèstore.

ALL'ABBAZIA DI PETROIA E A S. CRESCENTINO: km 9.8. Due emergenze monumentali sono da segnalare su questo percorso. La prima, al km 5.2, è l'abbazia benedettina di Petroia, fondata nella prima metà dell'XI secolo (ma secondo alcune fonti entro il X secolo da Ugo del Colle), fiorente fino al '300; nel secolo successivo, l'edificio romanico fu ridotto della navata (se ne riconoscono i piloni) e in parte degradato ad altri usi; nel muro dell'antico recinto del coro, che ora fa da facciata, sono incastonate preziose formelle di terracotta, evoluti esempi di scultura decorativa di poco posteriore al Mille. Sotto il presbiterio sopraelevato è la cripta a tre navate absidale.

Quindi, presso *Morra* m 306, la chiesa di **S. Crescentino**, eretta nel 1420 e ristrutturata nel 1507; conserva affreschi di Luca Signorelli e aiuti, tra i quali, nella nicchia *Redentore*, e alle pareti *Flagellazione* e *Crocifissione*.

VERSO CITTÀ DI CASTELLO. Da Trèstina, il percorso continua rasentando un'ansa del fiume. Prima di giungere, al km 50.8, nel maggior centro dell'alta valle del Tevere, è possibile compiere due diversioni nei colli che a occidente fanno da quinta al fondovalle tiberino: la prima, che si stacca a Fabbrecce, ha per meta il santuario di Canoscio, frequentata meta della devozione popolare; la seconda, che muove dalle case di San Secondo, raggiunge il borgo castellano di Monte Santa Maria Tiberina.

AL SANTUARIO DI CANOSCIO: km 2.7. Precede il tempio la *Pieve* romanica (XII-XIII secolo), che mostra all'interno stratificazioni di affreschi votivi dal '300 al '700. Il santuario, introdotto da un portico dorico-toscano con fregi in terracotta, fu costruito da Emilio De Fabris (1855-78), a tre navate di forme neo-cinquecentesche. Al centro della navata, un'edicola custodisce l'immagine venerata (*Transito di Maria*), opera d'influsso senese della prima metà del '400. Nei pressi, nel 1935 fu rinvenuto il cosiddetto tesoro di Canoscio, ora nel museo del Duomo di Città di Castello (pag. 221).

MONTE SANTA MARIA TIBERINA m 688 (km 11.4 dalla strada di fondovalle), si aggrupa su un colle conico, segnalato all'intorno dal vigoroso profilo della torre castellana e del campanile dell'antica pieve di S. Maria. Attorno a queste emergenze si formò, probabilmente a partire dall'XI secolo, il paese, che divenne a metà '200 roccaforte dei marchesi Del Monte, insigniti dai re francesi del patronimico Bourbon. La famiglia ha dato l'impronta edilizia all'abitato, nel quale rimangono i palazzi marchionali e il *castello*, con parti cinquecentesche e l'alta torre feudale (di proprietà comunale, è in restauro). Nella parrocchiale di **S. Maria** si segnalano un paliotto preromanico e la cripta-sepolcreto dei marchesi. Sul *monte Cedrone*, a nord-est dell'abitato, si trova un insediamento fortificato databile tra il V e il I sec. a.C., in parte riportato alla luce. Ai Bourbon del Monte appartenne anche il castello di **Lippiano** m 401 (11 km a nord-ovest), con alta torre quadrata dalla quale si gode un ampio panorama tra Umbria e Toscana.

3.2 CITTÀ DI CASTELLO

«La città risplende da lontano, proprio all'inizio della pianura, mentre attorno guarda i monti vicini, i prati verdi e amenissimi paesi»: così scriveva sul finire del '400 il vicepodestà Roberto Orsi, affascinato dal primo impatto con il centro tifernate. Questa concisa definizione potrebbe fare da didascalia alla «veduta» dell'architetto e cartografo Cipriano Piccolpasso, incaricato il secolo successivo dalla Santa Sede 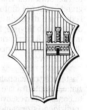 di rappresentare gli abitati e le terre dell'Umbria: in quella raffigurazione si ritrova l'atmosfera dell'odierna città, adagiata nella campagna coltivata tra poggi alberati e casolari, entro il perimetro murato cinquecentesco lambito dal fiume, con torri e chiese pacatamente emergenti nel paesaggio. Il gusto misurato del bello pare la peculiarità di **Città di Castello** m 288, ab. 38 223 (35 279), che nelle tipologie e nella regolarità delle ampie maglie del tessuto edilizio – insolite in Umbria – mostra gli esiti del fondamentale intervento architettonico-urbanistico promosso dalla signoria dei Vitelli: la qualificazione cinquecentesca impronta l'edilizia minore e quella monumentale, che conferiscono carattere particolare all'ambiente urbano inserendosi con vigore nei lacerti medievali. Tra Quattro e Cinquecento importante crocevia delle arti, aperto alle molteplici influenze toscane, marchigiane, romane, il centro tifernate conserva un'alta tradizione culturale, nutrita dagli apporti di artisti quali

Luca Signorelli, Raffaello (che vi dipinse quattro tra i suoi capolavori), il Vasari, il Rosso Fiorentino, fino al contemporaneo Alberto Burri che ha donato alla città un'eccezionale collezione delle sue opere. Il culto delle arti si proietta, tra l'altro, nella persistenza di produzioni artigianali che utilizzano gli antichi sistemi di lavorazione, prime fra tutte la tessitura e la tipografia. Supporta la visita la pianta storica della città, nella pagina a fronte.

I CARATTERI DELL'INSEDIAMENTO NELLA VICENDA STORICA

L'ANTICA TIFERNUM. La città fu fondata dagli Umbri su un ampio terrazzo fluviale a sinistra del Tevere, prossimo al territorio controllato dagli Etruschi. La progressiva espansione romana a partire dal III secolo a.C. interessò anche il Tifernate, e la città divenne federata di Roma. Inserita, secondo Plinio il Vecchio, nella «Regio VI », fu dal I sec. municipio, e suo patrono fu Plinio Cecilio il Giovane. La «gens Plinia» era proprietaria di vasti latifondi nella zona e lo stesso Plinio il Giovane, oltre ad aver fatto erigere, a quanto racconta una tradizione, un sontuoso tempio in città, possedeva una grande villa nei dintorni. I rilevanti ritrovamenti d'età romana nell'area dell'odierna Cattedrale suggerirebbero l'ipotesi che quel sito, punto più elevato del terrazzo fluviale, fosse il fulcro urbanistico di Tifernum Tiberinum. In età imperiale, il territorio doveva essere particolarmente ricco di insediamenti di tipo rustico, concentrati principalmente nelle zone collinari digradanti verso il Tevere.

IL «CASTRUM FELICITATIS». L'introduzione del cristianesimo a Città di Castello è tradizionalmente attribuita alla predicazione del martire Crescenziano, vissuto fra III e IV secolo. Dalla metà del V secolo la città è documentata come sede vescovile, retta da un certo Eubodio. Nel VI secolo, quando la tradizione (storicamente dubbia) vuole sia avvenuta la distruzione apportata dal goto Totila, vescovo è Florido, poi santo e patrono della città, ricordato nei «Dialoghi» di papa Gregorio Magno al quale avrebbe dettato i miracoli del vescovo perugino Ercolano. Sono gli anni della prima ondata longobarda, arginata in parte dalla presenza bizantina il cui «corridoio», ossia la fascia protetta che univa Ravenna a Roma, interessava anche l'Umbria settentrionale. A partire dall'VIII secolo si avvicendano nel «Castrum Felicitatis» (il toponimo, d'oscura origine, appare nei documenti fino all'XI secolo) il breve dominio longobardo, l'avvento dei Franchi e la sottomissione alla Chiesa.

LA FORMAZIONE DELLA CITTÀ MEDIEVALE. Agli inizi del XII secolo è costituito il Comune, continuamente minacciato nei due secoli successivi dalle pretese dell'impero, della Chiesa, di Perugia e di Firenze. «Civitatis Castelli» – così è menzionata dalla prima metà del '200 – nonostante l'antagonismo tra le fazioni guelfa e ghibellina vive una fase di prosperità e di crescita. Lo Statuto comunale del 1261 descrive una città cinta da mura, all'interno delle quali l'impianto urbano è organizzato in quattro rioni in relazione alle altrettante porte, tuttora esistenti seppure del tutto trasformate (S. Giacomo a nord, S. Egidio a est, S. Maria a sud-est, S. Florido a sud-ovest). Al centro

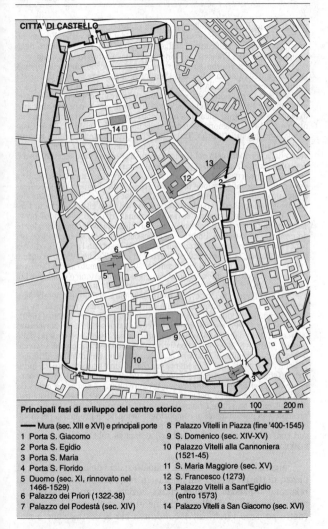

Principali fasi di sviluppo del centro storico

0   100   200 m

— Mura (sec. XIII e XVI) e principali porte
1 Porta S. Giacomo
2 Porta S. Egidio
3 Porta S. Maria
4 Porta S. Florido
5 Duomo (sec. XI, rinnovato nel 1466-1529)
6 Palazzo dei Priori (1322-38)
7 Palazzo del Podestà (sec. XIV)
8 Palazzo Vitelli in Piazza (fine '400-1545)
9 S. Domenico (sec. XIV-XV)
10 Palazzo Vitelli alla Cannoniera (1521-45)
11 S. Maria Maggiore (sec. XV)
12 S. Francesco (1273)
13 Palazzo Vitelli a Sant'Egidio (entro 1573)
14 Palazzo Vitelli a San Giacomo (sec. XVI)

prende forma il sistema delle due piazze rappresentative (odierne piazze Matteotti e Gabriotti), dove sorgono i palazzi del potere civile. Fenomeno urbanisticamente significativo è infine, tra '200 e '300, l'insediamento degli ordini mendicanti: i Francescani a oriente, i Domenicani a mezzogiorno.

L'ETÀ DELLE SIGNORIE. Nella seconda metà del '300 emerge la volontà egemonica della Chiesa, riflessa nel tentativo di staccare la città dall'orbita perugina servendosi della famiglia Guelfucci, come dice il nome di parte guelfa. Tale affermazione, resa presto vana dalla rivolta del popolo tifernate, ebbe miglior successo qualche decennio più tardi, con la cessione da parte di Martino V dei diritti sulla città al condottiero Braccio Fortebracci, che ne ottiene nel 1422 la signoria esercitata dalla famiglia fino al 1440. Tra le casate allora emergenti (Giustini, Tarlantini, Fucci, Abbocatelli), pronte a sfruttare ogni vuoto di potere, ebbe la meglio quella dei Vitelli, che esercitò il governo dalla seconda metà del Quattrocento all'avanzato Cinquecento, anche dopo il passaggio definitivo alla Chiesa con Cesare Borgia.

LA RISTRUTTURAZIONE URBANISTICA DEI VITELLI. Durante la signoria dei Vitelli, la riconfigurazione urbanistica della città si impernia sull'edificazione, protrattasi tra la fine del '400 e la metà del secolo successivo, dei quattro grandi palazzi di famiglia in ciascuno dei rioni cittadini, che in funzione di quelli, decisamente sovradimensionati rispetto al tessuto preesistente, mutano volto. Il notevole rilievo architettonico di queste residenze determina – caso raro in Umbria – significativi interventi su intere aree urbane. Per dare respiro al palazzo «in Piazza» fu sventrata l'area dell'odierna piazza Matteotti; in relazione al palazzo a Porta Sant'Egidio, ultimo in ordine cronologico, voluto da Paolo Vitelli a metà '500, fu sistemato anche l'accesso principale alla città, conformando al complesso architettonico e dei giardini l'ampliamento del giro delle mura e una porzione dello stesso centro storico.

DAL SEICENTO ALL'OGGI. L'assetto della città definito dai Vitelli fissa per almeno tre secoli forma e densità del tessuto urbano, nel quale in misura marginale incidono gli inserimenti delle fabbriche del Teatro (1660), dell'Ospedale (1785) e del Seminario vescovile (XVIII secolo). Nel Novecento la crescita fuori dalle mura avviene in forma lineare sugli assi d'uscita dalle porte S. Maria e S. Egidio. Più consistenti saranno le espansioni del secondo dopoguerra, avvenute in relazione alla riscostruzione (la città subì oltre dieci bombardamenti) e al coincidente esordio di una marcata attività industriale (stanziata in particolare a nord e a sud del centro storico). L'economia odierna si basa sull'integrazione tra agricoltura (tabacco) e industria (settori metalmeccanico, poligrafico e della cartotecnica). Tra le attività tradizionali vanno segnalate l'industria tipografica, introdotta nel '500 e ancora presente con procedimenti di composizione manuale, la produzione di mobili in stile legata al commercio antiquario, e soprattutto la produzione di tessuti che, nel laboratorio «Tela umbra», utilizza gli antichi telai a mano per manufatti di alta qualità.

PIAZZA MATTEOTTI. Ampio e animato spazio della vita sociale, la piazza detta un tempo «di Sopra» fu realizzata nel XVI secolo in relazione al **palazzo Vitelli in Piazza**, iniziato nel tardo '400 da Camillo, Giovanni e Vitellozzo che ne eressero il corpo posteriore (detto *palazzo Vitelli all'Abbondanza* per la destinazione a magazzino) sull'odierna via del Popolo, concluso da Alessandro nel 1545 secondo il gusto toscano. Sul lato occidentale prospetta il trecentesco ex **palazzo del Podestà** (ora *Pretura*), vasto edificio attribuito ad Angelo da Orvieto, che conserva le austere forme gotiche ed eleganti bifore nel prospetto sul corso Cavour, mentre rivolge alla piazza la facciata barocca del 1686.

PIAZZA GABRIOTTI. Vi si giunge per l'animato *corso Cavour*, tra cortine edilizie di qualità nelle quali si distingue (N. 6) l'edificio quattrocentesco dell'ex chiesa di *S. Paolo al Macello*, poi adibita a «salaria»(salatura della carne) e ora a mercato e, al piano superiore, a tipografia artigiana (fondata nel 1799, visita negli orari di lavoro). Sottopassata una loggetta trecentesca, si sbocca in *piazza Gabriotti*, già di Sotto o delle Donne: ha forma imbutiforme definita dalle strutture del palazzo pubblico e, innestato su questo, del Duomo sulle quali l'elevazione della torre civica fa da perno visivo.

*PALAZZO COMUNALE. L'antico *palazzo dei Priori,* ora sede municipale, fu iniziato su disegno di Angelo da Orvieto nel 1322-38 e rimase incompiuto nella parte superiore; nella superficie a bugnato rustico si apre superiormente una serie di belle bifore. L'elegante portale dà accesso all'imponente atrio, con robuste volte a crociera su pilastri poligonali dai bei capitelli e ampio scalone. Nel palazzo ha sede l'*Archivio notarile*, contenente atti dal 1328; nella *Sala maggiore*, lapidi romane. Di fronte si erge l'alta **torre civica**, già *del Vescovo* (dalla sommità, ampio panorama), ornata di stemmi; la affianca l'ex *Palazzo vescovile*, fondato nel XII secolo e completamente rifatto.

DUOMO. Intitolato ai Ss. Florido e Amanzio, fu eretto nell'XI secolo (secondo la tradizione su un tempio romano), ampliato nel 1356 e rinnovato quasi completamente sotto la direzione di Elia di Bartolomeo, del figlio Tommaso e di un maestro Piero di Lombardia, dal 1466 al 1529. Il fianco sinistro presenta parte del rifacimento trecentesco, con portale gotico ornato di colonne tortili e di rilievi (la *Giustizia*, la *Misericordia, Vita di Maria* e *putti*) in mezzo a tralci di vite. La facciata baroccheggiante è su disegno di Francesco Lazzari (1632), ma non venne compiuta ed è rimasta scoperta la parte superiore della fronte originaria, di semplici linee rinascimentali. Dell'edificio romanico sussiste l'agile campanile cilindrico, d'influsso ravennate.

INTERNO. A croce latina e a una navata aperta da arcate sulle cappelle laterali intercomunicanti, ricorda nelle sue forme rinascimentali l'elegante semplicità delle chiese quattrocentesche fiorentine e in particolare di quella di S. Salvatore al Monte. I pilastri, che inquadrano le arcate e reggono una cornice sulla quale s'alza la parete spartita da lesene e aperta da finestre, hanno preziosi capitelli corinzi; il soffitto a cassettoni è settecentesco. Le cappelle laterali, fatte erigere da famiglie castellane tra '500 e '600, sono ornate da fastose macchine d'altare in legno dorato, da affreschi e da dipinti su tela. Al 1° altare d., *Martirio di S. Crescenziano* di Bernardino Gagliardi; ai lati, due tele sei-settecentesche. Al 2°, affresco con *Battesimo di Gesù*, di scuola emiliana della seconda metà del '500; a sin., *Presentazione di Maria al Tempio* di Federico Lelmi. Al 3°, dedicato al SS. Crocifisso, pregevole tela con *Crocifisso tra S. Florido e Amanzio*, attribuita a Carlo Cittadini. La cappella successiva, con due tele settecentesche, introduce al Cappellone: sulla parete di fondo, ***Trasfigurazione di Cristo**, tra le opere più significative del Rosso Fiorentino. La 5ᵃ cappella, tutta decorata, ha macchina d'altare dove sono inseriti quattro dipinti su tela: quello centrale, con l'*Angelo custode*, è attribuito a G.B. Pacetti, lo Sguazzino; nel timpano, il *Padre Eterno* con l'*angelo custode* di Bernardino Gagliardi; sulle pareti laterali, *fatti della vita del vecchio Tobia*, grandi tele attribuite a Virgilio Ducci; nella volta, l'*Arcangelo Michele scaccia gli angeli ribelli*, affresco attribuito a Pietro Montanini. Al 6° altare, altra tela dello Sguazzino.

Gli affreschi del presbiterio (al centro, *S. Florido benedice il progetto di ricostruzione della città*) sono di Marco Benefial (1747-49). Lungo le pareti della tribuna è collocato un **coro** ligneo intagliato e intarsiato, datato 1533-40, la cui struttura con spalliera architravata e seduta a cassapanca è di gusto ancora rinascimentale; gli istoriati dei primi sei pannelli laterali e del trono vescovile si riferiscono a disegni di ambiente raffaellesco. Il ciclo pittorico della cupola, raffigurante la *Misericordia divina*, è di Tommaso Conca e aiuti; nei peducci della volta, i *quattro Evangelisti* di Ludovico Mazzanti (1751). Allo stesso Conca spettano anche i dipinti del transetto.

Segue, sul lato sinistro, la cappella di patronato della famiglia Vitelli, l'unica con altare in stucco, della fine del '700; dopo la porta laterale si apre la *cappella di Maria SS. del Soccorso*, interamente dipinta da Bernardino Gagliardi, che si firma nella tela all'altare, datata 1641; all'altare seguente, *Madonna col Bambino e la beata Veronica Giuliani* di Tommaso Conca; ai lati, due tele centinate (*S. Gioacchino* e *S. Anna*) di Rinaldo Rinaldi, cui sono attribuiti gli affreschi alle pareti. Al termine si apre la cappella dedicata a S. Paolo, la cui *Caduta da cavallo* è dipinta ad affresco da Niccolò Circignani; ai lati, due tele di Jacopo Tarchiani (1666); gli affreschi della volta sono attribuiti a Pietro Montanini. Il *battistero* in marmo dell'800 è sormontato da un tabernacolo ligneo finemente intagliato e dorato, attribuito ad Alberto Alberti, cui sono riferite anche le due cantorie ai lati della crociera.

CHIESA INFERIORE. Estesa sotto il Duomo, ha arcate ribassate su grossi pilastri, da uno dei quali fu staccato l'affresco con *S. Florido* (xv secolo). Sotto l'altare in marmo, sarcofago con le reliquie dei santi Florido e Amanzio.

*MUSEO DEL DUOMO. Sistemato negli ex magazzini della Canonica, con ingresso a destra della Cattedrale (dal cortile antistante, bellissima veduta del campanile cilindrico), comprende la raccolta d'arte di proprietà del Capitolo e altre opere provenienti da chiese della diocesi chiuse al culto, in una collocazione rinnovata (1992-94) e rispondente alle attuali concezioni espositive.Visita: da ottobre a marzo, sabato e domenica 10.30-12.30 e 15-17; da giugno a settembre, tutti i giorni 10.30-13 e 16-18.30.

SALONE. Nel vasto ambiente a piano terra, con volta a botte, sono conservati entro vetrine vari oggetti di uso liturgico dal periodo paleocristiano al XIX secolo. Di grande interesse è la rara collezione di oggetti in argento sbalzato, usati per la liturgia eucaristica, databili al V-VI secolo, che costituiscono il cosiddetto *tesoro di Canoscio, rinvenuto nel 1935 durante lavori di aratura presso l'omonimo santuario (pag. 214): comprende sei piatti (dei quali due con disegni incisi e gli altri con ornamenti in niello), due patene, tre calici, una pisside con coperchio, due colatoi, un ramaiolo e nove cucchiai. Nella seconda vetrina, particolarmente significativa è la serie di **turiboli** in bronzo databili ai secoli XII-XIV; nella terza, gruppo di **capselle** porta-reliquie romaniche, di cui quella senza coperchio è datata 1079. Un esempio di oreficeria tardo-gotica francese è la *croce d'altare* in argento e pietra d'agata del XV secolo (quarta vetrina). Nelle vetrine successive, serie di turiboli in rame o bronzo e due navicelle (secoli XIII-XIV), stele funeraria di Alessandro Vitelli (1554), croci astili quattrocentesche. In fondo al salone, *Madonna col Bambino e S. Giovannino*, tavola attribuita al Pinturicchio.

CORRIDOIO. La visita continua negli ambienti che si aprono nel corridoio, dove sono collocati due affreschi staccati: *Madonna col Bambino e S. Biagio* (1488) e *Madonna col Bambino in trono*, attribuito al Maestro della Crocifissione Volpi, staccato da una casa di Piccione. Nella seconda sala, il cui ingresso è costituito dalla facciata di una casa trecentesca, è sistemato un **paliotto** in argento sbalzato e dorato (*Cristo benedicente fra i simboli degli Evangelisti; Annunciazione; Visitazione; Natività; Epifania; Purificazione; Fuga in Egitto; Tradimento di Giuda; Crocifissione; figure di tre santi*), capolavoro dell'oreficeria romanica che la tradizione vuole sia stato donato alla Cattedrale da Celestino II nel 1143. Nella terza sala: **pastorale** di arte senese del XIV secolo, *Annunciazione* di Francesco Tifernate e parte di un polittico quattrocentesco attribuito a Giacomo di ser Michele da Castello.

PIANO SUPERIORE. Da rimarcare: due *putti alati* su tavola, di scuola romana del XVI secolo; quattro bozzetti con gli *Evangelisti* di Ludovico Mazzanti per la cupola della Cattedrale; *Riposo dalla fuga in Egitto* (secolo XVIII). Uno strumento ottico dà la veduta tridimensionale dell'interno del Duomo con il sontuoso addobbo realizzato in occasione del quarto centenario della dedicazione (1841).

Dal giardino pubblico di fronte al Duomo, sistemato sugli spalti trecenteschi, è visibile un tratto della doppia cinta muraria, nella quale è stata ricavata la scala mobile che collega il centro storico al sottostante parcheggio di via Nazario Sauro.

IL RIONE SAN FLORIDO. Corrisponde al quadrante sud-occidentale della città. Sulla destra del Duomo si segue la via della Pendinella e, sul prolungamento di questa, la *via de' Casceri,* che si svolge tra palazzi nobiliari uno dei quali porta gli stemmi in pietra della famiglia Vitelli (la strada parallela prende nome dalla cosiddetta *Rotonda*, piccolo ambiente medievale coperto da una cripto-cupola, di cui è ignoto l'originario utilizzo; di proprietà comunale, sarà aperto alla visita). In un tessuto edilizio minore quattro-cin-quecentesco, per le vie de' Cavalieri e Signorelli si raggiunge la chiesa di **S. Domenico**, imponente e austero edificio iniziato nel '300 e terminato nel 1424, con facciata incompiuta e portale a ogiva nel fianco sinistro sul quale si alza la quadrata torre campanaria. Dopo la visita dell'interno della chiesa si procede, a destra di questa, nel largo Monsignor Muzi, che ha a destra il lungo edificio degli *Ospe-dali Riuniti* (1785) e a sinistra ciò che resta dell'ex *Fattoria Au-tonoma Tabacchi*, sorta nel 1911 (occupava circa 1000 operai) e demolita nel 1996 per un discusso progetto di edilizia sostitutiva.

INTERNO DI S. DOMENICO. La vasta aula a pianta rettangolare ha co-pertura a travature scoperte; le cappelle presbiteriali sono coperte da volte. Alle pareti si conservano affreschi quattrocenteschi: su quella sinistra, *An-nunciazione e santi, S. Antonio abate* attribuito ad Antonio Alberti, *Nati-vità*; su quella destra, grande *Crocifissione*. Nel lato destro della navata si aprono tre singolari cappelle con arco d'ingresso ogivale; in quella dedicata ai Caduti, *Crocifissione* ad affresco di scuola senese del sec. xv; nell'ultima a d., chiusa da cancellata, altri affreschi quattrocenteschi. All'estremità della navata, a destra e a sinistra, due altari rinascimentali (1503), che accoglie-vano: quello a destra la Crocifissione di Raffaello ora alla National Gallery di Londra, quello a sinistra il S. Sebastiano di Luca Signorelli ora in Pinacoteca (pag. 224). Nel presbiterio, *coro* ligneo intagliato e intarsiato da Manno di Benincasa (1435).

Nel vicino ex **convento** (ora Istituto Cieche Beata Margherita), chiostro seicentesco con lunette affrescate (*scene della vita della beata Cieca della Metola*, le cui spoglie riposano nella chiesa).

*PALAZZO VITELLI ALLA CANNONIERA. Dal largo Monsignor Muzi (v. sopra), ormai già prossimi alle mura urbiche, si vede a destra, in fondo al giardino, la facciata posteriore del palazzo fatto erigere da Alessandro Vitelli a partire dal 1521 (corpo centrale), ampliato a più riprese con l'aggiunta dell'ala meridionale, poi del prolunga-mento con loggetta verso le mura (1543) e infine dell'ala setten-trionale aperta con loggiato sul giardino (1545). L'edificio, ispirato a modelli fiorentini, fu arricchito nel 1532-35 dalla decorazione a graffiti esterna eseguita da Cristoforo Gherardi, il Doceno, su uno schema compositivo ideato dal Vasari, ancora visibile sul prospetto rivolto al giardino. L'apparato decorativo delle sale interne è dovu-to parte allo stesso Doceno, parte a Cola dell'Amatrice (il centro reatino era feudo dei Vitelli), con l'aiuto delle botteghe. Nel 1912 il palazzo (che deriva il nome dall'aver ospitato una fonderia di cannoni) fu ristrutturato sotto la direzione dell'ultimo proprietario privato Elia Volpi, antiquario e restauratore, che ne fece dono al Comune per destinazione museale.

*PINACOTECA COMUNALE. Originata nel 1860 con la demanializzazione del patrimonio delle istituzioni ecclesiastiche soppresse, dal 1912 è sistemata nel palazzo Vitelli alla Cannoniera: si raggiunge l'ingresso costeggiando, al termine del largo Monsignor Muzi, le mura urbiche alle quali si appoggia la loggetta del 1543. Il primo allestimento della sede espositiva fu realizzato da Elia Volpi (1907-26) mirando alla ricostruzione di una residenza gentilizia cinquecentesca, con arredi lignei provenienti dalla collezione antiquaria dello stesso Volpi. Il riordino storico-critico fu attuato agli inizi degli anni '50 del Novecento da Francesco Santi; a partire dagli anni '80, in concomitanza con importanti lavori di restauro dell'edificio, la pinacoteca è stata sottoposta a nuova riorganizzazione, non ancora conclusa. Visita: 1° novembre-31 marzo, 10-12.30 e 15-17.30; 1° aprile-30 ottobre, 10-13 e 14.30-18.30; chiusa il lunedì.

PRIMO PIANO. Vi si accede dallo scalone monumentale, con decorazione a fresco riconducibile in parte a Cola dell'Amatrice, in parte al Doceno. La prima sala, con fregio attribuito a Cola dell'Amatrice, è dedicata alla miniatura e alla pittura fra Due e Trecento: capilettera figurati di ambito umbro del secolo XIII; **Madonna in trono col Bambino** del Maestro di Città di Castello, pittore duccesco in contatto con l'ambiente assisiate; *Madonna in trono col Bambino*, parte centrale di un polittico di Spinello Aretino.

IL TARDOGOTICO E IL PRIMO RINASCIMENTO. Opere di diversa provenienza e differenti ambiti documentano, fra Tre e Quattrocento, l'apertura della città a molteplici influenze e apporti, in ragione della posizione geografica di confine. Sale II (con fregio a grottesche del Doceno) e III (con fregio stilisticamente riconducibile a Cola dell'Amatrice): *Madonna col Bambino* di Giorgio di Andrea di Bartolo di Fredi Battilori, parte centrale di un trittico, smembrato, eseguito in collaborazione con Giacomo di ser Michele da Castello (un altro scomparto è al museo del Duomo); *trittico di S. Bartolomeo* di Antonio Alberti; *Madonna in trono col Bambino* di Antonio Vivarini (c. 1443-46). Di alta qualità orafa è il *reliquiario di S. Andrea*, da S. Francesco, terminato nel 1420 e in parte alterato, opera attribuita alla bottega di Lorenzo Ghiberti. Inoltre, stalli lignei della bottega di Manno di Benincasa Mannucci (sec. XV). Sale IV-V, pure con fregi rispettivamente di Cola dell'Amatrice e del Doceno: *Cristo benedicente con i segni della Passione*, tempera su tavola della seconda metà del XV secolo, riferita ad artista di cultura fiammingo-fiamminga operante in ambito urbinate; *Madonna col Bambino e due angeli*, attribuibile a Neri di Bicci o alla bottega; *stendardo della Misericordia*, già assegnato al giovane Raffaello, ma di manifattura altotiberina del XVI secolo; *Incoronazione della Vergine*, della bottega di Domenico Ghirlandaio.

La sala VI (con riquadri policromi del Doceno) documenta l'attività di Raffaello (presente in Città di Castello sotto i Vitelli che avevano stretti legami con la corte urbinate) con il *gonfalone della SS. Trinità (proveniente dall'omonima chiesa), unica opera dell'artista rimasta in città. Le altre tre eseguite per chiese tifernati (pala di S. Nicola da Tolentino per S. Agostino, Crocifissione per S. Domenico, Sposalizio della Vergine per S. Francesco) sono illustrate con copie e riproduzioni fotografiche.

IL CINQUECENTO. Nella sala VII, con fregio della bottega del Doceno: *armadio di sagrestia* di Antonio Bencivenni (firmato e datato 1501), proveniente da S. Maria delle Grazie; due tavole di Francesco Tifernate, riconducibili all'influsso di Raffaello. La seguente sala VIII presenta decorazioni ad affresco cinquecentesche, parzialmente deperite o ridipinte. All'ampliamento del 1543 appartengono il cosiddetto «studiolo» di Alessandro Vitelli (sala IX) e la sala X, il primo ornato da *storie di Alessandro Magno* di Cola dell'Amatrice, mentre nella seconda sono emerse tracce della decorazione a graffito della preesistente facciata, inglobata nel nuovo ambiente. Anche il SALONE (sala XI), costruito nel 1543, presenta decorazioni del Doceno (1537) e altre più tarde di Cola dell'Amatrice e aiuti (*storie di Annibale, Scipione, Cesare, Alessandro*).

LUCA SIGNORELLI E IL «SIGNORELLISMO». Sale XII e XIII, al PIANO TERRENO. Dell'opera del maestro cortonese, che esercitò predominio sull'arte tifernate tra la fine del '400 e i primi due decenni del '500, rimangono in città un frammento con *S. Paolo* (1474), parte di una più ampia composizione (Maestà) affrescata nella torre del Vescovo, tra le prime realizzazioni giovanili, rovinata nel terremoto del 1789, e *Martirio di S. Sebastiano*, eseguito per S. Domenico attorno al 1497-98. Nella sala XIII è documentata l'attività dei seguaci del maestro nell'alta valle del Tevere: stendardo con *Battesimo di Cristo*, del primo decennio del XVI secolo; *pala di S. Cecilia*, di seguace forse eugubino; *Martirio di S. Sebastiano* di Giacomo da Milano (1524); stendardo con *Cristo in gloria, la Madonna e S. Caterina* (nel recto, *Cristo risorto*), del primo ventennio del '500.

IL MANIERISMO. La penetrazione del manierismo tosco-romano è documentata da cinque opere di Raffaellino del Colle (sala XVI): *Annunciazione*, da S. Domenico; altra tavola d'uguale soggetto, da S. Maria delle Grazie; *pala della Madonna delle Grazie* (al centro, *Deposizione*); *Assunzione della Vergine*; la tarda *Presentazione di Maria al Tempio* (sala XVII). In questa sala, con opere eseguite tra la metà e la fine del '500, si notino la *Madonna col Bambino e i Ss. Francesco e Sebastiano* di Jacopo di Giovanni di Francesco, detto Jacone, e *Imposizione delle mani da parte di Pietro e Giovanni* di Santi di Tito. Le diverse tendenze del manierismo 'periferico' dell'Italia centrale sono illustrate nella sala XVIII: *Adorazione dei pastori*, di umbro della prima metà del XVI secolo; tre pale di Niccolò Pomarancio, da S. Francesco; lunetta con la *Pietà*, d'influenza marchigiana.

Le sale XIX e XX, dedicate alla produzione dei secoli XVII-XIX, contengono in allestimento provvisorio opere di G.B. Pacetti, Giovan Ventura Borghesi, Francesco Mancini, Tommaso Conca. Nel portico al pianterreno o in ambienti ancora in fase di recupero dovrebbe essere collocata la RACCOLTA DI SCULTURE, che comprende manufatti medievali e un gruppo di terrecotte robbiane, tra cui un'*Assunzione della Vergine* generalmente assegnata alla bottega di Andrea della Robbia. Nell'allestimento definitivo della pinacoteca saranno infine esposte la collezione di sculture del contemporaneo tifernate Bruno Bartoccini e la donazione Ruggeri, con dipinti del 1925-70 (vi figurano, tra gli altri, Carlo Carrà, Giorgio De Chirico, Filippo De Pisis, Mario Mafai). L'intervento di ristrutturazione del complesso architettonico si estenderà al giardino, con l'intento di ricostituire l'originaria area verde realizzata da Alessandro Vitelli con l'apporto del Vasari.

LA MATTONATA. Retrocessi alle mura, si continua lungo la cinta in via Borgo Farinario, nel popolare quartiere medievale così chiamato probabilmente perché i Vitelli fecero lastricare in mattoni l'omonima via, laterale al Borgo, dove avevano la primitiva residenza. L'area ha restituito importanti testimonianze di epoca romana, tra cui i consistenti resti di pavimento a mosaico conservati all'interno di abitazioni private (via delle Santucce, via del Gemignano, via dei Borghesi). Parrocchia dei Vitelli era la chiesa di **S. Maria Maggiore**, dove si giunge al termine della strada. L'interessante costruzione, fatta erigere da Niccolò Vitelli nell'ultimo ventennio del '400, poi alterata, è esternamente rinascimentale mentre l'interno conserva reminiscenze gotiche: alle pareti, resti di affreschi quattrocenteschi e, nell'abside, coro ligneo del XVI secolo con emblemi di casa Vitelli.

VERSO S. FRANCESCO. Si continua a sinistra nel *corso Vittorio Emanuele*, contraddistinto da un'edilizia cinquecentesca e barocca (al N. 27 il semplice *palazzo Bufalini* poi Bruni, del secolo XVI; al N. 28 il settecentesco *palazzo Tommasini-Mattiucci*). Attraversata la piazza Matteotti, per via Angeloni si raggiunge la *piazza Raffaello Sanzio* (al centro, opera in bronzo di Elmo Palazzi in ricordo della caduta del governo papale l'11 settembre 1860), chiusa sul lato orientale dal fianco della chiesa di **S. Francesco.** Eretta in forme gotiche nel 1273, fu rimaneggiata nel 1707; della prima costruzione rimangono le tre absidi poligonali e il fianco destro con bifore occluse e un portale ogivale.

INTERNO DI S. FRANCESCO. Nell'elegante interno a una navata, subito a sinistra si apre la ***cappella Vitelli**, su disegno di Giorgio Vasari, chiusa da una cancellata in ferro battuto di maestro Pietro di Ercolano (1566); contiene 26 stalli intarsiati (*vita di Maria e di S. Francesco*) e, sopra l'altare, *Incoronazione della Vergine e santi* del Vasari (1564).

All'altare seguente della navata, *Stimmate di S. Francesco*, terracotta smaltata di scuola dei Della Robbia. L'altare maggiore, gotico, è opera scultorea del beato Giacomo da Castello (m. 1292). All'altare sin. della 4^a campata era lo Sposalizio della Vergine commissionato dagli Albizzini a Raffaello, donato nel 1798 al generale napoleonico Giuseppe Lechi da «una truppa vile di ignoranti fanatici» (la municipalità, nei ricordi del tifernate Giuseppe Mancini), ora nella Pinacoteca di Brera a Milano (sul posto c'è una copia). In una cappelletta a destra del presbiterio, *Pietà*, gruppo ligneo policromo di scuola tedesca del '400. Sono visibili i vani delle due cappelle minori absidali, tagliate fuori dal rifacimento settecentesco.

IL RIONE SAN GIACOMO. Da S. Francesco, proseguendo per la via Angeloni si arriva alla *piazza Magherini Graziani*, che ha a sinistra l'omonimo **palazzo** edificato in parte su strutture quattrocentesche. Da qui, per via S. Andrea si può andare all'ex chiesa di **S. Giovanni Decollato**, nel cui interno (in restauro) si trovano due affreschi: *Madonna e due angeli*, del 1495, e *Battesimo di Gesù*, della scuola di Luca Signorelli. Vicino, nell'ex *Seminario vescovile* (secoli XVIII-XIX) sono conservati gli archivi storici della diocesi, con documenti dal '200. A sinistra di via S. Andrea si apre la via della Fratèrnita, con il *monastero di S. Cecilia*: nella chiesa, pavimento in cotto cinquecentesco ed *Epifania*, lunetta in terracotta smaltata di seguace dei Della Robbia; nel parlatorio, già chiesa del Paradiso, affreschi del '400. In via dei Fucci, cui conduce via della Fratèrnita, è il *Teatro comunale*, istituito nel 1660 dall'Accademia degli Illuminati, rifatto nel 1789 e restaurato nel 1861.

La via Angeloni prosegue direttamente nella via XI Settembre sulla quale prospetta l'elegante **palazzo Vitelli a San Giacomo**, fatto erigere nei primi decenni del '500 da Vitello Vitelli per la moglie Angela Paola de' Rossi; vi hanno sede uffici municipali e l'*Archivio storico comunale* (pergamene del XII secolo e atti dal 1337).

S. MARIA DELLE GRAZIE. Segue su via XI Settembre, preceduta da doppia scalinata. La chiesa, trecentesca di origine (portale gotico sul fianco sinistro), fu più volte ristrutturata tra Cinque e Settecento. Nell'interno a una navata: nella cappella a destra, *Transito della Vergine*, affresco di Ottaviano Nelli; nell'oratorio a sinistra: nelle lunette, *storie di Maria* attribuite a Bernardino Gagliardi, e sopra l'altare, entro tabernacolo, tavola con la venerata **Madonna delle Grazie con i Ss. Florido, Filippo Benizi e angeli**, parte di un polittico di Giovanni di Piamonte (1456).

BIBLIOTECA COMUNALE. Sistemata in via delle Giulianelle (N. 16), che si stacca quasi di fronte a S. Maria delle Grazie, ha un importante fondo antico proveniente dalle biblioteche delle corporazioni religiose soppresse. In un locale è ordinata una piccola **Raccolta civica** di materiale paleontologico e archeologico, con fossili di età preistorica ed etrusco-romana.

*PALAZZO VITELLI A SANT'EGIDIO. Retrocessi in piazza Magherini Graziani, si segue a sinistra la *via dei Lanari*, incassata tra il muro di cinta del monastero delle Clarisse Murate e gli antichi opifici dei lanaioli. Al termine, a destra, il perimetro murato del giardino guida all'ingresso, su piazza Garibaldi, del più vasto e ricco **palazzo Vitelli**, ora della Cassa di Risparmio, costruito nel rione Sant'Egidio da Paolo Vitelli a partire dalla metà del '500, concluso attorno al 1573. La facciata, corsa da cornici marcapiano, ha tre lunghe serie di finestre con belle mostre in pietra e due portali a bugnato.

INTERNO. Nell'atrio, la volta dipinta a grottesche è opera di maestranze emiliane-bolognesi guidate da Prospero Fontana; allo stesso Fontana e a Niccolò Circignani spettano gli affreschi del salone al primo piano illustranti *fatti della famiglia Vitelli,* realizzati nel 1571-73. Nelle stanze attigue, volte a stucchi, dipinti murali e splendidi soffitti a cassettoni con decorazioni su tavola eseguite dal Circignani e dal Fontana con la sua équipe di pittori emiliani. La facciata interna, con loggiato centrale, si apre su un vasto giardino ricavato sopra le mura urbiche, in fondo al quale è la **Palazzina**, bella loggia ornata di pitture, rimarchevoli per il gusto decorativo, attribuite a un collaboratore di Prospero Fontana.

PALAZZO ALBIZZINI. Si leva a sinistra del palazzo Vitelli. Architettura di derivazione fiorentina della seconda metà del '400, è sede della **Fondazione Palazzo Albizzini «Collezione Burri»**, istituita nel 1978 dallo stesso artista tifernate (1915-95) con la donazione del primo nucleo di opere di cui curò l'allestimento. La collezione (visita: 9-12.30 e 14.30-18; festivi, 9-13; chiusa il lunedì) comprende attualmente 130 pezzi, realizzati tra il 1948 e il 1989, e ordinati cronologicamente (dai *Catrami* degli anni '50, alle *Muffe*, ai *Sacchi*, ai *Legni*, ai *Gobbi* e ai *Ferri* degli anni '50, alle *Plastiche* degli anni '60, ai *Cretti* degli anni '70, fino ai *Cellotex* degli anni '70-'80 e agli ultimi *Multiplex*). Completano la collezione della Fondazione le opere di grande formato sistemate negli ex seccatoi tabacco, pag. 228. La Fondazione dispone di un *archivio,* di una *biblioteca* specializzata sull'arte moderna e contemporanea e di una *fototeca*, che documenta tutta la produzione di Alberto Burri.

PIAZZA COSTA. A sinistra del palazzo Albizzini, la via Mazzini porta in breve alla piazza dove sorge il cinquecentesco **palazzo Bourbon del Monte**, dove ha sede il laboratorio di tessitura *Tela Umbra*, sorto nel 1909 su iniziativa della baronessa Alice Franchetti per la conservazione delle antiche tecniche di tessitura, oggi di proprietà della Regione; è in allestimento un museo, che documenterà questa attività con tessuti antichi e attrezzature tessili. Di fronte emerge il **palazzo vecchio Bufalini**, architettura vignolesca del '500, rimaneggiato nel '700. In pochi passi si è di nuovo in piazza Matteotti (pag. 218).

Sul retro del palazzo vecchio Bufalini si aprono le cosiddette *Logge*, cortile porticato (con accesso da piazza Matteotti) coperto con una struttura in metallo e vetro all'inizio del Novecento: da sempre è il luogo cittadino deputato a mercato, spettacoli, manifestazioni popolari e mostre.

*COLLEZIONE BURRI AGLI EX SECCATOI TABACCO. Il complesso museale, inaugurato nel 1990, è alla periferia meridionale della città, raggiungibile uscendo in direzione Umbèrtide sul viale Orlando (qui guida la segnaletica turistica). L'esposizione completa l'organica collezione della Fondazione Palazzo Albizzini (v. pag. 227; stessi orari di visita). La sistemazione, esemplare per il riuso di un'architettura industriale, è stata realizzata a partire dal 1989 nelle strutture della Fattoria Autonoma Tabacchi, costruite negli anni '50-'60 del Novecento per l'essiccazione del tabacco tropicale, prodotto nella zona. L'attività industriale cessò negli anni '70 e nel 1978 i seccatoi furono concessi in uso ad Alberto Burri, per poi essere acquistati dalla Fondazione. I vasti capannoni, completamente dipinti di nero per volontà dello stesso Burri, contengono 128 grandi opere donate dall'artista, che le realizzò tra il 1974 e il 1993, tra cui i cicli del *Viaggio*, di *Orsanmichele*, del *Sestante*, del *Rosso e Nero*, *Annottarsi*, *Non Ama il Nero*, *Metamorfex*, il *Nero e l'Oro*.

CENTRO DI DOCUMENTAZIONE DELLE TRADIZIONI POPOLARI. Sulla stessa direttrice d'uscita dalla città seguita per raggiungere gli ex seccatoi tabacco (v. sopra), la segnaletica guida in località *Garavelle* (c. 2 km), dove in una casa colonica tipica della campagna altotiberina è stato sistemato il museo, che ricostruisce con materiale d'epoca gli ambienti, gli strumenti e gli arredi tipici della civiltà contadina. Per le modalità di visita, t. 0758552119; chiuso il lunedì. Nell'adiacente *villa Capelletti* è in allestimento una collezione ferromodellistica.

ESCURSIONI DA CITTÀ DI CASTELLO

ALL'EREMO DI BUONRIPOSO: km 5 circa, brevemente sulla statale per Arezzo, quindi a sinistra toccando la **villa La Montesca**, costruita alla fine dell'800 da Leopoldo Franchetti in posizione panoramica sulla città. Il complesso si compone della residenza padronale di gusto toscaneggiante con richiami al manierismo, dall'ex limonaia e dall'ex scuola Montessori, fondata nel 1902 dai Franchetti, precursori di metodi di assistenza sociale. Attorno alla villa si stende il bellissimo parco, con specie arboree autoctone ed esotiche. Di proprietà regionale, verrà adibita a centro di formazione professionale europeo (il parco è accessibile).

Continuando su sterrata si raggiunge l'**eremo di Buonriposo**, dove secondo la tradizione avrebbe soggiornato san Francesco nel 1213, ora di proprietà privata. Vi si trovano una chiesetta (con *Crocifissione* del '300) e la stanza del santo, dove dimorarono anche i santi Antonio da Padova, Bonaventura, Bernardino e i beati Paolo d'Assisi (1403) e Lorenzo dei Pallanti (1638).

A CITERNA: km 11, utilizzando da Città di Castello la statale 221 in direzione Arezzo, quindi un collegamento a destra. Situata sull'alto di un colle fra i torrenti Cerfone e Sovara, Citerna m 480, ab. 3050 (2736), è la «Civitas Sobariae» di età romana imperiale, nel VII secolo fortilizio longobardo. Il castello, di cui sussiste parte del perimetro murario quattrocentesco, fu feudo dei Bourbon del Monte, dei Malatesta, dei Vitelli (Alessandro morì in paese, nel quattrocentesco *palazzo* di famiglia). La chiesa di **S. Francesco**, del 1316, rifatta nel 1508 in semplici forme rinascimentali, ha interno a croce latina interessante per il cospicuo patrimonio d'arte. Nella navata sono collocati quattro altari in pietra arenaria, dipinti e dorati, con tele della fine del '500 (*Annunciazione*) e del '600; alla parete destra, *Compianto di Cristo deposto* di Alessandro Forzori, seguace del Vasari; prima dell'arco trionfale, nicchia affrescata con la *Madonna, il Bambino, S. Francesco, S. Michele arcangelo e due santi*, attribuita a Luca Signorelli e collaboratori. Nel braccio destro del transetto, al centro di una macchina d'altare del '500 con raffinati intagli a candelabre, *Cristo in gloria tra angeli, S. Francesco e S. Michele arcangelo*, tavola attribuita a Raffaellino del Colle con evidenti influssi del primo manierismo toscano. Inoltre, terracotta robbiana con frutta e cherubini. Nella tribuna, coro ligneo del 1550. Nel braccio sin. del transetto, alla parete di fondo, elaborata macchina d'altare con intagli di gusto barocco. Al centro, edicola con *la Madonna e S. Giovanni* ai lati di un *Crocifisso* ligneo (sec. XIV-XV); sugli sguanci laterali, *S. Girolamo* e *S. Francesco*, in alto *Annunciazione,* dipinti attribuiti a Raffaellino del Colle. Quindi, altare cinquecentesco con *Deposizione*, opera firmata da Niccolò Circignani.

Merita segnalazione anche la chiesa di **S. Michele Arcangelo** per la grande tavola con *Crocifissione* (1570) eseguita da Niccolò Pomarancio. Dall'alto dell'abitato la **Rocca**, semidistrutta dai Tedeschi nel 1944, domina la valle del Tevere e i vicini rilievi della Toscana. Sulla sommità del *monte Rotondo*, a sud-est di Citerna, sono i resti di un insediamento di età protostorica, occupato successivamente da una villa romana di età imperiale avanzata.

A SAN GIUSTINO: km 12.6. Questa escursione lascia Città di Castello sulla vecchia statale in direzione Sansepolcro, attraverso la zona industriale tifernate. Dopo buon tratto diverge a destra una strada per (km 2.8) **Colle Plinio** m 368, dove sono stati portati alla luce i resti di un ampio insediamento rustico appartenente alla *villa «in Tuscis» di Plinio il Giovane* (cella vinaria, vasche per la pigiatura dell'uva, un impianto termale), con ruderi di grosse mura, frammenti di mosaici e marmi.

San Giustino m 336, ab. 10 049 (8317), è moderno centro produttivo dove l'industria dà supporto all'agricoltura meccanizzata. Emerge nell'abitato il ***castello Bufalini**, che nel 1988 è stato acquistato dallo Stato per destinarlo a museo; sono tuttora in corso lavori di restauro. Il complesso fu costruito fra il 1480 e il 1492 come fortezza militare a forma di quadrato irregolare, con torri angolari raccordate da camminamenti merlati, ponte levatoio e un profondo fossato a pianta stellare. Nel '500 i Bufalini lo trasformarono in residenza signorile. I lavori più consistenti interessarono la facciata, dove la torre sinistra fu sopraelevata e raccordata alla torre maestra con un ampio loggiato di gusto rinascimentale. Nei prospetti furono aperte finestre architravate e sul lato nord fu realizzato un ampliamento a ridosso del maschio per contenere lo scalone monumentale. All'interno, Cristoforo Gherardi realizzò in maniera discontinua, dal 1537 al 1554, cicli pittorici con *miti, grottesche* e *fatti dei Romani*, visibili in cinque camere e tre stufette.

Il castello conserva gran parte del suo arredo di pertinenza, formatosi dal XVI al XIX secolo, e una collezione di dipinti provenienti dal palazzo Bufalini di Città di Castello. I dipinti, il mobilio le tappezzerie, le maioliche e vari busti di marmo di epoca romana sono disposti secondo il gusto dei vecchi proprietari e ancor oggi l'intero complesso conserva l'atmosfera di un ambiente vissuto da una nobile famiglia umbra. Tra la cinta muraria e il fossato del castello si stende uno splendido giardino, con labirinto e viali delimitati da siepi di bosso.

Nella vicina **Parrocchiale**, ricostruita agli inizi del '900, sono conservati tre dipinti su tela appartenenti all'antica pieve: *Immacolata Concezione* dello Sguazzino, commissionata nel 1639 da Lucrezia Bufalini; *S. Sebastiano e S. Rocco*, del primo '600, pure su incarico dei Bufalini i cui ritratti compaiono nella parte inferiore; *Circoncisione*, della seconda metà del '500 di ambiente degli Alberti di Sansepolcro. Sotto la canonica si stende la cripta del IX secolo.

Nella piazza del Municipio prospetta la chiesa del **SS. Crocifisso**, del XVII secolo. All'interno, con decorazione pittorica (volta, pareti) originaria alterata da pesanti ridipinture, all'altare maggiore *Crocifisso* ligneo cinquecentesco dietro una tela seicentesca con la *Crocifissione*, pure in parte ridipinta.

A oriente di San Giustino, poco discosto dalla statale 73 bis per Bocca Trabaria (che raggiunge il valico in 15 km di eccezionale interesse panoramico), è il piccolo borgo di **Sant'Anastasio** m 422, in posizione aperta sulla valle, già cinto di mura di cui rimangono resti. La chiesetta di *S. Lucia* conserva un altare romanico in pietra arenaria e affreschi lacunosi del XV secolo. Da San Giustino verso sud-ovest sulla via Citernese è (km 6 c.) **Pistrino** m 295, centro agricolo in espansione: nella piazza sorge l'antica chiesa di *S. Maria*, con affreschi votivi dei primi decenni del '500 (rivolgersi al parroco).

A BOCCA SERRIOLA: km 19.2 sulla statale 257 Apecchiese, che mette in comunicazione il bacino del Tevere con quello del Metauro. Attraversata la moderna zona residenziale di Città di Castello, al verde *colle del Belvedere* si lascia a destra la tortuosa salita al **santuario della Madonna del Belvedere** m 436, costruito a partire dal 1669 su disegno di Nicola Barbioni, con facciata preceduta da portico e due campanili cilindrici ai lati della cupola; l'interno, a pianta centrale, è ornato di grandiosi stucchi barocchi. Dal piazzale, magnifico *panorama su Città di Castello e la val Tiberina.

Con magnifico panorama retrospettivo sulla sottostante val Tiberina si giunge al valico di **Bocca Serriola** m 730, entro foresta demaniale estesa su 9600 ettari fino a Pietralunga: la Comunità montana Alto Tevere Umbro vi ha organizzato una rete di sentieri per escursionismo. Proseguendo oltre il passo, dopo circa 1 km si raggiunge il confine tra Umbria e Marche; la discesa nelle valli del Biscubio e del Candigliano conduce in ulteriori 31 km ad Acqualagna (v. il volume *Marche* di questa collana).

ALLE TERME DI FONTECCHIO: km 3.5, seguendo brevemente la strada per Bocca Serriola (v. sopra), quindi a destra toccando il *Cimitero*, realizzato su progetto di Emilio De Fabris. Le **Terme di Fontecchio** m 335, utilizzano un'acqua alcalino-sulfurea già nota ai Romani come documenterebbero i reperti archeologici e la citazione di Plinio il Giovane. Lo *stabilimento* fu disegnato da Guglielmo Calderini.

4 GUBBIO

Gubbio m 522, ab. 31 114 (31 434), sorge isolata nel mezzo del bacino intermontano che la collega a ovest alla val Tiberina e a est alla conca di Gualdo Tadino, entro un paesaggio movimentato da colli boscosi. Da qualunque parte dell'Umbria si provenga, il carattere decisamente medievale dell'agglomerato urbano è annunciato dalla scenografica e celebrata visione della massa compatta degli edifici monumentali che si staglia al piede del ripido monte Ingino, quasi scolpita nei grigi blocchi di calcare «di una monocromia sublime» – come osservò Guido Piovene – «cui solo nel rinascimento si unì in sordina l'arenaria». La peculiarità dell'ambiente urbano di questa antica capitale umbra appare ancora più evidente quando se ne osservi la pianta, sorprendentemente regolare nel reticolo di strade che si aprono ampie ai differenti livelli imposti dall'orografia, tagliate da ripidi ma rigorosamente ortogonali collegamenti trasversali. Alla qualità del tessuto edilizio ricco di stratificazioni e di episodi monumentali fa riscontro la persistenza di una civiltà locale e di tradizioni di remota origine (prime fra tutte la corsa dei Ceri, la più celebre delle feste umbre) che alimentano il fascino tutto particolare di questa città, quasi essa volesse «risucchiarci indietro in un secondo strato di memorie arcaiche». La visita è supportata dalla pianta a pag. 233, che illustra sinteticamente la vicenda urbanistica di Gubbio.

I CARATTERI DELL'INSEDIAMENTO NELLA VICENDA STORICA

TOTA IKUVINA. La fondazione di Gubbio si deve agli Umbri, insediatisi sulla sommità del monte Ingino e sul vicino monte Calvo probabilmente all'inizio del primo millennio a. Cristo. Più antico è però il popolamento della zona: la vallata fu frequentata dal Paleolitico inferiore, e resti di abitati di tarda età del Bronzo e della prima età del Ferro sono noti sui rilievi circostanti. Per conoscere la struttura urbanistica dell'antica «Ikuvium» disponiamo delle Tavole eugubine (ora nel palazzo dei Consoli), monumento epigrafico di eccezionale valore documentario inciso in lingua umbra tra la fine del II e il I secolo a. Cristo. Dalle descrizioni delle cerimonie rituali si può infatti risalire alla definizione dei confini civici e all'ordinamento della città-stato. Il primitivo insediamento era formato da due nuclei, l'Arce Fisia in posizione dominante, dotata di un tempio per l'osservazione degli uccelli, e la Tota (città) Ikuvina, il cui nucleo principale a partire dal II secolo a.C. era 'scivolato' lungo le pendici dell'Ingino fino al terrazzamento compreso tra l'odierno tracciato delle vie dei Consoli-XX Settembre e il sito oggi occupato dal Palazzo ducale. Questo insediamento era protetto da una cinta muraria interrotta da tre porte, situate nell'attuale piazza S. Marziale (porta Vehia), sul luogo della chiesa di S. Giuliano (porta Tessenaca) e sopra il Palazzo ducale (porta Trebulana). Il collegamento con l'esterno era garantito dalla Via Augurale, che dalla sommità dell'Ingino entrava in città dalla porta Trebulana, attraversava l'insediamento per poi proseguire verso la pianura. Lungo tale asse erano collocate varie «stazioni» per il culto delle divinità. Con la realizzazione della Via Flaminia (220-219 a.C.) Gubbio venne inserita nel flusso di relazioni fra Roma e la costa adriatica.

DALL'ETÀ ROMANA ALL'ALTO MEDIOEVO. A partire da questo momento inizia la fondazione della nuova città in pianura, prima nei pressi del torrente Camignano e poi, dalla seconda metà del I sec. a.C., ancor più a valle, come è documentato dai resti delle terme, del Teatro (dove si sviluppò un vasto quartiere abitativo) e del Mausoleo. A occidente del Teatro correva il limite dell'area urbanizzata, segnalato dal cosiddetto muro del vallo, in blocchetti di calcare, che doveva proseguire verso il Mausoleo.

La città dovette subire una drastica contrazione durante le invasioni barbariche: note sono le devastazioni dei Visigoti nei primi anni del V secolo; Narsete, generale di Giustiniano, nel 552 constatava la completa rovina di Gubbio, causata proprio dall'eccessiva esposizione in pianura. Il trattato di pace stipulato nel 605, che di fatto segnò la divisione dell'Umbria tra il ducato longobardo di Spoleto e quello bizantino di Perugia, portò importanti stimoli alla ricostruzione della città, che da quel momento assurgeva al ruolo di nodo fondamentale del nuovo tracciato viario Ravenna-Roma,

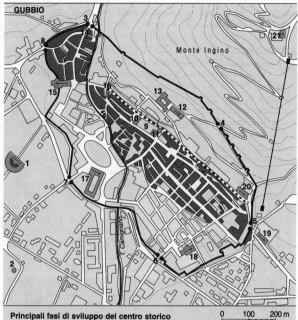

Principali fasi di sviluppo del centro storico

0   100   200 m

LA CITTÀ ANTICA

- - - Limite ipotetico verso valle di
Tota Ikuvina
1 Teatro romano (sec. I d.C.)
2 Mausoleo romano

LA CITTA' MEDIEVALE E
SIGNORILE

■ Area urbana nei sec. XI-XII

— Mura del sec. XIII-XIV e porte

3 Porta Metauro
4 Porta S. Ubaldo
5 Porta Romana
6 Porta Vittoria
7 Porta degli Ortacci
8 Porta Castello

9 Piazza Grande (1321)
10 Palazzo dei Consoli (1332-49)
11 Palazzo pretorio (1349)
12 Cattedrale (sec. XII-XIII)
13 Palazzo ducale (entro 1480)
14 Palazzo del Capitano del popolo
(sec. XIII)
15 S. Domenico (già S. Martino,
sec. XII e XIV)
16 S. Giuliano (sec. XII)
17 S. Francesco (entro 1255)
18 S. Pietro (sec. XIII, su strutture
tardo-romane)
19 S. Agostino (1251-94)
20 S. Andrea (o S. Marziale, sec. XII)
21 S. Ubaldo (dal 1511, su pieve
medievale)

destinato a sostituire la Flaminia, in mano ai Longobardi. Il periodo carolingio-ottoniano (VIII-X secolo), durante il quale venne garantita la stabilità politica, favorì la coesione armonica della città attorno alla Cattedrale di S. Mariano, nell'area dell'odierna chiesa di S. Giovanni, fino a lambire verso nord le mura umbre.

LA FORMAZIONE DELLA CITTÀ MEDIEVALE. Durante la reggenza vescovile di Ubaldo Baldassini (circa 1130-60), Gubbio si afferma come città-stato in grado di respingere l'aggressione della lega delle città vicine capeggiata da Perugia (1151) e di consolidare il suo ruolo di centro egemone su un vasto territorio. L'opera di governo del santo vescovo si connota di suggestioni 'miracolose' già alla sua morte, ispirando rituali celebrativi che rimarranno per secoli vitali nella comunità eugubina e ai quali si riallaccia anche l'odierna corsa dei Ceri. Nel XII secolo e fino all'inizio del successivo si consolida il processo di espansione della città sulle pendici del monte (significativa a questo proposito è la traslazione nel 1194 del corpo di Ubaldo alla sommità dell'Ingino), mentre gli interessi territoriali si orientano verso le Marche dove sono ricostruiti i centri dipendenti di Pèrgola e Cantiano (solo con l'Unificazione l'ambito eugubino sarà aggregato all'Umbria). A partire dalla metà del XIII secolo Gubbio è oggetto di una campagna urbanistica guidata dall'esigenza di integrare l'insediamento montano con quello sottostante. Alla Cattedrale, nel XII secolo trasferita nell'attuale sito, si affiancò entro il 1255 la chiesa di S. Francesco, in modo da fissare le coordinate urbane sull'asse trasversale est-ovest, al quale si contrappose nel 1251 la fondazione di S. Agostino che, assieme a S. Martino (attuale S. Domenico), determinava invece l'asse nord-ovest/sud-est. Nella zona sud-orientale persisteva il monastero di S. Pietro, attorno al quale si aggregò nel Duecento il quartiere pianificato. Un altro intervento fondamentale di questa fase urbanistica, al pari dell'ampliamento della rete viaria interna e al consolidamento delle porte civiche, è la costruzione dell'acquedotto che, dalla fonte in piazza della Cattedrale, si orientava su due rami lungo le attuali vie dei Consoli-XX Settembre e Baldassini-Savelli. In quel periodo è definita anche l'organizzazione amministrativa della città, suddivisa in quattro quartieri (San Martino, San Giuliano, Sant'Andrea e San Pietro), e la realizzazione di una cinta muraria che racchiudeva l'intera area urbana riutilizzando o raccordando preesistenti strutture fortificate.

LA COSTRUZIONE DELLO SPAZIO PUBBLICO. Il notevole sviluppo delle manifatture cittadine e con esse del commercio (Gubbio era uno dei centri più importanti dell'area appenninica umbro-marchigiana) si accompagnò al mutamento dell'assetto sociale, con il progressivo allontanamento dei nobili feudali dal governo del Comune. Le esigenze di rappresentazione dell'autorità comunale, in una fase di potenza economica e politica esercitata in assoluta autonomia su un vasto territorio, si espressero nella decisione (14 dicembre 1321) di ridefinire il baricentro politico e civile dell'organismo urbano in «locis que tangant omnia quarteria»: sorgono così il palazzo del Popolo (ora dei Consoli), quello del Podestà e la piazza pensile, fabbriche di eccezionale valenza urbanistica cui si lavorò indicativamente fino alla metà del secolo.

LA SIGNORIA DEI MONTEFELTRO. Alla metà del '300 Giovanni Gabrielli conquista il potere su Gubbio; nel 1384 la città passa ai Montefeltro di Urbino. Lo smantellamento delle magistrature comunali e l'affermazione del potere signorile trovano traduzione urbanistica nella costruzione (entro 1480) del Palazzo ducale sull'area del Palatium Communis, che dal XII secolo fronteggiava la Cattedrale nel punto anche altimetricamente emergente. Il nuovo edificio si inserisce nel complesso monumentale medievale oscurando la chiesa e inglobando le strutture preesistenti in modo da offrire all'esterno la visione dei corpi di fabbrica annessi, mentre il cortile, nuovo fulcro simbolico della città, è all'opposto configurato come superbo – e unico in Gubbio – spazio rinascimentale. Tra gli interventi su larga scala è la riedificazione del quartiere di San Martino attorno a S. Domenico, mentre la tipologia del palazzo suggerisce ovunque accorpamenti delle unità medievali. La residenza dei Montefeltro detta anche il nuovo gusto decorativo e nell'uso dei materiali: la tradizionale pietra calcarea è sostituita dal laterizio, integrato nei dettagli dalla pietra serena.

DALLA DECADENZA CINQUECENTESCA ALLA CARTA DI GUBBIO. Nel 1508 ai Montefeltro succedono i Della Rovere, sotto i quali la città decade, stretta dai gravami fiscali e minata dalle sommosse dei ceti popolari. L'inclusione del ducato di Urbino, e quindi di Gubbio, nello Stato pontificio (1624) aggrava l'isolamento della città, la crisi economica e con essa il degrado delle strutture edilizie. Dal 1807 è avviata una lenta campagna di restauro del tessuto medievale, mentre per contro vengono demolite le mura; nel 1885 sono pavimentate le strade secondarie del centro storico. Nel secondo dopoguerra, l'aumento della popolazione associato all'abbandono del centro storico (colpito dal terremoto del 1984) spingono alla definizione di un nuovo piano regolatore mirato a razionalizzare gli in-

sediamenti nella periferia, accompagnato dalla volontà di riqualificazione del nucleo medievale: tale intento trova il suo emblema
nella Carta di Gubbio (1960), nata proprio per richiamare l'attenzione sul restauro funzionale delle aree storiche. Particolarmente rilevante in quest'ottica è la presenza nel centro antico delle
tradizionali attività artigianali (ceramica, ferro battuto, restauro di
mobili antichi, liuteria), che testimoniano il legame autentico con il
passato, nonché il forte spirito comunitario della popolazione.

LA CORSA DEI CERI. Festa di remota origine, coinvolge ogni anno tutta
la popolazione il 15 maggio, vigilia della celebrazione del santo patrono
Ubaldo. I Ceri sono tre macchine di legno (alte circa 4 m, del peso di circa
200 kg), costituite da due prismi ottagonali cavi, sovrapposti e uniti internamente da un albero centrale che ne attraversa la struttura; questa viene «in-
cavigliata» a una tavola di legno detta «barella» dove si dispongono dieci uomini, i ceraioli, che appoggiano il loro braccio libero alle spalle di un «brac-
ciere», sostenendo tutto il peso sull'altra spalla. Sono guidati dal Capodieci,
che trova posto tra le stanghe anteriori della «barella», e da un Capocinque
dietro al cero tra le stanghe. Ogni cero è identificato sulla sommità dalla statua del santo protettore della corporazione: sant'Ubaldo (muratori e scalpellini), san Giorgio (artigiani e merciai), sant'Antonio abate (contadini, poi anche studenti). La corsa, finalizzata alla glorificazione di Ubaldo, consiste nel
trasportare i Ceri dal centro cittadino alla basilica di S. Ubaldo sul monte Ingino. Il rituale inizia la prima domenica di maggio con la discesa dei Ceri dal
monte al salone del palazzo dei Consoli. Il 15 maggio ha luogo la festa. I ceraioli vestono costumi vivaci: fazzoletto e fusciacca rossi, pantaloni bianchi e
camicia gialla (Cero di sant'Ubaldo), azzurra (san Giorgio), nera (sant'Antonio). Il comandante della corsa in città è il primo capitano, armato di spada;
responsabile dell'Alzata e della corsa sul monte è il secondo capitano. Alle
ore 5 del 15 maggio i tamburini suonano la sveglia ai capitani. Più tardi i ceraioli si adunano e partecipano con le autorità al sorteggio dei due «capitani
dei Ceri». Dopo la consegna ai ceraioli del «mazzolino dei fiori» presso porta
Castello, si snoda attraverso le vie della città la sfilata ufficiale che termina
in piazza Grande. Quindi, alle ore 12, al segnale del «Campanone» (campana
maggiore del palazzo dei Consoli, fusa nel 1769 dal maestro aquilano G.B
Donati; suona 61 volte all'anno con un vero rituale, sospinta da abilissimi
campanari) avviene l'Alzata dei Ceri. Questi sono appoggiati a terra in posizione orizzontale; ogni Capodieci sale sulla barella e getta sul punto d'attacco di essa col Cero parte dell'acqua contenuta nella brocca, che è poi lancia-
ta in aria tra la gente che ne raccoglie i pezzi come portafortuna. Il Cero viene alzato e comincia la Mostra per le vie della città, con «girate» davanti alle
abitazioni di persone che hanno o hanno avuto particolare attaccamento al
Cero, finché i tre Ceri sono depositati in fila in via Savelli della Porta. Vengono rialzati alle ore 18, mentre la processione, uscita dalla Cattedrale, sta per
giungervi dopo aver percorso le vie della città. Benedetti i Ceri, alle ore 18
inizia la corsa per la discesa di via Dante. La corsa è divisa in quattro tratti
scanditi da tre soste. Precedono il primo capitano, il secondo capitano e l'a-
raldo che al suono della tromba preannuncia l'arrivo dei Ceri in corsa. In

piazza Grande, a un cenno del sindaco dal balcone del Palazzo pretorio, i Ceri compiono le tre «birate» (tre giri in senso antiorario), quindi a velocissima andatura raggiungono, per la porta S. Ubaldo, la basilica m 827, in un tempo che va mediamente dai nove agli undici minuti. Scopo della corsa è, per il Cero di sant'Ubaldo (che è sempre in testa, seguito da quelli di san Giorgio e di sant'Antonio, in un ordine immutabile), di chiudere il portone della chiesa lasciando fuori gli altri, che naturalmente cercano di infilare almeno parte del Cero nelle ante. I Ceri sono stati scelti dalla Regione a simbolo dell'Umbria.

LE ALTRE MANIFESTAZIONI. L'ultima domenica di maggio è di scena il palio della Balestra, rievocazione in costume medievale di una gara di tiro a segno con la balestra lunga, che vede contrapposti i rappresentanti di Gubbio a quelli di Sansepolcro, seguita poi da un corteo storico. Tra le manifestazioni culturali di maggior rilievo vanno ricordate le rappresentazioni di opere classiche al Teatro romano (in luglio-agosto), la Biennale d'Arte della ceramica e del metallo (in agosto-settembre), il Premio Bosone da Gubbio (poeta vissuto nel XIV secolo), concorso letterario internazionale (in ottobre). Tra gli eventi religiosi è la solenne processione di Cristo Morto organizzata il Venerdì Santo, durante la quale i membri delle confraternite avanzano in processione portando le statue del Cristo e dell'Addolorata.

4.1 IL CENTRO MONUMENTALE

La visita della città è organizzata in due percorsi, il primo dei quali si svolge entro il nucleo centrale dove, nell'arco di più secoli, si insediarono gli edifici del potere civile e religioso. La scenografica piazza Grande con il palazzo dei Consoli e la «Platea Communis», dove si fronteggiano la Cattedrale e la quattrocentesca residenza ducale, costituiscono i fulcri dell'area rappresentativa eugubina, formatasi non per stratificazione (a eccezione dell'area del palazzo dei Montefeltro, che mostra una continuità funzionale dall'alto Medioevo all'età signorile), bensì per giustapposizione, a livelli altimetrici differenti, di architetture monumentali che raccontano una vicenda urbanistica complessa, documentata fin dalla fase preromana. Il percorso ha inizio nella piazza Quaranta Martiri, il «Campus Mercatalis» aperto in piano sul bordo del primitivo nucleo medievale, dove è quasi d'obbligo parcheggiare.

PIAZZA QUARANTA MARTIRI. Dedicata alle vittime eugubine uccise dalle truppe germaniche di occupazione nel 1944, corrisponde al vastissimo invaso aperto in pianura fuori le mura e nel Medioevo destinato ad area di mercato. Attrezzato parte a parcheggio e parte a giardino, funge da luogo di confluenza della viabilità regionale: la disarticolazione spaziale è compensata dalla eccezionale *visuale che offre sulla città alta stagliata a ridosso del monte, nella quale emergono tutte le maggiori architetture civili.

S. Francesco. Occupa il lato meridionale della piazza il vasto complesso francescano eretto entro il 1255 presso il fondaco degli Spadalonga, che avrebbero accolto e vestito san Francesco dopo l'abbandono della casa paterna. La chiesa è una costruzione ogivale erroneamente già attribuita a fra' Bevignate da Perugia, con semplice facciata incompiuta e manomessa, ornata da un portale gotico, da una cornice di archetti e da un piccolo rosone proveniente dalla chiesa di S. Francesco di Foligno. Sul fianco sinistro, corso da lesene e aperto da alte monofore in parte murate, si apre un portale gemino sormontato da un rosoncino (secolo XIV); le tre absidi poligonali, originarie, sono rafforzate da paraste agli spigoli e aperte da monofore; sull'abside destra s'innesta il campanile poligonale (secolo XV).

Interno. È a tre navate alte e spaziose, con volte a crociera che risalgono alla trasformazione del 1720; nel XVII secolo vennero aggiunti gli altari barocchi e tamponate alcune finestre ogivali trilobate. Questi interventi cancellarono gran parte dei dipinti murali delle pareti laterali; i superstiti sono stati restaurati (1995). Il tetto originariamente era a travature scoperte, come si vede nel tratto ripristinato verso l'abside. Al 1° altare d., *Immacolata Concezione* di Antonio Gherardi; al 2°, *Crocifisso e santi francescani*, di scuola di Virgilio Nucci; al 3°, *Deposizione*, copia del quadro di Daniele da Volterra (a Roma, nella chiesa della Trinità dei Monti), eseguita dallo stesso Nucci, suo discepolo.

La **cappella di S. Francesco**, nell'abside d., si crede sorga sul luogo dell'abitazione degli Spadalonga (la vetrata istoriata racconta l'episodio della donazione della tunica); la tradizione sarebbe avvalorata dal fatto che sul muro a destra sono le tracce dell'antica casa, incorporata nella chiesa. Quest'abside, divisa in due da una volta, presenta affreschi del XIII secolo e del principio del successivo: nella parte superiore, *S. Francesco ignudo che dopo la rinuncia delle vesti viene ricoperto con il manto del vescovo* e *S. Francesco che sorregge il Laterano cadente,* attribuiti al Maestro Espressionista di S. Chiara; nella parte inferiore, al centro il *Redentore* e ai quattro lati, entro cornici, gli *Evangelisti;* alle pareti, *santi.* (Il Maestro Espressionista di S. Chiara, attivo tra Gubbio e Assisi nel primo Trecento, è per alcuni identificabile nel padre di Guiduccio Palmerucci, Palmerino di Guido, citato in un documento notarile assieme a Giotto; per altri è invece da identificare con Angeletto da Gubbio.) La piccola monofora con vetri istoriati, opera di Aldo Ajò, raffigura la *Vestizione di S. Francesco.*

Nell'abside centrale, in alto, affreschi duecenteschi coevi all'architettura: al centro, *Gesù in trono,* a d. e a sin. *S. Pietro* e *S. Paolo* e poi *S. Francesco* e *S. Antonio.* L'abside sinistra, dedicata alla Madonna, è decorata con ***scene della vita di Maria** affrescate in 17 riquadri da Ottaviano Nelli (databili tra il 1408 e il 1413 circa).

Nella navata sin., al 3° altare, *S. Antonio da Padova,* di Anna Allegrini (1673); al 2°, *S. Carlo Borromeo* di Benedetto Bandiera; al 1°, *Vergine in trono e santi* dell'Imperiali.

SAGRESTIA ED EX CONVENTO. Dalla sagrestia, ambiente trecentesco ricavato nella supposta casa degli Spadalonga, si passa nel CHIOSTRO, con *Crocifisso* e *santi*, affreschi del XIV secolo; vi sono conservati mosaici romani policromi del sec. I d.C. provenienti dalla città. Un portale fiancheggiato da elegantissime bifore dà accesso alla SALA CAPITOLARE, dove si conserva un affresco probabilmente trecentesco staccato dal chiostro, che dovrebbe raffigurare il *Trasporto della S. Casa di Loreto* (sarebbe la più antica rappresentazione di questo soggetto). A destra si apre l'antico REFETTORIO, con un pulpito ricavato nello spessore del muro e un'interessante sinopia quattrocentesca, il cui affresco doveva raffigurare l'*Albero della vita*.

RACCOLTA D'ARTE DI S. FRANCESCO, in allestimento in due sale dell'ex convento, un tempo adibite a cantina. Comprenderà reperti archeologici, oreficerie (sec. XIV-XVIII), oggetti e arredi sacri (sec. XVI), dipinti; rimarchevole il *sigillo dell'antica custodia di Gubbio* (1350).

OSPEDALE DI S. MARIA DELLA MISERICORDIA. Sul lato della piazza opposto a S. Francesco sorge il lungo complesso trecentesco dell'ex «Spedal Grande», costruito dalla Confraternita della Beata Vergine Maria, ceduto nel 1452 alla Confraternita dei Bianchi o dei Laici. L'edificio è preceduto da portico per il mercato e sormontato dal *loggiato dei Tiratori dell'Arte della Lana*, aggiunto nel Seicento dalla Corporazione dei Tessitori di Lana che lo utilizzava come stiratoio. Dei dipinti murali che ornavano la parete del portico, staccati, rimane una *Madonna fra i Ss. Pietro e Paolo* di Bernardino di Nanni (1473). All'Ospedale era annessa la chiesa di **S. Maria dei Laici**, che conclude a sinistra il fabbricato. Eretta nel 1313, fu ampliata forse su disegno di Francesco Allegrini in occasione della ristrutturazione dell'intero complesso.

INTERNO DI S. MARIA DEI LAICI. Per il restauro dell'edificio sono stati rimossi i dipinti su tela, tuttora nei depositi di Palazzo ducale. Se ne dà la descrizione secondo la collocazione originaria che sarà reintegrata a conclusione dei lavori. Nell'unica navata: lungo le pareti, intervallati da cariatidi e telamoni lignei, 24 quadretti raffiguranti la *vita di Maria* eseguiti da Felice Damiani probabilmente in società con altri pittori eugubini tra cui Virgilio Nucci, Pier Angelo Basili e Federico Brunori. Intorno all'arco trionfale, *Assunzione* e *Incoronazione*; sopra il presbiterio, *Gloria del Paradiso*, affresco dell'Allegretti. All'altare sin., *Annunciazione*, ultimo lavoro del Barocci, terminato da Ventura Magi o da un suo allievo cantianese. Sulle pareti laterali, in alto, *Natività* e *Adorazione dei magi*, tele di Antonio Gherardi (circa 1684), artista influente nell'arte eugubina del Seicento.

S. GIOVANNI BATTISTA. Sulla destra dell'ex Ospedale di S. Maria si segue la *via della Repubblica*, nel cuore del nucleo più antico della Gubbio medievale (secoli X-XII) formatosi tra il torrente Camignano e le mura umbre e imperniato sulla primitiva cattedrale di

S. Mariano. Il sito da questa occupato corrisponde con probabilità a quello su cui oggi si leva la chiesa di **S. Giovanni Battista**, costruita a cavallo fra XIII e XIV secolo, con facciata gotica in pietra calcarea fiancheggiata dalla robusta torre campanaria romanica.

INTERNO. È a una navata con abside quadrata: il tetto è sostenuto da caratteristici arconi in pietra su mensole sorrette da colonne binate. Le pareti erano in origine ricoperte di affreschi perduti nella ristrutturazione seicentesca: rimangono frammenti raffiguranti *S. Caterina d'Alessandria* (sec. XIV) e *Sposalizio mistico della santa* (sec. XV). Al 1° altare d., *S. Carlo Borromeo*, attribuito tradizionalmente a Claudio Ridolfi. Segue la gotica cappella del battistero, in origine a sé stante e poi inglobata, di forma esagonale; nel 1828 fu decorata da Annibale Beni: custodisce un *fonte battesimale* in maiolica del rinascimento e, all'altare, *Battesimo di Gesù* di scuola del Perugino. Al 2° altare, *Chiamata di Pietro* di G.M. Baldassini (1574); al 2° altare sin., *Annunciazione* di Camilla Felicchi; ai lati del 1° altare sin., *S. Barbara* e *S. Lucia*, di Benedetto Nucci, datate 1578. Alle pareti laterali sono 14 dipinti su tela attribuiti all'Anconitano.

VIA BALDASSINI. La si incontra a sinistra, al termine di via della Repubblica. La strada, qualificata commercialmente dalla presenza di numerose botteghe antiquarie, si svolge in piano parallela ma a un livello inferiore alla piazza Grande, di cui si osservano le possenti sostruzioni compiute da maestranze perugine nel 1482; di notevole impatto è altresì la visuale dell'alto fianco strapiombante del Palazzo pretorio e l'alta mole del palazzo dei Consoli con la torretta del Campanone. A sinistra la via è fiancheggiata da una compatta cortina edilizia due-trecentesca, caratterizzata dalla presenza della stretta apertura ogivale detta «porta del morto», frequente nelle tipologie eugubine, che tramite scaletta esterna in legno (ora in pietra) dava accesso ai piani superiori. Emerge la **casa** detta **Baldassini**, dove la tradizione vuole sia nato (1084) il vescovo e santo Ubaldo Baldassini, patrono della città; oggi è sede del Centro universitario di Studi umbri. Per salire direttamente alla piazza Grande (pag. 241) si può imboccare, di fronte alla casa Baldassini, la via Gattapone (vi si apre l'ingresso alla Sezione archeologica del museo del palazzo dei Consoli, v. oltre); oppure retrocedere di qualche passo e salire la ripida scalinata di via Lucarelli, dove al N. 3 ha sede l'**Archivio di Stato**: conserva documenti da vari monasteri, autografi, diplomi imperiali e i preziosi *Corali miniati* provenienti da S. Domenico e attribuiti al miniatore Oderisi, «l'onor d'Agobbio» (Dante, *Purgatorio*, XI, 80), considerato tradizionalmente il fondatore della scuola pittorica di Gubbio.

SEZIONE ARCHEOLOGICA DEL MUSEO CIVICO. È allestita negli ambienti del palazzo dei Consoli con accesso da via Gattapone, ma in futuro dovrebbe essere unificata con le altre sezioni museali del palazzo. La raccolta illustra, con finalità anche didattiche, l'evoluzione del territorio eugubino dalla preistoria all'alto Medioevo. I reperti più antichi comprendono un piatto di ceramica etrusco-corinzia, un nucleo di armi da offesa e una serie di materiali per banchetti e culto. Sono quindi esposti i ritrovamenti dalla necropoli in località Madonna del Prato e dagli scavi presso la porta degli Ortacci. Tra le teste virili spiccano il *ritratto* cosiddetto *di Narsete*, interpretato come appartenente a un sacerdote isiaco, e la *testa* marmorea cosiddetta *di Apollo*, copia romana di età imperiale. Di particolare pregio un raro sarcofago bizantino o, secondo altri, di stile barbarico longobardo.

LARGO DEL BARGELLO. In lieve salita la via Baldassini, poi via S. Giuliano (che ha sulla destra un antico frantoio) portano alla piazzetta che prende nome dall'elegante **palazzo** detto **del Bargello**, eretto nel 1302, con integro prospetto a tre ordini dal rivestimento in conci, impreziosito da una finestra con cornice in pietra centinata. Di fronte è la *fontana dei Matti*, cinquecentesca ma rifatta nel 1862: secondo la tradizione, occorre fare tre giri attorno alla vasca bagnandosi con la sua acqua per fregiarsi della patente di 'matto'. La piazzetta, aperta nel luogo dell'umbra porta Tessenaca, è il cuore del *quartiere di San Giuliano*, che dà il titolo alla *chiesa*, citata in una Bolla pontificia del 1182, ampiamente rimaneggiata.

*VIA DEI CONSOLI. Già dei Cavalieri, è tra le più caratteristiche strade della città, insistente sul probabile tracciato delle fortificazioni preromane. Sale ampia e curvilinea, chiusa da cortine edilizie di qualità con perfetta muratura in conci, che esemplificano la tipologia abitativa eugubina tardo-medievale nelle larghe aperture terrene dei fondachi cui si affianca la più piccola «porta del morto» (notare la casa al N. 49). La via conduce alla piazza principale.

*PIAZZA GRANDE

Tra le più potenti e ardite realizzazioni urbanistiche medievali, la vasta platea pensile materializza nella nitida geometria spaziale e nella monumentalità dei palazzi delle due magistrature civili, cui fa da raccordo, la coerenza e la grandiosità del progetto politico e istituzionale del Comune eugubino al principio del Trecento. La ricchezza simbolica espressa dal complesso architettonico è esemplificativa della cultura urbana medievale. La piazza artificiale, la cui costruzione viene decisa nel 1321, è infatti realizzata nel baricentro della città, con imponenti lavori di sistemazione delle strutture di sostegno dello spazio pensile e degli stessi edifici, che appaiono decisamente sovradimensionati rispetto al nucleo storico. Il palazzo dei Consoli, l'unico portato a termine, leva la sua mole grandiosa emergendo sopra la città da qualunque visuale, e relazionandosi con la «Platea Communis» che, più in alto sul monte, accoglie la Cattedrale. Lo spazio, fortemente scenografico e proiettato verso la campagna mediante la panoramica terrazza, è impostato su assi ortogonali, evocando il regolare schema compositivo del tessuto urbano sul quale si afferma come fulcro fisico e ideale. La fine delle autonomie comunali con l'avvento della signoria dei Gabrielli (1350) sancisce anche l'interruzione dei lavori: il Palazzo pretorio rimarrà incompiuto, mentre le sostruzioni della piazza verranno completate solo nel 1482.

*PALAZZO DEI CONSOLI. Tra le maggiori architetture civili italiane, il palazzo fu costruito tra il 1332 e il 1349. L'iscrizione che si legge sul portale attribuisce l'opera ad Angelo da Orvieto (autore però forse solo di questo e della scalinata), con il contributo – da semplice «mensurator», geometra, secondo i documenti d'archivio – del Gattapone. D'impianto rettangolare, mostra alla piazza la nitida facciata in conci, dove robuste lesene, ripetute nella fronte posteriore, tripartiscono l'ampia parete liscia fino al secondo ordine, scandito da sei finestre a pieno centro, accoppiate a due a due e ornate da una cornice a dentelli che gira sugli archi e li congiunge; conclude la composizione un coronamento di archetti ogivali e di merli rettangolari. Dall'angolo sinistro si slancia un'agile torretta merlata. Gli altri lati del palazzo ripetono le forme della facciata salvo il fianco sinistro, dove si addossa uno stretto avancorpo con aerea loggetta e, inferiormente, un portico ad archi ogivali che scendeva fortemente inclinato alla via Baldassini, mentre sulla piazza si prolungava in un passaggio coperto (demolito nel 1839) fino al Palazzo pretorio.

Una scala a ventaglio sale al gotico **portale** (nella lunetta, *Madonna col Bambino e i Ss. Giovanni Battista e Ubaldo*, affresco di Bernardino di Nanni dell'Eugenia, 1495, ridipinto nel '500 da Benedetto Nucci), fiancheggiato da due bifore a pieno centro. All'interno (visita: 9-12.30 e 15.30-18; sabato e domenica, fino alle 19) sono sistemati, al pianterreno il Museo civico (in riallestimento) e al primo piano la Pinacoteca.

MUSEO CIVICO. Dal portale si accede all'**Arengo**, grandiosa sala voltata a botte che occupa tutta l'area dell'edificio; al tempo del libero Comune vi si tenevano le adunanze del popolo. Vi è esposta parte della raccolta archeologica civica, comprendente i reperti rinvenuti fino al XIX secolo (i ritrovamenti più recenti sono nelle sale con accesso da via Gattapone, pag. 241). Tra le iscrizioni (alcune dal Teatro romano), i frammenti, le statue e i marmi di epoca romana e alto-medievale, sono di particolare interesse: un sarcofago romano con *scene di baccanale*; l'iscrizione di Gneo Satrio Rufo, di notevole valore storico, relativa a opere realizzate a Gubbio al tempo di Augusto; stemmi delle corporazioni delle arti. Vicino alla scala pensile che porta ai piani superiori è una *Madonna col Bambino e due santi*, affresco del sec. XIV.

RACCOLTA NUMISMATICA. Collocata nell'ex sagrestia del palazzo, cui si accede dall'Arengo, la preziosa collezione comprende esemplari della Zecca di Gubbio dal periodo umbro al XVIII secolo, oltre a varie testimonianze di epoca romana, ducale e papale.

*TAVOLE EUGUBINE. Sono custodite nell'ex cappella del palazzo. Trovate nel 1444 nei dintorni di Scheggia (o, come altri affermano, presso il Teatro romano) da certo Paolo di Gregorio che nel 1456 le cedette al Comune in cambio di un diritto di pascolo, sono sette lastre di bronzo di diversa grandezza, alcune (quattro interamente e una in parte) scritte in alfabeto umbro derivato dall'etrusco, altre (parte della quinta, la sesta e la settima) in alfabeto latino. In tutte però la lingua è umbra e il contenuto essenzialmente di carattere religioso. Esse si riferiscono ai culti, all'ordinamento, alle cerimonie religiose della comunità iguvina e della confraternita dei fratelli Atiedii. Tra i culti è ricordato quello della triade Grabovia, composta da Giove, Marte e Vofione. Queste tavole, che sarebbero state incise in parte nel sec. II a.C. (quella in alfabeto umbro) e in parte tra la fine del II e gli inizi del I (quelle in caratteri latini, ma che riportano un testo più antico), sono il documento epigrafico principale della lingua umbra e hanno una straordinaria bibliografia (la prima parziale edizione è del 1520).

Nella sala sono esposti anche due affreschi: *Madonna col Bambino, i Ss. Battista, Antonio, Francesco e Ubaldo e il gonfaloniere della città*, di pittore eugubino del sec. XIV, e *Madonna col Bambino* di scuola eugubina del sec. XV, proveniente dalla chiesa di S. Benedetto.

SEZIONE DELLE CERAMICHE. È collocata nella cosiddetta sala della Loggetta, che si apre dopo la prima rampa della rapida e ardita scala pensile in pietra calcarea. Comprende ceramiche di fattura eugubina (numerose dalla spezieria dell'Ospedale di S. Maria, attiva dal 1636), datate dal XVI secolo al «revival» ottocentesco. Notare due piatti di mastro Giorgio Andreoli (raffiguranti la *Caduta di Fetonte*, 1527, e la *favola di Pico Circe e Canente*, 1528), il maggiore ceramista eugubino che, con la scoperta del «riverbero», portò l'arte a livelli altissimi (il segreto della lavorazione andò perduto con la morte dei figli). Inoltre, vari corredi di farmacia. Altri materiali documentano la produzione di maiolica decorata del XIV secolo. Da questa sala, un corridoio 'segreto' (con maioliche di Deruta) dà accesso alla sala IV della Pinacoteca.

*PINACOTECA COMUNALE. Sistemata al PIANO SUPERIORE del palazzo dei Consoli dal 1909, ha origine dalle opere acquisite con la soppressione degli ordini religiosi; l'allestimento, secondo un criterio cronologico, illustra la cultura artistica locale dal Medioevo al barocco. Attraversati due ambienti si raggiunge la SALA I: all'ingresso, portale cinquecentesco con lo stemma dei Montefeltro; *Madonna col Bambino*, tondo su tavola di pittore eugubino di metà '300 (Mello da Gubbio?); trecentesca *Madonna col Bambino e i Ss. Giovanni Battista e Antonio abate*; *Crocifissione* della fine del XIII secolo o dell'inizio del successivo; *Crocifisso* del Maestro della Croce di Gubbio; *Madonna col Bambino e i Ss. Andrea, Bartolomeo, Stefano, un santo diacono e due vescovi*, attribuiti al Maestro di S. Francesco al Prato o alla bottega del Maestro Espressionista di S. Chiara; *Madonna col Bambino,* attribuita a Mello da Gubbio; *Santo,* attribuito a Zanino di Pietro. Inoltre, *tabernacolo* con reliquie della prima metà del '300 con inserti di riporto del '200; due *croci astili* ornate di vetri graffiti, attribuite ad artista affine a Puccio Capanna (metà sec. XIV); *Crocifissione, Agnus Dei e i quattro Evangelisti,* in metallo cesellato del XIII secolo.

SALA II, con camino cinquecentesco con alari della stessa epoca e fonte murale in pietra (il palazzo era servito dall'acquedotto). *Madonna col Bambino e due angeli,* di protogiottesco umbro; *Baccanale,* attribuito a Matteo Balducci o ad Amico Aspertini; *Incoronazione tra i Ss. Agostino e Monica,* della seconda metà del '400; *S. Vincenzo Ferreri,* attribuito a pittore nellesco (metà sec. XV). SALA III. *S. Antonio da Padova,* di scuola umbra (fine sec. XV-inizi XVI); *Vesperbield,* terracotta del sec. XV. Notare inoltre il fronte di cassone, ornato con tre ghirlande e stemma dei Della Rovere, e il frontale di cassone in pastiglia dorata (sec. XV).

SALA DELLE FONTANE (sala IV), con bella volta in mattoni e arredi lignei del sec. XVI. *Madonna col Bambino,* tradizionalmente attribuita a scuola veneta del '500; *Scena storica,* attribuita ad Amico Aspertini; *Tre musici,* tradizionalmente attribuito a scuola romana del '500; *Visitazione* di Felice Damiani; *S. Francesco e santi francescani, popolo eugubino* (in alto, *Madonna in gloria con i Ss. Ubaldo e Battista*) di Felice Damiani; *Gonfalone della Confraternita della Misericordia* (*Madonna della Misericordia* e, sul recto, *S. Ubaldo*), opera migliore di Sinibaldo Ibi; *Pentecoste* di Benedetto Nucci (1563); *Risurrezione di Lazzaro* di Virgilio Nucci (1586). All'angolo, fontana murale scolpita (del 1330), con quattro bocche d'acqua.

SALA V. *Albero di Jesse* di Benedetto Nucci (1570); *Diana al bagno* e *Riposo dalla fuga in Egitto,* di cultura carraccesca (prima metà sec. XVII); *Nudo di vecchio,* di scuola bolognese del '600; *Fuga in Egitto* di Rutilio Manetti; *S. Crescentino,* attribuito a Simon Vouet; *Madonna col Bambino,* attribuita al Sassoferrato; *Madonna col Bambino,* attribuita a Carlo Cignani; *ritratto di Guidobaldo della Rovere* (1572) e *ritratto di Francesco Maria della Rovere* (1601), due affreschi di Virgilio Nucci; *S. Francesco e il lupo,* altro affresco attribuito a Federico Brunori (1612). Dalla loggetta, bellissima vista sulla città.

PALAZZO PRETORIO. Fronteggia il palazzo dei Consoli l'incompiuta architettura gotica (1349), alterata nel 1475 e ancora nel '600, in origine formata da tre vaste sale sovrapposte, coperte ognuna di volte a crociera poggianti su un pilastro centrale unico; ampliato nell'800, è ora sede municipale. A sinistra, chiude la piazza sul lato nord-orientale il neoclassico *palazzo Ranghiasci-Brancaleoni,* dotato di retrostante parco (pag. 253), che unifica secondo modelli inglesi edifici preesistenti; nell'interno, mosaico romano.

VERSO LA PLATEA COMMUNIS. Sul lato nord-orientale di piazza Grande, un angusto passaggio immette nella gradinata *via Galeotti,* strada coperta d'impronta medievale e di notevole suggestione che fa da raccordo con la soprastante *via Federico da Montefeltro.* Questa è sovrastata dal **palazzo del Capitolo dei Cano-**

nici, interessante costruzione del '200 con integro prospetto ornato di tre eleganti bifore; da una grata in ferro è visibile al pianterreno una grande botte in legno del '500, della capacità di 387 barili – circa 200 ettolitri – detta «botte dei canonici». Si guadagna infine, nel punto più alto dell'abitato, l'area della primitiva Platea Communis eugubina, centro politico e religioso della città al tempo del vescovo Ubaldo. Allora il Palatium Communis, sul sito dell'odierno Palazzo ducale, e la Cattedrale emergevano in uno spazio ben più ampio dell'attuale, dove le stratificazioni insediative riconducono all'organizzazione urbana alto-medievale.

*CATTEDRALE.Dedicata ai Ss. Giacomo e Mariano, protomartiri cristiani, fu costruita forse su progetto di Giovanni da Gubbio nell'area concessa nel 1190-94 dal vescovo Bentivoglio. Compiuta nel 1229, venne ampliata nel 1336 e ancora alla metà del secolo XVI. Nella semplice facciata si aprono un portale ogivale preceduto da scalinata e un oculo attorniato dai *simboli degli Evangelisti* e dall'*Agnello mistico*, appartenuti alla chiesa più antica.

INTERNO.L'unica ampia navata, illuminata dalla grande vetrata dell'abside, è di grandioso effetto per il caratteristico sistema di sostegno del tetto, con dieci grandi arconi ogivali trasversi, secondo un modello tipico delle chiese eugubine. Negli spazi tra gli arconi a sinistra si aprono cappelle in forma di nicchie. Alla parete d'ingresso, i *sepolcri del vescovo Pietro Gabrielli* e, in basso, *del vescovo Gabriele Gabrielli*.

PARETE DESTRA. Nella 1ª campata, *Adorazione dei Magi* di Antonio Gherardi; nella 2ª, con resti di affreschi del '300, *Immacolata Concezione* di Virgilio Nucci; nella 3ª, *S. Bartolomeo*, del sec. XVI; nella 4ª, *Pietà* di Dono Doni. Segue la CAPPELLA DEL SS. SACRAMENTO (restaurata dopo il terremoto del 1984), fatta erigere dal vescovo Alessandro Sperelli (sec. XVII) e interamente affrescata tra il 1654 e il 1656 da Francesco Allegrini, che realizza qui una della sue opere migliori; nel '700 fu ornata di stucchi dorati. All'Allegrini spettano anche gli ovali e le due lunette sopra gli altari raffiguranti *S. Ubaldo, S. Pier Damiani, S. Rodolfo* e *S. Giovanni da Lodi*; ai lati i *Ss. Giacomo e Mariano*. La grande tela (*Nascita della Madonna*) è di Antonio Gherardi. Nella 6ª campata, *Gesù e S. Tommaso* di Benedetto Nucci; nella 7ª, *Gesù caduto dalla Croce* di Dono Doni; nell' 8ª, resti di affreschi trecenteschi. Nel PRESBITERIO, due organi con intagli degli eugubini Luca e Giacomo Maffei (1550). L'altare maggiore poggia su un antico sarcofago; a sin., stalli dipinti a finta tarsia, di Benedetto Nucci (1557); il trono vescovile è opera di Girolamo Maffei (1557).

PARETE SINISTRA. Nella 10ª campata, altare su sarcofago romano e, sopra, *S. Ubaldo* di Benedetto Nucci; nella 9ª, avanzi di affreschi del '300; nell'8ª, *Madonna col Bambino in trono, due angeli e i Ss. Ubaldo e Sebastiano*, tavola a fondo d'oro di Sinibaldo Ibi (1507); nella 7ª, *S. Maria Maddalena* di Timoteo Viti (1521); nella 6ª, *Presepio* di Eusebio da San Giorgio; nella 5ª, *Caduta di S. Paolo* di Virgilio Nucci; nella 3ª, *Cattura di Gesù* dello stesso Nucci; nella 2ª, resti di affreschi del '300; nella 1ª, *Nascita di Gesù* di Antonio Gherardi.

MUSEO DELLA CATTEDRALE. Appartengono al patrimonio d'arte della Cattedrale anche le opere già facenti parte del museo capitolare, ora in deposito provvisorio presso il Palazzo ducale in attesa del riallestimento nell'attiguo refettorio del Capitolo dei Canonici (costruito entro il 1226). Tra i pezzi di maggior valore è ciò che rimane del magnifico *piviale* in broccato d'oro (in parte rubato nel 1990), di arte fiamminga del '500, donato nel 1555 dal papa Marcello II Cervini, già vescovo di Gubbio; *Madonna in gloria* proveniente dalla Pieve di Agnano, firmata «Opus Melli Eugubii» (Mello da Gubbio): il recente ritrovamento della firma durante il restauro ha messo in discussione tutte le attribuzioni date per certe che consideravano Guiduccio Palmerucci il più antico pittore del Trecento eugubino. Inoltre, *Madonna della Misericordia*, ricamo su tela del '500; dipinti di scuola umbra del '400 e altri sei-settecenteschi; *scene della Passione* di Giacomo di Benedetto Bedi, staccate dalla cripta della chiesa di S. Maria dei Laici, e altri affreschi del XIV secolo.

*PALAZZO DUCALE. Fronteggia la Cattedrale il palazzo (detto anche *Corte Nuova*) fatto erigere da Federico da Montefeltro inglobando e trasformando radicalmente in forma rinascimentale spazi ed edifici pubblici medievali, tra cui la «corte» longobarda e il cosiddetto Voltone, vasto ambiente facente parte del primitivo palazzo comunale. Il complesso, quasi certamente progettato da Francesco di Giorgio (presente a Gubbio attorno al 1477), fu concluso nel 1480 come documenta l'atto di donazione al duca feltrino, da parte della città, di «unum palatium et tenimentum domorum» comprendenti la «curia nova» rinascimentale. Dopo la morte di Federico (1482) il figlio Guidobaldo costruì l'adiacente foresteria, mentre nel XVI secolo fu realizzato il giardino pensile. Il palazzo è articolato in due corpi di fabbrica, rivolti uno alla valle e l'altro al monte, raccordati dal cortile centrale che fa da perno della composizione. Modello del rinascimento in Gubbio, è caratterizzato dall'eleganza dell'architettura e dalla raffinatezza decorativa che raggiunge la perfezione nei capitelli del cortile, nei portali e nei camini su cui sono stati intagliati fregi, ovuli, candelabre e mensole avvalendosi dell'opera dell'eugubino Bernardino di Nanni dell'Eugenia. Di proprietà statale, il palazzo è stato restaurato e istituito in museo (visita: 9-13.30 e 14.30-19, festivi solo la mattina). Nelle sale, spogliate agli inizi dell'800 degli arredi originali (il prezioso «studiolo» del duca, eseguito nel '400 dalla bottega di Giuliano da Maiano, fu venduto al Metropolitan Museum di New York), è ordinato il patrimonio d'arte di proprietà dello Stato, che costituisce l'esposizione permanente; in attesa di ritornare nelle sedi originarie sono invece le opere restaurate dopo il sisma del 1984, provenienti da chiese della diocesi, e i dipinti di pertinenza del museo della Cattedrale (v. sopra) di cui è previsto il riallestimento.

MUSEO DI PALAZZO DUCALE. Dal semplice portale si entra nell'elegante **cortile** rettangolare, di armoniosa architettura vivacizzata dalla bicromia della pietra serena e del mattone. In basso su tre lati si succedono le snelle arcate del portico su colonne con soluzione di pilastri agli angoli; in alto un piano di finestre divise da lesene (quelle del quarto lato poggiano su uno sporto sorretto da modiglioni). Si accede quindi agli ambienti interni, alcuni dei quali in parte conservano le decorazioni e l'ammattonato antico con graffito a quadrifoglio, mentre poco è rimasto dei soffitti intagliati. Rimarchevoli i due *armadi* collocati nella prima sala, uno di legno dipinto a motivi floreali (datato 1627), l'altro decorato a rosoni con stemmi e cartigli, datato 1493 e firmato da maestro Matteo, falegname, e da maestro Gregorio, pittore. Lavoro ligneo di grande qualità sono le *ante di portone* intarsiate e decorate con emblemi dei Montefeltro (sala 4), attribuite a Mariotto di Paolo Sensi, il Terzuolo, esponente di spicco dell'arte dell'intaglio del legno fiorita a Gubbio nei sec. XV-XVI. Al tardo Quattrocento appartengono anche, nella stessa sala, le ante di finestra decorate con *angeli musicanti* ed emblemi dei Montefeltro, mentre dell'inizio del secolo successivo sono le ante di portone decorate con *vedute di città* e motivi geometrici. Tra gli affreschi staccati da edifici di Gubbio, tra cui la chiesa di S. Maria dei Laici, *Madonna in trono con Bambino, angeli e santi,* attribuita a Palmerino di Guido, e *Crocifissione e santi,* della prima metà del '300. Di importanza anche documentaria è la pala d'altare di Mello da Gubbio (pag. 246) da Agnano, destinata a tornare al museo della Cattedrale. Nell'ambiente detto il Voltone, *Madonna col Bambino,* affresco di scuola eugubina del '400.

AREA ARCHEOLOGICA. Individuata nel 1977, comprende strutture edilizie e viarie stratificate nell'area sottostante al complesso rinascimentale, che occupò la medievale Platea Communis, ridotta alla dimensione della via, e inglobò le costruzioni preesistenti documentate dal X al XIII secolo. Gli scavi hanno portato alla luce due strade, una torre, un «palatium», un magazzino e due cisterne, nonché una superficie lastricata in cotto e un sottopassaggio che univa il sagrato della Cattedrale con la strada per il monte Ingino. Di notevole interesse storico è inoltre il ritrovamento di un villaggio con una stratigrafia che va dall'alto Medioevo al rinascimento. Il materiale ceramico recuperato in loco, datato dal XIV secolo, è esposto entro bacheche. Danno supporto alla visita (negli stessi orari del museo) materiali illustrativi del sito e della storia del palazzo dall'età longobarda.

4.2 I QUARTIERI

L'organizzazione della città medievale è impostata sui quartieri di Sant'Andrea, San Pietro, San Martino e San Giuliano (per questo, v. pag. 241), che si sviluppano fra XII e XIII secolo a partire dai nuclei alto-medievali imperniati sulla vecchia Cattedrale di S. Mariano (ora S. Giovanni) e sull'insediamento feudale di San Martino, rinnovato nelle strutture edilizie in età signorile. Come di consueto, sono i complessi monastici a fissare, tra fine '200 e inizi del '300, le coordinate spaziali dell'espansione dal monte al piano, unificata dalla costruzione della nuova cinta muraria (XIII-XIV secolo). La visita è articolata in due percorsi, entrambi con partenza da piazza Grande, sviluppandosi il primo a sud-est di questa (quartieri di Sant'Andrea e San Pietro), il secondo a nord-ovest (San Martino).

IL QUARTIERE DI SANT'ANDREA. Dalla piazza Grande si segue la *via XX Settembre*, sul probabile tracciato della cinta umbra, caratterizzata da un'edilizia sei-settecentesca. Dopo pochi passi, a destra la via Mastro Giorgio scende in breve alla via Savelli della Porta presso la seicentesca *chiesa dei Muratori* o di **S. Francesco della Pace**, che nel titolo ricorda come in questo luogo si rifugiasse la notte il lupo ammansito dal santo (Fioretti, XXI); l'interno custodisce la pietra sulla quale san Francesco predicava al popolo e le tre statue di *S. Ubaldo, S. Giorgio* e *S. Antonio* che compongono i Ceri. Sulla stessa via, al N. 16 è il **palazzo della Porta**, tradizionalmente attribuito a Francesco di Giorgio, con elegante portale rinascimentale ornato di candelabre.

S. MARIA NUOVA. Sorge quasi al termine di via Savelli della Porta. Eretta tra il 1270 ed il 1280, nel 1282 è ricordata in una Bolla pontificia come chiesa sussidiaria dell'abbazia d'Alfiolo; ora è di proprietà dello Stato. Un semplice portale ogivale trilobo, asimmetrico rispetto all'asse della fronte, dà accesso all'unica navata, rimaneggiata nel '600; in quell'occasione vennero scialbati tutti i pregevoli affreschi tre-quattrocenteschi (attualmente in fase di recupero) salvo la ***Madonna del Belvedere** (*Madonna col Bambino, angeli musicanti, i Ss. Emiliano e Antonio abate e due devoti della famiglia Pinoli*), opera di Ottaviano Nelli (1413), racchiusa in un'edicola in arenaria del 1510.

In controfacciata, il frammentario ciclo di affreschi posto su due registri raffigura: *Annunciazione* attribuita a Mello da Gubbio; *Crocifissione, santi, vergini martiri, S. Michele Arcangelo e due Maestà*. Sulla parete destra, i due registri proseguono con: *Madonna in trono col Bambino, Cristo crocifisso*, un grande frammento di una *Maestà* e *Cristo benedicente in trono tra santi, angeli* e, in basso, il committente. Nella chiesa sono inoltre custoditi arredi provenienti da chiese varie di Gubbio tra cui: altare ligneo intagliato e dorato (sec. XVI), da S. Agostino; cassa in pastiglia dorata (utilizzata per conservare il corpo di sant'Ubaldo) con all'interno i *Ss. Giacomo e Mariano*, dipinti attribuiti al Maestro Espressionista di S. Chiara.

La vicina chiesa di **S. Giovanni Decollato** o *dei Neri*, ascrivibile al secolo XIV, conserva dipinti su tela raffiguranti *storie della vita di S. Giovanni*, di scuola eugubina del '500.

S. ANDREA. La via Savelli della Porta (al N. 79 il trecentesco *palazzo Falcucci*, dove è tradizione abbia dimorato Dante), quindi, al termine di questa, la via Dante verso sinistra conducono in breve alla *porta Vehia* (IV-III sec. a.C.), residuo delle mura umbre, rimaneggiata nel Medioevo. In relazione a questa è il *monastero di S. Marziale*, già benedettino e ora del Carmelo, con la chiesa di *S. Andrea* (o *S. Marziale*), che dà il nome al quartiere. Documentata dal XII secolo, riutilizza nell'abside materiale di spoglio; il semplice e rustico edificio è a due navate di diversa ampiezza spartite da possenti pilastri.

PORTA ROMANA. Alla fine di via Savelli della Porta, la via Dante verso destra scende invece alla porta medievale, in forma di torrione. Vi è ospitata una raccolta di materiali eterogenei (visita: 10-13 e 15-19; chiusa il lunedì) tra i quali emerge la COLLEZIONE DI MAIOLICHE a riverbero (secoli XVI-XIX), con opere di mastro Giorgio Andreoli e della bottega; altri pezzi illustrano la ripresa ottocentesca del lustro a Gubbio e a Gualdo Tadino. Inoltre, carte geografiche del territorio (secoli XVI-XIX), alabarde, balestre e antiche misure di capacità. Di fronte alla porta è una fontana sormontata da antico affresco (*Madonna col Bambino*).

S. AGOSTINO. Situata subito fuori la porta Romana, è un'interessante costruzione gotica iniziata assieme al convento nel 1251, terminata nel 1294. All'esterno, rimane integro il fianco destro, con i caratteristici piloni che sostengono le arcate, mentre la facciata è settecentesca. L'interno è a una navata, con travatura sostenuta da otto grandi archi rafforzati nel '500 con altri di sostegno; il coro è di forma quadrata.

INTERNO. La chiesa era in origine tutta affrescata: rimangono tracce di pitture che verranno restaurate, mentre è prevista la messa in luce delle altre sotto lo scialbo. Al 2° altare d., la *Vergine col Bambino, angeli e santi*, affresco staccato di scuola nellesca, qui trasportato nel 1637 e molto danneggiato; al 3°, *Battesimo di S. Agostino* di Felice Damiani; al 5°, altro affresco di scuola nellesca. Nel presbiterio, a destra dell'altare maggiore (sec. XIV), *Crocifisso* su tavola sagomata del '400. L'abside è interamente coperta di affreschi di scuola nellesca raffiguranti **storie della vita di S. Agostino** in 26 riquadri; sull'arco trionfale, *Giudizio Universale*; nel sottarco, *Cristo e gli apostoli*; nella volta, *simboli degli Evangelisti*. Al 6° altare sin., *Madonna e santi* di Federico Brunori; al 4°, *Madonna del soccorso* di scuola nellesca, restaurata nel '500; sopra il fonte battesimale, *La Samaritana* attribuita a Virgilio Nucci.

Da S. Agostino si può raggiungere in pochi passi la stazione della funivia che collega la città alla basilica di S. Ubaldo (pag. 253).

IL QUARTIERE DI SAN PIETRO. Dalla porta Romana si continua in *via Dante*, la «calata dei Neri» che per la pendenza e la curvatura è uno dei tratti più pericolosi della corsa dei Ceri. L'*edicola di S. Ubaldo* (1761), con la statua del santo, inaugura l'ampio rettifilo del *corso Garibaldi*, spina del quartiere di San Pietro, formatosi nei primi decenni del Duecento e contraddistinto dalla regolare maglia viaria. Al principio sorge la chiesa della **SS. Trinità**, edificata (su preesistenze) nel 1410 dalla Confraternita di S. Agostino assieme a un ospedale dei Disciplinati. Nel 1505, con la riunificazione degli ospedali fu convertito in convento per le Riformate Terziarie ed ebbe l'attuale intitolazione; l'interno fu trasformato nel '700.

S. Pietro. Si raggiunge la chiesa dell'importante insediamento conventuale, tra i più antichi di Gubbio, deviando a sinistra del corso nella laterale via Armanni. L'edificio presenta tracce di tre successive fasi costruttive. La prima, tardo-romana, è documentata in facciata dai resti di un piccolo portico a cinque archi a tutto sesto poggianti su colonne con capitelli romanici. Nel '200, a somiglianza delle chiese eugubine dell'epoca, ne fu trasformato l'impianto, originariamente a tre navate a croce latina, in navata unica ritmata da sette archi acuti, tuttora esistenti, con facciata ridotta a due spioventi; l'abside, a volte impostate su sottili colonne, fu ornata con finestroni istoriati. Nel 1519 i Benedettini Olivetani, successi ai Cassinesi, modificarono l'interno in forme rinascimentali, chiudendo gli altari in grandi nicchie, tamponando l'oculo e aprendo le due finestre laterali; in quel periodo ebbe inizio la costruzione di un monastero attiguo alla chiesa, che si protrasse per almeno un secolo trasformando e ampliando la primitiva abbazia benedettina. Al termine del corso Garibaldi, la via della Repubblica riporta in piazza Grande.

INTERNO DI S. PIETRO. In controfacciata, l'*organo* maggiore è opera di Vincenzo Beltrami; l'ornamento, a eccezione dei bracci della cantoria, è dei fratelli Maffei, nel '500 i migliori maestri eugubini nell'arte dell'intaglio. Al 1° altare d., *Martirio di S. Bartolomeo*, attribuito a Rutilio Manetti; al 2°, *S. Bernardo Tolomei*, tela attribuita tradizionalmente a Giuseppe Nicola Nasini; al 5°, *Presepio* di Raffaellino del Colle, autore anche degli affreschi che ornano la cappella (*S. Benedetto in gloria* e la *Missione di S. Placido*, 1540). Nel lato d. della crociera, *Morte di S. Romualdo* di Agostino Tofanelli; nel lato sin., *Crocifisso* ligneo duecentesco (resto di un gruppo romanico della Deposizione). Al 2° altare sin., *S. Sebastiano*, attribuito a Virgilio Nucci.

Il vicino ex convento, sede della Scuola Media statale «O. Nelli», ha due chiostri su disegno forse di un seguace di Francesco di Giorgio.

S. MARIA DELLA PIAGGIOLA. Oltre S. Pietro, la *porta Vittoria*, di origine medievale, immette nel borgo della Piaggiola dove sorge la chiesa di fondazione quattrocentesca, rifatta nel 1613, con facciata incompiuta. Nell'interno, con pregevoli stucchi e decorazioni barocche: nella 1ᵃ cappella d., affresco (*Messa di S. Gregorio*) del sec. XV; segue una *Pietà* di Domenico di Cecco (1444); all'altare maggiore, *Madonna col Bambino*, attribuita a Ottaviano Nelli.

IL QUARTIERE DI SAN MARTINO. Di nuovo in piazza Grande, si discende la via dei Consoli (pag. 241) e, oltre il largo del Bargello, si attraversa il Camignano con vista suggestiva sulla schiera di case medievali affacciate al torrente. Si sbocca nella *piazza Giordano Bruno* (singolare la dedica all'ex frate domenicano bruciato per eresia), nella quale, sull'antica chiesa di S. Martino, sorge il complesso dei Domenicani in area di antica urbanizzazione dove probabilmente già nell'XI secolo si era formato un nucleo feudale, generatore del primo impianto urbano medievale.

S. DOMENICO. Fu costruita dai Domenicani, insediatisi nel vicino convento al principio del XIV secolo, sulla più ridotta chiesa di S. Martino, già esistente nel 1180, che fu ampliata oltre la cinta muraria ed ebbe mutata l'intitolazione. Alterata nel XVI e nel XVIII secolo, fu accorciata nella navata e ne rimase incompiuta la facciata, ricavata mediante la semplice tamponatura della campata; l'abside è sorretta da possenti torrioni angolari.

INTERNO (attualmente non accessibile a seguito del terremoto del settembre 1997). A croce latina, a una navata, è nell'aspetto conferitogli dal rinnovamento del 1765. Nelle due prime cappelle a d., affreschi (*Madonna col Bambino, Incoronazione di Maria, Annunciazione e santi, Epifania*) di scuola eugubina del '400. Al 3° altare d., *Madonna con l'immagine di S. Domenico e santi* di Francesco Allegrini. Nell'abside, coro ligneo del 1593 e pregevole *leggio*, attribuito al Terzuolo. Nel braccio sin. della crociera, *Circoncisione* di Felice Damiani (1603). Al 5° altare sin., *S. Antonio*, statua in terracotta verniciata tradizionalmente attribuita a mastro Giorgio Andreoli; al 4°, la *Maddalena* di Giovanni Baglioni; al 3°, *S. Vincenzo Ferreri* di scuola nellesca (sec. XV); al 2°, *Madonna col Bambino*, attribuita a Raffaellino del Colle (1546), e, intorno, *Cristo Risorto, S. Martino e il povero* e altri affreschi della fine del '500. Nella 2ª cappella, *scene della vita di S. Vincenzo Ferreri e di S. Pietro martire*, tradizionalmente attribuite a Ottaviano Nelli. Nella 1ª cappella, *santi, Flagellazione, Orazione nell'orto, Cristo e le Marie*, affreschi (in restauro) di scuola eugubina del '400.

PALAZZO BENI. Sorge in piazza Giordano Bruno, all'inizio della via Cavour. Il severo edificio, edificato dalla nobile famiglia alla fine del '300 accorpando strutture preesistenti, esemplifica il processo di rinnovamento edilizio avviato al tempo dei Montefeltro, che diffuse in città, e in particolare nel quartiere di San Martino, la tipologia del palazzo gentilizio. Vi furono ospiti Martino V nel 1420 e Giulio II nel 1506. Il portale è del secolo XVI-XVII.

VERSO S. SECONDO. Si può raggiungere questa chiesa percorrendo, sulla destra di S. Domenico, le vie Borromei e del Popolo, dove sorge il **Teatro comunale**, costruito e decorato nel 1713-38, ristrutturato a metà Ottocento. Superata la porta Castello, quindi un'antiporta, si raggiunge sulla via Tifernate la chiesa di **S. Secondo**, costruita tra XII e XIV secolo, rifatta al principio del '400, con abside poligonale trecentesca ornata di arcate trilobe; sul fianco sinistro, nell'atrio che precede la chiesa sono murate colonne di un loggiato del XV secolo. Nell'interno a una navata: al 1° altare d., *Transito di S. Giuseppe* di Bernardino Nocchi; al 2°, *Martirio di S. Secondo* di Stefano Tofanelli; al 3°, *S. Agostino* del Nocchi. L'altare maggiore gotico è del 1336. Al 2° altare sin., *Madonna* di Bernardino di Nanni. Nella CAPPELLA DI S. SEBASTIANO O PANFILI, del '400, entro l'attiguo piccolo cimitero, *scene della vita di S. Sebastiano, Evangelisti e Dottori*, affreschi di Giacomo di Benedetto Bedi (1457); la mensa d'altare è del secolo VIII.

VERSO LA PORTA METAURO. Dalla piazza Giordano Bruno, per le vie Vantaggi e Gabrielli, dove la famiglia comitale aveva il grande *palazzo* contraddistinto dall'alta torre medievale di difesa, si raggiunge il caratteristico **palazzo** detto **del Capitano del popolo** (adibito a spazio espositivo), tipica costruzione eugubina di fine '200, con prospetto a tre ordini di finestre ogivali, curvilineo per assecondare l'andamento della strada; all'interno, raro lavabo in pietra con tre rubinetti e, davanti, il «Pietrone», dove viene fatto sostare il Cristo Morto durante la processione del Venerdì Santo. Subito dopo la via Gabrielli termina alla **porta Metauro**, l'unica in città con portone ligneo (sulla lunetta, resti di un dipinto murale raffigurante la *Vergine col Bambino e santi*).

S. CROCE DELLA FOCE. Situata fuori la porta, è tra i luoghi importanti della devozione eugubina poiché qui, dal Medioevo, ha inizio la processione del Venerdì Santo. La chiesa, edificata forse su basi tardo-romane, è documentata dal 1143; fu rimaneggiata tra il XVI e il XVII secolo.

L'INTERNO, a navata unica con zona presbiteriale e absidale leggermente rialzata, ha soffitto ligneo a cassettoni dorati e intagliati, opera di Giovanni, Francesco e Giacomo Casali (fine sec. XVI), successivamente decorato con dipinti tradizionalmente attribuiti a Federico Zoi e G.B. Michelini. Una pregevole decorazione in stucco del sec. XVII, con motivi a racemi e volute, corre attorno al perimetro della navata nella fascia sottostante al soffitto e continua nel sottarco con le formelle a rilievo della Via Crucis. Al 2° altare d., *Vergine col Bambino e santi*, attribuito a Francesco Allegrini; sull'altare maggiore, del Casali, sono la *statua* lignea *del Cristo*, di scuola eugubina del secolo XVII, e quella di *Maria Addolorata*, portate in processione il Venerdì Santo. Al 3° altare sin., *S. Carlo Borromeo*, attribuito a Leone Brunelli; al 2°, *Miracolo della Croce* di Virgilio Nucci; al 1°, stendardo processionale di Pietro Paolo Baldinacci raffigurante, su entrambe le facce, *Crocifissione tra i Ss. Ubaldo, Pietro martire e Maddalena* (1517), temporaneamente presso il Palazzo ducale.

PARCO RANGHIASCI. Su via Gabrielli è l'ingresso principale del parco, ora di proprietà comunale, conservato integro nella struttura voluta dalla famiglia Ranghiasci-Brancaleoni nella prima metà dell'800. Esteso a mezza costa sul monte Ingino, conserva una scuderia e un tempietto neoclassico con stemma delle due famiglie; in alto, un torrione e parte delle mura urbiche.

IL TEATRO ROMANO E IL MAUSOLEO. L'area dove rimangono i resti più consistenti della città romana è quella esterna alle mura urbiche occidentali, dalle quali si può uscire, dal bordo sud-occidentale della piazza Quaranta Martiri (pag. 237), per la *porta degli Ortacci*, così chiamata perché qui erano gli orti di S. Francesco. Sotto il vicino *Ospedale civico* (1766) e nelle adiacenze è stata portata in luce una grande «domus» dotata di terme, di cui è visibile una cisterna. Costeggiando sulla destra le mura si raggiunge l'area del **Teatro romano** (per la visita rivolgersi al custode), del sec. I d.C., ben conservato. Una iscrizione qui trovata e ora al Museo civico, ricorda alcune opere fattevi da Gneo Satrio Rufo, quattuorviro del municipio. Scavi e restauri si sono susseguiti dal 1789 e hanno dato alla luce, tra l'altro, mosaici di eccezionale pregio, perfettamente conservati. Dell'edificio, in blocchi squadrati bugnati e in nuclei murari rivestiti di cortina, si conservano le arcate inferiori e parte dell'ordine superiore (le strutture in mattoni sono di restauro), la cavea molto restaurata (conteneva circa 6000 spettatori) e la scena con pulpito a nicchie curve e rettangolari. In estate vi vengono rappresentati spettacoli classici. L'Antiquarium (in allestimento) conterrà i reperti provenienti da una «domus» romana rinvenuta sotto le fondazioni.

Retrocedendo verso la porta degli Ortacci, a destra la via Buozzi (con resti del quartiere romano) conduce al **Mausoleo**, rudere di tomba romana originariamente rivestita di grossi blocchi di pietra squadrati, con camera sepolcrale ben conservata, coperta da volta a botte e illuminata da una finestra; fu ritenuto erroneamente il sepolcro di Pomponio Grecino, «praefectus urbis» ricordato in un'iscrizione, o di Genzio, re dell'Illiria.

S. UBALDO. La basilica, inerpicata sul monte Ingino, è raggiungibile in pochi minuti con la funivia che parte presso la porta Romana (pag. 249), con ampia vista sulla città e la pianura. In alternativa, si può utilizzare la strada (di c. 6 km) che dalla porta Metauro (pag. 252) risale la gola del Bottaccione (v. oltre) e poi tra boschi tocca il *parco del Coppo* m 900, attrezzato per attività ricreative. Infine, è possibile affrontare il ripido percorso della corsa dei Ceri che, dalla via XX Settembre (pag. 248), imbocca la cordonata via Colomboni, quindi costeggiando le mura su via Appennino passa la medievale e angusta *porta S. Ubaldo*, oltre la quale occorre ascendere otto tornanti in forte salita, tra pini e cipressi impiantati all'inizio del '900, toccando la cappella della *Madonna delle Grazie* (1657), presso la quale si vuole fosse la fonte 'miracolosa' di sant'Ubaldo.

La **basilica di S. Ubaldo** m 827, fu edificata forse sulla pieve medievale di S. Gervasio. Nel 1471, il Consiglio della città ne deliberò l'ampliamento, realizzato a partire dal 1511-14 quando le duchesse Elisabetta ed Eleonora della Rovere chiamarono ad abitare il luogo i Canonici Lateranensi. A quell'epoca risale anche l'edificazione del convento e del chiostro. I lavori, eseguiti a più riprese, alterarono quasi del tutto le originarie strutture. Si accede al CHIOSTRO, su colonne ottagone in mattoni con basi e capitelli in palombino (su uno è incisa la data 1525); le pareti conservano affreschi cinquecenteschi facenti parte di un ciclo pittorico più vasto raffigurante *scene della vita di S.Ubaldo,* attribuiti localmente a Pier Angelo Basili. Da qui si entra nella CHIESA, con interno a cinque navate arricchito da dipinti cinque-settecenteschi, oggetto di recente restauro: *S.Orsola e il martirio delle sue compagne* di Francesco Allegrini; *Trasfigurazione e santi* di G.M.Baldassini (1585); *Battesimo di Cristo* di Felice Damiani; *Addolorata* di Tommaso Conca; *Visitazione* di Pietro Paolo Tamburini; la *pala del Voto* di Salvio Savini. Sull'altare maggiore è l'urna di forme rinascimentali che custodisce il corpo di sant'Ubaldo, qui trasportato nel 1194. Nella prima navata destra sono conservati i tre Ceri.

Dalla basilica si può salire alla sommità del monte dove, in luogo panoramico, si trovano i resti delle due *rocche di Gubbio* m 903. Sul rilievo sono stati localizzati siti dell'età del Bronzo.

LA GOLA DEL BOTTACCIONE. Vi si va da porta Metauro sulla statale 298 per Scheggia, che risale la gola formata dal Camignano tra le alte pareti del monte Ingino (a destra) e del monte Calvo; sulla rupe, l'*eremo di S. Ambrogio,* di fondazione trecentesca. La gola ha qualità ambientale (ne è allo studio l'istituzione a parco) ma soprattutto è di eccezionale interesse geologico poiché presenta una serie sedimentaria carbonatica completa. Vi sono stati rilevati «aghetti di magnetite» (ossido di ferro) che possono essere considerati una sorta di 'bussola' fossile, offrendo preziose notizie sul paleomagnetismo. La scaglia di Gubbio presenta inoltre un'insolita presenza di minerali del gruppo del Platino, di sicura origine extraterrestre (meteoriti), la cui concentrazione al limite tra le ere primaria e secondaria appare significativa nell'ambito degli studi sulla crisi biologica che determinò, tra l'altro, la scomparsa dei dinosauri.

Il torrente era sbarrato dal **Bottaccione** m 585 (km 2.5 da Gubbio), notevole opera idraulica per l'approvvigionamento idrico della città che si erge sopra una struttura probabilmente tardo-romana, ripresa nel Medioevo e terminata nel secolo XIX. Le strutture, già interrate o sommerse da una fitta vegetazione, sono state oggetto di importanti interventi di consolidamento, relativi sia alla briglia di mantenimento dell'invaso sia all'intero acquedotto, che in alcuni punti raggiunge l'altezza di 23 metri. L'opera monumentale, che si sviluppa attorno al monte Ingino, è sostenuta da rocce e da strutture solidissime e raggiunge il «conservone» della città, posto al di sopra del Palazzo ducale.

ALLA MADONNA DEL PRATO. Sorge sulla via Perugina, che si allontana dalla piazza Quaranta Martiri in direzione sud lasciando a destra la strada per il *mausoleo dei Quaranta Martiri,* eretto in memoria delle vittime dell'eccidio compiuto dai Tedeschi nel 1944. La chiesa della **Madonna del Prato** fu costruita nel 1662-78 quasi certamente su progetto di Francesco Borromini (per alcuni sul modello del S. Carlo alle Quattro Fontane di Roma), con elegante facciata in conci; lesionata dal sisma del 1984, è stata restaurata. L'edificio sorse per volontà del vescovo Sperelli, che commissionò a Francesco Allegrini gli affreschi che decorano l'interno, a croce greca e cupola centrale ellittica con la *gloria del Paradiso;* opera dell'Allegretti sono anche la *Discesa dello Spirito Santo,* l'*Assunzione della Vergine* e il *Martirio di S. Stefano.* Presso l'edificio sono venute in luce tombe romane di età repubblicana.

ALLA VITTORINA. Da via della Piaggiola (pag. 250), attraversato il Cavarello si percorre la via Frate Lupo, che insiste su un tracciato antico (sulla sinistra, oltre il fiumicello Zappacenere, è visibile un monumento funerario romano). La piccola chiesa francescana di *S. Maria della Vittoria*, o semplicemente **La Vittorina**, sorse nel XIII secolo lungo il percorso francescano che da Gubbio conduceva ad Assisi (nel convento soggiornò san Francesco, che la tradizione vuole vi avesse incontrato il lupo). La chiesa, a navata unica con volta originaria a ogiva, fu interamente affrescata a riquadri nel '500: sulle pareti sono raffigurate le *storie della vita della Vergine*, eseguite da pittori della scuola eugubina tra cui Virgilio Nucci e Felice Damiani. Altri affreschi anteriori sono venuti in luce durante lavori di restauro a seguito del sisma del 1984. Accanto, sono state trovate numerose tombe romane appartenenti a una necropoli con una fase di età repubblicana (V-IV sec. a.C.) e una di età imperiale (I-II sec. d. Cristo).

4.3 IL TERRITORIO DI GUBBIO

Il territorio circostante al bacino di Gubbio è definito a oriente dalla compatta catena montuosa caratterizzata dai ripidi rilievi calcarei appenninici, aperta al versante adriatico attraverso il valico di Fossato di Vico. A occidente invece l'area declina verso la valle del Tevere, con una serie di modesti rilievi montani e collinari, formati da terreni arenacei e marnosi. Gli insediamenti compresi tra Fossato e Scheggia si svilupparono in funzione dell'asse della Via Flaminia, mentre più articolata è stata la vicenda dei centri discosti dalla viabilità primaria, originatisi in relazione alle numerose fondazioni abbaziali e militari, particolarmente rilevanti nella zona tra l'XI e il XIII secolo. L'area storicamente più integrata a Gubbio fu quella rivolta all'Adriatico, di importanza strategica e comunque l'unica concessa da Perugia, che per tutto il Medioevo inibì largamente ogni tentativo di espansione verso l'interno. Le eccellenti condizioni di numerose abbazie e castelli qualificano i tre itinerari, di interesse paesaggistico e storico. Di particolare rilevanza ambientale è l'area del Parco del Monte Cucco, dominato da boschi maestosi e inciso da profonde grotte. Carta a pag. 257.

LA VALLE DELL'ASSINO. Il torrente incide profondamente la valle boscosa che, tagliando trasversalmente la dorsale del monte Civitello, collega la conca di Gubbio con l'alta valle del Tevere, nel quale confluisce sotto Umbèrtide. Uscendo da Gubbio sulla via Tifernate (pag. 252), tratto urbano della statale 219 di Gubbio e Pian d'Assino, si oltrepassa l'ex *convento dei Cappuccini*, ristrutturato per destinazione alberghiera, nel quale è conservato un affresco di Ottaviano Nelli (*S. Cristoforo*, 1431), staccato dal palazzo Beni. Quindi, alla diramazione della statale della Contessa per le Marche si trova la chiesa di *S. Donato*, di fondazione romanica, ripresa nel '700. Sul bordo della conca, al km 7.7, sta **Mocaiana** m 417: poco lontano dal paese, raggiungibile con diramazione a destra, è *Monteleto* m 454, dove i resti di un muro di grossi blocchi bugnati è stato identificato come il terrazzamento di un tempio dedicato a Diana, costruito in età repubblicana e poi restaurato da Gneo Satrio Rufo (iscrizione presso il museo del Palazzo ducale di Gubbio). Proseguendo brevemente questa deviazione si può raggiungere, in località *Loreto*, la chiesa di **S. Giovanni Battista**, ascrivibile al XII secolo, interessante per l'impianto ad aula rettangolare con abside ricavata nello spessore della parete e per la cripta, scandita da arconi trasversali che individuano le campate coperte a crociera. La strada prende ad assecondare il corso del torrente, avendo a destra il *castello di Carbonara*, con nucleo originario del XII secolo appartenuto al vescovo di Gubbio, che possedeva altre fortificazioni nella valle degradate o non più riconoscibili. Infine, al km 17 si è a *Camporeggiano* m 316, presso il quale nel 1057 san Pier Damiani eresse l'**abbazia di S. Bartolomeo** su strutture preesistenti. Della chiesa, che presenta alterazioni successive, è rimarchevole la **cripta*, dove colonne romane di spoglio con interessanti capitelli caliciformi dividono l'angusto spazio rettangolare in tre navatelle con altrettante absidi. La costruzione dell'abbazia fu patrocinata dal vescovo eugubino Rodolfo Gabrielli, nato nel soprastante *castello* di cui sussistono i ruderi. Ulteriori 12.5 km di panoramico percorso (28.6 in totale), nella valle sempre più ampia, conducono a Umbèrtide.

ALL'**ABBAZIA DI VALLINGEGNO**: km 14.3. Sul proseguimento della via Perugina (pag. 254), la statale 298 Eugubina attraversa la conca di Gubbio al margine della quale, a *Ponte d'Assi* m 413, sorge la piccola chiesa di **S. Maria Maddalena**, che conserva dipinti murali dei secoli XV-XVI. L'edificio faceva parte della serie degli ospizi posti lungo la «Via municipalia» per Assisi, chiamata poi Francescana perché secondo la tradizione fu il percorso seguito da san Francesco per raggiungere Gubbio dopo il distacco dal padre. I biografi del santo (Tommaso da Celano, i suoi compagni Angelo, Rufino e Leone) raccontano che Francesco si fermò infreddolito e affamato in un monastero, che si vuole identificare nell'**abbazia di Vallingegno**, al km 14.3 della statale eugubina, riedificata dai Benedettini nel XIII secolo; vi si trova la chiesa di *S. Verecondo*, nella cui cripta probabilmente più antica un'arca tardo-imperiale racchiude le spoglie del santo martire titolare. Poco distante, più in basso, è il medievale *castello di Vallingegno*, che formava il sistema difensivo sulla destra del Chiascio

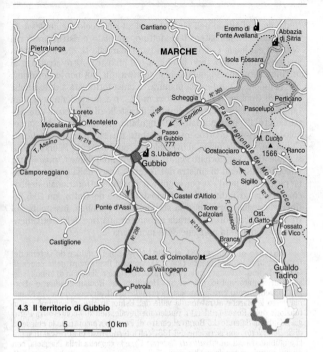

4.3 Il territorio di Gubbio

0   5   10 km

assieme al *castello di Petroia* e a quello di *Biscina* (a oriente della statale, pochi chilometri a sud-est). Sul Chiascio, a est di Petroia, la Via Francescana toccava il *monastero di S. Pietro in Vigneto*, dove nel secolo XV si ha testimonianza di un ospedale a ridosso della chiesa (all'interno, *Madonna col Bambino, S. Sebastiano, S. Antonio, S. Pietro, S. Giovanni e S. Rocco*, affresco di scuola scuola eugubina del '400); il convento è ora abitato da eremiti.

L'ALTO CHIASCIO E IL PARCO DEL MONTE CUCCO

Si lascia Gubbio in direzione sud-est, sulla statale 219 di Gubbio e Pian d'Assino. Questa rasenta il **castel d'Alfiolo** o *Badia*, esito di più fasi costruttive a partire da un nucleo originario (torre) eret-

257

to dai conti d'Alfiolo nell'XI secolo; nel XII-XIII secolo il complesso fu trasformato in monastero benedettino, ampliato e ristrutturato nel '500 dal cardinale Cervini, futuro papa Marcello II, che lo adattò a sua residenza rinnovando la chiesa e il chiostro. Altre strutture di origine castellana segnalano che correva qui, sul bordo dei rilievi che chiudono a nord-est la pianura, la linea fortificata a difesa della conca di Gubbio: *Torre Calzolari* m 522, trasformazione neogotica (secolo XIX) di preesistenze feudali; il castello di *Branca* m 385, appartenuto all'omonima famiglia eugubina, documentato dal XII secolo e tra Sette e Ottocento riadattato a residenza; il *castello di Colmollaro*, nella piana alluvionale presso il torrente Saonda, dove si vuole abbia soggiornato Dante. Attraversato il fiume *Chiascio*, tra i maggiori affluenti di sinistra del Tevere, si esce dalla conca eugubina piegando a nord-est per seguire il margine settentrionale del bacino di Gualdo Tadino. Al quadrivio di Osteria del Gatto, km 19.5, l'itinerario segue verso nord la statale 3 Via Flaminia, insistente sul tracciato dell'importante strada romana ordinatrice dell'insediamento storico in questa porzione della montagna.

FOSSATO DI VICO m 581, ab. 2403 (2405), cui conduce da Osteria del Gatto un breve collegamento (km 1.3), segna il limite nord della conca di Gualdo Tadino. Attestato sulle prime falde rocciose della Cima di Mutali, sorse su un abitato umbro, poi «vicus» Helvillum dei Romani (l'odierno «Borgo»), insediamento fortificato posto a presidio del diverticolo della Via Flaminia verso le Marche attraverso la valle dell'Esino; in alto, si sviluppò poi in funzione della Rocca (ruderi) il nucleo medievale, nel '200 conteso tra Perugia e Gubbio. Salendo dal Borgo al centro di Fossato s'incontrano la chiesetta di *S. Benedetto*, con iscrizione del 1337 (all'interno, resti di affreschi di scuola eugubina tra cui un *ritratto di Urbano V*), e la **cappella della Piaggiola**, con dipinti murali di scuola di Ottaviano Nelli. Quindi si raggiunge la chiesa di **S. Pietro**, fondata nell'XI secolo, a due navate con archi a ogiva e volte a botte. Presso l'abitato, sul torrente (raggiungibile dalla statale della Val d'Esino per Fabriano) è un piccolo *ponte romano* in grossi conci calcarei.

SIGILLO m 490, ab. 2403 (2123), lungo la Flaminia alle falde del monte Cucco, sorge in area abitata in età romana (è forse l'antico «Suillum»). Appartenne a Perugia, che lo ricostruì e lo fortificò nel 1274, in contesa con i Montefeltro; il rinnovamento edilizio settecentesco fu conseguente al sisma del 1751. Nell'abitato sorge la chiesa di **S. Agostino**, ristrutturata nel 1761, che custodisce una tela (*Annunciazione*) di Ippolito Borghese (1617) e una *croce* in rame dorato di Enrico di Piamonte (1494). Nel cimitero è la chiesa di **S. Anna**, con facciata del 1507 preceduta da portico seicentesco, ornata all'interno di affreschi votivi di Matteo da Gualdo. Nei pressi sono i resti di un imponente *ponte romano* detto «Spiano», costruito probabilmente in periodo augusteo nel quadro delle opere per il miglioramento della Via Flaminia.

IL PARCO DEL MONTE CUCCO. L'area naturale protetta si stende per oltre 10 000 ettari nei comuni di Sigillo, Costacciaro e Scheggia, dalla Flaminia che ne costituisce il limite occidentale fino al confine regionale, mostrando un'eccezionale ricchezza vegetazionale (emergono le faggete secolari della val di Ranco e del Pian delle Macinare), faunistica e geologica. Cuore del comprensorio è il massiccio calcareo del **monte Cucco** m 1566, di caratteristica forma conica, che è tra le maggiori elevazioni dell'Umbria. L'area, valorizzata per il turismo anche escursionistico (una Carta dei sentieri è fornita dal Centro nazionale di speleologia di Costacciaro), è rinomata per i fenomeni di carsismo, superficiale e profondo, e per le varietà paesistiche tra le quali spiccano le sorgenti e le strette forre (spettacolare quella del Rio Freddo) scavate dai corsi d'acqua nella roccia calcarea.

GROTTA DI MONTE CUCCO. Da Sigillo, una strada panoramica di 9 km risale le pendici meridionali del monte Cucco giungendo a *Val di Ranco* m 1040, attrezzata per il turismo, con estesi boschi, praterie e sorgenti, base per passeggiate. L'imbocco della grotta (attualmente non visitabile) è a quota 1390, a strapiombo sul fosso dell'Acqua Fredda dove sgorga una sorgente. La caverna costituisce uno dei più interessanti fenomeni carsici dell'Italia centrale, conosciuto dal '500 ed esplorato sistematicamente dal 1890. Ha una profondità di m 922, che la colloca al 5° posto nel mondo, e una struttura molto articolata, caratterizzata da un pozzo obliquo (alto m 25, con un diametro di 3) e da un susseguirsi di vasti saloni di calcare compatto, con una lunghezza di quasi 1 km in direzione ovest. Il primo segmento (circa 30 m di profondità) è accessibile, pur con molta cautela, dagli escursionisti adeguatamente attrezzati; l'ulteriore discesa è riservata agli esperti di speleologia. Il punto più interessante è la *sala Margherita*, magnifico ambiente ricco di stalattiti e stalagmiti. Nella grotta sono stati rinvenuti resti fossili di vertebrati (orsi delle caverne, cervi, caprioli, rinoceronti).

LUNGO LA FLAMINIA. Si procede nel versante sinistro dell'aperta valle del Chiascio, attraversando il piano di **Scirca** m 505, dove sono venuti alla luce resti di un ampio insediamento rustico di età romana. Nel paesino sorge l'antica chiesa di *S. Maria Assunta*, decorata da affreschi di Matteo da Gualdo (la *Madonna del Gonfalone* è firmata e datata 1484). La strada valica poi il *torrente Scirca*, che ha origine da una copiosa sorgente e in passato alimentava officine per la lavorazione del rame; di fianco al moderno ponte rimangono i resti del manufatto romano in grossi blocchi di pietra «grigna», distrutto nel 1944 dai Tedeschi in ritirata.

COSTACCIARO m 567, ab. 1307 (1435), sulla cima di un colle, ricorda nel regolare impianto ortogonale ancora in parte cinto da mura la sua origine castellana: fu presidio eugubino lungo la Flaminia (secolo XIII), quindi appartenne ai Montefeltro che ne rafforzarono le difese. La trecentesca chiesa di *S. Francesco*, a tre navate con abside profonda, è ornata di affreschi alla maniera di Matteo da Gualdo e di altari lignei seicenteschi.

SCHEGGIA. La Flaminia entra nell'abitato m 580, dopo aver superato il torrente Sentino sul *ponte di Scheggia*, rifatto nel secondo dopoguerra sul modello del 1789 detto «Botte d'Italia» per la forma singolare. **Scheggia**, sede del comune di *Scheggia e Pascelupo*, ab. 1560 (1711), sorse come stazione (detta «mutatio ad Hesis» o «ad Ensem») all'incrocio del collegamento Gubbio-Sassoferrato con la Flaminia, che qui valicava l'Appennino: presso il passo, la Tabula Peutingeriana ubica il tempio di Giove Appennino, tra i maggiori santuari degli Umbri, mai documentato da ritrovamenti. Nel XII secolo il paese appartenne all'eremo di Fonte Avellana (in territorio ora marchigiano), fondato ai piedi del monte Catria da san Romualdo ed evoluto in potente abbazia benedettina dalla quale dipendevano i cenobi e le badie (per lo più scomparsi o ridotti a rudere) particolarmente diffusi, tra XI e XIII secolo, in queste verdi e silenziose montagne altrimenti pressoché disabitate. Nell'abitato è in riallestimento il piccolo **Antiquarium comunale**, con reperti (stele, corredi funerari) d'età romana.

LE ABBAZIE. L'escursione, entro il Parco del Monte Cucco (pag. 259), lascia Scheggia sulla statale 360 Arceviese, che si snoda nella valle del Sentino. Al km 8.7 è Isola Fossara da cui muove a sinistra la strada forestale che (in ulteriori km 2.8) porta all'***abbazia di S. Maria di Sitria** m 528, fondata da san Romualdo all'inizio dell'XI secolo e dipendente dall'abbazia di Fonte Avellana. L'interessante chiesa romanica è a navata unica con volta a botte, presbiterio rialzato e sottostante cripta, sorretta al centro da una colonna romana con capitello corinzio.

Continuando lungo il Sentino, alla confluenza del *Rio Freddo* (che scava una spettacolare forra) s'incontra, km 14.3, la **badia dei Ss. Emiliano e Bartolomeo in Congiuntoli**, di fondazione benedettina, con chiesa del 1286. Proseguendo a destra per Perticano e di qui per Pascelupo si può andare (in km 4 circa) all'*eremo di S. Girolamo* o *di Monte Cucco*, arroccato entro suggestivo scenario di roccia, fondato nell'XI secolo e nel XX ristrutturato dai Camaldolesi.

VERSO GUBBIO. Da Scheggia il rientro a Gubbio avviene sulla statale 298 Eugubina, che tra ampi panorami guadagna il *passo di Gubbio* m 777, presso il quale è la cappelletta della Madonna della Cima. La discesa nella valle del Camignano infila la strettissima gola del Bottaccione (pag. 254), stretta tra erte pareti tagliate in alto dalla linea dell'acquedotto medievale. Si è ormai prossimi alla città, dove si rientra al km 12.5.

5 ASSISI

Assisi m 424, ab. 25 270 (24 002), costituisce – assieme a Gubbio – un'eccezione rispetto alle altre città umbre perché, invece di coprire la cima di un colle, si dispone a terrazze lungo le pendici di un monte, con lunghe vie di collegamento in quota, tagliate da ripidissimi raccordi, che si aprono sulle grandi piazze della Cattedrale di S. Rufino, di S. Chiara, del Comune. A chi arriva dalla Valle Umbra (oggi via d'accesso quasi esclusiva), la città appare tutta dipanata sul declivio del Subasio, a dominio della campagna tra Topino e Chiascio. Entrando in Assisi, il visitatore è inevitabilmente condizionato dalla memoria francescana, e non solo in ragione della letteratura di viaggio che da sempre ha voluto fare del piccolo centro umbro esclusivamente «la città di Francesco». La sacralità del luogo che storicamente impronta la costruzione della scena urbana, dove la celebrazione dell'ideologia francescana ha costruito monumenti eccezionali per architettura e arte figurativa, è fenomeno peculiare e inusuale che suggerisce la chiave di lettura della città. La pianta storico-urbanistica di Assisi si trova a pag. 264.

I CARATTERI DELL'INSEDIAMENTO NELLA VICENDA STORICA

LA SACRALITÀ DI ASSISI NEI VISITATORI ILLUSTRI. Giungendo in Assisi, Giosue Carducci, prima d'accorgersi della città, fu colpito dalla sua più recente «memoria» francescana: S. Maria degli Angeli, lo scrigno sontuoso destinato nel 1569 da Galeazzo Alessi a contenere l'antica Porziuncola: «Frate Francesco, quanto d'aere abbraccia / questa cupola bella del Vignola, / dove incrociando a l'agonia le braccia / nudo giacesti sulla terra sola!» (*Rime Nuove*, XV, 1861-67; l'attribuzione al Vignola è errata). Il grande edificio dell'Alessi, che nascose agli occhi del poeta la sede autentica di Francesco, la cappella annerita e minuscola miracolosamente salva dal terremoto del 1832, è la migliore metafora di un personaggio tradito dalla ricezione della storia (il terremoto distrusse l'intera chiesa – tranne la cupola e il transetto – che fu ricostruita dal Poletti nel 1840). I devoti autentici preferirono invece guardare alla natura piuttosto che alle chiese: Dante nell'XI canto del *Paradiso* (52-54) per primo collegò strettamente la descrizione topografica all'entusiasmo agiografico, santificando tutto il luogo: «Però chi d'esso loco fa parole, / non dica Ascesi, che direbbe corto, / ma Oriente, se proprio dir vole» (il gioco di parole è fra Ascesi, collegata ad «ascendere», e l'essere invece Assisi qualcosa di più, addirittura «Oriente» perché da lei è nato un sole, a cui nei versi successivi Dante paragona Francesco). Più vicino a noi, Luigi Salvatorelli imitò la «Commedia» facendo precedere la sua biografia francescana (1927) da un capitolo di schiette lodi per un ambiente, una città e un monte intesi addirittura come «vestibolo dell'eternità». Perché la Porziuncola non è quella d'una volta, quando la circondavano solo boschi e leccete. Lina Duff-Gordon, compagna di viaggio del critico d'arte Bernard Berenson, notava sopraffatta che «chiunque salga sul colle della città serafica non può sfuggire a una suggestione indescrivibile, misteriosa, impalpabile, del tutto diversa dalla bellezza della Valle Umbra» (1900). Proprio per questo – quando scrisse la prefazione all'ottava edizione della sua «Storia di Assisi» – se la prese tanto col centenario del 1926, che aveva prodotto tanta architettura medievaleggiante, come il palazzo delle Poste accanto all'intatto tempio romano della Minerva («pare che gli Assisiati non debbano far altro che scambiarsi lettere»!) e il «Restaurant di Santa Chiara».

LA FORMA URBIS. La vista di Assisi sullo sfondo del Subasio, con lo sprone di Sisto IV a sorreggere sulla sinistra la guerresca struttura del Sacro Convento («in vederlo da lungi sembra piuttosto una fortezza che un monistero», scrisse nel 1824 la guida del Bruschelli), è quella canonica dai tempi di Niccolò Alunno e del suo gonfalone contro la peste (1468-70), dove si vedono la Madonna e i santi che intercedono per la sorte della città raffigurata in basso. La mole delle sostruzioni del Sacro Convento e delle Basiliche superiore e inferiore è elemento primario della «forma urbis». Infatti, nonostante la posizione defilata ed eccentrica, o forse proprio per questo suo isolamento, a partire dalla cartografia tardo-cinquecentesca (Giacomo Lauro, 1599) il complesso s'impose sovradimensionato rispetto a tutto il tessuto viario e monumentale.

Come gran parte delle città dell'Umbria, Assisi conobbe nel XIII secolo un effettivo ampliamento dell'originale impianto romano, e un ancor più netta «aumentazione» qualche decennio dopo (1316), destinata però a rimanere poco più che un'intenzione, perché rinchiuse nelle nuove mura spazi troppo vasti, rimasti, a causa della peste del 1348, quasi sempre deserti di case (successe quasi ovunque così, a Siena come a Firenze, e le cronache coeve spesso se ne lamentano, come se quei prati verdi e quei «casalini» vuoti fossero un malaugurio del Cielo).

LA BASILICA. La costruzione della Basilica francescana, episodio fondamentale della storia urbana assisiate, avviata da frate Elia (vicario dell'Ordine dei frati minori) alla morte di Francesco, si collocò fuori da tale contesto urbano, esternamente al centro della città, ma finì coll'esautorare vittoriosamente il centro stesso, e questo intende ricordarci il disegno del Lauro. Né ci furono tentativi di integrazione, perché frate Elia, fidando nella taumaturgica potenza del suo maggiore «compagno», fondò la chiesa sul luogo che – ne era certo – sarebbe divenuto il cardine del minuscolo paese. L'Alunno, dipingendo il suo gonfalone, tentò di mantenere equilibrato il rapporto con la forma urbana rappresentando, nel XV secolo, il complesso francescano alla stregua di tutto il resto, non troppo più grande delle mura, provvisto della mai realizzata cuspide sul campanile della Basilica. Ma l'Alunno rimase isolato, e nelle immagini la Basilica al contrario riassunse per secoli, come un geroglifico, l'intera Assisi: tant'è vero che, quando poco prima del mezzogiorno del 26 settembre 1997, il terremoto ha fatto crollare due vele della volta della Chiesa superiore distruggendo opere forse di Giotto e certamente di Cimabue, l'evento ha provocato nell'immaginario di tutti un'indicibile impressione. «È la sola città italiana, a quanto ne so – scriveva la Gordon – dove l'interesse non si focalizzi sulla Cattedrale, e questo produce una certa tristezza, facile peraltro da spiegare. San Francesco ha preso tutto per sé: [...] gli abitanti vanno orgogliosi del Duomo colla sua bella facciata bruna, ma non sembrano amarlo, e forse sentono anche loro nella piazzetta un senso d'isolamento e di squallore, mal messa essa stessa per attrarre gente [...] È una zona già antica in epoca medievale ed il lontano mistero d'un'età con pochi ricordi s'aggira ancora attorno alla Cattedrale e il suo campanile turrito»

IL TEMPIO DI MINERVA. Goethe si sottrasse al coro, avverso alla romantica grandezza delle due chiese sovrapposte e desideroso solo di incontrare il puro disegno classico della Minerva in piazza Grande (che non è il vecchio foro romano, da rintracciare piuttosto sull'area

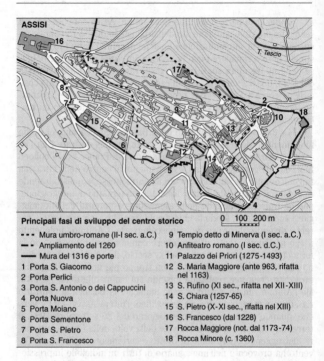

Principali fasi di sviluppo del centro storico

0   100 200 m

- - - Mura umbro-romane (II-I sec. a.C.)
- - Ampliamento del 1260
— Mura del 1316 e porte
1 Porta S. Giacomo
2 Porta Perlici
3 Porta S. Antonio o dei Cappuccini
4 Porta Nuova
5 Porta Moiano
6 Porta Sementone
7 Porta S. Pietro
8 Porta S. Francesco

9 Tempio detto di Minerva (I sec. a.C.)
10 Anfiteatro romano (I sec. d.C.)
11 Palazzo dei Priori (1275-1493)
12 S. Maria Maggiore (ante 963, rifatta nel 1163)
13 S. Rufino (XI sec., rifatta nel XII-XIII)
14 S. Chiara (1257-65)
15 S. Pietro (X-XI sec., rifatta nel XIII)
16 S. Francesco (dal 1228)
17 Rocca Maggiore (not. dal 1173-74)
18 Rocca Minore (c. 1360)

della Cattedrale). Ascoltiamone il ricordo, quando giunse in vista del paese provenendo da Perugia secondo l'itinerario abituale d'allora (da Perugia a Terni passando per Foligno, nel solco dunque della Valle Umbra): «Alla fine vidi Assisi. Da Palladio e Wolkman sapevo che c'era in città un tempio prezioso perfettamente conservato, dei tempi di Augusto. A S. Maria degli Angeli salutai perciò il mio vetturino e cominciai a salire verso la città sotto un vento forte: desideravo ardentemente, in un mondo per me così solitario, fare una camminata a piedi. Lasciai sulla sinistra con un certo fastidio le infelici sostruzioni delle due chiese accatastate l'una sull'altra come torri di Babilonia, dove riposa san Francesco»; pochi passi ancora ed ecco che «non riuscivo a saziarmi di contemplare la facciata [della Minerva] per come genialmente coerente era stato anche in questo caso l'artista che l'aveva disegnata». Tutta Assisi dunque – nonostante il parere discorde di Goethe – dipende da Francesco: la sua conservazione, le grandi misure delle chiese, le cupole, persino l'edilizia novecentesca degli alberghi e dei convitti, «per dare ai quali la patina del tempo ci vorranno tanti e tanti inverni di vento e di pioggia, forse il sole ardente di troppe estati» (Duff-Gordon). La visitatrice inglese pretendeva di conservare a Francesco un carisma umile d'accento romantico che non gli era mai appartenuto.

ALLE ORIGINI DELL'IDEOLOGIA FRANCESCANA. Quando Bonaventura da Bagnoregio fu eletto nel 1258 ministro generale dell'Ordine (Francesco era morto nel 1226) si trovò a capo di una comunità lacerata e profondamente divisa: un'ala voleva mantenersi fedele all'austera regola del fondatore, un'altra pretendeva di ammorbidirla soprattutto per quanto riguardava il problema della povertà e il divieto di possedere alcunché, non solo da parte del singolo ma anche della comunità. Bonaventura scrisse una nuova biografia di Francesco terminata nel 1263, nota come «Legenda maior». Fu un rovesciamento di prospettiva della vera immagine di Francesco paragonabile a quanto la cinquecentesca basilica alessiana dista dalla medievale Porziuncola. In quel tempo circolavano molte biografie di Francesco, alcune scritte dai compagni più cari del santo, e tre ufficiali, scritte dal francescano Tommaso da Celano, commissionate la prima da Gregorio IX fra il 1228 e il 1229, e le due successive dai ministri generali dell'Ordine, Crescenzio da Jesi fra il 1246 e il 1247 circa, e Giovanni da Parma fra il 1252 e il 1253. Nel 1266, a Parigi, Bonaventura (d'accordo con il Capitolo generale dei frati) ordinò la distruzione di ogni altra «Vita» precedente alla «Legenda maior». Tale atto ebbe proporzioni senza precedenti, perché anche il più piccolo convento possedeva una biografia di Francesco, e fu eseguito in modo tanto meticoloso che solo nel XIX secolo, soprattutto per opera del protestante Paul Sabatier, si ritrovarono, e spesso in un'unica copia, le biografie precedenti: alcune, non tutte. Per molti secoli, dunque, Francesco, fu il Francesco di Bonaventura. Furono attutite le parti più inquietanti e scomode della proposta del santo, che si prefiggeva di seguire alla lettera e integralmente il Vangelo. I Francescani sono ora un ordine «mendicante» che vive della carità del prossimo: Francesco aveva proibito assolutamente di chiedere l'elemosina per non rubare quello che spettava ai poveri. Voleva che i suoi frati lavorassero e vivessero del lavoro delle loro mani, facendo di tutto: aiutare i contadini nei campi, servire nelle case dei ricchi, e soprattutto curare i lebbrosi vivendo nei lebbrosari. Proibito ricevere ricompense in denaro: il frate poteva accettare solo un po' di cibo per sopravvivere. Erano proibite anche le case in muratura: solo capanne di frasche e di fango. Per coprirsi, una veste ruvidissima con cappuccio, stretta da una corda: la stoffa poteva essere di qualsiasi colore, verde, celeste, grigio, marrone, come capitava, purché povera. Francesco voleva vestirsi come gli altri emarginati, in modo che nessun particolare identificasse lui e i suoi frati in un gruppo a parte. La Chiesa era sempre andata «verso» i poveri; Francesco fece un cambio di classe sociale e si fece lui stesso povero: nelle tavole antiche, come quella del XIII secolo conservata al museo civico di Pistoia, le vesti dei frati sono sempre di vario colore e non hanno la coerenza dell'uniforme.

LA VITA DEL SANTO. Francesco era nato ad Assisi tra il 1181 e il 1182 dal ricco mercante Pietro di Bernardone. Più intelligente e abile del padre, secondo le fonti prebonaventuriane, colto, elegante, lettore di romanzi francesi (che conoscesse la lingua per virtù della madre «francese» Pica è tradizione tardissima e infondata), esperto di latino·(se ne conserva un documento autografo nella sagrestia del Sacro Convento ad Assisi), capace di scrivere musica. Prima di convertirsi era stato un uomo ambiziosissimo, che sentiva come un marchio infamante la sua professione di mercante. Imitava i comportamenti e le raffinate maniere dei nobili e prendeva a modello i cavalieri dei romanzi d'avventura, generosi, arditi e prodighi. Tentò la fortuna militare, ma il suo progetto di cambio di rango, d'essere armato cavaliere per il valore dimostrato in battaglia, si infranse perché era iniziata una lunga e penosa conversione, protrattasi per anni. Mutate di segno, l'ambizione e la generosità della giovinezza formarono il progetto magnanimo, altruista e smisurato di Francesco: portare la parola di Cristo in tutto il mondo. Cominciò a predicare la pace, la sostanza del suo messaggio condensata nell'insolito saluto: «pace a questa casa». Mentre la Chiesa cercava di imporsi con le armi e col sangue, sopprimendo gli eretici, combattendo «gli infedeli» per liberare la Terra Santa, Francesco nel 1219 ebbe la straordinaria idea di andare in Egitto, a Damietta, assediata dai crociati. Cercò di dissuaderli dal combattimento senza successo, si presentò allora al sultano Melek el-Kamel per annunciargli il Vangelo: non riuscì a convertirlo, ma fu accolto e ascoltato con benevolenza per oltre un anno. Fu poi costretto a un precipitoso ritorno in Italia per i gravissimi contrasti tra i frati, gli uni fedeli al primitivo progetto, gli altri inclini ad ammorbidirne i contorni.

La celebrazione del Natale a Greccio nel 1223, quando Francesco inventò il presepio, fu un nuovo modo di sconfessare la crociata. Piuttosto che giungere a Betlemme dimenticando il Vangelo, era meglio riunire un bue, un asinello e un po' di fieno: il Bambino nasceva di nuovo attraverso la parola del santo e l'emozione dei presenti. Betlemme è a Greccio e ovunque nella sorprendente soluzione escogitata da Francesco, purché sia soprattutto nel cuore dei cristiani, dimentichi che, con la violenza e la morte, volevano toccare fisicamente i luoghi dell'esperienza terrena di Cristo.

LE STIMMATE. Il Francesco che Bonaventura consegnò alla devozione dei posteri fu soprattutto il Francesco delle stimmate. Oggi, parlare di stimmate vuol dire riferirsi a un fenomeno noto, anche se fuor del comune; ai tempi di Francesco si trattò invece di un fatto incredibile. Non esiste alcun santo stimmatizzato prima di lui. Gregorio IX, il pontefice che proclamò santo Francesco con tanta rapidità nel 1228, appena due anni dopo la morte, nella bolla di canonizzazione tacque del tutto a proposito delle stimmate. Gli occorse una decina d'anni per cambiare idea. Fra il 1237 e il 1291, ben nove bolle di pontefici sono rivolte contro chi non crede alle stimmate: anzitutto i Domenicani, che inizieranno una lunga lotta per sottrarre ai Francescani l'esclusiva del privilegio, vantando le stimmate invisibili della loro santa, Caterina da Siena. Contrari alle stimmate erano perfino alcuni Francescani; ma anche i pittori si ostinavano a non dipingere i sacri segni e, se li dipingevano, assai spesso venivano cancellati da mani di ignoti fedeli. Più che un miracolo, molti ritenevano le stimmate una bestemmia contro Cristo (un uomo sarebbe stato divinizzato dalle ferite di Cristo in croce).

L'ICONOGRAFIA FRANCESCANA. Quando Giotto – un nome riassuntivo per indicare i pittori che parteciparono alla stesura degli affreschi della Basilica superiore – si accinse a illustrare, alla fine del '200, nella chiesa madre dell'Ordine, la vita del fondatore, le polemiche sulla veridicità del miracolo non erano affatto spente. Il racconto del miracolo, prima di Bonaventura e di Giotto, era stato continuamente rielaborato sia nelle fonti scritte che iconografiche, perché erano già contraddittorie le versioni dei testimoni del miracolo stesso. Da una parte il potente frate Elia aveva affermato la straordinaria scoperta dei segni di Cristo sul cadavere del santo; dall'altra frate Leone, amico e confessore di Francesco, aveva parlato di un colloquio rasserenante con il serafino, un angelo fiammeggiante a sei ali apparso a Francesco sul monte della Verna (1224), e poi della comparsa delle stimmate. Tommaso da Celano aveva cercato un compromesso, costretto a modificare il racconto nelle successive biografie perché il messaggio dell'apparizione del serafino-crocifisso era troppo complesso per stabilizzarsi in un racconto e in un'immagine fissi. Tommaso da Celano propose un'identificazione del tutto spirituale con le sofferenze del Salvatore: per questo dunque in alcune immagini di Francesco sulla Verna né il santo né l'essere angelico mostrano i segni delle stimmate; spesso tre raggi si dirigono dal serafino verso il viso di Francesco a significare quel colloquio risolutore con l'essere celeste testimoniatoci da frate Leone (a cominciare dalla scultura del XIII secolo ancora nella cappella delle Stimmate alla Verna). Bonaventura, invece, adoperò le fonti precedenti come tessere di un mosaico con le quali fornì una versione univoca, pacificante, del prodigio della Verna, facile da illustrare ma profondamente alterata nella sostanza. Egli si riaccostò alla testimonianza di frate Elia e suggerì una sovrapposizione del corpo di Francesco a quello di Cristo crocifisso, e una identificazione di natura non spirituale ma fisica con il Salvatore. I tratti del serafino si attenuano e per la prima volta si dice che l'essere celeste è Cristo. Bonaventura con la sua biografia e con il suo racconto dello straordinario miracolo, mai udito prima e mai prima accaduto, volle celebrare soprattutto la straordinarietà del fondatore Francesco, perché la sua carne era stata segnata dal marchio divino, era diventato un «alter Christus» (anche se una simile espressione fu coniata più tardi) e dunque un santo «inimitabile». L'Ordine poteva riacquistare la pace e la concordia rinunciando a Francesco: impossibile raggiungere le sue vertiginose altezze e continuare a proporre la sua scomoda vita come difficile modello per tutti i frati. C'erano da prendere a esempio altri santi francescani che già l'Ordine annoverava fra le sue file, dalla vita più semplice e meno inquietante. D'altra parte, frati e devoti, proprio a causa dell'inimitabilità di Francesco, avrebbero continuato a venerare con sempre maggiore ammirazione il fondatore e il santo prestigioso. Negli affreschi della Basilica superiore, che hanno come fonte la «Legenda maior», l'essere angelico ha decisamente assunto le sembianze di Cristo, con la barba scura, il nimbo e la croce. Contro la tradizione che vuole il serafino chiuso dalle sue ali, l'essere celeste è rappresentato con quelle mediane abbassate, in modo da potere mostrare la ferita del costato. Innovazione altrettanto significativa fu il collegamento fra mani, piedi e costato di Cristo con mani, piedi e costato di Francesco, mediante raggi che suggerivano come le stimmate provenissero da Cristo.

    ASSISI OGGI. Alla Verna, il secondo dei poli nella vita del santo quando non si muoveva nei suoi 'avveniristici' viaggi, la posizione ritratta conservò il luogo intatto per secoli. Ad Assisi, la tradizione sembra ancora esercitarsi in una memoria francescana che appare troppo sensibile all'economia turistica: il pellegrinaggio religioso rappresenta infatti per la piccola città il fenomeno più ragguardevole, e gli alberghi numerosissimi, che novant'anni fa Lina Duff-Gordon cominciava a temere, sono realtà che ha superato la sua immaginazione. La percezione 'solitaria' e spontaneamente 'romantica' dei luoghi è ormai preclusa, e quel che parrebbe fenomeno legato ai non Assisiati ha finito per foggiare le abitudini degli stessi abitanti. Passeggiando tra case d'antico aspetto, per lo più ripristinate nella pietra bianca e rossa locale, si ha l'impressione che tutto in Assisi voglia mostrare di appartenere a quel Medioevo di cui Francesco è il simbolo più eloquente.

LA CITTÀ ANTICA. La documentazione archeologica indica una frequentazione della piana assisana a partire dall'Eneolitico tardo, con attestazioni dall'età del Bronzo fino al VI secolo a.C., per proseguire in età ellenistica e infittirsi in periodo romano. La nascita di Assisi come agglomerato stabile è ascrivibile all'età ellenistica, quando ne è definito l'impianto urbano terrazzato mutuato dai modelli delle città greche dell'Asia minore, avente il fulcro nel complesso sacro del tempio detto di Minerva. La città, cinta di mura (fine II-inizio I sec. a.C.), godeva della posizione allo sbocco di valli fluviali e strade di collegamento con il suo retroterra. Tali passaggi rendevano facili gli scambi transappenninici, mentre l'ampia pianura antistante facilitava il rapido raggiungimento della Via Flaminia e dunque di Roma.

LA CITTÀ MEDIEVALE, nel XII secolo libero Comune ghibellino, riutilizza l'impianto romano organizzandosi attorno ai nuclei della piazza del mercato (ora del Comune), della Rocca imperiale (sicuramente esistente nel 1173-74), di S. Maria Maggiore (che fu cattedrale fino al principio dell'XI secolo) e di S. Rufino, la cui piazza antistante era utilizzata per le adunanze del popolo.

Nei primi decenni del '200 il governo comunale riorganizza gli spazi pubblici ridefinendo la piazza del mercato quale luogo eminente della vita civile; nel 1228 inizia la costruzione della Basilica francescana fuori le mura, che diviene elemento condizionante del successivo sviluppo urbano; al capo opposto dell'abitato sorge a partire dal 1257 la basilica di S. Chiara. Sono così fissati i capisaldi dell'organismo urbano: dopo un primo ampliamento murario nel 1260, la cinta fu ulteriormente ingrandita nel 1316 nell'ambito del piano urbanistico varato dal governo della città per far fronte, attraverso ristrutturazioni edilizie e lottizzazioni, al consistente aumento demografico. Il nuovo più ampio circuito include tutti i punti dello sviluppo edilizio, unificando la precedente struttura nucleare. Nella seconda metà del '300, intervento urbanisticamente significativo è la costruzione delle due rocche, simbolo del potere pontificio.

LA CITTÀ OTTO-NOVECENTESCA. Agli inserimenti di architetture civili e religiose sei-settecentesche all'interno del tessuto medievale, segue dall'800 la trasformazione d'uso e la spoliazione del patrimonio d'arte degli edifici conventuali incamerati dal demanio. Le solenni celebrazioni che accompagnano il disseppellimento dei corpi di san Francesco (1818) e di santa Chiara

(1850) danno nuova linfa al movimento francescano, per quanto riguarda sia gli studi (nell'800 è fondata la tuttora attiva Società internazionale di Studi francescani) che il flusso di pellegrini e turisti. Nel Novecento, la diffusa ristrutturazione 'in stile', i falsi architettonici e la decorticazione delle facciate 'medievalizzano' definitivamente lo spazio urbano. Legato alla crescita del movimento turistico è, dall'800, lo sviluppo dell'artigianato del ferro battuto, del rame e soprattutto del ricamo (specializzato nel «punto Assisi»).

Nel settembre e ottobre 1997 la città è stata gravemente colpita da successive scosse di terremoto, che hanno provocato lesioni strutturali o danneggiamenti a numerosi edifici monumentali, attualmente in parte inagibili; ne sono però già in corso i lavori di restauro.

Tra le manifestazioni tradizionali è il Calendimaggio (8-10 maggio), che rievoca la giovinezza di san Francesco attraverso i costumi e la vita medievale, con spettacoli teatrali, musicali e iniziative di vario genere; dal 1986 si svolge ogni anno ad Assisi la Marcia della pace nel mondo.

5.1 LA BASILICA DI S. FRANCESCO

Nel suo testamento (1226), Francesco dettò indicazioni anche per la costruzione delle chiese, raccomandando che esse non contraddicessero la regola della santa povertà. Un quarantennio dopo, lo stesso Ordine, governato da Bonaventura da Bagnoregio, avrebbe confermato la disposizione «di evitare nella maniera più rigorosa la ricercatezza degli edifici nelle pitture, tende, finestre, colonne e nello stesso modo anche la eccessiva dimensione in lunghezza, larghezza e altezza, secondo le condizioni del luogo» («Statuta generalia», 1260). La trasgressione al rigore francescano è evidente accostandosi alla massa ciclopica del complesso ecclesiale, emergente sopra le poderose sostruzioni ad arcate; l'impresa architettonica si mosse tuttavia nel solco dell'ideologia minorita, che intendeva le strutture ecclesiali e la decorazione strumenti per trasmettere la complessità e la novità del messaggio alla comunità dei fedeli: la Basilica francescana divenne infatti modello di una rinnovata sensibilità religiosa, artistica e iconografica.

Francesco morì alla Porziuncola il 3 ottobre 1226, assistito da santa Chiara e da Giacoma dei Settesoli, e per timore di furto la salma fu trasportata nella chiesa suburbana di S. Giorgio (v. S. Chiara). Nel 1227 frate Elia, eletto dallo stesso Francesco vicario generale dell'Ordine, fu incaricato da Ugolino dei conti di Segni, protettore dell'Ordine, elevato lo stesso anno papa col nome di Gregorio IX, di farsi promotore dell'edificazione di una «specialis ecclesia» che fungesse da chiesa tombale del santo e «caput e mater» dell'Ordine. Il 17 luglio 1228, l'indomani della canonizzazione del santo, lo stesso pontefice poneva la prima pietra sul terreno donato da Simone di Pucciarello in vocabolo Colle dell'Inferno (poi ribattezzato Colle del Paradiso). Qui, al margine nord-occidentale della città murata, attrezzato con ampi parcheggi, ha inizio la visita di Assisi, che da quella costruzione ebbe radicalmente modificata la struttura urbanistica, così come profondamente rinnovata ne fu la pittura italiana del tempo.

PIAZZA INFERIORE DI S. FRANCESCO. Entrando in Assisi dalla merlata *porta S. Francesco*, principale ingresso alla città corrispondente, nell'ampliamento murario trecentesco, alla più interna porta urbica romana, si è subito nella *piazzetta Bonghi*. Questa esemplifica
nell'impianto una caratteristica frequente delle piazze assisane due-
trecentesche, tutte aperte in piano, di forma rettangolare e determi-
nate dall'incrocio «a X» dell'asse maggiore, rettilineo e parallelo al
monte, con i collegamenti minori tagliati verticalmente in quota, con
andamento per lo più curvilineo, su cui si innestano ripide scalinate.
Dalla piazzetta, la via Frate Elia sale in breve alla **piazza Inferiore**,
«quasi più longa che larga, dove che intorno, cioè dalle bande overo
sponde, sonno portici, logge con colonne de 6 facie, con chiavi de
ferro, con archi et voltati a cruciere tutte in pietra [...] sonno tutte
botteghe, che in numero sonno 75 et queste servano alli mercanti»,
soprattutto nelle ricorrenze del 2 agosto e del 4 ottobre. Questa descrizione di fra' Ludovico da Pietralunga (XVI secolo) evidenzia la
funzione essenzialmente sociale per la quale fu concepita la piazza,
destinata all'accoglienza delle folle, spazio conchiuso centrato sul-
l'ingresso della chiesa ed evocativo del modello del chiostro medievale applicato a una piazza rinascimentale. La sistemazione dell'area
antistante alla Basilica, avviata quasi certamente in concomitanza
con la costruzione della chiesa, fu definita una prima volta nel XIV secolo, probabilmente al fine di disciplinare con la creazione di apposi-
te strutture il disordinato afflusso dei mercanti, condannato dal papa Gregorio XI. Nel 1474 fu innalzato l'attuale portico (lesionato dal
sisma del 1997) destinato al ricovero di pellegrini e venditori, completato e in parte rifatto alla fine del '500. Percorrendo la piazza, si
ha a sinistra l'oratorio di S. Bernardino da Siena, quindi l'ingresso al
Sacro Convento; di fronte, il portale della Chiesa inferiore. Uno scalone a due rampe (1731) sale alla piazza Superiore.

LA *BASILICA

Il grandioso complesso, tra i maggiori templi della cristianità, è
formato dalla sovrapposizione di due chiese che individuano due
differenti fasi costruttive. La complessità dell'organismo, nel quale
convergono culture di respiro internazionale, mostra infatti la giustapposizione di elementi del romanico umbro con il nuovo linguaggio gotico di prevalente matrice francese, che si integrano con lo
straordinario apparato decorativo interno. La Basilica inferiore fu

ASSISI: S. FRANCESCO, CHIESE INFERIORE E SUPERIORE

10 m
5 m
0

1 Ingresso alla Chiesa superiore a quota m 10.60
2 Ingresso alla Chiesa inferiore a quota m 0
3 Discesa alla cripta a quota m -6.40

Spaccato

iniziata, sotto la soprintendenza di frate Elia, nel luglio 1228 e doveva essere compiuta nel 1230, quando vi fu traslato il corpo del santo deposto in un sarcofago sotto l'altare maggiore. Quell'edificio, corrispondente alla seconda, terza e quarta campata dell'odierna chiesa, era probabilmente un'aula rettangolare, nella sua semplicità vicina al modello francescano. Negli anni immediatamente successivi, divenuto Elia generale dell'Ordine (1232-39), prevalse l'orientamento di edificare due chiese sovrapposte, dando forma a un grandioso monumento per l'esaltazione della figura del santo e dello stesso Ordine francescano. Il primitivo semplice organismo fu ampliato di una campata, del transetto e dell'abside, e vennero realizzati i pilastri e i contrafforti esterni. La sovrapposizione di due organismi comportò la sostituzione della copertura a capriate con le volte a crociera, a costoloni su pilastri (le cappelle sono aggiunte due-trecentesche). Il progetto della doppia chiesa evidenziava la duplice funzione cui doveva rispondere la struttura, destinata inferiormente a chiesa tombale e a cripta, e superiormente ad aula monastica, di predicazione e cappella papale.

Nell'incertezza delle fonti documentarie non è possibile datare le successive fasi costruttive della Basilica, che nel 1253 era consacrata da Innocenzo IV (questo non conferma però il compimento dell'edificio). L'introduzione delle forme del gotico francese nella Chiesa superiore sono probabilmente da mettere in relazione con l'ascesa al generalato dell'inglese Aymone di Faversham (1241), che chiamò nel cantiere assisiate maestranze d'Oltralpe. L'inserimento di una «gabbia gotica» entro la struttura perimetrale produrrà «l'evidente discontinuità linguistico-architettonica tra lo scheletro nervato pur se linearistico della Chiesa superiore e il complesso dei valori figurativi posti in luce dalle fronti esterne della Basilica. Ma da ciò deriva anche l'originalità del manufatto» (A. Grohmann). Con la costruzione della cappella di S. Caterina, nel 1367, la fabbrica era compiuta quale la vediamo, né subì alterazioni nei secoli successivi. L'apparato decorativo delle due chiese, cui lavorarono le maggiori personalità artistiche del tempo, è di eccezionale qualità, soprattutto per i cicli ad affresco che rappresentano il più importante complesso pittorico del Due-Trecento italiano. Tra il 1965 e il 1983 sono stati eseguiti complessi lavori di restauro delle superfici affrescate, che talvolta hanno richiesto il distacco dei dipinti con conseguente ricupero di alcune sinopie, collocate nel museo del Tesoro. La scossa sismica del 26 settembre 1997 ha lesionato gravemente la Basilica superiore, che ha riportato il crollo in due punti della volta e profonde lesioni al timpano del transetto, che è stato ingabbiato.

È incerto chi fu l'architetto della Basilica, per il quale furono fatti, senza conferma documentaria, i nomi di frate Elia, di Lapo o Jacopo Tedesco (questo citato da Vasari), fra' Giovanni della Penna, fra' Filippo da Campello. L'ipotesi più ragionevole appare quella che fa di frate Elia il primo e principale organizzatore e soprintendente della duplice Basilica, del Convento e del Palazzo pontificio, voluto da Gregorio IX e concluso entro il 1239. Il Sacro Convento, già in uso nel 1230, fu ingrandito più volte fra Tre e Quattrocento; Sisto IV fece erigere le poderose scarpate sullo sperone e il chiostro.

FACCIATA. Prospetta sulla *piazza Superiore di S. Francesco* e corrisponde all'alzato della Chiesa superiore, essendo quella inferiore scavata da questo lato nella roccia. Di linee semplici e nobili, divisa orizzontalmente in tre zone da cornici su mensole e coronata da timpano triangolare, è di un gotico adattato ai gusti locali. Ha un portale gemino e, nella zona mediana, una splendida *rosa doppia, di forme cosmatesche, fra i *simboli degli Evangelisti* a rilievo. Sul lato sinistro della facciata si prolunga la cosiddetta *loggia delle Benedizioni*, costruita su disegno di Valentino Martelli nel 1607. Sul fianco sinistro, dal quale sporgono i contrafforti cilindrici a guisa di torrette, si alza l'alta mole quadrangolare del **campanile**, di forme romaniche umbre, spartito orizzontalmente da cornici ad archetti, e corso verticalmente da sottili lesene, con la cella campanaria aperta da tre arcate; iniziato contemporaneamente alla chiesa, era compiuto nel 1239; nel 1530 ne fu abbattuta la cuspide.

CHIESA INFERIORE

Vi si accede dalla piazza Inferiore di S. Francesco per un gotico ***portale** gemino della seconda metà del Duecento, riccamente scolpito e con ornati a mosaico, sormontato da un rosone pure decorato (nel triangolo sotto il rosone, mosaico raffigurante S. *Francesco benedicente*); le imposte lignee intagliate sono opera dei maestri Niccolò Ugolinuccio da Cagli (la sinistra, 1550), e di Pompeo Scurscione da Foligno (la destra, 1573). Il portale è preceduto da un protiro rinascimentale, opera di Francesco di Bartolomeo da Pietrasanta (1487).

L'INTERNO, a pianta a croce egizia, è notevole esempio di gotico italiano caratterizzato da una gravità ancora romanica. La navata è divisa in cinque campate da basse arcate a tutto sesto sostenute da tozzi pilastri; la copertura è di volte a costoloni nella navata, di volte a botte nel transetto. La prima campata, ampliata ai lati da due bracci quasi a formare un nartece, ha una struttura più decisamente gotica. Sui fianchi di ogni campata si aprono grandi archi a sesto acuto, che immettono nelle cappelle.

CAMPATA D'INGRESSO. Entrando, a sin., è la CAPPELLA DI S. SEBASTIANO (1, nella pianta a fronte), con affreschi e pala d'altare di Girolamo Martelli (1646); quindi, alla parete (2), *Madonna della Salute (Madonna col Bambino in trono, Ss. Antonio abate, Francesco e Rufino)*, affresco di Ottaviano Nelli (1462), e altri affreschi di Cesare Sermei e Girolamo Martelli (1646-47). Di fronte, alla parete d., *monumento sepolcrale* (3) gotico, dei primi del '300, con edicola a baldacchino, di un personaggio della famiglia fiorentina dei Cerchi, o secondo altri di una regina di Cipro (il vaso ansato di porfido avrebbe questa provenienza, come del resto la mensa monolitica dell'altare maggiore) che potrebbe essere l'Eucubea o Elisabea che gli storici identificano con Isabella d'Ibelin (m. 1267); *pulpito* o *cantoria* (4), eretto dalla famiglia Nepis nel 1458 su base di un monumento sepolcrale trecentesco. Sul davanzale (rifacimento del 1657), cinque specchi ornati di tarsie marmoree in bianco e rosso del Subasio; sopra sono scolpite a caratteri d'oro tre *bolle papali* riferentisi ai privilegi della Basilica; nella lunetta, *Incoronazione della Vergine ed Eterno* di Girolamo Martelli. Segue il ricco *monumento sepolcrale di Giovanni di Brienne* (5), re titolare di Gerusalemme (ne fa fede lo stemma) e imperatore di Costantinopoli, opera di scultore gotico della fine del '200 fortemente influenzato dalla cultura francese. Sono figure virili e non femminili, come molti erroneamente

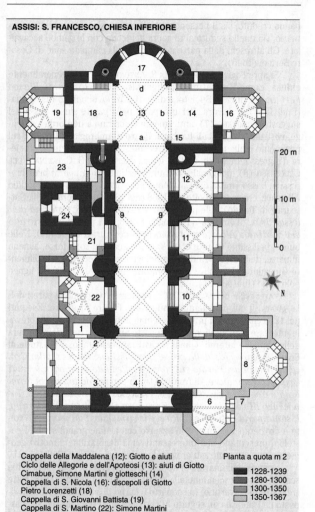

ASSISI: S. FRANCESCO, CHIESA INFERIORE

Cappella della Maddalena (12): Giotto e aiuti
Ciclo delle Allegorie e dell'Apoteosi (13): aiuti di Giotto
Cimabue, Simone Martini e giotteschi (14)
Cappella di S. Nicola (16): discepoli di Giotto
Pietro Lorenzetti (18)
Cappella di S. Giovanni Battista (19)
Cappella di S. Martino (22): Simone Martini

Pianta a quota m 2

■ 1228-1239
■ 1280-1300
■ 1300-1350
□ 1350-1367

hanno creduto, sia il personaggio incoronato giacente sul letto mortuario, sia quello seduto al di sopra del leone con le gambe accavallate. Gli affreschi della parte posteriore della campata sono di Cesare Sermei (1645).

Si apre l'ogivale CAPPELLA DI S. ANTONIO ABATE (6; generalmente chiusa, come il cimitero), poligonale, con le *tombe di Blasco Fernández*, duca di Spoleto, a d., e *di García*, suo figlio (assassinati nel 1367), a sinistra. Per una porta nella parete sin. si passa nel suggestivo CIMITERO (7), anticamente chiostrino a due ordini di logge, costruite dai lapicidi lombardi Pietro e Ambrogio (1492-93); sul pavimento e alle pareti, tombe trecentesche. Si ritorna nella crociera d'ingresso: in fondo, a d., la gotica CAPPELLA DI S. CATERINA O DEL CROCIFISSO (8), poligonale, con un rivestimento di marmi bianchi e rossi in basso, eretta dal Gattapone per volontà del cardinale Egidio Albornoz, che vi fu sepolto nel 1368 (nel 1372 fu trasferito nella Cattedrale di Toledo). Alle pareti, *scene della vita di S. Caterina d'Alessandria*, di Andrea da Bologna (1368; alla parete sin., *ritratto del cardinale Albornoz in ginocchio davanti a tre santi*). Nelle bifore, bellissime vetrate con *18 santi*; i cartoni sono forse, almeno in parte, dello stesso Andrea da Bologna; esecutore fu probabilmente Giovanni di Bonino e collaboratori. Sull'altare, *Crocifisso* ligneo policromo (fine sec. xv).

*AFFRESCHI DEL MAESTRO DI S. FRANCESCO. Coprono le pareti della NAVATA, il cui pavimento pende verso l'altare maggiore. Eseguiti nel 1253 circa, sono i primi affreschi dipinti nella Basilica: di notevole interesse iconografico, sono in parte andati distrutti dall'apertura delle cappelle laterali. Quelli rimasti rappresentano, a d., **storie di Cristo**: *Apparecchio della croce, Crocifissione, Discesa dalla Croce, Deposizione, Pianto sul corpo del Redentore, Apparizione di Cristo in Emmaus* e, di fronte al trono papale, *Madonna col Bambino e angelo*; a sin., **storie di S. Francesco**: *Rinuncia ai beni, Innocenzo III vede in sogno S. Francesco che sostiene il Laterano, Il santo parla agli uccelli, Riceve le stimmate, Sua morte*. Le volte a crociera sono dipinte in azzurro con alcune grandi stelle. I costoloni presentano una interessantissima decorazione a motivi geometrici con vivi contrasti cromatici, coeva agli affreschi delle pareti.

A metà della navata si aprono lateralmente nel pavimento due scalette (9) che scendono alla CRIPTA dove, nel dicembre 1818, rotte tre lastre di travertino, fu scoperto il corpo di san Francesco, qui riposto da frate Elia. In seguito fu costruita una cripta di stile neoclassico, trasformata nell'attuale su disegno di Ugo Tarchi (1925-32).

Sopra l'altare, nel vano dell'antica tomba, costituita da quattro rozzi muri, si vede la semplice urna di pietra rinchiusa da sbarre in due griglie di ferro, nella quale fu trovato il corpo del santo e che tuttora lo contiene. Ai quattro angoli del vano centrale, nelle nicchie protette da inferriate, sono stati collocati i corpi dei quattro più fidi compagni di Francesco: i beati Leone, Rufino, Masseo e Angelo; nella nicchia che si apre sul pianerottolo di congiunzione delle due scale, i resti della beata Jacopa dei Settesoli, nobile romana benefattrice del santo e da lui chiamata «frate Jacopa». In prossimità della cancellata pende dall'alto la *lampada votiva*, in bronzo e alabastro, offerta dai Comuni d'Italia (1939) al «Santo Patrono Primario della Patria».

CAPPELLE LATERALI DI DESTRA. Tornando nella navata si può iniziare la visita delle cappelle laterali di destra. 1ª CAPPELLA (*di S. Ludovico o di S. Stefano*; 10): alle pareti, *vita di S. Stefano*, affreschi di Dono Doni (1575); le *figure allegoriche* nel sottarco d'ingresso sono opera di Giacomo Giorgetti (metà sec. XVII). Nella quadrifora, bella vetrata (il *Redentore*, la *Vergine* e *santi*) il cui disegno, già attribuito a Simone Martini, è stato riconosciuto opera di Giovanni di Bonino e del collaboratore Angeletto da Gubbio. Nel passaggio (già cappella di S. Lorenzo) alla cappella successiva: sull'esterno del torrione, *Martirio di S. Lorenzo*; alla parete sin., *Orazione nell'Orto* e a d., *Cattura di Gesù*, affreschi della seconda metà del '300 (probabilmente di Andrea da Bologna).

2ª CAPPELLA (*di S. Antonio da Padova*; 11), frescata da Cesare Sermei (1610): nell'archivolto, *santi minoriti*; nella volta, i *Ss. Francesco, Bonaventura, Chiara e Ludovico*; alle pareti, *S. Antonio predica davanti al papa e fa inginocchiare una mula davanti al SS. Sacramento*. Nella quadrifora, belle vetrate con *storie di S. Antonio da Padova*, opera di maestri giotteschi tra i quali è identificabile Giovanni di Bonino (ante 1317).

*AFFRESCHI DI GIOTTO E COLLABORATORI. La 3ª CAPPELLA DESTRA (*della Maddalena*; 12) è tutta decorata, su commissione di Tebaldo (o Teobaldo) Pontano, vescovo di Assisi (1296-1329), da affreschi eseguiti da Giotto e da collaboratori (tra i quali il Parente di Giotto, quasi concordemente identificato in Stefano Fiorentino, e il Maestro delle Vele, forse Angeletto da Gubbio) subito dopo l'ultimazione della decorazione della cappella degli Scrovegni a Padova (1305). Nell'archivolto, i *Ss. Caterina, Agata, Andrea, Giorgio, Pietro, Matteo, Agnese, Rosa, Nicola, Paolo eremita, Paolo apostolo, Antonio abate*; nella volta, *Gesù, Maria Maddalena, Maria, Lazzaro*. Parete sinistra, dal basso, *Tebaldo Pontano protetto da S. Rufino*;

Cena in casa del Fariseo; Risurrezione di Lazzaro; la Maddalena comunicata da S. Massimino e trasportata in cielo. Parete destra, dal basso, **ritratto di Pietro di Barro*, cardinale francese committente della costruzione della cappella, in abito monastico (secondo altri è invece un altro ritratto del Pontano), *ai piedi della Maddalena; Noli me tangere; la Maddalena nel porto di Marsiglia e la principessa morta sullo scoglio; la santa in colloquio con angeli.* Sopra l'arco d'ingresso, la *santa nella grotta riceve le vesti da Zosimo.* Inoltre, figure di *santi* e, in basso, rivestimento marmoreo in parte con lastre a decorazione cosmatesca provenienti dalla preesistente iconostasi della Chiesa superiore. Vetrata con *scene della vita della Maddalena e santi,* anteriore agli affreschi, opera di un maestro di formazione umbra pregiottesca.

Nel PRESBITERIO (13), l'**altare maggiore**, consacrato nel 1253, doppio, gotico, è decorato tutt'intorno da colonnine con capitelli floreali e archi a mosaici, di marmorari romani. La mensa, di un solo pezzo di pietra bianca, è, secondo la tradizione, dono di Giovanni di Brienne, imperatore di Costantinopoli. Da una finestrella sulla gradinata anteriore dell'altare è visibile la tomba di san Francesco. Nelle QUATTRO VELE della volta, i celebri ***affreschi**, databili entro il 1322, raffiguranti le *Allegorie delle Virtù francescane* e la *Gloria di S. Francesco.* Fanno parte di un organico complesso decorativo che comprende anche i dipinti dei due transetti relativi all'*Infanzia* e alla *Passione di Cristo,* secondo un unitario programma iconografico inteso a esaltare la conformità tra Cristo e il santo. Tradizionalmente attribuita a Giotto, l'esecuzione degli affreschi è dalla critica più recente assegnata a vari aiuti sotto la direzione del maestro stesso; nelle vele si possono distinguere due personalità artistiche: il cosiddetto Parente di Giotto, seguace toscano, e il Maestro delle Vele, giottesco umbro. Nella vela verso la navata (a), **Allegoria della Povertà.** Nel mezzo, la figura della Povertà, con ai piedi dei rovi, che dietro a lei si alzano tramutandosi in rose; Cristo le regge la destra e la protende verso lo sposo, san Francesco, dal quale essa riceve l'anello, passandolo a sua volta alla Speranza, mentre accanto la Carità, cinto il capo di rose, offre agli sposi il cuore. Ai lati, due gruppi di angeli. All'angolo sin. (volgendo le spalle all'altare), un giovane offre il mantello a un povero; all'angolo d., tre giovani (simboli della Superbia, Invidia e Avarizia) dispregiano la Povertà. Ai piedi degli sposi, un cane abbaia, un fanciullo scaglia un sasso, un altro dà molestia con un bastone alla Povertà; al di sopra, un angelo porge a Dio una veste con ornamenti e galloni dorati e un altro angelo i beni terreni, simboleggiati da un edificio. Vela a d. (b), **Allegoria della Castità.** Entro una torre merlata, sormontata da un bianco stendardo, simbolo di purezza, e cinta da una rocca turrita, sta la Castità, verso la quale volano due angeli a presentarle il diadema e la palma. Dalle mura del recinto la Purità e la Fortezza si sporgono per offrire una bandiera bianca e uno scudo dorato a un giovane che, assistito da quattro angeli, fa un lavacro per esservi ammesso. Guerrieri venerandi, armati di scudo, guardano gli angoli del castello. All'angolo sin., *S. Francesco*, seguito da due angeli, invita a entrarvi benevolmente tre figure, un terziario (Dante), un frate minore e una clarissa, che salgono. Due vergini, che insieme alle altre tre del gruppo opposto potrebbero raffigurare le cinque vergini prudenti del Vangelo, fanno seguito al santo per offrire ai benvenuti il segno del trionfo, la croce. All'angolo d., la Penitenza e tre angeli mettono in fuga Amore, accompagnato dalla Concupiscenza, dalla Immondizia e dalla Morte. Vela a sin. (c), **Allegoria dell'Obbedienza.** Sotto una loggia, di carattere cosmatesco, l'Obbedienza, alzando l'indice per comandare silenzio, impone il giogo a un frate che le sta dinanzi in ginocchio. Ai lati, la Prudenza bifronte col compasso, lo specchio e l'astrolabio e l'Umiltà con un cero. Sotto l'Umiltà, un angelo impedisce l'ingresso a un Centauro, simbolo della superbia; presso la Prudenza, un uomo e una donna, guidati da un angelo, chiedono di essere sottomessi al giogo. Ai lati del loggiato, due gruppi di angeli, dei quali i primi due tengono il rhyton, il corno dell'olio sacro col quale si ungevano i re, a simboleggiare che chi accetta il giogo acquista il diritto al regno dei cieli, come sovrano di se stesso. Sul tetto della loggia, tra due angeli, san Francesco; il giogo, ch'egli porta sulle spalle, è legato con una corda sorretta, in alto, dalle mani di Dio. Vela verso l'abside (d), **Apoteosi** o il **Gloriosus Franciscus.** San Francesco, con splendida veste, è seduto in trono fra angeli osannanti; al di sopra, il pallio, simbolo di vittoria. Notare anche le fasce ornamentali con *figure allegoriche* tratte dall'Apocalisse e dall'Antico Testamento. Nello spessore dell'arco che unisce il presbiterio alla navata sono raffigurati entro tondi i primi compagni del santo.

BRACCIO DESTRO DELLA CROCIERA (14). La VOLTA è interamente coperta da due grandi fasce di *affreschi, opera dei collaboratori di Giotto sotto la direzione del maestro. 1ª fascia, da d.: *Madonna col Bambino in trono, quattro angeli e S. Francesco* di Cimabue (unico brano superstite della decorazione primitiva del transetto, ma alterato da ridipinture); *Presentazione di Gesù al tempio; Presepio; Fuga in Egitto; Disputa nel tempio; Una bambina della fami-*

glia Sperelli cade dall'alto di una casa e rimane incolume (fa parte della serie dei miracoli «post mortem» di san Francesco, a continuazione della leggenda francescana della Chiesa superiore). 2ª fascia, da d.: **Crocifissione**, attribuita all'intervento diretto di Giotto (andò distrutta una figura, forse sant'Antonio da Padova, che faceva riscontro al san Francesco di Cimabue); *Epifania; Visitazione; Strage degli Innocenti; la Famiglia di Gesù che esce da Gerusalemme per tornare a Nazareth; S. Francesco che addita uno scheletro*. Nella volta della vicina porticina, *Cristo benedicente*. Osservare le fasce ornamentali che limitano i dipinti, con *santi e profeti, teste d'angeli*, teste leonine, eccetera. Zoccolo: a d., *Tomba dei cinque compagni di S. Francesco* (15) e, al di sopra, i loro *ritratti*, opera di un pittore senese seguace di Pietro Lorenzetti: a sin. della porta, *Madonna col Bambino tra due santi re*, con fondo impresso a foggia d'arazzo, affresco di Simone Martini. PARETE DI FONDO. Nell'alto, *Annunciazione*, di giottesco identificato con il Maestro di S. Nicola (autore delle storie di S. Nicola nella cappella omonima, v. sotto); a sin., *Il fanciullo di Suessa dissepolto dalle rovine di una casa*, affresco dei collaboratori di Giotto (nell'ultima figura a d., quella che ha la mano sotto il mento, si vuol vedere il ritratto di Giotto e, al suo fianco, ancora Dante); *S. Francesco con sorella Morte*; a d., *Il fanciullo di Suessa risuscitato*, dei collaboratori di Giotto (fa parte, insieme ai due precedenti, della serie dei miracoli «post mortem» di san Francesco). Più sotto, a d., *cinque santi*, attribuiti a Simone Martini: la 4ª figura è la bellissima immagine creduta di ***S. Chiara** (in realtà, S. Margherita).

AFFRESCHI DEI DISCEPOLI DI GIOTTO. La CAPPELLA DI S. NICOLA (16), nel fondo del transetto, fu eretta in forma poligonale su committenza di Napoleone Orsini verso la fine del '200 per ospitare la **tomba** gotica del fratello **Giovanni Orsini** (m. 1292), opera di un maestro umbro memore delle opere arnolfiane e vicino all'autore del sepolcro di Benedetto XI in S. Domenico a Perugia, del primo decennio del '300. Alle pareti, **affreschi** di discepoli di Giotto (il Maestro di S. Nicola, autore delle storie del santo, e il Maestro Espressionista di S. Chiara), generalmente datati entro il primo decennio del secolo XIV; nell'archivolto, *12 santi*; nell'interno, sopra l'arco d'ingresso, *S. Francesco e S. Nicola raccomandano a Gesù Napoleone e Gian Gaetano Orsini* e, sotto, la *Maddalena* e il *Battista*. Nell'imbotte dell'arcone e nelle pareti attigue, affreschi con *storie di S. Nicola*. Nell'arcone, a d., dall'alto: *S. Nicola fornisce la dote a tre fanciulle; Salva dei naufraghi* (scena perduta); *Benedice un penitente* *inginocchiato dinanzi a lui con la corda al collo*; a sin. dall'alto: *S. Nicola salva tre innocenti condannati a morte; Appare in sogno a Costantino.* Nella parete d., dall'alto: *S. Nicola risuscita un bambino; Libera uno schiavo; Restituisce lo schiavo liberato ai genitori.* Nella parete sin., in alto, *Un ebreo batte il busto del santo.* Nella zona inferiore delle pareti, figure di *santi.* Al di sopra della tomba, affresco della *Madonna col Bambino e i Ss. Nicola e Francesco*, del Maestro di S. Nicola, probabilmente su cartone di Giotto. Nelle tre bifore, vetrate con figure di 16 santi su disegno di un modesto artista giottesco, coeve alla decorazione della cappella.

Nell'ABSIDE (17), semicircolare, con tre finestre con vetrate moderne (inizi sec. xx), è un bellissimo ***coro** ligneo goticizzante, intagliato e intarsiato da Apollonio Petrocchi da Ripatransone, aiutato da Tomaso di Antonio fiorentino, Andrea da Montefalco e altri (1471). Alle pareti, il *Giudizio finale*, affresco del Sermei (1623) che sostituì un affresco raffigurante la Gloria Celeste, attribuita da Ghiberti e Vasari a Stefano Fiorentino.

*AFFRESCHI DI PIETRO LORENZETTI E AIUTI. IL BRACCIO SINISTRO DELLA CROCIERA (18) è tutto decorato da affreschi eseguiti nel 1315-20 dal maestro senese. 1ª fascia, da d.: *S. Francesco riceve le stimmate; Cattura di Gesù; Ultima cena; Flagellazione*; 2ª fascia: *Giuda impiccato, Lavanda dei piedi, Entrata in Gerusalemme, Salita al Calvario*, di Pietro Lorenzetti con larga partecipazione di aiuti. Nel lato sin., occupante la larghezza delle due fasce, ***Crocifissione** di Pietro Lorenzetti e, sotto a d., ***Madonna col Bambino tra i Ss. Francesco e Giovanni Evangelista**, affresco a fondo dorato pure di Lorenzetti (si noti l'atteggiamento del bimbo che, con la destra alzata, interroga la madre; il gesto di questa, che indica col pollice destro san Francesco, l'uomo degno della benedizione, e con lo sguardo sollecita l'atto; san Giovanni che sta per parlare); al di sotto, piccolo *Crocifisso*. Sotto quest'affresco, una lapide ricopre la sepoltura di Maria di Savoia, figlia di Carlo Emanuele I e terziaria francescana, detta la «regal pellegrina» (m. 1656). Nelle fasce decorative, figure di *santi.* Nella parete di fondo: a sin., *Discesa al limbo* e drammatica ***Deposizione**; a d., *Risurrezione* e *Deposizione nel sepolcro*, tutti di Lorenzetti.

CAPPELLA DI S. GIOVANNI BATTISTA (19). All'estremità del transetto, fu fondata dal cardinale Napoleone Orsini (fine sec. XIII). Dietro l'altare, *storie della Vergine e della Reliquia del Velo di Maria* su rame a sbalzo, realizzate dall'officina Pezzi di Assisi su disegno di Bonaventura Marinangeli (1926). Sopra, altro delicato trittico ad affresco di Pietro Lorenzetti raffigurante la ***Madonna col Bambino e i Ss. Francesco e Giovanni Battista**. Nella bella bifora centrale, la vetrata, forse più antica della chiesa (fine sec. XIII), ha caratteri cimabueschi e dei romani che affrescarono la Chiesa superiore. In basso, *stemmi degli Orsini*; sopra, *S. Giovanni Battista e il Redentore benedicente*; più sopra ancora, *S. Zaccaria e l'Angelo*: nelle lunette, *busti di angeli*; nel triangolo a lato della rosa, *due mostri*. Nelle bifore laterali, *tondi con busti di santi e angeli*, vetrate moderne realizzate dalla ditta Tolleri di Firenze su modello duecentesco (conservato nei magazzini).

Discendendo il lato sinistro della navata, alla 3ª campata è la gotica *tribuna* (20), da un lato della quale sporge il pulpito; è ornata di marmi policromi, colonnine tortili e mosaici, opera di un marmoraro cosmatesco della seconda metà del sec. XIII. In fondo alla nicchia sopra la tribuna, ***Incoronazione di Maria**, e di lato, nell'imbotte dell'arco, *Miracolo di S. Stanislao* e *Martirio del santo*, affreschi attribuiti a Puccio Capanna, uno dei maggiori seguaci locali di Giotto; *Crocifissione,* di tardo giottesco; sotto la tribuna è un affresco raffigurante la *Beata Jacopa dei Settesoli* (sec. XVII). Segue la *cappella di S. Pietro d'Alcantara* (21).

*AFFRESCHI DI SIMONE MARTINI. La 1ª CAPPELLA SINISTRA, *di S. Martino* (22), è interamente decorata di affreschi di Simone Martini, che creò un capolavoro di misticismo e di grazia. La datazione è da comprendere, secondo la critica recente, tra il 1312 e il 1320, pur in mancanza di sicure referenze. Nell'archivolto dell'arco d'ingresso, entro otto finte nicchie gotiche, le *Ss. Maddalena, Caterina d'Alessandria, Chiara, Elisabetta d'Ungheria* e i *Ss. Francesco, Antonio da Padova, Luigi di Francia, Ludovico di Tolosa*. Nell'interno della parete d'ingresso, il *cardinale Gentile Partino da Montefiore* (m. 1321, committente della cappella), ai piedi di *S. Martino*. Nel resto della cappella, **storie di S. Martino**: nella fascia, da sin., *Il santo divide il mantello col povero; Risuscita un bambino; Solenni esequie del santo; Morte e assunzione in cielo del santo; L'imperatore Valentiniano rende omaggio alla sua virtù; Il santo rinuncia alla milizia e muove contro i nemici armato di una croce*. Alla parete, da sin. e al basso: *Cristo gli appare recando il mantello donato; Il santo immerso in meditazione viene scosso da un chierico per la celebrazione della messa; Celebra la messa in Albenga assistito dagli angeli; È ordinato cavaliere dall'imperatore Costanzo*. Negli sguanci delle tre finestre, mezze figure di *18 santi*. Nelle belle vetrate colorate, *Madonna,* *angeli e santi* (1312-17) dell'assisano Giovanni di Bonino con il probabile intervento di Simone Martini nei disegni preparatori.

SAGRESTIE (generalmente non accessibili). Dal braccio sin. della crociera si entra a sin. nella SAGRESTIA (23), ambiente di forma singolare, risultato di un ampio restauro eseguito in seguito all'incendio del 1952: notevoli le decorazioni ad affresco e in particolare la grande ***Madonna col Bambino in trono, angeli e i Ss. Francesco e Chiara**, opera del Maestro di Figline (l'artista è un umbro identificato da alcuni critici con il maestro vetriere Giovanni di Bonino, presente nella Basilica con un cospicuo gruppo di vetrate). Nel locale sono collocati alcuni affreschi, appartenenti al ciclo dipinto nella sagrestia stessa di Giacomo Giorgetti (1646-48), staccati nel 1952. Inoltre, *Madonna col Bambino, S. Anna e S. Giuseppe, i Ss. Sebastiano e Bernardino*, affresco di Tiberio d'Assisi. Attraverso la ripristinata porta duecentesca, si accede alla SAGRESTIA SEGRETA (24), ricavata nella base del campanile, con armadi riccamente intagliati da Lorenzo da Perugia (1629).

SALA CAPITOLARE E RELIQUIE DEL SANTO. Si ritorna nel transetto destro e per una porta si accede all'ambulacro che gira attorno al coro; da qui si passa alla Sala capitolare del Palazzo pontificio, fatto costruire da Gregorio IX (1228-39). La sala è a pianta quadrangolare con un pilastro centrale su cui si impostano le volte a crociera. Nella lunetta di fronte all'ingresso è il monumentale **affresco** (non finito) di Puccio Capanna raffigurante la *Crocifissione e i Ss. Ludovico di Tolosa, Paolo, Maria Vergine, Francesco, Chiara, Giovanni Evangelista, Pietro e Antonio da Padova* (1340 circa). Entro vetrine sono racchiuse reliquie di san Francesco, già menzionate in un primo inventario-catalogo del 1338. Dall'ingresso, iniziando da sin.: *calice* e *patena* (dono dell'abate di S. Benedetto a san Francesco diacono); *due veli* in lino ricamato (utilizzati da Jacopa dei Settesoli come sudario durante l'agonia del santo); *cilicio* del santo, *corno* e *bacchetta* (utilizzati da san Francesco rispettivamente per chiamare a raccolta i fedeli e per imporre il silenzio, dono del sultano d'Egitto); *reliquiario* contenente la pelle di camoscio usata da san Francesco per proteggere la ferita del costato; *statuetta-reliquiario*, pietra su cui posava la testa del santo nel sepolcro, monete, trovate nell'urna del santo; *veste bianca* (sottotonaca utilizzata dal santo durante l'ultima malattia, in restauro); *reliquiario* in argento contenente la «chartula fratris Leonis», foglietto pergamenaceo con scritto autografo del santo (sul recto, benedizione a frate Leone, sul verso Laudi della Verna); la *Regola dell'Ordine*, approvata da Onorio III (1223); *tonaca* e *cappuccio* di san Francesco.

TERRAZZA. Rientrati nel transetto, salendo a una delle due porticine che si aprono ai lati dell'abside si esce sulla terrazza (inagibile) che dà sul chiostro Grande, pag. 291, e sulla quale incombe l'alta abside della doppia chiesa, semicircolare in basso, poligonale e aperta da gotici finestroni in alto, fiancheggiata da due piloni cilindridi. Sulla destra è l'ingresso al Museo-Tesoro con la Collezione Perkins (pag. 289). Per una delle due scalette che salgono ai lati della terrazza, si accede alla Chiesa superiore (a questa dà accesso anche il portale maggiore sulla piazza Superiore).

CHIESA SUPERIORE

Struttura esemplare dell'architettura monastica francescana, destinata alla predicazione, la Chiesa superiore è a una navata di quattro campate con transetto e abside poligonale. Le campate sono limitate da pilastri polistili, a fasci di colonnine, su cui poggiano i costoloni delle volte a crociera. Le pareti, a una certa altezza, rientrano formando un ballatoio che gira intorno alla navata, sale al piano sottostante alla rosa della facciata e, nei bracci della crociera, passa sotto archi trilobi. Lo spazio ampio, slanciato e straordinariamente unitario nell'integrazione fra struttura muraria e apparato decorativo, è l'esito della sintesi tra la cultura architettonica italiana, con accenti locali, e le pure forme del gotico francese. L'aula pare «innalzata nell'aria e nella luce» (A. H. Taine) proveniente dal rosone, dai finestroni delle campate, dalle vetrate dell'abside e dalle quadrifore del transetto, secondo il modello nordico, rafforzando, in contrasto con la penombra della Chiesa inferiore, il valore simbolico e il significato funzionale dei due edifici. La decorazione pittorica che interamente la ricopre costituisce un programma iconografico organico, volto alla codificazione della figura di san Francesco secondo l'interpretazione di san Bonaventura.

*AFFRESCHI DI CIMABUE. La visita (interdetta dopo il sisma) inizia dal transetto, le cui pareti, come quelle dell'abside, sono tutte ricoperte di un vasto ciclo di affreschi (in gran parte in cattivo stato di conservazione per l'annerimento dei bianchi, dovuto all'uso dell'ossido di piombo) realizzati da Cimabue e aiuti probabilmente a partire dal 1277. Nel BRACCIO SINISTRO DELLA CROCIERA (1, nella pianta a lato): sulla parete opposta a quella dell'abside, *Crocifissione, una delle più drammatiche e potenti composizioni di Cimabue. Seguono, nel medesimo braccio della crociera, cinque scene apocalittiche: *Visione del trono col mistico agnello* (qui sostituito dal *Bambino*) e *l'omaggio dei 24 seniori*, *Visione dei sette angeli dalle sette piaghe*, *Visione della rovina di Babilonia*, *Visione di S. Giovanni in Patmos*, scene molto deperite e in parte quasi perdute; nella galleria a colonne, *angeli* meglio conservati. La vetrata della quadrifora (*storie della Genesi* e *sante*) è della fine del '200, forse di un maestro francese.

Gli affreschi dell'ABSIDE (2), iniziati dall'équipe del Maestro Oltremontano (così chiamato per gli evidenti caratteri nordici della sua pittura) e terminati da Cimabue, si riferiscono alla *storia di Maria* (dall'Annuncio a Gioacchino all'Incoronazione); sotto la finestra mediana, due medaglioni coi *busti di Gregorio IX* e *Innocenzo IV*; più sotto, il trono papale, con ornati cosmateschi, formato di elementi vari (metà del sec. XIII). Occupa l'abside e i lati adiacenti dei bracci della crociera uno stupendo ***coro** ligneo, intagliato e intarsiato, in forme gotico-rinascimentali, opera di Domenico Indivini (1491-1501) con l'aiuto del fratello Nicola, di Pierantonio e Francesco Acciacca-ferro e di Giovanni di Pieriacopo. Consta di 102 stalli; particolarmente superbe le tarsie con busti dei minoriti più insigni e dei personaggi più illustri dell'Ordine, compreso Sisto IV. Nelle tre bifore, vetrate (*storie e personaggi del Vecchio Testamento* e *storie di Gesù*) della metà del sec. XIII, opera di maestri vetrieri tedeschi.

Anche gli affreschi del BRACCIO DESTRO DELLA CROCIERA (3), raffiguranti *fatti della vita di S. Pietro* (molto deperiti) furono iniziati, in alto, dal Maestro Oltremontano con l'aiuto (gli *apostoli* della loggetta) di un maestro romano, mentre le storie in basso sono opera dell'équipe di Cimabue; nella parete opposta a quella dell'abside, *Crocifissione* di Cimabue. La ve-

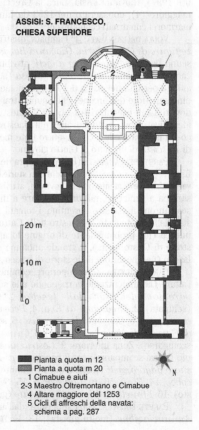

ASSISI: S. FRANCESCO, CHIESA SUPERIORE

20 m
10 m
0

■ Pianta a quota m 12
▨ Pianta a quota m 20
1 Cimabue e aiuti
2-3 Maestro Oltremontano e Cimabue
4 Altare maggiore del 1253
5 Cicli di affreschi della navata: schema a pag. 287

N

trata della quadrifora (*scene del Vecchio Testamento* e *storie di Gesù*) è del Maestro di S. Francesco e collaboratori (seconda metà del '200). A Cimabue spettano anche gli affreschi della CROCIERA, raffiguranti i *quattro Evangelisti*, ciascuno in atto di scrivere ispirato da un angelo e avendo di fronte la veduta della regione evangelizzata: Matteo la Giudea (crollato nel terremoto del 26 settembre 1997), Giovanni l'Asia, Luca la Grecia, Marco l'Italia. L'altare maggiore (4), consacrato nel 1253 da Innocenzo IV, ha specchi marmorei con ornati cosmateschi.

VOLTA DELLA NAVATA: 3^a campata, quattro medaglioni con *mezze figure di Gesù, Maria, Giovanni Battista e S. Francesco*, ciascuno fiancheggiato da *due angeli*, attribuiti a Jacopo Torriti; 1^a campata, i *quattro dottori della Chiesa* (la vela con S. Girolamo è andata perduta nel sisma del 1997, assieme ad alcuni santi dell'ordine superiore dell'arcone) che ammaestrano ciascuno un chierico, dovuti a più esecutori tra i quali il Maestro di Isacco (da alcuni identificato con Giotto giovane) e il Maestro della Cattura. Nell'arco tra la navata e la facciata, entro finte nicchie, le figure abbinate di *18 santi*, di un aiuto di Giotto giovane.

PARETI DELLA NAVATA (5). Al di sopra del ballatoio e ai lati delle finestre, in due zone, 34 affreschi con **storie del Vecchio** (a d.) e **Nuovo** (a sin.) **Testamento**, molto rovinati, attribuiti dalla tradizione vasariana a Cimabue, ma da assegnare a diverse maestranze che sostituirono il maestro fiorentino: i romani Jacopo Torriti e il Maestro della Pentecoste, il Maestro della Cattura di formazione cimabuesca (ma probabilmente di origine locale, cui spettano alcune storie di Cristo a sin.), il grande anonimo denominato Maestro di Isacco (perché autore delle storie di Isacco sulla parete destra).

PARETE DESTRA. Zona superiore, cominciando dall'angolo verso l'altare (la numerazione corrisponde allo schema a fronte): 1, *Separazione della luce dalle tenebre*; 2, *Creazione di Adamo* (sciupata); 3, *Creazione di Eva*; 4, *Peccato originale* (in parte scomparso); 5, *Cacciata dal Paradiso*; 6, scomparso; 7, *Sacrificio di Caino e di Abele* (scomparso); 8, *Caino uccide Abele* (in parte scomparso). Zona inferiore: 9, *Costruzione dell'arca*; 10, *Il diluvio* (quasi scomparso); 11, *Il sacrificio di Isacco*; 12, *Abramo visitato dagli angeli* (restano questi soltanto); 13, *Inganno di Giacobbe*; 14, *Esaù dinanzi ad Isacco*; 15, *Giuseppe venduto* (guasto); 16, *I fratelli di Giuseppe in Egitto* (guasto).

PARETE SINISTRA. Zona superiore, dall'angolo verso l'altare: 17, *Annunciazione* (molto guasta); 18, *Visitazione* (perduta); 19,

Natività; 20, *Epifania* (molto guasta); 21, *Presentazione al tempio;* 22, *Fuga in Egitto* (quasi perduta); 23, *Disputa nel tempio* (resta Gesù); 24, *Battesimo di Gesù.* Zona inferiore: 25, *Nozze di Cana*; 26, *Risurrezione di Lazzaro* (guasta); 27, *Cattura di Gesù*; 28, *Flagellazione* (guasta); 29, *Salita al Calvario*; 30, *Crocifissione*; 31, *Deposizione* (la migliore storia); 32, *Marie al sepolcro.* È negli affreschi 13, 14, 15 e 16 della parete destra e nell'affresco 31 della

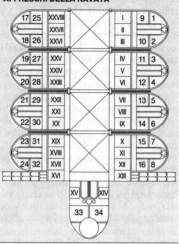

ASSISI: S. FRANCESCO, CHIESA SUPERIORE
AFFRESCHI DELLA NAVATA

parete sinistra che si crede di trovare gli inizi dell'attività di Giotto. In facciata: 33, *Ascensione*; 34, *Pentecoste* e, in due medaglioni, *busti di S. Pietro* e *S. Paolo.*

*VITA DI S. FRANCESCO. Lo stupendo ciclo di 28 affreschi, che si sviluppa al di sotto del ballatoio o galleria, costituisce il codice principale per le successive raffigurazioni della vita del santo. L'attribuzione a Giotto dell'intero ciclo poggia su una lunga tradizione critica, radicata nella tradizione locale precedente l'opera del Vasari. Gli studi otto-novecenteschi hanno messo più volte in discussione l'autografia giottesca dei dipinti. Ma se è assolutamente certo che nel ciclo operarono più pittori, in parte già attivi negli affreschi sopra il ballatoio (Maestro di Isacco, Maestro della Cattura), in parte sopraggiunti più tardi (Maestro del Crocifisso di Montefalco, Maestro della Santa Cecilia), come è sicura la contemporanea presenza operativa di diverse maestranze, è indiscutibile che alla base ci sia stato un progetto generale prestabilito e che l'esecuzione sia avvenuta sotto la supervisione di un unico maestro, cui si deve l'assoluta novità della concezione spaziale e iconografica della storia francescana. Secondo il Vasari il ciclo venne eseguito durante il generalato di Giovanni da Murro (1296-1300); ha subito più volte manomissioni e restauri.

La serie ha inizio dalla parete destra e dall'angolo verso l'altare e continua ininterrottamente nella facciata e nella parete sinistra. Le scene si ispirano alla «Vita» (Legenda maior) di Bonaventura da Bagnoregio, riproducendo gli episodi più caratteristici (la numerazione corrisponde allo schema a pag. 287): I, *Il santo giovinetto onorato nella piazza grande di Assisi* (notare le forme arnolfiane del tempio di Minerva, con cinque esili colonne invece di sei, e il palazzo del Capitano del popolo con la torre) *da un uomo semplice che gli stende un mantello sul cammino* (osservare la sorpresa di san Francesco, lo sguardo estatico dell'uomo semplice, la meraviglia dei quattro nobili assisiati). II, *Il santo dona il suo mantello a un povero* (sul fondo, a sin., panorama di Assisi da porta Nuova, con a destra l'abbazia di S. Benedetto del monte Subasio). III, *Vede in sogno un palazzo pieno d'armi, quale ricompensa della fatta elemosina*. IV, *Pregando in S. Damiano, ode la voce di Cristo che lo esorta a restaurare la chiesa*. V, *Restituisce le vesti al padre davanti al vescovo d'Assisi, che lo copre col manto* (notare l'ira del padre, trattenuto dagli amici, e la fervida devozione di Francesco). VI, *Innocenzo III vede in sogno il santo sorreggere il Laterano*. VII, *Lo stesso approva la regola*. VIII, *Il santo appare ai compagni su un carro di fuoco*. IX, *Frate Leone vede il trono celeste destinato al santo*. X, *Il santo scaccia i demoni da Arezzo*. XI, *Il santo, davanti al sultano, propone la prova del fuoco*. XII, *Sua estasi* (notare l'atteggiamento di meraviglia dei quattro frati). XIII, *Celebra a Greccio la festa del Presepio* (uno dei migliori affreschi per facilità narrativa, verità nelle figure dei cantori, giusta prospettiva). XIV, *Fa scaturire una fonte per dissetare un viandante* (si noti la bramosia dell'assetato). XV, *Predica agli uccelli* (gioiello di semplicità; tra gli uccelli, passeri, quaglie, cardellini, colombi ecc.). XVI, *Morte del signore di Celano, predetta dal santo* (scena di alta drammaticità, che aumenta da sinistra a destra). XVII, *Il santo predica davanti a Onorio III* (notare la viva attenzione di alcuni degli uditori, specialmente del papa). XVIII, *Appare al capitolo dei Frati Minori in Arles* (una delle storie più ridipinte). XIX, *Riceve le stimmate* (l'iconografia della scena è rimasta per secoli nell'arte italiana). XX, *Sua morte e funerali*. XXI, *Appare al vescovo d'Assisi e a frate Agostino*. XXII, *Il patrizio assisiate Girolamo resta convinto della realtà delle stimmate*. XXIII, *Pianto delle Clarisse a S. Damiano sulla salma del santo* (si noti con quanta efficacia è espresso il dolore delle suore; la ricca facciata, inesistente, della chiesa di S. Damiano nel fondo, è ispirata all'arte pisana e fiorentina del principio del '300). XXIV, *Canonizzazione* (in parte guasta). XXV, *Il santo appare a Gregorio IX per dissipare il dubbio sulla verità delle stimmate* (questa storia è, per i più, opera del Maestro della Santa Cecilia). XXVI, *Risana il gentiluomo di Ilerda da una ferita mortale* (concordemente del Maestro della Santa Cecilia). XXVII, *Risuscita una gentildonna perché si confessi* (del Maestro della Santa Cecilia; notare come è vivamente espressa con l'ammiccamento degli occhi l'attenzione del confessore). XXVIII, *Libera dal carcere Pietro d'Alife accusato di eresia*.

VETRATE DELLA NAVATA. 1ª bifora a d. dell'ingresso, *S. Francesco, S. Antonio da Padova e storie della loro vita*, su cartone del Maestro di S. Francesco o, secondo altri, di un maestro di scuola romana della fine del '200; 2ª, *apostoli* (S. Bartolomeo e S. Matteo) e *storie della loro vita*, del Maestro di S. Francesco; 3ª e 4ª bifora a d., *apostoli* ed *episodi della loro vita*, del sec. XIII, di vetrai francesi; 1ª e 2ª bifora a sin., il *Redentore e la Vergine*, *profeti* del Maestro di S. Francesco; 3ª e 4ª bifora a sin., *santi* (Filippo e Giacomo Minore, Simone e Giuda Taddeo) del Maestro di S. Francesco con ampi rifacimenti moderni.

A sin. del portale d'ingresso, *acquasantiera* della fine del '200. Nell'ultimo pilastro sin., verso il transetto, *pulpito* marmoreo, ornato di colonnine tortili e figure di santi entro tabernacoletti, di un lapicida umbro della prima metà del '300. Da qui predicò nel 1426-27 san Bernardino da Siena e nel 1430 san Giovanni da Capestrano.

IL *MUSEO-TESORO DELLA BASILICA

Con accesso dalla terrazza dietro l'abside, il Museo-Tesoro comprende dipinti, oreficerie, manufatti tessili legati alla storia della Basilica. Pur essendo stata più volte saccheggiata (nel 1321 da Muzio di Francesco, capo dei ghibellini di Assisi, nel 1492 dai Baglioni, nel 1497 da Jacopo Fiumi, alla fine del '700 dai Francesi), la raccolta è tuttora pregevole e alcune delle opere esposte sono da considerare tra i capolavori dell'oreficeria francese del Duecento, così come assai importanti sono alcuni manufatti tessili. Per le profonde lesioni strutturali subite da tutto il complesso del Sacro Convento nel sisma del 1997, il museo è stato smantellato e le opere depositate in altro luogo.

SALA GOTICA. L'esposizione è sistemata nell'articolato ambiente che si sviluppa sul lato settentrionale del chiostro di Sisto IV, facente parte del complesso conventuale. All'ingresso: *arazzo fiammingo con l'*Albero francescano*, donato da Sisto IV della Rovere nel 1479; *quattro stalli* (1467-71) provenienti dal coro della Chiesa inferiore, opera di Apollonio di Giovanni da Ripatransone. Nella sala: *paliotto di Sisto IV*, di manifattura fiorentina su disegno di Antonio Pollaiolo e Francesco Botticini (1476-78); macchina processionale racchiudente la campana della Cappella papale (sec. XVIII). Due *dossali di seta*, di manifattura palermitana del '200, dono di Giovanni di Brienne; *Profeta Isaia* (1280 c.), frammento di polittico del Maestro di S. Francesco; *Volto dell'Eterno*, sinopia di un affresco della Chiesa superiore attribuito a Jacopo Torriti; *croce astile* in rame dorato di scuola umbra (fine sec. XII); statua lignea della *Madonna col Bambino*, di scuola umbra della seconda metà del '200; *Croce* dipinta a due facce di un seguace del Maestro di S. Francesco, dalla Chiesa inferiore; *reliquiario di S. Giacomo* in argento dorato, di arte francese del '300; *Crocifisso con la Vergine e santi*, di un maestro umbro della prima metà del '200; *S. Francesco e quattro scene di miracoli del santo* del cosiddetto Maestro del Tesoro, pittore umbro della metà del '200, dalla Chiesa inferiore; sinopia dell'affresco raffigurante *S. Martino che spartisce il mantello con un mendico* (1315 c.) di Simone Martini (dalla cappella di S. Martino, Chiesa inferiore); *tabernacolo* in rame sbalzato, eseguito da Giulio Danti (1570) su disegno di Galeazzo Alessi, dalla Chiesa inferiore. Al centro, *reliquiario della Veste Inconsutile*, in argento dorato, a forma di edicola gotica, d'arte parigina della seconda metà del sec. XIII; *Madonna col Bambino* in avorio, pure di arte parigina della fine del '200; frammento di vetrata della Chiesa superiore (inizi '300).

Entro teche, *Croce* di cristallo di rocca di manifattura veneziana della metà del '200; *reliquiario della Sacra Spina*, di scuola parigina della seconda metà del '200; *reliquiario di S. Orsola*, cassetta in rame dorato di manifattura umbra del '300, ornata di cristalli di rocca, smalti e vetri dorati e graffiti (questi più antichi); *calice di Niccolò IV* (1290 c.), in argento sbalzato, opera di Guccio di Mannaia, ornato di smalti traslucidi figurati; *reliquiario del dito di S. Andrea*, in argento dorato, di manifattura romana del sec. XIII; *reliquiario dei capelli di S. Caterina*, di manifattura francese del sec. XIV; *reliquiario di S. Sebastiano*, di scuola umbro-senese del sec. XIV; *tipario del Sacro Convento* (1427); *cofanetto* in avorio, legno e bronzo, della bottega degli Embriachi (inizio sec. XV); *cassetta* lignea del sec. XIV, che conteneva i sandali di san Francesco dopo le stimmate.

Entro teca, *croce* in cristallo di rocca e argento dorato ornata di miniature, di arte veneziana del sec. XIV. Entro vetrina, due scomparti di polittico con *S. Francesco* e *S. Antonio abate* (1360 c.), di seguace di Pace di Bartolo; *Croce* in legno intagliato, opera bizantina della metà del '400; *croce astile* in argento, di manifattura umbra (fine sec. XIV-inizi XV). *Stendardo processionale* a due facce con il trigramma di san Bernardino, attribuito a Pellegrino di Giovanni; *Madonna della Misericordia*, attribuita a Dono Doni. Infine, vetri veneziani del sec. XVII e argenterie (sec. XVII-XVIII). In fondo, *Crocifisso tra angeli e i Ss. Leonardo, Antonio abate, Francesco e Chiara*, di Tiberio d'Assisi (1507); *Madonna col Bambino in trono, angeli adoranti e santi* dello Spagna. Nella Sala papale sono conservati sette arazzi di manifattura fiamminga del XVI secolo (rimossi).

*COLLEZIONE PERKINS.Collocata nell'adiacente Sala rossa, fu acquisita dalla Basilica nel 1955 per lascito testamentario dello storico dell'arte statunitense Frederick Mason Perkins, che nella sua casa di Assisi aveva raccolto 56 dipinti di maestri per lo più fiorentini e senesi dei secoli XIV-XVI. Tra le OPERE DEL TRECENTO, oltre a pitture di scuola toscana e veneziana: *Madonna col Bambino* del Maestro del Dittico Sterbini; *Madonna col Bambino* del Maestro di S.Ivo; *Madonna in trono col Bambino tra quattro santi* del Maestro dell'Infanzia; *S. Giovanni Battista*, pannello di polittico di Segna di Bonaventura; *S. Benedetto da Norcia* di Taddeo di Bartolo. Quattro opere di Pietro Lorenzetti: *Madonna col Bambino* (1340 c.), *Madonna in trono col Bambino, Funerali di un santo vescovo, S. Cecilia.*

Più cospicuo il gruppo di DIPINTI DEL QUATTROCENTO, tra i quali: *Ascensione di Cristo* e *Madonna in trono col Bambino e due donatori* (1404) di Mariotto di Nardo; *Stimmate di S. Francesco* di Antoniazzo Romano (1488); *S. Rocco* dell'Alunno; *S. Ranieri* di Giovanni di Nicola; *Gesù Bambino* dello Pseudo Pier Francesco Fiorentino; *S. Nicola di Bari* e *S. Giovanni Gualberto*, scomparto di polittico di Lorenzo di Niccolò; *Madonna dell'Umiltà* di Lorenzo Monaco; due *Madonne col Bambino e santi* di Bicci di Lorenzo; *Cristo battezzato* del Maestro di Borgo alla Collina; *S. Francesco d'Assisi* del Beato Angelico (1430 c.); *S. Girolamo penitente* di Bartolomeo della Gatta; *Madonna col Bambino*, dubitativamente assegnata a Masolino da Panicale; *S. Giacomo Maggiore* e *S. Bernardino da Siena* di Giovanni di Paolo; *S. Elisabetta d'Ungheria* di Taddeo di Bartolo; *S. Cristoforo* del Sassetta; *S. Bernardino da Siena* di Sano di Pietro; rilievo in legno intagliato e dipinto raffigurante la *Madonna col Bambino* in legno intagliato e dipinto da Neroccio di Bartolomeo Landi; *Natività tra i Ss. Domenico e Caterina da Siena* di Guidoccio Cozzarelli; *Madonna del Latte* di Andrea di Bartolo; *S. Caterina d'Alessandria*, pannello di un polittico di Bartolo di Fredi. Tra le OPERE DEL CINQUECENTO figurano: *Imago pietatis* (nel recto, *Madonna col Bambino*) di Domenico Morone; *Madonna col Bambino* del Garofalo; *Vergine che adora il Bambino* di Michelangelo di Pietro da Lucca; tre vetrate del 1458, provenienti dal Duomo di Foligno.

CHIOSTRO GRANDE.Dalla terrazza antistante (inagibile) all'ingresso del museo del Tesoro si ha la visuale del chiostro del convento, a due ordini di arcate, fatto erigere da Sisto IV nel 1476 su disegno probabilmente dovuto ad Antonio da Como; intorno, affreschi rovinati (*storie di S. Francesco*) di Dono Doni (1564-70). Il complesso comprende inoltre: le STANZE DI S. GIUSEPPE DA COPERTINO (1639-52), abitate dal santo; il REFETTORIO, con un'*Ultima Cena* di Francesco Solimena e 22 medaglioni-ritratto di *Pontefici* benemeriti della Basilica; il PORTICATO trecentesco, chiamato il *Calce*, che si sviluppa fin sopra l'imponente balza sul fianco occidentale; in una nicchia di un colossale sperone di sostegno è la *statua di Sisto IV*, che fece eseguire lavori di consolidamento della fabbrica.

Nel convento ha sede un'importante **Biblioteca**, ricca di codici manoscritti miniati (secoli XII-XVI), incunaboli, cinquecentine; comprende inoltre un cospicuo *Archivio musicale* (manoscritti dal '500), il *Fondo antico* già nella Biblioteca comunale e l'*Archivio vescovile*. Tra i codici, la *Bibbia di S. Ludovico* in 17 volumi con miniature di scuola francese del '200; tra i manoscritti: il più antico testo degli *scritti di S. Francesco* e del *Cantico delle*

Creature (non accessibili); la *Vita II* di Tommaso da Celano; la *Legenda minor et maior* di Bonaventura da Bagnoregio.

ORATORIO DI S. BERNARDINO DA SIENA. Prospetta sulla piazza Inferiore, di fronte all'ingresso della Basilica. Fatto costruire dal Terzo Ordine francescano nella prima metà del '400, ha un semplice prospetto nel quale si apre un elegante portale gemino rinascimentale, con delicata decorazione (nella lunetta, *S. Bernardino fra due angeli* di Francesco Zampa e Girolamo di Bartolomeo, 1488); l'interno è stato trasformato nel '700 in abitazione dei religiosi.

5.2 LA CITTÀ ROMANA E MEDIEVALE

L'estensione di Assisi nel '200 coincide perfettamente con quella della città romana. Uno spazio urbano di piccole dimensioni, articolato attorno a vie e piazze anguste, è quello che accoglie – nel racconto di Tommaso da Celano – le folle accorse alla canonizzazione di Francesco; e analoga impressione ne riceverà il pontefice Niccolò IV nel 1288, lamentando l'inadeguatezza della città ad alloggiare frati e pellegrini. L'evoluzione di Assisi fino all'ampliamento murario trecentesco è tutta contenuta all'interno della superficie perimetrata dalla murazione romana, alla quale si conforma il circuito medievale; l'allargamento delle mura a oriente, nel 1260, avrà infatti l'unico scopo di inglobare la nuova emergenza monumentale e spirituale di S. Chiara. Entro quest'area si svolge il secondo itinerario, che dalla basilica di S. Francesco va alla piazza del Comune, già fulcro urbanistico e sacrale dell'impianto romano, e poi sale a S. Rufino: poli attorno ai quali si concentrano le evidenze archeologiche più significative. L'attenzione ai fenomeni urbanistici e monumentali non può neppure qui, nel centro civile, essere disgiunta dal percorso spirituale che è scandito dalle tappe della devozione francescana, ora legate a episodi della vita del santo, ora inventate dalla pietà popolare. A conferma di una vicenda urbana eccezionale, che giustifica il divenire nel tempo di Assisi quale «grande reliquiario» della cristianità.

*VIA S. FRANCESCO

Dalla piazza Superiore muove verso il centro della città la medievale «via Superba», ampia arteria monumentale aperta per raccordare la piazza Grande con la Basilica, allora in posizione eccentrica fuori le mura, guidando in questa direzione lo sviluppo urbano. Da sempre strada qualificata da un'edilizia di pregio, porta i segni delle successive ristrutturazioni tra le quali emerge quella tardo-cinquecentesca e seicentesca, che ridefinì e regolarizzò le fronti accorpando in lunghi blocchi i minuti lotti gotici due-trecenteschi. Alla frequenza della tipologia dell'ospedale o dell'ospizio per pellegrini, fa riscontro la rarefazione di chiese e conventi, che si spiega con la proibizione, sancita nel 1265 da Clemente IV, di edificare edifici di culto nello spazio di 300 «canne» (ognuna corrispondente a circa 2 metri e mezzo) dalla Basilica francescana.

Al principio della via s'incontra, a destra, una casa adattata nel 1927 in *chiesa dell'Immacolata Concezione* o *dei Cappuccini*, accanto alla quale è il *Museo degli Indios dell'Amazzonia*, aperto dagli stessi Cappuccini nel 1972 con materiale proveniente dalle Missioni dell'America Latina. Segue, N. 19A, il **palazzo Bernabei**, già Sperelli, costruito alla metà del XVII secolo da Giacomo Giorgetti, ora sede dell'Università di Perugia e del Centro italiano di Studi superiori sul Turismo. Case d'aspetto medievale, alcune dotate di «porta del morto» che dava accesso ai piani superiori, precedono la **Loggia dei maestri comacini**, così chiamata per gli stemmi che compaiono sull'architrave (si ritiene fosse la sede dei costruttori lombardi); di fondazione duecentesca, fu rimaneggiata nel '400 (stemma del 1477). Il *vicolo S. Andrea*, che sale a lato della Loggia, si inerpica tra vecchie case e insediamenti conventuali fino alla raccolta piazzetta dove sorge la chiesetta di *S. Margherita*, documentata dal XIII secolo: la suggestione di questo angolo appartato della città è amplificata dalla visuale, in basso, della Basilica francescana.

PALAZZO GIACOBETTI. Al N. 12 della via S. Francesco, è una vasta architettura attribuita a Giacomo Giorgetti, con monumentale balcone su grandi mensole e ringhiera del '600. Nelle sale del piano nobile si conserva integra la decorazione ad affresco e stucchi realizzata nei primi anni del secolo XVII da Ventura Salimbeni (salone delle Feste, con il *Trionfo della Virtù sul Vizio* e *ritratti dei committenti*, 1602), dal Pomarancio (sale di S. Francesco e di Giuseppe Ebreo) e da un anonimo (sala di Salomone, sala di David, sala di Mosè); in una saletta, dipinti murali neoclassici raffiguranti *Allegorie dei Vizi e delle Virtù*.

BIBLIOTECA COMUNALE. Ha sede nel palazzo Giacobetti assieme all'*Accademia Properziana del Subasio*, i cui statuti risalgono al 1554 e alla quale appartennero illustri uomini di lettere tra cui il Metastasio. La Biblioteca (temporaneamente in altra sede per il restauro dell'edificio) comprende il patrimonio librario dell'Accademia, l'*Archivio storico comunale* con oltre 500 pergamene dal XIII secolo, l'*Archivio notarile* con documenti dal 1372 all'800 e una raccolta di disegni e dipinti di artisti assisani dei secoli XVII e XVIII.

*ORATORIO DEI PELLEGRINI. Posto quasi di fronte al palazzo Giacobetti, fu eretto nel 1457 come cappella di un ospedale della Confraternita dei Ss. Giacomo e Antonio Abate. La semplice facciata, nella quale rimane un deperito affresco (*Il Redentore in gloria tra i santi patroni*) di Matteo da Gualdo, nasconde il prezioso interno decorato da un importante complesso di affreschi quattrocenteschi.

INTERNO. Nella volta, i *quattro dottori* di Pier Antonio Mezzastris (1477); alla parete di fondo, *Annunciazione*, **Madonna col Bambino in trono e i Ss. Giacomo minore e Antonio abate e angeli** di Matteo da Gualdo (1468); alla parete sin., *S. Antonio abate benedice i cammelli e fa l'elemosina*; alla parete d., *due miracoli di S. Giacomo*, entrambi del Mezzastris; in controfacciata, *Cristo in gloria e Ss. Antonio abate e Giacomo*, dello stesso, e ***S. Ansano**, elegante figura già attribuita al Perugino giovane, da ascrivere invece all'Ingegno.

*PORTICO DEL MONTE FRUMENTARIO. Lo precedono case d'antico aspetto e il cinquecentesco *palazzo Bindangoli* (N. 8), che rielabora strutture medievali su disegno di Giulio Danti. Affaccia quindi sulla destra il portico già appartenuto al più antico ospedale pubblico della città, fondato nel 1267 e nel '700 adibito a istituto di credito agricolo (ora è in parte utilizzato come spazio espositivo). La loggia è formata da sette archi ribassati con un coronamento di archetti trilobi; sotto, alle pareti, avanzi di affreschi di un seguace di Giotto attivo tra la fine del XIII e gli inizi del XIV secolo. Accanto è la **fonte Oliviera**, così chiamata perché fatta costruire da Oliviero Lodovici (1570).

VIA DEL SEMINARIO. L'asse viario muta denominazione superato il duecentesco *arco del Seminario*, nel Medioevo detto «portella di Panzo», che segnala il limite murato della città romana; l'odierna denominazione deriva dalla trasformazione in *Seminario vescovile antico* (ora Centro di Studio dell'Università di Perugia) del monastero benedettino di S. Angelo di Panzo (1270), che affaccia sulla destra nelle forme della trasformazione settecentesca. La via è sovrastata a sinistra dal grande edificio a logge del *Collegio missionario teologico dei Frati Minori Conventuali* (1911); quindi, ancora a sinistra, la piazzetta Verdi accoglie il *teatro comunale Metastasio* (1836). La strada si prolunga nella *via Fortini*, insistente sul tracciato della via romana di cui sono stati rinvenuti resti di basolato con segni dei carri. Questa si unisce alla via Giotto e continua nella **via Portica**, pure con avanzi di strutture romane (al N. 6, nel retro di un negozio e nel cortile della casa vicina). Oltrepassato (N. 9) un *portale* del '400 con rilievi attribuiti a Francesco Zampa, si raggiunge, ormai prossimi alla piazza del Comune, l'ingresso al Museo civico e all'area archeologica detta «Foro romano».

MUSEO CIVICO. Dagli anni '30 del Novecento è sistemato nella **cripta di S. Niccolò** «de pede platee», chiesa documentata dal 1097, demolita nel 1926 per la costruzione del palazzo delle Poste. La chiesa era un luogo caro alla devozione francescana perché, narra la «Leggenda dei Tre Compagni», in essa il santo, assieme all'amico Bernardo da Quintavalle, una mattina dell'anno 1209 ebbe conferma della sua vocazione interrogando tre volte il Vangelo con il rito delle «Sortes apostolorum». Il museo civico, istituito nel 1934 con il nucleo di oggetti antichi raccolti, dal 1826, per iniziativa dell'Accademia Properziana del Subasio, già conservati nel convento di S. Antonio da Padova, trova esposizione nell'ambiente voltato, a pianta rettangolare divisa in due navate, e nei corridoi che conducono all'area degli scavi. I materiali esposti, di età preromana e romana, provengono tutti dall'area urbana e dal territorio circostante. Visita: dal 16 marzo al 15 ottobre, 10-13 e 15-19; dal 16 ottobre al 15 marzo, 10-13 e 14-17.

Nella SALA PRINCIPALE: sarcofagi, di cui uno strigilato con *scena bacchica* (II sec. d.C.), riutilizzato nel Medioevo; serie di urnette cinerarie in pietra locale che documentano la produzione assisiate tra I e II sec. d.C., di derivazione etrusca; *urna di Caius Egnatius*, raffigurato con tunica e toga; urnetta anepigrafe con figura recumbente del defunto e della sua famiglia, opera di artista vicino all'ambiente etrusco e perugino-volterrano (II sec. a.C.); stele funerarie, di cui una ricorda il pretoriano Ottiedius Attianus della IX corte, un'altra il seviro augustale Quinto Veiano Himero (I sec. d.C.); calco del cippo di confine rinvenuto nel 1742 tra Assisi e Bastia (l'originale, del II sec. a.C., è nel Museo Archeologico di Perugia, in caratteri latini ma in lingua umbra, con il ricordo dei «marones», magistrati umbri; statua acefala di togato, del I sec. d.C.; frammento di statua panneggiata, opera di elevata qualità del I sec. a. Cristo. Nelle bacheche: frammenti di affreschi decorativi romani; terrecotte decorative; frammenti di sculture; vetri.

Lungo il CORRIDOIO che immette nell'area archeologica, con pavimentazione originaria, è collocata un'importante raccolta lapidaria che comprende la maggior parte delle epigrafi rinvenute nel centro storico e nel territorio. Di particolare interesse è la serie di cippi-urne di carattere funerario che costituiscono una peculiare produzione assisiate. Più simili a una stele che a un'urna vera e propria, sono chiuse superiormente da un coperchio molto cuspidato e rivelano analogie con le urne del territorio perugino.

AREA ARCHEOLOGICA. Comunemente chiamata Foro romano, l'area, che si stende sotto l'odierna piazza del Comune (v. oltre), costituirebbe più verosimilmente lo spazio pertinente al soprastante tempio di Minerva, che formava un complesso a terrazze di tipo ellenistico ubicato nel cuore della città antica, tutta strutturata in un sistema di analoghi terrazzamenti. Con la decadenza e le invasioni barbariche si ebbero demolizioni e successive ricostruzioni che determinarono l'innalzamento del livello stradale della piazza medievale, poggiante sulle possenti strutture romane. La terrazza aveva forma allungata, era interamente pavimentata con lastre in calcare e circondata su tre lati da un portico con capitelli dorici. Il complesso tempio-terrazza fu probabilmente iniziato negli ultimi decenni del II sec. a.C. o nella prima età augustea e fu completato nella seconda metà del secolo successivo. Addentrandosi nella piazza sotterranea per il corridoio del museo, se ne riconoscono la pavimentazione con la canaletta dell'acqua e il muro perimetrale settentrionale, l'unico non porticato. Dove il corridoio si allarga, due scale (ora chiuse) salivano al pronao del tempio; a ridosso del muro si trova un basamento rialzato a forma di «U», in blocchi di calcare, che un'ipotesi identifica con il «tribunal» su cui trovavano posto i sedili dei magistrati, un'altra lo interpreta come basamento per le statue. Di fronte a questo, un corridoio porta al basamento quadrangolare del cosiddetto «tetrastylum», edicola donata alla città da due facoltosi liberti probabilmente in età tiberiana, che conteneva le statue di Castore e Polluce. Riprendendo il corridoio, si nota che la cortina muraria dell'antica piazza presenta qui un cambiamento di tecnica edilizia forse da mettere in relazione con una diversa fase costruttiva; i numerosi fori di dimensioni irregolari fanno supporre che vi venissero affisse tabelle, leggi e decreti emanati dal municipio romano; qui sono anche visibili i resti di una delle due fontane monumentali che si aprivano a camera nel muro della piazza. Raggiunto il lato orientale della terrazza, due basi di colonne ancora in sito segnalano che si trovava qui un'area porticata, occupata probabilmente da «tabernae» (età tardo-antica).

PIAZZA DEL COMUNE. Preceduta a sinistra dalla *fonte Portica* o *di S. Niccolò*, rifatta nel 1926 (sopra l'ultima arcata è il *pulpito* di Niccolò da Bettona, 1354, già sul palazzo pubblico, dal quale predicò nel 1425 san Bernardino), la «piazza Grande» è un ampio spazio di forma rettangolare come il terrazzamento antico su cui insiste. Aperta nel baricentro della città medievale, all'incontro degli assi della viabilità intestati alle porte urbiche, è documentata fino al principio del '200 come «Platea mercati» e «Platea populi», luogo delle adunanze del popolo. Priva di edifici pubblici, vi sorgevano le residenze e le case-torri dei «boni homines», l'aristocrazia feudale, ridotte a diruti «casalini» durante le lotte anti-imperiali (1198-1210) degli «homines populi», la nuova borghesia mercantile. La riqualificazione della piazza ad area rappresentativa data al 1212, quando i consoli ottengono dai monaci dell'abbazia di S. Benedetto al Subasio il permesso di stabilire la residenza comunale nel tempio di Minerva (detto allora «casalino di S. Donato»), con scelta di forte valore simbolico che stabiliva una continuità tra la città comunale e quella romana, che aveva qui il suo fulcro generatore. Nel 1228-29 la piazza viene allungata verso oriente, assumendo la pianta attuale e il toponimo di «Platea nova» o «Platea Magna comunis»; saranno poi ampliate anche le vie d'accesso: nel 1283 quella proveniente da S. Rufino, nel 1316 la via di S. Chiara (l'apertura di via S. Gabriele dell'Addolorata è ottocentesca). Nella seconda metà del '200 si inseriscono sul lato del tempio romano la torre del Popolo e il palazzo del

Capitano (entro 1282); nel 1275 cominciano i lavori sul lato meridionale, dove nell'arco di due secoli è realizzata la vasta fabbrica del palazzo dei Priori. Il lato nord-occidentale, un tempo qualificato dal portico antistante alla demolita chiesa di S. Niccolò, è stato deturpato dall'edificazione del *palazzo delle Poste* (1924-26); a lato, entro edicola, rimane un frammento di affresco (*Madonna del Popolo*) di scuola di Simone Martini. Il lato breve opposto, pure modificato per ragioni di viabilità, è ingentilito da una *fontana*, qui posta nel '300 e rifatta nel '700.

*TEMPIO DI MINERVA. Il santuario fu costruito tra gli inizi del I secolo a.C. e l'età augustea (probabilmente nel terzo quarto del secolo) sulla terrazza centrale che costituiva il perno urbanistico e sacrale della città romana, scenograficamente distribuita a ventaglio su almeno tre livelli terrazzati. Il complesso, impropriamente attribuito alla dea Minerva, dominava il piazzale sottostante che si vuole riconoscere nel foro (pag. 295). L'edificio, tra i monumenti meglio conservati del mondo classico, ha la tipologia del tempio esastilo corinzio «in antis», con colonne scanalate poggianti su alti plinti quadrangolari, trabeazione e frontone. Nel fregio era l'iscrizione dedicatoria, che menzionava i fratelli Gneo Cesio Tirone e Tito Cesio Prisco, quattuorviri quinquennali, finanziatori dell'opera. Nell'alto Medioevo, la cella fu adibita a chiesa (S. Donato), poi degradata a «casalino»; passò quindi ai Benedettini che vi ricavarono casupole e botteghe. Nel XIII secolo fu adattata a sede del Comune, che destinò il piano inferiore a carcere e il superiore ad aula del consiglio. Nel 1456 tornò alla destinazione ecclesiale e nel 1539 fu intitolata a *S. Maria sopra Minerva*; nel 1634 l'aula fu prolungata e rinnovata da Giacomo Giorgetti. Alla metà del '700 fu eseguita da Francesco Appiani la decorazione della volta con *Gloria di S. Filippo* (il nuovo santo titolare) e le *Virtù Cardinali e Teologali*; a quell'epoca risalgono anche i due altari laterali su disegno di Pietro Carattoli, la cantoria e i coretti. Ornano gli altari e la sagrestia tele di Martin Knoeller, Anton Maria Garbi, Pietro Carattoli. Recenti restauri hanno portato alla luce parte dell'antica pavimentazione romana e il grande muro di terrazzamento posteriore, nel quale si apre una portella ad arco.

Dal cortile dell'edificio attiguo (sede dell'Ente Calendimaggio) si vede il bel fianco sinistro del tempio e, nel fondo, il muro di sostegno del terrapieno. Al N. 23 della piazza del Comune sono stati rinvenuti resti di un'importante canalizzazione antica con copertura alla cappuccina, che verosimilmente alimentava due fontane: questo ritrovamento, assieme a quello di numerose cisterne, terme, sorgenti, confermerebbe l'ipotesi della presenza di un culto delle acque salutari cui sarebbe legata un'antichissima vocazione di Assisi a città-santuario.

PALAZZO DEL CAPITANO DEL POPOLO. Costruito (a sinistra del tempio di Minerva) tra la metà del XIII secolo e il 1282, fu ampiamente ripristinato e dotato di merlatura nel 1927 assieme alla vicina e ora pericolante *torre del Popolo*, compiuta nel 1305, alla cui base sono murate le misure dei mattoni e delle tegole in uso nel 1348.

PALAZZO DEI PRIORI. La realizzazione, sul lato meridionale della piazza, del palazzo pubblico si svolse in più fasi, a partire dal 1275, con l'accorpamento di tre preesistenti edifici e la costruzione, entro il 1493, di un ultimo corpo di fabbrica destinato al governatore apostolico e al Monte di Pietà. La magistratura dei priori, documentata con sicurezza dal 1330, occupava il piano superiore, mentre all'inferiore erano botteghe. Il complesso (ora sede municipale e museale), caratteristico dell'architettura civile assisiate tardo-medievale, fu integralmente restaurato dopo le distruzioni operate dalle milizie di Niccolò Piccinino nel 1442 e ripristinato nel '900; la fronte è ornata da stemmi apposti nella seconda metà del '400. Sotto il palazzo, a destra, è la cosiddetta *volta Pinta*, voltone adorno di interessanti grottesche (1556) che, fino al 1453, dette accesso al postribolo comunale, quindi fu utilizzato per la contrattazione delle granaglie. Gravemente lesionato dal sisma, il palazzo è completamente inagibile.

PINACOTECA COMUNALE. Sistemata dal 1933 al piano terreno del palazzo dei Priori, si formò nel 1912 per iniziativa dell'Accademia Properziana del Subasio per riunire gli affreschi staccati da chiese, confraternite, oratori e porte assisane, in gran parte di scuola umbra dal XIII al XVII secolo. Nell'ottobre 1997 il museo è stato chiuso e le opere trasferite.

Tra le opere principali: frammenti di un ciclo di affreschi provenienti dal palazzo del Capitano del popolo con temi profani influenzati dalla pittura gotica d'Oltralpe, datati intorno al terzo quarto del XIII secolo (*Corteo cavalleresco, ciclo dei Mesi*); *Madonna in maestà* della bottega di Giotto, proveniente dallo stesso palazzo; *Crocifisso* attribuito al Maestro Espressionista di S. Chiara, dalla chiesa di S. Apollinare; *tre figure di armati*, frammento staccato dalla chiesa di S. Caterina, dell'inizio del '300; *Madonna col Bambino e S. Francesco*, frammento di una Maestà di Puccio Capanna, dalla scomparsa porta S. Rufino; due affreschi di Pace di Bartolo, raffiguranti *Madonna col Bambino e angeli* e *Orazione nell'Orto*; *S. Onofrio e S. Biagio*, affreschi votivi di seguace del Maestro Espressionista di S. Chiara. A Ottaviano Nelli o alla bottega spettano gli affreschi staccati dalla facciata dell'ospedale dei Pellegrini: *Annuncia-*

zione, *Madonna in trono col Bambino tra i Ss. Giacomo e Antonio abate* (in restauro), *S. Lucia*. Sopra supporto, *gonfalone processionale* dell'Alunno e bottega (post 1462); *Madonna col Bambino* di Andrea Aloigi, l'Ingegno; frammenti di *Maestà* e *Madonna col Bambino* di Tiberio d'Assisi; affreschi votivi di un seguace di Tiberio d'Assisi staccati da un oratorio nei pressi del castello di San Gregorio; *Stimmate di S. Francesco* e *Annunciazione* di Dono Doni, che eseguì anche le due tele per la cappella del palazzo del Comune; *Ss. Rufino e Vittorino* e *S. Elisabetta regina* di Giacomo Giorgetti; *S. Francesco prossimo alla morte benedice Assisi* di Cesare Sermei. Inoltre, lungo le pareti, frammenti architettonici e decorativi, antichi arredi, stemmi.

CHIESA NUOVA. Sorge appartata nell'omonima piazza, che si raggiunge in breve scendendo sotto il voltone di **via Arco dei Priori**: al N. 2 è l'accesso ai sotterranei del palazzo pubblico, dove si conservano i resti della pavimentazione antica. Nell'edificio al N. 4B sono emersi gli avanzi di un complesso architettonico (sec. I d.C.) costituito da un muro di terrazzamento e da una grande cisterna; nella laterale via dei Macelli Vecchi sono venuti alla luce ambienti di età repubblicana e imperiale: tutte queste strutture sono da ricollegare alla sistemazione verso valle della grande terrazza centrale.

La **Chiesa Nuova** fu eretta nel 1615, a spese del re Filippo III di Spagna, sugli avanzi della supposta casa paterna di san Francesco. L'interno è a croce greca, di elegante linea tardo-rinascimentale, sul modello raffaellesco di S. Eligio degli Orefici di Roma. La superficie è completamente decorata con dipinti murali, eseguiti nel 1621 circa. A sin., nella CAPPELLA DEL CROCIFISSO, affreschi monocromi (*storie di S. Chiara*), attribuiti a Cesare Sermei. Di fronte, la CAPPELLA DI S. BERNARDINO, con affreschi monocromi (*storie di S. Bernardino*) del Sermei; sull'altare, tela attribuita a Vincenzo Giorgetti. Sui piloni che sorreggono la cupola, *episodi della vita di S. Francesco*, attribuiti a Vincenzo Giorgetti (i *quattro Evangelisti* sui pennacchi sono del 1923). Nel 1° pilastro sin. si vede il cosiddetto CARCERE DI SAN FRANCESCO, angusto ambiente dove il santo sarebbe stato rinchiuso dal padre e dove è conservata una scultura lignea del XVII secolo (S. *Francesco in preghiera*). Segue, a sin., la CAPPELLA DELL'IMMACOLATA, con affreschi di Giacomo Giorgetti (*Peccato originale* e *Nascita della Vergine*); sull'altare, *Madonna del Cordone* di Andrea Polinori. Nel presbiterio, sull'altare, *Sogno di S. Francesco*, tela di Cesare Sermei, e alle pareti *Martirio dei Francescani* dello stesso. Nella CAPPELLA DI S. ANTONIO, a d. del presbiterio, affreschi (*Martiri francescani* e *santi*) attribuiti a Vincenzo Giorgetti, e sull'altare *Santi francescani* di Tommaso da Ascoli (sec. XVIII). Al pilastro a sinistra del presbiterio è l'accesso ai resti della cosiddetta CASA DEL SANTO, ripristinata. All'interno del convento è un'importante BIBLIOTECA specializzata negli studi francescani.

Proseguendo a sinistra della Chiesa Nuova si può raggiungere un altro luogo della devozione francescana, l'**oratorio di S. Francesco Piccolino**, che sorge su una stalla dove una leggenda vuole che la madre di san Francesco si rifugiasse, consigliata da un misterioso pellegrino, per partorire il figlio. Nel piccolo interno, tracce di affreschi trecenteschi.

IL MURORUPTO: DALLA PIAZZA CENTRALE ALLA PORTA S. GIACOMO. Questa diramazione raggiunge il quartiere di Porta San Giacomo, che in età feudale costituì uno dei nuclei dell'organizzazione urbana. In quest'area, nel

Medioevo detta «Murorupto» perché a ridosso della fatiscente cinta romana, si concentravano le residenze dei «boni homines», distrutte con la rivolta del 1198. Il riassetto pianificato del Murorupto data ai provvedimenti urbanistici del 1316. Si esce dalla piazza del Comune per la via S. Paolo, a destra del palazzo delle Poste. Subito a sinistra si incontra la chiesetta di **S. Paolo**, fondata nel 1071 come priorato benedettino, dal 1581 sede dell'Arte dei Calzolai e ora della Confraternita di S. Rufino. All'esterno, sopra l'ingresso, *Tre santi*, affresco molto deperito di Dono Doni; all'interno, d'impianto romanico, *Madonna e Ss. Lucia e Ansano*, affresco di Matteo da Gualdo (1475), e dipinti dei secoli XVI-XVIII. Più avanti, N.10A, è stata rinvenuta una monumentale *cisterna romana* che si apriva sul grande muro antico di sostegno al terrapieno dietro il tempio di Minerva. Tra case d'aspetto medievale scende a sinistra una scalinata (vicolo S. Stefano): alla prima rampa, un tabernacolo accoglie un affresco di Pace di Bartolo; a destra, un piccolo orto botanico, creato per iniziativa dell'Assisi Nature Council, ricostruisce il «giardino dei Semplici» di un convento medievale. Appare tra il verde l'abside semicircolare della semplice chiesa di **S. Stefano**, già esistente nel XII secolo, con campaniletto a vela con bifora; nell'unica navata, scandita da arconi gotici trasversali, resti di affreschi del '400 e del '500.

La via S. Paolo continua col nome di *via Metastasio* (vi sorge la casa paterna del poeta), aperta sulla pianura. All'antico **monastero di S. Giacomo de Murorupto**, dal 1902 Laboratorio S. Francesco, è annessa la piccola *chiesa* omonima, fondata nel 1008; nell'interno romanico, a una navata con transetto e volte a crociera, affreschi dei secoli XV e XVI. Salendo per la scalinata via S. Croce si può andare, oltre il monastero di S. Croce delle Suore Tedesche, all'*oratorio di S. Rufinuccio*, probabilmente del XIV secolo, il cui interno era decorato da affreschi di Puccio Capanna (staccati e ora al Museo della Cattedrale), di cui rimane un frammento. Continuando oltre S. Giacomo si raggiunge la medievale **porta S. Giacomo**, forse sul luogo di un varco della cinta romana.

*S. RUFINO. La Cattedrale è collegata alla piazza del Comune dalla *via S. Rufino*, che si stacca dall'angolo nord-orientale salendo tra case medievali, sul tracciato dell'asse viario antico. La chiesa sorge nell'omonima *piazza*, insistente su una terrazza romana (secondo un'ipotesi non documentata, l'area del foro) che fonti medievali (1085) indicano come sede del tempio della Bona Mater. Una tradizione, raccontata da san Pier Damiani, vuole che le spoglie di san Rufino, ospitate dal 412 in una basilica qui esistente, siano state oggetto di una disputa tra il vescovo Ugone (che voleva trasferirle nell'allora cattedrale di S. Maria Maggiore) e il popolo, vinta da quest'ultimo in una gara di 'tiro alla fune' con la cassa funebre del santo patrono. Questa leggenda segnala l'importanza urbanistica che rivestiva, nell'organizzazione spaziale della città feudale, la «cittadella dei canonici» di cui S. Rufino era il fulcro. Di fondazione alto-medievale (probabilmente VIII secolo), la chiesa fu rifatta una prima volta, in forme più vaste delle attuali, dallo stesso Ugone, che attorno al 1036 la insignì del titolo di

Cattedrale. Nel 1140 ne fu avviata la ricostruzione su disegno di Giovanni da Gubbio; il cantiere si protrasse per diversi decenni, tanto che nel 1210 il Comune (che ne utilizzò il sagrato per le adunanze) fece auspici per la conclusione dei lavori, ritenuta indispensabile per la pace e la concordia delle fazioni in lotta. L'altare fu consacrato da Gregorio IX nel 1228, la chiesa nel 1253 da Innocenzo IV.

La *facciata, capolavoro dell'architettura romanica umbra, è da collegare ai coevi esempi spoletini del Duomo e di S. Pietro. È divisa orizzontalmente in tre zone: quella inferiore, del secolo XII, spartita in riquadri, ha tre portali fiancheggiati in basso da leoni e grifi. Il portale mediano, con ricchi ornamenti, presenta una ghiera multipla scolpita con motivi di tralci, *figure allegoriche*, girali vegetali, animali mostruosi, gruppi figurativi e, nella lunetta, una lastra con bassorilievo: *Cristo in trono, in un clipeo tra il sole e la luna, la Madonna che allatta* e *S. Rufino*. Nella lunetta del portale destro, *due uccelli che si abbeverano a un vaso*; nella lunetta del portale sinistro, *due leoni intorno a un vaso*. Una fascia, con *figure di animali* e mensole a teste di uomini e di animali, sostiene una galleria e divide la zona inferiore dalla media. Dalla galleria sporgono *quattro animali*. Nella zona mediana, *tre rose* bellissime; quella centrale è circondata da *simboli degli Evangelisti* e in basso da *tre telamoni*. La zona superiore, aggiunta alla fine del '200, è a timpano triangolare con un arco gotico. Aggiunge carattere alla facciata il maestoso **campanile** romanico, in gran parte della chiesa ugoniana, a doppie bifore. Sul luogo della casa adiacente era l'abitazione di santa Chiara.

INTERNO DI S. RUFINO (chiuso dopo il sisma). A pianta basilicale, a tre navate divise da pilastri, fu completamente rinnovato nel 1571 da Galeazzo Alessi. Sopra le volte rimangono alcune strutture della chiesa del XII secolo, tra cui i resti di una cupola. La rimozione delle mense degli altari laterali ha messo in luce tratti del muro romano su cui poggia la parete sinistra. Lungo le navate, i dieci altari sono alternati a statue di *Profeti*, opera di Agostino Silva (1672). Al principio della NAVATA DESTRA è l'antico *fonte battesimale*, nel quale furono battezzati san Francesco, santa Chiara e, forse (nel 1197), Federico II di Svevia; la decorazione del fondo è del 1882. Al 1° altare d., *gonfalone di S. Giuseppe* di Berto di Giovanni. Quindi si apre la **cappella del Sacramento**, di Giacomo Giorgetti (1663), con un complesso decorativo di tele e affreschi sul tema dell'Eucarestia che ne fanno la più organica realizzazione barocca di Assisi: sopra la porta di ingresso, affresco di Giovanni Andrea Carlone (*Sacrificio di Elia*); lungo le pareti dell'oratorio, dipinti su tela dello stesso (a d., *Agar nel deserto, David in preghiera, Elia e l'angelo*; a sin., *Tobia e l'angelo, David riceve i pani da Alchimelech, Sacrificio di Isacco*; nell'abside, *Natività, Cena a Emmaus, Risurrezione*); nel catino absidale e sulla volta, affreschi del Carlone, del Giorgetti (1663) e di Giovanni Antonio Grecolini (sec. XVIII); in controfacciata, *Ultima Cena* di fra' Emanuele da Como; sulla cantoria in legno dorato e intagliato è un organo seicentesco.

Per la porticina che segue dopo la cappella si esce sul fianco destro, dove si apre un portale romanico coevo a quelli della facciata. Tornati in chiesa, proseguendo lungo la navata si trova l'altare dell'Addolorata (scultura policroma, 1672); quindi, l'altare di S. Francesco (stucchi di Agostino Silva con le *Virtù Cardinali* e tavola di Dono Doni con *Cristo in gloria e santi*, 1550). Nel braccio destro della crociera, all'altare di S. Vitale, *Deposizione dalla Croce* di Dono Doni (1563). Nell'ABSIDE, magnifico *coro ligneo intagliato di Giovanni di Piergiacomo da San Severino (1520), al centro del quale è stato montato il grande organo ottocentesco già sulla cantoria, rimossa nel 1979; sotto la mensa dell'altare maggiore sono conservate le spoglie di san Rufino. Nel braccio sinistro della crociera, all'altare di S. Rufino d'Arce, *Crocifissione* di Dono Doni.

NAVATA SINISTRA. All'altare di S. Gaetano da Thiene, tela di Francesco Refini; all'altare del Crocifisso, con stucchi di Agostino Silva, *Crocifisso* ligneo del 1561; all'altare dell'Immacolata (stucchi del Silva), segue l'altare di S. Emidio, disegnato da Giacomo Giorgetti, con *Trinità, Madonna e santi che intercedono per Assisi* di Francesco Appiani (1752); altare di S. Maria della Consolazione, *Madonna col Bambino e santi*, del XVIII secolo. Nella navata mediana, ai lati dell'ingresso, due sculture raffiguranti *S. Francesco* (1882) di Giovanni Dupré e *S. Chiara* (1888) di Amalia Dupré.

SAGRESTIA, con ingresso sulla destra dell'abside (chiedere al custode): sopra la porta, *S. Francesco che benedice Assisi* di Cesare Sermei; inoltre tele dello stesso Sermei e di Girolamo Marinelli, Giacomo Giorgetti, Martin Knoeller, Baldassarre Orsini. Per una porticina a sinistra si scende nell'**oratorio di S. Francesco**, un sotterraneo nel quale il santo pregava prima di predicare al popolo nella Cattedrale.

MUSEO DELLA CATTEDRALE. Vi si accede dalla navata destra, per una porta che immette in un corridoio addossato al fianco della chiesa, dove, entro monofora, *Madonna col Bambino*, affresco del XIV secolo; inoltre, capitelli e frammenti architettonici appartenuti alla chiesa del secolo XI e dipinti su tela del '600. Il museo, fondato nel 1941, raccoglie dipinti e arredi sacri provenienti dalla Cattedrale e da chiese della diocesi. Tra gli affreschi, di particolare importanza quelli staccati dall'oratorio di S. Rufinuccio (*Crocifissione*, *Deposizione*, *Flagellazione*), eseguiti da Puccio Capanna. Dall'antica abside sinistra della Cattedrale proviene il gruppo di affreschi attribuiti al Maestro della Santa Chiara (umbro della seconda metà del secolo XIII): *testa della Vergine*, frammento di *Cristo crocifisso*, *Natività*, *Visitazione*, *Mano benedicente*. Inoltre, gonfalone con *Crocifissione* e *Gloria di S. Francesco*, già in S. Francescuccio, della fine del sec. XIV; predelle delle due tavole di Dono Doni collocate all'interno della Cattedrale; *reliquiario del legno della S. Croce*, gotico, in argento dorato del sec. XVI; **Madonna col Bambino e quattro santi** e, nella predella, *Martirio di S. Rufino* e *Traslazione della salma*, trittico dell'Alunno (1470); *Madonna col Bambino, S. Bernardino e S. Sebastiano*, trittico di Matteo da Gualdo; stendardo processionale a due facce raffigurante *Martirio di S. Caterina e Ss. Giacomo e Antonio abate* (1627), di Orazio Riminaldi (in restauro); dipinti dei secoli XVI e XVII (Lorenzo Doni, Cesare Sermei); paramenti sacri dei sec. XVII-XVIII.

ARCHIVIO CAPITOLARE. Attiguo al museo, è ricco di antichissimi documenti datati dal 963 e di codici liturgici miniati (secoli XIII-XV). Vi si trovano anche preziosi laudari in volgare dei secoli XIV-XV.

CISTERNA ROMANA. Vi si accede dal principio della navata sinistra. La cisterna, ascrivibile alla seconda metà del II sec. a.C. e perfettamente conservata, fu utilizzata come fondazione del campanile. Sopra l'ingresso è un'iscrizione latina, appena visibile, con i nomi dei «marones», i magistrati umbri di Assisi, che fecero costruire la cisterna e altre opere pubbliche. Si scende alla base del campanile, dove si trova un ambiente rettangolare con volta a botte; un'apertura nel pavimento dava esito all'acqua.

*CRIPTA. Ingresso a destra della facciata, per una porta aperta nel muro della canonica, con resti di sculture romaniche. La cripta della chiesa ugoniana è un ambiente diviso in tre navate e absidato. Conserva resti di pitture (*simboli degli Evangelisti*) della prima metà del secolo XI, una sedia vescovile e un *sarcofago romano* (III sec. d.C.) in marmo di Luni, con rappresentazione del *mito di Semele ed Endimione*, utilizzato per la deposizione di un soldato e poi da sepolcro di san Rufino. Adiacenti al muro della cripta, resti del chiostro della canonica (circa 1029).

S. MARIA DELLE ROSE. All'uscita dalla Cattedrale, osservata in alto la Rocca Maggiore e in piazza la *fontana*, restaurata nel 1532, si segue di fronte alla chiesa la caratteristica e appartata *via S. Maria delle Rose*, nella quale sono venuti alla luce avanzi di muratura del III-II sec. a.C., forse pertinenti alla cinta urbica. Qui sorgeva, secondo alcuni, la primitiva sede dei magistrati cittadini, identificata nell'alto **palazzo** detto appunto **dei Consoli**, costruito entro il 1225 e contraddistinto in alto da due bifore romaniche. Tra case d'impianto duecentesco si raggiunge la chiesa sconsacrata di **S. Maria delle Rose** (gravemente danneggiata dal sisma), che sarebbe sorta su un tempio antico circolare; documentata dal XII secolo, ha facciata duecentesca con frammenti anteriori murati. Sottopassato l'arco del campanile, nel fianco sinistro della chiesa si scorge una rozza porticina con bassorilievi del secolo X e avanzi molto sbiaditi di pitture del secolo XIII.

IL RIONE DI PORTA PERLICI. L'area pianeggiante che si stende a nord-est della Cattedrale è caratterizzata dal regolare reticolo viario che riconduce all'urbanizzazione d'età romana. Su questo impianto si sviluppò il rione medievale che, per il carattere popolare e la marginalità rispetto ai poli dello sviluppo urbano, ha mantenuto un tessuto edilizio integro, ricco di qualità ambientale, nel quale sussistono interessanti tipologie abitative soprattutto trecentesche. Antiche case accompagnano, da piazza S. Rufino, la salita di *via Porta Perlici*, dove aveva sede la Confraternita di S. Lorenzo: ne rimane la *chiesa*, del XIV secolo, al culmine del vicolo omonimo (in un tabernacolo a destra della facciata, *Madonna col Bambino in trono fra i Ss. Francesco e Lorenzo*, affresco di Cola Petruccioli). Prima di raggiungere la **porta Perlici**, aperta nella cinta del 1316, con duplice arco interno e stipiti in blocchi di reimpiego, si volge a destra in *via del Comune Vecchio* (continuando si intraprende la salita alla Rocca Maggiore, pag. 311), dove, a ridosso delle mura romane, sorsero case medievali ancora in parte conservate (notare quella trecentesca in angolo con via Montecavallo).

PIAZZA MATTEOTTI. La via del Comune Vecchio sbocca nella «piazza Nova», ampio rettangolo dominato dalla Rocca Minore, nel Medioevo destinato al mercato e alle fiere; si apre sul luogo di una necropoli che ha restituito materiale risalente al I secolo a. Cristo. La destinazione attuale è di capolinea degli autobus e parcheggio sotterraneo, costruendo il quale è venuto alla luce un *monumento funerario* analogo a quello visibile al margine sud-occidentale della piazza, al principio di via del Torrione (v. oltre). Sul lato nord-orientale sorge il complesso di **S. Caterina**, fondato nella seconda metà del XIII secolo da una comunità di Benedettine, dalla fine del '500 sede della Confraternita di S. Giacomo e S. Antonio; l'oratorio conserva tele di Cesare Sermei, Francesco Appiani e Prospero Mallerini.

ANFITEATRO. Il convento di S. Caterina si addossa all'area dell'anfiteatro romano, costruito nella prima metà del I secolo. La pianta ellittica del manufatto, a due ordini di gradinate, è perfettamente leggibile nella disposizione delle casette che si sovrapposero alle strutture originarie, dando luogo a uno dei più significativi esempi di riuso medievale di un complesso antico.

VIA DEL TORRIONE. L'ultimo tratto dell'itinerario percorre la via così chiamata dalla *tomba gentilizia* risalente alla fine del I sec. a.C. o al principio del successivo, spogliata nel '500 del rivestimento marmoreo. La strada, dove a destra, entro un cortile, sono i resti illeggibili del supposto *teatro romano* (I sec. d.C.), fiancheggiando la Cattedrale (alla base dell'abside e del campanile sono visibili filari di blocchi pure romani) riporta in piazza S. Rufino.

5.3 S. CHIARA E I RIONI MERIDIONALI

L'articolazione della città odierna è in gran parte quella determinata dai provvedimenti urbanistici del 1316, volti all'ampliamento della superficie urbanizzata e alla ristrutturazione dell'edificato. L'ultimo circuito murario realizzato in quell'occasione inserì nell'area urbana vaste zone inedificate, che tali in parte rimasero a lungo nonostante i piani di urbanizzazione in corrispondenza delle porte Perlici, S. Chiara (il borgo Aretino) e S. Francesco, e inglobò a ponente l'antico insediamento benedettino di S. Pietro, dando luogo alla formazione dell'omonimo borgo. In questa parte della città, elemento di significativa alterazione dell'ambiente urbano sarà, dall'800, la proliferazione di strutture ricettive e turistiche (parcheggi), catalizzate dalla vicinanza della Basilica francescana e dalla disponibilità di spazio (il primo albergo in senso moderno, tuttora esistente, è creato nel 1868 trasformando una vecchia filanda). Il percorso parte dalla piazza S. Rufino e, toccata S. Chiara, fulcro dell'aggregazione edilizia a sud-est, raggiunge l'abbazia di S. Pietro muovendosi sul margine meridionale della città, nello spazio terrazzato tra la cerchia antica e quella trecentesca.

VERSO S. CHIARA. Dalla piazza S. Rufino (pag. 300) si può raggiungere la basilica utilizzando la rete di vicoletti che esemplificano l'impianto urbano medievale, nel quale stretti e ripidi collegamenti trasversali, spesso gradinati, collegano le strade principali sulle quali si struttura, da nord-ovest a sud-est, il centro storico. Si inizia la discesa per *via Doni*, quindi subito a destra nel vicolo delle Scalette, sottopassando un voltone e piegando poi a sinistra nella *via del Pozzo della Mensa*, così chiamato perché si svolge tra le case appartenute alla mensa dei Canonici, tra le quali si distingue un edificio a due piani del '300. Raggiunta *via S. Gabriele dell'Addolorata* (aperta con sventramenti nel 1881), la si percorre verso destra per imboccare, a sinistra, la via Francalancia che porta in **corso Mazzini**, strada tra le più animate della città, ampliata e mattonata nell'ambito degli interventi urbanistici trecenteschi per fungere da agevole collegamento diretto tra la piazza del Comune e S. Chiara. Il corso, che insiste su strutture pertinenti a monumentali muri di terrazzamento (II sec. a.C.), è fiancheggiato da palazzi gentilizi esito della ristrutturazione edilizia avviata nel XVI-XVII secolo. Lo si segue da sinistra superando la medievale *portella di S. Giorgio*, sul luogo di una porta urbica romana, entrando infine nella piazza S. Chiara.

PIAZZA S. CHIARA. Lo spazio trapezoidale si apre su un terrazzamento ottocentesco, a dominio di uno splendido panorama sulla Valle Umbra. Il secondo fulcro religioso assisiate è situato al polo opposto della città rispetto alla basilica di S. Francesco, quasi a voler racchiudere anche fisicamente l'organismo urbano entro i suoi simboli di sacralità. Al centro è una fontana del 1872. Prima di divenire sede delle Clarisse e assumere importanza urbanistica tale da suggerire al Comune, nel 1260, un ampliamento murario, la piazza era suburbana e accoglieva la chiesetta e l'ospedale di S. Giorgio, di cui si ha notizia dal 1111 (resti della cripta nel chiostro) come pertinenza dei Canonici; annessa alla chiesa, racconta la «Leggenda dei Tre Compagni», era la scuola frequentata da san Francesco bambino. Qui fu tumulato il corpo del santo e ne avvenne, nel 1228, la canonizzazione. In S. Giorgio fu deposta anche la santa, morta in S. Damiano nel 1253. Quattro anni dopo, per intervento del papa Alessandro IV, le Damianite ottennero di divenirne proprietarie in cambio della cessione ai Canonici della chiesa di S. Giorgio, potendo così dimorare presso le spoglie della santa.

*S. CHIARA. La costruzione della basilica fu iniziata nel 1257 e già nel 1260 vi fu traslato il corpo della santa; nel 1265, la chiesa fu consacrata con cerimonia solenne alla quale partecipò il pontefice Clemente IV. L'edificio, che presenta analogie con il modello della Chiesa superiore di S. Francesco, ha semplice prospetto (gravemente lesionato dal sisma) a filari orizzontali bianchi e rossi di pietra locale, spartito in tre zone da cornici. Il portale è a tutto sesto, con ghiera esterna poggiante su due leoni e, nella lunetta, un danneggiato affresco di Giacomo Giorgetti; sopra si aprono un'elegantissima *rosa a due giri di colonnine e archetti e, nel coronamento a timpano, un occhio. Sul fianco sinistro, anch'esso in delicate fasce bicrome e spartito da contrafforti poligonali, danno vigore alla composizione tre caratteristici colossali archi rampanti, della fine del '300, che salgono a equilibrare la spinta delle volte; al di là della porta laterale sporgono una cappella con rivestimento di quadrati rossi su fondo bianco, aggiunta al principio del XIV secolo, e il transetto. L'abside poligonale è aperta da tre alte monofore; sul suo fianco si alza il campanile quadrato, con bifore e grandi monofore, coronato da cuspide.

INTERNO (inagibile). A croce latina, è a una navata divisa in quattro campate da archi poggianti su svelti fasci di colonne, con transetto e abside poligonale. Lungo le nude pareti, che rientrano nell'alto, corre un ballatoio al di sopra del quale si aprono monofore. La semplicità dell'interno era predisposta ad accogliere il ciclo di affreschi (di cui rimangono frammenti) che illustrava la leggenda della santa, scialbato nel '700 per ordine vescovile e ulteriormente rovinato nel terremoto del 1832.

CAPPELLA DI S. AGNESE (1, nella pianta a lato). Dalla 4ª campata sinistra della navata si accede per un'ampia arcata ogivale alla cappella pentagonale, con volte a costoloni, dedicata alla sorella di Chiara. Contiene affreschi di Girolamo Marinelli e dipinti murali di Sigismondo Spagnoli (1914).

TRANSETTO SINISTRO (2). Alla parete di fondo, *Presepio*, affresco di un maestro umbro giottesco della metà del '300 da questo dipinto denominato Maestro della Natività di S. Chiara; a sin., **Madonna col Bambino**, tavola del Maestro della Santa Chiara (c. 1265). Sulle tre pareti in alto, affreschi con *storie del Vecchio Testamento*, affini ai dipinti murali di scuola romana e toscana nella Chiesa superiore di S. Francesco (fine del '200).

PRESBITERIO (3). L'altare maggiore si trova entro un colonnato della fine del XIII secolo (12 colonne poligonali con capitelli gotici), opera di un marmoraro umbro, chiuso da una cancellata in ferro battuto in parte originale, in parte rifatta nel XVIII secolo. Nell'abside, ***Crocifisso** su tavola sagomata attribuito al Maestro della Santa Chiara; nelle vele della volta a crociera sopra l'altare, **affreschi** del giottesco Maestro Espressionista di S. Chiara raffiguranti: la *Madonna e S. Chiara; S. Agnese vergine e martire e forse S. Agnese* (sorella di Chiara); *S. Caterina* e altra *santa; S. Lucia e S. Cecilia*, tra *gruppi di angeli in preghiera* (c. 1337).

TRANSETTO DESTRO (4). Alla parete d., ***S. Chiara e otto storie della sua vita**, tavola attribuita al Maestro della Santa Chiara (1283); nella parete di fondo, *Funerali di S. Chiara* e *Trasporto della salma*, del Maestro Espressionista di S. Chiara (primo decennio del '300) che da questi dipinti ha preso la denominazione; dello stesso maestro sono, nella zona superiore *Annuncio a Gioacchino, Sposalizio della Vergine, Strage degli*

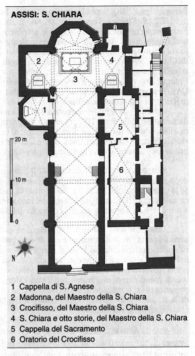

ASSISI: S. CHIARA

1 Cappella di S. Agnese
2 Madonna, del Maestro della S. Chiara
3 Crocifisso, del Maestro della S. Chiara
4 S. Chiara e otto storie, del Maestro della S. Chiara
5 Cappella del Sacramento
6 Oratorio del Crocifisso

Innocenti, Fuga in Egitto, Disputa nel Tempio e, alla parete sin., nella lunetta in alto, *Giudizio finale*.

CAPPELLA DI S. GIORGIO. Aperta nel lato destro della navata, fa parte della primitiva chiesetta ed è ora divisa da una vetrata in due ambienti. Una porta gemina dà accesso alla CAPPELLA DEL SACRAMENTO (5), adorna di affreschi. Alla parete d'ingresso, *Annunciazione, S. Giorgio, Presepio, Epifania* di Pace di Bartolo; sulla parete sin., ***Madonna col Bambino in trono e santi**, importante affresco di Puccio Capanna; inoltre *Risurrezione, Deposizione, Gesù deposto nel sepolcro*, affreschi di un umbro giottesco-lorenzettiano. Sulla parete dietro l'altare sono visibili un frammento di decorazione duecentesca e affreschi di un ignoto del sec. XIV (*S. Caterina e santa, Ss. Chiara, Francesco e Agnese*).

L'ORATORIO DEL CROCIFISSO O DELLE RELIQUIE (6) conserva, sopra l'altare accostato alla vetrata che lo separa dalla cappella adiacente, il ***Crocifisso** dipinto su tavola, della fine del sec. XII, che avrebbe parlato a san Francesco in S.

Damiano (pag. 318). Sopra l'ingresso, affreschi firmati da Francesco Tartaglia nel 1527 (*S. Chiara, Vergine in trono, S. Anna,* i *Ss. Girolamo, Rocco, Francesco*); nell'arco, *Papa Urbano V*, attribuito a Pace di Bartolo. Alla parete di fronte, dietro una grata, sono esposte alcune reliquie francescane: *cassetta col cranio di S. Agnese; camice da diacono di san Francesco* (ricamato da Chiara); *tonaca, mantello e cordone di santa Chiara e cofano con i suoi capelli; tonaca di san Francesco; sandalo e calza del santo* (fatti da Chiara); *tonacella di san Francesco; velo nero, tonaca interna, cilicio e Crocifisso appartenuti a santa Chiara*. Inoltre, trittico a sportelli di Rinaldo di Ranuccio (*Madonna col Bambino e storia di Cristo*, circa 1270).

CRIPTA. Vi si scende dalla navata. Ricavata nel 1850-72 e sistemata in ibride forme neogotiche nel 1935, consente di vedere, attraverso una doppia grata, l'urna contenente il corpo di santa Chiara. Al centro è un tempietto che racchiude l'altare; salendo per una scaletta alla parte superiore del tempietto, si può vedere il sarcofago in pietra dove fu deposto il corpo della santa.

PROTOMONASTERO DI S. CHIARA. Il convento (di clausura, sgomberato dopo il terremoto) è celato dalla posizione a ridosso della chiesa nel lato verso la valle; ingrandito fra '300 e '500, conserva, nel chiostro, la cripta dell'antica chiesetta di S. Giorgio; all'interno del monastero, *Crocifissione e quattro santi* di Puccio Capanna, già nella cappella del Sacramento.

ALLA PORTA DI MOIANO. Dalla Basilica, passando sotto il duecentesco *arco* (o porta) *di S. Chiara*, per *via Borgo Aretino*, sviluppatosi con la pianificazione urbanistica del 1316, si può andare alla trecentesca *porta Nuova*. Subito prima, la via a destra conduce alle *fonti di Moiano*, note dal XII secolo per la salubrità delle acque, e alla *porta Moiano*, aperta nella cinta trecentesca. Il nome deriva dall'antico toponimo «Mons Iani», che segnalerebbe la presenza di un tempio dedicato a Giano e di un oracolo. Nel pendio al di sotto della strada si trova una sorgente curativa; nei pressi si vedono strutture di contenimento di età romana.

VIA S. AGNESE. Da S. Chiara, la via scende in vista a destra di avanzi di un *muro romano* e a sinistra del complesso di S. Chiara. In quest'area sono venuti in luce manufatti romani: all'interno del vicino ex *convento di S. Antonio* (secolo XVII), ora scuola elementare, una cisterna, un cunicolo e un muro in «opus testaceum» con due grandi archi (II sec. d.C.); in corrispondenza del numero civico 28, strutture pertinenti a una «domus» del I secolo d.C., con pavimento a mosaico e pareti con intonaci dipinti.

S. MARIA MAGGIORE. Via S. Agnese sbocca nella *piazza del Vescovado*, con la *fontana del Leone* (1559). Era qui il cuore della cittadella vescovile medievale, avente la sua sede in **S. Maria Maggiore**, sorta fuori le mura nell'alto Medioevo e citata nel 963 come chiesa cattedrale, titolo trasferito nell'XI secolo a S. Rufino. L'edificio romanico (molto lesionato) ha facciata molto semplice, tripartita da lesene, con rosa nella quale un'iscrizione del 1163 attesta la riedificazione in quella data a opera di un Giovanni che si vuole, senza prove documentarie, identificare col ricostruttore della nuova Cattedrale. Sopra la porta principale, frammento di tazza di una fontana romana; il campanile è romanico-gotico.

L'INTERNO, basilicale, è a tre navate divise da pilastri rettangolari; la mediana ha il tetto a capriate scoperte, mentre quelle laterali sono a volta: anch'esse però appartengono alla ricostruzione del secolo XII. Nelle navate, nell'abside semicircolare e nella sagrestia si trovano resti di affreschi dei sec. XIV e XV, tra i quali una *Pietà* attribuita a Tiberio d'Assisi, e *Madonna col Bambino*, *Annunciazione*, *Incoronazione della Vergine* e *Visitazione* (staccati), tutti di Pace di Bartolo. All'inizio della navata d., al piede della controfacciata, è un interessante sarcofago del sec. IX. Sotto il presbiterio è la *CRIPTA (non visitabile) della chiesa primitiva, ascrivibile al IX o al X secolo, che dà accesso a un ambiente sotterraneo dove rimangono i resti di una *casa romana*, con pavimenti musivi e pareti con decorazione pittorica (inizi I sec. d. Cristo). Dal giardino sottostante è visibile un tratto di mura romane ben conservate.

VESCOVADO.Quando il vescovo Ugone trasferì il titolo di cattedrale a S. Rufino, conservò la sede vescovile nell'edificio accanto a S. Maria Maggiore, integralmente ricostruito e ampliato nel secolo XVII. Qui san Francesco fece la rinuncia ai beni paterni e abitò, gravemente ammalato, nel 1226 prima di farsi portare alla Porziuncola. All'interno (danneggiato dal sisma), la galleria dei Vescovi ha sulla volta affreschi di Giacomo Giorgetti con *figure allegoriche*; nella sala attigua, lo stesso Giorgetti dipinse l'*Allegoria della famiglia Rondanini*; nella sala del Trono, *episodi della vita di S. Francesco* di Francesco Providoni (1670-85).

VERSO S. PIETRO PER IL BORGO MERIDIONALE.Dalla piazza del Vescovado si può scendere nella via Giovanni di Bonino dove si trova, in un largo, la porta del **monastero di S. Quirico**, di clausura, con un affresco di Cristoforo di Jacopo (*Madonna col Bambino, S. Anna e angeli*); su richiesta è possibile visitare la foresteria, affrescata da un maestro locale del XV secolo. All'interno è stato rinvenuto un edificio termale (II sec. d. Cristo). Proseguendo nella *via S. Apollinare* s'incontra a sinistra il **monastero di S. Giuseppe**, formato dall'unione delle due ex chiese di *S. Paolo* e di *S. Apollinare*, un tempo separate da un vicolo. La facciata di S. Paolo è a filari di pietra bianca e rosata; quella di S. Apollinare ha portale con arco a pieno centro, sormontato da un bel rosone. Nell'interno del monastero, si trovano vari affreschi fra cui *Annunciazione* e *Crocifissione*, opere di Puccio Capanna, e *S. Francesco riceve le stimmate*, attribuito a Pace di Bartolo. Continuando nella *via Borgo S. Pietro*, si ha a destra la **Pro Civitate Christiana**, o semplicemente la *Cittadella*, vasto complesso di edifici dell'associazione fondata nel 1939, che organizza convegni di studi, corsi e missioni. L'istituzione dispone di una ricchissima documentazione sulla presenza di Cristo nella letteratura, nelle arti, nella musica, nel cinema, nella storia, e una biblioteca specializzata. Nella GALLERIA D'ARTE SACRA CONTEMPORANEA (ingresso in via Ancajani: 9-13 e 15-18; chiusa il lunedì), opere di Carlo Carrà, Giorgio De Chirico, Gerardo Dottori, Agenore Fabbri, Emilio Greco, Francesco Messina, Ottone Rosai, Georges

Rouault. Via Borgo S. Pietro, spina del quartiere tardo-medievale sviluppatosi negli spazi inedificati inclusi entro la cerchia del 1316, scende infine alla piazza e alla porta S. Pietro, v. oltre.

VERSO S. PIETRO PER VIA FONTEBELLA. Dalla piazza del Vescovado si prosegue in salita nella medievale e tortuosa *via Bernardo da Quintavalle*: vi s'incontra a destra la chiesa di **S. Gregorio**, della seconda metà del '200, fronteggiata dalla coeva *casa del beato Bernardo*, che vi accolse Francesco divenendone il primo compagno. Raggiunta la via Brizi, la si discende a sinistra sboccando nella piazzetta Garibaldi: vi prospetta, a sinistra, l'*oratorio della Confraternita di S. Francesco* (o delle Stimmate o di S. Leonardo), detto di **S. Francescuccio**, eretto nella prima metà del '300. Nella facciata, sopra il portale gotico, entro nicchia, *Istituzione del Perdono*, affresco deteriorato di pittore umbro della prima metà del '400, forse autore anche delle *Opere di Misericordia* sulla parete destra. Nell'interno, a due campate con volte a crociera, affreschi del XIV secolo tra cui una *Crocifissione* di Giovanni di Corraduccio. Sulla piazzetta affaccia anche il **palazzo Fiumi-Roncalli** (ora hotel Garibaldi, che vi fu ospite), con prospetto settecentesco; l'edificio sorge sopra un avanzo della porta urbica romana che dava accesso alla via per Perugia.

Si procede in **via Fontebella**, dove tra case e «casalini» medievali spicca in altezza la fronte posteriore del Monte Frumentario, di cui si vede il portico in via S. Francesco (pag. 294). Accanto è la **fonte Marcella**, costruita nel 1556 a spese del senese Marcello Tuto. Oltrepassato, N. 23, l'edificio già ospedale della Confraternita di S. Pietro, che ha entro nicchia un affresco del '300 (*Madonna col Bambino e due santi*), quindi il seicentesco *palazzo Benigni-Graziani* (ora albergo) e infine l'*hotel Giotto* (1900), tra le prime strutture ricettive di alto livello della città, inserito con discusso intervento edilizio, si raggiunge la piazzetta Bonghi dove, aggirando una casa medievale con mensoloni, si scende alla *piazza S. Pietro*, con l'antica chiesa benedettina e la merlata *porta S. Pietro*, facente parte delle mura trecentesche.

*****S. PIETRO.** L'abbazia fu fondata nel X-XI secolo, su terreno allora extraurbano, nella fase in cui l'insediamento benedettino del Subasio promosse la costruzione di chiese e monasteri in aree strategiche del contado. Fu ricostruita agli inizi del '200 e consacrata da Innocenzo IV nel 1253. La chiesa ha bellissima facciata rettangolare (completata nel 1268), a due ordini scanditi da una cornice ad archetti pensili ripetuti nell'abside; vi si aprono tre portali, di cui il mediano presenta un tipo di pseudo-protiro con leonesse stilofore, e tre rose; in fondo al fianco destro dell'abside si leva il robusto campanile romanico.

L'INTERNO è a tre navate divise da pilastri rettangolari, con presbiterio sopraelevato e abside semicircolare. Le navate laterali sono coperte da volta, mentre quella mediana è a capriate, sorretta da archi a sezione leggermente ogivale; sopra il presbiterio è la cupola di conci a strati orizzontali a sbalzo (analoga a quella di cui restano pochi avanzi nel sottotetto di S. Rufino). In controfacciata, ai lati del portale maggiore, *due tombe* trecentesche; ai lati del presbiterio, *quattro tombe* dello stesso secolo; in una cappella a sin. dell'abside, sbiaditi frammenti di affreschi del '200. Nel lato sin. del presbiterio, gotica *cappella del SS. Sacramento*, trecentesca, con finestra triloba: alle pareti, avanzi di affreschi della stessa epoca (*Annunciazione, Maestà, S. Vittorino*); a quella sin., *S. Benedetto e santi*, affresco staccato dell'XI secolo, molto ridipinto. Nella cappella all'inizio della navata sin., sull'altare, dipinto seicentesco con la *Madonna del Rosario.*

*ROCCA MAGGIORE. Vi si sale da via Porta Perlici (pag. 303) o, in automobile, per il viale di circonvallazione esterna seguendo la segnaletica turistica. L'antica cittadella del feudalesimo germanico sorge sulla cima del monte Asio, a dominio della città e della valle, in posizione di forte risalto ambientale accentuato dall'andamento sinuoso delle mura urbane, che salgono lungo il pendio per agganciare l'articolato complesso fortificato. Si ipotizza che il sito abbia accolto una cittadella preromana, oppure un santuario umbro o una necropoli, senza tuttavia riscontri documentali. Notizie certe della rocca si hanno a partire dal 1173-74, quando Cristiano di Magonza conquistò Assisi per conto di Federico Barbarossa, che vi soggiornò brevemente. Vi risiedette, pare, anche Federico II di Svevia bambino, affidato alla custodia di Corrado di Urslingen, legato imperiale, duca di Spoleto e conte di Assisi. Distrutta nella sollevazione popolare del 1198, la rocca è ricostruita nel 1356 dal cardinale Albornoz rispettando l'impianto del XII secolo. Nel 1458 Jacopo Piccinino aggiunse la torre poligonale a nord-ovest, compiuta da Pio II (1459-60) e raccordata tramite corridoio fortificato. Il complesso si articola su una cinta trapezoidale (antemurale) con torri angolari, che racchiude il cassero quadrilatero (restaurato da Sisto IV nel 1478) sul quale si leva l'alta torre quadrata del maschio; all'antemurale è collegato verso est un campo trincerato.

INTERNO (visita: dalle 10 al tramonto). L'ingresso si apre presso il bastione cilindrico aggiunto nel 1535-38 da Paolo III. Si entra nel campo trincerato e per la torre di nord-est si penetra nell'antemurale, da cui una rampa e una corsia in salita conducono al cortile chiuso tra le mura esterne e il cassero, dove erano gli ambienti di servizio. Un portale a saracinesca immette nella corte centrale, pavimentata con mattoni originali posti a coltello. A destra si leva il maschio, che fungeva da abitazione del castellano, dove si sovrappongono cinque ambienti collegati da una scaletta a chiocciola: dalla sommità, priva di copertura, splendido *panorama sulla città e la campagna.

Le mura trecentesche saldano la Rocca Maggiore con la **Rocca Minore**, o *cassero di S. Antonio*, fatta costruire attorno al 1360 dall'Albornoz per rafforzare verso il monte l'angolo nord-orientale del perimetro fortificato.

5.4 I DINTORNI DI ASSISI

Completano la visita della città otto escursioni nella campagna assisiate, ricca di suggestioni paesistiche soprattutto nell'area orientale, tutelata nell'ambito del Parco del Monte Subasio. In un contesto sempre di qualità ambientale, si inseriscono le chiese e i monasteri legati al francescanesimo primitivo e alla più tarda devozione per il santo, tra i quali spiccano S. Maria degli Angeli e S. Damiano per il cospicuo patrimonio d'arte; l'eremo delle Carceri, quasi celato entro una selva secolare, residuo delle originarie estensioni boschive del Subasio, è evocativo di quella sacralità che, prima ancora della straordinaria vicenda di san Francesco, connotava per le popolazioni umbre Assisi e il suo monte. Verso nord, invece, emergono gli insediamenti fortificati posti a presidio della città, perno dell'organizzazione difensiva della pianura e dei rilievi che si interpongono tra la Valle Umbra e le conche di Gubbio e di Gualdo Tadino. I percorsi (carta a fronte) si diramano a raggiera dalle porte cittadine.

A S. MARIA DEGLI ANGELI: km 4.3. Dalla porta S. Pietro (pag. 310) la segnaletica turistica guida lungo il viale Marconi, poi in discesa tra gli olivi oltrepassando la *casa Gualdi*, sul posto del lebbrosario di S. Salvatore delle Pareti (secolo XII) dove, narra la Legenda maior di Bonaventura da Bagnoregio, san Francesco baciò il lebbroso e dove si fermò morente, durante il trasporto alla Porziuncola, per benedire Assisi (la scena, raccontata dai Fioretti, è rappresentata da un bassorilievo sulla facciata). Con ampie vedute sulla pianura e sulla città si raggiunge il sobborgo di *Santa Maria degli Angeli* m 218, sviluppatosi attorno alla basilica: se ne rasenta l'abside e il fianco, al quale è addossata la *fontana delle ventisei cannelle*, realizzata nel 1610 per volere dei Medici (stemmi), mentre sulla destra si allunga l'antica *foresteria* dei frati, a portico e loggia, eretta su disegno di Galeazzo Alessi.

La basilica di *S. Maria degli Angeli* sorse tra il 1569 e il 1679 inglobando l'insieme delle strutture del conventino francescano sorte a ridosso della Porziuncola, toponimo che almeno dal 1045 individuava la zona al piede della città (più propriamente «Cerqueto de Portiuncula», perché tra le selve); il nome indicava anche l'antica cappella di S. Maria degli Angeli che, come racconta Bonaventura da Bagnoregio nella Legenda maior, Francesco scelse a sua dimora perché «in quel luogo erano frequenti le visite degli spiriti celesti». Ancora san Bonaventura informa che questo luogo fu dal santo amato più di ogni altro, tanto che vi scelse di morire e lo «raccomandò ai suoi Frati [...] come uno dei più cari alla Vergi-

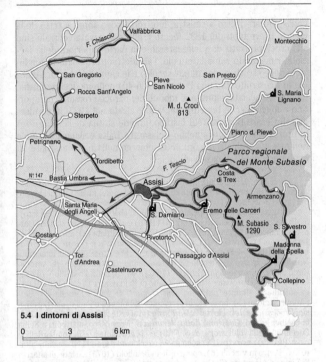

5.4 I dintorni di Assisi

0   3   6 km

ne». Culla del francescanesimo, la Porziuncola fu sempre luogo tra i più sacri della devozione francescana, tanto che Pio V, a conclusione del concilio di Trento, decise la costruzione della grandiosa basilica al fine di dare nuova linfa all'Ordine minorita e adeguata accoglienza alle moltitudini di pellegrini che tuttora vi accorrono in occasione della solennità dell'indulgenza del Perdono (31 luglio-2 agosto), voluta dallo stesso Francesco.

La chiesa, a tre navate, con transetto non sporgente, cupola all'incrocio e abside semicircolare, fu progettata da Galeazzo Alessi e all'esecuzione parteciparono Girolamo Martelli, Giacomo Giorgetti e forse anche Giulio Danti (il Vignola si limitò a dare, sul posto, la sua approvazione al progetto dell'Alessi); venne compiuta nel 1679 con la costruzione del campanile destro, cui avrebbe dovuto corrispondere l'altro a sinistra, interrotto poco sopra il tetto della chiesa. I terremoti del 1832 fecero crollare la navata centrale sino alla crociera, tratti di quelle laterali e la parte superiore della facciata, rimanendo salve la cupola, l'abside (sotto questa, le fondazioni delle strutture del XIII-XIV secolo) e le cappelle laterali. L'edificio fu ricostruito da Luigi Poletti (1836-40) nelle medesime forme, mentre la facciata, ispirata ai moduli del barocco romano, con portico e loggia per le benedizioni, venne alzata nel 1925-30 su disegno di Cesare Bazzani (sul fastigio, grande statua della *Madonna* in bronzo dorato, di Guglielmo Colasanti). L'alta e slanciata cupola dell'Alessi, cerchiata dopo il 1832, emerge nella piana assisiate da qualunque punto di osservazione.

INTERNO. È a tre alte navate con cappelle riccamente decorate, che ospitano la più organica raccolta di pittura umbra del tardo Cinquecento e del primo Seicento.

NAVATA DESTRA. 1ª cappella, di S. Antonio abate (1, nella pianta a lato), *S. Antonio abate* di Giacomo Giorgetti (1670) e affreschi di Anton Maria Garbi e di Francesco Appiani; nella 2ª, di S. Giovanni Battista (2), affreschi di Cesare Sermei (*Battesimo di Cristo*, *storie del Battista* e *Trinità in gloria*, post 1602); la 3ª, di S. Anna (3), adorna di stucchi e affreschi, ha all'altare una *Natività di Maria* di Niccolò Circignani e alle pareti affreschi di Antonio Circignani con *storie della Vergine* (1602-1603 c.); nella 4ª, di Pio V (4), affreschi di soggetto francescano e mariano di Baldassarre Croce (1602-1603) e, sull'altare, dipinto del sec. XVIII (*Estasi di Pio V*); nella 5ª, dell'Annunciazione (5), presepio in terracotta di Domenico Paci e, alle pareti, a sin. *Processione del velo della Madonna* (vi si vede la facciata originaria della basilica) e a d. *Cessione della Verna a S. Francesco*, attribuiti a Scilla Pecennini; nella volta, *storie di S. Francesco*, attribuite a G. B. Lombardelli.

BRACCIO DESTRO DELLA CROCIERA. Vi è collocato il grande ed elegante altare di S. Pietro in Vincoli (6), opera di Jean Reinhold (1675). Ai lati, gli altari di S. Pietro d'Alcantara (7, *Cristo adorato dai Ss. Pietro d'Alcantara e Margherita da Cortona*, di Francesco Appiani) e delle Reliquie (8, tela del sec. XVII). Dal transetto destro si accede alla SAGRESTIA (9), con ricchi armadi intagliati del '600; sopra una nicchia a d., il *Redentore*, tavoletta attribuita a Berto di Giovanni; nella lunetta della volta affreschi di Girolamo Martelli.

Nei pennacchi della grande CUPOLA, *S. Francesco istituisce l'ordine dei Minori*, *I Benedettini cedono la Porziuncola a S. Francesco*, *Vestizione di S. Chiara*, *S. Bonaventura scrive la vita di S. Francesco*, affreschi di Francesco Appiani.

*CAPPELLA DELLA PORZIUNCOLA (10). Sotto la cupola si trova l'oratorio risalente al X-XI secolo, dedicato a *S. Maria degli Angeli* o *S. Maria della Porziuncola*. Al principio del '200 la chiesetta, abbandonata e diruta tra le querce, apparteneva ai Benedettini del Subasio. Attorno al 1205, Francesco vi stabilì la sua dimora, la restaurò e vi fondò l'Ordine francescano (1208); verso il 1209 l'ottenne dai monaci. Attorno alla Porziuncola furono erette le prime capanne dei frati, di creta e canne. Fu questo il luogo dove il

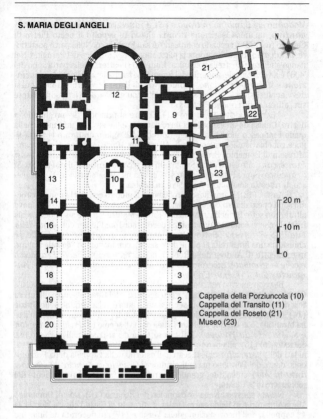

S. MARIA DEGLI ANGELI

Cappella della Porziuncola (10)
Cappella del Transito (11)
Cappella del Roseto (21)
Museo (23)

santo dimorò più di frequente, dove dette il saio a Chiara (1212) e nel quale si tenne il capitolo detto «delle stuoie» (1221), cui intervennero più di 5000 frati. Secondo la tradizione, qui san Francesco ottenne dalla Vergine l'indulgenza plenaria tuttora celebrata nella solennità del Perdono.

La Porziuncola è una costruzione rettangolare, semplice e rozza, in sasso policromo del Subasio. La parte superiore della facciata è coperta da un affresco (*S. Francesco implora da Gesù e da Maria la concessione dell'indulgenza del Perdono*), di Friedrich Overbeck da Lubecca (1829). Nel fianco destro si vedono i resti di due affreschi del '400 d'influsso senese:

Madonna col Bambino in trono e i Ss. Francesco e Bernardino e *S. Bernardino*; un'unica iscrizione ricorda che vi fu sepolto il beato Pietro di Catanio (m. 1221), secondo compagno di san Francesco. Nella parte posteriore, il *Calvario* (di cui è perduta la parte superiore), affresco del Perugino. Nel fianco sinistro, finestrella romanica. L'interno (i battenti della porta sono del '400) è a volta ogivale, annerito dal fumo delle lampade; all'altare, *Annunciazione e storie del Perdono*, grande tavola di Ilario da Viterbo (1393), cui si deve anche la fascia affrescata sulla volta con gli *Evangelisti*; sulla parete sin., affresco con l'*Imago Pietatis*.

*CAPPELLA DEL TRANSITO(11). Si apre al principio del presbiterio, a destra. Chiusa da un cancello di ferro battuto, è la cella dell'infermeria nella quale Francesco morì la sera del 3 ottobre 1226; la muratura e la porta lignea col chiavistello sono originali. All'esterno, *Morte* e *Funerali del santo*, affreschi di Domenico Bruschi (1886). Nell'interno: alle pareti, *santi e beati francescani*, affreschi dello Spagna. In un piccolo armadio, il *cingolo di S. Francesco*. Sopra l'altare trecentesco, in una nicchia, **statua di S. Francesco*, terracotta smaltata di Andrea della Robbia.

ABSIDE (12). Il grandioso coro ligneo e il pulpito con ricchi intagli barocchi sono opera di frati del tardo Seicento. Al centro del presbiterio è il nuovo altare, con sette formelle in bronzo di Enrico Manfrini; a d. e a sin. della scala frontale che vi conduce, due amboni decorati di Toni Fiedler con *scene della vita di S. Francesco*. Sotto l'altare maggiore si trova la CRIPTA (visibile, se chiusa, da una finestrella al piede della scala), con magnifico ***dossale** d'altare in terracotta di Andrea della Robbia, contenente sei scene: *S. Francesco riceve le stimmate, Incoronazione di Maria, S. Girolamo penitente, Annunciazione, Presepio, Epifania*.

BRACCIO SINISTRO DELLA CROCIERA. All'altare di S. Antonio da Padova (13), *Crocifisso* ligneo di un artista nordico dell'inizio del Cinquecento e dipinti su tela di Ippolito da Coceto (XVIII sec.); a sin., l'altare della Vergine delle Grazie (14), con dossale in bronzo di Tommaso Gismondi (1977) contenente un'icona bizantina, e ai lati due sculture lignee del XVII secolo (*S. Pasquale Baylon* e *S. Antonio da Padova*). Dal transetto, a d., si passa nell'ORATORIO DEL SACRAMENTO (15): alla parete d., *S. Pietro d'Alcantara* di Giacomo Giorgetti; ai lati dell'altare, affreschi staccati dall'esterno della cappella della Porziuncola, opera del Perugino ma molto ridipinti (*Angelo annunciante, Vergine annunciata*); sull'altare, grande ciborio dorato (sec. XVII) proveniente dal monastero di S. Chiara.

NAVATA SINISTRA. Nella 5ª cappella, del Rosario (16), tele di Domenico Maria Muratori e di Baldassarre Orsini, e affreschi di Carlo Ventura Morelli; la 4ª cappella, dell'Incoronazione della Vergine (17), fu decorata da Simeone Ciburri nel 1603 (*Assunzione della Vergine, S. Diego risana il figlio del re di Spagna, Apparizione dei Ss. Francesco e Chiara, santi e Virtù*). Nella 3ª cappella, della Deposizione (18), rappresentata nella tela d'altare di Baldassarre Croce, *Commiato di Cristo* e *Cristo Risorto* di Piergirolamo Crispolti; sulla volta, affreschi di Baldassarre Croce (*Vestizione di S. Chiara*) e di Ventura Salimbeni (*S. Chiara morente visitata dal papa, Cristo Risorto*). Nella 2ª cappella, delle Stimmate (19), *S. Francesco riceve le stimmate*, di Giacomo Giorgetti, e ai lati *Verifica delle stimmate* dello stesso Giorgetti e *Saluto di S. Chiara a S. Francesco morto* di Cesare Sermei; sulla volta, affreschi del Sermei (*Approvazione della Regola e S. Francesco ac-*

colto in Paradiso) e del Giorgetti (*Vestizione dei Terziari*). Nella 1ª cappella, di S. Diego di Alcalà (20), tele di Ippolito da Coceto, dell'Orsini e di Giovanni Cavallucci, e affreschi di Anton Maria Garbi.

I LUOGHI DI SAN FRANCESCO E IL CONVENTO. Dalla sagrestia si accede a un corridoio, quindi a sinistra passando accanto a una statua di san Francesco che regge un nido dove nidificano tortorelle. Si prosegue in un portico che conduce al luogo dove abitualmente viveva il santo: in uno spazio verde, *S. Francesco e la pecorella*, gruppo di bronzo di Vincenzo Rosignoli (1912); subito al di là è il Roseto, piccolo spazio di terreno piantato a rosai senza spine, legato a una leggenda sulla vita del santo. Subito dopo è la *CAPPELLA DEL ROSETO (21), composta di tre ambienti: il primo, aggiunto da san Bernardino da Siena, è ornato di affreschi (1518) di Tiberio d'Assisi (*Il santo si getta nel Roseto, È guidato da due angeli alla Porziuncola, Chiede a Dio l'indulgenza del Perdono, Conferma di Onorio III, Pubblicazione dell'indulgenza*). Il secondo è l'**oratorio di S. Bonaventura**, con le pareti affrescate da Tiberio nel 1506: sopra l'altare, *S. Francesco e i primi compagni*; a d., *Ss. Chiara ed Elisabetta*: a sin., *Ss. Bonaventura, Bernardino da Siena, Ludovico di Tolosa, Antonio da Padova*; nella volta, *Padre Eterno*, sbiadito. Il terzo, posto sotto l'oratorio, è costituito dalla grotta, costruita dopo la morte di san Francesco sul luogo della sua dimora abituale; vi si vedono due travi, resti del pulpito dal quale il santo e i sette vescovi dell'Umbria promulgarono l'indulgenza del Perdono.

Uscendo dalla cappella si entra a sinistra in un giardinetto: in esso una pianta di fico ricorda l'episodio della cicala, che per otto giorni cantò in lode del Creatore per ordine di Francesco. Di fronte è la CAPPELLINA DEL PIANTO (22), dedicata a san Francesco che piange meditando sulla passione di Cristo. Da qui, attraverso un chiostro quattrocentesco si torna verso la chiesa: lungo il tragitto è visibile a sinistra ciò che resta del *conventino* dell'epoca di Bernardino da Siena (sec. XV), che ospita il museo (v. sotto); in un atrio, pozzo che si vuole risalga al tempo di Francesco.

MUSEO (23). La raccolta, cui si accede per una porta a sinistra, comprende opere d'arte sacra e oggetti liturgici sistemati in cinque ambienti. PRIMA SALA. Nelle vetrine lungo le pareti, stoffe e paramenti liturgici dei secoli XVI-XVIII; nella vetrina a sin.: due sculture del secolo XV (*Madonna col Bambino* e *Vesperbield* di arte tedesca), placchetta in avorio di pastorale (secolo XIV), frammento di scultura di manifattura nordica del secolo XV, *coppia di angeli* dipinti su tavola sagomata lignea attribuiti a Lattanzio di Niccolò; nella vetrina a destra: tessuti di manifattura napoletana (sec. XVIII); nella vetrina al centro, *reliquiari* a tempietto e a pisside in bronzo dorato (sec. XV) e altri dei sec. XIV-XVIII; alle pareti, dipinti su tela dei sec. XVII e XVIII. SECONDA SALA. ***Crocifisso** su tavola, opera firmata di Giunta Pisano (1236 c.); ***S. Francesco** del Maestro di S. Francesco (1250 c.), che prende il suo nome convenzionale da questo dipinto; *S. Francesco*, dipinto su tavola attribuito a Cimabue ma probabilmente copia tarda del ritratto del santo dipinto dallo stesso Cimabue nella Basilica inferiore; quattordici sculture lignee argentate e dorate raffiguranti *santi francescani* (sec. XVII). Nelle SALE TERZA e QUARTA, dipinti dei sec. XVI-XVIII (tra cui *Cristo incoronato di spine*, tela attribuita a Cesare Sermei), sculture lignee e oreficerie dei sec. XVII e XVIII. QUINTA SALA.

Entro vetrine sono raccolti numerosi dipinti devozionali su tavola e su tela dei sec. XVII e XVIII, e sculture lignee dei secoli XVI-XIX; alle pareti, dipinti sei-settecenteschi e affreschi staccati di Pier Antonio Mezzastris (*Madonna con il Bambino e angeli*) e di un ignoto umbro della seconda metà del sec. XVI. Al centro, in due vetrine, reperti archeologici provenienti da Rodi, vetri della farmacia del convento e oggetti d'uso (ceramica, peltro, legno) dal conventino quattrocentesco.

Dalla terza sala si accede alle scale (dove è una *Predica agli uccelli* marmorea di Libero Andreotti) che conducono al piano superiore, dove si visitano le stanze del vecchio convento (secoli XIII-XV); sulla parete di fondo del corridoio, sopra l'antico ingresso, è dipinta una *Imago Pietatis* (1508).

Uscendo dal museo, nel cortiletto a sinistra si osservano frammenti archeologici e una transenna del IX o X secolo che si vuole fosse stata utilizzata come paliotto d'altare della Porziuncola; nella vicina cappella, pulpito dal quale predicò san Bernardino.

CONVENTO (non accessibile). Comprende il grande chiostro cinquecentesco, con al centro un puteale dell'Alessi e affreschi di Francesco Providoni con *storie di S. Francesco* (1666); il refettorio piccolo, con *Ultima cena* attribuita a Marcantonio Grecchi (1606) e dipinti di Cesare Sermei; l'anti-refettorio, con affresco (*Nozze di Cana*) di Francesco Providoni; il refettorio grande, con *Crocifissione* a fresco di Dono Doni (1561). La *Biblioteca* del convento comprende 19 manoscritti miniati dei sec. XIV-XVI, circa 200 incunaboli, un medagliere con 7000 monete; la *Farmacia* ha una raccolta di vasi (sec. XVII-XVIII).

AL CONVENTO DI S. DAMIANO E A RIVOTORTO: km 3.5. Da porta Nuova (pag. 308), per il viale Vittorio Emanuele II, quindi a sinistra su strada segnalata che tocca la località *Santureggio,* dove sono venuti alla luce i resti di una monumentale fontana a facciata databile al II sec. a. Cristo. Si raggiunge il piazzale del ***convento di S. Damiano** m 310, che conserva buona parte delle strutture duecentesche. Priorato benedettino documentato dal 1030, la chiesa campestre di S. Damiano passò poi alla mensa di S. Rufino e, al principio del '200, come racconta Tommaso da Celano, era «quasi diruta e da tutti abbandonata». Qui, secondo le biografie di san Francesco, nel 1205 il Crocifisso (ora nella basilica di S. Chiara) parlò al santo («Francesco, va' e ripara la mia casa che, come vedi, va tutta in rovina»), confermandolo nella sua vocazione. Il primo restauro della chiesa fu dunque quello eseguito da Francesco, che nel 1212 vi accolse santa Chiara con le prime compagne. L'edificio ecclesiale fu ristrutturato dalle Damianite, che vi costruirono il dormitorio. San Francesco vi soggiornò più volte e, nel 1224-25, vi compose il Cantico delle Creature. Dopo la morte di santa Chiara, le compagne cedettero il convento al capitolo della Catterale (1260) in cambio di S. Giorgio, trasferendosi in città. Soppresso nel 1860, nel 1879 il complesso tornò ai Minori Osservanti, ai quali è stato definitivamente donato nel 1983.

Si accede a un piazzaletto, dove a destra è una nicchia con *Madonna in trono, i Ss. Francesco e Chiara, altri due santi e un devoto*, affresco di un pittore locale della metà del Trecento. La rustica facciata della **chiesa** è preceduta da un portico; nella parete superiore è una porta, dalla quale si tramanda che un venerdì di settembre, forse del 1241, santa Chiara si mostrò con l'ostensorio in mano ai Saraceni, inviati da Federico II contro i guelfi di Assisi, e li mise in fuga. Sotto il portico, a destra, si apre la CAPPELLA DI S. GIROLAMO, decorata da affreschi: sulla parete di fondo, *Madonna col Bambino e i Ss. Francesco, Chiara, Bernardino e Girolamo*, di Tiberio d'Assisi (1517), e alla parete sin., i *Ss. Sebastiano e Rocco*, di uno scolaro di Tiberio (1522).

INTERNO DELLA CHIESA. È a una navata, con volta leggermente ogivale e coro profondo. Una campagna di scavo condotta in concomitanza con i lavori di restauro (1995-97) ha messo in luce importanti strutture preesistenti, che testimoniano una continuità d'uso dall'epoca romana.

Si osservi, subito a d., la finestrella dalla quale si tramanda che il giovane Francesco, in spregio alla ricchezza, gettò i denari rifiutati dal prete di S. Damiano per il restauro della chiesa: l'episodio è ricordato da un ignoto frescante del '300, che vi raffigurò il *santo che prega, offre il denaro, è inseguito dal padre*; a queste scene segue la figura di *S. Agnese*, dello stesso pittore, e quindi una porzione di intonaco con disegno preparatorio per un affresco di soggetto francescano (*figure di frati a mensa*); lungo le pareti sono visibili resti di intonaci, delimitati da cornici policrome, predisposte per affreschi mai eseguiti. Poi, pure a d., una cappella aggiunta nel 1535, al cui altare è un *Crocifisso* ligneo (l'espressione del volto cambia a seconda del punto di osservazione), intagliato da fra' Innocenzo da Palermo nel 1637. All'altare maggiore, copia del Crocifisso che parlò a san Francesco (l'originale è conservato in S. Chiara). Nel catino dell'abside, *Madonna col Bambino, S. Damiano e S. Rufino*, con molte ridipinture, di un maestro umbro degli inizi del secolo XIV; sotto, *coro* ligneo del 1504, che copre in parte una finestrella (riaperta) attraverso la quale le Clarisse si comunicavano e davanti alla quale venne fatto passare il corpo di san Francesco quando dalla Porziuncola fu portato in Assisi. Sulla parete sinistra e sulla volta della navata, dipinti murali molto danneggiati, databili 1598 (*Funerali di S. Chiara, Eterno benedicente*, decorazioni floreali).

GLI ALTRI AMBIENTI. A destra si passa in un vestibolo, sotto il quale furono sepolte quattro compagne di santa Chiara; a destra si trova la sagrestia, a sinistra il semplice coro, con rozzi stalli lignei e leggio del tempo di santa Chiara. All'altare, *Crocifissione*, affresco di Pier Antonio Mezzastris (1482); a sinistra si vede un piccolo vano nel quale, secondo la tradizione, si rifugiò Francesco inseguito dal padre. Si ritorna nel vestibolo e si sale una scaletta uscendo, a destra, nel GIARDINETTO DI S. CHIARA, piccolissima terrazza con vista su parte della pianura. Ripresa la scaletta, si è subito all'ORATO-RIO DI S. CHIARA, una cameretta con absidiola; nella conca absidale, *Madonna e santi* entro clipei, affreschi del '300; alla parete di fronte all'altare, intonaco originale con tracce di disegno preparatorio per un affresco. A destra pochi scalini salgono a uno dei due dormitori delle monache: una croce sul muro indica il luogo dove morì santa Chiara (11 agosto 1253); vicino, rilievo bronzeo di Giovanni Giovannetti; sulla parete di fondo, *Crocifisso* ligneo del secolo XV.

Si scende nel chiostro: alle due pareti d'angolo, *S. Francesco riceve le stimmate* e *Annunciazione*, affreschi di Eusebio da San Giorgio (1507). Si passa quindi nel *REFETTORIO rettangolare, a volte basse, simile a una cripta, con banchi e tavoli originali: una croce e un vaso di fiori indicano il posto occupato da santa Chiara. Alle pareti, *Il Crocifisso parla a S. Francesco* e *S. Chiara che, per obbedire a Gregorio IX, suo ospite nel 1228, benedice i pani lasciandovi impresso il segno della Croce* (si vuole che il miracolo sia avvenuto in questo refettorio), affreschi attribuibili alla bottega di Cesare Sermei. Negli ambienti di clausura, non accessibili, sono conservate le reliquie della santa e una *Madonna col Bambino*, importante tavola di un maestro umbro protogiottesco.

S. MASSEO m 246, raggiungibile in circa 15 minuti su strada campestre, fu nell'XI secolo priorato benedettino; della chiesa romanica si riconosce solo un'abside semicircolare e, all'interno, la *cripta* della seconda metà del secolo XI, divisa in tre navatelle, con un sarcofago cristiano dei primi secoli.

Da S. Damiano, continuando a scendere si raggiunge in breve *Rivotorto* m 211, dal nome del ruscello che vi scorre lambendo la chiesa di **S. Maria di Rivotorto**, eretta nel 1854 in forme d'imitazione gotica sul posto di un edificio precedente costruito per proteggere il «tugurio» francescano. Sulla facciata, gli stemmi della basilica di S. Francesco (da cui il santuario dipende) e, sopra il portale, le parole: «hic primordia Fratrum Minorum» (qui gli inizi dei Frati Minori), che ricorda la tradizione secondo la quale il santo avrebbe qui redatto la prima stesura della Regola.

Nell'INTERNO, a tre navate divise da colonne poligonali, è il *tugurio di somma umilitate*, ripristinato nelle forme della cappella quattrocentesca (ampliata nel '500), sul posto del ricovero dove il santo si rifugiò attorno al 1208 con Bernardo da Quintavalle e Pietro di Catanio. È formato da tre piccoli vani, di cui il centrale è adibito a cappella, con una messa d'altare quattrocentesca su un cippo ottagonale. Nella chiesa, in controfacciata, *S. Michele Arcangelo* di Domenico Mattei e, alle pareti, quadri di Cesare Sermei allusivi a fatti francescani.

Si può rientrare alla basilica di S. Maria degli Angeli e di qui al centro città sulla strada (di ulteriori 7.7 km) che, verso nord-ovest, tocca la chiesa di *S. Maria Maddalena*, già di un lebbrosario duecentesco, quindi lascia a sinistra un collegamento (km 2.4) per **Castelnuovo** m 195, dove la chiesa di *S. Lucia* conserva affreschi della fine del sec. XV e del principio del XVI, dovuti ad artisti di Assisi e di Foligno; nell'abside, *Madonna col Bambino entro mandorla di cherubini, tra i Ss. Girolamo e Francesco*, affresco staccato di uno scolaro del Perugino.

ALL'ABBAZIA DI S. BENEDETTO AL SUBASIO: km 6.2, da porta Nuova (pag. 308) per via Madonna dell'Olivo, quindi a sinistra oltrepassando il breve tronco per il *monastero di S. Angelo in Panzo* m 490, dove soggiornò santa Chiara; ne rimane la chiesa, ricostruita nel 1604. Si risalgono le pendici del Subasio raggiungendo, all'altitudine di 729 m, l'**abbazia di S. Benedetto**, documentata dall'XI secolo ma di remota origine, divenuta nel '200 importante sede monastica dipendente dall'abbazia di Farfa e semidistrutta nel 1339 dagli Assisiati perché rifugio di fuorusciti. Della struttura romanica restano le mura perimetrali, l'abside primitiva semicircolare e la *cripta su colonne, della seconda metà del secolo XI; una cripta più antica presenta analogie con quella della chiesa di S. Silvestro presso Collepino.

ALL'EREMO DELLE CARCERI: km 3.8, per strada che, dalla piazza Matteotti (pag. 304), oltrepassata la trecentesca *porta dei Cappuccini*, si snoda prima pianeggiante tra gli olivi poi in viva salita sulle pendici del colle S. Rufino tra lecci e querce, con *vista magnifica sulla pianura e sulla città. In suggestiva posizione entro una fitta selva, inserita nell'ambito di tutela del Parco del Monte Subasio (pag. 322), sta l'***eremo delle Carceri** m 791, costruito sul luogo dove Francesco e i suoi seguaci si ritiravano (si «carceravano») in preghiera, presso una chiesetta circondata da grotte già in età paleocristiana frequentate da eremiti. Nel XIV secolo il carattere eremitico si trasformò in forma cenobitica con la costruzione del convento, che ebbe l'odierna configurazione con l'ampliamento voluto nel '400 da Bernardino da Siena.

INTERNO DELL'EREMO. Visita: 6.30-17 (ora solare), 6.30-19.30 (ora legale). Si entra in un CORTILETTO triangolare, che ha al centro un pozzo da cui l'acqua sarebbe sgorgata, secondo una leggenda, per miracolo di san Francesco. Dal parapetto, bel panorama attraverso una gola del Subasio che si apre sulla pianura spoletina.

Di fronte è la CHIESA quattrocentesca, che conserva sopra l'altare un affresco di scuola umbro-senese della metà del '400 (*Crocifissione*); nel cippo dell'altare, altro affresco del '500 con lo *stemma dei Monti di Pietà*; sulla parete di fondo è una piccola vetrata trecentesca di produzione francese; nella parete di fronte, armadietto a muro contenente ricordi del santo. Attraverso un cancello di ferro si entra nella piccolissima CHIESA PRIMITIVA, dedicata a *S. Maria delle Carceri*, cuore del santuario, probabilmente una grotta adattata a cappella: all'altare, *Madonna col Bambino e S. Francesco*, deperito affresco del sec. XVI sopra una *Crocifissione* duecentesca.

Scendendo a destra per una scalinata e minuscole porticine si entra nella GROTTA DI S. FRANCESCO, in origine ambiente unico, ora divisa in due vani: uno contiene il letto di pietra su cui dormiva il santo; nell'altro, alla parete destra si vede un masso su cui probabilmente Francesco sedeva per meditare e pregare. Per una porticina si esce all'aperto: sul muro che chiude la grotta, uno sbiadito affresco trecentesco raffigura il tradizionale episodio della *predica agli uccelli*, che vuole la leggenda si posassero ad ascoltare sul secolare leccio visibile presso il ponticello gettato sul fosso (i biografi del santo ubicano il miracolo presso Bevagna). Vicino è il muro, costruito nel 1609 dal cardinale Montalto, che copre un crepaccio chiamato «buco del diavolo», in cui secondo una leggenda tardiva sarebbe precipitato il demonio, sconfitto dalle preghiere di san Francesco. Accanto si trova anche il «fosso secco», alle cui acque il santo avrebbe chiesto di non disturbare col loro scroscio le preghiere dei frati.

Una rampa conduce a un ponte, al cui termine è un bronzo con *S. Francesco che libera le tortorelle*, opera di Vincenzo Rosignoli, che riproduce a scala ridotta l'analoga scultura alla Verna. Inizia qui il cosiddetto «viale di S. Francesco», suggestiva passeggiata nella *selva dove altri luoghi di devozione sono inseriti in un contesto ambientale di notevole pregio. Tra questi, la *grotta del beato Leone*, cui si accede per un sentiero a gradini; oltre il torrente, le *grotte del beato Bernardo da Quintavalle, del beato Egidio, del beato Silvestro* e, un po' più lontano, *del beato Andrea da Spello*. Ancora dal ponte, si può salire alla cappella di *S. Maria Maddalena*, in cui è sepolto dal 1477 il beato Barnaba Manassei, ideatore e fondatore dei Monti di Pietà (Perugia 1462). Proseguendo si possono visitare le *grotte del beato Rufino e del beato Masseo*.

IL PARCO DEL MONTE SUBASIO. L'area naturale protetta regionale si stende per quasi 7500 ettari a oriente di Assisi, comprendendo il sistema montuoso imperniato sul monte Subasio m 1290, che separa la Valle Umbra dall'alta valle del Topino. Il massiccio, dalla caratteristica forma «a dorso di cetaceo», presenta una notevole varietà di ambienti naturali e condizioni vegetali distinguibili in tre fasce: quella pedemontana, coperta di oliveti (in particolare nel versante occidentale), che sostituiscono le coperture boschive originali, depauperate da disboscamenti esercitati, in forme disciplinate, già nel XII secolo e più intensamente dal '500 fino alle regolamentazioni imposte dalla legge forestale del 1923; la fascia intermedia, con boschi di caducifoglie governati prevalentemente a ceduo (cerro, roverella, carpine nero, orniello, acero, nonché faggio e leccio); la zona sommitale, pianeggiante, coperta da vaste estensioni a prato e a pascolo con residui lembi di faggio. Particolare pregio rivestono le secolari leccete del fosso delle Carceri; frequenti inoltre i fenomeni carsici (doline, forre e grotte).

A COLLEPINO PER LA STRADA APICALE E RIENTRO PER ARMENZANO : km 39. L'itinerario di visita dell'area del Subasio, che consente di cogliere le varietà paesistiche e le residue forme di insediamento storico, raggiunge l'eremo delle Carceri (v. sopra) e di qui prosegue in salita sulla strada apicale insistente sull'antico tracciato carrareccio. Al km 11.3 si raggiunge la vastissima prateria sommitale, dalla quale per sentieri è facile raggiungere le varie gibbosità del **Subasio**, il cui punto più elevato è a quota 1290: vi si gode un magnifico *panorama che abbraccia tutte le cime dell'Appennino umbro-marchigiano e abruzzese.

Continuando, si oltrepassa il santuario della Madonna della Spella m 978, e si scende, km 21.5, a **Collepino** m 600, che conserva integro l'impianto del borgo murato di origine alto-medievale facente parte del territorio di Spello, restaurato nelle strutture edilizie in pietra rosa del Subasio. Si volge a nord, salendo verso Armenzano. Lungo la strada si incontra la chiesa di **S. Silvestro** m 751, che appartenne a un monastero fondato nel 1025 da san Romualdo, soppresso nel 1535. Il piccolo edificio occupa la sola zona presbiteriale dell'originaria chiesa monastica, di cui è riconoscibile l'abside. All'interno, altare ricavato da un sarcofago romano e *Madonna col Bambino*, affresco del '400; la sottostante *cripta, dell'XI secolo, ha la volta sostenuta da tre colonne poste a triangolo, con fusti e capitelli romani di reimpiego.

Al km 29 si è ad **Armenzano** m 759, paese tra i più colpiti dal terremoto del 1997. L'abitato, d'impianto perfettamente circolare, in origine impostato su una doppia cortina difensiva concentrica, esemplifica il modello dei piccoli villaggi contadini fortificati di formazione medievale.

La strada panoramica che si snoda sulle boscose pendici settentrionali del Subasio riporta, km 39, ad Assisi.

A VALFÀBBRICA : km 20, in uscita da Assisi per breve tratto sulla statale 147, quindi a destra rasentando *Tordibetto* m 255, sorto come castello a difesa della città, ampliato nel XV secolo. Si lascia poi a sinistra un tronco (km 1) per **Petrignano** m 212: nella parrocchiale, *Madonna col Bambino e i Ss. Sebastiano e Rocco*, affresco staccato di scuola del Perugino (1502) e, sugli altari laterali, tele di Girolamo Martelli (*Madonna con il Bambino e S. Vitale*), della bottega di Giacomo Giorgetti (*Madonna del Rosario*) e di Cesare Sermei (*Morte di S. Stefano*).

Si procede nella valle del Chiascio, a difesa della quale fu eretta la **Rocca Sant'Angelo** m 349, castello di poggio organizzato attorno a due cerchie murarie. Poco fuori l'abitato sorse nel XIII secolo un convento francescano con annessa chiesa di **S. Maria di Arce**, decorata all'interno da oltre quaranta affreschi votivi dei secoli XIV-XVI tra i quali: *Stimmate di S. Francesco* del Maestro di Figline; *Maestà* di un collaboratore dello stesso maestro; *Fuga in Egitto, Presentazione al Tempio, Cristo tra i Dottori* (nell'abside) del Maestro della Natività di S. Chiara; *Madonna e santi* di Bartolomeo Caporali (1487); *Madonna e Ss. Francesco, Antonio da Padova e l'Eterno* dello Spagna; *Madonna col Bambino* di un seguace di Dono Doni; *S. Michele Arcangelo* attribuito allo stesso Doni. Inoltre, *Crocifisso* su tavola di Matteo da Gualdo. Nell'attiguo oratorio, altri più modesti affreschi del XVI secolo.

Si tocca quindi **San Gregorio** m 279, che fu importante castello del territorio assisiate, introdotto da una possente torre; il minuscolo nucleo, cinto da mura rettangolari, è ora pressoché disabitato. Continuando a conformarsi al corso del Chiascio, all'innesto nella statale 318, che collega Perugia a Gualdo Tadino, il percorso procede a destra alla volta di Valfàbbrica. (Il tratto di statale verso il capoluogo, dove giunge in 15 km, rasenta prima *Ripa* m 314, che nella moderna parrocchiale ha un gonfalone di Giannicola di Paolo; poi *Civitella d'Arno* m 305, dal toponimo della romana «Arna»: nella parrocchiale, *Vergine fra il Battista e S. Sebastiano* di Bartolomeo Caporali e *Madonna in trono col Bambino e due sante* di Giannicola di Paolo.)

VALFÀBBRICA m 289 ab. 3461 (3607), documentato dal IX secolo come possedimento del monastero benedettino di S. Maria, fu conteso tra Perugia, Gubbio e Assisi che ne ricostruì le fortificazioni nel XIII secolo, in parte conservate pur nell'aspetto del ripristino seguito al terremoto del 1971. Del monastero benedettino rimane, presso il cimitero, la chiesa di *S. Maria Assunta*, ampiamente rimaneggiata, che custodisce affreschi votivi di scuola umbra del '300. Continuando a salire per ulteriori 8.7 km si può andare a **Casa Castalda** m 523, originata da un fortilizio: nella parrocchiale, trittico di Matteo da Gualdo; nel vicino *santuario di S. Maria dell'Olmo*, del secolo XV, affreschi votivi quattrocenteschi.

A BASTÌA UMBRA: km 8.5, sulla statale 147. Situata sulla sinistra del Chiascio, Bastia Umbra (m 202, ab. 17 256 (11 762), è l'antica «Insula Romana», così chiamata perché circondata dalle acque del «lacus Umber» o «Persius», poi prosciugatosi. Il nucleo medievale si formò attorno all'importante castello, conteso tra Assisi e Perugia; in seguito divenne feudo dei Baglioni. Nella piazza Mazzini sorge la trecentesca ex chiesa di **S. Croce**, con facciata a fasce di calcare bianco e rosa del Subasio. L'interno, ampiamente rimaneggiato, conserva interessanti opere d'arte dei secoli XV-XVII. Nella 1ª campata, affreschi staccati della scuola di Bartolomeo Caporali e *S. Luca* di Tiberio d'Assisi (1515); nella 2ª campata, *Miracolo di S. Antonio* di Cesare Sermei e *Madonna con S. Antonio abate e S. Antonio da Padova* di Bernardino di Mariotto, recto di uno stendardo la cui parte posteriore si trova nella chiesa di S. Rocco. Alla parete d. dell'abside, separata dalla navata e trasformata in cappella, trittico eseguito nel 1499 da Niccolò Alunno (in alto *Padre Eterno e Annunciazione*, al centro *Madonna con il Bambino e i Ss. Sebastiano e Michele*, nella predella *Pietà e santi*); nei bracci della crociera, tele e affreschi di Domenico Bruschi.

Nella chiesa di **S. Rocco** sono custodite, oltre al verso (*Risurrezione di Cristo*), malamente restaurato, dello stendardo di Bernardino di Mariotto in S. Croce, due tele di Dono Doni, recto e verso dello stendardo della Madonna dei Raccomandati (*Madonna con i devoti, Discesa di Cristo al limbo*). Presso il cimitero è la chiesa di **S. Paolo**, già annessa allo scomparso monastero benedettino dove si rifugiò santa Chiara. L'edificio romanico, in pietra del Subasio, ha l'abside riferibile all'XI secolo.

6 LA VALLE UMBRA

L'AMBIENTE E LA STORIA

Di «vaga pianura», di «valle amena», di «piano bello e fruttifero» quant'altri mai, scrivono nel secondo Cinquecento Leandro Alberti (1550), Angelo Maria Torriani (1562) e Cipriano Piccolpasso (1579). Bisognerà attendere il secolo successivo per incontrare la «Valle Umbra», e incontrarla «felicissima» nel luogo meno ovvio: le pagine di un trattato cavalleresco dato alle stampe nel 1606 dal gentiluomo folignate Francesco Iacobilli. Il bacino, indicato nei documenti (almeno dal 1190) come «Valle spoletana» per la centralità che Spoleto e la sua storia avevano assunto con le età longobarda (VI-VIII secolo) e franca (ultimo quarto del secolo VIII), dal Seicento in avanti godrà dei due appellativi con un'ambivalenza che si è mantenuta fino ai tempi recenti quando, anche in forza di usi ufficiali e istituzionali, il qualificativo «umbro» prevarrà su quello «spoletino».

IL LAGO TIBERINO. La bellezza del paesaggio, variamente illustrato nella letteratura e nella periegetica, nasce da trasformazioni millenarie, comprese quelle che hanno prodotto gli uomini, che qui risiedono da tempi antichissimi come mostrano sporadici materiali litici rinvenuti a Spoleto e a Spello. Tali trasformazioni hanno via via inciso sulle caratteristiche ambientali di un bacino lacustre, il lago Tiberino, assai vasto per estendersi lungo 125 km da Sansepolcro a Terni e misurare circa 1800 km² di superficie. Di origine principalmente tettonica, esso si è formato in età plio-quaternaria (dunque a datare da 3.1 milioni di anni) e si è arricchito di notevoli depositi detritici (fanghiglie, sabbie, ghiaie) che hanno assimilato consistenti resti di flora e di fauna; il progressivo colmamento ne ha quindi frammentato e articolato l'assetto, trasformandolo in pianure acquitrinose, lentamente bonificate e rese fertili.

LA MORFOLOGIA. La Valle Umbra, partecipando di questi processi genetici e di differenziazione, costituisce il relitto più vasto dell'antico lago Tiberino. A nord-ovest si collega al Tevere, che appunto formava il limite occidentale del Tiberino, mediante la «soglia» di Torgiano (questa, determinante ai fini del deflusso delle acque della pianura nel Tevere stesso, si vuole opera degli Etruschi), mentre si apre all'esterno attraverso le valli dei fiumi Chiascio, Topino e Menotre che rompono la dorsale appenninica nella direzione settentrionale; e si estende fino a Spoleto, con una lunghezza prossima ai 50 km, un'ampiezza oscillante tra gli 8 e i 10 e un'altitudine media di 200 metri. Una chiara dissimmetria dei versanti modella la morfologia della valle: a nord-est e a est, infatti, è definita dai ripidi calcari del monte Subasio e della catena che, da Spello a Spoleto, trova la massima elevazione (1428 m) nel monte Maggiore; a ovest, invece, è delimitata da più modeste increspature collinari marnoso-arenacee.

LE COMUNICAZIONI. L'asse di attraversamento longitudinale è impostato attualmente sulla statale 75 Centrale Umbra, che a Foligno si innesta nella Flaminia in direzione di Spoleto. È l'andamento imposto dall'evoluzione storica dei luoghi e dalla conseguente configurazione spaziale; nella continuità dell'orientamento, il tracciato attuale si diversifica notevolmente dagli antichi, avendo questi avuto un rapporto diretto con i centri che si appoggiano a quote più o meno elevate: Assisi, Spello, Foligno, Spoleto.

IL PAESAGGIO AGRARIO. Quando Alberti ricorda i «fruttiferi campi, ornati di diversi ordini d'alberi dalle viti accompagnati, con molti ruscelletti di chiare acque», menziona la «moltitudine di olivi» e segnala il particolare rigoglio delle produzioni di «grano ed altre biade», di «buoni vini et altri frutti»; quando Torriani, arricchendone le annotazioni, esalta il vario dislocarsi di castelli, ville e casolari, entrambi attestano – abbiano visto o meno questi luoghi – che i tratti di fondo dell'ordito territoriale della valle sono ormai nettamente rilevabili. È il bel paesaggio delle regioni dell'Italia mediana. Se vogliamo ricercarne le radici, dobbiamo risalire alla seconda metà del I secolo a.C., periodo nel quale ampie porzioni territoriali vengono confiscate e assegnate ai veterani dando vita a un reticolo insediativo diffuso. Questo tessuto ha subito lacerazioni e distruzioni fra la tarda antichità e il pieno Medioevo, quando gli insediamenti si contraggono e si ritraggono sulle alture. Il paesaggio si è poi rimodulato a immagine dei centri comunali e della spinta espansionistica che ne ha mosso le scelte economiche, sociali, politiche e militari, e si è quindi rafforzato nelle sue coordinate spaziali e infrastrutturali con il procedere delle bonifiche idrauliche e dell'arginatura dei corsi d'acqua divenute tanto più decisive quanto più consistente si è fatto (dal tardo Cinquecento) il ritorno di interesse verso l'investimento nella terra.

L'ASSETTO FONDIARIO. Per secoli, dunque, i filari dei pioppi e dei salici hanno consentito di riconoscere i corsi d'acqua che attraversano la pianura. La coltivazione dei cereali associata a quella delle viti disposte in filari e maritate agli alberi (aceri, olmi, gelsi), secondo la disposizione regolare della piantata, ha popolato queste campagne circondando, per un disegno di colonizzazione rurale pilotato dai ceti cittadini, case disseminate nello spazio, modeste o modestissime, a volte turrite (munite, cioè, delle «colombare»), ma anche ville padronali di buona, in qualche caso elegante fattura. Le piantagioni collinari di olivi hanno dimostrato che l'agricoltura è capace di piegare anche i terreni meno favorevoli alle coltivazioni, come sono appunto i «renari», quell'insieme di sedimenti brecciosi derivanti dalla disgregazione fisico-chimica del calcare. Policoltura verticale e disseminazione dell'insediamento umano hanno formato i cardini di possedimenti fondiari (i poderi) non sempre accentrati, collegati da strade vicinali e poderali, alimentati da fossi di drenaggio e di adacquamento. Tale assetto fondiario e produttivo ha richiesto un governo permanente del territorio e delle risorse naturali nonché interventi migliorativi molteplici, che sarebbero risultati altamente onerosi per i proprietari e gli affittuari (molto pochi) se non fosse stato disponibile in abbondanza un fattore come il lavoro contadino. Un lavoro impiegabile a costi molto bassi grazie alla colonìa, via via perfezionatasi, dal più antico patto di lavoreccio, in mezzadria. Un rapporto di produzione, questo, che ha consacrato nelle campagne la collaborazione tra capitale e lavoro, che si è pretesa paritaria ma che è riuscita a garantire ai contadini livelli di reddito appena sussistenziali.

LA COSTRUZIONE DELLE ODIERNE STRUTTURE TERRITORIALI. Questo immenso sforzo di elaborazione territoriale è stato largamente compromesso negli ultimi tre decenni. Se la rivoluzione foraggera del tardo Ottocento, talune innovazioni tecniche e l'introduzione della concimazione chimica nel primo Novecento non avevano intaccato in profondità l'assetto tradizionale delle coltivazioni, e dunque il bel paesaggio, questo sarà colpito in maniera radicale dapprima con l'introduzione della coltura specializzata della vite (lungo le aree collinari all'inizio, poi in pianura), quindi con la diffusione sempre più totalizzante del tabacco, della barbabietola, del granturco da foraggio e del girasole, quest'ultimo oggi addirittura dilagante. I processi innovativi, che possiamo emblematizzare nell'abbattimento sistematico delle piantate onde favorire l'impiego delle tecnologie moderne, sono stati contestuali alla crescita della popolazione e dell'insediamento lungo la valle, al potenziamento delle infrastrutture viarie e del terziario, alla dissoluzione veloce del rapporto di produzione mezzadrile e dell'organizzazione produttiva corrispondente, alla ridefinizione degli assetti proprietari e fondiari dei patrimoni agricoli ottenuta con la ricomposizione in aziende capitalistiche, allo sviluppo intensivo delle piccole e medie industrie diffuse: il tutto, secondo un processo di modernizzazione devastante che oggi trova il suo coronamento nell'ipertrofia di un centro commerciale e di un nuovo sistema viario in allestimento tra Ponte San Giovanni e Bastìa Umbra.

LA VIA FLAMINIA. La rete stradale storica è incentrata sulla strada consolare, una delle più importanti dell'Italia romana, principale asse di collegamento tra Roma e le zone orientali dell'Italia settentrionale. Fu costruita nel 220-219 a.C. sotto la censura di Caio Flaminio, sfruttando percorsi precedenti. Inizialmente di carattere prettamente militare, l'arteria doveva facilitare la conquista della Valle padana e della Gallia Cisalpina, e di consolidare il possesso delle aree dell'Italia centrale. Uscita da Roma, la Flaminia (carta a pag. 38) raggiungeva l'Umbria presso Otrìcoli e toccava quindi la colonia di Narni; qui si divideva in due rami, corrispondenti ai due versanti della catena dei monti Martani, dominanti rispettivamente la media valle del Tevere e la Valle Umbra. Il tratto occidentale da Narni si dirigeva a Carsulae e, attraverso la «statio ad Martis» e «Mevania» (Bevagna), raggiungeva «Forum Flaminii», a nord di Foligno. Il ramo orientale, da Narni raggiungeva «Interamna Nahars» (Terni) e, attraverso il valico della Somma, Spoleto, Trevi e Foligno. A «Forum Flaminii» si ricongiungeva con il ramo occidentale. La strada – come oggi la statale 3, che ne ripete il nome – attraversava quindi il territorio di Nocera Umbra, poi «Tadinum » e, attraverso il «vicus Helvillum» (Fossato di Vico) e la «statio ad Hensem» (Scheggia), entrava nel territorio delle attuali Marche.

6.1 SPELLO E BEVAGNA

La visita della Valle Umbra è suddivisa in due parti, rispettivamente centrate su Spello e Bevagna e su Montefalco e Trevi; in realtà, si svolge lungo un unico itinerario, da Assisi a Spoleto, di complessivi 72.8 chilometri. Il percorso da Assisi a Montefalco (41 km; carta a fronte) utilizza solo per un brevissimo tratto la statale di fondovalle (fino a Spello a quattro corsie), preferendo tracciati discosti dall'asse maggiore delle comunicazioni che spezza l'unità fisica del bacino, rendendone quasi impossibile la percezione dei complessi aspetti ambientali. L'itinerario si sviluppa dunque sulla viabilità minore (in parte ricalcata sul tracciato dell'antica Flaminia o su collegamenti a quella connessi), che consente di divagare tra il piano e i morbidi rilievi cercando di ricomporre quadri paesistici e insediativi tradizionali, di ritrovare le connessioni storiche tra i centri di costa (Spello) e quelli attestati sulle basse colline occidentali (Betona, Bevagna), di ricucire idealmente le relazioni con il mosaico delle loro terre dove le stratificazioni storiche riconducono alla colonizzazione fondiaria romana (segni persistenti a Cannara) e alle complesse e tormentate bonifiche

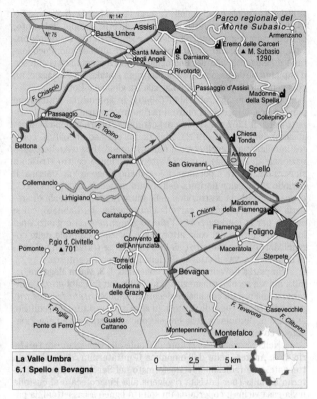

La Valle Umbra
6.1 Spello e Bevagna

0   2,5   5 km

d'età medievale e pontificia. Il percorso è scandito da una serie notevolissima di centri minori: baluardi di storia e di civiltà urbana che la marginalità ha protetto dalle disarticolazioni del fondovalle.

DA ASSISI A BETTONA. Da Assisi si scende a Santa Maria degli Angeli (pag. 312) e si procede a sud-ovest, in vista dei rilievi che orlano a mezzogiorno la Valle Umbra, nella campagna bonificata dal Comune di Assisi a partire dal 1466, ora coltivata a mais e girasoli. Si tocca, km 10.8, *Passaggio* m 202, frazione in piano di Bettona presso la confluenza del Topino nel Chiascio, dove si concentrano le attività agricole e artigianali. Vi sorge l'ex *abbazia di S. Crispolto*, fondata dai Benedettini per custodire le spoglie del santo, nell'800 ridotta a usi agricoli e infine recuperata per residenza privata, con interessante cripta forse anteriore all'XI secolo. Poco lontano è l'elegante **villa del Boccaglione**, villa agricola settecentesca d'impianto tardo-barocco, ora di proprietà statale. Da Passaggio, un collegamento di poco più di 3 km sale tra gli olivi a Bettona.

BETTONA m 353, ab. 3644 (3340), in splendida *situazione panoramica, è racchiusa entro il perimetro murario ellissoidale, rifatto verso il 1367 per volontà del cardinale Albornoz dopo le devastazioni dei Perugini (1352). Abitata dall'età neo-eneolitica, come testimoniano i notevoli corredi funebri (ora al Museo Archeologico nazionale di Perugia), l'antica Vettona fu l'unico centro etrusco a sinistra del Tevere e poi municipio romano lungo la Via Amerina. Il periodo di maggior fioritura dell'abitato antico fu il III secolo a.C., epoca cui risale la costruzione delle mura in grandi blocchi di arenaria sui quali poggia in parte la cinta medievale. L'abitato, cui si accede per la merlata *porta Vittorio Emanuele*, si organizza nel luogo più elevato del colle attorno allo spazio medievale delle comunicanti *piazze Cavour* (già foro romano) e *Garibaldi*: nel punto di tangenza, vasca ottagonale della fontana ottocentesca.

Su piazza Cavour affaccia la collegiata di **S. Maria Maggiore**, rifatta nel XIII secolo, rimaneggiata nell'800, con facciata grezza e interno a una navata con abside decorata da un'*Assunta fra due angeli*, affresco di Gerardo Dottori. In attesa del restauro dell'edificio, le opere di pertinenza della chiesa sono state trasferite nella Pinacoteca civica (v. oltre).

Nella piazzetta che si apre di fronte alla Collegiata sta l'**oratorio di S. Andrea**, sede dell'omonima Confraternita, di fondazione trecentesca e radicalmente trasformato nel Sei-Settecento; nell'interno ad aula (per la visita rivolgersi alla Pinacoteca o al custode nella casa vicina), coperto da un soffitto ligneo a cassettoni, la parete di fondo presenta una decorazione in stucco di vivace policromia (secoli XVII e XVIII); sulla parete sinistra, ampi brani dell'originaria decorazione a fresco (*storie della Passione di Cristo*, 1394) ed elementi strutturali coevi (pilastrini e pieducci di sostegno di una volta a crociera).

A sinistra della Collegiata è il **palazzo del Podestà**, del 1371, con scala esterna lungo la quale sono stemmi e frammenti lapidei. L'edificio è sede della Pinacoteca civica, istituita nei primi anni del '900 a seguito delle demaniazioni post-unitarie e riallestita nel

1996: comprende dipinti dal XIV al XVIII secolo e una raccolta archeologica con materiali di varia tipologia provenienti dalla necropoli di Bettona e dal territorio (in riordino presso l'adiacente *palazzo Biancalana*, neoclassico, i cui arredi arricchiscono la collezione comunale).

PINACOTECA CIVICA. Visita: novembre-febbraio, 10.30-13 e 14.30-17 (in questi mesi, chiusa il lunedì); marzo-maggio e settembre-ottobre, 10.30-13 e 14-18; giugno-agosto, 10.30-13 e 15-19 (in agosto, fino alle 19.30). Si segnalano: nel primo ambiente, frammento di affresco del '300 raffigurante la *Madonna col Bambino e quattro santi*, sul posto originale; *Madonna col Bambino*, affresco frammentario di seguace di Tiberio d'Assisi; **S. Rocco** di Tiberio d'Assisi; **Madonna coi Ss. Mauro e Girolamo** e **S. Antonio abate**, del Perugino; *S. Antonio da Padova*, terracotta robbiana smaltata e dipinta (metà sec. XVI); ***Presepio** (nella predella, *tre storie di S. Crispolto*) di Dono Doni; *S. Michele Arcangelo* di Fiorenzo di Lorenzo; *Madonna in gloria e sei santi* di Jacopo Siculo e bottega; gonfalone processionale della bottega dell'Alunno; *S. Pietro* e *S. Paolo* dello Spagnoletto; *Madonna col Bambino e due sante* di Benedetto Bandiera; *S. Pietro* di Anton Maria Fabrizi; tre opere di Giacinto Boccanera. Inoltre, manufatti artigianali (sec. XVI-XVII) e ceramiche derutesi.

La piazza Garibaldi, aperta di fronte al palazzo del Podestà, è caratterizzata dalla facciata tardo-settecentesca della chiesa di **S. Crispolto**, eretta con l'annesso convento dei Francescani nel XIII secolo (quando vi furono trasferite le spoglie del primo vescovo di Bettona, già nell'abbazia di Passaggio), rifatta nel 1797, con campaniletto romanico cuspidato; nell'interno, *Crocifisso, i Ss.Francesco, Maddalena, Crispolto e i Confratelli della Buona Morte,* di un pittore baroccesco perugino, e *Madonna col Bambino, S. Elisabetta con S.Giovannino* di Giuseppe Ghezzi (1647).

LE MURA. La circonvallazione esterna, che offre un notevolissimo panorama sulla pianura tra Torgiano e Foligno, consente di fare il giro completo delle mura medievali, ben conservate in tutto il perimetro e poggianti in molti punti sui filari di massi etruschi; nel lato nord-occidentale, presso la porta Vittorio Emanuele, si conserva un tratto ad angolo, lungo 40 metri, di **mura etrusche* a blocchi di arenaria in opera quadrata irregolare, che comprendono fino a 12 filari di massi; un altro tratto di mura lungo 20 metri è poco prima dell'abside di S. Crispolto. Sulla strada per Perugia, in frazione *Colle* m 230, è visibile una tomba etrusca con volta a botte, costruita con blocchi di arenaria, il cui uso può essere compreso fra il III sec. a.C. e il I d.C.; all'interno sono conservate alcune urne cinerarie (per la visita rivolgersi al Comune). Nell'area compresa tra l'attuale strada provinciale Colle-Passaggio e l'ansa del Chiascio era ubicata la necropoli di Bettona, di cui si ha notizia dalle fonti antiche.

VERSO CANNARA. Da Passaggio (pag. 329) seguendo la segnaletica per Bevagna si continua attraverso l'ampia e pianeggiante piana del Topino, con estesi coltivi. Dopo il collegamento (di 5 km) per Collemancio, a sinistra si entra in Cannara.

COLLEMANCIO m 507, ha la struttura del piccolo borgo murato medievale, nel '200 dotato di magistrature comunali. A quell'epoca risale il rustico *palazzo del Podestà*, mentre la pieve di **S. Stefano** fu rifatta nel 1539 e, alla fine di quel secolo, arricchita delle due pale d'altare (*Annunciazione della Vergine* e *Madonna del Rosario*). Poco a nord del paese, presso la chiesa romanica di *S. Maria della Fontanella*, o della *Madonna del Latte* m 525, sono visibili i resti di un antico centro, probabilmente murato, identificato con «Urvinum Hortense», municipio della VI regione augustea in area di precoce colonizzazione, ricordato da Plinio il Vecchio. Gli scavi hanno rimesso in luce il basamento di un tempio di età repubblicana, un edificio absidato costruito con materiale di spoglio (forse la chiesa nota nel secolo XI col nome di S. Maria di Urbino) e un grande edificio termale da cui è stato staccato un interessante mosaico policromo con scene nilotiche (prima metà del sec. III).

CANNARA m 191, ab. 3741 (3262), sorse in età romana probabilmente in relazione alla bonifica della fertile piana del Topino operata da «Urvinum Hortense» (v. sopra); specchi d'acqua stagnanti si erano già riappropriati della campagna nel XII secolo, quando il paese assunse l'odierna denominazione che indica l'allora abbondante presenza di canne palustri. Nel XIII-XIV secolo Cannara, che ha conservato il regolare impianto del centro agricolo antico, fu cinto di mura di cui rimane il bel torrione cilindrico (1380). Questo sovrasta, dall'esterno, la piazzetta su cui affacciano la chiesa di *S. Giovanni Battista* (sull'altare maggiore, entro una cornice di stucco, *Madonna con i Ss. Battista e Sebastiano*, pregevole dipinto dell'Alunno, 1482) e quella di *S. Francesco* (XIII-XIV secolo). Fiancheggiando a destra S. Giovanni Battista si raggiunge in breve la *chiesa della Buona Morte*, dove vuole la tradizione san Francesco abbia fondato il Terz'Ordine; all'interno, altari in stucco del XVIII secolo. La strada di fronte a S. Francesco (*via Baglioni*, famiglia cui Cannara appartenne dal 1492) conduce alla chiesa di **S. Matteo**, elegante costruzione del 1786. All'interno, con volta decorata a monocromi da Elpidio Petrignani: al 2° altare sin., *Madonna del Rosario*, di un tardo seguace degli Alfani; alla parete sin. del presbiterio, *Madonna e i Ss. Francesco e Matteo*, trittico dell'Alunno e di un collaboratore; sul pilastro sin. dell'arco trionfale, piccolo tabernacolo per l'olio santo, del '400; nell'abside, ricca cantoria in legno policromo. Proseguendo a sinistra di S. Matteo si incontra la principale *via Vittorio Emanuele*, sulla quale affaccia la chiesa di

S. Biagio, con bel prospetto romanico del XIII secolo. È nelle intenzioni l'istituzione in paese di un museo civico, che riunisca gli interessanti reperti archeologici provenienti dal territorio comunale.
Fuori dall'abitato, lungo l'antica strada per Bevagna, sorge la chiesa
di *S. Giovanni Decollato* (in abbandono), già del lazzaretto, che
conserva resti di affreschi del '500.

VERSO SPELLO. Da Cannara, l'itinerario taglia in direzione nord-
est la piana solcata dal *torrente Ose*, il cui alveo, che si perdeva
nelle paludi, fu scavato nell'ambito degli interventi quattrocenteschi di regimazione delle acque. Sullo sfondo emerge il profilo del
Subasio, di cui si riconoscono nettamente le tre fasce vegetazionali
(pag. 322). Superata la superstrada Ponte San Giovanni-Foligno, si
segue la vecchia statale che tocca la **chiesa Tonda**, o *S. Maria della
Rotonda*, a croce greca e cupola ottagonale, opera di Giovanni e
Bartolino da Domodossola (1517). Nella facciata si apre un elegante portale del 1539, probabilmente di Simone Mosca da Terenzano.
All'interno, l'abside centrale fu posteriormente divisa da un tra-
mezzo con due pilastri decorati da eleganti candeliere, forse dello
stesso Mosca.

Più avanti prende evidenza l'agglomerato di, km 30.3, Spello,
tutto in pietra rosa del Subasio, a dominio del regolare mosaico dei
coltivi nel quale si riconoscono i segni delle sistemazioni quattrocentesche (fossi, filari d'aberi) innestate sulla parcellizzazione
agraria d'età romana.

SPELLO

Situata in posizione emergente su una
stretta propaggine del monte Subasio protesa
sulla Valle Umbra, **Spello** m 280, ab. 8042
(6863), è tra le più interessanti cittadine del-
l'Umbria per l'organicità dell'impianto urbano,
interamente cinto dalla cerchia muraria trecentesca, e per la conservazione del tessuto
edilizio storico solo episodicamente lacerato
da intrusioni recenti. Il dato di maggiore evi-
denza è però rappresentato dalla persistenza dei caratteri della cit-
tà romana rielaborati nell'età medievale, che riutilizza l'assetto spaziale antico e i manufatti monumentali, in particolare il giro delle
mura augustee e le porte, creando singolari accostamenti formali e

SPELLO

0   100   200 m

- - -   Mura di età augustea e porte
1 Porta Consolare
2 Porta Urbica
3 Porta Venere
4 Porta dell'Arce
5 Arco di Augusto

——   Mura del 1360 circa

    Area della Rocca (sec.XIV)

6 S. Maria Maggiore (sec. XI-XII,
   ampliata nel 1644)
7 S. Andrea (1258, trasformata nei
   sec. XVII-XVIII)
8 Palazzo comunale Vecchio (1270,
   ampliato nel sec. XVI)
9 S. Lorenzo (1120, trasformata
   nel 1540)
10 S. Severino (forse sec. VI,
   ripetutamente rifatta)

cromatici. Il disegno della città è semplice e razionale, fondato su un'unica spina centrale (già asse stradale romano tra la porta Consolare e quella dell'Arce), in dolce ma costante ascesa conclusa dal nucleo nel quale si stratificano l'arce romana, il «castrum» longobardo e la cittadella alto-medievale. La pianta qui a fianco illustra sinteticamente la vicenda storico-urbanistica della città.

SPELLO ROMANA. Il centro, di origine umbra, acquista rilevanza territoriale come municipio romano («Hispellum») in relazione alla Via Flaminia e all'importante collegamento che, staccandosi dalla strada consolare, raggiungeva Assisi e Perugia. In età augustea, alla «splendidissima colonia Julia» furono assegnati i territori dei bagni del Clitunno e di «Arna» (odierna Civitella d'Arno), presso Perugia, mentre già era avviata l'opera di bonifica e di colonizzazione agraria. A quell'epoca va riferita la riorganizzazione urbanistica dell'abitato, che riceve l'odierno assetto impostato sull'unico asse centrale e il poderoso giro delle mura con torri e sei porte. Nel IV secolo, Spello riveste un ruolo preminente tra le città della «Tuscia et Umbria», e specialmente in ambito religioso confermato dalla promozione a santuario federale degli Umbri per privilegio di Costantino, che vi autorizzò la costruzione di un tempio in onore della gens Flavia.

I TERZIERI. Presa dai Longobardi, Spello entrò a far parte del Ducato di Spoleto e perdette la sede vescovile. In età comunale, la città è ancora tutta compresa entro il perimetro murario romano (in più parti integrato), all'interno del quale è definita (secolo XII) l'organizzazione in terzieri, di forma ellittica e digradanti fino alla porta meridionale: Posterula, nell'area più elevata corrispondente, con molta probabilità, al nucleo della città contratta alto-medievale che accoglieva la pieve del VI secolo; Mezota, da S. Lorenzo a S. Maria Maggiore; Borgo o Porta Chiusa, impostato sulla via Consolare fino alla porta omonima. La scansione delle tre ripartizioni, di cui la mediana si qualificò per l'insediamento dei palazzi pubblici e delle residenze signorili, e la più bassa per l'insediamento della popolazione contadina e artigiana, è tuttora sottolineata dalla presenza delle catene che venivano chiuse per ragioni difensive.

DAL MEDIOEVO AL RINASCIMENTO. Tra XII e XIII secolo i conflitti tra papato e impero, nei quali Spello è coinvolta (subisce, tra l'altro, le devastazioni di Federico II), fanno da scenario alla crescita urbana, che prosegue nel XIV travalicando l'involucro antico con le espansioni fuori le porte Venere (borgo Porta Sant'Angelo) e Augusto (contrada Prato), mentre è avviata la costruzione di una cinta più ampia, conclusa attorno al 1360, che avvolgerà l'abitato storico a nord. Intanto la città era passata sotto il controllo dello Stato della Chiesa, che nel 1389 la infeuda ai Baglioni. Sotto il governo pontificio (nuovamente dal 1583), l'assetto urbanistico non subisce sostanziali mutamenti, che riguardano piuttosto il consueto processo di aggiornamento delle architetture soprattutto ecclesiali. Il patrimonio monumentale ha subito qualche danneggiamento a seguito del terremoto del 1997.

PORTA CONSOLARE. Ingresso principale della città romana, la porta, in opera quadrata di perfetta esecuzione, è a tre fornici in blocchi di calcare del Subasio ed è munita di «cavaedium» o cortile interno tra il prospetto e il secondo sbarramento. Le strutture antistanti appartengono ad apprestamenti difensivi posteriori, come più tarda è la parte superiore del manufatto, rialzato in relazione all'innalzamento del piano stradale e ornato di tre statue in marmo (*togato* e *due figure femminili*?) di età repubblicana, rinvenute nei pressi dell'anfiteatro romano e appartenute a monumenti funerari od onorari. A destra si leva una torre quadrata medievale, coronata di un olivo almeno dal '500, quando così è raffigurata in un affresco nel Palazzo comunale Vecchio.

LE MURA. Prima di varcare la porta, si consiglia di percorrere verso sinistra la *via Roma* costeggiando un tratto bellissimo delle ***mura augustee**, una delle strutture fortificate più interessanti e meglio conservate in Italia. Costruita in pietra calcarea del Subasio, la cinta (di circa 2 km) fu per buon tratto riutilizzata in età medievale (un'ampia visione del perimetro si ha percorrendo la via Centrale Umbra, a ovest, e la strada di circonvallazione a est). La via Roma conduce alla **porta Urbica**, del periodo augusteo, a un fornice di ordine toscano. Sul lato opposto della strada è la chiesa di **S. Ventura**, del secolo XII, già cappella di un ospedale per pellegrini, radicalmente trasformata all'inizio del '600 (la facciata è moderna). L'interno a navata unica, con grandi arconi reggenti le travature a vista, conserva numerosi frammenti di affreschi dal XII al XVII secolo, tra i quali interessanti la *Madonna del Latte tra due angeli* (sec. XII) e la *storia dell'apparizione della Croce* (sec. XVI).

Fuori la porta Consolare, poco prima della stazione ferroviaria (via Baldini), è venuta alla luce una *villa romana* suburbana di epoca augustea, con impianto rustico e termale.

IL BORGO. La porta Consolare dà accesso al terziere detto anche di Porta Chiusa (per un varco antico, tamponato nel Medioevo), imperniato sulla *via Consolare* che sale in curva strutturando un'area a occidente di impianto di matrice romana, e a oriente di urbanizzazione medievale. A una *casa* (N. 25) del '400, con portale e finestre crociate in arenaria, segue a sinistra un piccolo slargo dove si trova la **cappella Tega**, già della Confraternita di S. Anna, con importanti, anche se mutili, affreschi (*Crocifissione, santi*) dell'Alunno (datati 1461). La catena appesa su un'antica casa a sinistra segnala il passaggio nel terziere Mezota, dove la via Consolare termina nella lunga *piazza Matteotti*.

*S. MARIA MAGGIORE. Fondata nell'XI-XII secolo, la chiesa prospetta sulla piazza la facciata del 1644, realizzata in occasione dell'ampliamento dell'edificio che riutilizzò elementi della costruzione medievale, tra cui l'architrave finemente scolpito e gli stipiti con bel fregio a girali d'acanto del portale, opera (secolo XII-XIII) in parte di lapicidi attivi tra Foligno e Bevagna, in parte di maestranze spoletine. Davanti alla base del massiccio campanile romanico con cuspide piramidale si trovano due fusti di colonne romane scanalate; nel '500 fu innalzato il secondo campanile, retrostante.

INTERNO. A croce latina e a una navata, con copertura a crociera. Radicalmente trasformato nella seconda metà del secolo XVII, è stato dotato di sette altari e di un'organica decorazione a stucco che si stende su tutte le pareti, opera di Agostino Silva; sugli altari, pale e sculture del secolo XVII. In controfacciata, sopra la cantoria, organo settecentesco. A d. dell'ingresso, *acquasantiera* (1, nella pianta a fronte) ricavata in un'ara funeraria romana; accanto è il *fonte battesimale* (2) di Antonio di Gasperino (1511); a sin., altra *acquasantiera* (3) ricavata in un capitello romano.

CAPPELLA BAGLIONI (4). Si apre dopo il 2° altare sinistro. Commissionata da un prelato della famiglia Baglioni nel 1500, ha un prezioso pavimento di maioliche di Deruta (1566) ed è decorata da *affreschi del Pinturicchio (1501) ritenuti tra le migliori realizzazioni dell'artista. Nelle vele della volta, le *sibille Tiburtina, Eritrea, Europea, Samia*, sedute in trono ciascuna fra due lapidi con motti biblici; alla parete sin., l'*Annunciazione* (notare sul lato d., entro cornice, l'*autoritratto* con la firma); alla parete di fondo, *Adora-

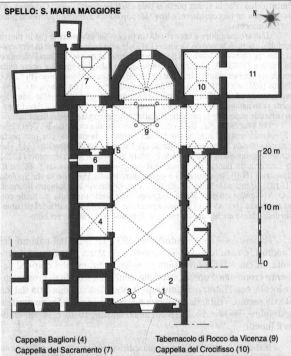

SPELLO: S. MARIA MAGGIORE

N

8

7

11

10

9

5

6

4

2

3 1

20 m

10 m

0

Cappella Baglioni (4)
Cappella del Sacramento (7)
Cappella dei Canonici (8)

Tabernacolo di Rocco da Vicenza (9)
Cappella del Crocifisso (10)
Cappella del S. Sepolcro (11)

zione dei pastori e arrivo dei Magi; alla parete d., *Disputa nel tempio* (la 4ª figura presso san Giuseppe tiene un rotolo nelle mani con la scritta «Pintoricchio»).

All'estremità della parete sin. della navata, elegante *pulpito* (5) rinascimentale in arenaria con fine decorazione e peduccio a forma di mascherone, opera di Simone da Campione (1545). Dal transetto sinistro una porta con prospetto in legno scolpito e dorato immette nella SAGRESTIA (6), con arredi lignei (datati dal sec. XVI) e resti di murature romane visibili sotto il pavimento.

Tornati nel transetto si passa nella CAPPELLA DEL SACRAMENTO (1478; 7), al cui altare è un *tabernacolo* di Gian Domenico da Carrara (1562). Alla parete destra e di fondo, sedili intarsiati del sec. XVI. All'angolo estremo della parete sin., sotto edicola, lavabo in caciolfa ornato della figura di un *angelo*, del

Pinturicchio. Per la vicina porta si passa nell'ex CAPPELLA DEI CANONICI (8) dove, sopra un piccolo altare, è una *Madonna col Bambino*, affresco pure del Pinturicchio.

L'altare maggiore è coperto da un pregevole **tabernacolo** (9) in pietra caciolfa, opera di Rocco da Vicenza (1515); le otto *teste di profeti* in terracotta, che sporgono dai tondi dei pennacchi, furono aggiunte da Gian Domenico da Carrara (1562). Ai pilastri che fiancheggiano l'abside a sin., due opere della vecchiaia del Perugino: a sin., *Pietà e i Ss. Giovanni e Maddalena* (firmata e datata 1521) e a d. *Madonna col Bambino in trono e i Ss. Biagio e Caterina d'Alessandria* (1521), questa con intervento di un aiuto. Nell'abside, elegante coro ligneo intarsiato da Pier Nicola da Spoleto (1512-20). Il rivestimento parietale nasconde la più antica calotta absidale con tracce di affreschi.

Dal braccio destro della crociera si accede alla cappella del Crocifisso (10; attualmente chiusa, come la successiva) e da questa, per una porta cinquecentesca finemente intagliata, alla CAPPELLA DEL S. SEPOLCRO (11), che contiene: pannelli di contorno con le figure di *Cristo e degli apostoli* (1525) di Zaccaria da Lucca, un *bancone da sagrestia* intarsiato da Pollione di Gaspare (1500), una *base di leggio* intarsiata da Pier Nicola da Spoleto (1512), dipinti su tela dei secoli XVII e XVIII, oreficerie e paramenti liturgici. L'*Archivio storico* di S. Maria Maggiore comprende un fondo musicale con edizioni rare (sec. XV-XVII) e manoscritti (sec. XVIII-XIX). Fa parte del patrimonio della chiesa anche un raro esempio di organo portatile seicentesco.

PINACOTECA CIVICA. Istituita nel 1994, ha sede nel palazzo dei Canonici, costruito nel 1552 accanto a S. Maria Maggiore. La raccolta, di cui è nelle intenzioni l'ampliamento, espone con ordinamento cronologico opere pittoriche, scultoree e orafe di provenienza locale, con l'intento di illustrare la vita artistica della città dal XIII al XVIII secolo. Visita: da ottobre a marzo, 10-13 e 15-18; da aprile a settembre, 10-13 e 15.30-18.30; luglio-agosto, 10-13 e 16-19; chiusa il lunedì.

IL MEDIOEVO (sala I). Le opere più antiche sono un affresco raffigurante la *Madonna col Bambino*, di scuola spoletina del '200, e una **Madonna** lignea policroma, databile tra la fine del XII e gli inizi del XIII secolo. Esemplificano la produzione del Trecento: un affresco con la *Vergine*, stilisticamente affine a Puccio Capanna, staccato da S. Maria in Paterno (da cui provengono anche cinque affreschi databili tra la metà del XV e l'inizio del XVI secolo, sulla parete opposta); un *Crocifisso* ligneo dotato di braccia snodate per le celebrazioni pasquali; una *croce astile,* opera di Paolo Vanni, datata 1398; il prezioso dittico, firmato da Cola Petruccioli, raffigurante la *Crocifissione e l'Incoronazione della Vergine*.

IL QUATTROCENTO (sale II e III). Pannelli laterali (*S. Giovanni Evangelista e il profeta Isaia, Vergine annunziata*) e due scomparti di predella, di artista umbro attivo al principio del secolo XV, parti superstiti di un trittico smembrato da un furto; *Crocifissione* (in restauro), dell'Alunno; tavola dipinta su due facce (*Miracolo della Croce di Spello* e *Madonna della Misericordia*), di un collaboratore dell'Alunno; *Versperbild* databile alla seconda metà del '400. Riattraversando la sala I per ritornare al corridoio d'ingresso notare, entro il vano di un camino, due campane provenienti da S. Maria Maggiore, di cui la più antica (in restauro) di fabbricazione duecentesca.

DAL CINQUECENTO AL SETTECENTO (sale IV-VIII). *S. Giuseppe d'Arimatea* (?) e *Madonna col Bambino*, sculture lignee policrome di artista umbro legato alla cultura manieristica romana; serie di tavole (*apostoli, il Cristo*), già facenti parte della decorazione della cantoria di S. Maria Maggiore. Alla sala VI, dedicata a Marcantonio Grecchi, pittore senese attivo a Spello nella prima metà del '600, segue la sala VII, che espone stoffe e paramenti sacri tra cui un telo umbro settecentesco. Nell'ultimo ambiente si segnalano una *Madonna del Rosario* di Ascensidonio Spacca e il *reliquiario di S.Felice,* opera di Girolamo Salvini (datata 1788).

S. ANDREA. Più avanti sulla strada principale, che ha assunto il nome di *via Cavour,* si incontrano la chiesa e il convento dove il beato Andrea Caccioli, seguace di san Francesco, insediò una delle prime comunità di Frati minori. S. Andrea fu costruita nel 1258 e trasformata nei secoli XVII-XVIII. La facciata conserva il sobrio portale romanico con doppia ghiera e decorazione a treccia; l'interno, a croce latina a una sola navata con copertura a volte e abside poligonale, fu completamente decorato nel 1913 in stile neogotico.

INTERNO. In controfacciata, sopra la cantoria, organo settecentesco. Alla parete destra, nella 1ª nicchia, *Madonna col Bambino e i Ss. Anna, Biagio e Rocco,* affresco attribuito a Tommaso Corbo (1532); nella 2ª nicchia, *Accettazione di S. Giuseppe della maternità della Madonna,* dubitativamente attribuita a Dono Doni; segue, incassato nel muro dietro uno sportello, un frammento di affresco (*Madonna col Bambino*) del '300. Nel braccio destro della crociera, *Madonna col Bambino e S. Giovannino e i Ss. Andrea, Ludovico da Tolosa, Francesco e Lorenzo,* grande tavola del Pinturicchio con largo aiuto di Eusebio da San Giorgio (1508; sopra un panchetto presso il S. Giovannino, sono dipinte due carte dove il pittore trascrisse una lettera a lui diretta da Gentile Baglioni, vescovo di Orvieto). Dietro l'altare maggiore trecentesco, con colonnette gotiche tortili, *Crocifisso* su tavola di un ignoto maestro umbro seguace di Giotto (inizi XIV secolo). Nel transetto sin., altare in legno dorato affiancato dagli armadi delle reliquie (sec. XVIII), dedicato al beato Andrea Caccioli e, sulla parete sinistra, due affreschi raffiguranti entrambi la *Madonna con il Bambino,* di pittori umbri (seconda metà del XIV-inizi del XV secolo). A sin. dell'ingresso, antica cappella con importanti affreschi di scuola folignate del '400 (*Crocifissione, Madonna col Bambino, santi*).

Nell'area retrostante a sinistra della chiesa, ora adibita a parcheggio, è stato messo in luce il terrazzamento in opera quadrata che sosteneva gli edifici del foro romano, che si affacciavano sull'attuale piazza della Repubblica (v. pag. 340).

PORTA VENERE. Dalla cortina edilizia che fronteggia S. Andrea scende la *via Torri di Properzio,* che tra caratteristiche casette d'impianto medievale raggiunge la romana **porta Venere**, la più interessante delle porte urbiche, così denominata nel '600 per un tempio dedicato alla dea dei giardini e dell'amore ipoteticamente ubicato nelle vicinanze. Il manufatto è a tre fornici di età augustea (restaurati), serrati tra due **torri** dodecagone probabilmente romaniche, sopra alti basamenti quadrangolari. In origine era costituita da una doppia cortina, ciascuna a tre archi, con cortile interno. È stata ripristinata per intero la facciata esterna; di quella interna sono visibili il nucleo murario dell'arco di destra e la fondazione di quello di sinistra. Dei tre fornici, il destro immetteva in una via in parte sotterranea, che lungo l'interno delle mura raggiungeva la porta Urbica; il sinistro dava accesso alla strada di ronda che, piegando subito dopo le mura, saliva alla parte più alta della città. Dalla porta, panorama sulla pianura da Montefalco ad Assisi, con i ruderi dell'anfiteatro in primo piano.

PIAZZA DELLA REPUBBLICA. Tra case quattrocentesche, la via Cavour sale alla piazza comunale, rettangolo alberato definito da costruzioni moderne che, nella seconda metà del '900, hanno alterato gli equilibri spaziali di un'area ricca di stratificazioni. Sul fondo sorge il **Palazzo comunale Vecchio**, eretto nel 1270 da un maestro Prode (citato nell'iscrizione posta alla base del bassorilievo con il *leone che uccide il toro*), ampliato e trasformato nel XVI secolo. Della primitiva costruzione restano la loggia con volte a crociera al piano terra e tre bifore (tamponate) con eleganti capitelli. La fontana con stemma di papa Giulio III (1550-55), nell'angolo sinistro, fu aggiunta nel Cinquecento.

INTERNO DEL PALAZZO COMUNALE VECCHIO. Dal portale a destra del portico si accede all'ATRIO, che ospita una raccolta di lapidi romane, una fronte di sarcofago, un torso marmoreo, frammenti decorativi dal Teatro romano, marmi medievali, antiche misure. Al 1° piano meritano segnalazione: la SALA DELL'EDITTO, che conserva il Rescritto di Costantino, copia coeva dell'editto rinvenuta nel 1793 presso i ruderi del Teatro romano, oltre a decorazioni e vedute del sec. XIX e a un camino della fine del '500; la SALA DEGLI ZUCCARI, con ricca decorazione tardo-cinquecentesca; la SALA EMILIO GRECO, con opere scultoree e grafiche dell'artista siciliano, sistemate in un ambiente la cui decorazione, opera di artisti umbri, si ispira a ornamentazioni manieristiche (*figurazioni allegoriche e paesaggi*, stemmi nobiliari e della città di Spello, 1589). Hanno inoltre sede nel palazzo: la *Biblioteca*, con scaffalature in legno dipinto del sec. XVII; l'*Archivio comunale* e quello *notarile*, con documenti dal 1370; l'*Accademia romanistica Costantiniana*, costituita sotto l'egida dell'Università degli Studi di Perugia, con un ricco patrimonio librario storico-giuridico sull'epoca costantiniana.

EX ORATORIO DELLA MISERICORDIA. Vi scende, dal lato occidentale della piazza della Repubblica, la strettissima via omonima. La chiesetta, in degrado, conserva in facciata un deperito affresco (*Madonna della Misericordia*) quattrocentesco e, all'interno, dipinti murali di scuola folignate e perugina (1522) e una *Crocifissione* di Michelangelo Carducci (1562).

PALAZZO URBANI. Sorge a sinistra, nel successivo tratto dell'asse viario principale che, dopo piazza della Repubblica, prende la denominazione di *via Garibaldi*. Sede del Municipio, il palazzo è l'esito di un ampliamento seicentesco di un edificio preesistente che accorpò le interessanti strutture retrostanti, disposte attorno a un cortiletto interno (accesso anche dal laterale vicolo Catena), con ballatoio in legno coperto a tettoia e pozzo decorato a mascheroni (secolo XVII).

S. LORENZO. La chiesa, a destra nello slargo che si apre subito dopo, fu innalzata attorno al 1120, ingrandita nel '200 e trasformata nel 1540. La facciata illustra, nella disorganicità degli elementi costitutivi, i segni dei diversi interventi: al XII secolo risalgono la loggetta murata sopra lo spigolo destro del portale, la fascia a losanghe bianche e rosa e la cornice a dentelli; al successivo ampliamento i rosoni murati, l'ingresso laterale e alcuni paramenti in pietra; al secolo XVI il portale, i tre rosoni e la parte superiore con cornicione. Ai lati del portale centrale, due epigrafi romane; sopra la porta sinistra, pluteo alto-medievale in marmo con due croci decorate a treccia sotto archetti (secolo VIII-IX).

INTERNO. È a tre navate spartite da pilastri. Al 1° pilastro d., *tabernacolo* per l'olio santo, in pietra caciolfa, finemente scolpito e decorato, della fine del '400; sotto, *fonte battesimale* con intarsi marmorei (1607). Di fronte, affresco con *S. Bernardino da Siena*, che qui predicò la quaresima del 1438 introducendo l'uso di una tela divisoria fra uomini e donne, e donò una venerata immagine lignea della *Vergine*, ora collocata nella 1ª cappella destra. Nella 2ª cappella d., del Sacramento, costruita nel 1793, grande e ricco *tabernacolo*, opera di Flaminio Vacca (1589). All'altare in fondo alla navata d., *Glorificazione delle anime purganti* di Frans van de Kasteele (1599). Il baldacchino dell'altare maggiore (1631) è imitazione di quello di S. Pietro in Vaticano; la mensa poggia su un cippo romano. Nell'abside, bel coro ligneo intarsiato con *vedute architettoniche* e *figure di santi*, opera di Andrea Campano (1530-34), su cartoni di Pompeo di Piergentile Cocchi. Al 2° pilastro sin., pregevole *pulpito* ligneo intagliato (*Martirio di S. Lorenzo*), di Francesco Costantini (1600)

Nella SAGRESTIA: armadio intagliato e intarsiato (1524-26) con interessanti vedute di Spello antica, seggio a tre posti (1530) con figure intarsiate di *Noè*, *Mosè* e *Zaccaria*, cassapanca (1525), tutte opere probabili di Andrea Campano. Inoltre, lavabo in pietra del '400; croce cesellata e smaltata attribuita a Paolo Vanni; raccolta di tele dei secoli XVI-XVIII, comprendente sei *storie di S. Lorenzo* di Niccolò Circignani (1567), e dipinti di Simeone Ciburri e Andrea Camassei.

POSTERULA. Dopo S. Lorenzo, si prosegue nel terziere detto anche di S. Martino, indicato dai documenti medievali come quello di più antica strutturazione. Lo attraversa, in pendenza sempre più viva, la *via della Torre Belvedere*, introdotta da un arco al cui esterno sono un'epigrafe funeraria e un frammento di fregio decorativo romani. Oltrepassata sulla destra la romanica ex chiesetta di *S. Martino*, del XII o XIII secolo, ora spazio espositivo, con una bifora sopra il portale, si guadagna il ***Belvedere**, da cui la vista spazia sulla piana del Topino e sull'arco collinare da Montefalco ad Assisi; in primo piano, l'ellisse dell'Anfiteatro romano, S. Claudio, la villa Fidelia e parte delle mura con la torre di S. Margherita. Proseguendo a destra si arriva alla **porta dell'Arce**, arco romano di epoca repubblicana, detto anche dei Cappuccini, che dava accesso alla città da settentrione: è interrato per circa un metro e ne restano gli stipiti e il doppio giro dei cunei per lasciare il posto alla saracinesca. L'area a destra dell'arco, sul posto dell'arce antica e del «castrum» longobardo, era occupata dalla Rocca di età albornoziana (secolo XIV), di cui rimane una torre.

S. Severino. Sorge sul sito della Rocca, inglobato nel convento dei Cappuccini, il più antico edificio religioso di Spello (forse originario del VI secolo), che è oggi nell'aspetto dovuto alle molteplici trasformazioni. La chiesa, girata nell'orientamento (la facciata romanica, con rosone di rara tipologia datato 1180 nell'iscrizione, è visibile all'interno del convento), ha impianto a croce greca: alla parete sinistra, affresco (*S.Michele Arcangelo*) del secolo XV; sulla parete di fondo, inseriti nella grande mostra lignea sovrastante l'altare maggiore, al centro *Il Paradiso*, ai lati *Nascita del Battista* e *Nascita di Cristo*, dipinti su tela di Giacinto Boccanera.

Monastero di Vallegloria. Oltre la porta dell'Arce, la via Cappuccini scende alla piazza dove sorge l'ampio complesso conventuale in pietra calcarea, costruito dalle Clarisse attorno al 1320, con imponenti bastioni sul lato a valle e, all'interno, chiostro del 1560 e bel campanile coevo. La chiesa di *S. Maria di Vallegloria* ha integro prospetto a due ordini, con doppia serie di archetti, portale archiacuto e rosone trecentesco. L'interno, cinquecentesco, custodisce un ciclo di dipinti di Marcantonio Grecchi raffiguranti *storie della Vergine*; di analogo soggetto sono gli affreschi dell'abside, opera di Ascensidonio Spacca (1590); sugli altari, dipinti su tela dello stesso Grecchi e di Cesare Sermei; in una cappella del monastero, *Crocifisso* dipinto di scuola spoletina della fine del secolo XII o degli inizi del XIII.

Contrada Prato. L'arco di fronte alla chiesa di Vallegloria dà accesso alla piazza Gramsci, da cui si dirama la *via Giulia*, spina del caratteristico borgo cresciuto fuori dalla murazione romana e inglobato in quella trecentesca. Vi si incontra subito a sinistra l'**oratorio di S. Biagio** (secolo XIV), ornato all'interno da affreschi del '400 e del '500; seguono (N. 93) un'interessante abitazione trecentesca con scala esterna e poi il *teatro comunale Subasio*, costruito nel 1787, trasformato e decorato nella seconda metà dell'800. Poco più in basso, di fronte a un'edicola affrescata detta *Maestà di Fonte del Mastro*, si riconoscono i resti della porta romana chiamata **arco di Augusto**. Rientrati all'interno del perimetro augusteo, quasi al termine della via si oltrepassano la chiesa di *S. Gregorio Magno* (1573) e l'*oratorio della Morte* (inizio del '600). La strada termina in via Garibaldi, presso la chiesa di S. Lorenzo (pag. 341).

A S. CLAUDIO, ALL'ANFITEATRO ROMANO E ALLA VILLA FIDELIA: km 1.5 circa. Dalla piazza di Valleglloria (pag. 342) si esce dalle mura trecentesche per la porta Fontevecchia scendendo nella via Centrale Umbra, già statale per Foligno. Subito si raggiunge la chiesa di *S. Claudio, interessantissima costruzione romanica della fine del secolo XII, sorta sui resti di un edificio romano. Nella facciata, lievemente asimmetrica, si aprono tre portali (i laterali chiusi), due bifore e una bella rosa, sormontata da un campaniletto a vela con due bifore sovrapposte che funge da slanciato coronamento. Nell'interno (generalmente chiuso) a tre navate di diseguale altezza, le arcate si abbassano progressivamente per dare l'illusione di una maggiore lunghezza; a destra sono sostenute da colonne, a sinistra da pilastri. L'altare è formato da un pilastro e da un coperchio di sarcofago romano. Alle pareti, numerosi affreschi di scuola orvietana del secolo XIV-XV (alcuni di Cola Petruccioli) e folignate; a sin. è una grande iscrizione latina proveniente dall'Anfiteatro.

Subito dopo è l'**Anfiteatro romano**, probabilmente del I sec. d.C., di cui sono visibili gli informi resti dell'ingresso settentrionale, sull'asse maggiore, di alcuni muri a cortina sostenenti la cavea e parte di un ambulacro. Seguendo la prima strada a destra si può andare, in poco più di 1 km, oltre la nuova statale, alla chiesa di **S. Maria del Mausoleo**, che si appoggia con la parete absidale al rudere di un sepolcro romano (già rivestito da grossi blocchi di pietra), sul quale fu affrescata nel '300 una *Madonna col Bambino* (visibile all'interno dell'edificio); altre tracce di decorazione a fresco sono probabilmente romane.

Poco avanti sulla Centrale Umbra sorge la scenografica **villa Fidelia** ora Costanzi, impostata su un santuario romano costruito a terrazzamenti, facente parte di un complesso pubblico comprendente anche il teatro, l'anfiteatro e le terme. L'origine della villa risale alla fine del secolo XVI, quando la famiglia Urbani, proprietaria dei terreni, riutilizzò i terrazzamenti per impiantarvi vigneti e oliveti, e sulle fondamenta del tempio eresse gli edifici agricoli e la casa padronale con giardino all'italiana, ampliata nel '700 e ancora nell'800. Nel 1927 la parte più antica della struttura fu acquistata dalle Suore missionarie d'Egitto, cui tuttora appartiene: qui è stato di recente portato alla luce il sacello meridionale del santuario, dedicato a Venere e pavimentato a mosaico.

Il parco con alberi secolari, le sistemazioni scenografiche a gradoni con esedra e fontana e la *palazzina* di impianto settecentesco, ampiamente ristrutturata attorno al 1830 e all'inizio del '900, sono invece di proprietà della Provincia di Perugia. Nella palazzina è stata allestita nel 1985 la **Collezione Straka Coppa**, che ha origine dal collezionismo d'arte e d'antiquariato della famiglia Coppa (visita: da aprile a giugno e in settembre, dal giovedì alla domenica, 10.30-13 e 16-18.30; luglio e agosto, tutti i giorni negli stessi orari; ottobre-marzo, solo sabato e domenica, 10.30-13 e 15-17.30). La sezione dedicata agli artisti moderni e contemporanei comprende, tra l'altro, documenti futuristi e opere di Orfeo Tamburi, Giuseppe Migneco, Gerardo Dottori, Renato Guttuso, Giacomo Manzù, Antonio Ligabue, Remo Brindisi, Mino Maccari, Giulio Turcato, Ugo Attardi. La sezione di arte classica annovera opere di Tiziano, Ludovico Carracci, Giovanni Fattori, Vincenzo di Biagio.

A S. GIROLAMO: km 1.2. Dalla piazza di Vallegloria (pag. 342), uscendo dalla settecentesca *porta Montanara*, inserita nelle strutture trecentesche, quindi subito a destra sulla strada per Collepino si raggiunge, presso il cimitero, il complesso conventuale già dei Minori Osservanti, cui è annessa la chiesa di **S. Girolamo**. Costruita nel 1474, è preceduta da elegante portico rinascimentale di ordine ionico, attribuito a Rocco da Vicenza, sotto il quale sono affreschi dei secoli XV e XVI (tra cui un *S. Francesco stimmatizzato* di Pier Antonio Mezzastris) e la cappella del Sepolcro, con *Epifania* di scuola del Pinturicchio. Nell'interno di S. Girolamo, con ricca decorazione di stucchi policromi del secolo XVIII e dipinti su tela coevi, coro ligneo separato dalla chiesa secondo l'uso dei Francescani dell'Osservanza; all'altare maggiore, *Crocifisso* ligneo intagliato del '500; nell'abside, *Sposalizio di Maria*, affresco di un seguace del Pinturicchio (1485 circa). Nel vicino chiostro, affreschi di Tommaso Corbo. In posizione elevata, lungo la strada per Collepino, rimane l'ex *monastero di S. Maria di Vallegloria,* detto di Vallegloria Vecchio, in splendida posizione: esistente dal XIII secolo, fu abbandonato nel 1320 quando le monache si trasferirono nell'odierno convento entro le mura.

DA SPELLO A BEVAGNA. Dalla porta Consolare (pag. 335), il percorso si allontana da Spello sulla Centrale Umbra in direzione Foligno. Ormai alle porte di questa città (cui è dedicato il capitolo 7, da pag. 378), annunciata dall'accentuata disarticolazione spaziale che complica anche la percezione della viabilità storica, si sottopassa la statale per raggiungere l'incrocio di strade individuato dalla chiesa della **Madonna della Fiamenga**, pieve romanica (XIII secolo) a navata unica absidata, sopraelevata e trasformata nel '700; all'interno, *Madonna col Bambino, angeli, santi e sibille*, affresco di Pier Antonio Mezzastris (1482-84), con interessante veduta della Foligno quattrocentesca irta di torri. Da qui, un rettilineo verso sud-ovest taglia la pianura, solcata dai corsi del Topino e del Teverone, per raggiungerne il margine occidentale dove sorge, al km 34.5, Bevagna. Lungo questo percorso, che ricalca il tracciato della Via Flaminia, si notano, presso la frazione *Fiamenga* m 216, i nuclei di due mausolei di età imperiale.

BEVAGNA

Su una piccola altura al bordo occidentale della valle, quasi circondata da corsi d'acqua che ne costituirono la prima difesa naturale, **Bevagna** m 225, ab. 4719 (4769), si formò in funzione del ramo occidentale della Via Flaminia (l'odierno corso), che la attraversava tutta dalla porta del Salvatore alla porta Foligno, strutturando un tessuto urbano regolare quando non condizionato dalla lieve pendenza del terreno. L'antica «Mevania» divenne una importante tappa sulla via consolare, con un rapido processo di urbanizzazione esteso su un'area probabilmente più ampia di quella definita dalle mura (sec. III a.C.-I d. Cristo). Le fonti letterarie ed epigrafiche, nonché la documentazione archeologica, descrivono una città ricca e prospera, in una campagna fertilissima dove personaggi importanti (Agrippina Minore, per esempio) stabiliscono le loro ville. Da centro territorialmente rilevante, Bevagna decade a una condizione di marginalità al tempo del Ducato longobardo di Spoleto, quando il ramo occidentale della Flaminia perde definitivamente importanza a favore dell'asse orientale. La città medievale riutilizza il circuito murario e la struttura urbana romani, confermando la funzione ordinatrice della spina viaria centrale sulla quale si impostano collegamenti a pettine. Al centro dell'impianto, a partire dal XII secolo si forma la piazza pubblica, completata attorno al 1270 con la costruzione del palazzo dei Consoli. Presso la piazza si insediano a fine Duecento i Domenicani, mentre Francescani e Agostiniani occupano le aree a ridosso delle mura ai capi opposti della città, rispettivamente a nord-est tra le porte Cannara e Foligno, e a sud vicino alla porta del Salvatore. Le bonifiche della pianura, avviate nel '400 con la rettifica dell'alveo del Topino, non danno significativo impulso all'economia agricola bevanate (canapa), di cui non muterà la storica condizione periferica rispetto ai processi di sviluppo della Valle Umbra. Questo si traduce in un tessuto edilizio omogeneo e di tono minore, nel quale assume ancor più vigore urbanistico e monumentale la notevolissima piazza centrale. La pianta storica è alla pag. 346.

LE MURA. Circondano la città medievale, sovrapponendosi alla cerchia romana in blocchetti di pietra di calcare locale (riconoscibile nelle cortine

— Via Flaminia
— Mura romane (III sec. a.C.) e medievali, e porte
1 Porta S. Agostino o del Salvatore
2 Porta Guelfa
3 Porta delle Fosse
4 Porta Cannara
5 Porta Foligno
6 Porta Todi
7 Porta Molini
Area dell'Anfiteatro romano (sec. I)
8 S. Silvestro (1195)
9 S. Michele Arcangelo (sec. XII-XIII)
10 Palazzo dei Consoli (entro 1270)
11 S. Francesco (dopo 1275)
12 Ss. Domenico e Giacomo (sec. XIV)

orientale e occidentale) che aggiorna la precedente fortificazione (III sec. a.C.) in laterizio. La presenza di strutture diverse segnala i numerosi rifacimenti e ripristini, dei quali consistenti quelli operati nel 1249 e nel 1377. Scandiscono il circuito torri quadrate, poligonali e cilindriche. Delle sette porte che davano accesso alla città, meritano segnalazione la porta Cannara (pag. 347) e la **porta Molini**, a sud-est, presso un tratto ben conservato della cinta romana; è fiancheggiata da un torrione semicilindrico con stemma di Innocenzo III, che fece restaurare le mura nel 1484. Le opere fortificate hanno subito lesioni diffuse nel sisma del 1997, assieme ad altre emergenze monumentali della città.

IL CORSO. Si entra in Bevagna per la **porta Foligno** o Flaminia, manomessa con l'allargamento della strada: conserva strutture medievali sopra l'arco e il coronamento settecentesco. Presso il varco, notevoli avanzi delle mura romane. Varcata la porta, si procede sul *corso Matteotti*, che insiste sul tracciato viario antico come documentano i numerosi ritrovamenti tra i quali a sinistra, in un'area privata, i ruderi di un *edificio romano* con pareti rivestite di reticolato e adorno di semicolonne a mattoni; un ambiente è pavimentato con mosaico a meandro a tessere bianche e nere. Frammenti di lesene romane scanalate sono reimpiegate nella facciata dell'ex chiesa di *S. Vincenzo* (XII secolo), patrono di Bevagna, ora ridotta in rovina. All'interno del vicino ufficio postale, ancora due colonne scanalate di marmo, pertinenti al *Teatro romano* del I sec. d.C. (poco oltre sulla destra), i cui resti fungono da fondamenta delle case sovrastanti, disposte a semicerchio. Oltrepassata a sinistra la chiesa conventuale di *S. Maria del Monte*, con tre portali settecenteschi e antico ingresso (sec. XIV) tamponato, muove a destra la via Crescimbeni verso la chiesa francescana, mentre a sinistra si stacca la via S. Margherita.

S. MARGHERITA. La chiesa, cui conduce l'omonima via, fu fondata, con l'annesso monastero benedettino (poi agostiniano), nel 1271 e venne completamente trasformata nel 1640. All'interno, opere di Andrea Camassei e Ascensidonio Spacca; nel monastero (clausura), lungo la «Scala Santa», decorazioni di Francesco Providoni.

VERSO S. FRANCESCO. Via Crescimbeni ha a destra i cospicui resti di un **tempio romano** (poi trasformato nell'ex chiesa della Madonna della Neve), probabilmente costruito nel sec. II d.C., su alto stilobate pseudoperiptero, già rivestito di lastre di calcare. I muri della cella sono a blocchetti di pietra e ricorsi di mattoni rivestiti di stucco; a essi si addossano semicolonne e lesene di mattoni. Una breve diversione a sinistra nella *via di Porta Guelfa* conduce ai resti di un impianto termale romano, di cui è visibile, entro un ambiente moderno (rivolgersi al custode, al N. 2 della via), un **mosaico** della prima metà del II secolo d.C., a tessere bianche e nere in cui sono rappresentati schemi decorativi presi dal mondo marino.

Subito dopo il tempio romano, la via Crescimbeni sbocca nella lunga e stretta *piazza Garibaldi*, dove, a metà del lato destro, una scalinata sale alla chiesa di **S. Francesco**, inserita dopo il 1275 nell'area più elevata della città, tra la cavea del Teatro romano e le mura. Dell'edificio originario rimane la facciata in conci, il portale e una parte della quadrata torre campanaria. La piazza è chiusa sul fondo dalla *porta Cannara* (secolo XIII), con alto torrione.

INTERNO DI S. FRANCESCO. A una navata, fu completamente rinnovato nel 1756. A destra si apre la *cappella Ciccoli*, adorna di marmi policromi, con pavimento originale: conserva due tombe cinquecentesche, di cui quella a d. è ornata da una *Pietà* ad affresco di Ascensidonio Spacca (1596); all'altare,

Crocifisso con angelo e S. Francesco, attribuito a Dono Doni; a sin., sotto una grata di ferro, è murata una pietra sulla quale la leggenda dice che san Francesco posò i piedi quando predicò agli uccelli nel Pian d'Arca. Nella cappella seguente: all'ingresso, *tabernacolo* dell'olio santo, della seconda metà del '400, con caratteri della scuola lombarda; nella cupola, belle terrecotte smaltate di gusto robbiano, con *simboli della Passione* (sec. XVI) e rovinati affreschi attribuiti a Francesco Providoni. Nella 2ª cappella sin., *Immacolata Concezione, Trinità e santi* di Ascensidonio Spacca.

TRATTO SUCCESSIVO DEL CORSO. Retrocessi al corso Matteotti, si procede incontrando a sinistra la **chiesa della Consolazione** (1735), che ha sull'altare maggiore una *Sacra Famiglia* di Etienne Parrocel; inoltre, statua lignea del *Cristo risorto* (fine XVI secolo), portata in processione il giorno di Pasqua. Segue, sul largo a sinistra, l'ex chiesa di *S. Maria di Laurenzia*, internamente trasformata e adattata ad altri usi, con grazioso portale romanico e un altorilievo duecentesco (*Madonna col Bambino*) nella lunetta. Quindi, prospetta a destra il **palazzo Lepri**, ora Municipio, rifatto su disegno di Andrea Vici all'inizio dell'800. Il piano terra è sede museale.

MUSEO CIVICO. Allestito nel 1996, comprende reperti archeologici, dipinti, cartografie e documenti che illustrano la storia e l'arte della città dall'età arcaica al XVIII secolo. Visita: da ottobre a marzo, 10.30-13 e 14.30-17; aprile, maggio e settembre, 10.30-13 e 15.30-18; da giugno ad agosto, 10.30-13 e 16-19; chiuso il lunedì. I materiali archeologici dell'antica Mevania, datati dall'età arcaica al II sec. d.C., comprendono epigrafi, urne cinerarie e sculture marmoree tra cui una statua acefala di *Artemide*. Seguono documenti pergamenacei, opere pittoriche e d'arte minore: ceramiche invetriate della bottega di Santi Buglioni, dalla chiesa dell'Annunziata; modellino ligneo della chiesa della Madonna delle Grazie, di Valentino Martelli (1583); **Madonna col Bambino** di Dono Doni, da S. Francesco. Sono poi documentati gli artisti che hanno operato nel territorio bevanate tra la fine del XVI e il XVIII secolo, tra i quali: Ascensidonio Spacca (*Annunciazione* e cassa funebre con *tre miracoli del beato Giacomo Bianconi*, 1589); Andrea Camassei (*S. Filippo Neri e S. Carlo Borromeo*); Corrado Giaquinto (*Adorazione dei Magi*); Joseph Esperlin (*Ritratto di dama*); G.B. Pacetti (*Trinità e quattro santi*); Francesco Providoni (*S. Caterina da Siena*); Carlo Lamparelli (*Madonna col Bambino e S. Giovannino*).

SS. DOMENICO E GIACOMO. La chiesa, al termine del corso, è di origine trecentesca come il vicino ex convento domenicano, sorto sull'area di un preesistente oratorio di S. Giorgio, donato dal Comune ai frati nel 1291. Della costruzione originaria rimane il portale, nella cui lunetta è una deperita *Madonna e santi* di scuola fabrianese; un altro bel portale si apre nel fianco. L'interno, rimodernato nel 1737, è a una navata con tre cappelle absidali.

INTERNO. In controfacciata, a sin. dell'ingresso, arca marmorea romana dove nel 1302 fu riposto il corpo del beato Giacomo Bianconi da Bevagna (1220-1301). Alla parete d. della navata, *Madonna del Rosario* di Ascensidonio Spacca, cui si deve anche la *Vergine in gloria* alla parete sinistra. Nella cappella a d. della maggiore, *Crocifisso* ligneo della fine del '200 o del principio del '300, e in quella a sin. *Madonna col Bambino*, statua lignea dei primi del '300. Alla parete d. del presbiterio, *Trinità e santi*, e a quella sin. *Madonna e sante* di Andrea Camassei. Nel coro, *Annunciazione* e *fatti della vita di S. Domenico*, frammenti di affreschi trecenteschi, affini per maniera alla scuola fabrianese.

Nell'attiguo chiostro, del 1271, *vita del beato Giacomo*, affresco di G.B. Pacetti; nell'antica sala capitolare, *Crocifissione, Pietà, beato Giacomo, S. Pietro martire*, affreschi trecenteschi secondo la maniera del pittore delle volte di S. Chiara in Assisi. Nei sotterranei dell'ex convento sono conservati consistenti resti di un grande edificio di età romana con murature in opera mista (reticolata e vittata) e volte a botte.

*PIAZZA SILVESTRI. Il corso si conclude nella piazza maggiore (intitolata a Filippo Silvestri, entomologo bevanate, 1873-1949), tra le più interessanti realizzazioni urbanistiche medievali in Umbria, eccezionale per la singolarità della concezione spaziale intenzionalmente priva di simmetria e di allineamenti frontali, ma piuttosto giocata sulle prospettive 'di spigolo', sulla rotazione obliqua dei volumi e sull'assenza di assi ortogonali. La monumentalità dello spazio pubblico, pensato come luogo conclusivo dell'impianto urbano dove convergono, raccordate dal corso, tutte le comunicazioni dalla pianura, è sottolineata dalla qualità architettonica degli edifici che la compongono, due chiese e il palazzo dei Consoli, realizzati tra il 1195 e il 1270. Completano la scenografia urbana, a destra la *colonna di S. Rocco*, rocchio di colonna romana con capitello corinzio, e al centro una fontana di imitazione medievale (1896).

PALAZZO DEI CONSOLI. Costruito entro il 1270, ha bella facciata con duplice ordine di bifore e, al piano terreno, una loggia coperta con volte a crociera costolonate dovuta forse al maestro Prode, progettista del Palazzo comunale di Spello. Un ampio scalone dà accesso al piccolo e armonico *teatro Francesco Torti*, realizzato nel 1886: ha tre ordini di palchi e loggione con plafone decorato da Mariano Piervittori.

*S. SILVESTRO. Un'ampia volta, costruita nel 1560, collega il palazzo dei Consoli alla basilica, gioiello dell'architettura romanica umbra, innalzata da maestro Binello che ha lasciato il suo nome, insieme con la data d'esecuzione dell'opera (1195), nella lapide a destra dell'ingresso. La facciata, incompiuta nella parte superiore, ha un bel portale con stipiti in travertino decorati con motivo a «denti di sega», capitelli a foglie lisce e arco a tutto sesto, ornato di un traliccio con pampini e grappoli d'uva entro cui si nascondono animali. Al centro si apre una ricca trifora realizzata con marmi di recupero rilavorati, ai cui lati sono due bifore con colonnine tortili e, sopra, cornicione con protomi animali, interessanti sculture medievali. A destra, avanzi del campanile. L'INTERNO è diviso da grosse colonne in tre navate: la centrale è coperta con volta a botte, le laterali con volte rampanti secondo uno schema strutturale di probabile origine francese (Alvernia). Nella navata sinistra, due sepolcri gotici; in quella destra, edicola gotica con affresco del 1567. La suddivisione in navate continua nel presbiterio, fortemente rialzato e terminante al centro con abside semicircolare; a sinistra, affresco di scuola folignate del XV secolo. La sottostante cripta è retta da due tozze colonne, di cui una con capitello corinzio romano.

*S. MICHELE ARCANGELO. Prospetta sul lato opposto della piazza la collegiata, opera degli ultimi anni del secolo XII o dei primi del XIII dovuta ai maestri Binello e Rodolfo, i cui nomi sono ricordati in una iscrizione a sinistra del portale. Ha una grandiosa facciata romanica con coronamento orizzontale, così configurata con i lavori eseguiti nel 1951-57 quando vennero eliminati gli interventi settecenteschi e fu ripristinato il grande occhio circolare che un tempo doveva ospitare il rosone. Il magnifico *portale mediano ha per stipiti parti di una bella cornice romana parzialmente rilavorata e arco a tutto sesto suddiviso in tre fasce, di cui quella interna decorata a girali d'acanto e l'esterna intarsiata con mosaici cosmateschi. All'imposta dell'arco a sinistra, busto alato di *S. Michele con lancia che trafigge il drago*, e nella parte opposta *angelo volante* con croce astile e cartiglio con iscrizione. Sopra i portali minori, una trifora, poi una cornice di archetti pensili. Sulla destra della fronte si leva il saldo campanile cuspidato, di costruzione posteriore, con trifora ogivale.

L'INTERNO è a tre navate con presbiterio rialzato sopra la cripta e abside semicircolare. La copertura in legno fu realizzata nel 1951-54. I capitelli delle colonne delle navate furono abrasi in gran parte per adattarvi la rimossa rivestitura settecentesca di stucco. Nella navata d., statua lignea di *S. Vincenzo*, del sec. XV; nell'ultima cappella d., affreschi alquanto deperiti (*Presepio* e *Adorazione dei Magi*) di Andrea Camassei. Nel profondo presbiterio, sopraelevato di 13 gradini, si vedono due colonne di spoglio. In un vano adiacente, statua in argento di *S. Vincenzo* (vescovo martire, patrono della città), sopra ricco seggio (nella spalliera, *Martirio del santo*), opera di Pietro Ramoser (1785). Ai lati della scalinata che sale al presbiterio si trovano gli accessi alla cripta, coeva alla chiesa, divisa in quattro navate da alte colonne e absidata.

Nella navata sin. della chiesa, *Crocifisso* quattrocentesco con ai lati le sagome dipinte della *Madonna* e dei *Ss. Giovanni e Maddalena* (sec. XVII).

S. FILIPPO. Dal fianco sinistro di S. Michele Arcangelo (notare, di questo, il paramento murario in arenaria e travertino e poi l'abside semicircolare con eleganti capitelli), il vicolo di Porta Guelfa conduce in breve alla chiesa di S. Filippo, costruita nel 1725, con decorazione interna a stucchi e affreschi (*Estasi e gloria di S. Filippo, Assunta, Allegoria*) attribuiti a Domenico Valeri (1757), tipica delle chiese filippine.

S. AGOSTINO. Dalla piazza Silvestri, il corso Amendola (sul proseguimento del corso Matteotti) porta alla chiesa già del convento agostiniano, di fondazione trecentesca (abside); nell'interno a una navata, con copertura a capriate e monofore ogivali, affreschi di scuola umbra del '300 e, nelle nicchie lungo le pareti, altri dipinti murali di artisti umbri del '500.

ALLA MADONNA DELLE GRAZIE: km 2.5, per una strada che si dirige a sud-ovest, salendo al colle su cui domina il santuario m 367. L'edificio fu iniziato nel 1583 su disegno di Valentino Martelli. Ha interno a tre navate e tiburio ottagonale. Agli altari della navata, quattro dipinti di Ascensidonio Spacca: *Annunciazione* (1° d.), *Madonna di Costantinopoli con S. Giuseppe e il committente* (2° d.), *S.Carlo Borromeo* (1° sin.), *Assunzione della Vergine* (2° sin.); sull'altare della crociera sin. è un *Crocifisso* ligneo del sec. XV; all'altare maggiore in marmo, *Maestà* (1462), molto venerata, già sotto edicola all'aperto; sull'altare della crociera d., altro affresco (*Madonna col Bambino*) del secolo XV.

AL CONVENTO DELL'ANNUNZIATA: km 2.3, sulla strada per Cannara e Bettona. Il convento m 231, già esistente nel XII secolo, fu rifatto nel tardo Quattrocento. La chiesa ha semplice interno a una navata. Al 1° altare d., con decorazione in legno intagliato, *Gesù e S. Tommaso*, del XVII sec.; all'altare maggiore, grande pala in terracotta smaltata con l'*Annunciazione*, attribuita a Santi Buglioni. Dietro l'altare, coro ligneo del '500. Al 1° altare sin., *Crocifisso* ligneo dei primi del sec. XVI, e ai lati dipinti con la *Madonna e i Ss. Giovanni e Francesco* (fine sec. XVI). Nella sagrestia, *Madonna col Bambino e angeli*, affresco di scuola umbra dei primi del '500; nel chiostro, affreschi del XVII secolo raffiguranti *santi francescani*.

A nord-est del convento, discendendo il poggio, si può andare all'**Abisso** m 196, profondo laghetto circondato da pioppi e canne palustri.

A LIMIGIANO: km 8.6, continuando oltre il convento dell'Annunziata (v. sopra) in direzione Cannara. A sinistra diverge un collegamento (di km 3.5) per **Castelbuono** m 354, già libero Comune, con avanzi delle mura medievali e, all'ingresso del paese, edicola con la *Madonna della Rosa*, affresco attribuito a Giovanni di Corraduccio. Più avanti, ancora a sinistra si stacca la strada per **Limigiano** m 333, caratteristico borgo murato con interessante chiesa abbaziale di *S. Michele Arcangelo* (secolo XIII). L'interno a tre navate divise da pilastri, con tre absidi, conserva nella navata sinistra resti della decorazione a fresco dei secoli XIV-XV, tra cui un *S. Sebastiano* di scuola folignate del '400. Dell'abbazia sussiste il cortile con archi in cotto decorati (secolo XV).

6.2 MONTEFALCO E TREVI

La Valle Umbra, territorio fisicamente e geograficamente unitario, si organizza storicamente attorno a tre città maggiori – Assisi, Foligno e Spoleto – che esprimono una gerarchia territoriale fortemente differenziata. Nell'XI-XII secolo, quando si conclude il processo di selezione delle sedi episcopali, ridotte appunto a quei tre centri, sono anche le dimensioni dei territori diocesani a evidenziare la preminenza di Spoleto, che estende la sua giurisdizione su una quota molto ampia del bacino comprendendo anche le pievanìe di Trevi, Montefalco, Spello e Bevagna. L'assorbimento delle prerogative episcopali non cancella però l'identità territoriale e amministrativa delle piccole città.

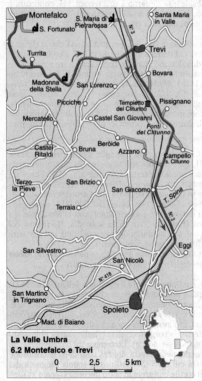

La Valle Umbra
6.2 Montefalco e Trevi

0   2,5   5 km

Benché abbiano dovuto subire i contraccolpi derivanti dal plurisecolare confliggere di impero e papato, di signorie territoriali, di grandi Comuni e di aristocrazie cittadine, esse sono riuscite a definire un proprio profilo istituzionale e una loro giurisdizione. Prima fra tutte, Montefalco (estranea all'ordito urbano di età romana e mai eretta in diocesi) emerge con la sua organizzazione comunale nel 1180; Trevi è Comune nel 1213; seguiranno Bettona (1223), Spello (1236) e infine Bevagna (1249). Sebbene il tempo e le vicende storiche abbiano in parte rimodellato il profilo di questi centri, la diffusa qualità urbana, la ricchezza dei monumenti di pregio e l'assoluto prestigio del patrimonio d'arte (che si traduce nella rete di piccoli ma preziosi musei locali), documentano il ruolo essenziale esercitato dalle piccole città nella struttura materiale, sociale, politica e culturale della Valle Umbra.

MONTEFALCO

Sopra un colle a dominio delle pianure del Topino e del Clitunno, **Montefalco** m 472, ab. 5592 (5519), 41 km da Assisi, offre affacci panoramici di straordinaria bellezza, celebrati nella letteratura e ricordati nell'appellativo «ringhiera dell'Umbria» che pur si adatterebbe a non pochi centri rivolti, dal bordo collinare, alla porzione mediana della Valle. Il peculiare rapporto del centro abitato con il paesaggio circostante è fenomeno non solo estetico, proiettandosi la matrice insediativa stessa verso la campagna attraverso assi radiali convergenti nella piazza centrale. La formazione della cittadina e la sua storia medievale si relazionano costantemente con il territorio agricolo, spazio economico e di autonomia politica da tutelare (anche nelle porzioni paludose) dalle vicine Bevagna, Foligno e Trevi, e da sorvegliare per le opere idrauliche, il sistema dei mulini, le colture specializzate. Il mosaico di campi irregolari verso cui protende la città è l'esito di sistemazioni definite già nel '200, quando l'oliveto e il vigneto specializzato, documentato dall'XI secolo (il rinomato vitigno sagrantino è importato probabilmente dai monaci), si alternavano alle colture irrigue e alle paludi. Se Montefalco non svolse mai una funzione territoriale primaria, in ragione anche della sua posizione distaccata rispetto alle due direttrici della Flaminia, ebbe però un ruolo culturale di prim'ordine in ambito regionale divenendo, grazie anche alla committenza dei Francescani, centro di diffusione di movimenti pittorici fondamentali per l'evoluzione dell'arte umbra. Lo sviluppo storico-urbanistico della città è illustrato dalla pianta a pag. 354.

LA FORMAZIONE DELLA CITTÀ. L'antico Coccorone (o Corcurione) si sviluppa sul luogo di un «pagus» romano compreso nel municipio di Mevania (Bevagna). Nell'organizzazione territoriale longobarda, l'insediamento agricolo collinare evolve in corte, dotata di «castrum» e pieve, che diviene centro ordinatore della campagna. Nel XII secolo, il nucleo feudale è definito entro una cinta muraria circolare nella quale si aprono cinque porte (S. Maria, S. Bartolomeo, di Camiano, S. Clemente o di Colle Mora, S. Lorenzo), verso le quali si diramano a stella altettanti assi viari che ripartiscono l'abitato in settori. Presso ogni porta, una parrocchiale funge da polo di urbanizzazione. Ha preminenza, già nell'organizzazione urbana alto-medievale, l'asse che dalla platea centrale va al portone di S. Maria, nei cui pressi era la scompar-

MONTEFALCO

- - - Mura del sec. XII e porte
1 Portone di S. Maria
2 Porta S. Lorenzo
3 Porta S. Clemente
4 Porta di Camiano
5 Porta S. Bartolomeo
—— Mura del sec. XIII e porte
6 Porta S. Agostino

0   50   100 m

7 Porta della Rocca
8 Palazzo comunale (1270)
9 S. Francesco (entro 1340)
10 S. Agostino (1279-85,
    ampliata nel 1327)
11 S. Chiara (sec. XIII-XIV,
    rifatta nel XVII)

sa chiesa di S. Maria in Plateola (di proprietà agostiniana), nella quale trovano sede le prime magistrature comunali. La crescita all'esterno del perimetro castellano avviene nei primi decenni del '200, quando si formano il popoloso borgo del Castellare fuori il portone di S. Maria, e il borgo di Colle Mora oltre la porta S. Clemente. Un secondo perimetro fortificato, realizzato entro i primi decenni del XIII secolo, addiziona le espansioni extramurarie, creando tra le due cerchie concentriche il cosiddetto «girone». Contesa tra l'Impero e il Papato nell'ambito delle lotte egemoniche sul Ducato di Spoleto, nel 1249 la città è devastata dal conte d'Aquino, vicario di Federico II, e in tale occasione prende il nome di Montefalco.

A partire dagli ultimi decenni del '200, l'insediamento degli Ordini mendicanti fissa le coordinate dei successivi processi di crescita, attraverso una politica insediativa che vede i Francescani attestarsi nel borgo di Colle Mora, e gli Agostiniani controllare il borgo del Castellare e poi distribuire in modo puntiforme nel tessuto urbano monasteri femminili, chiese e confraternite. Attorno al 1320, la Curia ducale di Spoleto si trasferisce nella chiesa-fortezza di S. Fortunato, mentre è promossa in città la costruzione di una rocca, distrutta nel secolo successivo. Montefalco è poi concessa in vicariato ai Trinci di Foligno, che la tennero dal 1383 al 1439, per poi tornare sotto il diretto dominio della Chiesa. Se la committenza religiosa accresce il prestigio di Montefalco nel campo delle arti, quella della feudalità urbana ne aggiorna le architetture a partire dal '500, pur senza intaccare la struttura urbana medievale che tuttora qualifica la città. Il patrimonio monumentale ha ricevuto qualche danneggiamento dal sisma del 1997.

BORGO DEL CASTELLARE. Dal largo Buozzi si entra nel centro storico per la **porta S. Agostino**, o dello Stradone, che si apre in un tratto ben conservato delle mura duecentesche, restaurate nella prima metà del Trecento; è sormontata da una torre merlata e, nella lunetta interna, è decorata da un affresco votivo (secolo XIV) con *Madonna e santi*. Oltre la porta inizia la salita del *corso Mameli*, il principale asse della città medievale e spina del compatto *borgo del Castellare*, formatosi nella prima metà del Duecento fuori dalla prima cerchia murata e strutturatosi a fine di quel secolo attorno all'insediamento agostiniano. Vi si incontra, subito a destra, la *casa Angeli*, che ha murati in facciata i resti di urne e di marmi romani e stemmi; a sinistra prospetta la *casa Senili-Scorzoni*, con decorazioni interne quattrocentesche.

*S. AGOSTINO. Gli Eremitani si trasferiscono nel 1275 nel borgo del Castellare, presso il portone principale della prima cinta, nel luogo della chiesa di S. Giovanni Battista concessa dal Comune all'Ordine. Tra il 1279 e il 1285 viene costruito l'odierno edificio, ingrandito nel 1327. La semplice ed elegante facciata in pietra ha un bel portale della fine del secolo XIII con fasci di colonnine e ricchi capitelli (il rosone è di restauro). L'interno è formato da una grande aula coperta con capriate lignee a vista e terminante con un'abside poligonale con volta costolonata; a destra si affianca la navata minore, esito dell'ampliamento trecentesco che riunisce una serie di cappelle. Le pareti sono coperte di affreschi dei secoli XIV, XV e XVI.

INTERNO. In controfacciata, a d. del portale, graziosa *Madonna col Bambino* di scuola umbra del principio del '400 con influssi senesi, e a sin. *Madonna della Misericordia*, affresco coevo al precedente ma con caratteri della scuola eugubina. Nella 5ª cappella d., frammenti di affreschi di un pittore detto Espressionista Gozzolesco, seguace di Benozzo Gozzoli: nella volta, deperiti *dottori della Chiesa*; alla parete, *Crocifissione e santi, Madonna col Bambino e i Ss. Pietro, Fortunato, Paolo e Severo*, e a d., *storie dei Ss. Fortunato e Severo*; nello spessore dell'arcata, *Cristo portacroce*, il *Battista, Cristo benedicente e santi*. Nella 6ª cappella, altri frammenti di affreschi di Pier Antonio Mezzastris e, forse, di Francesco Melanzio (volto di *S. Chiara*). Nell'estradosso dell'arco trionfale, ricca decorazione a fresco (*Agnello mistico fra angeli e santi*), del sec. XIV, molto deperita; sopra l'altare maggiore, *Crocifisso* ligneo del secolo XV.

Alla parete sin. della navata, entro nicchia, *Madonna col Bambino tra S. Agostino e il beato Angelo da Foligno*, di artista folignate del XV secolo; nella nicchia seguente, *Madonna della Cintola tra due santi*, attribuita a

G.B. Caporali; segue, alla parete, *Incoronazione della Vergine* (in basso, la figura di *Eva giacente* e i committenti), grande affresco della fine del '300 vicino all'arte di Ambrogio Lorenzetti. Quindi, entro nicchia, dipinti di Bernardino Mezzastris e statua lignea di *S. Nicola da Tolentino* (sec. XV).

In sagrestia: nella volta, *Padre Eterno, i quattro dottori* e, negli spicchi delle vele, *S. Monaca, beato Giovanni d'Amelia, S. Nicola da Tolentino e beato Agostino Novello, S. Caterina, S. Giovanni Battista, S. Antonio abate, S. Paolo eremita*, affreschi goticizzanti di un pittore umbro (XV secolo); parete d., *Crocifissione*, la *Vergine* e *S. Giovannino*, della fine del '300; parete di fondo, *Annunciazione*, di scuola umbro-senese della fine del '300; parete d'ingresso, *Veduta di città* (Gerusalemme?), della fine del '300.

I PALAZZI GENTILIZI. Il processo di sostituzione e ristrutturazione del minuto tessuto medievale che accompagna, tra Quattro e Cinquecento, l'affermazione della nuova feudalità urbana lascia esempi significativi lungo la via principale (la «strada magna» dei documenti trecenteschi) nel tratto che, dopo S. Agostino, si svolge entro il nucleo di murazione castellana. Dove il corso si allarga nella piccola *piazza Mustafà* si trova, a destra, il **palazzo Tempestivi** (sede di uffici comunali), eretto nel XVI secolo, con il portale a bugnato; nella laterale via Tempestivi sorge il **palazzo Langeli**, da alcuni attribuito al Vignola, decorato nel salone da affreschi di scuola degli Zuccari. Segue sul corso, a sinistra, il **palazzo Moriconi-Calvi**, poi *Pambuffetti*, con facciata quattrocentesca.

PIAZZA DEL COMUNE. Al termine del corso, nel punto più elevato della città, si apre la piazza rappresentativa del potere civile e religioso, già «castrum» feudale. La «platea rotunda», come è definita al principio del '300 per la forma quasi circolare che ripete quella delle mura che la contengono, assume nell'alto Medioevo la funzione di fulcro del sistema urbano, nel quale convergono dalle cinque porte le altrettante vie che organizzavano in spicchi l'abitato.

PALAZZO COMUNALE. Già palazzo del Popolo, fu costruito nel 1270, successivamente ampliato e molto rimaneggiato nell'800. A questo secolo appartiene la facciata, preceduta da un portico a pilastri ottagonali (secoli XV-XVI); inferiormente e sul fianco si riconoscono murature in pietra dell'edificio medievale, cui appartiene anche la bifora con colonnina tortile.

INTERNO. Nella sala minore del Consiglio, *Madonna col Bambino* di Giovanni di Corraduccio; nella sala maggiore del Consiglio, decorazioni ottocentesche. Nel palazzo hanno sede anche la BIBLIOTECA CIVICA, con circa 10 000 volumi tra cui molte opere giuridiche e scolastiche del '500, incunaboli, codici e manoscritti. L'ARCHIVIO STORICO COMUNALE comprende documenti dal XV al XIX secolo.

ALTRI EDIFICI DELLA PIAZZA. Facendo il giro della piazza da destra, si osserva l'ex chiesa di **S. Filippo Neri**, inserita nel 1705 e nel 1895 trasformata in teatro; quindi l'**oratorio di S. Maria di Piazza** («de Platea») o del Popolo, documentato dal XIII secolo e nel Medioevo utilizzato per le riunioni del Comune; all'interno, affresco di Francesco Melanzio (1521) raffigurante il *Padre Eterno, Madonna col Bambino e quattro santi* (il *S. Severo* sarebbe l'autoritratto; la *Madonna* il ritratto della moglie; la figura di S. Girolamo è perduta). Al N. 12 è il *palazzo Senili*, quattrocentesco, poi al N. 9 l'elegante **palazzo de Cuppis**, del XVI secolo.

*S. FRANCESCO. Dalla piazza, vi scende in pochi passi la via Ringhiera Umbra. L'ex chiesa fu iniziata con il convento (ora in gran parte occupato dall'ospedale) dopo il 1336 e nel 1340 era già ultimata. In seguito fu ampliata con la costruzione di cappelle lungo il lato destro, nel '600 riunite a formare una navata minore. La fredda facciata assunse l'aspetto attuale alla fine dell'800, quando venne realizzato il rivestimento in pietra: al centro rimane il portale rinascimentale (datato 1555) con le porte lignee intagliate coeve. L'importanza che la chiesa francescana ebbe nella vita civile medievale è testimoniata dalla sua destinazione a riunioni e a funzioni pubbliche, tra cui la nomina dei priori. In questo quadro, culturale e dottrinale, si colloca la committenza dei frati minori per l'ampio programma decorativo avviato tra la fine del '300 e l'inizio del secolo successivo, che trova la sua massima espressione a metà Quattrocento quando il priore fra' Jacopo chiama a lavorare in città Benozzo Gozzoli. Il ciclo della vita di S. Francesco realizzato nella chiesa dall'artista fiorentino fa di Montefalco un centro culturale di primaria importanza in ambito regionale, destinato a influenzare la pittura umbra per tutta la seconda metà del secolo. Nel 1895 la chiesa è stata trasformata in museo civico.

*MUSEO CIVICO S. FRANCESCO. Riallestito nel 1990, comprende, oltre all'ex chiesa, la Pinacoteca, sistemata in ambienti dell'antico convento con opere mobili provenienti da S. Francesco e da chiese del territorio; nella cripta sono esposti materiali archeologici e frammenti architettonici. Visita: da marzo a maggio, settembre e ottobre, 10.30-13 e 14-18; giugno e luglio, 10.30-13 e 15-19; agosto, 10.30-13 e 15-19.30; da novembre a febbraio, 10.30-13 e 14.30-17 (in questi mesi, chiuso il lunedì). La visita inizia dall'edificio ecclesiale (ingresso dalla quarta campata).

NAVATA DESTRA. PRIMA CAMPATA, ***cappella di S. Girolamo**, affrescata (1450-52) da Benozzo Gozzoli: nel sottarco, *Cristo benedicente e angeli, S. Bernardino da Siena, S. Caterina d'Alessandria, S. Girolamo nel deserto, S. Sebastiano*; sulla parete di fondo, finto polittico ad affresco, firmato, con *Ma-*

donna e santi; sopra *Crocifissione e santi* e, ai lati, *due episodi della vita di S. Girolamo;* nella volta, i *quattro Evangelisti;* sulla parete d., altre scene frammentarie della vita del santo.

SECONDA CAMPATA, cappella di S. Bernardino, con affreschi di Jacopo Vincioli e collaboratore (1461): in una vela della volta, *S. Girolamo;* al centro della parete di fondo, *S. Bernardino* con ai lati *due scene della sua vita;* in alto, *Crocifissione;* nel sottarco, *Cristo benedicente* (del collaboratore), *S. Chiara da Montefalco, S. Illuminata, Madonna col Bambino, S. Bernardino.*

TERZA CAMPATA, cappella del Crocifisso: ***Crocifisso** sagomato con la *Vergine* e *S. Giovanni Evangelista* ai lati, e *S. Francesco* ai piedi di Cristo, opera del Maestro Espressionista di Santa Chiara.

QUARTA CAMPATA, cappella dell'Assunta, con affreschi di Giovanni di Corraduccio e bottega: nella volta, *Evangelisti, dottori e profeti;* nel sottarco, *Cristo e apostoli;* alla parete d. dell'intradosso, *Madonna col Bambino.*

QUINTA CAMPATA, cappella di S. Antonio abate, con affreschi di Giovanni di Corraduccio o della bottega: nella volta, *storie di S. Antonio abate;* nell'archivolto, *Cristo tra serafini, tentazioni del santo;* sulla parete, *Crocifissione e santi;* entro una nicchia in basso, *S. Lodovico da Tolosa* e *Agnus Dei; Madonna del Soccorso,* tavola di Tiberio d'Assisi (1510).

SESTA CAMPATA, cappella dell'Annunciazione, con affreschi attribuiti a Giovanni di Corraduccio e bottega: nella volta, *Cristo benedicente ed Evangelisti.* SAGRESTIA. Vi si accede per una porta lignea del 1610. Alle pareti, decorazioni ad affresco (in restauro e in fase di studio). In fondo, armadio ligneo intagliato del '500; arredi liturgici (sec. XV-XVIII); dipinti su tela dei sec. XVII e XVIII.

ABSIDE DESTRA, con affreschi che hanno dato la denominazione al Maestro dell'Abside destra di Montefalco, attivo in area folignate tra la fine del XIV e l'inizio del XV secolo: alla parete sin., *Crocifissione, Martirio di S. Caterina;* alla parete d., *Madonna tra S. Pietro e S. Paolo e Deposizione;* nella parete di fondo, ai lati di una monofora, dall'alto *Angelo annunciante, Vergine annunciata, S. Francesco e il committente, S. Giovanni Battista* e due gruppi di devoti e devote in ginocchio; nello spessore della monofora, da sin. *S. Apollonia, Agnus Dei, S. Lucia;* alle pareti del sottarco, a sin. *S. Antonio abate* e *S. Brigida,* a d. *S. Bartolomeo.*

*AFFRESCHI DI BENOZZO GOZZOLI. Eseguiti nel 1452 su incarico di fra' Jacopo da Montefalco, rivestono interamente l'ABSIDE CENTRALE, poligonale. Negli stipiti dell'abside, a destra e a sinistra, due cartigli riportano i nomi dell'artista e del committente con questa lode: «Qualis sit pictor praefatus inspice lector». Nel sottarco dell'arco trionfale, entro tondi, *S. Francesco e i primi dodici compagni;* nella volta, *Gloria di S. Francesco e i Ss. Antonio da Padova, Caterina d'Alessandria, Bernardino da Siena, Elisabetta d'Ungheria, Ludovico da Tolosa.* Alle pareti ***storie di S. Francesco.** La serie comincia dal basso a sin. (spesso, in un unico riquadro sono più scene): *Nascita del santo, Gesù in veste di pellegrino bussa alla casa di Francesco, omaggio dell'uomo semplice che distende il mantello davanti a Francesco; Il santo dona il suo mantello a un povero; Gesù gli mostra in sogno un palazzo ornato di scudi e bandiere crociate;* è perduta la scena della visione di S. Damiano; *Francesco rinuncia ai beni paterni; La preghiera della Vergine a Cristo giudice, l'incontro di S. Francesco e S. Domenico davanti al Laterano; Innocenzo III vede in sogno Francesco che sostiene il Laterano, Onorio III approva la regola; S. Francesco* *caccia i demoni da Arezzo; Predica agli uccelli, benedice Montefalco e il suo popolo; A mensa col conte Orlando da Celano ne predice la morte, la confessione del signore e la sua morte; Istituisce la festa del presepe di Greccio; La prova del fuoco davanti al sultano d'Egitto; Il santo riceve le stimmate; Morte, ricognizione delle stimmate, esequie, assunzione dell'anima in cielo.* Nella fascia sotto il ciclo, 20 tondi con mezze *figure di illustri francescani;* sotto il finestrone centrale, da sin. a d., i *ritratti di Petrarca, Dante e Giotto.* Nello strombo della finestra, da sin., i *Ss. Chiara da Montefalco, Agnese d'Assisi, Fortunato, Eleazaro, Ludovico.* Sotto agli affreschi, coro (fine XIX sec.) con leggio in legno (XV sec.); una mostra lignea d'altare (1562) separa l'abside dalla navata.

ABSIDE SINISTRA, affrescata da Giovanni di Corraduccio (c. 1410-15). Nello spessore dell'arco, entro formelle, *profeti, S. Pietro, S. Ludovico, S. Margherita;* nella volta, *Evangelisti e apostoli;* alla parete sin., *Crocifissione;* alla parete d., *Discesa al Limbo e Noli me tangere;* alla parete di fondo, dall'alto *Angelo annunciante, Vergine annunciata, Crocifisso* frammentario conforme all'iconografia del Volto Santo di Lucca; nello strombo della monofora, *S. Onofrio, Agnus Dei, S. Giovanni Battista.*

NAVATA MAGGIORE. Scendendo lungo la navata, alla parete sin.: nicchia architravata affrescata da ignoto peruginesco (1506 c.); nella lunetta, *Madonna col Bambino, S. Ludovico di Tolosa, Tobia e l'angelo;* nel sottarco, *S. Rocco e S. Sebastiano.* All'interno della nicchia, *Monogramma di Cristo I.H.S.,* tempera donata da san Bernardino da Siena alla città (1426). A sin. della nicchia, *Martirio di S. Caterina d'Alessandria, Ss. Onofrio e Jacopo,* della bottega di Giovanni di Corraduccio; all'interno di un arco a sesto acuto, *S. Ignazio di Antiochia* della stessa bottega; frammenti di *Natività* (XIV secolo) e di una tardo-gotica *Madonna dell'Umiltà; S. Bernardino da Siena* (frammentario) e *S. Fortunato* (XV secolo). Segue la CAPPELLA BONTADOSI (1589), con *storie della Vergine e santi* e pala d'altare di Ascensidonio Spacca. Quindi la NICCHIA DI S. ANTONIO DA PADOVA, affrescata da Jacopo Vincioli (per altri, dal maestro Espressionista Gozzolesco) entro il 1461. Nella lunetta, *Crocifissione, S. Antonio e due miracoli del santo;* nel sottarco, frammento di *Eterno in gloria* (?) e *S. Sebastiano.* NICCHIA DI S. ANDREA: *Madonna col Bambino tra i Ss. Andrea e Bonaventura,* affresco di Tiberio d'Assisi (firmato e datato 1510). In controfacciata, a d. del portale principale, nicchia affrescata dal Perugino (1503): dall'alto, *Annunciazione, Eterno in gloria e angeli,* ***Natività.** A sin. del portale, decorazioni architettoniche a fresco tardo-cinquecentesche; *cantoria* lignea intagliata e dipinta con figure di *Cristo, gli apostoli e i Ss. Francesco e Antonio* (sec. XVII); *Madonna col Bambino, santi, angeli e Crocifissione,* affreschi staccati e riportati su tela di un seguace locale del Gozzoli (metà sec. XV).

Sul lato destro della navata maggiore: al 1° pilastro, **Crocifisso** sagomato di Jacopo Vincioli (collocazione provvisoria); al 2°, *Crocifisso* di artista spoletino (XIV sec.; collocazione provvisoria); al 4°, *Madonna col Bambino in trono,* datata 1396, uno degli affreschi più antichi della chiesa, e *S. Severo,* probabilmente coevo; al 5° pilastro, *Madonna col Bambino in trono* e *S. Fortunato* (sec. XV).

PINACOTECA. Sistemata al primo piano in un unico ambiente organizzato in cinque ambiti, è inaugurata da tempere su tavola e affreschi staccati del montefalchese Francesco Melanzio: *Madonna col Bambino tra santi, angeli, serafini e putti* (1488); *Madonna in trono e santi* (1487, la prima opera documentata dell'artista); *Annunciazione, Madonna col Bambino, S. Francesco; Madonna col Bambino in trono e angeli musicanti* (1510); *Madonna in trono e santi* (1498); *Madonna del Soccorso* (1498-1500). Seguono opere del Tre-Cinquecento: *Pietà* di artista umbro del '300; *Madonna col Bambino*, della bottega di Melozzo da Forlì (1469-70), copia della Madonna detta di S. Luca in S. Maria del Popolo a Roma; *Crocifissione*, grande affresco di maestro umbro del '300; *storie della vita di Cristo*, due sportelli lignei dipinti di scuola folignate del '400. *Incoronazione della Vergine*, tavola a fondo oro della bottega dell'Alunno; **Crocifisso e dolenti**, tempera su tavola con scultura lignea della cerchia dell'Alunno; *S. Margherita*, affresco di scuola umbra del '300; *Madonna col Bambino*, pregevole tavoletta su fondo oro di giottesco di inizio '300. *S. Vincenzo, S. Illuminata e S. Nicola da Tolentino* (c. 1482), di Antoniazzo Romano.

Al Sei-Settecento appartengono: *Annunciazione*, tela del '700; *Gesù Bambino* e *S. Giovannino*, due ovali di fine '600; *Maddalena assunta in cielo* di Michelangelo Cerruti; *Nascita della Vergine* di Clemente degli Abbati (1779); *Assunta* di Anton Maria Garbi, copia da Guido Reni; *Madonna col Bambino, S. Giovannino e santi* di Simeone Ciburri (1605). Infine, nell'ultimo spazio (in allestimento), ex voto del XVIII secolo.

RACCOLTA D'ARTE MINORE. Distribuita in due sale al primo piano, comprende oggetti d'uso comune ed ecclesiastico (sec. XVIII-XIX) e manufatti di arte minore (sec. XV-XVII), tra cui: *Incoronazione della Vergine,* in terracotta policroma attribuita alla bottega di Andrea della Robbia; *Crocifisso* in avorio del sec. XVIII; *ciborio* ligneo, firmato da Ercole Orfei e datato 1569.

RACCOLTA LAPIDARIA. È sistemata nella CRIPTA semicircolare, sottostante all'abside centrale, a quella destra e alla cappella dell'Annunciazione. Conserva reperti archeologici e lapidei dal I al XVIII secolo: elegante bassorilievo in marmo con girali d'acanto (sec. I), riutilizzato come mensa d'altare; cippo funerario (sec. I) riutilizzato come acquasantiera; statua di *Ercole*, in marmo (fine sec. I), su archetipo del IV sec. a.C.; frammento di bassorilievo paleocristiano con figura virile appoggiata al bastone; statua di divinità fluviale (sec. XVI); serie di mensole decorate con teste umane, leonine e motivi vegetali (sec. XIV); cippi, stele sepolcrali, frammenti scultorei ed epigrafici di età antica e alto-medievale.

IL BORGO DI COLLE MORA. Strutturato dalla *via Ringhiera Umbra*, scende oltre S. Francesco fino al varco della *porta della Rocca*, aperta nelle mura del XIII secolo che inglobarono la nuova espansione.

Fuori delle mura, splendida *vista sulla piana del Topino e del Clitunno. Qui sorgeva la Rocca trecentesca, fatta costruire dal rettore del Ducato di Spoleto 'contro' la città, demolita nel Quattrocento. Proseguendo a destra lungo il perimetro murato si può raggiungere la duecentesca *porta Camiano* e risalire alla piazza del Comune attraversando uno dei rioni più caratteristici e meglio conservati della città.

S. BARTOLOMEO. Dalla piazza del Comune, a destra dell'ex chiesa di S. Filippo scende lo scosceso *vicolo degli Operai* (la laterale sinistra va alla chiesetta duecentesca di *S. Lucia*), al termine del quale si trova la parrocchiale di **S. Bartolomeo**, di origine medievale presso l'omonima porta della prima cerchia (l'abside primitiva è visibile oltre la porta, v. oltre), completamente trasformata a partire dal 1638. L'interno, rimasto incompiuto con la copertura a capriate in vista, presenta ricchi altari e tele del '600: al 3° altare sin., *Consegna delle chiavi* di Jacques Ybot (firmata e datata 1663), e all'altare maggiore *Madonna con il Bambino e i Ss. Bartolomeo e Giovanni Evangelista,* di Giacinto Gimignani.

S. MARIA MADDALENA. Fronteggia S. Bartolomeo, sul fondo della piazza Dante. La chiesa, di origine duecentesca, fu rifatta nel XVIII secolo. All'interno: in controfacciata, decorazione a elementi prospettici attribuita a un pittore folignate attivo nella seconda metà del sec. XVII. Alla parete sin., *Crocifissione,* affresco del XV sec.; *S. Nicola da Tolentino e due angeli,* del '500, secondo la maniera dello Spagna. A d. dell'altare, *S. Nicola da Tolentino,* affresco di scuola umbra della fine del '400; scultura lignea policroma settecentesca raffigurante *Cristo risorto.*

IL BORGO SAN LEONARDO. Retrocessi allo sbocco del vicolo degli Operai, subito si varca la **porta S. Bartolomeo**, del 1244 come indica l'epigrafe murata sopra l'arco. A destra si vede l'originaria abside di S. Bartolomeo (v. sopra), con interessanti elementi assegnabili al secolo XI: una monofora lunettata con piedritti ornati di tralci di vite e grappoli d'uva, una piccola bifora con decorazione a dentelli; l'antica porta della città, ora murata, da cui secondo la tradizione entrarono per tradimento le truppe delle bande nere di Orazio Baglioni, che misero a sacco la città (1527).

Fuori la porta, oltrepassato a destra un torrione cilindrico delle mura si raggiunge la chiesa di **S. Chiara** con l'annesso convento agostiniano fondato dalla santa di Montefalco (Chiara di Damiano, 1268-1308), primo e più influente dei grandi insediamenti conventuali che caratterizzano il borgo San Leonardo. La chiesa, eretta tra XIII e XIV secolo sulla preesistente cappella di S. Croce, fu interamente rifatta nei primi anni del '600 da Valentino Martelli.

INTERNO DI S. CHIARA. Nel braccio d. della crociera, sopra un basamento trecentesco, *urna* in argento con il corpo della santa titolare; sopra, *S. Chiara da Montefalco e il committente,* firmata da Francesco Longhi (1600); all'altare maggiore, ricco *ciborio* dorato del '600; nel braccio sin. della crociera, entro altare in stucco di Camillo Rusconi (1692), *Morte di S. Onofrio e Trinità* di Francesco Refini. L'abside della chiesa medievale è oggi *cappella di S. Croce (rivolgersi alle monache), affrescata da artisti umbri nel 1333: nella volta, *Evangelisti* con testa bestiaria; nella parete d'altare, il

Calvario, grandiosa composizione popolata da oltre 45 figure; alle pareti laterali, *episodi della vita di S. Chiara, di S. Caterina, di S. Biagio, la Vergine*. Nell'interno del monastero (accessibile a richiesta), intorno al chiostro trecentesco, ricca collezione di cassoni nuziali del '500; mobili e quadri del '600 e '700. Nel coro, affreschi del '300; la cassa lignea dove fu posta la salma di santa Chiara, dipinta nel 1430; un *Crocifisso* dipinto su tavola sagomata, del '300. In una soffitta del monastero (non accessibile), *S. Chiara*, affresco di Benozzo Gozzoli (1452).

*S. ILLUMINATA. La chiesa, che si raggiunge al termine del borgo sulla via che costeggia il fianco sinistra di S. Chiara (via Verdi), fu fatta costruire dagli Agostiniani della congregazione di Lombardia nel 1491, sul luogo del duecentesco «reclusorio di Damiano» così chiamato dal nome del fondatore che vi segregò le figlie Giovanna e Chiara (la futura santa). L'armonioso edificio rinascimentale con facciata in laterizio è preceduto da un portichetto che protegge il portale d'ingresso, con architrave datato 1500, sormontato da un affresco di Francesco Melanzio raffigurante la *Madonna della Misericordia*.

L'INTERNO (in attesa di restauro) a una navata, con tre nicchie per lato ricavate nello spessore della muratura e volta a botte, presenta interessanti affreschi piuttosto rovinati dall'umidità. Nella 1ª nicchia d.: nella parte superiore, *Eterno benedicente*, alla maniera di Tiberio d'Assisi; nella parte inferiore, *Martirio di S. Caterina e quattro santi*, affresco di maestro umbro affine allo Spagna; 2ª nicchia d., *Incoronazione di Maria* e *Assunta e quattro santi*, affresco di Francesco Melanzio (1507); 3ª nicchia d., *Madonna col Bambino, santi e Risurrezione*, dello stesso (1515). A d. del presbiterio, *Cristo nel sarcofago tra Maria e la Maddalena*, dello stesso Melanzio (1509); 2ª nicchia sin., *Spirito Santo e angeli osannanti, Presepio, Epifania, Fuga in Egitto, Ss. Martino e Nicola da Tolentino* attribuiti allo stesso (1508); 1ª nicchia a sin., *Madonna col Bambino in trono, angeli in un roseto e per l'aria, otto santi*, di Bernardino Mezzastris (1507).

S. LEONARDO. Posto quasi di fronte a S. Illuminata, il convento è documentato dal 1204 come ospedale per poveri retto dal Comune. La chiesa, detta anche di *S. Maria del Paradiso*, annessa ora a un monastero di Clarisse, conserva: agli altari laterali, un affresco staccato con la *Madonna e il Bambino* (sec. XIV) e *Madonna col Bambino, santi e anime purganti* di Francesco Providoni; all'altare maggiore, *Madonna in trono, angeli e santi* di Francesco Melanzio (1515).

A ***S. FORTUNATO**: km 1.2 a sud-est. Da S. Leonardo, oltre l'omonima porta si segue il viale Marconi, quindi al quadrivio a sinistra. La chiesa, intitolata all'evangelizzatore di Montefalco, morto nel 390, risale secondo la tradizione al v secolo. Nel 749 è documentata sul colle di S. Fortunato una corte longobarda con «castellum» e pieve che, nel XIII secolo, è una delle più importanti della regione. Il palazzo fortificato, dove nel '200 risiedevano i vescovi di Spoleto, è ristrutturato (con intervento di Lorenzo Maitani) a partire dal 1320, dopo l'annessione della pieve alla Camera apostolica. Il castello è distrutto dal popolo nel 1439; pochi anni dopo i ruderi della chiesa e del castello vengono ceduti ai frati francescani, che vi ricostruiscono un convento, più volte modificato in seguito e tuttora abitato da frati minori.

La **chiesa** attuale è preceduta da un cortile a portico del '400, con quattro colonne antiche. Nell'ala sinistra vi si apre la CAPPELLA DI S. FRANCESCO o delle Rose, affrescata da Tiberio d'Assisi nel 1512; nella volta, *Padre Eterno*, nei peducci, *Martiri francescani*; alle pareti, da sin., i *Ss. Bonaventura, Bernardino, Ludovico da Tolosa, Antonio da Padova, S. Francesco invitato dagli angeli a recarsi alla Porziuncola e accompagnato alla chiesa; concessione dell'indulgenza del Perdono; il papa approva l'indulgenza; pubblicazione di questa al popolo; Ss. Elisabetta e Chiara d'Assisi*. La cancellata lignea è in buona parte originale.

Sotto l'arcata del portico di fronte all'ingresso è il **portale** della chiesa: nella lunetta, **Madonna col Bambino e i Ss. Francesco, Bernardino e due angeli*, e al di sopra *sette angeli*, affresco di Benozzo Gozzoli. A destra del portale, *S. Sebastiano*, affresco di Tiberio d'Assisi, e *lapide sepolcrale di Pompilio de Cuppis* (m. 1558). Nell'INTERNO a una navata: nella cappella a sin. dell'ingresso, *sarcofago di S. Fortunato*, ornato sulla fronte di tre tondi (*Pietà* e *due angeli*) ad affresco, attribuiti a Benozzo Gozzoli. All'altare d. (con i resti del sarcofago gotico che conteneva le ossa del santo, rotto nel 1740), ***S. Fortunato in trono**, affresco di Benozzo Gozzoli; a d., la *Vergine in adorazione del Bambino e angelo musicante*, frammenti di affreschi dello stesso Gozzoli (1450). All'altare sin., con decorazioni ad affresco e stucchi, *S. Severo*, opera di un pittore umbro della prima metà del XVII secolo vicino ad Andrea Polinori. In sagrestia, pancone intarsiato del sec. XV.

Nel chiostro interno del convento (non accessibile), entro 28 lunette, *storie di S. Francesco*, di un artista della cerchia dei Nasini. Nel bosco, le cosiddette *grotte di S. Fortunato*, scavate nel terreno e, secondo la tradizione popolare, legate alla vita del santo. Non lontano, lungo l'antica via Spoletina, si trova la *chiesa della Consolazione*, grandiosa costruzione a croce greca della fine del '500, scoperchiata e in abbandono.

ALLA MADONNA DI VECCIANO E A S. ROCCO: km 2 circa, uscendo verso est sulla strada per Camiano. La chiesa della **Madonna di Vecciano** (più propriamente S. Elisabetta di Vecciano), di costruzione seicentesca, sorge sopra un'edicola alla quale è un affresco di Francesco Melanzio raffigurante la ***Madonna col Bambino, due angeli e quatto santi**. Vicina è la *fonte* detta di *S. Francesco*, che il santo secondo la leggenda fece sgorgare nel 1215 (lapide). A 500 metri è la chiesetta di **S. Rocco**, che fu la prima sede dei Francescani, documentata dal 1225 con l'intitolazione di S. Maria della Selvetta; all'interno, resti di affreschi di Giovanni di Corraduccio.

VERSO TREVI. Si procede a sud-est, per una tortuosa strada in discesa che passa in vicinanza di **Turrita** m 309, la cui parrocchiale di *S. Maria*, fondata nell'XI secolo, conserva portale laterale e abside romanici; nell'interno, numerosi affreschi attribuiti agli stessi pittori che nel 1333 lavorarono alla cappella di S. Croce in S. Chiara di Montefalco, e altri di scuola umbra del Quattro-Cinquecento; quelli della cappella sinistra sono riferiti a Francesco Melanzio (1513). Proseguendo si raggiunge il **santuario della Madonna della Stella** m 232, costruito nel 1862-81 (col vicino convento) su disegno di Giovanni Santini, a seguito di un evento ritenuto miracoloso. Il tratto successivo del percorso, guidato dalla segnaletica, conduce, km 54.8, a Trevi.

INTERNO DI S. MARIA DELLA STELLA. È a tre navate, ispirato a forme rinascimentali brunelleschiane. Nelle vele della navata maggiore, *apostoli*; negli spicchi della cupola e nei pennacchi, *patriarchi, sibille, arcangeli, profeti, serafini*; nelle semicalotte della navata traversa, *Eroine d'Israele*; nel semicatino dell'abside, *Incoronazione di Maria*, affresco di Cesare Mariani. Negli altari laterali a d., *Visitazione* di Friedrich Overbeck e *Sacra Conversazione* di Giuseppe Sereni; in quelli a sin., *Vestizione di S. Chiara* di Giuseppe Mancinelli e *Sacra famiglia* di Enrico Pollastrini. All'altare maggiore, frammento del venerato affresco (*Madonna col Bambino e santi*), opera di Paolo Bontulli (1520).

TREVI

Distese di olivi pregiati, storica ricchezza della campagna trevana, sono lo scenario che accompagna la salita verso **Trevi** m 412, ab. 7595 (6548), situata sopra un colle conico a dominio della piana spoletina. Le mura medievali contengono l'abitato che, con la caratteristica forma 'a chiocciola', si avvolge sul pendio meridionale a partire dal nucleo formativo alto-medievale, perfettamente circolare, per poi aprirsi a ventaglio sulla costa rocciosa dove digrada con l'addizione terrazzata due-trecentesca. La forma urbana è di limpida lettura, e per questa caratteristica Leopardi volle celebrare la città, «che con iscena d'aerei tetti la ventosa cima tien sì che a cerchio con l'estrema schiena degli estremi edifici il piè s'adima». L'attrazione esercitata dal piano per l'insediamento delle funzioni economiche è fenomeno storico, legato in passato allo sfruttamento agricolo dei suoli fertilissimi e in tempi recenti all'asse delle comunicazioni di fondovalle, dove si è attestata la moderna espansione di Borgo Trevi. Fa da supporto alla visita la pianta storico-urbanistica della città, che si trova a pag. 366.

LA FORMAZIONE DELLA CITTÀ. La struttura insediativa illustra con chiarezza le fasi formative dell'abitato, che nell'area sommitale conserva avanzi delle mura romane (sec. I a.C.); i consistenti documenti d'età imperiale venuti alla luce presso l'odierna chiesa di S. Maria di Pietrarossa suggerirebbero lo scivolamento in basso della «Trebiae» romana, o una doppia localizzazione attratta dalle bonifiche della piana del Clitunno e dalla presenza della Via Flaminia. Il nucleo elevato alto-medievale, di forma circolare come le mura che lo contengono, va riferito alla fase castrense longobarda (VII secolo). All'interno della cerchia castellana, il reticolo viario, costretto dalla scoscesità del sito, avvolge il colle con andamento concentrico imperniato sulla chiesa di S. Emiliano, che nella prima fase comunale serve anche all'esercizio del potere civile, essendo allora pieve la decentrata S. Martino. Il progressivo spostamento in area più pianeggiante delle funzioni urbane trova traduzione spaziale nella formazione, subito fuori dalle mura orientali, della piazza del Comune (oggi Mazzini), dove dal 1273 si insedia il palazzo pubblico. Nella seconda metà del secolo XIII Trevi è nell'orbita di Perugia. Il Comune possiede un territorio molto vasto, che a occidente si estende fino ai contrafforti dei monti Martani: lo sfruttamento dell'area pianeggiante, fertile e ricca di acque, è oggetto di continui litigi con le confinanti Montefalco e Foligno, alle quali contende l'uso delle risorse idriche per i mulini e per l'irrigazione; più tardi, i contrasti si incentreranno sugli orientamenti delle bonifiche, che impegneranno tutti i Comuni della Valle Umbra a partire dal XV-XVI secolo. La crescita demografica e l'inurbamento duecenteschi ampliano la superficie urbanizzata del colle: a oriente con un successivo anello edificato attorno al nucleo castrense, sul costone occidentale con l'espansione della Piaggia, coagulata attorno agli insediamenti conventuali. Una seconda più ampia cerchia murata cinge la città entro il 1264. Nel 1392 Trevi passa ai Trinci, quindi nel 1439 definitivamente allo Stato della Chiesa. Nel Cinque-Seicento, il rinnovamento edilizio promosso dalle maggiori famiglie locali aggiorna il volto urbano con l'inserimento delle residenze signorili, che si distribuiscono con maggiore intensità nell'area sommitale, senza tralasciare significativi interventi di riqualificazione del tessuto periferico minore (per esempio, il nucleo residenziale dei Valenti nella Piaggia). Alcuni edifici della città sono stati in danneggiati dal sisma dell'autunno 1997.

PIAZZA GARIBALDI. L'ampio piazzale, che si apre esternamente all'ingresso principale della città, era chiamato «del Lago» perché fino al '700 fu occupato da uno stagno con funzioni difensive. Sul lato orientale, entro parco, sorge la **villa Fabri**, costruita tra la fine del XVI e gli inizi del XVII secolo, con piano nobile fastosamente affrescato da Federico Zuccari. Sul fondo è la cosiddetta *fontana dei Cavalli*, già utilizzata come abbeveratoio, costruita nel 1599 e modificata nel '700, la cui colonna con protomi leonine e il catino in pietra provengono da una fontana medievale.

*S. MARTINO. Sul fondo della piazza Garibaldi, a sinistra del complesso ospedaliero, l'alberato *viale Ciuffelli* (pedonale), aperto su un bellissimo *panorama della valle, conduce (10 minuti circa) al sito dell'antica pieve di

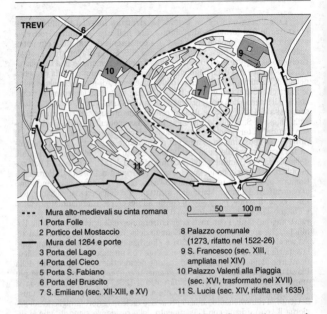

TREVI

- - - Mura alto-medievali su cinta romana
1 Porta Folle
2 Portico del Mostaccio
— Mura del 1264 e porte
3 Porta del Lago
4 Porta del Cieco
5 Porta S. Fabiano
6 Porta del Bruscito
7 S. Emiliano (sec. XII-XIII, e XV)

0   50   100 m

8 Palazzo comunale
  (1273, rifatto nel 1522-26)
9 S. Francesco (sec. XIII,
  ampliata nel XIV)
10 Palazzo Valenti alla Piaggia
  (sec. XVI, trasformato nel XVII)
11 S. Lucia (sec. XIV, rifatta nel 1635)

Trevi, al posto della quale alla fine del '400 i Minori Osservanti eressero la
chiesa di *S. Martino*. Nella lunetta del portale, *Madonna e due angeli*, affresco di Tiberio d'Assisi. L'interno è a una navata con due profonde cappelle
a destra; in due edicole ai lati del presbiterio: a d., *Madonna adorante il
Bambino e i Ss. Francesco e Antonio da Padova e sei angeli*, affresco di
Pier Antonio Mezzastris; a sin., *S. Martino che dona il mantello*, affresco di
Tiberio d'Assisi.

Nel piazzale antistante alla chiesa, sorge a sinistra la **cappella di S. Girolamo** (1512), che custodisce: *Assunta e i Ss. Girolamo, Battista, Francesco e
Antonio da Padova* (nello sfondo, veduta di Foligno), uno dei migliori affreschi dello Spagna (1512); a d., *S. Emiliano e monaca orante*, affresco di Tiberio d'Assisi.

VIA ROMA. L'andamento dell'edificato sul lato occidentale della
piazza Garibaldi individua la seconda murazione, in questo tratto
demolita con la porta nel 1910. La via Roma entra nel tessuto della
città duecentesca avendo subito a sinistra, sul fondo di una piazzetta, il **teatro Clitunno**, costruito nel 1874 su progetto di Domenico
Mollaioli, con sipario di Domenico Bruschi. Segue a sinistra la chie-

sa di **S. Giovanni Decollato**, nel Medioevo detta «de Platea» e di proprietà comunale, ampliata nel XV secolo e rifatta nel XIX; nell'interno, all'altare sinistro *Crocifisso* ligneo processionale seicentesco, e a quello destro *Cristo risorto*, statua lignea del '500; l'altare maggiore è cinquecentesco.

PIAZZA MAZZINI. Per un arco aperto sotto il palazzo pubblico (a sinistra, lunetta con la *Vergine, il Bambino e i santi protettori di Trevi*, 1703), la via Roma sbocca nella piazza già del Comune, centro della vita cittadina, formatasi subito fuori le mura del XII secolo. Nel 1273 vi è documentata la prima struttura del Palazzo comunale, completamente ricostruito negli anni 1522-26, modificato nel '600 e ancora dopo il terremoto del 1703. In facciata si sviluppa inferiormente un portico con tozzi pilastri, mentre ai piani superiori sono belle finestre con mostre in pietra e iscrizioni del '500. Il sottopassaggio raccorda l'edificio con la *torre del Comune*, solida costruzione del secolo XIII, a pianta trapezoidale.

IL NUCLEO ALTO-MEDIEVALE. Vi penetra, dal lato opposto del Palazzo comunale, la via *Riccardi*, che sale tra case quattrocentesche e palazzetti rinascimentali che spesso inglobano precedenti strutture medievali, come il **palazzo Petroni**, con portale bugnato seicentesco. Di fronte, la via S. Filippo (con a destra il *palazzo Approvati*, arricchito dal bel portale datato 1497) raggiunge la piccola *piazza della Rocca*, chiusa tra palazzetti quattro-settecenteschi e dominata dall'imponente facciata del **palazzo Valenti**, fondato intorno al 1650 e modificato nel '700.

S. EMILIANO. Attraversata la piazza, per via della Rocca si raggiunge subito il fulcro del nucleo più antico di Trevi imperniato sulla Cattedrale, costruita al culmine del colle nel XII-XIII secolo, radicalmente trasformata nel '400; nel 1865 venne totalmente ricostruita conservando parti degli edifici precedenti. Di particolare rilevanza architettonica sono le tre piccole *absidi della chiesa romanica, che aveva un diverso orientamento rispetto all'attuale: in conci di pietra ben lavorati, con esili lesene e coronamento ad archetti poggianti su mensole decorate (alcune con teste umane sommariamente scolpite), sono tra le più interessanti strutture del genere nella regione. A destra, portale quattrocentesco murato, sormontato da statuetta mutila del *santo titolare*. La cortina antica in pietra prosegue su una parte del fianco sinistro (ora facciata), dove si trova il portale della fine del '400: nello stipite a destra, lapide romana rilavorata; nel timpano, altorilievo di *S. Emiliano fra due leoni* e ai lati due capitelli romani. Il campanile fu ricostruito nel 1926.

INTERNO a tre navate. All'inizio della navata sin., entro un grande armadio, statua lignea di *S. Emiliano*, opera di intagliatore tedesco (1751) che eseguì l'opera per conto di Pietro Epifani da Foligno, che vi appose la firma. L'***altare del Sacramento** (2° a sin.), opera di Rocco da Vicenza (1522), si compone di tre edicole con finissima decorazione; nelle nicchie laterali, statue della *Madonna col Bambino* e di *S. Giuseppe*, di Gaspare da Como. Nella parete d. si aprono le nicchie absidali della costruzione romanica: nella prima è stata collocata l'*urna* in pietra che conteneva le reliquie di sant'Emiliano, scoperta nel 1660 sotto il pavimento del Duomo di Spoleto.

PALAZZO LUCARINI. Fronteggia S. Emiliano: di origine quattrocentesca, ha due portali del XVI e del XVII secolo. Vi ha sede il **Trevi Flash Art Museum** (t. 0742381818), che organizza mostre di arte contemporanea; periodicamente espone la collezione permanente, che comprende opere di artisti italiani e stranieri, dagli anni '70 del Novecento a oggi.

RITORNO IN PIAZZA MAZZINI. Si scende lungo il fianco destro del palazzo Lucarini incontrando un'interessante *casa* quattrocentesca con paramento in cotto e affresco coevo ridipinto. Subito si incrocia la via Dogali, che si segue a sinistra fino a raggiungere il *portico del Mostaccio*, porta principale della prima cerchia di mura nella quale sono stati individuati avanzi del manufatto romano nei piedritti dello sbarramento interno e nella parete destra del «cavaedium»; è sormontato da un'elegante bifora duecentesca. Continuando si vedono a sinistra il lato a valle del palazzo Petroni (pag. 367), che ha inglobato case quattrocentesche con elementi decorativi in cotto, e un *palazzetto* del Cinquecento con eleganti mostre delle finestre in pietra. Volgendo a sinistra, in breve si rientra in piazza Mazzini (proseguendo la discesa, si va invece alla porta del Cieco, pag. 370).

S. FRANCESCO. Dalla piazza Mazzini, verso nord la via S. Francesco (con a destra il cinquecentesco *palazzo Valenti*) porta alla chiesa dei frati minori, eretta col convento alla fine del XIII secolo incorporando alcune strutture di una preesistente chiesa di S. Maria (visibili nel percorso museale, v. oltre). Alla metà del secolo XIV venne ampliata e in gran parte ricostruita. Il portale principale, sul fianco destro, è a fasci di colonnine terminanti in un arco acuto con *agnello mistico* in chiave; la ghiera esterna poggia su due leoncini; nella lunetta, deperito affresco (*Madonna col Bambino tra S.Francesco e S.Chiara*) del XIV-XV secolo. Nella zona occidentale, in parte occlusa, alla sommità del timpano è murato un frontoncino decorato a rilievo e fiancheggiato da due protomi umane (datato 1218), appartenuto alla chiesa primitiva.

L'ex convento, che nel 1285 è documentato quale insediamento di rilievo all'interno della città, fu ricostruito attorno alla metà del XVII secolo e ristrutturato nell'800 da Giuseppe Valadier. Il complesso, abbandonato dai monaci dopo le soppressioni napoleoniche, ebbe poi varie destinazioni (la chiesa fu nel 1922 degradata a granaio comunale, il monastero fu collegio e poi scuola) fino ai recenti restauri per il recupero e l'adeguamento delle strutture a sede museale civica (1997), che accoglie anche le opere già della pinacoteca comunale formatasi nel 1869.

RACCOLTA D'ARTE DI S. FRANCESCO. Disposta su tre livelli, occupa gli ambienti dell'ex convento, articolato attorno al chiostro centrale con portico a pilastri a base ottagonale e loggiato superiore con finestrature. Il patrimonio museale comprende opere pittoriche di provenienza locale, datate dal XV al XVIII secolo, reperti archeologici, sculture e documenti relativi alla storia della città. Il percorso include la visita della chiesa. Apertura: da ottobre a marzo, da venerdì a domenica, 10.30-13 e 14.30-17; da aprile a settembre, 10.30-13 e 14.30-18; giugno e luglio, 10.30-13 e 15.30-19; in agosto, 10.30-13 e 15-19.30; chiuso il lunedì salvo in agosto.

La visita inizia dal secondo piano, dove si apre la SALA DEI FONDI ORO: trittico con *scene della vita di Cristo* e polittico con *storie della vita di Cristo*, entrambi attribuiti a Giovanni di Corraduccio; *Crocifisso* su tavola del primo '300; *Adorazione dei Magi* di artista fiammingo della fine del '400; *Croce portatile* della prima metà del sec. XV, dipinta su due facce; *Deposizione* di pittore romano (c. 1520-30); *Madonna col Bambino*, attribuita al Pinturicchio; *gonfalone* dell'Alunno. Il restauro del complesso ha messo in evidenza, all'esterno della sala, la cortina in pietra locale della facciata dell'originaria chiesa di S. Maria, di cui si riconoscono alcuni elementi (rosone, portale). Il percorso continua al piano inferiore: *Personaggi in preghiera* dubitativamente attribuito ad Ascensidonio Spacca; *Assunzione della Vergine e santi* di Tommaso Maurizi (1602); ***Incoronazione di Maria tra angeli, S. Francesco e santi** dello Spagna (già in S. Martino), autore anche, con aiuto, delle *Ss. Caterina d'Alessandria* (1522) e *Cecilia* (1520) poste ai lati; ***Assunzione della Vergine e santi** dell'Orbetto; *Miracolo di S. Vincenzo Ferrer* della cerchia dei Nasini.

INTERNO DELLA CHIESA DI S. FRANCESCO. È costituito da un'unica aula con copertura a capriate a vista e abside poligonale della prima metà del '300 affiancata da due cappelline absidali. Alle pareti, affreschi votivi dei sec. XIV-XV. Nell'absidiola d., frammenti della *tomba* trecentesca del *beato Ventura* (eremita, m. 1310) e stucchi settecenteschi; intorno alla nicchia dell'altare e alle pareti, altri affreschi votivi cinquecenteschi. Nell'abside, *Evangelisti e vita di Maria*, dipinti murali molto consumati della metà del sec. XIV. Appesa alla trave che attraversa l'arco presbiterale è una grande **Croce sagomata**, dipinta nella prima metà del XIV secolo; il coro ligneo è seicentesco. Nell'absidiola sin., intorno alla nicchia dell'altare, frammenti del *cenotafio Valenti* con iscrizione (1357): alla tomba, smembrata probabilmente nel XVIII secolo, apparteneva la lastra con la *figura giacente di Valente Valenti*, ora sulla parete destra. Sulla parete sin., tra i due altari, prezioso **organo da muro** rinascimentale, di Paolo Pietro di Paolo da Montefalco (1509): la cassa e la cantoria sono coeve, i dipinti del secolo successivo. Nell'adiacente CHIOSTRO del convento, lunette con *scene della vita di S. Francesco* di Bernardino Gagliardi (1662).

Il MUSEO DELLA CITTÀ E DEL TERRITORIO, in allestimento, esporrà reperti archeologici, sculture e documenti di storia locale dall'età romana all'800. È nelle intenzioni l'istituzione di un museo della civiltà dell'olio.

LA PIAGGIA. Continuando, oltre il portico del Mostaccio (pag. 368), nella discesa di via Dogali si varca il medievale arco della *porta del Cieco*; costeggiando a destra la parte interna delle mura e attraversata la strada provinciale (aperta nel 1864) si scende alla *Piaggia*, espansione del secolo XIII ora interessata da una accentuata marginalità urbana. Il rione, chiuso entro le ben conservate mura medievali, si distribuisce a ventaglio sullo scosceso versante di ponente, organizzandosi lungo le stradine digradanti sul pendio, costrette dal forte dislivello a formare stretti tornanti. Si percorre la solitaria *via delle Piagge*, sottostante alla cinta muraria antica (il sentiero a destra ne costeggia un ampio tratto fino alla piccola *porta* chiamata *Folle*, del I secolo a. Cristo). Si raggiunge la *piazza della Torre*, che forma quasi uno spazio privato delle residenze della famiglia Valenti. Il **palazzo** principale, costruito nel '500 e trasformato nel secolo successivo, è di semplice ed elegante volumetria; conserva all'interno reperti di età romana e affreschi staccati del '300, provenienti dal palazzo della famiglia Trinci di Foligno. Al Cinquecento appartiene il palazzetto detto *Il Collegetto* (destinato ai figli cadetti), con portalino e finestre in pietra, che ingloba una torre medievale in grossi blocchi di pietra. Di fronte è il *Palazzetto*, con portale su cui è scolpito lo stemma dei Medici in onore di papa Clemente VII che vi soggiornò; tra le due costruzioni, portale con stemma dei Valenti.

La Piaggia si è formata aggregando il minuto tessuto residenziale attorno ad alcuni insediamenti religiosi. Tra questi, superata sulla via omonima la **chiesa del Crocifisso**, con interno barocco, è **S. Lucia**, fondata nel '300 col monastero benedettino e interamente ricostruita nel 1635. Più in basso ancora, sul margine occidentale delle mura, ebbe rilevanza la chiesa delle Clarisse di **S. Chiara**, di fondazione medievale, ricostruita nel 1666 e ancora nel '700, con interno a pianta ellittica. Non lontano è la chiesa benedettina di **S. Croce**, completamente rifatta alla fine del '600.

ALLA MADONNA DELLE LACRIME: km 1 circa, sulla strada che scende tra gli olivi verso la Flaminia (segnaletica Borgo Trevi). La chiesa fu eretta nel 1487-1522, su progetto di Francesco da Pietrasanta, per custodire un'immagine miracolosa della Madonna dipinta nel 1483. Nella facciata si apre un elegante portale finemente scolpito da Giovanni di Gian Pietro da Venezia (1495). L'interno (rivolgersi al vicino Istituto medico-psicopedagogico), ampio e luminoso, a croce latina a una navata, è stato restaurato nel 1733. In controfacciata, *sepolcro di Romolo Valenti* (1579); al 1° altare d., *Annunciazione, S. Ubaldo e quattro storie della sua vita, Ss. Battista e Antonio da Padova, Padre Eterno, Presepio, Sposalizio di Maria, Fuga in Egitto, Visitazione*, affreschi attribuiti agli Angelucci da Mevale (seconda metà sec. XVI). Segue il *sepolcro di Filippo Valenti* (1648); al 2° altare d., ***Epifania e i Ss. Pietro e Paolo**, affresco del Perugino (1521); quindi il *sepolcro di Filiberto Valenti* (1624). Sull'altare del braccio d. della crociera (1621), l'immagine venerata della *Madonna col Bambino*, che ha dato il nome alla chiesa. A sin. dell'altare, il *sepolcro del cardinale Erminio Valenti* (1618), vescovo di Faenza. Nel braccio sin. della crociera, cappella decorata dallo

Spagna (1520): all'esterno, *Nome di Gesù* e *profeti*; nell'interno, ai lati, *Ss. Ubaldo e Giuseppe*; alla parete di fondo, *Deposizione con S. Francesco* (imitazione della Deposizione di Raffaello nella Galleria Borghese di Roma; panorama di Foligno); nella lunetta, *S. Agostino, santi e angeli*; nella 1ª cappella sin., *Risurrezione, profeti Giona e David, Sibille*, affreschi di scuola peruginesca (1541).

A S. Maria di Pietrarossa: km 5.2, sulla statale in direzione Foligno, quindi a sinistra oltre la ferrovia. La chiesa prende nome da una pietra rettangolare di colore rosso e forata al centro, posta all'interno, da cui si dice uscisse un'acqua curativa. I reperti archeologici rinvenuti nel sito (tra cui i resti della massicciata della Flaminia e un'iscrizione intitolata a Giove Ottimo Massimo, conservata all'interno) fanno ritenere che qui sorgesse il centro urbano di «Trebiae» sviluppatosi in età imperiale. La chiesa attuale fu eretta, su strutture alto-medievali, probabilmente nel secolo XIII; il presbiterio e il portico sono rifacimento e aggiunta quattrocenteschi. L'esterno e l'interno, a tre navate con volte asimmetriche e pilastri che riutilizzano ampiamente materiali di epoca romana, sono ricoperti di affreschi votivi dovuti a Bartolomeo da Miranda (1449), Valerio de' Muti da Foligno (1477) e a numerosi pittori folignati coevi. All'interno, rimangono tracce della decorazione ad affresco dell'edificio più antico: ai lati dell'ingresso principale, le immagini dei *Ss. Pietro e Paolo* (sec. XI); sulla parte alta delle pareti della navata centrale, pitture del sec. XII (?). Addossato al primo pilastro destro, *tabernacolo* marmoreo attribuito a Rocco da Vicenza, con scomparto centrale scolpito a bassorilievo e dipinto su stucco, probabilmente della seconda metà del sec. XV. Sullo stesso pilastro, la pietra rossa taumaturgica che dà il nome alla chiesa.

Da Trevi al Clitunno. L'asse della Flaminia si allontana da Trevi lasciando a sinistra un breve collegamento per *Bovara*, che con *Faustana* forma l'omonima frazione m 273. Vi sorge la chiesa romanica di **S. Pietro di Bovara**, che conserva l'impianto del secolo XII. La facciata presenta numerosi elementi di restauro (portale, bifore, parte centrale del rosone) e altri originali, tra i quali interessanti la decorazione della parte superiore con fregio scolpito e due protomi bovine, e il timpano ornato con tralcio di pampini e grappoli d'uva, sotto cui corre un'iscrizione della prima metà del secolo XII. Il campanile, ricostruito nel 1582 su un basamento più antico, fu sopraelevato nel 1622. L'interno è a tre navate, con volte a botte nella mediana e a crociera nelle laterali. Nella cappella a sin., venerato *Crocifisso* ligneo che la devozione popolare vuole abbia parlato a san Francesco; nella sagrestia, dipinti su tela dei sec. XVII e XVIII. Il vicino ex convento degli Olivetani ha un chiostro del principio del '500.

*Tempietto del Clitunno. La valle si restringe e, superata l'ottagonale *Chiesa Tonda* (sec. XVI), a destra si vede, a ridosso della strada, l'elegante edificio paleocristiano intitolato al S. Salvatore (visita: da aprile a ottobre, 9-19; da novembre a marzo, 9-14; chiuso il lunedì). Costruito per alcuni nel IV o agli inizi del V secolo, per altri nell'VIII-IX, utilizza elementi architettonici dei sacelli pagani ricordati da Plinio il Giovane, che si trovavano presso le vicine sorgenti del fiume. L'edificio, sopra un rialzo che domina il Clitunno, ha la forma del tempietto «in antis» con quattro colonne (due addossate ai pilastri angolari e due fogliate al centro) sulla fronte, sormontata da timpano. Al tempietto si accedeva per mezzo delle due scalette laterali terminanti sotto due piccoli protiri. Il fregio nella facciata reca l'iscrizione dedicatoria al Dio degli angeli, mentre i due laterali, ora perduti, ricordavano il Dio dei profeti e degli apostoli; i frontoni, sia l'anteriore che quello posteriore, si adornano della croce monogrammatica fra viticci e grappoli di uva. Nell'interno del sacello è un'absidiola sormontata da un frontone in cui si inserisce un arco: eleganti gli ornati delle cornici e della edicoletta di fondo, mentre di grande interesse sono i resti di affreschi del secolo VIII, con il *Redentore fra i Ss. Pietro e Paolo, angeli* e *croce gemmata*.

*FONTI DEL CLITUNNO. Vi si giunge al km 60.7, dopo aver lasciato a sinistra il castello di *Pissignano* m 280, d'impianto triangolare imperniato sulla torre, già «vicus» romano a controllo della Flaminia. Le **fonti**, da cui ha origine il fiumicello Clitunno, tributario del Teverone, sono un bell'esempio di risorgiva: in contesto di notevole suggestione, le polle d'acqua limpidissima e fredda formano un laghetto poco profondo sparso di verdi isolette, tra rive erbose cinte da salici piangenti e pioppi. Visita: da aprile al 15 giugno, 9-13 e 14-19; dal 16 giugno al 15 settembre, 9-20; dal 16 settembre al 31 ottobre, 9-12.30 e 14-17; da novembre al 31 marzo, 9.30-16.30.

IL CLITUNNO NELL'ANTICHITÀ. Tutta l'area interessata dal corso d'acqua era nell'antichità fertilissima e intensamente antropizzata; particolarmente fiorente e rinomato era l'allevamento del bestiame ovino e bovino, bianchissimo e grandissimo, come ricordano molti autori del tempo (Virgilio, Plinio il Giovane), tanto che i tori venivano utilizzati per i sacrifici e i trionfi in Roma. Il sito, alimentato da acque più copiose delle attuali (il Clitunno era allora navigabile), comprendeva un'area sacra dedicata al dio Clitunno, «nume benigno e fatidico» come lo definì Plinio, famoso per i suoi oracoli di cui si avvalsero anche gli imperatori Caligola e Onorio. Attorno al tempio «antico e venerato», sorgevano numerosi tempietti di altrettante divinità minori, alcuni dotati di sorgente. Anche la valorizzazione turistica del luogo è d'antica data: come informa lo stesso Plinio, gli Ispellesi, che per decisione di Augusto governavano la fonte, avevano attrezzato l'area profana con un albergo e un bagno pubblico, mentre ai lati del fiume si distribuivano le ville. Pare che nel V secolo un terremoto abbia fatto diminuire la quantità delle acque. Dopo i disordini idraulici dell'età tardo-antica, che non risparmiarono le ordinate terre bagnate dal Clitunno (secondo Isidoro e Paolo Diacono, il corso d'acqua degenerò nel «lacus Clitorius» esteso fra Trevi e Bevagna), le bonifiche dell'area furono oggetto nel Medioevo di lunghe contese tra i Comuni interessati (Trevi e Montefalco soprattutto), che si contendevano l'uso delle acque e dei canali.

CAMPELLO SUL CLITUNNO. Procedendo verso Spoleto, la statale rasenta a sinistra la cappella di S. Sebastiano, con affreschi dello Spagna (*Madonna e i Ss. Sebastiano e Rocco*) e figure votive di scuola umbra dei primi del '500. Quindi in rettilineo tocca **Campello sul Clitunno** m 290, ab. 2312 (1881), distribuito in più frazioni. Nella sede comunale, discosta sulla sinistra, è la cinquecentesca chiesa di *S. Maria della Bianca*, con portale di Cione di Taddeo da Lugano; nell'interno a una navata, decorato da Giuseppe Valadier, *Incoronazione di Maria* di Fabio Angelucci; in sagrestia, affreschi dello Spagna.

Sull'alto del colle conico, collegato al piano da una strada spiraliforme (km 5), sta il castello di **Campello Alto** m 514, chiuso entro la cerchia muraria circolare. La struttura dell'abitato è trecentesca, evolutasi su un insediamento fortificato che risalirebbe all'età feudale (secolo X).

VERSO BERÒIDE. Edifici religiosi di fondazione romanica sono nella campagna a occidente, oltre la ferrovia, in direzione (km 5) di Beròide. Prima di questo paese, la frazione spoletina di *Azzano* m 239, conserva la chiesa di *S. Maria* (secolo XII) e, poco a sud-est, quella di *S. Lorenzo*, decorata nel '400. **Beròide** m 223, sorta attorno a un castello dell'Albornoz, ha nella chiesa di *S. Antonio Abate* affreschi votivi di scuola di Benozzo Gozzoli; nella campagna a sud rimane la chiesa di *S. Maria in Campis*, del secolo XIII.

SAN GIACOMO m 243, al km 64.6, costituisce l'ultima sosta del percorso ormai prossimo, km 72.8, a Spoleto (descritta nel capitolo 8, da pag. 409). Il paese sorge in piano organizzandosi attorno al *castello* dell'Albornoz, a pianta rettangolare rafforzata dalle torri angolari, e alla parrocchiale di **S. Giacomo**, originaria del XIII secolo, con corredo decorativo cinquecentesco.

INTERNO a tre navate. All'altare in fondo alla navata d., *Deposizione* di Fabio Angelucci (1575). Nel presbiterio: nella nicchia a d., *Madonna, angeli e i Ss. Pietro, Antonio abate, Bartolomeo*, di Dono Doni e Bernardino d'Assisi (1530); nella nicchia a sin., *Madonna, angeli e Ss. Gregorio papa, Sebastiano e Rocco*, dello Spagna (1528), autore anche delle *Ss. Maddalena e Apollonia* e dell'*Annunciazione* ai lati dell'arco trionfale. Nel tamburo, **S. Giacomo Maggiore e due miracoli* e, nel catino, *Incoronazione di Maria*, pure dello Spagna (1526).

7 FOLIGNO E L'APPENNINO NOCERINO-GUALDESE

L'AMBIENTE E LA STORIA

La piana di Foligno, che occupa la sezione mediana della Valle Umbra allo sbocco del fiume Topino, è chiusa a oriente dalla dorsale appenninica che ha origine a est della Bocca Trabaria (monte Nerone m 1525) e prosegue verso mezzogiorno segnando lo spartiacque appenninico principale per lungo tratto. La depressione longitudinale, nella quale si incanalano l'alto corso del Chiascio e poi il Topino, ha sempre costituito la più agevole via naturale per l'attraversamento della catena, utilizzata da percorsi di remota frequentazione sui quali si attestò la romana Flaminia, asse unificatore del comprensorio montano e catalizzatore dei processi di umanizzazione di tutto il territorio.

IL CENTRO URBANO. «Fulginia» trae origine da un centro di pianura sorto nel territorio dei «Fulginates», un popolo umbro ricordato nella «Naturalia Historia» di Plinio il Vecchio. Gli Umbri ivi insediatisi venivano da luoghi fortificati collinari e montani, nonché da siti pedemontani gli uni e gli altri distribuiti al di sotto del fiume Menotre: un'area frequentata dall'età preistorica e protostorica, quindi stabilmente abitata con l'età del Ferro. Il piccolo centro umbro di pianura, entrato nella sfera d'influenza romana (inizi del III secolo a.C.), trova in ciò le ragioni essenziali del suo accrescimento: ascritto alla tribù Cornelia, è prefettura e più tardi municipio, e offre agli Umbri fulginati, che si mantengono sulle alture contermini, occasioni sempre più ampie di scambi economici, sociali e culturali.

L'OSSATURA VIARIA. A partire dal 220 a.C. sorge, pochi chilometri a nord-est, «Forum Flaminii», nodo mercantile fondato al centro dell'«ager romanus» ai bordi del quale preesistono Fulginia e Plestia, la seconda nell'Appennino umbro-marchigiano. Diversamente da Fulginia, Forum Flaminii, ascritta alla tribù Ufentina, mantiene una vitalità più durevole nel tempo, come dimostrano testimonianze tardo-antiche e alto-medievali che scendono fino all'VIII secolo. Ciò si deve al legame con la Via Flaminia, che nel suo ramo orientale (Terni, Spoleto, Forum Flaminii, Tadinum), era cresciuta d'importanza dalla prima metà del IV secolo restando il principale asse viario tra Roma e il Nord fino all'invasione longobarda e fungendo da asse di urbanizzazione del territorio (Nuceria, Tadinum). Forum Flaminii condivide l'appartenenenza alla tribù Ufentina con Plestia, che conclude il proprio processo di formazione urbana attorno alla metà del I secolo a. Cristo. Municipio romano, Plestia (pag. 396) sorge nella piana immediatamente adiacente all'odierno villaggio di Colfiorito, al centro di un sistema stradale molto antico – risalente probabilmente alla preistoria e funzionale alla transumanza – che avrebbe permesso i collegamenti con i territori etruschi e sabini e, nel versante opposto, con le aree medio-adriatiche. La frequentazione degli altipiani carsici di Plestia è riconducibile all'età del Bronzo; la vicenda del popolamento stabile comincia agli inizi del IX secolo a. Cristo. Lo sviluppo urbano suggella dunque un lunghissimo percorso.

«CURIAE» E «CURTES». Tra il 1098 e il 1209, oltre alla curia cittadina, sono disseminate nel territorio altre «curiae» che esercitano i poteri militari e giurisdizionali; esse si attestano in posizioni strategiche rispetto all'intero bacino del Menotre e alle comunicazioni tra la Valle Umbra e gli altipiani plestini, e nella vasta pianura a occidente di Foligno solcata dal Topino e dal Clitunno, occupata da ampie porzioni paludose. Nel contado, le «curtes» – grandi aziende agrarie – formano i poli di definizione e di connessione del territorio. Testimonianze che vanno dal 1082 al 1225 documentano una serrata successione curtense nella bassa valle del Menotre, nell'areale collinare e alto-collinare-montano solcato dal fiume, a ridosso o sull'antica strada Plestina, e sull'asse di collegamento viario con la Valnerina passando per Sellano; sulle alture che si affacciano ai piani carsici dell'Appennino plestino; nella piana fino al territorio di Trevi; lungo l'asta fluviale del Topino. L'incastellamento determinerà la trasformazione delle «curtes» in autonomi circondari militari e giurisdizionali, formando la base d'appoggio della colonizzazione fondiaria e dell'antropizzazione del territorio che ha definito il profilo dell'area per molti secoli.

POTERI FONDIARI, PIEVI E MONASTERI. Gli esponenti dell'aristocrazia signorile che controlla tutta l'area folignate appartengono a una stirpe di origine longobarda. Se ne è ipotizzata una provenienza medio-adriatica e si è cercato di illustrarne i processi di differenziazione familiare identificandone gli esiti con i Monaldi e gli Atti. La formazione del loro dominio determina, dall'XI secolo, la preminenza dei Monaldi nella Plestina e nella valle del Menotre, mentre gli interessi degli Atti, originariamente radicati nel Nocerino, sono piuttosto legati alla Flaminia e alla valle del Topino. Tant'è che, quando daranno corso al processo di affermazione dinastica – costellato dalla fondazione di monasteri e di investiture patrimoniali ad enti ecclesiastici – i Monaldi si orienteranno sul Sassovivo (l'ente diventerà una vera e propria potenza), gli Atti su Gallano in Valtopina e sull'altopiano plestino-folignate, in stretto contatto con il Nocerino. L'organizzazione diocesana, che trascendeva le aree di influenza comitale, imprime un'unitarietà sulla quale si fonda la formazione del territorio folignate. La diocesi folignate comprendeva infatti canoniche e pievi distribuite secondo un disegno coerente con il tracciato originario della Flaminia lungo il tratto che da Bevagna tendeva a Nocera; pievi e monasteri si contavano nelle alture risalenti verso i piani carsici dell'Appennino.

LO STATO SIGNORILE. La lunga fase signorile, aperta dagli Anastasi (entro il 1305) e proseguita dai Trinci, ribadisce un tratto profondo di continuità rispetto al passato, perché garante della proiezione sul piano istituzionale degli interessi economici delle arti maggiori. La signoria dei Trinci rende Foligno capitale di un piccolo Stato. Signori di Foligno e vicari pontifici, estendono il loro potere sui territori, castelli e rocche di Bevagna (dal 1371), Valtopina (dal 1383), Leonessa nel Reatino (1389-1415), Montefalco (dal 1389), Bettona (dal 1389), Nocera (dal 1392) e nell'Umbria meridionale su Piediluco, Miranda, le Terre Arnolfe. Durante la signoria, la città assume un prestigio economico e culturale rilevante e un peso politico senza precedenti. Cessato il dominio dei Trinci (1439), il rientro sotto il diretto governo pontificio richiederà un lungo assestamento conflittuale tra i ceti sociali urbani.

IL RIPIEGAMENTO DELL'ETÀ MODERNA. Nell'ultimo ventennio del '400, il processo di consolidamento del territorio folignate può dirsi concluso. Esso si basava su un sistema di fortificazioni nato per tutelare i limiti territoriali; salvaguardare risorse naturali e assetti agro-silvo-pastorali; lucrare sul transito delle greggi transumanti; controllare le grandi vie di comunicazione (Flaminia, Plestina, l'antichissima Spina); cogliere le opportunità della felice posizione nei circuiti internazionali degli scambi commerciali tra Oriente e Occidente, almeno fino a quando l'Umbria ne fu parte (metà Trecento), e favorire così la formazione di un articolato sistema mercantile e la crescita di talune lavorazioni organizzate su base artigianale. Anche nell'età del ripiegamento umbro, che dal secondo '300 si snoda con intensità diversamente accentuate, la riduzione del raggio d'azione non cancella la centralità folignate e il ruolo di crocevia assunto dalla città, sia pure nell'imitazione delle mode romane e nell'«aurea mediocritas» che caratterizza la provincia pontificia nei tre secoli dell'età moderna.

LA CITTÀ E LA MONTAGNA TRA MARGINALITÀ E MODERNIZZAZIONE. Da questa centralità, dal flusso dei viandanti (in particolare da quelli provenienti dal vicinissimo Oriente adriatico), dei pellegrini comuni e dei personaggi coronati o illustri diretti ai grandi santuari (Roma, Assisi, Loreto e poi Cascia), dei viaggiatori intenti ai riti del Grand Tour, dei mercanti che agiscono nel sistema interregionale delle fiere e dei mercati, nascono in città il tessuto della ricettività, i palazzi dell'ospitalità patrizia, i modestissimi ospitali e poi gli alberghi e le moderne strutture ricettive. Nel 1866 il completamento della linea ferroviaria Roma-Ancona e l'attivazione del collegamento Teròntola-Foligno fanno della città un crocevia delle comunicazioni, almeno fino alla realizzazione (1877) della bretella Teròntola-Chiusi che taglia definitivamente fuori l'Umbria dal sistema delle comunicazioni tra Nord e Sud. A cavallo del Novecento saranno piuttosto fattori di modernizzazione economica la fabbricazione dei laterizi, l'industria saccarifera e quella alimentare, la chimica, la meccanica, il tessile, la cartaria, alcuni grandi impianti (le Officine ferroviarie, il Conservificio di Scanzano) e, più tardi, l'aeronautica. L'agricoltura, rimasta mezzadrile fino agli anni '50 del Novecento, sviluppa nel contempo, almeno nelle aree di pianura (a lungo bonificate) e nelle basse colline, processi interessanti di specializzazione nell'ortofrutticoltura, nella bieticoltura e nell'olivicoltura.

Nella montagna, gli ultimi decenni sono stati contraddistinti dalla crisi delle strutture agricole, accompagnata da consistenti fenomeni migratori. Se il paesaggio agrario appare cristallizzato nelle forme arretrate della policoltura di sussistenza, emergono tuttavia potenzialità di valorizzazione turistica (per esempio, le acque oligominerali a Nocera e a Gualdo) di un territorio di grande interesse naturalistico per gli ampi boschi misti e le faggete fino ad alta quota, e la diffusa qualità storico-ambientale. In bacini circoscritti, si regista inoltre la vitalità dei tradizionali comparti artigianali, tra i quali senz'altro emerge la produzione ceramica di Gualdo. Il terremoto che ha gravemente colpito la dorsale umbro-marchigiana nel settembre e ottobre 1997, causando danni capillari ed estesi in alcuni casi assai considerevoli, ha accentuato gli elementi di crisi e di destrutturazione già in atto nella montagna.

7.1 FOLIGNO

Città di pianura, **Foligno** m 234, ab. 52 930 (50 037), determina una frattura nella percezione di un'Umbria tutta legata ai rilievi collinari, netta nei suoi caratteri medievali. Eppure Foligno, della sua origine medievale mantiene intatti il sito, la forma, la gerarchia delle funzioni. Nata prima del Mille, accanto alla decaduta Fulginia, come insediamento castrense – il suo spazio oggi è occupato dalla Cattedrale e dalle Canoniche – la città si erge ai margini di una risorsa idrica fondamentale, il Topino, e di antichi tracciati viari mai dismessi. L'iniziale evoluzione urbanistica, che corre lungo i secoli XI e XII, entro il primo Duecento viene circoscritta da una cerchia muraria. Per successive espansioni e murazioni, intorno alla metà del Trecento la città raggiunge la sua dimensione massima, quella che si poteva agevolmente vedere ancora negli anni cinquanta del '900 e che tuttora si coglie camminando, con pazienza, tutt'attorno. L'abbattimento totale delle porte e di una porzione cospicua delle mura urbiche, tra l'Unità e gli anni trenta del '900; la progressiva fuoriuscita dei residenti dal nucleo antico; la trasformazione degli spazi rurali in aree urbanizzate: questi fattori hanno soffocato la città storica e ne hanno reso incerto il profilo. Foligno sembra essere, di primo acchito, una città senza connotazione. In effetti è la modernità cinque-ottocentesca a costituire il tratto peculiare. Poiché ha mantenuto funzioni territoriali di un certo rilievo nei secoli moderni – da qui nasce il topos del «porto di terra» dello Stato pontificio – Foligno ha consentito di investire risorse anche ingenti nel rinnovamento edilizio. Operazioni volte a perpetuare la dignità patriziale di un casato, o a favorirne l'affermazione, hanno implicato una rivisitazione della città a volte anche molto incisiva, e ne hanno riclassificato l'immagine esteriore. A definire questa hanno infine concorso i processi urbani contraddittori dell'ultimo secolo: stravolgimenti di secolari destinazioni d'uso, trasferimento e destrutturazione di talune manifatture, rettifiche viarie, demolizioni di edifici anche di prestigio monumentale, e poi le bombe dell'ultimo conflitto mondiale che hanno devastato il tessuto urbano. Il terremoto del 1997 ha colpito un organismo provato accentuandone in più parti la crisi. A fronte la pianta storico-urbanistica della città.

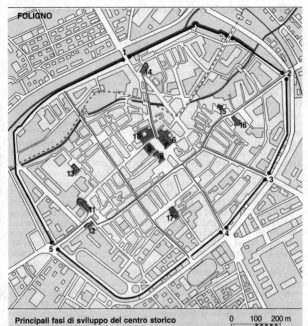

Principali fasi di sviluppo del centro storico

0   100   200 m

—— Mura del sec. XIII e porte

1 Porta S. Giacomo
2 Porta Ancona
3 Porta della Croce
   o di S. Felicianetto
4 Porta Contrastanga o Romana
5 Porta Todi

- - - Antico corso del Topino,
       deviato nel sec. XIII

—— Assi viari medievali

6 Duomo
   (1133-1548 su chiesa del sec. IX-X)
7 Palazzo delle Canoniche
   (sec. XI, rinnovato nel XVI e XVIII)
8 Palazzo comunale
   (sec. XIII, rifatto nel 1546-1642)

9 Palazzo del Podestà
   (sec. XIII, ristrutturato nel XV)
10 Palazzo Trinci (1389-1407)
11 S. Domenico
   (1285, ampliata nel 1465-72)
12 S. Maria Infraportas (sec. XI)
13 S. Nicolò
   (rifatta nei secoli XIV, XV e XVIII)
14 S. Giacomo
   (sec. XIII, rifatta nel XV)
15 SS. Salvatore
   (documentata dal 1138)
16 S. Agostino
   (sec. XIII, ampliata nel XIV)
17 S. Francesco
   (sec. XIII-XIV, rifatta nel XIX)

I CARATTERI DELL'INSEDIAMENTO NELLA VICENDA STORICA

LE ORIGINI DELL'INSEDIAMENTO ALTO-MEDIEVALE. In vari documenti successivi al Mille, trova riscontro l'esistenza di un «comitatus fulineatus» (1023) che prende nome dal centro urbano di riferimento: un polo allora recente, la «civitas Fulinea» (così in un testo del 1065) o «civitas Sancti Feliciani» (1082), sede del vescovo e dei canonici. Questa è lo sviluppo di un insediamento castrense, da localizzare tra le odierne piazze della Repubblica e Faloci Pulignani. Intorno al IX secolo era venuta confluendo nel «Fulineas castrum» una popolazione che tra il VI e il VII si era rifugiata sulle alture collinari circostanti, in particolare su un colle tuttora noto come S. Valentino. Testimonianze del VII-VIII secolo attestano l'identità cittadina dell'insediamento ubicato su questo colle e l'appartenenza di esso al Ducato di Spoleto. Si tratta della Fulginia alto-medievale, ricordata nei documenti posteriori col termine Civitavecchia a indicarne l'avvenuta decadenza. Prima di salire sui colli questa popolazione aveva abitato Campi, da cui deriva il toponimo di S. Maria in Campis. Campi, poco a est dell'odierna Foligno, era la «Fulginia» (o «Fulginiae» o «Fulginium») romana – estesa tra l'attuale stazione ferroviaria e la via Rubicone – la cui crisi era iniziata già attorno alla fine del III secolo.

TRA XII E XV SECOLO. Nel 1177 il Comune cittadino risulta consolidato nella forma consolare, del 1198 è la prima scelta podestarile. La maturazione del Comune popolare, che realizza a suoi istituti in questo periodo (il primo capitano del popolo è attestato nel 1250), avviene in contesto ghibellino. L'affermazione del partito guelfo, sancita dalla vittoria di Perugia contro Foligno nel 1254, non andrà oltre un decennio. E non appena i ghibellini tornano al potere, ricomponendo la saldatura tra i settori mercantili della città e l'assetto istituzionale «popolare», sarà il priore delle Arti, Anastasio di Filippo degli Anastasi, a imprimere una svolta monocratica all'istituzione comunale, assumendo la signoria di fatto sulla città (fino al 1305). Agli Anastasi succedono i Trinci (1310-1439), che segnano il periodo più prospero per Foligno dove, oltre ai commerci, si sviluppano importanti lavorazioni su base artigianale. Si radicano in questo contesto, e si evidenziano nel tempo con diverse fortune, alcune specificità locali: l'oreficeria, l'argenteria, l'intaglio ligneo, la ceramica d'uso, la produzione di cera, i filati, i manufatti in canapa, lana e seta, l'attività cartaria, l'edilizia, le arti decorative, l'arte organaria, la fusione dei metalli. Nel settembre 1439 l'esercito pontificio di Eugenio IV occupa la città, che da allora non avrà più storia propria.

FORMA E ASSETTO DELLA CITTÀ STORICA. È stata sottolineata la forma 'ovata' della città. Benché inscrivibile in un'ellisse, Foligno ha avuto e ha tuttora un solo fuoco costituito dall'odierna piazza della Repubblica, lo spazio dove si affacciano la Cattedrale, le Canoniche, i palazzi del potere pubblico. Nel dislocarsi, questi eminenti edifici hanno circoscritto con geometrica precisione un ambito collettivo, il luogo privilegiato degli scambi e delle assemblee cittadine: la «platea Fulginei», come si legge in un documento del 1214, cioè la piazza per antonomasia, detta nel tempo del Comune, pubblica, grande, maggiore, nodo nevralgico della città. Davanti alla facciata principale della Cattedrale non poteva mancare uno spazio proprio, sacro, cha ha pure racchiuso funzioni e rapporti economici: la piazzetta di S. Feliciano o piazza Piccola o dei Pomi, l'odierno largo Carducci. Poco lungi, ma ben collegata al perno centrale, la piazza Nuova (oggi del Grano) ha formato principalmente il polmone frumentario. Questo sistema centrale, intreccio di poteri e di ruoli, è alimentato da vie e piazze distribuite secondo rigide gerarchie rimaste immutate per secoli nelle loro funzioni. A mano a mano che dal bozzolo originario, e dalle vie che lo collegano alle porte, ci si addentra nel dedalo di strade e vicoli secondari e periferici, il tessuto edilizio diventa minuto, povero, poverissimo. È questa la Foligno nascosta dietro le quinte lineari formate dagli edifici maggiori che si affacciano lungo le strade principali dando il tono alla città, stemperandone o addirittura occultandone l'impianto e l'immagine medievali.

Vicine al cuore istituzionale della città, si ergono le residenze dei maggiorenti: nobili, patrizi, mercanti. Ai bordi del costruito, le due collegiate di S. Maria Infraportas e del SS. Salvatore, le chiese e i conventi degli ordini mendicanti (Francescani, Agostiniani, Serviti, Domenicani), la rete dei bizzocaggi (reclusori e luoghi comunitari) che via via si trasformano in monasteri. È un succedersi a ondate, modulato sull'ampliamento della città, soprattutto nella sua fase due-trecentesca. Tra questa cintura monastico-conventuale e le mura dell'ultima cerchia si sviluppano la «strada delle Mura», vero e proprio anello di circonvallazione, e gli orti.

DAL CINQUECENTO ALL'OGGI. Gradualmente, e comunque con il Cinquecento, si stabilisce una centralità economica e simbolica nuova imperniata sulla direttrice mediana formata dalla vie oggi chiamate XX Settembre e corso Cavour, per molti secoli denominato via della Fiera. A testimonianza di tale evoluzione, emergono segni sempre più netti: la riunificazione degli ospedali cittadini in un fabbricato qui posto, le Logge di rinnovata architettura (1517), la posta con relativa locanda, le dimore (ricostruite tra Cinque e Seicento) degli esponenti del ceto patriziale e civile, gli alberghi, le numerose botteghe disposte tra porta Romana e porta S. Giacomo, il teatro Apollo (1827), la Cassa di Risparmio (1858). Nel secondo Ottocento comincia l'espansione all'esterno, contrassegnata dalla costruzione della stazione ferroviaria e di alcuni impianti industriali, poi dello stadio e dei villini a ridosso delle mura e lungo i viali che collegano la stazione al centro storico.

MANIFESTAZIONI. Dal 1946, si svolge ogni anno (seconda e terza domenica di settembre) la Giostra della Quintana, che si ispira a una gara a cavallo del XVIII secolo ed è preceduta da un corteo storico con 600 personaggi. Tra settembre e ottobre sono organizzati dal 1981 i Segni Barocchi, con spettacoli musicali, teatrali, cinematografici improntati al barocco.

LE PIAZZE CENTRALI E IL DUOMO

Nel perfetto baricentro urbano si saldano due piazze che ruotano attorno all'articolata mole della Cattedrale, che fa da perno a una composizione spaziale complessa anche stilisticamente per la molteplicità degli interventi edilizi protrattisi per molti secoli. Il vasto rettangolo della principale **piazza della Repubblica**, la piazza Grande d'età comunale, fu configurato a partire dal XIII secolo con la costruzione, sul lato opposto al fianco della Cattedrale, dei tre palazzi pubblici (del Podestà, dei Priori e del Capitano del popolo);

il secolo successivo, i Trinci inserirono a settentrione il prezioso involucro del palazzo di famiglia, che tramite cavalcavia si raccordava alle strutture preesistenti. Nel Cinquecento, i palazzi dei Priori e del Capitano vennero radicalmente ristrutturati a formare l'odierno complesso comunale, mentre quello del Podestà fu ceduto agli Orfini, che con le loro residenze definirono la cortina antistante alla facciata secondaria (transetto sinistro) del Duomo. La forma dell'invaso, allungata e caratterizzata dall'innesto angolare delle quattro strade, è quella medievale; le architetture mostrano invece il volto composito delle ristrutturazioni ottocentesche. Il palazzo delle Canoniche, incastrato fra la navata sinistra e il transetto della Cattedrale, fa da tramite con il contiguo *largo Carducci*, sul quale s'impone la facciata principale della chiesa.

*DUOMO. Sorge nel sito di un primitivo edificio sacro, forse risalente al IX-X secolo, posto in luogo che si vuole sacralizzato dalla sepoltura di san Feliciano, il santo martire cui è intitolato. Rinnovato a partire dal 1133, venne ampliato del transetto sinistro entro il 1201. La struttura così modellata, a tre navate con presbiterio sopraelevato, ebbe nel 1457-65 ingranditi il coro e la parte absidale; nel 1512, sotto la direzione di Cola da Caprarola ne fu avviata la radicale trasformazione con la demolizione delle navate e l'edificazione dell'odierno organismo a croce latina a navata unica, con volte a crociera e cupola centrale, quest'ultima realizzata nel 1543-48 su disegno di Giuliano di Baccio d'Agnolo. Dal 1772 al 1819 l'interno venne completamente trasformato in stile neoclassico da Giuseppe Piermarini («imperial regio architetto» a Milano, 1770), che modificò un progetto di Luigi Vanvitelli. Le due facciate romaniche (per quella laterale, v. pag. 383) furono restaurate nel 1904 secondo le indicazioni di Vincenzo Benvenuti. L'edificio è stato lesionato dal terremoto del settembre-ottobre 1997. Sopra il portale maggiore corrono una fascia con iscrizione che ricorda la data del primo rinnovamento medievale (1133) e una loggetta fiancheggiata da due bifore; in alto, il rosone di ripristino, circondato dai *simboli degli Evangelisti*, e un mosaico (*Cristo in trono fra i Ss. Feliciano e Messalina con Leone XIII*) realizzato nel 1904 su disegno di Carlo Botti. Sulla sinistra, lapidario dei Caduti.

INTERNO (attualmente non accessibile). Al 1° altare d., *Morte di Messalina* (martire folignate del sec. III) di Enrico Bartolomei (1850); al 2°, *Sacra Famiglia* di Giovanni Andrea Lazzarini (1779). Nella sagrestia: *Crocifisso* in rilievo tra la *Vergine* e *S. Giovanni*, figure dipinte a tempera da Pietro di Giovanni di Corraduccio e dall'Alunno (entro 1463), e i *busti di*

Bartolomeo e *Diana Roscioli*, attribuiti a Gian Lorenzo Bernini. Nel braccio d. della crociera: all'altare a d., *S. Francesco orante* di Francesco Pizzoni (c. 1826). Il baldacchino (1698) sopra l'altare maggiore, di Andrea Calcioni, è una riproduzione con varianti di quello di Bernini in S. Pietro in Vaticano. Davanti al baldacchino due scalette scendono nella CRIPTA (prima metà del sec. XI), in origine rettangolare, con interventi cinque-seicenteschi e decorazioni pittoriche dell'inizio del '900; le colonne sono per lo più di recupero con rozzi capitelli decorati con animali. È preceduta da un locale dove, dietro un bel cancello del XVII sec., sono conservati preziosi reliquiari.

Nella volta del presbiterio, *Apoteosi di S. Feliciano* (1723) e, nel catino dell'abside, *Trionfo della Religione* (1722), affreschi di Francesco Mancini. In una nicchia chiusa, a d. del presbiterio, statua di *S. Feliciano* in argento, modellata da G.B. Maini (1732-33), collocata su piedistallo argenteo di Johann Adolf Gaap (1700): scempiata da un furto (1982), è stata ricomposta con l'utilizzo di copie dei pezzi trafugati. Dal braccio sin. della crociera si passa nella cinquecentesca *cappella Iacobilli* (o *del Sacramento*), con *due storie di S. Feliciano*, affreschi di Vespasiano Strada, e sopra l'ingresso *Miracolo di S. Martino* di Baldassarre Croce. Tra il 1° e il 2° altare sin. della navata, affresco staccato (*Crocifissione e santi*), di scuola folignate del sec. XV.

*FACCIATA LATERALE DEL DUOMO. La fronte del braccio sinistro della crociera, affacciata su piazza della Repubblica, è architettonicamente compiuta e ricca di elementi decorativi così da configurare dall'esterno il transetto come una chiesa a sé stante. Decorata nella parte bassa, fino al cornicione, con paramento in filari di pietra bianca e rossa su cui si aprivano le tre porte corrispondenti alle tre navate medievali, venne completata nel 1201 come testimonia l'iscrizione posta al centro del portale attorno al disco solare. Il magnifico ***portale**, opera dei maestri Rodolfo e Binello (1201), è ricco di ornati classicheggianti: nella faccia interna degli stipiti, rilievi dell'*imperatore Ottone IV di Brunswick* e del *papa Innocenzo III*; nel giro dell'arco interno, i *simboli degli Evangelisti* e i *segni dello zodiaco*; nel giro dell'arco esterno, fascia di mosaici cosmateschi; la porta lignea intagliata è del 1620. La parte superiore venne più volte modificata: al secolo XIII risalgono la bella loggetta (con colonne a torciglione e capitelli di recupero) e le ghiere dei due rosoni laterali con decorazione in pietre a intarsio; all'inizio del XV, la sopraelevazione sulle navate laterali con le tre bifore; al secolo successivo, la decorazione pittorica (visibile all'interno della loggetta) e la parte terminale della muratura a eccezione della zona centrale con il rosone, il timpano e i cornicioni che, assieme agli elementi centrali dei rosoni laterali, vennero realizzati nel 1903-1904 su progetto di Vincenzo Benvenuti.

PALAZZO DELLE CANONICHE. Documentato dall'XI secolo, si inserisce a ridosso del transetto e della navata sinistra del Duomo; modificato nei secoli XVI e XVIII, è ora nell'aspetto dell'integrale restauro eseguito nel 1923-26 con la riapertura delle vecchie bifore e l'aggiunta del corpo di fabbrica terminale merlato, al posto delle abitazioni che chiudevano la piazza. Il palazzo è destinato a divenire sede della raccolta d'arte diocesana, con opere pittoriche dal XV al XVIII secolo (Bartolomeo di Tommaso, Ferraù da Faenza, Cristoforo Roncalli, Cesare Sermei, Noël Quillerier, G.B. Michelini) e documenti di archeologia cristiana.

PALAZZO COMUNALE. Fronteggia il palazzo delle Canoniche il palazzo pubblico, di fondazione duecentesca ma completamente ricostruito tra il 1546 e il 1642. La facciata venne consolidata in seguito ai danni provocati dal terremoto del 1832 con l'aggiunta del colonnato neoclassico (1835-38) su progetto di Antonio Mollari, conservando la bella torre medievale, modificata nella parte superiore nel secolo XVI, gravemente danneggiata, assieme all'edificio (attualmente inagibile), nel terremoto del 1997.

INTERNO. La lunga vicenda costruttiva del complesso è evidenziata dalle stratificazioni architettoniche e decorative del «vecchio» (sec. XIII-XV) e del «nuovo» (sec. XVI-XX) palazzo pubblico, illustrate all'interno da pannelli informativi. Nella SALA DEL CONSIGLIO, camino in pietra (1547) e decorazione pittorica con *scene storiche* di Mariano Piervittori (1883-87). Un cavalcavia immette in ambienti appartenuti al medievale palazzo del Podestà (v. oltre), ristrutturati da Ugo Tarchi. Vi è allestito il MUSEO DELL'ISTITUZIONE COMUNALE, con documenti e costumi delle antiche magistrature, emblemi, arredi liturgici e d'uso quotidiano dal XV al XIX secolo. La contigua LOGGIA DIPINTA fu realizzata dai Trinci nel primo '400 ed era in origine collegata al palazzo signorile tramite un passaggio sospeso; nel 1424-28 fu ornata internamente a monocromo con le *Virtù teologali* (per l'esterno, v. sotto); completavano la decorazione sette sculture d'età romana, sistemate sulla facciata della loggia (ora all'interno) con l'intento di rappresentare le sette età dell'uomo; inoltre, bassorilievo in marmo con *corsa di quadrighe nel Circo Massimo* (III sec.) e il *simulacro della Quintana*, statua lignea policromata del sec. XVI-XVII.

ACCANTO AL PALAZZO PUBBLICO. Un cavalcavia unisce il Palazzo comunale al **palazzo Orfini**, elegante costruzione con bel portale del 1515, completata nel '900. Segue il fabbricato occupato dall'antico **palazzo del Podestà**: il grande arco ogivale visibile sul prospetto continua all'interno con un'ampia volta che, probabilmente, copriva il luogo destinato alle adunanze popolari (fine '200); a destra si leva una torre medievale mozzata e, di seguito, la parte ristrutturata nel '400 dotata di bella loggetta con decorazioni geometriche a graffito e le *quattro Virtù cardinali* (1424-28), attribuite a Giovanni di Corraduccio; le sette mensole reggevano le teste romane, ora nella

Loggia dipinta (v. pag. 384). Nella zona sottostante, resti della decorazione ad affresco della prima metà del XV secolo. Sul lato rivolto a via Gramsci, con tracce di pitture murali del tardo Quattrocento, si riconosce in alto la porta del cavalcavia che collegava il palazzo del Podestà alla residenza dei Trinci. Tra il palazzo del Podestà e la facciata laterale del Duomo, sotto un vetro, *pozzo* medievale detto «dei miracoli».

*PALAZZO TRINCI. Sul finire del '300 i Trinci acquistarono le case e le torri del ricco mercante Giovanni di Ceccarello, confinanti con la loro abitazione prospiciente la piazza Grande. Tra il 1389 e il 1407 queste strutture furono radicalmente ristrutturate nell'odierno complesso, che costituisce una delle dimore signorili tardo-gotiche più interessanti dell'Italia centrale. La corte dei Trinci ospitava studiosi e umanisti, come Francesco da Fiano, e ispirò i temi dei cicli di affreschi che rappresentano una vera e propria enciclopedia della cultura umanistica del primo Quattrocento. Dopo la cacciata dei Trinci (1439), il palazzo fu sede dei governatori pontifici. A seguito dei gravi danni provocati dal terremoto del 1832, fu realizzata la facciata neoclassica (1842-47) su piazza della Repubblica, con intervento di Vincenzo Vitali su disegno di Odoardo Poggi modificato da Sigismondo Ferretti. Il cavalcavia sulla destra, che collegava il palazzo con le abitazioni costruite sopra la navata minore della Cattedrale, conserva il paramento in cotto con bifora degli inizi del XV secolo; altri brani significativi delle murature quattrocentesche sussistono nel prospetto su via XX Settembre e nel cortile. Nel complesso, recentemente restaurato ma lesionato dal terremoto del 1997, verranno riallestite le raccolte museali civiche.

*INTERNO (attualmente non accessibile). Attraverso un atrio si entra nel cortile con ampio porticato in laterizi e grandi volte a crociera, in parte ricostruito nel 1949 dopo i danni subiti per il bombardamento aereo del 1944. Sulla destra, scalone in stile (1927) su progetto di Cesare Bazzani. L'originaria *scala gotica* (un tempo a cielo aperto) è molto interessante per le soluzioni architettoniche e per gli affreschi tardo-gotici con frammentarie decorazioni geometriche. Al SECONDO PIANO, dove avrà sede la pinacoteca (v. oltre), si sviluppano le sale affrescate. In cima alle scale si apre un vasto VESTIBOLO decorato di affreschi a motivi ornamentali e figurati (sec. XV e XVI) e coperto da un elegante soffitto ligneo recante lo stemma di Sisto IV, del 1475 ma ampiamente restaurato nel 1930 circa. A sinistra dell'entrata si apre per tre arcate sul vestibolo la LOGGIA, ornata di affreschi frammentari con *storie di Romolo e Remo*.

*CAPPELLA. È tutta ricoperta di affreschi di Ottaviano Nelli, eseguiti nel 1424. Nella volta: *Sposalizio di S. Anna; l'Angelo promette la prole a Gioacchino e Anna; loro incontro alla Porta Aurea di Gerusalemme; Na-*

tività di Maria; nelle lunette: *Presentazione di Maria; Annunciazione*; alle pareti, dalla sin. dell'altare: *Presepio; Epifania; Presentazione di Gesù*; *l'Angelo annuncia a Maria la prossima morte; gli apostoli prendono congedo da Maria; suo transito; funerali; Assunzione*; inoltre, *Crocifissione, Ss. Antonio abate, Domenico e Battista* e *S. Francesco stimmatizzato*.

*SALA DELLE ARTI LIBERALI E DEI PIANETI. Con accesso dalla loggia, è impreziosita da un ciclo pittorico del primo '400, opera di un grande maestro di cui non è ancora stata definita l'identità, probabilmente un pittore veneto (Niccolò di Pietro?) compagno di Gentile da Fabriano (cui in passato gli affreschi furono attribuiti) nelle imprese di Venezia e Brescia. In figura di donne decorosamente vestite, in ricchi troni architettonici, sono rappresentate la *Grammatica*, la *Dialettica*, la *Musica*, la *Geometria*, la *Filosofia*, l'*Astrologia*, l'*Aritmetica* e la *Retorica*; mentre rappresentano i Pianeti le figure, in parte mutile, della *Luna*, di *Marte, Mercurio, Giove, Venere, Saturno* e *Sole*; in corrispondenza di ciascuna di esse, entro dischi iridati, sono simboleggiate le varie età dell'uomo e le ore del giorno.

CORRIDOIO. Lungo la parete sinistra si allineano le figure frammentarie di *Romolo, Scipione, Giosuè, David, Giuda Maccabeo, Cesare, Alessandro Magno, Re Artù, Carlo Magno, Goffredo di Buglione*, e sono simboleggiate le età dell'uomo in una serie di affreschi monocromati, eseguiti sullo strato inferiore dell'intonaco; il motivo è ripetuto, a colori e in maggiori dimensioni, nella parete destra.

*SALA DEI GIGANTI. Vi si accede dopo aver attraversato un ambiente adiacente alla sala delle Arti liberali e dei Pianeti. È affrescata con 15 (in origine 20) grandi figure frammentarie di illustri personaggi della storia romana: *Augusto, Tiberio, Camillo, Fabrizio, Curio Dentato, Manlio Torquato, Cincinnato, Marcello, Scipione Africano, Muzio Scevola, Catone, Mario, Publio Decio, Nerone, Fabio Massimo*.

PINACOTECA COMUNALE. Istituita nel 1870 nell'ex monastero di S. Maria di Betlem con dipinti e soprattutto affreschi staccati da edifici religiosi demaniati dopo l'Unificazione, fu sistemata nel palazzo Trinci nel 1935. Il patrimonio documenta la pittura umbra e folignate in particolare tra XIV e XVI secolo con dipinti dell'Alunno (*Stimmate di S. Francesco*, predella con i *Profeti), del figlio Lattanzio, del suo maestro Pier Antonio Mezzastris (tra cui *Crocifissione*, da S. Domenico); affreschi di Bartolomeo di Tommaso, pure da S. Domenico (**storia di S. Barbara, Madonna di Loreto e S. Antonio da Padova*), e di Giovanni di Corraduccio.

MUSEO ARCHEOLOGICO. La raccolta, avviata nel 1762 per iniziativa dell'Accademia Fulginia e sistemata nel 1927-28 nel cortile di palazzo Trinci, fu danneggiata dal bombardamento del 1944. Attualmente sottoposta a ristrutturazione, comprende materiali lapidei d'età romana e tardo-romana, urne cinerarie, sarcofagi, materiali dagli scavi di S. Maria in Campis (Fulginia) e di Colfiorito (Plestia). Tra le collezioni storiche, di particolare rilievo quella di testine romane e quella scultorea ed epigrafica dovuta a Ludovico Iacobilli (sec. XVII).

VIA GRAMSCI. L'antica via dei Mercanti si dirama al piede di palazzo Trinci, svolgendosi tra nobili architetture dei secoli XVI-XVIII che rinnovano i preesistenti casalini medievali. A destra emerge il **palazzo Deli**, già Nuti-Varini, edificato nel 1510-16 inglobando una torre e strutture più antiche in parte riconoscibili; all'interno, elegante loggiato, e ai piani superiori, affreschi del secolo XV pertinenti alla costruzione precedente. Nel palazzo, lesionato dal sisma del 1997, sarà riallestito l'*Archivio di Stato*. Allo slargo in fondo al quale si leva la chiesa di *S. Apollinare* seguono su via Gramsci il cinquecentesco *palazzo Deli*, poi Maiolica-Pesci (N. 45), quindi il **palazzo Iacobilli-Alleori Ubaldi** (1575), con ricco cornicione in cotto e, all'interno, sale dipinte da Marcello Leopardi (c. 1787). Si incrocia a sinistra la via Saffi, dove rimane la facciata della chiesa di *S. Carlo* (1613), trasformata all'interno in teatro; vi è annessa la *chiesa della Misericordia*, costruita entro il secondo decennio del '600, con decorazione barocca e altare maggiore di Giuseppe Scaglia (1664).

Il successivo tratto di via Gramsci mostra a sinistra la *casa Benedetti*, poi Bocci, che incorpora frammenti di un monumento romano, fronteggiata dal **palazzo Guiducci** con elementi architettonici del primo Cinquecento; a destra, il *palazzo Prospero-Valenti-Piermarini*, di origini trecentesche ma trasformato, dove erano le più antiche dimore dei Trinci (all'interno, tratto di antica muratura in opera quadrata e l'antica cappella della famiglia). Seguono a destra, N. 52-54, il **palazzo Vitelleschi**, ora sede di uffici comunali, con ambienti riccamente decorati nel secolo XVII, e infine il **palazzo Brunetti-Candiotti**, architettura cinquecentesca modificata all'inizio del '600 e ristrutturata entro il 1797 su progetto di Filippo Neri; all'interno, notevole apparato decorativo di Tommaso Bottazzi e Francesco Pizzoni. Conclude la via Gramsci l'**oratorio della Confraternita del Crocifisso**, eretto alla fine del '500, ampliato tra la seconda metà del '600 e i primi anni del '700; l'interno, impreziosito da stucchi e affreschi eseguiti entro il primo ventennio del '700, ha soffitto ligneo intagliato (1631) e una complessa macchina d'altare in legno scolpito e decorato di Antonio Calcioni (1706).

S. DOMENICO. Al termine di via Gramsci si aggira il fianco dell'ex chiesa conventuale, trasformata in Auditorium su progetto di Franco Antonelli (1994). L'edificio, iniziato attorno al 1285 e ampliato nel 1465-72, ha un bel portale ogivale e un alto campanile gotico del '300. L'interno è ad aula coperta a capriate (moderne), con transetto e abside (la volta fu ricostruita dopo il terremoto del 1832). Le pareti conservano un vasto complesso di affreschi frammentari di carattere votivo, eseguiti da più maestri e persone del loro «entourage» (sarebbero stati individuati Cola Petruccioli e Giovanni di Corraduccio, oltre a Bartolomeo di Tommaso i cui affreschi, staccati, sono ora in Pinacoteca), che documentano l'evoluzione della pittura in città tra la fine del Trecento e i primi anni del secolo successivo. In fondo, a destra, sinopia della *Crocifissione* di Pier Antonio Mezzastris (l'affresco è in Pinacoteca).

*S. Maria Infraportas. Affacciata sulla piazza S. Domenico, la chiesa è documentata dall'XI secolo. Il prospetto in fasce di pietra bianca e rosa, adorno di una bifora e preceduto da un portichetto con colonne e capitelli del secolo XI o XII, è sistemazione ottocentesca che ha riutilizzato elementi di un preesistente rosone. A destra del portico, edicola del 1480 con affresco; in fondo al fianco destro, torre campanaria romanica.

Interno. A tre navate divise da pilastri, di cui la mediana con volta a botte e le laterali, aggiunte nel secolo XV, con volte a crociera. Alle pareti e sui pilastri, numerosi affreschi votivi. Nelle tre nicchie della navata d., altrettante *Crocifissioni*, di cui la prima attribuibile a Pier Antonio Mezzastris; la seconda, data 1525 e copia della prima, dovuta a un artista folignate influenzato dall'Alunno; la terza, del principio del '400, di artista locale con influssi senesi. Notevole anche, sul 2° pilastro, un *Cristo crucifero* di carattere benozzesco. Al pilastro destro d'ingresso al presbiterio, *S. Girolamo e due angeli* che lo incoronano di Pier Antonio Mezzastris. Nella parete sin. del presbiterio, *tabernacolo* per l'olio santo, della prima metà del '500, con caratteri di scuola lombarda; al 3° pilastro sin., *S. Rocco* di Pier Antonio Mezzastris, e *Madonna col Bambino*, stucco policromato di carattere fiorentino, della fine del '500. Alla parete della navata sin., *Madonna col Bambino e S. Giovanni*, affresco di Ugolino di Gisberto (1500). Al principio della navata sin. si apre la ***cappella dell'Assunta**, del XII secolo, con due belle bifore alla parete destra: nello strombo di una di esse, l'*arcangelo Gabriele e Disma* (il buon ladrone), affreschi della seconda metà del sec. XII; nella nicchia di fondo, *Cristo benedicente tra i Ss. Pietro e Paolo* e una decorazione a foggia di arazzo orientale dipinto, interessante affresco coevo al precedente; accanto, statua lignea della ***Madonna** (il Bambino è stato trafugato), della fine del secolo XII.

S. Caterina. Dalla piazza S. Domenico muove verso sud-est la *via S. Caterina*, che tra caratteristici casalini medievali porta all'omonima **chiesa**, con bel portale polistilo, portone in legno quattrocentesco, cornice ad archetti e rosone dei primi del secolo XIV. All'interno, cantoria e affreschi trequattrocenteschi, bisognosi di restauro.

Oltrepassato l'ex *monastero di S. Caterina delle Vergini* (ora scuola elementare), di fondazione duecentesca, si può accedere al **parco dei Canapè**, il passeggio pubblico sistemato nel 1826, che prende nome dai sedili in cotto (1777) che ne delimitavano il bordo meridionale (in parte conservati).

S. Nicolò. Retrocessi in via Gramsci, si segue a sinistra la via della Scuola d'Arti e Mestieri, oltrepassando la chiesetta di *S. To-*

maso dei Cipischi (ora Museo Scout), eretta nel 1190 e modificata nel '700. Si raggiunge quindi la piazza sulla quale affaccia la chiesa di **S. Nicolò**, ricostruita nel '300 dagli Olivetani, trasformata nel '400 dagli Agostiniani e completamente ristrutturata nel 1747 su progetto di Pietro di Domenico Loni. Il portale rinascimentale (fine '400-inizi '500) fu ricomposto con elementi provenienti da una cappella demolita nella ristrutturazione settecentesca; sul fianco, cospicue tracce delle murature e dei portali dei secoli XIV e XV.

INTERNO. Al 2° altare d., *Natività, Risurrezione e santi*, grande polittico (in restauro) di Niccolò Alunno (1492; la predella con cinque storie della Passione è al Louvre). All'altare in fondo alla navata d., **Incoronazione di Maria e Ss. Antonio abate e Bernardino*, dello stesso. Nell'abside *Madonna, angeli e santi* di Sebastiano Conca. In sagrestia: *Madonna col Bambino* di Luca di Tommè; bancone intarsiato di Pollione di Gaspare da Foligno, con piccole figure dipinte su tela da Ugolino di Gisberto; *Crocifissione*, affresco di Bartolomeo di Tommaso.

Nell'annesso ex convento, ora scuola media statale «G. Piermarini», chiostro del secolo XVII e calchi in gesso di monumenti realizzati dalla scuola di arti e mestieri, istituita nel 1873, che qui aveva sede.

PIAZZA XX SETTEMBRE. È collegata alla piazza S. Nicolò dalla via Mezzalancia, che si stacca di fronte all'ex convento. Già denominata piazza Spada, ha spiccato carattere di spazio gentilizio chiuso tra residenze di pregio tra le quali si impone il grandioso **palazzo Monaldi-Barnabò**, ora Liceo-ginnasio «F. Frezzi», eretto nella prima metà del Seicento e tra le più notevoli realizzazioni private di quel secolo in città.

IL RIONE DELLE CONCE. A sinistra del palazzo Barnabò, la *via S. Giovanni dell'Acqua* introduce al rione artigiano cresciuto nel Medioevo con maglia regolare e compatta attorno all'antico alveo del Topino, deviato a nord, fuori le mura, a metà Duecento. Oltrepassato il trecentesco portale gotico della chiesa di *S. Giovanni dell'Acqua*, eretta nel 1389, con affreschi trecenteschi in sagrestia, si attraversa il *canale Topinello*, che scorre nel letto primitivo del fiume: subito a destra, una stradina sterrata porta in breve al caratteristico (ma degradato) **portico delle Conce**, con antichi opifici (mulini e concerie) affacciati sul canale; in fondo, interessanti edifici dei secoli XV-XVI e la chiesa di *S. Margherita alle Conce* (rifacimento dei secoli XVII-XVIII).

S. GIACOMO. Raggiunto il fiume, lo si costeggia sulla destra lungo via Ciri fino a incontrare la via XX Settembre, nella quale si continua a destra. A sinistra vi prospetta la gotica chiesa di **S. Giacomo**, documentata dal XIII secolo, rifatta nel 1402, con facciata incompleta a bande bianche e rosse, ornata di un portale ogivale. L'interno è a tre navate, rifatto nella prima metà del '700 su progetto di Paolo Soratini: nella cupola, *Assunzione della Vergine*, affresco di Giuseppe Nicola Nasini (1716-18); tra gli arredi, macchina d'altare in legno intarsiato e intagliato da Antonio Calcioni (1702) e leggio di Pollione di Gaspare. Nel chiostro quattro-cinquecentesco, completato nel '600, lunette con rovinate *storie di S. Filippo Benizi* di Giovanni Battista Michelini (1611); in un locale del complesso parrocchiale, gonfalone con *S. Rocco* di Pier Antonio Mezzastris (circa 1480).

IL RIONE DELLE POELLE. Lambito il fianco sinistro di S. Giacomo, nel quale si apre un altro portale gotico, si procede nella rettilinea *via Mentana* dove si inseriscono a pettine i vicoli del quartiere popolare delle Poelle, cresciuto nel Medioevo tra l'antico alveo del Topino (odierna via Gentile da Foligno) e la canalizzazione duecentesca. Il terzo vicolo a destra conduce alla chiesa di **S. Giovanni Battista**: nell'interno, ristrutturato nel '700, affiorano interessanti affreschi del secolo XV. L'annesso ospedale, la cui parte più antica occupa il convento dei padri Gerolamini, fu ristrutturato a metà '800 su progetto di Vincenzo Vitali. La via Mentana porta all'ampio monastero delle Clarisse e alla chiesa di **S. Lucia** (secoli XIV-XV, con ampi rifacimenti del 1928), preceduta da un portichetto sotto il quale si apre un portale con lunetta ornata di una **Madonna col Bambino e Ss. Lucia e Chiara*, affresco di Pier Antonio Mezzastris (1471). In fondo alla via Mentana, a sinistra, si può osservare un ampio tratto delle mura urbiche medievali (1280-91) lungo il fiume Topino, con la caratteristica *torre dei Cinque Cantoni*, struttura medievale ristrutturata nei secoli XVII e XVIII, che sarà adibita a piccolo osservatorio astronomico. Al termine della via S. Lucia, prendendo a destra la via Gentile da Foligno si rientra nella piazza centrale.

IL TRIVIO. Dal largo Carducci, antistante alla facciata principale del Duomo, si passa nell'incrocio di strade dove è evidente, nonostante l'edilizia di sostituzione post-bellica, la struttura viaria «a croce» sulla quale si imposta la città medievale. Da qui si diramano i tre assi maggiori del centro storico, nei quali si eleva il tono delle architetture civili e religiose, caratterizzate queste ultime dal gusto tardo-barocco e neoclassico che ha qualificato il rinnovamento sette-ottocentesco della città vecchia.

VIA GARIBALDI. Muove dal Trivio verso sinistra. Vi sorge la **chiesa del Suffragio**, settecentesca, con facciata realizzata nel 1826 su progetto di Vincenzo Vitali. L'edificio fu concepito come fondale della strada proveniente dalla porta di S. Felicianetto, ora via Umberto I, inaugurata dall'imponente mole del **palazzo Giusti-Orfini**, eretto alla fine del '500 e ristrutturato nei secoli seguenti; le sale al piano nobile hanno decorazioni tardo-seicentesche.

*ORATORIO DELLA NUNZIATELLA. Sorge nel largo che si apre a sinistra della chiesa del Suffragio. Fu eretto dal Comune (cui tuttora appartiene) nel 1490-94 su progetto attribuito a Francesco di Bartolomeo, a seguito di un evento 'miracoloso'. L'interno rinascimentale, a pianta rettangolare, ampliato nell'800, è spartito da una cancellata in ferro fra pilastri; lungo le pareti si sviluppa un partito architettonico di pilastri scanalati che inquadrano nicchie e sorreggono una trabeazione. Nel fondo, due altari: quello di sinistra ha un *tabernacolo* riccamente decorato a pastiglia, opera di Lattanzio di Niccolò, con una *Madonna* ad affresco; nella nicchia sopra l'altare destro, **Battesimo di Gesù**, e nella lunetta, *Padre Eterno*, entrambi del Perugino (1507). In una camera attigua, *Pietà*, affresco del tardo '500. Nei locali annessi ha sede il civico *Centro di documentazione della Stampa*, che illustra la precoce introduzione in Foligno dell'arte tipografica (1470) per iniziativa dei fratelli Orfini.

SS. SALVATORE. Prospetta su piazza Garibaldi (il *monumento* è di Ottaviano Ottaviani, 1890). Documentata dal 1138 e già abbazia benedettina, poi collegiata, ha facciata trecentesca a terminazione lineare, a conci bianchi e rossi, ornata di tre portali ogivali e tre rosoncini rifatti nel 1889; il campanile cuspidato con bifore gotiche, danneggiato con la chiesa dal sisma del 1997, è del XIV secolo.

INTERNO. È nelle forme della ristrutturazione eseguita nel 1747 su progetto di Pietro di Domenico Loni. In controfacciata, antichi affreschi restaurati: a sin., *Vergine e santi* (sec. XIII); a d., *Madonna del Latte* e altre immagini sacre; nella navata d., sopra il fonte battesimale, *Cristo morto e risorto*, affresco staccato del sec. XVI; in fondo alla navata d., *S. Francesco di Paola*, tela di Francesco Appiani. Alle pareti del presbiterio, entro pannelli, *arazzi* fiamminghi del sec. XVI con *storie di Giacobbe*. All'altare sin., *Pietà*, tela di Luca Mancini (sec. XVIII); al 2° pilastro sin., *Vergine in trono*, del sec. XV; in un ambiente attiguo alla sagrestia, *tomba* gotica *di Corradino di Rinalduccio Trinci*, priore della collegiata (1338-83).

Dietro la chiesa, il *palazzo Varini* (sec. XV) affiancato dalla degradata ex *Canonica* (sec. XIII-XIV), con facciata in pietra bianca e bifore.

S. AGOSTINO. Fronteggia la chiesa del SS. Salvatore con la grandiosa facciata in laterizio apposta con la ristrutturazione tardo-settecentesca dovuta a Pietro Loni, che rinnovò l'edificio del XIII secolo, ampliato nel successivo. Sul fianco destro, la muratura in pietra della prima costruzione e, in fondo, un portale finemente scolpito (inizio '500); a sinistra, il campanile trecentesco con cornicione ad archetti e cupolino aggiunto dopo il terremoto del 1832.

L'INTERNO ha un grandioso altare di Gioacchino Grampini (1678), sul quale è collocata la venerata immagine della *Madonna del Pianto*, opera in legno dei primi del '700. Le strutture settecentesche dell'abside nascondono affreschi più antichi, di cui sono ancora visibili quelli della cappella che formava la testata del transetto sinistro, con l'interessante rappresentazione dell'*Incontro dei tre vivi e dei tre morti* e altre scene riferibili a un ignoto pittore della metà del '300 individuato come Aiuto del Maestro dei Dossali di Subiaco. Sul secondo altare sin., *Madonna della Cintura* di Felice Damiani.

IL TRATTO TERMINALE DI VIA GARIBALDI presenta a sinistra, nella laterale via Pierantoni, il **palazzo** omonimo, con volte dipinte nel '600, destinato a ospitare l'albergo della gioventù. Più avanti, annessa alla caserma di polizia è l'incompiuta ex **chiesa dell'Annunziata**, di Carlo Murena.

VIA MAZZINI. Retrocessi al Trivio (pag. 390), si procede diritti nella via rettilinea: subito vi si osserva a sinistra, al principio di via Agostini, il cosiddetto *arco dei Polinori*, dei primi del '400, con tre belle finestre tardo-gotiche e stemmi in terracotta della famiglia Trinci. Più avanti, all'angolo con via dei Franceschi, è una casa d'antico aspetto ingentilita da un'edicoletta con bifora e deteriorato affresco del secolo XIV. Segue a destra il **palazzo Cibo-Nocchi** (1497), con caratteristico cortiletto, quindi a sinistra il **palazzo Gentili-Spinola**, con bel prospetto della fine del Cinquecento e cortile adorno di portichetto dei primi anni dello stesso secolo.

CORSO CAVOUR. Di nuovo al Trivio (pag. 390) si imbocca il corso, la principale arteria del centro storico, dove emerge subito a sinistra il **palazzo Iacobilli-Roncalli**, modificazione di un edificio tardo-ciquecentesco di cui rimane la sala della Musica, con decorazioni in stucco che inquadrano una tela con *Apollo*, opera di Cristoforo Roncalli. Segue la facciata dell'ex **teatro Apollo-Piermarini**, eretto nel 1827 e distrutto dal bombardamento del maggio 1944; nell'unico ambiente rimasto (parte del foyer) ha sede il *Centro di documentazione del teatro*, comprendente i due fondi Mancinelli (1827-1913) e Loreti (1894-1932), che documentato l'attività del teatro. Quindi si sviluppa il lungo prospetto dell'*Ospedale Vecchio* o *palazzo delle Logge*, costruito nel 1517 e completamente trasformato all'interno nell'800, con portico terreno e un ordine di finestre intagliate sopra il mezzanino.

S. Maria di Betlem e il monastero di S. Anna. Dal fianco destro dell'Ospedale Vecchio, la via Piermarini conduce in via Umberto I in corrispondenza della chiesa di **S. Maria di Betlem** (*SS. Corpo del Cristo*), ora di proprietà comunale, bella costruzione a pianta ellittica eretta nel tardo '600. Proseguendo direttamente nella *via dei Monasteri*, dove dal Medioevo si insediarono numerosi istituti religiosi femminili, subito a sinistra si incontra il ***monastero di S. Anna** o *delle Contesse* (perché in origine cenacolo di nobildonne), fondato nel 1388 e divenuto centro propulsivo delle Terziarie regolari per volontà della beata Angelina dei conti di Marsciano (m. 1435); il complesso fu ampliato e abbellito con pregevoli opere d'arte nei secoli XV e XVI. Lo precede un cortiletto in fondo al quale, su un portale, è un bell'affresco (*Madonna col Bambino, angeli e due sante*) di Pier Antonio Mezzastris. Nell'INTERNO (lesionato), il primo chiostro (sec. XV) è ornato di affreschi monocromi raffiguranti *storie evangeliche*, attribuite a Feliciano de' Muti (1518). Nel secondo chiostro, delimitato dal corpo di fabbrica dei dormitori (si osservino le finestre), sotto un'ampia volta sono altri affreschi eseguiti tra la fine del '400 e l'inizio del '500 di cui uno (*S. Francesco stimmatizzato*) è di Pier Antonio Mezzastris. Dal secondo chiostro si scende nella **cappella della beata Angelina**, interessante costruzione trecentesca con *Visione della beata*, affresco della metà del '400. Entro il monastero: nel vestibolo, l'*Albero della Croce* di Giovanni di Corraduccio; nel Refettorio, *Nozze di Cana, Ultima Cena, Gesù e apostoli in casa di Marta*, affreschi della prima metà del '400 riferiti al folignate Andrea di Cagno.

Piazza S. Francesco. Di fronte al teatro Apollo-Piermarini (v. sopra), la via Rutili conduce nella piazza dove si affiancano le due chiese del Gonfalone e di S. Francesco. La **Madonna del Gonfalone** (oggi della Cassa di Risparmio e utilizzata per mostre e manifestazioni culturali), con semplice facciata incompiuta, ha una pianta ellittica ricavata all'interno di un edificio preesistente, con raffinate partiture architettoniche e stucchi (1724, su progetto di Sebastiano Cipriani).

S. Francesco è un rifacimento ottocentesco di una chiesa medievale (secoli XIII e XIV). All'interno, nel 2° altare destro, *urna* seicentesca *della beata Angelina da Marsciano* e *Visione della beata* di Giuseppe Cades; all'altare di fronte (2° sinistro), *urna della beata Angela da Foligno*, raffigurata nella tela di Gaetano Gandolfi. Nella cappella di S. Matteo, preesistente alla chiesa francescana e da questa inglobata, affreschi del primo Trecento influenzati da pittori romani attivi nella basilica di S. Francesco in Assisi. Nella sala capitolare, con accesso dal chiostro seicentesco, *Crocifissione* della fine del '200.

In fondo alla piazza si eleva il *palazzo Lezi-Marchetti*, decorato all'interno da *scene mitologiche* di Marcello Leopardi e Liborio Coccetti.

ESCURSIONI DA FOLIGNO

A S. MARIA IN CAMPIS : km 2. Dal piazzale Alunno, che si apre fuori dal perimetro delle mura in fondo al corso Cavour (pag. 392), si segue il viale Roma e, attraversata la ferrovia, si piega due volte a sinistra per imboccare la via Flaminia Vecchia, che insiste sul tracciato dell'antico asse stradale. Si raggiunge il cimitero, sorto attorno alla chiesa di **S. Maria in Campis** m 262, edificata forse in età tardo-antica nell'area dove si ritiene fosse ubicata la città romana di Fulginia, chiamata Campi nel basso impero (nella zona, resti di «domus» e di una vasta necropoli di età romana). La chiesa, semidistrutta da un terremoto nel 1832, fu in buona parte ricostruita, per essere nuovamente danneggiata durante l'ultima guerra e ancora nel sisma del 1997. L'INTERNO a tre navate ha una preziosa decorazione a fresco, restaurata negli anni '50 e '60 del Novecento con criteri discutibili. La cappella di Cola delle Casse (1ª sin.), fondata nel 1452, è interamente ornata di dipinti murali eseguiti tra il 1456 e il 1460, da riferire alla bottega folignate in cui furono attivi Pietro di Giovanni Mazzaforte e Pier Antonio Mezzastris: alla parete d'altare, *Crocifissione*; a quella sin., *Annunciazione* e *S. Lucia*, *S. Elena*; sull'arco d'accesso, *santi*; alla parete di fronte, *nave di S. Pietro*, imitazione della «navicella» di Giotto. Nella cappella seguente, *S. Antonio abate e la sua leggenda*, della bottega di Giovanni di Corraduccio. Nella testata della navata sin. si apre la CAPPELLA TRINCI o di S. Marta, con una *Crocifissione* e *storie di S. Tommaso*, la più antica opera di Niccolò di Liberatore (1456). Alle pareti della chiesa altri affreschi votivi dei secoli XV-XVI.

Sopra un poggio a sud-est è la seicentesca **villa Clio-Carpello**, con affreschi decorativi di soggetto mitologico di Giovanni Andrea Carlone (c. 1670). Al piede del colle, in un quadrivio, edicola campestre detta la *Maestà Bella*, o Maestà Rosignoli, affrescata da Pier Antonio Mezzastris.

ALL'ABBAZIA DI SASSOVIVO : km 6. Oltre la via Garibaldi (pag. 390), si segue brevemente la direzione Camerino, quindi si procede lungo il fosso Renaro lasciando a destra (km 3) un breve collegamento per il convento e la chiesa di **S. Bartolomeo**. Il complesso francescano fu eretto nel 1415 trasformando una rocca ceduta da Ugolino Trinci. La chiesa, con facciata del 1731, ha l'interno rifatto nel XVII-XVIII secolo; tra i dipinti, rimarchevoli l'*Immacolata e i Ss. Gioacchino e Anna* di Felice Damiani (1592) e *Martirio di S. Bartolomeo*, tavola di Lattanzio e del padre Niccolò Alunno. Il convento ha un bel chiostro (la parte più antica è quattrocentesca), nelle cui lunette affreschi (1718) di fra' Ippolito Lemmi, che decorò anche altri ambienti.

Continuando a salire si raggiunge, in solitario paesaggio boscoso, l'**abbazia di Sassovivo** m 520, fondata nella seconda metà del secolo XI riutilizzando una preesistente residenza fortificata dei Monaldi. La comunità monastica (che si vuole creata dall'abate Mainardo) acquisì presto un vasto patrimonio ed ebbe l'appoggio del papato che, a partire dal 1138, la esentò dalla giurisdizione vescovile e dal pagamento delle tasse ai Comuni; all'inizio del '200, dipendevano da Sassovivo 92 monasteri, 41 chiese e 7 ospedali. Nella seconda metà del '400, passata ai Benedettini olivetani, l'abbazia cominciò a decadere e nel 1860 fu soppressa e demanializzata. Ora è sede della Comunità Jesus Caritas del Padre Foucauld.

Dal cortile superiore si entra nella CHIESA, ricostruita dopo il terremoto

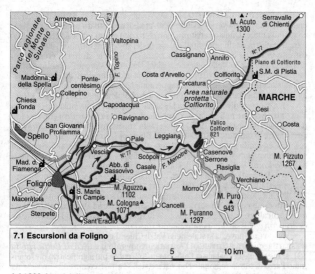

7.1 Escursioni da Foligno

0   5   10 km

del 1832 (parti della costruzione originaria sono visibili sulle murature esterne) e danneggiata da quello del 1997. Dall'atrio che precede la chiesa, una porticina conduce al bellissimo ***chiostro** romanico, opera del maestro romano Pietro de Maria (1229; il nome compare con quello dell'abate nell'iscrizione in versi leonini sul lato sud), composto di 128 colonnine binate o a spirale, sorreggenti 58 archi a pieno centro e una solenne trabeazione classica, con marmi colorati e due liste di mosaici decorati. I singoli pezzi furono eseguiti in Roma dallo stesso Pietro con l'aiuto di Nicola Vassalletto, Alessio di Beraldo, Marco da Roma e Matteo. Sul lato orientale furono aggiunti nel 1314 degli archetti gotici decorativi in terracotta; l'affresco con la *Madonna e il Bambino* è del XIII secolo. Nel mezzo è una cisterna del 1340, rimaneggiata nel 1623.

Dal chiostro una porta conduce all'interno del MONASTERO dove rimangono avanzi della decorazione pittorica tra cui, nel refettorio, un'*Ultima Cena* datata 1595; i dormitori voltati sono di origine duecentesca. Per uno scalone seicentesco (o per la scaletta esterna) si scende al CORTILE inferiore, dove si trova la LOGGIA detta DEL PARADISO, con frammenti di affreschi monocromi del primo Quattrocento, dell'ambito di Giovanni di Corraduccio. Dal cortile, si osservino i bei prospetti del convento (in gran parte del secolo XIII) e dei vari corpi di fabbrica che ospitavano le attività economiche dell'abbazia. Proseguendo si trova una loggia costruita nel 1442 utilizzando alcune strutture medievali per proteggere una *CRIPTA del secolo XI, detta cappella del beato Alano, residuo di S. Maria del Vecchio (o della Valle), che fu il primo nucleo di Sassovivo. Poco distante è un'antica fonte; alcuni sentieri si inoltrano nella lecceta secolare (circa 7 ettari) che si stende sotto il complesso.

AL PARCO DI COLFIORITO : km 26.5, sulla statale 77 della Val di Chienti, che si snoda sinuosa verso levante in un'area di accentuato interesse paesistico e ambientale. Questo territorio, caratterizzato da un intensa attività tettonica, è stato tra quelli più colpiti dal sisma del settembre-ottobre 1997, che ha causato la rovina dei piccoli abitati ricchi di memorie storiche, cresciuti in una zona (a cavallo delle odierne regioni Umbria e Marche) di antichissima umanizzazione per le condizioni favorevoli sia allo sviluppo di attività agro-pastorali sia alle comunicazioni transappenniniche. Lasciata a sinistra Pale (pag. 397), si rasenta *Scòpoli* m 532, fortificato probabilmente tra il 1458 e il 1460.

A Casenove diverge a destra la statale 319 per Sellano, sulla quale subito s'incontra **Serrone** m 575: la parrocchiale di *S. Maria Assunta* (gravemente danneggiata dal sisma del 1997) conserva un importante dipinto di un caravaggesco nordico raffigurante la **Bottega di S. Giuseppe** (temporaneamente trasferito). Proseguendo sulla statale Sellanese si raggiunge *Rasiglia* m 636, su uno sperone sovrastato dai ruderi del castello medievale. A sud del paese è la chiesa della *Madonna della Grazia*, decorata all'interno da numerosi affreschi votivi di pittori folignati del XV secolo, tra i quali Cristoforo di Jacopo. A sinistra, in una valletta laterale al solco del Menotre, sta (km 6 da Casenove) **Verchiano** 784, la cui chiesa di *S. Maria Assunta* (lesionata), romanica con interventi di epoca rinascimentale, conserva altari e dipinti su tela e ad affresco dei secoli XVI e XVII; sull'altare maggiore, grande pala di Andrea Generoli con l'*Assunzione della Vergine* (1633; temporaneamente trasferita).

Dopo Casenove, la statale della Val di Chienti guadagna l'altopiano che fa da spartiacque fra il Tirreno e l'Adriatico. Superato il *valico di Colfiorito* m 821, si raggiunge la ***palude di Colfiorito** m 752, entità più significativa dell'omonimo **Parco** di tutela regionale che, esteso su 338 ettari, comprende un sistema di sette conche tettonico-carsiche (gli *altipiani di Colfiorito*), residuo di antichi bacini lacustri prosciugati naturalmente o con intervento umano. Il complesso degli altipiani, dolci e ondulati, è racchiuso entro aspri rilievi calcarei, nei quali sono frequenti i fenomeni carsici (il principale è l'*inghiottitoio del Molinaccio*, raggiungibile sulla strada tra Colfiorito e Forcatura). La palude di Colfiorito, dichiarata nel 1972 zona umida di interesse internazionale dalla Convenzione di Ramsar, forma un ecosistema di eccezionale importanza per le rare specie floristiche e vegetazionali (soprattutto palustri) e per quelle animali (avifauna migratoria, uccelli acquatici, gasteropodi, anfibi). Non minore è l'interesse archeologico e paleontologico degli altipiani, dove in età protostorica si forma un sistema di castellieri a presidio di un'importante rete di itinerari tra l'area tirrenica e quella adriatica, frequentata già nell'età del Ferro. Il principale insediamento era il *castelliere del Monte Orve* (a nord-ovest di Colfiorito), con caratteri protourbani, sorto probabilmente nel VI sec. a.C. e di cui sussistono in vetta avanzi dell'apparato fortificato.

Poco a oriente di *Colfiorito* m 760, storicamente il principale centro abitato della zona, danneggiato dal terremoto del 1997, si trova la chiesa di **S. Maria di Plestia** (o Pistia), sorta sugli avanzi di un tempio pertinente al foro del municipio di PLESTIA, la città romana che ebbe preminenza economica e amministrativa in questo settore della montagna, di cui sussistono nel sito altri resti di edifici pubblici e privati oltre a materiali protostorici. La chiesa, di cui si ha notizia dal secolo X, fu eretta con materiali antichi di spoglio (la cripta è del secolo XI). Presso il cimitero di Colfiorito è venuta alla luce una vasta necropoli con circa 250 tombe a fossa, databili tra il IX e il III sec. a. Cristo.

Dopo Colfiorito si entra nel *piano di Colfiorito*, pianura livellata fra i 750 e i 760 metri, per lo più in territorio marchigiano, circondata da alti monti. Il piano era anticamente un lago e venne fatto prosciugare nel 1483 circa da Giulio Cesare Varano mediante lo scavo di un emissario, parte in trincea e parte in galleria, detto *La Botte*, che scarica le acque nel Chienti. In breve si entra nelle Marche, raggiungendo (km 9 da Colfiorito) Serravalle di Chienti (v. il volume *Marche* della collana Guida d'Italia).

A VESCIA, A BELFIORE E NELLA BASSA VALLE DEL MENOTRE. La vecchia statale Flaminia lascia Foligno in direzione Vescia. In breve si è alla *chiesa di Miglio di S. Paolo*, ai piedi del colle di S. Valentino di Civitavecchia dove, in età altomedievale, risiedeva il vescovo di Foligno come attestano l'appellativo di «Civita» e l'epigrafe funeraria, ivi rinvenuta, di un vescovo vissuto nel VI secolo. Sull'antico tracciato della Flaminia si raggiunge **Vescia**, unita al contiguo Scanzano a formare la frazione *Vescia-Scanzano* m 265. «Locus» nel 1124, conserva la parrocchiale di *S. Martino*, con ricca decorazione dei secoli XVI-XVIII e affreschi seicenteschi (*storie del santo titolare*). Nell'edicola detta *Maestà di S. Anna, Madonna col Bambino e santi* di Pier Antonio Mezzastris.

Presso Vescia è la confluenza nel solco del Topino della bassa **valle del Menotre**. Risalendola, si lascia a sinistra la chiesa di *S. Nicolò di Guesia*, donata ai monaci di Sassovivo dal vescovo Andrea entro il 1123, completamente riedificata nel 1746 e restaurata dopo i terremoti del 1832 e 1884; all'interno, *Transito di S. Giuseppe* di G.B. Michelini. Al km 5.4 si è a **Belfiore** m 298, centro sviluppatosi a partire dal XVI secolo a seguito della discesa a valle dei residenti di Fragnano (notizie dal 1085), con parrocchiale iniziata nel 1683. Sulla Via Altolina si può risalire verso Pale mediante una suggestiva ma impervia salita (costeggiando l'area delle cascate, di regola inattive), oppure per una più agevole strada panoramica. Il paesaggio mostra i segni di una precoce valorizzazione manifatturiera, avviata dai Benedettini di Sassovivo nel XIII secolo: utilizzando la naturale forza motrice del fiume, che in questo tratto compie un salto di 200 metri, furono impiantati gualchiere e mulini, poi fabbriche di carta (secolo XIV) alimentate da una rete di canali derivati. Quest'area è proposta per interventi di tutela naturalistico-ambientale. Elemento caratteristico del paesaggio è la piramide del *Sasso di Pale* m 958, aspro massiccio di origine calcarea alla cui sommità sono stati riportati alla luce resti di un santuario preromano. Sotto il rilievo, su un banco di travertino formato dal Menotre, che qui scorre incassato e formando tre cascate, si trova l'abitato di **Pale** m 476 (meno di 3 km da Belfiore), già rinomato per le cartiere. Nella parrocchiale di *S. Biagio, Madonna col Bambino e santi* e *Visitazione*, opere datate 1584 e firmate da Felice Damiani (temporaneamente trasferite). Nei pressi si trova la *grotta di Pale*, formata da un sistema di cavità e di gallerie con frastagliate stalattiti che scendono a cortina o a colonna, fino a saldarsi spesso con imponenti stalagmiti. La tradizione la identifica con le «grotte dell'Abbadessa» citate nelle carte documentarie di Sassovivo (sec. XIII); in realtà, il rinvenimento sembra essere avvenuto casualmente nel primo Settecento. Da Pale, per sentiero si può salire all'**eremo di S. Maria Giacobbe** m 530, eretto nel tardo Duecento e in vita fino al 1963; la chiesa, in parte scavata nella roccia, ha interno restaurato nel 1712, con affreschi votivi dei secoli XIV-XVI; all'altare maggiore, *S. Maria Giacobbe* di Lattanzio di Niccolò di Liberatore (1507).

A SAN GIOVANNI PROFIAMMA: km 4, uscendo in direzione Nocera Umbra (via Mameli), sulla destra del Topino. San Giovanni Profiamma m 264 è frazione situata nel luogo dove sorgeva la romana Forum Flaminii (poi corrotto in Forfiamma e quindi in Profiamma). La chiesa che vi sorge, costruita nell'XI-XII secolo riutilizzando materiali di spoglio, ha un bel portale con *figure simboliche*. L'unica navata, arbitrariamente rifatta, ha il presbiterio sopraelevato, aperto sui lati da arcate; la mensa dell'altare maggiore poggia su un tronco di colonna antica di granito. La cripta (secolo XI), molto interrata, è divisa in tre navatelle da cinque colonne di spoglio e un pilastro fatto con l'architrave di una pergula del secolo VIII.

A SANT'ERACLIO E A CANCELLI: km 13, nella stessa direttrice d'uscita per S. Maria in Campis (viale Roma), lasciando a sinistra la diramazione per il cimitero. Sant'Eraclio m 232 (km 3 da Foligno), moderno agglomerato nell'area industriale della città, menzionato dal 1082, si è sviluppato attorno al **castello** eretto poco dopo il 1350 su una torre e una chiesa preesistenti. Del complesso, che fu uno dei principali baluardi del sistema fortificato organizzato dai Trinci, rimangono le mura di cinta con due porte e due torri. Nell'interno è l'antica chiesa di **S. Eraclio**, con affreschi del '400, e la *casa castellana*, composta da un edificio in pietra della seconda metà del '300 cui venne aggiunto, all'inizio del '400, un bel prospetto in laterizi con loggetta superiore e arcate al piano inferiore. Fuori dal castello, *fontana* della metà del secolo XVI con stemma di Paolo III e protomi leonine, e la chiesa di *S. Marco*, del 1597, trasformata nel '700, con facciata rifatta nel 1892 (all'interno, opere di Felice Damiani e Liborio Coccetti). Nei pressi sorge la *chiesa di Mormonzone* dove, secondo la tradizione, sarebbe stato martirizzato san Feliciano. È un edificio del '300 completamente trasformato nel Sei-Settecento, con attiguo ex convento, ora proprietà privata.

Da Sant'Eraclio si procede a oriente sulla strada collinare che, per un buon tratto, si inerpica tra piantagioni di olivi con splendida vista sulla Valle Umbra. **Cancelli** m 900, assieme ai villaggi di *Cupoli* m 820 m, *Civitella* m 940, *Vallupo* m 930 m, è parte di un ecosistema calcareo: il paesaggio arboreo è formato da carpini neri e ornielli, aceri d'Ungheria e maggiociondoli, faggi (negli impluvi più elevati), roverelle, aceri minori e cerri, combinati con varie specie arbustive tra le quali sono da segnalare, per la loro diffusione, la madreselva, il corniolo, il ligustro e il sanguinello. La presenza stabile dell'uomo si rileva a partire dal IX secolo a.C. e dal V appare organizzata in insediamenti differenziati funzionalmente, il cui centro politico e religioso doveva essere un santuario che fungeva anche da luogo di scambio, ubicato nell'area del cimitero di Cancelli. Questo paese è legato alla tradizione, di antichissima ascendenza pastorale, che vuole siano passati da queste contrade gli apostoli Pietro e Paolo nel loro cammino verso Roma e abbiano concesso ai loro ospiti, antenati remotissimi degli odierni membri della famiglia Cancelli, facoltà terapeutiche atte a guarire dai mali delle ossa. Le testimonianze della plurisecolare pratica terapeutica sono conservate nella *chiesa-santuario dei Ss. Pietro e Paolo* (1744-65), lesionata dal terremoto del 1997, nella quale è da segnalare una pregevole pala d'altare dedicata a due apostoli, opera di Claude François Beaumont. È in progetto la realizzazione, in questa vasta unità ambientale, di un **Parco per l'Arte** con il quale collegare alla ricerca artistica la valorizzazione archeologica, antropologica e paesaggistica dell'intera zona.

7.2 IL NOCERINO E IL GUALDESE

L'Appennino umbro-marchigiano è caratterizzato da un'orografia a dorsali parallele tra le quali si interpongono valli e conche verdeggianti che denunciano la loro origine di laghi pliocenici. Tra queste è la conca di Gualdo Tadino, chiusa a occidente da bassi colli marnoso-arenacei, mentre a oriente la prevalenza di rocce calcaree dà origine a forme più aspre. Più a sud, oltre la vallata del torrente Caldògnola, tra gli allineamenti individuati dal monte Subasio e dal Pennino si interpone il solco del Topino, dominato a monte dall'altura di Nocera e concluso a valle dal piatto conoide sul quale sorse la Foligno antica. La varietà vegetazionale (aree adatte all'agricoltura a valle e nelle fasce pedemontane, boschi cedui a quote più elevate e superiormente aree a faggio e abete con vaste formazioni prative), la ricchezza di acque e di sorgenti (rinomate quelle di Gualdo e di Nocera), la facilità delle comunicazioni intramontane ha favorito l'insediamento umano e il precoce dispiegarsi di una civiltà appenninica agro-silvo-pastorale basata sulla pratica del seminomadismo. Alla definizione dell'armatura viaria antica e alto-medievale vanno riferiti gli assetti e gli equilibri territoriali permanenti dell'area: primo fra tutti il ruolo strategico svolto per secoli – e non dismesso – dalla Flaminia anche in relazione ai diverticoli diretti al litorale adriatico, di cui il principale era la Via Prolaquense da Nocera ad Ancona per la valle del Potenza. La capacità di attrazione demografica ed economica delle conche e dei fondivalle trova riscontro in ogni epoca, e anche nel secondo dopoguerra in connessione con l'emergere dei fenomeni di abbandono delle aree meno dinamiche della montagna. Il recupero dei cospicui danni provocati dal terremoto del 1997 e 1998 dovrà coniugarsi con la valorizzazione delle importanti risorse storico-ambientali e delle vocazioni tradizionali dell'area. L'itinerario (carta a pag. 400) parte da Foligno e si svolge tutto sulla Flaminia, avendo come tappe principali Nocera Umbra (al km 21.2) e Gualdo Tadino (al km 35), dove trova conclusione.

LA VALLE DEL TOPINO. La vecchia statale per Nocera Umbra si snoda nell'ampio e coltivato fondovalle del Topino, risalendone il corso sulla sinistra idrografica. Il fiume (77 km), che confluisce nel Chiascio presso Bettona, discende dal monte Pennino (a est di Nocera Umbra) raccogliendo molte acque, prime fra tutte quelle del Menotre a nord di Foligno. Sulla destra idrografica si attesta la nuova e più veloce Flaminia, collegata con la statale Centrale Umbra: poco dopo il raccordo, lungo una strada campestre che ricalca il tracciato della strada consolare antica, sussistono i resti di un mausoleo di età imperiale. Sul percorso descritto da Foligno a pag. 397 si oltrepassa Vescia. La strada prosegue sinuosa tra colli boscosi in alto e coltivati in basso, valicando il Topino, km 7.7, sul *ponte Nuovo* m 300, al punto di confluenza del nuovo tronco della Flaminia. Continuando lungo il fiume, a *Pontecentèsimo* m 325 (ossia al centesimo miglio da Roma), si possono osservare, oltre la ferrovia, i resti di un *ponte romano* sull'antico tracciato viario. Poco dopo, pres-

7.2 Il Nocerino e il Gualdese

0   5   10 km

so la stazione Capodacqua-Pieve Fanònica, è visibile, sulla destra della strada comunale, un *viadotto romano*. Nella chiesa di *Pieve Fanònica* m 327, sorta probabilmente sui resti di un luogo di culto di età romana, documentata dal 1138 (e parzialmente crollata), sono riutilizzati numerosi blocchi antichi.

Anche **Valtopina** m 360, ab. 1371 (1494), che la statale tocca al km 14, sorge in area di colonizzazione antica, come documentano gli avanzi di un insediamento rustico romano portati in luce nel territorio comunale; è la medievale Villa di Cerqua, che svolse funzioni agricole e commerciali al servizio degli insediamenti della valle, riorganizzati al tempo della signoria dei Trinci. Ancora resti archeologici pertinenti alla Via Flaminia si trovano lungo il successivo segmento della statale, tra cui il cosiddetto *ponte marmoreo* sul Topino, a un'arcata. Poco prima di entrare in Nocera, a sinistra diverge una strada che conduce (km 8.5) ai ruderi della *rocca di Postignano*, fondata nel x secolo a dominio della Valtopina e passata nel '400 ai Trinci.

NOCERA UMBRA

Centro umbro («Nuokria»), poi municipio romano («Nuceria Camellaria») sulla Flaminia presso la divergenza della Via Prolaquense per Ancona, **Nocera Umbra** m 520, ab. 5977 (6344), fu importante centro dei Longobardi che la eressero in arimannia (secolo VI), poi in gastaldato e infine in contea (secolo IX) strategicamente collocata sul confine del Ducato di Spoleto, a controllo dell'arteria consolare e della dorsale appenninica. Per la rilevanza territoriale, il castello di Nocera fu ambìto da Perugia (cui si sottomise nel 1202, dopo una brevissima esperienza di autonomia comunale), da Spoleto e da Foligno, venendo nel 1248 distrutta da Federico II. Sul finire del Trecento passò sotto la giurisdizione dei Trinci, quindi dal 1439 alla Chiesa che vi rafforzò il potere vescovile, dislocando nei luoghi eminenti del nucleo centrale le sue sedi. Dal XVI al XIX secolo, lo sfruttamento delle vicine sorgenti termali portò rinomanza e nuove risorse all'economia tradizionalmente agricola della cittadina, che fu integrata dal vasto complesso termale di Bagni.

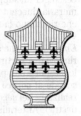

Attestatasi dal piano (dove probabilmente era l'abitato romano) al colle, da cui domina la valle del Topino, Nocera si configura nel Medioevo con l'odierno impianto murato convergente verso la Rocca e il Duomo, che si fronteggiavano nel punto emergente dello sperone. Più in basso, nella piazza Grande, si insediarono le sedi delle magistrature cittadine (trasferite nella Rocca nel XV secolo), dell'autorità vescovile e infine il complesso francescano, configurando questo spazio come perno urbanistico dell'organismo urbano. Nel settembre e ottobre 1997, ripetute scosse di terremoto hanno devastato la cittadina provocando ingenti danni a tutto il patrimonio abitativo e lesioni gravi a quello monumentale. Il centro storico, ricco di qualità, è oggi inagibile in attesa della ricostruzione. La seguente descrizione dà conto della consistenza dei beni ambientali, architettonici e artistici secondo il consueto registro della visita, confidando nel recupero degli assetti urbani preesistenti al sisma e nel ricollocamento delle opere d'arte nelle sedi originarie.

IL BORGO. La *porta Nuova* o Garibaldi, di origine cinquecentesca, allargata nel 1929 per consentire il passaggio della corsa automobilistica «Mille Miglia», introduce all'alberato viale Matteotti sul quale si raggiunge la *porta Vecchia* (anticamente detta di S. Francesco per un supposto miracolo del santo), la principale della cinta muraria duecentesca: ai lati, due fontane del 1866 con iscrizioni che ricordano la ricchezza e le virtù dell'acqua di Nocera. Oltre il varco, si è nella strada maggiore del *Borgo* (ora *corso Vittorio Emanuele*), che sale nella parte alta della città tra cortine edilizie rinnovate a partire dal XVI-XVII secolo, mentre il tessuto minore delle laterali è d'impianto medievale. Subito sulla destra, una stradina scende al **portico di S. Filippo**, caratteristica via coperta a portici, realizzata nel secolo XVII sulle mura medievali (in parte visibili sulla destra). Al termine dei portici, una piazzetta accoglie la chiesa di **S. Filippo**, costruita nel 1864-68 su progetto di Luigi Poletti in stile neogotico con inserti neo-rinascimentali; nell'interno, *Morte di S. Filippo con apparizione della Madonna* di Francesco Grandi.

Attraversata la piazzetta, a sinistra si risale al corso Vittorio Emanuele in corrispondenza della chiesa di **S. Chiara**, fondata nel XIII secolo, sopraelevata e completamente ristrutturata nel XVII; custodisce tele coeve, tra cui una *Natività della Vergine* di Carlo Maratta (1643). Tra palazzi cinque-settecenteschi, il corso sale alla piazza principale.

PIAZZA CAPRERA. La medievale piazza Grande o del Comune, ampliata alla fine dell'800 con la demolizione del chiostro del convento francescano, accoglieva i palazzi rappresentativi delle magistrature cittadine e del potere vescovile. Le loro sedi si fronteggiavano sui lati occidentale e orientale, dove si disponevano rispettivamente il palazzo dei Priori (odierno sito del complesso francescano) e i vari edifici di pertinenza dell'autorità religiosa, unificati – ma ancora riconoscibili – nell'odierna cortina edilizia. Al centro, fonte 'prodigiosa'.

*S. FRANCESCO. I Francescani si trasferirono nella sede di piazza Grande nel 1319, dopo la distruzione del loro convento fuori le mura a opera di Federico II, occupando un piccolo oratorio adiacente al palazzo dei Priori. Questa chiesa, fu integralmente ristrutturata nel 1494-97 assumendo l'odierno impianto a navata unica orientata a nord, verso il convento. Nel 1497 ne fu avviata la decorazione interna eseguita in due fasi: entro i primi anni del '500 improntandosi al gusto di Matteo da Gualdo e della sua scuola, e a partire dal 1530 con intervento di maestri marchigiani. L'edificio, restaurato una prima volta negli anni '50 del Novecento e ancora nel 1981-97, ha una bella facciata in pietra con portale tardo-gotico a fasci di colonnine e porta secondaria più antica. L'interno ad aula con arcate trasversali che reggono le travi di copertura e abside voltata è sede del **Museo civico**, riallestito nel 1997: il patrimonio comprende la serie di affreschi eseguiti tra Quattro e Cinquecento, opere di pittura e scultura provenienti dal Duomo e dal territorio nocerino, reperti archeologici (il patrimonio d'arte mobile è stato tutto rimosso dopo il terremoto).

Tra gli affreschi, rilevanti quelli di Matteo da Gualdo: *Madonna col Bambino, Annunciazione* (base del 2° arco verso l'abside a destra); *S. Antonio da Padova* (base del 1° arco verso l'abside a destra); *S. Francesco riceve le stimmate* (a sin. dell'abside). Alla parete opposta all'abside, *Madonna della Misericordia* e *Madonna di Loreto* di Venanzo da Camerino in collaborazione con Piergentile da Matelica. Tra i dipinti che compongono la Pinacoteca: ***Crocifisso** su tavola, con la *Vergine, S. Giovanni Evangelista e S. Francesco ai piedi del Cristo*, di pittore umbro-romano della seconda metà del '200; ***polittico** eseguito per il Duomo da Niccolò di Liberatore (1483), con la *Natività* nella parte centrale, *Incoronazione di Maria* in alto e figure di santi ai lati, in ricchissima cornice goticizzante, intagliata e dorata; *Santo vescovo*, di pittore pisano del secondo Duecento; *Incontro di S. Anna con S. Gioacchino* di Matteo da Gualdo; *S. Barbara con veduta di Nocera*, di Bernardo di Girolamo da Gualdo; *Madonna col Bambino* di Segna di Bonaventura; *Annunciazione*, tela di Ercole Ramazzani; *Madonna col Bambino e i Ss. Giovanni Battista e Rocco*, tela di Pierino Cesarei. Tra le opere di scultura: *Madonna col Bambino*, statua lignea di scultore umbro della metà del '300; resti del *monumento funerario del vescovo Varino Favorino* (sec. XVI), con statua giacente della bottega di Rocco da Vicenza.

I materiali archeologici di pertinenza del museo comprendono frammenti di epigrafi romane relative alla viabilità, tra cui la colonna miliare del 76 d.C. dell'imperatore Vespasiano indicante il diverticolo Prolaquense; un ritratto femminile imperiale; frammenti di mosaico; reperti dalla necropoli del Portone (gioielli, armi e oggetti di uso quotidiano), scavata alla fine dell'800 a nord-ovest dell'abitato. Nella località furono messi in luce un villaggio neolitico, tombe dell'età del Ferro e soprattutto un vasto sepolcreto longobardo composto di 165 tombe databili dalla fine del VI sec. agli inizi del VII, con ricchi corredi funerari (la maggior parte dei materiali è attualmente in vari musei di Roma).

PIAZZA TORRE VECCHIA. Dalla piazza Caprera scende la via Pontani, con la chiesa di **S. Giovanni Battista**, che custodisce ai tre altari barocchi dipinti seicenteschi. Il vicino convento delle Clarisse Riformate ingloba strutture della vecchia cattedrale romanica di S. Maria, che sostituì dal XIII al XV secolo quella dell'Assunta. Poco oltre si apre la caratteristica *piazza Torre Vecchia*, di forma semicircolare, dove nel periodo comunale si radunava il consiglio del popolo. Vi sorgeva la torre di S. Giovanni o del Comune (il perimetro è evidenziato nella pavimentazione).

VIA S. RINALDO. Sale verso la parte alta dell'abitato avendo a sinistra il settecentesco *Palazzo comunale* e il *Palazzo vescovile* (secolo XIX), e a destra l'ex *Seminario vescovile* (1760), per fondazione tra i più antichi d'Italia (1569), nel quale dovrebbe trovare collocazione la *Biblioteca Piervisani*, dotata di 40 000 volumi comprendenti edizioni di alto pregio e corali miniati.

DUOMO. Dedicato all'Assunta, sorge sull'alto del colle dove si attestava anche la Rocca della famiglia comitale, per la quale nell'XI secolo ebbe funzioni di cappella di famiglia. L'odierno edificio, di fondazione romanica (portale laterale con decorazione a vitigni e animali) ma completamente ricostruito nel 1448 e successivamente rimaneggiato (secoli XVIII e XIX), ha facciata con ornamenti in pietra del 1925 e campanile della metà del '500, con cupolino posteriore.

INTERNO con grande navata e abside semicircolare. Nella 4ª cappella sin. è un complesso decorativo di iconografia mariana, costituito da tre dipinti su tela e da dipinti murali, commissionato dal Comune di Nocera a Giulio Cesare Angeli nel 1619 (*Presentazione della Vergine al Tempio, Annunciazione, Assunzione con i Ss. Carlo Borromeo e Anna, santi*). Nella 3ª cappella sin., numerosi reliquiari e affresco del 1582. Nella sagrestia, con notevole pavimento maiolicato, tele del sec. XVII.

La *Torre civica* (detta anche il Campanaccio), che si innalzava accanto al Duomo, rovinata nel terremoto del 1997, era il maschio residuo della Rocca medievale (secolo XI). Dal piccolo piazzale di fronte, bel panorama sulla valle sottostante.

BAGNI DI NOCERA, che forma frazione con *Stravignano* m 577, è collegata a Nocera (da cui dista 5.6 km a sud-est) da una strada che si stacca sulla destra della statale 361 Septempedana, in parte insistente sul tracciato dell'antica Via Prolaquense. La valorizzazione dell'acqua bicarbonato-calcica della sorgente Angelica, le cui proprietà curative erano note dal Cinquecento, fu avviata nel 1611 con la costruzione del primo stabilimento termale, ampliato nel 1714. Nell'800, decaduta la stazione di cura, la famiglia Bisleri avviò la commercializzazione dell'acqua con la costruzione di uno stabilimento di imbottigliamento presso la sorgente del Cacciatore.

VERSO GUALDO TADINO. Dopo Nocera, la Flaminia lascia a destra la *Strada Clementina*, così chiamata dal papa Clemente XII che ne promosse la realizzazione in alternativa al più impegnativo tracciato iniziale della romana Prolaquense, con la quale si ricongiungeva presso il bivio Ercole dopo aver valicato il *passo del Tèrmine* m 865 (lungo il percorso, in località Casale Lozzi, è venuta alla luce una necropoli longobarda: i materiali sono presso il Museo Archeologico nazionale di Perugia). Quindi, si prosegue nella valle più ampia del Caldògnola, chiusa da mossi declivi parte a coltivo, parte boscati, lasciando a destra (km 1) *Boschetto* m 526, nella cui parrocchiale di *S. Nicolò* si trovano affreschi quattro-cinquecenteschi tra cui una *Madonna* attribuita a Matteo da Gualdo.

GUALDO TADINO

La città m 536, ab. 14 380 (12 468), dove si giunge al km 35, sorge ai piedi del monte Serra Santa, al margine dell'ampia conca originata dal riempimento del bacino lacustre interposto tra le dorsali appenniniche a oriente della vasta depressione del lago Tiberino. Il doppio toponimo riassume le tormentate vicende della città, che per l'insicurezza del sito fu a più riprese distrutta e abbandonata, spostata ora in alto e ora in piano. Il primitivo centro umbro dei «Tadinates», maledetti dagli Eugubini nelle loro Tavole, era situato sul vicino colle I Mori, come documenta il recente ritrovamento dell'abitato, parzialmente rimesso in luce. In età romana «Tadinum» si attesta in piano, presso l'odierno Sant'Antonio di Ràsina, lungo il tracciato della Via Flaminia. Distrutto da Totila, che fu qui sbaragliato (e morì nella fuga) dal generale di Giustiniano Narsete (552), l'insediamento, che nel 1007 aveva perso la sede vescovile a vantaggio di Nocera, risorse sul torrente Feo come nucleo benedettino chiamato in longobardo «Wald», a indicare le fitte boscaglie che vi si stendevano. L'abbazia di S. Benedetto fu prospera e potente tra XI e XII secolo, esercitando giurisdizione su molte chiese e terre, e sulla stessa comunità dei Tadinati che nel 1180 e fino al 1210 circa si posero sotto la sua protezione. Il definitivo trasferimento nel luogo attuale avvenne al principio del '200 quando, devastato dal fuoco un secondo Gualdo in val di Gorgo, ne fu organizzato il terzo sul colle S. Angelo, dove anche i Benedettini si trasferirono fondando un nuovo edificio abbaziale che divenne il fulcro urbanistico del borgo. Divenuto libero Comune (1237) sotto la protezione di Federico II, fu cinto di mura e dotato della possente rocca. L'impianto urbano disteso sulla collina, imperniato sulla piazza centrale dove si relazionano le chiese benedettina e francescana e il settecentesco palazzo pubblico, è quello di formazione medievale; ampiamente rinnovate sono invece le strutture edilizie, ricostruite dopo il terremoto del 1751, che risparmiò pochi lacerti del tessuto tardo-medievale, e quello del 1832. Nel settembre-ottobre 1997 e ancora nell'aprile 1998, ripetute scosse sismiche hanno provocato danni al patrimonio monumentale, che può essere in parte non accessibile. Gualdo Tadino è stato elevato al rango di città nel 1833 da Gregorio XVI con l'attuale denominazione. Tra le attività economiche (che fanno di Gualdo uno dei centri più vitali dell'area), di tutto rilievo è la produzione della maiolica, documentata dal '300 e per la quale il centro ebbe grande rinomanza (in particolare per il tipo a lustro) dal '500.

IL CORSO. Accedendo al centro storico per la medievale *porta S. Benedetto*, l'unica sopravvissuta integra delle quattro che scandivano le mura duecentesche, si percorre il *corso Italia*, principale asse viario che attraversa da nord a sud tutto l'abitato fino all'emergenza della Rocca, strutturando un tessuto urbano di regolare impianto fino allo slargo della piazza maggiore, quindi mosso e articolato con andamento avvolgente per assecondare la morfologia del colle. Vi si incontra, nella piazza XX Settembre, la chiesa di **S. Maria dei Raccomandati**, sede dell'omonima confraternita (XIV secolo), che custodisce un trittico (*Madonna col Bambino e i Ss. Sebastiano e Rocco*) di Matteo da Gualdo e due tele (*Annunciazione* e *S. Bonaventura*) di Avanzino Nucci. Sulla stessa piazza prospetta la chiesa di **S. Donato**, di fondazione duecentesca ma completamente ristrutturata (all'interno, *Madonna in trono col Bambino e le Ss. Lucia ed Elena* di Francesco Mancini).

PIAZZA MARTIRI DELLA LIBERTÀ. La piazza centrale, definita nel '500 con la riduzione dello spazio medievale, è stata riconfigurata dopo il terremoto del 1751 che distrusse i palazzi pubblici medievali. Unica sopravvivenza è la *Torre civica* duecentesca, già appartenuta al palazzo del Podestà, scapitozzata e dotata di lanterna barocca. La fronteggia il **Palazzo comunale**, eretto nel 1768-69 sulle rovine del palazzo delle Arti e dei Priori.

S. BENEDETTO. Già chiesa della scomparsa abbazia benedettina, elevata a cattedrale da Benedetto XV nel 1915, chiude il lato orientale della piazza. Costruita nel 1256 con il concorso di maestranze lombarde, fu ristrutturata nel XVIII e nel XIX secolo. Dell'edificio originario sussiste la facciata con tre portali, dei quali notevole il mediano, e un bellissimo rosone a doppio giro di colonnine. Sul fianco destro è addossata una fontana cinquecentesca, realizzata in concomitanza con l'acquedotto civico. L'interno, basilicale a tre navate, con logge aperte sopra le navate minori, fu rifatto nel 1875 da Virginio Vespignani, che modificò il vano gotico le cui strutture superstiti (grandi arconi ogivali reggenti il tetto a travature palesi) sono visibili nelle soffitte. La decorazione pittorica è di Ulisse Ribustini (1907-24). L'altare maggiore, della fine del '300, fu ricomposto nel 1965: nelle parti laterali e a tergo presenta bassorilievi con *storie di S. Benedetto* di Guglielmo Ciani (1890). Nella cripta, ricavata alla fine dell'800 e decorata dal Ribustini, *urna* con le spoglie *del beato Angelo* (m. 1324).

*S. Francesco. Sul lato della piazza opposto a S. Benedetto è il fianco destro della chiesa dove i Francescani si insediarono alla fine del '200, consacrata nel 1315 e più volte restaurata. La facciata a capanna, con portale gotico con lunetta trilobata, prospetta sul corso Italia, mentre il fianco sinistro, con contrafforti cilindrici, dà sulla piazza ricavata sul chiostro del demolito convento.

L'interno è a tre campate ogivali, decorate da affreschi dei secoli XIV e XV. Alla parete d'ingresso, nella lunetta sopra la porta, *storia di S. Giuliano fra S. Bernardino e il Battista*, di scuola nellesca (1469); a d., *S. Bernardino*, del 1451; nella parte superiore della 3ª campata destra, grande affresco frammentario con la *Dormitio Virginis*, di pittore umbro del secolo XIV. Nell'adiacente cappella, *pala* in maiolica *della SS. Trinità*, di manifattura gualdese del XVI secolo. Sospeso all'abside, **Crocifisso* su tavola del XIII-XIV secolo. Il coro, l'altare maggiore e il pulpito a sin. sono trecenteschi. Nell'abside, a d., *Crocifissione* di Matteo da Gualdo, il più illustre nativo di Gualdo Tadino. Nella 3ª arcata sin., *Madonna col Bambino e S. Francesco*, affresco dello stesso artista. Sul pilastro tra la 1ª e la 2ª cappella, *Madonna col Bambino*, firmata da Matteo da Gualdo, la più antica opera conosciuta dell'artista e preziosa testimonianza della sua formazione su Girolamo di Giovanni. Tra le opere d'arte di pertinenza della Cattedrale, dipinti di Avanzino Nucci e Giovanni Maria Baldassini, croce abbaziale di orafo umbro-senese (1381).

Rocca Flea. Dalla piazza Martiri della Libertà, continuando a salire il corso Italia e poi via della Rocca si raggiunge la fortezza, di origine alto-medievale, ricostruita da Federico II e fatta restaurare nel 1394 da Biordo Michelotti. Nel '500 fu trasformata in residenza dei cardinali legati, che la ampliarono e ne decorarono gli interni, per poi passare al Vescovado di Nocera che la degradò a conservatorio correzionale; nell'800 fu ceduta al comune di Gualdo Tadino che la utilizzò come carcere mandamentale. Negli anni '90 del Novecento è stata restaurata e adibita ad attività culturali e multimediali; è in progetto la destinazione del complesso a sede museale (pinacoteca comunale, Antiquarium, museo della ceramica). L'aspetto attuale è l'esito dei numerosi interventi e adattamenti alle diverse destinazioni d'uso succedutesi nei secoli. Chiusa da mura con torrioni angolari, si impernia su un cortile centrale con grande cassero trecentesco. Visita: luglio-settembre, 10.30-12.30 e 16-19; chiusa il lunedì; negli altri mesi, solo sabato pomeriggio e domenica.

La Pinacoteca comunale (attualmente nei depositi) comprende opere provenienti da chiese della città e del territorio gualdese, tra cui: ***polittico** dell'Alunno del 1471 (nella parte centrale, *Madonna col Bambino*, in alto il *Redentore* e sopra *Cristo benedicente*, intorno figure di *santi*), in una ricca cornice goticizzante intagliata e dorata, eseguita su disegno dello stesso artista;

tre trittici di Matteo da Gualdo, due dei quali raffiguranti la *Madonna col Bambino e quattro santi* (rispettivamente del 1462 e 1477) e il terzo con la *Madonna tra i Ss. Giovanni Battista e Giovanni Evangelista* (1471); *Albero genealogico della Vergine* e *Annunciazione* dello stesso Matteo; *S. Anna con la Vergine tra i Ss. Giuseppe e Gioacchino*, trittico di Antonio da Fabriano; *Madonna col Bambino e santi*, pentittico di scuola eugubina del '400; *Incoronazione di Maria* di Sano di Pietro. Il progettato MUSEO DELLA CERAMICA STORICA, che esporrà i pezzi rinvenuti durante i restauri della Rocca e le opere realizzate per l'annuale Concorso internazionale della Ceramica, illustrerà la produzione artistica gualdese dal XV secolo.

ALLA ROCCHETTA: km 2 circa, proseguendo oltre la rocca Flea. Al piede del *monte Serra Santa* m 1421, così chiamato per essere stato luogo di ritiro di santi ed eremiti, sorge il **convento dell'Annunziata**, edificato nel 1521 per i Minori Osservanti, rifatto con la chiesa nel '600 (all'interno, opere di Cesare Sermei e Avanzino Nucci). Ci si inoltra nella *val di Gorgo* o di S. Marzio, dove in sito solitario si trovano l'*eremo di S. Marzio* (fondato nel Duecento, rovinato già nel '600 e ricostruito sulle rovine nel 1947) e la *sorgente della Rocchetta*, da cui sgorga un'acqua oligominerale, imbottigliata nel vicino stabilimento. Nella valle di Gorgo fu scoperto (1937) il ripostiglio protovillanoviano che ha restituito tra l'altro i due dischi aurei ora al Museo Archeologico di Perugia. Dalla Rocchetta ha inizio la *valle del Fonno*, dove passava un importante itinerario protostorico utilizzato per la transumanza. L'area è di grande interesse vegetazionale e floristico.

A VALSORDA: km 7.8 per una strada di notevole interesse panoramico che sale verso nord tra boschi di conifere. Un breve tronco conduce al *santuario della Madonna del Divino Amore*, meta di pellegrinaggio, fondato nel '500 e rifatto nei secoli XIX e XX. Continuando la salita si giunge alle bellissime praterie della **conca di Valsorda*, stesa a un'altitudine media di circa mille metri, fra il monte Maggio e il Serra Santa, con due minuscoli laghetti carsici. Il sito è di elevatissimo valore paesistico e vegetazionale per le specie endemiche rare; stupendo il **panorama*.

A SAN PELLEGRINO: km 6.5. Da Gualdo Tadino in direzione nord-ovest si raggiunge in breve la statale Flaminia, dalla quale si stacca un breve tronco per la chiesa di **S. Facondino**, intitolata al santo vescovo (m. 607) di cui conserva le spoglie. Di fondazione romanica, è sovrastata da un alto campanile ricavato da un'antica torre (secolo X), con campane del XIII-XIV secolo; custodisce all'interno affreschi di Matteo da Gualdo. Lasciata la statale, a sinistra si perviene al colle su cui sta **San Pellegrino** m 490, castello di Gualdo Tadino sul confine col territorio eugubino. La *parrocchiale* romanica conserva affreschi quattrocenteschi, un tabernacolo in pietra del 1521 e, in trasferimento provvisorio da S. Maria delle Grazie, un *polittico* (1465) di Girolamo di Giovanni da Camerino, per altro eseguito per questa chiesa.

A GRELLO: km 8, inizialmente sulla strada per Valfàbbrica, quindi a sinistra. Antico castello rurale, distrutto nel 1435 da Niccolò Piccinino, conserva la chiesa di *S. Giovanni Battista*, che custodisce nell'abside affreschi del XV-XVI secolo, cui avrebbe atteso anche Matteo da Gualdo.

8 SPOLETO

Il 28 aprile 1911 Hermann Hesse invia un breve messaggio alla moglie «Spoleto è la scoperta più bella che ho fatto in Italia, e così ho pensato: se noi due, magari coi bambini, un giorno venissimo a vivere uno o due mesi in questa bella città, in questa stupenda regione [...]. Pensaci! C'è una tale ricchezza di bellezze pressoché sconosciute, di monti, di valli, foreste di querce, conventi, cascate!». Il fascino di Spoleto scaturisce – come aveva ben compreso lo scrittore tedesco – non solo dai monumenti più o meno illustri, ma soprattutto dal rapporto compenetrato, assolutamente speciale e non banale con la natura circostante. Il Monteluco non è solamente una quinta suggestiva, ma una vera e propria componente della città storica, con la foresta di lecci protetta fin dall'antichità da leggi che ne hanno impedito il taglio, e ininterrottamente popolato per oltre un millennio da comunità eremitiche. La veduta verso la valle, non a caso chiamata «valle spoletina», se oggi evoca l'icona delle lontananze azzurrine care ai grandi pittori umbri del rinascimento, in realtà consentiva il controllo su un ampio territorio di cui la città costituiva il naturale caposaldo. È proprio per questa posizione geografica e per la sua conformazione orografica che Spoleto, nel corso dei secoli, ha sempre avuto ruoli importanti, difficilmente spiegabili alla luce di semplici indicatori economici, del resto condizionati negativamente da una pianura spesso impaludata e da un vasto territorio montano abitato da popolazioni non facilmente controllabili. Ancora in età napoleonica, la scelta di Spoleto come capoluogo del dipartimento del Trasimeno avverrà non in omaggio al retaggio storico dell'antica «Caput Umbriae», quanto, più pragmaticamente, perché la sua prossimità ai territori montani confinanti con il Regno di Napoli, e perciò esposti alla penetrazione del brigantaggio, consentiva un più agevole controllo territoriale. Con l'unità d'Italia la città perde definitivamente il ruolo politico-amministrativo preminente che ne aveva sostenuto l'economia. Solamente i sussulti determinati dalla scoperta e dallo sfruttamento di un grande giacimento lignifero, e dall'impianto di un importante cotonificio (1907) che sembrò preludere a uno sviluppo industriale, riuscirono a determinare un'evoluzione nell'assetto sociale ed economico consentendo, soprattutto nelle campagne, la rottura della tradizionale economia legata alla mezzadria. La città uscì allora dalla cerchia delle mura, conoscendo un'espansione soprattutto lungo la direttrice che conduceva alle miniere di Morgnano, occupata dalle casupole dei nuovi operai sottrattisi a una conduzione agraria padronale assai gretta e arretrata. Ma questa piccola città, ricca di monumenti insigni e di palazzi, di teatri, di istituzioni ereditate dal suo essere stata una piccola capitale, rimaneva in attesa di un nuovo ruolo e di una nuova identità. La fine dell'epopea dello sfruttamento minerario coincise con l'avvento di una manifestazione internazionale, il Festival dei Due Mondi (1958), probabilmente il primo festival moderno dello spettacolo e un evento che ha segnato in modo indelebile gli ultimi decenni di Spoleto. Abbandonato il mito dell'industrializzazione forzata, **Spoleto** m 396, ab. 37 743 (36 156), sta riscoprendo nelle proprie radici, nel recupero e nella gestione dei beni culturali, e quindi nella vocazione turistica, una fonte primaria per il proprio sviluppo economico. Resta il problema del recupero di tante strutture edilizie, se non di interi quartieri, così come problematici appaiono lo svuotamento residenziale del centro storico e l'utilizzo degli edifici come seconde case, sovente acquistate da stranieri. Supporta la visita la pianta storico-urbanistica della città, che si trova a pag. 412.

I CARATTERI DELL'INSEDIAMENTO NELLA VICENDA STORICA

LA CITTÀ ANTICA. L'evoluzione plurimillenaria di Spoleto diventa storia alla fine del IV secolo a.C., epoca cui è riferibile la prima cerchia muraria, detta delle «mura ciclopiche», costituita da enormi massi di pietra calcarea in forma poligonale. Tratti di questa cinta sono ben visibili nella zona della Rocca, dove rinvenimenti di materiale ceramico e bronzeo documentano la presenza di un santuario umbro posto sulla sommità del colle, con una durata fino all'età repubblicana. All'interno di questo spazio murato si sviluppa la città romana (documentata dopo la deduzione della colonia, nel 241 a.C.) che, pur essendo un insediamento di collina, segue le prerogative dell'urbanistica ionica. Dal foro, l'attuale piazza del Mercato, si dipartivano il decumano massimo (odierne vie del Municipio, del Mercato, Plinio il Giovane) e il «cardo» (vie dell'Arco di Druso e del Palazzo dei Duchi), segmento urbano della Via Flaminia.

IL DUCATO DI SPOLETO. Al lento dissolvimento dell'impero romano seguì un periodo di transizione. Grazie all'efficienza della consolare Flaminia, il cui diverticolo attraversava la città dall'arco di Monterone al ponte Sanguinario, arrivarono in rapida successione a Spoleto: Teodorico che fra il 507 e il 511 pose mano al restauro della città e alla bonifica della valle in larga parte impaludata; Totila che nel 545 la distrusse; Narsete che dopo il 553 intraprese il ripristino delle mura. Nel 576 i Longobardi istituirono il Ducato di Spoleto, proiettando l'influenza politica della città su un vasto territorio dell'Italia centro-meridionale, fino al Ducato di Benevento. Della loro presenza in città rimangono solo alcuni bassorilievi, di futura esposizione nel Museo nazionale, ma la loro integrazione con i valori della religione cristiana permise il consolidamento di quel sistema politico-territoriale basato sulle abbazie e sulle pievi in sintonia con il sistema feudale radicato nel territorio circostante.

L'ETÀ COMUNALE. Con la nascita del Comune, i feudatari furono incentivati dalla politica comunale a insediarsi in città: è il caso degli Ancaiani, dei Pianciani, dei Campello che dai loro castelli di poggio si trasferirono dentro le mura edificando alte torri. Nel 1155 Spoleto, «munitissima città, difesa da cento torri», fu – secondo la tradizione – rasa al suolo dal Barbarossa. Questa distruzione permise un'accelerazione del processo di autonomia politica, già in atto da tempo, che dette luogo a un rinnovamento edilizio senza precedenti. Alle sopravvissute chiese della prima rinascenza romanica quali la basilica di S. Concordio (oggi S. Salvatore), di S. Paolo inter vineas, di S. Eufemia, di S. Maria del Vescovato (l'antica Cattedrale, sul sito dell'attuale) e di S. Gregorio Maggiore, seguirono in questi anni una serie di piccole e grandi chiese di seconda fase romanica (XII-XIII secolo). Appena fuori le mura furono costruite le chiese di S. Ponziano e di S. Pietro.

IL RISVEGLIO URBANISTICO della seconda metà del XIII secolo definisce la piazza del Mercato sull'antico foro romano, inserisce il Palazzo comunale con la torre e soprattutto opera il taglio dell'«insula» romana di S. Eufemia per la realizzazione di via dell'Arringo. I lavori presero avvio con la costruzione della nuova Cattedrale e con il trasferimento dell'Episcopio dall'area dietro la vecchia Cattedrale all'ex monastero di S. Giovanni (oggi S. Eufemia). Si trattò di un

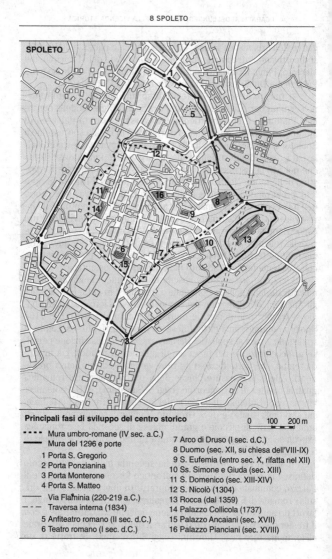

Principali fasi di sviluppo del centro storico

0   100   200 m

- - - - Mura umbro-romane (IV sec. a.C.)
——— Mura del 1296 e porte
1 Porta S. Gregorio
2 Porta Ponzianina
3 Porta Monterone
4 Porta S. Matteo
——— Via Flaminia (220-219 a.C.)
- - - Traversa interna (1834)
5 Anfiteatro romano (II sec. d.C.)
6 Teatro romano (I sec. d.C.)

7 Arco di Druso (I sec. d.C.)
8 Duomo (sec. XII, su chiesa dell'VIII-IX)
9 S. Eufemia (entro sec. X, rifatta nel XII)
10 Ss. Simone e Giuda (sec. XIII)
11 S. Domenico (sec. XIII-XIV)
12 S. Nicolò (1304)
13 Rocca (dal 1359)
14 Palazzo Collicola (1737)
15 Palazzo Ancaiani (sec. XVII)
16 Palazzo Pianciani (sec. XVIII)

taglio voluto per riproporre il rapporto chiesa-città in termini di appropriazione e nello stesso tempo di osmosi dei due poli amministrativi, il Comune e la Chiesa. Sul finire del Duecento, secolo fondamentale per l'urbanistica spoletina, con l'arrivo degli Ordini mendicanti furono costruite al limite interno dell'antico perimetro murario chiese ampie e imponenti. Nel 1227 i Terziari Continenti si insediarono nella chiesa e nell'ospedale di S. Matteo; nel 1247 i Domenicani edificarono il loro complesso monumentale; nel 1254 i Minori francescani si trasferirono dalla chiesa di S. Elia, sul colle omonimo, nella chiesa e convento di S. Simone; infine nel 1304 gli Agostiniani, avendo già occupato delle piccole chiese in prossimità della cinta muraria settentrionale, le demolirono per edificare la chiesa e il convento di S. Nicolò.

I BORGHI, LE NUOVE MURA E LA ROCCA. I canali e le palizzate lignee (carbonare) esterni alle mura non erano più in grado di proteggere la popolazione che dai castelli e dalle «ville aperte» si era insediata nelle aree prossime alle antiche porte. Lungo gli assi viari che entravano in città si formarono i borghi: San Gregorio (via di Porta Fuga), San Ponziano (via Ponzianina), San Matteo (oggi Borgaccio, fuori porta S. Lorenzo) e San Pietro (oggi Monterone). In seguito a tale processo evolutivo, il Comune nel 1296 decise di costruire una nuova cinta urbica, munita di torri di guardia e di porte, atto con cui si concluse il complesso e straordinario periodo di espansione e di riorganizzazione urbanistica della città. Alcuni decenni dopo, in occasione della preparazione politico-militare del ritorno dei papi da Avignone a Roma, la città fu interessata da un altro grande evento edilizio destinato a modificarne l'immagine: la costruzione della Rocca, avviata nel 1359.

LE PIAZZE E I PALAZZI GENTILIZI. Tutto il rinascimento e l'età barocca sono segnati dalla floridezza economica e da un'attività edilizia che incise degnamente e senza traumi sulla struttura urbanistica. La fiorente nobiltà spoletina intraprese la costruzione di grandi complessi all'interno della struttura urbana medievale, formando piazze chiuse, circondate dalle ampie fronti dei palazzi e dagli edifici padronali: il palazzo dei cadetti, le cappelle e le scuderie. Fu questo il periodo dell'edificazione di grandi chiese, alcune esterne come la Madonna di Loreto, collegata alla città con un lungo porticato, e altre interne come S. Maria della Manna d'Oro e S. Filippo Neri (1640).

LA TRAVERSA INTERNA E IL NUOVO ASSETTO URBANO. L'equilibrio urbanistico durato secoli fu spezzato dall'architetto Ireneo Aleandri che, nel 1834, progettò e poi realizzò la «Traversa nazionale» al fine di permettere un facile accesso carrabile all'interno della città. La costruzione della strada impose numerose e ingenti soluzioni radicali, con la realizzazione di nuove fronti stradali che modificarono l'aspetto della città costituendo l'ultimo significativo atto del rinnovamento urbano. La nuova e più razionale organizzazione della città non coincise però con il suo sviluppo politico-economico. Dopo l'Unificazione, divenuta Perugia capoluogo dell'Umbria, Spoleto perse progressivamente il ruolo di centro amministrativo. Ai gravi contraccolpi economici si pose parziale rimedio nei primi anni del Novecento, con la costruzione di opifici in prossimità delle mura e con l'attivazione delle miniere di lignite.

LA RINASCITA CULTURALE. A partire dal secondo dopoguerra, Spoleto è riuscita a reagire con una serie di proposte culturali di riconosciuto interesse e successo: il Centro italiano di Studi sull'Alto Medioevo (1951), il Teatro lirico sperimentale (1947) e il Festival dei Due Mondi, fondato nel 1958 dal musicista Gian Carlo Menotti, che con i suoi spettacoli di prosa, danza, concerti, mostre e film nell'ambito di «Spoletocinema» rappresenta una delle più prestigiose e mondane manifestazioni di livello internazionale. Si tiene ogni anno tra la fine di giugno e la prima metà di luglio.

8.1 LA TRAVERSA INTERNA

Il primo itinerario nella città ha come elemento d'unione l'arteria stradale moderna (la Traversa nazionale o interna) che costituisce l'asse di attraversamento carrozzabile della città lungo la direttrice della consolare Flaminia. La conformazione orografica del colle su cui sorge Spoleto aveva determinato un tessuto urbano compatto e una viabilità verticale assai scoscesa, che rendevano problematica la circolazione dei mezzi di trasporto su ruota. Fino all'800 questo impianto fu rispettato: i borghi della murazione tardo-duecentesca si disponevano infatti sul prolungamento degli assi in uscita dalla prima cerchia poligonale che perimetrava la città per circa 2 chilometri. La costruzione dei grandi palazzi gentilizi aveva rispettato, nei secoli seguenti, l'allineamento viario antico. Una situazione urbanistica bloccata in un impianto tanto razionale quanto rigido aveva determinato un accentuato verticalismo degli edifici, compromesso dai non infrequenti sismi, con murature segnate da archi e bucature accecate, da aggiornamenti stilistici e architettonici. Il nuovo assetto urbano trova definizione nel piano di Ireneo Aleandri (1834), che disegna un tracciato viario concepito come strada postale interna ma più ancora come arteria al servizio dei palazzi delle maggiori famiglie gentilizie, nonché di chiese e conventi. I lavori (1840-70) ebbero significative conseguenze sulla città storica. Le corti esterne dei palazzi nobiliari finirono per aprirsi disseminando, a diverse quote del colle, una serie di piazze che hanno conferito un diverso respiro all'assetto urbanistico; il taglio delle facciate e il loro arretramento, la conseguente nuova definizione degli interni, il trattamento dei paramenti murari esterni con intonaci, divennero modello per tecniche e stilemi che si estesero a gran parte della città, anche per la presenza di imprese e maestranze formatesi nei cantieri della Traversa. La nuova arteria non riuscì tuttavia a raggiungere l'effetto urbanistico auspicato, e ancora oggi è un asse di attraversamento automobilistico senza alternative, quasi privo di esercizi commerciali. Questo itinerario, con andamento nord-sud, lungo e interessante, dal ponte romano di piazza della Vittoria al complesso archeologico di S. Agata, è essenziale per comprendere gli odierni assetti urbani, attraverso testimonianze varie e articolate che abbracciano senza soluzione di continuità circa due millenni di storia.

PIAZZA DELLA VITTORIA. L'ampio spazio alberato tangente alla cortina medievale ebbe, già in età romana, rilevanza per le comunicazioni extraurbane in quanto qui confluivano, per varcare il torrente Tessino ed entrare in città, il diverticolo della Via Flaminia e la Via di Plestia. Il **ponte** antico, detto **Sanguinario** perché nei pressi vi si martirizzavano i cristiani o dal nome («Sandapilarius») della porta del vicino anfiteatro, è da secoli interrato per il naturale spostamento a nord del torrente, registrato già nel XIII secolo. Scendendo le scale antistanti al *monumento a Garibaldi* (opera di Silvestro Silvestri, 1884), se ne possono osservare i resti: tre arcate (di cui una interrata) in grandi blocchi squadrati di travertino, riferibili ai lavori ordinati da Augusto per il miglioramento della Flaminia (sec. I a.C.); il pilone centrale è attraversato da un cunicolo per facilitare il deflusso delle acque.

VIALE TRENTO E TRIESTE. Il rettilineo, che si stacca verso nord al di là del moderno ponte S. Gregorio, fu tracciato attorno al 1860 per collegare la città storica alla Stazione ferroviaria. Il piazzale davanti a questa è dominato da una grandiosa composizione in ferro (il *Teodolapio*) di Alexander Calder (1962), realizzata per il Festival dei Due Mondi.

PIAZZA GARIBALDI. Fa da tramite tra le due piazze la *porta S. Gregorio* o *Garibaldi*, che nel Duecento costituiva il principale ingresso alla città murata a nord; rifatta in forme turrite nel XV secolo e ancora nel 1825 da Leone XII (per questo è detta anche Leonina), fu fatta saltare dai Tedeschi nel 1944 e ricostruita a due fornici. La *piazza Garibaldi* era in antico chiamata campo S. Gregorio o La Valle, margine estremo dell'urbanizzazione extramuraria incluso nella seconda murazione. Nel sotterraneo di un edificio moderno sul lato meridionale rimangono resti di un pavimento romano in mattoni a spinapesce; a sud-ovest, esternamente alla chiesa di S.

Gregorio Maggiore, sono state rinvenute tombe a sarcofago in terracotta e tombe alla cappuccina di epoca imperiale.

*S. Gregorio Maggiore. La chiesa romanica qualifica il bordo occidentale della piazza. Innalzata nel 1079 su un preesistente edificio di culto dedicato al martire spoletino, presso un'area cimiteriale cristiana, venne consacrata nel 1146 e successivamente (secoli XIV, XVI, XVIII) in parte rinnovata; nel 1907 ebbe ripristinati il prospetto e nel 1947-50 l'interno. La facciata, del XII secolo fino alla trifora (ripristinata) avente ai lati, entro nicchie, due statue medievali di *santi*, fu sopraelevata nel '300 a imitazione di quella del Duomo; nel '500 fu aggiunto il portico. Su questo, a sinistra, si apre la trecentesca CAPPELLA DEGLI INNOCENTI, affrescata probabilmente dagli Angelucci di Mevale con *scene della vita di S. Abbondanza* (sepolta in questa chiesa dove, a detta di un'iscrizione sul portico, furono inumati diecimila martiri). A destra della facciata si leva il poderoso campanile (secolo XII), costruito con materiale di spoglio di età romana, sopraelevato sul finire del '400.

INTERNO. Basilicale, a tre navate divise da colonne dai rozzi capitelli e con presbiterio sopraelevato sulla cripta; numerosi i materiali di spoglio. Il ripristino novecentesco ha rimosso l'apparato decorativo barocco riportando in luce gli affreschi medievali, dei quali i più antichi sono quelli, frammentari, della controfacciata (*storie della Passione di Cristo*) e dell'abside centrale (*diaconi e presbiteri entro clipei, S. Gregorio, figure di santi*), riferibili al XII secolo. Alle pareti e sulle colonne altri dipinti murali eseguiti tra XII e XV secolo, tra cui, sulla parete d., frammento di *Maestà* datato 1296; nel presbiterio (con colonne dai capitelli classici), *Madonna col Bambino e angeli con Eva*, affresco staccato del Maestro della Dormitio di Terni; nell'abside d., *Madonna col Bambino*, tavoletta del XV secolo. Alla parete della navata sin., affresco con il protettore di Spoleto, *S. Ponziano*, nell'insolita rappresentazione a cavallo; nella cappella del Sacramento, raffinato *tabernacolo* attribuito a Benedetto da Rovezzano, e *S. Giuseppe e il Bambino* di Sebastiano Conca (la tela è temporaneamente ricoverata presso il Museo diocesano). La *cripta* ha cinque navate con colonne di spoglio e capitelli alto-medievali e romanici.

VIA DELL'ANFITEATRO. Tratto della Traversa interna, si dirama dal lato della piazza opposto alla chiesa di S. Gregorio Maggiore, dal quale si ha una bella veduta sulla città alta e sulla Rocca. La via era nel Medioevo detta «delle Grotte» per la presenza dei nicchioni (allora adibiti a botteghe) dell'**Anfiteatro romano**, i cui resti sussistono all'interno del vasto complesso (in attesa di recupero) già del demanio militare (caserma Severo Minervio). Lo spazio pertinente al monumento antico ha subìto nei secoli complesse stratificazioni d'uso. Costruito fuori le mura nel II secolo in opera vittata a blocchetti di calcare grigio, l'anfiteatro doveva essere a due ordini di arcate sovrapposte (forse con attico), di cui sussistono, a entrambi i livelli, ampi tratti dell'ambulacro esterno. Nel 545 fu adattato dai Goti in fortezza, in seguito smantellata per ricavarne materiali da costruzione per la Rocca albornoziana. Nel Medioevo, l'area dell'anfiteatro fu occupata dagli ex *monasteri della Madonna della Stella* e *di S. Gregorio Minore o del Palazzo*, poi adibiti a usi militari (di recente dismessi), con due notevoli chiostri, uno ad archi ribassati in laterizio di età tardo-medievale, l'altro di forme tardo-cinquecentesche. La bella chiesa del Monastero della Stella, intitolata ai *Ss. Stefano e Tommaso*, è della fine del '700. Di più antica fondazione è invece la chiesa di *S. Gregorio Minore o de Griptis*, insediatasi nel XII secolo sulla cavea, rifatta nel XVIII.

CORSO GARIBALDI. In asse con la porta Garibaldi, sale verso la città della prima murazione sul tracciato dell'antica Flaminia. Il corso costituiva l'asse del medievale *borgo San Gregorio*, di prevalente carattere artigianale e commerciale, sviluppatosi con impianto ortogonale fra XIII e XIV secolo per accogliere la popolazione immigrata (i «forestieri»). L'edilizia del corso ha il volto del rinnovamento di tono generalmente signorile avviato nel Cinquecento e protrattosi fino al principio dell'800.

VIA DI PORTA FUGA. Al termine del corso, si prosegue nella via la cui denominazione, di probabile origine cinquecentesca, ricorderebbe la sconfitta di Annibale (217 a.C.) sotto le mura di Spoleto. La strada sale stretta fra alte case d'antico aspetto, in contesto urbano dove le stratificazioni coprono l'arco di più secoli, dall'età umbra al tardo Medioevo. A sinistra, subito prima della porta, si leva il severo **palazzo Vigili**, poi Pompilj, esito dell'accorpamento di strutture dei secoli XIII-XVI; entro gli ambienti oggi adibiti a ristorante è visibile un tratto delle mura in opera poligonale del IV sec. a. Cristo. Sul palazzo si slancia l'alta **torre dell'Olio**, del XIII secolo, che si vuole derivi il nome dall'uso dell'olio bollente per difendersi dagli assalitori. Ai lati emergono i resti basolati della Via Flaminia, che qui entrava in città attraverso la **porta Fuga** o di Annibale, nelle forme del rifacimento del primo Duecento. Sottopassato un voltone si sbocca nella **piazza della Torre dell'Olio**, snodo importante della città antica dove confluivano «cardines» e «decumani».

VIA CECILI. La via alberata muove dalla piazza a sinistra mostrando un imponente tratto della prima **cinta urbica**, comprendente anche una torre innalzata a difesa di una posterula. Il manufatto evidenzia un'interessante sovrapposizione di tre tipi di tecnica muraria, corrispondenti ai successivi rifacimenti: in opera poligonale a grandi massi di calcare lo strato più antico (IV secolo a.C.); in opera quadrata quello pertinente al rafforzamento d'età romana (dal 241 a.C.); a filari di parallelepipedi allungati il restauro del I secolo a. Cristo.

Dalle mura sporge l'alta abside poligonale, aperta da alte bifore, della trecentesca chiesa di S. Nicolò (v. oltre), sottostante alla quale è la coeva

chiesa della Misericordia, già oratorio del complesso agostiniano, con due portali in pietra del '300; l'interno conserva avanzi della decorazione a fresco dei secoli XIV e XV, tra cui una *Crocifissione* del Maestro di Fossa e un *Crocifisso* secondo l'iconografia del «Volto Santo» di Lucca.

S. NICOLÒ. Per raggiungere il soprastante ex convento degli Agostiniani occorre seguire, oltre la chiesa, l'acciottolata salita della Misericordia, che porta in via Elladio. La grandiosa chiesa gotica di **S. Nicolò** fu eretta nel 1304 assieme al monastero agostiniano, che fu tra i maggiori centri di cultura della città fino al XVII secolo. Il complesso, rovinato dal terremoto del 1767, fu abbandonato dai monaci nell'800, quindi adibito a usi impropri. Ne è in corso il restauro per la destinazione a centro congressuale e a spazio teatrale.

L'INTERNO DI S. NICOLÒ, cui si accede da un bel portale a ogiva ornato nella lunetta di una *Madonna e Ss. Agostino e Nicolò* (1402), è vasto e imponente, concluso da un'alta tribuna poligonale con volta a ombrello nella quale si sviluppa in alto una galleria a bifore. In una cappella, *Lapidazione di S. Stefano* di Etienne Parrocel; nella cappella contigua, affreschi del '500.

L'ex CONVENTO, dove dimorarono Gregorio Elladio, Pierleone Leoni e, nel 1512, Martin Lutero, si articola attorno a due chiostri, uno trecentesco, l'altro del secolo successivo. Al di sotto, sono venuti in luce resti di capanne dell'età del Ferro e strutture romane del I secolo.

VIA ELLADIO. Intitolata a Gregorio Elladio, che fu precettore di Leone X de' Medici e di Ludovico Ariosto, la via riporta in piazza Torre dell'Olio oltrepassando il *palazzo Benedetti di Montevecchio*, del XVI secolo su preesistenze, ripreso nel XVII-XVIII; conserva un ambiente decorato da Liborio Coccetti (circa 1775).

VIA PIÈRLEONE. Proseguimento, oltre piazza Torre dell'Olio, della Traversa, la via è inaugurata da una *torre* medievale con massi megalitici di spoglio nel basamento; segue a destra la *casa Luciani*, con elementi della costruzione trecentesca, ripristinata. Quindi la strada si allarga a destra nella piazza alberata definita dal fianco di S. Domenico. L'Ordine mendicante si insediò qui nel 1247, occupando una cappella intitolata al Salvatore.

S. DOMENICO. La chiesa, eretta fra il XIII e il XIV secolo su una preesistente cappella, ha paramento a fasce alternate di conci bianchi e rossi, con semplice facciata e un bel portale gotico sul fianco destro. Nel 1915 passò ai Francescani, che ripristinarono l'interno (1937, progetto di Ugo Tarchi) nelle forme gotiche, rimuovendo le decorazioni e gli altari seicenteschi.

INTERNO. A una navata con transetto e tetto a travature scoperte. Alle pareti, affreschi votivi dei sec. XIV e XV; al principio della navata, *Crocifisso* scolpito trecentesco. Al 1° altare d., entro nicchia, **Trionfo di S. Tommaso d'Aquino** (raffigurato in cattedra, tra discepoli, vescovi e cardinali), importante affresco dei primi del '400, inquadrato da una ricca ornamentazione floreale con mezze figure di *profeti* e i *quattro Evangelisti*. Nel braccio d. del transetto: all'altare, *Madonna col Bambino e quattro sante*, tela di Giovanni

Lanfranco, e alla parete *Madonna col Bambino*, frammento di affresco del XV secolo. A d. del presbiterio si apre la CAPPELLA DI S. MARIA MADDALENA, affrescata all'inizio del '400 (*Cristo in gloria, Crocifissione, storie di S. Maria Maddalena*). Il presbiterio termina in una grande abside quadrata con tre finestre gotiche (restaurate) e moderne finestre vetrate istoriate; sospeso sopra l'altare maggiore, *Crocifisso* dipinto del '300. A sin. del presbiterio, la CAPPELLA BENEDETTI DI MONTEVECCHIO (sec. XVII), decorata da affreschi di Liborio Coccetti: vi si conserva, entro un *reliquiario* d'argento di Ludovico Barchi (1726), un chiodo della S. Croce che la tradizione dice trovato e portato qui dal beato Gregorio; alla parete sin., *Cattura di Cristo* (1574), probabilmente di Cesare Nebbia. Dalla cappella si scende nella CRIPTA, già chiesa di S. Pietro Martire, ornata di affreschi votivi tre-quattrocenteschi. Nel transetto sin., affresco con la *Madonna e il Bambino* (sec. XV). Nella parete sin., dopo una *Pietà* a fresco del sec. XV (ridipinta), si apre la seicentesca CAPPELLA di S. PIETRO MARTIRE, dove una tela del XVII-XVIII sec. ricorda il miracoloso intervento del santo che, secondo una tradizione, avrebbe determinato la disfatta dei ghibellini presso il ponte delle Torri (19 aprile 1391). Segue, alla parete, *S. Pietro Martire*, tavola del Maestro di Fossa.

PIAZZA COLLICOLA. Contigua alla piazza S. Domenico, esemplifica il processo di formazione delle piazze gentilizie promosso, tra Sei e Settecento, dalle famiglie maggiorenti per creare spazi adeguati ad accogliere le residenze di rappresentanza. Vi emerge il grandioso **palazzo Collicola**, eretto nel 1737 su disegno di Sebastiano Cipriani: la sontuosa dimora, già ricca di opere d'arte provenienti dall'eredità di Cristina di Svezia, è ora adibita a sede dell'Istituto statale d'Arte (temporaneamente trasferito); all'interno, la galleria del piano nobile è decorata da pregevoli tempere di Liborio Coccetti.

S. LORENZO. Sorge in piazza Bovio, raggiungibile in breve per la gradinata fronteggiante il palazzo Collicola, quindi per via Plinio il Giovane. L'ex chiesa romanica, fondata nel XII secolo, ha una bifora sopra il portale, campaniletto a vela e, nell'interno (utilizzato come sala culturale e per spettacoli), affreschi di scuola umbra dei secoli XV e XVI.

TEATRO NUOVO. Dalla piazza Collicola si procede a sinistra nella vaita S. Andrea, che nel nome ricorda lo scomparso insediamento monastico sorto su resti riferiti alle terme del II secolo. Il complesso religioso fu demolito nel 1853 per far posto al **teatro Nuovo**, o Massimo, costruito su progetto di Ireneo Aleandri e inaugurato nel 1864. L'ampia sala a cinque ordini di palchi fu decorata da Giuseppe Masella e Vincenzo Gaiassi; il sipario, con la *Fuga di Annibale*, è di Francesco Coghetti. Annessi al teatro sono una grande sala riccamente ornata su disegno di Cesare Bazzani (1910) e un *Museo del Teatro*, che conserva i manifesti delle prime rappresentazioni, autografi, fotografie, documenti e cimeli vari. Nel teatro si svolgono le stagioni del Teatro lirico sperimentale (dal 1947) e del Festival dei Due Mondi.

VIA FILITTERIA. La via, di tracciamento ottocentesco, eredita la denominazione di origine greco-bizantina dalla vaita di appartenenza, il cui antico tessuto fu squarciato dall'apertura della Traversa. (Le vaite erano le circoscrizioni urbane – dodici nel tardo Medioevo – sulle quali era basata l'amministrazione della città.) A destra, arretrata nel vicolo Corvino, sorge (in area di ritrovamenti archeologici riferiti all'età del Ferro e a quella romana repubblicana) la chiesa dei **Ss. Giovanni e Paolo**, semplice costruzione del XII secolo, consacrata probabilmente nel 1174; sul fianco sinistro è un deperito affresco (*Madonna e santi*) duecentesco. L'interno fu decorato, tra la fine del XII e il XIV secolo, da dipinti murali di cui rimangono documenti interessanti anche dal punto di vista iconografico: *S. Francesco*, tra le più antiche raffigurazioni del santo; *Martirio di S. Tommaso Becket*, attribuito ad Alberto Sozio; frammento del *Banchetto di Erode*. Nella cripta, *Martirio dei Ss. Giovanni e Paolo, dello stesso Sozio (staccato e temporaneamente depositato in Pinacoteca); nel sottotetto sono stati rinvenuti affreschi frammentari del Maestro delle Palazze (fine XIII secolo).

La via Filitteria sale in curva, con scorci panoramici. Al termine, sorge a destra il **palazzo Zacchei-Travaglini**, costruito nel Cinquecento, ampliato nel Settecento e rinnovato il secolo seguente dopo le mutilazioni conseguenti all'apertura della nuova arteria.

PIAZZA PIANCIANI. Si volge a destra nella *via* intitolata al giornalista spoletino *Walter Tobagi*, ucciso nel 1980 da un gruppo terroristico. Vi prospetta il **palazzo Pianciani**, edificato nel Settecento dalla nobile famiglia che fece spianare le proprie case per aprire davanti al prospetto meridionale lo sfogo dell'omonima *piazza*, stretta ed elegante, chiusa sul lato opposto dal *palazzo della Banca Popolare di Spoleto* (Martino Pompilj, 1920). Sul fondo, la piazza Pianciani è raccordata alla soprastante via di Fontesecca (pag. 426) da una scenografica rampa progettata da Ugo Tarchi (1922-23), cui fa da fondale il cinquecentesco *palazzo Leoncilli*, animato da voltone, loggia e balconcino.

S. FILIPPO NERI. Sorge subito dopo, preceduta dalla *piazza Mentana*, in fondo alla quale sono stati rinvenuti i resti delle terme pubbliche della città romana e frustuli di case di età repubblicana. La **chiesa**, iniziata nel 1640 su disegno di Loreto Scelli, ha grandiosa facciata in travertino e alta cupola di gusto romano.

INTERNO a tre navate. Al 2° altare d., *Presentazione della Vergine al tempio* di Gaetano Lapis, autore anche della *Crocifissione* nel braccio d. del transetto; nel braccio sin., all'altare con colonne di verde antico, *Sacra Famiglia* di Sebastiano Conca; al 1° altare sin., *Discesa dello Spirito Santo* di Lazzaro Baldi. Nell'elegante sagrestia settecentesca, *S. Filippo Neri*, busto in marmo di Alessandro Algardi.

L'ex chiesa di **S. Angelo de Gilibertis** (secoli XII-XIII), sulla destra di S. Filippo, è sopravvivenza dell'edilizia medievale abbattuta per far posto alla piazza nel 1666; contiene modesti affreschi cinquecenteschi.

CORSO MAZZINI. Il rettilineo, sul quale si procede oltre S. Filippo Neri, fu ampliato per il tracciamento della Traversa e uniformato nei prospetti. Vi si incontra, subito a destra, l'ex *convento dei Filippini*, eretto dopo il 1671 e nel 1871 adibito a tribunale. Quindi, diverge a sinistra la *via del Mercato*, che fu una delle principali della maglia viaria antica come indicano anche i cospicui ritrovamenti archeologici: nella laterale e angusta *via S. Gregorio della Sinagoga* (la comunità ebraica aveva qui le case e il tempio), un edificio romano di cui è conservato un corridoio lungo 20 metri circa e un altro ambiente pavimentato a mosaico di ignota destinazione; nella *piazza della Genga*, poco avanti a destra, un pavimento romano a mosaico perfettamente conservato.

GALLERIA COMUNALE D'ARTE MODERNA. Vi si scende dal corso il vicolo III, subito prima dello sbocco in piazza della Libertà. Visita: 10-13 e 15-18; chiusa il lunedì. Il museo è articolato su due livelli nel *palazzo Rosari Spada*, del secolo XVII-XVIII, che prospetta la facciata principale, incompiuta, sulla retrostante piazza Sordini. La raccolta si compone di tre sezioni. La prima è costituita dai dipinti e dalle sculture provenuti alla galleria attraverso il «Premio Spoleto», mostra nazionale di arte figurativa (1953-63 e 1968). Tra gli artisti, figurano Arnaldo Pomodoro, Giulio Turcato, Lorenzo Vespignani. La seconda sezione è dedicata allo scultore Leoncillo. La terza è formata dalle nuove acquisizioni derivanti da donazioni o dall'attività della galleria stessa; ne fanno parte opere di Accardi, Burri, Dorazio, Colla, Consagra, Gadler, Sol Le Witt, Scialoia, nonché esponenti della nuova generazione. Alla galleria è collegata la *Biblioteca di Arte contemporanea*, costituita con la donazione di Giovanni Carandente.

PIAZZA DELLA LIBERTÀ. La piazza, dove termina il corso Mazzini, nacque come 'corte' gentilizia degli Ancaiani, grandi proprietari terrieri dell'Umbria meridionale trasferitisi dall'omonimo castello in città nel XIII secolo. La ristrutturazione ottocentesca, che comportò la demolizione di buona parte delle case della famiglia, ha profondamente modificato l'assetto della piazza, che trae carattere dal sopravvissuto **palazzo Ancaiani**, edificato nella seconda metà del '600, restaurato nel 1960. Vi ha sede il *Centro italiano di Studi sull'Alto Medioevo*, sorto nel 1951 per volontà dell'Accademia Spoletina al fine di promuovere studi, ricerche e pubblicazioni sulla civiltà alto-medievale. L'edificio si appoggia con un angolo sopra le volte del Teatro romano (v. oltre), di cui si vedono in basso i resti.

MONASTERO DI S. AGATA. Vi si scende sottopassando il voltone (via S. Agata) all'ingresso della piazza. Il monastero di Benedettine sorse alla fine del '300 accanto all'omonima ex *chiesa*, che occupa parte della scena del Teatro romano; tra le più antiche di Spoleto, ne sussiste il portico antistante alla facciata, su colonne dai capitelli del secolo XI. Il complesso monastico riutilizzò le case (secoli XIII-XIV) della famiglia Corvi, di cui rimane sulla strada il *palazzo* di forme medievali; nel '500 fu ampliato e ristrutturato con l'edificazione del vasto chiostro su pilastri ottagonali. Il monastero, dal 1870 al 1954 adibito a carcere, è oggi sede del Museo Archeologico, comprendente anche l'area del Teatro romano.

MUSEO ARCHEOLOGICO NAZIONALE. In fase di sistemazione all'interno dell'ex monastero di S. Agata, raccoglie i materiali provenienti dal museo civico (scavi in città, a Campello sul Clitunno e a Fosso Cinquaglia, sistemati da Giuseppe Sordini; ottocentesca collezione Bellucci di reperti preistorici e protostorici) e i più recenti rinvenimenti organizzati in tre sale con una disposizione cronologica. Visita: 9-13.30 e 14.30-19; festivi, 9-13. All'età del Bronzo appartengono i reperti delle recenti campagne di scavo effettuate presso la grotta di Campello (XVIII-XIV sec. a.C.) e presso la Rocca di Spoleto. Grandi vasi di impasto dalle necropoli di Campello e di S. Pietro documentano, assieme ai materiali provenienti dall'insediamento abitativo, l'età del Ferro. L'epoca romana è illustrata da una serie di documenti epigrafici, di carattere sacro e pubblico, che vanno dall'età repubblicana all'epoca imperiale. Per quest'ultima sono esposti, tra l'altro, una serie di ritratti dal I al III secolo. Nella sala al piano superiore sono raccolti i rinvenimenti relativi agli scavi effettuati sul colle S. Elia in occasione dei restauri della Rocca albornoziana, che testimoniano l'occupazione del sito dall'età del Bronzo finale a quella romana, durante la quale l'uso abitativo quasi ininterrotto dell'area è documentato dal I sec. a.C. e fino all'alto Medioevo (con particolare intensità nel V secolo).

TEATRO ROMANO. Il monumento fu costruito entro le mura nel secondo quarto del I secolo, utilizzando più tecniche edilizie. Gravemente danneggiato per un cedimento franoso (forse per terremoto) dall'ambulacro all'orchestra e in parte ripristinato in antico, fu poi nascosto e alterato dalla costruzione sulla scena della chiesa di S. Agata e delle case Corvi, quindi dal '300 al '500 dall'ampliamento del monastero benedettino; nel '500 gli Ancaiani ne reimpiegarono materiali pregiati per le proprie residenze; nel 1870 nuovi danneggiamenti accompagnarono la trasformazione del monastero in carcere. Le rovine, ancora visibili nel '500, furono disegnate da Baldassarre Peruzzi, ma solo nel 1891 vennero riconosciute e ubicate da Giuseppe Sordini; gli scavi sistematici furono avviati nel 1938. Nel teatro si tengono concerti e spettacoli.

L'ambulacro semicircolare coperto da volta a botte è collegato alla cavea (in parte ripristinata in cemento armato per consentire di osservare l'abbassamento della costruzione in seguito alla frana) mediante tre «vomitoria», mentre due accessi posti alle estremità («confornicationes») davano accesso ai «tribunalia» riservati ai magistrati. L'orchestra conserva in parte l'antica pavimentazione marmorea; dietro il muro del palcoscenico si vedono i fori per i pali del sipario e la fossa circolare per la loro manovra. La facciata del teatro (nel lato occidentale, verso piazza della Libertà) era decorata da arcate spartite da semicolonne tuscaniche, su cui poggiava il fregio.

MADONNA DI LORETO. Sul prolungamento della via S. Agata la *via Mameli* innerva l'antico *borgo San Matteo*, concluso dall'omonima *porta* della cinta duecentesca. Oltre questa si dirama il lungo rettilineo (*via Madonna di Loreto*) che sul finire del '500 fu dotato di un *portico* per dare riparo ai pellegrini diretti al tempio, restaurato nel 1673 e concluso nel 1802. Il santuario della **Madonna di Loreto** fu iniziato nel 1572 da Annibale Lippi, che disegnò un impianto a croce greca per contenere, nel braccio meridionale, la cappella dedicata alla Santa Casa di Loreto, ornata da un'immagine della *Vergine* (di cui sussiste un frammento) ritenuta miracolosa, dipinta nel 1538, secondo la tradizione da Jacopo Siciliano.

VERSO S. PAOLO INTER VINEAS. A sinistra del palazzo Ancaiani (pag. 421) si dirama il *viale Matteotti*: nella laterale *via Egio*, entro un giardino pensile, è visibile un tratto delle mura poligonali della prima cerchia, con sopraelevazione del sec. I a.C. testimoniata anche dall'iscrizione monumentale con i nomi dei quattuorviri che curarono il restauro. Il viale attraversa poi i *Giardini pubblici*, ricchi di essenze, realizzati sugli orti di un ex scomparso monastero dei Serviti, adibiti in età napoleonica a vivaio dipartimentale. Sul margine della città murata duecentesca, segnalato dalla *Cupola* in lega leggera ideata da Richard Fuller, si volge a destra nel viale Martiri della Resistenza, poi a sinistra nella via S. Paolo.

*S. PAOLO INTER VINEAS, ricordata da Gregorio Magno per un episodio miracoloso che vi sarebbe accaduto nel VI secolo, fu ricostruita assieme al convento femminile benedettino nel secolo X, quindi rinnovata entro il 1234, anno in cui venne consacrata da Gregorio IX; nel 1396 passò ai Minori osservanti, che la tennero fino alla trasformazione ottocentesca in ricovero di mendicità. La facciata, spartita da lesene, ha un semplice portale ad arco, una cornice divisoria classicheggiante e altra simile su archetti pensili nei timpani laterali; il grande rosone è ricostruito su elementi antichi. L'interno (ripristinato), a tre navate su colonne, con ampio transetto, custodisce un importante **ciclo di affreschi** (*profeti, storie della creazione del mondo*) eseguiti in occasione della ristrutturazione duecentesca, staccati e ricollocati senza rispettare l'originaria disposizione. L'altare romanico è quello consacrato da Gregorio IX. Il chiostro conserva su un lato colonne e capitelli del secolo X.

8.2 LA CITTÀ ALTA

Nella parte alta di Spoleto si confrontano i luoghi e le sedi rappresentative della vita cittadina e delle istituzioni: la Rocca papale sulla vetta del promontorio; la piazza del Foro e il Palazzo comunale; il nucleo episcopale e la Cattedrale. La Rocca insiste sul sito dell'insediamento protostorico (XII-XI secolo a.C.) e dell'acropoli, cinta di mura poligonali alla fine del IV secolo a.C., 'cancellati' per far posto al possente edificio albornoziano che ancora oggi domina la città e la valle. Residenza del legato pontificio e sede munita del potere temporale, riconvertita in prigione, è stata fino agli anni ottanta dal '900 un insieme inaccessibile e separato dalla città. La piazza del Foro (oggi del Mercato) è il fulcro secolare della società spoletina, con il Palazzo pubblico e la sua alta torre, dalla quale una campana ha scandito per parecchi centinaia d'anni il ritmo della vita civile. Il complesso dell'episcopio, sorto in posizione defilata in prossimità della cinta muraria romana sul versante nord-orientale del colle, nel sito occupato dal Duomo, in età comunale si sposterà anch'esso presso la «piazza de foru» e della residenza comunale, senza però contrapposizione di poteri essendo Spoleto quasi ininterrottamente di parte guelfa e lautamente ricompensata dal papato con prebende e privilegi. Sullo sfondo della severa città murata, fa da quinta naturale il Monteluco, congiunto al colle di Spoleto dal grandioso ponte-acquedotto.

VIA BRIGNONE. Dalla piazza della Libertà, in asse con via S. Agata, sale penetrando in un'area dove le intense stratificazioni archeologiche annunciano che si è prossimi a incrociare il fondamentale asse urbano della Flaminia. Numerosissimi sono i resti di abitazioni e di strutture di età romana nelle cantine e sotto le case, non di rado riutilizzati per le sistemazioni medievali e moderne. A sinistra la via si apre nella *piazza Fontana*, con elegante *fontana* cinquecentesca, mentre a destra è nobilitata dal **palazzo Mauri**, del primo Seicento, già sede di importanti istituzioni cittadine (l'*Accademia Spoletina*, fondata nel XVII secolo, l'Archivio di Stato, la Biblioteca comunale), inagibile dopo i danni provocati dal sisma del 1997. La via termina nella **piazza S. Ansano**, formata dall'incrocio di più strade.

ARCO DI MONTERONE. La Flaminia proveniente da Roma entrava in città da quest'arco, che scavalca la *via Monterone* prima del suo sbocco nella piazza S. Ansano. Questa porta della cinta urbica, risalente al III sec. a.C., ha gli stipiti formati da grossi blocchi calcarei squadrati e perfettamente connessi, tra resti di mura più antiche.

VIA DELLE FELICI. Poco più in giù, nella via Monterone (asse del medievale *borgo San Pietro*, sviluppatosi tra le due cerchie e concluso dalla trecentesca *porta Monterone*) si trova l'*arco delle Felici*, formato da grossi blocchi con murati frammenti forse del secolo VI. Esso immette nella via delle Felici, fiancheggiata a monte dai resti di mura antiche, successivamente restaurate con elementi di spoglio di edifici romani. Giunti in fondo, in vista del complesso dei Ss. Simone e Giuda (pag. 436), si possono raggiungere a destra i ruderi dell'*abbazia* benedettina *di S. Marco*, menzionata da san Gregorio Magno e divenuta potente nell'XI secolo; i resti dei muri perimetrali e della cripta sono attualmente interrati, mentre gli avanzi del pavimento musivo del VI secolo sono presso il Museo diocesano. Verso est, a difesa di un saliente delle mura trecentesche, la *torre* mozza *di Fortebraccio* che nel nome ricorda l'assedio del condottiero nel 1419.

S. ANSANO. La piazza S. Ansano (pag. 424) è qualificata sul fondo dall'omonima chiesa, inserita nel XII secolo su un preesistente edificio di culto intitolato ai Ss. Isacco e Marziale, eretto nel VII secolo inglobando parte del foro romano e della gradinata antistante a un tempio d'età augustea. Rinnovata nel tardo Settecento da Antonio Dotti, la chiesa conserva, inserite nel fianco sinistro, le strutture dell'edificio antico. Dalla strada si osservano lo stilobate e la parte del tempio a cui è attaccata la muratura a grossi blocchi della cripta di S. Isacco; lo spazio del pronao con il frammento dell'unica colonna conservatasi (il resto e l'altra sono disegnate sull'intonaco); il muro della cella con frammenti della trabeazione e la sua prosecuzione, appartenente all'ingrandimento della chiesa in età medievale. Nel muro dello stilobate è inglobato un pozzo, probabilmente precedente al tempio. A destra della chiesa, nell'annesso convento, *chiostro* cinquecentesco.

INTERNO. Nell'unica navata, al 1° altare destro, *Madonna col Bambino*, frammento di un affresco dello Spagna (1528). Una scala a sinistra dell'altare maggiore scende al tempio romano e alla cripta di S. Isacco. Il **tempio**, di ignota dedicazione, fu eretto entro la metà del I secolo sul lato meridionale del foro. Era composto da una cella e da un pronao con quattro colonne nella fronte, impostati su un alto stilobate. Sotto il pronao si aprono due corridoi paralleli con pavimentazione in «opus spicatum», di cui si ignora la destinazione. La ***cripta di S. Isacco** (Isacco e Marziale, monaci siriaci, si rifugiarono sul Monteluco), databile al XII secolo, è a pianta rettangolare a tre navate con un'abside, divise da colonne di spoglio dai rozzi capitelli; alle pareti, numerosi e interessanti frammenti di affreschi (*Decapitazione del Battista, Gesù in gloria, Ultima Cena*).

*ARCO DI DRUSO. Posto a sinistra di S. Ansano, costituiva il monumentale ingresso al foro. L'arco, a un solo fornice in grossi blocchi di calcare locale, fu eretto per volontà del Senato spoletino in onore di Druso Minore e di Germanico, rispettivamente figlio e nipote di Tiberio, dopo la morte del primo avvenuta nell'anno 23. Interrato nel Medioevo e in parte nascosto nelle case vicine, ha il pilone destro libero fino al piano antico, su tre lati. La decorazione dell'arco è semplice e limitata alle lesene sormontate da capitelli corinzi. La *via dell'Arco di Druso*, già «cardo maximus» dell'impianto antico, lasciato a sinistra il seicentesco *palazzo Leti*, sul luogo del palazzo del Podestà, e al termine, arretrato a sinistra, il prospetto del seicentesco *palazzo Parenzi*, ornato da uno stemma barocco, immette nel cuore della città romana.

PIAZZA DEL MERCATO. Ancora nel Medioevo detta piazza del Foro, insiste su parte dell'ampia spianata rettangolare del foro romano (il cui piano è m 1.50 sotto l'attuale), sistemato alla fine dell'età repubblicana. L'area, invasa dall'edificato medievale, fu ridefinita nell'ambito degli interventi urbanistici duecenteschi. Nel 1746-48 vi fu inserita, sul lato breve, la **fonte di Piazza**, scenografica realizzazione di gusto romano dovuta a Costantino Fiaschetti; superiormente, il monumento è ornato da quattro stemmi e una targa eseguiti nel 1626 su disegno di Carlo Maderno in onore di Urbano VIII e già in opera in un precedente edificio. A destra della fonte di Piazza, la via del Municipio porta in breve al Palazzo comunale con la Pinacoteca civica (pag. 428).

VIA DEL PALAZZO DEI DUCHI. Muove a sinistra della fonte di Piazza sul proseguimento del «cardo» romano. La via, dove furono ritrovati (1833) rocchi di colonne e un imponente capitello riferiti a un edificio romano di culto, forse il Capitolium, trae carattere dalle botteghe d'aspetto medievale ma ricavate nel '500 entro le arcate delle campate superstiti della chiesa di *S. Donato*, reimpiegando per i banconi esterni materiale antico. A sinistra è la trecentesca *casa Spiga*.

VIE DI FONTESECCA E SAFFI. La via del Palazzo dei Duchi sbocca in via di Fontesecca, dove si dispone la cosiddetta *casa dei Maestri Comacini*, d'aspetto medievale. Questa strada, con il suo proseguimento (via Saffi), è la principale della città alta e tra le più caratteristiche per le nobili cortine edilizie che ne accompagnano (dalla piazza Pianciani, pag. 420) l'ascesa verso il Duomo e la Rocca. Su diffusi resti di strutture antiche, si impostano le case d'impianto medievale rinnovate tra Quattro e Cinquecento, a testimonianza della persistenza della funzione di arteria centrale del nucleo d'antica murazione. A destra, la via di Visiale dà accesso a una casa romana sottostante al corpo occidentale, novecentesco, del Palazzo comunale (pag. 428).

CASA ROMANA. Scavata nel 1885-1912 da Giuseppe Sordini, era una ricca dimora signorile affacciata sul foro, che si è ipotizzato appartenesse a Vespasia Polla, madre dell'imperatore Vespasiano. Visita: 10-13 e 15-18;

chiusa il lunedì. Gli ambienti sono disposti secondo lo schema più consueto del I secolo, con aggiunte posteriori. Nonostante la mutilazione dei muri, è ancora evidente la planimetria di una casa romana di tipo pompeiano: vi si riconosce l'«atrium», con in mezzo l'«impluvium» affiancato dalle «alae», e i «cubicula», il «triclinium» rialzato e di fronte il «tablinum»; a sinistra, resti di un portico, probabilmente il «peristilium» con «viridario». Notare gli interessanti mosaici pavimentali a tessere bianche e nere, con disegni geometrici, le tracce di decorazione a encausto, la mensa marmorea con bei trapezofori e i frammenti di stucchi.

PALAZZO VESCOVILE. Preceduto dal cavalcavia del cinquecentesco *palazzo Martorelli-Orsini*, si dispone a sinistra della via Saffi, fronteggiando la facciata settentrionale del Palazzo comunale (pag. 428). Il complesso vescovile è l'esito di più fasi costruttive, di cui rilevanti quelle quattro-cinquecentesche dei vescovi Eroli che ristrutturarono l'ala meridionale, mentre il lato a settentrione, concluso nel '500, fu rifatto nel Settecento. Nel XVII secolo fu rinnovato il cortile interno e tamponata la loggia. Nell'interno è sistemato il Museo diocesano.

VICENDE COSTRUTTIVE. Il palazzo sorge su strutture sorte forse già nel III secolo a.C.; in età sillana, l'area fu terrazzata con poderose sostruzioni nel lato a valle e sulla spianata si attestò un vasto edificio pubblico. Secondo un'ipotesi non confortata da documenti, in quest'area, facilmente difendibile per la scoscesità del terreno, sarebbe sorto il palazzo di Teodorico e i Longobardi vi avrebbero eretto il palazzo ducale. Nel X secolo, gli edifici preesistenti furono trasformati dalla badessa Gunderada in monastero benedettino (S. Giovanni) annesso alla già presente chiesa di S. Eufemia (che avrebbe svolto la funzione di cappella regia). La chiesa fu riedificata probabilmente nella prima metà del XII secolo, e di poco posteriore sarebbe l'adattamento del monastero in complesso episcopale.

MUSEO DIOCESANO. Istituito nel 1976 per la tutela del patrimonio d'arte mobile della diocesi, raccolto a partire dagli anni '20 del Novecento, comprende opere di pittura e scultura dal XIII al XVIII secolo sistemate in cinque ambienti dell'appartamento del Cardinale, con decorazioni settecentesche. Visita: 10-12.30 e 15.30-19.

Vi si accede dal salone dei Vescovi, con camino seicentesco e 113 *ritratti di vescovi* (1720). La PRIMA SALA accoglie i dipinti su tavola dal XIII al XV secolo, tra cui: dossale con la *Madonna e il Bambino e storie di S. Martino* (metà del sec. XIII); altro dossale con *Cristo, angeli e teoria di santi* del Maestro di Cesi; *Madonna col Bambino*, attribuita allo stesso maestro; trittico con *storie di S. Lucia*, della prima metà del sec. XV; alcuni dipinti su tavola attribuiti a Bartolomeo da Miranda; *Croce* dipinta degli inizi del sec. XIII; altra *Croce* dipinta tardo-trecentesca. Nella SECONDA SALA sono raccolti i dipinti su tavola del Cinquecento, tra i quali spiccano: *Adorazione del Bambino* di Domenico Beccafumi, *Annunciazione* di Giovanni Andrea De Magistris e *Sacra Conversazione* di Camillo Angelucci. La TERZA SALA è dedicata alle sculture lignee dei secoli XIII-XV: *Madonna col Bambino* (da Poggio Primocaso) della metà del '200; *S. Cristina* (da Caso) e *Crocifisso* (da Cascia), entrambi del sec. XIV; *S. Sebastiano* del sec. XV. I dipinti su tavola del Quattrocento sono raccolti nella QUARTA SALA: *Madonna col Bambino* del Maestro della Madonna Strauss e due polittici degli Sparapane di Norcia. Nella SALA detta DELLE STELLE per la decorazione del soffitto, rifatto nell'800: *Madonna col Bambino e i Ss. Bartolomeo e Montano* di Filippino Lippi; *Madonna della Neve* di Neri di Bicci; dipinti su tela tra cui *Nozze mistiche di S. Caterina* di Francesco Ragusa; *Circoncisione* di Bernardino Gagliardi. Inoltre, serie di ex voto dei sec. XVI-XIX e raccolta di preziose oreficerie.

*S. EUFEMIA. La chiesa sorge entro il recinto del Palazzo vescovile. Riedificata nel XII secolo nelle forme del romanico spoletino e ripristinata tra il 1907 e il 1953, ha semplice facciata a due spioventi, con sopraelevazione centrale, bifora con rincassi ripetuti nel portale e coronamento ad archetti. L'interno, di accentuato verticalismo, è basilicale, a tre navate divise da pilastri e colonne di spoglio, con tre absidi e matronei (è l'unica chiesa in Umbria con matronei ed è esemplata sul S. Lorenzo di Verona). Tra la 2ª e la 3ª campata a d., un pilastro marmoreo altomedievale di reimpiego (VIII-IX sec.) finemente scolpito a motivi vegetali; sulla 2ª colonna a d. e nella volta del presbiterio, affreschi del sec. XV. L'altare maggiore (proveniente dalla Cattedrale) ha un bellissimo **paliotto** marmoreo del sec. XIII con bassorilievi (*Agnus Dei, simboli degli Evangelisti*) e ornati cosmateschi.

PALAZZO COMUNALE. Fronteggia il Palazzo vescovile la sede del Comune, che dà alla via Saffi la facciata settentrionale, opera di Anton Maria Ferrari (1784). Il principale prospetto meridionale, opera di Francesco Angelo Amadio (dal 1786), affaccia invece sull'allungata e appartata *piazza del Municipio*, in un'area dove le stratificazioni edilizie evidenziano una persistenza delle funzioni di rappresentanza dall'età romana. Il palazzo, costruito nel XIII secolo (di quell'epoca è la torre rettangolare, completata superiormente nel '700), fu rinnovato e ampliato a metà Quattrocento quando divenne residenza del papa Niccolò V; dopo il terremoto distruttivo del 1703 se ne avviò la ricostruzione, accorpando edifici adiacenti; l'ala occidentale è aggiunta del 1913, edificata sopra una casa romana (ingresso da via di Visiale, pag. 426). Dall'800 le sale del piano superiore, decorate da Giuseppe Moscatelli e Benigno Peruzzi (1896-1900), sono adibite a sede museale (ingresso da piazza del Municipio). Il palazzo include la sede dell'antico *Monte di Pietà*, fondato nel 1469.

*PINACOTECA COMUNALE. Istituita nel 1867 a partire dal nucleo di opere rimosse dalla Rocca per salvaguardia da Pietro Fontana, accresciuta con il patrimonio delle corporazioni religiose soppresse, ebbe un primo ordinamento nel 1871, rinnovato nel 1904 nell'assetto che tuttora caratterizza la raccolta. È nelle intenzioni il trasferimento di un gruppo di opere dal XII al XV secolo nel futuro Museo nazionale presso la Rocca. Visita: 10-13 e 15-18; chiusa il lunedì.

SALA I. *Presepe* di Giacomo di Giovannofrio (c. 1515); *Madonna col Bambino in trono* di Antonello da Saliba; *Madonna col Bambino fra due angeli*, affresco staccato dal Monastero della Stella, di umbro della metà del XV secolo; *S. Giovanni Battista e S. Pietro*, forse parte superstite di uno scomparso polittico commissionato dai frati di S. Simone a Jacopo Vincioli nel 1466; al Vincioli è riferita anche la coeva *Madonna col Bambino e santi francescani*, da S. Simone. *Polittico di S. Eutizio* di Nicola di Ulisse (1472); *Madonna delle Grazie* dell'Alunno, dall'eremo di Monteluco. Seguono alcuni affreschi staccati di pittori umbri, databili dalla seconda metà del XIV alla seconda metà del XV secolo: *Crocifissione*; *Annunciazione*, *S. Cosma* e *S. Damiano*, da S. Nicolò; *Madonna della Quercia* e *Cristo benedicente e angeli*, da S. Crisanto di Patrico. *Madonna col Bambino e S. Caterina*, recentemente attribuita a Giacomo Francia; frammentaria *Natività* dei fratelli Simone e Giovanfrancesco De Magistris; *storie dei Ss. Giovanni e Paolo*, affresco lacunoso di artista spoletino del XII secolo, staccato dalla cripta della chiesa dedicata ai due santi. Entro vetrina, oggetti d'oreficeria sacra tra cui il *reliquiario di S. Eutizio* in rame sbalzato, cesellato e dorato (sec. XVI). Inoltre, arredi cinquecenteschi di produzione umbra.

SALA II. Vi è esposto il più antico dipinto della Pinacoteca, un ***Crocifisso** su tela applicata a tavola, eseguito da un artista umbro della fine del XII secolo; altre due ***Croci** dipinte, una del XIII secolo con la rara iconografia dello Svenimento della Vergine nel tabellone a sinistra, l'altra del Maestro di Cesi, documentano l'evoluzione della pittura locale nell'arco dei tre secoli. Trovano posto in questa sala anche due affreschi staccati dalla Rocca, entrambi opera dello Spagna: *La Giustizia, la Carità, la Clemenza*, inserite in una finta architettura adattata a monumento celebrativo di Leone XII, e ***Madonna col Bambino e santi**, commissionata dai Ridolfi. Nella vetrina: *Crocifisso* e due tavolette con *Santi*, preziosi reliquiari del Maestro di S. Alò; *Redentore*, tavola di ignoto bizantineggiante del XIII secolo. Le bacheche contengono codici miniati (XIII-XIV sec.) da S. Eutizio, timbri delle magistrature cittadine, una piccola raccolta numismatica e un disegno (*Pietà*) a sanguigna su carta attribuito all'Alunno. Tra le suppellettili, stampo per tessuti del XVI secolo.

SALA III. Illustra la produzione dei secoli XVI-XVIII: *S. Elena* attribuita a Livio Agresti; *Sacra Famiglia* di Bartholomaeus Spranger; *Madonna col Bambino e santi* di Giovanni de' Vecchi; busto di *S. Bruno*, attribuito a Francesco Refini; *Madonna col Bambino e S. Giovannino* di Sebastiano Conca; *Apostoli* di Lazzaro Baldi. Alla collezione dello spoletino Alfonso Palettoni, che fu governatore di Cento, appartengono: il *ritratto* dello stesso Palettoni, della bottega del Guercino; **Maddalena* di probabile mano del Guercino; *Spezieria* di Paolo Antonio Barbieri (fratello del maestro centese) e *ritratti di dame* di Benedetto Zallone. Inoltre, *Incredulità di S. Tommaso* di Etienne Parrocel (1758); *Madonna leggente col Bambino* di Antiveduto Gramatica; *ritratto di Pio VII* di Vincenzo Camuccini. Nelle vetrine, oggetti eseguiti da botteghe orafe italiane, tra cui un *Angelo* in bronzo dorato della bottega di Gian Lorenzo Bernini. Tra gli arredi, armadio seicentesco in noce e, tra i documenti della storia comunale, la mazza municipale in argento cesellato, opera di Giuseppe Bartolotti, e il bossolo per votazioni in legno intagliato e laccato. Nella sala del Consiglio, arredi provenienti dal palazzo Collicola tra cui una serie di arazzi appartenuti a Cristina di Svezia.

GLI EDIFICI ANTISTANTI. La cortina di case che fronteggia, sulla piazza del Municipio, il Palazzo comunale forma un interessante contesto ambientale nel quale si accostano e concatenano corpi di fabbrica di epoche diverse. Il *vicolo della Basilica*, che si apre tra due abitazioni cinquecentesche che accorpano e rinnovano strutture due-trecentesche, prende nome dalla presenza di un'interessante costruzione romana, la cosiddetta **Basilica**, a pianta quadrata con basamento in blocchi bugnati e muri superiori a blocchetti adorni di lesene. Si tratta probabilmente di un edificio di culto, databile inferiormente al I secolo, superiormente di epoca posteriore; la somiglianza della sagoma della cornice dello stilobate con quella di S. Ansano fa supporre la contemporaneità delle due fabbriche.

VIA DELL'ARRINGO. Questo collegamento diretto per la piazza del Duomo, a sinistra di via Saffi, apre una visuale straordinaria sulla Cattedrale e sugli edifici che fanno da quinta al vasto invaso imbutiforme sul quale si apre a ventaglio, con soluzione urbanistica di eccezionale impatto scenografico. Il taglio della nuova strada, che scompaginava la geometria spaziale dell'«insula» romana inserendo la piazza in una nuova gerarchia degli spazi urbani, esprimeva l'affermazione in città del potere episcopale che, alla fine del XII secolo, avviava la costruzione di una più vasta chiesa e attuava il trasferimento dell'Episcopio nell'area di S. Eufemia.

Discendendo via dell'Arringo (così chiamata perché, almeno dal XII secolo, vi si svolsero le assemblee del popolo) si osserva a sinistra la parte absidale della chiesa di S. Eufemia, liberata nel 1950-51 (su un progetto di inizio secolo) con la demolizione dell'ala orientale del Palazzo vescovile. A destra si dispone il **palazzo Racani**, poi Arroni, interessante edificio cinquecentesco con portale di nobile eleganza, due ordini di finestre, una loggia in alto; la facciata è adorna di frammenti di graffiti, molto deperiti, tradizionalmente attribuiti a Giulio Romano; l'edificio ha una piccola corte con finestre binate e grazioso ninfeo.

*PIAZZA DEL DUOMO. Aperta su un terrazzo artificiale ricavato già in età romana sul pendio del colle di S. Elia, fu definita tra XII e XVI secolo con la costruzione delle architetture che la delimitano componendo uno spazio ricco di articolazioni formali e volumetriche, calamitato dal mirabile involucro della Cattedrale. A destra si notano la *casa Fabricolosi*, d'aspetto quattrocentesco, e un *sarcofago* con una scena di caccia, del III secolo, proveniente dal palazzo

Campello e ora adibito a vasca di fontana. A sinistra, la **casa dell'Opera del Duomo**, del 1419, a corsi di conci bianchi e rossi. Quindi, il piccolo ed elegante **teatro Caio Melisso**, nato come «Nobile Teatro» nel 1664 e integralmente rinnovato da Giovanni Montiroli nel 1880, con sipario (*Apoteosi di Caio Melisso*) di Domenico Bruschi. Segue l'ex chiesa di **S. Maria della Manna d'Oro**, costruzione ottagonale con reminiscenze bramantesche, eretta per voto in seguito al Sacco di Roma nel 1527 e conclusa nel 1681. L'interno (ora adibito a spazio espositivo) ha sopra l'ingresso una statua del *vescovo Bernardino Lauri*, avanzo di sepolcro del secolo XVI, già nel Duomo; nei riquadri della fascia della cupola, quattro dipinti di Sebastiano Conca e del suo allievo Nicola Costantini; nel mezzo, grande *fonte battesimale* della prima metà del '500 con otto bassorilievi (dal *Presepio* alle *Nozze di Cana*).

   *DUOMO. Dedicato all'Assunta, fu eretto in forme romaniche verso la fine del XII secolo sull'antica S. Maria del Vescovato, che si ipotizza fondata nell'VIII-IX secolo; consacrato dal papa Innocenzo III nel 1198, ebbe l'interno ricostruito nel '600. La FACCIATA (schema a pag. 434) è spartita orizzontalmente in tre ordini: quello inferiore, dove si apre un magnifico ***portale** romanico con grandiosi stipiti e un superbo architrave a decorazione vitinea d'ispirazione classica, è preceduto da un elegante portico rinascimentale a cinque arcate, opera di Ambrogio da Milano e del fiorentino Pippo di Antonio, iniziato nel 1491; lo sormontano un ricco fregio e una balaustra e lo fiancheggiano due graziosi pulpiti (sotto il portico, a destra, è l'ingresso principale alla cappella Eroli, v. oltre). La zona mediana reca, sopra una galleria cieca con due telamoni, una grande rosa centrale, circondata dai *simboli degli Evangelisti* e fiancheggiata da quattro rosoncini; al di sopra corre una serie di archetti su colonnine. Nell'ordine superiore, a coronamento triangolare, ornato da tre rosoncini, si profilano tre arcate ogivali; quella mediana è ornata da un grande mosaico bizantineggiante (*Cristo benedicente tra la Vergine e S. Giovanni*), firmato Solsterno e datato 1207. A sinistra della facciata si leva il poderoso **campanile**, costruito nel XII secolo con materiali di spoglio romani, paleocristiani e alto-medievali; la cella campanaria fu eseguita nel 1512-15 su disegno di Cola da Caprarola.

   INTERNO. È a croce latina, a tre navate con grande abside semicircolare. La costruzione romanica, a tre navate divise da colonnato e il tetto a travature palesi, fu rinnovata quasi per intero entro il 1644 da Luigi Arrigucci, architetto camerale di Urbano VIII, che voltò una cupola sul presbiterio, spostò il transetto e impostò le volte su massicci pilastri. Gli altari e le quattro grandi porte nelle navate sono opera di Giuseppe Valadier. Sul portale mediano, *busto di Urbano VIII* in bronzo, opera di Bernini. La navata centrale ha un pavimento musivo di epoche varie, ma in gran parte del sec. XII; le due acquasantiere sono del 1484.

NAVATA DESTRA. Subito vi si apre la CAPPELLA EROLI (1, nella pianta a fronte), fatta costruire dal vescovo Costantino Eroli, compiuta nel 1497: nell'absidiola, **Padre Eterno e angeli, Madonna col Bambino, il Battista e S. Stefano**, e sul paliotto dell'altare, *Pietà*, affreschi del Pinturicchio. Un andito a volta, dove dovevano trovarsi le tombe degli Eroli, la riunisce all'altra CAPPELLA EROLI O DELL'ASSUNTA (2), fatta costruire dal vescovo Francesco Eroli nella prima metà del '500. L'elegante interno a pianta quadrata è tutto adorno di una decorazione a fresco. Nella volta, *personaggi dell'Antico Testamento* attribuiti a Giovanni da Spoleto (per altri del cortonese Papacello); nella parete d'ingresso, sopra la porta, *Pesca miracolosa*, e nel lunettone *Elia sul carro di fuoco*; alla parete sin., *S. Girolamo penitente*, e nel lunettone *Aronne*; all'altare, entro elegante edicola, *Assunta e il vescovo Francesco Eroli*, e ai lati due gruppi di *santi*; alla parete d., *S. Michele e S. Lucia* e, nel lunettone, *Eliseo*. Tutti gli affreschi delle pareti sono stati attribuiti a Jacopo Siciliano. Notare gli eleganti sedili in pietra lungo le pareti.

Nella navata: al 1° altare d. (3; di Giuseppe Valadier, 1792), *Deposizione* di Domenico Corvi; al 2° (4), *Morte di S. Andrea Avellino* di Antonio Concioli; al 3° (5), *Visitazione* di Giovanni Alberti.

BRACCIO DESTRO DELLA CROCIERA (6). Alla parete d., *monumento funebre di Giovanni Francesco Orsini*, mal ricomposto e mutilato nei successivi trasferimenti, opera di Ambrogio da Milano (1499); all'altare, *Madonna col Bambino e i Ss. Francesco, Antonio e Dorotea* di Annibale Carracci; alla parete sin., *tomba di fra' Filippo Lippi* (la salma non vi si trova più), eretta per ordine e a spese di Lorenzo il Magnifico da artisti fiorentini, su disegno di Filippino Lippi. L'epigrafe fu dettata dal Poliziano. Nel rifacimento seicentesco il monumento venne collocato nell'andito della cappella del Sacramento e fu allora forse che la salma andò dispersa.

Dall'arco sottostante all'organo si passa nella CAPPELLA DELLA SANTISSIMA ICONE (7), antica sagrestia trasformata nel 1626 su disegno di G.B. Mola; all'altare, ricco di marmi preziosi, entro tabernacolo d'argento è la venerata immagine della *Madonna*, dipinto bizantino probabilmente del sec. XII che una pia leggenda attribuisce a san Luca e dice sottratto a Costantinopoli alla furia degli iconoclasti; fu regalato alla città, in pegno di pace, da Federico Barbarossa nel 1185. Ai lati dell'altare, in cui sono inseriti due quadri su rame del Cavalier d'Arpino, sono due statue di *profeti* attribuite ad Alessandro Algardi.

Il PRESBITERIO (8) ha l'abside decorata da mirabili *affreschi eseguiti da Filippo Lippi nel 1467-69, con l'aiuto di fra' Diamante e di Pier Matteo d'Amelia. Nel tamburo, *Annunciazione, Transito di Maria* (a d., in un gruppo si vogliono ravvisare i ritratti dei tre artisti e di Filippino Lippi, figlio di Filippo), *Presepio*; nel catino, *Incoronazione di Maria*, grandiosa composizione di figure e di colore. Nel pavimento, alcune pietre tombali tra cui quella di Andreola Calandrini, madre di Niccolò V, morta a Spoleto nel 1451. L'altare maggiore è di Giuseppe Valadier.

CAPPELLA DEL SACRAMENTO (9), a sin. del presbiterio. Costruita al principio del '600, con imponenti strutture in pietra, fu arricchita di stucchi e statue alla fine del secolo e nel successivo; nella volta, tele di Francesco Refini;

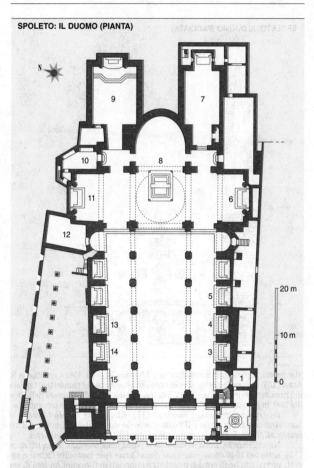

SPOLETO: IL DUOMO (PIANTA)

Cappella Eroli (1): affreschi
del Pinturicchio
Cappella dell'Assunta (2)
Cappella della Santissima Icone (7)

Affreschi di Filippo Lippi (8)
Cappella del Sacramento (9)
Cappella delle Reliquie (12)
Croce dipinta di Alberto Sotii (15)

SPOLETO: IL DUOMO (FACCIATA)

alle pareti, dipinti di Pietro Labruzzi e Liborio Coccetti. L'ex CAPPELLA DI S. ANNA (10), realizzata nel XIV secolo come ampliamento del transetto e tagliata dal rinnovamento seicentesco dell'interno, era decorata da affreschi della fine del '500, in gran parte rimossi per riportare in luce la decorazione trecentesca.

BRACCIO SINISTRO DELLA CROCIERA (11). Alla parete d., *Madonna e il Bambino con santo papa e il beato Gregorio da Monteluco*, tavola del XVI secolo; all'altare, *S. Ponziano esposto ai leoni* di Cristoforo Unterberger.

NAVATA SINISTRA. Dalla 6ª cappella si passa nella CAPPELLA DELLE RELIQUIE (12), sorta nel 1540 come «sagrestia della Cona» (per custodire l'icone e oggetti sacri), con begli armadi intagliati e intarsiati di Giovanni Andrea di ser Moscato e Damiano di Mariotto (1548-54), sormontati da tavole dipinte con *profeti* e *sibille* di Francesco Nardini, autore anche delle decorazioni della volta (1553-60). La cappella ospita una **Madonna col Bambino**, scultura lignea policroma dell'inizio del '300 di bellissima fattura e il prezioso autografo di san Francesco (lettera a fra' Leone). Al 2° altare sin. (13), *Presentazione della*

Vergine al tempio di Antonio Cavallucci; al 1° (14), *Madonna col Bambino e i Ss. Antonio di Padova, Francesco di Paola e Andrea*, opera attribuibile a Etienne Parrocel. Al principio della navata (15), nell'esedra di Giuseppe Valadier, ***Croce** di Alberto So[tii], dipinto di altissima qualità su pergamena applicato su tavola, eseguito con tecnica raffinata e in ottimo stato di conservazione, che reca la data 1187.

CANONICA. Vi ha sede l'**Archivio capitolare**, che raccoglie importanti documenti, pergamene di cui alcune anteriori all'incendio del Barbarossa e codici. Tra questi, tre *Leggendari* della fine del XII secolo provenienti da S. Felice di Narco e da S. Brizio. Dalla Canonica si può scendere a visitare la **cripta di S. Primiano**, raro esempio di cripta semianulare del IX secolo, con resti di affreschi coevi. Sottostante alla cappella delle Reliquie, documenta l'originaria sistemazione degli edifici episcopali prima del rinnovamento urbanistico medievale.

ANTICO AMBULACRO. A sinistra del teatro Caio Melisso scende la via del Duomo dove, N. 13, è il **palazzo Boncompagni di Visso**, poi Dragoni, del secolo XVI. Seguendo, di fronte al palazzo, la *via dello Spagna* si vedono i resti di un grandioso edificio con corridoi, robusti archi in conci di calcare e muri a cortina facenti parte del complesso ipoteticamente identificato con il palazzo dei Duchi, ma di originaria costruzione romana. Un restauro ha messo in luce la struttura del cosiddetto **ambulacro** d'età sillana, un passaggio lungo 30 metri circa e piegato a gomito, con imponenti arcate su pilastri in travertino nel muro a valle. Lo studio delle singolari caratteristiche costruttive dell'edificio, in parte compreso entro il recinto dell'Episcopio, ha fatto ritenere che esso fosse destinato a sostenere un terrazzamento per l'espansione urbana a nord del foro. Accanto è una caratteristica casa trecentesca.

PIAZZA DELLA SIGNORIA. Sottostante alla piazza del Duomo, vi si scende per la scalinata al piede del campanile. La piazza, di sistemazione novecentesca, prende nome dalla supposta destinazione del grandioso **palazzo** che, secondo Giuseppe Sordini, il gonfaloniere di Spoleto Pietro Pianciani (1330-40) iniziò a costruire probabilmente sopra il duecentesco palazzo detto di S. Maria, dove era sistemata la residenza podestarile. Nelle intenzioni, la nuova struttura avrebbe dovuto alzarsi sopra il livello della piazza del Duomo, dando compiuta realizzazione a questa parte dell'invaso. Rimase invece interrotta ai primi due piani, e le possenti arcate sul lato aperto alla valle, echeggianti lo stile di Matteo Gattapone, furono già dal '500 utilizzate come sostruzioni. Gli ambienti al piano terreno sono oggi adibiti a spettacoli teatrali, mentre nell'imponente salone superiore, spartito da massicci pilastri che sostengono grandi volte a crociera, furono al principio del Novecento sistemati il museo civico, una raccolta lapidaria ed epigrafica romana e medievale (costituita dal Sordini nel 1903-14). A seguito dello smembramento

(1988), i materiali di interesse archeologico sono confluiti nel museo nazionale dell'ex convento di S. Agata, mentre quelli medievali saranno ordinati in un progettato Museo nazionale di Spoleto presso la Rocca albornoziana.

VIA DEL SEMINARIO. Dalla piazza della Signoria, a destra, conduce all'incompiuto **palazzo della Genga**, già de Domo (ora sede di un'azienda agraria), rifatto su disegno di Francesco Angelo Amadio; nell'interno è un ricco corredo di mobili e l'intatto appartamento di Annibale della Genga, il futuro papa Leone XII (1823-29); nella cappella, *S. Antonio da Padova*, frammento di affresco del '400. In fondo alla piazzetta, la *via delle Mura ciclopiche* conserva un tratto di mura poligonali della prima cerchia.

PIAZZA CAMPELLO. La via Saffi, conclusa da un'elegante aerea loggia cinquecentesca, conduce nella vasta piazza inclinata che fa da tramite fra la città murata e il polo della Rocca. La sistemazione novecentesca, con la densa alberatura che ne altera le prospettive originarie e nasconde la complessa viabilità storica d'accesso, non facilita la comprensione di questo spazio, valorizzato dai Francescani nella seconda metà del Duecento con l'inserimento sul lato orientale, in area di intense stratificazioni dall'età del Bronzo finale a quella romana, dell'ex chiesa dei **Ss. Simone e Giuda**, con portale gotico, e dell'annesso convento, manomessi nel 1863 per la trasformazione in caserma e poi in convitto maschile (ora dell'INPDAP). Accanto è la *fontana del Mascherone*, rifacimento del 1736 di un manufatto del 1642. La costruzione sul lato sud-occidentale del **palazzo Campello** (1597-1600), al posto delle case medievali dell'antica famiglia comitale, riqualificò la piazza con funzioni di rappresentanza. L'edificio ha prospetto tardo-rinascimentale e interno rinnovato nell'800; nell'atrio si trova un sarcofago romano.

IL COLLE DI S. ELIA E LA ROCCA. La collina m 453 (ora di proprietà dello Stato), cui si accede dall'ingresso (chiuso in attesa della conclusione dei lavori di restauro del complesso fortificato) posto nella parte più elevata della piazza Campello, fu scelta come sede dell'acropoli, già nel V sec. a.C. dotata di un tempio di tipo italico e nel IV cinta da mura in opera poligonale. Gli scarsi ritrovamenti archeologici (gli edifici antichi furono azzerati dagli interventi costruttivi medievali) documentano le varie fasi di vita dall'età del Bronzo finale al periodo romano, pertinenti per la maggior parte a luoghi di culto. Sulla sommità del colle, spianata in antico, fu iniziata nel 1359 l'edificazione della ***Rocca** su commissione del cardinale Albornoz, che volle farne uno dei più saldi punti d'appoggio del dominio del papa al ritorno dalla cattività di Avignone. Dal 1362 è documentata la direzione del cantiere da parte di Matteo di Giovannello, il Gattapone, che progettò una poderosa costruzione a pianta rettangolare con sei torrioni, divisa in due corpi quadrati da un imponente braccio trasverso. L'articolazione dello spazio interno è imperniata sui due cortili: delle Armi a nord, destinato alle funzioni militari; d'Onore a sud, riservato a quelle residenziali e di rappresentanza. Abitata dai governatori pontifici fino alla metà del '700, la Rocca fu a più riprese ampliata e decorata da affreschi, elementi lapidei, stemmi che ricordano le molte frequentazioni illustri (vi soggiornarono, tra gli altri, Niccolò V, Pio II, Sisto IV, Giulio II, il Valentino, Lucrezia Borgia, governatrice del ducato dal 1499 al 1502, e hanno lasciato i loro simboli araldici i Colonna, i Parentucelli, i Cybo, i Della Rovere, i Borgia, i Piccolomini, i Medici, i Visconti, gli Aldobrandini, gli Altieri, i Lambertini). Dopo un periodo di abbandono, nel 1817 fu destinata a bagno penale dello Stato pontificio. Anche dopo l'Unificazione perdurò la destinazione carceraria, che si è protratta fino al 1983.

Acquisita alla proprietà statale, è stata oggetto di un importante intervento di restauro (tuttora in corso) che si concluderà con l'allestimento del Museo nazionale di Spoleto. Gli spazi interni saranno inoltre adibiti a laboratorio di restauro e a luogo di spettacoli e di manifestazioni culturali e congressuali.

INTERNO. Il restauro dell'edificio ha consentito il recupero degli ambienti gravemente manomessi dall'uso carcerario, oltre che dei percorsi e dei camminamenti di guardia, e ha rimesso in luce un vasto patrimonio di decorazioni pittoriche dal tardo '300 al '700. Di particolare interesse è la **Camera pinta**, all'interno della torre maestra, interamente affrescata sotto il governatorato di Marino Tomacelli (1392-1416). Le scene, opera di pittori locali e di maestranze forse di provenienza padana, sono di soggetto cortese e cavalleresco (notare, sulla parete destra, la raffigurazione dell'anfiteatro romano). Numerosi affreschi tardo-cinquecenteschi e seicenteschi di soggetto celebrativo ornano il loggiato del cortile d'Onore, l'andito tra i due cortili, il salone d'Onore e altri ambienti. Una sequenza di sale al piano nobile dell'ala orientale conserva decorazioni pittoriche quattrocentesche.

MUSEO NAZIONALE DI SPOLETO. Sarà allestito nelle sale del piano terra e del primo piano affacciate sul cortile d'Onore.Verranno qui ordinate, privilegiando criteri storici e tematici attinenti alle vicende artistiche del territorio del ducato di fondazione longobarda, le opere d'arte e le testimonianze epigrafiche e archeologiche dalla tarda antichità al tardo Medioevo, prima riunite nel museo civico. Il museo ospiterà anche i cicli di affreschi staccati dalla chiesa di S. Paolo inter vineas (secoli XII-XIII) e dall'ex monastero delle Palazze (fine secolo XIII), oltre a un cospicuo gruppo di dipinti su tavola dal XII al XV secolo, ora esposti nella Pinacoteca comunale.

AL PONTE DELLE TORRI. Questa splendida passeggiata prende avvio dalla piazza Campello, in fondo alla quale si imbocca (a destra dell'ingresso all'area della Rocca) la *via del Ponte, fiancheggiata a monte da un tratto di **mura** poligonali e romane, facenti parte della precinzione dell'arce primitiva. Si giunge a un largo, dominato da un poderoso *bastione* a blocchi poligonali, dal quale si ha di fronte una stupenda *vista del Monteluco nel suo manto selvoso, sormontato da una croce; a destra, il colle e la chiesa di S. Giuliano e, in basso, il letto del Tessino, con a sinistra la chiesa di S. Pietro e a destra il colle dei Cappuccini e le alture che, sullo sfondo dei Martani, digradano col colle Risana verso il piano.

Continuando, si è presto a capo dell'arditissimo ***ponte delle Torri**, a cavaliere sull'impressionante baratro fra il colle della Rocca e il Monteluco. Il manufatto è gigantesco, composto di nove piloni collegati da dieci arcate lievemente ogivali, alto circa 76 metri e lungo 230. Della monumentale struttura in calcare locale non si hanno precise notizie né dell'epoca di edificazione, né di tutte le sue funzioni. La datazione dell'opera oscilla fra XIII e XIV secolo, in questo secondo caso realizzata dunque nell'ambito degli interventi albornoziani condotti dal Gattapone; il ponte-acquedotto aveva lo scopo di convogliare le acque nella parte alta della città e alla Rocca, e nel contempo serviva da accesso al Monteluco e al *fortilizio* detto *dei Mulini*, che ne difendeva l'altra testata. I due piloni più alti che reggono la struttura nel fondovalle sono cavi a guisa di torri (da cui forse deriverebbe il nome), presentando l'uno due ambienti sovrapposti con finestre e l'altro un solo ambiente con porta ad arco, che quasi certamente fungevano da posti di guardia. Con ogni probabilità nello stesso luogo esisteva un analogo manufatto romano, di cui non sembra si siano conservate strutture evidenti.

8.3 I DINTORNI DI SPOLETO

Il territorio di Spoleto è caratterizzato da un sistema puntiforme di castelli, case rurali, chiese, abbazie, ville padronali che costituiscono un tessuto connettivo strettamente legato alle vicende storico-artistiche della città, nucleo generatore di tutto il paesaggio antropizzato attuale. Negli ultimi anni del XII secolo, fuori le mura pochi erano i centri abitati, prevalentemente «ville aperte» legate alla vecchia organizzazione feudale, connesse strettamente alle preesistenti abbazie (S. Pietro nei Monti Martani, S. Giuliano a Monteluco, S. Felice di Giano) e alle pievi (S. Gregorio a Firenzuola, S. Brizio, S. Maria in Campis) che costituivano i punti di riferimento organizzativo per i pochi abitanti del distretto comunale. Con la costruzione della Rocca albornoziana, perno principale del sistema di fortificazioni nell'Italia centrale, la Chiesa ottenne il ripristino dell'autorità sulle sue terre dopo il travagliato periodo avignonese. Contemporaneamente il Comune estese e rafforzò il suo dominio territoriale con la costruzione di una fitta rete di centri fortificati (ville aperte e castelli dove i coloni trovavano riparo dalle continue incursioni di bande armate), che posero le basi della colonizzazione definitiva della campagna. Le vie di comunicazione fra la città e i castelli divennero gli assi strutturanti del territorio circostante. E proprio lungo queste vie la nobiltà cittadina, stretta in

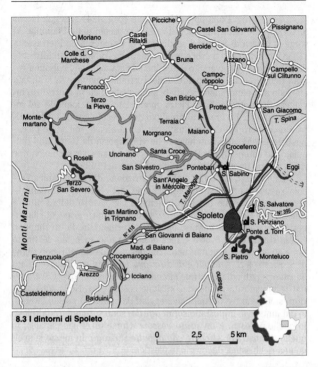

8.3 I dintorni di Spoleto

0   2,5   5 km

una realtà economica chiusa, investì i suoi denari per ricavare profitti dai terreni ancora incolti. Dapprima vicino alle mura dei castelli, poi sempre più lontano, furono costruite le torri colombaie, tipiche costruzioni rurali di quest'area, dove i coloni si insediarono e iniziarono l'opera di bonifica dei terreni di pianura e di collina con contratti di mezzadria. Con l'introduzione della policoltura, l'ambiente naturale fu per ampie zone trasformato e all'interno di questo nuovo 'paesaggio' la nobiltà volle costruire le sue prestigiose ville di campagna. Non meno rilevanti furono gli insediamenti monastici attestati nella fascia pedemontana, ricca d'acque e circondata da un'aura sacrale dai primi secoli dell'era cristiana: lungo l'importante Via Nursina sorsero, in luoghi già frequentati da monaci siriaci anacoreti, due documenti importanti dell'architettura romanica spoletina, S. Salvatore e S. Ponziano; a sud, verso il Monteluco, fu eretta la chiesa di S. Pietro, tra le massime espressioni della cultura tardo-romanica umbra. I cinque percorsi nel territorio prossimo alla città sono visualizzati nella carta qui sopra.

A S. PIETRO. Dalla porta Monterone (pag. 424) si segue la *via S. Carlo*, che ricalca il tracciato del diverticolo della Flaminia. Vi sorge la chiesa di **S. Rocco**, su disegno di Francesco da Pietrasanta (1488), con interno a croce greca ornato da frammenti di affreschi del XVI secolo. Attraversato il Tessino e la statale, con bellissima veduta della Rocca e del ponte delle Torri, si raggiunge la scalinata che sale alla panoramica spianata sulla quale si eleva il prezioso involucro della chiesa di *S. Pietro, monumento fondamentale del romanico umbro. Fu eretta al principio del V secolo (su una villa antica e una necropoli documentata per le età arcaia, romana e paleocristiana) dal vescovo Achilleo, che vi trasportò da Roma una reliquia delle catene di san Pietro; riedificata tra XII e XIII secolo, venne ripresa dopo un incendio nel 1393 e ancora nel 1699.

La FACCIATA appartiene alla ricostruzione di età romanica (secolo XII-XIII) e i *rilievi che la decorano, del secolo XII, di mani diverse, costituiscono nel loro insieme il capolavoro della scultura romanica in Umbria. È divisa orizzontalmente in tre zone: quella superiore, manomessa in varie epoche, è sormontata da un timpano con la statua di *S. Pietro* e reca al centro uno specchio destinato forse ad accogliere un mosaico, fiancheggiato da riquadri con rilievi di *S. Pietro* e *S. Andrea* e di *due tori*. La parte mediana è ornata da tre oculi, di cui il centrale circondato dai *simboli degli Evangelisti* e inquadrato in una decorazione cosmatesca. Nella zona inferiore si aprono tre portali fiancheggiati da animali; i portali laterali, le cui lunette si impostano sopra *aquile*, sono sormontati da rilievi: in quello a destra è un *santo vescovo* (forse un'effigie papale); in quello a sinistra *S. Michele che abbatte il drago*. In mezzo si svolge una ricchissima decorazione plastica.

RILIEVI DEL PORTALE. Il portale maggiore è sormontato da una lunetta a ferro di cavallo, fiancheggiata da due *aquile* e da decorazioni cosmatesche. Gli stipiti e l'architrave sono ornati da un unico meandro a volute classicheggianti, ricche di movimento e di rilievo. Ai due lati degli stipiti, rispettivamente quattro ordini di archetti decorativi su colonnine, con sfondo di fiori, animali stilizzati e figure geometriche, intercalati a due a due da sculture simboliche a pieno rilievo: il *lavoratore con i buoi e il cane; la cerva che allatta il suo nato e divora una serpe; il pavone che becca uva*. Li fiancheggia una duplice serie di cinque bassorilievi sovrapposti, entro riquadri, che rappresentano: a destra, in alto: *Cristo che lava i piedi a S. Pietro; Vocazione dei Ss. Pietro e Andrea; Favola della volpe finta morta e dei corvi; Favola del lupo studente e dell'ariete* (probabilmente satira della vita monastica); *Grifone-chimera inseguito da un leone*; a sinistra, dall'alto: *Morte del giusto; Morte del peccatore; Uomo che si difende da un leone; Uomo che supplica un leone; Guerriero assalito da un leone*.

INTERNO DI S. PIETRO. Basilicale a tre navate, fu completamente rifatto nel 1699, quando le strutture già gotiche (con piloni e arcate reggenti il tetto a travature, bifore lungo i muri perimetrali e abside poligonale) vennero sostituite da pilastrate con ampio basamento e dalla volta a tutto sesto. In controfacciata, affresco votivo del sec. XV con effigie del committente genuflesso; le acquasantiere sono del '400; al 3° altare d., *Adorazione dei Magi*, di manierista umbro della seconda metà del '500; al 3° altare sin., *Madonna fra due santi*, di un rozzo scultore del '300; al principio della navata sin., fonte battesimale del 1487.

Nel muro della **Canonica**, a destra della facciata della chiesa, sono riadoperati vari materiali antichi. Il frontoncino triangolare al di sopra dell'architrave della porta è adorno di una *figura mitologica*, forse parte di sepolcro di epoca romana.

Dietro S. Pietro è la chiesetta di **S. Silvestro**, sorta presso un sepolcro ora quasi interamente distrutto; sulla parere dell'altare è un grande *Calvario*, affresco di scuola locale della fine del secolo XIV-inizi del XV.

A S. PONZIANO E ALLA BASILICA DI S. SALVATORE. Da piazza della Vittoria (pag. 415), attraversato il Tessino, si segue la direttrice per Norcia, quindi la strada per il cimitero che rasenta la chiesa di **S. Ponziano**, dedicata al martire spoletino patrono della città, ucciso al tempo dell'imperatore Antonino Pio e qui sepolto, secondo la tradizione, nel 175. L'area divenne «sacratissimum» cimitero cristiano per iniziativa di santa Sincleta e di monaci siriaci, e nell'XI secolo vi è attestato un fiorente monastero di monache benedettine, poi delle Clarisse (XVI secolo). L'odierna chiesa romanica fu rinnovata nel XII-XIII secolo. Nella facciata, divisa orizzontalmente da cornici di archetti pensili, due *leoni* poggianti su urne romane sostengono gli stipiti dell'elegante portale con fascia musiva e architrave scolpito (*agnello mistico tra il leone e l'aquila* e iscrizione in esametri). Sopra si apre un bel rosone mutilo, circondato dai *simboli degli Evangelisti*.

L'INTERNO, a tre navate, fu integralmente rinnovato nel 1788 su disegno di Giuseppe Valadier. Da una porta in fondo alla navata sinistra si entra in un vano dove sono visibili colonne e capitelli della chiesa romanica originaria; da qui si passa in un altro vano con un *sarcofago* del cimitero paleocristiano. La sottostante CRIPTA è a tre navate e cinque absidi, con colonne di spoglio (due fusiformi erano probabilmente «mete» di circo) e rozzi capitelli. Vi si trovano tre antichi sarcofagi pure pertinenti al primitivo cimitero, e pitture votive dei secoli XIV e XV tra cui notevoli, nell'abside sin., una *Madonna in trono* dei primi del '300 e, nell'abside d., un *angelo e due oranti* del Maestro di Fossa.

La ***basilica di S. Salvatore**, presso il cimitero, in origine intitolata a S. Concordio (che una tradizione vuole sepolto in questo sito) e successivamente detta del Crocifisso, è un interessantissimo edificio paleocristiano eretto alla fine del IV secolo o all'inizio del V, restaurato nell'alto Medioevo dopo un incendio, danneggiato in seguito a terremoti e altri incendi, deturpato nel '700, restaurato nel XIX secolo e ancora ripetutamente nel XX. Definito da Giuseppe Sordini il «maggior monumento spoletino dell'antichità», è di forme originali e rare, affini a quelle del Tempietto del Clitunno, che coniugano l'arte classica con influssi orientali. Della basilica primitiva e delle sue più remote trasformazioni rimangono l'abside, il presbiterio e la fronte, nonché i numerosi elementi di reimpiego tratti da un santuario romano di ordine dorico che davano luogo a una basilica paleocristiana trabeata. Fu disegnata fin dai primi del '500 da Francesco di Giorgio, Baldassarre Peruzzi, Sebastiano Serlio, Michele Sanmicheli.

La ***facciata** (restaurata nel 1997) è divisa in due piani. In quello inferiore vi sono tre portali marmorei con architravi decorati a motivi vegetali, costruiti in buona parte con materiali di età classica; nel superiore, scompartito un tempo da lesene, tre ampie finestre, di cui quelle laterali a timpano e la mediana ad arco (nel cui giro è singolare l'ornato a cuspidi).

L'INTERNO è basilicale a tre navate, già divise da alte colonne di spoglio scanalate doriche, che sostenevano una grandiosa trabeazione: su di essa il rivestimento probabilmente realizzato in stucco delle pareti lungo la nave mediana fingeva un altro ordine dorico. Verso l'arcone absidale sono visibili gli originari elementi di partenza della trabeazione, che nel corso dei secoli fu sostituita da arcate sorrette da pilastri e da colonne. Al termine delle navate tre absidi, le laterali quadrate, la centrale semicircolare. Il presbiterio, a pianta quadrata, è nettamente distinto nella sua struttura dalla navata maggiore in quanto conserva l'originario assetto trabeato: ai quattro angoli sorgono coppie di alte colonne scanalate corinzie di spoglio con sopra tratti di trabeazione; più in alto, su originali peducci decorati a bassorilievo, è impostata una cupola a spicchi, forse non originaria nella forma attuale. Sui fianchi comunica con le navatelle mediante un colonnato corinzio con trabeazione dorica a metope e triglifi riadoperata (in età alto-medievale, per provvedere al cedimento della trabeazione, s'impiegarono, a puntello, colonne romane frammentarie rozzamente adattate), sopra la quale sorgono le pareti aperte da ampie finestre e già ornate di un partito di pilastrini reggenti una trabeazione, che prevedevano probabilmente un rivestimento in stucco. Nella navata destra, frammenti architettonici vari. Nel mezzo dell'abside, in una nicchia, è affrescata una *croce monogrammata* e gemmata che, insieme a tracce di decorazioni a finto rivestimento marmoreo, testimonia la più antica decorazione pittorica. In alto, *Madonna col Bambino e un santo*, affresco frammentario del secolo XIII, e accanto *Crocifissione* cinquecentesca di scuola dello Spagna. Alle pareti e nei due sacelli, affreschi dei secoli XIV e XV.

IL MONTELUCO

All'inizio della Valle spoletina si contrappongono, divise dal letto del torrente Tessino, un colle e una montagna. Il colle di S. Elia fu scelto come luogo dove edificare la città, il Monteluco l'ambiente dove esaltare la sacralità della natura. Via di comunicazione tra le due emergenze è il ponte delle Torri, «lama di pietra» come metafora di un'ininterrotta volontà di comunione e di conservazione. Il Monteluco, interamente coperto di lecci, fu bosco sacro a Giove («lucus», ossia monte sacro) fin dall'età romana e la «Lex Spoletina», raro documento del III sec. a.C., oggi custodito al Museo civico di Spoleto, ne tutelava l'integrità. Luogo naturale di isolamento, fu scelto sullo scorcio del V secolo dagli eremiti siriaci per la meditazione e la preghiera. Agli inizi del '500, con la partenza dei Benedettini, sugli antichi luoghi di preghiera furono edificati piccoli conventi, chiese, cappelle, abitate da singolari figure di 'eremiti' della mondanità spoletina: artisti, pittori, architetti, uniti sotto una congregazione fondata nel 1547 dal vescovo Fabio Vigili. La casa madre aveva sede nell'antico eremo delle Grazie, poi trasformato in villa Lalli. L'occupazione francese soppresse la congregazione e, all'inizio dell'800, gli eremi passarono definitivamente in mano ai privati, che li trasformarono in ville per la residenza estiva.

S. GIULIANO. La classica escursione sul Monteluco (8.3 km), di interesse soprattutto paesistico, lascia Spoleto sul viale Matteotti, varcando il Tessino. Giunti vicino alla chiesa di S. Pietro (pag. 440), si piega a sinistra dirigendosi all'estremità del ponte delle Torri, dove si comincia a salire dolcemente in una valletta ombrosa fra il Monteluco e il colle di S. Giuliano. Al km 5.5 si rasenta la chiesa romanica di **S. Giuliano** m 628, sorta nel XII secolo sul posto di un edificio risalente al VI e intitolato a un martire omonimo. Frammenti della costruzione paleocristiana sono riutilizzati nel portale, con parti di completamento del XII secolo; in facciata, elegante trifora.

L'INTERNO è basilicale, a tre navate su pilastri e rozze colonne di conci, con tre absidi semicircolari e cripta. L'abside centrale è decorata di affreschi del 1442 del Maestro di Eggi, rappresentanti l'*Incoronazione della Vergine e santi e beati* dell'Ordine eremitico di Monteluco, fondato da sant'Isacco, la cui leggenda era raffigurata in affreschi ormai quasi perduti del secolo XV.

SANTUARIO DI MONTELUCO. Si prosegue nel bosco lasciando a sinistra il breve tronco per la località *Sant'Àntimo* m 729, dove un tempo era l'omonimo eremo. La strada giunge infine, km 8.3, a un ampio spiazzo attrezzato, prima del dissodamento coperto da un fitto bosco di cerri. Vi sorge il **santuario di Monteluco** m 773, meta di pellegrinaggi, sul posto di un insediamento francescano che la tradizione vuole fondato dallo stesso Francesco in luogo donato dai Benedettini assieme a una chiesetta intitolata a santa Caterina d'Alessandria.

Nel convento, ampliato e ristrutturato più volte tra XV e XVIII secolo, soggiornarono tra gli altri il beato Paoluccio Trinci e san Bernardino da Siena. Del complesso francescano primitivo rimangono un pozzo d'acqua freschissima che si dice fatta sgorgare dal santo, una cappellina-oratorio dove Francesco sostava in preghiera (con dipinti molto sbiaditi del '400) e sette piccole celle. All'altare della chiesetta, *Madonna e santi* di Lazzaro Baldi; entro armadi di noce settecenteschi, preziosa collezione di vasi di Murano contenenti reliquie donate da Urbano VII. Scendendo brevemente nel bosco, si possono raggiungere alcuni belvedere e piccole *grotte*, tra cui quelle di *S. Antonio da Padova* e del *Beato Francesco da Pavia* (m. nel 1456).

A EGGI. L'escursione, di 4.8 km, segue dalla porta Garibaldi (o S. Gregorio, pag. 415) il tracciato della vecchia Flaminia, che in età romana era in questo tratto fiancheggiata da residenze patrizie e zone cimiteriali. Su una villa antica (di cui sussistono avanzi) fu eretta la **villa Redenta**, già Martorelli e ora della Provincia, completamente rinnovata alla fine del '700 (in restauro), con parco di gusto neoclassico (aperto dalle 7 alle 19); le ex scuderie sono adibite a mostre e convegni. Quindi, a destra della Flaminia muove il rettilineo che ricalca il tracciato della romana Via della Spina che, attraverso la valle dell'omonimo torrente, collegava Spoleto con Plestia e i centri dell'Appennino umbro-marchigiano. Sul questo percorso si trova la «villa» rurale di *Cortaccione* m 278, dove è venuto alla luce un recinto funerario in «opus reticulatum» nel cui interno è una tomba a camera con volta a botte, una fontana e un'ara con basamento; la struttura è rimasta in uso dal I al IV secolo. A destra si raggiunge la piana di **Eggi** m 325, che fu castello trecentesco ancora dotato delle mura e delle torri merlate. Nel paese sorgono tre chiese d'origine medievale, di cui la più antica, dedicata a *S. Bartolo*, conserva l'abside e parti dei muri perimetrali del XII secolo; quella di *S. Michele Arcangelo* è decorata all'interno da affreschi quattrocenteschi, in parte del Maestro di Eggi, mentre *S. Giovanni Battista* custodisce dipinti murali del XIV-XVII secolo (quelli dell'abside sono della cerchia dello Spagna).

LE FORTIFICAZIONI NEL BACINO DEL MAROGGIA

La porzione del contado spoletino compresa tra la fertile pianura bagnata dal Maroggia e i monti Martani fu oggetto di ripetuti interventi di bonifica, avviati già in epoca romana, ripresi nel XV e XVI secolo e ancora tra Sette e Ottocento, che comportarono tra l'altro la canalizzazione del torrente e del suo tributario Tessino, che per lungo tratto scorrono paralleli. Gli assetti territoriali di quest'area, colonizzata in età romana (resti sparsi) e storicamente marginale, sono quelli definiti a partire dalla metà del XIV secolo con la riconquista albornoziana e il conseguente processo di incastellamento per il controllo del territorio, nel quale si forma un sistema difensivo puntiforme. Nella seconda metà del '500, il mutato contesto politico-militare favorisce la riconversione delle fortificazioni in strutture per la produzione agricola. Il percorso (di 40.2 km, carta a pag. 439), circolare e con andamento antiorario, lascia Spoleto verso Castel Ritaldi e fa ritorno in città muovendosi sul versante orientale del massiccio calcareo dei monti Martani (v. anche pag. 509), ricco di boschi di roverella, castagni e querce.

VERSO PONTEBARI. Lasciata Spoleto sul viale Trento e Trieste (pag. 415), ci si dirige a nord-ovest lungo il Tessino. Oltrepassato ciò che resta dell'ex chiesa dei *Ss. Apostoli*, sorta in epoca paleocristiana presso il diverticolo della Flaminia e su un'area cimiteriale in uso dal IV secolo, diverge a destra la salita al verde *colle S. Tommaso* m 360, con l'omonima ex **chiesa** del XIII secolo, in filari di conci squadrati e graziosa abside corsa da pilastrini e coronata da una cornice di archetti ornati di mosaici; presso il portale laterale, timpano romano. Si tocca **Pontebari** m 266, che prende nome dal ponte ottocentesco sul luogo di una precedente struttura del XII-XIII secolo; il manufatto scavalca il Tessino e il Maroggia che procedono paralleli, chiusi fra contigue arginature, e confluiscono non molto dopo a valle. Una diramazione a destra conduce alla chiesa di **S. Sabino**, sorta forse alla fine del VI secolo su area cimiteriale, che conserva della ricostruzione romanica alcuni tratti della primitiva struttura e numerosi elementi lapidei romani di spoglio (in particolare nell'abside settentrionale); è a pianta basilicale, a tre navate absidate con presbiterio rialzato e cripta su colonne antiche.

SAN BRIZIO. Il castello di *Maiano* m 253, trecentesco, precede il villaggio fortificato di *San Brizio* m 246, ancora in buona parte protetto dalle mura tardo-medievali. Il santo che dà il nome al paese fu deposto, secondo la tradizione, nel sarcofago romano custodito presso la *parrocchiale*, fondata nel XII secolo, con impianto basilicale a tre navate absidate, presbiterio sopraelevato e cripta a quattro navatelle su colonne; gli affreschi alle pareti sono quattrocinquecenteschi.

BRUNA E CASTEL SAN GIOVANNI. A San Brizio segue, km 11, *Bruna* m 242, dominata dal *santuario di S. Maria della Bruna*, del 1510, con insolite influenze orientali; nel catino absidale, affreschi attribuiti a Pier Matteo Piergili. **Castel San Giovanni** m 225 (2.7 km a nord-est di Bruna), sorto attorno al castello trecentesco, esemplifica l'impianto delle terre murate di pianura, con torri angolari quadrate e cilindriche, queste ultime più tarde. La *parrocchiale*, pure del XIV secolo, è decorata all'interno da affreschi del '500 e da una *Madonna e santi* di Gaspare Angelucci da Mevale. A nord di Castel San Giovanni è *Picciche* m 226, con castello duecentesco e, nella chiesa di *S. Stefano,* affreschi di Francesco Melanzio.

CASTEL RITALDI m 297, ab. 2656 (2006), cui si perviene da Bruna volgendo a nord-ovest, è caratteristico castello di forma quasi circolare, sorto nel Duecento sul luogo di un vico romano. Nella *parrocchiale* sono rimarchevoli una *Madonna della Misericordia* di Lattanzio di Niccolò (1509) e, nella nicchia destra del vecchio presbiterio, *Padre Eterno, la Vergine, angeli e santi*, affresco di Tiberio d'Assisi (1512). Poco a nord dell'abitato è la pieve di **S. Gregorio**, interessante edificio del XII secolo con notevole portale del 1141 e un bel rosone nel campanile, un tempo in facciata.

MONTEMARTANO. Da Castel Ritaldi, il percorso si dirige a sud-ovest lungo il fosso Ruicciano, in vista dei diruti *castelli di Torregrosso* (secolo XIII) e *di Francocci* (secolo XIV). La salita sul versante orientale dei monti Martani, ambito di accentuato interesse naturalistico, ricco di boschi di faggio, roverella e castagno, porta, km 21.5, a **Montemartano** m 586, che mantiene l'impianto regolare del castello trecentesco, con mura e torri. Al XIV secolo è riferita anche la *parrocchiale*, che conserva una tavola di scuola dello Spagna. La più antica chiesa di *S. Giovanni* (XII secolo) è ornata all'interno da affreschi quattro-cinquecenteschi. Il paese è base per ascensioni sulla tondeggiante vetta del *monte Martano* m 1094, che offre visuali amplissime sulla Valle Umbra e i rilievi che la coronano.

RITORNO A PONTEBARI PER TERZO LA PIEVE. Già nel 1241, la costa di Montemartano è citata in un diploma di Federico II che elenca i castelli e le ville rurali (a quel tempo non ancora fortificate) posti sotto la giurisdizione del Comune spoletino. La frequenza di fortificazioni, in gran parte in rovina, si ritrova lungo la strada che da Montemartano scende verso Spoleto attraverso, km 5.5, **Terzo la Pieve** m 387, tappa del percorso romano (molto utilizzato nel Medioevo), tra i monti Martani e la città. Oltre al castello trecentesco, sorge nell'abitato la chiesa di *S. Lorenzo*, con affreschi del XIV secolo. Continuando verso sud si tocca *Uncinano* m 351, con i resti del castello e la settecentesca *villa Collicola*. Quindi, si passa non lontano da *Morgnano* m 277, con le rovine del castello duecentesco. Prima di rientrare, km 15.5, a Pontebari (pag. 445), si può compiere un'ulteriore diversione sulla strada sinuosa che, verso destra, porta a **Sant'Angelo in Mèrcole** m 415, piccolo nucleo castellano con mura e torri del '300. Vi sorgono la chiesa di *S. Bernardino*, del XII secolo, con affreschi del XV e frammenti scultorei antichi, e la *parrocchiale*, nella quale sono altri affreschi staccati quattro-cinquecenteschi.

TERZO SAN SEVERO m 593, cui si perviene da Montemartano dopo buon tratto sulla provinciale per Spoleto, ha *parrocchiale* originaria dell'XI-XII secolo, con facciata in conci e campaniletto a vela; nell'interno, affreschi quattro-cinquecenteschi e due cibori datati 1519 e 1590. Continuando a scendere, la strada lascia a destra il piccolo castello trecentesco di *Ocenelli* m 509, poi tocca *San Martino in Trignano* m 315, vicino al quale è il *castello di Scatarci* m 324. All'innesto nella statale 418 è *San Giovanni di Baiano* m 313 (presso la stazione, la *villa Gelosi* del secolo XVI, dove soggiornò Galileo), vigilato dal trecentesco *castello* di **Baiano** m 378, sull'alto di un poggio; nella chiesa del paese, affresco attribuito allo Spagna.

DA SAN GIOVANNI DI BAIANO AD ACQUASPARTA.Questa diramazione sulla statale 418 Spoletina, di interesse paesistico, rasenta a sinistra *Perchia* m 454, paese di poggio con castello trecentesco; la *parrocchiale* (secolo XII) è a una navata, con presbiterio rialzato sulla cripta e, nell'abside, affreschi del '400. Subito dopo diverge a sinistra un strada che, varcato il Maroggia, si dirige verso Balduini e Sterpeto.

Lungo questa diversione s'incontrano tre successive diramazioni che conducono a piccoli nuclei che fecero parte del sistema fortificato trecentesco a oriente del Maroggia. La prima strada a destra porta (km 2) ad *Arezzo* m 382, dominato dalla diga che forma l'omonimo *lago* artificiale; il piccolo nucleo fu murato nel XIV secolo come il vicino *Messenano* m 525, che conserva la chiesa di *S. Apollinare* (secolo XII), in conci. Segue (km 11) a sinistra un tronco (km 1.8) per **Icciano** m 435, castello trecentesco con la chiesa di *S. Angelo*, ornata di affreschi di scuola dello Spagna. Quindi, a destra si stacca una strada (km 2.5) per **Rapicciano** m 530, con torre trecentesca e, nella parrocchiale, una *Madonna col Bambino e santi*, affresco dello Spagna. Dopo questo bivio si può salire (km 14) a **Balduini** m 527, con castello diruto del '300; a sud del paese è il *santuario di S. Maria di Paganica*, con affreschi di scuola dello Spagna.

La statale spoletina rasenta **Firenzuola** m 480, che conserva la parrocchiale romanica di *S. Maria in Rupino*, e scende quindi a confluire, km 24.7, nella statale 3 bis presso Acquasparta (pag. 513).

VERSO SPOLETO.Da San Giovanni di Baiano, il percorso procede verso la città attraverso il sistema di basse e ondulate colline dove, all'insediamento romano e poi probabilmente ecclesiastico, si sostituì dal XVII secolo la valorizzazione del ceto gentilizio, che vi eresse ville e casini di caccia. La secolare utilizzazione a usi agricoli, anche mediante terrazzamenti, ha rimpiazzato le foreste che ne costituivano la vegetazione originaria di cui rimangono residui esemplari di querce. Su un percorso romano di attraversamento dei colli sorse, forse nell'alto Medioevo, la pieve (ora parrocchiale) di **Collerisana** m 402, intitolata a *S. Lorenzo*: sotto l'edificio romanico, molto alterato, è un sepolcro romano a camera della «gens Codonia». Ancora un breve tratto e si rientra, km 40.2, in Spoleto.

9 LA MONTAGNA SPOLETINA

L'AMBIENTE E LA STORIA

IL PAESAGGIO. Salendo da Spoleto verso i rilievi a nord-est, superata la forca di Cerro ci si trova immersi in uno scenario arcaico, forte, connotato da alte e scoscese quinte montuose. Ambiente inconsueto nel paesaggio umbro, caratterizzato in genere da alture dolci e cime arrotondate, aperte in ampie pianure e digradanti a valle in mossi sistemi collinari. La Valnerina è terra definita dalle acclività dei versanti e dagli esigui spazi dei piani di fondovalle, stretti e profondi, solcati da fiumi abbondanti di acque limpide che scendono dai massicci del Coscerno-Aspra e dei monti Sibillini. Nei versanti scoscesi cresce la macchia mediterranea, mentre lungo le morbide pendici si dilatano boschi di querce (foresta di Tazzo), roverelle, aceri, faggi, cui succedono gli ampi pascoli d'altura degli altipiani di Avèndita, di Castelluccio, di Santa Scolastica. La colonizzazione ha modificato il paesaggio naturale frastagliando i boschi con una serie di radure per il pascolo degli ovini, oppure bonificando e dividendo i terreni pedemontani per poter coltivare il farro, le lenticchie (rinomate quelle di Castelluccio), il grano, le cicerchie.

LE CONDIZIONI GEOLOGICHE. In quest'area, la natura si esprime nel suo eterno dualismo creativo e distruttivo, costituito dai frequenti eventi sismici (gli ultimi nel 1979 e nel 1997) che scandiscono la storia della montagna spoletina. Forze compressive e distensive che si manifestano nell'alternanza di sinclinali e anticlinali, lungo le faglie che solcano questa terra, evidenti negli strati rocciosi – visibilmente piegati e spezzati – che si ergono su vertiginose verticali lungo i bordi dei bacini di sprofondamento. All'interno di questi «solchi» geologici, come la stretta di Biselli e quella di Triponzo, si inserisce un fitto reticolo idrografico creato dalle numerose sorgenti di cui alcune termali (come quelle termominerali solforose di Triponzo) e minerali (Acquapremula di Sellano). Il Nera, che dà il nome all'intero sistema di valli e montagne, è il fiume principale in cui confluiscono il Corno, il Vigi e il

Velino che, gettandosi nel Nera, forma la cascata delle Màrmore. Accanto a questi, si distribuiscono numerosi piccoli ruscelli che, precipitando a valle, danno origine a suggestive e recondite cascatelle.

L'UMANIZZAZIONE DELLA MONTAGNA. La Valnerina è stata nei secoli una frequentata via di comunicazione fra il Tirreno e l'Adriatico, e fu utilizzata per millenni come tratturo della transumanza appenninica. I ritrovamenti di grattatoi, punte, lame, idoletti documentano come i passi (forche) di Ancarano, Canapine, della Cìvita fossero luoghi frequentati già in periodo preistorico. Furono i Sabini a fondare il villaggio di Nortia (Norcia); dopo aver collaborato con Roma fornendo Numa Pompilio e Anco Marzio, secondo e quarto re di Roma, furono sottomessi nel 290 a.C. da Manio Curio Dentato. I Romani organizzarono le città di Nursia, di Cassia (Cascia) e il territorio circostante in «vici», «pagi» e colonie: di quel tempo rimangono numerose testimonianze, fra cui la strada tagliata nel vivo sasso alle porte di Triponzo, unica via a valle fino al 1857.

LE ABBAZIE E L'ORGANIZZAZIONE TERRITORIALE LONGOBARDA. Nel V e VI secolo, con la decadenza e la fine dell'impero romano, la Valnerina divenne sede di numerose «laure» eremitiche, centri di bonifica spirituale, agricola e civile. Secondo la leggenda, dopo la persecuzione dell'imperatore d'Oriente Anastasio I (491-518), circa 300 Siriani emigrati qui da Antiochia si trasferirono con le loro famiglie nelle montagne di Monteluco, Valnerina e valle Castoriana. Essi seguivano i precetti di san Basilio di Cappadocia, che insegnava la regola della virtù dell'uomo in accordo con gli umanisti classici. Da ricordare Mauro e il figlio Felice, bonificatori della valle paludosa del Nera; Spes, Eutizio e Fiorenzo, fondatori della laura cenobitica della valle Castoriana dove san Benedetto, nativo della vicina Norcia, probabilmente acquisì la sua formazione spirituale. Secoli dopo, per la medesima valle salì a ritroso la Regola di san Benedetto per trasformare gli eremi in splendide abbazie, che divennero importanti centri di ordinamento territoriale. I Longobardi trovarono in esse un punto di forza per la loro organizzazione politica, tanto che Faroaldo II (duca dal 703 al 720) fu il promotore del restauro delle abbazie di Farfa nella Sabina e di Ferentillo.

LE STRUTTURE FORTIFICATE. Nel secolo X, dopo il passaggio dei Saraceni che nell'890 invasero la Sabina e la valle del Nera, le montagne furono punteggiate di torri e di villaggi fortificati sedi di feudatari. Iniziò un lungo processo di incastellamento – che è fra i 'segni' territoriali più forti e persistenti nel paesaggio antropizzato della valle – proseguito fino al Quattrocento. Nella seconda metà del XII secolo il territorio, sottoposto alla giurisdizione del papato, vede sorgere i liberi Comuni di Norcia e di Cascia. A essi aderirono i conti possessori dei castelli feudali, che divennero reggenti dei loro possedimenti a nome delle città.

CASTELLI, CITTÀ MURATE, CHIESE. Seguì un periodo di continue lotte fra Cascia, Spoleto e Norcia intente a espandere i loro distretti per interessi commerciali e politici. È in questo periodo (XIII-XV secolo) che i centri abitati si organizzano in città murate con i loro prestigiosi edifici pubblici, mentre nel territorio è tutto un fiorire di chiese sparse, riccamente addobbate, volute e finanziante da un'economia fiorente, legata prevalentemente alla pastorizia, all'attività dei norcini rinomati nel trattamento delle carni suine, ai commerci con Roma, alla chirurgia, alla tintura dei panni, alla fortuna delle famiglie legate al papato.

L'EMIGRAZIONE E LE TENDENZE ATTUALI. Tuttavia, nonostante la vivacità degli scambi commerciali, già in età pontificia assume evidenza l'emigrazione della popolazione verso aree economicamente più forti: gli abitanti della montagna di Preci verso Firenze; quelli di Norcia e Cascia verso Roma. Lentamente e inesorabilmente le valli iniziarono a spopolarsi, nell'800 anche in ragione dell'accentuato isolamento dei centri di montagna determinato dalla costruzione della moderna rete delle comunicazioni (statali della Valnerina, del Passo di Cerro, Sellanese) che modificava assetti viari e relazioni storiche tra gli insediamenti. La metà del XX secolo segna il momento di massimo abbandono. Negli ultimi decenni questa terra, che ha mantenuto un'economia legata all'agricoltura e alla trasformazione delle carni suine, ha saputo reagire allo spopolamento delle zone interne sia valorizzando i propri prodotti e il patrimonio paesaggistico e culturale, sia aprendosi a un turismo di qualità.

9.1 LA VALNERINA

La lunga galleria, in corso di completamento, che da Eggi allaccerà la Flaminia alla statale 209 proveniente da Terni, taglierà fuori dagli itinerari di viaggio l'arteria ottocentesca di collegamento tra Spoleto e la Valnerina, ossia l'odierna statale 395 del Passo di Cerro. Questa strada, che dà avvio alla visita della valle del Nera (44.5 km; carta a fronte), sale da Spoleto fino alla forca di Cerro per poi calare ripidamente nella valle fluviale a Piedipaterno, dove ha inizio la diramazione che discende la valle fino a Terni. Nel tratto superiore, da Piedipaterno a Triponzo, la valle mostra gole segnate da grandi corrugamenti di calcare rossiccio, prima di aprirsi in una discreta pianura alla confluenza delle valli del Vigi e del Tissino sulle quali, fronteggiandosi, dominano i castelli di Cerreto di Spoleto e di

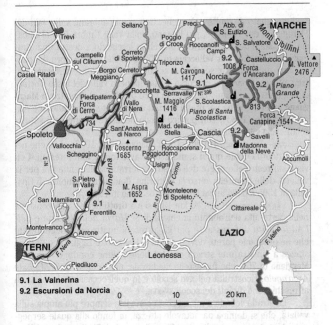

9.1 La Valnerina
9.2 Escursioni da Norcia

0   10   20 km

Ponte. La valle del Vigi mette in comunicazione con Sellano e il Folignate, nel cuore della montagna profondamente segnata dal terremoto che nel settembre e ottobre 1997 ha colpito una vasta area dell'Appennino umbro-marchigiano. Presso Triponzo, lasciata la valle del Nera, l'itinerario si addentra nelle suggestive gole del Corno (che danno accesso a Cascia) e del Sordo per giungere a Norcia, costeggiando gli splendidi prati perenni alimentati dalle risorgive che generano le marcite benedettine del piano di Santa Scolastica.

DA SPOLETO AL PASSO. Oltre piazza della Vittoria (pag. 415), la via Nursina si allontana dalla città di cui si ha una splendida visuale con la Rocca emergente. Il moderno collegamento per Norcia, su un tracciato differente da quello storico (l'antica Via Nursina), fu completato nel 1856. Dal 1926 al 1968 fu attiva su questa tratta una ferrovia a trazione elettrica, ritenuta al tempo tra le più ardite opere di ingegneria ferroviaria, progettata dallo svizzero Erwin Thomann con lungimirante sensibilità paesistica e ambientale; anche per le potenzialità di valorizzazione turistica connesse al servizio, il suo smantellamento (1970) fu accompagnato da molte polemiche. Con ampi panorami sulle valli del Maroggia e del Topino e, più lontano, sulla Valle Umbra fino al Subasio, la statale del Passo di Cerro si eleva lasciando a destra una diramazione (km 4.5) per **Vallocchia** m 777, dove sussiste (a nord del paese) una *pieve* del XIII secolo e il cosiddetto *Castellone*, fortezza duetrecentesca. Quando il percorso si interna nella valle del fosso Cortaccione, un tronco a sinistra porta, in poco più di un chilometro, a **Matrignano** m 544, che ha nei pressi la *villa della Genga*, di Francesco Angelo Amadio (1783), con portico e sale decorate di affreschi satirici relativi alla vita claustrale.

FORCA DI CERRO. Tra ginestre si guadagna, km 10, il valico che nel nome ricorda come qui si stendessero vaste formazioni forestali. Con vista sui resti delle opere dell'ex strada ferrata, si discende poi per la valletta delle Scentelle verso la Valnerina, dominata dal monte di Civitella m 1565 e dalla lunga costa del Coscerno m 1685.

VERSO PIEDIPATERNO. Al km 13.3 si è a **Grotti** m 584, che conserva nella parte alta dell'abitato la chiesa di *S. Maria delle Grazie* o dell'*Addolorata*, interessante per gli affreschi quattro-cinquecenteschi che ne ornano le pareti, dovuti alcuni al Maestro di Eggi. Poco dopo si stacca a sinistra una strada che tra belle colline conduce (km 7) a **Meggiano** m 769, che fu castello medievale; nella chiesa di *S. Michele Arcangelo*, ricostruita nel XVII secolo e in quell'occasione decorata di affreschi, sono dipinti dei secoli XV-XVII.

La strada scende a mezza costa con vista sempre più ampia sulla vallata, che si domina da notevole altezza, in fondo alla quale serpeggia il Nera tra campi coltivati e filari di pioppi. A **Piedipaterno sul Nera** m 333, la statale del Passo di Cerro confluisce, km 18.8, in quella della Valnerina. Il paese, che addossa il nucleo antico a uno sperone roccioso, si formò con funzioni commerciali al servizio del soprastante castello di *Paterno* m 605 (circa 1 km a nord-ovest), dove la pieve di *S. Giusto* conserva decorazioni a fresco tardo-cinquecentesche. Da Piedipaterno muove l'interessantissima diramazione nel segmento inferiore della Valnerina, che raggiunge Terni in 38.4 chilometri.

IL NERA. Principale affluente del Tevere, il fiume Nera, o la Nera (nell'antichità chiamato Nar), nasce dalle sorgenti nel versante occidentale dei monti Sibillini e sviluppa 116 km di corso. Nel tratto inferiore (dalla confluenza del Velino alle cascate delle Màrmore), è istituito in **Parco fluviale del Nera**, di tutela regionale. L'area naturale riveste pregio floristico per gli ambienti umidi con peculiarità vegetazionali (lembi di vegetazione idrofitica e elofitica) e per le formazioni boschive collinari con leccio, pino d'Aleppo, carpino nero, orniello; dal punto di vista faunistico, particolare interesse hanno l'ornitofauna acquatica migratoria e l'ittiofauna.

DA PIEDIPATERNO SUL NERA A TERNI

VALLO DI NERA. La prima tappa di questa diramazione – lungo la quale si allineano alcuni tra gli episodi più significativi della vicenda del popolamento in Valnerina, in un contesto ambientale sempre di grande qualità – introduce con efficacia ai caratteri tipici dell'organizzazione insediativa della valle, strutturata su un sistema di castelli e nuclei murati strategicamente collocati sull'antica viabilità in quota. Questi insediamenti avevano funzioni non soltanto di presidio territoriale, ma anche di gestione delle risorse della montagna sfruttate in forme collettive (comunanze agrarie). **Vallo di Nera** m 470 (frazione dello sparso comune omonimo, ab. 449), sulla sommità di un colle cui sale una strada (km 2) a sinistra, conserva integro l'impianto anulare del nucleo fortificato del primo Duecento, impostato su strade pianeggianti che assecondano le curve di livello, unite da ripidi

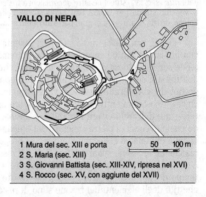

VALLO DI NERA

1 Mura del sec. XIII e porta
2 S. Maria (sec. XIII)
3 S. Giovanni Battista (sec. XIII-XIV, ripresa nel XVI)
4 S. Rocco (sec. XV, con aggiunte del XVII)

0   50   100 m

collegamenti trasversali. Lo stato di conservazione della cinta muraria rafforzata da torri di difesa e del tessuto edilizio ne fa uno degli insediamenti più interessanti della Valnerina. Nella parte bassa del paese, per un'ampia breccia praticata nelle mura, si raggiunge la chiesa di **S. Maria**, già di S. Francesco, del XIII secolo, con portale a ogiva sovrastato da una rosa.

L'INTERNO DI S. MARIA conserva la vasta decorazione a fresco di carattere votivo (numerose le immagini di *santi* e della *Madonna col Bambino*) dovuta ad artisti quattrocenteschi umbri dell'area spoletina (tra cui il Maestro di Eggi e la sua scuola) e marchigiani tra i quali Cola di Pietro (*Processione dei Bianchi*, 1401, alla parete d.; *Madonna e santi* e *S. Lucia condotta al martirio*, alla parete sinistra). Lo stesso Cola di Pietro con Francesco di Antonio eseguì nel 1383 gli affreschi dell'abside raffiguranti *storie di Cristo e della Vergine, santi e profeti*. La sagrestia presenta un'organica decorazione quattrocentesca a motivi geometrici e floreali, *figure di santi* entro riquadri e clipei, scene dell'*Annunciazione* e della *Crocifissione* (alla maniera del Maestro di Eggi).

Nella parte alta sorge la parrocchiale di **S. Giovanni Battista**, costruita nei secoli XIII e XIV (abside), ampliata e parzialmente ricostruita nel '500 (portale, rosone): nell'interno, l'abside è completamente ornata di affreschi (*Transito, Assunzione, Incoronazione di Maria e santi*) di Jacopo Siculo (1536) ispirati alla decorazione absidale del Duomo di Spoleto.

FUORI DAL CASTELLO. Nel borgo cinquecentesco dei «casali», ben riconoscibile per l'allineamento lungo la strada di collegamento con il nucleo intramurario e ora adibito a usi prevalentemente agricoli, si trova la piccola chiesa di **S. Rocco** preceduta da un portico del 1681; all'interno, affresco con la *Madonna del Latte* (sec. XV), stucchi e altre decorazioni a fresco del XVI-XVII secolo. Lungo la vecchia strada per Castel San Felice sorge l'edicola della **Madonna delle Forche**, ornata di affreschi in gran parte attribuiti a Jacopo Zabolino (1494).

CASTEL SAN FELICE m 334 (che si rasenta al km 4), si organizza con impianto ellittico su un'altura che domina una piccola conca. Al piede sorge la chiesa di ***S. Felice di Narco***, che fu il nucleo originario dell'abitato, sorto in relazione all'opera di bonifica avviata dai Benedettini che già nell'alto Medioevo vi avevano fondato un monastero. La chiesa, ricostruita entro il 1194, rappresenta uno degli esempi più interessanti dell'architettura romanica spoletina. Nella facciata, dal nitido piano in conci di pietra concluso dal timpano triangolare con cornicione a dentelli, si collocano con precise proporzioni il portale a doppia ghiera, le lesene, gli archetti pensili e il rosone con i *simboli degli Evangelisti*, delimitato da cornici scolpite a motivi geometrici, un tempo decorate con tessere policrome (parte delle cornici, degli archetti e degli elementi del rosone sono di restauro). Alla base del rosone un fregio marmoreo ad altorilievo ricorda la leggenda dei santi Felice e Mauro: da destra, *S. Felice risuscita il figlio di una vedova, l'angelo guida i santi, S. Felice uccide il drago*, metafore della bonifica materiale della palude con l'arginamento del Nera (il drago) e della bonifica spirituale con l'evangelizzazione. Al centro del timpano, *Agnello mistico*, scultura d'età medievale. Nell'interno a una navata (per la visita rivolgersi alla parrocchiale di Sant'Anatolia di Narco): alla parete sinistra, *Epifania*, affresco del '400; il presbiterio è sopraelevato sulla cripta biasbsidata e limitato da due transenne a decorazione musiva; nell'abside semicircolare, *Cristo benedicente*, affresco del Maestro di Eggi (1440-50).

SANT'ANATOLIA DI NARCO m 328, ab. 566 (701), si attesta sull'opposta sponda del Nera, lungo la strada antica della Valnerina. L'abitato medievale, sviluppatosi attorno al castello del 1198, è cinto da mura ellittiche più tarde (secoli XIII-XIV) con due torrioni quattrocenteschi.

Subito fuori la doppia *porta della Madonna*, aperta nella cortina di levante, è l'**oratorio di S. Maria delle Grazie** (1572-75; danneggiato dal terremoto del 1997), al cui altare maggiore si trova una *Madonna col Bambino, S. Giovanni Evangelista e santo monaco*, affresco del Maestro di Eggi; gli altri affreschi, deteriorati, sono di Pier Matteo Piergili. All'interno del perimetro murato sorge la *parrocchiale*, nella quale affiorano numerosi affreschi dei secoli XIV-XVI. La strada da Sant'Anatolia di Narco a Monteleone di Spoleto è descritta in senso inverso da pag. 482.

SCHEGGINO m 282, ab. 487 (625), sorge in una stretta della valle. Il castello, di forma triangolare e dominato al vertice dall'alta torre, era cinto da mura costruite nei secoli XIII e XIV (in parte conservate); nel 1522, ribellatisi i castelli della Valnerina a Spoleto, Scheggino subì un assedio memorabile, respinto – narrano i documenti dell'epoca – dalla strenua difesa opposta dalle donne. La chiesa di **S. Nicola**, di origine duecentesca e completamente ricostruita alla fine del '500, conserva, nell'abside, *Incoronazione di Maria*, i *Ss. Battista e Nicola* e *Presepio*, affreschi alquanto deperiti di Giovanni di Girolamo (1526), ultimati da Piermarino di Giacomo (1553); nella cappella a sinistra della maggiore, *Madonna del Rosario e santi* di Pierino Cesarei (firmata e datata 1595), e in quella a destra *Madonna e santi* di Guidobaldo Abbatini (1644).

CESELLI m 317, è preceduto dalla chiesetta di *S. Vito* (su un sentiero a destra), edificio romanico decorato a fresco nei secoli XV e XVI. Affreschi cinquecenteschi ornano l'abside della coeva chiesa di *S. Michele Arcangelo*, rimaneggiata. Presso il cimitero, la semplice chiesa di *S. Sabino*, di fondazione romanica, reca nell'interno a due campate con volte a crociera resti di affreschi del XV-XVI secolo. Sui vicini colli nord-occidentali si allineano caratteristici paesi, tra i quali il minuscolo nucleo di **Collefabbri** (nella chiesa di *S. Stefano*, affreschi votivi dei secoli XV e XVI) e **Schioppo** m 559, aggregato attorno alla chiesa di *S. Nicola di Bari*, con avanzi della decorazione a fresco tardo-cinquecentesca. Oltre Ceselli, la statale della Valnerina rasenta **San Valentino** m 272, che prende nome dalla *chiesa* romanica (secolo XIII), interessante per i numerosi affreschi votivi che ne ornano la navata, eseguiti fra il XIV e il XVI secolo. Quindi tocca **Sambucheto** m 264, nella cui chiesa di *S. Caterina* è una nicchia con affresco (*Madonna e santi*) di Pierino Cesarei.

*S. PIETRO IN VALLE. Sale all'abbazia benedettina, tra i maggiori documenti d'arte alto-medievale dell'Italia centrale, una strada sinuosa di circa 2 km che si stacca presso le case di Sambucheto. Fondata attorno al 720 da Faroaldo II, duca di Spoleto, sul luogo di un precedente eremo, fu gravemente danneggiata alla fine del IX secolo dalle incursioni saracene. A partire dal 996, Ottone III promosse una campagna di restauro che venne portata a termine dal successore Enrico II, in collaborazione con l'abate Riutpardo. L'edificio attuale, ripristinato negli anni trenta del '900, è composto da un'aula unica con copertura a capriate e forte sviluppo longitudinale, accentuato dai muri perimetrali che vanno rastremandosi verso il presbiterio. Sulla navata si imposta il transetto leggermente aggettante sul quale si aprono tre absidi, di cui quella centrale è posta in risalto da una breve campata di avancorpo. Proprio questa pianta a croce commissa ha suggerito per l'edificio abbaziale una datazione successiva alla metà dell'XI secolo, rintracciandone i possibili modelli, al di là delle Alpi, in Cluny II e nel St. Michael di Hildesheim, mediati dal S. Salvatore al Monte Amiata o da S. Maria della Roccella (Catanzaro). A modelli romani, con qualche soluzione di etimo lombardo quale le archeggiature pensili, sembrerebbe invece rifarsi il campanile, che è stato ricondotto alla seconda metà del secolo XI, epoca alla quale risalirebbero anche le sculture dei *Ss. Pietro e Paolo* che ornano il portale meridionale.

INTERNO. Sulle pareti della navata e nell'arco trionfale (in origine anche sulla controfacciata) si svolge un complesso ***ciclo di affreschi**, di cui sussistono importanti avanzi, che per ampiezza di impianto, per numero di scene e ora anche per stato di conservazione (il restauro si è concluso nel 1995) si annovera tra i grandi monumenti della pittura romanica in Italia, databile alla fine del XII secolo o all'inizio del XIII. La decorazione, scialbata fino al 1869, è organizzata su quattro registri, i primi tre occupati da scene vetero e neo-testamentarie; l'ultimo invece, fortemente mutilo, doveva essere probabilmente occupato da elementi ornamentali e da immagini votive. L'intera parete sinistra e la fascia superiore di quella destra riproducono, con grande ricchezza iconografica, *storie dell'Antico Testamento* a partire dalla Creazione del Mondo, mentre nel rimanente spazio della parete destra si svolge il ciclo cristologico che attualmente inizia con L'annuncio ai pastori (le prime scene sono perdute) e termina con una singolare Salita al Calvario dove Cristo sembrerebbe accompagnato dai due ladroni. Ogni singola scena è illusionisticamente inquadrata da una finta galleria scandita da colonnine tortili e commentata da un *titulus* esplicativo. La fascia superiore è conclusa da un partito a mensole scorciate alternate a pesci e volatili, resi con sapiente naturalismo.

PARETE SINISTRA, registro superiore, da sin.: 1, *Creazione del mondo*; 2, *Creazione di Adamo*; 3, *Creazione di Eva*; 4, *Adamo dà un nome agli animali*; 5, *Peccato originale* (la scena più lacunosa); 6, *Ammonimento di Adamo ed Eva*; 7, *Cacciata dal Paradiso*; 8, *Lavori dei progenitori* (scena molto danneggiata). Registro intermedio: 1, *Sacrificio di Abele e Caino*; 2, *Noè davanti all'Eterno*; 3, *Costruzione dell'arca*; 4, *Noè con famiglia nell'arca*; 5, *Abramo e i tre angeli*; 6, *Sacrificio di Isacco*; 7, distrutta, forse si trattava di Eleazar e Rebecca al pozzo; 8, *Isacco ed Esaù*. Registro inferiore: rimane solo l'episodio di *Giuseppe in Egitto*.

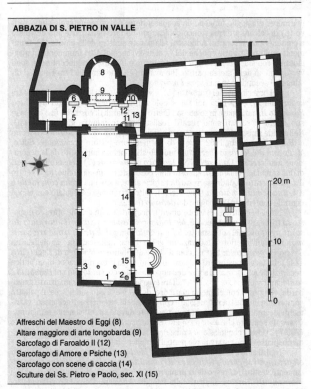

ABBAZIA DI S. PIETRO IN VALLE

Affreschi del Maestro di Eggi (8)
Altare maggiore di arte longobarda (9)
Sarcofago di Faroaldo II (12)
Sarcofago di Amore e Psiche (13)
Sarcofago con scene di caccia (14)
Sculture dei Ss. Pietro e Paolo, sec. XI (15)

PARETE DESTRA, registro superiore: *storie di Samuele e di David* (?); *due angeli*, oltre i quali doveva comparire al centro della parete una Majestas Domini. Registro intermedio (le scene iniziali sono andate perdute): *Annuncio ai pastori; Viaggio dei Magi; Adorazione dei Magi; Partenza dei Magi; Strage degli innocenti; Battesimo di Cristo; Nozze di Cana*. Registro inferiore (rimangono le ultime quattro scene): *Entrata a Gerusalemme* (sotto l'Adorazione dei Magi); *Ultima cena; Lavanda dei piedi; Andata al Calvario*.

LE ALTRE OPERE. Oltre a questo ciclo, la chiesa conserva altre testimonianze pittoriche di epoche successive. In controfacciata, scene votive (1, nella pianta qui sopra) ad affresco attribuite a Giovanni di Girolamo (1526): a d. dell'ingresso, *Madonna di Loreto* (datata 1513) e *S. Bernardo*; a sin., *Maestà tra i Ss. Sebastiano e Mattia*. Di fronte all'ingresso, due capitelli su colonne marmoree di spoglio fungono da acquasantiere. A destra, notevole cippo votivo (2) di calcare a forma tronco-conica, con un foro nella parte alta destinato a contenere un tesoretto. Addossati alla parete sinistra della navata (3), frammenti scultorei di varie epoche dal VII al XV-XVI secolo. Altri frammenti, in maggioranza romani, e iscrizioni in parte romane e in parte cinquecentesche sono verso la metà della stessa parete. Più avanti (4), due sarcofagi tra i quali si distingue il secondo con una *scena marina*.

Nel braccio sin. del transetto (5), è visibile un piccolo affresco databile tra la fine del XVI e gli inizi del XVII secolo raffigurante la *Leggenda del duca Faroaldo II*, cui appare in sogno san Pietro a ordinargli di costruire una chiesa in suo onore (i soldati sono ritratti realisticamente mentre giocano a dadi). Nell'abside sinistra (6), campeggia un affresco raffigurante la *Madonna in trono e due santi*, datata 1452, opera di un mediocre pittore arcaizzante. Sotto, *Madonna del Rosario (*sec. XVII), unica testimonianza superstite della decorazione manieristica. L'*altare dei Ss. Lazzaro e Giovanni* (7) è costituito da resti di due sarcofagi romani sovrapposti: uno, costituito da un coperchio, ha al centro il *defunto* entro riquadro sorretto da vittorie alate, a sin. una *scena conviviale* e a d. *una scena venatoria* (fine sec. IV); l'altro sarcofago è strigilato con clipeo centrale contenente l'immagine del *defunto* (sec. III).

L'abside centrale (8) è interamente ricoperta da un grande affresco disposto su tre registri: nel superiore, *Madonna col Bambino e angeli attorniata da santi apostoli;* nel sottostante, *S.Benedetto benedicente in trono tra santi monaci;* nell'inferiore, decorazione geometrica; nella calotta campeggia un *Cristo in mandorla*: tutto il complesso è attribuito al Maestro di Eggi (circa 1445). La faccia posteriore dell'arco dell'antecoro presenta tracce di un'antica decorazione a fresco; al di sopra dell'imposta dell'arco, *Madonna col Bambino e sante*, ascrivibile al XIII secolo. L'*altare maggiore (9) è reperto raro di arte longobarda, composto con elementi marmorei della chiesa alto-medievale; il paliotto comprende una lastra rettangolare con tre flabelli circolari e croci ansate variamente decorate; negli spazi centrali due figure umane sinteticamente raffigurate: *Ursus*, lo scultore che eseguì l'opera, e *Ilderico Dagileopa*, il duca longobardo (739-742) che la commissionò, come ricorda l'iscrizione superiore (il rilievo è talmente piatto da rasentare in più punti il semplice graffio).

Nell'abside a d. della maggiore (10), *Madonna in trono col Bambino tra gli arcangeli Michele e Gabriele e il committente inginocchiato* (un abate riccamente vestito), affresco della prima metà del Trecento. Nel transetto d. (11), i *monumenti funebri* di abati della famiglia Ancaiani di Spoleto (Benedetto, 1617; Aloisio, 1503; Decio, 1757), che ebbero la commenda dell'abbazia per lungo tempo e dedicarono gli affreschi del pilastro destro del tiburio. Murato a ridosso del pilastro orientale del braccio d. del transetto, il *sarcofago detto di Faroaldo II (12), urna romana che secondo la tradizione ospitò le spoglie del fondatore del monastero; ascrivibile alla prima metà del sec. III, è del tipo a colonne: nell'arcata centrale è scolpito *Dioniso con satiri e menadi*, sui fianchi *due grifoni alati*. Sul fondo del transetto, altro sarcofago (13) del III secolo con le figure scolpite di *Amore e Psiche*. Alla parete d. della navata (14), sarcofago (sec. III) ornato con *scena di caccia* al cinghiale e all'antilope.

*CHIOSTRO. Dalla porta laterale destra (15; dei Ss. Pietro e Paolo, v. sopra) si esce nel chiostro a due ordini (secoli XI e XII) dell'ex convento (fine '300) ora di proprietà privata e destinato a divenire struttura ricettiva e congressuale (in restauro; la visita sarà concessa). Dal piazzale retrostante alla chiesa si osservino le tre absidi, il tiburio e il ***campanile**, eretto nel XII secolo in forme di importazione lombarda frequenti a Roma e in tutto il Lazio; notevole l'ornamentazione, che reca numerosi frammenti di rilievi marmorei, per lo più del secolo VIII e dunque pertinenti alla chiesa primitiva (si osservi, in alto, la figura in rilievo di *S. Pietro*, del secolo XII). Dalla terrazza si ha una bella visuale verso sud sul *castello di Umbriano*, con alta torre.

FERENTILLO. Poco oltre l'abbazia benedettina, la Valnerina stringe i suoi versanti a formare una gola boscosa di suggestiva bellezza, che appare quasi una porta naturale d'accesso alla valle che sta per concludersi nella piana di Terni. Le particolari condizioni orografiche favorevoli al presidio del sito, nel punto di convergenza di antichi collegamenti per Spoleto e Monteleone, furono potenziate dal Comune spoletino con la costruzione, fra Due e Trecento, delle due rocche triangolari di Matterella e Precetto, che si fronteggiano sugli opposti pendii separati dal fiume a formare un poderoso sbarramento. I due nuclei castellani compongono (km 20.6) **Ferentillo** m 260, ab. 1977 (2110), abitato d'antico aspetto allo sbocco del fosso Salto del Cieco (o del Precetto) nel Nera, qualificato dalle superstiti strutture fortificate che spingono torri e mura per il ripido versante. Di probabile formazione alto-medievale (VIII secolo) come pertinenza di S. Pietro in Valle, cui fu sempre legato, il paese si è sviluppato nel fondovalle mantenendo riconoscibile la primitiva organizzazione in due distinti aggregati. Nel nucleo di MATTERELLA (sulla destra idrografica) si trova la duecentesca pieve di **S. Maria**, ricostruita in gran parte nel '500 e manomessa nel '900; sul portale, del 1493, è una *Madonna e due angeli*, affresco deteriorario della fine del XV secolo.

L'INTERNO è a tre navate divise da arcate ogivali su colonne e pilastri. Nel 1532, secondo un progetto unitario, furono aperte cinque nicchie nei muri laterali, mentre l'intera parete fu rivestita in pietra suddivisa da paraste ornate di clipei nei quali sono scolpiti stemmi di famiglie e corporazioni. Le nicchie a d. conservano la decorazione a fresco originaria, dovuta a Pierino Cesarei, Jacopo Siculo (1543), Pier Matteo Piergili (1557). A d. dell'abside, *S. Lucia* di Orlando Merlini (1507); nell'arco dell'abside, *Eterno tra angeli* (secondo '400); dietro l'altare maggiore, *Madonna col Bambino*, tardo esemplare di maniera bizantina (sec. XVI). Sul pilastro sin., *Pietà* (seconda metà del sec. XV); sull'arco della cappella a sin. dell'abside, *Annunciazione* della prima metà del '400.

Nel nucleo di PRECETTO sorge in alto la chiesa di **S. Stefano**, sviluppata su due piani, inferiormente del XIII-XIV secolo (l'odierna cripta), superiormente cinquecentesco, ampliato nel '700; nell'interno a tre navate, all'altare maggiore, *Martirio di S. Stefano* di Giuseppe Rosi (1759) e, in fondo alla navata destra, *Presepio*, affresco della cerchia di Jacopo Siculo (1559). La cripta, lunga quanto l'edificio e divisa da pilastri in due navate, con scarsi resti di affreschi del XV secolo, dopo la costruzione della chiesa superiore fu utilizzata come cimitero. In essa si conservano le mummie che diedero notorietà al paese.

CIMITERO-MUSEO DELLE MUMMIE. Visita: 10-12.30 e 14.30 17; l'apertura è anticipata e la chiusura posticipata in estate. Il perfetto processo di mummificazione delle salme è dovuto al suolo (sul quale erano semplicemente deposte), formato da una sabbia asciutta e porosa, ricca di nitrati, cloruri e sali calcarei, e alle finestrelle, volte a sud-ovest e sempre aperte, che vi mantengono una ventilazione continua. Le mummie, in parte raccolte in un armadio, in parte appoggiate alle pareti e ai pilastri, conservano tracce dell'abbigliamento.

ROCCA. Innalzata sul colle che sovrasta Matterella, è una grandiosa costruzione con torri quadrate e cilindriche e un alto mastio. Sullo sperone che domina Precetto si trovano i ruderi di un'altra rocca; anche nella gola del fosso Salto del Cieco si vedono gli avanzi di una torre.

ARRONE. Castello di poggio sulla sinistra del Nera, poco discosto dalla statale della Valnerina, il paese m 243, ab. 2810 (2624), ebbe importanza nel Medioevo per la sua posizione lungo la via per Rieti. Fuori dal perimetro castellano, l'abitato di più recente formazione trova fulcro nella parrocchiale di **S. Maria Assunta**, con portale del '400.

INTERNO a tre navate divise da grandi arcate su pilastri, concluso da tre absidi. Alla parete d.: *Madonna del Rosario,* attribuita a Giuseppe Bastiani (1609); *Madonna col Bambino e i Ss. Pietro e Giovanni Evangelista,* attribuito a Francesco Cozza. Nell'abside d., deteriorati affreschi di Jacopo Siculo (1544); nell'abside mediana, *Annunciazione* (sull'arco), *Adorazione dei pastori, Dormitio Virginis, Incoronazione della Vergine* (nel catino), affreschi di Vincenzo Tamagni e Giovanni da Spoleto (1516). Nell'abside sin., *Madonna col Bambino, S. Giovanni e S. Domenico,* pregevoli sculture in terracotta invetriata del XVI secolo. Inoltre, predella appartenente a un trittico del Maestro di Arrone (1487), rubato nel 1971.

LA TERRA. La via del Castello sale alla cosiddetta Terra, il nucleo castellano di più antica formazione al quale si accede per una porta ogivale. Vi sorge la chiesa gotica di **S. Giovanni Battista** (secoli XIV-XV), a navata unica. Nell'interno, la tribuna poligonale ha una vivace decorazione ad affresco ascrivibile alla seconda metà del XV secolo. Alle pareti della navata, quadri votivi con *santi* e *Madonne* recanti i nomi degli offerenti e, prevalentemente, la data 1486.

S. FRANCESCO. L'ex chiesa, in restauro per essere adibita a sede di manifestazioni culturali, si trova presso il cimitero. All'interno è ornata di una decorazione pittorica (lacunosa) attribuita a Bernardino Coldarchi (1584).

A MONTEFRANCO E A SAN MAMILIANO : km 9. Dalla statale, deviando a destra in corrispondenza del bivio per Arrone, si rasenta in basso la chiesa di *S. Bernardino,* probabile rifacimento (secoli XII-XIII) di un precedente edificio; in un ambiente attiguo, affreschi del XV secolo (o inizi del XVI). Quindi si perviene (km 3) a **Montefranco** m 375, ab. 1235 (1167), in splendida posizione panoramica su uno sperone; vi sorgono la chiesa di *S. Pietro*, del 1753 (all'interno, *Immacolata e santi* attribuita a Stefano Pozzi) e, presso il cimitero, la chiesa della *Madonna del Carmine*, con affreschi del primo decennio del XVII secolo.

Proseguendo verso nord, si raggiunge **San Mamiliano** m 607, caratteristico borgo fortificato dove sorge la chiesa di *S. Biagio*, che ha sull'altare maggiore una grande ancona di carattere raffaellesco (*Madonna col Bambino e i Ss. Pietro, Giovanni, Biagio e Mamiliano*), opera di Jacopo Siculo (1538).

VERSO TERNI. Nella valle ora più ampia e coltivata si rasenta a sinistra l'abitato di **Casteldilago** m 292, nella cui chiesa di *S. Nicola* sono conservati affreschi di ottima fattura ascribili ai più stretti collaboratori dello Spagna. Quindi si tocca Collestatte Piano da cui si può salire (km 2) a **Collestatte** m 351, con parrocchiale ornata all'interno da una tempera su tavola (*Crocifissione e i dolenti)* attribuibile all'Alunno (1500); inoltre, *S. Sebastiano,* bella statua lignea di fattura abruzzese del XV secolo. Degna di nota anche la chiesa di **S. Croce**, dei primi del '500, con decorazioni coeve; al monumentale altare barocco in stucco, immagine venerata della *Madonna col Bambino* (XVI secolo, molto ridipinta). In breve, la statale della Valnerina raggiunge (km 38.4) Terni.

DA PIEDIPATERNO A BORGO CERRETO. Da Piedipaterno, l'itinerario iniziato a Spoleto procede sulla statale della Valnerina che risale il solco vallivo lasciando a sinistra, dopo buon tratto, la chiesa della **Madonna dell'Eremita**, sorta nell'XI secolo sull'area del monastero benedettino di S. Maria de Ugonis, documentato dal IX secolo. L'edificio, alterato e suddiviso in diverse proprietà, aveva una decorazione pittorica ad affresco, eseguita tra XV e XVII secolo, in gran parte vandalicamente asportata. **Borgo Cerreto** m 357, dove si giunge al km 26.4 da Spoleto, è situato alla confluenza del Vigi nel Nera. Varcato il fiume si va alla chiesa di **S. Lorenzo**, eretta tra la fine del XIII e l'inizio del XIV secolo, con semplice facciata, portale archiacuto e piccolo rosone trecentesco; all'interno, affreschi votivi eseguiti fra XIV e XVI secolo.

A PONTE E A USIGNI: km 20 per una strada verso sud. **Ponte** m 441, organizzato su uno sperone roccioso con resti di fortificazioni, fu sede di un gastaldato longobardo ed esercitò nell'alto Medioevo potere economico e militare su un vasta area estesa fino al Nursino e al Casciano. Fino al XIV secolo ebbe rilevanza territoriale la pieve di **S. Maria**, edificio romanico del XII secolo, con facciata rettangolare ornata di un ricco rosone riquadrato da mosaici e *simboli degli Evangelisti*, e interessante abside corsa da lesene e da archetti pensili; nell'unica navata, affreschi di scuola umbra del '300 e del '400. Il battistero è costituito da una grande tazza monolitica di epoca romana; sulla parete a destra dell'ingresso è inciso il disegno per la costruzione del rosone della facciata.

Salendo in paesaggio solitario si oltrepassa *Rocchetta* m 793 (presso il cimitero, la piccola chiesa romanica di *S. Nicola*), rasentando poi il **santuario della Madonna della Stella**, fondato nel 1308 come eremo di S. Croce per iniziativa degli Agostiniani, abbandonato nel 1630 circa e ripristinato nel 1833; in parte scavato nella roccia, conserva affreschi trecenteschi. Nei pressi sussistono una ventina di celle monacali pure ricavate nella roccia.

Poggiodomo m 974, ab. 184 (428), a picco sul fosso Tissino, è preceduto dall'isolata chiesa romanica di **S. Lorenzo**, del XIII secolo, decorata all'interno da un ciclo di affreschi del principio del '300. L'abitato, di matrice castellana, si aggrega attorno alla *parrocchiale*, che conserva il complesso di altari lignei e dipinti barocchi. Nella chiesa di *S. Pietro*, affreschi dei secoli XV e XVI.

Si giunge infine a **Usigni** m 1001, piccolo nucleo qualificato dagli edifici che il cardinale Fausto Poli, influente alla corte di Urbano VIII e nativo del luogo, fece erigere attorno alla metà del '600: il palazzetto cardinalizio e la vicina chiesa di *S. Salvatore* che custodisce, nelle cappelle laterali, affreschi eseguiti nel 1650 da pittori della cerchia cortonesca.

A SELLANO: km 9.5 a nord sulla statale 319 Sellanese, che mette in comunicazione la valle del Nera con quella del Menotre. La strada risale la valle del Vigi oltrepassando a sinistra, in alto, il *convento di S. Maria di Costantinopoli*, la cui chiesa è interessante per il complesso di altare maggiore e coro seicenteschi secondo l'uso delle chiese francescane dell'Osservanza. Più avanti, domina la valle l'antico castello di **Postignano** m 597, con torre poligonale, abbandonato negli anni '60 del Novecento e per il quale erano stati previsti piani di recupero. **Sellano** m 640, ab. 1299 (1987), gravemente colpito dal terremoto del 1997, ebbe importanza come nodo viario e centro organizzatore di un fertile bacino agricolo, con un vivace settore artigianale (rinomata la produzione di lime e raspe). Nella parrocchiale di *S. Maria Assunta*, del XIII secolo, ricostruita nel XVI, è notevole il complesso di altari seicenteschi in stucco e in legno policromi, con dipinti su tela coevi (temporaneamente trasferiti). Fuori dall'abitato è la chiesa della *Madonna della Croce* (o di S. Francesco), edificio a pianta centrale concluso nel 1538. Tra le antiche «ville» agricole distribuite attorno a Sellano è *Pupaggi* m 845 (7 km a ovest), la cui chiesa di *S. Sebastiano* è ornata di affreschi dei secoli XIV-XVI.

CERRETO DI SPOLETO m 557, ab. 1153 (1427), collegato alla statale da un breve tronco che sale a mezza costa, fu munito castello organizzato linearmente su un poggio a dominio delle valli del Vigi e del Nera (sussistono avanzi delle fortificazioni erette a partire dal XIII secolo e un alto torrione). Nella parrocchiale, *Madonna del Rosario* di Felice Damiani (1583) e *Adorazione dei Magi* del cosiddetto Pittore di Poreta. Nella sede municipale, *Madonna col Bambino e i Ss. Antonio Abate e Lucia* di Felice Damiani e *Visitazione* di Camillo Angelucci (1573). Un'altra opera dello stesso Angelucci (*Madonna del Soccorso* ad affresco, 1573) è nella chiesa di *S. Maria de Libera* (verso Ponte del Piano), che conserva all'abside *Incoronazione di Maria* di Callisto di Giannicola (1535). Nella parte bassa del paese sorge il complesso monastico fortificato di **S. Giacomo**, di origine trecentesca.

L'INTERNO DELLA CHIESA DI S. GIACOMO, rinnovato alla fine del Cinquecento, contiene pregevoli affreschi del '400. Sulla parete a d. dell'ingresso la decorazione è su due registri: in quello inferiore, *santi*, *Crocifissione con la Madonna e i Ss. Giovanni e Caterina*; in quello superiore, *Madonna col Bambino in trono e santi*; alla parete di fronte all'ingresso: nella 1ª campata, *Cristo Giudice con angeli*; nella 2ª, *Trinità* (seconda metà del '400) con *Ss. Lucia e Nicola*; *Crocifissione con Madonna e Ss. Giovanni, Giacomo, Lorenzo*; alla parete dell'altare maggiore, *Annunciazione* (in parte perduta) e affreschi votivi con *Crocifissione e santi*. In un ambiente vicino (forse ex presbiterio della chiesa più antica) si trovano altri dipinti di scuola folignate del sec. XIV.

ANCORA LUNGO IL NERA. Continuando sulla destra del fiume, si raggiunge la galleria scavata sotto il monte Lo Stiglio che dà accesso alla statale 320 di Cascia (sulla quale procede il percorso, v. oltre), in sostituzione del vecchio tronco, dismesso, che aveva origine da Triponzo. Per raggiungere questo abitato, poco avanti sulla statale della Valnerina, occorre passare un'altra galleria ricavata sotto una formidabile parete calcarea tagliata dai Romani in età repubblicana (iscrizione incisa sulla roccia con i nomi dei questori che fecero eseguire l'opera) e ancora usata dalla strada ottocentesca.

TRIPONZO m 420, prende nome dai tre ponti che scavalcano il Nera, il Corno e la loro confluenza. Del castello medievale sussistono avanzi della cerchia di mura turrite a pianta rettangolare e un alto torrione trecentesco. Nella *chiesa del Carmine*, statua della *Madonna* in legno dipinto (secolo XIV).

BAGNI DI TRIPONZO m 453, circa 2 km dall'abitato, proseguendo sulla statale della Valnerina verso Visso, utilizzano acque sulfuree note fin dall'epoca romana; lo stabilimento (in ristrutturazione) fu eretto nel 1887 dal vescovo di Norcia e venne poi abbandonato. Oggi è di proprietà comunale.

LA VALLE DEL CORNO. La statale 320 infila la gola incisa dal fiume nella roccia calcarea. La difficoltà delle comunicazioni dovuta all'aspra morfologia dei luoghi è documentata dal cosiddetto *Sasso Tagliato*, visibile a sinistra in uscita dalla galleria (v. sopra): nell'alta rupe fu scavato un angusto sentiero a capanna che costituì fino al 1857 l'unica via da qui verso Norcia. La valle, sempre verde e bellissima, si allarga e si restringe per poi chiudersi in una gola grandiosa. Del sistema di castelli e torri di avvistamento che formavano il reticolo fortificato a difesa dell'accesso al Nursino si riconosce in alto la torre di **Biselli** m 555, nucleo castellano di origine duecentesca. La diroccata *torre di Argentigli* vigila sulla **stretta di Biselli**, dove la strada attraversa una galleria scavata sul fianco sinistro della gola. Ancora un breve tratto sinuoso e si è, km 38, a **Serravalle** m 513, dove sbocca nel Corno il fiume Sordo. Sulla statale 396 se ne risale verso oriente la valle verdeggiante, che si apre a ventaglio sull'altopiano di, km 44.5, Norcia.

9.2 IL NURSINO:
NORCIA E I MONTI SIBILLINI

Norcia si pone come il centro di riferimento politico, economico e amministrativo di un vasto territorio: un ruolo che le deriva storicamente dalla posizione geografica di confine e anche da una possibilità di integrazione tra l'economia di pianura e quella di montagna che non trova riscontro in tutta la Valnerina. La città fu un importante nodo stradale già in età preromana, come attestano i numerosi castellieri oltre ai cospicui e diffusi ritrovamenti archeologici; in età longobarda ebbe rilevanza come centro di transito delle comunicazioni tra il Ducato di Spoleto e quello di Benevento, e successivamente tra lo Stato Pontificio e il Regno di Napoli. L'assetto complessivo del territorio è fondamentalmente quello dell'età comunale e si articola in una fitta trama di percorsi lungo i quali sono disposti castelli e «ville» agricole a presidio di una regione impervia ma ricca di acque, di boschi e di pregiati pascoli. Dopo la visita di Norcia e dei suoi dintorni, l'itinerario (carta a pag. 451) riprende da Serravalle la statale 320, che porta a Cascia in 12.2 km attraverso la valle del Corno.

NORCIA

La cittadina m 604, ab. 4911 (5458), sorge al margine dell'ampia e fertile piana di Santa Scolastica, cinta da un anfiteatro di montagne e irrigata dai fiumi Sordo e Torbidone e dalle sorgenti di S. Martino. Zona di transizione tra gli impervi rilievi occidentali e l'elevato complesso dei Sibillini, la conca ha offerto con le sue aperte campagne condizioni favorevoli a un precoce insediamento umano, già presente nel Paleolitico inferiore e attestato dall'età neolitica. Nursia, sorta probabilmente nel V-IV secolo a.C., diviene capoluogo settentrionale dei Sabini; nel 209 a.C. è conquistata dai Romani che la cingono di una cerchia di mura. La viabilità antica fa della città una crocevia fondamentale degli itinerari tra la Flaminia e il medio Adriatico, evidenziando la funzione di cerniera che ne valorizza un ruolo territoriale preminente durato fino al XVI secolo. Sede di diocesi nel V secolo, è devastata dai Goti, invasa dai Longobardi (che la ricostruiscono facendone importante centro del loro ducato) e dai Saraceni. Libero e fiorente Comune, prende definitiva configurazione tra XI e XIV secolo; una nuova cinta muraria, edificata nel XIII secolo in buona parte sopra quella romana, ne fissa la forma urbana. Le vicende successive di Norcia sono scandite dagli eventi sismici. Nel 1328 un terremoto rade al suolo la città medievale lasciandone in piedi solo le possenti mura, che tuttora la cingono. Violenti terremoti devastarono la città nuovamente nel 1567, nel 1703 e nel 1730. Di quest'epoca è il regolamento pontificio 'antisismico' che proibiva di costruire in città case superiori ai due piani: le nuove forme edilizie, che nelle residenze gentilizie sopperiranno alla contenutezza architettonica con la ricerca dell'ornato, diverranno carattere peculiare del tessuto abitativo, connotando il rinnovamento sette-ottocentesco come l'abitato odierno.

Norcia e la sua montagna vantano specializzazioni artigianali e agricole di secolare rinomanza: nel Medioevo e nel rinascimento erano ricercate le lane e i gioielli; oggi come un tempo sono pregiate le carni suine lavorate dai «norcini» (il nome ha assunto significato antonomastico) e i tartufi neri (sagra in febbraio). Il 21 marzo la città ricorda san Benedetto (c. 480-dopo 546), il suo nativo più illustre, fondatore del monachesimo in Occidente.

*Piazza S. Benedetto. Già nell'alto Medioevo fulcro del regolare impianto urbano, l'ampia piazza centrale è uno spazio sapientemente articolato in funzione degli edifici monumentali che la delimitano, in una stratificazione di funzioni, stili ed epoche dal gotico trecentesco al rinnovamento ottocentesco. Al centro, il *monumento a S. Benedetto* di Giuseppe Prinzi (1880).

Palazzo comunale. Delimita il lato nord-orientale della piazza con un composito prospetto a portico e loggia sovrapposti, il primo d'età medievale, la seconda ricostruita (1876) dopo il rovinoso sisma del 1859 su progetto di Domenico Mollaioli, che scolpì i due leoni posti alla base della scalinata. La torre campanaria sulla destra fu riedificata dopo il terremoto del 1703.

Interno. La scalinata dà accesso, attraverso un bel portale in pietra (1582), al vano sottostante alla torre, dove è collocata una lapide romana (I secolo). La sala del Consiglio conserva gli stalli lignei del Priore e dei Consoli (secolo XVI) e i sedili per i consiglieri; alle pareti, stemmi comunali quattrocenteschi e orologio (1705) collegato al meccanismo della torre. Nella sala dei Quaranta (oggi del Consiglio comunale), alle pareti finti arazzi settecenteschi eseguiti utilizzando essenze vegetali, con figure allegoriche delle *quattro parti del mondo* (rimossi dopo il terremoto del 1979, sono in attesa del restauro). Nell'attigua cappella dei Priori, il ricchissimo *reliquiario di S. Benedetto* (1450), in argento dorato, di forme gotico-rinascimentali.

*S. Benedetto. Sorge a destra del Palazzo comunale. La chiesa, eretta forse in età alto-medievale (secondo la tradizione, sulla casa dei genitori del santo), fu rifatta nel 1389 e più volte ristrutturata. La facciata, appartenente all'edificio trecentesco ma ricostruita superiormente dopo il 1859, ha un bel portale gotico con rilievi nell'arco esterno (nella lunetta, *Madonna tra due angeli*) e imposte lignee del 1578; lo fiancheggiano due eleganti edicole con le statue di *S. Benedetto* e della gemella *S. Scolastica*. Sul fianco destro della chiesa si allunga il cinquecentesco *portico delle Misure*, sotto il quale sono visibili il portale gotico laterale e, su un banco di pietra, nove misure locali antiche per cereali.

L'INTERNO, a croce latina, a una navata con abside semicircolare (poligonale all'esterno), fu completamente ristrutturato nel secolo XVIII e ancora dopo successivi terremoti. A sin. dell'ingresso, sotto la cantoria, *Madonna col Bambino, S. Barbara e S. Michele arcangelo*, affresco del '500; tra il 1° e il 2° altare d., *Madonna col Bambino e i Ss. Benedetto e Scolastica* col busto del donatore (sec. XVI). Nel braccio d. della crocierà, all'altare, *Madonna e santi nursini* di Vincenzo Manenti. Nell'abside, grande coro ligneo cinquecentesco (proveniente dalla chiesa dell'Annunziata). Per due scalette laterali si scende nella CRIPTA a tre navate: nella cappellina in fondo alla navata sin., con frammenti di affreschi della fine del sec. XIV, la tradizione indica il luogo dove sarebbero nati Benedetto e Scolastica. Tra le scalette d'accesso sono resti della fondazione curvilinea dell'abside di un edificio romano (I sec.), di cui avanzano tratti di muratura in «opus reticulatum» nelle pareti della cripta e altre strutture in un vano adiacente. Nel braccio sin. della crociera, *monumento funebre a Paolo Emilio Fusconi*, del XVII secolo, e all'altare *S. Benedetto e Totila* di Filippo Napoletano (1621); al 2° altare sin., *Risurrezione di Lazzaro* di Michelangelo Carducci (1560).

DUOMO. Appartato nell'angolo meridionale della piazza, conserva l'intitolazione a *S. Maria Argentea*, la pieve alto-medievale demolita nel 1554 per far posto alla rocca (v. sotto). La chiesa, caratterizzata dagli spessi muri perimetrali a scarpa (una soluzione antisismica settecentesca, frequente anche nei palazzi nursini), fu edificata dopo il 1560, rifatta a seguito dei terremoti del 1703 e del 1730, restaurata dopo quello del 1859 e ancora danneggiata dal sisma del 1997. Il portale ogivale del fianco sinistro fu realizzato per la pieve tra la fine del XIV e gli inizi del XV secolo. Il robusto campanile è del 1869.

INTERNO. Al 1° altare d., *S. Vincenzo Ferrer e gli infermi*, tela di Giuseppe Paladini (1756); al 2°, *Madonna e quattro santi* di Cristoforo Roncalli. Al 3° pilastro d., *busto di Pio VII*. Nel pavimento dietro l'altare maggiore, pietra con iscrizione romana. Nella cappella a sin. della maggiore, all'altare di pregiati marmi scolpiti da François Duquesnoy (circa 1640), affresco staccato (*Madonna col Bambino, S. Benedetto e S. Scolastica*), della bottega degli Sparapane (1528).

*CASTELLINA. Sul lato della piazza opposto al Palazzo comunale si impone la possente mole della rocca, fatta costruire da Giulio III come residenza fortificata dei governatori apostolici, su progetto del Vignola

(1554). Il complesso occupò l'area della pieve di S. Maria Argentea e del palazzo del Podestà, appositamente demoliti, dei quali sussustono all'interno alcune strutture. Terminata alla fine del '500, la rocca fu danneggiata dai terremoti settecenteschi, che comportarono parziali ricostruzioni. La struttura è di pianta quadrilatera, rafforzata agli angoli da torrioni a scarpata sghemba. Per un portale bugnato (ai lati, *leoni* dei primi del '900) si entra in un atrio selciato che dà accesso

NORCIA: LA CASTELLINA

0 10 20 m

N

Progettata dal Vignola per Giulio III nel 1554, è esempio di rocca-residenza che coniuga elementi dell'architettura militare (impianto quadrato con bastioni angolari) con eleganti soluzioni interne (cortile).

all'elegante cortile, cinto da quadriportico sormontato da una loggia coperta a tettoia. Sui lati, resti di affreschi, fontana con mostra architettonica dipinta e statua romana togata, ritenuta erroneamente di Vespasia Polla (la madre di Vespasiano, nativa di Norcia), composta da due parti eterogenee. La Castellina è sede museale.

MUSEO CIVICO-DIOCESANO. Formato nel 1967 con opere di pittura e scultura provenienti da Norcia e dal suo territorio, chiuso a seguito del terremoto del 1979, è in fase di nuovo allestimento. Il patrimonio museale comprende, tra l'altro: *Madonna col Bambino*, scultura in pietra del sec XIII; *Deposizione*, gruppo di sculture lignee duecentesche; *Croce dipinta* degli inizi del sec. XIII; *Croce dipinta* di «Petrus», pure duecentesca, proveniente da Campi; *Madonna col Bambino*, scultura lignea del sec. XIV; *S. Giuliana*, scultura lignea di inizio '400; *Cristo risorto* di Nicola da Siena (c. 1450); *S. Francesco in gloria*, dipinto su tavola attribuito a Francesco Botticini. Inoltre: sculture in pietra di Giovanni Dalmata provenienti dall'altare della chiesa di S. Giovanni; *Madonna col Bambino e santi francescani* di Antonio da Faenza; *Madonna del Rosario* di Giacomo di Giovannofrio; *Annunciazione*, terracotta invetriata di Luca della Robbia; *Vesperbild* litica del sec. XV.

VIA ROMA. Dal fianco destro di S. Benedetto, per il tramite di via Mazzini, si imbocca la strada di collegamento tra la piazza principale e la porta Ascolana. Vi si incontra il *palazzo dei Cavalieri di Malta*, ora del Ministero di Grazia e Giustizia: negli ambienti disposti attorno al piccolo cortile interno ha sede la *Mostra-Museo della Civiltà contadina e artigiana del passato*, che documenta alcuni aspetti della civiltà materiale. Segue, arretrata, la chiesa di **S. Filippo** o *dell'Addolorata* (per l'immagine molto venerata, temporaneamente trasferita). L'edificio, settecentesco, ha facciata più tarda e interno a pianta ellittica riccamente ornato di stucchi e arredi lignei. Conclude la via la *porta Ascolana* o *Massari,* che ha esternamente un portale cinquecentesco. Nei pressi è stato scavato un *criptoportico romano*, delimitato superiormente da un portico, che faceva probabilmente parte del complesso del foro.

S. Caterina. Retrocessi brevemente a S. Filippo, se ne lambisce il fianco da cui muove verso destra la via Manzoni che in pochi passi va al Seminario cui è annessa la chiesa: in facciata, resti di un dipinto murale quattrocentesco e, all'interno, grande *Incoronazione della Vergine* di pittore locale della prima metà del secolo XVI.

S. Agostino. Di nuovo dal fianco destro di S. Filippo, la via Amadio raggiunge la chiesa di fabbricazione trecentesca, rinnovata internamente nel '600 con gusto barocco che non stride con la decorazione a fresco tre-cinquecentesca, già ricchissima, di cui rimangono cospicui frammenti. Vi si accede da un portale ogivale arricchito nella lunetta da una *Madonna col Bambino e i Ss. Agostino e Nicola da Tolentino*, affresco del 1388.

INTERNO. In controfacciata, affreschi di carattere votivo eseguiti fra Tre e Cinquecento e bella cantoria intagliata ornata di tele (sec. XVII). Alla parete d., nel nicchione, *Madonna col Bambino, S. Giovanni Battista e S. Antonio abate* (1502), affresco di un pittore locale influenzato dal Pinturicchio; segue, alla parete, *Madonna col Bambino*, affresco del primo '300; dopo l'altare, *Crocifissione di S. Pietro*, tela del XVII secolo. Nell'abside, altri affreschi quattrocenteschi (un frammento è visibile all'interno di un armadio) e, all'altare maggiore, *Pietà e santi* di Gaspare Celio (1613). Alla parete sin., *Madonna e santi* di Anastasio Fontebuoni. Nel 3° nicchione sin., *S. Caterina d'Alessandria, S. Antonio da Padova e S. Amico*, affresco di Gaspare Angelucci da Mevale (1541); nel 2°, *Madonna col Bambino tra S. Antonio abate e S. Claudio,* e nel catino, *Incoronazione della Vergine* di Giovanni Battista di Giovannofrio (1497); nel 1°, *S. Rocco, S. Sebastiano e S. Barbara*, di pittore spagnesco del primo ventennio del sec. XVI.

VIA ANICIA. Sale verso il settore nord-orientale della città tra palazzetti che illustrano il rinnovamento edilizio sei-settecentesco. A sinistra di S. Agostino, il *palazzo Bucchi*, del XVII secolo; avanti, N. 44, il *palazzo Colizzi*, del XVII-XVIII secolo. La via attraversa la *piazza Palatina*, ornata da una fontana (fuori la porta Palatina è un lavatoio medievale con elementi romani). A destra, per via Galileo si può andare all'*oratorio della Confraternita di S. Maria degli Angeli,* che custodisce notevoli stalli lignei del secolo XVI. Più oltre sulla via Anicia è il cinquecentesco *oratorio della Confraternita dei Cinturati di S. Agostino Minore* o **S. Agostinuccio,** che ha un ricco soffitto ligneo dorato e dipinto, statue policrome e sedili dei confratelli, tutte pregevoli opere del primo '600; sull'altare barocco, *Crocifisso* del secolo XV. La via Anicia termina alla **chiesa del Crocifisso,** con facciata settecentesca ornata di stucchi; all'interno, *Crocifisso* ligneo quattrocentesco e mostra di un singolare altare in pietra, ricomposto con elementi che recano la data 1436.

VERSO S. GIOVANNI. Retrocessi in via Anicia, di fronte al palazzo Colizzi si imbocca la via Umberto I. Quasi sul fondo, in angolo, si dispone l'***Edicola** o *Tempietto,* opera di un Vanni Tuzi (1354): il piccolo monumento in calcare e a pianta quadrata, cui va attribuita una funzione votiva di santuarietto terapeutico, è singolare per l'abbinamento degli elementi classici della struttura architettonica con quelli geometrici, zoomorfi e antropomorfi della decorazione scolpita; all'interno, affresco trecentesco (*Madonna col Bambino*).

Al termine della via, subito prima dell'arco ogivale della *porta S. Giovanni,* la via Gioberti conduce alla chiesa di **S. Giovanni,** edificio di fondazione trecentesca (portale e muratura meridionale), sopraelevato nel Settecento.

INTERNO a due navate, già divise da archi ogivali ora chiusi; nella navata maggiore, pregevole soffitto ligneo degli inizi del '700. A destra dell'ingresso, l'*altare della Madonna della Palla,* eseguito nel 1468 da Giovanni Dalmata, ricomposto a seguito dei dissesti provocati dal terremoto cinquecentesco e modificato con l'aggiunta di stucchi e dipinti (*Misteri del Rosario*); l'immagine votiva della *Madonna col Bambino* è di un artista locale del XV secolo. A sin. dell'ingresso, *Madonna adorante il Bambino e i Ss. Benedetto e Battista,* affresco di uno Sparapane (1520).

CORSO SERTORIO. Al termine della via Gioberti volgendo a destra si raggiunge la *porta Romana,* l'ingresso principale della città ricostruito nel 1869 da Domenico Mollaioli nell'ambito degli interventi urbanistici per l'apertura del corso, che qui ha inizio. La realizzazione della nuova strada, che doveva razionalizzare le comunicazioni interne alle mura, comportò lo sventramento del preesistente tessuto edilizio, sostituito dalle cortine dei palazzetti ottocenteschi che accompagnano fino alla rettangolare *piazza Vittorio Veneto,* dove emerge il **Teatro civico,** su progetto dello stesso Mollaioli (1876). Il corso Sertorio termina in piazza S. Benedetto.

S. Francesco. La breve via Marconi raccorda la piazza Vittorio Veneto con la piazza Garibaldi dove sorge la chiesa francescana, ricostruita attorno al 1385, danneggiata nella parte superiore della facciata dal sisma del 1859 e mai ripristinata. Nel paramento in pietra si apre un bel portale sormontato da rosone; sul fianco sinistro, un altro sontuoso portale gotico a fasci di colonnine. Nell'interno si trovano resti di affreschi dei primi anni del secolo XVI tra cui una *Gloria di S. Antonio da Padova* di Giovanni Battista di Giovannofrio (1501). L'ex chiesa è destinata a divenire sede dei ricchi e preziosi archivi storici nursini, i cui fondi già vi sono depositati (tra questi, il cosiddetto *Archivio segreto dei Consoli*, con brevi, bolle, pergamene e codici dal 1218, e l'*Archivio del Monte Frumentario* il cui *palazzo* cinquecentesco fronteggia il fianco sinistro della chiesa). Nella piazza sorge anche la **chiesa della Misericordia** o di *S. Rita*, con facciata settecentesca e ricchi altari lignei coevi (adibita a usi non liturgici).

ESCURSIONI DA NORCIA

Per la collocazione nell'ampia pianura di fondovalle, i tre itinerari che escono dalla città (carta a pag. 451) si muovono necessariamente verso alti valichi. A sud, il piano di Santa Scolastica – un tempo fertile riserva alimentare per la città e ora in parte occupato da un insediamento industriale – dà accesso alla strada che si inerpica fino alla forca della Civita per il Lazio e l'Abruzzo. Dalla medesima direttrice si distacca, verso est, il suggestivo tracciato che penetra entro il Parco nazionale dei Monti Sibillini con il vastissimo bacino carsico del Piano Grande: è il territorio privilegiato della pastorizia transumante, grande matrice di miti (la Sibilla appenninica) e di leggende popolari (il Guerin Meschino) che i toponimi continuano a evocare (monte della Sibilla, lago di Pilato, grotta del Meschino). Il **Parco nazionale dei Monti Sibillini**, istituito nel 1993 su un comprensorio tra i meglio conservati e naturalisticamente importanti dell'Italia centrale, si stende in territorio umbro e marchigiano su circa 70 mila ettari, a un'altitudine compresa tra i 500 e i 2476 metri (monte Vettore). I Sibillini possiedono grandi anticlinali e sinclinali, tutte convergenti sulla dorsale principale che forma lo spartiacque tra il versante adriatico e quello tirrenico. I rilievi hanno la morfologia tipica dell'Appennino calcareo, con cime poco elevate, pendii fortemente acclivi, imponenti pareti rocciose, profonde incisioni e l'evidenza di fenomeni carsici. Il paesaggio vegetale del comprensorio, estremamente variato, comprende lecci, pini d'Aleppo, roverella, carpino nero, orniello, cerri, faggi d'alto fusto alle quote più elevate, vegetazione igro-igrofila lungo i corsi d'acqua, pascoli collinari e montani; nelle vallecole nivali e nelle aree rocciose assume grande rilevanza scientifica la presenza di relitti glaciali. Da Norcia verso nord, attraverso la forca d'Ancarano, si accede infine a una vasta zona ricca di acque, di sorgenti sulfuree o altrimenti pregiate, segnate da abitati disposti sui versanti acclivi e importanti insediamenti religiosi (valle Castoriana con l'abbazia di S. Eutizio).

Alla Madonna della Neve km 12. Dalla porta Ascolana (pag. 468) si imbocca il rettilineo che taglia il verde e vasto **piano di Santa Scolastica**, originato probabilmente dal riempimento in epoca post-glaciale di un bacino lacustre formatosi per sprofondamento tettonico. Il ritrovamento di una grande necropoli documenta la persistenza dell'insediamento umano dall'età del Ferro a quella romana. Nel settore nord-occidentale del piano (tra Norcia e Casali di Serravalle) si stendono le **marcite**, che formano un'area di notevolissimo interesse storico-ambientale: alimentate perennemente da alcune sorgenti, sono esempio unico in Italia centrale di prati stabili irrigui a temperatura costante (8-10 °C), del tutto analoghi a quelli lombardi; furono sicuramente impiantate dai Benedettini, secondo alcuni già nel VI secolo, per altri nel XIII o addirittura nel XVI secolo.

Si oltrepassa il cimitero di Norcia, dove sorge la chiesa di **S. Scolastica**, di origine alto-medievale, secondo la tradizione sul sito della casa materna della santa e del fratello Benedetto (strutture della primitiva costruzione con elementi di epoca romana sono visibili dal cimitero); fu trasformata tra la fine del secolo XIV e l'inizio del XV, e di nuovo nei secoli XVII e XVIII. L'interno, a navata unica coperta da un soffitto ligneo del XVIII secolo, conserva, sul fondo degli arconi che spartiscono la parete destra, notevoli affreschi con *storie di S. Benedetto*, attribuibili a un pittore della cerchia di Bartolomeo di Tommaso (metà '400), e alcuni brani della decorazione trecentesca (*volto di S. Scolastica*); a destra dell'arco presbiteriale, affresco di Lorenzo e Jacopo Salimbeni (*Madonna col Bambino e santi*).

Dopo Savelli, una ripida strada a sinistra sale alla chiesa rinascimentale della **Madonna della Neve** (1565-71), che il sisma del 1979 ha ridotto ai ruderi dei quattro bracci; nei nicchioni sopravvive parte della decorazione ad affresco eseguita tra il 1570 e il 1584 dai fratelli Camillo e Fabio Angelucci.

A CASTELLUCCIO: km 29.8. Escursione di eccezionale interesse paesistico e ambientale, che lascia Norcia per il piano di Santa Scolastica (v. sopra); al km 2.6 il percorso volge a sinistra sulla strada diretta verso la forca Canapine, che sale alla piccola sella detta **forca di S. Croce** m 813, con amplissima vista su Norcia. Dopo un lungo tratto tagliato nella roccia, si abbandona la direttrice per la valle del Tronto attraverso la forca Canapine (distante 3 km dal bivio), e si procede a nord lungo le pendici orientali del M. Ventòsola m 1719, che fa parte della dorsale interposta tra il piano di Santa Scolastica e quello di Castelluccio.

Si entra nel ***Piano Grande** m 1270 circa, grandioso anfiteatro dominato a oriente dall'alta catena dei Sibillini con il sovrastante monte Vettore m 2476. È una delle quattro conche (le altre sono il *Piano Perduto*, il *Piano dei Pantani* e il *Piano Piccolo,* separato da un cordone di colline) che formano il sistema degli **altipiani** (o *Piani*) **di Castelluccio**, di origine tettonica, considerati il più grande bacino carsico chiuso (lunghezza totale 18 km) d'Italia, dopo quello del Fùcino. Nel periodo glaciale, i piani erano occupati da un lago. L'ambito, tra i più interessanti del Parco nazionale dei Monti Sibillini (pag. 470), è di eccezionale qualità paesistica, ambientale e naturalistica, per la grandiosità degli scenari, per la ricchezza e anche la rarità vegetazionale che annovera numerosi endemismi e relitti, nonché per le formazioni palustri diffuse nelle zone depresse in ragione anche della presenza di doline e canali. Nel Piano Grande, il fosso Mergani, di formazione carsica, raccoglie le acque (esclusivamente meteoriche e nivali, in assenza di sorgenti) scaricandole nell'inghiottitoio. Magnifica è la fioritura alpina in primavera.

Rinomate coltivazioni di lenticchie si stendono a ridosso dell'abitato di **Castelluccio** m 1452, in posizione di straordinaria bellezza tra il Piano Grande e il Piano Perduto. Antico castello nell'orbita di Norcia, costruito a difesa del confine orientale e dei pascoli, conserva la chiesa di *S. Maria Assunta,* costruita nella prima metà del '500 (il portale, datato 1528, fu ricomposto dopo il terremoto del 1703). L'interno è a pianta centrale con cupola ottagonale: l'altare maggiore, in legno intagliato e dipinto, racchiude la scultura del *Crocifisso* con le figure dei

Dolenti dipinte su tavola di fondo (secolo XVI); nei due bracci laterali, affreschi con i *Misteri del Rosario* di Camillo e Fabio Angelucci (1582), e *storie di S. Antonio abate* (fine secolo XVI); sui rispettivi altari rinascimentali, *Madonna in adorazione del Bambino*, scultura lignea policroma del 1499, e *S. Antonio abate*, terracotta policroma della fine del '500.

IL MONTE VETTORE m 2476, che domina il Piano Grande, è la cima più elevata dei Sibillini, meta di belle escursioni. A ovest della vetta è il gelido *lago di Pilato* m 1949 (che la leggenda dice vi sarebbe precipitato), dove vive il «Chilocephalus marchesonii», un invertebrato endemico unico al mondo. A una certa distanza si apre la *grotta della Sibilla*, dove si sarebbe recato Guerino il Meschino per consultare la Sibilla. Secondo altri, sarebbe questo il monte di Venere della leggenda resa immortale da Wagner nel *Tannhäuser*.

A PRECI: km 17.7 Lasciata Norcia da porta Romana, si sale con ampie vedute verso la **forca d'Ancarano** m 1008, nei cui pressi furono rinvenute testimonianze di un santuario in vita dal V secolo a.C. e di un insediamento rustico (I secolo a. Cristo). La discesa oltre il valico percorre la *valle Castoriana* o *di Campiano*, che segna il margine occidentale del Parco nazionale dei Monti Sibillini (pag. 470). Abitata da tempi remoti, nel V secolo fu scelta da monaci siriani per la fondazione di eremi e oratori; da questi nuclei ebbero origine gli insediamenti benedettini e con essi la colonizzazione agricola e la formazione di un tessuto insediativo rurale e fortificato sotto l'egida della potente abbazia di S. Eutizio. La prima delle numerose chiese che scandiscono il percorso è la **Madonna Bianca**, cui porta una stradina a destra. Eretta nel XIV secolo, ha porticchetto laterale e portale a ogiva ancora d'impianto tardo-gotico, cui agli inzi del '500 furono aggiunti il pronao rinascimentale e il campanile. Nell'interno (rivolgersi alla casa di fronte) a due navate separate da alte colonne cilindriche: alla parete destra, affreschi votivi e *storie della Vergine* della bottega degli Sparapane (secoli XV e XVI); nel presbiterio, a destra, edicola in pietra con tabernacolo ligneo intagliato e con sportelli dipinti racchiudente il rilievo marmoreo della *Madonna Bianca*, attribuita a Francesco di Simone Ferrucci (1488); nell'edicola (1513) a sinistra, *Crocifisso* scolpito coevo. Sulla parete sinistra, altare in stucco con sculture lignee dei *Ss. Rocco e Sebastiano* (sec. XVI).

Proseguendo verso Preci, si vedono a destra le rovine del *castello di Castelfranco* (secolo XIV) che sovrastano il piccolo abitato di *Capo del Colle* m 827: in cima al paese, la chiesetta trecentesca di **S. Antonio**, con affreschi in facciata del XIV secolo. Quindi si raggiunge il nucleo di *Piè del Colle* m 762, con la chiesetta di **S. Matteo**, che custodisce affreschi di Francesco Sparapane (datati 1526) e altri dipinti votivi dal XIV al XVI secolo. Subito dopo, a destra, emerge il nucleo compatto di **Campi Vecchio** m 870, aggregato sul colle. Oltre la porta trecentesca vi si incontra la chiesa di **S. Andrea**, del secolo XIV, nel '500 ingrandita e dotata della bella loggia. Nell'interno a due navate, pregevole altare inserito in una parete lignea policroma e dorata con porte d'accesso all'abside (1596); sulla parete sinistra, pulpito intarsiato della bottega dei Seneca (secolo XVI). Poco distante è la chiesa di *S. Maria di Piazza*, che conserva nella navata centrale affreschi (*Leggenda di S. Gioacchino*) attribuiti a Giovanni Sparapane.

Di nuovo sulla strada principale, isolata presso il cimitero di Campi sorge la chiesa di ***S. Salvatore**, già pieve di S. Maria, con caratteristica facciata a capanna e due portali, il sinistro del XIV secolo, l'altro pertinente all'ampliamento tardo-quattrocentesco. Nell'interno, a due navate: iconostasi affrescata da Giovanni e Antonio Sparapane nel 1464 con *scene della Passione di Cristo, apostoli, Incoronazione della Vergine*; sul fondo nella navata sinistra, grande *Crocifissione* a fresco di pittore umbro del '300; nei sottarchi, altri affreschi di pittori marchigiani del secolo XV; nelle crociere, *dottori della Chiesa, profeti, Evangelisti* degli Sparapane; inoltre, *Discesa al limbo* di Nicola da Siena.

Segue a sinistra un tronco per (km 4) **Todiano** m 879, paese di matrice castellana con parrocchiale di *S. Bartolomeo*, dotata di un soffitto ligneo settecentesco dipinto a tempera e di altari seicenteschi sui quali: *Madonna con i Ss. Montano e Bartolomeo*, attribuita a Filippino Lippi; *Incoronata e santi* di Simone Procacci (1618); *Crocifissione* di Francesco Furini (1623). Più avanti è **Piedivalle** m 611, in area ricca di sorgenti. La piccola chiesa di *S. Giovanni Battista* ha interno a due campate divise da una cancellata lignea: nella prima sono affreschi (molto ridipinti) dei secoli XVI e XVII, nella seconda altri affreschi votivi quattrocinquecenteschi; sull'altare, racchiuso in un'edicola in muratura decorata con motivi di candelabri e *Annunciazione* del secolo XVI, si trova una *Madonna e i Ss. Giovanni Battista ed Eutizio*, tavola di Giacomo di Giovannofrio.

*ABBAZIA DI S. EUTIZIO. Vi si sale in breve da Piedivalle. Di origini molto antiche, sorge in prossimità di alcune grotte in cui, secondo la tradizione, vivevano monaci eremiti che alla fine del VI secolo si riunirono sotto la guida di Spes prima e di Eutizio poi, ricordati da san Gregorio Magno. Si ha notizia di donazioni al monastero nel secolo X, quando l'abbazia doveva già costituire il principale centro politico ed economico della zona. Fino al secolo XII il monastero benedettino accrebbe l'estensione dei suoi possedimenti e la sua influenza, poi iniziò la decadenza e la perdita delle proprietà finché, nel 1259, gli ultimi beni del monastero furono ceduti al Comune di Norcia. Dal monastero proviene uno dei più antichi documenti in volgare conosciuti (fine secolo XI). Dal piazzale antistante, poggiante su sei arconi costruiti nel 1599, per un portale in pietra sormontato da formella trecentesca con *agnello mistico* si entra (9.30-11.30 e 15.30-18) in un cortile delimitato dai fabbricati del monastero (sede di una piccola comunità monastica benedettina) con due ricche finestre gotiche. A destra è la **chiesa**, costruita nel 1190 da un maestro Pietro (iscrizione sulla lunetta), con portale a doppia ghiera e rosone con doppio giro di colonnine, datato 1236. A sinistra, due arconi addossati allo sperone roccioso sopra cui si innalza il campanile (secolo XVII su basamento medievale).

L'INTERNO DELLA CHIESA, a navata unica coperta a capriate con presbiterio sopraelevato, venne privato negli anni '50 del Novecento degli altari seicenteschi. Si notino sulle finestre alcuni frammenti della primitiva decorazione ad affresco. Alla parete d., *S. Antonio abate* di G.B. Crescenzi (1596) e *Madonna del Rosario* del cosiddetto Pittore di Piedivalle (inizi sec. XVII); alla parete sin., *Crocifisso tra i Ss. Spes ed Eutizio* di Cristoforo Roncalli (1602). Al piede della scala che sale al presbiterio, scultura lignea quattrocentesca raffigurante *S. Eutizio*. All'altare maggiore, *Crocifisso* dipinto di Nicola da Siena; dietro, elegante *monumento sepolcrale di S. Eutizio*, attribuito a Rocco di Tommaso (1514); il bel coro ligneo intagliato e intarsiato è della bottega dei Seneca di Piedivalle (1519). Sotto il presbiterio si apre la cripta, con due tozze colonne del secolo XIV. In sagrestia, leggio corale intagliato e intarsiato da Antonio Seneca (1519); armadio del '400; reliquiari, argenterie e parati liturgici del primo '600.

Il cortile antistante alla chiesa comunica con un secondo cortiletto con fontana che riutilizza un antico pluteo. Presso l'abbazia è in formazione una piccola raccolta che documenterà la scuola chirurgica preciana (pag. 474).

PRECI m 596, ab. 939 (1443), poco discosto dalla strada principale, sorse nel Duecento come castello di pendio ma, devastato dal terremoto del 1328 e distrutto nel '500 per due volte dai Nursini, venne ampiamente rinnovato nella seconda metà di quel secolo. La qualità edilizia che contraddistingue il nucleo storico va riferita all'affermazione, dal XVI al XVIII secolo, della scuola chirurgica preciana; essa raggiunse fama europea nell'oculistica e nell'estrazione dei calcoli, col favore dell'abbazia di S. Eutizio che possedeva un ospedale e una biblioteca ricchissima. Nell'alto del paese sorge la parrocchiale di **S. Maria** (lesionata dal terremoto del 1997), con portale trecentesco in facciata e un secondo portale del secolo successivo, ma con elementi precedenti, sul fianco sinistro; nell'interno, affreschi frammentari (secolo XIV-XV) in parte ancora sotto scialbo (le opere d'arte mobile sono state trasferite).

Da Preci verso sud si può andare (km 4) a **Roccanolfi** m 775, castello di origine medievale caretteristico per l'antico tessuto edilizio ricco di elementi decorativi tradizionali e la persistenza delle opere di difesa. Nella parrocchiale di *S. Andrea* (lesionata dal terremoto), alcune tavole di un polittico del secolo XV, trafugato nel 1970 e recuperato soltanto in parte. La stessa strada conduce (km 8) a **Poggio di Croce** m 938, con la parrocchiale di *S. Egidio*, che ha il portico affrescato nel '400; all'interno, *Madonna col Bambino e i Ss. Egidio e Nicola da Bari*, pala di Jacopo Confortini (1640), e *S. Egidio*, scultura lignea policroma del secolo XV. Nell'abitato è anche la *chiesa dell'Annunciata*, che custodisce un'*Annunciazione* di Giovanni del Biondo (1385).

9.3 IL CASCIANO

Tutta la montagna del Casciano, percorsa da storiche vie di comunicazione, è disseminata di notevoli testimonianze archeologiche, le più antiche delle quali risalenti ai secoli XII-XI a.C., ancora non sufficientemente studiate. Cascia, come dimostra la capillare viabilità antica che da essa si dirama, protetta da un fitto sistema di castelli e di torri di avvistamento distribuite tra i 750 e i 1000 metri d'altitudine, è il punto di riferimento di tutta la vasta area estesa a sud

9.3 Il Casciano

0   5   10 km

fino a Monteleone di Spoleto e al confine con il Lazio, e a nord verso i centri della media Valnerina. Questo assetto territoriale si è formato attorno ai secoli XIII e XIV, consolidandosi a partire dal successivo all'interno dello Stato della Chiesa, non senza aspri conflitti con Norcia e Spoleto. Il percorso (di 39.2 km; carta a pag. 474) da Cascia raggiunge Monteleone di Spoleto e risale poi l'area montana individuata come parco naturale regionale (non ancora costituito), avente il centro di maggior interesse nei massicci del Coscerno-Aspra, di particolare ricchezza vegetazionale e faunistica. Con rapidi tornanti, in un quadro ambientale sempre di pregio, si rientra nel solco del Nera a Sant'Anatolia di Narco.

CASCIA

La cittadina m 653, ab. 3264 (3740), sulla destra del fiume Corno, si formò in età medievale come castello di pendio, in sito favorito dalla naturale confluenza dei collegamenti per la montagna nursina e per la Campagna romana, che già nell'antichità componevano un sistema di itinerari radiali essenziali per la pastorizia e per il commercio dei prodotti agricoli. Citata la prima volta nel 553, quando venne occupata da Narsete, Cascia si aggrega in funzione dell'emergente rocca alto-medievale; più volte presa e devastata dai Longobardi e dai Saraceni, è poi in conflitto di volta in volta con Spoleto, la Chiesa, il Regno di Napoli, Leonessa e Norcia. Più che le travagliate vicende politico-militari, furono però i terremoti a scandire i processi di formazione dell'agglomerato urbano, costretto a rinnovarsi dopo le distruzioni del 1300, 1599, 1703. L'aspetto odierno è quello delle laceranti trasformazioni novecentesche – indotte dal continuo adeguamento delle strutture edilizie alla crescita dei flussi del turismo religioso devoto a santa Rita, nativa della vicina Roccaporena – che hanno sfigurato il centro storico privandolo di ogni identità e snaturandone le relazioni con l'ambiente. Rimangono a documentare il ruolo territoriale e culturale alcuni monumenti ricchi d'arte, 'smarriti' entro il moderno disordine urbano.

S. FRANCESCO. Sorge in piazza Garibaldi, all'ingresso nell'abitato. I Francescani, insediatisi a ridosso della scomparsa cinta muraria (secondo la tradizione nel 1247), riedificarono la chiesa nel 1339 e ancora nel 1424. La facciata, con terminazione orizzontale settecentesca, ha un portale a fasci di colonnine nella cui lunetta *Madonna con Bambino tra S. Francesco e S. Chiara,* affresco del '400, e un bel rosone del 1424 con al centro scolpita la *Madonna col Bambino.* Sul fianco sinistro, resti della primitiva costruzione e torre campanaria con campana firmata da un maestro Giovanni pisano (1280).

L'INTERNO a croce latina con capriate a vista dopo il crollo delle volte causato da un terremoto, fu trasformato all'inizio del '600 e nel 1738, con una ricca decorazione a stucco. In controfacciata, a sin. del portale, entro nicchia con arco gotico scolpito, *Madonna col Bambino e due santi* di Nicola da Siena; a destra, *tre santi* (1443) e *acquasantiera* del 1584. Sul pavimento del 1° altare d., *pietra tombale del vescovo Antonio Elemosina* (sec. XV); all'altare, *Madonna e santi*, rozzo affresco del '500. In fondo alla parete d., presso il pulpito, *Trinità, Adorazione dei pastori* (quasi scomparsa), e a d. *S. Benedetto*, affreschi deperiti di Bartolomeo di Tommaso. Nella crociera d., *Madonna, S. Carlo e il beato Pace* di Antonio Carocci (sec. XVII). Nell'abside poligonale, con volta costolonata quattrocentesca, **coro ligneo gotico* del '300 e frammenti di altri affreschi. Nella crociera sin., al grandioso altare intagliato da Fiorenzo di Giuliano, *Ascensione*, ultima opera conosciuta di Niccolò Pomarancio (1596), e ai lati *Noli me tangere* e *Cristo appare agli apostoli*, tele attribuite a Pierino Cesarei. Al 1° altare sin., *Immacolata* di Paolo Antonio Mattei.

S. ANTONIO ABATE. Dalla piazza, prendendo la discesa a destra della *casa Franceschini*, in cui alloggiò Garibaldi nel 1849 (epigrafi), uscendo dalla porta orientale si raggiunge l'ex chiesa di **S. Antonio Abate**, ora istituita in museo di proprietà comunale, del XIV-XV secolo e rinnovata nel XVIII. L'interno, con altari e arredi sei-settecenteschi, è interessante per i cicli di affreschi quattrocenteschi.

INTERNO: aperto da ottobre a dicembre, sabato e domenica, 10.30-13 e 15-17; giugno, dal venerdì alla domenica, 10.30-13 e 16-18.30; da luglio a settembre, 10.30-13 e 16-18.30 con chiusura il lunedì salvo in agosto. Nell'abside, in 16 quadri, le **storie della vita di S. Antonio abate**, nel catino i *quattro Evangelisti*, nel fondo *Annunciazione* e sopra la grata *Madonna col Bambino*, opere attribuite al Maestro della Dormitio di Terni. Il coro dell'ex monastero, cui si accede da una porticina in fondo all'abside, è affrescato con **storie della Passione** di Nicolò da Siena (1461). Nel sottoscala che conduceva al monastero, *Madonna, Ss. Michele arcangelo e Antonio abate* di Paolo da Visso e *S. Giorgio* di Domenico da Leonessa (1462).

S. MARIA. Da S. Antonio Abate, rientrando entro il perimetro murato dalla vicina porta S. Maria o Leonina, si raggiunge l'antica pieve ora collegiata, eretta nel XII secolo (resti di murature), ampliata nel '400, ricostruita nel 1532 e più volte riparata a seguito di terremoti. Nella facciata, due portali (1535 e 1620) e una nicchia con *S. Sebastiano* e *Madonna della Quercia* ad affresco (secolo XVI); incastonato nel muro è un *leone* (un altro è nel giardino) già sostegno del pronao.

L'INTERNO, rinnovato nel '500, è a tre navate divise da pilastri. In controfacciata, *Deposizione*, frammento di Nicola da Siena, e *Natività* (sec. XV); al 1° pilastro d., *Madonna col Bambino*, affresco pure quattrocentesco; alla parete d., *Crocifissione* (1487, molto deperita) e *Deposizione* (1461). Agli altari in legno e in stucco policromi (secoli XVI-XVIII), sculture e dipinti: al 1° d., *Pace dei Casciani*, tavola di Gaspare e Camillo Angelucci (1547); nella seguente cappella del Sacramento, *Ss. Anna, Nicola e Leonardo*, tela seicentesca; all'altare seguente, *Madonna del Soccorso* (sec. XVII); in fondo alla navata d., all'altare, affreschi con *storie di S. Carlo* e *Madonna col Bambino* (sec. XVI). Nella navata sin., *Misteri del Rosario* di Niccolò Frangipani. In una cappellina è stato collocato il fonte battesimale in cui si ritiene sia stata battezzata santa Rita nel 1381. Nella sagrestia, suppellettili liturgiche, grande tabernacolo a tempio intagliato e dorato di Francesco Piergentili (1577).

S. MARGHERITA. La si raggiunge scendendo a destra di S. Maria. L'ex chiesa, ora di proprietà comunale, conserva nel presbiterio (separato dalla navata dopo la sua rovina) parte della decorazione pittorica con *storie di S. Margherita d'Antiochia*, opera di un maestro dell'Umbria meridionale vicino a Piermatteo d'Amelia (fine secolo XV). L'annesso convento ospita una RACCOLTA ETNOGRAFICA che illustra il ciclo della tessitura domestica.

I PALAZZI GENTILIZI. Fiancheggiando S. Maria, quindi prendendo a sinistra la salita di *via del Plebiscito* si raggiunge il **palazzo Carli**, di fondazione cinquecentesca, ristrutturato nel XVIII e ancora nel XIX secolo. È sede della *Biblioteca comunale* (con incunaboli e manoscritti) e dell'*Archivio storico comunale*, comprendente documenti dal XIII secolo e il fondo librario del giurista Tranquillo Graziani (XVII secolo). La via si allarga nella piazza dove sorge il **palazzo Frenfanelli**, ora sede comunale, del XVI secolo ma ampiamente ristrutturato. Nella parte alta della piazza, cui salgono due scalinate, si leva il **palazzo Santi**, dove hanno sede le collezioni civiche archeologica e d'arte.

MUSEO CIVICO. Inaugurato nel 1998, è aperto negli stessi orari della chiesa di S. Antonio Abate (pag. 476). LA SEZIONE ARCHEOLOGICA raccoglie reperti dal territorio databili dall'VIII secolo a. Cristo. La PINACOTECA comprende dipinti di provenienza locale dal XVI al XVIII secolo ed è affiancata da una notevole raccolta di sculture lignee a partire dal XIII secolo tra le quali: *Madonna col Bambino* del '200; gruppo ligneo policromo con *Tobia e l'angelo*, trecentesco, già attribuito alla bottega di Antonio Rizzo; *Crocifisso* di scuola tedesca del XIV secolo; *Madonna col Bambino* in pietra del XIV secolo; *angelo* reggicero del '400; statua lignea di *S. Sebastiano* attribuita alla bottega di Antonio Rizzo; *Spirito Santo* di scuola napoletana del sec. XVI; *Crocifisso* ligneo del '400. Inoltre, arredi dal XVI secolo.

BASILICA DI S. RITA. Dal Palazzo comunale, continuando direttamente nella via S. Chiara (nei sotterranei dell'omonima *chiesa*, *Crocifissione* a fresco del XVI secolo), si giunge al viale che conduce al cuore religioso della cittadina, che si inserisce nel contesto urbano rompendo ogni modulo dimensionale e stilistico. La basilica fu eretta nel

1937-47 sul luogo dell'antica chiesa agostiniana (rifatta nel 1577) annessa al monastero dove nel 1457 era morta la santa. L'imponente edificio mescola stili di imitazione bizantina e romanica, su progetto dell'ingegnere del Vaticano monsignor Spirito Maria Chiapetta modificato in cantiere da Giuseppe Martinenghi, al quale si deve la facciata rinserrata fra due torri. Il portale è ornato di formelle a rilievo con *episodi della vita di S. Rita*, di Eros Pellini, e iscrizione tratta dall'antico sarcofago della santa.

L'INTERNO, ricco di marmi e di decorazioni ad affresco (dovute a Ferruccio Ferrazzi, Luigi Montanarini e Gisberto Ceracchini), è di struttura bizantineggiante, a croce greca con bracci absidati. Tutto intorno gira un portico su colonne sopra il quale si aprono le logge del matroneo. L'altare maggiore, su disegno di Giuseppe Martinenghi, con rilievi (*Ultima Cena*) di Eros Pellini, custodisce la reliquia del «Corpus Christi», il cui culto fu riconisuto con bolla di Bonifacio IX. Gli arredi del presbiterio sono di Giacomo Manzù. Dietro al braccio di sin., chiusa da cancellata, è la CAPPELLA DI S. RITA, che ripete le forme della chiesa: al centro, sopra un basamento marmoreo con rilievi di Eros Pellini, l'urna in cristallo legato in argento col corpo mummificato di santa Rita; sull'altare, candelieri e croce in argento sbalzato del sec. XVII. Sotto l'altare della cappella della Consolazione (braccio d.), è conservato il corpo del beato agostiniano Simone Fidati da Cascia (1295-1348), oratore e scrittore.

MONASTERO DI S. RITA. Situato a sinistra della basilica, conserva memorie legate alla vita della santa e alla devozione ritiana (visita per gruppi): il coro interno dove santa Rita fu introdotta 'miracolosamente', la vite da lei piantata, la dimora delle api, la cella dove morì e in cui è collocato il sarcofago (dipinto a tempera) nel quale venne deposta nel 1457; il roseto trapiantato qui, secondo la tradizione, dall'orticello della nativa Roccaporena Tra le opere d'arte, *Madonna col Bambino e santi*, tavoletta a fondo dorato di Pier Paolo Agabiti, e *Pietà* di Salvo Castellucci.

S. AGOSTINO E LA ROCCA. Nel punto più elevato del colle, raggiungibile brevemente sulla statale per Leonessa, sta la gotica chiesa di S. Agostino, rifatta nel 1380, con bel portale gotico ogivale; nella lunetta, *Madonna col Bambino e i Ss. Agostino e Nicola*, affresco di scuola umbra del secolo XV. Nell'interno (in restauro e non visitabile) sono venuti alla luce ampi brani della decorazione quattrocentesca ad affresco, opera di un pittore marchigiano della metà del XV secolo. Sotto la chiesa attuale è un vano della primitiva chiesa dell'XI secolo, con affresco di scuola umbro-marchigiana del '300. Poco più su sono le scarse rovine della *Rocca*, eretta su preesistenze da Battista da Castiglione nel 1465 e distrutta dalle soldatesche pontificie nel 1517.

A ROCCAPORENA: km 5.5 verso ponente, nella valle del Corno. Dopo 2 km circa, a destra diverge la strada che si innalza sopra la valle verso (km 1.5 circa) **Collegiacone** m 975, ricostruito dopo il sisma distruttivo del 1962. Nella *parrocchiale*, due tele raffiguranti *Madonna con S. Rita e S. Sebastiano* della cerchia di Giacinto Brandi (1682) e *Immacolata con i Ss. Michele Arcangelo e Bartolomeo* della bottega del Cavaliere d'Arpino; inoltre, quattrocentesca terracotta policroma con la *Madonna e il Bambino*. Quest'ultima opera proviene dalla chiesa campestre di **S. Maria Apparente**, situata a *Capanne di Collegiacone* (km 1.5 a nord-ovest), interessante per gli affreschi (fine secolo XV) che la decorano anche esternamente.

Già centro fortificato come denuncia il toponimo, **Roccaporena** m 707, è il paese natale di santa Rita (forse 1381), la «santa degli impossibili» della pietà popolare (fu canonizzata nel 1900). La casa dove nacque è stata trasformata in chiesa nel 1630, restaurata nel 1946 (all'altare, *S. Rita*, tela molto alterata attribuita a Luca Giordano). La parrocchiale di *S. Montano*, di origini duecentesche, conserva affreschi dei secolo XV e XVI. Vicino alla chiesa, dove la santa si sposò e dove si trovano le salme dei suoi familiari, è stato eretto nel 1946 un *santuario* con annessa casa del pellegrino. Nel quadriportico antistante è una statua bronzea di S. Rita, opera di Venanzo Crocetti (1968). Dove la tradizione dice fosse l'orticello della santa, in una rientranza della roccia, è un gruppo bronzeo di Rodolfo Maleci (1946). L'abitato è dominato da una roccia a pan di zucchero, detta *scoglio di S. Rita*, alla cui sommità è una *cappelletta* (1929), sul luogo dove la tradizione vuole che la santa si ritirasse in preghiera.

A POGGIO PRIMOCASO: km 7 a nord-ovest. Il paese m 831, nato come nucleo fortificato (avanzi di una torre e delle mura), conserva la chiesa di *S. Fortunato*, fondata nel XII secolo (abside), con residui di affreschi del '400; nella 3^a campata destra, *Arrivo della reliquia di S. Fortunato*, affresco di Guidobaldo Abbatini (1654), e *Incontro di Gesù con le Marie*, tavola di un pittore abruzzese (metà '500).

A LOGNA: km 5.8 sulla statale 320 per Serravalle, poi su un collegamento a destra. Il paese m 818, ha parrocchiale (*S. Giovenale*) del XIV secolo, rifatta nel XV-XVI e in questi secoli ornata di affreschi votivi; all'altare maggiore, tabernacolo di Francesco Piergentili.

AD AGRIANO: km 10.3 in direzione nord, attraversando l'*altopiano di Avèndita*, che per la fertilità del suolo ebbe una precoce antropizzazione e un diffuso insediamento rurale. **Fogliano** m 827 (1.3 km a destra), già vigilato dal *castello di Frènfano* (resti), ha nella parrocchiale di *S. Ippolito* un ricco arredo cinque-seicentesco e dipinti coevi tra cui è notevole la pala con i *Dolenti* e, al centro, il *Crocifisso* scolpito (secolo XVI); inoltre, organo positivo ad ala del secolo XVII. L'interno della *chiesa della Visitazione* ha una vivace decorazione di gusto popolaresco dovuta a Giovanni Cortino da Borbona (fine sec. XVI).

L'itinerario rasenta poi **Colforcella** m 785, nella cui *chiesa dell'Assunta* sono sculture e dipinti cinquecenteschi e un affresco (*Madonna*) di Paolo da Visso. Quindi lascia a sinistra un tronco per (km 2) **San Giorgio** m 915, che fu castello (secolo XII) di cui rimane una torre; anche questo paesetto si distingue per la sua *chiesa*, ricca di affreschi votivi quattro-cinquecenteschi e di opere d'arte del XV e XVI secolo.

AVÈNDITA m 873, ha origini romane come documentano i ritrovamenti. La parrocchiale di *S. Procolo* custodisce una *Madonna col Bambino* di Marino di Giovanni Frasca (1524) e un organo cinquecentesco decorato con grottesche e con un'*Annunciazione*. Poco oltre è **Colle di Avèndita** m 917, la cui parrocchiale di *S. Felice* ha una ricca dotazione di altari lignei seicenteschi, dietro i quali sono stati individuati brani della decorazione parietale del secolo XVI; nell'attuale sagrestia (un tempo facente parte del presbiterio) è stata riportata in luce una buona parte degli affreschi della bottega degli Sparapane (seconda metà del '400).

Si raggiunge infine **Agriano** m 912, che ripropone, nella chiesa di *S. Vito*, la qualità degli arredi e degli altari barocchi, mentre la chiesa di *S. Nicola* (presso il cimitero) ha un'elegante facciata in pietra con portale datato 1577 (all'interno, tele seicentesche tra cui *Il Salvatore e i Ss. Giovanni Battista, Giuseppe e Michele Arcangelo* del Cavalier d'Arpino).

A MALTIGNANO: km 4.5 a sud-est, lungo una strada che si attesta sul tracciato romano per la forca della Civita. Di origine romana documentata dai numerosi ritrovamenti è anche l'abitato m 714, che deriverebbe il nome da un «fundus» della gens Maltinia, citata in un'iscrizione di un liberto di questa famiglia. Nella chiesa di *S. Martino*, rinnovata internamente nel '700, è una tavola raffigurante la *Madonna col Bambino*, detta *Madonna dei Morti*, di Giovan Battista di Giovannofrio.

A VILLA SAN SILVESTRO: km 16 per una strada in direzione sud-est, di interesse panoramico e naturalistico per le pregiate estensioni boschive (roverella, cerro, acero montano, carpino nero, faggio). Dopo buon tratto, poco discosto sulla sinistra è **Castel San Giovanni** m 1028, con *parrocchiale* dotata di un battistero in pietra del 1571 e di tele dei secoli XVI-XVIII. A ovest dell'abitato, presso *Valdònica* m 1048, è la chiesa romanica di *S. Benedetto*, con frammenti di affreschi di scuola umbra del '400. Oltrepassata, km 12.5, la **forca di Chiavano** m 1140, tra splendidi boschi di cerri, la strada scende in bellissmo contesto ambientale passando sotto il colle panoramico su cui sorge **Chiavano** m 1128, che fu castello degli omonimi signori, capi del ghibellinismo umbro. A oriente dell'abitato, sopra il colle Perchia, a quota 1291 sussistono i ruderi di un antichissimo insediamento, da taluni identificato nella città di Iperchia, che faceva perte di un sistema di recinti fortificati in funzione di **Villa San Silvestro** m 991, situata poco più a valle, che ebbe nell'antichità rilevante ruolo territoriale. Vi rimangono i grandiosi resti di un *tempio* ellenistico-romano dedicato a Cerere, del quale sussistono lo stilobate in pietre squadrate, frammenti di colonne e i filari inferiori della cortina della cella centrale inglobati nelle pareti della parrocchiale.

DA CASCIA A MONTELEONE DI SPOLETO. Lasciata Cascia sulla statale 471 di Leonessa, si oltrepassa a destra un breve tronco per **Ocosce** m 911, in area di frequentazione romana, con due chiese di un qualche interesse. Quella di *S. Anna*, d'impianto cinquecentesco, presenta all'interno una sistemazione settecentesca con omogenea decorazione a tempera estesa a tutto il vano, compreso il soffitto ligneo. La parrocchiale di *S. Maria di Loreto*, del 1317, ha facciata a capanna ed elegante portale a ogiva con fasci di colonnine; conserva una statua policroma della *Madonna*, probabilmente della scuola di Silvestro dell'Aquila (fine '400), e arredi sacri dal XIV secolo (in sagrestia).

Tra montagne estesamente boscate, al km 6 si guadagna la **forca Rua la Cama** m 938, al di là della quale si scende lungo il fianco della valle del Corno, le cui acque furono utilizzate per alimentare la *ferrie-*

ra (ruderi) fatta impiantare nel 1630-41 da Urbano VIII per la lavorazione del ferro estratto nel vicino monte Birbone. Un tentativo di riattivare queste miniere fu fatto da Napoleone nel 1809. Al bivio del km 12.4 la strada dell'itinerario è quella per Monteleone di Spoleto, mentre la statale di Leonessa prosegue entrando subito in *Ruscio* m 786, alla confluenza del fosso Vorga nel Corno, dove un tempo si sfruttavano miniere di lignite; sulla strada per Trivio è la chiesa di **S. Maria**, pieve romanica che riutilizza pietre lavorate di epoca romana.

MONTELEONE DI SPOLETO m 978, ab. 668 (836), è insediamento di matrice castellana, con interessante articolazione spaziale organizzata attorno a due nuclei di diverso impianto: ortogonale quello gentilizio in piano, di origine quattrocentesca; a ventaglio quello attestato più in alto sul poggio, imperniato sulla distrutta rocca e murato nell'alto Medioevo, quando fungeva da sede di un gastaldato del Ducato di Spoleto. L'importanza del luogo per il controllo delle comunicazioni è d'origine protostorica, confermata dalla fondazione nel sito della scomparsa città antica di Brufa, quindi dal costante aggiornamento delle fortificazioni (nel XV secolo il borgo in piano fu addizionato al castello con la costruzione di una nuova cinta muraria) per il controllo del confine tra lo Stato della Chiesa e il Regno di Napoli. All'ingresso nell'abitato si apre uno spiazzo dove sorge il *palazzo Bernabò*, del XV secolo, a due piani con altana centrale. Salendo la gradinata a destra si raggiunge l'arco ogivale della *torre dell'Orologio*, sul posto dell'antica porta del castello (resti). A destra, funge da cerniera tra i due nuclei la chiesa di **S. Francesco**, costruita alla fine del '200 ampliando un preesistente edificio benedettino; fu ampiamente trasformata alla fine del secolo successivo con l'innalzamento della quota del pavimento, la costruzione della navata minore, della parete laterale destra e della facciata con il bel *portale gotico a fasci di colonnine ornate di figure e fiancheggiate da due leoni (la parte superiore della facciata crollò con il terremoto del 1703).

L'INTERNO è a due navate di diversa ampiezza, di cui quella principale coperta da un soffitto ligneo del 1760, la laterale da crociere costolonate. Nella navata maggiore, affreschi frammentari dal XIV al XVI secolo, alcuni altari sei-settecenteschi con tele coeve (tra cui un'*Annunciazione* di Agostino Masucci), un organo del secolo XVI con cassa e cantoria decorate nel '700. Sull'altare della navata minore, *Crocifisso* della fine del '400. In sagrestia, sculture dal XIV al XVII secolo, oreficerie, parati liturgici e codici pergamenacei. La CHIESA INFERIORE ha il coro interamente decorato con *figure di santi* e riquadrature geometriche, di un pittore dell'Umbria meridionale (inizi sec. XV); nella navata, due arcosoli con affreschi del XIV secolo. Accanto alla chiesa è l'ex *monastero*, con chiostro trecentesco; nel corridoio superiore, lunette con *storie francescane* (sec. XVIII).

LA NECROPOLI. Nelle vicinanze di Monteleone fu rinvenuta, all'inizio del '900, l'importante *necropoli del Colle del Capitano*, in uso dall'età del Bronzo finale; una tomba della metà del secolo VI a.C. ha restituito una ricca suppellettile tra cui una biga (ora al Metropolitan Museum di New York), carro da guerra o da parata rivestito di lamine bronzee decorate a sbalzo con scene della vita di Achille.

VERSO GAVELLI. Il percorso si dirige a nord-ovest, sulla moderna strada che grosso modo riprende un tracciato romano di attraversamento della montagna tra Monteleone e la valle del Nera. Dopo l'innesto del collegamento per Ponte attraverso Poggiodomo (descritto in senso inverso da pag. 461), si lascia a sinistra in basso **Gavelli** m 1153, castello tardo-medievale con la chiesa di **S. Michele Arcangelo**, rifatta nel '400.

INTERNO DI S. MICHELE ARCANGELO. 1ª nicchia sin. (il motivo architettonico delle nicchie contenute nello spessore dei muri laterali è caratteristico di molte chiese della zona), *Madonna col Bambino, angelo e i Ss. Francesco, Girolamo e Antonio*, dello Spagna (1523); 2ª nicchia, *Pietà e i Ss. Stefano, Valentino, Bernardino, Antonio e Sebastiano*, attribuita a Bernardino di Nanni (1492); 3ª nicchia, *Padre Eterno, Madonna col Bambino e i Ss. Filippo, Bordonio, Simone e Macario*, attribuito allo stesso (1505); 4ª nicchia, *Madonna col Bambino, angeli e i Ss. Sebastiano, Caterina, Apollonia e Battista*, dello Spagna (1518 circa); nell'arco trionfale, *Padre Eterno e Annunciazione* di scolaro dello Spagna; nel sottarco, *sei santi e Spirito Santo* dello Spagna (1518); nell'abside, *Incoronazione di Maria e i Ss. Pietro e Paolo, S. Michele e sua apparizione sul Gargano* dello stesso (1518).

La *piana di Gavelli* è tra le aree naturalisticamente più pregiate (cerri, vegetazione idrofitica sul cosiddetto Laghetto) del progettato parco naturale Coscerno-Aspra.

VERSO SANT'ANATOLIA DI NARCO. La strada scende avendo a destra la ripida parete calcarea del *monte Coscerno* m 1685, e a sinistra ampie estensioni boschive. Un collegamento a destra, nel bosco, porta alla chiesa di *S. Cristina*, ornata di affreschi del XIV-XVI secolo. In bel paesaggio appenninico dominato dal monte di Civitella m 1565 si raggiunge **Caso** m 667, che conserva nella *parrocchiale* un affresco (*Incoronazione di Maria*) di Pierino Cesarei (1595). Presso il cimitero si trova la chiesa di *S. Maria delle Grazie,* interessante edificio sorto attorno a una edicola (la costruzione originaria è visibile all'interno della chiesa); le pareti sono quasi completamente ricoperte da affreschi votivi: di particolare rilievo, l'immagine della *Madonna a cavallo* (secolo XV) e un'*Annunciazione* dello Spagna (1516-22). Dopo Caso il percorso, molto sinuoso, discende verso la valle del Nera, nella quale confluisce, km 39.2, a Sant'Anatolia di Narco (pag. 454).

10 LA MEDIA VALLE DEL TEVERE

L'AMBIENTE E LA STORIA

La valle del Tevere è uno dei bacini più vasti e tipici dell'Umbria, formatosi per colmamento di un antico lago plioquaternario di origine principalmente tettonica. Morfologicamente, il tratto da Perugia a Todi rappresenta la parte più ampia raggiungendo, dopo la strettoia di Ponte San Giovanni e prima di quella di Todi, un'ampiezza di 4-5 chilometri. Qui la valle è chiusa a est dalla catena calcarea dei monti Martani, e a ovest dalle colline marnoso-arenacee che salgono da Marsciano al monte Peglia. L'asimmetria strutturale del suolo ha avuto non poche conseguenze nello sviluppo degli insediamenti e nella definizione ed evoluzione del suo paesaggio.

IL QUADRO AMBIENTALE. Nella parte mediana della valle si innestano trasversalmente, aprendola sia a destra che a sinistra dell'asta del Tevere (pag. 203), due importanti corsi d'acqua, il Nestore e il Puglia. Più a sud, alle spalle del colle di Todi che chiude la valle spingendo il Tevere verso la gola del Forello, si innesta il torrente Naia, la cui valle lega quest'area con quella del Ternano ripetendo, in dimensioni ridotte, lo stesso schema asimmetrico del paesaggio della valle principale con rilievi montani su un lato (i Martani) e dolci colline sull'altro (l'altopiano tra Acquasparta e Amelia). Oltre la fascia degli insediamenti – non di rado piccoli nuclei murati medievali – il sistema delle colline si articola e frammenta le visuali, mostrando situazioni e paesaggi che alludono ancora a quelli storici. A parte gli insediamenti produttivi e commerciali collocati lungo il nastro della viabilità principale (la statale 3 bis o E45) e le recenti manomissioni dell'assetto agricolo, l'intera fascia pedecollinare è tuttora disseminata di edifici di origine rurale: elementi essenziali del sistema di insediamenti e di infrastrutture della mezzadria umbra, caratterizzati dalla policoltura, dal disegno frammentato dei campi, dalla contiguità tra l'ambito rurale e quello urbano, interconnessi ma con l'egemonia del secondo sul primo.

IL TEVERE è storicamente fattore di divisione e di congiunzione fra il territorio dell'Etruria e quello umbro, confine e insieme sede di transazioni. Le popolazioni umbre attestate sulla sinistra del Tevere furono attratte dai più progrediti vicini e coinvolte in attività economiche e nelle grandi iniziative politiche del meridione dell'Etruria. Le condizioni di 'frontiera' dell'area, enfatizzate dal nome stesso della città di Todi (che sia nella dizione umbra che in quella etrusca significa «confine»), favorirono le contaminazioni: il sito di Todi, pur essendo umbro, divenne presto un avamposto etrusco con funzione di controllo sulle comunità locali circostanti e testa di ponte per la diffusione di quella cultura.

LA RIORGANIZZAZIONE TERRITORIALE ROMANA. Nel secolo III a.C., questo territorio entra nell'orbita di Roma; nel contesto romanizzato, la valle con la vecchia strada Veiense o Amerina risulta marginale rispetto al nuovo asse della Flaminia, che lambisce appena la parte meridionale del bacino (San Gèmini, Carsulae, Vicus Martis, Giano). Todi, Bettona e Perugia, legate all'Amerina, dovranno allacciarsi alla nuova direttrice viaria e lungo questi collegamenti, verso est, si formerà la rete di insediamenti che costituirà il territorio storico della media valle del Tevere. Dopo la caduta dell'impero romano e le varie trasmigrazioni che, lungo la Flaminia, attraversarono l'Italia centrale, la condizione di marginalità consentì il consolidarsi dei luoghi di culto, il recupero dei centri abitati e la riorganizzazione fisica e sociale del territorio.

ANCORA TERRA DI CONFINE. Nel VI-VII secolo, la valle del Tevere fece parte del «corridoio bizantino» che legava l'Esarcato con Roma appoggiandosi sulla vecchia strada Amerina, dopo che la Flaminia era stata abbandonata. Di nuovo terra di confine e al tempo stesso «di mezzo» per i collegamenti, vide il risorgere di centri abitati e lo sviluppo di movimenti monastici. Su di essa, più volte, i confini dei ducati di Roma, Perugia e Spoleto modificarono i propri assetti finché, nella seconda metà dell'VIII secolo, con il lascito del re longobardo Desiderio, i rapporti tra città e territori ottengono un riconoscimento formale: per Todi il confine a est è il crinale dei monti Martani, a nord il torrente Puglia fino a Casalina in prossimità del Tevere.

IL MODELLO INSEDIATIVO. Fino all'VIII e IX secolo, gli insediamenti civili sul territorio avevano fatto riferimento alle ville rustiche di origine romana, trasformate in luoghi fortificati a difesa dei propri ambiti da Goti, Greci e Longobardi; a questi poi si erano aggiunti gli insediamenti religiosi. Ora il territorio si arricchisce di nuovi centri, che non solo rispondono a esigenze di difesa ma affermano autonomia, favoriti spesso dal frazionamento dei rilievi e dalle caratteristiche dei siti: è il modello del castello che fino al xv secolo rappresenterà l'elemento unificante degli insediamenti umbri. La forte competitività, la necessità della sicurezza caratterizza il formarsi delle città e degli agglomerati in quest'area, e il loro consolidarsi nelle epoche successive.

L'INCASTELLAMENTO. Perugia e Todi si contendono il controllo di questo territorio: Perugia contro i Todini erige Castelleone sopra Deruta (altro castello del Perugino) a levante del Tevere, San Martino in Colle e Cerqueto a ponente; Todi contro Perugia promuove, per attirare a sé abitanti e risorse, la creazione di castelli di confine di fronte a Casalina. Numerosi scontri avvennero tra Perugini e Todini per il controllo di Fratta (del Vescovo e poi Todina). Nondimeno i castelli sparsi nel territorio delle due città costituiscono un sistema di rifugi quanto mai necessari in un clima di grande conflittualità interna. Inoltre i Comuni stessi provvedono all'edificazione dei castelli quali isole di colonizzazione e dissodamento (San Martino in Campo viene costruito alla fine del '300 per custodire bestiame e raccolti); la popolazione dei castelli è sostanzialmente contadina, e il castello si identifica con i terreni da quella coltivati, così come la città si identifica con l'intero suo contado.

MEZZADRIA E INSEDIAMENTO SPARSO. Con il xvi secolo si completa il processo di formazione del paesaggio storico della media valle del Tevere, con lo sviluppo della mezzadria e la diffusione dell'insediamento sparso. L'espansione si protrae per tutto l'Ottocento e procede parallelamente alla messa a frutto di nuove terre tolte sia alla pianura paludosa che al bosco dell'alta collina, trovando sostegno nella crescita demografica che mantiene un andamento positivo fino alla metà del Novecento. A tale data oltre il 50% degli abitanti di queste aree risiedeva al di fuori delle città, dei castelli e dei villaggi. Il modello dell'insediamento sparso deriva direttamente da quello della città: la «casa a schiera» con una localizzazione «di poggio» che, come il castello, sorveglia il proprio terreno e le proprie coltivazioni. È qui il nesso tra insediamento sparso e mezzadria: la presenza di coltivazioni arboree in coltura promiscua esige una sorveglianza e un lavoro continui, e confligge con la residenza in insediamenti accentrati e distanti dal luogo di produzione.

FENOMENI SOCIALI E TERRITORIALI NEL SECONDO NOVECENTO. Il formarsi della piccola proprietà contadina ha densificato l'insediamento sparso, soprattutto nelle fasce immediatamente fuori della città, mantenendo un rapporto con questa per integrare, con attività collaterali, l'insufficente reddito proveniente dalla messa a frutto della piccola proprietà. Nella seconda metà del '900, la nascita di un nuovo soggetto sociale, il contadino-operaio, assieme allo sviluppo della meccanizzazione in agricoltura, appare fondamentale per comprendere il paesaggio attuale della valle del Tevere, e in generale delle ampie valli umbre, nonché il repentino mutamento delle strutture territoriali verificatosi nel corso di circa trent'anni.

IL PAESAGGIO ODIERNO descrive un uso del territorio complesso, fortemente caratterizzato ancora dall'agricoltura: questa ha però perduto la caratteristica intensiva e variegata della policoltura esemplarmente rappresentata dai seminativi arborati, fino a ieri diffusissimi e oggi rintracciabili solo in zone marginali, oltre che negli splendidi cicli pittorici del '300 e del '400. La diffusione dell'insediamento sparso, arricchito dalle localizzazioni produttive degli anni '70 del Novecento, sta creando situazioni di saldatura fisica e di indifferenza nella distribuzione delle funzioni. Sebbene soggetto a fenomeni di omologazione rispetto a modelli 'forti' esterni, che tendono a banalizzare le qualità originali, il territorio della valle del Tevere sta tuttora saldamente legato a quella cultura urbana alla quale, anche se a volte in forme tumultuose e a volte in maniera distaccata, si è sempre riferito.

10.1 DA PERUGIA A TODI

Il principale collegamento tra Perugia e Todi è costituito dalla statale 3 bis Tiberina (E45 nella classificazione internazionale), a carattere di superstrada in tutti i 41.7 km del percorso. L'arteria, tracciata nel fondovalle negli anni '70 del Novecento in sostituzione della vecchia e sinuosa Tiberina, è veloce e poco congestionata, e consente di raggiungere rapidamente i luoghi di interesse dell'itinerario disposti sui colli che formano dolci ondulazioni sui due versanti idrografici. In alternativa, si può scegliere un tracciato storico, la Strada Marscianese o della Collina (di km 42.5), ora statali 317 e 397, sul crinale alla destra del Tevere, che ha costituito fino all'età moderna la principale via di comunicazione tra Perugia e Roma. Una teoria di ville e castelli di origine medievale si dispone a guardia del percorso, che ha rappresentato la spina dei diffusi insediamenti nelle fertili aree ai lati del crinale, dai quali è partita la graduale conquista del fondovalle paludoso. Il passaggio del Tevere a Montemolino, confine tra il contado storico di Perugia e quello di Todi, segna l'ingresso nell'area del massiccio calcareo del Peglia, con un mutamento del paesaggio dovuto alla maggiore asperità del rilievo e alla diversa natura dei terreni: qui è possibile ancora ritrovare le tracce di campi chiusi e le alberature associate ai seminativi, permanenze degli antichi assetti mezzadrili. I due itinerari sono visualizzati nella carta a fronte.

10.1 Da Perugia a Todi
10.2 I dintorni di Todi

0   5   10 km

Il percorso da Perugia a Todi sulla statale Tiberina (E45) lascia la città dalla porta S. Pietro (pag. 167) seguendo la segnaletica per Roma, che guida al raccordo autostradale e da questo all'imbocco della direttrice maggiore delle comunicazioni nella valle del Tevere. L'arteria corre rettilinea nel piano a destra del fiume, segnalato da pioppi alti e sottili.

TORGIANO m 219, ab. 5158 (4565), rinomato centro di produzione di vini pregiati, sorge alla confluenza del Chiascio nel Tevere, in bella posizione tra le distese di vigneti specializzati che ne ricoprono i colli. Il paese, di aspetto e disegno antico, fu castello fondato (su resti romani) da Perugia nel XIII secolo per il controllo territoriale e la colonizzazione agricola. La ricchezza della zona è storicamente legata alla produzione vitivinicola per la quale fu rilevante l'opera benedettina: evocativo è lo stesso stemma comunale, una torre avvolta da un cartiglio con grappoli d'uva. Il paesaggio agrario è qui da sempre dominato dalle viti, tradizionalmente collegate da tralci condotti a festoni e maritate a un albero (acero, olmo, ornello), fino alle innovazioni e alle specializzazioni produttive del secondo dopoguerra che hanno dato rinomanza internazionale ai vini di Torgiano (DOC e DOCG).

La storia delle tecniche di viticoltura e di vinificazione in Umbria è illustrata nel **Museo del Vino**, fondato nel 1974 dall'azienda vitícola Lungarotti (tra le maggiori e più qualificate cantine locali) nel *palazzo Graziani-Baglioni*, architettura esemplificativa delle case agricole-gentilizie seicentesche di questa parte dell'Umbria. L'importante raccolta illustra la produzione e la diffusione della vite e del vino attraverso oggetti, documenti, materiali archeologici, collezioni storiche, tecniche, etnografiche, di antiche e moderne ceramiche, di grafica e di editoria antiquaria. Il museo, con la Fondazione che lo gestisce, è anche attivo centro di ricerca interdisciplinare e di esposizioni temporanee sul tema. Visita: in estate, 9-13 e 15-19; in inverno, 9-13 e 15-18.

IL PERCORSO MUSEALE (corredato da un ricco apparato informativo) si svolge in venti sale, organizzate secondo classificazioni tematiche: il vino nella storia, la viticoltura e la vinificazione, il vino santo, i mestieri complementari, la regolamentazione, il vino e Torgiano, la ceramica, il vino come alimento e come medicamento, il mito, antichi ferri da cialde, la grafica, le incisioni e i disegni sul vino. La COLLEZIONE ARCHEOLOGICA comprende brocche di età cicladica e ceramiche hittite (III-I millennio a.C.), kylikes attiche, ceramiche italiche, buccheri e bronzi etruschi, anfore vinarie, ceramiche coralline e vetri di età romana. Tra gli oltre 400 manufatti della RACCOLTA DI CERAMICHE di varia epoca e provenienza, a soggetto bacchico o vinario, hanno rilievo le opere di mastro Giorgio da Gubbio, mastro Domenico da Venezia, dei Fontana, dei Della Robbia e di altre botteghe rinomate nei secoli XVI-XX (tra i contemporanei, figurano pezzi di Dorazio, Guidi, Tilson). Notevoli, inoltre, i vasi farmaceutici. La RACCOLTA DI INCISIONI d'epoca a soggetto viticolo, mitologico e biblico, annovera, tra gli oltre 600 fogli, opere da Mantegna a Picasso. La RACCOLTA DI FERRI DA CIALDE, rapportabili al vino per preparazione e consumo, comprende numerosi pezzi dal XIII al XVII secolo che illustrano il mutare delle tecniche e, mediante l'iconografia, del costume. La vasta esposizione di ATTREZZI AGRICOLI (tra cui tre grandi torchi delle tipologie dette «di Catone» e «di Plinio», databili dal XVII secolo) è accompagnata dall'indicazione didattica del loro uso. La BIBLIOTECA ENOLOGICA, rilevante per la parte antiquaria, comprende antichi testi di medicina e di farmacologia e una collezione di ex libris.

S. BARTOLOMEO. La parrocchiale di Torgiano, con facciata in cotto, è rifacimento settecentesco della pieve del XIII-XIV secolo. Custodisce opere cinque-seicentesche tra cui una *Pietà* baroccesca proveniente dal vicino oratorio della Misericordia.

DERUTA

La cittadina m 218, ab. 7860 (6958), al km
20.2, è annunciata dalla teoria ininterrotta di fab-
briche ed esposizioni di ceramiche artistiche, la cui
produzione da secoli riveste assoluta preminenza
economica nell'area e rinomanza internazionale. I
rinvenimenti di una necropoli di età ellenistica e di
un insediamento rustico di età romana non lontani
dell'abitato ne attestano l'antica origine. Dall'XI secolo sotto il dominio di Perugia, fu fortificata alla
fine del '200. L'arte ceramica, che utilizzava argille di provenienza locale, è documentata in Deruta almeno dal XIV secolo e nel XVI raggiunse la massima affermazione sui mercati europei; operavano allora circa cinquanta manifatture artigianali, nelle quali lavoravano
Francesco Urbini, Andrea de Cieco, i fratelli Maturanzio, Lazzaro di
Battista, Giacomo Mancini detto il Frate, la figura di maggior spicco
della ceramica derutese del secondo Cinquecento. Dopo una fase di
decadenza, l'arte risorse nel XVIII secolo per opera di Gregorio Caselli.
Supporta l'attività odierna, diversificata per qualità e stili, un Istituto
statale d'Arte per la Ceramica.

Centro della cittadina è l'allungata *piazza dei Consoli*, la cui
antica residenza funge oggi da **Palazzo comunale**, con prospetto ornato di tre bifore romaniche e di un leone veneto in travertino di Traù,
donato dalla città di Zara. Nell'atrio, frammenti architettonici e iscrizioni di epoca romana e medievale; sulle scale, belle ceramiche di
Deruta. Negli ambienti al piano superiore sono in riallestimento le
raccolte d'arte comunali.

PINACOTECA CIVICA. Comprende affreschi staccati da chiese del territorio e dipinti eseguiti tra XV e XVIII secolo. Le opere sei-settecentesche provengono dalla collezione di Lione Pascoli, donata al Comune nel 1931, di grande
interesse per la storia del collezionismo erudito del primo '700. *Madonna e i
Ss. Francesco e Bernardino, angeli e committente*, tavola dell'Alunno
(1458), tra le prime opere del maestro; gonfalone con *S. Antonio abate* e *Crocifissione* da un lato, e *Ss. Francesco e Bernardino* e *Flagellazione* dall'altro, dello stesso (1468); *Padre Eterno e i Ss. Rocco e Romano e veduta di
Deruta* (1478), affresco di recente riferito al Perugino; i *quattro Evangelisti*,
i *quattro legislatori d'Israele*, *Il trionfo dell'Ordine francescano*, tre bozzetti del Baciccia (i due primi per i pennacchi della cupola del Gesù, il terzo
per il soffitto dei Ss. Apostoli a Roma); *Angelo* di Guido Reni. *Stazione di posta* e *Abbeverata*, due tele di Pieter van Bloemen; *S. Andrea* di Sebastiano
Conca; *S. Bartolomeo* di Placido Costanzi; *S. Orsola e le Vergini* di Cristoforo
Gasperi; nove tele di Antonio Amorosi; otto *Battaglie* di Francesco Graziani.

Nella stessa piazza sorge la chiesa di **S. Francesco**, consacrata nel 1388, rinnovata nel 1652 e più volte restaurata, con rosone in facciata e campanile aperto da bifore ogivali. L'interno è a una navata con abside poligonale, ripristinato nelle forme gotiche. L'annesso ex *convento*, dove morì nel 1264 papa Urbano IV, è stato ristrutturato (1998) per divenire sede del Museo regionale della Ceramica (v. sotto).

INTERNO DI S. FRANCESCO. Alla parete destra, in una nicchia, *S. Antonio da Padova e i suoi miracoli*, ingenui affreschi del '400; a sin. della 2ª bifora, *Madonna col Bambino e santi*, grande affresco di scuola umbro-senese del 1420, in parte perduto. Nel presbiterio: sopra l'arco trionfale, entro tondi, *Cristo e gli Evangelisti* e frammenti di altri affreschi trecenteschi; nell'abside, resti di affreschi coevi. Alla parete sinistra: *S. Caterina d'Alessandria* (protettrice dei ceramisti derutesi) e *Veduta di Deruta*, in mattonelle maiolicate di fabbricazione locale (1919); quindi *Martirio di S. Caterina* e *Madonna col Bambino, S. Caterina e il committente*, affresco del sec. XIV; sotto, campana in bronzo, fusa nel 1228 per celebrare la canonizzazione di san Francesco. Ai lati dell'ingresso alla cappella della Madonna del Rosario, altri frammenti di affreschi del XIV secolo. Segue, entro nicchia, *Madonna e i Ss. Francesco e Bernardino* di Domenico Alfani e, sotto, *Ss. Girolamo e Antonio da Padova* di Giovanni Battista Caporali.

MUSEO REGIONALE DELLA CERAMICA. Visita: 10-13 e 15-18; chiuso il lunedì. Già in parte sistemato nel palazzo comunale, è stato riallestito (1998) negli ambienti dell'ex convento di S. Francesco. La raccolta, avviata alla fine dell'800 da Francesco Briganti per documentare le origini e la storia della ceramica derutese, è stata a partire dagli anni '80 del Novecento arricchita di nuove acquisizioni che illustrano la produzione dal Medioevo al 1930. Il nucleo della COLLEZIONE PECCHIOLI, acquisita dalla Provincia di Perugia nel 1980, consta di 130 opere provenienti dal mercato antiquariale, prodotte fra XVI e XVII secolo, tra le quali rilievo particolare assumono gli esemplari rinascimentali e i piatti in stile «compendiario» (secondo '500). A questa si affianca dal 1990 la COLLEZIONE DI MILZIADE MAGNINI, ceramologo derutese, che dall'inizio del '900 raccolse circa mille pezzi di varia provenienza regionale, in particolare dall'Umbria e dalla Puglia, rappresentata anche con esemplari apuli. Tra le opere esposte, assumono particolare rilievo per la storia dell'arte ceramica di Deruta le preziose maioliche «arcaiche», i manufatti quattrocenteschi e, per la produzione cinquecentesca, le maioliche «lustrate», eseguite cioè con una tecnica di derivazione medio-orientale che conferisce all'oggetto effetti iridescenti dai toni dorati e rossastri. Da notare inoltre gli oggetti in maiolica per uso farmaceutico (secoli XV-XIX), con i quali è ricostruita un'antica farmacia. Il deposito, con oltre cinquemila pezzi, sarà accessibile.

S. ANTONIO ABATE. Si raggiunge la chiesa prendendo, sul fondo della piazza, la breve via a sinistra dell'Istituto statale d'Arte per la Ceramica. La chiesa, rinnovata nel '400, conserva una statua in terracotta del *santo titolare* (sec. XVI), con attorno *quattro storie del santo*, affresco di G.B. Caporali; al padre di questi, Bartolomeo, spetta l'affresco (*Madonna della Misericordia e i Ss. Francesco e Bernardino*) nella cappella a sinistra.

CASTELLEONE m 398, posto sull'alto di un colle 4 km a sud-est di Deruta, conserva mura e torri del XV secolo; la chiesa di *S. Donato* custodisce immagini votive e affreschi di Matteo da Gualdo.

MADONNA DEI BAGNI. Da Deruta, prima di riprendere il viaggio verso Todi sulla statale Tiberina, si può raggiungere in breve questa chiesa (segnalata), poco discosta a sinistra della superstrada. Il santuario, a pianta centrale, fu eretto nel 1687 sul luogo dove un frammento di ceramica e una quercia ricordavano una guarigione 'miracolosa'. Da allora, la Madonna dei Bagni accolse le preghiere di sempre più fedeli, che in ringraziamento posero nella chiesa centinaia di maioliche votive; le quasi seicento tavolette formano un insolito rivestimento parietale e un interessante documento iconografico della vita quotidiana, del lavoro contadino e della religiosità nell'arco di tre secoli, nonché dell'evoluzione delle tecniche di produzione ceramica. Agli altari laterali, due tele di Paolo Gismondi (1660).

ANCORA SULLA TIBERINA. La statale corre nel fondovalle, a lungo sottoposto a bonifica idraulica mediante anche interventi di contenimento del Tevere, «devastatore terribile delle campagne», a opera soprattutto del monastero perugino di S. Pietro che fino al 1860 fu proprietario di vasti possedimenti. Tenuta di S. Pietro era anche *Casalina* m 168, la cui parrocchiale di *S. Girolamo* conserva dipinti del XVIII secolo (Francesco Appiani, Baldassarre Orsini). Lasciando la Tiberina per *Collepepe* m 251 (in località le Carceri si trovano due cisterne romane in opera cementizia, databili fra il I secolo a.C. e il I d.C., pertinenti a un grande complesso residenziale rinvenuto nel Settecento e completamente perduto), si può continuare per Collazzone e San Terenziano (v. sotto). Altri castelli presidiavano i colli che accompagnano, a oriente, l'avvicinamento a Todi (dove si entra al km 41.7). Tra quelli conservati è *Petroro* m 384 (7 km da Ponte Rio), nel '400 rifugio dei fuorusciti ghibellini.

A COLLAZZONE E A SAN TERENZIANO km 14.9, tra colli coperti di olivi. In emergenza panoramica sta il borgo medievale di **Collazzone** m 469, ab. 3138 (2932), già castello del contado perugino conteso da Todi, chiuso entro le mura rafforzate da torri. Nel *convento di S. Lorenzo* visse segregato e morì (la notte di Natale del 1306) Jacopone da Todi. Continuando sul crinale si perviene a **San Terenziano** m 515: entro il perimetro delle mura, l'antico castello si caratterizza per l'impianto regolare imperniato su un asse centrale chiuso dal *palazzo* (secolo XVI) fatto erigere dal vescovo tuderte Angelo Cesi. La romanica parrocchiale di *S. Terenziano* è composta da due ambienti sovrapposti di eguale ampiezza, databili l'inferiore al XII secolo (vi si trova il *sarcofago di S. Flacco*, compagno del santo martire titolare) e il superiore al XIII. Presso il paese è la chiesa di *S. Apollinare*, di forme romaniche e impianto benedettino.

DA PERUGIA A TODI SULLA STRADA MARSCIANESE

Il percorso lascia Perugia da porta S. Pietro (pag. 167) e, al quadrivio della Pallotta, si immette nella statale Marscianese rasentando l'ottocentesca *villa Faina ai Murelli* e dopo buon tratto, a San Martino Dèlfico, la settecentesca *villa Alfani* poi Silvestri. Oltrepassato a sinistra un breve collegamento per *San Martino in Campo* m 179, presso il quale è una cappellina detta *la Madonnuccia* con interno ricoperto di notevoli affreschi di scuola del Perugino, al km 11 si tocca *San Martino in Colle* m 284, che conserva in parte il circuito murario medievale. Segue **Sant'Enea** m 289, nella cui parrocchiale è una *Madonna e santi*, di scuola peruginesca. Da **San Valentino** m 304, piccolo nucleo aggrappato a un colle dove ha rinomanza l'artigianato dei tessuti a telaio, diverge a sinistra una strada per (km 1.5) il *Castello delle Forme* m 269, su un promontorio che guarda la vallata del Tevere; a nord-est, sul collegamento storico per Perugia sulla destra del Tevere attraverso Ponticelli, sta (km 6.4) **Fanciullata** m 170: nella chiesa della *Madonna del Ranuccio* rimangono affreschi (*Madonna e angeli, Ss. Giacomo e Antonio, Padre Eterno, S. Bernardino, Annunciazione*) di Bartolomeo Caporali. Segue a sinistra un breve tronco che scende a **Papiano** m 210, con castello trecentesco e, nella parrocchiale, affreschi del secolo XV. Un altro castello medievale (secolo XIV-XV) scandisce il percorso nella vicina *Sant'Elena* m 304 (poco discosta a destra della statale).

CERQUETO m 311, al km 22.3, è interessante per la *parrocchiale*, dove il Perugino dipinse nel 1478 la sua prima opera documentata, un affresco di cui rimane la sola figura di **S. Sebastiano* (la collocazione odierna non è quella originaria); inoltre, *Crocifissione*, affresco staccato di un seguace di Tiberio d'Assisi. Lo stesso Perugino realizzò la decorazione, in buona parte perduta, del tabernacolo detto *Maestà di S. Lucia*, al margine del paese.

MARSCIANO m 184, ab. 15 973 (15 311), situato in pianura al km 29.3, fu importante castello del contado di Perugia. Centro produttivo tra i più vivaci della valle, si è dilatato fuori dal perimetro murario castellano tra Otto e Novecento, quando ne furono rinnovate anche le strutture edilizie tra cui la *parrocchiale*, con campanile di Giovanni Santini (all'interno, *Crocifisso* ligneo del secolo XIII e *Madonna col Bambino e i Ss. Francesco e Bernardino*, affresco di scuola del Perugino). Episodio rimarchevole di quel fervore edilizio, la *villa Pasticci*, architettura tra liberty e déco del primo Novecento.

FRATTA TODINA m 215, ab 1703 (1756), per la quale si segue a sud-est la statale 397, è centro di origini castellane tuttora riconoscibili nell'impianto chiuso entro la cerchia muraria, in buona parte conservata. Presso le mura meridionali sorge il *Palazzo vescovile*, eretto nella prima metà del '600 dal vescovo di Todi G.B. Altieri, con ambienti affrescati e bel giardino. La neoclassica *parrocchiale* è opera di Giovanni Santini. Circa 8 km a nord-ovest è **Collelungo** m 459: nell'ex *parrocchiale* (ora sala polifunzionale), *Crocifissione con dolenti* attribuita a Pier Antonio Mezzastris; nel *santuario della Madonna della Luce*, affresco staccato di Pietro di Nicola Baroni. Segue, su un colle a destra (km 3) della statale, **Monte Castello di Vibio** m 423, ab. 1704 (1881), d'impianto tardo-medievale, con piccolo teatro settecentesco.

MONTEMOLINO m 223, poco discosto sulla destra, fu importante presidio di un ponte sul Tevere, già esistente al principio del '200. La *parrocchiale*, rinnovata nel 1912, denuncia nell'absidiola l'origine romanica. Il percorso si conclude a Todi al km 45.2.

10.2 TODI

Elevata su un'altura a dominio della valle del Tevere, **Todi** m 400, ab. 16 876 (17 334), ha negli ultimi decenni mutato la sua caratteristica tradizionale di centro agricolo e produttivo assumendo una forte connotazione terziaria: turistico-culturale ma anche tecnologica (parco tecnologico-agroalimentare di Pantalla), in un processo di ridefinizione della propria identità stimolato dalla recente e rapida crescita della sua notorietà internazionale. Il nucleo più antico della città corrisponde all'«arce» umbro-etrusca, posta a cavallo delle due vette del colle e chiusa dal primo giro di mura, al quale si addizionarono le simmetriche ramificazioni dei borghi medievali. Un complesso sistema di regimazione idrica, antico come la città e formato da pozzi e cunicoli, rappresenta la cifra del particolare e straordinario rapporto tra l'insediamento e il suo sito, evidenziando come la scelta insediativa abbia saputo trasformare uno svantaggio idro-geomorfologico in un valore ambientale e strategico. «Piccola città solitaria», per Bertarelli nella Guida d'Italia TCI del 1923, perché discosta dalle grandi comunicazioni interregionali; «come assopita nei sogni del suo passato in una placida tranquillità che però non è morte», per lo storico Ferdinand Gregorovius (1861) nei suoi «Wanderjahre in Italien», Todi appare tuttora integra al suo interno e nelle relazioni paesistiche con la sua bellissima campagna. Supporta la visita la pianta storico-urbanistica della città, a pag. 494.

I CARATTERI DELL'INSEDIAMENTO NELLA VICENDA STORICA

LE ORIGINI. Fino dalle fasi più antiche, Todi fu occupata da gruppi di popolazioni italiche di ceppo umbro-sabellico; in età arcaica, la sua posizione a ridosso del Tevere permise lo sviluppo di correnti culturali gravitanti sia verso l'Etruria, a ovest del fiume, sia verso il mondo umbro-italico (nel bacino del Nera), sia verso il Piceno al di là dello spartiacque appenninico. Il nome stesso, derivante dalla forma etrusca «tular», ossia confine, sottolinea tale caratteristica della città. Dopo alterne vicende, entrò nell'orbita politica romana, ebbe una monetazione autonoma e ottenne la cittadinanza (dopo l'89 a.C.) con l'iscrizione alla tribù Clustumina; divenuta in età augustea Colonia Julia Fida Tuder, subì un'imponente trasformazione urbanistica ed edilizia. La caduta dell'impero comportò un forte ridimensionamento demografico e urbanistico.

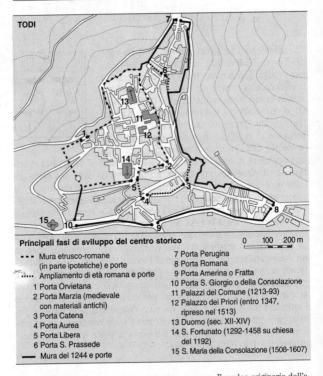

TODI

Principali fasi di sviluppo del centro storico

0   100   200 m

- - - Mura etrusco-romane
(in parte ipotetiche) e porte

..... Ampliamento di età romana e porte

1 Porta Orvietana
2 Porta Marzia (medievale
con materiali antichi)
3 Porta Catena
4 Porta Aurea
5 Porta Libera
6 Porta S. Prassede
—— Mura del 1244 e porte

7 Porta Perugina
8 Porta Romana
9 Porta Amerina o Fratta
10 Porta S. Giorgio o della Consolazione
11 Palazzi del Comune (1213-93)
12 Palazzo dei Priori (entro 1347,
ripreso nel 1513)
13 Duomo (sec. XII-XIV)
14 S. Fortunato (1292-1458 su chiesa
del 1192)
15 S. Maria della Consolazione (1508-1607)

LE FASI FORMATIVE DELL'ORGANISMO URBANO. Il nucleo originario dell'abitato umbro-etrusco, che aveva assorbito e metabolizzato le modifiche a scala urbana della romanizzazione (dal III secolo a.C.) – i Nicchioni, l'addizione a sud-est con un secondo giro di mura e l'anfiteatro – assunse il suo aspetto definitivo, quale luogo residenziale, fra XIII e XIV secolo quando, oltre alla Cattedrale e alla chiesa di S. Fortunato (iniziata nel 1292, ma terminata oltre la metà del '400), furono completati i tre palazzi pubblici, sedi delle magistrature comunali.
I QUATTRO BORGHI MEDIEVALI. Sempre fra XIII e XIV secolo, momento di massimo sviluppo politico-economico, avviene l'espansione urbana: la città degli artigiani e del piccolo commercio, costruita quasi esclusivamente con case a schiera, si proietta decisamente verso il contado lungo gli assi della viabilità preesistente (la Via Amerina in direzione nord-sud, la Via Ulpiana a est, l'Orvietana a ovest, incrociantesi nel centro urbano). La creazione dei borghi è preceduta dagli insediamenti religiosi e, probabilmente, da essi stessi guidata

con interventi urbanistici (parte terminale del borgo Ulpiano, ora via Matteotti). Dei quattro borghi simmetrici attorno al nucleo centrale, quello occidentale è scomparso, vittima di quegli eventi franosi che hanno scandito la storia della città (tra il 1989 e il 1995 sono stati effettuati interventi per il consolidamento del colle, che hanno tra l'altro consentito un'organica campagna di archeologia urbana). Gli altri tre borghi (di Porta Fratta a sud, Ulpiano a est, Borgonuovo a nord), tutti ricompresi nel terzo giro delle mura (iniziato nel 1244, restaurato in parte nel '500), consolidano la forma urbana, rimasta immutata fino alla metà del '900 e ancora ben riconoscibile nonostante le recenti espansioni.

IL RINNOVAMENTO RINASCIMENTALE. Se l'aspetto medievale, di cui Todi è totalmente pervasa, è il connotato di maggiore evidenza, all'osservatore attento non sfuggiranno almeno altre due chiavi di lettura del centro storico: quella rinascimentale e quella ottocentesca. Il volto rinascimentale, coevo al consolidamento del potere pontificio dopo il breve e ricco periodo delle autonomie comunali e il tentativo di instaurare signorie locali, ha origine dalla ristrutturazione fondiaria della città e del contado. Tale processo è legato alla figura di Angelo Cesi, vescovo dal 1566 al 1606, che ideò un grandioso progetto di rinnovamento urbano e, malgrado l'opposizione delle magistrature cittadine, realizzò le sistemazioni monumentali della «Rua» o Ruga (oggi corso Cavour) e di via della Piana, promosse la costruzione della fonte Cesia e del Palazzo vescovile, avviò la costruzione del tempio del Crocifisso a est, e favorì il completamento di quello della Consolazione a ovest. Con il 'piano regolatore' del Cesi, solo in parte attuato, si conclude il processo di costruzione della città.

TRA OTTO E NOVECENTO. Con lo Stato unitario, la nuova borghesia emergente si manifesta con una serie di grandi lavori su nodi strategici: sistemazione dell'area dei Nicchioni romani e di via Roma, costruzione del nuovo teatro e apertura della piazza Jacopone. Gli interventi sul tessuto urbano storico continuano nei primi anni del '900 con la sistemazione dell'ingresso alla città (via della Valle Superiore, oggi Ciuffelli) e della monumentale scalinata di S. Fortunato, cui si aggiungono interventi diffusi che tendono a rafforzare un'immagine medievale mediata dalla cultura storicistica. A questa immagine è legata anche la figura illustre del poeta Jacopone, qui nato nel quarto decennio del XIII secolo. Tra le manifestazioni cui la città fa da scenario, sono da segnalare il Todi Festival (ultimi dieci giorni di agosto), istituito nel 1987, con spettacoli di prosa, musica, balletti e film; e la Rassegna antiquaria d'Italia (a cavallo tra marzo e aprile), organizzata nelle sale dei palazzi pubblici.

*PIAZZA DEL POPOLO

Aperta nel punto più elevato della città, alla convergenza delle spine dei borghi, è tra le più monumentali realizzazioni urbanistiche medievali, eccezionalmente regolare nella disposizione frontale degli edifici che ne definiscono la forma di rettangolo allungato. Il vasto invaso, definito fra Due e Trecento, è tutto destinato alla rappresentazione dei poteri della città comunale, che si contrappongono alle opposte estremità: quello laico nel severo complesso dei tre palazzi delle magistrature civili, quello vescovile nella Cattedrale elevata su alta scalea. Spazio conchiuso in se stesso (fino al '500 vi si accedeva da quattro porte angolari), sorprende per essere tutto in piano in un contesto urbano di ripide pendenze. Esso ha infatti come sostruzioni una serie di grandi cisterne a più vani (tuttora ben conservate) che reggevano la pavimentazione del foro romano, in basoli di travertino (un tratto è visibile attraverso una superficie vetrata). La piazza antica, organizzata al tempo della sistemazione urbana augustea, era di dimensioni molto maggiori, estendendosi sul luogo dei palazzi del lato occidentale, verso il Duomo e le strade a esso adiacenti. L'avanzamento dell'edificato a ponente, con conseguente alterazione della visuale sulla chiesa, è quattrocentesco.

*PALAZZO DEL POPOLO. Tra i più antichi palazzi pubblici italiani e il primo a inserirsi sul lato orientale della piazza, il *palazzo* detto anche *del Comune* fu iniziato in stile lombardo nel corpo di fabbrica rivolto alla contigua piazza Garibaldi, probabilmente come sede e residenza del podestà; nel 1213 fu ampliato dell'ala prospiciente la piazza maggiore per accogliere le riunioni del Consiglio generale. I due edifici, unificati, furono rialzati di un piano nel 1228 e poi più volte modificati. L'aspetto attuale si deve ai restauri diretti da Giuseppe Sacconi (1853-1905) e Getulio Ceci (1865-1932), che aggiunsero il coronamento di merli. La facciata consta di un basso portico e di due ordini di polifore; originariamente l'accesso era dalla parte della piazza Garibaldi, dove rimangono tracce di una scala e di una porta. La torre campanaria fu elevata nel 1523.

*PALAZZO DEL CAPITANO. Detto anche *Palazzo Nuovo* per distinguerlo dal palazzo del Popolo, cui si affianca in posizione arretrata, fu costruito nel 1293. L'armoniosa facciata, di stile gotico, è composta da un porticato terreno, tre trifore cuspidate al primo piano, quattro trifore sormontate da un arco a tutto sesto al secondo. Una grande scala unifica i due palazzi, che sono oggi sede municipale e dei musei comunali.

INTERNO DEI PALAZZI PUBBLICI. Al primo piano del palazzo del Capitano, alla fine della prima rampa, a sinistra, è la *sala del Capitano del popolo*, con avanzi di affreschi del XIV secolo, fronteggiata dal *salone del Consiglio generale* del palazzo del Popolo. L'ultimo piano dei due palazzi è occupato dal **Museo Pinacoteca**, che riordina (1997) le raccolte civiche, organizzate in varie sezioni. Il patrimonio comunale è costituito da due nuclei principali: il primo si è formato con gli oggetti d'arte requisiti in età napoleonica (1811); il secondo è legato alla soppressione delle corporazioni religiose (1860); risale invece ai primi anni del Novecento la formazione della collezione archeologica. Visita: da ottobre a febbraio, 10.30-13 e 14-16.30; marzo e settembre, 10.30-13 e 14-17; da aprile ad agosto, 10.30-13 e 14.30-18; chiuso il lunedì salvo in aprile.

MUSEO DELLA CITTÀ. Inaugura la visita delle sezioni museali, illustrando i momenti significativi della storia cittadina, dalla leggenda delle origini al risorgimento. Tra i pezzi più rilevanti: lastra di marmo, proveniente da S. Fortunato, raffigurante *Cristo e i Ss. Fortunato e Cassiano*, probabilmente opera del periodo ottoniano; frammenti lapidei di varie epoche provenienti dalla Cattedrale e da S. Fortunato; cinque affreschi staccati dei secoli XIV e XV; vetri dorati a foglia e graffiti del '400; arredi liturgici; la sella di Anita Garibaldi, lasciata a Todi durante la ritirata da Roma (luglio 1849).

SEZIONE ARCHEOLOGICA. Comprende materiali provenienti da scavi e ritrovamenti nel territorio comunale, oltre ad alcuni oggetti di vecchie collezioni. Da segnalare nella prima sala: serie di *kylikes* attiche a figure rosse, da tombe scavate sulle pendici meridionali del colle; ceramiche a vernice nera di importazione e di produzione locale; serie di terrecotte architettoniche di epoca ellenistica recuperate nella zona di porta Catena; gruppo di ceramiche di epoca romana e iscrizioni. La seconda sala è riservata alla produzione bronzistica: serie di statuette votive e decorative databili fra il V sec. a.C. e l'età romana, gruppo di «instrumenta» tra cui candelabri e vasi in lamina bronzea.

SEZIONE NUMISMATICA. Si compone di quasi 1500 monete provenienti dal territorio, con esemplari datati dall'antichità (IV-III sec. a.C.) all'età moderna; i pezzi coniati dal Medioevo in poi sono esposti secondo il criterio della suddivisione in zecche (numerosi quelli di zecca tuderte).

SEZIONE DEI TESSUTI. Espone paramenti sacri e rari manufatti in seta, velluto, damasco e lino, realizzati tra il XV e il XVIII secolo. Nella sala sono esposte anche tre tele di Pietro Paolo Sensini.

SEZIONE CERAMICA. È sistemata nella *sala del Consiglio dei Priori*, ornata, sulla parete a sin. dell'ingresso, da un affresco raffigurante *La città e il suo territorio*, commissionata al Sensini (1612) ma molto rimaneggiata in epoche successive; sulle altre pareti, la *Leggenda della fondazione di Todi* e l'*Ingresso dell' Imperatore Traiano in Todi*, affreschi di Ignazio Mei (1719-21). La raccolta comprende manufatti ceramici (in prevalenza vasellame d'uso) dall'VIII al XIX secolo, di diversa provenienza (parte dall'antico ospedale della Carità, smantellato nel 1870).

PINACOTECA. Ordinata nel salone grande, comprende importanti dipinti: due scomparti laterali di un trittico attribuito a Bicci di Lorenzo; **Incoronazione di Maria, coro d'angeli e santi* (1511), tavola centinata dello Spagna proveniente dal convento di Montesanto (mancano i tre scomparti della predella, rimasti in Francia quando il quadro venne requisito in età napoleonica; le paraste della cornice sono state ridipinte da Eliseo Fattorini nella seconda metà dell'800); il *Beato Bernardino da Feltre* dello stesso Spagna; *Madonna col Bambino e i Ss. Giacomo e Cristoforo*, tela attribuita a Vincenzo Pagani; *Deposizione* di Felice Damiani (datata 1581); *Deposizione* di Pietro Paolo Sensini (datata 1608). Inoltre, sei tele del Faenzone (cinque provenienti dalla Cattedrale di Todi e una dalla chiesa di S. Fortunato) e tele di Bartolomeo Barbiani, Andrea Polinori, Giacinto Boccanera (*S. Francesco di Paola*, firmata e datata 1712).

*PALAZZO DEI PRIORI. Oggi sede della Pretura, sorge sul lato breve della piazza, opposto alla Cattedrale. Di fondazione gotica, fu ampliato e compiuto nel 1334-47, poi ripreso nel 1513 con la realizzazione di due ordini di finestre rinascimentali su commissione di Leone X. A sinistra, in alto, su due mensole, l'*Aquila tuderte* in bronzo, opera di Giovanni di Gigliaccio (1339). Sull'angolo sinistro si leva la torre, a pianta trapezoidale, del 1369-85. Il palazzo fu residenza del podestà, dei priori e in seguito dei rettori, vicari e governatori pontifici.

INTERNO. Nella *sala della Torre*, ora ufficio del giudice conciliatore, affresco (*Madonna col Bambino*), attribuito a scuola dello Spagna; in un altro ambiente, affresco con lo *stemma di papa Bonifacio IX* (1389-1404). Nella *sala delle Udienze*, interessante decorazione ad affresco: entro il primo riquadro a sin., *S. Cristoforo che regge il Bambino*, databile attorno alla metà del XIV secolo; al centro, *Madonna in trono col Bambino e santi*, dei primi anni del '300; nel terzo riquadro, tre stemmi, di cui quello con la *testa di montone entro un clipeo* è stato identificato con l'arma di Braccio Fortebracci, nominato capitano generale della Chiesa nel 1414.

PIAZZA GARIBALDI. Tangente alla piazza maggiore, vi si accede passando tra il palazzo del Popolo e quello dei Priori. La destinazione a parcheggio ne rende difficile la percezione dei valori ambientali, esaltati dalla terrazza panoramica. Vi sorge, a destra, il **palazzo Atti**, poi Pensi, fatto costruire da Viviano degli Atti nel 1552 come documenta l'iscrizione sul fregio del primo ordine; la tipologia dell'edificio, già erroneamente assegnato a Galeazzo Alessi, si conforma agli schemi tradizionali umbri della seconda metà del Cinquecento. Sulla sinistra, il fianco del palazzo del Popolo (pag. 496): nell'ambiente ora ufficio postale aveva sede il Monte di Pietà (all'interno, *Deposizione, la Fortuna e la Giustizia*, affresco eseguito nel 1633 da Andrea Polinori).

*DUOMO. Intitolato a Maria SS. Annunziata, fu iniziato nel XII secolo (abside) forse sull'area di un edificio romano, continuato nel XIII (transetto e navate) e completato nel XIV («navatina» destra). La facciata, a coronamento orizzontale, è duecentesca ma fu modificata più volte, l'ultima nei primi anni del Cinquecento. In alto si apre il magnifico *rosone centrale, iniziato nel 1515 al tempo del vescovo Basilio Moscardi e completato sotto il suo successore Aldighieri Biliotti (1517-23); i vetri originali, che chiudevano sia il rosone centrale che i laterali, furono sostituiti, col rinnovamento ottocentesco dell'intero edificio, dagli odierni di Francesco Moretti (1862) su cartoni di Eliseo Fattorini e Giuseppe Francisci. Il portale maggiore, sottolineato nella parte superiore da un arco a sesto acuto a bande di pietra bianca a rossa alternate, è decorato da una fascia con girali di acanto culminanti al centro con la figura di *Cristo benedicente*. Da notare il *portone di legno scolpito: i quattro pannelli superiori, in legno di noce, sono opera di Antonio Bencivenni da Mercatello (1513-21), che vi raffigurò la *Vergine Annunziata*, l'*Arcangelo Gabriele*, *S. Pietro* e *S. Paolo*; i sei pannelli inferiori, in legno di quercia, vennero eseguiti da Carlo Lorenti su commissione (1639) del vescovo Ulderico di Carpegna in sostituzione degli originali, danneggiati. Il fianco destro è spartito da lesene e ha due ordini di finestre, bifore in basso, monofore in alto, e una decorazione di loggetta pensile su mensoline scolpite. Un uguale partito decorativo di lesene e loggette si svolge nell'alta ***abside** romanica a due piani, della fine del XII secolo. Sul lato destro si leva il campanile, forse duecentesco.

INTERNO. In controfacciata, *Giudizio Universale*, affresco di Ferraù Fenzoni (1596); presso il portale laterale destro, grande campana bronzea (sec. XVIII) e *Crocifisso* ligneo settecentesco.

NAVATA DESTRA E NAVATINA. La navata destra è aperta da arcate gotiche su colonne ottagonali verso una quarta navata (detta «navatina»), suddivisa in sette cappelle. Nella 1ª, affresco staccato (*Natività*) di un maestro peruginesco; nella 3ª, vetrata con il *Battesimo di Cristo*, copia dal Perugino eseguita nel 1860 da Eliseo Fattorini, e *fonte battesimale*, opera documentata di Pietro di Pietro di Moricone di Lugano (1507); nella 5ª, *Trinità*, frammento di affresco staccato, attribuito allo Spagna (c. 1515). In fondo, sopra l'altare, *Madonna col Bambino e i Ss. Caterina d'Alessandria e Rocco*, tavola eseguita attorno al 1516 da Giannicola di Paolo. Salite le scale del presbiterio, da una piccola porta a destra si accede al CORETTO D'INVERNO: sopra la porta d'ingresso, *Circoncisione* attribuita ad Antiveduto Gramatica; all'interno, in una nicchia, frammento di affresco (*Crocifissione con la Vergine e S. Giovanni*), della seconda metà del '300.

PRESBITERIO. Ai pilastri che limitano l'abside semicircolare, due tavole con *S. Pietro* e *S. Paolo*, dello Spagna (c. 1516); l'altare gotico è documentato dal 1343, modificato e abbellito con colonne marmoree nel 1475; al di sopra, lampadario composto da un'*aquila bicipite* in lastra d'argento, opera di Giovanni Giardini. Nell'abside, **coro* ligneo intagliato e intarsiato, di Antonio e Sebastiano di Bencivenni da Mercatello (1521-30); sospeso sopra l'altare, ***Crocifisso** dipinto su tavola di scuola umbra della metà del XIII secolo.

*CAPPELLA CESI. A sinistra del presbiterio, fu commissionata dal vescovo Angelo Cesi assieme a una corrispondente (S. Martino) sul lato destro, demolita. Disegnata da Pompeo Scarsone, autore anche della decorazione a stucco, è arricchita nella volta da affreschi del Faenzone (1599), che dipinse anche la tela all'altare raffigurante *S. Michele Arcangelo che vince il demonio*; a d., *monumento sepolcrale di Angelo Cesi*, che è ritratto, al centro della composizione, nel dipinto a olio su rame attribuito ad Annibale Carracci; a sin., *monumento funebre di Giovanni Andrea Cesi*, zio di Angelo, con relativo ritratto pure del Faenzone.

SAGRESTIA E SALA CAPITOLARE. Sopra la porta di accesso alla sagrestia, tre tele del Faenzone (*S. Martino papa e lo spatario dell'esarca Olimpio*, la *Cattura* e la *Sepoltura di S. Martino papa*) provenienti dalla demolita cappella di S. Martino. Alle pareti, tre frammenti di affreschi del sec. XIV, provenienti dalla demolizione dei muri divisori della navatina, oltre a numerose tele seicentesche: *Deposizione* del Faenzone; *Pietà* e *S. Antonio da Padova, S. Gioacchino, S. Anna, S. Maria Maddalena* di Bartolomeo Barbiani; *S. Fortunato con veduta della città di Todi* di Pietro Paolo Sensini. Negli armadi è conservato il *Tesoro* della Cattedrale, con suppellettili per il culto (sec. XV-XIX).

CRIPTA. Vi si accede (8.30-12.20 e 14-17.30; in estate, fino alle 18.30) dalla navata sinistra: lungo le pareti del corridoio di accesso, materiali lapidei di spoglio recuperati durante i numerosi restauri dell'edificio. L'ambiente, con volte a crociera rifatte nel '300, conserva **tre sculture** provenienti dalla facciata, raffiguranti *Madonna col Bambino*, *Angelo che guida Vescovo* e *Santa*, le prime due attribuite a Giovanni Pisano, la terza allo scultore Rubeus (sec. XIII). Sulla parete d., pala d'altare centinata (*S. Martino papa*) di Silvestro Valeri.

RESTI ARCHEOLOGICI. In un cortiletto dietro il Duomo sono stati scavati resti di una «domus» di età romana imperiale, con alcuni tratti murari e una pavimentazione a mosaico con emblema policromo. Da questa parte del colle sussiste un tratto della cinta muraria antica di terrazzamento, realizzata in grandi blocchi di travertino disposti a scarpa e con andamento curvilineo; sul bastione murario è lo sbocco di uno dei cunicoli di drenaggio, il cui insieme costituiva una imponente rete di salvaguardia dall'eccesso di acque che provocava instabilità al colle.

I PALAZZI DEI CESI. A sinistra del Duomo sorge il **palazzo Cesi**, progettato da Antonio da Sangallo il Giovane, che fu residenza privata dei vescovi Paolo Emilio, Federico e Angelo. Il portale, databile alla seconda metà del Cinquecento, è stato in via ipotetica attribuito a Ippolito Scalza; una lapide ricorda il poeta anacreontico Paolo Rolli (1687-1765), primo traduttore di Milton, che vi abitò. Al piede dell'edificio, una rampa sale al **Palazzo vescovile**, fatto costruire nel 1593 da Angelo Cesi; il disegno del portone di accesso al cortile è del Vignola. La residenza vescovile (la visita va autorizzata) ha ambienti decorati dal Faenzone (sala del Trono, 1594, cappella e ufficio del vescovo) e da Andrea Polinori (galleria, 1629). L'*Archivio vescovile* raccoglie atti notarili dai primi anni del XIV alla fine del XVIII secolo.

LA NUNZIATINA E IL MONASTERO DELLE LUCREZIE. Sulla destra del Duomo muove la *via del Seminario*, occupata per quasi tutta la sua lunghezza dal **palazzo Corradi**, già del Seminario (oggi spazio culturale ed espositivo), qualificato dal portale e dal cortile interno attribuiti al Vignola. Segue il piccolo slargo che accoglie la **chiesa della Nunziatina**, costruita fra il 1609 e il 1613 sulla preesistente chiesa di S. Angelo. All'interno, in controfacciata, *Adorazione dei pastori*, affresco di Andrea Polinori (1617), che decorò nel 1627 anche le cappelle (molto ridipinte nel Settecento); al 2° altare destro, il *Beato Jacopone*, tela dello stesso Polinori.

Prendendo invece a sinistra della Cattedrale la via Rolli, si raggiunge il **monastero delle Lucrezie** che, dal chiostro, offre uno dei panorami più belli della città. Nell'annessa chiesa di *S. Giovanni Battista*, recenti restauri hanno messo in luce, nell'abside e nell'arco trionfale, un ciclo di affreschi databili attorno al primo ventennio del Seicento raffiguranti *storie della Vergine e di S. Giovanni Battista*, opera di un maestro locale influenzato da Bartolomeo Barbiani.

VIA MAZZINI. Sulla destra del palazzo dei Priori si stacca l'antica via Salara, già tratto urbano della Via Amerina. A destra, sulla laterale via S. Salvatore, sorge l'omonima **chiesa** romanica, tra le più antiche della città, con campaniletto a vela. Più avanti, prospetta sulla via Mazzini il **Teatro comunale**, su disegno di Carlo Gatteschi (1872-

76), con sala a quattro ordini di palchi e sipario dipinto (*Ludovico Ariosto viene accolto a Todi ospite della famiglia Atti*) da Annibale Brugnoli. La piazza Jacopone precede la scenografica **piazza Umberto I** dove, in cima a una scalinata intervallata da aree verdi progettata nel primo Novecento dall'architetto romano Cesare Bazzani, si leva la grandiosa mole gotica del tempio di S. Fortunato.

*S. FORTUNATO. La costruzione della chiesa attuale, su un preesistente edificio (1192), fu iniziata nel 1292 col contributo del Comune, a sancire l'importanza dell'insediamento dei Francescani a Todi, e si protrasse fino al XV secolo. La facciata, rimasta incompiuta nella parte superiore, fu realizzata tra il 1415 e il 1458 da Giovanni di Santuccio di Firenzuola, coadiuvato dal nipote Bartolo di Angelo. Nella parte inferiore lo spazio è suddiviso verticalmente da sei lesene che inquadrano i tre portali. Fulcro della composizione è il ***portale** maggiore (1424-36), a sesto acuto, decorato nello strombo con colonnine tortili a esclusione della cornice esterna, ornata di sculture raffiguranti, ai lati *personaggi del Vecchio e del Nuovo Testamento, stimmate di S. Francesco, S. Fortunato,* e intorno al lunettone un coro di *tredici santi.* Ai lati, entro due edicole gotiche, l'*Arcangelo Gabriele* e la *Vergine annunciata* (le colonnine che chiudono frontalmente la seconda sono moderne e improprie), sculture attribuite alla cerchia di Jacopo della Quercia.

INTERNO (visita: 8.30-12.30 e 15-19). A sala ipostila, si compone di tre navate di pari altezza tutte voltate a crociera. Nelle navate laterali si aprono sette cappelle sul lato destro e sei su quello sinistro. Al 1° pilastro sin., *acquasantiera* ricavata da due capitelli sovrapposti: il superiore (prima metà del sec. XIII), raffigurante il *Mistero dell'Eucarestia,* con Gesù dalla cui bocca fuoriescono spighe di grano e grappoli d'uva, probabilmente è pertinente alla chiesa preesistente.

NAVATA DESTRA. Nella 1ª e nella 3ª cappella, frammenti di affreschi, rispettivamente del XVII e del XV-XVI secolo. Nella 4ª, di S. Michele Arcangelo, giuspatronato della famiglia Paolucci: alla parete d., ***Madonna col Bambino e angeli,** frammento di affresco eseguito nel 1432 da Masolino da Panicale; alla parete dietro l'altare, *Madonna in trono col Bambino fra i Ss. Girolamo e Giorgio,* affresco datato 1506. Nella 6ª cappella, di S. Francesco d'Assisi, giuspatronato della famiglia Astancolle, ciclo di affreschi (c. 1340) di un seguace umbro di Giotto (Bastiano?): alla parete d., *Stimmate di S. Francesco* e *L'accertamento delle stimmate* (molto frammentari; la composizione e l'iconografia sono riprese dal ciclo della Basilica superiore di S. Francesco ad Assisi); sulla parete dietro l'altare, *Crocifissione;* alla parete sin., sulla lunetta, *S. Francesco rinuncia ai beni.* La 7ª cappella, della SS. Annunziata, è decorata con stucchi ad altorilievo di un seguace romano dell'Algardi.

CAPPELLA GREGORIANA o del Sacramento. Si apre in fondo alla navata destra. All'altare in legno scolpito (1758), **Incoronazione della Vergine con* *l'arcangelo Michele e i Ss. Pietro, Giovanni Battista e Paolo,* pala centinata di Andrea Polinori (firmata e datata 1618) proveniente dalla chiesa di S. Maria della Consolazione; sulla parete di fronte, *Madonna in trono col Bambino,* affresco di Niccolò di Vannuccio (firmato e datato 1400). Nel presbiterio, **coro* ligneo scolpito e intagliato da Antonio Maffei (1590).

NAVATA SINISTRA. La 5ª cappella, del SS. Crocifisso, è decorata con affreschi del 1340 c., attribuiti a un pittore umbro, raffiguranti il *Banchetto di Erode* e, nella lunetta, *Presentazione di Giovanni al Tempio.* La 3ª cappella, dell'Assunta (già Accursi), è interamente decorata con ***affreschi** e tele di Andrea Polinori: a d., *Incoronazione della Vergine*; sull'altare, *Assunzione* (opera del fratello Giovanni Antonio); a sin., *Presentazione di Maria al Tempio*; nella volta, la *Natività* e *Annunciazione*; nei pennacchi, *Salomone, Geremia, Mosè e David.* Nella cripta, *tomba di Jacopo de' Benedetti,* il poeta più noto come Jacopone da Todi (m. 1306 a Collazzone).

IL CONVENTO E I RUDERI DELLA ROCCA. Nell'attiguo largo S. Martino si trova l'ex **convento**, ora Scuola media e Liceo-ginnasio Jacopone da Todi; nel chiostro, avanzi di affreschi di Niccolò di Vannuccio (1373). Il poderoso bastione murario del convento è in parte sostenuto da un tratto delle mura di terrazzamento di età romana; la cinta prosegue verso valle, in gran parte ben conservata, fungendo da fondazione delle case; nella zona sottostante all'insediamento francescano si apriva, probabilmente a un livello inferiore rispetto all'attuale, una delle porte di accesso alla città, in corrispondenza della Via Amerina proveniente da sud.

Oltre il largo S. Martino si può salire al *piazzale IV Novembre,* sistemato a parco (magnifico *panorama sulla città e sulla valle), dove resta una colossale scarpata di un torrione cilindrico appartenuto alla **Rocca**, eretta nel 1373, restaurata nel 1463, distrutta nel 1503.

Dal piazzale, scendendo per i viali sottostanti alle poderose mura del convento (a destra, l'antico e diruto arco di *S. Libera*), si raggiunge a sinistra la *via Leoni,* già di S. Croce. Questa via riconduce in piazza Jacopone (pag. 501) attraverso un quartiere medievale tra i meglio conservati della città, che aveva la sua spina nella via *S. Fortunato* (a destra) verso la porta Marzia (v. sotto).

CORSO CAVOUR. Di nuovo in piazza del Popolo, si passa nella piazza Garibaldi (pag. 498) per imboccare il corso, la «Rua» o via degli Speziali della città medievale, che per le porte Marzia (dopo questa, l'odierna denominazione muta in *via Roma*) e Catena dava accesso al borgo Ulpiano. La strada, lastricata già nel secondo Duecento, scende ripida qualificata a destra dalla **fonte Rua**, chiamata anche *Cesia* perché fatta costruire nel 1606 dal vescovo Angelo Cesi; fu rimaneggiata nel 1705 e nel 1925 ebbe aggiunte le vasche in cemento. Più in basso è la **porta Marzia**, arco medievale che riutilizza blocchi romani, sormontato da un'elegante balaustra. Dopo la porta, a sinistra, la via Mercato Vecchio dà avvio a una lunga e interessante diramazione verso il borgo Nuovo e la porta Perugina. La descrizione di via Roma riprende a pag. 505.

SS. FILIPPO E GIACOMO. Vi si va in breve per il vicolo gradinato che sale a destra del corso, subito prima della porta Marzia. Destinata a divenire sede museale, la chiesa è a navata unica con cripta sopraelevata. I frammenti di affreschi sulla parete sinistra (secolo XIV) testimoniano l'origine medievale dell'edificio, incorporato nel 1630 nell'attiguo monastero benedettino. Sulla parete absidale è stata recuperata sotto la scialbatura la decorazione ad affresco del 1638, probabilmente di Bartolomeo Barbiani.

I *NICCHIONI. La via Mercato Vecchio scende in breve alla piazza (adibita a parcheggio) dominata dall'imponente struttura dei quattro cosiddetti Nicchioni romani. Si tratta di una monumentale sostruzione, realizzata tra la fine dell'età repubblicana e l'inizio di quella imperiale, forse in occasione dei rinnovamenti urbanistici augustei; una «via tecta» sul lato destro della struttura, metteva in comunicazione il livello della piazza con la terrazza superiore. Nel Medioevo, era opinione che il manufatto fosse avanzo di un tempio dedicato a Marte.

S. CARLO E LA FONTE SCANNABECCO. Avendo a destra un bellissimo panorama sulla valle, si continua sulla *via della Piana* (sistemata dal vescovo Cesi alla fine del '500), lasciando a sinistra la chiesa romanica di **S. Carlo**, già di S. Ilario, documentata dal 1112, consacrata nel 1249, con campanile a vela aperto da due trifore sovrapposte (all'interno, *Madonna della Misericordia*, affresco dello Spagna). Segue il *palazzo Benedettoni*, del secondo '500 (all'interno, affreschi di Pietro Paolo Sensini, Bartolomeo Barbiani e Andrea Polinori). Quindi, la **fonte Scannabecco** o Scarnabecco, fatta costruire nel 1241 da Scannabecco dei Fagnani da Bologna, podestà di Todi: è costituita da un portico sostenuto da sette colonne con capitelli variamente lavorati sui quali poggiano archi a tutto sesto. Caratteristiche case d'aspetto medievale si dispongono nel tratto successivo della via, dove era ubicato il *Teatro romano*: rovinato per le frane di questa parte del colle, ne rimangono scarsissimi avanzi.

S. PRASSEDE. La chiesa, più avanti su via della Piana, fu eretta (con l'annesso convento agostiniano) nel 1320 su un preesistente edificio religioso. La facciata, incompiuta, è a fasce di pietra bianca e rossa, con portale ad arco acuto decorato con colonnine e costoloni.

INTERNO. Fu rinnovato tra XVII e XVIII secolo. In controfacciata, tele sei-settecentesche, tra cui *S. Teresa d'Avila* e *S. Benedetto da Norcia* (1621) di Andrea Polinori; alla parete sin., *Compianto su Cristo morto*, attribuito a Hendrick de Clerck, esempio di alta qualità di pittura della Controriforma in Umbria; nella 1ª cappella sin., *Sposalizio della Vergine* e *Visitazione*, tele di Bartolomeo Barbiani, firmate e datate 1620. Nell'abside, affreschi entro un'inquadratura architettonica a «trompe-l'oeil», opera di qualità modesta ma aggiornata all'illusionismo spaziale tardo-barocco (fine XVII-inizi XVIII secolo).

L'annesso *convento* è sede dell'Istituto Artigianelli Crispolti, fondato nel 1847 dal canonico Luigi Crispolti (1815-1883); nell'atrio, frammenti di affreschi attribuiti ora a Cola Petruccioli, ora a Piero di Puccio.

IL BORGO NUOVO. Cresciuto entro il primo Duecento fuori dalla *porta S. Prassede* (a destra della chiesa), aperta nella seconda cinta, e incluso nella murazione del 1244, era innervato dall'importante via per Perugia. Il borgo, che scende in ripida pendenza, ha conservato i caratteri urbanistici del quartiere medievale di espansione, scandito dagli insediamenti religiosi strategicamente posti alle due estremità della spina viaria, sulla quale si allineano le unità edilizie destinate al popolo degli artigiani e dei piccoli commercianti inurbati.

S. FRANCESCO AL BORGO. Annessa al monastero delle Clarisse di S. Francesco, già chiesa di S. Marco dei Servi di Maria (in una cella del convento morì, nel 1285, san Filippo Benizi), la chiesa fu rinnovata nel XVIII secolo e nell'800 dotata della ricca decorazione a opera dei fratelli Agretti.

Nell'INTERNO, tele di Silvestro Valeri (1858) e, sull'altare maggiore di gusto barocco vicino all'ambito di Carlo Fontana, *Sposalizio della Vergine*, tavola centinata già attribuita a Livio Agresti da Forlì ma più probabilmente di un seguace del Perugino (c. 1530). Attraverso una grata a sinistra dell'altare si vede il coro del monastero dove, alla parete di fondo, è un grandioso affresco raffigurante il *Purgatorio con la Vergine e S. Filippo Benizi*, opera del cosiddetto Maestro del Purgatorio di Todi (1346), artista umbro influenzato dalla coeva pittura senese.

Nel CONVENTO (non accessibile) sono da segnalare: nel parlatorio, un affresco (*Re Magi*) attribuito a Niccolò di Vannuccio e un altro (*Tobiolo e l'Angelo con S. Filippo Benizi*) di un artista legato alla bottega fiorentina di Domenico Ghirlandaio (1501). Nell'ex coro, *tre santi fondatori dell'Ordine servita*, entro formelle a compasso, opera di notevole qualità da riferirisi ad ambito toscano degli inizi del Trecento. Nel complesso monastico è da segnalare anche la *Scala Santa*, fatta costruire nel 1635 in dimensioni ridotte sul modello di quella di S. Giovanni in Laterano a Roma con la concessione dell'indulgenza del pontefice Urbano VIII; gli affreschi che la ornano sono di Andrea Polinori.

SS. ANNUNZIATA. Sorge poco più avanti nel borgo Nuovo, con l'annesso monastero di monache servite. All'interno, sull'altare maggiore *Annunciazione* di Corrado Giaquinto; sull'altare a sin., *S. Filippo Benizi e S. Giuliana Falconieri* di Francesco Appiani, e a quello d. *S. Biagio Vescovo e scene del martirio* di Pietro Paolo Sensini (1621). Nel monastero, affreschi datati dal XIV al XVII secolo.

PORTA PERUGINA. Conclude la via Borgo Nuovo la porta meglio conservata della terza cinta, chiusa fra le mura e le torri medievali. A sinistra, sorge la piccola chiesa di **S. Croce** o *S. Eligio di Borgonuo-*

vo, il cui titolo è documentato dal 1276. Attualmente utilizzata come magazzino, è interamente affrescata: sulle pareti, *storie della Vergine* (inizi '600), e sulla volta *Dio Padre*, opera datata 1644 e attribuita a Bartolomeo Barbiani.

S. Maria in Camuccia. Da via Roma, dopo l'innesto di via Mercato Vecchio (pag. 502), si stacca a destra la via S. Maria in Camuccia che conduce all'omonima **chiesa** a due piani, fondata nel VII-VIII secolo, rifatta nel XIII (abside e parte della chiesa inferiore) e ancora in seguito. La facciata, a terminazione rettilinea, ha un portale sostenuto ai lati da colonne con capitelli corinzi, probabile materiale di recupero da monumenti romani.

Chiesa superiore. L'interno è a un'unica navata sulla quale si aprono quattro cappelle a sinistra e tre a destra. Nella 1^a cappella sin., tela di Andrea Polinori con *S. Giacinto portato in gloria dalla Vergine, la Maddalena e S. Caterina d'Alessandria* (la figura di S. Giacinto è di Pietro Paolo Sensini); nella 2^a, *Madonna col Bambino, S. Ilario e S. Carlo Borromeo* dello stesso. La 3^a cappella ha volta a crociera con affreschi attribuiti a Lello da Velletri (attivo a Todi nel 1437), autore anche dell'*Annunciazione* staccata dalla parete e collocata sopra l'arco d'ingresso; al centro, ***Madonna col Bambino** detta *Sedes Sapientiae*, statua lignea con tracce di policromia (fine sec. XII; i volti della Vergine e del Bambino sono rifatti). Nella 4^a cappella, decorata con stucchi, *S. Tommaso e santi* da attribuire a Michelangelo Ricciolini. All'altare maggiore, pala di Bartolomeo Barbiani (*Madonna col Bambino e santi domenicani*), cui spetta anche la *Trinità e santi* alla parete destra.

Nella Chiesa inferiore, cui si accede da una porta a sinistra dell'abside, rimangono affreschi del XIV e XV secolo.

Borgo di Porta Fratta. Il borgo medievale (secoli XI-XII) si dirama fuori dal varco di **porta Aurea**, cui si perviene continuando la discesa oltre S. Maria in Camuccia. Aperta nel secondo giro di mura, in questo tratto conservato, è preceduta dalla chiesa di **S. Giuseppe dei Falegnami** (metà XVII secolo), interessante per la ricca decorazione interna cui lavorarono Pietro Pauselli e Bartolomeo Barbiani; sull'altare maggiore, *Sacra Famiglia nella bottega del falegname*, opera caravaggesca di Andrea Polinori (1623).

Più in basso, nel cuore del borgo, sta la chiesa di **S. Giorgio**, fondata nel 1017; all'interno, *Madonna col Bambino*, affresco attribuito allo Spagna. La via di Porta Fratta conduce all'omonima **porta**, detta anche Amerina, della murazione duecentesca.

Ancora in via Roma. La discesa verso porta Catena è scandita da altri due edifici di culto: a sinistra, la degradata chiesa di *S. Silvestro* (da cui provengono gran parte delle opere ora in S. Prassede, pag. 503), quindi a destra **S. Antonio**, decorata all'interno da Bartolomeo Barbiani (1642). La *porta Catena*, o Carigii, facente parte della seconda murazione, conserva nella tamponatura dell'arco resti di affreschi probabilmente riferibili al Barbiani. Oltre il varco, a destra la *via* *di Mezzo Muro* mostra alcuni filari di una sostruzione antica, forse romana, sui quali si sono in parte sovrapposte le mura medievali.

BORGO ULPIANO. Si sviluppa nel XIII secolo tra porta Catena e porta Romana, innervato dalla *via Matteotti*, sulla quale si innestano a pettine le strade minori. Vi prospetta subito a destra l'ex **chiesa della Trinità**, rinnovata nel Settecento (nel sottarco d'ingresso è la data 1717); l'interno, destinato a sede museale, è a pianta ellittica con decorazioni di Carlo Lamparelli. Il borgo è concluso, al termine della discesa, da due chiese che precedono la doppia **porta Romana** (secolo XVI), aperta nella terza murazione.

S. NICOLÒ, a destra della via Matteotti, fu eretta nel '400; ha facciata a terminazione rettilinea, con portale ad arco acuto ornato da colonnine tortili e un bel rosone. All'interno, sulla parete sin.: nella prima campata, *S. Terenzio in adorazione dell' Eucarestia* di Andrea Polinori (1644); nella seconda, nicchia con affresco (*Madonna col Bambino fra i Ss. Antonio abate e Sebastiano*) della fine del sec. XV; nella terza, *Natività e gloria d'angeli* di un seguace dello Spagna. Ai lati dell'arco trionfale, due affreschi staccati del Polinori. L'altare maggiore è trecentesco.

S. FILIPPO BENIZI, già Madonna delle Grazie, fronteggiante S. Nicolò, risale alla fine del '400 e nel '500 fu ampliata. Il portale, decorato ai lati da due cariatidi, con frontone spezzato, è di Antonio di Giovanni da Orvieto. Sul fianco destro, altro bel portale di Mariotto di Andrea (1495). All'interno, nella 2ᵃ cappella d., affreschi di Andrea Polinori; nella 2ᵃ sin., frammento di affresco staccato con la *Madonna e il Bambino*, attribuito al Maestro del Purgatorio di Todi (metà sec. XIV). Altre opere sei-settecentesche ornano la chiesa e la sagrestia (Paolo Naldini, Pietro Paolo Sensini, Bartolomeo Barbiani).

S. NICOLÒ DE CRYPTIS. Dal fianco destro di S. Nicolò, conduce all'antica chiesetta la via dell'Anfiteatro Antico. Sorgeva infatti qui l'*Anfiteatro romano*, di cui sussistono ruderi nel sagrato; di dimensioni considerevoli, il manufatto aveva almeno due serie di gradinate, sostenute da ambulacri. Demolito già in antico, forse al momento del ridimensionamento del centro urbano, i materiali sono stati frequentemente reimpiegati in molte delle costruzioni limitrofe; lo spazio dell'arena fu adibito ad area cimiteriale. La **chiesa**, fondata nel 1093, fu poi ingrandita con l'aggiunta delle navate laterali.

A S. MARIA DELLA CONSOLAZIONE. Dal centro storico, la segnaletica turistica offre molteplici alternative per raggiungere il complesso rinascimentale, ubicato sul margine esterno sud-occidentale delle mura duecentesche, sulla direttrice d'uscita per Orvieto. Le vie più dirette escono dalla porta Aurea o dalla porta Fratta (pag. 505), oppure dalla piazza Umberto I (pag. 501) per via Ciuffelli e il viale della Consolazione. *S. Maria della Consolazione, interessantissima chiesa a pianta centrale, fu iniziata nel 1508 per celebrare il culto di un'immagine sacra della Maestà, e venne terminata nella cupola solo nel 1607. Il tempio è stato attribuito a Bramante sin dalla fine del Cinquecento, ma non esiste prova di tale paternità nei documenti, precisissimi invece per quanto attiene agli altri maestri attivi nelle diverse fasi della costruzione: Cola da Caprarola (1508-12), Baldassarre Peruzzi (1518), il Vignola (1565), Ippolito Scalza (1584, 1594, 1597). L'edificio è a croce greca con quattro absidi, tre poligonali e la quarta, a nord, semicircolare. Ogni abside è a due ordini di pilastri corinzi: i capitelli, di squisita fattura, furono scolpiti da Ambrogio da Milano, Francesco da Vita, Rocco di Tommaso, Filippo da Meli, Gianmaria di Giovan Pietro, Girolamo da Montefiascone e Giovan Pietro. Il tempio ha belle finestre, su disegno di Valentino Martelli (1587), con frontoni triangolari e curvilinei e, al di sopra della cornice di coronamento, una calotta su attico. Al di sopra della calotta si leva una terrazza quadrata con quattro aquile, di Antonio Rosignoli

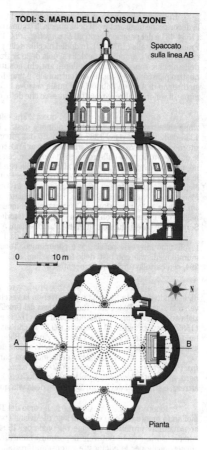

TODI: S. MARIA DELLA CONSOLAZIONE

Spaccato sulla linea AB

0   10 m

N

A   B

Pianta

(1601-04), agli angoli e con balaustrata. Dalla terrazza si sviluppa il tamburo della cupola, attribuito a Francesco Casella, con doppi pilastri ionici. Il portale orientale, barocco, è seicentesco; quello meridionale, del 1713; quello occidentale, di Luigi Poletti (1846). Pianta e spaccato sono qui sopra.

L'INTERNO è luminoso, di nobile semplicità e chiarezza architettonica. Ricca la decorazione degli archivolti della cupola, a lacunari e rosoni, di Filippo da Meli (1534-43) e dei pennacchi con gli *Evangelisti*, di G.B. Gardona da Ligornetto e Francesco Casella (1579-82). In dodici nicchie delle prime tre absidi sono collocati gli *apostoli*, grandi statue della scuola dello Scalza. Entro gli altari barocchi delle nicchie sono inglobati quelli più antichi, costituiti da semplici mense su quattro pilastrini. Nell'abside settentrionale, il grandioso altare maggiore, forse su disegno di Andrea Polinori, sul quale si trova la *Madonna della Consolazione*, il venerato affresco quattrocentesco che dette origine al tempio.

AL CONVENTO DI MONTESANTO: quasi 2 km, oltre S. Maria della Consolazione sulla statale 79 bis Orvietana, quindi a destra. Il convento fu fondato nel 1235 dalle Clarisse e nel 1367 trasformato dall'Albornoz in fortilizio; nel 1448 ritornò alla destinazione originaria, affidato ai Frati minori francescani. L'attuale edificio fu ricavato dalle rovine della fortezza con l'annessa **chiesa**. All'interno, nella 1ª cappella d., *Presepe*, affresco della cerchia del Ghirlandaio; sopra le scale del presbiterio, il *Beato Bernardino da Feltre*, attribuito allo Spagna. Nell'abside, altro affresco (*Crocifissione tra la Vergine, S. Giovanni e S. Francesco*), opera attribuita a un pittore folignate vicino a Niccolò Alunno. A sin. si apre la *CAPPELLA DELLA CROCIFISSIONE, commissionata nel 1612 dalla famiglia Vici e decorata con stucchi e affreschi (**storie della Passione**) di Cesare Sermei; alle pareti, due tele di Pietro Paolo Sensini e Andrea Polinori.

La statale prosegue per Orvieto (km 46.6 da Todi) su un tracciato di notevolissimo interesse paesistico e panoramico. Tocca **Pontecuti** m 150, borgo murato medievale con resti delle fortificazioni, e sull'opposto versante **Prodo** m 394, con castello turrito quattrocentesco.

ALLA CHIESA DEL CROCIFISSO E A PONTE RIO: poco meno di 4 km da Todi, uscendo da porta Romana e percorrendo la vecchia provinciale che scende verso la stazione Todi-Ponte Rio. La **chiesa del Crocifisso**, a croce greca, fu iniziata su progetto forse di Valentino Martelli (1593) eseguito da Ippolito Scalza (1595), sospesa nel 1610 e coperta nel 1740 con una bassa calotta. Nell'interno, tele di Giovanni Baglione (1616) e Andrea Polinori (1630); all'altare maggiore, *Crocifissione*, affresco staccato della scuola dell'Alunno.

Ponte Rio m 147, conserva nella moderna parrocchiale un'*Assunzione fra i Ss. Pietro, Bernardino da Feltre e Cassiano*, opera del Faenzone. A nord, in località *Bodoglie*, è un *Museo della Civiltà contadina*, che raccoglie attrezzi e strumenti del lavoro agricolo e della vita quotidiana.

IL PARCO FLUVIALE DEL TEVERE. Il corso del Tevere dal ponte di Montemolino (a monte di Todi) e fino al lago di Alviano (pag. 577) è stato istituito in area naturale protetta con legge regionale del 1994, in fase di attuazione. Il comprensorio riveste notevole importanza faunistica (avifauna migratoria) e vegetazionale per le composite estensioni forestali. Segue questo tratto dell'asta fluviale la statale 448 di Baschi, che si imbocca proseguendo oltre il bivio per Montesanto (v. sopra). La strada attraversa l'aspra *gola del Forello*, catalogata tra i biotopi di maggiore interesse all'interno dell'area, quindi raggiunge le rive frastagliate del **lago di Corbara**, ampio bacino artificiale ottenuto con una diga di sbarramento del Tevere. La statale di Baschi confluisce, km 27.8, in quella Amerina che raggiunge (km 30 da Todi) Baschi (pag. 577).

10.3 I MONTI MARTANI E LA ZONA TERMALE: DA TODI A TERNI

Il bacino del torrente Naia unisce la valle del Tevere, a sud di Todi, con il Ternano. Da qui passava in antico il ramo occidentale della Via Flaminia, toccando Carsulae e «Vicus Martis Tudertium» (S. Maria in Pantano presso Massa Martana). Le favorevoli condizioni orografiche e climatiche nonché la ricchezza di acque hanno sostenuto lo sviluppo agricolo dell'area, perfezionando e applicando su larga scala le più evolute pratiche mezzadrili. Queste hanno definito gli assetti della campagna, nonostante la fine di questa forma di conduzione e la forza attrattiva di Terni e del suo indotto industriale, che per tutti gli anni '80 del Novecento hanno drenato in modo irreversibile la popolazione attiva. L'impronta agricola è più tradizionale verso Todi, mentre appare maggiormente industrializzata (allevamenti) verso il limite della conca ternana (Montecastrilli). La stessa statale Tiberina (con carattere di superstrada), che segue il tracciato della viabilità storica dal bivio della statale 316 dei Monti Martani, non ha esercitato un significativo potere di attrazione per la localizzazione di insediamenti industriali. La presenza di acque minerali, soprattutto nei territori di Massa Martana, Acquasparta e San Gèmini, ha sviluppato e consolidato una rilevante attività termale, in area dove già i Romani avevano insediato ville rustiche e residenziali per la cura del corpo.

Tra la valle del Tevere e la Valle Umbra si interpongono i **monti Martani**, terra di frontiera tra Bizantini e Longobardi prima, e tra le città di Todi, Spoleto e Foligno nel periodo comunale. I centri, spesso fortificati, si sono sviluppati con una certa autonomia rispetto alle vicine e più forti città giovandosi della relativa marginalità dei siti e dell'asperità dei collegamenti; numerosi gli edifici religiosi disseminati nel territorio, in gran parte sorti su preesistenze antiche. Sul versante occidentale, rivolto a Todi e alla valle del Tevere, la Via Flaminia ha esercitato capacità attrattiva per le comunità umbre della montagna; in quello orientale è stata più accentuata la storica condizione di perifericità rispetto ai processi di colonizzazione, confermata oggi da un paesaggio agrario dove impianti anche recenti e specializzati di colture arboree e forestali (olivi insieme ad aghifoglie e a resinose) non sopperiscono al progressivo avanzamento del bosco conseguente all'abbandono dei modi di produzione tradizionali. L'itinerario (di 42 km; carta a pag. 511) collega Todi a Terni sulla provinciale (la vecchia Tiberina, declassata) che corre a ridosso della superstrada; al principio del percorso, una lunga diramazione, ricca di spunti paesaggistici e ambientali, si interna nei monti Martani raggiungendo Gualdo Cattaneo.

DA TODI AL BIVIO DELLA STATALE DEI MONTI MARTANI. Si lascia Todi verso sud-est (segnaletica Collevalenza) sulla provinciale che si snoda a saliscendi nella campagna. Alla biforcazione di *Collevalenza* m 354, paese di origini castellane, diverge a sinistra un collegamento per Bastardo che, correndo sul crinale con ampie vedute, consente di raggiungere le chiese di S. Illuminata e dei Ss. Fidenzio e Terenzio (v. oltre). Più avanti, la provinciale lascia a destra **Casigliano** m 255 (dove Angelo Atti si fece erigere un grande *palazzo* su disegno di

Antonio da Sangallo il Giovane; le tombe cinquecentesche della famiglia Atti sono nella cripta della parrocchiale), e a sinistra **Villa San Faustino** m 293: nei pressi, l'*abbazia* benedettina di *S. Faustino*, con chiesa del XII secolo edificata con materiali di spoglio, e lo *stabilimento dell'Acqua di S. Faustino*, bicarbonato-alcalino terrosa. Al km 20 si raggiunge Massa Martana Stazione, da cui muove la statale 316 dei Monti Martani, che in diramazione si percorre (v. sotto) fino a Gualdo Cattaneo.

A S. ILLUMINATA E ALL'ABBAZIA DEI SS. FIDENZIO E TERENZIO: km 6. La chiesa di **S. Illuminata**, poco discosta a sinistra della strada per Bastardo, fu edificata nel XII secolo sui resti di una costruzione più antica; ha una bella facciata e, nell'interno, affreschi del 1430 e pala d'altare della fine del '600. Poco avanti, emerge a destra nei campi l'**abbazia dei Ss. Fidenzio e Terenzio** (ora proprietà privata), eretta nell'XI secolo riutilizzando ampiamente materiali edilizi di epoca romana provenienti da un insediamento scavato nelle vicinanze. La facciata della chiesa, in pietra a fasce rosse e bianche, ha portale romanico sormontato da bifore con ampia mensola. Nell'interno (aperto la domenica, 10-12), con presbiterio sopraelevato: pietra sepolcrale romana e pergamo duecentesco; alla parete dell'abside, interessanti giochi di ornato a bassorilievo raffiguranti motivi della simbologia longobarda. La cripta, appartenente a un edificio più antico, ha pianta inusuale, con tre colonne sorreggenti un incrocio a volte. Isolata dalla chiesa, una torre merlata poggiante su un avanzo di struttura dodecagona.

I MONTI MARTANI

Questo percorso (di 35.5 km) prende avvio dal nucleo di *Massa Martana Stazione* m 243, dove è l'avanzo di una poderosa sostruzione della Flaminia antica, residuo probabilmente di un ponte sul quale la strada oltrepassava un torrente. In vista della catena montuosa culminante nel monte Martano m 1094, la statale tocca a destra la chiesa di **S. Maria in Pantano**, una delle più antiche dell'Umbria, edificata secondo la tradizione da san Severo; occupa il posto di un edificio romano appartenente al «Vicus Martis Tudertium», scalo sulla Flaminia in prossimità di Todi. La chiesa, che come le case adiacenti riutilizza blocchi e materiali di costruzioni romane, ha facciata pendente con portale e rosa del XIII secolo, e abside forse dell'VIII. All'interno (non accessibile dopo i danni del terremoto del maggio 1997) sono state rimesse in luce parti della pavimentazione in laterizio e a mosaico dell'edificio romano; le colonne, i capitelli e varie strutture murarie sono di reimpiego; l'altare è ricavato da un'ara romana con iscrizione. Sulla parete esterna a sinistra, tra la chiesa e la casa adiacente, è la parte anteriore di un'urna romana in travertino con raffigurazione del sacrificio di Ifigenia.

VERSO MASSA MARTANA. La statale prosegue discostandosi dal tracciato dell'antica Flaminia, che seguiva piuttosto quello della strada secondaria sulla sinistra dove, in località *Ceceraio*, rimangono tombe romane a edicola, appartenenti alla necropoli del «Vicus Martis», e una sostruzione sul punto in cui la via superava il torrente Tribio. Oltrepassato il breve tronco per la chiesa di S.

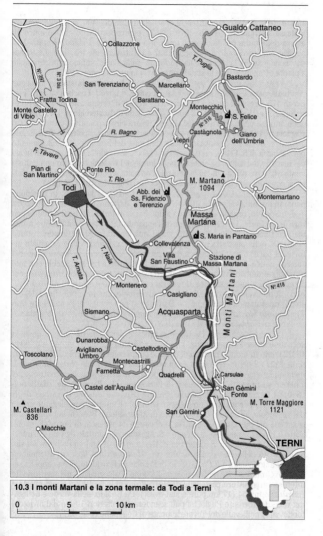

10.3 I monti Martani e la zona termale: da Todi a Terni

0   5   10 km

Maria delle Grazie, con affreschi di scuola umbra del '400, si giunge, km 5.5, a **Massa Martana** m 351, ab. 3579 (3882), centro fortificato chiuso entro gli avanzi delle mura cui dà accesso una porta del X secolo. L'abitato è stato danneggiato dal terremoto del maggio 1997 ed è attualmente inagibile. Lesionata dal sisma è anche la chiesa della *Madonna della Pace,* edificio rinascimentale a pianta ottagonale, che la statale oltrepassa in uscita verso nord.

VERSO GIANO DELL'UMBRIA. Tra boschi di querce, la statale prosegue con belle visuali sulle distese ondulate a coltivi e uliveti. Lascia a sinistra *Viepri* m 478, presso il quale è la pieve di *S. Maria,* di origini romaniche su preesistenze, quindi su un poggio il nucleo castellano di **Montecchio** m 451, con resti delle antiche mura. Più avanti si volge a destra oltrepassando il castello di **Castàgnola** m 483, che nel Medioevo fu conteso tra Foligno, Spoleto e Todi. Segue a sinistra, in basso, il santuario della Madonna del Fosco, poi il collegamento per l'**abbazia di S. Felice,** eretta nell'XI-XII secolo secondo la tradizione sul luogo del martirio del santo. La chiesa è nelle forme del romanico umbro con influssi lombardi, a tre navate di cui la centrale con volta a botte; il presbiterio, rialzato, si conclude con tre absidi (nella cripta, sarcofago del santo titolare).

GIANO DELL'UMBRIA m 546, ab. 3200 (3010), al km 20.5, in posizione panoramica sulla valle del Clitunno e il monte Martano, fu castello conteso tra Todi e Spoleto, organizzato attorno a due impianti fortificati cinti da mura con torri e postierle. Le stratificazioni dell'apparato difensivo riconducono a una matrice romana dell'insediamento, già in antico murato. Al vertice del sistema si apre la bella piazzetta principale, chiusa tra case medievali e articolata attorno al palazzo municipale e a due chiese. *S. Maria delle Grazie* conserva l'abside gotica dell'edificio originario, che fu rinnovato nel XVIII secolo con modificazione dell'orientamento (all'altare maggiore, trecentesca *Madonna col Bambino,* e a quello sinistro *Madonna col Bambino e santi* di Andrea Polinori). A un livello inferiore, *S. Michele Arcangelo,* che fu la principale del castello, ripetutamente manomessa. Da Giano si può compiere l'escursione (km 7) al *monte Martano* m 1094, che offre ampie vedute; poco sotto la vetta sono i resti dell'*abbazia* benedettina *di S. Pietro* (secolo XI).

GUALDO CATTANEO. Da Giano si procede per Bastardo, oltre il quale la segnaletica per Perugia guida, km 35.5, a Gualdo Cattaneo m 446, ab. 5949 (5872), che fu munito castello di confine su un colle fra i torrenti Puglia e Attone. Entro il perimetro murato con torri si apre la centrale piazza Umberto I, nella quale emerge il possente mastio della *fortezza* triangolare costruita nel 1494-98 su progetto di Francesco di Bartolomeo. La **Parrocchiale,** rifatta nell'800, ha facciata ornata di piccole sculture (*Agnello mistico* e *simboli degli Evangelisti*) pertinenti al precedente edificio; all'interno, con elegante cripta del XIII secolo, all'abside, *Ultima Cena* di Ascensidonio Spacca; la cappella cui si accede dal presbiterio, a sinistra, è decorata da affreschi di Ferraù Fenzoni. Sotto il Palazzo comunale si scende a **S. Agostino,** con portale ogivale. All'interno: a d. del presbiterio, *S. Caterina d'Alessandria* di Andrea Polinori, e a sin. *S. Agostino* dello stesso; alla parete sin., *Madonna del Rosario* attribuita a Pietro Paolo Sensini e *Il Purgatorio* di Francesco Providoni; nella cappella seguente, *Crocifissione* della scuola dell'Alunno. Da segnalare, nel territorio, le interessanti strutture castellane di *Marcellano* m 396 (10 km a sud-ovest) e *Barattano* m 454 (17 km pure a sud-ovest). Da Gualdo, nella verde e bellissima valle del torrente Puglia, si può scendere (in ulteriori 13 km dal bivio del fondovalle) nella valle del Tevere a monte di Collepepe (pag. 491).

CATACOMBA DI S. FAUSTINO. Dopo il bivio della statale dei Monti Martani, si procede sulla provinciale tra rilievi boscati rasentando a destra l'unica catacomba cristiana dell'Umbria, risalente nella sua fase più antica al III secolo, ossia agli albori della diffusione del Cristianesimo, facilitato in quest'area dalla presenza della Via Flaminia. Da qui, il percorso dell'antica strada consolare può essere seguito fino a raggiungere il vicino *ponte Fonnaia*, ardita costruzione che permetteva alla Flaminia di superare un modesto corso d'acqua tributario del torrente Naia: il manufatto, realizzato in occasione della revisione augustea del tracciato viario, è preceduto da un chiavicotto in grandi blocchi di travertino.

ACQUASPARTA. Si entra nell'abitato dopo aver oltrepassato il poggio su cui sta il castello di *Santa Lucia* m 283, dotato di chiesa romanica con torre absidale. **Acquasparta** m 320, ab. 4411 (4703), rinomata fin dall'epoca romana per le sue acque (oggi, Acqua dell'Amerino e sorgente Furapane), fu castello (resti di mura con torri cilindriche) delle Terre Arnolfe, grosso modo comprese tra la valle del Serra e il ramo occidentale della Flaminia: infeudate nel 966 da Ottone I ad Arnolfo che divenne eponimo dell'area, furono per molti secoli contraddistinte, all'interno dei possedimenti della Chiesa, da una propria struttura amministrativa di derivazione feudale (ancora nel 1606 venne emanato uno Statuto delle Terre Arnolfe).

L'assetto dell'abitato è quello gentilizio cinque-seicentesco, definito dai Cesi che acquistarono il possedimento da Pier Luigi Farnese e stabilirono di erigervi una splendida dimora nel luogo della rocca. Il loro intervento si estese alla ridefinizione urbanistica di tutto il paese e alla riforma delle campagne. Federico Cesi vi ricostituì nel 1609 l'Accademia dei Lincei, fondata a Roma nel 1603. Al centro dell'abitato emerge il grandioso ***palazzo Cesi**, eretto su progetto di Giovanni Domenico Bianchi (dal 1565), articolato nel sistema della piazza, della residenza e della loggia. La splendida decorazione degli interni fu realizzata in due fasi: la prima, più rilevante per qualità ed estensione, compiuta attorno al 1579, è opera di Giovan Battista Lombardelli con un collaboratore; la seconda, eseguita in occasione dei lavori intrapresi da Federico il Linceo tra il 1618 e il 1624 (in quell'anno vi fu ospite Galileo), si avvalse di un pittore nordico attivo a Roma e di un altro artista di cultura romana tardo-manieristica. Il palazzo è di proprietà dell'Università di Perugia, che lo utilizza per congressi e manifestazioni culturali.

INTERNO DEL PALAZZO CESI. Negli ambienti al piano terreno, la decorazione ad affresco prende spunto dalle Metamorfosi di Ovidio; al piano superiore, di rappresentanza, cui si accede dal portico per una scala con decorazione a graffito, si trovano splendidi *soffitti lignei a cassettoni con intagli: realizzati forse su disegno di Giovanni Domenico Bianchi e probabilmente ispirati a quelli di palazzo Farnese a Roma, sono da considerarsi tra gli esempi più importanti di questo altissimo artigianato in area romana. Il più grandioso è quello del SALONE: nei cassettoni sono intagliate *figure di Ercole*, putti, trofei d'armi e mascheroni e, in quello centrale, un grande stemma dei Cesi sorretto da due figure di *Vittorie* (inoltre, tela di Matteo Rosselli con *Mosè e le figlie di Jetro*). Stemmi, rosoni, trofei e altri ornati ricorrono nei soffitti delle sale vicine. I fregi ad affresco celebrano la famiglia Cesi, di cui si esaltano le virtù militari di Gian Giacomo e di Angelo Cesi, capitano della Chiesa, e la personalità di Paolo Emilio, primo cardinale della famiglia, ricchissimo, colto e potente; le Vite di Plutarco costituiscono la maggiore fonte di ispirazione. La decorazione a monocromo della *cappella*, con finta architettura di eco cortonesca, è da attribuire al romano Niccolò Ricciolini (circa 1760). Nella loggia a fianco del palazzo, iscrizioni romane, cippi da Carsulae e la cassa di un sarcofago.

CORSO UMBERTO I. Asse dell'abitato, è qualificato da edifici religiosi che illustrano il rinnovamento cinque-seicentesco. La chiesa di S. Cecilia, eretta nel 1581 e ripresa in forme neoclassiche nella seconda metà del '700, è a una navata nella quale si aprono cappelle simmetriche distinte da stemmi di famiglie locali, decorate di eleganti stucchi e arricchite da dipinti dei secoli XVII-XVIII tra cui: nella 3ª a destra, fatta costruire da Isabella Cesi (1581), *tomba di Federico il Linceo* e, entro importante cornice lignea dorata, *Crocifissione e dolenti*, tela dubitativamente assegnata a Giovan Battista Lombardelli (1580-82); nella 4ª sin., con lo stemma dei Cesi, *Adorazione dei pastori* attribuita al Domenichino; nell'abside, *Crocifisso* ligneo degli inizi del '300, da S. Francesco, e *S. Cecilia e i martiri Valeriano e Tiburzio* di Bacci da Terni (1762); inoltre, *Madonna della Stella*, scultura lignea policromata del XIV secolo (deposito temporaneo da S. Francesco).

Vicino a S. Cecilia è l'**oratorio del Sacramento**, piccolo edificio dedicato nel 1684, nel quale è reimpiegato sul pavimento un mosaico geometrico del I-II secolo, da Carsulae; sulla parete di fondo, *Ultima cena* del XVII secolo. Nella via Colonna, laterale al corso, la chiesa di S. Giuseppe, della fine del '600, con all'interno un dipinto coevo (*S. Giuseppe e angeli*). In via Marconi, che pure diverge dal corso, si trova la chiesa della **Madonna del Giglio**, che custodisce dipinti cinque-seicenteschi. S. Francesco, situata al termine del corso, in fondo al piazzale alberato, fu eretta nel 1290; conserva l'antico altare su colonnine e resti di affreschi nel chiostro.

In uscita verso San Gèmini è la chiesa di *S. Giovanni de Butris*, costruita nel '400 con materiale di spoglio sulle arcate di un ponte romano della Flaminia.

A MONTECASTRILLI E ALLA FORESTA FOSSILE DI DUNAROBBA: km 15.7, su una strada in direzione sud-ovest che tocca **Casteltodino** m 436, con la chiesa di *S. Bartolomeo*, del XIII secolo ma d'aspetto settecentesco, che conserva affreschi frammentari quattrocenteschi. Meno di 2 km a sud-est è **Quadrelli** m 373, la cui chiesa di *S. Maria Assunta* ha assetto settecentesco e decorazioni votive del XV secolo tra cui *S. Giuliano l'Ospedaliere* in veste di cacciatore, con la spada al fianco e un falcone in pugno (il culto di questo santo era diffuso lungo il percorso di transumanza dalle Marche verso la Toscana).

MONTECASTRILLI m 391, ab. 4500 (5983), km 9.7 da Acquasparta, fece parte nel Medioevo delle Terre Arnolfe, passando nel secolo XII sotto Todi. Il centro fortificato, cinto di mura con torrione circolare e archi sormontati da torri merlate quattrocentesche, ha due chiese interessanti per il patrimonio d'arte seicentesca. L'*oratorio della Confraternita del Rosario* conserva una *Madonna del Rosario* di Andrea Polinori e una *Madonna col Bambino e S. Carlo Borromeo* di Bartolomeo Barbiani (1619). Nella chiesa di **S. Nicolò** sono dipinti di Bartolomeo Barbiani, Archita Ricci, Andrea Polinori, autore della decorazione ad affresco della cappella Cospani (1626). Nel nucleo storico sorge anche il **convento delle Clarisse**: nella chiesa, grande pala d'altare di Girolamo Troppa (1678) e *Crocifisso* scultoreo *tra i dolenti* (1738-39); nel convento, *Il torchio mistico*, dipinto di rara simbologia attribuito a Girolamo Troppa. Nella campagna, tra i non pochi edifici di culto di origine romanica, già dipendenti dall'abbazia di Farfa, particolare interesse ha la chiesa di **S. Lorenzo in Niflis** (sulla strada per Farnetta), del X-XI secolo, singolare riproduzione di edificio romano con abside a grandi blocchi, cornicione intero e volta a botte; recenti restauri hanno messo in luce affreschi frammentari del XII-XIII secolo nella volta dell'atrio, e altri del XIII (*Maestà*, *Ultima cena*) e XIV nella navata.

AVIGLIANO UMBRO m 441, ab. 2354 (2227), che si raggiunge proseguendo verso ovest, fu castello delle Terre Arnolfe; tra le opere seicentesche che ornano la chiesa della *SS. Trinità*, costruita nel 1617, da segnalare due dipinti di Andrea Polinori e affreschi di Bartolomeo Barbiani (1637-38); notevole la *croce astile* in argento sbalzato e smaltato (1395), riferita all'ambiente di Cataluccio da Todi. Nell'abitato ha sede il *Centro di Documentazione della Foresta di Dunarobba* (v. sotto; visita a richiesta, t. 0744933701), con pannelli didattici e resti fossili. Poco discosto dalla strada che collega Avigliano a Toscolano sorge l'interessante ma degradato *palazzo Forte Cesare*, già degli Atti, forse seicentesco su strutture medievali. **Toscolano** m 560 (11 km a ovest di Avigliano) è un piccolo nucleo murato di matrice castellana, a impianto circolare, emergente sulle ondulazioni collinari disseminate di minuscoli insediamenti rurali. Vi ha rilievo, all'ingresso del paese, un'edicola quattrocentesca trasformata nel XVIII secolo in chiesetta della **SS. Annunziata**, che conserva un importante ciclo mariano riconosciuto variamente al Maestro di Toscolano o a Pier Matteo d'Amelia. Nella chiesa di *S. Apollinare*, *Crocifissione* del Polinori.

*FORESTA FOSSILE DI DUNAROBBA. Presso l'abitato m 448, all'interno di una cava di laterizi, si stendono i resti di una foresta risalente al Pliocene; l'eccezionale interesse scientifico del sito deriva dall'essere i tronchi, di grandi dimensioni, ancora in posizione di vita e conservanti la struttura lignea. Indagini recenti hanno accertato che la foresta sorgeva al margine del lago Tiberino, lungo un grande fiume diretto da Todi alla conca ternana che periodicamente alluvionava la pianura. La visita è solo guidata, in orari variabili stagionalmente (t. 0744933531). Emergente su un poggio poco a sud-ovest di Dunarobba è la cosiddetta *Fortezza*, architettura militare (XV-XVI secolo) oggi adattata a residenza, a pianta quadrata con torri angolari semicircolari.

A nord di Dunarobba è infine **Sismano** m 433, castello di origini medievali sul confine delle Terre Arnolfe, con *palazzo-fortezza* degli Atti e poi dei Corsini. Nella chiesa di *S. Andrea Corsini*, dipinto di Andrea Polinori col *santo titolare*.

SAN GÈMINI. Il rinomato centro termale è preceduto da *San Gèmini Fonte* m 366, dove si trova lo stabilimento di cura che utilizza le acque Sangemini e Fabia: la prima, nota dall'antichità e studiata scientificamente dalla fine dell'800, è leggermente carbonica con prevalenza di sali di calcio e scarso tenore di cloro e di sodio; l'altra è mediominerale. Da qui muove la strada che, sul tracciato della Flaminia antica, porta (km 3) all'area archeologica di Carsulae (pag. 517).

Il centro storico di **San Gèmini** m 337, ab. 4332 (3557), al km 33 dell'itinerario, si aggrega su un'altura nel sito dell'insediamento romano, attestato sulla Flaminia: ne restano tracce in una tomba con nucleo in opera cementizia, nota come «grotta degli Zingari», nei mosaici pavimentali e nelle strutture murarie di una grande villa presso la piazza principale. Centro murato, già castello delle Terre Arnolfe (pag. 513), organizza in posizione emergente il nucleo medievale di caratteristico aspetto, cui si aggiunse un ampliamento cinquecentesco raccordato dall'insediamento francescano. La chiesa di **S. Francesco**, che s'incontra entrando nell'abitato, fu costruita fra XIII e XIV secolo, ripresa nel successivo. Ha un bel portale gotico a fasci di colonnine e portone ligneo a lacunari impreziosito superiormente da una raffinata cornice intagliata ad archetti trilobi.

INTERNO a una navata, con sette arconi ogivali e abside gotica poligonale. Alle pareti, serie di scene affrescate (in parte lacunose): quelle a sin. (*Maestà, teoria di santi; Crocifissione*) e nel presbiterio sono della seconda metà del XIV secolo; quelle a d., entro nicchia, del XV-XVI; in controfacciata, *Adorazione dei magi* attribuita a Livio Agresti; inoltre, busto di *S. Bernardino* in terracotta policroma riferibile alla scuola del Vecchietta.

VIA ROMA, IL DUOMO E S. NICOLÒ. A sinistra di S. Francesco, si svolge rettilinea nell'addizione rinascimentale collegando il borgo medievale con la porta Romana. Subito prima della *porta* (1723), a sinistra la via Marconi sale al **Duomo**, con abside e parte della facciata trecentesche; l'interno fu rinnovato nell'800 in forme classicheggianti, probabilmente al tempo del soggiorno in città di Antonio Canova (tra le tele seicentesche, *S. Sebastiano curato dagli angeli* di Giovanni Baglioni).

Fuori della porta, a destra si può andare alla chiesa di **S. Nicolò** (proprietà privata), a tre navate divise per colonne (notare il primo capitello a sinistra, proveniente da Carsulae) e pilastri. Nell'interno, all'abside, affresco (*Madonna*) datato 1295, unica opera conosciuta del maestro Rogerino da Todi; altro affresco con la figura di un pontefice (forse Gregorio I) è a sinistra dell'abside. Inoltre, frammenti alto-medievali e altri materiali medievali e romani.

Dalla piazza S. Francesco, la porta del Borgo immette nel nucleo medievale, d'impianto ellittico, imperniato sulla piccola *piazza di Palazzo Vecchio:* vi sorge l'antico **palazzo pubblico**, di origini duecentesche, con una torre mozza integrata nel '700 e scala esterna protetta da un'arcata; sotto, resti di dipinti raffiguranti stemmi di podestà e l'immagine di *S. Giorgio*, assunta come emblema della città, inserita nello stemma comunale. Nell'interno, frammenti di affreschi nei quali si riconosce una serie completa di *Mesi* e stemmi di dignitari (XIV-XV secolo). Sulla piazza affaccia anche l'**oratorio di S. Carlo** (già S. Maria de Incertis) con affreschi del XV secolo: sulla parete di fondo, a una ripartizione in riquadri episodici dove compaiono *santi* e *due vescovi*, si sovrappone una grande scena lunettata esaltata dal singolare baldacchino in mattoni sostenuto sulla fronte da due colonne di reimpiego: la *Madonna col Bambino in trono e angeli* è in posizione centrale con in primo piano le *Ss. Caterina d'Alessandria e Lucia*. In sagrestia, *S. Carlo Borromeo* attribuito a Giovanni Baglioni.

Proseguendo sulla principale *via Casventino* si raggiunge, a destra, la parrocchiale di **S. Giovanni Battista**, con facciata del XII secolo aperta da un bel portale romanico a mosaici cosmateschi; nell'alto, altri resti di mosaici e varie iscrizioni tra cui una recante la data di fondazione della chiesa (1199) e i nomi degli architetti: Nicola, Simone e Bernardo.

All'INTERNO, sulle pareti e sui pilastri ottagonali emergono brani frammentari di affreschi in attesa di recupero; inoltre, dipinti dal XIV secolo (*Crocifissione e dolenti, S. Sebastiano*) al XVII (*Madonna del Rosario* di Benedetto Bandiera) e, sul fonte battesimale, coperchio ligneo (1592) a forma di tempietto poligonale, di pregevole fattura, che ricorda i modelli progettuali in scala.

S. MARIA DELLE GRAZIE , poco fuori l'abitato in direzione Narni, fu dal 1578 del Terzo Ordine Regolare di S. Francesco; all'altare, affresco raffigurante la *Madonna del Latte*, della seconda metà del XV secolo, incoronata da *angeli e S. Lucia* (XVII secolo).

ALL'AREA ARCHEOLOGICA DI CARSULAE : km 3 da San Gèmini Fonte (pag. 515). La strada odierna raggiunge gli scavi della città romana, su un pianoro al piede del poggio Chiccirichì, ricalcando il tracciato del ramo occidentale della Via Flaminia antica, in funzione della quale sorse Carsulae, centro stradale nel tratto fra Narnia e Vicus Martis Tudertium (pag. 510) e poi municipio della VI regione augustea. Il primo nucleo dell'abitato si formò nel III secolo a.C., dopo l'apertura della Flaminia (pag. 328) che la attraversa tutta da sud a nord (sono visibili tratti del basolato originale), ma la città ebbe un'organica pianificazione urbanistica solo in età augustea, quando fu avviata la ristrutturazione della via consolare (27 a. Cristo). Carsulae fu abbandonata in seguito alla perdita di importanza del ramo occidentale della Flaminia, soppiantato da quello orientale che attraversava territori economicamente più importanti; a tale fenomeno, che provocò

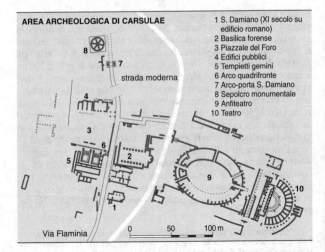

una repentina crisi demografica, si aggiunsero le progressive ondate di popolazioni barbariche che, seguendo il tracciato della strada romana, si dirigevano verso Roma. Sulla città, ormai decaduta e abbandonata dalla maggior parte degli abitanti, si abbatterono fenomeni naturali avversi, che completarono la distruzione degli edifici. Il luogo rimase solo come sede di una piccola comunità religiosa. Carsulae, nota fin dal xv secolo, allorché furono fatte ricerche nel sito per rifornire di materiali archeologici la famiglia Cesi (proprietaria dei terreni), è stata rimessa in luce in modo organico a partire dagli anni cinquanta del '900. L'assetto urbanistico, il cui interesse deriva soprattutto dalla sostanziale integrità delle strutture principali, non alterate da sovrapposizioni posteriori, è fortemente condizionato dalla presenza della strada, sulla quale si aprono direttamente i principali luoghi ed edifici pubblici; leggermente decentrato, ma comunque in posizione strategica a breve distanza dalla Flaminia, è il quartiere degli spettacoli, con teatro e anfiteatro. Di grande interesse è anche il sistema di approvvigionamento idrico, basato su una serie di cisterne e pozzi e su canalizzazioni di adduzione. È in corso di progettazione un Antiquarium, che illustrerà le caratteristiche dell'area archeologica e nel quale saranno esposti i principali materiali rinvenuti nel corso delle varie campagne di scavo.

S. DAMIANO. La visita dell'area archeologica (sempre accessibile) può iniziare dalla chiesetta (1, nella pianta a lato), costruita nell'XI secolo (e poi più volte modificata) riutilizzando le strutture di un edificio romano, di cui sono riconoscibili i resti nel fianco destro e nella facciata accanto al portico. L'atrio che precede la chiesa, costruito con materiali di spoglio, è sovrapposto alla facciata antica che aveva una bifora sopra il portale; nella lunetta è scolpita una raffigurazione alto-medievale con due figure alate ai fianchi di una croce e sono graffiti alcuni animali (sullo stipite destro, primitiva immagine del grifo).

FORO. La Flaminia, che passa davanti a S. Damiano, raggiunge il foro, non ancora completamente scavato: a destra sono i resti della **basilica forense** (2), a tre navate e absidata; a sinistra, il piazzale irregolare (3) contornato da edifici pubblici (4) e di carattere sacro. Nel lato meridionale, su una piattaforma artificiale, i resti dei basamenti di due **tempietti gemini** (5) affiancati e perfettamente uguali; a fianco della scala di accesso al tempio, tra questo e la Flaminia, un piccolo arco quadrifronte (6), di cui è stato rialzato solo un lato (di un altro uguale, allineato con il lato settentrionale del piazzale, restano solo le basi dei pilastri). Per una scaletta dietro i tempietti si può ridiscendere sulla strada (a sinistra resti di «tabernae»), che conserva gran parte del lastricato antico e che si percorre sino al cosiddetto **arco di S. Damiano** (7), monumentale arco-porta a tre fornici, di cui rimane solo il centrale, eretto dove terminava l'abitato.

SEPOLCRI MONUMENTALI. Subito fuori ha inizio, a fianco della Flaminia, in ripida discesa, la zona dei sepolcri monumentali: ne sono stati parzialmente restaurati due: il primo a corpo circolare (8), coperto a tumulo poggiato su basamento quadrato, e un altro del tipo a sviluppo verticale. Notare il fregio in alto, sotto il coronamento tronco-conico con metope e triglifi.

QUARTIERE DEGLI SPETTACOLI. Retrocedendo attraverso il prato e poi per la strada moderna (notare, a destra, una piccola strada antica 'scivolata' per il franamento del terreno e della sottostante dolina) e, all'altezza dell'abside della basilica, girando a sinistra va agli edifici per gli spettacoli: l'anfiteatro (9), circondato da un ambulacro con pilastri a grossi blocchi bugnati costruito in una depressione naturale del terreno; il **teatro** (10), di cui avanzano l'orchestra con i primi due gradoni e le sostruzioni della cavea, nonché le fondazioni della scena; i blocchi sistemati ora nello spazio retrostante appartenevano alla decorazione del muro della «scenae frons». A fianco dell'anfiteatro, sulla sommità del terreno sopra i tempietti gemini, resti di tre cisterne.

CONVENTO DELL'EREMITA. Sorge sul poggio (m 781) che domina da oriente le rovine di Carsulae, accessibile da San Gèmini Fonte per mulattiera. Il convento fu fondato su resti romani nel 1213, secondo la tradizione da san Francesco, e successivamente ampliato. L'antica strada d'accesso, detta di S. Francesco e un tempo lastricata, passava per la chiesetta romanica di *S. Caterina*, oggi ridotta a rudere, con antistante pozzo monolitico romano.

DA SAN GÈMINI A TERNI. Vasti panorami sulla conca di Terni accompagnano il tratto terminale del percorso che utilizza, dal bivio del km 35 (dove è un rudere di tomba romana), la statale 79 Ternana (dal bivio, la statale 3 ter raggiunge in ulteriori 6.4 km Narni, pag. 549, superando i torrenti Cardaro e Calamone presso i quali sussistono avanzi dei ponti romani). Si entra a Terni al km 42.

11 TERNI E LA SUA CONCA

Terni m 130, ab. 108 435 (106 927), denominata a fine Ottocento la «Manchester italiana», e successivamente assunta dalla retorica fascista come la «città dinamica», deve la sua attuale immagine all'insediamento, nell'ultimo ventennio dell'800, di grandi imprese industriali a cui si sono aggiunte – nei primi anni del Novecento – produzioni idroelettriche di rilevanza nazionale, attirate dalla ricchezza di acque del territorio. Alla fine del XIX secolo «Terni – come scrive un contemporaneo – parve, mi si passi la curiosa espressione, un dipartimento inglese condensato in pochi chilometri quadrati». Il contrasto tra il polo industriale e la città storica diviene da subito stridente: «Venite dagli stabilimenti, entrate in città, sono due secoli in contrasto [...] Là le grandi macchine, le lampade radiose, le reti di ferrovia, qui ancora le viuzze luride, ancora nessuna delle più elementari norme igieniche, ancora un modo di vivere, di pensare e di sentire affatto arretrato». Al piccolo centro urbano a destra del Nera, rimasto, fino allora, sostanzialmente intatto, fanno da contraltare gli insediamenti sorti prevalentemente sulla sinistra del fiume, intorno al quale sorgono in modo spontaneo e disordinato i borghi operai. Questo nuovo polo di sviluppo urbano sovrasta rapidamente la città storica. Esauritosi l'ampliamento intorno alle fabbriche, la città si estenderà lungo le colline circostanti, verso Rieti e nella pianura in direzione di Narni dove, negli anni trenta del '900, si insedieranno nuovi impianti chimici (l'attuale stabilimento Polymer di proprietà della Montedison). La fase di deindustrializzazione degli ultimi anni e l'espandersi di aree dismesse ha cambiato progressivamente il volto e le funzioni della città, ridimensionandone per alcuni aspetti la crescita mentre, contemporaneamente, l'attenzione si è concentrata sui quartieri storici, sulle aree industriali più 'antiche', sui centri minori del territorio.

I CARATTERI DELL'INSEDIAMENTO NELLA VICENDA STORICA

LA FORMAZIONE. La prima presenza umana nella conca ternana (strategica per i contatti tra Piceno meridionale ed Etruria) è datata al x secolo a.C. e si localizza nei pressi della collina di Pentima, dove fu ritrovata, nel 1884, nel corso dei lavori di costruzione dell'Acciaieria, una vasta necropoli umbra utilizzata fino al vi secolo a. Cristo. Una testimonianza leggendaria – ma che sarebbe ora convalidata dal ritrovamento di un'iscrizione latina di età tiberiana – fa risalire al 672 a.C. l'origine della città. Il nome «Interamna Nahars» ha fatto pensare che i fiumi Nera e Serra e le loro derivazioni circondassero la città, costituendo una difesa naturale.

Terni entra definitivamente nell'orbita romana nella prima metà del iii secolo a. Cristo. A quell'epoca viene fatta risalire la prima cinta muraria, l'opera di canalizzazione volta a bonificare le aree immediatamente prospicienti l'abitato, la definizione degli assetti viari. Tra la fine dell'età repubblicana e l'inizio dell'impero – periodo di particolare floridezza per il municipio che riesce a sfruttare sia la sua centralità come nodo commerciale che la fertilità della pianura – Terni viene, con ogni probabilità, fornita dell'impianto idrico e fognante, mentre vengono edificati il teatro, l'anfiteatro e almeno due rilevanti complessi termali. La cinta muraria d'età romana delimitava un'area urbana di circa 1500 metri di lato, con quattro porte che si aprivano ognuna su un lato, corrispondenti ai punti terminali della viabilità extraurbana. La Via Flaminia (il ramo tra Narni e Spoleto) attraversava il centro urbano costituendo il «cardo maximus», che incrociava il «decumanus maximus» (l'asse formato dalle attuali vie Cavour e Garibaldi) all'altezza di piazza della Repubblica.

LE NUOVE MURA. Tra il vi e l'viii secolo la città subisce devastazioni e saccheggi (Totila nel 546, Narsete nel 554, i Longobardi nel 755); poi la distruzione su ordine di Federico Barbarossa da parte dell'arcivescovo Cristiano di Magonza nel 1174. Terni vede una ripresa nel corso del xiii e xiv secolo. La cinta muraria, rimasta sostanzialmente quella definita nel iii secolo a.C., è ampliata e rifatta a partire dal 1353: i lavori sarebbero durati per quasi due secoli. Le nuove mura, che inglobavano il borgo sorto lungo la Flaminia, circondavano la città su tre lati, essendo sufficiente su quello orientale il corso del Nera. Del xv secolo è invece la risistemazione delle opere di canalizzazione risalenti all'età romana e l'apertura di nuove derivazioni e canali. La rete esterna garantiva lo scolo delle acque meteoriche, impedendo l'impaludamento delle campagne, mentre l'anello idrico interno, oltre a svolgere il ruolo di collettore delle fognature, verrà sempre più utilizzato a fini produttivi.

LA CITTÀ MODERNA. Tra il Settecento e l'Ottocento, si ha una fioritura e uno sviluppo degli opifici cittadini, sia pure all'interno delle dinamiche d'antico regime. Terni diviene il principale centro manifatturiero umbro. Parallelamente si manifestano numerose modificazioni del tessuto edilizio. Viene ampliato il canale Pantano, che sarebbe divenuto il canale motore della Ferriera pontificia attivata a fine Settecento, e viene abbattuta parte della cinta muraria per realizzare la pubblica Passeggiata. A partire dal 1832 inizia l'opera sistematica di demolizione delle mura urbiche. Ma le modificazioni vere della città iniziano dopo l'Unificazione e sono sintetizzabili con la destinazione a uso civile e la ristrutturazione di edifici ecclesiastici, inglobati nel demanio dello Stato, e soprattutto con l'apertura (dal 1870) di corso Tacito, destinato a collegare la stazione al centro. Corso Tacito modifica radicalmente gli assi viari cittadini.

LA CITTÀ INDUSTRIALE. La trasformazione ottocentesca più importante sarà costituita dall'insediarsi, a sinistra del Nera, di grandi complessi industriali. Il primo fu la Fabbrica d'Armi, uno stabilimento militare statale (tuttora attivo), di notevole valore archeologico industriale. L'accordo del Municipio con il Ministero della Guerra prevedeva che il Comune garantisse, oltre all'area, sufficiente acqua e forza motrice. A tal fine venne scavata una derivazione del Nera, il canale Nerino, lungo 3 km e con una portata di 27 metri cubi al secondo, uno dei primi canali industriali d'Italia. Lungo esso si collocarono alcune delle principali aziende localizzatesi a Terni nel corso degli anni ottanta del XIX secolo. Ma è con l'installazione delle Acciaierie prima e delle industrie chimiche e degli impianti idroelettrici poi che cambiano definitivamente gli equilibri urbano-territoriali. Stabilimenti, opere di presa, condotte forzate, dighe segnano la città e il territorio compreso tra Terni e la bassa Valnerina. L'industria segna i ritmi della vita urbana, determina la nascita di borghi e case operaie. Essa cresce esponenzialmente nei decenni successivi, fino a giungere (1922) alla fusione della «Società del Carburo di calcio acetilene e altri gas», la principale impresa chimica e elettrica operante a Terni, e della «Società degli Alti Forni, Fonderie e Acciaierie di Terni» che danno origine alla «Terni-Società per l'Industria e l'Elettricità»: questa, acquisendo il pieno controllo del bacino Nera-Velino, diverrà uno dei primi gruppi elettrici nazionali. Il controllo del bacino idrico comporterà la stipula d'una convenzione con il Comune, che aveva ceduto i suoi diritti sul Nera-Velino, in base alla quale passa alla «Terni» la gestione dell'impianto elettrico comunale e della linea tramviaria Terni-Ferentillo.

DALLO SVILUPPO ALLA CRISI. La «Terni» diviene così l'arbitro dello sviluppo urbanistico della città, mentre la costruzione di nuove opere di presa e di canalizzazione delle acque trasforma radicalmente il paesaggio della Valnerina ternana. Ma negli anni tra le due guerre si porrà anche il problema di un riassetto dell'impianto urbano. L'elevamento a capoluogo di provincia di Terni nel 1927 avrà come primo effetto il riordino dell'attuale piazza Tacito – che diviene il centro moderno della città, dove convergeranno le principali strade di entrata e di uscita – ma acuirà ulteriormente l'esigenza di collegare in modo razionale la città antica con le aree di espansione industriale. A tale scopo nel 1932 viene bandito un concorso per un nuovo piano regolatore (il precedente era del 1919) che sarà vinto dagli architetti Lattes e Staderini. Occorrerà tuttavia attendere il dopoguerra perché i suoi criteri divengano operanti grazie all'opera di Wolfgang Frankl e Mario Ridolfi. A essi, infatti, fu affidata l'opera di ricostruzione della città, semidistrutta dagli intensi bombardamenti subiti, e la redazione del piano regolatore approvato nel 1960. Nel corso degli anni cinquanta si ha una prima riorganizzazione dell'industria, con conseguenti perdite occupazionali; a essa corrisponde, nei primi anni sessanta, il frazionamento delle attività della «Terni» con lo scorporo delle imprese chimiche e con la nazionalizzazione dell'energia elettrica. Dagli anni settanta inizia il ridimensionamento del polo industriale ternano. Dell'aprile 1970 è la chiusura dello Jutificio Centurini, del 1973 quella dello stabilimento elettrochimico di Papigno. Negli anni ottanta si hanno consistenti riduzioni dell'occupazione alla «Terni», alla Bosco, nel polo chimico pubblico e privato. A Narni si assiste al ridimensionamento dell'Elettrocarbonium e alla chiusura della Linoleum, due impianti aperti agli inizi del '900. Oggi l'occupazione industriale risulta dimezzata rispetto a soli 15 anni fa, mentre stenta ad affermarsi la nuova piccola e media impresa. Ancora agli inizi è il processo di modificazione degli assi portanti della struttura produttiva che sono stati individuati nella ricerca e soprattutto nel settore delle telecomunicazioni e dell'informatica. D'altra parte, il passaggio del controllo dei principali gruppi industriali a società straniere (tedesche nel caso delle Acciaierie e dell'Elettrocarbonium, norvegesi in quello della Terni chimica e, in prospettiva, olandesi in quello della Polymer) contribuisce ad allargare lo stacco tra quanto rimane del tessuto produttivo e la città.

LE PIAZZE CENTRALI

PIAZZA DELLA REPUBBLICA. Piazza Maggiore della città medievale, e prima ancora baricentro di quella romana, è perno di un sistema complesso e disarticolato di piazze e slarghi tra loro concatenati, che tendono a formare un unico e vasto ambito urbano, di formazione otto-novecentesca, percepibile come unitario più per funzioni che per assetto spaziale. Vi sorge, sul lato sud-orientale, il **Palazzo comunale**, già del Podestà, ricostruito nel 1878 in forme rinascimentali da Benedetto Faustini e danneggiato dai bombardamenti dell'ultima guerra, che misero in luce al pianterreno alcune strutture trecentesche. Sulla facciata, a sinistra dell'ingresso principale, è stata riaperta una nicchia (XVII secolo) con un affresco di inconsueta iconografia (*due angioletti* recanti rispettivamente lancia e spugna, ai lati di una croce con i chiodi del martirio): si tratta di un «signum pietatis» posto sul luogo dove venivano eseguite le condanne capitali. Il palazzo è oggi sede di servizi culturali civici tra cui la Bibliomediateca.

Nella sala del Governatore sussiste un fregio frammentario con *scene mitologiche* e grottesche (XVII secolo), parte conclusiva di una decorazione esemplificata sul modello della peruzziana sala delle Colonne alla Farnesina di Roma.

PALAZZO MANNI. Il nobile palazzo, restaurato nel 1835, sorge sul lato settentrionale di piazza della Repubblica, in angolo con corso Tacito (v. sotto) per la cui apertura fu in parte sacrificato. All'interno (ristrutturato per uso abitativo), hanno interesse le decorazioni superstiti (secolo XIX) di una sala del piano nobile, dove si susseguono *vedute di Terni* e dei dintorni; nella volta, *scene mitologiche* e *divinità pagane* alternate a fregi di gusto neoclassico.

CORSO TACITO fu realizzato a partire dal 1870 per collegare direttamente il centro con la Stazione ferroviaria; la sua apertura, che operò un taglio netto nel tessuto urbano, costituì il principale intervento urbanistico ottocentesco, condizionatore degli sviluppi della crescita urbana e delle gerarchie all'interno della città storica. Al N. 25 il **palazzo Espa**, che conserva in due sale le decorazioni a tempera eseguite a metà '800. Nel *largo Villa Glori*, creato con il piano di ricostruzione del 1945 (Mario Ridolfi), affaccia la *casa Chitarrini*, su progetto dello stesso Ridolfi e di Wolfgang Frankl (1951). Al N. 49 la *Fondazione Cassa di Risparmio di Terni e Narni*, che occupa un palazzo seicentesco, con decorazione coeva: conserva gli inventari degli Archivi del Monte di Pietà e delle antiche confraternite di Terni. In angolo con via Goldoni, il **palazzo Paglia**, del XVI secolo, con interessante cortile rinascimentale a logge, con decorazioni a grottesche (secolo XVII). Si giunge alla rettangolare *piazza Tacito*, con al centro *fontana* di Mario Ridolfi (1936) e Mario Fagiolo, progettisti della piazza stessa (1932). Da qui, il viale della Stazione conduce alla *Stazione ferroviaria*, inaugurata nel 1866.

PIAZZA EUROPA. Contigua a sud alla piazza della Repubblica, vi si accede avendo a sinistra il **palazzo Montani**, già Filerna, con sale decorate da Girolamo Troppa con soggetti tratti dalla mitologia, dalla Bibbia e dalla letteratura, e loggia affrescata con le *Quattro parti del mondo* da Cosimo Dandini (1624). A destra, la chiesa di *S. Giovanni Evangelista* o **S. Giovannino**, sorta su un edificio romano a volte, ricostruita nel 1642 da Angelo Tramazzolo e Francesco Fulci; all'interno, tele seicentesche e (parete sinistra) *S. Lucia*, affresco della fine del '500 di maniera del Pordenone; in sagrestia, resti di affreschi votivi della prima metà del Quattrocento.

L'ampia e rettangolare *piazza Europa* fu determinata nel secondo dopoguerra con la demolizione di un intero isolato che si interponeva tra il palazzo Montani (v. sopra), la residenza degli Spada (v. sotto) e, sul lato occidentale, il **palazzo Morandi-Rossi**: i soffitti di due sale conservano una grande tela con *scena mitologica* di Francesco Granieri (1793) e una decorazione a tempera con motivi ornamentali di gusto orientale (inizi '800), realizzata su un preesistente decoro seicentesco.

*PALAZZO SPADA. Il palazzo dell'antica famiglia di patrizi ternani (ora sede comunale) emerge sul lato meridionale di piazza Europa. Iniziato da Michelangelo Spada a metà '500, fu terminato nel 1576 su progetto dell'architetto della Camera apostolica Sallustio Peruzzi, figlio del più noto Baldassarre. Nel XVIII secolo, l'edificio fu ristrutturato con l'aggiunta della facciata sul lato opposto a via Roma (in origine, ingresso principale), che saldava le ali laterali un tempo affacciate al giardino. Primo palazzo privato del tipo «a corte» in città (assieme a quello, scomparso, del Governatore), ha due piani di grandi finestre alternati a mezzanini, un alto portale e un ricco cornicione.

INTERNO. Al piano nobile, la *sala* detta *di Fetonte* (per la scena raffigurata nella volta) è completamente decorata da un ciclo di affreschi di Karel van Mander e collaboratori (1575-76). La decorazione delle tre sale adiacenti è attribuita a Sebastiano Flori, allievo del Vasari, e collaboratori (1575-80). Presso il palazzo sono stati ritrovati i resti di pavimenti a mosaico pertinenti a una «domus» romana.

*S. SALVATORE. Il disordinato slargo antistante al prospetto orientale di palazzo Spada accoglie, sul fondo, l'antichissima chiesa nella quale una tradizione mai documentata vuole che si siano incontrati il re longobardo Liutprando e papa Zaccaria. L'interessante edificio è formato da un corpo a pianta circolare (odierno presbiterio con abside rettangolare) cinto in basso da nicchie, e da un avancorpo (la navata) a pianta rettangolare, con semplice facciata adorna di una monofora e di coronamento ad archetti. La navata, a due campate di tipologia consueta nel romanico umbro, risale con certezza al XII secolo; controversa è invece la datazione della rotonda absidata (di cui non è nota la destinazione originaria), che è riferita ora all'età classica ora a quella paleocristiana, ma più probabilmente non anteriore all'XI secolo. Sondaggi eseguiti in occasione di restauri hanno accertato che le strutture romane, individuate alla base del corpo a pianta circolare già ritenuto di un tempio al dio Sole, appartengono a una «domus» del tipo a peristilio, databile tra la fine della repubblica e gli inizi dell'impero: le stanze della casa, cui si affiancavano ambienti termali, si stendevano oltre la chiesa e il giardino

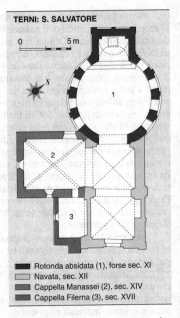

TERNI: S. SALVATORE

0   5 m

■ Rotonda absidata (1), forse sec. XI
□ Navata, sec. XII
■ Cappella Manassei (2), sec. XIV
■ Cappella Filerna (3), sec. XVII

INTERNO. Nel vano circolare (1, nella pianta qui sopra), con nicchie, rimangono resti di affreschi votivi del XV secolo; dietro l'altare maggiore, formato da un blocco romano, *Crocifissione*, grande affresco di scuola dello Spagna (primo '500). Nella navata si apre, a sinistra, la *cappella Manassei* (2), aggiunta nel Trecento, con interessante ciclo di affreschi databili attorno alla metà di quel secolo: alle pareti, *S. Giovanni Battista, Crocifisso tra dolenti, S. Caterina da Siena e la Maddalena, Madonna in trono con angeli*; nella volta a crociera, tondi con *simboli degli Evangelisti;* nel sottarco d'ingresso, *quattro santi* e *Cristo benedicente*. L'attuale sagrestia (3) era la *cappella Filerna*, seicentesca, già decorata con affreschi di Andrea Polinori e Ludovico Carosi, di cui rimangono il *Martirio di un santo* e un *passo dell'Apocalisse*, quest'ultimo firmato dal Carosi e datato 1640. Nella navata, una botola (chiusa) dà sui resti delle murature e dei pavimenti romani.

LE STRADE STORICHE

VIA CAVOUR. Tratto dell'antico decumano, muove dall'angolo sud-occidentale di piazza della Repubblica, in un contesto urbano qualificato da residenze di nobile aspetto. A sinistra, N. 14, il *palazzo Mastrozzi*, architettura cinquecentesca riferita alla scuola di Antonio da Sangallo il Giovane. L'edificio forma l'angolo con *via Tre Colonne*, denominazione suggerita alla fine dell'Ottocento dal ricordo delle scomparse colonne erette nella piazza Maggiore (per questo detta anche «platea columnarum») in onore di Federico Barbarossa: sulla via sorge il *palazzo Sciamanna*, cinque-seicentesco. La via Cavour poco oltre si dilata nel piccolo slargo qualificato dal **palazzo Mazzancolli**, documento superstite dell'architettura medievale in città, realizzato per il vescovo Ludovico Mazzancolli nel XV secolo su torri preesistenti, restaurato nel 1878 e nel 1927; nel bel cortile, doppio loggiato e frammenti di marmi romani. La vicina chiesa di *S. Croce* custodisce una pala raffigurante l'*Invenzione della Vera Croce*, attribuita alla cerchia di Giacinto Brandi, e dipinti di Ludovico Carosi (1629) e Liborio Coccetti.

PALAZZO FABRIZI. Sorge sull'angolo tra le vie Cavour e Fratini. L'edificio è l'esito della ricostruzione settecentesca di strutture del XVI secolo tra cui l'elegante corte interna. Il palazzo è dal 1986 sede delle collezioni civiche d'arte, di cui è previsto il trasferimento a palazzo Gazzoli (pag. 531).

PINACOTECA COMUNALE. Visita: 10-13 e 16-19; chiusa la domenica. Originata dalla demanializzazione delle opere d'arte degli istituti religiosi soppressi, è allestita con criterio cronologico negli ambienti del piano nobile, alcuni decorati: di particolare interesse, la sala con *Vedute* architettoniche racchiuse entro medaglioni e soffitto a cassettoni dipinti, e quella con tre grandi specchiature dipinte a tempera in cui è raffigurata *Flora* con putti alati, finte cornici e vasi con fiori variopinti, riconducibile all'attività di Liborio Coccetti. La raccolta d'arte, di formazione strettamente legata alla città e al territorio ternano, documenta la produzione dal tardo '300 all'800.

SECOLI XIV-XVI. *Madonna col Bambino tra i Ss.Francesco d'Assisi e Bernardino da Siena*, affresco staccato del sec. XV; *Natività* di Domenico Alfani; ***Crocifisso tra i Ss. Francesco d'Assisi e Bernardino da Siena**, dell'Alunno (1497); *Crocifisso* scolpito *e dolenti* dello Spagna; *Madonna in trono col Bambino e i Ss. Francesco d'Assisi, Ludovico, Chiara e Procolo*, di Francesco Melanzio. Nella saletta attigua: ***pala dei Francescani** (*Eterno benedicente tra angeli* nella lunetta; *Madonna col Bambino tra i Ss. Bonaventura, Giovanni Battista, Francesco d'Assisi e Ludovico da Tolosa* nella tavola centrale; *Natività, Epifania, Crocifissione, Risurrezione* e *Discesa al Limbo* nella predella), opera di Pier Matteo Lauro de' Manfredi e bottega; i *Ss.*

Antonio da Padova, Valentino, Anna, Bernardino, Sebastiano e Monica, di Bernardino Campilio.da Spoleto (1485); ***Sposalizio mistico di S. Caterina** di Benozzo Gozzoli (1466); *Madonna col Bambino e i Ss. Pietro e Gregorio Magno*, del secondo '300. Stendardo processionale con la *Madonna della Misericordia e i Ss. Valentino Anastasio e Procolo*, attribuita a Pietro di Giovanni Ambrosi o a Paolo da Visso.

SECOLI XVII-XVIII. *Madonna col Bambino e i Ss. Giovanni Battista, Giovanni Evangelista e Pietro d'Alcantara* e *Compianto su Cristo morto* di Girolamo Troppa; *Assunzione della Vergine* di Giuseppe Bastiani; *scene di martirio, S. Carlo Borromeo, Visitazione, Transito di S. Giuseppe*, tutte opere della prima metà del XVII secolo. *Adorazione dei pastori*, di un seguace di Federico Barocci; *Presentazione di Gesù al tempio*, della cerchia di Antonio Gherardi; *Transito della Vergine*, della cerchia di Benedetto Luti; *Nascita della Vergine*, della bottega di Girolamo Troppa. Un ambiente espone i dipinti di Orneore Metelli, pittore «naïf» ternano, attivo tra il 1922 e il 1938. Infine, opere di arte contemporanea, grafica europea, sculture di Aurelio De Felice e della «Scuola ternana» del Novecento.

A S. MARIA DEL MONUMENTO. La chiesa, presso il cimitero (dal viale di Porta S. Angelo, prosecuzione di via Cavour), fu realizzata nel '400 ampliando un romitorio del Gerolamini sorto sugli avanzi di un monumento funerario romano. Nel portico, aggiunto nel Cinquecento, frammenti lapidari. All'interno, in controfacciata, a d., due affreschi della fine del XV secolo (*Madonna col Bambino* e la *Pace*), e a sin. *S. Girolamo penitente* (1483). Sulla parete d., in alto, importante **ciclo di affreschi** riferentesi a una leggenda sacra non ancora perfettamente interpretata (forse pertinente con l'attività della Confraternita dei Bianchi): il ciclo è noto come *Leggenda delle mele auree* (sebbene il recente restauro abbia evidenziato che si tratti non di pomi bensì di pani) ed è attribuito alla bottega del Maestro del 1409. Allo stesso maestro si deve, nel registro inferiore, entro edicolette ad arco sostenute da sottili colonnine, una serie (frammentaria) di quadri votivi, tra cui *S. Leonardo con committente* e la *Madonna col Bambino*, i *Ss. Valentino, Anastasio e Giuditta, angeli* e *santi*. Entro nicchia (sec. XVI), frammenti di una *Adorazione dei Magi*. Nel catino absidale, *Cristo in gloria e angeli con i simboli della passione*. Nelle lunette del chiostro, affreschi frammentari del XVII secolo.

*S. FRANCESCO. Si raggiunge il complesso francescano per le vie Fratini e, a sinistra, Nobili. La chiesa, eretta nel 1265, nel 1437 fu portata a tre navate ed ebbe aggiunta la cappella di S. Bernardino (transetto destro, distrutta dai bombardamenti dell'ultima guerra); fu rimaneggiata nel '600 e rinnovata dopo il terremoto del 1703. Ulteriori ampi restauri furono operati nel XIX e nel XX secolo, l'ultimo dopo le distruzioni belliche. La parte mediana della facciata ha un portale gotico sormontato da grande oculo; le pareti laterali, aggiunte nel '400, hanno portali dell'epoca e finestre gotiche; l'elegante campanile con bifore e quadrifore gotiche e coronamento di archetti intrecciati è opera di Angelo da Orvieto (1345).

INTERNO. A tre navate, conserva in quella mediana l'ossatura primitiva con volte a crociera costolonate e rette da fasci polistili. Di notevole importanza è la decorazione pittorica. Nello strombo dell'ingresso laterale sin., rara immagine del *beato Simone Camporeali* (inizi sec. XIV), tra i primi fondatori della comunità francescana di Terni (all'epoca, quella aperte faceva parte del chiostro). In controfacciata, in prossimità dell'accesso sin., *Cristo* sovrasta l'immagine di *papa Urbano V* che mostra nella mano sinistra una tavoletta con le effigi dei Ss. Pietro e Paolo (analoga iconografia si ritrova nella chiesa di S. Pietro): l'affresco mostra caratteri stilistici propri del Maestro del Trittico di Terni (ultimi decenni del XIV secolo). Resti dell'originaria decorazione parietale sono anche sul fascio di colonnine del pilastro sin. della seconda campata: si tratta di piccoli riquadri di carattere votivo con i *Ss. Quintino, Leonardo e una santa martire* (primo ventennio del XV secolo). Nel terzo pilastro sin., pulpito quattrocentesco ornato da una figura femminile mostruosa di carattere allegorico.

Alla parete della navata d., nella 2ª campata, interessanti frammenti architettonici; all'altezza del 3° pilastro è un masso dal quale san Francesco avrebbe parlato ai Ternani. In fondo alla navata d. si apre la ***cappella Paradisi**, eretta da Paolo e Angelo, nipoti di Giovanni Paradisi, che furono capitani del popolo a Firenze nel 1333-35. Le pareti furono affrescate, con scene di ispirazione dantesca (il *Giudizio Universale*), da Bartolomeo di Tommaso nel secondo quarto del '400; al di sotto, resti di un più antico strato di affreschi. Nell'archivolto, *sei profeti*; alla parete d., l'*Inferno* diviso in bolge; alla sin., il *Purgatorio* in sette giri, e al di sopra la *Liberazione delle anime* e *Gesù al limbo*; in quella di fondo, il *Paradiso e la gloria di Dio*.

La cappella del braccio sin. del transetto, ex oratorio della Confraternita della Croce Santa e ora sagrestia, conserva un affresco di Sebastiano Florio (1575) raffigurante l'*Invenzione della Vera Croce*, inserito in un monumentale altare in stucco. Allo stesso Florio si devono gli stucchi di questo altare e di quello posto sulla parete di fondo, sul quale è collocata una pala (*Adorazione dei Pastori*) di Cesare Sermei, molto danneggiata.

Tra gli arredi, prezioso reliquiario (fine sec. XV-inizi XVI) realizzato per contenere una porzione della Santa Croce donata da Sisto V ad Alberico Camporeale, e pregevole cofanetto eburneo (XV sec.) riferibile alla scuola di Baldassarre degli Embriachi. Nel cortile adiacente alla chiesa sono visibili resti dell'antico convento e un elegante portale rinascimentale.

S. MARCO. Raggiungibile, da piazza S. Francesco, per via del Leone, la chiesa custodisce affreschi tra cui *Crocifissione, Madonna della Misericordia* e immagini di *santi*, datati tra il 1464 e il 1468. All'altare maggiore, di carattere cinquecentesco in stucco policromo, **Madonna col Bambino** ad affresco, riconosciuta tra le migliori esecuzioni di Bartolomeo da Miranda (l'opera è delimitata e ridimensionata da una cornice seicentesca).

VIA ROMA. Dal palazzo Spada in piazza Europa (pag. 525), la via ricalca il tracciato del cardine della città romana, che coincideva con l'asse di attraversamento urbano della Via Flaminia. Vi prospetta, sulla destra, il *Nuovo Politeama Lucioli*, ricostruzione (1969-71) di un anfiteatro ottocentesco eretto sull'antico ospedale degli

Infermi, a sua volta insistente sul rudere di una cisterna romana. Seguono, a sinistra, il **palazzo Pierfelici** (N. 54-56), cinquecentesco su preesistenze, con portale a bugnato coevo, e poi la romanica *torre dei Barbarasa*, una delle poche sopravvissute in città.

CATTEDRALE DELL'ASSUNTA. Via dell'Arringo, laterale destra di via Roma, conduce all'appartata *piazza del Duomo*, rivisitata con intenti scenografici negli anni '30 del Novecento per dare risalto urbano al complesso religioso proprio in quegli anni sottoposto a un intervento di 'valorizzazione' piacentiniana. La chiesa, che sorge su strutture riferibili a una fase costruttiva alto-medievale (VI secolo) e a una successiva dell'XI secolo, riconoscibile nella cripta del tipo «ad oratorium», fu ristrutturata nel XV secolo, ampliata nel corso del '500 e infine rinnovata e riconsacrata nel 1653. La facciata, preceduta da portico, fu completata con l'aggiunta della balaustra e delle statue (*S. Valentino* e *sette santi vescovi,* di Corrado Vigni) su progetto di Marcello Piacentini. Notevole il portale maggiore, della fine del secolo XII, con ornati di girali d'acanto racchiudenti tra le spire animali; all'estremità destra del portico, altro ricco portale ogivale a più fasce di ornati (1439), ora cieco, che forse serviva da ingresso al battistero. Il campanile fu riedificato nel 1743.

L'INTERNO, a croce latina a tre navate, ben poco conserva della decorazione e dell'arredo seicentesco apposto con il rinnovamento voluto dal cardinale Francesco Angelo Rapaccioli, vescovo di Terni (1653), a causa delle dispersioni ottocentesche e poi dei bombardamenti dell'ultima guerra, che hanno messo in luce la facciata più antica della chiesa romanica, con rosone e due bifore. Sulla controfacciata: a sin. del portale maggiore, *Orazione nell'orto* di Francesco Cincinnato, e a d. *Circoncisione*, tavola di Livio Agresti (1560); all'estremità sin., S. *Antonio abate*, affresco frammentario del XV secolo; sopra, *Madonna col Bambino e i Ss. Silvestro papa, Giovanni Battista, Giovanni Evangelista ed Eligio,* tela di Marten Stella (1568).

Nel braccio destro del transetto, S. *Martino e il povero* dell'inizio del XVII secolo, dalla chiesa del Carmine. Nella cappella maggiore è un altare policromo di Antonio Minelli (1762), con grandioso tabernacolo, concluso superiormente da una tela ovata raffigurante la *Vergine orante* a mezzo busto, riconosciuta alla bottega del Sassoferrato; a d., fastoso organo di Luca Neri (1647) e cantoria barocca; nell'abside, coro in noce intagliato di Domenico Corsi (1559). Nell'ampio catino absidale, *Trinità in gloria* di Liborio Coccetti (1782).

Nella navata sin., la cappella della Madonna della Misericordia custodisce una venerata immagine della *Vergine* (sec. XVII). In sagrestia, con elegante arredo ligneo della metà del XVII secolo: *monumento funebre del cardinale Luigi Aprea,* vescovo di Terni (m. 1520); **S. Giovanni Battista,* statua lignea del sec. XVI; frammenti di fregi e bassorilievi romanici e rinascimentali relativi alle precedenti decorazioni.

Per una scala situata presso il 3° pilastro destro si scende sotto la crociera nell'interessante CRIPTA, a tre navate e absidata, molto restaurata nel 1904. Vi è sepolto sant'Anastasio, vescovo ternano; ai lati della tomba, due formelle cosmatesche. L'altare poggia su un'ara pagana; inoltre, elegante sarcofago antico mutilo. Il TESORO comprende: croce astile del secolo XIII in argento dorato e sbalzato, rimaneggiata da Giovanni di Cristofano nel 1333; calice d'argento dorato lavorato a sbalzo e cesellato con smalti policromi (fine sec. XIV-inizio XV); *reliquiario di S. Procolo* in rame dorato (inizi XVII secolo).

PALAZZO ROSCI. Di fronte alla Cattedrale, fu eretto nel XVI secolo su modelli romani; ha portale a bugnato, una preziosa fascia di gigli angioini, alte finestre al piano nobile e un bel cornicione. Le pareti dell'androne conservano una decorazione con motivo a onde ricorrenti eseguita a graffito, a delimitazione dell'alta zoccolatura. Al piano terreno, notevole salone con soffitto a padiglione decorato ad affresco con grottesche e medaglioni arricchiti da cornicioni in stucco; vi sono rappresentate *Allegorie delle Arti e delle Scienze* e *scene mitologiche*, assegnabili alla seconda metà del XVI secolo (in parte ridipinte). Accanto al palazzo fu inserita, nel 1935, la fontana con gruppo in travertino (il *Velino* e il *Nera*) di Corrado Vigni (1935). Presso il palazzo sono venuti in luce resti del Teatro romano.

PALAZZO GAZZOLI E S. ALÒ. Raggiungibile in breve sulle vie XI Febbraio e del Teatro romano, il **palazzo** (destinato a nuova sede della Pinacoteca comunale, pag. 527) fu eretto per il futuro cardinale Luigi Gazzoli nel 1795 su progetto di Andrea Vici. In due sale al piano nobile, decorazioni a grottesche e *scene dell'Aurora* e *del Carro del sole*, riferite allo stile di Liborio Coccetti nella sua fase di passaggio dal rococò al neoclassico. Nel cortile è stata rinvenuta una vasca absidata pertinente a un impianto termale romano, mentre nelle scuderie è emerso un ingresso laterale del Teatro.

Proseguendo nella via XI Febbraio, poi a sinistra, si raggiunge la chiesa di ***S. Alò**, notevole edificio romanico il cui nome deriva dalla corruzione di «Aloysius», ossia Eligio, il protettore degli orafi e dei maniscalchi. Eretta probabilmente nell'XI secolo, appartenne dal XVIII ai Cavalieri di Malta, che avevano sede nella bella *casa* addossata nel Trecento alla facciata romanica (sul prospetto, frammenti di marmi romani e medievali). L'interno è a tre navate divise da pilastri e colonne con interessanti capitelli; inusuale la soluzione della copertura a botte delle navatelle e dell'arcone che precede l'abside. Sulle pareti e nell'abside si sviluppa una decorazione a fresco eseguita nell'arco di più secoli, dal più antico frammento di *Crocifissione* (XII secolo) presso l'ingresso, al Quattro-Cinquecento.

Rimarchevole, nel tratto successivo di via XI Febbraio, il **palazzo Alberici** (N. 84), con bel cortile a loggia del XV secolo.

ALL'ANFITEATRO ROMANO E ALLA CHIESA DEL CARMINE. Dalla piazza del Duomo, la *via del Vescovado* segue l'andamento curvilineo dell'Anfiteatro romano sui cui resti fu innalzato il *Palazzo vescovile*, ampliato nel XV secolo; nella parte più antica, un ambiente (già sala delle Udienze, utilizzata fino al XV secolo) conserva decorazioni murali con insegne pontificie e lo stemma del cardinale Albornoz.

L'**Anfiteatro** fu costruito nel 32 d.C. da Fausto Tizio Liberale; ne rimangono tratti in «opus reticulatum», in blocchetti di due colori. Continuando nella via si arriva in breve ai *Giardini pubblici*, già di pertinenza vescovile, addossati al perimetro delle mura urbiche (resti nella via delle Mura), dal 1846 di proprietà del Comune che li risistemò a passeggiata pubblica. Per il viale Giannelli si va alla chiesa di **S. Maria del Carmine**, ora utilizzata come auditorium, eretta tra il 1602 e il 1783. All'interno, rimane la decorazione a stucco e a fresco, dovuta questa ad Andrea Polinori e a Ludovico Carosi (1636); all'altare maggiore, *Madonna col Bambino,* affresco staccato di originaria stesura gotica con rimaneggiamenti rinascimentali.

CORSO VECCHIO. Dal Palazzo comunale in piazza della Repubblica (pag. 524), si dirige sinuoso a nord-est ricalcando la direzione del «cardo maximus» romano verso la direttrice d'uscita per Spoleto. Il toponimo non evoca però il ricordo della viabilità antica, bensì sancisce il declassamento del corso a tracciato secondario dopo l'ottocentesca apertura dell'asse maggiore di corso Tacito. Dove la strada compie una curva, a destra si dispone la chiesa di **S. Pietro**, dal 1287 degli Agostiniani che la ricostruirono (XIV secolo); ampiamente ristrutturata successivamente al terremoto del 1703, fu ripristinata dopo i danni bellici. La facciata ha un portale gotico nel cui timpano è un rilievo (*Cristo benedicente*) del '400.

INTERNO DI S. PIETRO. Nell'unica, vasta navata, il restauro post-bellico comportò la demolizione dell'apparato barocco, facendo emergere brani della decorazione pittorica ad affresco realizzata tra la fine del XIV e l'inizio del XV secolo sulle pareti e all'interno delle nicchie tamponate. In controfacciata, *S. Antonio abate benedicente* (XIV secolo). PARETE DESTRA: 1ª nicchia, *Madonna di Loreto* sotto baldacchino gotico; 2ª nicchia, *storie di S. Stefano*: in alto *Lapidazione*, in basso *Esequie*, affreschi stesi su uno strato d'intonaco successivo a uno che conserva ancora una *Madonna col Bambino e S. Urbano V*; nell'intradosso, *storie di santi* frammentarie e ancora i *Ss. Ansano e Giovanni Evangelista*. 4ª nicchia, *Madonna del latte e i Ss. Giovanni Battista e Caterina d'Alessandria* (sec. XV). Nel presbiterio, *lastra tombale di Stefano Manassei*, nobile ternano che fu podestà di Firenze (1480).

PARETE SINISTRA: 3ª nicchia, *Madonna col Bambino tra i Ss. Caterina d'Alessandria e Giovanni Evangelista* del Maestro del 1409, dietro il quale si intuisce una bottega operosa fra Terni e Narni a cavallo tra XIV e XV secolo; negli sguanci, resti di architetture. A sinistra scena frammentaria, forse un'*Adorazione dei magi*. 1ª nicchia, **Dormitio Virginis e Incoronazione della Vergine**, composizione dalla quale l'autorevole esecutore ha derivato il nome di riconoscimento di Maestro della Dormitio di Terni. A sin., *S. Francesco* è l'immagine superstite di una scena perduta con l'apertura della nicchia. In sagrestia, arredi sacri del XVII-XVIII secolo.

Nell'adiacente ex *convento* (ora istituto scolastico), chiostro trecentesco, rifatto nel '500, con lunette affrescate da Sebastiano Flori, attualmente non visibili perché coperte da tinteggiatura.

PALAZZO MANASSEI. Nell'omonima via, a destra di S. Pietro, l'edificio (N. 6) fu eretto nel XVII secolo sulle case medievali della nobile famiglia; con la ristrutturazione settecentesca, le sale del piano nobile furono decorate da affreschi attribuiti a Girolamo Troppa.

PIAZZA CARRARA. Vi si giunge continuando sul corso Vecchio, quindi a destra nella breve via della Biblioteca. Nella piazza, ridefinita nel XX secolo con demolizioni, emerge il **palazzo dei Carrara**, risultato della ricomposizione delle case medievali (secolo XIV e oltre) della famiglia, culminata con la radicale ristrutturazione del XVII secolo cui seguì il rimaneggiamento (1712) per adattare il complesso a sede municipale. Il cornicione della facciata prospiciente via dei Carrara conserva in parte la decorazione del XVI secolo su due fasce.

All'INTERNO, con sarcofagi d'epoca romana e frammenti archeologici, le sale del piano nobile furono decorate nelle seconda metà del Seicento (notevole la *sala di Apollo e Dafne,* affrescata da Girolamo Troppa). Il palazzo è ora sede della **Biblioteca civica**, che comprende tra l'altro incunaboli (i più antichi sono un testo del 1472 e un «Breviarium Romanum» del 1476-77), manoscritti, una raccolta di pergamene (la più antica, dell'856, del pontificato di Benedetto III).

ANCORA SUL CORSO VECCHIO. Vi si incontra a destra, nel luogo dove sorgeva l'antico palazzo dei Priori, il **teatro comunale «Giuseppe Verdi»**; progettato da Luigi Poletti e terminato nel 1849», ha pronao neoclassico e interno completamente rinnovato dopo le distruzioni belliche. A sinistra diverge la *via del Tribunale*: al N. 22-24 il **palazzo Giocosi** poi Mariani (N. 22-24), ora sede dell'Istituto musicale Briccialdi, del secolo XVI-XVII; nel salone, entro una complessa e insolita decorazione a finti stucchi, decorazioni murali di Marten Stella e Gillis Congnet raffiguranti un mondo fantastico e bizzarro suggerito dal nome della famiglia proprietaria; al N. 16 il **palazzo Caraciotti**, con decorazioni ad affresco e a tempera del XVIII secolo

S. LORENZO. La chiesa, ancora avanti sul corso, fu eretta sopra un supposto edificio romano attorno all'XI-XII secolo, ampliata nel XVII, restaurata e isolata dopo i danni bellici. Ha una facciata con due triforette e un portale cieco del 1492; da notare il fianco destro e l'abside. L'interno è a due navate di cui la destra a un livello notevolmente inferiore e con basi di due colonne forse romane; al primo altare sinistro, *Martirio di S. Biagio,* opera riconosciuta (con qualche riserva) a Vincenzo Manenti. Presso la chiesa, sopravvivono strutture edilizie medievali con torri (via dei Tre Archi).

Il corso Vecchio termina in *piazza Buozzi*, che fa da tramite fra la città 'vecchia' e il viale Brin, asse della città industriale (pag. 534): vi sorge il *complesso polifunzionale Fratelli Fontana*, di Mario Ridolfi e Wolfgang Frankl (1960-64).

CASE DEI CASTELLI. La potente famiglia aveva nel XIV-XV secolo le sue residenze nel quartiere a occidente del corso Vecchio, cui danno accesso il settecentesco *arco di S. Lorenzo* (quasi di fronte alla chiesa) e la via De Filis. I caratteri medievali dell'area sono stati ampiamente compromessi dai danni bellici. Sussistono, nello slargo, la *torre Dionisia*, alcune case mutile e il *palazzo* principale, del tardo '500, con interessante cortile.

S. TOMASO. La via De Filis, verso destra, porta alla chiesa di origine romanica, trasformata forse dopo il terremoto del 1703, quando internamente l'originaria decorazione parietale venne occultata dall'apparato barocco. Un recente restauro ha recuperato i superstiti affreschi, molto frammentari, tra cui un ciclo del XIII secolo, di alta qualità esecutiva, che costituisce la più antica testimonianza pittorica in città. Inferiormente, serie di quadri votivi (secolo XV) di mani diverse tra cui spiccano *S. Sebastiano* (1450) e *Madonna col Bambino* (antica parete di fondo), influenzati dagli affreschi di Bartolomeo di Tommaso in S. Francesco. Della decorazione del primo Cinquecento sussistono una *Crocifissione* (inizio della parete destra) e le colonne in finto marmo. L'edificio è attualmente sede di una esposizione paleontologica temporanea. In sagrestia, bassorilievo romanico.

S. CRISTOFORO. L'arco sulla destra della chiesa di S. Tomaso (incastrato al muro di destra, bassorilievo romanico con *Incredulità di S. Tomaso*), quindi il volto di vico Catina immettono nella via Angeloni. A sinistra emerge la chiesa di **S. Cristoforo**, di origine duecentesca, costruita con materiale di spoglio e restaurata dopo le devastazioni della guerra; è divisa in una parte antica e in una moderna. I frammenti lapidari romani murati provengono da un cimitero antico trovato nella zona. La tradizione vuole che presso questo tempio abbia predicato san Francesco. La chiesa antica conserva frammentari e deperiti affreschi votivi databili dal XIV al XV secolo: in controfacciata, *Cristo crocifisso tra i dolenti*, ascrivibile alla seconda metà del Quattrocento, sovrapposto a una *Madonna in trono e S. Antonio* dei primi decenni di quel secolo. Sulla parete sin., *Madonna in trono col Bambino, S. Bernardino, S. Lucia* e altri *santi* (fine sec. XIV-inizi XV). Nel catino absidale, in alto i *Ss. Sebastiano, Cristoforo e Giovanni Battista* (1487), in basso *Madonna col Bambino tra i Ss. Leonardo, Antonio abate e altro santo* (prima metà XV secolo). Nella parete d., in alto *santo martire e santo eremita* (secolo XIV), i *Ss. Sebastiano, Cristoforo e Rocco* (sec. XV); nel registro inferiore, *Presepe*, un *santo vescovo* e un *santo martire* (quest'ultimo del 1499).

VIALE BRIN. Asse della città industriale di fine '800, si dirama verso sud-est da piazza Buozzi (pag. 533).Vi si incontrano esempi significativi di edilizia produttiva e residenziale del primo Novecento: varcato il torrente Serra, si fronteggiano due architetture razionaliste degli anni '30, il *Palazzo rosa* (a destra) e il *Grattacielo*, destinati ad alloggi per gli operai della Società Terni; ancora a destra, il tardo-ottocentesco *Palazzone*, cui segue il lungo prospetto neorinascimentale della **Fabbrica d'Armi** (1875-81), ora stabilimento militare, cui è annessa una piccola raccolta di armi (attualmente non visitabile) con modelli dal 1870 a oggi. Sul lato opposto del viale, *palazzine per funzionari* costruite a cavallo tra Otto e Novecento. Infine, le **Acciaierie** (per le vicende storiche ed economiche, pag. 522), realizzate nel 1884-87 e allora definite «la più bella officina siderurgica del mondo»: poco sussiste delle strutture originarie, nel tempo parte rinnovate, parte distrutte dagli eventi bellici o da demolizioni (tra cui, negli anni '50, la cupola del «grande maglio», simbolo dello stabilimento).

ALLE GRAZIE. Si raggiunge il complesso di chiesa e convento (ora casa di riposo per anziani) per il corso del Popolo (da piazza Europa, pag. 525, verso sud) e, varcato il Nera, per la via A. Mario e la strada delle Grazie. Costruita alla fine del '400, la chiesa di *S. Maria delle Grazie* ebbe allora un apparato decorativo completamente sostituito da quello a stucchi policromati e affreschi realizzato tra XVI e XVII secolo, con elementi spiccatamente manieristici.

LA CONCA TERNANA

I percorsi di visita si snodano lungo quattro direttrici: la bassa Valnerina verso Màrmore e Piediluco (a est), Collescìpoli a sud-ovest, Stroncone a sud, Cesi a nord-ovest. In questi ultimi tre casi si tratta di aree collinari caratterizzate da un paesaggio agrario in cui ancor oggi un peso rilevante hanno le colture tradizionali – in primo luogo l'olivo – e dove l'insediamento di origini antiche si struttura e consolida tra l'XI e il XII secolo. Nella Valnerina l'abitato tende

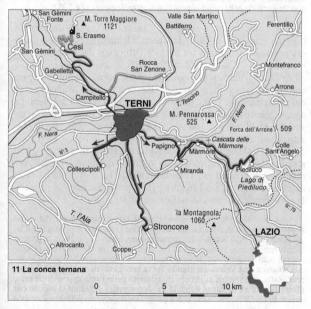

11 La conca ternana

0   5   10 km

invece a concentrarsi attorno ai sistemi difensivi, castelli e rocche, sorti tra XII e XIV secolo per il controllo del fondovalle e del fiume. Nei primi anni del Novecento, il paesaggio della Valnerina ternana è stato modificato dalla localizzazione di stabilimenti per la produzione del carburo di calcio, dalle centrali elettriche e dall'apertura delle cave di calcare: il pesante impatto ambientale ha determinato il rapido collasso dei tradizionali equilibri paesaggistici cui hanno fatto seguito le trasformazioni (anni venti e trenta del '900) dovute allo sviluppo delle produzioni elettriche della «Terni». Le più evidenti sono l'imbrigliamento della cascata delle Màrmore e il canale di 42 chilometri che immette le acque del Nera nel lago di Piediluco. Oggi buona parte degli stabilimenti sono inattivi: la Valnerina ternana si configura come un potenziale museo all'aperto di archeologia industriale.

La conca ternana assunse dalla preistoria un ruolo primario nella storia del popolamento dell'Italia centrale. L'insediamento umano, attestato dal Neolitico, si sviluppò sensibilmente nell'età dei metalli. Importanti e numerosi insediamenti dell'età del Bronzo sono stati identificati nel bacino del Velino e soprattutto intorno al lago di Piediluco. Con l'inizio dell'età del Ferro l'area ternana vera e propria assunse precocemente un ruolo primario come nodo stradale e centro di smistamento di prodotti tra l'area villanoviana ed etruscomeridionale, l'agro falisco-capenate, la Sabina e i territori umbri e piceni. I quattro percorsi nella conca sono visualizzati nella carta a pag. 535.

LA *CASCATA DELLE MÀRMORE. Classica escursione da Terni, è tra i più singolari e affascinanti spettacoli 'naturali', descritto già in età romana e celebrato tra Sette e Ottocento dai viaggiatori del «Grand Tour». Vi si va per due strade, l'*Inferiore* (km 7) e la *Superiore* (km 8), entrambe segnalate, che si possono combinare percorrendo il fianco della cascata. Questa è formata artificialmente dal precipitare del Velino dall'altopiano delle Màrmore nel Nera. La spumeggiante massa bianca delle acque compie tre salti, per un dislivello complessivo di 165 metri. La sua bellezza, celebrata in passato, è ora notevolmente scemata, sia perché le acque sono state deviate per alimentare gli impianti idroelettrici, sia perché questi stessi edifici hanno compromesso lo sfondo del manto vegetale, comunque ricchissimo per l'elevata umidità. La spettacolarità della cascata è accentuata dal fragore e dalla polverizzazione acquea che in certe condizioni atmosferiche crea effetti cromatici.

LA VICENDA STORICA. Nell'antichità il Velino (proveniente dai monti Pozzoni) stagnava in paludi nella piana reatina (i resti sono costituiti dai laghi Lungo e di Ripa Sottile). Il console romano Manio Curio Dentato progettò la bonifica e fece scavare nel 271 a.C. un emissario, chiamato cavo Curiano, nel punto dove è oggi la principale cascata, incanalandovi quindi le acque stagnanti del Velino. La grande opera non incontrò opposizioni; ma, sopraggiunte delle piene, si ebbero inondazioni nelle campagne di Interamna (Terni), di Narni, di Roma, e nel 54 a.C. Interamnati e Reatini entrarono per questo in conflitto. Più tardi, al tempo di Tiberio, avendo il Tevere inondato

Roma, Ateio Capitone e Lucio Arrunzio riproposero la chiusura del canale e in più la diversione degli affluenti del Tevere. Il progetto non fu attuato per le resistenze dei Fiorentini (cui si minacciava la deviazione della Chiana nell'Arno), Reatini e Ternani. Al principio del secolo XV, avendo le incrostazioni delle acque diminuito il deflusso, i Reatini cercarono di approfondire il cavo Curiano: di qui lotte nel 1417 fra Terni e Rieti. Si scavò allora un altro canale detto Reatino (o Gregoriano, perché compiuto sotto Gregorio XII), che fu insufficiente a smaltire le acque; poi Antonio da Sangallo il Giovane, per incarico di Paolo III, fece scavare il canale Paolino e, alla fine del secolo XVI, venne nominata una commissione di architetti, tra i quali Giovanni Fontana e Carlo Maderno, che decise un approfondimento del cavo Curiano. L'opera fu affidata a Domenico Fontana, il quale costruì anche un ponte regolatore, pensando così di limitare il deflusso del Velino durante le piene. Alla fine del '700 insorsero contro le cascate gli abitanti della Valnerina e allora Andrea Vici, per incarico di Pio VI, deviò diagonalmente una parte dell'ultimo salto (taglio diagonale di Pio VI). Per lo sfruttamento delle acque del bacino Nera-Velino a scopo industriale, v. pag. 522 .

LA VISITA. La visione più spettacolare è dalla strada Inferiore (v. sotto), che permette di vedere l'intera cascata, mentre dalla Superiore se ne vede solo una parte dall'Osservatorio. Poiché le acque vengono deviate per l'azionamento delle grandi centrali idroelettriche, la cascata presenta la pienezza del volume idrico generalmente solo la domenica e i festivi, con questi orari: dal novembre al 15 marzo, 15-16 (Natale, Capodanno e S. Stefano, 13-16); dal 16 marzo al 30 aprile e da settembre a ottobre, 10-12 e 15-21 (in questi mesi anche il sabato, 17-22); da maggio ad agosto, 10-13 e 15-23 (sabato, 17-22); dal 15 luglio al 31 agosto, in generale anche i feriali, 17-18.30.

Da Terni, per il viale Brin (pag. 534) si segue la segnaletica per la *strada Inferiore*, lasciando a destra un collegamento che, in meno di 1 km, porta a **Papigno** m 222, già castello imperniato sulla rocca, di cui sussistono avanzi. La parrocchiale della *SS. Annunziata* conserva cinque altari adorni di belle tele della prima metà del XVII secolo (Benedetto Bandiera, Calisto Calisti, Ascensidonio Spacca). Il percorso si innalza sul Nera, che era qui scavalcato dal *ponte Toro*, a un'arcata di età romana (resti), e raggiunge infine la cascata: lungo la strada è attrezzato un vasto piazzale per l'osservazione della caduta d'acqua.

Dalla strada Inferiore si può raggiungere quella *Superiore* con un percorso interessante, che consente di godere da vari punti lo spettacolo. Esso raggiunge l'*Osservatorio*, piccola costruzione a forma di loggia eretta nel 1781 dal comune di Terni per consentire ai visitatori di ammirare la cascata senza pericolo di esserne travolti.

AL LAGO DI PIEDILUCO: km 13 per la statale 79 Ternana, che segue la direttrice d'uscita per la cascata delle Màrmore (v. sopra), e procede poi costeggiando per poco il cavo Curiano e avendo sulla sinistra il *monte Mazzelvetta* m 613, ai piedi del quale fu rinvenuto (fine '800) il famoso «ripostiglio» di bronzi, databili tra la fine dell'età del Bronzo e l'inizio dell'età del Ferro, conservato parte nel Museo Pigorini di Roma, parte nel Museo Archeologico nazionale di Perugia. Si lascia poi a destra **Miranda** m 597, elevata sulla conca ternana, con

Parrocchiale arricchita all'interno da dipinti seicenteschi; nel vicino *oratorio*, affreschi di Sebastiano Flori ancora sotto lo scialbo.

Si prende a costeggiare il lago, sulla cui riva si dispone **Piediluco** m 375, ai piedi di un monte conico coronato dai ruderi di una rocca trecentesca. Il piccolo paese si organizza lungo il corso Salvati, in fondo al quale si rivolge al lago, dall'alto di un'ampia scalinata, il fianco della chiesa di **S. Francesco**. L'edificio gotico fu eretto dallo stesso architetto che disegnò anche la rocca su commissione di Matteo Castelli, signore di Luco, il cui stemma compare al centro del portale maggiore (sul fianco); è ornato nella prima ghiera dell'arco con *simboli della pesca*, e sovrastato dal pannello scolpito con l'*Agnello del Battista* e l'iscrizione che riporta sia la data di esecuzione (1339 o 1373) sia il nome dell'autore, Pietro Damiani.

INTERNO a una navata con sei arconi di sostegno. Alla parete d., altare in stucco che incornicia l'affresco della *Madonna del Rosario con i misteri,* opera attribuita a Sebastiano Flori; allo stesso artista viene riconosciuta la complessa decorazione a stucco nella quale è conservata la statua di *S. Giovanni Battista e storie* (Natività e Decollazione), del 1583, cui fa da «pendant» la statua di *S. Elena* della quale è perso tuttavia il contorno decorativo. Nelle vele del catino absidale, *S. Francesco tra i Ss. Antonio da Padova, Bernardino, Ludovico e Bonaventura* (XVI secolo); nel tamburo si svolge una decorazione ad affresco riconducibile a un interprete della cultura manieristica romana, attivo nella seconda metà del Cinquecento: una esedra trabeata e scandita da pilastri inquadra architettonicamente le scene delle *Crocifissione di Cristo* che si dipartono dal *Crocifisso* scultoreo del XV secolo, concluse dalla *Deposizione* e dal *Compianto* realizzati in monocromo. Alla parete sin. si aprono nicchie con affreschi del XVI secolo tra i quali si distingue la raffigurazione entro nicchia della *Madonna col Bambino tra i Ss. Giuseppe e Antonio da Padova,* attribuita a Marcantonio Aquili (1514).

VERSO LA ROCCA. Salendo il vicolo S. Maria, lungo la facciata di S. Francesco, si raggiunge in alto la diruta chiesetta di **S. Maria**, con campanile romanico a due piani di bifore. Salendo ancora, si arriva, sull'alto del colle, ai ruderi della **Rocca**, unita al paese da mura rettilinee con torri, eretta per ordine dell'Albornoz (1364).

IL LAGO DI PIEDILUCO (il «lucus Velinus» dei Romani) è il più grande dell'altopiano reatino e il secondo dell'Umbria, dopo il Trasimeno. Ha una forma molto irregolare e una profondità massima di 19 metri. Intorno al bacino sono stati identificati numerosi abitati dall'età del Bronzo agli inizi di quella del Ferro. Sulla riva opposta a Piediluco, su una penisoletta, si leva il *monte Caperno* m 549: su una spianata si può ascoltare una *eco, perfetta, che rimanda la voce dopo quattro secondi ripetendo fino a due endecasillabi.

VILLA FRANCHETTI. Oltre Piediluco, a sinistra sulla strada che sale alla forca dell'Arrone, si può raggiungere la villa ora di proprietà della Provincia e affidata all'Istituto Momigliano per la Cultura e la Storia dell'impresa, entro parco dove sono state censite trenta specie di orchidee naturali. All'interno, collezione di sculture, acqueforti, litografie, serigrafie e ceramiche di esponenti della scuola romana a cavallo delle due guerre, tra cui un nucleo di opere di Aurelio De Felice.

A COLLESCÌPOLI: km 4.5. Da Terni si segue in direzione Narni la statale 3 Via Flaminia, poi un collegamento a sinistra che sale rasentando, presso il cimitero di Collescìpoli, la chiesetta romanica di **S. Stefano**, con un bel campaniletto a bifore; sulla fronte corre una lunga iscrizione su marmo che trascrive due atti notarili del 1094; all'interno, resti di affreschi del XV secolo attribuiti al Maestro del 1409.

Collescìpoli m 238, occupa la sommità di un'altura dalla quale è possibile un totale controllo della conca ternana, dalle pendici settentrionali fino a Cesi, da Terni a Narni e verso Stroncone. La morfologia del colle spiegherebbe la sua denominazione con preciso riferimento alla posizione isolata a nord, est e ovest. Si accede all'abitato varcando la porta Ternana, che conserva sulla fronte esterna, entro clipeo contornato da vessilli, il settecentesco *busto di Scipione Africano* (con riferimento all'interpretazione dotta della denominazione, ossia colle Scipione) e su quella interna una coeva e lacunosa *Pietà*. Presso la porta è il *palazzo Ungari*, risultato dell'accorpamento di edifici diversi con facciata unitaria del primo '700. Le residenze delle principali famiglie, edificate tra il XVI e il XVIII secolo, si concentrano lungo le mura cittadine.

Nella piazza principale affacciano il *palazzo del Comune*, restaurato nel 1718, e il **palazzo Catucci** della seconda metà del '500, di forma vignolesca per l'impianto a blocco con cortile centrale e di ispirazione peruzziana nella severità delle finestre. La collegiata di **S. Nicolò**, attestata dall'XI secolo, fu completamente restaurata per volontà di Giulio II agli inizi del '500.

INTERNO DI S. NICOLÒ. Sulla parete di fondo, affresco (molto deteriorato) attribuito a Evangelista Aquili con *Incoronazione della Vergine e i Ss. Nicolò, Michele e Rocco* (1507); ai lati, *Comunione di S. Caterina, Sposalizio della santa S. Michele arcangelo, Natività.* Nel braccio sin. del transetto si apre la cappella della Madonna della Comunione: in essa, una pregevole macchina d'altare lignea barocca, dipinta e dorata, incornicia una *Madonna col Bambino tra santi domenicani* (Domenico e Pietro) e le *Ss. Caterina e Apollonia*, affresco di Sebastiano Flori (1572). Inoltre, *Madonna del Rosario*, tela ovata attribuita a Bartolomeo Barbiani, e rara tovaglia in lino riconducibile al primo ventennio del Seicento.

S. MARIA MAGGIORE. La chiesa romanica (in fondo all'abitato) fu totalmente restaurata tra la metà del XV secolo (iscrizione sulla porta data

1454) e la prima metà del XVI (del 1515 è il bel portale rinascimentale di Rocco da Vicenza). Nel 1534 fu costruito sopra la porta Sabina o di Sopra il campanile; in questa fase si creò il camminamento coperto addossato alla canonica della chiesa. L'INTERNO, a una sola navata completamente rinnovato nell'ultimo ventennio del Seicento, è interamente rivestito di stucchi realizzati da Michele Chiesa e da artigiani locali all'inizio del '700. Vanni da Narni realizzò gli affreschi di controfacciata e la pala della cappella Petroni (1ª d.), con i *Ss. Giovanni Battista e Giuseppe*. Nella 2ª cappella d., dei Della Genga già Guadagnoli (vi si venerano le reliquie di san Pietro Florio martire), *Trinità* riconducibile alla cerchia del Pomarancio. Nella 3ª, *Madonna del Rosario*, affresco attribuito ad Antonio Circignani, mentre le *figure allegoriche* sullo scalino d'altare e l'*Eterno benedicente* della cimasa sono del Cavalier d'Arpino; l'organo è un raro esemplare dell'organaro fiammingo Willem Hermans, compiuto nel 1678 e completato nel 1682. Sulla parete sin., grandiosa opera in stucco rappresentante l'*Estasi di S. Antonio abate*, realizzata dal Chiesa nel 1685-86; inferiormente, *Cristo in pietà e i Ss. Antonio abate, Giovanni Evangelista, Sebastiano e Rocco*, tela attribuita a Bartolomeo Barbiani. Nella cappella Stefanoni (3ª sin.), *Flagellazione di Cristo* di Antonio Circignani, e sulle pareti laterali *due santi* dagli echi baglioneschi. Nella cappella Catucci (1ª sin.), *Transito di S. Giuseppe*, suggestivo dipinto (il più antico di una serie) per il quale si avanza con riserva l'attribuzione a Giovanni Baglioni; l'apparato decorativo parietale svolge il tema della *glorificazione di Maria* (l'*Incoronazione* sulla volta della tribuna è di Tommaso Cardani, 1689). In sagrestia, macchina d'altare lignea con *S. Giovanni Battista* di Livio Agresti; entro cornice in stucco, *Madonna col Bambino* su fondo oro attribuita a Evangelista Aquili.

MADONNA DEL COLLE. Fuori porta Sabina, è l'esito della trasformazione di un'edicola votiva (XVII secolo). L'immagine della *Madonna* venerata, affresco staccato di scuola peruginesca, è collocata sopra l'altare maggiore, incorniciata da intagli dorati seicenteschi. Nella cappella sin., due affreschi votivi del XV secolo e *Vergine in trono tra i Ss.Paolo e Pietro* di Jacopo Siculo. Inoltre, raro organo positivo della fine del XVI secolo.

A STRONCONE: km 8.5, seguendo oltre il Nera una strada (segnalata) verso sud che oltrepassa, alla periferia della città, la *basilica di S. Valentino*, radicalmente trasformata nel 1612 per conservare le reliquie del martire e vescovo ternano. Sorse sull'area di un cimitero cristiano non sotterraneo, dove furono rinvenuti reperti alto-medievali. All'interno, dipinti di Lucas de la Haye, Andrea Polinori, il Cavalier d'Arpino. Più avanti, la chiesa di **S. Francesco** (o santuario del Beato Antonio Vici), che si vuole fondata con l'annesso convento nel 1213 dal santo, preceduta da un portico e dotata di portale del secolo XIII. Sotto il portico, in una cappella a sinistra, ***Madonna in trono tra i Ss. Michele, Ludovico, Girolamo e Francesco**, affresco di Tiberio d'Assisi (1509). L'interno è arricchito di dipinti seicenteschi (Bernardino Oducci, Palminio Alvi, Baldassarre Croce); sul 2° altare destro, affresco del XV secolo.

STRONCONE m 450, ab. 4311 (3824), su un colle coperto di olivi, è paese d'antico aspetto ancora in parte cinto dalle mura medievali. Fondato nel x secolo, è introdotto da una *fontana* seicentesca
e dall'antica porta del borgo castellano, che dà accesso a una graziosa piazzetta. Vi sorge la chiesa di *S. Giovanni Decollato*, ampliamento (dal 1604) di un preesistente edificio del 1435; il programma decorativo interno descrive *episodi della vita del Battista*, opera attribuita a Giuseppe Bastiani cui si deve la pala dell'altare maggiore (firmata e datata 1610).

Salendo per la via principale, poi a destra per via dell'Arringo
si raggiunge, in posizione panoramica, la chiesa di **S. Nicolò**, con
portale romanico del 1171 ornato di un bassorilievo di stile bizantino; in sagrestia, *Incoronazione della Vergine tra i Ss.Giovanni
Battista, Pietro, Paolo e Valentino* (nella predella *storie di Maria*) di Rinaldo da Calvi. Una scala sale al **Palazzo comunale**, di fondazione duecentesca, che conserva **nove corali** membranacei da S.
Michele e S. Nicolò, sei dei quali contengono preziose lettere capitali figurate e istoriate, per le quali sono stati individuati tre maestri: il primo (autore di miniature del I, III e V corale), di cultura ar-
nolfiana trasmessa attraverso il Maestro di Cesi; il secondo (alcune
miniature del IV, V e VI corale), imitatore del primo e seguace della
corrente del Maestro della Dormitio; il terzo (alcune miniature del I
e del IV corale), tipicamente perugino, appartenente alla corrente
di Meo da Siena. Di proprietà comunale sono anche due cassette lignee per le votazioni rispettivamente del priore e del consiglio comunale, di cui la prima reca decorazioni di Rinaldo da Calvi.

COPPE m 411, 3 km a sud-ovest, conserva nella piazza la duecentesca
chiesa di *S. Biagio* (al di sotto del piano stradale), ad aula unica decorata da
affreschi (in attesa di restauro) di Angelo da Vignanello (xv secolo).

A CESI: km 8.7, uscendo da Terni verso nord-ovest, inizialmente sulla statale 79 (direzione San Gèmini). Si tocca **Campitello** m
166, dove nel 1566 il Comune decise di edificare un tempio dedicato a S. Maria presso un eremo dove aveva luogo l'importante fiera
«de Campitillu», frequentata da mercanti di tutta l'Italia centrale.
La chiesa, ora intitolata a S. *Matteo*, ha interno a una sola navata:
sulla parete di fondo, dietro l'altare, affresco cinquecentesco staccato raffigurante la *Madonna col Bambino*.

LA MADONNA DELL'ULIVO E LE VILLE DI CAMPAGNA. La chiesa, già detta di S. Giovanni, sorge a *Piedimonte*, poco a nord-est di Campitello: con-

serva, nella 1ª cappella sinistra, un apparato decorativo del XVI secolo; a destra, *Madonna del Coppo*, affresco della prima metà del XV secolo, eponimo della chiesa. Altri affreschi, di carattere votivo (secoli XIV-XVI), sono alle pareti e nella zona presbiteriale. A sud di Piedimonte, in località *Colle dell'Oro*, sorgono la chiesa e il convento di *S. Maria*, dove soggiornò san Bernardino. L'attuale aspetto della chiesa risale a un rifacimento seicentesco, che risparmiò parte della preesistente decorazione ad affresco; al 1° altare destro, pregevole *Crocifisso* ligneo del XV secolo.

La zona collinare a settentrione di Terni, tra Piedimonte e Rocca San Zenone, con abbondanza un tempo di sorgenti, conserva un complesso di ville storiche, esempio di una residenza gentilizia di campagna formatasi prevalentemente tra il XVIII e il XIX secolo. Si tratta di edifici di dimensioni contenute e di modesto alzato: tra le più interessanti è la **villa Canale** (presso Piedimonte), costruita attorno al 1740 dal cardinale Saverio Canale, che ampliò una preesistente costruzione (1664). Alla metà del '500 va invece riferita la **villa Palma** (presso Colle dell'Oro), con decorazioni ad affresco coeve, opera di un artista nordico.

Da Campitello, una strada minore a nord-est si dirige verso la valle del torrente Serra verso **Rocca San Zenone** m 189, con la chiesa di *S. Giovanni Battista*, edificio a una sola navata con frammenti di affreschi di buona qualità riferibili alla prima metà del '400.

CESI m 437, è un caratteristico paese di matrice castellana aggregato sulle pendici del monte Torre Maggiore, già centro umbro come attestano i resti di mura poligonali del VI secolo a.C. e i ritrovamenti nel territorio (sulla vetta del rilievo, avanzi di un santuario italico). Nel Medioevo ebbe importanza nell'ambito delle Terre Arnolfe (pag. 513, di cui fu eretta a centro maggiore nel 1502), quindi passò sotto la signoria dei Cesi d'Acquasparta. Vi sussistono i ruderi della Rocca, ristrutturata con le mura nel XV-XVI secolo. All'ingresso dell'abitato s'incontra l'ex chiesa romanica di **S. Angelo**, citata in un documento del 1093. Nei primi anni del XVI secolo l'edificio venne completamente ristrutturato mantenendo intatta l'originaria parte absidale, e pochi decenni dopo ampliato inglobando la torre in facciata; fu restaurato nel XVII secolo. Il portale, in cotto, è datato 1531.

All'INTERNO, documentano il primo rinnovamento gli affreschi devozionali (databili 1504) sui pilastri della navata destra. Nell'abside, *Ss. Filippo Neri, Carlo Borromeo, altro santo (?) e S. Francesco* sui quali campeggia un gigantesco *arcangelo Michele* in atto di uccidere il demonio, affresco di carattere popolare (1655-83).

Proseguendo si incontra il seicentesco **palazzo Contelori**, caratterizzato dall'accostamento di due ali con portali simmetrici ai lati di un corpo principale, più alto, dotato di ingresso monumentale. A sinistra di S. Angelo si va alla parrocchiale di **S. Maria Assunta**, eretta nel 1515-25, ampliata a metà Settecento. Nell'unica navata (alla parete destra, *Natività di Maria*, affresco del XVI secolo) si aprono cappelle laterali occupate da eleganti altari in stucco con tele sei-settecentesche (la *Crocifissione* è di Bartolomeo Barbiani). Sull'altare maggiore, *Assunzione della Vergine* attribuita a Vanni da Narni.

RACCOLTA D'ARTE. In un ambiente annesso alla chiesa sono custodite opere e suppellettili provenienti dalle chiese del territorio: *Madonna col Bambino*, scultura lignea del XII secolo; **Madonna col Bambino e santi*, dossale del Maestro di Cesi (1308); *Madonna col Bambino*, affresco staccato del Papacello (1358, restaurato). In un locale sottostante, noto come ORATORIO DI S. ANTONIO, grande *Crocifissione e due Evangelisti* di Giovanni di Giovannello di Paolello (1425).

PIAZZA CESI. Salendo a occidente verso la porta Tuderte si raggiunge la piazza dove sorge l'ex chiesa romanica di *S. Andrea*, fondata nel 1160 (ora sede di un centro sociale), con frammenti di sepolcri romani e, sulla parete destra, due nicchie affrescate nel Cinquecento. Nella stessa piazza, il **palazzo Cittadini-Cesi**, iniziato da Gian Giacomo Cesi nella prima metà del '500 a ridosso della trecentesca cinta muraria, determinando con la nuova quota la creazione di una porta urbica in sostituzione della medievale e appropriandosi di un intero tratto di strada con i due corpi di fabbrica posti ai lati di essa. Adiacente al vicino *palazzo Pressio* fu eretta, nel 1652, la chiesa di *S. Caterina* (sull'altare maggiore, pala attribuita a Girolamo Troppa).

VERSO S. AGNESE. Da S. Maria Assunta, la via principale verso oriente porta alla piazza pubblica con l'*oratorio del SS. Sacramento*, qui trasferito nel 1638, con annesso monte frumentario; quindi il *palazzo Spada* poi Stocchi, interessante edificio a blocco (1637) con piccola corte centrale. All'estremità orientale del borgo si trova il **monastero di S. Agnese**, di antica fondazione benedettina, rinnovato nel 1546-59, ripreso nel 1611-13.

LE CHIESE SOPRA L'ABITATO. Dalla parte più elevata di Cesi, sale nel bosco il sentiero per la chiesa di **S. Onofrio**, in posizione panoramica, sotto la quale sono i resti di un muro in opera poligonale quasi quadrata. Già di un antico monastero benedettino, fu ricostruita nel '600.

Il pianoro presso la cima del *monte Erasmo* (km 3.5 a nord), cinto da mura poligonali del VI secolo a.C., fu abitato dall'epoca preromana; interessanti i tre varchi nel recinto, costruiti o ricavati nella roccia, per i quali si accedeva allo stanziamento fortificato. Vi si trova la chiesetta di **S. Erasmo**, del secolo XII, già annessa a un'antica abbazia benedettina. All'interno, sulla fronte dell'abside, è stata messa in luce un'*Annunciazione* mutila che fa presupporre una cultura pittorica quattrocentesca di matrice fiorentina; i *simboli eucaristici* sotto le falde degli spioventi sono aggiunte del XVI-XVII secolo.

MADONNA DELLA PITTURA. A sud-est dell'abitato, la chiesa rurale è trasformazione seicentesca di un'edicola votiva della XIV secolo. All'interno, affresco di interesse documentario con la *Vergine* (secolo XV) *cui un angelo reca il modellino dell'antica parrocchiale di S. Angelo*: l'angelo, dipinto da Bartolomeo Barbiani, deriva da un disegno del Faenzone.

12 IL TERRITORIO TRA NERA E TEVERE

L'AMBIENTE E LA STORIA

Il Tevere e il Nera, che confluisce nel fiume maggiore poco a valle di Orte, costituiscono gli elementi di individuazione fisica dell'area amerino-narnese e della Teverina, che trovano limite nella conca ternana a oriente e nei monti Martani a settentrione. La zona registra una prevalenza di montagna e collina. Alla dorsale amerino-narnese, di modesta altitudine (raramente i rilievi si avvicinano ai 900 metri), e ai contrafforti di media e bassa collina che si localizzano lungo l'asse del Tevere – da Baschi ad Alviano, ad Attigliano e a Otrìcoli – corrispondono le aree pianeggianti della bassa valle del Nera e le pianure pedemontane della dorsale amerino-narnese. Ne emerge un territorio paesaggisticamente molto articolato, al quale corrisponde una notevole diversificazione per quanto concerne sia la vegetazione che la fauna.

IL POPOLAMENTO. Se la presenza umana è documentata dal Neolitico, è solo con l'età del Ferro che le tribù umbre si localizzano stabilmente in sedi definitive. Le necropoli di Otrìcoli e di Amelia testimoniano la presenza di società articolate, con una presenza gentilizia che si basa, già nel VII e VI secolo a.C., sul possesso della terra e degli armenti. Alle realtà protourbane corrispondeva un territorio organizzato in insediamenti sparsi, principalmente di tipo difensivo. La localizzazione di popolazioni nell'area è dovuta alla sua centralità – essa risulta infatti incuneata tra l'Etruria, la Sabina e la regione falisca – ma anche alla presenza di vie fluviali (Tevere e Nera) e terrestri, ossia ai tracciati che si organizzeranno nella Flaminia e nell'Amerina.

L'URBANIZZAZIONE ANTICA. Questa centralità porterà nel IV secolo a.C. alla definizione, in modo più organizzato, dei tre centri urbani maggiori – Ameria, Nequinum e Ocriculum – che vengono cinti di mura anche per necessità difensive dovute all'accresciuta capacità espansiva dei Romani. L'area passa definitivamente sotto il con-

trollo di Roma dopo l'assedio di Nequinum nel 299 a.C. e la fondazione della colonia Narnia. Ed è proprio nel III secolo a.C. che si ha
la definitiva sistemazione dei percorsi della Flaminia (220-219 a.C.)
e della Via Amerina (pag. 567), che costituiva una via nevralgica di
collegamento tra Roma e l'Etruria. L'area sancisce così definitivamente la sua importanza come punto di snodo di commerci e traffici terrestri e fluviali. Così si spiegano le fortune di Ocriculum (vici-
nissima a un importante porto sul Tevere), il cui abitato in età romana scende addirittura a valle.

UNA TERRA FORTIFICATA. Il controllo della strada e del fiume
spiega come nel corso dell'alto Medioevo, dopo le invasioni barbariche, l'area venga lungamente contesa tra Bizantini e Longobardi: la
Via Amerina costituì per tutto il periodo bizantino l'unico corridoio
non longobardo per raggiungere l'Esarcato. La necessità di un forte
presidio del territorio fa emergere, già prima del Mille, i centri fortificati quali perni dell'organizzazione insediativa. La stessa Otrìcoli, in decadenza per il rallentamento del traffico fluviale, dopo la distruzione che alcuni imputano a re Desiderio nel 772, è costretta a
ricostruire il suo abitato in altura, nella stessa sede occupata dalla
città in età preromana. In questo periodo l'abbazia sabina di Farfa
svolge un ruolo preminente nella zona.

AMELIA E NARNI. Con l'età comunale, attorno ad Amelia e a Narni, collocate strategicamente rispetto alle vie di traffico, viene completata l'occupazione del territorio attraverso castelli che costituiscono delle vere e proprie difese avanzate delle città. Si tratta, nel
caso dell'Amerino, di centri d'altura già abitati in età romana, in cui
la forma urbana medievale spesso coincide con quella antica; in
quello dell'area narnese, la cui politica espansiva appare più accentuata, di veri e propri nuovi insediamenti. Si costruiscono così ar-
mature e gerarchie territoriali funzionali alle lotte tra le diverse
realtà comunali a cui tanto Narni che Amelia partecipano attiva-
mente. Per difendersi dalle politiche di espansione dei due centri
maggiori, soprattutto da quella di Narni, le comunità minori (in cui
spesso predominano piccole signorie gentilizie) sono costrette a
sottomettersi al potere della Chiesa. Il XIII e il XIV secolo sono quelli
in cui, Amelia prima e Narni poi, raggiungono il massimo dell'espansione territoriale e della forza politico-economica; al tempo stesso
inizia però la crisi del ruolo dei due Comuni come strutture di controllo e di gestione autonoma del territorio. Amelia si sottomette al
dominio pontificio già nel 1307; la successiva riconquista dell'area
umbra allo Stato della Chiesa – realizzata da Egidio Albornoz – rap-

presenta, appunto, la definitiva eclissi del ruolo delle due città come autonome realtà politiche, fatto questo emblematicamente sancito dalla costruzione della Rocca di Narni (1367-78). Tuttavia l'area di influenza dei due centri maggiori tenderà a rimanere sostanzialmente immutata. Calvi e Otrìcoli continueranno a ruotare attorno a Narni, mentre le altre realtà insediative rimarranno sotto l'influenza di Amelia. Se si esclude il sacco e la distruzione di Narni, operata dai Lanzichenecchi nel 1527, le vicende dei diversi centri dell'area si inseriscono, a partire dal xv secolo, nell'alveo della vicenda complessiva dello Stato ecclesiastico.

GLI ASSETTI ECONOMICI E FONDIARI. Nel corso del XIII e del XIV secolo inizia a manifestarsi una differenziazione di carattere economico all'interno all'area. A Narni, Amelia e nei centri a loro più vicini la diffusione della mezzadria sarà simile a quella delle altre realtà umbre, con una presenza relativamente più diffusa di proprietà diretto-coltivatrici; nella Teverina, dove più forte è l'influenza della Sabina, si diffonderà invece il latifondo sul modello laziale, mentre nei rilievi montani di una qualche consistenza sarà la presenza delle terre comuni. In generale, tranne la porzione di valle che si localizza lungo il Nera, concentrata nel comune di Narni, ci si trova di fronte ad area di collina povera, con un mediocre livello di fertilità, in cui – come scrive Giuseppe Guerrieri – «frequenti sono i terreni di natura compatta per fenomeni colloidali irreversibili, ricchi di silice, di difficile lavorazione, con forte usura degli organi lavoranti». Tali elementi spiegano la minore incidenza dell'abitato sparso, la maggiore lentezza dei processi di colonizzazione del territorio e la diffusione delle colture arborate, le quali rappresentano un segno dell'estendersi della mezzadria. Malgrado ciò, l'area mantiene una relativa compattezza fino agli ultimi decenni dell'Ottocento. A partire dai due centri principali si organizzano economie e società di zona che hanno la loro base in un rapporto città-campagna che, come in altre aree dell'Umbria, vede la città configurarsi come momento di organizzazione amministrativa e di dominio politico del territorio.

L'INDUSTRIALIZZAZIONE. A partire dagli anni ottanta dell'800, la forbice tra Narni e il resto del territorio inizia a manifestarsi con nettezza. Il punto di rottura è rappresentato dal processo di industrializzazione della pianura narnese. L'elemento permissivo sono le acque del Nera e la loro utilizzazione sia nei processi produttivi che come fonte di produzione di energia elettrica. I protagonisti sono – come nel caso di Terni – grandi società e banche operanti in ambito nazionale e una classe dirigente locale che, sempre sull'esempio ter-

nano, cerca di rispondere alla crisi agraria di fine Ottocento innescando processi di sviluppo diversi. Ciò rende possibile la localizzazione nella pianura di Narni, in prossimità del fiume e della ferrovia,
di due stabilimenti, uno per la concia delle pelli, l'altro per la fabbricazione di «oggetti di caoutchouc, guttaperga e affini». L'azionista
di maggioranza è la Banca Industriale e Commerciale di Roma. Dopo la crisi bancaria degli anni novanta, gli impianti passano alla Società italiana Forni elettrici e alla Società del Linoleum di proprietà
della Pirelli di Milano. Nel corso del primo quindicennio del secolo
XX sorgono altri impianti chimici; tutti, dopo complesse vicende, divengono, tra la prima guerra mondiale e il dopoguerra – esclusa la
Società Linoleum – di proprietà della «Società del Carburo di calcio,
acetilene e altri gas» e successivamente, dopo la fusione di quest'ultima con la «Società Alti Forni, Fonderie e Acciaierie di Terni» nel
1922, della «Terni-Società per l'Industria e l'Elettricità», da cui pas-
seranno nel 1962 all'Eni. Lo sviluppo dell'industria nel territorio di
Narni non produrrà una crescita demografica analoga a quella ternana, dovuta a una forte immigrazione di manodopera operaia. Tuttavia, il peso dell'industria sul territorio sarà tale da modificare in
modo sostanziale il paesaggio e da stimolare la crescita della gem-
mazione di Narni Scalo e, negli anni trenta, grazie al potenziamento
dell'impianto di Nera Montoro, lo sviluppo di quest'ultimo centro,
dove la «Terni» costruirà un villaggio per operai e tecnici.

CRISI AGRARIA E DEINDUSTRIALIZZAZIONE. Per contro l'area amerina non conobbe se non rari casi di industrializzazione, concentrata nei settori alimentare (produzione di fichi secchi e pasta), dei laterizi e tessile, con impianti di piccole o piccolissime dimensioni.
La struttura economica della zona rimase sostanzialmente legata
all'agricoltura. Ciò spiega il diverso comportamento delle due aree
negli anni cinquanta e sessanta del Novecento, quando la crisi
agraria provocò massicci fenomeni migratori. Mentre Narni non
perde popolazione, gli altri centri della zona sono investiti – come il
resto dell'Umbria e, in alcuni casi, anche più intensamente – dal fenomeno dello spopolamento. I processi di deindustrializzazione che
hanno colpito l'Umbria meridionale nel corso dell'ultimo quindicennio hanno contribuito a colmare la forbice tra le diverse realtà della
zona, provocando la destrutturazione degli equilibri costruitisi nel-
l'ultimo secolo. Restano le alterazioni del paesaggio provocate dal-
l'intensa industrializzazione della pianura narnese e la necessità di
individuare nuove vocazioni economiche e nuovi equilibri territoriali e culturali per l'insieme dell'area.

12.1 L'AMERINO-NARNESE

L'itinerario, da Terni a Narni e ad Amelia (27 km; carta qui sotto), si snoda fino a Narni lungo la Flaminia, mentre da Narni ad Amelia segue il tracciato della statale 205 Amerina. Nell'area compresa tra il capoluogo provinciale e Narni il segno territoriale è quello dell'urbanizzazione diffusa dovuta allo sviluppo del processo di industrializzazione, mentre nel tratto tra Narni e Amelia gli effetti della modernizzazione del territorio (ferrovie, urbanizzazione, insediamenti industriali) risultano marginali. In entrambi i comparti, sulle alture si ritrovano gli assetti insediativi tradizionali, imperniati sul reticolo di matrice romana e medievale. Il paesaggio agrario ha conosciuto negli ultimi decenni l'impatto determinato dalla fine della mezzadria e dalla diffusione delle colture specializzate; a tratti si intravedono, tuttavia, tracce degli antichi equilibri

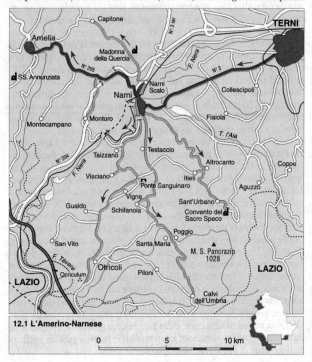

12.1 L'Amerino-Narnese

0   5   10 km

determinati dalle forme della coltura promiscua, i cui tratti dominanti sono la presenza dell'olivo e della vite maritata ad alberi all'interno di campi a cereali.

DA TERNI A NARNI. Si lascia Terni sulla statale 3 Via Flaminia, sul tracciato descritto a pag. 539 fino al bivio per Collescìpoli, che si lascia a sinistra su un'altura. Varcato il torrente Aia, che mediante sbarramento forma un bacino artificiale, la strada comincia a salire con bella vista retrospettiva sulla pianura ternana. Presso Narni Scalo, dal ponte sul Nera si osserva il grandioso arco superstite del ***ponte di Augusto**, così chiamato perché realizzato in occasione dell'ammodernamento di età augustea della Flaminia. Lungo circa m 160 e alto quasi 30 al di sopra del livello delle acque, era completamente rivestito di blocchi di travertino. In origine a quattro (o tre) arcate, conserva intatta quella sinistra, mentre le altre strutture subirono distruzioni; nel XII secolo era già inattivo.

MADONNA DEL PONTE E S. CASSIANO. Il santuario sorge nei pressi del ponte di Augusto (di cui si ha una bella visuale) ed è raggiungibile in breve da Narni Scalo seguendo la segnaletica turistica. L'edificio, consacrato nel 1728 e ampiamente rifatto dopo le distruzioni belliche, ingloba una grotta tagliata e isolata come cappella, che incorpora strutture romane ipoteticamente pertinenti alla Flaminia. Sulla roccia sussistono affreschi (il *Salvatore benedicente, Madonna col Bambino, santi*) del XIV secolo.

Da qui si può salire per breve sentiero all'**abbazia** benedettina **di S. Cassiano**, più volte trasformata. La chiesa, riferita al XII-XIII secolo, ha un bel portale a colonnine e più tardo campanile cuspidato. Il complesso è cinto da mura con merlatura guelfa, forse del XV secolo.

NARNI

Città di antichissima origine, **Narni** m 240, ab. 20 408 (20 675), sorge su uno sperone a dominio della gola del Nera e della conca ternana, in sito di difficile accesso per l'asperità dei versanti che ne condizionarono forma e sviluppo urbano. In prossimità del confine tra Umbria e Lazio, fu nodo stradale di fondamentale importanza per il controllo della viabilità tra Roma e l'Adriatico, legando per secoli a tale ruolo le sue fortune e subendo per questo assedi e distruzioni. L'abitato ha forma allungata, costretta dalla morfologia del colle, e un impianto articolato che ne denuncia le fasi formative: da quella umbra e romana del settore settentrionale (il terziere di S. Maria),

regolare nel reticolo viario innervato dall'asse urbano della Flaminia, a quella medievale (secoli XI-XIV) che progressivamente ha occupato il monte con la formazione dei terzieri di Fraporta e di Mezule: sulla sommità, separata dalla città, la Rocca albornoziana, simbolo del potere papale. Ricco di stratificazioni, il tessuto edilizio del centro storico è l'esito dell'ampia ricostruzione seguita al sacco dei Lanzichenecchi (1527), che mostra, nella diffusa qualità urbana, il tono un po' dimesso delle città pontificie sei-settecentesche ridimensionate a un ruolo culturalmente e politicamente periferico. La città moderna (Narni Scalo) si è formata come nucleo distinto e separato nel piano sottostante, dove hanno esercitato potere di attrazione il fiume e la ferrovia.

LA FORMAZIONE. L'abitato insiste sullo sperone occupato, nella parte settentrionale più dirupata, dall'umbra Nequinum, l'«oppidum» murato – come informa Livio – che i Romani conquistarono già nel 299 a.C. per la sua importanza strategica al fine della penetrazione nella regione. Narnia, colonia di diritto latino, si sovrappone al precedente insediamento e conferma il suo ruolo territoriale: tappa obbligata lungo la Flaminia, che forse ne costituiva l'ossatura viaria urbana dalla piazza Cavour alla piazza Galeotto Marzio, con la ristrutturazione viaria augustea diviene punto di partenza del diverticolo orientale per Terni e Spoleto. La crescita successiva si giustappone a questo nucleo originario (tuttora riconoscibile per il reticolo ortogonale) imperniandosi sulla Cattedrale, innalzata (secolo XII) immediatamente fuori del perimetro murato antico che viene ampliato per includere il polo religioso. L'urbanistica medievale disegna un impianto irregolare, che progressivamente occupa il colle avendo come cerniera l'odierna piazza Garibaldi. Oltre l'arco del Vescovo (antico ingresso in città della Flaminia) si forma il terziere di Fraporta, mentre la successiva espansione a sud dà luogo al 'nuovo' terziere di Mezule.

LA CRESCITA. A partire dall'XI secolo, la città medievale (che si ribellerà nel 1112 a papa Pasquale II, nel 1167 a Federico Barbarossa, e nel 1242 si schiererà con Roma e Perugia contro l'impero) proietta la sua influenza territoriale su San Gèmini, Stroncone, Calvi, Otrìcoli e Castiglione (l'antico «Castellum Amerinum») presso il Tevere (qui, entrava in Umbria la Via Amerina). La fase di espansione politica ed economica si traduce in città nella costruzione degli edifici pubblici (palazzo del Podestà) e delle architetture religiose che tuttora documentano la fioritura dell'arte medievale narnese (la Cattedrale, S. Maria Impensole, S. Domenico). Gli investimenti nella riqualificazione urbana (loggia dei Priori, S. Agostino; presenza di artisti quali Benozzo Gozzoli, il Vecchietta, Pier Matteo d'Amelia, lo Spagna) non si interrompono con la fine dell'autonomia imposta dalla Chiesa, che anche qui vi erige a evidenza possente del suo potere la Rocca (1367-78) sull'alto del colle.

LA DECADENZA. È su una città già colpita da un inarrestabile declino (cui fa riscontro, nell'area, la progressiva crescita del ruolo di Terni) che si abbattono, al principio del '500, le truppe dei Lanzichenecchi di ritorno dal sacco di Roma (Leandro Alberti, qui in viaggio nel 1530, racconta di un abitato completamente devastato e decimato nella popolazione). Questo evento assume, nella tradizione storiografica locale, un significato negativo quasi simbolico a evidenziare una cesura irreparabile nella storia della città. L'abitato risorge ridimensionato e non conoscerà più significativi aggiornamenti neppure formali. Tra Otto e Novecento ha inizio nella pianura sottostante la crescita industriale (per questa, v. pag. 546) attorno a Narni Scalo, che formerà un ampio agglomerato a nord del Nera.

Tra le manifestazioni tradizionali, la più rinomata è la corsa all'Anello (tra aprile e maggio), gara di abilità di origine trecentesca che vede la sfida dei terzieri medievali di S. Maria, Fraporta e Mezule.

PORTA TERNANA. Detta in passato dell'Arvolta, costituiva l'ingresso nella città murata medievale della Flaminia. L'odierno manufatto, costruito nella seconda metà del '400, ha gli stipiti e l'arco a bugnato, ed è fiancheggiato da robusti torrioni. La via Roma conduce alle piazze centrali.

PIAZZA GARIBALDI. L'antica denominazione di piazza del Lago segnala che, sotto il livello stradale, si apre una grande cisterna medievale (il «lacus») costruita su una precedente di età romana, alimentata dall'acquedotto della Formina (pag. 562). La *fontana* che la sovrasta, rifatta dopo il 1527, ha bacino poligonale in mattoni (XVI secolo) e vasca in bronzo trecentesca decorata con protomi zoomorfe. La piazza, esito di molteplici trasformazioni come rivela la sua articolata e irregolare conformazione, ha a sinistra una *torre* medievale superstite ed è dominata nella parte alta dal fianco del Duomo, tra i documenti maggiori del romanico umbro, che dà la facciata sulla più elevata *piazza Cavour*. L'angusto passaggio tra le due piazze fu ampliato nel 1832 abbattendo una colonna del portico del Duomo (v. sotto), sostituita dalla mensola che si appoggia all'ex Palazzo vescovile (v. sotto). Si è qui sul bordo esterno della città romana, in sito di notevolissime stratificazioni che consentono di ricostruire le fasi formative della città nella transizione dalla tarda antichità all'età paleocristiana.

*DUOMO. Il primo vescovo della città, san Giovenale, cui è intitolata la chiesa, fu sepolto nel 376 sul margine esterno delle mura (secondo l'uso romano), e certamente al suo culto (e a quello dei primi vescovi narnesi) è connessa la necropoli alto-medievale individuata sotto la pavimentazione della piazza Cavour, con tombe a fossa scavate nella roccia e a deposizione multipla. Sulla sepoltura sorse un sacello che, nel IX secolo, doveva già avere le dimensioni di una piccola basilica dove si veneravano anche le spoglie di san Cassio, qui deposto nel 558. La costruzione dell'odierno edificio, avviata nel 1047, si protrasse per circa un secolo (la consacrazione è del 1145, per mano di papa Eugenio III); nel 1322 fu ricostruita la parte absidale. La semplice facciata rettangolare, trasformata nel XIV secolo, è preceduta da un elegante portico ad archi su colonne sormontati da un bel fregio rinascimentale, opera (1497) di maestri lombardi. Sotto il portico si apre il portale maggiore, del secolo XII, con ornati classicheggianti; a destra, un bell'arco finemente decorato dà accesso alla cappella dell'Università dei Muratori (1506), poi del battistero. Restauri hanno messo in evidenza resti della costruzione romanica (facciata, fianco della navata centrale e testata del transetto). Il fianco sinistro, aperto da un bel portale romanico, mostra un tratto della muratura di fondazione. A destra del portico, nel muro che chiude da questa parte la piazza Cavour, sono inseriti grossi blocchi di pietra, avanzi della cinta urbica della romana Narnia. Per il campanile, retrostante, pag. 555.

*INTERNO. Di tipo basilicale, a tre navate divise da 16 colonne con capitelli di forma varia e archi ribassati (tipici dell'architettura narnese), fu ampliato probabilmente tra la fine del XIV e l'inizio del XV secolo con l'aggiunta della navatella a destra per inglobare il sacello dei Ss. Giovenale e Cassio, in precedenza a sé stante. Sulla controfacciata della navata d., in una nicchia, *Madonna in trono col Bambino e angeli* ed *Eterno* (sulla volta tagliata), affresco del Maestro del 1409 su una preesistente *Crocifissione*. NAVATELLA DESTRA. Nella cappella dell'Università dei Muratori (1, nella parata a fronte), *fonte battesimale* del 1506. Al 2° altare (2), a sin., *tomba di Carlo Boccardi* (1498), con figura giacente del vescovo. La 3ª cappella, del SS. Sacramento (3), ha un prospetto architettonico rinascimentale, con delicati rilievi nei pilastri, nel giro dell'arco e nel frontone, e cassettoni a rosoncini nell'imbotte della volta, opera di Sebastiano Pellegrini (1499), autore anche dell'analoga decorazione del maestoso fornice che si apre, di fronte, sulla navata; nello spazio antistante, brano di pavimentazione a mosaico cosmatesco.

*SACELLO DEI SS. GIOVENALE E CASSIO (4), più propriamente *dei Vescovi narnesi*. Si presenta con la fronte ripartita in quattro ordini da pilastrini lavorati e altri ornati da mosaici cosmateschi (tutti di riutilizzo, forse provenienti dalla recinzione presbiteriale della chiesa romanica, demolita dopo il 1322); sull'architrave sovrastante l'accesso, iscrizione dipinta ad affresco nella quale si ricorda l'operato del vescovo Pietro Gormaz (1499-1515), al quale va riconosciuta, oltre all'apertura dell'ingresso, l'estensione della fronte alle due cappelle confinanti e, all'interno, l'ingrandimento del vano con realizzazione dell'attuale volta di copertura e del pavimento. Al di sopra del portale si trova la **lastra di sepoltura di Cassio e della moglie Fausta** (558), qui trasferita (1678-80) dall'interno, con iscrizione ai lati di una croce, originariamente impreziosita da pietre, affiancata da due agnelli; nella nicchia a sin., *S. Giovenale benedicente*, scultura lignea di metà '400; in quella d., *Pietà*, gruppo di impasto d'argilla dipinto e dorato, di scuola tedesca (fine '400). Le pareti interne del sacello, in origine ipogeo e occultato alla vista dei fedeli, sono rivestite di spezzoni di lastre marmoree tranne quella sinistra; in essa, unica dell'originario luogo (ed esente dalle trasformazioni dell'ambiente nel corso dei secoli), si conserva la *sepoltura dei vescovi Pancrazio I, Erculeo, Pancrazio II*, come indicato nell'iscrizione; al

NARNI: IL DUOMO

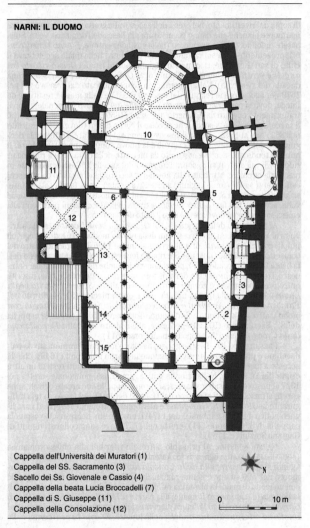

Cappella dell'Università dei Muratori (1)
Cappella del SS. Sacramento (3)
Sacello dei Ss. Giovenale e Cassio (4)
Cappella della beata Lucia Broccadelli (7)
Cappella di S. Giuseppe (11)
Cappella della Consolazione (12)

N

0   10 m

di sopra del rivestimento, nei pressi dell'accesso alla grotta, sono alcune tessere marmoree bianche che danno la curvatura più bassa dell'originaria volta. Sulla parete di fondo, trittico marmoreo (nella cuspide centrale, *Eterno benedicente*), proveniente dalla soprastante chiesa (perduta) nella quale si celebrava il culto di san Giovenale, ricomposto aggiungendo ai lati del *Cristo risorto tra angeli e serafini* le immagini dipinte di *S. Giovenale* e di *S. Cassio* (prima decade del XV secolo). L'altare marmoreo venne collocato dal vescovo Avi nel 1679 per accogliere le reliquie del vescovo Cassio e della moglie restituite da Lucca, dove si conservavano, assieme a quelle del vescovo Giovenale, dopo il trafugamento operato da Adalberto di Toscana (850). Nella retrostante grotta, il *sarcofago* dell'VIII-IX secolo che accolse il corpo di san Giovenale (restituito nell'852) fino al 1642, quando il vescovo Giampaolo Bocciarelli effettuò la ricognizione delle reliquie e fece costruire la nuova confessione sotto l'altare. Il muro di fondo del sacello è costituito da un tratto della cinta urbica romana. A ridosso di questa (in alto, sopra l'ingresso del sacello) ***Gesù benedicente** in mandorla circolare, attribuito alla fine del IX secolo, fiancheggiato da affreschi raffiguranti *santi* (forse aggiunti successivamente); nella fascia sottostante, *scene della vita di S. Giovenale* e altre immagini di *santi*, tagliate dall'attuale volta, ascrivibili alla fine del XIV secolo: si tratta delle decorazioni pertinenti alla chiesa sopraelevata dove aveva luogo il culto del patrono.

Al 6° pilastro della navata (5), *S. Giovenale benedicente*, tavola attribuita al Vecchietta. Ai pilastri estremi della navata mediana (6), due pregevoli pulpiti con rilievi di *santi*, di scultori comacini del 1490. Nel braccio destro del transetto, il cardinale Giuseppe Sacripanti fece erigere (1714) la cappella della beata Lucia Broccadelli (7), per collocarvi le tombe della sua famiglia; Francesco Trevisani fu incaricato della decorazione parietale e delle tele, inserite entro preziose mostre e cornici marmoree (sull'altare, *Stimmate della beata Lucia*). In fondo alla quarta navata, a sin. entro nicchia (8), *Madonna col Bambino tra i Ss. Anselmo e Marco evangelista* (nel catino, *Eterno con globo*), affresco attribuito a Bartolomeo Torresani (1517). Segue la cappella del SS. Sacramento (9), settecentesca, al cui altare sin. è una *Deposizione dalla Croce*, affresco di Jacopo Barboni (forse 1611).

PRESBITERIO (10). Di stile gotico, ha altare maggiore sormontato da baldacchino e preceduto da una confessione in marmi policromi (1649), che dà accesso a una vasta cripta; verso la navata sono stati rinvenuti resti di un'altra cripta del XII secolo. Nella tribuna gotica, grandiosa, poligonale, eretta nel 1327 al posto dell'abside romanica, si aprono cappelle con arcate ogivali; sulle pareti, affreschi riferiti al gruppo del Maestro del 1409. Sul fondo, la tela raffigurante la *Gloria di S. Giovenale* è attribuita a Girolamo Troppa. Il coro ligneo gotico a intagli e intarsi è del 1474. Il braccio sin. del transetto ospita la cappella di S. Giuseppe (11), eretta nel 1757, dove sono collocati dipinti di Gaetano Sortini (c. 1760).

NAVATA SINISTRA. Al principio, affreschi riferibili alla chiesa romanica (sec. XII-XIII) e statua lignea di ***S. Antonio abate** di Lorenzo Vecchietta (1474). Quindi si apre la *cappella della Consolazione* (12), con bel prospetto marmoreo del '500 su due colonne romaniche; all'interno, altare rinascimentale con un'icona di maniera bizantina raffigurante la *Madonna col Bambino*, della bottega di Antoniazzo Romano; alla parete d., *sepolcro del vescovo Pietro Gormaz* (sul sarcofago la figura giacente del defunto; sopra, *Madonna col Bambino adorata da due angeli*; nella lunetta, *Eterno benedicente*; nelle nicchie dei pilastrini laterali, *Ss. Pietro e Paolo* e *Ss. Giovenale e Cassio*), della scuola di Andrea Bregno (1514). Segue il *monumento sepolcrale di Pietro Equitani* (1477; 13), capostipite della famiglia Cesi: nella lunetta, *Madonna col Bambino e angeli* del Maestro della Tomba Cesi. Al 2° altare sin. (14), *Consegna delle chiavi*, tela di Livio Agresti (1560); al 1° (15), *Miracolo di S. Biagio e Madonna col Bambino tra i Ss. Giuseppe e Michele arcangelo*, di Filippo Micheli (1675).

IL CAMPANILE del Duomo, retrostante alla chiesa e visibile dalla via del Campanile (pag. 561), laterale sinistra della via Garibaldi, è una poderosa costruzione sorta sulle fortificazioni romane, inferiormente romanica (secolo XII) in pietra calcarea e superiormente rinascimentale (secolo XV) in laterizi, ornata di bacini in maiolica.

*PINACOTECA CIVICA. Nel seicentesco ex *Palazzo vescovile* verranno ordinate le raccolte di pittura di proprietà civica, in parte già esposte nel museo di S. Domenico e nel palazzo del Podestà, in parte provenienti dalle chiese della città, oltre alle oreficerie già di pertinenza del tesoro della Cattedrale. Il progetto espositivo prevede un'articolazione tematica volta a illustrare la storia della città e dell'arte narnese dal XV al XIX secolo.

Le presenze toscane in città saranno documentate dall'***Annunciazione** di Benozzo Gozzoli (1451-52) e da un tabernacolo della scuola di Agostino di Duccio (da S. Domenico). La sezione dedicata al complesso di S. Girolamo (pag. 562) sarà imperniata sulla grande tavola di Domenico Ghirlandaio e bottega, eseguita nel 1486 su commissione del cardinale Eroli per quella chiesa, con ***Incoronazione di Maria tra angeli e santi** (nella predella, *Stimmate di S. Francesco, Pietà, S. Girolamo nel deserto*); dalla stessa chiesa provengono inoltre: terracotta dipinta con *busto di S. Bernardino da Siena*, attribuita al Vecchietta; *Madonna col Bambino tra i Ss. Francesco e Girolamo*, lunetta affrescata con relativo sottarco, attribuita a Pier Matteo d'Amelia; *S. Francesco riceve le stimmate*, affresco staccato di un peruginesco (1500); *S. Antonio da Padova* e *S. Bernardino da Feltre*, tavole della seconda metà del '500. Inoltre, serie di affreschi staccati del XV secolo. La pittura tra Cinque e Seicento comprenderà: *Risurrezione* di Marcantonio Aquili; *Annunciazione* di Livio Agresti (datata 1559); *Nascita del Battista*, attribuita ad Antonio Gherardi (da S. Francesco). Il Settecento sarà illustrato da undici *Stazioni della Via Crucis* di Giacinto Boccanera (1728-29); *S. Benedetto accoglie S. Placido bambino, S. Benedetto e Totila, S. Benedetto libera il prigioniero, Esequie di S. Benedetto*, serie di quattro lunettoni su tela di un pittore di cultura protoneoclassicista romana (1739). Inoltre, *Erasmo da Narni, il Gattamelata*, busto in gesso del XIX secolo, che imita il monumento donatelliano di Padova. Tra le oreficerie della Cattedrale: sei candelieri in bronzo scolpito attribuiti ad Andrea Briosco; ostensorio monumentale d'argento del sec. XVIII; *busto-reliquiario di S. Giovenale* (1703); *reliquiario di S. Procolo*, del 1760.

VIA GARIBALDI. Muove rettilinea dalla piazza Cavour e dall'antichità costituisce (con la susseguente via Mazzini) l'asse viario principale della città, forse insistente sul tracciato urbano della Flaminia. La via consolare avrebbe iniziato qui il tratto superiore urbano dopo aver varcato, poco più in basso, le mura urbiche dalla porta romana oggi detta *arco del Vescovo* perché si appoggia all'ex Palazzo vescovile (v. sopra); il manufatto, ricostruito nel Medioevo sulle fondamenta antiche e riutilizzando il materiale originale, è raggiungibile scendendo, di fronte al Duomo, per il voltone del vicolo Belvedere. La via Garibaldi unisce la Cattedrale alla piazza maggiore (dei Priori) tra cortine edilizie che mostrano la sovrapposizione di interventi ripetuti nell'arco di più secoli a partire dalle strutture a torre medievali.

S. AGOSTINO. A destra della via Garibaldi, quasi in corrispondenza degli 'scaloni' che introducono alla via del Campanile (pag. 561), diverge la *via Ferrucci*, caratteristica per le alte case d'antico aspetto (notare, al principio, due poderose *case-torri* medievali). La strada scende, per il tramite di via dell'Asilo, alla chiesa di **S. Agostino**, fondata in posizione emergente sopra le mura nel XIV secolo, rifatta nel secolo successivo, rinnovata e riconsacrata nel 1728; nella facciata si apre a destra una nicchia con affresco (*Madonna col Bambino e i Ss. Andrea e Agostino*) di Pancrazio Iacovetti.

L'ampio INTERNO, a tre navate scandite da pilastri, ha l'assetto decorativo settecentesco, esteso su tutte le superfici sovrapponendosi agli interventi precedenti, che traspaiono sulle pareti e sui pilastri. Al centro del soffitto ligneo, in un ovale, tela con *Gloria di S. Agostino* di Carlo Federico Benincasa (sec. XVI). In controfacciata, a sin. dell'ingresso, edicola dipinta nel 1482 da Pier Matteo d'Amelia (**Madonna in trono col Bambino e le Ss. Lucia e Apollonia**); su di essa si imposta la cantoria settecentesca. Al 1° altare dr., tavola con i *Ss. Monica, Andrea, Agostino e Nicola da Tolentino* (nella predella, *Martirio di S. Andrea, Flagellazione, Andata al Calvario, Comunione di S. Agostino*), opera attribuibile a Marcantonio Aquili, forse pertinente al Crocifisso di scuola tedesca ora nella sagrestia del Duomo. Al 3° altare, *Madonna col Bambino e i Ss. Anna, Pietro e Paolo*, attribuita a Vincenzo Manenti.

La tribuna absidale presenta importanti frammenti di **affreschi** (immagini di *santi* e scene solo in parte rimesse in luce) che costituiscono un importante documento della pittura umbra del tardo Trecento, opera di artisti diversi riuniti sotto la denominazione convenzionale di Maestro della Dormitio. A essi si sovrappone la decorazione del XVIII secolo volta alla celebrazione dell'Ordine agostiniano, dovuta a Carlo Federico Benincasa. Al 2° altare sin., tela con *Madonna della Cintola* e, all'interno della macchina in stucco, affreschi con *Annunciazione* e *Visitazione* (sopra, statue di *S. Fulgenzio* e *S. Possizio*, e sotto *due monache agostiniane* a fresco), complesso decorativo di Michelangelo Braidi; al 1° altare, *Madonna e quattro santi* di Antonio Polinori.

Al principio della navata si apre la **cappella di S. Sebastiano**, introdotta da un arco ornato di fregi e di santi ancora sotto lo scialbo e tutta decorata da Lorenzo Torresani, al quale si sostituì dopo il 1538 il fratello Bartolomeo con la collaborazione di un altro artista di cultura antoniazzesca. La volta simula un cielo stellato, nel quale sono raffigurati il *Salvatore tra angeli e serafini* nella vela alla parete di fondo, *dottori della Chiesa* al centro delle due campate, contornati nelle vele laterali da *Evangelisti e profeti* accoppiati, i *Ss. Cassio e Giovenale* nella vela di controfacciata; sulle pareti, da sin.: *S. Sebastiano flagellato*, *S. Agostino* e, nella fascia inferiore, *santi agostiniani* entro tondi; *Martirio dei Ss. Zoe e Tranquillino* e, nella fascia inferiore, *sante agostiniane*; *Martirio di S. Sebastiano*. In sagrestia, *Crocifissione* attribuita al Maestro della Tomba Cesi, datata 1500. Affreschi dei secoli XV e XVI sono emersi in ambienti sottostanti, pertinenti al precedente monastero (di cui è in corso il recupero) con chiostro settecentesco.

VIA GATTAMELATA. In discesa oltre S. Agostino, la via introduce a un rione che conserva spiccati caratteri medievali associati a significativi elementi del rinnovamento rinascimentale. Al Cinquecento appartiene l'imponente *palazzo Capoccaccia*, che ingloba strutture dell'*oratorio di S. Valentino*, che la tradizione vuole fondato da san Giovenale. Più in basso, la *casa* dove sarebbe nato (attorno al 1370) Erasmo da Narni, il Gattamelata, capitano della Repubblica di Venezia, con arco superstite dell'edificio trecentesco. La via si conclude alla **porta Nuova**, forse su disegno del Vignola (seconda metà del '500), che si apriva nella nuova cinta muraria (post 1527), arretrata rispetto alla precedente medievale identificata dalla *porta della Fiera*, con arco a sesto acuto (più in basso, sulla ripida discesa verso il piano). Tra le due murazioni si stendeva il rione di S. Apollinare, raso al suolo dai Lanzichenecchi. Retrocessi a destra per via Marcellina si può raggiungere, in bel contesto ambientale, la piazza Galeotto Marzio (pag. 560).

PIAZZA MARCONI. Si apre a sinistra della via Garibaldi, precedendone lo sbocco nella piazza maggiore. Vi sorge il **Teatro comunale**, costruito nel 1856 su progetto di Giovanni Santini, riaperto dopo i restauri conclusi nel 1998. Di fronte è l'edificio della Cassa di Risparmio, sotto il quale sono emersi resti della pavimentazione del foro romano, a larghi blocchi di calcare.

PIAZZA DEI PRIORI. Foro della città romana e poi «Platea Maior» della Narni medievale, la piazza, lunga e stretta, è definita fra XIII e XIV secolo con la costruzione dei palazzi pubblici che si fronteggiano formando il nucleo di architettura civile più significativo della città. A destra si allineano la **casa Sacripanti**, con tre bassorilievi medievali murati nella facciata, e il **palazzo dei Priori**, sovrastato dalla bella *torre civica*: ricostruito a metà Trecento, si compone di una bellissima ***loggia** attribuita al Gattapone, con due alte arcate aperte in un grandioso portico sostenuto da un poderoso pilastro, e con volte a crociera. A destra del semplice portale, il pulpito dal quale si leggevano i bandi. Trasformato ripetutamente, fu sopraelevato nel XVII secolo; nel 1618 i Padri Scolopi lo degradarono a scuola; di proprietà comunale, è in restauro per essere adibito·a usi civici.

*PALAZZO DEL PODESTÀ. Oggi sede del Municipio, fu realizzato nella seconda metà del XIII secolo accorpando tre case-torri; venne rinnovato alla metà del '300 e ancora nel secolo successivo con l'ag-

giunta di sei finestre crociate. L'ambiente a destra del portale rinascimentale a bugnato era in origine la cappella, il cui arco d'accesso
venne poi ridotto con la singolare composizione di bassorilievi del
secolo XIII (*leone e drago, caccia col falco, duello tra due cavalieri, decollazione di Oloferne*) sotto i quali è una finta loggetta;
il locale (ora sede della Pro Narni) conserva un affresco (*Cristo
re*) attribuito ai Torresani (prima metà secolo XVI).

INTERNO. Il grandioso ATRIO, ricavato nella torre centrale, accoglie una
raccolta di materiali archeologici di età romana e medievale, tra i quali si segnalano iscrizioni latine per lo più funerarie, una base onoraria di statua eretta
a cura dei decurioni del municipio di Narnia, una scultura di leone proveniente da un monumento funerario, la fronte di un sarcofago con *scena di caccia*,
un'edicola funeraria con tre busti-ritratto della gens Latuedia. Al piano superiore (non accessibile per restauri), nella sala già della Biblioteca «G. Eroli» è
conservata una mummia femminile egizia deposta entro un sarcofago ligneo,
non pertinente, decorato con scene funerarie e testi geroglifici, relativo a un
sacerdote egizio, Ramose, vissuto nel IV sec. a. Cristo. I reperti sono destinati
alla sezione archeologica dell'istituendo museo di palazzo Eroli (pag. 561).

FONTANA. È collocata in fondo alla piazza, al piede del cinquecentesco
palazzo Calderini. Alimentata un tempo dall'acquedotto della Formina
(pag. 562), ha coppa bronzea decorata da sei protomi zoomorfe alternate a
stemmi della città; al di sotto, corre l'iscrizione dedicatoria con l'anno di esecuzione (1303); il bacino, semplice ed elegante, è caratterizzato dalla bicromia dei materiali; le quattro vaschette in marmo sono aggiunta del XVI secolo. Nell'area alle spalle della fontana sono venuti alla luce, a oltre 4 metri di
profondità, resti di un edificio pubblico romano pertinente al foro.

VIA MAZZINI. Proseguimento della via Garibaldi, è qualificata
dalle nobili residenze dell'aristocrazia narnese tra le quali emergono, a destra il *palazzo Mosca*, del XVII secolo, e a sinistra il coevo
palazzo Bocciarelli, fronteggiato da una delle più antiche chiese
della città, sul sito dove la tradizione vuole sorgesse un tempio romano dedicato a Bacco.

*S. MARIA IMPENSOLE. La chiesa fu eretta nel 1175 su un edificio
religioso preesistente, poi utilizzato come cimitero, che si era sovrapposto a una casa romana dotata di due cisterne, di cui una (ancora funzionante) di grandi dimensioni. È preceduta da un portico
formato da tre archi ribassati su colonne di spoglio, sotto il quale si
aprono tre *portali scolpiti a girali d'acanto classicheggianti. L'interno è a tre navate divise da colonne romaniche con archi ribassati;
interessanti i capitelli, in particolare quello figurato della 3ª colonna
a destra. Alle pareti si conservano pochi brani di affreschi della fine
del '300; l'altare maggiore, di forma primitiva, è rivestito di marmi

del XV secolo. Nei sotterranei (visitabili, t. 0744722292-715362), si aprono tre ambienti in uno dei quali è collocata una tomba ad arcosolio (secolo VI).

ANCORA IN VIA MAZZINI. La via continua avendo a sinistra il **palazzo Scotti**, architettura di metà '500 interessante per il portale e le finestre di notevole fattura e per la loggia interna, riferita ora al Sangallo ora a Ippolito Scalza; nel 1581 gli ambienti furono decorati dagli Zuccari con affreschi in parte conservati. Emergono poi a destra le due altissime **torri dei Marzi**, famiglia cui appartenne il letterato, astronomo e anatomico narnese Galeotto Marzio (secolo XV).

S. DOMENICO. L'importante complesso religioso si dispone a sinistra della via Mazzini, sul luogo dove la tradizione vuole sorgesse un tempio dedicato a Minerva. L'ex chiesa, passata ai Domenicani con bolla papale del 1304, fu la prima Cattedrale della città e la sua intitolazione a S. Maria Maggiore dette nome al terziere. Eretta nel XII secolo, fu a più riprese trasformata come evidenziano le manomissioni della facciata, a due ordini sottolineati dalla cornice sostenuta da mensole a protomi umane e animali, sopra la quale si apre un finestrone che sostituì le originarie tre finestre tipiche dell'architettura narnese; a destra, in alto, un avanzo di trifora con tracce di mosaico. Notevole il portale del XII secolo, decorato di girali vegetali che accludono clipei con *busti degli apostoli*. A sinistra s'innalza il poderoso campanile.

INTERNO. A tre navate divise da pilastri, è provvisoriamente adibito a uffici comunali. Conserva affreschi frammentari opera di artisti riuniti nella bottega denominata Maestro del 1409. In controfacciata, a destra e a sin. della bussola, *S. Giorgio e il drago* e *S. Ugo in cattedra*. Sulle facce dei pilastri delle prime due campate, brani di affreschi tra cui rimarchevoli due *Crocifissioni*: quella del secondo sottarco a sin. è riferita alla prima metà del '400; l'altra (2° pilastro a d.) è attribuita al Maestro della Dormitio, al quale si possono ricondurre anche le decorazioni con *santi* che corrono verticalmente sugli spessori delle facce contigue.

Nella grande CAPPELLA DEL ROSARIO (a sinistra), la volta a crociera, scandita da costoloni, è affrescata con *storie della Genesi*, opera di artisti fiamminghi (Marten Stella, Gillis Congnet) del secondo '400: la presenza dei bellissimi paesaggi è un raro esempio di questo genere nella pittura coeva in Umbria. La cappella ospita (in attesa del trasferimento nel museo di palazzo Eroli, pag. 561) materiali paleontologici del Pleistocene superiore e archeologici dal territorio: da rimarcare la zanna di «Elephas Antiquus» ritrovata con altre sei in un'ansa del paleoalveo del Nera presso Taizzano; inoltre, un'anfora vinaria e una moneta di Domiziano da una villa romana presso Narni.

Nel fondo alla navata sin., *Deposizione* e, sulla parete contigua, *Madonna col Bambino tra i Ss. Domenico e Tommaso*, della fine del XV secolo. Al pilastro sin. dell'arco trionfale, tabernacolo marmoreo della scuola di Agostino di Duccio (ne è previsto il trasferimento nella Pinacoteca civica); al pilastro di fronte, *monumento funebre di Gabriele Massei* (1494). Le pareti dell'abside che conclude la navata destra erano decorate da affreschi di Lorenzo Torresani di cui si riconosce la sola *Risurrezione di Cristo*. Alla parete dopo la 2^a cappella, frammentario affresco (*Vergine e S. Lucia*) attribuito a un seguace di Bartolomeo da Miranda e *S. Domenico* del xv secolo. Nella navata è inserito un brano di mosaico cosmatesco, residuo della pavimentazione originaria.

LE STRUTTURE IPOGEE DI S. DOMENICO. Prendendo la via a sinistra di S. Domenico si raggiunge in breve la suggestiva piazza dov'è il *giardino di S. Bernardo* (panorama sulla valle del Nera), memoria degli orti del convento di cui sussiste solo un avanzo della torre campanaria. Qui è l'ingresso alle strutture sotterranee inglobate nel *convento di S. Domenico*, che si raccoglieva attorno al cortile con pozzo di cui rimane la grande cisterna. Visita solo nei festivi: da giugno a settembre, 10-13 e 15-18; da ottobre a maggio, 11-13 e 15-17; sempre su prenotazione (t. 0744722292-715362). Di interesse particolare la **chiesa ipogea**, a navata unica coperta da volta a botte leggermente acuto e conclusa da abside semicircolare con arco impostato su due capitelli in pietra di spoglio. Le pareti, in parte scavate direttamente nella roccia, sono ricoperte da intonaco affrescato, con concrezioni calcaree in talune zone così spesse da rendere irrecuperabili i dipinti sottostanti. Il ciclo più antico di affreschi (*S. Michele Arcangelo, simboli degli Evangelisti, Cristo in pietà*) risale al xii secolo, epoca di costruzione dell'edificio, mentre la seconda fase decorativa (abside) è del xiii-xiv secolo; sulla parete sin., due immagini della Madonna proposte con significato diverso: *Regina con globo e Madre col Bambino*. All'imposta della volta corre un fascione con racemi vegetali, che delimita il cielo disseminato di stelle bianche entro cerchi. Dalla chiesa si passa in un locale rettangolare dove si trova un pozzo circolare di epoca romana per la raccolta delle acque piovane. Uno stretto corridoio immette a un altro ambiente in pietra bianca e rosa, con volta a crociera, sottostante all'abside di S. Domenico: in origine esteso a formare un vasto salone accessibile dall'esterno, era la sede del Tribunale della Santa Inquisizione; sull'intonaco di una cella attigua, numerosi graffiti di carattere devozionale o legati a vicende giudiziarie, alcuni di significato esoterico.

VERSO PIAZZA MARZIO. La via Mazzini continua tra edifici di aspetto cinquecentesco con inserti medievali tra cui si riconosce, a destra, la *casa-torre dei Diofebi*, struttura trecentesca con aggiunte successive. A sinistra, la chiesa di **S. Restituta**, iniziata assieme al monastero di monache francescane nella seconda metà del xvi secolo, completata nel 1604; all'altare maggiore, *Visitazione* del Cavalier d'Arpino (c. 1605). Si sbocca nella *piazza Galeotto Marzio*, localmente più nota come piazza Cajola, dove a sinistra sorge il *palazzo Cardoli*, con imponente portale e bella serie di finestre del xvi secolo; all'interno, arioso cortile rinascimentale. In fondo è l'**Istituto assistenza Infanzia « Beata Lucia »**, fondato nel 1739; nella chiesa, *Cristo appare alla beata Lucia* di Etienne Parrocel (1750).

DA S. DOMENICO A S. FRANCESCO. Si retrocede a S. Domenico e al retrostante giardino di S. Bernardo (pag. 560) per proseguire nella *via Saffi,* con case che conservano strutture medievali (notare quella al N. 5, con finestre crociate, e una casa-torre). Segue, N. 1, il **palazzo Eroli**, ampliato e rinnovato tra Sei e Settecento, che ingloba una torre forse del XIV secolo (il nucleo più antico) e un'altra costruzione del XV con finestre guelfe; due brani di graffito in facciata e sul fianco raffigurano foglie di edera, simbolo della nobile famiglia cui appartenne. Il palazzo è in ristrutturazione per divenire sede della Biblioteca comunale «G. Eroli» e del *Museo civico,* che accoglierà i reperti archeologici da S. Domenico (pag. 559) e dal palazzo dei Priori, oltre a una sezione di archeologia industriale.

S. FRANCESCO. Il complesso francescano, che segue subito a destra, fu eretto nel XIV secolo sul luogo dove la tradizione vuole avesse dimorato il santo di Assisi, chiamato a Narni dal vescovo Ugolino nel 1213. La facciata, alterata da interventi successivi (cospicui quelli seicenteschi), ha un ricco portale gotico sormontato da una edicola con affresco del XVII secolo.

INTERNO (inagibile dopo l'incendio dell'agosto 1998). Molto restaurato, è a tre navate divise da colonne cilindriche; l'abside, poligonale, è scandita da alte nervature gotiche. Sulle colonne e sulle pareti delle cappelle laterali si susseguono una serie di quadri votivi riconducibili alle due maggiori botteghe presenti in città, quella del Maestro del 1409 e quella del Maestro della Dormitio, la cui attività va riferita all'aggiornamento degli apparati decorativi degli edifici religiosi promosso in occasione dei due giubilei (1390 e 1400) indetti da Bonifacio IX. Sulle colonne si riscontrano tre livelli di affreschi, che ripetono le immagini della *Madonna col Bambino* e *santi.* Nella 1ᵃ cappella sin., *Angelo della pace,* S. *Sebastiano* e S. *Rocco;* nella 2ᵃ, S. *Giorgio e il drago* (attribuito al Maestro del 1409), S. *Francesco* e *Crocifissione;* nella 3ᵃ, *Madonna col Bambino* e *Madonna della Misericordia* (attribuite al Maestro del 1409), i *Ss. Antonio Abate* e *Antonio da Padova;* nella 4ᵃ, *Martirio di un santo, il Battista, Trinità,* attribuiti al Maestro del 1409. Nella SAGRESTIA, gli affreschi che ornano le pareti e la volta sono attribuiti ad Alessandro Torresani; la tela con S. *Pietro* e S. *Paolo ai lati della Natività della Vergine* è di Antonio Gherardi. Nella 4ᵃ cappella d., nel sottarco, S. *Antonio da Padova, Crocifissione* e S. *Bernardino,* affreschi del XVII secolo; nella 3ᵃ, *Madonna* e *Madonna della Misericordia* (attribuite al Maestro del 1409), i *Ss. Antonio Abate* e *Antonio da Padova;* nella 2ᵃ, nel sottarco, clipei con *apostoli* e *santi* del Maestro degli Apostoli di Narni (all'interno, *monumento funebre di Domenico Alberti,* 1712); nella 1ᵃ, *storie francescane* e *due miracoli di S. Bernardino,* di Pier Antonio Mezzastris (dopo il 1461).

VIA DEL CAMPANILE. Da S. Francesco, si svolge sinuosa in un contesto d'antiche case (notare quella al N. 36, ornata d'archetti pensili). Oltrepassato il campanile del Duomo (pag. 555), tre caratteristiche arcate (la prima con monofora centinata, la seconda con finestra crociata) precedono lo sbocco nella via Garibaldi, che a sinistra riporta nella piazza dei Priori.

MEZULE. Il terziere occupa la parte meridionale e più elevata dello sperone su cui sorge la città, culminante nella Rocca. Vi si sale, da piazza Garibaldi (pag. 551), per il segmento iniziale di via del Monte (per il tratto successivo v. sotto), quindi a sinistra via Cocceio Nerva. Al termine di questa sorge la chiesa di **S. Margherita**, costruita entro i primi anni del '600 assieme al monastero di Benedettine riservato alle nobili. L'interno, a navata unica, ha volta decorata a stucchi (nel riquadro centrale, la *santa titolare*). Alle pareti, ciclo di affreschi con *storie di S. Margherita*, eseguito nel 1606 da Antonio Circignani; sull'altare maggiore, *Madonna col Bambino in gloria tra i Ss. Margherita e Bernardo*, e ai lati *S. Caterina da Siena* e *S. Margherita d'Alessandria*, opere del XVII secolo.

ROCCA. Si può salire al complesso fortificato continuando per la caratteristica *via del Monte* (v. sopra), scavalcata da una bella loggia quattrocentesca in cotto, oppure in automobile seguendo la direzione per la Flaminia verso Roma, quindi a sinistra. La monumentale ***Rocca** m 332 (recentemente restaurata, in attesa di destinazione civica e accessibile solo in occasione di manifestazioni) fu innalzata nella seconda metà del '300 per volere del cardinale Albornoz su disegno forse di Ugolino di Montemarte e successivamente (specie nel '400) in parte ripresa. Tra i due nobili portali si apre lo scenografico cortile reso vivace dalla scala esterna; negli spazi interni si sovrappongono soluzioni decorative apportate a più riprese fino al XIX secolo. Nella *cappella* detta *del Cardinale*, ubicata nel poderoso mastio, rimane una *Madonna col Bambino e committenti* attribuita al gruppo del Maestro del 1409 e assegnata alla prima metà del XV secolo anche per la presenza dello stemma di Eugenio IV. Poco sotto la Rocca si trova la *fontana Feronia*, già sede di un luogo di culto preromano tributato a questa divinità, di cui sopravvive oltre al toponimo anche un cunicolo sotterraneo di captazione della sorgente d'acqua.

MADONNA DEL PIANO. La chiesa, situata presso il cimitero, conserva una *Madonna del Latte tra i Ss. Giacomo e Caterina* del Maestro del 1409 e *Adorazione dei pastori* di Girolamo Troppa; di recente è stata riaperta una nicchia con *Madonna in trono col Bambino tra i Ss. Antonio da Padova e Girolamo*, dipinto attribuito a un seguace del Pinturicchio.

ALLO SPECO DI S. FRANCESCO: km 13.5 a sud-est, uscendo dalla città per la porta Ternana (pag. 551), oltre la quale è l'ex **convento** francescano **di S. Girolamo** (ora di proprietà comunale), ridotto a castello alla fine dell'800 con torri angolari, merli e strutture neomedievali; conserva l'elegante chiesa di forme gotiche trecentesche, a una navata. Si procede sulla Flaminia, quindi a destra sulla provinciale per Sant'Urbano, che sale verso sud-est con belle vedute. Poco oltre, deviando a sinistra sulla strada dei Pini, quindi per sentiero (dalla località Santa Lucia, vicino a un ristorante), si può raggiungere nel bosco il *ponte* romano detto *Cardona* (presso il centro geografico della penisola italiana), pertinente all'**acquedotto della Formina**, costruito alla fine del I secolo a.C., restaurato più volte in ragione dell'ininterrotta utilizzazione fino al 1924. Parte in muratura, parte scavato in galleria, aveva origine poco a nord del paese di Sant'Urbano e raggiungeva Narni dopo aver incanalato sei sorgenti. L'Associazione Subterranea organizza la visita delle strutture esterne e sotterranee (t. 0744722292-715362).

Proseguendo sulla provinciale, lasciato in basso a sinistra un altro ponte romano dell'acquedotto (*ponte Vecchio*), in travertino, si tocca Altrocanto m 400, oltre il quale un breve tronco a destra sale al piccolo castello di **Itieli** m 582, la cui *parrocchiale* conserva affreschi del XV secolo e un dipinto di Calisto Calisti con la rara iconografia della *Madonna del Rosario che appare a S. Domenico in Albi e battaglia contro gli Albigesi* (1650). Dopo *Sant'Urbano* m 444, castello di difesa del XIV secolo, si perviene, km 13.5, al **convento del Sacro Speco** m 568, suggestivo luogo del francescanesimo primitivo, entro un bosco di lecci e castagni. Fondato da san Francesco nel 1213 e ampliato nelle forme attuali per volontà di san Bernardino, prende nome dalla grotta (lo speco) dove il santo d'Assisi si ritirava in preghiera. Nell'*oratorio di S. Silvestro*, affresco trecentesco (*Miracolo di S. Francesco*) e, nella chiesa del convento, *Crocifisso contornato da Dolenti*, gruppo ligneo del XVII-XVIII secolo.

A CALVI DELL'UMBRIA: km 18, inizialmente sulla Flaminia (direzione sud), lungo la quale sussistono avanzi archeologici: sulla destra, una sostruzione romana pertinente alla strada antica; dopo circa 2 km da Narni, a sinistra, tagli di rupe preromani con segni propiziatori; poi a destra, un'ara sacrificale preistorica. Lasciata la statale per la provinciale Calvese, si oltrepassa a destra **Schifanoia** m 261, castello preceduto dalla chiesa romanica di **S. Michele Arcangelo**, composta di due corpi di cui il più antico (a destra) già annesso a un monastero benedettino. Le pareti della piccola aula conservano interessanti affreschi tra cui, nell'abside *Cristo in mandorla* e, nel tamburo, a sin. *Madonna e apostoli* e a d. un gruppo dove sono individuabili personaggi storici (*papa Giovanni XIII, Ottone I* e l'*imperatrice Adelaide*, la *principessa Teofano* e *Ottone II*). L'episodio ricordato è il passaggio di Ottone II e Teofano, uniti in matrimonio a Roma da Giovanni XIII (originario di Narni) nel 971 (tutta la scena, già dipinta su un livello sottostante più antico, forse deperito, fu ripetuta su un nuovo strato di intonaco nel XII-XIII secolo). Sulla fronte dell'arco, arcaiche raffigurazione dei *quattro Evangelisti*; sulle pareti, immagini frammentarie di *S. Sebastiano* e di una *Madonna col Bambino;* a sin., scene frammentarie di un *ciclo cristologico* di notevole qualità, riferibile alla prima metà del XIV secolo, di ambiente senese. All'interno della seconda chiesa, edificata nel luogo dove originariamente esistevano piccole costruzioni e tettoie per riparare i pellegrini, alle pareti riquadri votivi nei quali sono ripetute le immagini di *S. Michele arcangelo, S. Sebastiano e S. Rocco*, e nella cappella in fondo, *Madonna della Misericordia*, tutti affreschi riconducibili a un unico pittore degli inizi del XVI secolo; di epoca precedente la *Crocifissione e S. Sebastiano* e la *Crocifissione e i dolenti* sulla parete destra.

In paese, la parrocchiale di *S. Giovanni Battista* conserva il ricco arredo con pale d'altare sei-settecentesche. Sulla parete destra si succedono una serie di affreschi dei primi decenni del XVI secolo tra i quali una *Madonna col Bambino tra i Ss. Rocco e Sebastiano* e *Cristo risorto tra santi*, attribuiti ai Torresani, e una *Crocifissione* del gruppo del Maestro del 1409; altri affreschi del XV secolo sono nella piccola cappella scavata nella roccia, dov'è anche una *Pietà* d'impasto bastardo d'argilla (fine del '400).

Segue a sinistra, aggregato sull'alto di un dosso, il castello di **Poggio** m 314, con torrioni circolari (nella chiesa di *S. Nicola*, dipinti seicenteschi).

Tra fitte selve si raggiunge infine **Calvi dell'Umbria** m 401, ab. 1804 (2132), paese d'antico aspetto a dominio della valle del Tevere, menzionato dal IX secolo. All'ingresso si trova un'ara funeraria romana con teste di animali, festoni e iscrizioni col nome del defunto. Al centro dell'abitato sorgono due chiese, affiancate e unificate dall'elegante facciata tripartita, opera di Ferdinando Fuga (1744). In quella di **S. Antonio** (se chiusa, rivolgersi al bar), la parete di fondo è tutta occupata dal raro complesso di un **Presepio**, realizzato nel 1546 da Giovanni e Raffaele da Montereale, con oltre trenta grandi figure in terracotta invetriata, su due piani, secondo la disposizione realizzata a metà '700 quando la chiesa fu ridotta per far posto al retrostante coro delle Orsoline; a quell'epoca risale anche la decorazione naturalistica che fa da sfondo. L'interno dell'attigua chiesa di **S. Brigida**, pure del Fuga, ha sugli altari tele settecentesche tra cui *Vergine col Bambino e le Ss. Brigida e Orsola*, attribuita a Francesco Appiani; inoltre, *Pentecoste*, tavola attribuita a Rinaldo Jacovetti da Calvi (1520 c.), qui trasferita da S. Francesco.

Anche la vicina chiesa di **S. Maria** conserva notevoli arredi e dipinti sei-settecenteschi tra cui opere di Calisto Calisti (*Circoncisione*), Girolamo Troppa (*Assunta e S. Pancrazio*), il Cavalier d'Arpino (*Madonna col Bambino tra i Ss. Biagio e Berardo*); inoltre, *Madonna del Rosario* di Cornelis Loots. (In via Roma, che si stacca al piede di S. Maria, la casa al N. 44 reimpiega all'esterno un sarcofago romano con eroti e ghirlande.) Non lontana è la chiesa della **SS. Trinità**, riedificata nel 1594 su una cappella preesistente alla quale appartengono i dipinti murali assegnabili al XV secolo.

A nord sorgono il convento e la chiesa di **S. Francesco**, fondati dallo stesso santo; la chiesa, dotata di un portale gemino, conserva dipinti seicenteschi (Calisto Calisti, Paolo Nerocci). Sopra l'abitato, entro una pineta (di rimboschimento) dal pregiato comprensorio vegetazionale del *monte S. Pancrazio* m 1028, sussistono resti di mulini a vento di tipologia spagnola. La sommità del monte è occupata dagli avanzi di un santuario di età preromana.

A OTRÌCOLI: km 16, inizialmente sulla statale 3 ter di Narni e Sangemini, che lascia a destra **Taizzano** m 194, la cui *chiesa dell'Annunziata* conserva dipinti murali e su tela tra i quali *Madonna del Rosario* di Michelangelo Braidi (1598), cui va riferito anche l'affresco con *S. Antonio abate tra i Ss. Francesco d'Assisi e Bernardino* (parete di fondo), celato da una pala d'altare. Segue a sinistra un collegamento con la statale Flaminia, sul quale si dispone la chiesa di **S. Angelo in Massa**, annessa a un'abbazia fondata nel 996-999 dai monaci Pietro e Adriano sui resti di una villa romana. L'edificio presenta analogie con la Königshalle dell'abbazia di Lorsch in Germania, tanto da far ipotizzare l'origine tedesca dei due religiosi. La chiesa romanica fu trasformata dall'abate commendatario Rodrigo Borgia, futuro papa Alessandro VI, che fece aggiungere il portico d'ingresso; Romolo Cesi, vescovo di Narni, che si era ritirato a vivere nell'abbazia nel 1576, promosse la costruzione delle due cappelle su progetto di Giandomenico Bianchi (1595-96). L'interno presenta sulla parete di fondo, originariamente d'ingresso, un pregevole altare marmoreo e due portali di medesima eleganza. La *cappella della Madon-*

na (a sinistra) ha un'unitaria progettazione delle decorazioni a stucco e pittorica, dovuta questa a Michelangelo Braidi (1595); nella cappella destra, sepolcro del vescovo Cesi (m. 1599), sono dipinte *scene cristologiche*.

La statale manda poi a destra, prima di immettersi nella Flaminia, un tronco per **Visciano** m 206, nei cui pressi è la chiesa di ***S. Pudenziana** (in origine S. Maria de Flaianello), costruita nel XII-XIII secolo con materiale di spoglio. Preceduta da portichetto in cui è reimpiegato un bel capitello corinzio di età romana, ha interno a tre navate con altare sormontato da ciborio in pietra e sedia vescovile. Sulle pareti sono stati messi in luce affreschi di notevole interesse, in particolare quelli della controfacciata, coevi alla costruzione dell'edificio: *Cristo in mandorla* circolare contornato da *sante* e, inferiormente, i volti di *S. Vittore* e di *S. Medico*; sono della stessa epoca gli altri *santi* e le immagini di *Madonne col Bambino* (ultimo sottarco a destra, presbiterio e penultimo sottarco a sinistra). Tra la metà del XIV secolo e il successivo si colloca la maggior parte delle altre immagini votive: *S. Pudenziana, Madonna in trono col Bambino, Madonna della Misericordia, santo vescovo* e *S. Ansano*, tutti del Maestro del 1409; alla seconda metà del XV secolo si riconducono *S. Antonio abate* (presbiterio) e la *Madonna col Bambino* sotto l'altare. Nel pavimento sono inseriti frammenti di marmi pregiati, brani di mosaico pavimentale romano (nel presbiterio), frammenti di fregi antichi e di tegole con bollo.

Si confluisce nella Flaminia che rasenta il piccolo nucleo di **Vigne** m 261, presso il quale è la *Riserva particolare delle Vigne*, istituita per la tutela di alcuni esemplari di sequoie; nell'area (visita: domenica 10-13) è un tratto di basolato della strada consolare romana.

Otrìcoli m 209, ab. 1827 (1771), lambita dalla Flaminia, sorge sul luogo dell'antica Ocriculum (dall'umbro «ocre», ossia arce, colle), centro di origini preromane, alleato con Roma già nel IV-III secolo a.C., di cui sussistono avanzi delle mura in blocchi di tufo, disposti per testa e per taglio. Distrutto durante la guerra sociale, l'abitato fu trasferito dal colle alla pianura presso il Tevere (allora navigabile), dove poi si sviluppò in modo pianificato l'impianto urbanistico del municipio romano (v. oltre). La relativa vicinanza a Roma e la presenza nel territorio di molte ville rustiche ne fecero soprattutto in età imperiale un importante nucleo residenziale. Gli scavi, promossi da Pio VI nella seconda metà del Settecento, hanno restituito grandi quantità di materiali che andarono ad arricchire le collezioni dei Musei Vaticani, dove sono tuttora conservati. Nell'alto Medioevo, a seguito delle inondazioni nonché delle distruzioni longobarde, il sito fu abbandonato e l'abitato ricostruito sul colle dell'insediamento primitivo. L'odierna Otrìcoli ha un interessante articolazione urbanistica, imperniata su una via esterna alle mura (già Flaminia, ora via Roma), chiusa tra caratteristiche cortine edilizie porticate nelle quali si riconoscono le antiche destinazioni a stazione per il cambio dei cavalli e a sosta delle diligenze, cui si giustappone il nucleo murato imperniato sugli avanzi della *Rocca*. Andando verso il centro si incontra l'**oratorio di S. Giuseppe da Leonessa**, eretto nel 1761, con riquadrature in stucco in facciata; all'interno, paraste e marcapiano scandiscono le superfici arricchite da plastiche decorazioni in stucco; alle pareti, dipinti settecenteschi con *episodi della vita del santo titolare*.

Nella piazza principale sorge la chiesa di **S. Maria Assunta**, notevole edificio di antichissima fondazione (probabilmente degli inizi del VII secolo, per altri del IX), ripresa successivamente (secolo XV) e molto rimaneggiata nel

'700, con facciata neoclassica (1840); nel portale, frammento di trabeazione romana (il reimpiego di materiali di spoglio è cospicuo). L'interno è basilicale, a tre navate. Sulle pareti della navata centrale e su quelle laterali, affreschi frammentari di notevole interesse, riconducibili alcuni al gruppo del Maestro del 1409. Nel presbiterio, rialzato, è collocato all'interno di un ciborio rinascimentale l'altare maggiore, costruito con reimpiego di frammenti del ciborio pre-romanico. A d. dell'altare è murato un tabernacolo eucaristico con bassorilievi (fine XV secolo). Appartengono inoltre alla chiesa: *Maestà*, statua lignea policromata del XIII-XIV secolo; *Madonna del Rosario* di Jacopo Siculo (trasformazione posteriore di una Madonna della Misericordia); *Maestà*, tavola del XIII sec. con richiami stilistici a opere di Simeone e Machilone. Interessanti la cripta e i vari frammenti di scultura alto-medioevale, che costituiscono una testimonianza di più antiche fasi della chiesa.

La *villa Basilj Floridi*, nella stessa piazza, conserva materiali archeologici dall'antica Ocriculum, da cui provengono anche i reperti che costituiranno l'Antiquarium comunale (in allestimento presso la sede municipale).

L'AREA ARCHEOLOGICA DI OCRICULUM: km 1.5 proseguendo sulla Flaminia. Ocriculum si stendeva lungo l'antica via consolare, il cui percorso è segnato da alcuni monumenti funerari. Sono visibili gli avanzi di un grande *teatro*, costruito parte in opera reticolata regolarissima già rivestito e parte, nel portico semicircolare, nella facciata semicircolare e negli ingressi, da grandi blocchi squadrati di tufo. Accanto al teatro è una monumentale sostruzione ad arcate disposte su due piani, che sostenevano un tempio o un edificio pubblico, contenendo allo stesso tempo il terrapieno retrostante. Nella zona pianeggiante davanti alle sostruzioni si vedono i resti di alcuni ambienti delle *Terme* (sec. II d.C.), tra cui l'aula ottagonale già pavimentata con un grande mosaico con animali marini (ora ai Musei Vaticani). Al limite estremo della città verso sud è l'*anfiteatro*, in parte costruito e in parte scavato nella roccia. Poco fuori dalla città, prospiciente la Flaminia antica, è stato scavato un monumento funerario a pianta circolare, di cui è visibile un lungo tratto basolato con leucite.

Presso l'area archeologica si trova la chiesa di *S. Fulgenzio*, più nota come **Madonna del Buonconsiglio** perché nel 1756 vi fu trasferita da S. Vittore (v. sotto) un'immagine venerata della Vergine; all'interno, affiorano sotto lo scialbo affreschi della fine secolo XIV-inizio XV interpretabili come una *Madonna della Misericordia*. Non lontano, sul Tevere, è l'antica chiesa di *S. Vittore*, già annessa a un monastero benedettino duecentesco ora diroccato.

Oltre l'area archeologica, la Flaminia oltrepassa il duecentesco *castello delle Formiche*, scenografico insieme di mura merlate e ruderi, e varcato il torrente Aia entra in Lazio raggiungendo, in ulteriori 17.1 km, Civita Castellana (v. il volume *Lazio* di questa collana).

A CAPITONE: km 11 sulla statale 3 ter oltrepassando Narni Scalo, quindi a sinistra sulla strada che, in frazione La Cerqua, tocca il **santuario della Madonna della Quercia**, realizzato entro il 1597 su progetto incompiuto di Giandomenico Bianchi per custodire un'immagine quattrocentesca su marmo della *Madonna*, ora inserita in un monumentale altare in stucco al centro dell'abside; nell'unica spaziosa navata si aprono cappelle contenenti tele dei secoli XVI-XVII, tra cui opere di Michelangelo Braidi (1ª d.), Carlo Maratta (2ª d.), Calisto Calisti (2ª sinistra). **Capitone** m 397, fu castello di Narni, nel

Medioevo conteso da Amelia e Todi. La parrocchiale, a navata unica a croce latina, conserva dipinti sei-settecenteschi tra cui una *Madonna del Rosario* (XVII secolo). Subito dopo il bivio per Capitone si dispone sulla statale la chiesa della **Madonna delle Sbarre**, opera di Giandomenico Bianchi.

LA VIA AMERINA. Si lascia Narni in direzione nord-ovest sulla statale 205 Amerina, che nel nome ricorda la strada antica, definita attorno al 240 a.C. su un percorso di origine preromana. L'importante arteria, descritta nella «Tabula Peutingeriana», aveva origine nel territorio di Veio (a «statio ad Vacanas») e, attraverso Nepi, Castellum Amerinum (pag. 576), Amelia, Todi e Perugia, confluiva a Chiusi nella Cassia. A sinistra diverge una strada per (km 3 circa) **Montoro** m 194, presso il quale è la chiesa di *S. Egidio*, eretta nel 1747, con all'interno arredi coevi; l'antica ex *parrocchiale* (in abbandono) mostra affreschi superstiti opera alcuni di Sebastiano Flori, mentre la nuova parrocchiale, pure intitolata a *S. Egidio*, contiene l'urna-reliquiario del santo (secolo XVII) e, alle pareti, dipinti murali riconducibili al XIV secolo. Dopo Fòrnole, si oltrepassa il *santuario di S. Maria dei Monticelli,* dove si venera un affresco staccato con la *Vergine*, ridipinto, attribuibile alla bottega di Pier Matteo d'Amelia.

AMELIA

Centro murato di antichissima fondazione, **Amelia** m 406, ab. 11 342 (10 710), emerge in caratteristica posizione alla sommità di un fertile poggio calcareo sulla dorsale tra le valli del Tevere e del Nera, arroccandosi entro la poderosa cinta preromana che difendeva la parte più esposta del rilievo. La continuità dell'insediamento dall'età umbra lungo l'importante collegamento con l'Etruria meridionale (Via
Amerina o Veiense), la ricchezza della qualità urbana che mostra frequenti riusi, persistenze e stratificazioni, la giustapposizione di architetture di pregio dal romanico al Settecento entro un'articolazione spaziale irregolare così pianificata già in età romana, la bellezza della campagna circostante – celebrata nell'antichità per le sue mele 'terapeutiche', le pere e i salici – ne fanno uno tra i più interessanti abitati storici dell'Umbria meridionale. La molteplicità dei valori ambientali trova riscontro nell'inaspettata ricchezza degli

interni delle chiese e dei numerosi palazzi della nobiltà locale (ancora in parte da esplorare), che rivela come Amelia sia stata, tra Cinque e Seicento, centro di irraggiamento nella regione del gusto tardo-manieristico romano.

Fondata – secondo la tradizione riportata da Catone – nel 1134 a.C., Ameria fu centro umbro fortificato, cinto di un'ampia e imponente cerchia di mura nel III sec. a.C., e poi ricco municipio romano in area molto fertile disseminata di ville agricole. Devastata dai Goti di Totila, fu poi libero Comune e nel 1307 si sottomise alla Chiesa.

PORTA ROMANA. Da sempre principale ingresso nella città murata, fu eretta in queste forme nella prima decade del XVII secolo su disegno probabilmente di Giandomenico Bianchi: di gusto manieristico, ha nell'archivolto lo stemma con le insegne della città; sulla fronte esterna, immagine votiva della *Vergine* attribuita a Mario d'Amelia (XV secolo). Ai lati si vedono ampi tratti delle ***mura poligonali** del III secolo a.C., formate da poderosi blocchi di calcare perfettamente connessi a secco, che si conservano per una lunghezza di circa 800 metri, un'altezza di 8 e uno spessore di 3.50. Si procede in lieve salita su *via della Repubblica* (l'edificio al N. 61 incorpora una porzione di cisterna romana del I sec. a.C.), la strada di crinale che attraversa longitudinalmente tutto il centro storico. Subito oltre la porta è la chiesa di **S. Giovanni Decollato**, nel XVI secolo annessa a un ricovero per pellegrini, nella quale è conservata una tela con *Decollazione del Battista* di Livio Agresti (1571).

SS. FILIPPO E GIACOMO. Sorge sulla piazza Vera, dove si sale a destra. Detta anche di *S. Francesco*, è un edificio del 1287 che nel 1664 ebbe una rinnovata sistemazione architettonica con la riduzione in lunghezza della navata e la creazione di due ambienti laterali (cui si accede dal vano d'ingresso). L'ammodernamento in forme tardo-barocche fu completato nel 1767.

INTERNO. Nel vano a sinistra dell'atrio, sulla parete già di controfacciata, sono frammentari affreschi votivi del XV secolo, eseguiti su più strati e di fattura popolare, che culminano nella parete contigua con la rilevante scena della *Crocifissione* nella non frequente iconografia che vede i dolenti seduti anziché in piedi. Superiormente, altre scene molto frammentarie concluse lateralmente da una cornice a rombi al cui interno sono raffigurati *volti maschili,* di notevole qualità, eseguiti nel XIV secolo. Nella chiesa, la lavorazione in stucco dei capitelli con teste di cherubini, dei cartigli e degli altari laterali, si rifà a modelli romani. Nella cappella di S. Antonio, che si apre a d., sono sei *sepolcri* della famiglia Geraldini: a d., quello *di Matteo ed Elisabetta Geraldini,* concluso da una nicchia con il busto di *S. Antonio da Padova tra due figure di angeli* a bassorilievo, opera di Agostino di Duccio e bottega (1477); sulla stessa parete, in basso, i *sepolcri* affiancati *di Camillo* (1480) e *Belisario* (1482), attribuiti ad Andrea Bregno e bottega; sulla parete d'ingresso, quelli *di Geronimo* (1481) e *di Angelo* (1548) e sulla parete sin. il *monumento ad Angelo*, vescovo di Sessa (1486), attribuiti a maestranze comacine. Nella crociera del presbiterio e nell'abside, dipinti murali attribuiti a Vincenzo Monotti.

MUSEO ARCHEOLOGICO COMUNALE. Sarà allestito nell'attiguo ex *Collegio Boccarini*, già convento francescano, più volte ristrutturato (resti delle celle gotiche), con un chiostro a doppio loggiato (secolo XVI). L'esposizione comprenderà materiali eterogenei, per lo più lapidei e di età romana; da rimarcare una preziosa ara neoattica di marmo del I secolo a.C., decorata con festoni e *scena di danza*; un leone funerario e un capitello ornato da trofei.

Le raccolte civiche dovrebbero comprendere anche una PINACOTECA, con opere ora conservate parte nella sede municipale, parte nel palazzo Petrignani (v. sotto), oltre a quelle della Collezione Conti-Paladini (temporaneamente nel palazzo Petrignani), nella quale figurano Carlo Levi, Corrado Cagli, Fausto Pirandello, Filippo De Pisis, Massimo Campigli, Giuseppe Capogrossi.

PALAZZO FARRATTINI. Ripresa via della Repubblica, superato il trivio detto della Crux Burgi (Borgo era l'antica denominazione di questa zona della città), una breve diversione a sinistra sotto un voltone (via Antonio da Sangallo) scende al maggiore dei palazzi gentilizi amerini, commissionato a metà Cinquecento dalla famiglia Farrattini ad Antonio da Sangallo il Giovane ed eseguito alla fine di quel secolo. Il disegno sangallesco fu realizzato solo per metà, risparmiando il «cisternone» preesistente, derivazione di un impianto romano pertinente alle terme, che fu trasformato in «viridarium». Al piano nobile, il salone ha soffitto a cassettoni e fregio decorativo con stemmi e scene di soggetto mitologico (XVI secolo).

RESTI ARCHEOLOGICI. All'interno del palazzo Farrattini sono «in situ» due mosaici romani (non accessibili) delle terme del II secolo. Dalle case in angolo tra le vie Farrattini e Antonio da Sangallo sporgono i ruderi di ambienti sostruttivi romani. Nel vicolo Angeletti, laterale di via Farrattini, all'interno dell'edificio al N. 7, sono visibili un tratto lastricato dell'antica Via Amerina e strutture murarie in opera reticolata del I secolo a. Cristo.

PIAZZA MARCONI. Si apre nella parte alta dell'abitato, al termine della salita lungo la via principale. In quest'area, che occupa la sommità del poggio, si stendeva l'acropoli della città antica, probabilmente chiusa da una seconda cinta muraria. L'accesso era in corrispondenza dell'odierno *arco di Piazza*, opera medievale che riutilizza i fornici di un edificio antico su cui poggia la **loggia del Banditore**, sovrastata da un campaniletto a vela con orologio (XVIII secolo).

PALAZZO PETRIGNANI. Sul lato destro della piazza, fu iniziato nel 1571 per Bartolomeo Petrignani e lasciato incompiuto nel 1601, alla morte di monsignor Fantino Petrignani, il maggiore esponente della famiglia; nel 1603 fu acquistato dal Monte di Pietà (ora è di proprietà comunale).

INTERNO. La decorazione delle sale del piano nobile (cui si accede dalla retrostante facciata secondaria) attinge alla storia, alla mitologia, all'allegoria per celebrare i membri della famiglia Petrignani. I caratteri stilistici degli affreschi denotano la successione di maestranze locali diverse facenti riferimento a Livio Agresti; quelli dell'anticamera e delle prime tre sale (eseguiti dal 1576) sono tradizionalmente attribuiti alla scuola degli Zuccari. Tra le opere d'arte mobile, di cui è in progetto il trasferimento nell'istituenda Pinacoteca (pag. 569): nel SALONE DELLO ZODIACO, tele seicentesche provenienti dall'ex chiesa di S. Angelo, tra cui *S. Michele Arcangelo* (1677) di Giacinto Gemignani, e tavola raffigurante *S. Antonio abate* di Pier Matteo d'Amelia (1474-75). Nel salone sono provvisoriamente ricoverati i dipinti della collezione Conti-Paladini (pag. 569).

VERSO IL DUOMO. La ripida ascesa di via del Duomo, che si inserisce tra il palazzo Petrignani e il quattrocentesco *palazzo Nacci* (sul lato di via Carleni, bel portale e cortile con elegante loggetta), supera il dislivello tra la piazza e il vertice dell'antica acropoli, dove insiste il polo religioso della città.

DUOMO. Eretto nell'XI-XII secolo su preesistenze, fu devastato da un incendio nel 1629 e completamente rifatto nel 1640-80; del complesso romanico rimane solo il poderoso campanile dodecagonale del 1050, con incastrato materiale di spoglio romano. La facciata, rovinata dal terremoto del 1832, fu rifatta nel 1887.

INTERNO a croce latina a una navata. All'ingresso, a destra, la colonnetta romanica dove, secondo la leggenda, la patrona di Amelia, santa Firmina, fu legata per subire il martirio. Ai lati dell'ingresso della 2ª cappella d., due stendardi turchi, conquistati nella battaglia di Candia; nell'interno della cappella, i *sepolcri di Baldo e di Bartolomeo Farrattini* di Ippolito Scalza e, all'altare, *Incoronazione della Vergine col Bambino in trono tra i Ss. Pietro e Bartolomeo*, opera giovanile di Federico Zuccari (ante 1568). Nell'oratorio del Sacramento, a destra del presbiterio, *Martirio di S. Firmina* e *di S. Olimpiade*, due tele di Niccolò Cercignani, e *Ultima cena* di Giovan Francesco d'Amelia (1538). Nel presbiterio, affreschi agiografici di Luigi Fontana dedicati ai *martiri Firmina e Olimpiade*, protettori della città, le cui reliquie sono conservate sotto l'altare del 1648. Nella cappella del Presepe, adiacente all'abside, dipinti del XVII secolo tra i quali notevoli quelli che svolgono il tema del *martirio dei santi protettori di Amelia*, realizzati da un manierista toscano per la 'nuova' Cattedrale. Nel braccio sin. del transetto, *Vergine assunta*, tavola del Maestro dell'Assunta (esposta il primo sabato di ogni mese, in maggio e a ferragosto). Dal transetto si accede alla cappella del coro d'inverno, con *Crocifisso* ligneo del XVI secolo. Nella 5ª cappella sin., *S. Liborio* di Giacinto Gemignani; nella 1ª, *sepolcro del vescovo*

Giovanni Geraldini (1476), qui ricomposto dopo la dispersione delle parti architettoniche e di alcuni bassorilievi; sopra la statua del defunto, *Madonna col Bambino, Fede, Carità* e *Fortezza* di Agostino di Duccio e scolari.

RACCOLTA DIOCESANA. In attesa di adeguata sistemazione, comprende opere di varie epoche tra cui: una tavoletta raffigurante *Madonna col Bambino*, su fondo oro, di un maestro antoniazzesco. *Estasi di S. Giuseppe da Copertino* di Placido Costanzi; *Visitazione* di Bartolomeo Barbiani; *Salomè con la testa del Battista* (XVII secolo).

S. AGOSTINO. Detta anche di *S. Pancrazio* (per un oratorio preesistente), vi si scende a destra del Duomo per via Geraldini. Costruita nel secolo XIV, ha facciata rifatta nel 1477 nella quale si apre un grandioso portale a ogiva ricco di ornati; nella lunetta, *Madonna e santi*, affresco deperito di scuola senese.

L'INTERNO, rinnovato nel 1747, è a navata unica; affreschi di Francesco Appiani decorano la volta (*S. Agostino*) e la cupola (*Assunzione della Vergine*). Agli altari laterali, dipinti dei secoli XVI-XVII tra cui, al 1° sin., *Trinità e santi* di Giacinto Gemignani; nel braccio sin. del transetto, *Madonna col Bambino e i Ss. Giovanni Battista e Agostino* di Antonio Circignani; nell'abside, grandi scene dipinte da Francesco Appiani.

S. MAGNO E S. MARIA DELLA VISITAZIONE. Raggiungibile da S. Agostino per via Posterola, la chiesa di **S. Magno** era annessa a un convento benedettino fondato per l'assistenza di malati e pellegrini, già attivo nel 1286 e rinnovato nel 1624. All'interno, all'altare maggiore, *Morte di S. Benedetto* di Antonio Viviani (c. 1615); alla parete sin., *Assunzione della Vergine* di Andrea Polinori (1627). Interessante l'organo dotato di doppia tastiera e registri per consentirne l'uso sia in chiesa che nella zona claustrale.

Più avanti, a sinistra della porta Posterola, s'incontra la chiesa di **S. Maria della Visitazione** o di *S. Girolamo*, edificio a pianta ottagonale eretto per custodire una *Madonna col Bambino tra i Ss. Antonio abate e Giovanni Battista* (secolo XV, ridipinta). Nell'annesso oratorio, sede della Confraternita di S. Girolamo tuttora attiva, altare ligneo con *Crocifissione tra la Vergine e S. Girolamo* di Litardo Piccioli (secolo XVI).

S. MONICA E LA CHIESA DEL CROCIFISSO. Da S. Agostino, procedendo sulla via Cavour, si incontrano altre due chiese che illustrano il rinnovamento sei-settecentesco dell'architettura religiosa amerina. Per prima, **S. Monica**, che all'ingresso conserva resti dell'abside originaria con un affresco (*Madonna della Neve*) di Litardo Piccioli; l'interno mostra una sorprendente e aerea decorazione a sfondato della volta, con scena prospettica incentrata sui *simboli dell'Ordine agostiniano portati in gloria dagli angeli* (XVIII secolo); sugli altari, dipinti del XVII secolo. La vicina *chiesa della Madonnina* conserva un affresco staccato (*Madonna del Latte*) del XV secolo.

Più avanti affaccia la **chiesa del Crocifisso**, in origine di *S. Nicolò*, già esistente nel 1267, completamente rinnovata e riconsacrata nel 1664. Proseguendo sulla via, si può rientrare in breve alla Crux Burgi (pag. 569).

PIAZZA MATTEOTTI. Vi conduce la discesa oltre S. Agostino, quindi a sinistra la via Garibaldi. La piazza insiste su una grandiosa **cisterna romana** del I secolo a.C. (visita: sabato, 15-18; domenica, 10.30-12.30 e 15-18), costruita in opera incerta, suddivisa in dieci ambienti voltati e comunicanti, avente anche funzione sostruttiva dell'area forense sovrastante. Qui sorgeva probabilmente il palazzo pubblico medievale, sostituito dall'odierno **Palazzo comunale**, rinnovato nel Settecento, preceduto da cortile nel quale sono provvisoriamente sistemati materiali archeologici che confluiranno nel futuro museo presso l'ex collegio Boccarini (pag. 569). La semplicità dell'esterno è compensata, all'interno, da un apparato decorativo che impreziosisce la SALA DEL CONSIGLIO, con fregio dipinto (secolo XVII) con scene evocanti il *Banchetto nuziale di Amore e Psiche,* il *Giudizio di Paride, Darete ed Entello, l'Astrologo* e il *Carro di Diana,* da soggetti di Raffaello, Giulio Romano e Giulio Campagnola.

Tra i dipinti, destinati al trasferimento nell'istituenda Pinacoteca, tavola del XV secolo raffigurante *Madonna col Bambino fra i Ss. Giovanni Battista e Francesco* e *Crocifisso e i Ss. Francesco e Olimpiade,* tavola di Livio Agresti.

VERSO LA PORTA DELLA VALLE. Continuando nella via Garibaldi, poi a sinistra nella via del Teatro, si raggiunge il **Teatro sociale**, costruito nel 1782 a ferro di cavallo, con sipario del 1880 dipinto da Domenico Bruschi, autore anche delle decorazioni del ridotto. Proseguendo la discesa in via della Valle, oltre la chiesa di *S. Angelo* (nel corridoio di collegamento con l'annesso convento, dipinti murali del XVIII secolo), si può osservare un tratto delle *mura* poligonali prima di raggiungere la *porta della Valle,* dalla quale si domina dall'alto il fosso Grande.

A S. MARIA DELLE CINQUE FONTI: pochi minuti a piedi oltre la porta Romana (pag. 568). L'edificio fu costruito per inglobare un'edicola della Maestà, sorta nel 1223-25 sul luogo dove san Francesco aveva predicato nel 1213. La denominazione trae origine da una fontana a cinque cannelle esistente nei pressi. All'interno, al centro dell'abside, incorniciato da una mostra marmorea apposta nel 1470, si conserva un affresco raffigurante la *Madonna col Bambino e santo martire,* del XV secolo. Sulle pareti, tavolette ex voto (XVIII secolo) e affreschi votivi quattrocenteschi che continuano la pratica devozionale della «sanatio» svolta dal IV al II secolo a.C. nel vicino santuario di Pantanelli (resti non visibili), dove sono stati rinvenuti ex voto fittili anatomici.

ALLA SS. ANNUNZIATA: km 4.5 sulla strada per Giove e Attigliano, oltrepassando (dopo circa un chilometro) i ruderi del cosiddetto *Trullo,* mausoleo romano sul margine dell'antica Via Amerina. Poi a destra un breve tronco raggiunge il *convento della SS. Annunziata,* dei Minori francescani, esistente dal XIII secolo; nel refettorio, *Ultima cena,* dipinto murale del 1518, e nel chiostro, lunette affrescate (XVI-XVII) in fase di recupero; inoltre, artistici presepi.

12.2 LA TEVERINA

Il percorso, da Amelia a Orvieto (48.4 km, carta qui sotto), utilizza la moderna statale 205 Amerina, che corre parallela ma lontana dal corso del Tevere su un tracciato non coincidente con quello della strada antica (v. pag. 567). Quest'area collinare estesa da Amelia a Baschi, per la sua fertilità e per la presenza di comunicazioni fluviali e terrestri (anche trasversali agli assi maggiori della Flaminia e dell'Amerina), ebbe una precoce colonizzazione

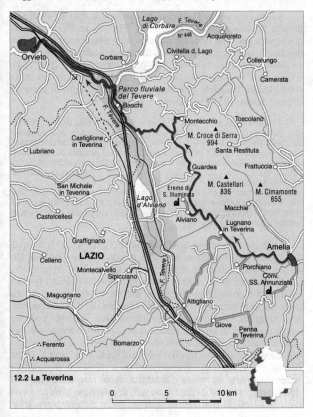

12.2 La Teverina

0   5   10 km

agricolo-pastorale, che evolse in età romana nella formazione di possessi fondiari latifondistici imperniati sulle ville rustiche. Le modalità insediative sono contraddistinte dallo sviluppo di numerosi nuclei murati in posizioni emergenti, destinati al controllo territoriale; molti di essi, specie durante il Medioevo, svolsero il ruolo di baluardi difensivi di Amelia, il centro principale. Questi borghi, successivamente divenuti piccoli nuclei abitati attorno a residenze signorili sovente fortificate, rappresentano – assieme agli insediamenti religiosi – uno dei tratti unificanti dell'area, stabilendo una gabbia territoriale ancor oggi vitale.

VERSO LUGNANO IN TEVERINA. Da Amelia si scende a valicare su un alto ponte a quattro archi il *fosso Grande,* profondo burrone che separa due aree di differente aspetto vegetazionale (leccete in destra idrografica, coltivi e boschi di castagno sulla sinistra); il fosso individuava il limite occidentale delle Terre Arnolfe (pag. 513), estese a est fino alla valle del Serra. La strada si addentra in un esteso bosco, lasciando a sinistra un collegamento che in poco più di un chilometro và a Porchiano.

PORCHIANO m 463, è cinto da basse mura rinforzate da torri cilindriche. Nella parrocchiale di *S. Simeone*: in controfacciata, *Madonna col Bambino tra santa vergine e S. Pietro martire,* affresco attribuito al Maestro di Toscolano (1486), appartenente alla «koinè» artistica di Pier Matteo d'Amelia; nell'altare che precede il presbiterio, pietra proveniente da S. Cristina di Bolsena con tracce di sangue del «miracolo del Sacro Corporale»; in quella a destra, tavola con l' *Assunzione della Vergine,* del 1470 c., di un pittore (Nicolaus?) seguace di Lorenzo da Viterbo. La chiesa della SS. *Trinità* è decorata da interessanti affreschi del XV secolo, deteriorati. Poco fuori l'abitato si trova la chiesa di *S. Cristina,* che ha nell'abside un affresco attribuito a Litardo Piccioli.

LUGNANO IN TEVERINA m 419, ab. 1594 (1621), km 10.6 da Amelia, fu castello attestato su alto colle isolato, conteso fra Todi, Orvieto e Amelia, rafforzato nella cinta muraria nel '400. In un contesto edilizio qualificato dalla presenza di residenze nobiliari (*palazzo Ridolfi-Farnese,* ora Municipio, del XVI secolo), spicca in una piazzetta al principio dell'abitato la collegiata di ***S. Maria Assunta**, tra i maggiori documenti del romanico umbro, edificata nella seconda metà del XII secolo e rimaneggiata nel '400. La notevole facciata a quattro spioventi è preceduta da un portico del XII secolo a trabeazione su colonne tortili e lisce, sul quale sono scolpiti i *simboli degli Evangelisti* inframmezzati da archetti con decorazione musiva. La parte superiore è occupata da un rosone centrale, tra due bifore, costituito da un doppio giro di colonnine, pure decorato dai *simboli degli Evangelisti* e da un fregio musivo perimetrale.

Superiormente, un rosoncino circondato da sette bacili in ceramica invetriata frammentari. Gli oculi inferiori sono aperture successive.

L'INTERNO è a tre strette e alte navate, divise da colonne con capitelli di varie forme, di cui quello della 3ª colonna a sin. a soggetto eucaristico. I restauri si configurano in parte arbitrari per la ricostruzione della «schola cantorum», dell'iconostasi e del ciborio, pur conferendo alla chiesa una suggestiva completezza. Nell'abside, sopraelevata, è conservato il tabernacolo a sportelli con capitello e cimasa raffigurante *l'Assunta* e, nelle tavole laterali, i *Ss. Francesco e Sebastiano*, opera dell' Alunno (dopo il 1482) su commissione del Comune di Lugnano. Nella parete contigua, a sin. *S. Girolamo*, opera di Leandro da Bassano (qui pervenuta casualmente), e a d. *Crocifissione*, affresco staccato del XV secolo; in una cappella a d., *Decollazione del Battista* di Livio Agresti (1571). Sotto la chiesa si stende la CRIPTA, con fronte originaria e soffitto a travature e lastroni in pietra, sostenuto da dieci colonnine; sull'altare, venerato *Crocifisso* in alabastro.

ANTIQUARIUM. Allestito nel Palazzo comunale (cui rivolgersi per la visita), raccoglie materiali archeologici eterogenei rinvenuti negli scavi della villa rustica romana di poggio Gramignano (v. sotto). I materiali, distribuiti fra il I sec. a.C. e il V d.C., consistono in frammenti di intonaci, mosaici, terrecotte architettoniche, tegole bollate, vetri, utensili di bronzo, ceramiche da cucina e da mensa e anfore, alcune delle quali usate come sepoltura di bambini.

Nel paese è da segnalare anche la chiesa di *S. Chiara* per la presenza di un organo storico di Johannes Conradus Verlé, datato 1756.

AD ATTIGLIANO E A GIOVE: km 15.5 verso sud-ovest. Fuori dall'abitato si incontrano l'ex convento e la chiesa di **S. Francesco**, eretti nel 1229 e poi ampliati nel luogo dove la tradizione racconta che il santo di Assisi abbia compiuto un miracolo, raffigurato in un antico affresco sopra il primo altare destro della chiesa; in essa sono inoltre custoditi dipinti sei-settecenteschi tra cui *Nozze mistiche di S. Caterina da Siena* di Calisto Calisti (1627) e *Miracolo di S. Francesco* di Giovanni Antonio Polinori; all'altare maggiore, *Crocifisso* ligneo quattrocentesco.

Dopo circa 5 km, una strada bianca a destra sale alla sommità del *poggio Gramignano* m 298, dove sussistono i resti di una *villa rustica romana* costruita nel I sec. a.C. e utilizzata nel V d.C., dopo l'abbandono, come necropoli di bambini morti per un'epidemia. Della villa, articolata in due corpi comunicanti per mezzo di una scala, sono stati messi in luce lussuosi ambienti mosaicati del settore residenziale e ambienti sostruttivi voltati del corpo superiore.

La discesa verso il Tevere porta ad **Attigliano** m 95, ab. 1755 (1641), castello di origine tardo-medievale di cui sono in parte ancora riconoscibili le mura, feudo degli Orsini e dei Colonna, attestato in posizione panoramica sul margine di una terrazza dominante la valle del Tevere. Il percoso continua a sud-est alla volta di **Giove** m 292, ab. 1717 (1400), con avanzi delle belle mura castellane, qualificato dall'imponente *Palazzo ducale* (secolo XVII), già dei duchi di Acquarone, con notevole loggia e una singolare rampa a spirale percorribile dalle carrozze. Nella vicina parrocchiale di *S. Maria Assunta*, terminata nel 1775, dipinti coevi e, nell'abside, *Madonna in gloria*, tavola della fine del XV secolo inserita in una fastosa cornice in stucco adorna di putti.

Sulla via per Amelia sorge la chiesa di *S. Rocco,* ora Sacrario ai Caduti, che conserva un ciclo di pitture votive attribuite a Lorenzo e Bartolomeo Torresani, in parte ancora sotto scialbo, con tematica iconografica caratteristica dei cicli «contra pestem».

Continuando verso Amelia per ulteriori 3.6 km si raggiunge il bivio che a destra manda (km 3) a **Penna in Teverina** m 302, ab. 1032 (852), in area di cospicui ritrovamenti archeologici. Nel palazzo municipale sono conservate due stele funerarie romane del I secolo; nel muro di cinta del cimitero è reimpiegato uno spezzone di fregio dorico di travertino relativo a un monumento funerario della fine del I secolo a. Cristo. Percorrendo la strada che da Penna in Teverina scende a Orte, dopo circa 5 km una strada bianca a destra conduce a Pennavecchia dove, tra il Tevere e il vocabolo Podere Polacco, rimangono i resti di una *villa rustica romana* del I secolo a.C., abbandonata nel v d.C.: sussistono ambienti pavimentati a mosaico della «pars urbana» e avanzi pertinenti alla cella vinaria e alla fornace della «pars fructuaria». Il sito è stato identificato con quello dell'antico «Castellum Amerinum», dove la Via Amerina proveniente dalla Tuscia romana varcava il Tevere presso un porto fluviale.

ANCORA SULLA STATALE AMERINA. Da Lugnano in Teverina si riprende la direttrice per Orvieto, che rasenta la **chiesa dei Cappuccini**, nella quale sono due tele di Andrea Polinori e Anton Maria Fabrizi. Vasti *panorami accompagnano il percorso, che domina la valle del Tevere avendo per sfondo i profili dei monti Amiata e Cimino fino al Soratte. A sinistra un tronco porta, in meno di 2 km, al caratteristico abitato di **Alviano** m 251, ab. 1427 (1499), tra colli erosi dai calanchi che formano un ambiente di notevole bellezza prolungandosi sulla sinistra del Tevere fin verso Attigliano. Il paese fu dal '400 feudo dei d'Alviano, il cui maggiore esponente, Bartolomeo, capitano della Repubblica di Venezia, ne fece la capitale di un piccolo Stato; nel 1654 il feudo fu acquistato da Olimpia Maidalchini, moglie di Pamfilo Pamphilj, fratello di Innocenzo X. Lo stesso Bartolomeo d'Alviano avrebbe riedificato il grandioso **Castello** (ora Municipio), a pianta quadrata con torri angolari e cortile rinascimentale.

INTERNO DEL CASTELLO. Vi ha rilievo la cappella, completamente coperta di affreschi, riferiti in parte a Giuseppe Bastiani (terza decade del XVII secolo), che sostituiscono la precedente decorazione (XVI secolo); dalla volta a crociera, putti affacciati a una balaustra assistono dall'alto a *scene di miracoli francescani* presenti nelle quattro vele; a sinistra, inquadrato da robusti festoni con frutta, il *miracolo dell'anitra selvatica* avvenuto nella vicina Lugnano. In tre sale al pianterreno, articolate attorno alla corte, decorazioni e fregi attribuiti al Pordenone. Nel Castello sono inoltre conservati reperti romani, tra cui un rilievo con *figura maschile* di togato tra fasci littori, pertinente a un monumento funerario del I sec. a. Cristo. Una piccola raccolta etnografica illustra aspetti della civiltà contadina nella valle del Tevere.

A est della stazione ferroviaria di Alviano, in località Pupigliano, sono visibili i resti di una *villa rustica romana* del I secolo a.Cristo.

SS. PIETRO E PAOLO. La chiesa, al piede del Castello, fu eretta nel XV secolo. A tre navate su colonne, conserva alla parete d. un grande affresco votivo del Pordenone raffigurante la *Madonna tra i Ss. Gregorio e Girolamo e Pentesilea Baglioni,* moglie di Bartolomeo d'Alviano, ritratta in gramaglie per la morte del coniuge (avvenuta nel 1518); inoltre, *Assunzione della Vergine* dell'Alunno, elemento centrale di un tabernacolo a sportelli di base poligonale da appoggiarsi ad un capitello addossato alla parete, simile a quello coevo di Lugnano, e *Madonna del Rosario*, affresco del XVI secolo.

OASI D'ALVIANO. Istituita nel 1978 e inserita nel Parco fluviale del Tevere (pag. 508), comprende l'intero bacino artificiale del *lago d'Alviano* (4 km c. dall'abitato, con strada segnalata), formato nel 1964 con lo sbarramento del Tevere a scopi idroelettrici. Dal 1990 il WWF vi gestisce una riserva faunistica. La ricchezza della vegetazione ripariale e palustre alimenta una ricca e varia avifauna acquatica, stanziale e migratoria.

ALL'EREMO DI S. ILLUMINATA: mezz'ora a piedi per una stradina a nord. L'eremo camaldolese sorge ai piedi di una scarpata e si vuole sia stato fondato da san Romualdo nell'XI secolo; vi si trova la cosiddetta grotta di S. Francesco, meta di pellegrinaggi.

GUARDEA m 387, ab. 1789 (1861), verso cui ci si dirige sulla statale Amerina, è preceduta dai resti emergenti del castello di *Guardea Vecchia* m 572, feudo dei conti di Marsciano, abbandonato nel XIV secolo. Nell'abitato, ricostruito al piede del colle, emergono il seicentesco *palazzo dei Marsciano*, ora Municipio, e la parrocchiale dei *Ss. Pietro e Cesareo*, che conserva *Madonna del Rosario* di Pietro Paolo Sensini e *Incoronazione della Vergine*, tavola del XV secolo. Oltre l'abitato, su una collina a destra è il *castello del Poggio*, con finestroni del '400 ed elegante cortile.

MONTECCHIO E BASCHI. Con tracciato panoramico la strada si abbassa nella valle del Tevere lasciando a destra un tronco che in circa due chilometri va a **Montecchio** m 377, ab. 1735 (1924), presso il quale è stata scoperta una *necropoli* (secoli VI-IV a.C.) con tombe a camera scavate nella roccia. Poi si rasenta **Baschi** m 165, ab. 2726 (2967), che aggrega le case su uno sperone. La cinquecentesca parrocchiale di *S. Nicolò*, ricostruita da Ippolito Scalza (1575-86), custodisce nel transetto destro un ***politico** di Giovanni di Paolo raffigurante *S. Giacomo di Compostella, la Madonna in trono col Bambino e angeli, S. Nicola* e, nelle cuspidi, *Annunciazione* e *Cristo Benedicente* (circa 1440); inoltre, dipinti di Andrea Polinori e Pietro Paolo Sensini.

Dopo Baschi, lasciata a destra la statale 448 per Todi (descritta in senso inverso a pag. 508), si varca il Tevere per raggiungere in breve, km 48.4, la rupe che regge la città di Orvieto.

13 ORVIETO

Il carattere dominante di **Orvieto** m 325, ab. 20 863 (23 220) – quello che, nella sua storia millenaria, sempre l'ha contraddistinta in modo inequivocabile – è dato dalla calcolata simbiosi tra l'imponente piattaforma tufacea e la sovrastante compagine urbana, così da percepire in un'immagine unica il supporto naturale con la città costruita. Fu certamente la visione della grande rupe, stagliata su una collina nella valle del fiume Paglia, ad attirare i primi abitatori che occuparono il masso e iniziarono la sua lenta e metodica antropizzazione. La particolarità del sito, quasi un'isola emergente nel paesaggio vulcanico che trova qui il suo limite settentrionale, colpisce il visitatore da qualunque parte egli provenga: «La città d'Urbiveto è alta e strana», scriveva a metà Trecento Fazio degli Uberti, evocando l'unicità di atmosfere e suggestioni che hanno per secoli alimentato il mito di una città antichissima, singolare, 'misteriosa'. L'organismo urbano si presenta oggi con un patrimonio eccezionale di architetture e apparati decorativi nei quali si riflettono i diversi influssi culturali che, per le alterne vicende storiche legate alla condizione di città di frontiera, hanno vitalizzato l'ambiente locale, producendo anche originali rielaborazioni. Supporta la visita la pianta storico-urbanistica della città, che si trova a pag. 580.

I CARATTERI DELL'INSEDIAMENTO NELLA VICENDA STORICA

LE ORIGINI. Dei primi insediamenti stabili d'epoca villanoviana (IX-VIII secolo a.C.) non si hanno che reperti frammentari, sufficienti solo a indicarne la presenza. Le testimonianze archeologiche d'epoca etrusca, fornite da campagne di scavo e studi condotti negli ultimi centoventi anni, sono invece tali da offrire un quadro abbastanza attendibile, anche se ancora incompleto, della città antica, identificata dopo molte incertezze e polemiche tra etruscologi nella città di «Velzna». Chiamata «Volsinii» dai Romani, era sede del santuario federale di «Fanum Voltumnae», la cui ubicazione appare certa nella zona suburbana del Campo della Fiera.

VELZNA. La posizione geografica di Orvieto nell'Etruria interna era tale da facilitare collegamenti a vasto raggio per la sua centralità rispetto alle altre città etrusche, a quelle della costa tirrenica e fino alle terre padane. La fitta rete degli scambi è documentata dai numerosi reperti rinvenuti nelle necropoli orvietane; le vie del traffico erano utilizzate anche per l'esportazione dei prodotti locali, agricoli e artigianali (ceramiche e specialmente bucchero, bronzi). La città ebbe dall'VIII-VII secolo a.C. un notevole sviluppo economico, di cui beneficiavano principalmente ricche famiglie in un regime fortemente oligarchico, e un incremento demografico che, nella composizione della popolazione, mostra l'apertura a una società multietnica; di tutto ciò si ha riscontro dai resti della città sulla rupe e principalmente dalle vicine necropoli.

Dai ritrovamenti avvenuti in area urbana non è ancora possibile ricostruire con completezza l'impianto urbanistico della città antica, che aveva un unico accesso naturale tra le rocce protetto da una grande muraglia. Al contrario, le strutture regolari a maglie ortogonali delle necropoli di Crocifisso del Tufo e di Cannicella mostrano chiaramente quali fossero i principi dell'organizzazione spaziale e della pianificazione adottati già nel VI secolo a. Cristo. Le tombe che si affiancano nelle necropoli, tipologicamente simili e costruite a blocchi modulari, portano quasi sempre incisi sugli architravi delle porte d'ingresso prenome e gentilizio dei defunti ed è da questa sorta di anagrafe che risulta come nella società volsiniese fossero integrati molti stranieri, provenienti non solo da vari gruppi etnici italici ma anche di origine greca o celtica. Altre tombe più grandi e dipinte furono scavate in luoghi isolati, più distanti, per alcune famiglie aristocratiche come i Velii o gli Hescanas (presso Settecamini e Castel Rubello): ma ciò avvenne tra la fine del IV e gli inizi del III secolo a.C., quando l'equilibrio sociale che aveva permesso la crescita della città si era incrinato.

VOLSINII E VOLSINII NOVI. Dopo che i ceti subalterni ebbero conquistato il governo della cosa pubblica, il dissidio tra le classi divenne violento finché i nobili non chiesero aiuto ai Romani. Questi colsero l'occasione per inviare l'esercito a Volsinii (264 a.C.) e, invece di sottometterla, la distrussero e deportarono gli abitanti scampati

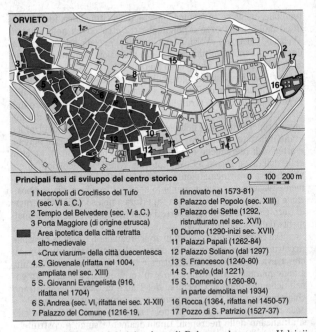

ORVIETO

Principali fasi di sviluppo del centro storico 0 100 200 m

1 Necropoli di Crocifisso del Tufo
(sec. VI a. C.)
2 Tempio del Belvedere (sec. V a.C.)
3 Porta Maggiore (di origine etrusca)
Area ipotetica della città retratta
alto-medievale
— «Crux viarum» della città duecentesca
4 S. Giovenale (rifatta nel 1004,
ampliata nel sec. XIII)
5 S. Giovanni Evangelista (916,
rifatta nel 1704)
6 S. Andrea (sec. VI, rifatta nei sec. XI-XII)
7 Palazzo del Comune (1216-19,

rinnovato nel 1573-81)
8 Palazzo del Popolo (sec. XIII)
9 Palazzo dei Sette (1292,
ristrutturato nel sec. XVI)
10 Duomo (1290-inizi sec. XVII)
11 Palazzi Papali (1262-84)
12 Palazzo Soliano (dal 1297)
13 S. Francesco (1240-80)
14 S. Paolo (dal 1221)
15 S. Domenico (1260-80,
in parte demolita nel 1934)
16 Rocca (1364, rifatta nel 1450-57)
17 Pozzo di S. Patrizio (1527-37)

all'eccidio sulle rive del vicino lago di Bolsena, dove sorse Volsinii Novi. Forse fu proprio la sua funzione simbolica nell'ambito dell'Etruria a determinare il particolare accanimento dei vincitori che, secondo le notizie letterarie, trasportarono a Roma oltre duemila statue razziate dai santuari orvietani, ed evocarono nell'Urbe il dio «Vertumnus», la principale divinità degli Etruschi.

URBS VETUS. La traslazione della città fisica della Orvieto antica da un sito all'altro, effetto estremo del processo di romanizzazione dell'Etruria, si ripeterà in senso inverso provocata ancora da altre invasioni, quelle dei Barbari, che devastarono Bolsena nel V-VI secolo. Fu rifondata allora sulla rupe orvietana la cittadella alto-medievale di «Ourbibentos» che, nell'arco di qualche secolo, diverrà una nuova città col nome di «Urbs Vetus» (città vecchia).

LA CITTÀ-STATO. A ridosso di un primo nucleo fortificato, posto in corrispondenza dell'unica via di accesso alla sommità della rupe (la stessa dell'epoca etrusca), fu individuato il centro civico del Comune medievale, con la piazza, il palazzo pubblico e la basilica paleocristiana, consolidato successivamente come punto di incontro di una croce di strade che univa le porte della città, divenute quattro tra XI e XII secolo conseguentemente all'espansione dell'abitato sul pianoro di tufo. Durante il Duecento, tutte le potenzialità della società medievale trovarono la massima espressione nell'organizzazione della città-stato attraverso le istituzioni proprie del libero Comune; dal vasto contado orvietano, suddiviso in 34 «pivieri» e castelli (come risulta dal catasto del 1292), e dal più ampio territorio (esteso fino al Tirreno) su cui Orvieto aveva giurisdizione, si traevano le risorse umane ed economiche per la crescita della città nella quale, alla fine del secolo XIII, si erano concentrati oltre ventimila abitanti.

LA CITTÀ TRIPARTITA. Anche la struttura urbana si evolse liberamente – favorita più che limitata dal vincolo formale della rupe – attraverso fasi successive tendenti al decentramento degli edifici rappresentativi. Dopo una prima scissione del nucleo centrale e una definizione perimetrale dell'abitato mediante l'inserimento sistematico dei conventi, una serie di interventi pubblici concepiti secondo un disegno urbanistico unitario troverà compiuta realizzazione nella «città tripartita» dei primi anni del Trecento. Negli ultimi decenni del XIII secolo, infatti, si restaura il Palazzo comunale (sede del podestà) sulla piazza Maggiore (oggi della Repubblica), abbellita dalla fontana che completava la grande opera dell'acquedotto; si fonda il Duomo con il vicino Palazzo papale; si erige ex novo il palazzo del Popolo creando così il terzo polo urbano. Con la contemporanea costruzione del palazzo dei Sette, al centro della città, a uso dei «Signori Sette» magistrati delle Arti (istituiti nel 1292), si completa la peculiare organizzazione policentrica dello spazio urbano, funzionale ma anche simbolica in quanto tutti gli edifici rappresentano ciascuno una componente essenziale del potere nella società medievale. A fine '200, la città risulta organizzata in quattro quartieri (San Giovanni e San Giovenale, Serancia, Santa Pace e Postierla), ciascuno suddiviso in rioni urbani e suburbani sotto le rupi.

IL RINNOVAMENTO CINQUECENTESCO. Con la crisi politica ed economica riflessa nell'avvento della signoria e accentuata dalla peste nera nel 1348, si interruppe l'esperienza del libero Comune, che si concluse definitivamente quando Orvieto entrò nello Stato pontificio. Anche l'organismo urbano rimarrà bloccato per secoli: l'unico nuovo intervento a scala urbana, significativo e reiterato, sarà l'edificazione della rocca voluta dall'Albornoz (1364), ricostruita alla metà del

Quattrocento. In assenza delle condizioni per modificare e adeguare la struttura, il rinnovamento urbano avvenne soltanto a livello architettonico e, specialmente nel XVI secolo, la città cambiò volto grazie a diffusi interventi di sostituzione e trasformazione degli edifici medievali operati spesso da noti e periti architetti: da Sanmicheli a Sangallo il Giovane, da Mosca a Raffaello da Montelupo e a Ippolito Scalza, fra tutti il più attivo.

L'OTTO-NOVECENTO. La lenta mutazione urbana durò fino a tutto l'Ottocento, con le architetture neoclassiche del Valadier, del Vespignani e dei loro allievi locali che conferirono alla città un aspetto decoroso e «civile» – come si diceva allora – almeno lungo le strade e nelle piazze principali raggiungibili dai due nuovi accessi di porta Romana, sul lato sud-occidentale, e porta Cassia sull'opposto. Quest'ultima sarà poi demolita quando si realizzerà (1888) la funicolare ad acqua, adottando una moderna soluzione di ascesa alla rupe dalla stazione ferroviaria a valle. La sola operazione urbanisticamente rilevante del '900 è, negli anni '30, la costruzione delle caserme, un complesso estraneo rispetto al «continuum» architettonico della città storica che, nello stridente contatto con l'Accademia femminile di Educazione fisica, subirà la perdita irreparabile delle navate di S. Domenico. Negli ultimi decenni del '900, incrinatosi il secolare equilibrio nel rapporto città-campagna e senza che intervenisse un trainante sviluppo industriale, Orvieto ha avuto una notevole espansione urbana a valle, estendendosi principalmente oltre il fiume Paglia, in modo che fosse salvaguardato il centro storico. D'altro canto, per permettere i collegamenti con la città alta limitando l'afflusso delle auto si è ideato e recentemente realizzato un sistema di mobilità alternativa, creando due grandi parcheggi esterni alla rupe velocemente raggiungibili mediante strutture meccanizzate: una nuova funicolare elettrificata sulla vecchia sede da una parte, e ascensori e scale mobili dall'altra, in corrispondenza della ripa di S. Giovanni tra l'antica porta Maggiore e l'ottocentesca porta Romana.

LE TRADIZIONI. La facilità di accesso pedonale al centro storico, oltre a rispondere alla necessità di spostamento degli abitanti, è un incentivo per il turista che si propone una sosta tranquilla dedicata alla scoperta di una città che del proprio passato mantiene in vita anche le tradizioni legate all'artigianato del legno, del ferro battuto, delle trine e, primo fra tutti, della ceramica. Senza i ceramisti, i templi etruschi non avrebbero restituito quelle terrecotte architettoniche che sono considerate le opere più notevoli di tutta l'arte preromana; senza i «vascellari» medievali – maestri che fecero scuola nella manifattura della maiolica arcaica in Italia – le tessere di mosaico policromo della facciata del Duomo non brillerebbero al sole; e senza il recupero, anche culturale, delle ceramiche dai «butti» (gli immondezzai) negli anni venti del '900 non si sarebbe perpetuata la tradizione artigiana che usa come materia prima quella stessa argilla di cui è fatta la rupe, e sulla quale la città poggia.

MANIFESTAZIONI. Nel giorno della Pentecoste si svolge la festa della Palombella (la colomba che simboleggia lo Spirito Santo), istituita nel XVI secolo dai Monaldeschi; nel giorno del Corpus Domini, una processione (la prima fu nel 1337) accompagnata da un corteo storico con 400 figuranti evoca il miracolo del Santo Corporale di Bolsena (pag. 590); tra dicembre e gennaio si tiene il Festival internazionale di Musica Jazz (Jazz Winter).

I POLI DELLA CITTÀ MEDIEVALE

PIAZZA DELLA REPUBBLICA. Foro ipotetico della città antica e Platea Comunis di quella medievale, la piazza si apre in luogo dove la ricerca archeologica ha individuato una continuità d'uso a partire dalle fasi più antiche dell'occupazione umana della rupe. Da questa parte dell'acrocoro tufaceo – in origine accessibile dall'unico percorso naturale dell'odierna via della Cava – si formò la cittadella altomedievale, primo nucleo dell'organizzazione urbana della città, imperniata sui due poli di S. Giovenale (pag. 622) e di S. Andrea, deputata quest'ultima alle funzioni pubbliche e assembleari. Accanto a essa, il Comune fece erigere la sua sede rappresentativa, confermando il ruolo civico preminente dell'invaso e promuovendone negli anni '70 del Duecento la risistemazione. Chiesa e palazzo continuano a qualificare la piazza, completata sul lato settentrionale da un edificio neoclassico progettato da Virginio Vespignani.

S. ANDREA. L'antica collegiata dei Ss. Andrea e Bartolomeo fu fondata nel VI secolo, ricostruita nell'XI-XII e completata nel XIV; venne rifatta nella navata al principio del '500 ripetendo forme del romanico orvietano. Nel sotterraneo dell'edificio sono state riportate alla luce le tracce dell'uso più antico del luogo: su elementi villanoviani si stratificano tracce della fase etrusca (muri in grandi blocchi di tufo, appartenenti a una struttura templare della quale si sono conservati resti delle terrecotte architettoniche), di un successivo impianto tardo-romano, con mosaici pavimentali a disegno geometrico, infine il primitivo impianto della chiesa paleocristiana. La facciata ha un portale gotico di Vito di Marco da Siena su progetto di Maestro Vetrino

• (1487); nella lunetta, *Madonna col Bambino* e i *Ss. Andrea e Bartolomeo*, sculture di Antonietta Paoli Pogliani (1928). Lungo il fianco sinistro della chiesa corre un portico su arcate rette da colonne in travertino (nei pennacchi degli archi sono emblemi delle sei arti maggiori), sotto il quale è una grande epigrafe latina con stemmi che ricorda i fasti della chiesa. A destra s'innalza la poderosa ***torre dodecagonale**, coeva all'edificio medievale; analoga a quella dell'abbazia dei Ss. Severo e Martirio, ha tre ordini di bifore e coronamento merlato (i numerosi stemmi furono apposti col ripristino del 1926-28). Nella chiesa, Innocenzo III bandì la quarta Crociata (1201), Onorio III incoronò Pietro d'Artois re di Gerusalemme (1217), Martino IV fu incoronato papa (1281) presente Carlo I d'Angiò.

INTERNO. Basilicale, a tre navate divise da otto colonne monolitiche di granito orientale, con tetto a travature scoperte e parte terminale sopraelevata, formata da una specie di doppio transetto su piloni polistili, con volte gotiche a crociera del sec. XIV. Si crede che le colonne delle navate siano del sec. II, mentre i capitelli appartengono al restauro del 1512. Nella navata sin., grande arco ribassato di comunicazione con la scomparsa chiesa di S. Bartolomeo e resti di affreschi: *S. Cristoforo* (sec. XIV); *S. Giovanni Evangelista* (sec. XV); un tratto di *figura maschile* tra due paraste (sec. XV), di scuola del Signorelli; *due santi* (sec. XIV). Sull'ultimo pilastro d. della navata centrale, pulpito con decorazioni musive cosmatesche (sec. X), formato da lastre provenienti dal pavimento della chiesa dei Ss. Severo e Martirio, qui montate capovolte.

Dalla navata mediana si passa nella doppia crociera. Al pilastro d., gotica *edicola sepolcrale della famiglia Magalotti* (inizi sec. XIV), derivante stilisticamente dal monumento al cardinale de Braye di Arnolfo di Cambio in S. Domenico; reca un affresco attribuito a un maestro orvietano attivo attorno alla metà del '300, influenzato dalla cultura senese. Al pilastro sin., *S. Bernardino da Siena e Madonna della Grazie*, affresco di scuola locale del '400. Nel braccio destro della crociera, ricco altare ligneo, attribuito a Ippolito Scalza, e ricostruzione con frammenti autentici del *cenotafio del beato Stefano Cuordiferro* (1300). Nel braccio sin. della crociera, resti di affreschi tra cui *Madonna col Bambino tra S. Antonio abate, S. Marco e committenti* di Piero di Puccio; inoltre, *Annunciazione*, tela di Cesare Nebbia (c. 1580), e nella parete di fondo, *altare della Madonna di Lourdes*, composto in parte con frammenti di un'edicola della scuola di Arnolfo di Cambio. Nel presbiterio, *Vergine Assunta e santi* e *Compianto di Cristo*, tele di Angelo Righi. Al principio della navata destra una grande cancellata dà accesso al sotterraneo, dove sussistono i resti delle fasi più antiche dell'edificio (v. pag. 583).

PALAZZO DEL COMUNE. La torre dodecagonale fa da raccordo tra la chiesa e il palazzo pubblico, che occupa il lato meridionale della piazza. L'edificio, sede del Municipio, fu edificato nel 1216-19, ripreso nell'ambito degli interventi di riqualificazione urbana duecenteschi (1276) e completamente rinnovato nel 1573-81 su progetto incompiuto di Ippolito Scalza. Una serie di arcate in basso sorreggono l'ampio terrazzo, dietro il quale si alzano un piano nobile, con finestre di ordine gigante, e un mezzanino. Resti della costruzione duecentesca sono visibili sul retro, mentre nell'interno, al secondo piano, arcate ogivali (1270-76) sorreggono il tetto.

CORSO CAVOUR. Arteria principale del centro storico, è la medievale via della Mercanzia, la più signorile della città e connotata da uno spiccato carattere commerciale. La strada attraversa tutto il centro storico fino al margine orientale della rupe, confermando l'antica funzione urbanistica di asse ordinatore dell'abitato. Il tratto dal palazzo dei Sette alla Rocca è descritto in senso inverso da pag. 626.

PALAZZO DEI SETTE. Fu eretto, sulla Mercanzia, alla fine del Duecento come sede della magistratura dei Signori Sette, ossia i consoli rappresentanti delle Arti. Il nuovo edificio assunse valenza urbanistica eccezionale, divenendo il cardine del rinnovato impianto urbano che si strutturò – definitivamente – con la contemporanea apertura delle 'nuove' strade che, da qui diramandosi, raggiungevano il Duomo e il palazzo del Popolo. Il nuovo quadrivio, nucleo della «crux viarum», venne qualificato con la creazione, sulla Mercanzia, di un flesso di 70 metri, ottenuto con l'avanzamento della torre civica in modo che essa potesse fungere da cerniera e da perno anche visivo. Nella seconda metà del '500 il palazzo fu completamente ristrutturato sotto la direzione di Ippolito Scalza; a questo periodo (1578) risalgono la creazione del grande portale bugnato e l'inserimento dello scalone. Il complesso è caratterizzato da un impianto «a L» con porticato lungo il fianco rivolto all'odierna via della Costituente. Il palazzo dei Sette, che fu poi residenza del governatore pontificio, è stato ristrutturato (1996) e recuperato come sede di mostre e iniziative culturali. Nei sotterranei è stata rimessa in luce e resa praticabile una serie di cisterne e alcuni cunicoli, anche di epoca etrusca, fra cui un pozzo munito di «pedarole» incavate nel tufo che servivano per la discesa.

TORRE CIVICA. La torre medievale, già dei conti Della Terza, poi detta del Papa, è dal '500 più nota col nome di *torre del Moro* forse per il soggetto che compare nello stemma della famiglia dei banchieri Pucci, posto su un portale accanto alla torre. In alto è la campana con i simboli delle 24 Arti, fusa nel 1316 per il palazzo del Popolo e qui trasferita nel 1876.

*PALAZZO DEL POPOLO. Le nuove gerarchie dello spazio urbano dettano, sul finire del Duecento, il tracciamento, a destra del palazzo dei Sette, della breve via della Greca, oggi *via della Costituente*, sulla quale si procede per ricomporre idealmente la pianificazione policentrica della città medievale. La breve via (documentata come già esistente nel 1301) stabiliva una relazione assiale, e dunque fortemente simbolica, con lo scalone del palazzo (del Capitano) del Popolo, il «Palatium Populi» così citato per prima volta nel 1281 negli atti del Comune relativi alle disposizioni per la creazione della vasta «platea populi». L'edificio, in pietra basaltica e tufo, fu concepito come traduzione architettonica locale del broletto lombardo, con riferimenti a esempi vicini (il palazzo dei Papi di Viterbo). Il progetto iniziale, che prevedeva la loggia al pianterreno e il vasto salone al primo piano per le assemblee popolari, raggiungibile per lo scalone esterno, fu modificato in corso d'opera con l'ampliamento del complesso al fine di contenere la residenza del capitano del popolo e suggellare la grandiosa composizione con l'innalzamento della torre campanaria, terminata nel 1308. In seguito ad alterne vicende politiche, il palazzo subì periodi di decadenza e rimaneggiamenti. Un primo, drastico ripristino fu compiuto nel 1889-1909 su progetto di Paolo Zampi, cui si deve la merlatura di coronamento. Nel 1990 il palazzo è stato restaurato per destinazioni culturali e congressuali.

Esemplificativo dell'architettura civile orvietana della fine del XIII secolo, presenta inferiormente imponenti arcate e superiormente elegantissime trifore collegate da cornici attorno alle quali si svolge una caratteristica decorazione a scacchiera. La grande sala al primo piano (per la visita rivolgersi in Municipio), detta ora *sala dei Quattrocento*, ha sulle pareti resti di affreschi che documentano il succedersi dei vari capitani del popolo, dei podestà e dei pontefici fra XIV e XVII secolo. Al piano terra, sono affiorate murature antiche pertinenti a strutture etrusche, all'acquedotto medievale e a una grande cisterna coeva.

PIAZZA DEL POPOLO. La piazza fu progettata quasi nel baricentro della città duecentesca in funzione del palazzo pubblico, che su di essa doveva imporsi isolato; la sua importanza urbanistica nella città comunale è evidenziata dalla lastricatura in mattoni già nel 1295. Tra gli edifici che ora qualificano il vasto spazio, il *palazzo Bracci-Testasecca* (di fronte al palazzo del Popolo), ora Grand Hotel Reale, su progetto di Virginio Vespignani. Sullo stesso lato, la chiesa di **S. Rocco**, decorata nell'abside da affreschi di Cristoforo da Marsciano (*Cristo fra la Vergine, il Battista e i Ss. Rocco e Sebastiano*, 1527) e di Eusebio da Montefiascone (*Madonna col Bambino e quattro santi*, sec. XVI).

VIA DEL DUOMO. Muove a sud della Mercanzia in corrispondenza del palazzo dei Sette, in funzione del quale la strada fu tracciata a fine Duecento per collegare direttamente il nuovo fulcro urbano con il polo religioso. La via del Duomo si apre poco avanti nella piazza, in origine più vasta, ora denominata *piazza Gualterio* dalla famiglia cui appartenne l'omonimo **palazzo** (su progetto forse di Simone Mosca), impreziosito dal portale di Ippolito Scalza, qui trasferito dal palazzo Buzi. Sulla piazza affaccia anche la chiesa di *S. Giuseppe* (1665), mentre sulla divergente (a sinistra) via de' Gualtieri si incontra il *palazzo Mangrossi* (N. 8), di gusto manieristico.

PALAZZO CLEMENTINI. Tra le migliori realizzazioni in città di Ippolito Scalza, sorge nella piazza intitolata all'architetto orvietano, cui conduce, da piazza Gualterio, a destra la via Signorelli. Chiamato anche *palazzo del Cornelio*, il grandioso edificio (1567-69, incompiuto), ha bel portale e tre ordini di finestre a timpano. Oggi è sede del Liceo-Ginnasio e della *Biblioteca comunale «L. Fumi»*, che conserva tra l'altro preziosi incunaboli e autografi.

PALAZZO MONALDESCHI DELLA CERVARA. Nello slargo formato dall'innesto della via di Marsciano nella via Beato Angelico (sulla quale si procede dal fondo di piazza Scalza), fu residenza di una tra le più antiche famiglie della nobiltà orvietana, documentata nel territorio dal IX secolo. Alleati del papato, i Monaldeschi continuarono ad avere in città e nel contado potere economico e politico anche sotto lo Stato della Chiesa. Il palazzo fu commissionato da Sforza della Cervara, capitano di ventura al seguito di Pier Luigi Farnese, a Simone Mosca attorno al 1570 e terminato da Ippolito Scalza nel 1574-75. L'edificio è sede dell'Istituto statale d'Arte, cui rivolgersi per la visita.

INTERNO. Tra gli ambienti del piano nobile, tutti decorati, spicca il cosiddetto *salone della Caminata*, nel quale si svolge un ciclo di affreschi – su modello iconografico mutuato da quello del palazzo Farnese di Caprarola – dipinto (1584) a più mani probabilmente dall'équipe di Cesare Nebbia con l'aiuto di Cesare e Vincenzo Conti, di G.B. Lombardelli e di Angelo Righi. Entro quadrature architettoniche, si alternano *paesaggi con allegorie* ed *episodi storici*, entro finte cornici a imitazione dei quadri, e *figure allegoriche* a monocromo. Il soffitto ligneo a cassettoni è suddiviso in 15 parti: i pannelli raffigurano i *dodici segni dello Zodiaco* e le *venti Costellazioni*, alternati a dipinti su tela raffiguranti figure mitologiche (*Amore e Psiche, Crono, Apollo e Dafne, Icaro, Astrea e Prometeo*). Al centro, sorretto da due putti alati, è lo *stemma dei Monaldeschi della Cervara*, al quale è sovrapposta *l'aquila nera* dell'arme dei conti di Marsciano, divenuti proprietari del palazzo nel XVII secolo.

S. FRANCESCO. La chiesa si leva in piazza dei Febei, al termine di via Beato Angelico. Iniziata nel 1240, fu ampliata in corso d'opera forse per volontà di san Bonaventura e consacrata nel 1266 (probabilmente venne però completata solo attorno al 1280). La facciata è quella dell'edificio più antico, con coronamento a capanna e tre portali ad arco acuto. Anche i fianchi e l'abside presentano gli elementi architettonici ogivali originari, tra cui bellissime bifore.

L'INTERNO a una navata con cappelle intercomunicanti, era in origine ad aula unica con cinque alti e stretti archi acuti addossati alle pareti e sorgenti su pilastri; la copertura della navata con capriate in vista aveva le maggiori dimensioni conosciute per l'architettura medievale. Nel 1768-73 l'ambiente fu ampiamente rinnovato in forme tardo-barocche di spirito già neoclassico. All'altare maggiore, *Crocifisso* ligneo di scuola dei Maitani (secolo XIV); nell'abside, coro ligneo intagliato e intarsiato di Alessandro Tosi (1794). In questa chiesa Bonifacio VIII proclamò nel 1297 la canonizzazione di Luigi IX re di Francia.

VIA MAITANI. A sinistra di S. Francesco, si dirige verso la piazza del Duomo tra antiche cortine edilizie tra le quali si nota, al termine, la *casa Fontanieri,* ora albergo Maitani, con un singolare balconcino unito al portale, sostenuto da una colonna toscana e da una cariatide demoniaca. Il tratto terminale della via offre una straordinaria inquadratura della facciata del Duomo che, imponente e maestosa, riempie la visuale con la ricchezza sfolgorante della decorazione plastica e musiva.

IL *DUOMO

Intitolato a *S. Maria Assunta in Cielo* (fino all'800 a S. Maria della Stella) ed elevato su una platea di sette gradini bianchi e rossi alternati, è tra le più grandiose realizzazioni dell'architettura medievale italiana, edificato nell'arco di più secoli dal XIII al XVII. La prima pietra, benedetta da papa Niccolò IV, venne posta il 13 novembre 1290 sul luogo dove sorgevano la chiesa cattedrale di S. Maria de Episcopatu (da tempo in rovina) e quella capitolare di S. Costanzo (sulle cui fondazioni in parte il Duomo poggia), che già nel 1284 si era deciso di 'unificare' per la costruzione di una nuova «ecclesiam honorabilem». Il primo progetto dell'edificio, di ascendenza classica, per il quale fu da alcuni ipotizzato senza riscontri documentali un intervento di Arnolfo di Cambio (a Orvieto nel 1282-83), prevedeva una basilica romanica a tre navate, con sei absidiole per lato e abside semicilindrica. In questa prima fase costruttiva sono documentate le partecipazioni all'impresa di fra' Bevignate (direttore dei lavori o più probabilmente amministrativo) e del responsabile artistico Ramo di Paganello. Il cambiamento radicale dell'impostazione coincide con l'arrivo in cantiere di Lorenzo Maitani (chiamato attorno al 1308), che seguiva all'allontanamento di fra' Bevignate cui era subentrato

(1301) come soprastante Giovanni di Uguccione. Il Maitani aggiunse contrafforti e sei archi rampanti esterni, superdimensionati rispetto a un'ipotizzata funzione di consolidamento, configurando un nuovo impianto, decisamente gotico, a croce latina con braccia sporgenti e grande tribuna a pianta quadrilatera di tipo «mendicante» (conclusa nel 1335), con grandiosa quadrifora, in sostituzione del coro triabsidato romanico. Lo stesso Maitani progettò l'imponente facciata tricuspidale (1310), nella quale si riconosce l'influenza di quella del Duomo di Siena. In seguito furono erette, entro le opere di contraffortatura, la cappella del Corporale (1350-55) e quella Nova o di S. Brizio (dal 1408), che completavano il prospetto del transetto e inglobavano i rampanti lasciandone la riconoscibilità all'esterno.

Nei decenni successivi, furono alla direzione dei lavori Vitale Maitani (figlio di Lorenzo), Niccolò Nuti (1331-35), Meo Nuti (1337-39), di nuovo Niccolò (1345-47), Andrea Pisano (1347-48), Nino Pisano (1349), Andrea di Cecco da Siena (1356-59), Andrea Orcagna (1359), cui si deve il magnifico rosone, quindi molti altri specialmente senesi (Sano di Matteo, 1406-10 e 1425; più tardi Pietro del Minella). Dal 1415 al 1456 vi fu attivo Antonio Federighi, che inserì le dodici edicole rinascimentali in facciata. Nel 1422-25 fu realizzata la gradinata esterna; nel 1462-80 fu costruito, in fondo alla navata sinistra, su disegno di Giovanni di Meuccio, l'oratorio della Madonna della Tavola, distrutto al principio del '600. Nel 1513-32, essendo capomastro Michele Sanmicheli (1509-35), fu eretta la cuspide mediana; la destra fu innalzata nel 1516 e 1533-34. Lo stesso Sanmicheli rifece la cappella dei Magi (1514); Antonio da Sangallo il Giovane il pavimento. Nel 1546-53 fu capomastro Simone Mosca, cui successe il figlio Francesco (1553-58), poi Raffaello da Montelupo (1558-67). Sotto la direzione del capomastro Ippolito Scalza (1567-1617) fu realizzato un vasto programma di rinnovamento dell'apparato decorativo, che trasformò le navate secondo il gusto manieristico e fece del Duomo il primo grande esempio di chiesa controriformata. Su disegno dello stesso Scalza, Curzio Testasecca compì (1590) la cuspide angolare destra e, ai primi del '600, l'analoga sinistra, completando i lavori della facciata (restaurata da Giuseppe Valadier nel 1797-1806, a seguito di un fulmine). Il ripristino purista compiuto attorno al 1890 rimosse le pale degli altari laterali e le statue (ne è prevista l'esposizione nel Museo dell'Opera del Duomo, pag. 612), e distrusse gli stucchi e gli affreschi realizzati su iniziativa dello Scalza tra Cinque e Seicento. Le fondamenta e l'ossatura della costruzione sono in tufo; il rivestimento esterno, salvo la facciata, è a filari isometrici di travertino e basalto; nell'interno, i filari al di sopra della metà delle pareti sono dipinti. I marmi provennero in gran parte dalle cave di Carrara e dal 'saccheggio' delle rovine archeologiche di Roma, di Albano, di Veio, di Magliano Sabina.

LA LEGGENDA DELLA COSTRUZIONE. Secondo una tradizione priva di fondamento, il Duomo fu eretto per celebrare il miracolo di Bolsena. Nel 1263 un prete boemo, incredulo della dottrina della transustanziazione, mentre celebrava messa presso la tomba di santa Cristina in Bolsena vide stillare sangue dall'ostia consacrata e bagnare il corporale e i lini liturgici. Papa Urbano IV mandò a Bolsena il vescovo Giacomo per sincerarsi dell'accaduto e portare a Orvieto il lino insanguinato, che fu esposto al popolo. L'11 agosto 1264 il pontefice promulgò la bolla che istituiva la festa del «Corpus Domini».

*FACCIATA. Mirabile sintesi di architettura e arti decorative, è una composizione eccezionale per l'autonomia e la chiarezza della struttura, l'equilibrio delle linee verticali – più marcate – orizzontali e oblique, la ricchezza della policromia, l'unitarietà del complesso programma iconografico che rinnova il linguaggio narrativo gotico. La forma è quella di un gigantesco trittico ogivale, nel quale i rilievi fungono da elementi strutturali e unificanti, e i mosaici accentuano la geometria dell'architettura. L'ossatura della costruzione è costituita da quattro pilastri a fascio che si levano da uno zoccolo di robusti piloni e si coronano in alto di guglie. Fra i piloni di base si aprono i tre ricchissimi portali, il mediano a tutto centro, i laterali ogivali e occupati in parte da finestre; al di sopra, in corrispondenza dei portali, tre cuspidi raggiungono una loggetta ad archi trilobi che corre orizzontalmente tutta la facciata e ne divide la parte inferiore dalla superiore; questa reca al centro uno splendido rosone e termina ripetendo fra le guglie dei pilastri il motivo delle tre cuspidi. Il disegno tricuspidale, progettato da Lorenzo Maitani, seguiva a un precedente monocuspidale di un architetto oltremontano (entrambi saranno esposti nel museo dell'Opera del Duomo). L'esecuzione fu continuata da Andrea Pisano (1347) e da Andrea Orcagna (1359), cui si deve il rosone, e compiuta al principio del '600.

*BASSORILIEVI E STATUE. I quattro pilastri tra le porte hanno un rivestimento di lastre marmoree con bassorilievi. Eseguite nel 1320-30 circa durante il capomaestrato del Maitani, che diede i modelli, si cominciò a collocare le tavole nel 1331. Secondo l'ipotesi più accreditata, l'esecuzione spetterebbe allo stesso Maitani con la collaborazione di maestranze senesi e pisane (forse anche del figlio Vitale e di Niccolò e Meo Nuti). I rilievi, condotti con estrema delicatezza di modellato e inusuale ricchezza di particolari, rappresentano, a cominciare dal pilastro sinistro, *storie del Vecchio e del Nuovo Testamento* e *scene dei Novissimi*.

1 (i numeri si riferiscono al disegno assonometrico qui sotto), **scene bibliche dalla creazione a Jubal**: sei serie di bassorilievi tra girali di una pianta di edera, i cui rami dividono le scene principali. Il non perfetto adattamento dei bassorilievi inferiori allo spazio ha fatto credere ad alcuni che essi siano anteriori alla venuta del Maitani in Orvieto. 1ª ZONA: dal basso e da sin.: *Creazione dei pesci, degli uccelli e delle piante; Creazione dei mammiferi; Creazione dell'uomo alla presenza di due angeli.* 2ª ZONA: *Dio infonde la vita ad Adamo; gli estrae la costola; crea Eva alla presenza di due angeli.* 3ª ZONA: *la prima coppia condotta nell'Eden; peccato originale; Condanna divina.* 4ª ZONA: *Cacciata dall'Eden; Adamo zappa ed Eva fila.* 5ª ZONA: *Offerte di Caino e di Abele; Caino uccide Abele.* 6ª ZONA: *Noemi insegna a leggere a un fanciullo; Jubal inventa i suoni; uno dei figli di Adamo disegna con un compasso.*

2, **seguito delle scene bibliche**, specialmente profezie messianiche: due serie verticali di bassorilievi tra girali di acanto, imitati dall'antico.In basso, *Adamo* o *Abramo dormiente* e, lungo la linea mediana, i *Re David, Salomone,*

ORVIETO: IL DUOMO (ASSONOMETRIA)

A Facciata di Lorenzo Maitani, 1310
   Bassorilievi e statue (1-12)
   Rosone di Andrea di Cione (13)
   Mosaici (14-25)

B Cappella di S. Brizio, dal 1408
C Porta di Canonica
D Porta del Corporale
E Cappella del Corporale, 1350-55

Roboamo, Abia, Asa, Giosafat, poi *Maria e Cristo;* ai lati delle scene, i *profeti* con le loro tabelle. Le scene rappresentano: *Balaam; la Vocazione di Giosuè; il Miracolo di Gedeone; Davide unto Re; Presentazione di Samuele a Elia; i fanciulli d'Israele in Egitto; il pane e il vino preparati da Melchisedech ad Abramo;* in ultimo, *la Crocifissione.*

3, **storie evangeliche**: due serie verticali di bassorilievi tra girali di acanto. In basso, *Adamo* (o *Abramo* o *Giacobbe*) *dormiente* e, lungo la linea mediana, *profeti;* ai lati delle scene, *angeli adoranti.* Le scene sono, dal basso e da sinistra a destra: *Annunciazione e Visitazione; Natività ed Epifania; Presentazione al Tempio e Fuga in Egitto; Strage degli innocenti e Disputa nel tempio; Battesimo e Miracolo di Gesù; Entrata in Gerusalemme e Bacio di Giuda; Flagellazione e Crocifissione; Maria al Sepolcro e Noli me tangere.*

4, **Giudizio Universale**: scene tra rami di vite in cinque zone. 1ª ZONA SUPE-RIORE: *Cristo Giudice tra angeli, profeti, apostoli, Maria, il Battista, gli strumenti della Passione e gli angeli che chiamano i morti al Giudizio.* 2ª e 3ª ZONA: *Gli eletti condotti alla Beatitudine celeste.* 4ª ZONA: *La divisione degli eletti dai reprobi.* 5ª ZONA: *la Risurrezione dei Morti e la cacciata dei reprobi nell'Inferno.*

PORTALI. Le tre porte recano imposte bronzee; quelle della porta centrale presentano rilievi di Emilio Greco in sei scomparti, raffiguranti le *Opere di misericordia* (1964-70). Il gruppo della Maestà (1325), parte in bronzo e parte in marmo, già nella lunetta del portale mediano (5), è stato rimosso per il restauro e ne è in discussione la ricollocazione o la sostituzione con una copia con conseguente musealizzazione dell'originale. Sopra i pilastri, i *simboli degli Evangelisti: Angelo* (6; simbolo di san Matteo); *Leone* (7; simbolo di san Marco); *Aquila* (8; simbolo di san Giovanni); *Toro* (9; simbolo di san Luca), statue in bronzo di Lorenzo Maitani (1329-30; il toro, spezzatosi in seguito a caduta nel 1835, fu ricomposto da Cristoforo Ravelli nel 1889). Sopra le prime tre cuspidi, da sin.: *S. Michele* (10), bronzo di Matteo di Ugolino (1356), su modello di Andrea di Cecco da Siena (?); *Agnus Dei* (11), bronzo dello stesso; *S. Michele Arcangelo* (12), copia in bronzo fusa nel 1964 di una statua in marmo di Vincenzo Pacetti, ora nel Museo dell'Opera del Duomo. Sopra le cuspidi e le guglie in alto, altre statue di *santi*, per lo più di autore ignoto, dei secoli XVI-XVII.

*ROSONE (13). Opera di Andrea di Cione, l'Orcagna, è formato da un doppio giro di colonnine con archetti intrecciati, recanti al centro la *testa del Redentore.* La rosa è inscritta in un quadrato, ornato agli angoli dalle figure dei *quattro Dottori della chiesa: Ss. Agostino, Gregorio Magno, Girolamo e Ambrogio,* mosaici molto restaurati; lungo i margini del quadrato, entro formelle quadrilobe, *52 teste* a rilievo del secolo XIV; ai lati, sei per parte, entro tre ordini di nicchie abbinate (opera di Petruccio di Benedetto, 1372-88), *dodici profeti*, statue marmoree trecentesche; al di sopra, entro le dodici nicchie binate (aggiunte dal Federighi), gli *apostoli*, statue in travertino (1556) del Moschino, di Ippolito Scalza, di Vico Scalza, di Raffaello da Montelupo, di Fabiano Toti e altri; le statue di S. Giacomo Maggiore e di S. Giovanni furono rifatte da Vincenzo Pacetti.

MOSAICI. La decorazione musiva si estende a ogni parte della facciata, accompagna i membri architettonici, ne costella i profili, nei grandi spazi figura delle scene sacre. Queste ultime furono quasi del tutto rifatte nel corso dei secoli rispetto alla loro primitiva stesura trecentesca, sia per il cattivo stato di conservazione sia per il cambiamento di gusto succedutosi nel tempo. Questo complesso musivo se fosse giunto fino a noi quale fu originariamente concepito sarebbe stato il più grandioso e importante del Trecento italiano.

Sposalizio di Maria (14), rifatto nel 1612 su cartone di Antonio Pomarancio, nuovamente ripreso nel 1786; *Incoronazione di Maria* (15), dei mosaicisti romani Raffaele Cocchi, Raffaele Castellini e Guglielmo Kibel (1842-47); *Presentazione di Maria* (16) di Giuseppe Ottaviani (1760-63), su cartoni più antichi probabilmente di Antonio Pomarancio, restaurata nel 1837 da Cocchi, Castellini e Kibel. *Gabriele* (1659) *e l'Annunziata* (17 e 18) di Jacopo Pieruzzi (1649); *Battesimo di Gesù* (19), su disegno di Cesare Nebbia (1584), rifatto da Paolo Rossetti e Francesco Scalza. *Assunta e gli apostoli* (20, 21 e 22) di fra' Giovanni di Buccio Leonardelli (1388), con l'aiuto di Nello di Giacomino (molto restaurati, l'ultima volta negli anni '60 del Novecento con alterazione della decorazione originaria). *S. Gioacchino e S. Anna* (23 e 24), il primo di Jacopo da Bologna e la seconda di Gabriele Mercanti, restaurati nel 1713 e 1786. *Nascita della Vergine* (25): l'originale, che recava l'iscrizione «Joannes et Ugolinus de Urbeveteri MCCCLXV», fu staccato nel 1785-87 e sostituito con una liberissima copia; ceduto dal Laboratorio dei mosaici del Vaticano all'antiquario Pio Marinangeli, fu venduto e dal 1890 è conservato al Victoria and Albert Museum di Londra.

FIANCO DESTRO. È a filari isometrici di pietra bianca e nera. Nel risvolto della facciata, la *Sibilla Libica*, statua marmorea di Fabiano Toti (1588). Dal fianco sporgono cinque cappelle semicircolari; fra la 2ª e la 3ª si apre la *porta di Postierla, magnifico portale ogivale di tipo pisano, che si ritiene anteriore alla fondazione del Duomo e, per alcuni, proveniente dalla scomparsa chiesa di S. Maria de Episcopatu. Nell'architrave bronzeo, *Cristo e gli apostoli*, bassorilievo del Rosso Padellaio. Sul contiguo muro della cappella di S. Brizio (B) si osservano i colossali archi di sostegno eretti dal Maitani.

FIANCO SINISTRO. Analogo al destro, presenta nel risvolto della facciata la *Sibilla Eritrea*, statua marmorea di Antonio Federighi, tra le migliori realizzazioni dell'artista toscano. Fra la 3ª e 4ª cappella, la *porta di Canonica* (C), ogivale, nella cui lunetta è un affresco di Andrea di Giovanni raffigurante la *Madonna col Bambino ado-

rata da due angeli (1412). Dopo la 5ª cappella si apre la *porta del Corporale* (D; da essa, secondo la tradizione, fu introdotta nel Duomo la reliquia), pure ogivale, murata nel '500 e riaperta nel 1891. L'architrave bronzeo col *miracolo di Bolsena* è fusione di Alessandro Nelli (1889) su modello di Adolfo Cozza. Notare sul muro della cappella del Corporale (E) gli archi di sostegno del Maitani, analoghi a quelli del lato opposto.

*INTERNO DEL DUOMO (visita: dal 1° novembre al 31 marzo, 7.30-12.45 e 14.30-17.15; dal 1° aprile al 31 ottobre, 7.30-12.45 e 14.30-19.15). È di tipo basilicale, a tre navate divise da dieci colonne e due pilastri con ricchi *capitelli (alcuni di fra' Guglielmo da Pisa e di Ramo di Paganello), sorreggenti archi a pieno centro. La dicromia (i filari nella parte alta delle pareti sono dipinti), la grandiosità delle forme romaniche attinenti alla primitiva ideazione, l'altissima luminosa navata mediana, lo slancio della crociera ogivale, gli effetti creati dalla luce che entra attraverso le lastre di alabastro e dalla grande quadrifora absidale, rivelano una concezione unitaria dello spazio, che appare maestoso e solenne. Il pavimento, in calcare rosso di Prodo, si eleva dalla facciata all'abside e il livello dei capitelli si va abbassando, allo scopo di dare l'illusione di una lunghezza della chiesa maggiore della reale (88.33 metri). Le travature del tetto sono scoperte e dipinte.

NAVATA MEDIANA. A d., *acquasantiera* (1, nella pianta a fronte) di Antonio Federighi (1485). A sin., sotto il primo arco, *fonte battesimale* (2) gotico, in marmo bianco, salvo una cornice in basso e la vasca di marmo rosso, sostenuta da otto leoni accosciati, opera cominciata da Luca di Giovanni (1390), continuata da Pietro di Giovanni (1402) aiutato da un Cristoforo teutonico, compiuta da Jacopo di Pietro Guidi (1403); al di sopra, una piramide ottagonale di Sano di Matteo (firmata e datata 1407) sormontata da una statua del *Battista*, in luogo di altra in bronzo di Donatello (1424) andata perduta. Una parte del pavimento della navata antistante alla crociera, dove in origine era collocato il coro, è a ottagoni coi gigli di Paolo III, in marmo bianco e rosso, su disegno di Antonio da Sangallo il Giovane.

NAVATA DESTRA. A sin. del portale, *lapide sepolcrale di Simone Mosca e Raffaello da Montelupo* e, al di sopra, lapide commemorante Lorenzo Maitani, in origine all'esterno del tempio; *acquasantiera* (3) di Camillo Cardinali. Le cinque cappelle semicircolari, rimossi gli altari di stucco del '500, mostrano interessanti avanzi di antichi affreschi. 1ª cappella (4), *S. Sebastiano*, di inizio '400; *Ma-*

ORVIETO: IL DUOMO (PIANTA)

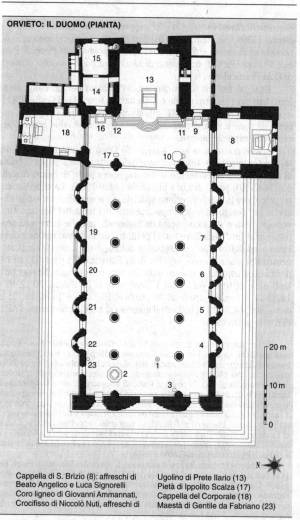

Cappella di S. Brizio (8): affreschi di
Beato Angelico e Luca Signorelli
Coro ligneo di Giovanni Ammannati,
Crocifisso di Niccolò Nuti, affreschi di

Ugolino di Prete Ilario (13)
Pietà di Ippolito Scalza (17)
Cappella del Corporale (18)
Maestà di Gentile da Fabriano (23)

donna col Bambino (1474); 2ª cappella (5), *Ss. Antonio abate e Rocco* (1399); 3ª cappella (6), frammenti di *Crocifissione e S. Giovanni Battista* e *S. Giacomo di Compostella* di Piero di Puccio; 4ª cappella (7), frammenti di *Madonna col Bambino e santa* di Cola Petruccioli.

BRACCIO DESTRO DELLA CROCIERA. Passando per un cancello in ferro battuto (un altro simile è nella navata sinistra) di Conte di Lello e del figlio Giacomo (1337-38), si sale al piano della crociera, coperta da volte a vela, con maestoso arco trionfale e i due archi di accesso alle cappelle laterali.

*CAPPELLA NOVA O DI S. BRIZIO (8) Costruita entro la metà del '400, è tra le più alte testimonianze della pittura italiana per il *ciclo di affreschi* che interamente la decora, opera parte di Beato Angelico (1447-49), parte di Luca Signorelli (1499-1504). La cappella costituisce, per la sua concezione spaziale e iconografica, un «unicum» anche per l'originalità dell'organizzazione del tema del Giudizio Universale. Essa è stata concepita da Signorelli, più che come una scatola, come una sfera dove tutti i punti hanno lo stesso valore e dove l'uomo spettatore ne costituisce il fulcro: è un uomo umanistico, centro del macrocosmo, oggetto della Salvezza. Il messaggio di redenzione si esprime come un inno alla vita, sottolineato dai toni brillanti delle pitture. Visita: dal 1° novembre al 31 marzo, 10-12.45 e 14.30-17.15; dal 1° aprile al 30 ottobre, 10-12.45 e 14.30-19.15; la domenica, 14.30-19 (i biglietti d'ingresso si acquistano presso l'APT, di fronte al Duomo).

L'ARCHITETTURA DI S. BRIZIO. La data d'inizio della costruzione è indicata nel 1396, quando l'orvietano Tommaso di Micheluccio stabilì nel testamento un lascito per l'edificazione di una cappella intitolata alla Vergine Incoronata; solo dal 1408 è però documentato un mastro costruttore (Cristoforo di Francesco da Siena). In realtà si trattò di adeguare gli archi rampanti realizzati dal Maitani; di quanto allora costruito si utilizzò tutto: furono rispettate le grandi dimensioni dello spessore delle murature, e nella sua parte inferiore il rampante fu all'interno mascherato da un controarco a tutto sesto di imposta molto bassa, che servì a delimitare i vani della cappellina dei Corpi Santi di Faustino e Pietro Parenzo (a destra) e della Maddalena poi Gualterio (a sinistra). I documenti danno per ultimato il lavoro nel 1444; nel 1455 fu deciso, a causa di infiltrazioni, di rialzarne il tetto.

LA DECORAZIONE: BEATO ANGELICO. L'Opera del Duomo deliberò nel 1447 che la cappella venisse decorata da fra' Giovanni da Fiesole, il Beato Angelico. L'artista domenicano, contattato un anno prima dal mastro vetraio Francesco Baroni che lavorava alle finestre del Duomo, aveva espresso il desiderio di allontanarsi dalla calura estiva romana e quindi venne ad Orvieto alla metà di giugno. Portò con sé Benozzo Gozzoli come aiuto, Giovanni Antonio da Firenze e Giacomo de Poli come «famuli». La Fabbriceria gli mise a disposizione il pittore orvietano Pietro di Nicola Baroni. I soprastanti dell'Opera del Duomo decisero il programma iconografico dopo avere sentito l'artista (il tema del Giudizio Universale fu dunque suggerito o proposto dallo stesso pittore). L'Angelico infatti riuniva in sé la natura dell'artista e quella del teologo. Giovanni da Fiesole cominciò ad affrescare le prime due vele della volta prospiciente la parete di fondo con il Cristo Giudice e il Coro dei Profeti nell'estate del 1447. Il contributo di Benozzo Gozzoli è ravvisabile in molti angeli della scena del Cristo Giudice e, nell'altra vela, negli incarnati di tre profeti e in alcune testine contenute negli esagoni delle fasce (ritratto di un giovane biondo, ragazzo con il turbante, ragazzo affacciato fuori dall'esagono, bambina con cuffietta, l'autoritratto dell'autore). La presenza in cantiere del Beato Angelico terminò nel 1449. I lavori rimasero interrotti per cinquant'anni.

LUCA SIGNORELLI. Nell'aprile del 1499 (dopo dieci anni di trattative col Perugino, che avanzava richieste economiche ritenute troppo esose), l'Opera affidò a Luca Signorelli l'incarico di proseguire i lavori. Fu confermato il tema del Giudizio Universale, sulla spinta di una cultura permeata dall'esegesi biblica e particolarmente interessata alla figura dell'Anticristo, e vennero chiamati dei «venerabiles magistri sacre pagine» (esperti in materia teologica) per le scelte iconografiche. Tra i teologi, un ruolo di rilievo ebbe Antonio Alberi, arcidiacono del Duomo, che si fece costruire una libreria accanto alla cappella e la dotò di ben 300 libri e manoscritti di teologia, filosofia, storia e materie giuridiche, denotando una cultura al corrente delle novità umanistiche. Luca Signorelli portò a termine la decorazione lasciata incompiuta dal Beato Angelico (i Cori celesti della campata verso l'altare, il Coro degli apostoli e i simboli della Passione secondo i disegni del frate domenicano); quindi eseguì la decorazione delle vele della seconda campata (quelle sopra l'ingresso) con altri quattro Cori celesti. Nel 1500 Signorelli presentò il progetto per le pareti, alle quali lavorò fino al 1504 completando la decorazione di tutta la cappella. Ebbe come aiuto il figlio Antonio (fino al 1502). Dai principali testi teologici deriva la disposizione delle schiere così come furono dipinte prima dal Beato Angelico e poi da Signorelli: il Giudizio Universale è giudizio di Cristo (vela sopra l'altare, del Beato Angelico) e su di lui ruota tutta la composizione.

DUE IMPOSTAZIONI PITTORICHE DIFFERENTI. Cinquant'anni corrono tra l'esecuzione delle due vele del Beato Angelico e le sei di Signorelli. Il divario è però grande nella resa pittorica dei due maestri: il pittore domenicano si pone davanti all'intonaco da affrescare con la stessa cura del dettaglio e della finitezza che caratterizza i suoi dipinti su tavola (lavora cioè come se il punto di vista dell'osservatore fosse non 15 metri più in basso, ma a non più di due metri; esegue dunque le figure con una cura raffinatissima del particolare). La volontà analitica dell'Angelico va ricercata in un'impostazione ideologica prettamente medievale: la perfezione va raggiunta non in quanto le immagini pittoriche debbono essere viste dagli uomini, ma da Dio. Luca Signorelli, invece, ribalta l'approccio e pone alla base della composizione e della rete delle pennellate l'osservatore: opera quindi una sintesi pittorica, puntando più sull'effetto d'insieme. L'impianto di Signorelli per l'organizzazione iconografica dell'istante del Giudizio è impostato sull'interpretazione del pensiero di san Tommaso. Un elemento fondamentale è la composizione prospettico-illusionistica delle pareti: la finzione prospettica trasforma la cappella da un edificio gotico in uno spazio rinascimentale; l'artista infatti arretra illusoriamente di due metri le pareti, rendendo l'edificio quasi tanto largo quanto alto. La zona inferiore è resa come se fosse un chiostro: con un finto colonnato a paraste che sorreggono la trabeazione e che s'impostano su una zoccolatura costituita da lastre che ricordano i rilievi dei sarcofagi romani e che, in corrispondenza delle paraste, si trasformano nelle loro basi. Tra le singole paraste e l'architrave della trabeazione che quelle sorreggono sono appesi dei finti cuoi, il cui fondo è decorato a grottesche, le une diverse dalle altre per ogni riquadro, ispirate alle decorazioni della Domus Aurea. Al centro dei cuoi si aprono finestre da cui si affacciano i ritratti dei personaggi illustri, poeti o scrittori: il realismo è accentuato dal fatto che alcuni di essi sfogliano libri o codici appoggiati direttamente sul davanzale della finestra visto di scorcio. La zona superiore parte sempre dalla trabeazione dipinta che divide in due le pareti: questa cornice si prolunga 'dietro', prospetticamente, in un lungo piano dove si muovono i personaggi delle scene (si notino i realistici effetti d'ombra delle membra delle figure in primo piano, che quasi si sporgono dal filo della cornice, particolarmente evidenti nella Risurrezione della Carne e nell'Inferno, e come tutte le ombre riportate siano generate da una stessa fonte di luce corrispondente alle finestre della parete di fondo). L'effetto generale dell'impianto architettonico-illusionistico coinvolge lo spettatore, facendolo entrare nella scena dipinta come parte di essa.

Fino al 1622 la cappella ebbe il titolo di Nova, essendo l'ultima eseguita e nuova rispetto a quella del Corporale. Nel 1622 vi fu traslata la Maestà della Tavola, che aveva già assunto il titolo di Madonna di S. Brizio perché nel 1464, accanto alla Vergine, era stata dipinta l'immagine del santo, successivamente eliminata. Dal 1622 la cappella mutò la denominazione in Madonna di S. Brizio (o semplicemente di S. Brizio), titolo che tuttora conserva.

L'ARCO D'INGRESSO è sormontato da un grande rosone gotico doppio e da un lunettone con coppie di *angeli* attribuiti ad Antonio da Viterbo (altre simili nelle lunette laterali), e fiancheggiato dalle statue di *Eva* (a destra) e di *Adamo*, marmi di Fabiano Toti entro nicchie di marmi bianchi e rossi, opera di Simone Mosca; lo chiude in basso una cancellata in ferro di Gismondo di Graziano (1516), a imitazione di quella della cappella del Corporale, pag. 607.

AFFRESCHI DELLA VOLTA. La volta è divisa in otto vele, limitate da fasce decorative a fogliami e con circa *150 testine* delicate come miniature. 1 (nello schema a fronte), *Cristo giudice in gloria di angeli*. Le vele seguenti sono indicate con le scritte che vi si leggono. 2, *Prophetarum laudabilis numerus* (i profeti). Queste due vele sono del Beato Angelico e di Benozzo Gozzoli (assieme alle fasce decorative delle vele dell'altra campata e dei costoloni); tutto il resto è di Luca Signorelli. 3, *Gloriosus Apostolorum chorus* (gli apostoli). 4, *Signa iudicium indicantia* (i segni preannunzianti il Giudizio finale). 5, *Martyrum candidatus exercitus* (i martiri). 6, *Nobilis Patriarcharum coetus* (i patriarchi). 7, *Doctorum sapiens ordo* (i dottori). 8, *Castarum Virginum chorus* (le vergini).

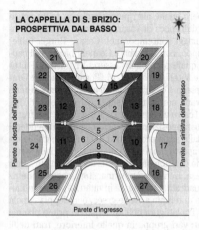

LA CAPPELLA DI S. BRIZIO: PROSPETTIVA DAL BASSO

Parete a destra dell'ingresso

Parete a sinistra dell'ingresso

Parete d'ingresso

PARTE SUPERIORE DELLE PARETI. Il ciclo inizia con la scena del **Finimondo** (parete d'ingresso; 9), l'ultima dipinta da Signorelli (1503-1504). Nell'angolo inferiore destro, in primo piano, la *Sibilla Eritrea* sfoglia il suo libro di profezie e insieme al *profeta David* constata la veridicità delle predizioni. Dietro di loro crolla un tempio per il terremoto; tre giovinetti sono spogliati da briganti.

Dietro, in lontananza, su enormi onde causate dal maremoto, vengono sollevate delle navi. Al centro, un putto sorregge la sigla dell'Opera del Duomo (O.P.S.M). A sin., in alto, la *caduta degli angeli ribelli*, dalle cui mani promana un pioggia di fuoco che investe una moltitudine di persone terrorizzate. In basso, in primo piano, sette giovani vestiti di stoffe multicolori si aggrovigliano in audaci scorci (questa è la zona meglio conservata).

Fatti dell'Anticristo (10), nella prima lunetta a sinistra della parete d'ingresso. La scelta iconografica – la rappresentazione sinottica della leggenda dell'Anticristo – è un «unicum». I testi a cui probabilmente si rifece Signorelli sono stati «De ortu et tempore Antichristi», un breve trattato variamente attribuito ad Agostino, Alcuino, Rabano Mauro o Anselmo d'Aosta, frutto dell'angosciosa attesa dell'anno Mille, e la «Legenda Aurea» di Jacopo da Varagine. In primo piano, l'Anticristo in piedi su un piedistallo marmoreo con i tratti del volto di Cristo, ma aspetto demoniaco. Il diavolo gli è accanto e gli suggerisce all'orecchio ciò che deve dire. Le due schiere che fanno ala al piedistallo del comizio non sembrano tutte prese dalla predicazione dell'Anticristo; la compresenza di gente di ogni popolo e nazione, di ogni tempo e condizione (da Alessandro Magno a Dante), fa dell'Anticristo qui rappresentato una figura mistica; la scena, anziché prestarsi a letture che presuppongono fatti contemporanei, intende dimostrare che il male è una condizione naturale dell'uomo.

Signorelli caratterizza però anche altri personaggi con tanto senso dell'attualità che già fin dall'epoca di Vasari poterono essere riconosciuti i ritratti di personaggi contemporanei: Cesare Borgia (all'estremità sinistra del gruppo, con la barba e i capelli biondi e il cappello rosso), accanto al quale potrebbero esserci i ritratti di Pinturicchio, di Nicolò Paolo e Vitellozzo Vitelli, di Giovanni Paolo e Orazio Baglioni, e in primo piano a destra, accanto all'Anticristo, l'erede dei Monaldeschi (il giovane con le mani sui fianchi); dietro di lui, Enea Silvio Piccolomini (calvo e corpulento). Tutta la scena è frutto di una sapientissima giustapposizione di vari episodi, indipendenti ma coordinati tra loro dalla scala prospettica delle figure, che si dispongono in uno spazio aperto molto profondo misurato dalla struttura del Tempio: il tempio di Salomone in Gerusalemme, ma in senso lato il simbolo della Chiesa. L'edificio è una maestosa costruzione rinascimentale a pianta quadrata, prolungata in quattro pronai in modo da assumere l'aspetto di tempio a croce greca, con doppia cupola racchiusa da un tiburio. Tra la figura dell'Anticristo in primo piano e il Tempio sono raffigurati vari gruppi: in quello inferiore, frati degli Ordini domenicano e francescano discutono sui complicati calcoli del momento della fine: c'è chi conta con le dita tre anni e mezzo – i 1290 giorni del dominio dell'Anticristo profetizzato da Daniele – chi consulta le scritture. Dietro, a sin., l'Anticristo resuscita un giovane per avvalorare la sua falsa identità; a d., ai piedi del portico, ordina la decapitazione di Enoch ed Elia. Tutta la base del Tempio è animata da soldati, piccole figure dipinte a secco sopra la stesura ad affresco dell'architettura. La parte sinistra della lunetta è dedicata alla *caduta dell'Anticristo*, scacciato dall'arcangelo Michele, dalla cui spada promana una raggiera di pioggia di fuoco che colpisce la schiera dei seguaci dell'Anticristo. In primo piano, scene di assassinî che avvengono durante la venuta dell'Anticristo. All'estremità sinistra, due figure che non sembrano coinvolte dal dramma che si svolge davanti ai loro occhi: la prima, che si rivolge allo spettatore, vestita di berretta e mantello grigio, dovrebbe essere l'autoritratto di Luca Signorelli; la seconda, vestita come un Domenicano, potrebbe essere il ritratto del Beato Angelico.

Risurrezione della carne (11), nella prima lunetta della parete destra. Anche qui si evidenzia l'inventiva e la genialità di Signorelli. Le figure non escono più dagli avelli, come veniva generalmente rappresentata la scena, ma da un terreno liscio, quasi di ghiaccio. Le figure sono dipinte, secondo i dettami teologici, nel pieno vigore fisico, cioè intorno ai trent'anni. Alcuni sono già ricoperti di pelle e muscoli, altri affiorano come scheletri, un risorto (all'estrema destra, accanto a un gruppo di scheletri) è immortalato in uno stato intermedio: è ricoperto di pelle ma non ancora dei muscoli. In alto due possenti angeli suonano le trombe della Risurrezione. Al centro e nel mezzo delle pasticche di cera ricoperte di foglia d'oro (di cui sono ancora visibili le impronte digitali di chi le attaccò al muro), si trovano figure graffite sul muro: sono gli schizzi eseguiti da Signorelli, da illustrare a qualcuno, forse il committente.

Inferno (12), nella successiva lunetta della parete destra. Questa è la prima scena dipinta da Signorelli e probabilmente la più riuscita per l'immediatezza dell'immagine: il brulichio di corpi umani e demoniaci, insieme aggrovigliati, è di grande effetto, complice la tavolozza dei colori (che non si ritrovano in altre scene) usata dall'artista per definire i corpi dei demoni. Qui il pittore, per dare la massima evidenza plastica, utilizza la tecnica della pennellata incrociata, che permette una sintesi ottica molto efficace.

Paradiso (13), nella corrispondente lunetta della parete sinistra. Secondo i dettami teologici, le figure sono rappresentate in una smagliante maturità ed esprimono pacata serenità. In alto sono raffigurati nove angeli in un concerto. Ma se pure gli strumenti e le posizioni delle mani sono ritratti con un notevole grado di verosimiglianza, il gruppo rappresenta piuttosto un complesso musicale fantastico, perseguendo in tal modo una sorta di sintesi simbolica dell'armonia celeste. A sottolineare questa celestiale atmosfera, due angeli al centro spargono rose e camelie sui beati (i fiori furono dipinti a secco e non ne rimane che una pallida ombra).

Antinferno (14), sulla parete di fondo, a destra della finestra. Fedele insieme di vari episodi danteschi: in alto, un gruppo di ignavi rincorre un demone che regge uno stendardo bianco; al centro, *Caronte* che si appresta a traghettare altri dannati. Più in basso è rappresentato *Minosse*, che commina la pena a un dannato tenuto per i capelli da un diavolo, avvolgendo la propria coda attorno al corpo tante volte quanto è l'ordine del girone infernale a cui è destinato il dannato. In primo piano un diavolo regge per i capelli con la mano sinistra un dannato mentre con la destra si accinge a colpirlo. Questa scena, come altre, trova ispirazione da opere dell'antichità, in questo caso da un rilievo della colonna Traiana.

Chiamata degli eletti (15), sulla parete di fondo, a sinistra. In alto angeli musicanti accompagnano col suono dei loro strumenti gli eletti, che altri angeli si accingono a guidare in Paradiso. Al centro, nello strombo della finestra, sono raffigurati *due santi vescovi* protettori di Orvieto (Ss. Costanzo e Brizio), mentre nell'intradosso della finestra a sin. sono rappresentati *S. Michele Arcangelo che pesa le anime* e *S. Michele Arcangelo che sospinge un demonio*; in quella di destra, *l'arcangelo Gabriele* e *Tobiolo* e *l'arcangelo Raffaele*.

PARTE INFERIORE DELLE PARETI DI S. BRIZIO. La soluzione delle finestre (caduta l'azzurrite, appare la preparazione di color nero) che si aprono sui «corami» (cioè i cuoi dipinti, decorati con grottesche) dai quali si affacciano i *Personaggi illustri*, è derivata probabilmente dalla serie dei ritratti immaginari di poeti nello studiolo di Federico da Montefeltro a Urbino, ma riproposta in maniera originale. Ogni figura è circondata da tondi in monocromo, che hanno la funzione d'identificare il personaggio attraverso la rappresentazione di episodi tratti dalle sue opere. L'identificazione dei personaggi e dei soggetti si è sempre rivelata molto ardua. La descrizione che finora ha goduto di maggior fortuna è quella ottocentesca di Ludovico Luzi che, partendo dall'importanza e dalla facilità di riconoscimento del ritratto di Dante, ne fece il cardine della successione di tutti gli altri personaggi basandosi su una terzina del IV Canto dell'Inferno (Dante, nel Limbo, incontra Virgilio, Omero, Orazio, Ovidio e Lucano). Con il recente restauro (1996) è stata fatta una rilettura dei personaggi.

Il primo personaggio alla parete sinistra dovrebbe essere **Sallustio** (16), autore della «De coniuratione Catilinae»; nel tondo sin. e in quello superiore sono raffigurate probabilmente scene ispirate al racconto dello storico latino (rispettivamente, *Discorso di Catilina ai congiurati* e *sgomento del popolo*); la scena del cammeo inferiore, visibile solo in parte, potrebbe rappresentare la *Morte di Catilina*. Sopra, nella trabeazione, la metopa raffigura *due satiri*, uno che vendemmia e l'altro che pigia l'uva. Segue la CAPPELLINA GUALTERIO (17), compiuta nel 1736: l'altare, ornato di bellissimi marmi, fu realizzato entro il 1724; la piccola tela (*S. Carlo, S. Giovanni Battista, S. Giovanni Evangelista, la Maddalena e S. Agnese*) è di Ludovico Muratori (1724).

Nel secondo riquadro della parete sinistra è riconoscibile il ritratto di **Dante** (18), intento alla lettura delle sue opere. I medaglioni che circondano la sua figura, come quelli del riquadro adiacente, fino alla prima serie della parete di fondo, rappresentano in successione scene tratte dai primi undici Canti del Purgatorio. Tondo inferiore, *Incontro di Dante e Virgilio con Catone* (I Canto); tondo sin., *Arrivo dell'angelo al Purgatorio* (Signorelli ha equivocato nel significato del vascello dantesco e ha messo in mano all'angelo un piccolo vaso), *la meraviglia delle anime nel vedere un vivo, Casella che si trae innanzi per abbracciare Dante* (II Canto); tondo superiore, *Incontro con Manfredi* (III Canto); tondo d., *Difficile salita del Monte, spiegazione della posizione del sole a sinistra, i neghittosi, i due poeti conversano con l'anima di Belacqua* (IV Canto).

Nel terzo riquadro della parete sinistra, è ritratto **Stazio** (19), mentre interrompe la composizione della sua opera. Il poeta guarda verso l'altare in atteggiamento di chi riceve un'illuminazione (sappiamo da Dante che il poeta latino si convertì al Cristianesimo, ma tenne nascosta la sua fede). Simbolo di un percorso incompiuto di salvezza, nelle «grisailles» non sono rappresentate parti della sua opera, né il personaggio porta la corona d'alloro che lo avrebbe identificato come poeta. L'interesse è rivolto alla sua vita, che lo aveva reso per tutto il Medioevo simbolo della salvezza. Nei medaglioni che circondano questo ritratto sono raffigurati altri episodi dell'Antipurgatorio dantesco (canti V-VIII). Nel tondo inferiore è riconoscibile *Virgilio che rimprovera Dante* mentre indugia ad ascoltare un'anima accortasi che egli era vivo; sopraggiunge un'altra schiera di negligenti morti violentemente che cantano il «Miserere» e si interrompono quando si accorgono che il corpo di Dante fa ombra. Nel tondo superiore, una folla di anime ansiose che si assiepano intorno a loro per chiedere una promessa di suffragi. In basso, a sin., l'*incontro con Sordello*, trovatore in lingua provenzale, *i due si abbracciano*. Nel tondo d., scene tratte dall'VIII Canto: le anime dei negligenti osservano l'arrivo di due angeli che con spade fiammeggianti cercano di tenere lontano un serpente, simbolo della tentazione; nella scena di fondo, *Dante conversa con il giudice Nino Visconti e Corrado Malaspina gli profetizza l'esilio*. In questo riquadro vi sono altri quattro tondi che rappresentano le fatiche di Ercole (in senso orario): *Ercole e il leone Nemeo, Ercole e l'Idra, Ercole e il toro di Creta, Ercole e Caco*.

Sulla parete di fondo, serie di quadrilunghi inframmezzati da un tondo, raffiguranti ancora scene tratte dal Purgatorio (20). Nel quadrilungo superiore, *Dante addormentato e un'aquila che gli vola sopra*; dietro di lui *Virgilio parla con S. Lucia* che gli dichiara la sua intenzione di portare Dante addormentato all'ingresso del Purgatorio; nella terza scena, *la porta del Purgatorio e l'angelo armato di spada*: ai suoi piedi, *Dante prostrato che chiede di poter accedere al secondo regno*. Nel tondo di mezzo, i due poeti, ormai nel Purgatorio, salgono per un sentiero angusto; *il trasferimento dell'Arca Santa per ordine di David, l'imperatore Traiano che si piega a rendere giustizia a una vedova per l'assassinio del figlio*. L'ultima sequenza rappresenta Dante che cerca di guardare verso le anime che gli sono state indicate da Virgilio come possibili informatori del cammino. Nel quadrilungo inferiore, l'*incontro di Dante con tre anime di superbi* (Umberto Aldobrandeschi, Provenzano Salvani e Oderisi da Gubbio). Nello scomparto accanto all'altare, sequenza di due tondi inframmezzati da un quadrilungo: nel primo tondo, *una donna che allatta un bambino*; ai suoi piedi, *una donna distesa che si morde le mani*. Nel quadrilungo inferiore, due scene tratte dal primo libro dell'Eneide; il tondo inferiore è andato perduto con l'inserimento dell'altare nel 1715. Del personaggio illustre (probabilmente Virgilio) che si trovava al centro della parete di fondo, oggi coperta dall'altare, non è rimasto nulla se non il tondo che si trovava sopra la figura del poeta (pag. 604). A destra dell'altare, nel tondo, un *personaggio maschile che uccide un centauro* (Ercole e Folo; Eneide, VIII, 293-294); nel quadrilungo sono rappresentate forse le *vicende di Deifobo* (Eneide, VI, 494-530). Nello scomparto adiacente (21), la sequenza di due quadrilunghi e un tondo mostra episodi di ambientazione infernale tratti dalle «Metamorfosi» di Ovidio: *dannati perseguitati da diavoli; Andromeda liberata da Perseo; scena di tumulto alla reggia di Cefeo*.

Nel personaggio della parete destra, partendo dall'altare, è rappresentato **Claudiano** (22), identificato dalle scene tratte dalla sua opera «De raptu Proserpinae». Nel tondo inferiore, *Plutone che tra gli anfratti dell'Etna porta il suo carro sulla schiena di Encelao*; nel tondo superiore, *Proserpina che si aggira per le falde dell'Etna insieme a Venere, Pallade e Diana*; nel tondo d., *Ratto di Proserpina*; nel tondo sin., *Cerere in cerca della figlia rapita*.

Nel secondo riquadro della parete destra, il poeta incoronato potrebbe essere **Ovidio** (23), come si evince dai quattro tondi che identificano scene tratte dalle sue «Metamorfosi», nel '400 la più letta e conosciuta opera di Ovidio, in particolare per il mito di Orfeo ed Euridice. Nel tondo superiore, *la Sibilla recante in una mano il ramo d'oro che indica l'Averno, Enea e l'anima di un trapassato*, forse Anchise; nel tondo inferiore, *Orfeo disceso agli Inferi per recuperare Euridice*; nel tondo sin., *Orfeo allontanato da un demone ed Euridice trattenuta dai demoni*; nel tondo d., *Ercole che nell'Ade cattura Cerbero*. Segue la CAPPELLINA DEI CORPI SANTI (Ss. Faustino e Pietro Parenzo), oggetto di grande devozione in città; 24), una volta contenuti in una cassa poggiata sulle mensole, ancora «in situ». Al di sotto delle mensole, ***Compianto di Cristo morto con i Ss. Faustino e Pietro Parenzo**, rappresentazione di grande «pathos» e ancor più se si presta fede a quanto raccontato dal Vasari, che identificò nel corpo del Cristo quello del figlio di Signorelli, Antonio, morto di peste nel 1502; nei fianchi, i *martiri dei due santi*.

La figura del giovane che appare nel riquadro seguente può essere identificata con il giovane **Tibullo** (25), morto prematuramente e incoronato con foglie di quercia per i suoi meriti militari (ha in mano una lettera per ricordare che scrisse delle «Epistolae amatoriae»). Nei due tondi superstiti sono raffigurati probabilmente gli orrori della guerra dell'età di Giove, contrapposti all'epoca felice dell'età di Saturno (forse rappresentata nel tondo andato perduto). Sopra, nella trabeazione, la metopa raffigura *due tritoni che evocano da un braciere l'Araba Fenice* (evidente richiamo alla Risurrezione di Cristo, in stretta dipendenza con la scena della lunetta soprastante).

Nella parete di ingresso, entro due oculi, sono dipinte due figure: quella a sin. (forse un uomo comune rivolto all'altare e dunque alla Salvazione; 26) è andata quasi del tutto perduta con l'apposizione del monumento funebre del cardinale Ferdinando Nuzzi (m. nel 1717), rimosso nell'800; quella a d. (27), che si sporge fuori dall'oculo voltando le spalle e guarda incredula la fine del mondo, già identificata come Empedocle (che peraltro non ha mai profetizzato la fine del mondo), è probabilmente anch'essa la raffigurazione di un uomo comune che, ancora non convertito, ha un atteggiamento di stupore di fronte agli ultimi giorni della storia dell'umanità in contrapposizione all'altro che manifesta una previdente accettazione.

ALTARE DELLA GLORIA. Posto al centro della parete di fondo, è opera di Bernardino Cametti (1715), in marmo, commesso e alabastro. Sulla mensa, sei candelabri in argento di Michele Borgiani (1711-12) e altri quattro del 1716. Il paliotto in velluto cremisi e argento è del romano Angelo Cervosi (1704). Entro l'ovale è la tavola della ***Madonna di S. Brizio** o *Maestà della Tavola*, eseguita secondo la tradizione da san Luca, ma in realtà dipinta alla fine del XIII o all'inizio del XIV secolo. A sin. dell'altare, sopra un plinto ligneo, lampada votiva in argento e smalti, del cesellatore Maurizio Ravelli, consacrata nel 1947 per lo scampato pericolo dai bombardamenti dell'ultima guerra.

GLI AFFRESCHI RETROSTANTI. L'altare copre un brano dell'originaria stesura pittorica di Signorelli, recuperato col recente restauro e visibile nei video all'ingresso della cappella, che mostrano le riprese effettuata da due telecamere fisse inserite dietro la Madonna di S. Brizio. Di queste decorazioni si è salvata solo una piccola parte, ricoperta da uno scialbo di calce che l'aveva occultata: è quella relativa al vano interno dell'altare e corrispondente all'occhio semicircolare destinato all'esposizione della tavola. L'impaginazione della decorazione rinvenuta è la stessa delle altre pareti: del personaggio illustre (si ipotizza fosse Virgilio), tagliato da un arco, resta la sola cornice; dei quattro monocromi è rimasto quello superiore, raffigurante l'*uccisione di un uomo*. Nel fregio della trabeazione dipinta, al posto delle metope che ricorrono tutt'intorno nella cappella, vi è un cammeo circolare con un tritone che, con un'arma appuntita, ne colpisce un altro prono. La zona della decorazione a grottesche è particolare: mentre altrove vi sono strane commistioni di figure mutanti, qui sono raffigurati due *diavoli eretti*, speculari, con crani sferici e calvi e orecchie appuntite: l'iconografia è simile a quella di altri demoni dipinti sulla zoccolatura della controfacciata. Al di sopra della trabeazione è raffigurato un *uomo prono*, avvolto dalle fiamme, che si morde la mano sinistra: questa figura era il fulcro della parete di fondo, rappresentando il suo centro geometrico. Il personaggio potrebbe essere identificato con **Caino**, colto nell'istante in cui prende consapevolezza del suo delitto (uno dei temi ricorrenti della maglia decorativa dell'ordine architettonico dipinto è quello del sacrificio). La nuova lettura della cappella ha infatti ravvisato il netto dualismo agostiniano bene-male letto attraverso la logica del sacrificio. Sulla parete di fondo è dunque il fulcro della strategia generale della composizione: Virgilio, che sant'Agostino credeva si fosse convertito, fa da legame tra classicità e cristianesimo; Caino è il confine tra la Gerusalemme celeste e la Gerusalemme terrena.

CAPPELLA DEI MAGI (9). Nel muro seguente all'ingresso della cappella di S. Brizio, fu iniziata da Pietro da Como (1503), rifatta da Michele Sanmicheli (1514), compiuta da Simone Mosca (1546). Il ricco altare marmoreo fu scolpito nella parte decorativa dallo stesso Sanmicheli, da Giovanni Battista da Siena e dal Mosca su disegno del primo. La scena dell'*Epifania* è di Raffaello da Montelupo; i *tre angeli* osannanti in alto e altri bassorilievi sono del figlio Francesco. Quasi di fronte, presso il pilastro, pulpito (10) ligneo intagliato a pianta ottagonale, di forme tardo-rinascimentali, forse su disegno di Gabriele Mercanti (1622), che eseguì le statuette degli *Evangelisti*.

PRESBITERIO E TRIBUNA. Ai lati della gradinata di accesso, a d., *Ecce Homo* (11), statua marmorea, ultima opera di Ippolito Scalza (1608); sul pilastro alle spalle di questa, *Imago Pietatis con S. Gregorio Magno* di Pier Matteo d'Amelia (1492). A sin., *Cristo alla colonna* (12), statua marmorea di Gabriele Mercanti (1627); sul pilastro sin., resto di affresco e sinopia di *santo vescovo* (sec. XV). Si sale al presbiterio (in restauro; 13). Al centro, dietro l'altare, domina un grande **Crocifisso* ligneo di scuola del Maitani (Niccolò Nuti?). Lungo le pareti, grandioso ***coro ligneo** goticizzante a tre ordini di stalli, intagliato e intarsiato da Giovanni Ammannati da Siena (c. 1331-40) con l'aiuto di Lorenzo d'Accorso, Giovanni Talini, Meuccio Nuti, Lorenzo Corsi, Vannino Pini, Lippo di Bartolomeo e altri maestri senesi (restaurato e integrato nel 1859). Era in origine nella navata centrale, all'incrocio del transetto, e nel 1483-92 era stato coperto esternamente con un rivestimento marmoreo, andato distrutto quando nel 1537 il coro fu trasportato nella tribuna. Al di sopra del seggio vescovile, intarsio dell'*Incoronazione di Maria* (l'originale è nel Museo dell'Opera, pag. 612); ai lati, mezze figure di *santi*, pure a tarsia. Il postergale di ognuno degli stalli superiori reca una lettera dell'Ave Maria.

AFFRESCHI DELLA TRIBUNA. Le pareti della tribuna furono decorate da Ugolino di Prete Ilario (1370-84), con molti aiuti: nella volta, *Gloria di Maria*; alle pareti (1370-1380), la **vita di Maria**.

La serie comincia dalla parete sin. in basso. 1ª zona: *S. Gioacchino cacciato dal Tempio*; *L'angelo promette fecondità al suo talamo*; *L'angelo appare a S. Anna*; *Incontro alla Porta Aurea*; *Presentazione di Maria e Maria accolta nel Tempio*; *Sposalizio*; *Annunciazione*; *Visione di Giuseppe*; *Giuseppe conduce la sposa in casa*. 2ª zona: *Presepio*; *Adorazione dei pastori*; *Circoncisione*; *Epifania*; *Presentazione di Gesù*; *Fuga in Egitto* e la *Sacra Famiglia al lavoro*; *La Sacra Famiglia davanti al Tempio*; *Maria e Giuseppe cercano Gesù*; *Disputa coi dottori*; *Maria e Giuseppe ritrovano Gesù*. Nella parete di fondo, 3ª zona: *l'angelo annuncia a Maria il transito*; *Transito*. 4ª zona: *Gli apostoli portano Maria nel sepolcro*; *Dormitio Virginis*; nella lunetta, *Assunzione*.

Alla parete sin., in alto, attorno all'oculo sono raffigurati due *Evangelisti* e due *dottori della Chiesa*. Sopra corre tutt'intorno uno pseudomatroneo costruito da Lorenzo Maitani (dal 1328); al di sopra di questo, nel lunettone, sono dipinti: *Costantino che riceve il battesimo*, *S. Agnese*, *S. Lucia*, *S. Lorenzo*, *S. Stefano* e *S. Martino che ricopre un povero*. Sulla parete destra, erano gli altri due Evangelisti e dottori della Chiesa, del Pinturicchio (1491-96), di cui si sono conservati solamente *S. Marco* e *S. Ambrogio*. Nel lunettone soprastante, i *profeti Abramo, Isacco, Giacobbe, S Giovanni Battista, Geremia e Isaia*. Nelle vele della volta, in fondo l'*Incoronazione della Vergine*, di fronte *Cristo benedicente*, a d. i *Doni dello Spirito Santo*, a sinistra le *Schiere angeliche*. Sulla parete destra, negli anni 1497-98 Antonio del Massaro, il Pastura, ridipinse alcuni affreschi rovinati di Ugolino.

La ***vetrata** della grande quadrifora ogivale, con 44 pannelli più le quattro cuspidi e il rosone di coronamento (*storie di Maria, profeti, dottori, Evangelisti*), è opera di Giovanni di Bonino (1328), compiuta nel 1334.

SAGRESTIA (14). A sinistra del presbiterio. Nella 1ª sala, *Crocifisso* ligneo di scuola del Maitani (Niccolò Nuti?), da S. Agostino. Nella vicina SALA CAPITOLARE (15), armadio in noce a formelle con rosette, di Guglielmo da Venezia (1372-88), e frammento di affresco del '300.

BRACCIO SINISTRO DELLA CROCIERA. Alla parete destra, la *cappella della Visitazione* (16), ricco altare marmoreo di Simone Mosca e Raffaello da Montelupo (1547), a imitazione di quello dei Magi. Il bassorilievo della *Visitazione* è di Francesco da Montelupo; gli ornati di Simone Mosca, compiuti da Ippolito Scalza e Gian Domenico Bersuglia (1554). A ridosso del pilastro sin. della crociera, *Pietà (17), gruppo marmoreo di quattro figure (la Vergine, il Cristo, la Maddalena e Nicodemo), capolavoro di Ippolito Scalza (1579). Nel fondo della crociera, ai lati dell'ingresso alla cappella del Corporale (v. sotto), entro nicchie marmoree uguali a quelle della cappella Nova: a d., statua di *Maria*, a sin. statua di *Cristo risorto*, di Raffaello da Montelupo (1563). Sopra l'ingresso, un colossale organo dorato (circa 4000 canne e 13 mantici, azionati elettricamente), con una mostra di Ippolito Scalza; nelle lunette laterali, *angeli* di Cesare Nebbia.

*CAPPELLA DEL CORPORALE (18). Vi si accede per un portale gotico chiuso da elegante cancellata a quadrilobi, in ferro battuto, cominciata da Matteo di Ugolino (1352) e compiuta da Giovanni di Micheluccio (1366). La cappella, a pianta trapezoidale, fu costruita nel 1350-55 includendo i contrafforti e gli archi rampanti del Maitani. Nelle pareti laterali e nella parete di fondo corre una graziosa loggetta gotica con parapetto. Il sacro lino del miracolo di Bolsena (v. pag. 590) è esposto all'altare entro il **tabernacolo** marmoreo **del Corporale**, iniziato su disegno di un maestro Niccolò da Siena (1358), continuato sotto la direzione dell'Orcagna; ai lati, due statue di *arcangeli*, di Agostino Cornacchini (1729). La cappella è tutta decorata da un ciclo di affreschi di Ugolino di Prete Ilario (1357-64), con l'aiuto di fra' Giovanni di Buccio Leonardelli, Petrucciolo di Marco, Antonio di Andreuccio, Pietro di Puccio. Gli affreschi furono ridipinti da Antonio Bianchini e Luigi Lais nel 1855; staccati nella seconda metà del '900, ne furono recuperate le sinopie, che verranno esposte nel Museo dell'Opera.

Nella volta, *i simboli, le profezie e la dottrina dell'Eucarestia* (storie di Elia, Abramo, Melchisedech e Mosè nel deserto); nelle lunette, *Ss. Gregorio Magno, Basilio e Girolamo*; nella parete di fondo, *Crocifissione* (firmata 1364); nella parete d., *storia del miracolo di Bolsena* (quasi tutte queste storie sono ispirate dalle scene del reliquiario, v. sotto); nella parete sin., *miracoli del Sacramento*; nella parete d'ingresso, *Cenacolo*. Le scritte esplicative vennero dettate (1362) da certo ser Checco di Pietro, cappellano di S. Maria.

Alla parete destra, entro la 2ª arcata, ***Madonna dei Raccomandati**, preziosa tavola di Lippo Memmi (1320) il cui restauro ha permesso di recuperare la cromia originaria. Dietro: quattro tavole di marmo rosso con la narrazione del prodigio di Bolsena e *sepolcro di Orsino e Rodolfo Marsciano*, attribuito dubitativamente al Moschino (1561). Alla parete sinistra, sotto l'arcata, *sepolcro del vescovo Vanzi* di Ippolito Scalza (1571); nella vetrata della finestra, *Crocifissione* di Cesare Picchiarini su cartone di Duilio Cambellotti. Qui, entro teca (1993), è esposto il ***reliquiario del Corporale**, che conteneva il sacro lino. A guisa di fantasmagorica facciata di chiesa gotica in miniatura (imita il prospetto tricuspidale del Duomo), tutta animata da smalti, fu commissionato dal vescovo Tramo Monaldeschi e dai Canonici a Ugolino di Vieri e soci (1337-38).

Tra i più insigni prodotti dell'oreficeria italiana, è decorato con una particolare tecnica, lo smalto translucido, che consiste nell'incidere a bulino le scene su argento e successivamente stendere gli smalti che permettono di vedere la scena incisa, dando un grande senso di profondità.

Gli smalti, su disegni che hanno qualche analogia con l'arte di Ambrogio Lorenzetti, rappresentano: nel cavetto, *Annunciazione, *Presepio, *Epifania, Presentazione al Tempio, Fuga in Egitto, Disputa coi dottori, Battesimo di Gesù, Gesù tentato;* nella faccia anteriore dall'alto e da sin., *Il miracolo nella chiesa di S.Cristina a Bolsena, Urbano IV ascolta dal prete boemo la narrazione del miracolo, Lo stesso ordina a Giacomo vescovo di Orvieto di recarsi a Bolsena, Il vescovo prende il corporale, lo porta a Orvieto, Urbano IV gli muove incontro al ponte di Riochiaro, Lo stesso mostra al popolo il corporale, Istituisce la festa del «Corpus Domini», Ingresso di Gesù in Gerusalemme, Cenacolo, Lavanda dei piedi, Istituzione dell'Eucarestia;* nella faccia posteriore, dal basso a sin., *Orazione nell'Orto, Cattura di Gesù, Gesù davanti ad Anna, davanti a Caifa, davanti a Pilato, davanti a Erode, di nuovo davanti a Pilato, Pilato si lava le mani, Salita del Calvario, Crocifissione, Deposizione nel sepolcro, Risurrezione.*

NAVATA SINISTRA. Nella 4ª cappella (19), *Ss. Antonio abate, Caterina e Leonardo,* resto di affresco della metà del secolo XIV; nella 3ª (20), *S. Giorgio* (?), *S. Anselmo* e frammento di *S. Sebastiano e Crocifissione,* affreschi trecenteschi; davanti, acquasantiera forse su disegno di Ippolito Scalza. Nella 2ª cappella (21), due *S. Caterina,* affresco pure del '300; nella 1ª (22), *S. Elena,* affresco della fine del secolo XIV e due frammenti di *storie di S. Caterina* di Ugolino di Prete Ilario.

Al principio della navata, altra acquasantiera (1587) e ***Maestà** (*Madonna in trono col Bambino e angeli;* 23), importante affresco di Gentile da Fabriano (1425), resecato nella parte sinistra nel XVI secolo. Il restauro (1989) ha permesso di recuperare, rimuovendo la figura di S. Caterina sovrammessa da Giambattista Ragazzini nel 1568, l'ambiente in cui è posto il trono della Vergine e le figure di due angeli.

STANZONE DI S. ROCCO. Al di sotto della cappella del Corporale, custodisce due affreschi del XIV secolo (*Ss. Pietro Parenzo e Caterina* e *Madonna col Bambino coi Ss. Pietro, Paolo e Costanzo*).

In un altro ambiente sotterraneo è custodita una *Crocifissione,* ad affresco di Cola Petruccioli (1380).

PIAZZA DEL DUOMO

L'assetto attuale è quello definito con gli interventi di ampliamento, sistemazione e spianamento decisi nel 1556 dall'Opera del
Duomo – e condotti nei successivi decenni forse con un iniziale contributo d'idee dell'allora capomastro Raffaello da Montelupo (1564)
– per dare allo spazio attorno alla Cattedrale (per secoli occupato
dal cantiere del Duomo) maggiore respiro, decoro e ornamento. Alla
nobiltà degli antichi e maestosi palazzi che i pontefici si fecero erigere dal XIII secolo, fa riscontro, sul lato settentrionale, la cortina a
schiera delle cosiddette *casette dei Canonici*, destinate a questo
uso nel XV secolo. Esse sono concluse, sull'angolo nord-occidentale,
dalla **torre del Maurizio**, corruzione dell'antica dizione «ariologium
de muriccio», ossia orologio del cantiere, che scandiva il tempo del
lavoro alla fabbrica del Duomo; l'automa, fuso nel 1348 con una lega
usata per le campane, indossa l'abito degli oblati dell'Opera del Duomo. L'insieme dei palazzi pontifici (papali e Soliano) delimita l'angolo sud-orientale della piazza. Il complesso, a prima vista unitario, si
compone di edifici distinti, realizzati in tempi e con motivazioni differenti intorno a un nucleo edilizio più antico rappresentato dall'antico palazzo vescovile, promosso dal vescovo Riccardo (1178).

*PALAZZI PAPALI. Si presentano oggi, dopo il radicale restauro
(ancora in corso), come un unico edificio, risultato di un'interessante attività edilizia che ha portato, in un periodo di circa trent'anni,
alla costruzione e all'assemblamento di tre distinti palazzi, perfettamente leggibili nelle differenti tipologie adottate, soltanto in parte
mitigate dall'uso dello stesso materiale, il tufo. Tale particolarità fa
del complesso un documento di fondamentale importanza per lo
studio dell'evoluzione delle tecniche costruttive e della domanda artistica in Orvieto nella seconda metà del XIII secolo, dovuta alla presenza in città, per lunghi e continuativi soggiorni, della corte pontificia fino ai primi anni del Trecento.

Il **palazzo di Urbano IV** (1262-64), ubicato a ridosso dell'area absidale del Duomo e coinvolto nell'ampliamento della tribuna nel secondo decennio del Trecento, è il primo a essere stato costruito. Si
sviluppa su due livelli con un ampio vano per piano. Lo spazio al
pianterreno è scandito da cinque campate ed è coperto con una volta a botte rinforzata, mentre la sala al piano superiore presenta un
tetto a travi che poggia su cinque archi a sesto acuto profondamente modulati; la facciata che guarda verso il Duomo – risolutamente murale, come in molti palazzi comunali italiani – è rotta da una serie

continua di trifore, che presentano ampi, larghi contorni e la pesante modellatura a 'scacchiera' tipica dell'architettura orvietana.

Addossato alla parete orientale di questo primo edificio è il **palazzo di Gregorio X** (1272-73), maggiormente articolato rispetto al primo e composto da una grande sala e da due altri ambienti affiancati: una loggia scoperta sul lato nord e una presunta cappella sul lato sud. Profonde analogie con il primo palazzo (il pronunciato spessore delle murature, gli ambienti coperti a volta a botte rinforzata a pianterreno, copertura a travatura di legno poggiante su archi a sesto acuto nella grande sala al piano superiore, la serie continua di trifore sulla facciata orientale) indicano una certa continuità – quasi contemporaneità – edilizia. L'autonomia progettuale di questo palazzo emerge nella copertura a crociera a sesto acuto costolonata della sala al pianterreno, sotto la loggia, e della presunta cappella.

Il **palazzo di Martino IV** (1281-84), a sud e completamente isolato dagli altri due e forse collegato al più antico palazzo vescovile, indica chiaramente una scelta di disegno più indipendente rispetto ai primi. Una certa novità e un più incisivo ardire costruttivo emerge nel pianterreno aperto a loggiato con copertura voltata a crociera su pilastri e nella contraffortatura con piloni a sostegno della spinta degli archi, così da alleggerire la muratura delle pareti e, nello stesso tempo, ritmare le due facciate (orientale e occidentale) suddividendo la serie di bifore, segnate da cornici con profonde modanature ma prive del caratteristico motivo a 'scacchiera'. La piattaforma, oggi chiusa da una grande vetrata, è l'ultimo elemento costruito, con la funzione di raccordo e di unione delle rispettive parti dei palazzi papali. Il complesso, dove verrà allestita la sezione medievale del museo dell'Opera del Duomo, accoglie al piano terreno il Museo Archeologico nazionale (v. sotto).

ARCHITETTURA NORDICA E LOCALE. Nella peculiarità delle scelte costruttive dei tre edifici, è stato letto un riferimento costante all'architettura francese; la solenne 'muralità' dei palazzi di Urbano IV e di Gregorio X richiama tipologie francesi introdotte in Orvieto dai monaci premostratensi nell'abbazia dei Ss. Severo e Martirio e, all'epoca dei palazzi, ormai fatte proprie, filtrate nella tradizione costruttiva locale dalle maestranze orvietane; mentre per la novità introdotta nei motivi del traforo delle finestre e nell'articolazione dell'arco a diaframma è stato indicato un preciso riferimento all'architettura gotica della chiesa di St-Urbain a Troyes, voluta da Urbano IV (nativo di Troyes) appena cinque mesi prima dell'arrivo in Orvieto. Ciò che conferisce maggiore importanza ai palazzi papali è, più che un riferimento a un modello, una sorta di sottile immaginazione e di capacità tecnica propria delle maestranze orvietane, in grado di integrare le fonti decorative e strutturali dell'architettura proveniente dal Nord con la tradizione locale.

Museo Archeologico nazionale. Dal 1983 è sistemato nella loggia al piano terreno del palazzo di Martino IV. Ordinato con criterio topografico, comprende i materiali della sezione archeologica del Museo dell'Opera del Duomo e i reperti provenienti dalle necropoli orvietane e dalle zone archeologiche urbane. Visita: 9-13.30 e 14.30-19; festivi, 9-13.

Dalla necropoli di Cannicella (pag. 627) provengono corredi di tombe del VI sec. a. Cristo. Da quella di Settecamini (pag. 629), armi da una tomba di un guerriero (IV sec. a.C.), coppia di *stamnoi* con scene dionisiache, uno *stamnos* con scene mitologiche, un *kantaros* bifronte con testa di Sileno e testa di Menade, specchi di bronzo. Da Settecamini, nelle tombe dette «Golini I e II» dal nome dello scopritore, furono ritrovate nell'800 anche le **pitture** (staccate e ricollocate su adeguati supporti) di due tombe databili tra la seconda metà del IV e l'inizio del III sec. a. Cristo. Sono inoltre esposti i corredi di alcune tombe di recente scoperte nella necropoli di Crocifisso del Tufo.

*Palazzo Soliano. Sul lato meridionale della piazza, il *palazzo del Papa* o *di Bonifacio VIII*, per il quale fu iniziato nel 1297, risente delle scelte progettuali circolanti in Orvieto allo scadere del XIII secolo e delle novità introdotte nella fabbrica del Duomo. Il palazzo è costituito da due grandi saloni sovrapposti. Una fila di sette pilastri, collegati da sei archi a tutto sesto, divide in due parti il pianterreno coperto da volta a botte ribassata ma, rispetto agli altri palazzi papali, con effetti di più accentuata verticalità e maggiore articolazione dello spazio. Rimarchevoli sono le finestre, in particolare per la soluzione adottata nella parte superiore del vano di esse, che s'innalza molto al di sopra del piano d'imposta della volta. La grande e spoglia sala superiore è caratterizzata da una serie di trifore legate sull'esterno da due cornici, una all'altezza del davanzale e l'altra all'imposta degli archi. Nell'assenza della tipica 'scacchiera' e nel richiamo a forme legate ai motivi decorativi propri dell'architettura senese, è stata letta una stretta influenza degli artisti che lavoravano alla fabbrica del Duomo. Il secondo ordine di finestre e la copertura del tetto a capriate sono opera di restauro. Il collegamento tra i due saloni è reso possibile da una monumentale scala e loggia di accesso, semplicemente addossate al muro di perimetro del palazzo e sostenute da due volte rampanti (la scala) e da tre grandi arcate (la loggia), i cui archi maggiori richiamano sulla facciata, nel giro delle ghiere a toro, la stessa forma delle volte interne. Sul lato orientale, che sembra essere stato tagliato di netto, tracce di murature e di corpi di fabbrica permettono di ipotizzare una maggiore continuità con il nucleo del palazzo vescovile, e quindi con gli altri palazzi papali. Il palazzo, destinato a divenire sede della sezione rinascimentale e barocca del Museo dell'Opera del Duomo, ospita al piano terreno il Museo Emilio Greco (v. sotto).

LE FASI DI EDIFICAZIONE. La costruzione, decisa dal Comune nel 1297 nell'ambito di una serie di omaggi offerti al pontefice Bonifacio VIII per sancire la ritrovata alleanza, veniva sospesa già nel 1307, quando la struttura muraria doveva essere in via di ultimazione. L'Opera del Duomo, nel 1330 circa, rilevava la fabbrica abbandonata che, da questo momento, avrebbe condiviso con il Duomo i diversi ritmi del cantiere e le stesse maestranze; nel 1339 i lavori erano ripresi e nel 1359 si poneva la copertura. Il palazzo avrebbe visto mutare la sua destinazione d'uso a «Palazzo grande della Fabbrica», ossia a magazzino-laboratorio del cantiere del Duomo. Nella sua grande sala a pianterreno si stabilirono le botteghe dei falegnami e nel 1556 vi troverà posto anche la loggia degli scalpellini. La trasformazione si rifletteva prima di tutto nell'architettura, caratterizzata, con gli ulteriori interventi voluti da Paolo III Farnese verso metà '500, da un disegno eclettico che ne evidenziava la lunga vicenda costruttiva. L'attuale forma è dovuta all'opera di restauro intrapresa allo scadere del XIX secolo da Paolo Zampi, autore del «revival» gotico in Orvieto.

Sotto le arcate della loggia del palazzo è collocato un piccolo LAPIDARIUM: tre arche romane, cippi miliari delle strade consolari Cassia e Traiana Nova, capitelli con tracce di riuso, statua romana acefala denominata *Venere di Pagliano*, proveniente dall'area del porto romano di Pagliano (alla confluenza tra il fiume Paglia e il Tevere).

MUSEO EMILIO GRECO. Allestito nel 1991 nel salone al pianterreno del palazzo Soliano, diviso in due navate da robusti piloni, raccoglie le opere donate alla città dall'artista siciliano. Comprende 32 sculture e 60 grafiche (litografie, acqueforti, disegni), da *Il Lottatore* (bronzo del 1947) alle esperienze degli anni '80 del Novecento. Visita: dal 1° ottobre al 31 marzo, 10.30-13 e 14-18; dal 1° aprile al 30 settembre, 10.30-13 e 15-19; chiuso il lunedì.

*MUSEO DELL'OPERA DEL DUOMO. Nel rinnovato allestimento (in fase di realizzazione), si disporrà nei palazzi papali e nel palazzo Soliano. L'importanza storica di questo complesso monumentale, che presenta anche alcuni significativi lacerti di affreschi, ha indotto a una progettazione museale attenta non soltanto alle opere d'arte esposte ma anche alla prestigiosa sede. L'intera collezione, formata da pitture, sculture, oggetti d'arte e arredi sacri provenienti per la più parte dal Duomo, ma anche da alcune donazioni private e depositi del Comune, è stata suddivisa cronologicamente in due grandi gruppi: le opere del periodo medievale e del primo rinascimento troveranno posto nei palazzi papali; quelle rinascimentali, manieristiche e fino a tutto il Settecento, nel palazzo Soliano. La continuità storica e l'unicità della collezione verrà garantita da un collegamento tra gli edifici, in corso di predisposizione. La seguente descrizione dà conto del patrimonio museale secondo l'articolazione espositiva prevista dal progetto una volta integralmente attuato.

NEI PALAZZI PAPALI. Le opere saranno disposte seguendo un ordinamento sia cronologico che tipologico. SALA DEI CAPOLAVORI DUE-TRECENTESCHI: **Madonna in trono col Bambino e angeli reggicortina**, attribuita a Coppo di Marcovaldo (c. 1270); grande **Croce** dipinta (nei capicroce, *Madonna* e *S. Giovanni* e, nella cimasa, *Cristo in mandorla tra due angeli*), attribuita alla bottega di Simeone e Machilone (1250-60). Pezzi di notevole importanza sono anche alcune sculture in marmo: due piccole statue di ***Accoliti**, acefali, opera di Arnolfo di Cambio, provenienti forse dallo smembrato monumento funebre del cardinale Guglielmo de Braye nella chiesa di S. Domenico; statua con tracce di policromia della ***Madonna in piedi col Bambino** e *Angelo* acefalo, entrambe opere di Andrea Pisano (1347-48); *Madonna in trono col Bambino*, già attribuita alla bottega di Nino Pisano (1347-48), e più recentemente riferita a uno degli scultori attivi sui rilievi della facciata e datata ai primi anni del Trecento; statue lignee dell'*Angelo annunciante* (1350 c.) e dell'*Annunciata* (1350 c.), di autori diversi, probabilmente della bottega di Giovanni Ammannati, la cui esecuzione è stata recentemente anticipata al 1305-15.

OREFICERIE. Nella raccolta, spicca uno dei capolavori dell'arte orafa senese, il ***reliquiario del cranio di S. Savino**, in rame dorato con smalti su placchette d'argento e sculture a tutto tondo, realizzato da Ugolino di Vieri e Viva di Lando (1340).

SCULTURE GOTICHE. Tra le opere di scultura francesizzante fra Due e Trecento, raffinata statua lignea di *Madonna in trono col Bambino*, dall'abbazia dei SS. Severo e Martirio, forse riferibile a Ramo di Paganello; due statue lignee con *Virtù* (o *Vergine savia*) di autore umbro della fine del XIII-inizi XIV secolo; *Madonna in piedi col Bambino*, databile alla prima metà del XIV secolo.

OPERE DI SIMONE MARTINI. ***Polittico di S. Domenico**, dipinto dal maestro senese e collaboratori (c. 1321): incompleta per la perdita di almeno due pannelli, delle cuspidi dei pinnacoli e di una probabile predella, è tra le opere più significative del museo; pannello centrale del **polittico di S. Francesco** (*Madonna col Bambino, Cristo e angeli* nella cuspide), realizzata per il convento francescano negli anni venti del '300. Inoltre, imponente statua di *Cristo benedicente*, in legno di pero con tracce di policromia, attribuita a un collaboratore di Lorenzo Maitani (datata 1330).

CAPPELLA. Nell'ambiente così denominato saranno collocati i due disegni della facciata, entrambi realizzati su pergamena con matita a punta metallica e inchiostro marrone. Il primo, datato alla fine del XIII secolo, è forse il più antico disegno italiano di architettura noto; attribuito a un anonimo architetto oltremontano, propone la soluzione monocuspidale, che risente delle architetture gotiche francesi. Il secondo, datato ai primi anni del Trecento e attribuito allo stesso Lorenzo Maitani per analogie con la facciata realizzata, propone la soluzione tricuspidale, più italiana, adottata nel cantiere. Di interesse anche altri due disegni: un frammento (altre due parti sono a Londra e a Berlino) del progetto per un pulpito, opera di autore senese del 1340 circa, realizzata su pergamena graffita con punta di metallo ripassata con penna e inchiostro; il progetto per il completamento della zona superiore della facciata, opera forse di architetto senese, realizzata su pergamena con punta di metallo e inchiostro marrone nel primo quarto del XV secolo.

SCULTURE E DIPINTI DAL XIV AL XV SECOLO. Tra le sculture, due opere incompiute in marmo: ***Incoronazione della Vergine** (1340 c.), attribuita ad Andrea Pisano, e *La Fortezza* (sec. XIV); *acquasantiera* attribuita a un seguace di Antonio Federighi. Tra le opere di pittura si segnalano, per l'alta qualità, la piccola tavola raffigurante **Madonna col Bambino e quattro santi**, recentemente attribuita a Lippo Vanni, e l'anconetta della **Crocifissione con la Madonna, Maria Maddalena e S. Giovanni**, opera di Spinello Aretino. Tre opere di Antonio da Viterbo, il Pastura: *Madonna in trono col Bambino* (con cornice a tabernacolo in legno dorato e intagliato di scuola veneta); grande pala d'altare (in collaborazione con Giovan Francesco d'Avanzarano, il Fantastico) con la *Madonna e il Bambino tra S. Giovenale e santo pontefice* (nella predella, *scene della vita di S. Giovenale* e, nella lunetta, *Eterno tra due angeli adoranti*); S. *Sebastiano*. Inoltre, affresco con *Maria Maddalena*, eseguito (1504 c.) da collaboratori su disegno di Luca Signorelli. Il discusso *Autoritratto col Camerlengo dell'Opera*, affresco su tegola già ritenuto di Luca Signorelli, è un falso. In una sala troveranno posto le sinopie degli affreschi della cappella del Corporale in Duomo, dipinti da Ugolino di Prete Ilario e collaboratori nel 1357-64.

Infine, verranno esposte alcune sezioni del grande coro ligneo trecentesco, tra cui la cuspide dell'arco ribassato di accesso con *Incoronazione di Maria tra angeli musicanti*. Inoltre, pivìali e pianete: da segnalare la *pianeta del vescovo Vanzi* (fine del XV secolo), ricamo su cartone di Sandro Botticelli. Opera di eccezionale valore è, infine, una ***striscia di lino** disegnato e ricamato con figure di *santi* e un trittico con *Cristo tra la Madonna e S. Giovanni Battista*, databile non oltre il 1290, considerata un esemplare tra i più qualitativamente importanti e più antichi del disegno italiano.

NEL PALAZZO SOLIANO. Il progetto espositivo prevede la collocazione in questo spazio delle grandi ***statue degli Apostoli e di santi** realizzate per l'interno del Duomo e rimosse alla fine dell'800 (verranno esposti anche i progetti e i modelli): *S. Paolo* (1556) di Francesco Moschino; *S. Pietro* (1564) di Raffaello da Montelupo; *S. Tommaso* (1587), *S. Giovanni* (1594) e *S. Andrea* (1599), tutti di Ippolito Scalza; *S. Giacomo Maggiore* (1591) di Giovanni Caccini; *S. Rocco* (1593) e *S. Costanzo* (1596) e *S. Brizio* (1601), di Fabiano Toti; *S. Matteo* (1600) di Pierre Franqueville su modello del Giambologna (il disegno è esposto); *S. Filippo* (1610) di Francesco Mochi; *S. Bartolomeo* (1617) di Ippolito Buzi; *S. Taddeo* (1644) pure del Mochi; *S. Simone* e *S. Giacomo Minore* (1722) di Bernardino Cametti. Di particolare importanza l'*Annunciazione* di Francesco Mochi (1606-1609), originariamente posta sull'altare maggiore del Duomo.

SALONE. Conterrà le grandi pale d'altare, originariamente poste sugli altari laterali del Duomo, e la produzione tra Cinque e Settecento. Le grandi pale d'altare sono: *Risurrezione di Lazzaro* (1556) di Girolamo Muziano; *Cristo che porta la croce* o *La Veronica* (1557) di Girolamo Muziano; *La probatica piscina* (1566) di Niccolò Circignani; *Le Nozze di Cana* (1568) di Cesare Nebbia (con i ritratti degli Zuccari); *La Guarigione del cieco nato* (1570) di Federico Zuccari; *Risurrezione del figlio della vedova di Naim* (1571) di Federico Zuccari; *Crocifissione* (1574) di Cesare Nebbia; *Coronazione di spine* (1577) di Cesare Nebbia; *Flagellazione* (1584) di Girolamo Muziano; *Cattura di Cristo* (1584) dello stesso; *Natività della Vergine* (1584) di Cesare Nebbia; *Incoronazione della Vergine* (1616) di Giovanni Lanfranco; *Benedizione della Madonna, Parabola dell'asina, Lavanda dei piedi* e *Ultima Cena*, tutti di scuola muzianesca; *Orazione nell'orto* (fine secolo XVI).

Si segnalano inoltre: vari disegni (generalmente inchiostro su cartoncino) di Ippolito Scalza con progetti di trasformazione dell'interno del Duomo (databili tra il 1571 ed il 1595) e per altre opere pertinenti alla Cattedrale e ad altri edifici della città; i disegni di Cesare Nebbia per la trasformazione degli affreschi della tribuna; serie di cartoni di grandi dimensioni con disegni di Marcantonio Franceschini. Il museo dell'Opera del Duomo possiede infine una pregevole COLLEZIONE DI CERAMICHE MEDIEVALI E RINASCIMENTALI di origine orvietana e di altri centri umbri di produzione.

PALAZZO DELL'OPERA DEL DUOMO. Nel lato della piazza opposto alla facciata del Duomo, quasi di fronte al palazzo Soliano, fu eretto nel 1359 per dare sede all'importante organismo che aveva il compito di provvedere non solo amministrativamente alla costruzione del Duomo. Nell'edificio vennero raccolti i libri contabili, quelli delle deliberazioni e tutte le carte e i documenti riguardanti la costruzione della Cattedrale; vi si riunivano inoltre i membri dell'Opera, dotata nel 1421 di un proprio statuto che codificava tutti i diritti e i privilegi acquisiti. Ristrutturato nel 1623, il palazzo ebbe il portale rifatto nel 1717. L'attuale prospetto, progettato da Virginio Vespignani (1857), fu realizzato con alcune varianti da Paolo Zampi (1898). Nel palazzo è sistemato anche il prezioso *Archivio dell'Opera del Duomo*, ricco di antichi documenti.

PALAZZO FAINA. Sullo stesso lato della piazza opposto a quello del Duomo sorge il palazzo che il conte Claudio Faina fece costruire (1846-66) riutilizzando al pianterreno le strutture medievali della casa dei Monaldeschi (dal '200 tra le famiglie più importanti di Orvieto), ristrutturata tra Cinque e Seicento. Al piano nobile, alcune sale hanno decorazioni di Annibale Angelini. Nel palazzo ha sede la collezione archeologica donata dai conti Faina alla città di Orvieto.

MUSEO «CLAUDIO FAINA». L'importante raccolta ha origine dal collezionismo di Mauro Faina e del nipote Eugenio, che fu ispettore onorario dei Monumenti e degli Scavi del circondario di Orvieto. Iniziata nel 1864 a Perugia, secondo la tradizione a partire da un nucleo di vasi donati da Maria Bonaparte, figlia dello scopritore di Vulci, fu arricchita inizialmente con reperti di provenienza in gran parte non orvietana, acquistati sul mercato antiquario. Ereditata da Eugenio, la raccolta fu trasferita a Orvieto (1869) e mutò indirizzo, orientandosi esclusivamente sull'acquisizione di materiali di ambito orvietano, recuperati con scavi nel territorio che allora si iniziarono a compiere in modo sistematico, e arricchendosi dei reperti dal tempio del Belvedere, dalla necropoli di Crocifisso del Tufo e dall'area sacra di Cannicella (1884-85). Nel 1954 fu donata al Comune e nel 1957 fu creata la Fondazione con lo scopo di tutelare e promuovere l'istituzione museale. La collezione, tra le maggiori del genere in Italia, vanta una ricca e preziosa serie di buccheri, bronzi, monete e alcuni capolavori dell'oreficeria antica e della pittura vascolare, sia greca (corinzia e attica) che etrusca. Il palazzo ospita anche, al piano terreno, il Museo civico Archeologico, istituito nel 1879. Visita: dal 31 marzo al 28 settembre, 10-13 e 14-18; dal 29 settembre al 30 marzo, 10-13 e 14.30-17 (in questi mesi, chiuso il lunedì).

Al PIANTERRENO sono esposti i materiali del **Museo civico Archeologico** voluto da Eugenio Faina. Si osservino: *testa di Larth Cupures Aranthia*; la cosiddetta ***Venere di Cannicella** (530-520 a.C.), singolare figura di divinità femminile nuda, opera originale greca; le decorazioni architettoniche del tempio del Belvedere (fine V secolo a.C.); un grande cippo conformato a testa di guerriero in nenfro. Di particolare rilievo, il ***sarcofago etrusco** (fine sec. IV a.C.) trovato nel 1912 a Torre San Severo, che reca larghe tracce di policromia e bassorilievi: nella facciata anteriore, *sacrificio di Polissena sulla tomba di Achille*; nel lato d., *Ulisse sacrifica un montone per evocare l'ombra di Tiresia*; nella facciata posteriore, *Achille sacrifica prigionieri troiani sulla tomba di Patroclo*; nel lato sin., *Ulisse e Circe*.

Al PRIMO PIANO sono documentati i tempi e i modi della collezione attraverso l'opera di Mauro ed Eugenio Faina. Il percorso di visita è inaugurato dalla **Mostra permanente «Gli ori dei Faina»**, che espone i gioielli ritrovati principalmente in contesti funerari (Crocifisso del Tufo, Cannicella) e databili dal VI secolo a.C. agli inizi dell'età romana. Gli esemplari illustrano le varie mode della produzione orafa etrusca: orecchini «a bauletto» (VI-V sec. a.C.); orecchini «a tubo» (V-IV sec. a.C.); pendenti in lamina d'oro, di età ellenistica; anelli in argento con motivi incisi sul castone, di foggia greca; anelli con castone girevole a forma di scarabeo in corniola, di stile tipicamente etrusco (notevole il cosiddetto «pseudoscarabeo», che ha sul dorso inferiore un personaggio maschile con veste panneggiata, prima metà del V sec. a.C.); coppia di lamine d'oro decorate a stampo (III sec. a.C.), forse relative a un diadema.

Lo spiccato interesse numismatico di Mauro Faina è illustrato dal **monetiere**, che nel 1868 contava circa 3000 pezzi, di ignota provenienza. A questo piano e al secondo è esposto il resto della collezione per classi di materiali e in successione cronologica, rispettosa dei criteri espositivi ottocenteschi. Nelle tre sale affrescate del primo piano (Pompeiana, sala Rossa e salottino Verde), con decorazioni di Annibale Angelini parte ispirate ai quadraturisti del Seicento, parte con la tecnica del «papier peint», è collocata la raccolta di pittura vascolare. Spicca per importanza l'eccezionale ***serie di vasi attici** a figure nere e rosse (VI e V sec. a.C.): emergono le ***tre anfore** (da Crocifisso del Tufo) attribuite a Exekias (550-525 a.C.), tra i maggiori ceramografi attici nella tecnica delle figure nere. La ceramica di produzione etrusca è documentata dai vasi del Pittore di Micali (attivo a Vulci nel VI sec. a.C.) e della sua scuola, e dai ***vasi del Gruppo di Vanth** (320-300 a.C.), così denominato dalla divinità dell'oltretomba etrusco raffigurata su alcuni esemplari, realizzati a Velzna.

I reperti preistorici e protostorici (SECONDO PIANO), per la gran parte privi

di indicazione sui contesti di provenienza (presumibilmente i territori orvietano e chiusino), sono raggruppabili in due nuclei cronologici. Il primo (dall'età
eneolitica agli inizi dell'età del Bronzo) comprende asce in bronzo e una serie di
punte foliate di freccia in selce; il secondo (dal Bronzo finale all'età del Ferro)
annovera manufatti ceramici e bronzi. Due sale sono infine dedicate al bucchero, tipica produzione ceramica etrusca, documentata dal VII al V secolo a. Cristo.

ORVIETO SOTTERRANEA. Sul bordo meridionale della piazza del
Duomo si stende il *giardino delle Grotte*, utilizzato come parcheggio, che offre un'ampia visuale sulla valletta sottostante nella quale
emerge l'abbazia dei Ss. Severo e Martirio (pag. 627). Qui è l'ingresso
al complesso ipogeo del *mulino di S. Chiara*, una delle innumerevoli cavità scavate nei secoli nella rupe tufacea. La visita, con finalità didattiche, si svolge in alcuni ambienti, dotati di pozzo, che fino all'800
vennero utilizzati come frantoio, quindi come cava di pozzolana.

Visita solo guidata, ore 11 e 16 (per informazioni rivolgersi all'APT in
piazza del Duomo o alla società Speleotecnica, t. 0763344891). La ricerca spe-
leologica, avviata negli anni '70 del Novecento, ha fino ad ora censito circa 1200
cavità sotterranee di origine artificiale, sovente con stratificazioni d'uso dall'età
etrusca a quella medievale, rinascimentale e oltre. Le tipologie di cavità presenti nella rupe sono molteplici: cunicoli, pozzi dotati di «pedarole» per la discesa
sul fondo, silos, colombari, cantine per lavorazioni alimentari o artigianali, butti
(immondezzai) medievali.

VIA SOLIANA. Antico collegamento (con la susseguente via Postierla) tra il centro religioso e la porta Postierla (pag. 626), scende
tra il fianco del palazzo Soliano (pag. 611), ornato di belle trifore, e
il **palazzo Buzi** (ora Convitto Mercede), opera di Ippolito Scalza (circa 1580) cui furono tolti il portale e due finestre per adattarli al palazzo Gualterio. Segue la chiesa di **S. Bernardino**, conclusa nel 1666;
nell'interno di pianta ellittica, acquasantiera probabilmente di Ippolito Scalza (1588) e *Madonna col Bambino e santi*, tavola di Sinibaldo Ibi. La via si conclude in piazza Marconi, dove emerge, N. 11,
il nobile prospetto del **palazzo di Tiberio Crispo**, nipote di Paolo III
Farnese, eretto attorno alla metà del Cinquecento su precedente disegno di Antonio da Sangallo il Giovane (l'edifico è ora sede di uffici
finanziari). Per rientrare nella piazza del Duomo, occorre attraversare la piazza Marconi avendo a sinistra il complesso dei Palazzi papali e la tribuna del Duomo, quindi salire la *via delle Scalette*, realizzata nel Quattrocento tra le casette dei Canonici e l'area cimiteriale del Duomo.

VIA POSTIERLA. Continua, da piazza Marconi, la discesa tra i resti riconoscibili di elementi costruttivi medievali (porte, finestre), che ricordano co-

me qui si stendesse l'antico rione di San Martino. Presenza significativa dell'urbanizzazione duecentesca di questa parte della città è il complesso di convento (ora delle Suore Adoratrici del Sacro Cuore) e chiesa di **S. Paolo**, iniziati nel 1221 dall'Ordine di S. Benedetto quando i gruppi monastici, in origine stanziati fuori dalla rupe, cominciarono a inurbarsi. Passato nel 1289 alle Domenicane, fu ristrutturato nei secoli XVI e XVII. È di questi anni (1570-80) la costruzione degli altari laterali e la commissione delle due tele che li ornano (*S. Giovanni Battista, santa martire e S. Girolamo* e *Maddalena* con due putti che reggono entro un cartiglio l'immagine più antica di una *Madonna con Bambino* e la *Vergine del Rosario*). La decorazione della volta e delle pareti (*episodi della vita di Paolo di Tarso*) è della prima metà del Seicento, opera di un artista influenzato da Pietro da Cortona. La via Postierla si conclude dopo buon tratto nel piazzale Cahen (pag. 624).

I QUARTIERI OCCIDENTALI:
SAN GIOVANNI E SAN GIOVENALE, SERANCIA

S. LORENZO DE' ARARI. Lasciata la piazza del Duomo per via Maitani (pag. 588), raggiunta la piazza dei Febei (pag. 587) si procede a sinistra sulla *via Scalza*, che scende in curva fino alla chiesa di **S. Lorenzo de' Arari**. L'edificio fu qui ricostruito nel 1291 in forme romaniche che riprendevano quelle di una precedente costruzione. Ha semplice facciata aperta da un portale quattrocentesco e campaniletto a vela con bifora e monofora.

INTERNO a tre navate divise da dieci grosse colonne romaniche, con abside semicircolare. Le pareti sono decorate da interessanti dipinti: alla parete sin. della navata mediana, *quattro storie di S. Lorenzo*, affresco (molto restaurato) del 1330; alla 2ª colonna d., frammento di *Madonna col Bambino*, del XV secolo, e *S. Nicola* della fine del '300; alla parete della navata d., *Presepio e santo vescovo*; nella cappella a d. della maggiore, alla parete sin., *Madonna col Bambino e S. Lorenzo*; nella cappella maggiore, ara etrusca che dà il nome alla chiesa e sostiene la mensa dell'altare; su questo, ciborio del sec. XII (restaurato); all'altare, piccolo *Crocifisso* del '300; nella calotta dell'abside, *Cristo in trono benedicente e i Ss. Lorenzo, Maria, Giovanni e Francesco*, affresco bizantineggiante del sec. XIV, malamente restaurato. Nella cappella a sin. della maggiore, all'altare, *Madonna col Bambino*, tavola del '300; alla 1ª colonna sin., *Ss. Lorenzo e Brigida*, affreschi in parte deteriorati della fine del '300.

CHIESA DEL BUON GESÙ. La si incontra più avanti, continuando nella *via Ghibellina* che segue da posizione arretrata l'andamento della rupe. Annessa al monastero delle Clarisse (XV-XVI secolo), è un edificio del 1618, ornato all'interno da stucchi barocchi e da affreschi (*storie di Maria e di Cristo*) di Salvi Castellucci (1647); all'altare maggiore, *Madonna col Bambino* di Pietro di Nicola Baroni.

VIA DEGLI ALBERICI. Stretta tra antiche case, prolunga la discesa verso il bordo sud-occidentale dello sperone. Vi si incontra, N. 11, il **palazzo Saracinelli**, opera di Ippolito Scalza; la semplice facciata tardo-rinascimentale rimase incompiuta. Si raggiunge il largo Conte Faina, a sinistra del quale la via Ripa Medici apre uno squarcio panoramico sulla valle sottostante.

VIA RIPA MEDICI prende nome dall'antichissima famiglia orvietana che probabilmente possedeva la bella **casa** medievale posta al principio (N. 2-4), contraddistinta dalle finestre con interessanti ornati. La via dà avvio a una passeggiata lungo l'alto delle mura occidentali, suggestiva per le strapiombanti ripe e per le belle visuali. Scendendo invece sotto le mura, si va al panoramico *piazzale Cacciatori del Tevere*, nella cui parte bassa è la **porta Romana**, sotto la quale sono i resti dell'etrusca porta Pertusa. Dal parapetto si domina la valle, attraversata dal muraglione rettilineo dell'**acquedotto medievale** (secolo XIII), imponente bastione che, dalle sorgenti sui colli dell'Alfina (5 km a sud-ovest), scorreva fino al poggio dei Settecamini da dove era convogliata in cannelli di piombo posti sopra la muraglia fino alla città.

S. LODOVICO. Dal largo Conte Faina si continua in via Garibaldi: dove la strada compie una curva, un arco a sinistra immette nella *piazza de' Ranieri*. Vi emerge, accanto all'omonima *torre* medievale, la chiesa barocca di pertinenza del vicino convento (ora Collegio S. Lodovico), che custodisce: all'altare sinistro, **Gli innocenti adorano Gesù Bambino nella gloria del Paradiso** di Andrea di Giovanni (probabilmente un gonfalone, 1410); all'altare maggiore, *Madonna col Bambino, angeli e il santo titolare*, tela di Girolamo Nebbia (1637); sotto la mensa, raro *Cristo morto* ligneo a braccia snodate.

VIA RIPA SERANCIA. La si imbocca oltre la torre de' Ranieri. La via attraversa uno dei rioni medievali più caratteristici della città, contraddistinto da un'edilizia minore ben conservata nelle relazioni spaziali e nelle tipologie. Oltre un'arcata che la scavalca, sormontata da una bifora inclusa in un ornatissimo arco, la strada sfocia nella piazza d'antico aspetto che prende nome dalla chiesa di **S. Giovanni Evangelista**, in area in precocissima urbanizzazione. Fondata nel 916, ripresa nel 1003, fu demolita nel 1687 e ricostruita più piccola e con orientamento diverso nel 1704. L'interno, a pianta ottagonale, reca murati ai lati dell'ingresso frammenti architettonici ed epigrafici del primitivo edificio; inoltre, acquasantiera di marmo quattrocentesca sostenuta da una colonnina del IV secolo; nell'abside, *Madonna col Bambino* detta *Madonna della Fonte*, affresco molto ridipinto del 1356 attribuito alla scuola di Ugolino di Prete Ilario. Nel vicino ex convento, ora della Provincia, chiostro con colonnato che

1513 e puteale del 1526. La piazza incombe, a occidente, sul ciglio estremo della rupe di cui è possibile percorrere verso sud-est il bordo strapiombante, ricavandone un'efficace percezione della simbiosi tra elementi naturali e artificiali.

VIA LOGGIA DEI MERCANTI. Di nuovo in piazza de' Ranieri, il percorso continua a sinistra in questa bella strada del medievale quartiere di Serancia (scorci di interesse ambientale nei vicoli laterali), dove la concentrazione delle torri gentilizie ne documenta l'alto grado di rappresentatività urbana. Sotto una grande arcata romanica è la facciata dell'ex **chiesa del Carmine**, ora adibita a sala polifunzionale. I Carmelitani si insediarono nel 1308 nella struttura duecentesca identificata con la loggia dei Mercanti, che dà ancora il nome alla via. I frati la adattarono a chiesa, tamponando le arcate e dotandola di un portale ogivale in basalto (1308-12), nella cui lunetta si osserva un deperito affresco del primo Cinquecento. In origine l'edificio consisteva in una loggia, con annessa una sala interna coperta, e in una serie di fondachi di cui restano intatti gli ambienti, con le porte di accesso sulla strada. L'organismo trecentesco, coperto da volte a crociera con costolonature e diviso in due campate, fu nel '500 trasformato con la realizzazione degli altari (trasferiti) ottenuti rifoderando le pareti originarie.

L'INTERNO DEL CARMINE (per la visita, t. 0763341265) fu decorato fra XIV e XVI secolo da dipinti murali in buona parte perduti. Sulla parete sinistra sono ancora leggibili un *santo martire carmelitano* e *S. Rocco* entro una nicchia dipinta, entrambi databili ai primi anni del '500; nella parete absidale sussistono due frammenti con *santi carmelitani*, eseguiti probabilmente nel primo '600; alla parete destra della navata, *Sposalizio della Vergine* (nella parte inferiore, due scene della *vita della Vergine*), opera di Angelo Righi.

TORRI MEDIEVALI danno carattere al tratto successivo della via, sul cui lato destro sono i resti dell'ex chiesa gotica di **S. Giovanni**, già dell'Ordine di Malta, con portale ogivale (tamponato) e in alto, su mensole, tre archi ribassati e ornati nel giro. Un'altra torre medievale precede lo sbocco in piazza della Repubblica (pag. 583).

LE CINQUE VIE. Da piazza della Repubblica, muove a ponente la *via Filippeschi*, fiancheggiata da case medievali. La discesa porta a un caratteristico incrocio da cui si dipartono cinque strade. La visita di questo settore urbano offre spunti di comprensione delle fasi più antiche di urbanizzazione della città.

VIA DELLA CAVA. In età etrusca la più agevole (e secondo la testimonianza di Procopio, l'unica) strada d'accesso alla città, scavata nel tufo come suggerirebbe il toponimo d'origine antica, scende ripida tra case a schiera di matrice medievale, separando i rioni di San Giovanni e di San Giovenale. Lungo la via fu rinvenuto un tratto murario etrusco, che può essere identificato con il «muro fortissimo» che, secondo la testimonianza di Zonara, tarda fonte letteraria sulla storia di Orvieto, fu eretto dai Volsiniesi a difesa della loro città. Particolarmente frequenti, in quest'area, sono i ritrovamenti di pozzi e cavità ipogee. Al N. 6, nel sottosuolo di un negozio, è visitabile un forno a riverbero che fu attivo tra la fine del XIV e la metà del XVI secolo (i materiali ceramici rinvenuti sono esposti entro vetrine). Dove la via si biforca si dispone a sinistra la chiesetta della *Madonna della Cava*, sistemazione seicentesca di un edificio più antico. A destra è l'ingresso (accessibile) al *pozzo della Cava*, scavato interamente nel tufo dagli Etruschi, riadattato quasi certamente nel XVI secolo; negli altri ambienti ipogei fu ricavata nel Trecento una fornace di ceramica. Al termine della via si apre la *porta Maggiore*, che insiste probabilmente sull'accesso principale della città etrusca; sulla fronte esterna, entro edicola, statua marmorea di *Bonifacio VIII* (1294).

VIA MALABRANCA. Dall'incrocio delle cinque vie, si svolge pianeggiante a un livello superiore rispetto a via della Cava, che si riconosce infossata a sinistra, in una depressione della rupe. Al N. 22 emerge il **palazzo Filippeschi-Simoncelli**, del XV secolo su preesistenze, con elegante portale e bel cortile nel quale sono caratteristiche finestre ad arco ribassato e una bifora. Segue, N. 15, il **palazzo Caravajal**, ristrutturazione cinquecentesca di Ippolito Scalza, con grandioso portale, motti latini negli architravi delle finestre e, nella fascia sotto le finestre, l'iscrizione dello Scalza «Caravajal de Caravajal por comodidad de sus amigos padron».

S. AGOSTINO. In fondo all'ampio slargo che si apre a destra di via Malabranca, l'ex chiesa fu fondata nel 1264 su una preesistente intitolata a S. Lucia. Era intenzione degli Agostiniani costruire un edificio più grande, che avrebbe dovuto occupare quasi tutta la piazza antistante: ne fu edificata solo la parte absidale e l'inizio della navata, che mai furono adibiti al culto (questa zona è attualmente utilizzata da un ristorante). Nel 1487, i frati consolidarono e ammodernarono il vecchio edificio, con bel portale gotico in pietra calcarea, e nel 1724 rifoderarono la chiesa con altari in stucco dorato e la mostra dell'organo. All'interno, già ricchissimo nell'arredo, è stato portato alla luce, nel lunettone sulla parete di fondo, un affresco raffigurante *due storie della vita di S. Agostino* (secolo XVI); al di sotto, bifora con begli ornati (ricostruita per anastilosi), probabilmente del primitivo edificio (secolo XIII-XIV). Un progetto prevede di collocare nella chiesa una mostra permanente dei cartoni di Marcantonio Franceschini. L'ex *convento agostiniano*, ora caserma Nino Bixio (in piazza Guerrieri Gonzaga, alle spalle della chiesa), ha chiostro cinquecentesco da alcuni riferito ad Antonio da Sangallo il Giovane.

*S. GIOVENALE. Conduce alla chiesa, tra i più insigni monumenti romanici in città, la via Volsinia sul prolungamento di via Malabranca. Ricostruita nel 1004 su una precedente struttura ecclesiale (come suggerirebbe l'origine alto-medievale del culto del vescovo narnese in città), in sito strategico sul bordo della rupe, si configura come chiesa fortificata per la presenza della torre munita in facciata (superiormente rifatta nel '600). L'edificio fu prolungato nella seconda metà del XIII secolo e dotato dalle nobili famiglie, tra cui i Monaldeschi e i Marsciano, che abitavano nel rione di San Giovenale (o dell'Olmo). La semplice facciata ha una porta con arco a tutto sesto e un rosone scavato nel tufo. Sul fianco destro, portale del 1497 con la figura di *S. Giovenale* scolpita in pietra nella lunetta.

INTERNO. A tre navate scandite da colonne in tufo, con tetto a capriate scoperte nella navata maggiore e volte a botte in quelle minori, è di notevolissimo interesse per i pregevoli affreschi (databili dal XIII al XVI secolo) che costituiscono un documento importante della storia della pittura orvietana. L'abside gotica è andata perduta per l'allungamento del capocroce effettuato nel '600. In controfacciata, a sin. del portale, **Arbor vitae**, attribuibile a un pittore itinerante del primo quarto del secolo XIV, educato nella cerchia dei miniatori perugini in rapporto con Marino e con il Maestro dei Corali di S. Lorenzo. L'inconsueta rappresentazione simbolica del Paradiso attraverso l'Albero della vita, che si lega ai temi del rinnovamento della vita eterna e simbolizza il Cosmo, l'Uomo, Cristo, la Croce, il Paradiso, la Risurrezione (Genesi, Apocalisse di S. Giovanni), è molto antica e se ne trovano tracce nell'arte ebraica. All'estremità d. della controfacciata, *Ultima Cena* di Piero di Puccio. A destra del portale, *Crocifissione con committente* (sec. XIV).

Gli affreschi della navata d. sono in gran parte dedicati alla Madonna; alla 1ª colonna d., *Annunciazione, Visitazione, santo vescovo* (sec. XIII); presso la porta laterale destra, *Calendario di anniversari funebri* (sec. XIV). Nell'ultima cappella d., affresco staccato (*Natività, Adorazione dei magi*) di Ugolino di Prete Ilario. Al pilastro sin., *Annunciazione* forse di Andrea di Giovanni. Inoltre, nella navata sinistra, *Madonna col Bambino e santi* di Pietro Paolo Sensini.

L'**altare maggiore**, composto nel 1170 con elementi marmorei di epoche differenti, ha paliotto con intrecci viminei di fattura alto-medievale; i pilastrini hanno capitelli del XII secolo. Alle estremità, due leggii con basamenti scolpiti con volti umani e figure di animali simbolici. In sagrestia, cofanetto con intrecci e figure di animali, di arte dell'Italia meridionale del sec. XII. L'orto parrocchiale era in origine il cimitero. Dal piazzaletto antistante, la vista spazia verso il Cetona e la valle del Paglia.

PIAZZE DELL'ERBA E VITOZZI. Ancora dall'incrocio delle cinque vie (pag. 620), la via Magalotti sale in breve alla *piazza dell'Erba*, che ha al centro un puteale realizzato da Curzio Testasecca (1597) su disegno di Ippolito Scalza, qui trasferito dal Palazzo comunale. Ai N. 6-9 è il **palazzo Mancini**, tra i pochi del '400 rimasti in città, con quattro finestre crociate e una torre d'angolo. Il brevissimo collegamento di via Pecorelli e (a destra) vicolo Vitozzi conduce alla *piazza Vitozzi*, dov'è il cinquecentesco *palazzo Mazzocchi*. Si può rientrare in piazza del Popolo seguendo, sul fondo della piazza, la *via Vitozzi*, il Borgo Nuovo medievale.

ORATORIO DI S. GIOVANNI DECOLLATO. A destra del palazzo Mazzocchi, la via II della Misericordia conduce all'*oratorio* detto anche *della Misericordia*, così configurato nel XVI secolo. Nell'armonioso interno, meritano segnalazione gli affreschi che ornano le pareti raffiguranti **storie della vita di S. Giovanni Battista**, opera di Salvi Castellucci. Nella volta (illusionisticamente sostenuta da quattro pennacchi in finto stucco, con *figure allegoriche*), *Padre Eterno in gloria* (1664). Sull'altare maggiore, *Pietà* di Girolamo Muziano. Inoltre, coro ligneo del 1766 e pulpito (1675) con pannelli intagliati (*vita di S. Giovanni*).

I QUARTIERI ORIENTALI: SANTA PACE E POSTIERLA

VERSO S. DOMENICO. L'androne del palazzo del Popolo (pag. 585) immette in *piazza Vivaria*, su cui prospetta l'altro fianco dell'edificio pubblico aperto da sei trifore. Via Corsica e *via della Pace*, che esemplifica (nelle case ai N. 6 e 12, rispristinate) l'architettura civile orvietana del XIV secolo, conducono nell'alberata *piazza XXIX Marzo*, manomessa dagli interventi degli anni '30 del Novecento che amputarono il complesso domenicano per erigere l'edificio dell'*Accademia femminile di Educazione fisica* (ora Scuola militare di Educazione fisica; nell'interno, fornace etrusca ben conservata).

S. DOMENICO. I frati predicatori si insediarono in città tra il 1230 e il 1233 utilizzando una preesistente cappella. Nel 1260-80 fu eretto il nuovo edificio ecclesiale, in origine grandiosa chiesa a sala formata da un corpo di fabbrica longitudinale a tre navate, delle quali la principale era articolata in sette campate coperte a tetto, mentre le laterali erano strette e probabilmente rappresentavano il risultato di una contraffortatura esterna. Sempre all'esterno, gli angoli del transetto, della tribuna e delle pareti divisorie delle cappelle furono trattati come pilastri a sezione rettangolare con filari di basalto e travertino, motivo qui introdotto per la prima volta in Orvieto e che

sarà ripreso come elemento unificante nel Duomo. La chiesa fu trasformata in forme barocche alla fine del XVII secolo. Il corpo delle
navate fu completamente demolito nel 1934. Il portale gotico, qui
trasferito dalla distrutta chiesa dell'ospedale di S. Spirito degli Armeni, ha nella lunetta una *Madonna col Bambino*, affresco del
principio del '400.

L'INTERNO è ridotto all'antico transetto e alla tribuna. Alla parete occidentale (la sinistra rispetto all'odierno ingresso) spicca il **monumento al cardinale
Guglielmo de Braye** (m. nel 1282), opera di Arnolfo di Cambio (1285). Segue, alla stessa parete, *Visitazione* di Cesare Nebbia e *Madonna del Rosario* di Antonio Tempesta; quindi, *sepolcro di Girolamo Magoni* (m. nel 1596), in marmo rosso, di Ippolito Scalza. Alla parete contigua, sopra l'altare, è un *Crocifisso*
ligneo del secolo XIII, che la tradizione vuole abbia parlato a san Tommaso
d'Aquino, che soggiornò nel convento domenicano (1263) e qui compose, per
ordine di Urbano IV, l'Ufficio del Corpus Domini. A sin., entro un armadio, si
conservano le tavolette che si dice facessero parte della cattedra dalla quale il
teologo insegnò. Nella cappella a sin. della tribuna, *Martirio di S. Pietro, Madonna col Bambino e i Ss. Domenico, Giovanni Evangelista, Antonio abate e Pietro martire*, affreschi molto deperiti del 1430; in quella a d., *Crocifisso,
S. Tommaso d'Aquino e offerente*, affresco del sec. XIV. Nella tribuna è stata ri-
stabilita l'apertura (il «cuperculum») comunicante con la sottostante cappella
sepolcrale dei Petrucci (v. sotto), che permetteva agli eredi della famiglia di
pregare per i loro defunti senza scendere al piano inferiore; vi sono stati anche
ricollocati i rilievi decorativi raffiguranti dei putti.

*CAPPELLA PETRUCCI. Ricavata al di sotto della tribuna, è uno dei più
armoniosi esempi di organismo a pianta centrale del rinascimento, progettata
da Michele Sanmicheli e realizzata nel 1516-18. È costituita da tre vani (attualmente in restauro) cui si accede per un sistema simmetrico di vestiboli e
scale a varie rampe. Il primo ambiente, ottagonale, funge da camera sepolcrale; da esso, attraverso un vano intermedio rettangolare, si passa alla piccola
aula illuminata da un adiacente pozzo di luce, dove è situato l'altare. La camera sepolcrale ottagonale è cinta in ogni lato da uno zoccolo continuo e si articola in una serie di nicchie circolari alternativamente grandi e piccole, e in
una nicchia rettangolare nel lato opposto a quello dell'altare; le lesene in laterizio piegate a libretto s'impostano agli angoli dell'ottagono e sorreggono un
architrave continuo che abbraccia tutto il vano e che reca incisa la lode funebre in lettere capitali. Interessantissimo è l'uso della policromia: al mattone e
all'intonaco si contrappongono il basalto nero dei timpani, delle mensole e dei
capitelli, nonché le varie colorazioni di giallo, azzurro e bianco del pavimento
policromo originario in maiolica, con lo stemma dei Petrucci.

VERSO PIAZZALE CAHEN. Da S. Domenico si continua nella *via
Arnolfo di Cambio*, tra case medievali (N. 4-6 e 8-14), e si oltrepassa la piazza Angelo da Orvieto costeggiando poi su via Roma i vasti
fabbricati della Casa di reclusione e della Caserma «Piave». La discesa porta nell'ampio *piazzale Cahen*, sul quale si trova la stazione superiore della *funicolare*, ideata da Adolfo Cozza e realizzata da

Giacomo Bracci (1888) per rendere più agevole il collegamento tra la stazione ferroviaria e la città sulla rupe. Scavata in galleria sotto la Rocca, era inizialmente a trazione idraulica.

TEMPIO DEL BELVEDERE. Dal piazzale, vi scende a sinistra il viale Crispi. I ruderi del tempio, di cui è ignota la divinità, si dispongono su una spianata panoramica. Scoperto nel 1828 ed esplorato nel 1920-23, è un tempio etrusco, tetrastilo, forse a tre celle, databile al principio del secolo V a.C. e frequentato fino ai primi decenni del III a.C.; le sue proporzioni sono assai vicine a quelle del canone vitruviano. Gli scavi hanno riportato alla luce numerosi frammenti delle terrecotte ornamentali che lo rivestivano, tra cui parte delle statue dei frontoni, ora al Museo Faina, e gli oggetti della stipe votiva.

*POZZO DI S. PATRIZIO. Un vialetto presso la stazione della funicolare porta al *pozzo* già *della Rocca*, fatto scavare da Clemente VII durante il suo soggiorno in Orvieto (1527-28), dove si era rifugiato all'epoca del sacco di Roma, allo scopo di provvedere di acqua la Rocca e la città in caso di assedio. L'opera fu affidata ad Antonio da Sangallo il Giovane, che progettò una singolare struttura cilindrica a doppia elica, concepita al fine di creare due percorsi indipendenti e non comunicanti, dotati di due porte diametralmente opposte. Visita: 10-18.

LE FASI COSTRUTTIVE. Iniziato nel 1527 con la perforazione del banco di tufo, fu continuato (1532) con la costruzione in mattoni della canna centrale e delle scale; fu compiuto nel 1537; le parti decorative sono di Simone Mosca. La parte esterna del pozzo consiste in una larga e bassa costruzione cilindrica (decorata da gigli farnesiani di Paolo III), nella quale si aprono due porte ai punti diametralmente opposti. Il pozzo è profondo 62 metri, largo 13; consta di una escavazione cilindrica circondata da una canna dalla quale si svolgono due scale a chiocciola, l'una sovrapposta all'altra, che sboccano entrambe in basso allo stesso piano. Ognuna conta 248 scalini comodissimi, quasi cordonate, facili a discendere anche per le bestie da soma che andavano ad attingere l'acqua. Le scale prendono luce da 72 finestre centinate aperte nella canna. Sul fondo, un ponticello taglia diagonalmente il pozzo quasi a livello dell'acqua. Secondo le fonti dell'epoca, durante lo scavo fu rinvenuto un sepolcro pre-etrusco.

ROCCA. Oggi sistemata a giardino pubblico con ingresso presso la stazione della funicolare, fu innalzata per ordine del cardinale Albornoz nel 1364 col contributo progettuale degli architetti militari Ugolino di Montemarte e Giovanni Orsini. Distrutta nel 1390, venne rifatta nel 1450-57 per volere di papa Niccolò V, con l'aggiunta del torrione. Rovinata nell'interno nel 1831, ne furono colmati all'esterno i fossati nel 1888 per i lavori della funicolare. Il ripristino del cammino di ronda lungo tutto il perimetro degli spalti consente di avvicinarsi alla tardo-duecentesca *porta Postierla* o *della Rocca*, inglobata nel recinto trecentesco, di forma ogivale a duplice arcata (in alto, entro nicchia, statua di *Bonifacio VIII*, di fine XIII secolo).

CORSO CAVOUR. In asse con l'ingresso della Rocca, il corso (v. anche pag. 585) si dirige verso il centro monumentale, inizialmente alberato e restringendosi poi tra cortine edilizie di antico aspetto. A destra, nella laterale via Belisario, sorge la chiesa di *S. Maria dei Servi*, fondata nel 1259 e completamente trasformata in stile neoclassico da Virginio Vespignani; nell'unica navata, acquasantiera della fine del '400 e, nella cappellina a destra dell'ingresso, *Crocifisso* ligneo trecentesco ed affreschi di Pietro di Nicola Baroni.

L'edilizia popolare medievale è esemplificata dalla casa al N. 248, con scala esterna, cui segue la chiesetta romanica di **S. Stefano**, caratterizzata dall'absidiola pensile sul muro rivolto alla via omonima; nell'interno, frammenti di affreschi del XV secolo. Dopo buon tratto si dispone, arretrata a sinistra, la chiesa di *S. Michele Arcangelo*, di moderno aspetto ma di fondazione antica, come documentano resti dei secoli XII-XIV nell'ambiente ora adibito a sagrestia.

Avvicinandosi al centro (le laterali a sinistra aprono scorci sul Duomo), ancora una *casa* medievale (N. 152) e poi il tono edilizio s'innalza, mostrando inserti di riqualificazione a partire dal XVI secolo. A quest'epoca risale il **palazzo Guidoni** (N. 173), da alcuni riferito a Ippolito Scalza, cui segue l'incompiuto **palazzo Petrucci** (N. 151), commissionato dalla famiglia senese a Michele Sanmicheli, di cui sono notevoli le finestre. A questo si addossa il vasto *palazzo della Greca-Alberi,* il cosiddetto **Palazzaccio**, palinsesto di interventi di varie epoche con spiccati elementi architettonici dei secoli XIII e XV.

TEATRO CIVICO. Fronteggia il palazzo Petrucci. Inaugurato nel 1866 e intitolato poi al musicista orvietano Luigi Mancinelli, fu commissionato a Giovanni Santini nel 1844 e proseguito da Virginio Vespignani, che operò con gusto eclettico neo-cinquecentesco. Tutti gli ambienti interni furono ornati da Annibale Angelini con grottesche, putti e festoni desunti dalla decorazione classica romana, mentre Cesare Fracassini dipinse a tempera le figure e il sipario (*Belisario libera la città di Orvieto dall'assedio dei Goti*, 1866); un secondo sipario, eseguito dall'Angelini, raffigura entro prospetto architettonico la *Gloria* e, sotto, l'*Aurora*.

Nella via Nebbia, che fiancheggia il teatro, rimane la medievale *torre Orfei*. In pochi passi il corso raggiunge il palazzo dei Sette (pag. 585) e di qui piazza della Repubblica.

I DINTORNI DI ORVIETO

Dell'esteso contado che storicamente è stato alla base dell'economia orvietana, quasi esclusivamente agricola, la parte più prossima all'insediamento urbano, e cioè la valle che circonda la rupe con le colline circostanti, è costellata di interessanti siti archeologici e naturali (le formazioni tufacee di Rocca Ripesena a nord-ovest e di Rocca Sberna a sud-est) e di emergenze architettoniche collegate, nelle varie epoche, direttamente alla città da una rete viaria diversa dall'attuale. I processi insediativi medievali trovano significativa evidenza nel tessuto di nuclei rurali, chiese, abbazie e torri fortificate che testimoniano la precoce e intensa urbanizzazione del territorio agricolo. La carta degli itinerari è a pag. 628.

ALLA *NECROPOLI DI CROCIFISSO DEL TUFO: km 1.6 da Orvieto, al piede settentrionale della rupe, raggiungibile sulla statale 71. Databile attorno alla metà del secolo VI a.C., con sviluppi sino al III, è costituita da più serie di piccole tombe a camera, allineate lungo vie sepolcrali, costruite in blocchi di tufo, con panchine di deposizione e col soffitto formato da massi sempre più sporgenti e recanti sull'architrave della porta un'iscrizione col nome del defunto. Scavata dal 1830 in forma disorganica, disperdendo i migliori reperti tra il Louvre, il British Museum e altre collezioni estere, fu in parte esplorata con criteri scientifici nel 1880 soprattutto da Gian Francesco Gamurrini, e ancora sistematicamente nel secondo Novecento. La necropoli fu lottizzata sulla base di una precisa pianificazione dello spazio – fortemente evocativa di una struttura urbana – progettata e rigorosamente applicata all'atto della formazione dell'area cimiteriale, costituendo per questo un esempio di straordinario interesse di 'piano regolatore' d'età arcaica. Particolarmente notevole è il gruppo di tombe rimesse in luce con gli scavi novecenteschi, che hanno restituito importanti corredi funerari (in parte al Museo «C. Faina» e, dal 1983, nel Museo Archeologico nazionale di Orvieto).

NECROPOLI DI CANNICELLA. Situata nel lato meridionale della rupe, fu in uso dalla fine del VII al III secolo a. C. ed era costituita da tombe a camera e cassone. Nei pressi della necropoli, parzialmente scavata nell'800 e ricoperta, è venuto alla luce un muro in opera quadrata che delimita una serie di ambienti e vasche appartenenti a un santuario (in corso di scavo) nel quale fu rinvenuta la Venere di Cannicella (ora al Museo «C. Faina», pag. 615).

ALL'*ABBAZIA DEI SS. SEVERO E MARTIRIO: km 3, sulla statale 71, che in piano sottopassa l'acquedotto medievale (pag. 619), quindi a destra. L'importante complesso monastico, di origine alto-medievale, fu tenuto dai Benedettini fino al 1221, quando subentrarono i Premostratensi francesi. I vari edifici che lo compongono sono riferibili

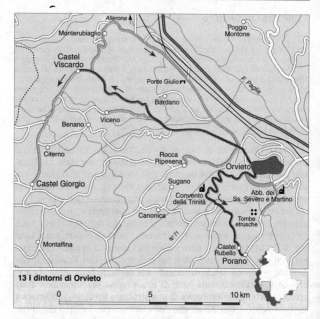

13 I dintorni di Orvieto

0   5   10 km

a tre successive fasi costruttive: romanico-lombarda (chiesa e torre), della seconda metà del XII secolo; borgognona-premostratense (palazzo abbaziale e atrio della chiesa), del 1240 circa; borgognona-cisterciense (ala occidentale), del 1260.

ABBAZIA (ora adibita ad albergo). Il primo edificio che s'incontra è l'**oratorio del Crocifisso**, l'antico refettorio, con interno a una navata lievemente ogivale: nella parete di fondo, affresco raffigurante *Crocifisso con i Ss. Maria Maddalena, Agostino, Severo, Giovanni, Elisabetta, Battista e Martirio*, di un maestro di cultura romana dell'ultimo quarto del XIII secolo. A sinistra sono le rovine dell'**Aula capitolare**, di cui sussiste la volta ogivale formante un arco, attraverso il quale si ha una bella veduta della rupe d'Orvieto e del Duomo. Si entra quindi nel cortile, nel cui fondo è la **Casa abbaziale** (ora ristorante), di stile cisterciense, di bellissimo impianto ad archi al pianterreno e superiormente aperto da bifore.

**CHIESA ANTICA. Costruita nel XII secolo, vi si accede per il magnifico e grandioso arco del 1221. L'interno è a una navata a tre campate (in origine erano quattro) coperte da volta a vela su arconi trasversali e con bel pavimento cosmatesco. La chiesa antica è stata rivestita da nuove murature forse a scopo

di rafforzamento. Sotto la mensa dell'altare, due bassorilievi romani; nel capitello del pilastro sin. si crede di leggere la data 1100, composta da una M e da dieci X. Per una scaletta nello spessore del muro si accede al coro sopra al portico: l'absidiola è decorata da un affresco (non finito) raffigurante *Cristo crocifisso, la Vergine e la Maddalena, S. Giovanni Evangelista e il Battista*, dello stesso artista che affrescò l'oratorio del Crocifisso. Ridiscesi, si entra nelle cappelle intercomunicanti che ora servono da sagrestia: nella prima, dipinta con un finto velario azzurro ora virato in malachite e quindi in verde, con decorazioni floreali, *Annunciazione e S. Cristoforo*; nella seconda, altra *Annunciazione* e *Madonna col Bambino fra i Ss. Agostino e Severo* (sec. XIV e XV).

Il *CAMPANILE dodecagonale, analogo a quello di S. Andrea di Orvieto (pag. 583), fu innalzato nel XII secolo. Ha nell'alto un giro di bifore e sopra di monofore, quindi i merli di coronamento; sporgono nell'alto vari modiglioni.

TOMBE ETRUSCHE DEI SETTECAMINI. Raggiungibili dall'abbazia in ulteriori 2 km per una strada in salita verso sud-ovest, furono rinvenute nella seconda metà dell'800. Appartengono al periodo tra la seconda metà del IV e l'inizio del III secolo a.C.; le pitture che ne decoravano le pareti sono state staccate e ora conservate nel Museo Archeologico nazionale di Orvieto (per la visita rivolgersi al custode sul posto).

A PORANO: km 9.4, inizialmente sulla statale 71 verso Montefiascone che tocca, presso il cimitero, la chiesa di **S. Lorenzo in Vineis**, edificio a pianta centrale eretto nel 1556-61 da Raffaello da Montelupo; nell'interno, sull'altare maggiore attribuito a Ippolito Scalza, affresco staccato (*Madonna col Bambino*) della prima metà del XV secolo. In bellissimo contesto panoramico la statale raggiunge l'ex **convento della Trinità**, con chiostro nelle cui lunette decorazioni della fine del '600; in un ambiente, *Ultima Cena* (1430), e in un braccio (ora murato) altri dipinti murali in terra verde forse del Pastura, autore degli affreschi che ornano la chiesa.

Poco oltre, km 6, si stacca a sinistra una strada per **Castel Rubello** m 430, aggregato attorno al castello medievale. Nei pressi del borgo si trova la *tomba etrusca degli Hescanas*, che conserva tracce delle pitture che la decoravano di cui è riconoscibile, sulla parete a destra dell'ingresso, una biga guidata da un personaggio ammantato, «Laris Hescanas», e tirata da cavalli rossi con criniere gialle (per la visita, rivolgersi al custode sul posto). Castel Rubello è unito amministrativamente a **Porano** m 444, ab 1724 (1113), centro murato su uno sperone di tufo. Nella *parrocchiale* meritano segnalazione due affreschi (*S. Biagio* e *Annunciazione*), di scuola orvietana dei secoli XIV-XV, e un'acquasantiera di Rutilio Laurenzi (1608).

A CASTEL VISCARDO: km 12.6, per una strada panoramica in direzione nord-ovest che lascia a sinistra *Rocca Ripesena* m 368, sito di particolare pregio paesistico per gli scenari creati dall'azione erosiva delle acque sul tavolato vulcanico. Segue, ancora a sinistra, un collegamento per **Viceno** m 489, piccolo borgo arroccato ai piedi del castello del IX secolo, appartenuto poi ai Monaldeschi. **Castel Viscardo** m 507, ab. 3002 (2661), è rinomato per le antiche fornaci di laterizi, che vengono ancora fatti a mano per il restauro dei monumenti storici. L'abitato, formatosi attorno al *Castello* medievale dei Monaldeschi della Cervara, fu poi feudo dei Veralli e quindi passò in dote a Orazio Spada (1636), che ne rinnovò le strutture edilizie. La **parrocchiale dell'Annunziata** fu ricostruita nel 1672-82 e completata della facciata nel 1687 su progetto di Giuseppe Brusato Arcucci

Nell'INTERNO, l'apparato di altari e dipinti fu patrocinato dagli stessi Spada, ispirandosi ai complessi decorativi delle varie cappelle di famiglia a Roma. Sul 1° altare sin., *Madonna in trono col Bambino circondata da angeli*, *S. Carlo Borromeo*, *S. Ignazio di Loyola*, replica autografa, con variante, del dipinto che Carlo Maratta eseguì per la Chiesa Nuova a Roma; al 2°, *Genealogia della Madonna*, copia tardo-cinquecentesca del dipinto eseguito dal Perugino, ampliato nel 1687 da Giacomo Wernle, cui spetta anche la *Madonna col Bambino*, *S. Caterina e S. Bartolomeo* (1688). Sull'altare maggiore, *Annunziata* di Niccolò Tornioli (1683; notare la splendida natura morta in primo piano). Inoltre, prezioso *Cristo crocifisso* in avorio (XVII secolo).

NECROPOLI ETRUSCHE. Presso l'abitato è venuta alla luce una grande necropoli con tombe a camera databili fino dal VI secolo a.C., analoghe per caratteristiche e corredi a quelle volsiniesi. Anche **Castel Giorgio** m 559, ab. 2211 (2243), in bella posizione tra boschi (6.5 km circa a sud-ovest di Castel Viscardo), conserva i resti di importanti necropoli etrusche, probabilmente legate alla realtà urbana di «Volsinii Novi», identificabile nell'attuale Bolsena.

DA CASTEL VISCARDO A ORVIETO PER MONTERUBIAGLIO: km 18.8. In alternativa al percorso di andata, si può far ritorno in città per un'altra strada che, in viva e panoramica discesa su Orvieto e sulla valle del Paglia, tocca, km 3.4, **Monterubiaglio** m 340, piccolo centro collinare in bella posizione su un declivio dominante la valle del Paglia, in una zona ricca di acque termali. L'area, di interesse naturalistico, ha estese colture di oliveti e vigneti che producono un pregiato passito «vin santo». Resti di ponti e di terme e alcune iscrizioni testimoniano le origini etrusco-romane dell'abitato. Il nucleo si raccoglie attorno al *castello* medievale, che fu a lungo dimora dei Monaldeschi della Cervara, che lo ristrutturarono a metà Duecento ricavando nei sotterranei la chiesa di *S. Maria della Rosa*. La parrocchiale dei *Ss. Giovanni Battista e Antonio Abate* fu ricostruita dopo il terremoto del 1695.

Si lascia a sinistra un collegamento per (km 8.8) **Allerona** m 472, ab. 1810 (1704), caratteristico paese tra boschi, che conserva l'assetto del castello feudale, importante baluardo del Comune di Orvieto verso Chiusi (resti delle mura e due porte). La strada raggiunge Orvieto passando vicino ai ruderi (abbandonati dal fiume) del *ponte Giulio*, ricostruito per volere di Giulio II in sostituzione di quello medievale.

14 IL SISTEMA COLLINARE OCCIDENTALE

L'AMBIENTE E LA STORIA

GLI ASSETTI TERRITORIALI. Nel 1503, su consiglio e su pressione di Niccolò Machiavelli, la Repubblica fiorentina chiese a Leonardo da Vinci una proposta di sistemazione della Valdichiana per risolvere i secolari problemi di un territorio e di un bacino idrico con ingenti acque stagnanti, che solo in parte confluivano nell'Arno e, attraverso il Chiani, nel Tevere. La veduta della valle con le colline che la chiudono da Arezzo a Orvieto, disegnata da Leonardo a 'volo d'uccello' (ora nella Royal Library di Windsor), è una sintesi geniale dei caratteri geomorfologici e storico-ambientali visualizzati per la prima volta ad ampia scala territoriale, e in un momento discriminante tra gli assetti medievali e le trasformazioni di epoca moderna. La Valdichiana si era formata in uno dei golfi del mare pliocenico, trovando la sua conformazione attuale di pianura alluvionale al principio del Quaternario; e se alcuni studiosi hanno cercato di sostenere che l'uomo, già insediato sul monte Cetona, abbia potuto assistere alle eruzioni vulcaniche di Bolsena, ciò prefigura, se non altro, la tendenza che si manifesterà chiaramente in epoca storica ad abitare sulle alture, distanti dalle acque incontrollabili e malsane della valle.

IL SISTEMA INSEDIATIVO. Prescelta in epoca etrusca e romana per i collegamenti verso il nord, la Valdichiana fu attraversata nella sezione meridionale, da Orvieto a Chiusi, dai tracciati della Cassia e della Traiana Nuova, coincidenti nell'ultimo tratto. Tutti i castelli e i borghi fortificati della valle, costruiti nel Medioevo, furono situati al di sopra dell'isoipsa dei 300 metri e quelli dell'area che qui interessa, tra Orvieto e Città della Pieve, si trovavano allora nel contado orvietano, esteso a nord come giurisdizione fino a Cetona (1278) e come area di influenza fino a Chianciano (1287). La maggior parte di questi centri medievali di collina, non lontani dal letto sassoso del Chiani che scorreva tra i boschi prima di raggiungere il fiume Paglia sotto Orvieto, è ancora esistente e ha costituito per secoli un sistema insediativo abbastanza omogeneo, sia dal punto di vista del rapporto uomo-ambiente che rispetto all'organizzazione produttiva; questa era fondata sulle coltivazioni a mezzadria di grano, vite e olivo, integrando la prevalente economia agricola con la pastorizia, la pesca, i pedaggi sui guadi e il taglio dei boschi. Gli impianti urbanistici sono quelli tipici degli insediamenti collinari, quasi sempre circondati da mura; nell'architettura, abbandonati progressivamente il tufo e la pietra scura basaltica presenti nella zona vulcanica, diventa dominante l'impiego del mattone e della pietra bianca.

LE BONIFICHE E LA NUOVA VIABILITÀ. Dal XVI secolo divenne sempre più pressante – anche per ragioni di controllo politico su un'area innaturalmente attraversata dal confine tra lo Stato della Chiesa e quello di Firenze – la regimazione di tutte le acque della Valdichiana, attraverso interventi che interessavano direttamente le popolazioni della zona ma indirettamente anche Roma e Firenze, i centri decisionali dove quelle acque, oltre tutto, affluivano. Agli interventi sporadici e tutt'altro che risolutori (piccoli canali e colmate) seguirà, sotto il granduca Pietro Leopoldo, una politica più incisiva di riforma affidata all'ingegnere Vittorio Fossombroni; questi prestò la sua opera anche dopo la restaurazione, inquadrando i problemi della bonifica in una visione più globale che contemplava anche soluzioni nuove per la viabilità dell'area. Il progetto del Fossombroni prevedeva, in linea di massima, il ripristino dell'antica Cassia secondo un tracciato vallivo pianeggiante e diritto, per collegare velocemente Città della Pieve con Orvieto creando un'alternativa valida al percorso Firenze-Roma, ma nelle trattative con il papa prevalse una soluzione di compromesso che portò alla realizzazione della cosiddetta Cassia orvietana. Su progetto del Federici, ingegnere pontificio, fu costruita tra il 1828 e il 1835 la strada che ancora collega i centri di Orvieto e Città della Pieve seguendo un tortuoso tracciato collinare che deve superare anche la vetta del monte Nibbio (544 m) e che, rispetto all'altra che avrebbe costeggiato i calanchi della valle, risulta almeno più varia dal punto di vista panoramico.

IL NOVECENTO. Se con la bonifica leopoldina si erano create le condizioni per un incremento demografico, la più generale crisi dell'agricoltura nel dopoguerra ha invece prodotto il risultato contrario, ossia lo spopolamento delle campagne e dei centri più isolati. La costruzione dell'autostrada del Sole ha aiutato la ripresa economica, trasferendo a valle le attività produttive e ha permesso ai paesi e ai borghi sulle colline di riconvertirsi in luoghi di villeggiatura mantenendo anche in vita l'artigianato tradizionale.

14.1 DA ORVIETO A CITTÀ DELLA PIEVE

Il percorso, di 42 km (carta a pag. 634), utilizza la statale 71 Umbro-Casentinese-Romagnola. Il paesaggio, prevalentemente collinare, è vario e anche la vegetazione naturale e le stesse colture (rinomate quelle viticole) mutano nel passaggio dai calanchi cretosi del fondovalle alle zone più elevate, con vasta copertura boschiva. Articolati rilievi bordano le aree pianeggianti corrispondenti alle valli alluvionali del Paglia, tributario del Tevere, e del Chiani. Questo torrente ha origine nella Chiana Romana al cosiddetto «argine di separazione», costruito nel 1782 presso il luogo dove poi sorse la stazione ferroviaria di Chiusi, quando per accordi tra i governi pontificio e granducale fu stabilito che i laghi di Montepulciano e di Chiusi e parte della Chiana, che versavano le loro acque nel Tevere, fossero deviati nell'Arno.

DA ORVIETO A FICULLE. Lasciata la città sulla statale 71, si varca il Paglia e poi il Chiani presso la **villa Ciconia**, nell'omonima *frazione* suburbana m 120, di moderna formazione; l'edificio (ora adibito ad albergo) fu eretto per i Buzi su progetto di Ippolito Scalza. Propaggini dell'espansione in piano di Orvieto accompagnano fino ai primi rilievi collinari che immettono, a una quota maggiore, al Pian del Vantaggio oltre il quale la strada rasenta le case di **Bagni** m 311, «villa» tardo-medievale successivamente evoluta in castello della vicarìa di Ficulle. Continuando a salire si oltrepassa a sinistra la discesa per il **castello della Sala**, visibile dall'alto tra i vigneti con la sua mole poligonale e l'imponente torre cilindrica, isolata a presidio dell'ingresso. Facente parte della cintura fortificata a nord di Orvieto, passata nel XVI secolo all'Opera del Duomo, è ora al centro di un'azienda vitivinicola degli Antinori; nella cappella, affreschi del XV secolo. Con vista a sinistra sulla valle del Paglia, si guadagna il **valico di Monte Nibbio** m 544, in bellissima situazione panoramica sul solco del Chiani.

FICULLE m 437, ab. 1708 (2179), dove si giunge al km 19, su un colle a dominio della valle del Chiani, si sviluppò come piviere del territorio orvietano (così è citato nel catasto del 1292), organizzandosi con impianto «a fuso» protetto da una cinta muraria con due torri a guardia dell'accesso. Come altri castelli vicini, fu dei Filippeschi (fino al 1313), dei Monaldeschi della Vipera e si resse quindi con proprio statuto. Nell'abitato, hanno rilevanza la parrocchiale di *S. Vittoria*, costruita su disegno dello Scalza, e la duecentesca chiesa di *S. Maria Vecchia*, con portale gotico; all'interno, frammenti di affreschi del XV secolo e *Annunciata*, statua lignea del XIV secolo. A Ficulle è ancora viva la produzione artigianale di terrecotte invetriate di gusto popolare.

14.1 Da Orvieto a Città della Pieve

0   5   10 km

LA VALLE DEL CHIANI.
Oltrepassato l'ex *convento dei Cappuccini*, ora casa di riposo per anziani (nella chiesa, *Madonna delle Grazie*, affresco tre-quattrocentesco), la strada scende a risvolte verso la valle del Chiani, offrendo splendide visuali. Sul versante sinistro del torrente si stende un complesso forestale demaniale con esemplari anche monumentali di leccio, cerro e roverella; sui bassi versanti alla destra idrografica, il paesaggio è invece caratterizzato dalla formazione di calanchi, erosi nei teneri terreni argillosi. Lungo le sponde cresce una vegetazione ripariale caratterizzata da pioppi e salici; l'interesse faunistico è dato dalla frequente presenza di uccelli acquatici. Si varca il torrente presso la stazione ferroviaria di Fabro-Ficulle: in successione, divergono due diramazioni che mandano a destra a Parrano e a sinistra al nucleo antico di Fabro, che ha generato nel fondovalle l'agglomerato di *Fabro Scalo* m 242.

A PARRANO: km 9. Al principio di questa strada si dispone **Carnaiola** m 350, «castrum» costruito attorno al Mille dagli Orvietani per vigilare sul guado del Chiani nel luogo dove, dall'età romana, esisteva come argine praticabile il cosiddetto «muro grosso»; ricostruito con quattro bastioni angolari nel XVI secolo, quando passò dai Filippeschi ai conti di Marsciano, il possente *castello* (all'interno, affreschi del XVI-XVII secolo) dette origine al borgo d'impianto lineare. Proseguendo si sale a **Parrano** m 441, ab. 586 (872), borgo di forma allungata su un crinale a sinistra del Chiani, sorto in funzione del *castello* nell'XI secolo, poi sottomesso a Orvieto. Non lontano, in località Tane del Diavolo, si trova il sito preistorico più antico del territorio orvietano, formato da un complesso di grotte frequentate dal Paleolitico superiore all'età del Bronzo finale.

FABRO m 364, ab. 2735 (2500), su un panoramico colle alla destra del torrente (km 4 dal bivio), condivide con gli altri insediamenti della valle la matrice fortificata: nucleo generatore è infatti il castello con caratteristica forma «a mandorla», attestato su una strada di crinale; fondato attorno al Mille, fu restaurato nel '400 e ancora nel '500 con intervento progettuale di Antonio da Sangallo il Giovane. Pochi chilometri a nord-ovest dell'abitato è **Salci** m 322, borgo-castello medievale (XIV-XVI secolo) strutturato attorno a due corti murate, riconvertito a usi agricoli; nel 1568 fu istituito da Pio V in ducato.

MONTELEONE D'ORVIETO m 500, ab. 1615 (1786), dove la statale, ripresa l'ascesa sulla dorsale collinare, giunge al km 35, si protende sulla valle da posizione strategica. Da un «castrum» dell'XI secolo, di forma ovale, costruito come postazione difensiva sulla strada per Perugia, si sviluppò il borgo lungo il costone roccioso, impostato su tre strade parallele regolarmente pianificate all'inizio del Trecento. Nell'abitato sorge la collegiata del *Ss. Pietro e Paolo*, al cui interno è una tavola raffigurante la *Madonna col Bambino e i santi titolari* sovrastata da una *Pietà* di scuola del Perugino (ridipinta). La chiesa del *SS. Crocifisso (1637)* è arricchita da un monumentale altare barocco. Il *teatro comunale dei Rustici*, già Palazzo comunale, fu così configurato nel 1732. Da Monteleone, la statale raggiunge Città della Pieve in ulteriori 7 km, dopo aver lasciato a destra la statale Pievaiola per Perugia (descritta a pag. 643).

DA MONTELEONE D'ORVIETO A MONTEGIOVE: km 11.5 verso est. Su questo percorso si attestano paesi che hanno la comune origine di presidî fortificati. **Montegabbione** m 594, ab. 1254 (1517), a circa 5 km, è cinto dalle mura medievali che racchiudono una struttura viaria ortogonale, imperniata sulla piazza centrale e vigilata da torri di avvistamento. Fuori le mura è la chiesa della *Madonna delle Grazie* (1625), ornata all'interno da un affresco (*Madonna del Latte*) del XVI secolo. Proseguendo, si discosta sulla destra *Castel di Fiori* m 540, cui segue **Montegiove** m 627, entrambi nuclei medievali nell'orbita dei possedimenti feudali dei conti di Marsciano. Fuori da Montegiove è l'ex *convento* francescano *della Scarzuola*, al quale Tommaso Buzzi ha affiancato le architetture fantastiche di una 'città ideale'.

14.2 Città della Pieve

Città della Pieve m 509, ab. 6828 (6453), sorge in posizione dominante sulla Valdichiana, non lontana dal confine con la Toscana, su un panoramico rilievo del sistema collinare digradante a nord verso il lago Trasimeno e a ovest verso la verde valle del Chiani. Avamposto fortificato della Tuscia longobarda in avvistamento di Perugia bizantina, poi centro di confine tra lo Stato della Chiesa e il Granducato di Toscana, la cittadina ha vissuto un ruolo politico-territoriale marginale, che tuttavia ha consentito l'autonoma elaborazione di apporti storico-culturali differenti, dai quali deriva la notevole qualità urbana e l'altrettanto significativa consistenza del patrimonio monumentale e d'arte. Un carattere del tutto particolare all'ambiente urbano è dato dalla diffusa utilizzazione del mattone (di cui la città fu rinomata produttrice dal Medioevo), che esalta l'armonia delle antiche cortine edilizie impreziosite dagli ornati in cotto, nelle quali si inseriscono architetture rinascimentali e sette-ottocentesche. Tra gli illustri Pievesi, Pietro Vannucci, nato in città verso il 1450, che durante gli studi giovanili a Firenze ebbe lo pseudonimo di Perugino, ma che nello Stato della Chiesa sempre si firmò «Petrus de Castro Plebis». Nella pagina a fronte, la pianta storico-urbanistica della città.

I CARATTERI DELL'INSEDIAMENTO NELLA VICENDA STORICA

In città non sono note testimonianze di frequentazione anteriori all'età alto-medievale. La campagna attorno all'abitato, in particolare ai piedi del colle verso Chiusi, era invece costellata di piccoli insediamenti rurali di epoca etrusca ellenistica, dei quali si conservano piccole necropoli con tombe a camera e a nicchiotti, che hanno restituito urne cinerarie e corredi ora conservati in vari musei in Italia e all'estero e in collezioni private.

IL CASTRUM PLEBIS. Sul punto più alto del colle, già fortificato, sorse in epoca longobarda la pieve dei Ss. Gervasio e Protasio attorno alla quale si formò, prima dell'anno Mille, un borgo murato di forma ovata, cioè quel «castrum» che assieme all'edificio di culto sarà all'origine del toponimo citato nei documenti più antichi: Castrum Plebis Sancti Gervasii. L'insediamento (altimetricamente discosto dai miasmi del fondovalle) si sviluppa in relazione al crescente impaludamento della Valdichiana ed è favorito dall'essere la città toccata dalla via commerciale dell'Alpe di Serra, grosso modo sulla direttrice dell'odierna statale umbro-casentinese-romagnola, non lontana dalla Via Francige-

CITTÀ DELLA PIEVE

0   100 200 m

Principali fasi di sviluppo del centro storico

— Mura del sec. XIII e porte:
1 Porta del Casalino (rifatta nel 1827)
2 Porta del Prato (demolita)
3 Porta del Vecciano (rifatta nel 1827)
4 Porta del Castello (demolita)
5 Duomo (sec. VIII, rifatto nel XIII e nel XVII)
6 Palazzo della Corgna (sec. XVI)
7 Palazzo Bandini (sec. XIV-XVI)
8 Rocca (1326)
9 S. Francesco (sec. XIII, ripresa nel XVIII)
10 S. Agostino (sec. XIII)
11 S. Maria dei Servi (1343)
12 S. Pietro (sec. XIII, rifatta nel XVI e nel XVII)

na. Due strade, collegate alla viabilità territoriale, raggiungevano il Castello della Pieve seguendo le creste del colle e incontrandosi proprio sullo spigolo settentrionale della chiesa-fortezza; lungo queste due spine viarie leggermente sinuose si espanderanno i borghi dal tardo secolo XII, accrescendosi secondo la dinamica che il libero Comune ghibellino, limitando le tendenze egemoniche di Orvieto e di Perugia, riuscì a controllare fino a metà Duecento.

LE PIAZZE CENTRALI E I BORGHI. All'incrocio dei due assi principali, negli spazi lasciati liberi attorno alla pieve, ricostruita in forme romaniche e alla quale furono aggiunti un porticato e un'imponente torre civica, si articola il centro urbano con i palazzi pubblici. Lungo i tracciati extramurari delle due strade si espandono i borghi nelle tre direzioni che ancora oggi trovano un riscontro topografico nei terzieri Castello (a sud-ovest), Casalino (a nord) e Borgo Dentro (a sud-est). La città fu racchiusa da una solida cinta muraria più ampia (metà secolo XIII) e a tratti evidente tuttora. Nel secondo '200, presso le porte principali si attestarono altrettanti insediamenti monastici: S. Maria dei Servi presso la porta del Vecciano o Romana, S. Francesco presso la porta del Prato o Perugina, S. Agostino presso la porta del Casalino o Fiorentina.

LA FISSAZIONE DELLA FORMA URBANA. La struttura urbanistica così configurata alla fine del Duecento, secondo la logica tipica dei centri collinari medievali – nel caso specifico, con evidenti analogie con Siena, alla quale Città della Pieve si sarebbe ispirata condividendo il ghibellinismo filoimperiale e in contrasto con la guelfa Perugia – lasciava presumere un ampliamento delle mura almeno fino all'inglobamento dei siti conventuali. Non si verificarono invece, nel '300, le condizioni politiche per un'ulteriore espansione, suggellata nella forma dalla costruzione della Rocca voluta dai Perugini (1326) per controllare Castel della Pieve sempre ribelle.

IL RINNOVAMENTO TRA CINQUE E SEICENTO. Nei secoli successivi il Castello, sempre ambìto per la sua posizione strategica, fu occupato da capitani di ventura (Braccio Fortebracci, Biordo Michelotti, i Bandini) fin quando, separato dalla delegazione di Perugia, passerà sotto il diretto controllo della Santa Sede (1527) e papa Giulio III del Monte lo concederà in governatorato al nipote Ascanio della Corgna (1550). Con l'avvento dei Della Corgna e la successiva creazione di una sede vescovile, Castel della Pieve ottenne anche il titolo di città (1600) e l'odierna denominazione. Furono questi i presupposti del rinnovamento edilizio che produrrà interventi anche significativi (palazzo Bandini, palazzo della Corgna, ristrutturazione della Cattedrale, Palazzo vescovile).

TRA SETTE E OTTOCENTO. Altri interventi di riqualificazione interesseranno il tessuto urbano nel secolo XVIII, che segna una fase di vitalità della cittadina a seguito della ripresa della bonifica (questa volta definitiva) della Chiana e, dopo il Concordato tra Pio VI e Pietro Leopoldo (siglato nel 1780 in S. Agostino), l'insediamento della Prefettura pontificia delle Acque (1783). La nuova stagione costruttiva, inaugurata dal grandioso palazzo della Fargna, porta in città i modelli del tardo-barocco romano, che improntano anche il rinnovamento degli interni. Gli inserti edilizi del successivo secolo, in non pochi casi affidati all'architetto perugino Giuseppe Santini (teatro degli Avvaloranti, i palazzi Taccini e Cartoni), trovarono misurata sistemazione nel tessuto urbano senza incidere sugli assetti storici, che tuttora qualificano la città.

MANIFESTAZIONI TRADIZIONALI. Vanno ricordate quelle tipiche di ciascun terziere: il Presepe monumentale, da Natale all'Epifania, nei sotterranei del palazzo della Corgna (terziere Castello); i Quadri viventi, che evocano scene dalla Passione alla Risurrezione nella Settimana santa, nei sotterranei del palazzo Orca (terziere Borgo Dentro); l'Infiorata, che riprende antichi riti di primavera la domenica più vicina al 21 giugno, festa di san Luigi Gonzaga, patrono del terziere Casalino. I terzieri si sfidano nel Palio della penultima domenica d'agosto, che ricorda la quattro-cinquecentesca «caccia del Toro», che metteva in campo esemplari di razza chianina, oggi più opportunamente sostituiti da sagome in legno.

LE PIAZZE CENTRALI. Perno dell'articolazione urbana è l'area formata dalle *piazze Gramsci* e *Plebiscito*, aperte nel punto più elevato del colle e ruotanti attorno alla mole del Duomo. Area pubblica della città comunale, era in origine più ampia per accogliere, oltre alla pieve, gli edifici rappresentativi di Castel della Pieve: la svettante torre civica e i palazzi dei Priori e dei Consoli (poi distrutto).

DUOMO. Dedicato ai Ss. Gervasio e Protasio, sorge sul luogo della primitiva pieve, edificata probabilmente all'inizio dell'VIII secolo, ricostruita più ampia verso la metà del XIII, completamente rinnovata nel XVI e riconsacrata nel 1584, quindi nuovamente trasformata a seguito dell'elevazione a Cattedrale (1600). Avanzi decorativi della costruzione gotica si riconoscono nella parte inferiore della facciata e nell'abside.

INTERNO a croce latina a una navata con cappelle laterali. In controfacciata, affreschi di Annibale Ubertis (1895). Nella 1ª cappella d., grande *Crocifisso* ligneo attribuito a Giovanni Teutonico (sec. XVI); nella 2ª, *Madonna col Bambino, due angeli e due santi*, tavola di Domenico Alfani (1521); la 3ª cappella, più ampia, fu affrescata da Giacinto Boccanera nel 1714 con *storie dell'Antico Testamento*. Nel transetto d., *Madonna col Bambino e i Ss. Domenico e Caterina,* tela di Salvio Savini (c. 1580). Nel presbiterio, tre opere di grande qualità: alla parete d., *Madonna con i Ss. Giovanni Evangelista, Giovanni Battista, Pietro martire e il beato Giacomo Villa,* tavola di Giannicola di Paolo; a quella sin., *Madonna col Bambino e santi,* attribuita a Salvio Savini; sul fondo dell'abside, **Madonna col Bambino e i Ss. Pietro, Paolo, Gervasio e Protasio**, tavola del Perugino (firmata e datata 1514). Nel catino absidale, affreschi raffiguranti l'*Eterno benedicente fra angeli musicanti e cherubini* di Antonio Circignani. Il coro ligneo è opera di Rasimo Marini della Fratta (1576). Nel transetto sin., *Madonna del Carmelo fra santi,* attribuita ad Antonio Circignani, cui si deve anche lo *Sposalizio della Vergine* nella 2^a cappella sin.; nella 1^a, *Battesimo di Gesù,* tavola del Perugino (circa 1510). Sotto l'abside si stende una costruzione su colonne e pilastri che reggono archi gotici, già ritenuta la cripta ma più probabilmente la loggia superstite del palazzo dei Consoli (distrutto dai Perugini nel 1250), inglobata nella ristrutturazione della Cattedrale.

RACCOLTA D'ARTE. Di pertinenza della Curia, vi si accede dal transetto destro (generalmente la domenica pomeriggio). Comprende materiale decorativo appartenente alle diverse fasi costruttive della chiesa e opere provenienti dalla città e dal territorio; tra queste, *stendardo della Compagnia dei Ss. Sebastiano e Rocco* di Giacinto Boccanera e *Risurrezione di Lazzaro* di Cesare Nebbia.

TORRE DEL PUBBLICO. La torre civica si addossa alla facciata del Duomo. Già pertinente al sistema difensivo del *Castrum Plebis,* è inferiormente romanica e in travertino (secolo XII), superiormente in mattoni (secolo XIV). Le aperture sovrapposte, crescenti dalla monofora alla polifora, echeggiano forme del romanico lombardo diffuse in Toscana. Fronteggia il Duomo e la torre il *palazzo dei Priori,* fino al 1875 sede del Municipio: fondato agli inizi del '300 come residenza dei priori delle Arti, è stato a più riprese manomesso, soprattutto nell'800, con il mutare delle destinazioni d'uso (scuole, abitazioni).

PALAZZO DELLA CORGNA. Affacciato su piazza Gramsci, è una grandiosa architettura ideata da Galeazzo Alessi per Ascanio della Corgna, che nel 1550 era stato nominato dallo zio Giulio III governatore perpetuo di Castel della Pieve. L'edificio si compone di tre corpi articolati attorno all'armonioso cortile, di ispirazione vignolesca. Nel 1793 il palazzo passò ai Mazzuoli, che apportarono alcune modifiche. Dal 1975 di proprietà comunale, è sede di un centro universitario di ricerca e della Biblioteca comunale, nonché di esposizioni temporanee.

INTERNO. Fu decorato su commissione di Fulvio della Corgna, fratello di Ascanio. Gli affreschi dell'ambiente al piano terra (sala del Governatore) sono di Niccolò Circignani (*Il concerto*); quelli al piano nobile, di Salvio Savini (nel salone, *Convito* e *Amore degli Dei,* 1580). Sullo scalone, decorato dai Savini, è collocato un obelisco, ritenuto opera di artigianato etrusco del VI secolo a.C., con figurazioni a rilievo che riportano al culto solare.

Piazza del Plebiscito. Aperta sul fianco sinistro del Duomo, con il campanile dei primi del '700, vi prospetta a nord il *palazzo Cartoni*, opera neoclassica di Giovanni Santini (1845), e a sud un lato del palazzo Bandini, con affaccio principale sulla via Roma (v. sotto). Tra la piazza e l'attuale via Vittorio Veneto sorgeva la *casa* di famiglia *di Pietro Vannucci* (lapide), sostituita da un edificio che nulla conserva delle antiche strutture.

Via Roma. Già del Vecciano (nel terziere Borgo Dentro), la via ha a destra il *****palazzo Bandini**, appartenuto ai signori del castello tra XV e XVI secolo; il complesso, in laterizio, accorpa strutture trecentesche ristrutturate su progetto da alcuni riferito a Baldassarre Peruzzi; ha un bel portale rinascimentale a bugnato liscio. Continuando nella via si può raggiungere, fuori dalla rifatta (secolo XIX) *porta del Vecciano*, la chiesa conventuale di **S. Maria dei Servi**, realizzata nel 1343 inglobando la duecentesca Madonna della Stella, ridotta a cappella; nell'interno gotico, i rifacimenti sei-settecenteschi cancellarono gran parte degli affreschi devozionali commissionati al Perugino dalla Compagnia della Stella, di cui sussiste una *****Deposizione dalla Croce** (1517), mutila, che rappresenta l'opera più importante della vecchiaia del maestro (il dipinto, nascosto da un'intercapedine, fu scoperto nel 1834); inoltre, presso il 1° altare d., *Madonna della Stella*, affresco del XVI secolo. Il convento è stato trasformato in Ospedale civile.

Il terziere Borgo Dentro. Funge da asse del borgo la *via Vittorio Veneto*, inaugurata a destra dal *palazzo Orca*: iniziato nel 1703 come collegio dei Padri Scolopi, vi fu poi annessa l'ex *chiesa di S. Anna* (1737-54); nel 1875 venne adibito a sede municipale, ora trasferita nel palazzo della Fargna (pag. 642). La via termina nella *piazza Matteotti*, dove a sinistra prospetta la **chiesa del Gesù**, eretta entro il 1798 su progetto di Andrea Vici; all'interno, entro teca inserita in una macchina lignea, statua del *Cristo morto* riferibile al XV secolo.

Rocca. A destra sulla piazza Matteotti, fu eretta dai Perugini nel 1326 a controllo della città, nel punto più alto rimasto libero dentro le mura, vicino alla demolita porta del Prato, che dava accesso alla strada per Perugia. L'imponente edificio (tuttora a destinazione militare e inaccessibile) con cinque torri quadrate fu ideato probabilmente da Lorenzo Maitani che, assieme al fratello Ambrogio, soprintendeva alle fortificazioni nel territorio perugino.

S. Francesco. Nel secondo dopoguerra trasformata in *santuario della Madonna di Fatima*, la chiesa francescana fu eretta fuori le mura nel XIII secolo e completamente ricostruita nella seconda metà del '700 salvo la facciata in laterizio, corsa in basso da tre arcate di cui due cieche.

INTERNO rinnovato nel XVIII secolo, quando vi furono collocati i sei grandi altari in stucco: a1 1° d., *Madonna col Bambino in trono e i Ss. Stefano, Bartolomeo, Antonio e Francesco*, tavola attribuita a Domenico Alfani; al 3°, *S. Francesco e due sante francescane*, tela con datazione cinquecentesca ma di fattura anteriore; al 1° sin., *Pentecoste*, tavola di Antonio Pomarancio. Nella sagrestia, *Ecce Homo* dello stesso Antonio Pomarancio e tele manieristiche.

ORATORIO DI S. BARTOLOMEO. Adiacente a S. Francesco e in origine dei Benedettini, è di fondazione anteriore al complesso dei Frati minori, che lo tennero adibendolo a sala capitolare e a refettorio. Vi rimane un interessante affresco della metà del '300 raffigurante la **Crocifissione**, comunemente chiamato *Pianto degli angeli* per il gran numero di personaggi dolenti, per il quale sono state avanzate varie attribuzioni (quasi certamente è opera di Jacopo di Mino del Pellicciaio); nel corridoio d'ingresso, deperita *Madonna col Bambino e i Ss. Francesco e Antonio da Padova*, altro dipinto murale del XV secolo.

S. LUCIA. La chiesa, presso il parco della Rimembranza, è raggiungibile proseguendo oltre S. Francesco nel viale Vanni. Fu eretta con il convento delle Clarisse (che tuttora vi abitano) nella seconda metà del XIII secolo e rifatta nel '700. L'elegante involucro in laterizio, incompiuto, racchiude un tempio a pianta centrale, coperto di cupola, con abside nella quale è l'altare maggiore disegnato da Andrea Vici (1780).

IL TERZIERE CASALINO. *Via Pietro Vannucci*, che si stacca da piazza Gramsci (pag. 638) a destra del palazzo della Corgna, incardina il borgo in origine di carattere prevalentemente artigianale. Tra antiche cortine edilizie e palazzi sette-ottocenteschi la strada scende all'**oratorio di S. Maria dei Bianchi** (visita: 10.30-12.30 e 16-19), già sede della Compagnia dei Disciplinati che vi aveva un ospedale; all'interno, sulla parete di fondo, nel 1504 il Perugino dipinse l'affresco con l'***Adorazione dei Magi**, tra le sue opere migliori. (Una parte della critica ha ipotizzato nell'opera la mano anche di aiuti, tra cui Raffaello giovane.) La storia, imperniata sulla grande capanna al centro della composizione, è rappresentata come un grande corteo cavalleresco che si perde in lontananza tra uno dei più vasti paesaggi ideati dall'artista, dove è riconoscibile – seppur idealizzata – la veduta che da Città della Pieve si gode verso il Trasimeno e la Valdichiana. Nell'oratorio sono esposti anche due autografi del maestro relativi al compenso del lavoro, ridotto da 200 a 75 fiorini per affetto verso il paese natale.

La stessa Confraternita promosse la ricostruzione dell'adiacente chiesa di **S. Maria dei Bianchi**, ultimata alla fine del '700 da Andrea Vici, con facciata che mescola elementi di gusto rococò con soluzioni neoclassiche; all'interno, affreschi e tele di Giovanni Miselli

(1743-44) e stucchi coevi di Stefano Cremoni. La chiesa è fronteggiata dal *palazzo Giorgi-Taccini*, di Giovanni Santini (1820), e ha accanto il settecentesco *Palazzo vescovile*, con facciata del Vici. Quasi in fondo alla via è il *pozzo del Casalino*, scavato nel Medioevo per l'approvvigionamento idrico.

S. MARIA MADDALENA. Si raggiunge proseguendo sulla via omonima, che ha a sinistra il *vicolo Baciadonne*, tra i più stretti d'Italia. La chiesa, modificata nel '700, custodisce una *Crocifissione* di Jacopo di Mino del Pellicciaio. Sul fondo, la chiesa di *S. Luigi*, opera di Andrea Vici.

S. AGOSTINO. La chiesa, extramuraria, fu edificata nel secondo '200 e rimaneggiata a fine '700; di proprietà comunale, è ora adibita a spazio congressuale e per spettacoli. L'interno, neoclassico su disegno di Andrea Vici, fu dotato nel Settecento di sei altari in stucco dipinto e decorato, sui quali sono dipinti del XVII-XVIII secolo di scuola umbra e toscana tra cui: al 1° sinistro, *Assunzione e Incoronazione della Vergine*, firmata da Alessandro Brunelli, e al 3°, *S. Nicola da Tolentino e sue storie*, di Salvio Savini (1606); nell'abside, *Ascensione di Cristo* di Niccolò Circignani e *Madonna in gloria e santi* di Salvio Savini.

RITORNO NELLA PIAZZA CENTRALE. In alternativa alla via Vannucci si può seguire, dall'interno, l'andamento della cinta muraria duecentesca (in questo tratto in parte conservata), tra antiche case che formano un ambiente integro e suggestivo. Retrocessi brevemente nella via Vannucci, si imbocca a sinistra la *via del Barbacane*, sulla quale emerge, accanto al campanile settecentesco di S. Agostino, la trecentesca *torre* detta *del Vescovo* perché dal '500 di proprietà vescovile; la grande apertura ogivale che la caratterizza aveva la funzione di accogliere le macchine belliche. La strada continua tortuosa raggiungendo, tramite la via Fiorenzuola, il centro città.

IL TERZIERE CASTELLO. Ne costituisce l'asse la *via Garibaldi*, che scende a sinistra del palazzo della Corgna (pag. 639) sboccando in piazza XIX Giugno. Vi emerge la mole del **palazzo della Fargna**, ora sede municipale, eretto attorno alla metà del XVIII secolo; nel cortile, fondale in finta prospettiva e, all'interno, decorazioni in stucco. La piazza accoglie anche il *teatro degli Avvaloranti*, costruito sul posto di un precedente in legno (1720) su progetto di Giovanni Santini (1834), con sala a quattro ordini di palchi (in restauro).

Più avanti nella via Garibaldi è il *palazzo Baglioni*, edificato nel secondo Settecento da Andrea Vici per ospitare l'orfanotrofio femminile. Infine, al termine del borgo, discesa una scalinata s'incontra la chiesa di **S. Pietro**, già di S. Antonio Abate, sorta nel '200 a ridosso del perimetro murario, rifatta nel 1508 e ancora nel 1667 e nel 1815; custodisce un affresco (trasportato su tela) con *S. Antonio abate in cattedra tra i Ss. Marcello e Paolo eremita*, assegnato al Perugino ma di difficile valutazione per l'ampiezza delle ridipinture. All'esterno, splendida veduta sulla Chiana Romana.

S. Maria degli Angeli. Dall'Ospedale civile (pag. 640), una sterrata che ricalca un tracciato medievale per Roma conduce alla chiesa francescana con annesso eremo (ora casa colonica), in forme gotiche trecentesche ed elegante campanile a vela. All'interno, numerosi affreschi di ambiente umbro (secoli XIV-XV), tra cui *Annunciazione* di Jacopo di Mino del Pellicciaio e *Natività* del 1357.

Il Butarone e La Fabbrica. Si trovano sulla provinciale per Chiusi, a nord di Ponticelli (questa frazione è 5 km a sud-ovest di Città della Pieve). La *torre del Butarone* è un edificio merlato che aveva funzione di dogana pontificia. *La Fabbrica*, poco lontana sul fosso Chianetta, era una chiusa pertinente alla bonifica settecentesca della Valdichiana (architetto Andrea Vici).

La Via Pievaiola

La statale 220 Pievaiola, che unisce Città della Pieve a Perugia in 41 km, riprende grosso modo il tracciato dell'arteria medievale costruita (1296) dalla città maggiore per più rapidi collegamenti con il castello (sottomesso – ma non definitivamente – nel 1188), strategicamente importante per il presidio del confine occidentale del contado e per il controllo dei fertili territori agricoli del Chiugi (l'area fra il Trasimeno e il lago di Chiusi).

La Pievaiola, che si stacca in direzione nord-est dalla statale per Orvieto, si snoda sinuosa, tra boschetti di querce e radure, su un lungo crinale e scende poi a fianco del fiume Nestore. Sulla destra idrografica sta **Piegaro** m 356, ab. 3655 (4126), di origine romana, rinomato dal Medioevo per la produzione del vetro (è in recupero l'antica vetreria). Il nucleo conserva tratti delle mura e un torrione dell'XI secolo; a fianco del *palazzo-fortezza dei conti Bulgarelli*, sussiste il cassero che fa da base alla *Torre civica*. Lasciato a sinistra un collegamento per Panicale (pag. 195), si arriva a **Tavernelle** m 236, le «Taverne di Bertuccio» dell'età medievale quando costituiva un importante luogo di mercato. Dal paese, muovono due interessanti passeggiate ad altrettanti santuari di devozione mariana.

Il ***santuario della Madonna di Mongiovino** (km 1.5 a nord di Tavernelle) fu costruito nel 1524 circa da Rocco da Vicenza per sostituire una cappella che conteneva l'edicola con una 'miracolosa' immagine della Madonna. L'edificio, in arenaria, è a croce greca con cupola retta all'interno da quattro pilastri; gli eleganti portali sono opera dello stesso Rocco, di Giuliano da Verona, Bernardino da Siena, Lorenzo da Carrara (1525-26). Nell'interno, con decorazione in stile corinzio, si aprono la cappella maggiore e quattro cappelle angolari: in quella a d. dell'ingresso, *Deposizione dalla Croce* di Arrigo Fiammingo (1564); in quella a sin., *Risurrezione* di Niccolò Pomarancio; nella cupola, *Incoronazione di Maria* di Mattia Batini. Sul lato orientale, un'elegante iconostasi, con tre archi sormontati da nicchie, dà accesso alla cappella

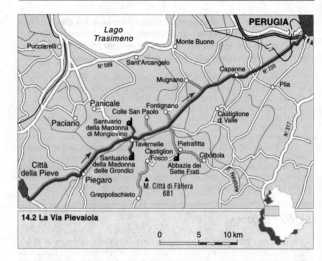

14.2 La Via Pievaiola

0   5   10 km

che conserva l'immagine venerata della *Madonna col Bambino*, del XIV secolo; la decorazione, iniziata da Johannes Wraghe (*Fuga in Egitto*, *Morte della Madonna*, *Assunzione in cielo*), venne completata da G.B. Lombardelli (1588). L'altare maggiore fu scolpito in pietra da Francesco d'Alessandro; le statue sono opera di Valentino Martelli (1572). Le statue in terracotta nelle nicchie dell'organo sono di Bevignate da Perugia e di Arrigo Fiammingo. Fra il 1557 e il 1582, Costantino di Rosato e Michelangelo da Cortona invetriarono le finestre.

Dal santuario si può salire in breve all'antico castello di **Mongiovino Vecchio** m 490, che una tradizione priva di fondamento vuole eretto su un tempio dedicato a Giove; nel nucleo, integro nell'impianto murato, la chiesa conserva un deteriorato ciborio in pietra serena di Rocco da Vicenza; bellissimo il panorama verso il Trasimeno.

IL SANTUARIO DELLA MADONNA DELLE GRONDICI (km 2.3 da Tavernelle, verso sud-ovest, oltre il Nestore), sorse nel XV secolo per proteggere una Madonna dipinta su un'edicola, che la leggenda vuole avesse resuscitato un bambino. Il tempio, completamente ristrutturato in anni recenti, fu retto da eremiti fino agli inizi del XX secolo. All'interno, V*ergine in trono fra i Ss. Sebastiano e Rocco* (nella predella, l'evento miracoloso che dette origine al santuario), opera di Gregorio Gregori, il Teutonico (1495), che risiedeva a Castel della Pieve.

CASTIGLION FOSCO m 350, cui conduce, dalla Pievaiola, una strada (di km 3.5) poco oltre Tavernelle, fu fondato nel X secolo, secondo la tradizione come piccolo feudo concesso da Ottone II a un suo soldato di nome Fosco. Delle antiche fortificazioni, demolite da Pier Luigi Farnese durante la guerra del Sale (1540), rimangono resti delle mura e una svettante torre cilindrica (xv secolo), con orologio, sormontata da campanile a vela seicentesco.

GAICHE m 440 (2.5 km a sud-ovest di Castiglion Fosco per sentiero) fu anch'esso feudo di fondazione alto-medievale (x secolo) ed ebbe nel '300 statuto proprio. Questo castello era collegato a quello di *Greppolischieto* m 657, ancor più isolato sul monte *Città di Fàllera* m 681, così chiamato perché vi sorgeva un agglomerato antichissimo, probabilmente un castelliere, di cui sussistono i massi difformi della cinta muraria circolare.

COLLE SAN PAOLO E PIETRAFITTA. Altri due fortilizi si dispongono nel successivo tratto della statale Pievaiola, da essa poco discosti. **Colle San Paolo** m 327 (2.5 km a sinistra), borgo fortificato nel XIII secolo, ha *parrocchiale* moderna sotto la quale si apre la cripta romanica (fine x secolo), con sei absidi. **Pietrafitta** m 276 (km 3.5 a destra), fu castello di un certo rilievo territoriale anche per l'importante fiera che vi si svolgeva, detta dei Sette Frati dal nome della vicina abbazia (v. sotto). Nella zona sono giacimenti di lignite dovuti all'antica presenza del lago Tiberino. Nel corso della coltivazione della miniera sono venuti alla luce, sul fondo del banco lignitifero, vari reperti di vertebrati fossili (elefanti, cervi, rinoceronti) dell'era pleistocenica. In parte i fossili sono collocati in una sala all'interno del complesso della centrale Enel, in attesa della costituzione di un museo paleontologico in fase di progettazione.

ABBAZIA DEI SETTE FRATI. Poco fuori da Pietrafitta sulla strada per Castiglion Fosco, fu il più importante insediamento monastico dell'area. Il pregevole complesso architettonico è costituito dal monastero benedettino di fondazione medievale (della costruzione originaria rimangono il portico, i loggiati, le celle dei monaci, il refettorio e il monumentale ingresso) e dalla chiesa romanica a unica navata (all'altare maggiore, pala di Girolamo Danti), con abside a quattro arcate equidistanti, costruita su un edificio romanico (1099) di cui rimane la cripta. Il monastero fu poi trasformato in fortilizio; nel 1560, Fulvio della Corgna lo fece restaurare e rinnovare (secondo alcuni con intervento di Galeazzo Alessi), riconfigurandolo come residenza di campagna; nelle sale, affreschi con *storie sacre e allegoriche* riferibili a Salvio Savini.

CIBÒTTOLA m 469, a sud-est di Pietrafitta, fu castello di poggio tardomedievale, appartenuto ai Montemelini; l'alta torre venne adattata nel XVII secolo a campanile della parrocchiale. Nel Medioevo dette rilevanza all'insediamento il vicino *convento di S. Bartolomeo*, dove soggiornarono san Francesco d'Assisi, sant'Antonio da Padova e san Bonaventura.

FONTIGNANO m 294, poco distante a sinistra della statale, ai piedi di uno sperone conico coronato da un castello turrito, è il paese dove morì di peste il Perugino nel 1523. Nella *chiesa dell'Annunziata* dipinse la sua ultima opera (Adorazione dei Magi), ora nella National Gallery di Londra; del maestro rimane invece l'affresco con la *Madonna e il Bambino*, eseguito nel 1522.

Dopo il bivio per Fontignano, la statale lascia a sinistra un tronco per *Mugnano* m 234, dove è tradizionale la produzione di maioliche. Rasenta poi *Capanne* m 221, presso il cui abitato fu rinvenuta una tomba etrusca del IV secolo a. C., e *San Sisto* m 307, dove nello stabilimento Nestlé-Perugina è allestito il *Museo storico Perugina*. La vista bellissima di Perugia annuncia la conclusione del percorso al km 41.

NOTA BIBLIOGRAFICA

Questa bibliografia essenziale è dedicata a lettori non specialisti, interessati a un approfondimento dei temi trattati nella guida. Per un adeguamento ai più recenti apporti storico-critici e per la potenziale maggiore facilità di reperimento sono state preferite edizioni degli ultimi vent'anni, pur senza trascurare studi fondamentali precedenti. Ove possibile sono state selezionate opere fornite di ampie bibliografie, alle quali si rimanda. Vengono elencate prima le opere a carattere regionale divise per argomento, poi quelle a carattere monografico secondo un ordinamento che richiama i singoli capitoli della guida.

OPERE A CARATTERE REGIONALE

Storia politica, sociale ed economica; urbanistica, studi sul territorio e l'ambiente

AA.VV., *Conoscere l'Umbria. Il territorio. Ambienti di interesse naturalistico. La fauna. Mammiferi e uccelli*, Perugia, 1987.

AA.VV., *Umbria minore*, Roma, 1990.

Bettoni F. (a cura di), *La società in costume: giostre e tornei nell'Italia di antico regime*, Foligno, 1986.

Chiuni G., *I borghi fortificati in Umbria*, Roma, 1984.

Covino R., *L'invenzione di una regione. L'Umbria dall'Ottocento a oggi*, Perugia, 1995.

Covino R., Gallo G. (a cura di), *L'Umbria*, coll. *«Storia d'Italia. Le Regioni dall'Unità a oggi»*, Torino, 1989.

Desplanques H., *Campagne umbre. Contributo allo studio dei paesaggi dell'Italia centrale*, Perugia, 1975.

Egizi C., Moroni M.L., Perisinotto C., Pulcini T., *I centri minori. Dalla storia al recu-pero dell'identità*, Perugia, 1992.

Limiti M., *Umbria. Folklore. 100 feste religiose, popolari, tradizionali*, Perugia, 1985.

Menestò E., Rusconi R., *Umbria. La strada delle sante medievali*, Torino, 1991.

Menestò E., Rusconi R., *Umbria sacra e civile*, Torino, 1989.

Orientamenti di una regione attraverso i secoli: scambi, rapporti, influssi storici nella struttura dell'Umbria, atti del convegno, Perugia, 1978.

Prandi A., Chierici S., Tamanti G., Cadei F., *L'Umbria*, Milano, 1979.

Regione Umbria-Giunta regionale, *Documento preliminare di Piano urbanistico territoriale*, Perugia, 1996.

Tabarrini M., *L'Umbria si racconta. Dizionario*, 3 voll., Foligno, 1982.

Vetturini E., *Terre e acque in Valle Umbra*, Bastia Umbra, 1995.

Archeologia, arte e architettura

AA.VV., *Dall'Albornoz ai Borgia. Questioni di cultura figurativa nell'Umbria meridionale*, atti del convegno, Todi, 1990.

AA.VV., *Gens Antiquissima Italiae. Anti-chità dell'Umbria* (I, *in Vaticano*; II, *a Budapest e Cracovia*; III, *a Leningrado*; IV, *a New York*), 4 voll., Perugia, 1988-91.

AA.VV., *La pittura nell'Umbria meridio-*

nale dal Trecento al Novecento, Terni, 1994.

AA.VV., *L'Umbria e l'arte contemporanea. Presenze per le collezioni pubbliche e nel territorio*, Acquasparta, 1988.

AA.VV., *L'Umbria meridionale tra tardoantico e alto medioevo*, s.l., 1991.

AA.VV., *Ville e insediamenti rustici di età romana in Umbria*, Perugia, 1983.

Barroero L., Casale V., Falcidia G., Pansecchi F., Sapori G., Toscano B. (a cura di), *Pittura del Seicento. Ricerche in Umbria*, catalogo, Perugia, 1989.

Bonelli R. (a cura di), *Francesco d'Assisi. Chiese e conventi*, Milano, 1982.

Bonomi Ponzi L., Ermini Pani L., Giontella C., *L'Umbria meridionale dalla protostoria all'alto medioevo*, Terni, 1995.

Boskovits M., *Pittura umbra e marchigiana tra medioevo e rinascimento*, Firenze, 1973.

Buseghin M.L. (a cura di), *La tessitura e il ricamo*, Perugia, 1992.

Cantelli G., *Il mobile umbro*, Milano, 1973.

Casale V., *La pittura del Settecento in Umbria*, in *La Pittura in Italia. Il Settecento*, I, Milano, 1990.

Chiuni G., *L'architettura popolare in Italia: Umbria*, Bari, 1986.

Fratini F. (a cura di), *Pier Matteo d'Amelia. Pittura in Umbria meridionale fra Trecento e Cinquecento*, Assisi-Santa Maria degli Angeli, 1997.

Giorgetti D., *Umbria. Itinerari archeologici*, Roma, 1984.

Gnoli U., *Pittori e miniatori dell'Umbria*, Spoleto, 1923 (ristampa, Foligno, 1980).

Guzzo P.G., Moscati S., Sisinni G., *Antiche genti d'Italia*, Roma, 1994.

Lunghi E., *«Rubeus me fecit». Scultura in Umbria alla fine del Duecento*, Todi, 1991.

Lunghi E. (a cura di), *Niccolò Alunno in Umbria. Guida alle opere di Niccolò di Liberatore detto l'Alunno nelle chiese e nei musei della regione*, Assisi, 1993.

Mancini F.F., *La pittura del Cinquecento in Umbria*, in *La Pittura in Italia. Il Cinquecento*, I, Milano, 1988.

Mancini F.F., Scarpellini P. (a cura di), *Pittura in Umbria tra il 1480 e il 1530*, Milano, 1983.

Ministero per i Beni culturali e ambientali, *Oltre il terremoto. Primo repertorio di monumenti danneggiati dal sisma*, Roma, 1997.

Parlato E., *La pittura medievale in Umbria*, in *La Pittura in Italia. L'Altomedioevo*, Milano, 1994.

Pittura del '600 e '700. Ricerche in Umbria, 2 voll., Treviso, 1976-80.

Prandi A., Chierici S., Tamanti G., Cadei F., *L'Umbria romanica*, Milano, 1979.

Rusconi R. (a cura di), *Francesco d'Assisi. Storia e arte*, Milano, 1982.

Santi F., *Gonfaloni umbri del Rinascimento*, Perugia, 1976.

Scarpellini P., *Perugino*, Milano, 1992.

Todini F., *Pittura del '200 e del '300 in Umbria e il cantiere di Assisi*, in *La Pittura in Italia. Il Duecento e il Trecento*, II, Milano, 1986.

Todini F., *La pittura in Umbria dal Duecento al primo Cinquecento*, 2 voll., Milano, 1989.

Todini F. (a cura di), *Pittura del Seicento in Umbria. Ferraù Fenzoni, Andrea Polinori, Bartolomeo Barbiani*, Todi, 1990.

Toscano B., *La pittura in Umbria nel Quattrocento*, in *La pittura in Italia. Il Quattrocento*, Milano, 1987.

Toscano B., *La pittura in Umbria nel Seicento*, in *La pittura in Italia. Il Seicento*, Milano, 1989.

Zappia C., *La pittura in Umbria nell'Ottocento*, in *La Pittura in Italia. L'Ottocento*, Milano, 1991.

Zappia C., *La pittura del primo Novecento in Umbria (1900-1945)*, in *La pittura in Italia. Il Novecento*, 1, Milano, 1992.

Guide, descrizioni, cartografia

Grondona M., *Le stazioni di ieri. Prolegomeni ad una guida per l'Umbria*, Spoleto, 1991.

IRRES (a cura di), *Ricerche per la progettazione di una rete di itinerari turistici e ecologici. I, Orvietano, Amerino, Narnese, Ternano; II, Dorsale appenninica centro-nord*, Perugia, 1994.

Istituto Geografico Militare, *Carta topografica d'Italia in scala 1:100 000*, fogli relativi all'Umbria, Firenze.

Istituto Geografico Militare, *Carta topografica d'Italia in scala 1:25 000*, tavolette relative all'Umbria, Firenze.

Provincia di Perugia, *Umbria. Piccoli centri della provincia di Perugia*, Perugia, 1994.

TCI, *Atlante stradale d'Italia, 1:200 000*, Centro, Milano, 1998.

TCI, *Città da scoprire. Guida ai centri minori*, 2, Italia centrale, Milano, 1984.

TCI, *Umbria*, coll. «*Attraverso l'Italia*», Milano, 1984.

Umbria-Marche. Guide archeologiche Laterza, Roma-Bari, 1980.

Volpi R., *L'Umbria nella cartografia*, Perugia, 1993.

WWF, *Il Camminaumbria*, Milano, 1990.

Zimmermanns K., *Umbria*, coll. «*Guide d'Arte e di viaggio*», Milano, 1990.

STUDI E RICERCHE A PREVALENTE CARATTERE MONOGRAFICO

1 PERUGIA

AA.VV., *La Rocca Paolina di Perugia. Studi e ricerche*, Perugia, 1992.

L'acquedotto medievale di Perugia, in «*Quaderni Regione dell'Umbria. Ricerche sul territorio*», 5, 1992.

Bernardini M.G., *Museo della Cattedrale di Perugia. Dipinti, sculture e arredi dei secoli XIII-XIX*, Roma, 1991.

Bertini A., *La Sapienza Vecchia*, Perugia, 1993.

Caleca A., *Miniature in Umbria. I, La Biblioteca Capitolare di Perugia*, Firenze, 1969.

Camerieri P., Palombaro F., *La Rocca Paolina, un falso d'autore*, Perugia, 1989.

Cassano F.R., *Perugia e il suo territorio*, Perugia, 1990.

Cianini Pierotti M.L. (a cura di), *Una città e la sua Cattedrale. Il Duomo di Perugia*, atti del convegno, Perugia, 1992.

Il complesso di San Domenico in Perugia, atti del convegno, Perugia, 1997.

Dozza G., *Università di Perugia. Sette secoli di modernità 1308- 1976*, Perugia, 1991.

Dozzini B., *Museo Archeologico nazionale dell'Umbria*, Perugia, 1983.

Garibaldi V. (a cura di), *Un pittore e la sua città. Benedetto Bonfigli e Perugia*, catalogo, Milano, 1996.

Garibaldi V. (a cura di), *Il polittico di Sant'Antonio*, Perugia, 1993.

Garibaldi V., Bon Valsassina C. (a cura di), *Galleria Nazionale dell'Umbria. Dipinti. Sculture e Ceramiche*, Firenze, 1994.

Grohmann A., *Perugia*, coll. «*Le città nella storia d'Italia*». Bari, 1981.

Lunghi E., *Il collegio del Cambio a Perugia*, Assisi, 1996.

Lunghi E., *Perugia. La cattedrale di San Lorenzo*, Ponte San Giovanni, 1994.

Mancini F.F., *Miniatura a Perugia tra Cinque e Seicento*, Perugia, 1987.

Mancini F.F. (a cura di), *Il Palazzo dei Priori di Perugia*, Ponte San Giovanni, 1997.

Montella M. (a cura di), *Perugia*, Perugia, 1993.

Pitzurra M. (a cura di), *Architettura e ornato urbano liberty a Perugia*, Perugia, 1995.

Roncalli di Montorio F., Nicolini U., Nucciarelli F.I. (a cura di), *Mura e torri di Perugia*, Roma, 1989.

Roncetti M., Scarpellini P., Tommasi F., *Templari e ospitalieri in Italia. La chiesa di S. Bevignate a Perugia*, Milano, 1987.

Rossi R. (a cura di), *Storia illustrata delle città dell'Umbria. Perugia*, 2 voll., Milano, 1993.

Santi F., *Galleria Nazionale dell'Umbria. Dipinti, sculture e oggetti d'arte di età romanica e gotica*, I, Roma, 1969 (ristampa 1989).

Santi F., *Galleria Nazionale dell'Umbria. Dipinti, sculture e oggetti dei secoli XV-XVI*, II, Roma,1985 (ristampa1989).

Siciliani M., *L'Abbazia e la Basilica di S. Pietro*, Genova, 1994.

Sorbini A. (a cura di), *Perugia nei libri di viaggio dal Settecento all' Unità d'Italia*, Foligno, 1994.

Vent'anni di Umbria Jazz, Perugia, 1997.

Zappia C. (a cura di), *Museo dell'Accademia di Belle Arti di Perugia. Dipinti*, Perugia, 1995.

2 IL LAGO TRASIMENO

AA.VV., *Il lago Trasimeno e la pesca*, San Feliciano, 1978.

Bartoccini P.T., *Castelli e isole del Trasimeno*, Perugia, 1980.

Cardinali D., *Castel Rigone*, Città di Castello, 1992.

Caucci von Sauken P. (a cura di), *Il castello dei Cavalieri di Malta a Magione*, Perugia, 1996.

Cesarini G., Lundborg G., *Il Trasimeno e il paesaggio umbro- toscano: iconografia e sviluppo*, Perugia, 1993.

Cesarini G., *Panicale, la sua origine e la sua storia*, Panicale, 1989.

Corciano. Materiali archeologici e paleontologici, Perugia, 1995.

Festuccia L., *Castiglione del Lago*, Perugia, 1985.

Festuccia L., *Castiglione del Lago. Guida al Palazzo Ducale e alla fortezza medievale*, Perugia, 1996.

Festuccia L., *Passignano sul Trasimeno*, Ponte San Giovanni, 1987.

Festuccia L., *Il Trasimeno ed il suo comprensorio*, Perugia, 1986.

Isola Maggiore di Tuoro sul Trasimeno. Guida, Castiglione del Lago, 1992.

Lepri L., *Alla scoperta di Panicale*, Perugia, 1994.

Sapori G., *Artisti e committenti sul lago Trasimeno*, in «Paragone», 393, 1982.

Serafini R., *Il convento di Santa Croce e i frati Cappuccini di Panicale*, Perugia, 1993.

Toscano B. (a cura di), *Trasimeno lago d'arte: paesaggio dipinto, paesaggio reale*, Roma, 1994.

Vinciarelli N.D., *Il territorio del Trasimeno. Ventiquattro insediamenti minori*, Milano, 1982.

3 LA VAL TIBERINA

AA.VV., *Il monastero di Santa Chiara delle Murate a Città di Castello*, Città di Castello, 1993.

Antonini O., *Castelli, monasteri, ville ed eremi dell'Alta Val Tiberina: appunti per un itinerario*, Perugia, 1991.

Mancini F.F. (a cura di), *Pinacoteca comunale di Città di Castello. 1. Dipinti; 2. Scultura e arti decorative*, Perugia, 1987-88.

Marabotti Marabottini A. (a cura di), *Raffaello giovane a Città di Castello*, catalogo, Città di Castello, 1983.

Mascelloni E. (a cura di), *Rocca di Umbertide centro per l'arte contemporanea. La collezione*, Perugia, 1991.

Rosini C., *Città di Castello. Guida estetica della città, dei dintorni e luoghi vicini*, Città di Castello, 1961.

Sapori G. (a cura di), *Museo comunale di S. Francesco a Montone*, Perugia, 1997.

Sarteanesi N., *Palazzo Albizzini. Città di Castello. Collezione Burri*, Città di Castello, 1994.

Sarteanesi N., *Ex seccatoi tabacchi. Città di Castello. Collezione Burri*, Città di Castello, 1994.

4 GUBBIO

Armeni C., Falcucci C., Lanfiuti Baldi R., *Museo comunale di Gubbio. Incisioni*, Perugia, 1993.

Bartoletti D., *L'eremo di Montecucco: la civiltà eremitica e monastica sull'Appennino nell'alta Umbria*, Gubbio, 1987.

Cairoli E., *Massiccio del Monte Cucco - Guida naturalistica ed escursionistica*, Centro Nazionale di Speleologia, 1991.

Catalli F., Cavicchi A., Munzi M., *Museo comunale di Gubbio. Monete*, Perugia, 1994.

Cenci P., *I Ceri di Gubbio e la loro storia*, Gubbio, 1972.

Fiocco C., Gherardi G., *Museo comunale di Gubbio. Ceramiche*, Perugia, 1995.

Guaitini G. (a cura di), *Maioliche umbre decorate a lustro*, Firenze, 1982.

Lancillotti A., Cerri R., *Le tavole di Gubbio e la civiltà degli umbri*, Perugia, 1996.

Matteini Chiari M. (a cura di), *Museo comunale di Gubbio. Materiali archeologici*, Perugia, 1995.

Menichetti P.L., *Castelli, palazzi fortificati, fortilizi, torri di Gubbio dal secolo XI al XIV*, Città di Castello, 1979.

Menichetti P.L., *Le corporazioni delle arti e mestieri medievali a Gubbio*, Città di Castello, 1980.

Menichetti P.L., *Storia di Gubbio dalle origini all'Unità d'Italia*, I, Città di Castello, 1987.

Micalizzi P., *Storia dell'architettura e dell'urbanistica di Gubbio*, Roma, 1988.

Moretti I., Stopani R., *Architettura romanica religiosa a Gubbio*, Firenze, 1973.

Prosdocimi A.L, *Tavole Iguvine*, Firenze, 1984.

Rosati F., *La chiesa di S. Francesco a Gubbio nella storia e nell'arte*, Gubbio, 1983.

Seppilli A., *I Ceri di Gubbio. Saggio storico-culturale su una festa folclorica*, Perugia, 1972.

5 ASSISI

AA.VV., *La Biblioteca del Sacro Convento di Assisi I. Libri miniati di età romanica e gotica*, Assisi, 1988.

AA.VV., *Il Sacro Convento di Assisi*, Roma-Bari, 1988.

AA.VV., *Il Tesoro della Basilica di San Francesco ad Assisi*, Assisi 1980.

Abate G., *La medievale «Piazza Grande» di Assisi*, in *«Atti Accademia Properziana del Subasio»*, VI, 11, Assisi, 1986.

Annibali F., *Guida al Museo Civico di Assisi e agli scavi archeologici della città*, Assisi, 1995.

Assisi e gli umbri nell'antichità, atti del convegno, Assisi, 1996.

Assisi al tempo di San Francesco, atti del convegno, Assisi, 1978.

Baldelli I., Romanini A.M. (a cura di), *Francesco, il francescanesimo e la cultura della nuova Europa*, Roma, 1986.

Bigaroni M., Meier H.R., Lunghi E., *La Basilica di Santa Chiara in Assisi*, Ponte San Giovanni-Perugia, 1996.

Bonsanti G., *La volta della Basilica Superiore di Assisi*, Modena, 1997.

Della Porta P.M., Genovesi E., Lunghi E., *Guida di Assisi. Storia e arte*, Assisi,1991.

Forni G. (a cura di), *Epigrafi lapidarie romane di Assisi*, Perugia, 1987.

Frugoni C., *Francesco e l'invenzione delle Stimmate. Una storia per parole e immagini fino a Bonaventura e Giotto*, Torino, 1993.

Frugoni C., *Vita di un uomo: Francesco d'Assisi*, Torino, 1995.

Genovesi E., Lunghi E. (a cura di), *Arte ad Assisi. 1882-1942*, Bastia Umbra, 1993.

Genovesi E., *Le grottesche della «Volta Pinta» di Assisi*, Assisi, 1995.

Gesù nell'arte contemporanea. Catalogo della Galleria d'Arte Sacra della Pro Civitate Christiana, Assisi, 1964.

Grohmann A., *Assisi*, coll. *«Le città nella storia d'Italia»*. Milano, 1988.

Lunghi E., *La basilica di San Francesco ad Assisi*, Antella, 1996.

Lunghi E., *Il Museo della Cattedrale di S. Rufino ad Assisi*, Assisi, 1987.

Mancini F.F., Scotti A. (a cura di), *Basilica di Santa Maria degli Angeli. 1, Storia e Architettura; 3, Documenti*, Perugia, 1989-90.

Rambotti F. (a cura di), *Il parco del Monte Subasio. Ambiente fisico e umano*, Assisi, 1986.

Santucci F. (a cura di), *Storia illustrata delle città dell'Umbria. Assisi*, Milano, 1997.

Temperini L., *Assisi romana e medievale*, Tivoli, 1985.

Todini F., Zanardi B., *La Pinacoteca Comunale di Assisi*, Firenze, 1980.

Zanardi B., Frugoni C., Zeri F., *Il cantiere di Assisi. Le Storie di San Francesco ad Assisi*, Milano, 1996.

Zeri F., *La Collezione Federico Mason Perkins*, Torino, 1988.

6 LA VALLE UMBRA

AA.VV., *Mevania da centro umbro a municipio romano*, Perugia, 1991.

AA.VV., *Santa Chiara da Montefalco e il suo ambiente*, Montefalco, 1983.

AA.VV., *Spello città d'arte*, Monza, 1990.

Benazzi G. (a cura di), *I dipinti murali e l'edicola marmorea del Tempietto sul Clitunno*, Todi, 1985.

Casale V. (a cura di), *Pinacoteca Comunale di Bettona*, Perugia, 1996.

Floccia F., *Cronache di un programma. Bettona: «La Passio Christi». Inediti d'arte e di architettura*, Todi, 1985.

Lunghi E., *Benozzo Gozzoli a Montefalco*, Assisi, 1997.

Marabottini Marabotti A. (a cura di), *Pinacoteca Comunale di Spello*, Perugia, 1995.

Matteini Chiari M. (a cura di), *Raccolta di Cannara. Materiali Archeologici. Monete, dipinti e sculture*, Perugia, 1992.

Mencarelli G., *Le chiese di San Michele e*

San Silvestro a Bevagna, Spoleto, 1980.

Mercurelli Salari P., Annibali F., *Cannara. Collemancio. Urvinum Hortense*, Perugia, 1998.

Nessi S., *Montefalco e il suo territorio*, Spoleto, 1980.

Pietrangeli C., *Guida di Bevagna*, Bevagna, 1992.

Sacchi De Angeli M., *Bettona. Una realtà socio-economica dal Medioevo ad oggi*, Santa Maria degli Angeli, 1989.

Toscano B. (a cura di), *Museo comunale di Montefalco. Chiesa di San Francesco*, Perugia, 1990.

7 FOLIGNO E L'APPENNINO NOCERINO-GUALDESE

AA.VV., *La ceramica a Gualdo Tadino*, Città di Castello, 1985.

AA.VV., *Gualdo Tadino*, Gualdo Tadino, 1979.

AA.VV., *Il territorio nocerino fra protostoria e altomedioevo*, Firenze, 1985.

Bartocci F., Covino R., Fioriti M.G. (a cura di), *Lo Zuccherificio di Foligno*, Perugia, 1988.

Benazzi G. (a cura di), *Foligno A.D. 1201: la facciata della cattedrale di San Feliciano*, Milano, 1993.

Brilli A. (a cura di), *Gualdo Tadino e dintorni. Incrocio di strade e di storia*, Roma, 1993.

Casale V., *In compagnia degli dei e degli eroi. Pittura del Seicento e Settecento nei palazzi di Foligno*, Spoleto, 1990.

Cesarini D., *La Cattedrale di San Feliciano a Foligno*, Foligno, 1983.

Gregori L., *La valle del Menotre*, Santa Maria degli Angeli-Assisi, 1990.

Lai P. (a cura di), *La giostra della Quintana a Foligno attraverso cinquant'anni*, Foligno, 1996.

Loreti M., *La flora dell'Appennino Gualdese*, Perugia, 1986.

Mancini F.F. (a cura di), *Pinacoteca Comunale di Nocera Umbra*, Perugia, 1996.

Sensi M., *Palazzo Trinci di Foligno*, Spoleto, 1985.

Sensi M. (a cura di), *Valtopina e il suo territorio*, Valtopina, 1988.

Storelli E., Amoni D. (a cura di), *Gualdo Tadino. Guida turistica*, Città di Castello, 1994.

8 SPOLETO

AA.VV., *Quando Spoleto era romanica*, Roma, 1984.

Benazzi G. (a cura di), *La cappella delle Reliquie. Una sacrestia cinquecentesca nel Duomo di Spoleto*, Assisi, 1984.

Ceccarelli G., *Il Museo Diocesano di Spoleto*, Spoleto, 1993.

De Angelis M.C., *Spoleto. Il colle della Rocca. Primi risultati di scavo*, Ponte San Giovanni, 1994.

De Angelis d'Ossat G., Toscano B. (a cura di), *Spoleto: argomenti di storia urbana*, Milano, 1985.

Gentili L., Giacché L., Ragni B., Toscano B. (a cura di), *L'Umbria. Manuali per il territorio. Spoleto*, Roma, 1978.

Gentili L., Pacifici E., Sperandio B. (a cura di), *I castelli e le ville dell'antico contado e distretto della città di Spoleto*, Perugia, 1993.

Salvatori P., *Guida alla pinacoteca comunale di Spoleto*, Ellera- Perugia,1995.

Toscano B., *Spoleto in pietre*, Spoleto, 1963.

Vivaldi C., Gentili L., Mascelloni E., *Galleria Comunale d'Arte Moderna di Spoleto*, Perugia, 1989.

9 LA MONTAGNA SPOLETINA

AA.VV., *Storia di Arrone*, Arrone, 1983.

AA.VV., *L'Umbria. Manuali per il territorio. La Valnerina. Il Nursino. Il Casciano*, Roma-Spoleto, 1977.

Angeletti L. (a cura di), *Gli affreschi della chiesa di Santa Scolastica a Norcia*, s.l., 1981.

Cardella R. (a cura di), *Norcia e territorio: guida storico-artistica. Una mostra un restauro*, Norcia, 1995.

Cardella R., Lollini P. (a cura di), *Castelluccio di Norcia, il tetto dell'Umbria: guida di Castelluccio e del suo territorio*, Spoleto, 1988.

Fabbi A., *Storia ed arte nel comune di Cascia*, Spoleto, 1975.

Orsomando E., *Alberi arbusti e fiori della Valnerina*, Arrone, 1985.

Rossi Brunori I., *I monti Sibillini. La fauna, la natura, l'escursionismo, il versante orientale*, Ripatransone, 1987.

10 LA MEDIA VALLE DEL TEVERE

AA.VV., *L'abbazia di San Felice presso Giano dell'Umbria*, Roma, 1991.

AA.VV., *Maestà e recuperi d'arte in Umbria. Gli affreschi di Toscolano*, Todi, 1985.

AA.VV., *Il palazzo Cesi di Acquasparta e la rivoluzione scientifica lincea*, Perugia, 1992.

AA.VV., *Il Tempio del Santo patrono. Riflessi storico-artistici del culto di San Fortunato a Todi*, Todi, 1988.

AA.VV., *Il territorio di Avigliano Umbro. Arte, Storia, Paesaggio*, Todi, 1985.

Bergamini M., Catalli F. (a cura di), *Museo Comunale di Todi. Monete*, Perugia, 1991.

Bruschi A., *Il Tempio della Consolazione a Todi*, Cinisello Balsamo, 1991.

Busti G., Cocchi F., *Maestri ceramisti e ceramiche di Deruta*, Firenze, 1997.

Castrichini M., Grasselli F., Ridolfi C., *Todi. Storia e arte della parrocchia di San Nicolò*, Todi, 1993.

Cavallucci F., *Marsciano territorio e nuclei urbani* (con una nota storico-artistica di F. Abbozzo), Milano, 1984.

Ceci G., Bartolini U., *Piazze e palazzi comunali di Todi*, Todi, 1979.

Ciotti U. (e altri), *San Gemini e Carsulae*, Milano-Roma, 1976.

Comez G., Orsini F. (a cura di), *Collazzone e il suo territorio*, Collazzone, 1997.

Gli ex voto in maiolica della chiesa della Madonna dei Bagni a Casalina presso Deruta, Spoleto, 1983.

Fiocco C., Gherardi G., *Museo del Vino di Torgiano. Ceramiche*, Perugia, 1991.

Fiocco C., Gherardi G. (a cura di), *La ceramica di Deruta dal XIII al XVIII secolo*, Perugia, 1994.

Gnoni Mavarelli C., Lanfiuti Baldi R., *Museo del Vino di Torgiano. Incisioni*, Perugia, 1994.

Grassetti C., *Todi e dintorni*, s.l., 1992.

Grondona C. e M., *Todi. Guida storica ed artistica*, Ponte San Giovanni, 1997.

Mancini F.F., *Deruta e il suo territorio*, Deruta, 1980.

Mancini F.F. (a cura di), *Pinacoteca Comunale di Deruta*, Perugia, 1992.

Nessi S., Ceccaroni G., *Da Spoleto a Massa Martana*, Spoleto, 1978.

Uncini A., *Museo del Vino di Torgiano. Materiali Archeologici*, Perugia, 1991.

11 TERNI E LA SUA CONCA

AA.VV., *I centri minori dalla storia al recupero dell'identità*, Perugia, 1992.

AA.VV., *L'Umbria. Materiali per il territorio. Terni*, 2 voll., Roma, 1980.

Bovini G., Covino R., Giorgini M. (a cura di), *Archeologia industriale e territorio a Terni, Siri, Collestatte, Papigno*, Perugia, 1991.

Bovini G., Covino R., Fioriti M.G., Bello G., Giorgini M. (a cura di), *Un modello catalografico per l'archeologia industriale*, Perugia, 1987.

Bovini G., Covino R., Fioriti M.G., Bello G., Giorgini M. (a cura di), *Le Officine Bosco di Terni*, Perugia, 1987.

Cesi. Cultura e ambiente di una terra antica, Todi, 1989.

Giorgini M. (a cura di), *Storia illustrata delle città dell'Umbria. Terni*, Milano, 1993.

Mazzoli C., *L'abbazia di San Benedetto in fundis di Stroncone: per una storia del monachesimo nell'Umbria meridionale*, Arrone, 1994.

Moroni M.L., Leonelli P., *Il palazzo di Michelangelo Spada in Terni*, Terni, 1997.

Porcaro M.R., Pentasuglia P., *Tessuto urbano, equilibri territoriali e industria a Terni nella seconda metà dell'Ottocento*, Firenze-Terni, 1986.

Provincia di Terni, *I castelli. Materiali per una storia per luoghi del territorio*, Terni, 1980.

Pulcini T. (a cura di), *Istituzioni chiesa e cultura a Terni tra Cinquecento e Settecento*, Terni, 1997.

Rinaldi P., *La Pinacoteca Comunale. Terni*, Milano, 1986.

Teofoli R., *La Rocca di San Zenone e le Terre Arnolfe*, Terni, 1982.

Uguccioni N., *Piediluco e il suo lago*, Terni, 1984.

12 IL TERRITORIO TRA NERA E TEVERE

Bertelli G. (a cura di), *La diocesi di Amelia, Narni, Otricoli*, Spoleto, 1985.

Bigotti M., Mansuelli G.A., Prandi A., *Narni*,

Roma, 1973.

Bovini G., Covino R. (a cura di), *I grandi passi: Narni, la città «Antica» e la fabbrica*, Perugia, 1991.

Bovini G., Covino R., Giorgini M. (a cura di), *Archeologia industriale e territorio a Narni. Elettrocarbonium, Linoleum, Nera Montoro*, Perugia, 1992.

Cardinali G., *Alviano. Un'oasi, gli uccelli*, Terni, 1985.

Matteini Chiari M., Stopponi S. (a cura di), *Museo Comunale di Amelia. Iscrizioni, sculture, elementi architettonici e d'arredo*, Perugia, 1996.

Matteini Chiari M., Stopponi S. (a cura di), *Museo Comunale di Amelia. Raccolta archeologica. Cultura materiale*, Perugia, 1996.

Pietrangeli C., *Otricoli*, Roma, 1978.

Santori E., *Il palazzo Petrignani di Amelia*, Amelia, 1989.

13 ORVIETO

Barlozzetti G. (a cura di), *Il Duomo di Orvieto e le grandi cattedrali del Duecento*, atti del convegno, Torino, 1995.

Bergamini M., *Museo Claudio Faina di Orvieto. Monete etrusche e italiche, greche, romane repubblicane*, Perugia, 1994.

Bergamini M., *Museo Claudio Faina di Orvieto. Monete romane imperiali da Augusto a Commodo*, Perugia, 1995.

Bergamini M., *Museo Claudio Faina di Orvieto. Monete romane imperiali da Pertinace a Valentiniano III*, Perugia, 1997.

Bizzarri C., *Orvieto Underground*, Viterbo, 1998.

Brumana B.M., *Orvieto: una cattedrale e la sua musica (1450- 1610)*, Firenze, 1990.

Cappelletti M., *Museo Claudio Faina di Orvieto. Ceramica etrusca figurata*, Perugia, 1992.

Dellafina G., *Ricerca dell'antico in Orvieto tra Trecento e Ottocento*, Milano, 1989.

Feruglio A.E. (a cura di), *Pittura etrusca a Orvieto. Le tombe di Settecamini e degli Hescanas a un secolo dalla loro scoperta. Documenti e materiali*, Roma, 1982.

Feruglio A.E. (a cura di), *Porano: gli etruschi*, Perugia, 1995.

Guerzoni R.P., *Museo Claudio Faina di*

Orvieto. Materiali preistorici e protostorici , Perugia,1991.

Panfili O., *Storia dei luoghi della «montagna orvietana»*, Arrone, s.d.

Perali P., *Orvieto. Note storiche di topografia e d'arte dalle origini al 1800*, Roma, 1919 (ristampa, 1979).

Riccetti L., *La città costruita: lavori pubblici e immagine in Orvieto medievale*, Firenze, 1992.

Riccetti L. (a cura di), *Il Duomo di Orvieto*, Roma-Bari, 1988.

Riccetti L. (a cura di), *La Piazza del Duomo nella città medievale (nord e media Italia, secoli XII-XVI)*, Orvieto, 1997.

Satolli A., *Peculiarità dell'urbanistica orvietana nel medioevo*, in *Orvieto. La città medievale*, Orvieto, 1988.

Satolli A., *Il pozzo della rocca volgarmente detto di San Patrizio*, s.l., 1991.

Schippa F., *Museo Claudio Faina di Orvieto. Ceramica a vernice nera*, Perugia, 1989.

Testa G. (a cura di), *La cappella Nova o di San Brizio nel duomo di Orvieto*, Milano, 1996.

Testa G., Davanzo R., *Dalla raccolta alla musealizzazione. Per una rilettura del Museo dell'Opera del Duomo di Orvieto*, Todi, 1984.

Wojcik M.R., *Museo Claudio Faina di Orvieto. Ceramica attica a figure nere*, Perugia, 1989.

14 IL SISTEMA COLLINARE OCCIDENTALE

Bittarello V., *Guida di Città della Pieve*, Città della Pieve, 1996.

Bittarello V., Catena S., *Città della Pieve*, Perugia, 1995.

Canonici L., *Guardea. Un comune della Teverina*, Santa Maria degli Angeli-Assisi, 1980.

Canuti F., *Nella patria del Perugino*, Città di Castello, 1926 (ristampa, 1983).

Milani F., *Parrano. Un castello dell'Umbria*, Città della Pieve, 1994.

Pistelli S., *Memorie di una terra: Piegaro e i suoi castelli*, Città della Pieve, 1992.

INDICE DEI NOMI

L'indice riporta i nomi dei personaggi storici e delle famiglie richiamati nella guida. Non sono compresi i nomi riferiti alla semplice titolarità di vie, piazze, palazzi, cappelle gentilizie, né i personaggi ritratti come soggetti di dipinti, a meno che la citazione, in relazione al contesto in cui è fatta, non assuma un significato più ampio. Sono invece inclusi i titolari di monumenti, sepolcri, statue o busti celebrativi, i donatori di opere e collezioni. Gli artisti sono presenti se ricordati per ragioni che oltrepassano la pura connessione opera-autore (per questi casi esiste un apposito *Indice degli autori*). Sono altresì compresi i santi operosi nel corso della storia italiana, esclusi invece i personaggi della mitologia e della tradizione biblica e cristiana.

ABBREVIAZIONI: arciv., *arcivescovo*; card., *cardinale*; fam., *famiglia*; gen., *generale*; imp., *imperatore*; mons., *monsignore*; vesc., *vescovo*.

Indice degli autori

L'indice è stato ordinato per lo più secondo il cognome; secondo il soprannome (o lo pseudonimo) se questo è più noto del cognome; in mancanza dell'uno e dell'altro viene indicato il nome seguito dal patronimico o dalla provenienza, oppure la denominazione convenzionalmente usata. Dopo le notizie biografiche è data l'indicazione delle pagine nelle quali si ricordano opere dovute o attribuite a ciascun autore.

ABBREVIAZIONI: A., *architetto*; Arazz., *arazziere*; att., *attivo*; av., *avanti*; c., *circa*; Cer., *ceramista*; Ces., *cesellatore*; d., *detto*; Dec., *decoratore*; Dis., *disegnatore*; doc., *documentato*; Eb., *ebanista*; F., *fonditore*; fam., *famiglia*; Inc., *incisore*; Ing., *ingegnere*; Int., *intagliatore*; Intars., *intarsiatore*; m., *morto*; Med., *medaglista*; Min., *miniatore*; Mos., *mosaicista*; n., *nato*; not., *notizie*; O., *orafo*; P., *pittore*; pag., *pagina*; Pl., *plasticatore*; S., *scultore*; Scen., *scenografo*; sec., *secolo*; Stucc., *stuccatore*; Urb., *urbanista*; v., *vedi*.

INDICE DEI LUOGHI E DELLE COSE

I nomi in **neretto** indicano i comuni, quelli in *corsivo* le frazioni e le altre località abitate. Tutti gli altri nomi geografici, come pure quelli di edifici, istituzioni, monumenti, strade sono in carattere tondo chiaro. Sono raggruppati per categorie i manufatti e le altre opere dell'uomo (ad esempio chiese, musei, castelli), mentre sono in genere ordinati alfabeticamente i nomi propri geografici: ad esempio Tevere (F.), Subasio (M.).

INDICE TEMATICO

L'indice riporta – suddivise in 13 'temi' – 359 voci che, tra manufatti, emergenze monumentali, fenomeni artistici e culturali, beni naturalistici e ambientali, risultano nel loro complesso particolarmente significative della formazione e dell'evoluzione della regione e della cultura regionale. Concepito anche come 'chiave d'entrata' alla consultazione della guida e compilato secondo criteri selettivi certamente opinabili, esso non pretende di rappresentare un quadro tematico esauriente, ma solo offrire un contributo specifico alla comprensione della realtà umbra.